锡林浩特年鉴

2018

总第十一卷

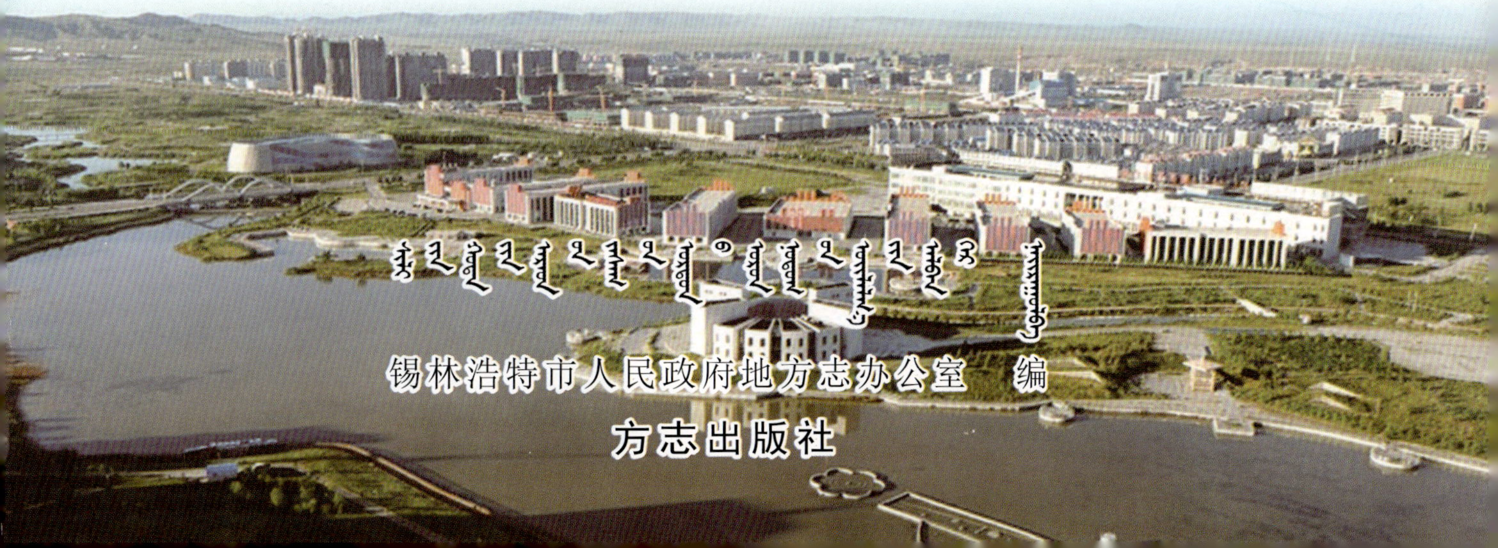

锡林浩特市人民政府地方志办公室　编

方志出版社

图书在版编目（CIP）数据

锡林浩特年鉴.2018 / 锡林浩特市史志办编.—北京：方志出版社.2018.12
ISBN 978-7-5144-3691-4

Ⅰ.①锡… Ⅱ.①锡… Ⅲ.①锡林浩特-2018-年鉴
Ⅳ.①Z522.63

中国版本图书馆CIP数据核字（2019）第040778号

锡林浩特年鉴2018

编　　者：锡林浩特市史志办
责任编辑：黄　彦
出 版 人：冀祥德
出 版 者：方志出版社
地址　北京市朝阳区潘家园东里9号（国家方志馆4层）
邮编　100021
网址　http://www.fzph.org
发　　行：方志出版社图书经销中心
电话（010）67110500
经　　销：各地新华书店
印　　刷：赤峰市中正制作印务有限公司
开　　本：889 × 1194　　1/16
印　　张：44
字　　数：1142千
版　　次：2018年12月第1版　　2018年12月第1次印刷
ISBN 978-7-5144-3691-4　　定价：360.00元

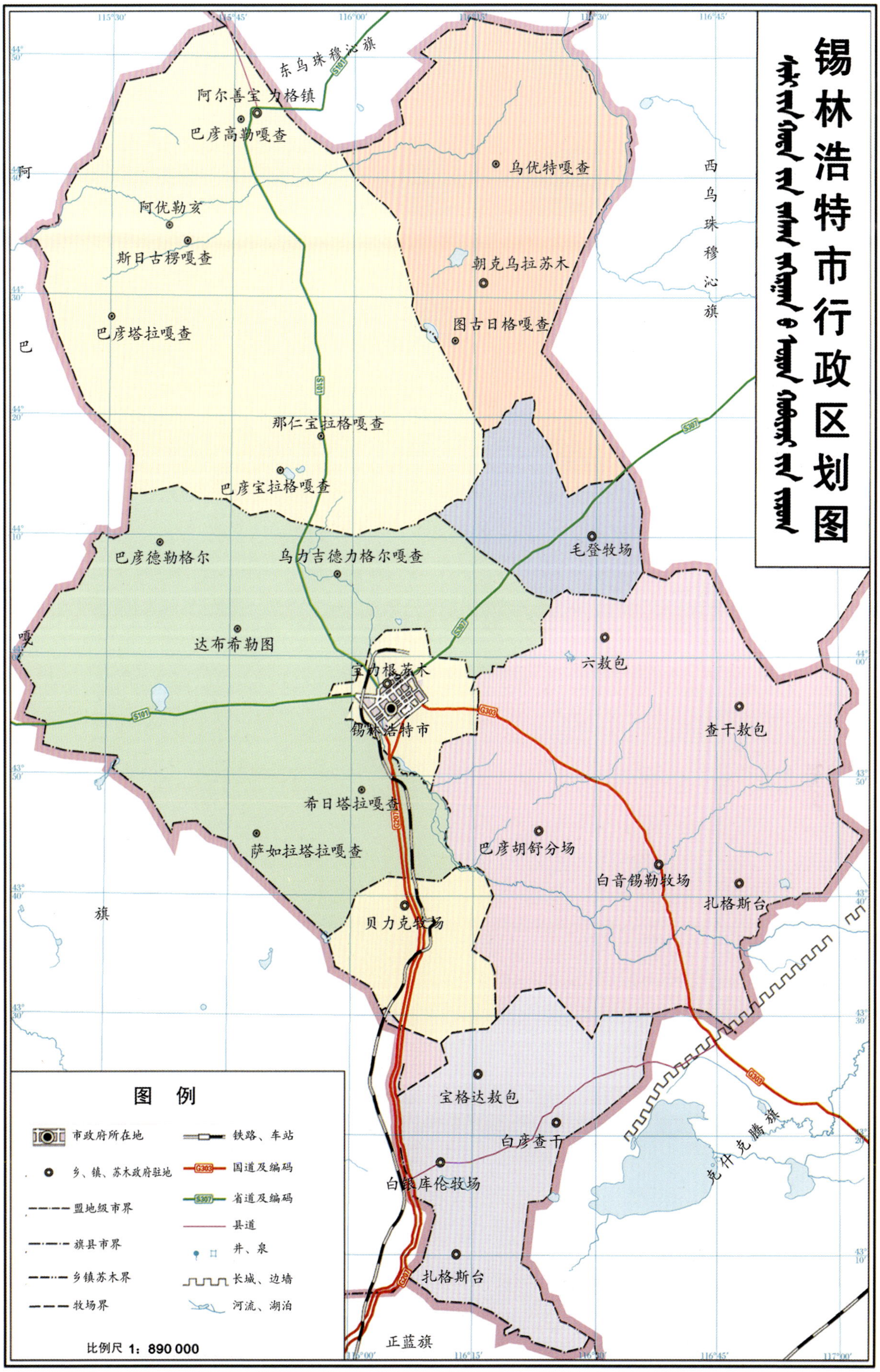
锡林浩特市行政区划图
东乌珠穆沁旗
阿尔善宝力格镇
巴彦高勒嘎查
乌优特嘎查
阿优勒亥
斯日古楞嘎查
朝克乌拉苏木
图古日格嘎查
巴彦塔拉嘎查
那仁宝拉格嘎查
巴彦宝拉格嘎查
毛登牧场
巴彦德勒格尔
乌力吉德力格尔嘎查
达布希勒图
宝力根苏木
锡林浩特市
六敖包
查干敖包
希日塔拉嘎查
萨如拉塔拉嘎查
巴彦胡舒分场
白音锡勒牧场
扎格斯台
贝力克牧场
宝格达敖包
白彦查干
白银库伦牧场
扎格斯台
正蓝旗
克什克腾旗
西乌珠穆沁旗
阿巴嘎旗
图 例
市政府所在地
乡、镇、苏木政府驻地
盟地级市界
旗县市界
乡镇苏木界
牧场界
铁路、车站
国道及编码
省道及编码
县道
井、泉
长城、边墙
河流、湖泊
比例尺 1：890 000

ᠨᠠᠢᠷᠠᠭᠤᠯᠤᠯᠲᠠ ᠪᠠᠷᠢᠮᠵᠢᠶᠠᠯ ᠲᠠᠢᠯᠪᠤᠷᠢ

1《ᠰᠢᠯᠢ ᠶᠢᠨ ᠬᠣᠲᠠ ᠶᠢᠨ ᠣᠨ ᠤ ᠳᠡᠪᠲᠡᠷ》ᠪᠣᠯ ᠰᠢᠯᠢ ᠶᠢᠨ ᠬᠣᠲᠠ ᠶᠢᠨ ᠠᠷᠠᠳ ᠤᠨ ᠵᠠᠰᠠᠭ ᠤᠨ ᠭᠠᠵᠠᠷ ᠤᠨ ᠡᠷᠬᠢᠯᠡᠨ ᠨᠠᠢᠷᠠᠭᠤᠯᠤᠭᠰᠠᠨ ᠢᠯᠡᠷᠬᠡᠢ ᠰᠢᠨᠵᠢ ᠲᠠᠢ ᠨᠡᠢᠲᠡ ᠶᠢᠨ ᠣᠨ ᠤ ᠳᠡᠪᠲᠡᠷ ᠪᠣᠯᠤᠨ᠎ᠠ᠃ ᠲᠤᠰ ᠳᠡᠪᠲᠡᠷ ᠪᠡᠷ ᠰᠢᠯᠢ ᠶᠢᠨ ᠬᠣᠲᠠ ᠶᠢᠨ ᠤᠯᠤᠰ ᠲᠥᠷᠥ᠂ ᠡᠳ᠋ ᠦᠨ ᠵᠠᠰᠠᠭ᠂ ᠨᠡᠢᠭᠡᠮ ᠤᠨ ᠪᠠᠢᠳᠠᠯ ᠢ ᠪᠦᠬᠦ ᠳᠦᠭᠦᠷᠭᠡ ᠪᠡᠷ ᠨᠢ ᠲᠤᠰᠬᠠᠭᠰᠠᠨ ᠲᠤᠯᠠ ᠬᠣᠲᠠ ᠶᠢᠨ ᠮᠡᠳᠡᠬᠦ ᠪᠢᠴᠢᠭ ᠪᠣᠯᠤᠨ᠎ᠠ᠃

2. ᠬᠣᠲᠠ ᠶᠢᠨ ᠣᠨ ᠤ ᠵᠢᠯ ᠤᠨ ᠤᠯᠤᠰ ᠲᠥᠷᠥ᠂ ᠡᠳ᠋ ᠦᠨ ᠵᠠᠰᠠᠭ᠂ ᠨᠡᠢᠭᠡᠮ᠂ ᠰᠣᠶᠣᠯ ᠤᠨ ᠪᠠᠢᠳᠠᠯ ᠵᠡᠷᠭᠡ ᠣᠯᠠᠨ ᠲᠠᠯ᠎ᠠ ᠶᠢᠨ ᠪᠠᠢᠳᠠᠯ ᠢ ᠲᠤᠰᠬᠠᠨ᠂ ᠬᠣᠲᠠ ᠶᠢᠨ ᠤᠯᠤᠰ ᠲᠥᠷᠥ ᠶᠢᠨ ᠮᠡᠳᠡᠬᠦ ᠪᠢᠴᠢᠭ ᠢ ᠬᠠᠩᠭᠠᠬᠤ ᠶᠢ ᠵᠣᠷᠢᠯᠭ᠎ᠠ ᠪᠣᠯᠭᠠᠨ᠎ᠠ᠃ ᠲᠤᠰ ᠳᠡᠪᠲᠡᠷ ᠪᠣᠯ ᠰᠢᠯᠢ ᠶᠢᠨ ᠬᠣᠲᠠ ᠶᠢᠨ ᠣᠨ ᠤ ᠳᠡᠪᠲᠡᠷ ᠦᠨ ᠨᠡᠢᠲᠡ ᠶᠢᠨ ᠪᠦᠲᠦᠴᠡ ᠶᠢ ᠪᠠᠯᠭᠠᠰᠤ ᠶᠢᠨ ᠰᠠᠯᠪᠤᠷᠢ ᠶᠢᠨ ᠪᠠᠢᠳᠠᠯ ᠳᠤ ᠳᠤᠯᠳᠤᠭᠰᠠᠨ ᠪᠠᠢᠨ᠎ᠠ᠃

3. 《ᠰᠢᠯᠢ ᠶᠢᠨ ᠬᠣᠲᠠ ᠶᠢᠨ ᠣᠨ ᠤ ᠳᠡᠪᠲᠡᠷ》2018 ᠪᠣᠳᠢ (ᠨᠡᠢᠲᠡ ᠶᠢᠨ ᠳᠤᠭᠠᠷ ᠳᠡᠪᠲᠡᠷ ᠪᠣᠳᠢ) ᠳᠤ 2017 ᠣᠨ ᠤ ᠪᠦᠲᠦᠭᠡᠯ᠂ ᠤᠯᠤᠰ ᠲᠥᠷᠥ᠂ ᠡᠳ᠋ ᠦᠨ ᠵᠠᠰᠠᠭ᠂ ᠨᠡᠢᠭᠡᠮ ᠤᠨ᠂ ᠰᠣᠶᠣᠯ ᠤᠨ ᠵᠡᠷᠭᠡ ᠪᠠᠢᠳᠠᠯ᠂ ᠡᠳ᠋ ᠦᠨ ᠵᠠᠰᠠᠭ ᠤᠨ ᠬᠥᠭᠵᠢᠯᠲᠡ ᠶᠢᠨ ᠣᠨ ᠤ ᠵᠢᠯ ᠤᠨ ᠪᠠᠢᠳᠠᠯ ᠢ ᠲᠤᠰᠬᠠᠪᠠ᠃

4. 《ᠰᠢᠯᠢ ᠶᠢᠨ ᠬᠣᠲᠠ ᠶᠢᠨ ᠣᠨ ᠤ ᠳᠡᠪᠲᠡᠷ》ᠳᠤ ᠲᠣᠭᠠᠴᠠᠭᠠᠨ ᠮᠡᠳᠡᠭᠡᠯᠡᠯ ᠢ ᠣᠷᠣᠭᠤᠯᠪᠠ᠃ ᠪᠢᠴᠢᠭ᠌ ᠮᠡᠳᠡᠭᠡᠯᠡᠯ᠂ ᠵᠢᠷᠤᠭ ᠮᠡᠳᠡᠭᠡᠯᠡᠯ᠂ ᠲᠣᠭᠠᠴᠠᠭᠠᠨ ᠮᠡᠳᠡᠭᠡᠯᠡᠯ ᠵᠡᠷᠭᠡ ᠮᠡᠳᠡᠭᠡᠯᠡᠯ ᠦᠨ ᠬᠡᠯᠪᠡᠷᠢ᠂ ᠬᠡᠷᠡᠭᠯᠡᠬᠦ ᠮᠡᠳᠡᠭᠡᠯᠡᠯ᠂ ᠪᠦᠲᠦᠭᠡᠯ ᠦᠨ ᠪᠠᠢᠳᠠᠯ ᠢ ᠲᠤᠰᠬᠠᠪᠠ᠃

5. 《ᠰᠢᠯᠢ ᠶᠢᠨ ᠬᠣᠲᠠ ᠶᠢᠨ ᠣᠨ ᠤ ᠳᠡᠪᠲᠡᠷ》ᠦᠨ 2018 ᠪᠣᠳᠢ ᠳᠤ ᠣᠷᠣᠭᠤᠯᠤᠭᠰᠠᠨ᠂ ᠪᠠᠢᠭᠤᠯᠬᠤ ᠶᠠᠮᠠᠷ᠂ ᠪᠠᠢᠭᠤᠯᠤᠯᠭ᠎ᠠ᠂ ᠪᠠᠢᠭᠤᠯᠤᠯᠲᠠ ᠶᠢᠨ ᠨᠢᠭᠡ ᠰᠢᠯᠢ ᠶᠢᠨ ᠬᠣᠲᠠ ᠶᠢᠨ ᠣᠨ ᠤ ᠬᠣᠲᠠ ᠶᠢᠨ ᠰᠢᠯᠢᠨ᠂ ᠰᠢᠯᠢ ᠶᠢᠨ ᠬᠣᠲᠠ ᠶᠢᠨ ᠠᠷᠠᠳ ᠤᠨ ᠵᠠᠰᠠᠭ ᠤᠨ ᠭᠠᠵᠠᠷ ᠤᠨ ᠲᠤᠰ ᠬᠣᠲᠠ ᠶᠢᠨ ᠪᠠᠢᠭᠤᠯᠤᠯᠭ᠎ᠠ ᠶᠢᠨ ᠰᠠᠯᠪᠤᠷᠢ ᠶᠢᠨ ᠵᠡᠷᠭᠡ ᠪᠠᠢᠭᠤᠯᠤᠯᠭ᠎ᠠ᠂ ᠠᠵᠢᠯ ᠤᠨ ᠠᠵᠢᠯᠲᠠᠨ᠂ ᠲᠥᠰᠥᠪ ᠤᠨ᠂ ᠬᠣᠲᠠ ᠶᠢᠨ ᠠᠵᠢᠯ ᠤᠨ ᠭᠠᠵᠠᠷ ᠤᠳ ᠲᠤᠰᠠᠯᠠᠨ ᠪᠢᠴᠢᠭ᠌ ᠮᠡᠳᠡᠭᠡᠯᠡᠯ ᠢ ᠬᠠᠩᠭᠠᠭᠰᠠᠨ ᠪᠠᠢᠨ᠎ᠠ᠃

6. 《ᠰᠢᠯᠢ ᠶᠢᠨ ᠬᠣᠲᠠ ᠶᠢᠨ ᠣᠨ ᠤ ᠳᠡᠪᠲᠡᠷ》ᠦᠨ ᠲᠣᠭᠠᠴᠠᠭᠠᠨ ᠮᠡᠳᠡᠭᠡᠯᠡᠯ ᠢ ᠵᠢᠯ ᠪᠦᠷᠢ ᠶᠢᠨ ᠵᠢᠯ ᠤᠨ ᠮᠡᠳᠡᠭᠡᠯᠡᠯ ᠢ ᠨᠡᠢᠲᠡᠯᠡᠭᠦᠯᠦᠨ ᠨᠠᠢᠷᠠᠭᠤᠯᠤᠨ ᠪᠢᠴᠢᠪᠡ᠃ ᠲᠤᠰ ᠳᠡᠪᠲᠡᠷ ᠦᠨ ᠵᠢᠯ ᠤᠨ ᠮᠡᠳᠡᠭᠡᠯᠡᠯ᠂ ᠬᠡᠰᠡᠭ᠂ ᠵᠦᠢᠯ᠂ ᠪᠦᠯᠦᠭ᠂ ᠵᠦᠢᠯᠴᠢᠯᠡᠯ ᠦᠨ 34 ᠪᠦᠯᠦᠭ ᠲᠦ ᠬᠤᠪᠢᠶᠠᠵᠤ ᠪᠠᠢᠨ᠎ᠠ᠃ ᠪᠦᠬᠦ ᠳᠡᠪᠲᠡᠷ ᠢ ᠨᠡᠢᠲᠡᠯᠡᠭᠦᠯᠬᠦ ᠲᠤᠬᠠᠢ᠂ ᠬᠣᠲᠠ ᠶᠢᠨ ᠳᠤᠷᠰᠬᠠᠯ᠂ ᠬᠣᠲᠠ ᠶᠢᠨ ᠲᠣᠮᠢ᠂ ᠨᠠᠮ ᠤᠨ ᠪᠠᠢᠭᠤᠯᠤᠯᠭ᠎ᠠ᠂ ᠠᠷᠠᠳ ᠤᠨ ᠬᠤᠷᠠᠯ᠂ ᠠᠷᠠᠳ ᠤᠨ ᠵᠠᠰᠠᠭ᠂ ᠤᠯᠤᠰ ᠲᠥᠷᠥ ᠶᠢᠨ ᠵᠥᠪᠯᠡᠯᠭᠡᠨ᠂ ᠬᠠᠤᠯᠢ ᠴᠠᠭᠠᠵᠠ᠂ ᠴᠡᠷᠢᠭ ᠦᠨ ᠬᠡᠷᠡᠭ᠂ ᠡᠳ᠋ ᠦᠨ ᠵᠠᠰᠠᠭ᠂ ᠬᠥᠳᠡᠭᠡ ᠠᠵᠤ ᠠᠬᠤᠢ᠂ ᠠᠵᠤ ᠦᠢᠯᠡᠳᠪᠦᠷᠢ᠂ ᠪᠠᠷᠢᠯᠭ᠎ᠠ᠂ ᠵᠠᠮ ᠲᠡᠭᠡᠪᠦᠷᠢ᠂ ᠰᠠᠩᠬᠦᠦ᠂ ᠰᠣᠶᠣᠯ᠂ ᠡᠷᠡᠭᠦᠯ ᠮᠡᠨᠳᠦ᠂ ᠠᠷᠠᠳ ᠤᠨ ᠠᠮᠢᠳᠤᠷᠠᠯ ᠵᠡᠷᠭᠡ ᠬᠡᠰᠡᠭ ᠲᠦ ᠬᠤᠪᠢᠶᠠᠨ᠂ ᠰᠢᠯᠢ ᠶᠢᠨ ᠬᠣᠲᠠ ᠶᠢᠨ ᠬᠥᠭᠵᠢᠯᠲᠡ ᠶᠢᠨ ᠪᠠᠢᠳᠠᠯ ᠢ ᠪᠦᠬᠦ ᠲᠠᠯ᠎ᠠ ᠪᠡᠷ ᠨᠢ ᠲᠤᠰᠬᠠᠨ ᠮᠡᠳᠡᠭᠳᠡᠬᠦᠯᠦᠨ᠎ᠡ᠃

7. ᠲᠤᠰ ᠳᠡᠪᠲᠡᠷ ᠲᠦ ᠮᠡᠳᠡᠭᠡᠯᠡᠯ ᠦᠨ ᠡᠬᠢ ᠰᠤᠷᠪᠤᠯᠵᠢ᠂ ᠲᠣᠭᠠᠴᠠᠭᠠᠨ ᠮᠡᠳᠡᠭᠡᠯᠡᠯ ᠢ ᠨᠠᠢᠷᠠᠭᠤᠯᠤᠨ ᠣᠷᠣᠭᠤᠯᠪᠠ᠃

8. ᠲᠤᠰ ᠣᠨ ᠤ ᠳᠡᠪᠲᠡᠷ ᠢ ᠨᠠᠢᠷᠠᠭᠤᠯᠬᠤ ᠳᠤ ᠰᠢᠯᠢ ᠶᠢᠨ ᠬᠣᠲᠠ ᠶᠢᠨ ᠨᠠᠢᠷᠠᠭᠤᠯᠬᠤ ᠠᠵᠢᠯ ᠤᠨ ᠪᠠᠢᠭᠤᠯᠤᠯᠭ᠎ᠠ ᠶᠢᠨ ᠳᠡᠮᠵᠢᠯᠭᠡ ᠶᠢ ᠬᠦᠷᠲᠡᠭᠰᠡᠨ᠃ 《ᠰᠢᠯᠢ ᠶᠢᠨ ᠬᠣᠲᠠ ᠶᠢᠨ ᠣᠨ ᠤ ᠳᠡᠪᠲᠡᠷ》ᠦᠨ ᠨᠠᠢᠷᠠᠭᠤᠯᠤᠯᠲᠠ ᠶᠢᠨ ᠠᠵᠢᠯ ᠳᠤ ᠰᠢᠯᠢ ᠶᠢᠨ ᠬᠣᠲᠠ ᠶᠢᠨ ᠠᠷᠠᠳ ᠤᠨ ᠵᠠᠰᠠᠭ᠂ ᠬᠣᠲᠠ ᠶᠢᠨ ᠵᠦᠢᠯ ᠪᠦᠷᠢ ᠶᠢᠨ ᠠᠵᠢᠯ ᠤᠨ ᠭᠠᠵᠠᠷ ᠤᠳ ᠤᠨ ᠬᠦᠴᠦᠯᠡᠨ ᠳᠡᠮᠵᠢᠭᠰᠡᠨ ᠳᠤ ᠲᠠᠯᠠᠷᠬᠠᠯ ᠢᠯᠡᠷᠬᠡᠢᠯᠡᠨ᠎ᠡ᠃ ᠲᠤᠰ ᠳᠡᠪᠲᠡᠷ ᠲᠦ ᠳᠤᠲᠠᠭᠳᠠᠯ ᠪᠠᠢᠬᠤ ᠪᠣᠯ ᠤᠩᠰᠢᠭᠴᠢᠳ ᠵᠠᠰᠠᠵᠤ ᠵᠠᠭᠠᠬᠤ ᠶᠢ ᠬᠦᠰᠡᠨ᠎ᠡ —

2018 ᠣᠨ ᠤ 12 ᠰᠠᠷ᠎ᠠ

编辑说明

一、《锡林浩特市年鉴》在锡林浩特市委领导下，由市政府主持编纂，是按年度连续出版的综合性地方年鉴，是系统反映锡林浩特市市情的年刊，集信息、知识、资料为本，具有公报性、资料性、权威性的工具书。为锡林浩特市的经济和社会发展服务，为各级领导提供决策依据，为国内外人士了解锡林浩特市提供全面、系统、翔实的资料。

二、本年鉴由各苏木镇、各国有农牧场、各街道办事处、市直各部、委、办、局，各群众团体、企事业单位供稿。

三、《锡林浩特市年鉴》2018卷为总第十一卷，记述锡林浩特市2017年度自然、政治、经济、文化社会等各方面的发展情况。

四、《锡林浩特市年鉴》采用条目体编纂。设类目、分目、条目三个层次（个别分目下设子目）类目打破部门界限，属不同部门管理的同行业实例集中记述。条目分综合条目、专题条目、单一条目三类。

五、《锡林浩特市年鉴》2018卷包括卷首、特载、大事记、概况、中共锡林浩特市委员会、人民代表大会常务委员会、人民政府、政协锡林浩特市委员会、人民团体、法治、军事、经济管理与监督、农牧林水、工业、信息产业、交通·邮电、城市建设与管理、旅游、资源管理·环境保护、财政·税务、金融·保险、商务、科学技术、教育、文化·新闻·体育、卫生、社会管理·人民生活、开发区、苏木镇（场）、街道办事处、荣誉、文件选录、附录、索引等34个类别。

六、《锡林浩特市年鉴》条目由各供稿单位依据拟定的《编目大纲》撰写，初稿由各单位提供，有领导初审、签字、盖章后送交史志办编辑部。编辑部责任编辑一审，副主编审主编终审定稿，并报主管领导、有关部门审核。

七、本年鉴检索为目录，目录在卷首，目录编排到分目，条目单设。

八、本卷年鉴已经锡市保密局审查。

《锡林浩特市年鉴》编纂出版工作得到锡林浩特市党政军领导和有关部门及社会各界的大力支持，在此表示衷心感谢由于我们水平有限，书中不妥之处在所难免，恳请批评指正。

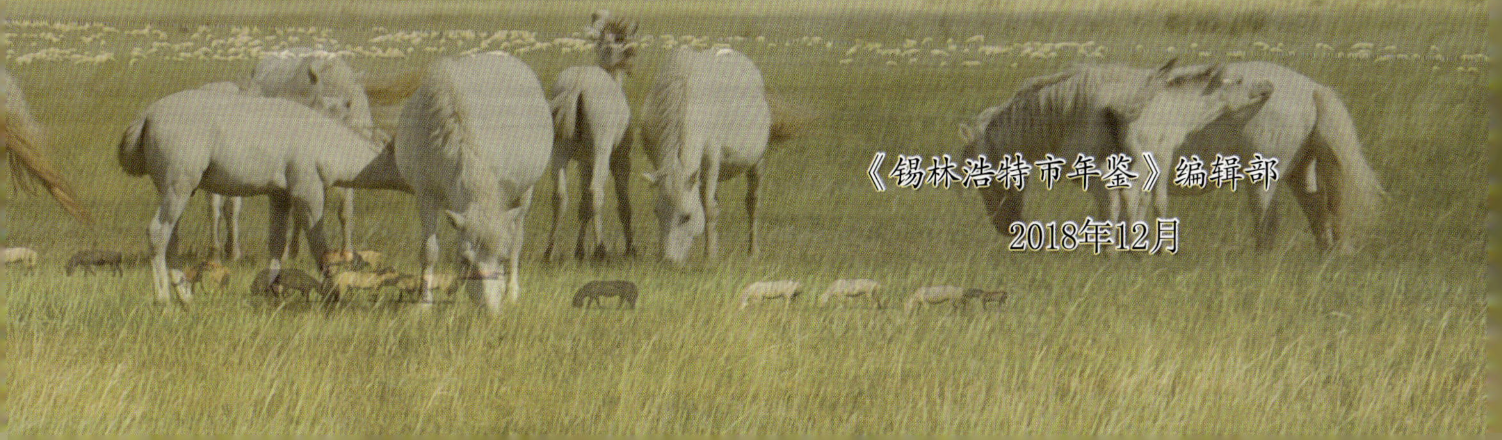

《锡林浩特市年鉴》编辑部

2018年12月

[illegible]

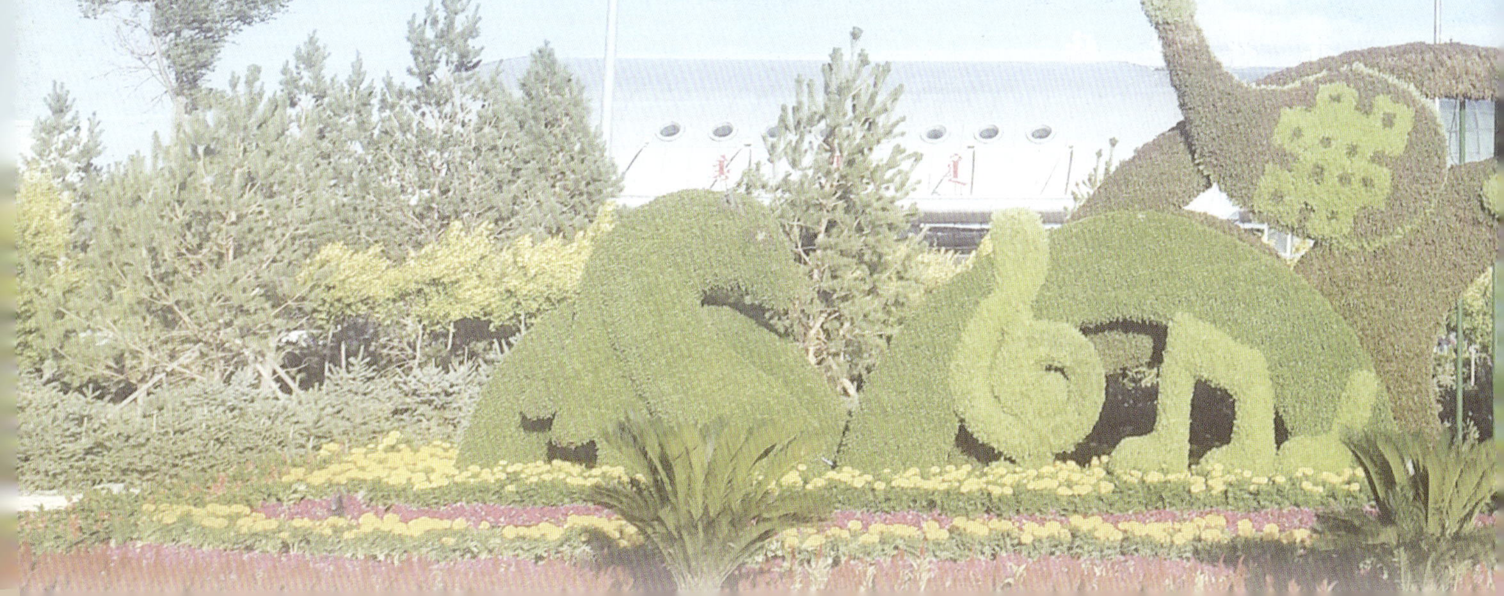

《锡林浩特年鉴》组织领导

名誉主任：　张锦明 （市委书记）

主　　任：　郭轶杰 （市委副书记、市长）

副 主 任：　那顺巴图（市委副书记）

杜　杰 （市委常委、市委办主任）

王占奇 （市委常委、副市长）

文宝元 （市委常委、宣传部长）

李万国 （市人大副主任）

张务成 （市政协副主任）

委　　员：　布　仁 （市政府秘书长）

钢苏和 （市档案局局长、史志办主任）

刘广宁 （市财政局局长）

万红娟 （市统计局局长）

乌日图那顺 （市民宗局局长）

《锡林浩特年鉴》编务人员

总监修：王占奇

总　编：钢苏和

副总编：陈庆龙　王栋军

主　编：张　勇

编　辑：吴海亭　傲日布　萨日娜　苏龙高娃　朝　克

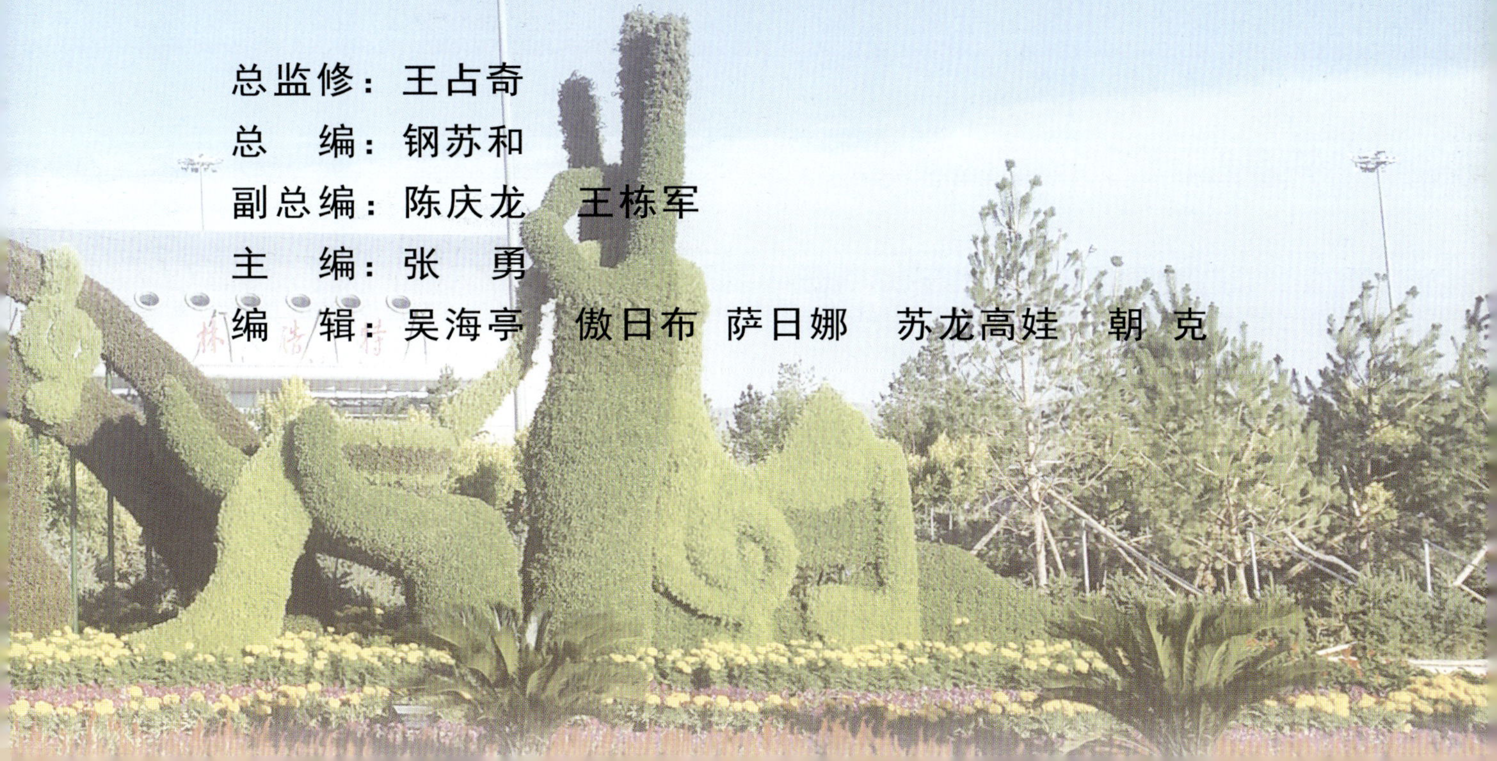

锡林浩特市人民代表大会常务委员会十四届第五次人代会

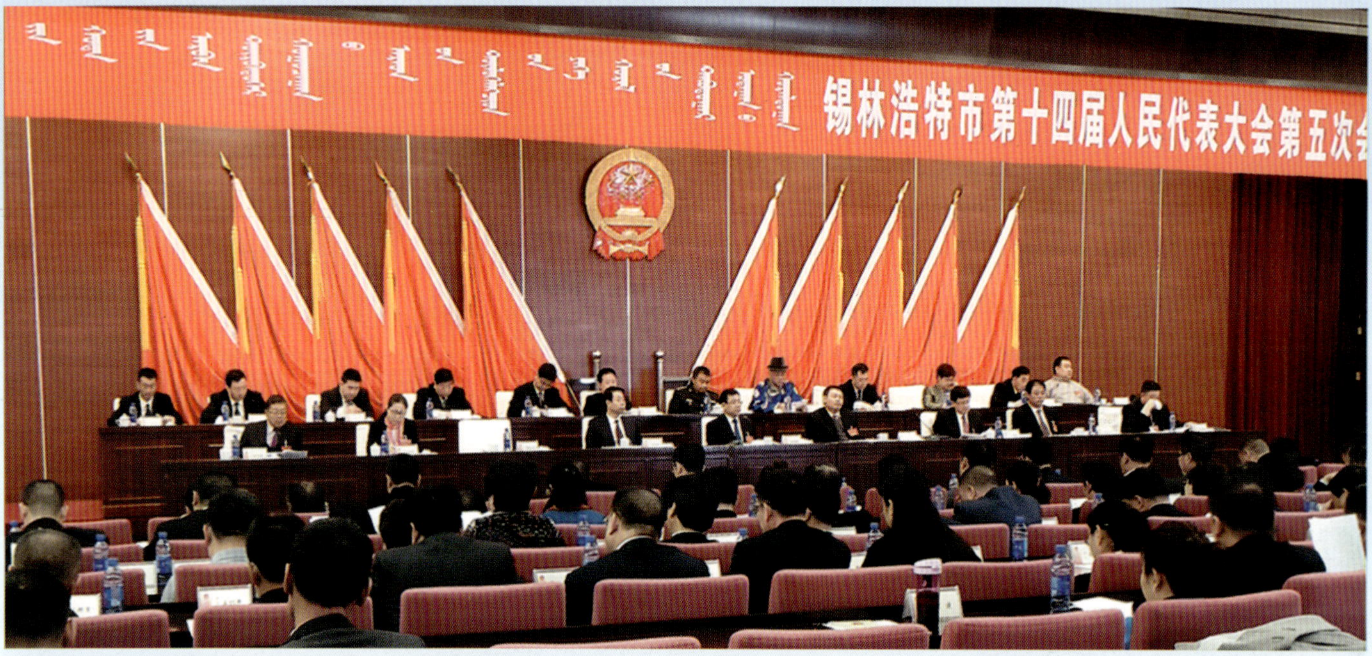

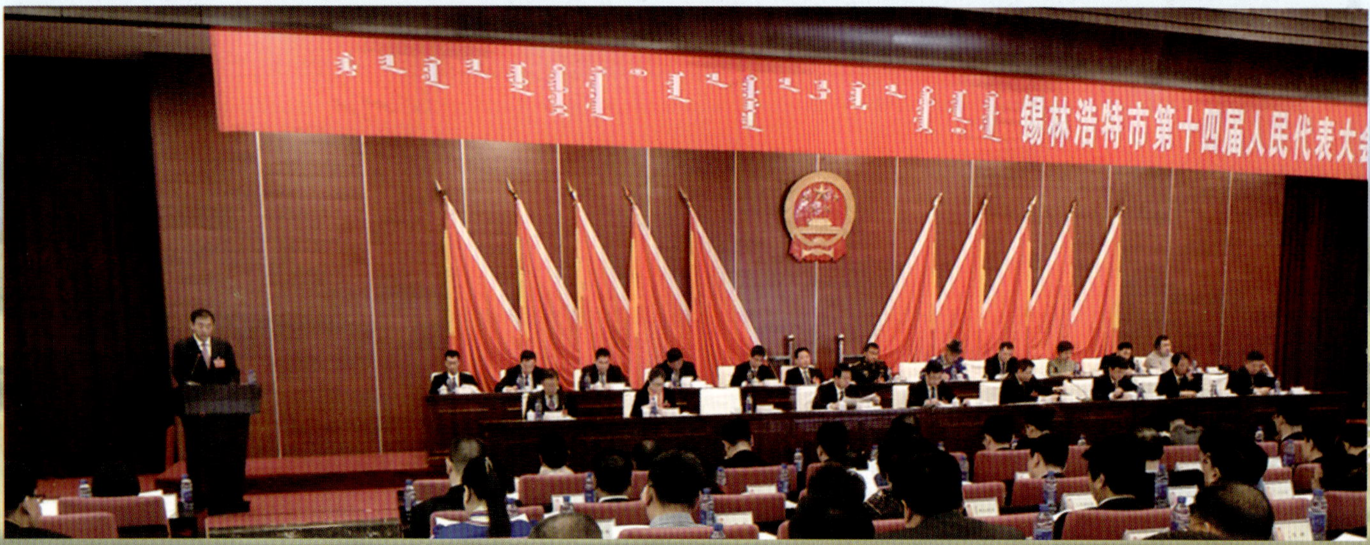

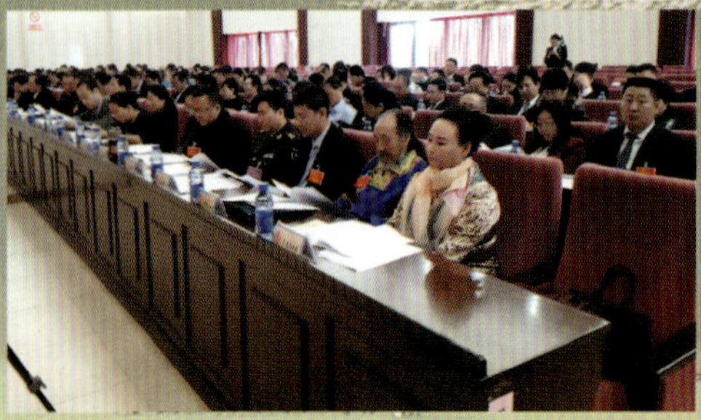

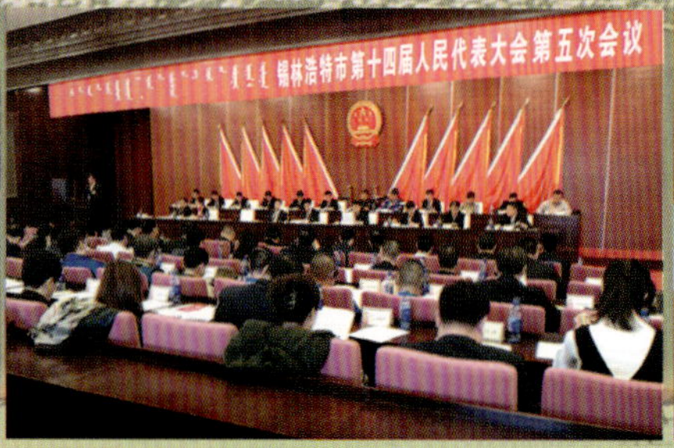

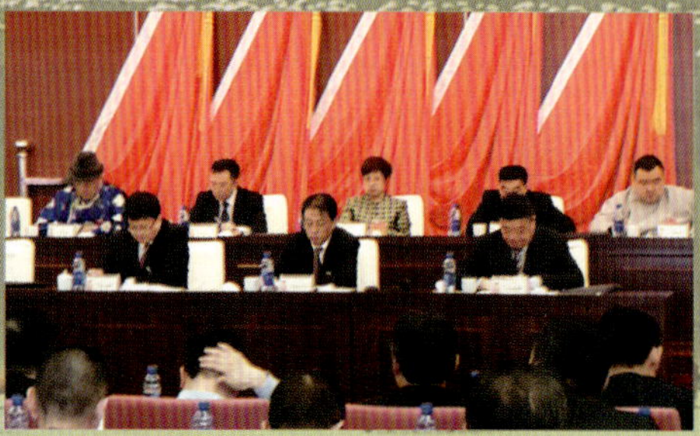

中国人民政治协商会议锡林浩特市第九届委员会第五次会议

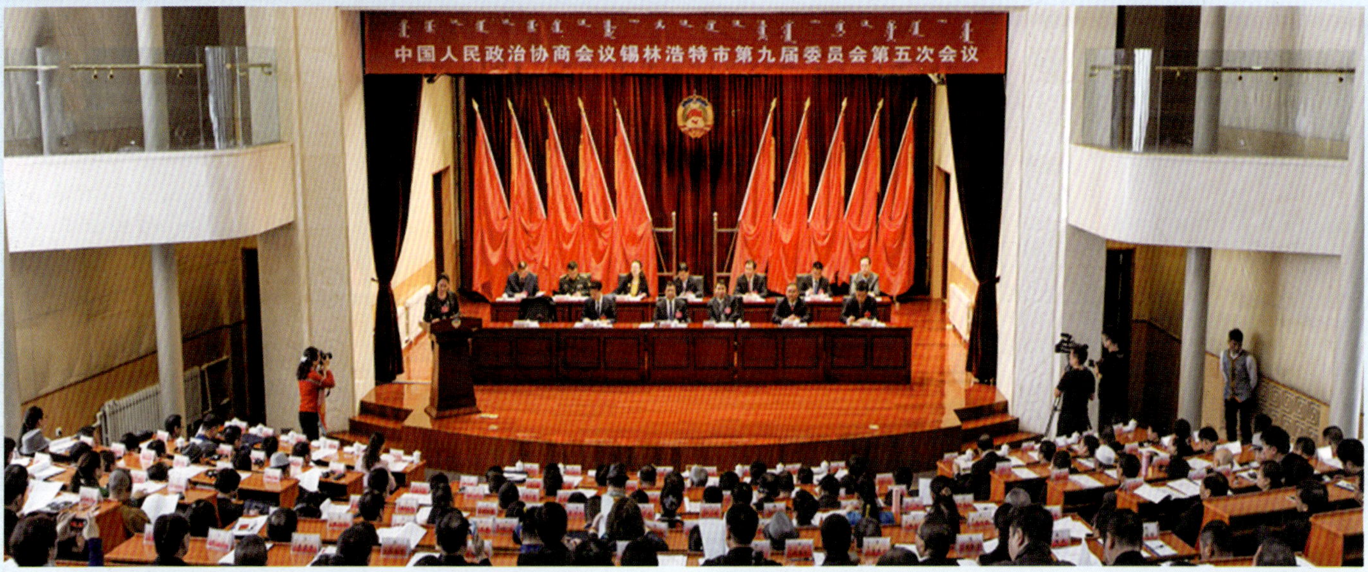

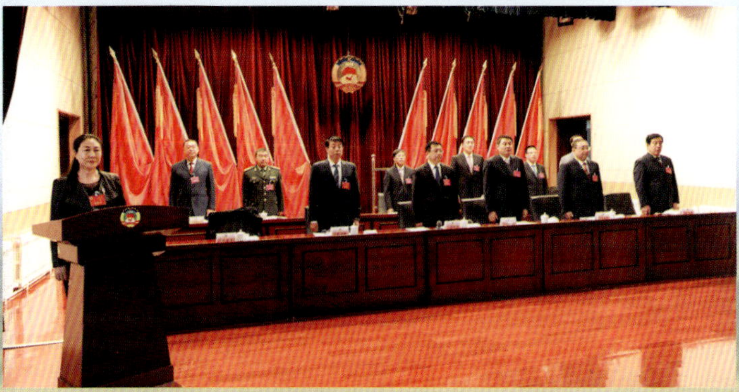

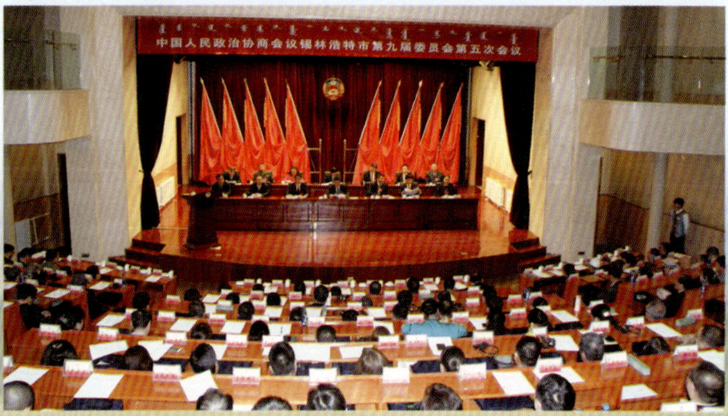

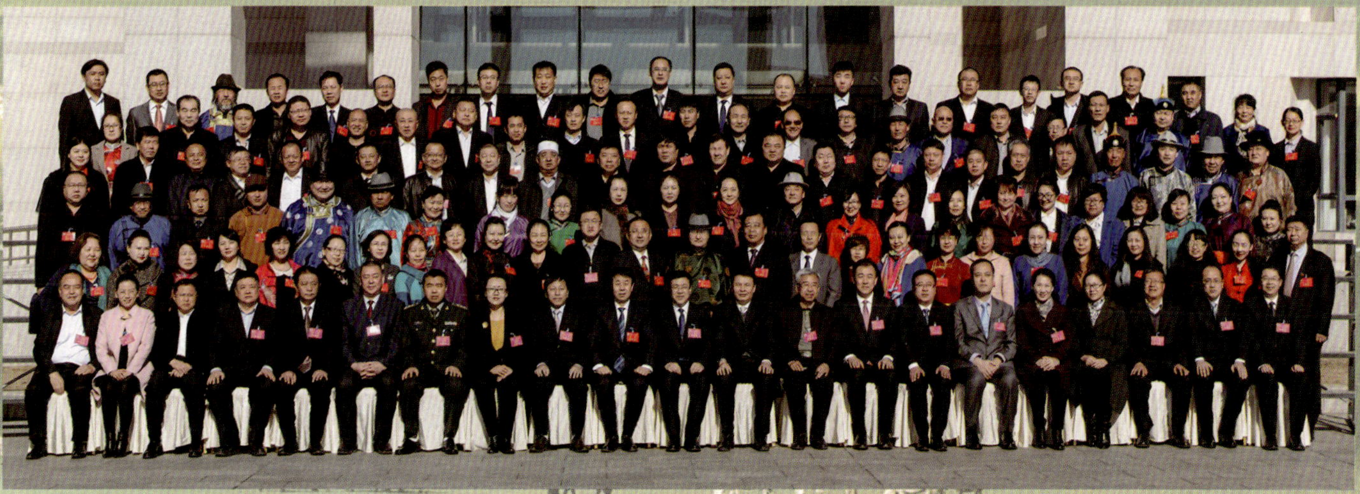

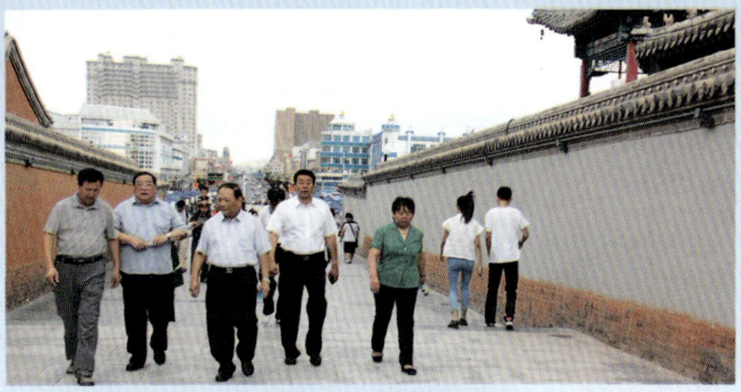

全国人大常委会委员、华侨文员会主任白志健（左三）到锡林浩特市考察贝子庙景区

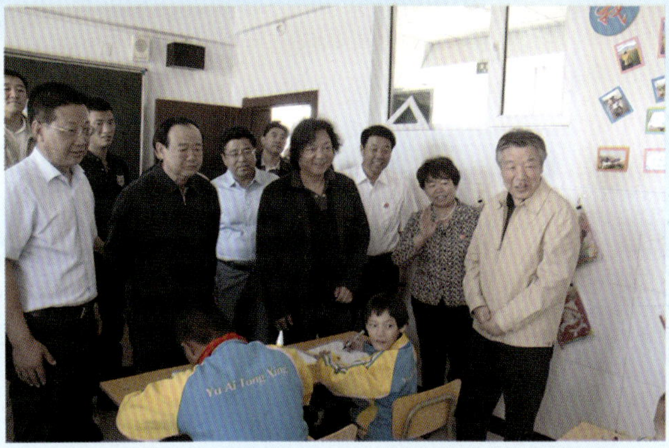

全国政协副主席卢展工（右一）视察市特殊教育学校

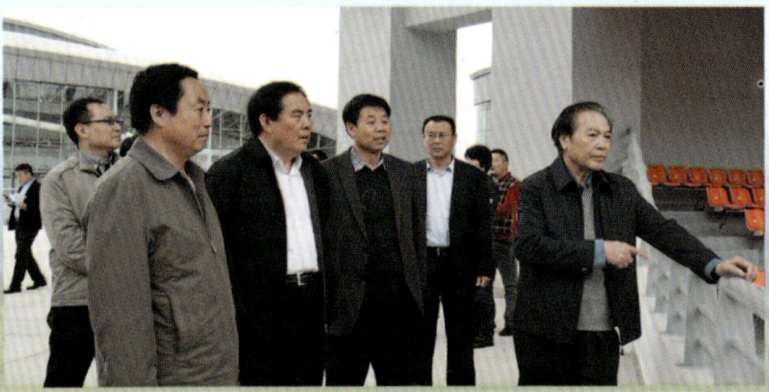

全国政协原常委、中共中央文献研究室原主任滕文生（右一）视察锡林浩特市体育馆建设

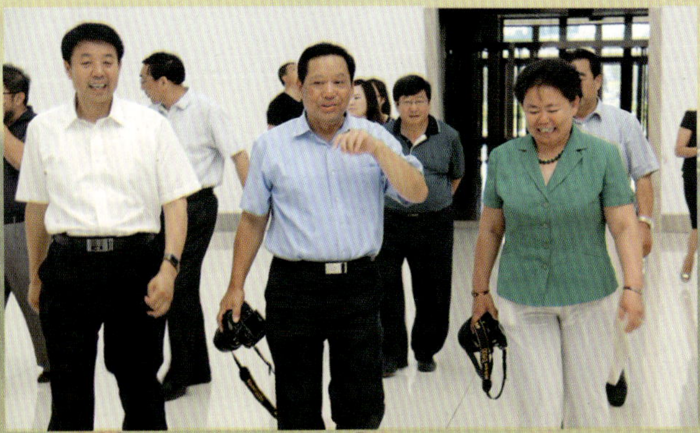

全国政协副主席刘晓峰（中）到考察蒙元文化苑博物馆

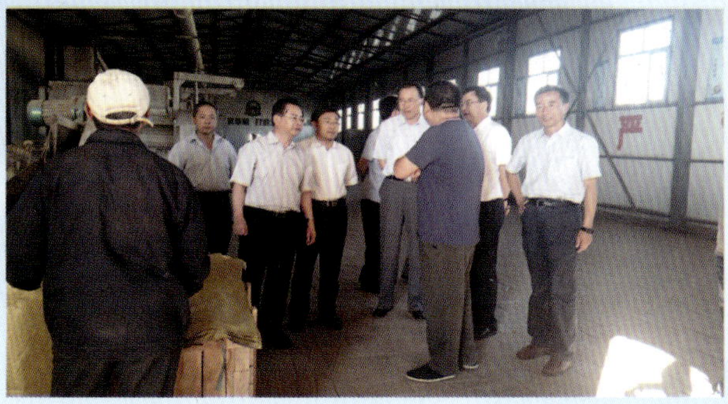

民革中央副主席刘家强（左三）视察草业企业

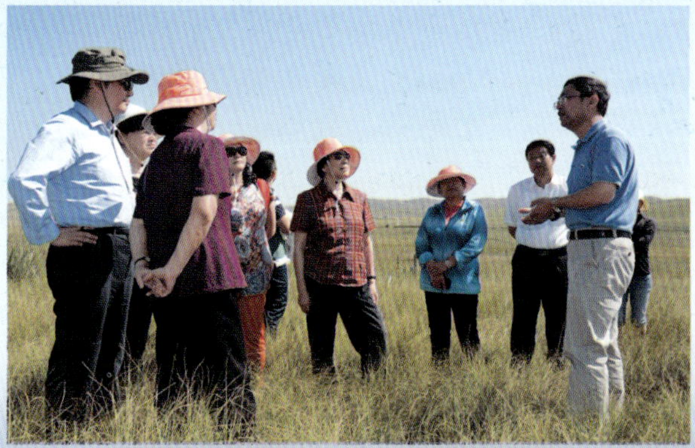

全国政协原副主席王志珍（右四）到锡林浩特市视察草原生态建设

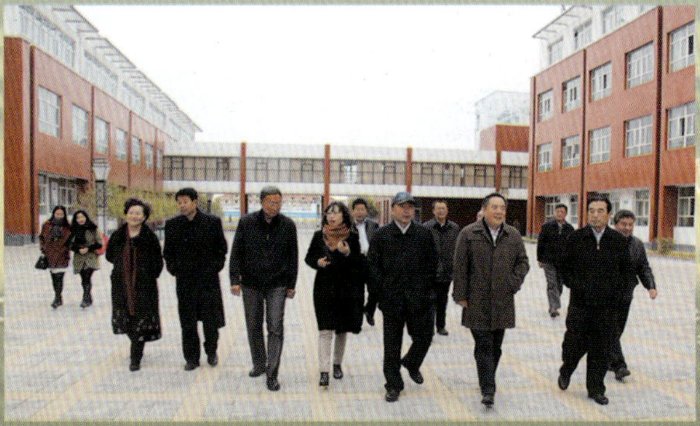

内蒙古自治区政协副主席郑福田（前排右二）视察锡林浩特市中小学教育工作

领导视察

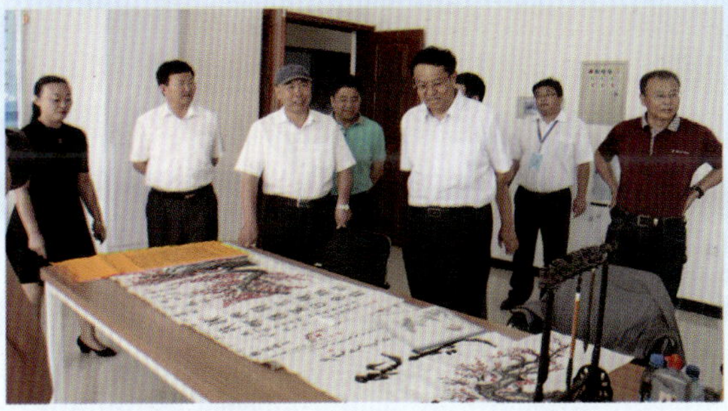

内蒙古自治区政协副主席常海（右三）视察锡林浩特市社区建设

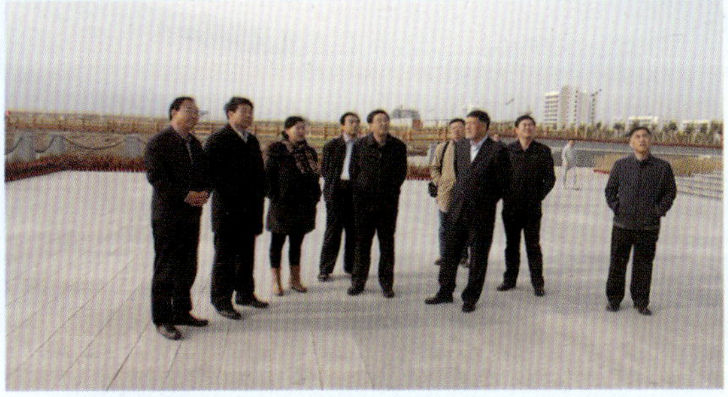

内蒙古自治区政协副主席董恒宇（左五）视察锡林河湿地生态保护工作

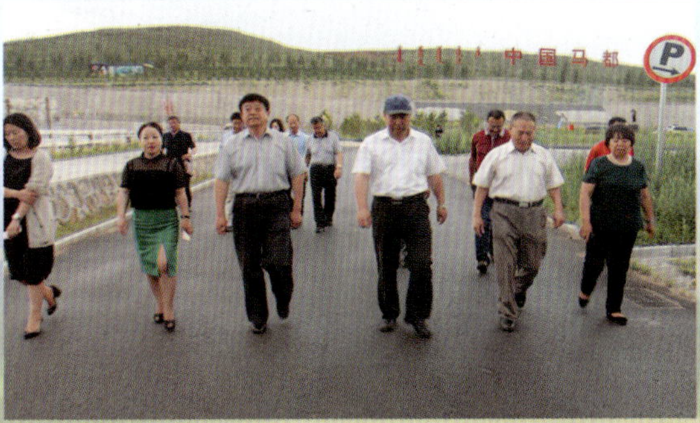

内蒙古自治区政协副主席梁铁成（前排左二）到锡林浩特市视察中国马都核心区

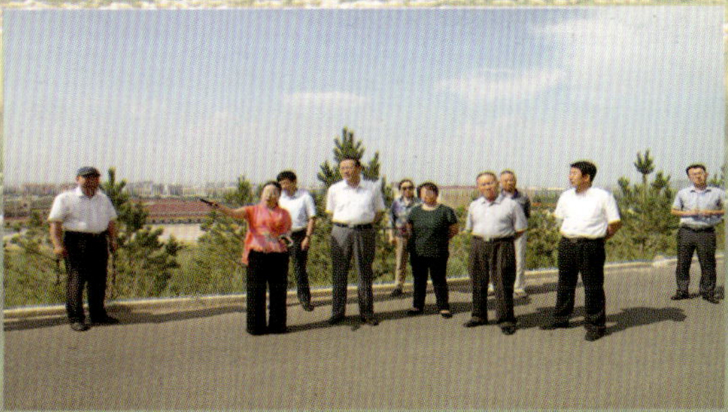

内蒙古自治区政协副主席郭启俊（左四）到锡林浩特市视察锡林河生态景观带

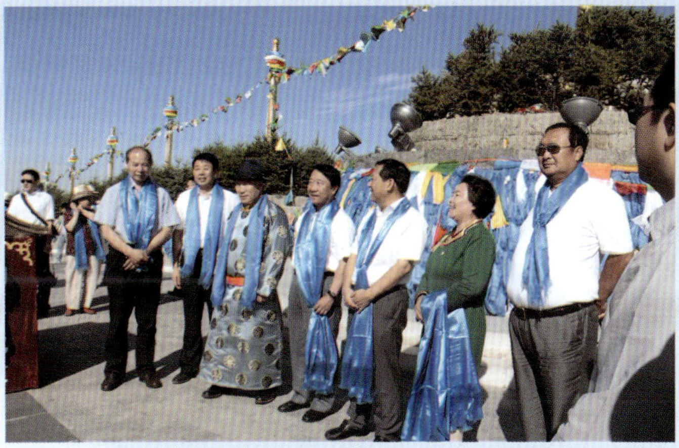

内蒙古自治区政协副主席、农工党自治区主委牛广明（右四）参加额尔敦敖包民俗旅游活动

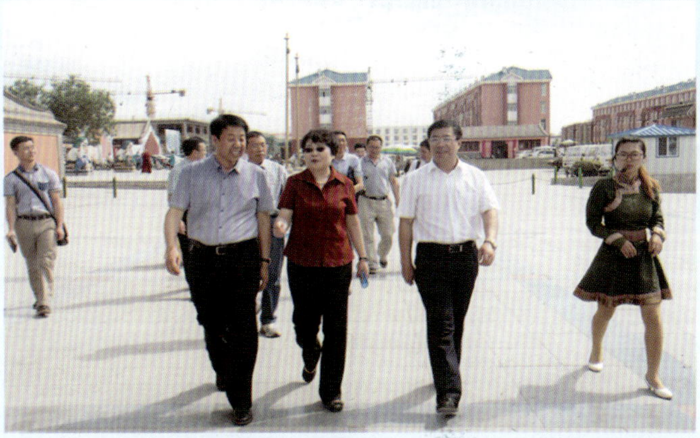

内蒙古自治区政协副主席陈羽（前排中）到锡林浩特市视察民族宗教文化工作

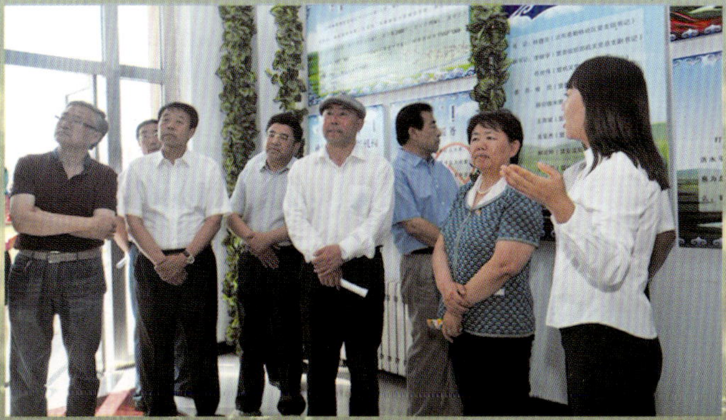

盟政协主席其其格（右二）视察锡林浩特社区卫生服务中心

ᠲᠣᠭ᠎ᠠ ᠰᠢᠯᠢ 数字锡林

一、2017年全市地区生产总值同比增长6.3%；其中第一产业增加值同比增长5.5%；第二产业增加值同比增长3.5%；第三产业增加值同比增长8.8%。三次产业结构由上年的10.2:40.0:49.8转变为8.5:42.3:49.2。人均生产总值同比增长5.5%。

二、2017年末，全社会从业人员122579人，同比增长2.8%；全部非私营城镇地域单位从业人员期末数61872人，同比增长1.7%。2017年全部非私营城镇地域单位在岗职工工资总额43.4亿元，同比增长12.9%。

三、全年粮油产量3.3万吨，同比增长49.9%；其中：粮食产量3.23万吨，同比下降9.5%。蔬菜产量7.37万吨，同比下降19.6%。

四、牧业年度牲畜总头数166.4万头（只），比上年同期减少2.7万头（只），其中大牲畜和羊总头数165.5万头（只），比上年同期减少3.2万头（只）;大牲畜和羊的总增率为43.96%。

五、全年造林面积3.28万亩，其中：当年新增封山育林项目面积1.5万亩,人工造林面积1.78万亩。零星植树20万株。

六、全部工业增加值同比增长5.7%，其中：规模以上工业企业增加值同比增长6.2%。全年规模以上工业企业产品销售率102.5%，同比增加5.1个百分点。

七、全社会固定资产投资完成139.34亿元，同比下降23.19%。

八、公路货运量13839.2万吨，同比增长5.0%；公路货运周转量2900246.0万吨公 里，同比增长6.3%；公路客运量451.7万人，同比增长0.2%；公路客运周转量28094.3万人公里，同比增长1.2%。

九、本地固定电话用户数达4.2万部，移动电话用户数达38.2万部，宽带在网用户数达11.7万户。

十、批发和零售业增加值同比增长7.2%；住宿和餐饮业增加值同比增长5.0%。社会消费品零售总额67.4亿元，同比增长7.8%。

十一、接待游客429.7万人次，同比增长3.0%；实现旅游收入83.5亿元，同比增长14.5%。

十二、市辖高等职业院校1所，在校生9198人，全年招生3610人，毕业生2662人；中等职业教育学校1所，在校生数1808人，当年新招生数677人，毕（结）业生数641人。特殊教育学校1所，在校生数161人，当年新招生数49人，毕业生数26人。高中2所，在校生数5280人，当年新招生数1773人，毕业生数2099人。初中6所，在校生数7822人，当年新招生数2729人，毕业生数2917人。小学13所，在校生数16550人，当年新招生数2782人，毕业生数2762人。幼儿园22所，在校生数4943人，当年新招生数1411人，毕业生数1385人。全市适龄儿童入学率100%。

十三、年末全市拥有医院、卫生院、保健所、服务站等卫生机构31所；床位数1668床；从业人员数3337人；卫生技术人员2722人；执业医师843人；注册护士1221人。

十四、年末全市常住人口26.7万人，增长0.68%；其中城镇常住人口24.4万人，增长1.58%，牧区常住人口2.3万人，下降8%。

十五、2017年，全体居民人均可支配收入39773元，比上年增加2303元，增长6.1%。城镇常住居民人均可支配收入41753元，比上年增加2363元，增长6.0%；牧区常住居民人均可支配收入24069元，比上年增加1824元，增长8.2%。

ᠭᠠᠷᠴᠠᠭ

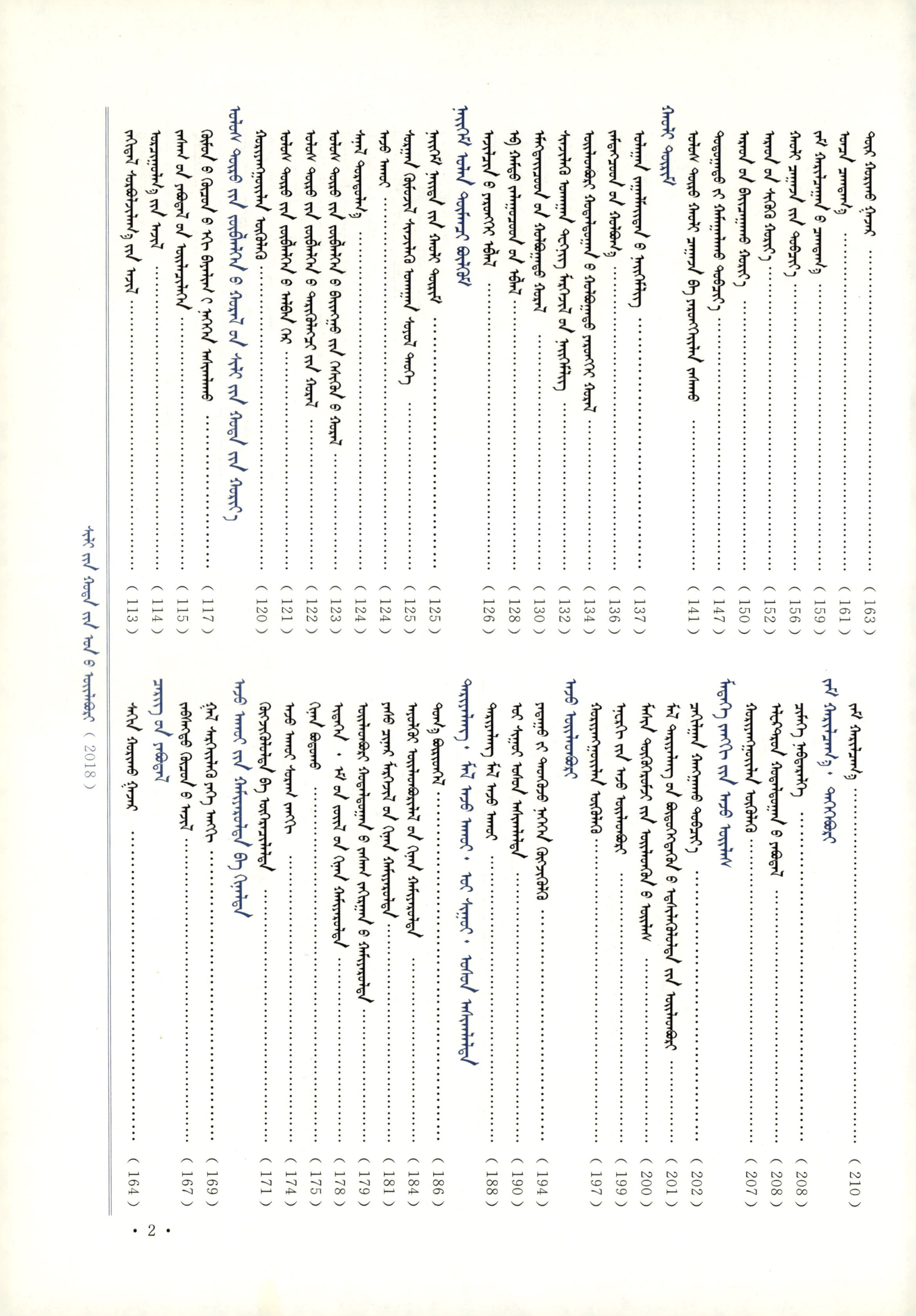

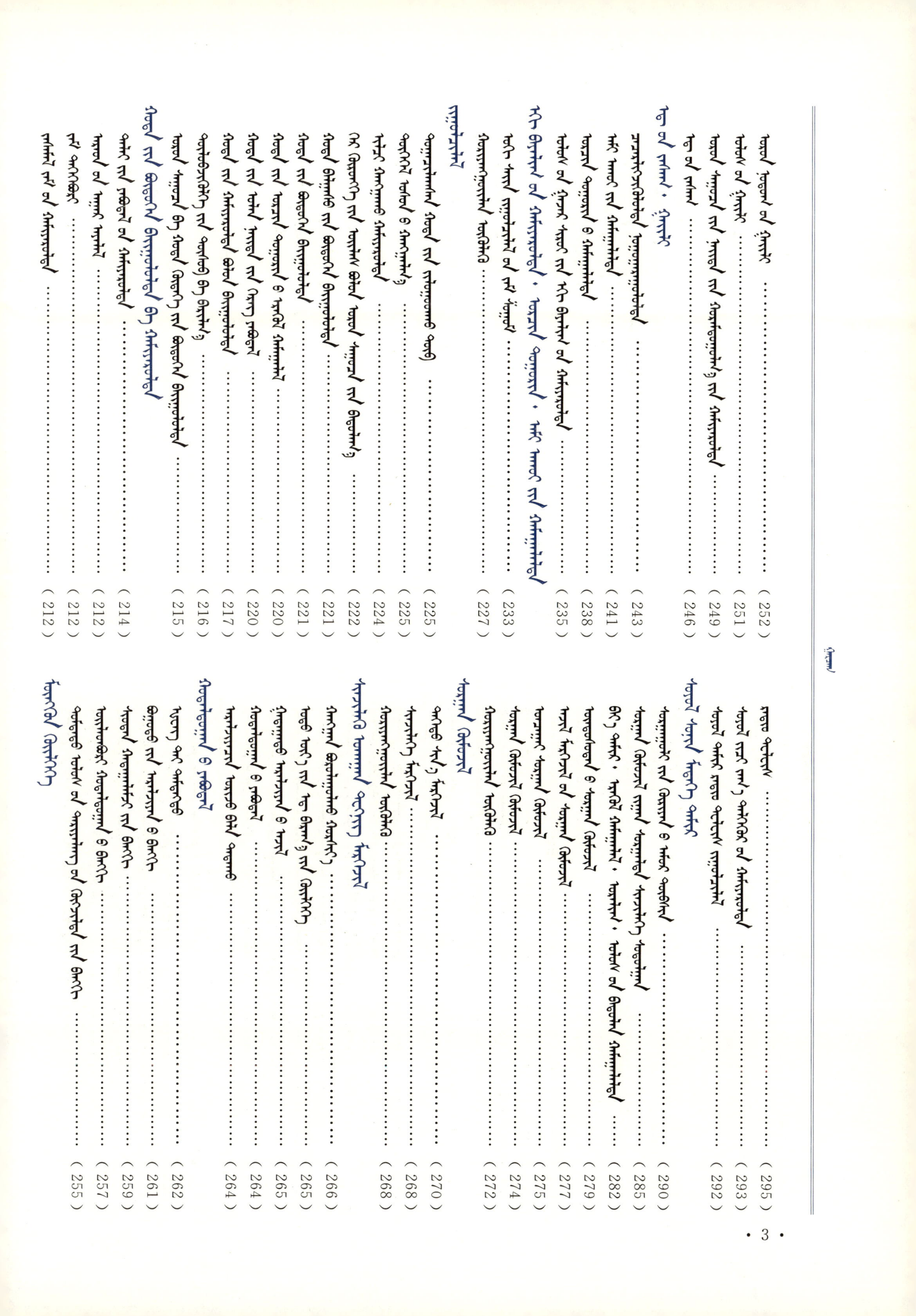

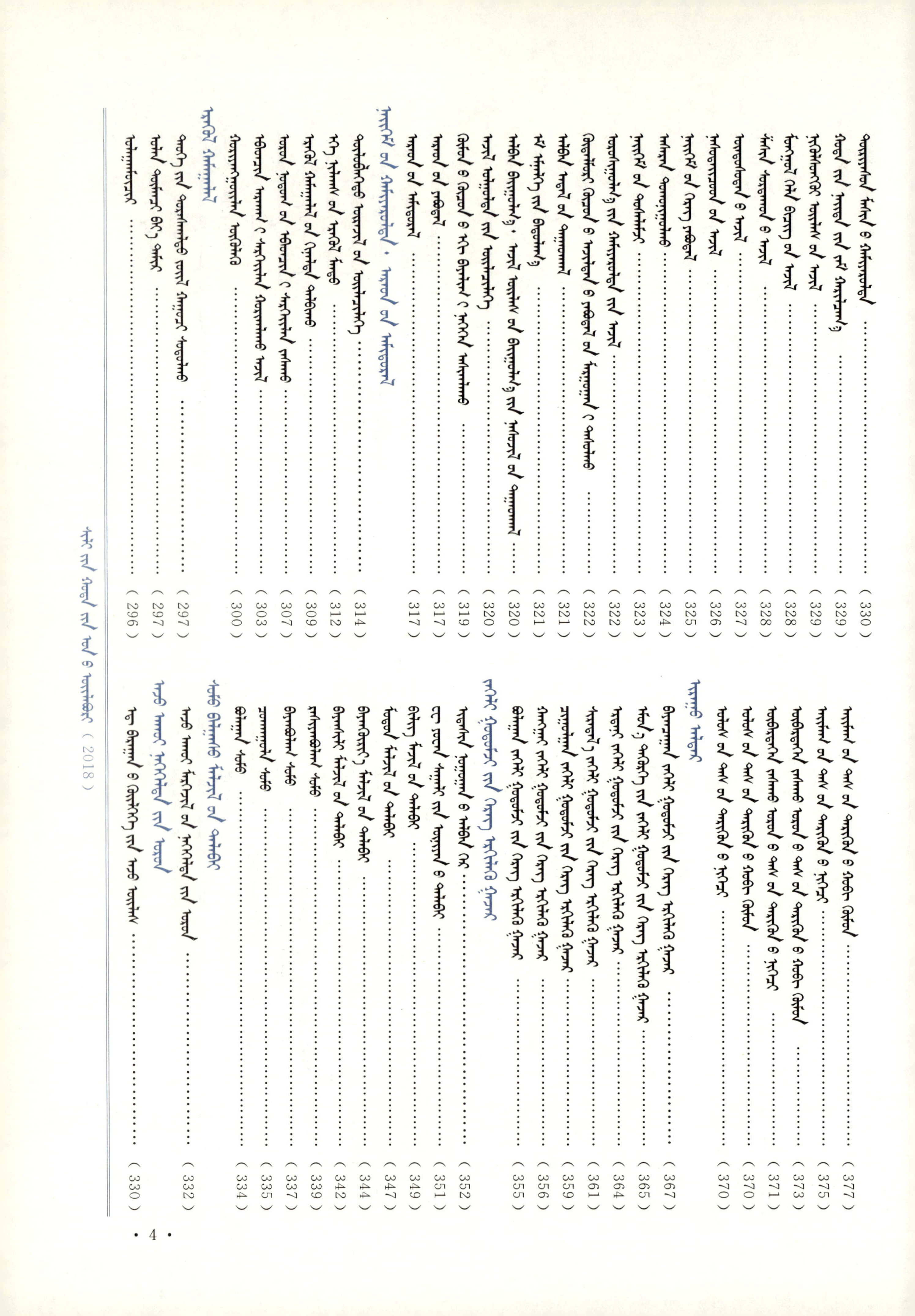

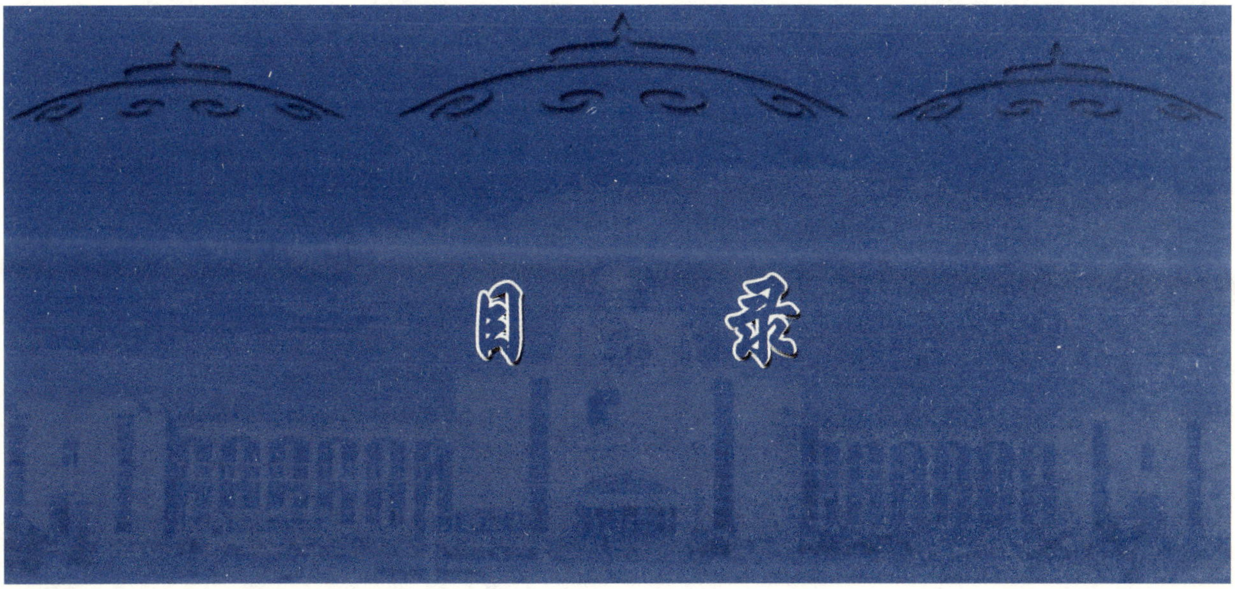

特 载

专 记

大事记

概 况

国民经济和社会发展统计公报

中国共产党锡林浩特市委员会

锡林浩特市人民代表大会常务委员会

锡林浩特市人民政府

中国人民政治协商会议锡林浩特市委员会

社会团体

法　治

军　事

经济管理与监督

农牧林水

工　业

信息产业

交通运输

城市建设与管理

旅　游

资源管理　环境保护

财政　税务

金融　保险

商　务

科学技术

教　育

文化　新闻　体育

卫 生

社会管理 人民生活

开发区

苏木 镇 场

街道办事处

荣 誉

文件选录

附 录

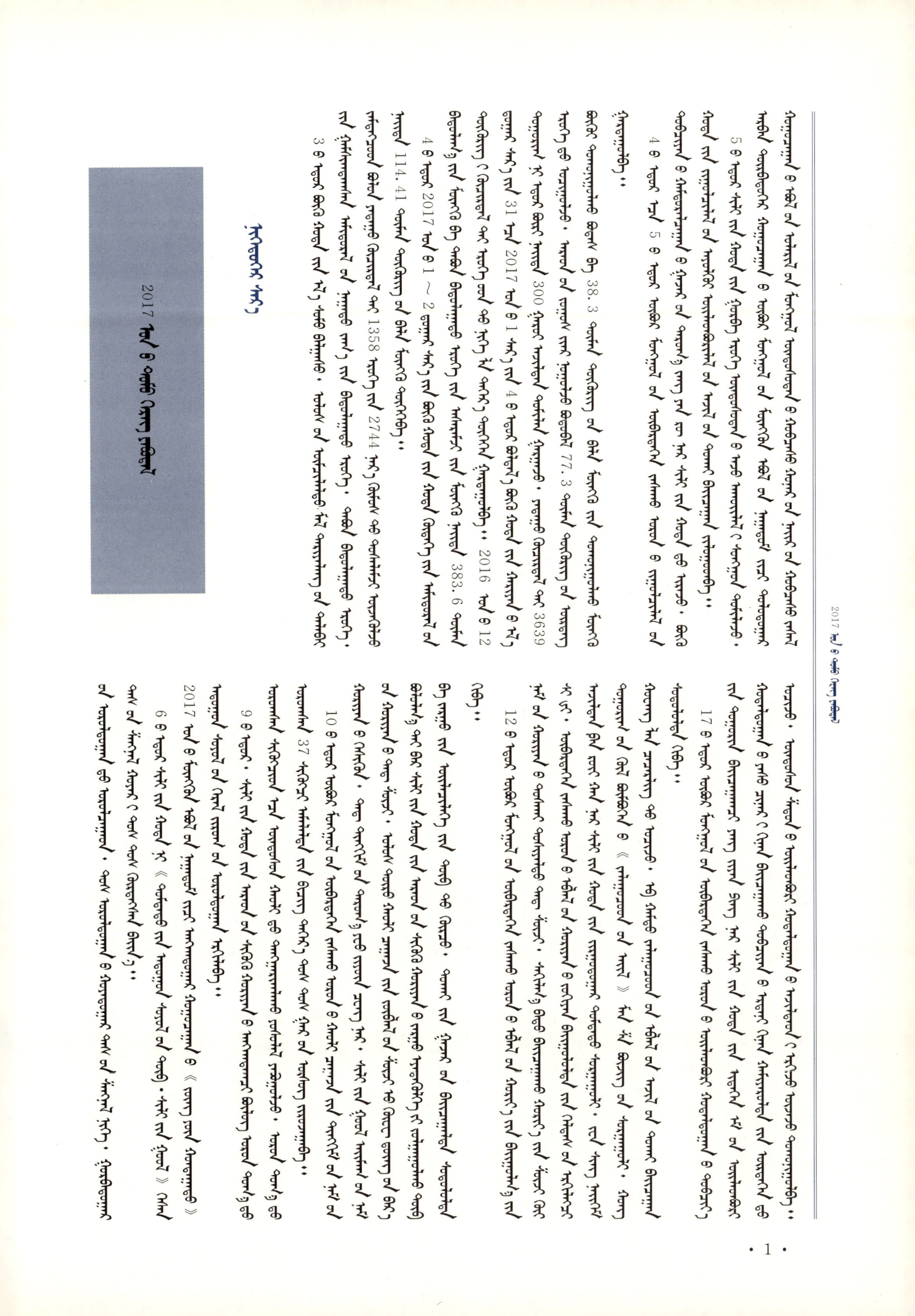

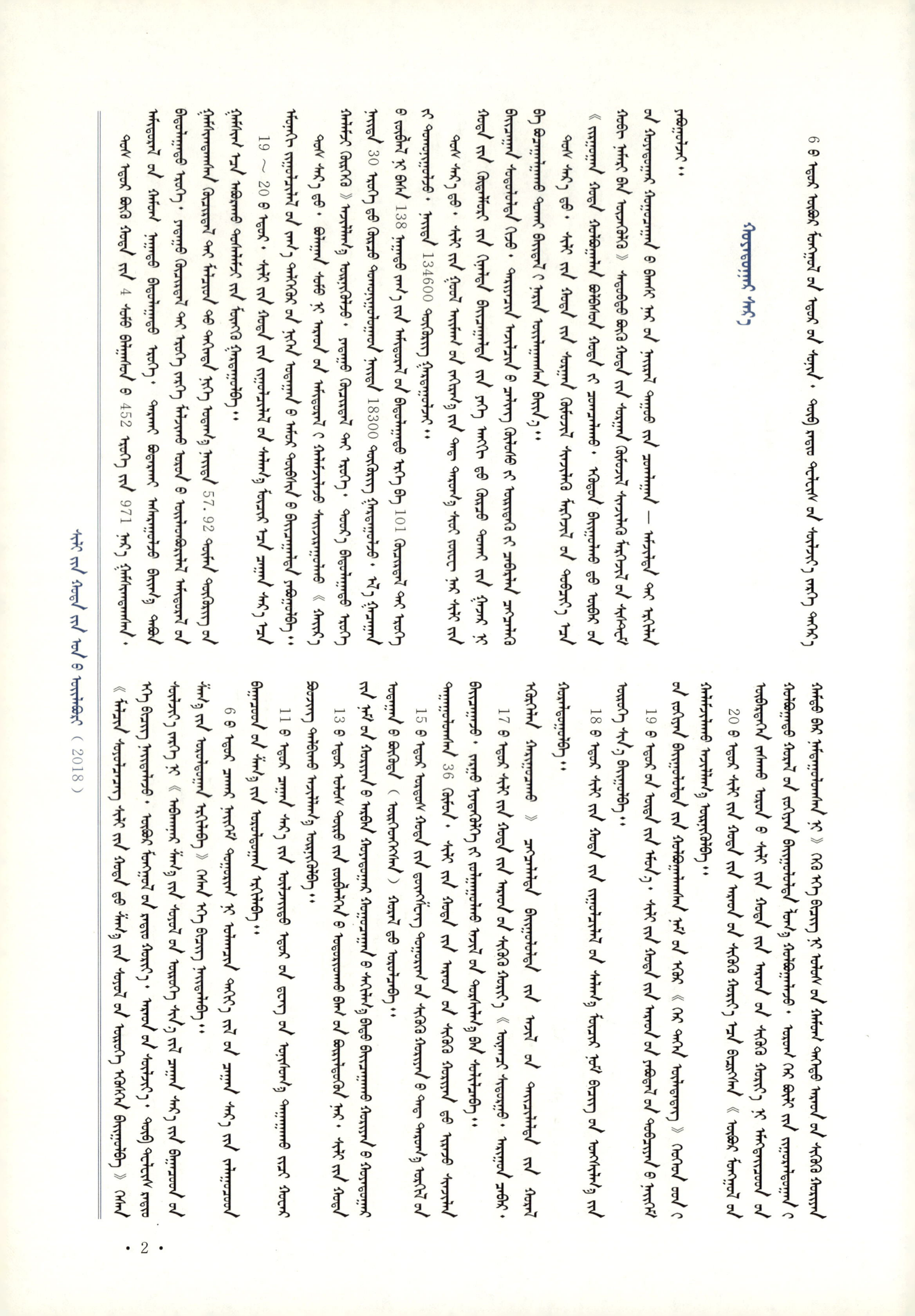

[illegible]

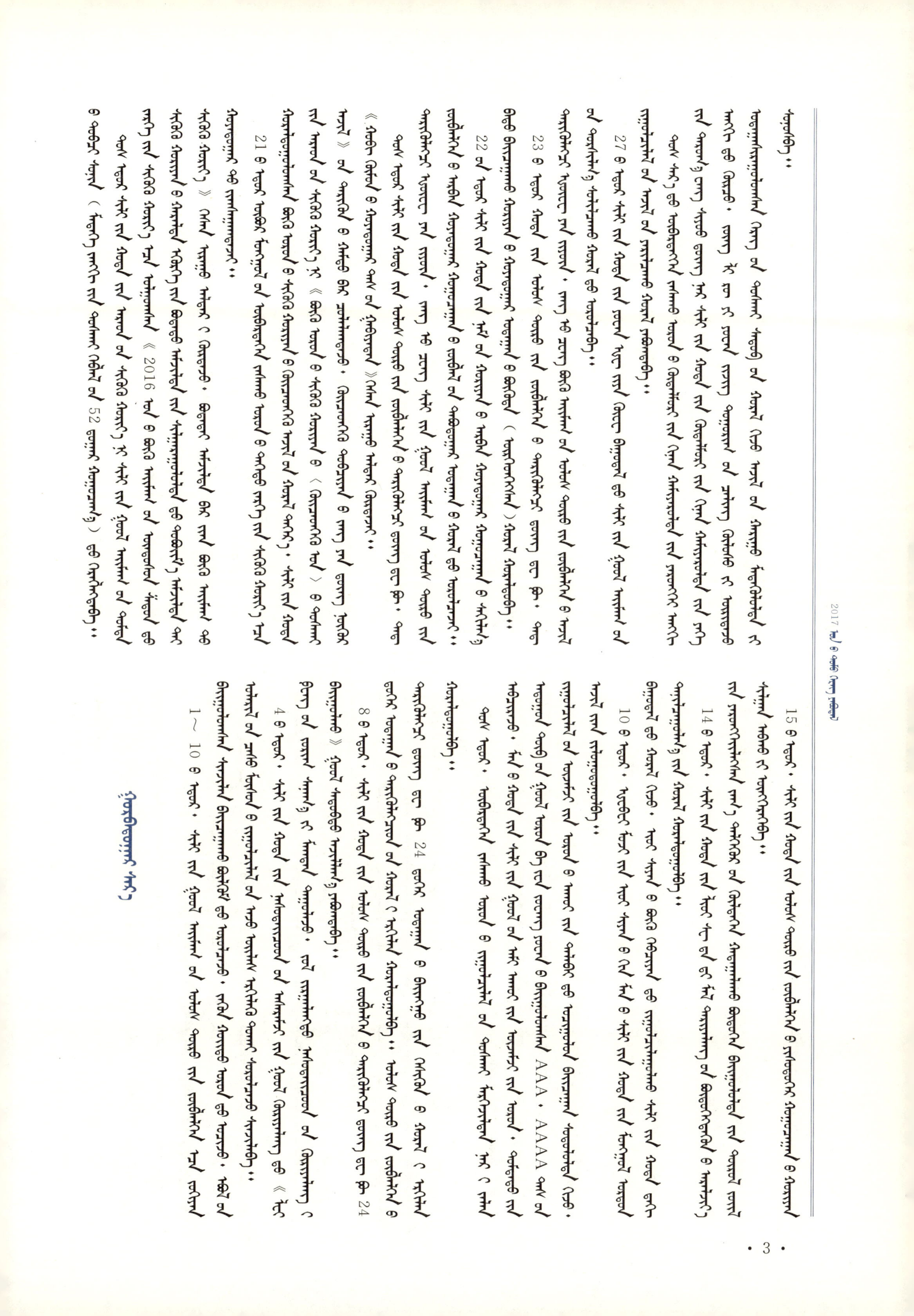

[illegible] ::

[illegible] 《 2016 [illegible] 》 [illegible] ([illegible] 52 [illegible]) [illegible] ::

21 [illegible] ::

22 [illegible] 《 [illegible] 》 [illegible] 《 [illegible] 》 [illegible] 〈 [illegible] 〉 [illegible] ::

23 [illegible] ([illegible]) [illegible] ::

27 [illegible] ::

[illegible] ::

ᠨᠢᠭᠡᠳᠦᠭᠡᠷ ᠰᠠᠷ᠎ᠠ

1～10 [illegible] ::

4 [illegible] 《 [illegible] 》 [illegible] ::

8 [illegible] 24 [illegible] 24 [illegible] ::

[illegible] AAA、AAAA [illegible] ::

10 [illegible] ::

14 [illegible] ::

15 [illegible] ::

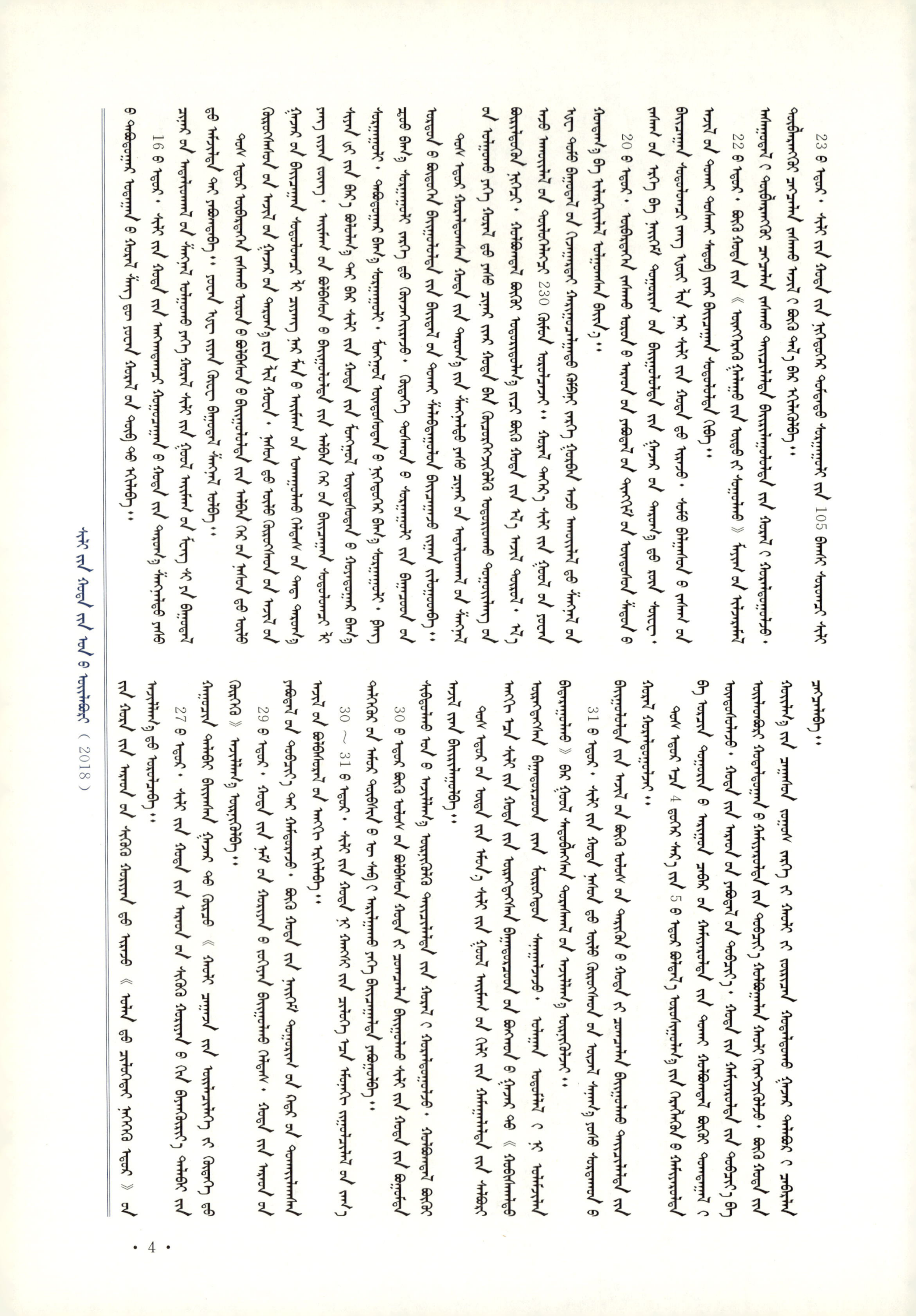

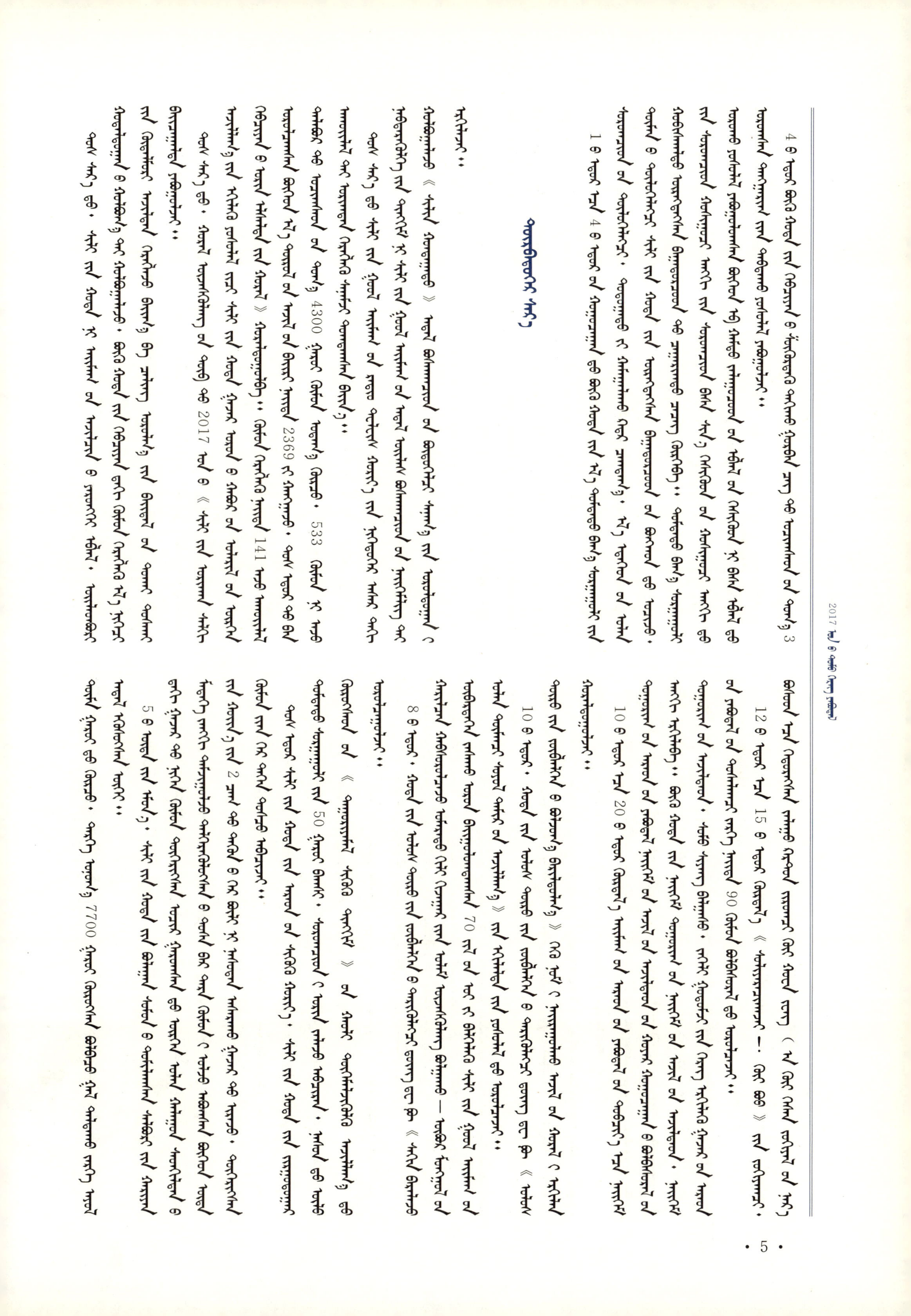

[illegible] ᠃

19 ᠤ ᠡᠳᠦᠷ ᠂ ᠥᠪᠦᠷ ᠮᠣᠩᠭᠣᠯ ᠤᠨ ᠥᠪᠡᠷᠲᠡᠭᠡᠨ ᠵᠠᠰᠠᠬᠤ ᠣᠷᠤᠨ ᠤ [illegible] ᠃

[illegible] 《 [illegible] 》 [illegible] ᠂ [illegible] ᠂

18 ～ 20 ᠤ ᠡᠳᠦᠷ [illegible] 2017 ᠣᠨ ᠤ 《 [illegible] 》 ᠂ [illegible] ᠃

18 ᠤ ᠡᠳᠦᠷ ᠂ ᠥᠪᠦᠷ ᠮᠣᠩᠭᠣᠯ ᠤᠨ ᠥᠪᠡᠷᠲᠡᠭᠡᠨ ᠵᠠᠰᠠᠬᠤ ᠣᠷᠤᠨ ᠤ [illegible] ᠃

[illegible] ᠂ [illegible] 12 [illegible] ᠃

17 ᠤ ᠡᠳᠦᠷ ᠂ [illegible] ᠃

[illegible] ᠃ [illegible] ᠃ [illegible] ᠂ [illegible]

13 ᠤ ᠡᠳᠦᠷ ᠂ [illegible] ᠃

[illegible] ᠂ [illegible] ᠂ [illegible] ([illegible]) [illegible] ᠂ [illegible] ᠃

[illegible] ᠃

[illegible] ᠂ [illegible] ᠃

[illegible] ᠂ [illegible] ᠃

25 ᠤ ᠡᠳᠦᠷ [illegible] 27 ᠤ ᠡᠳᠦᠷ [illegible] ᠃

24 ᠤ ᠡᠳᠦᠷ ᠂ [illegible] 《 [illegible] 》 [illegible] ᠃

[illegible] 》 [illegible] ᠂ 《 [illegible]

[illegible] 《 [illegible] 》 [illegible] ᠃

[illegible] ᠂ [illegible] 《 [illegible] ᠂ [illegible] ᠂ [illegible] ᠂ 《 [illegible] 》 [illegible] ᠃

[illegible] ᠂ [illegible]

21 ᠤ ᠡᠳᠦᠷ [illegible] 《 [illegible] 》 [illegible] 2017 ᠣᠨ ᠤ [illegible] 》 [illegible] ᠃

[illegible] 《 [illegible] ᠃

20 ᠤ ᠡᠳᠦᠷ 《 [illegible] 》 [illegible] ᠃

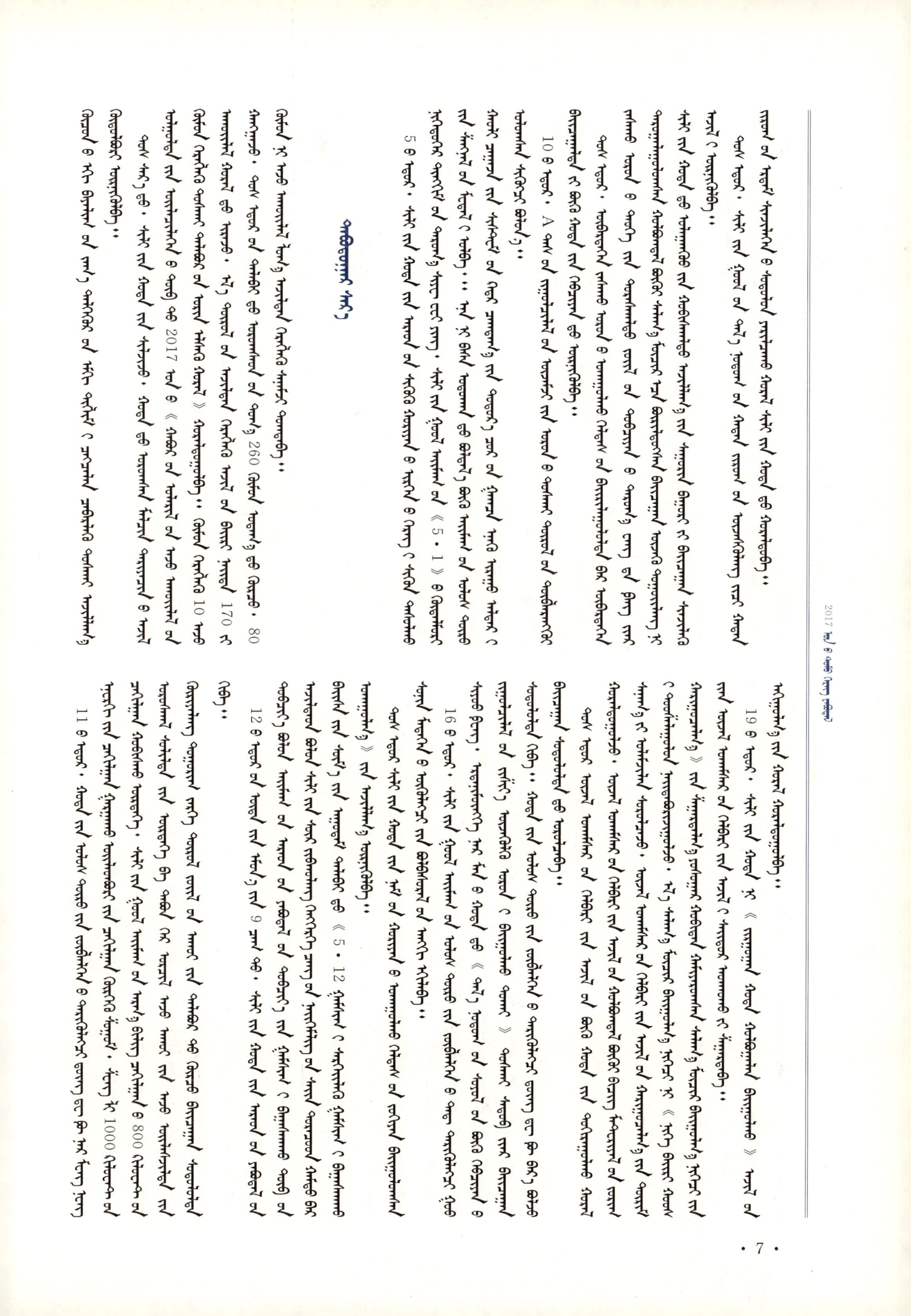

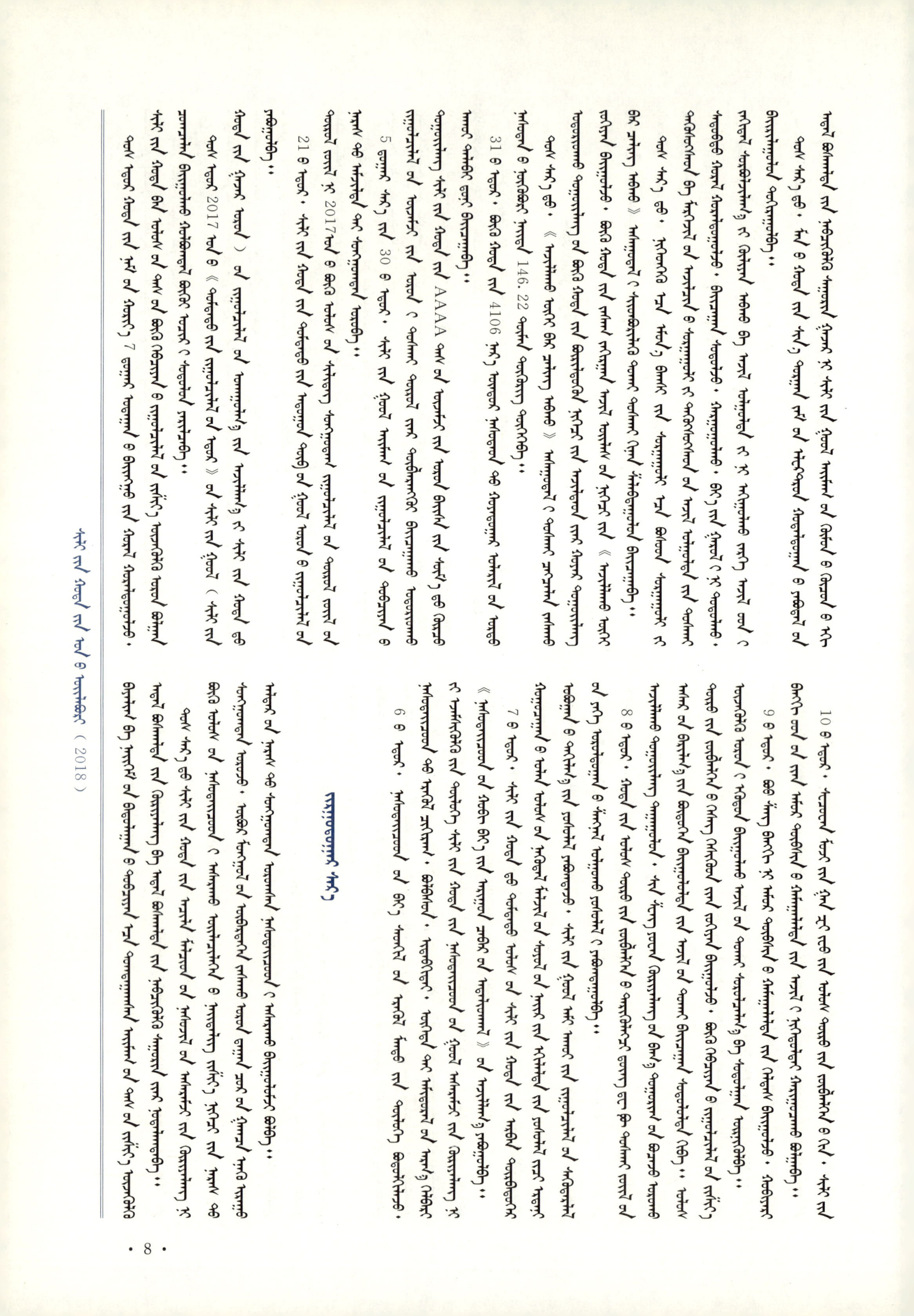

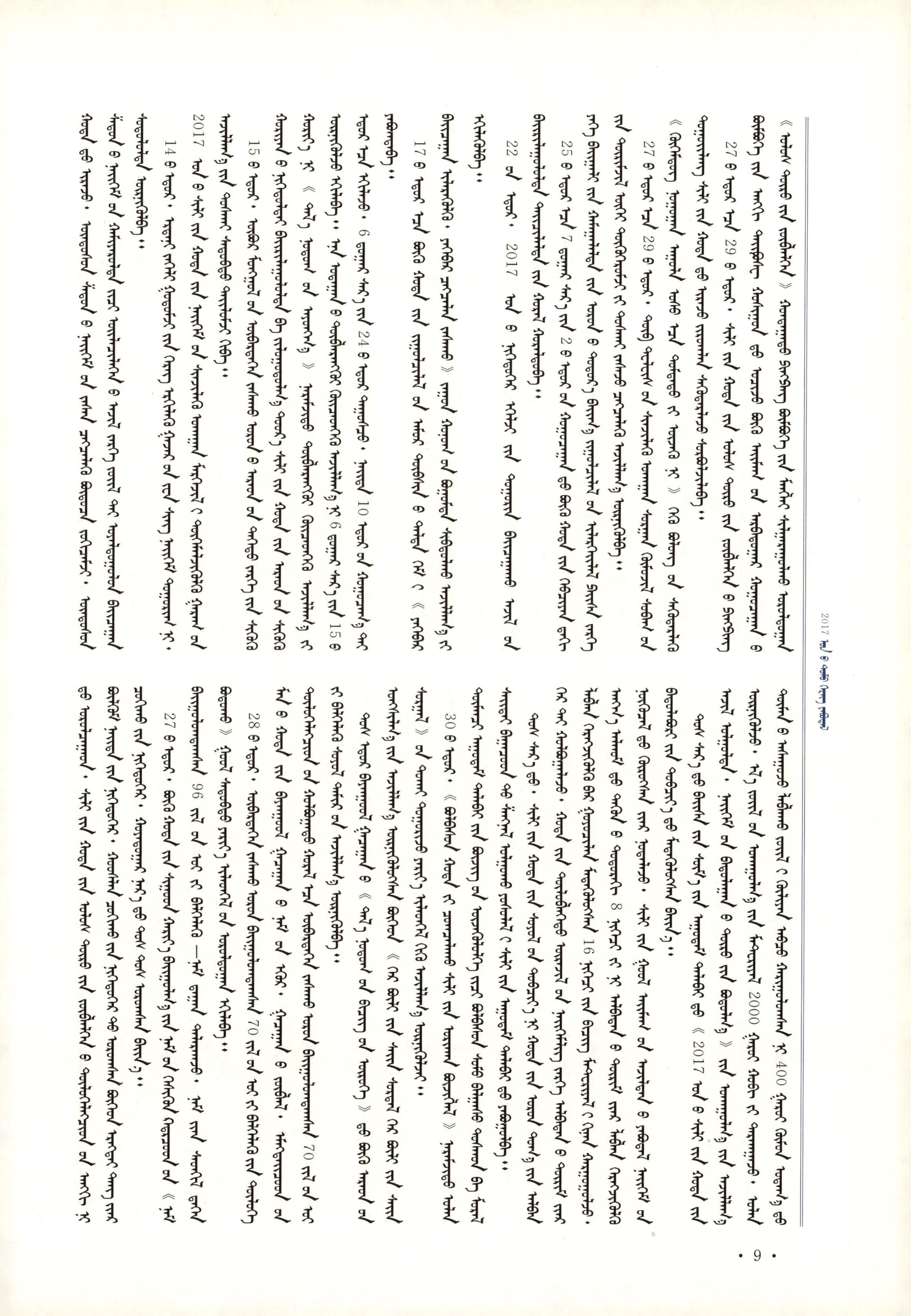

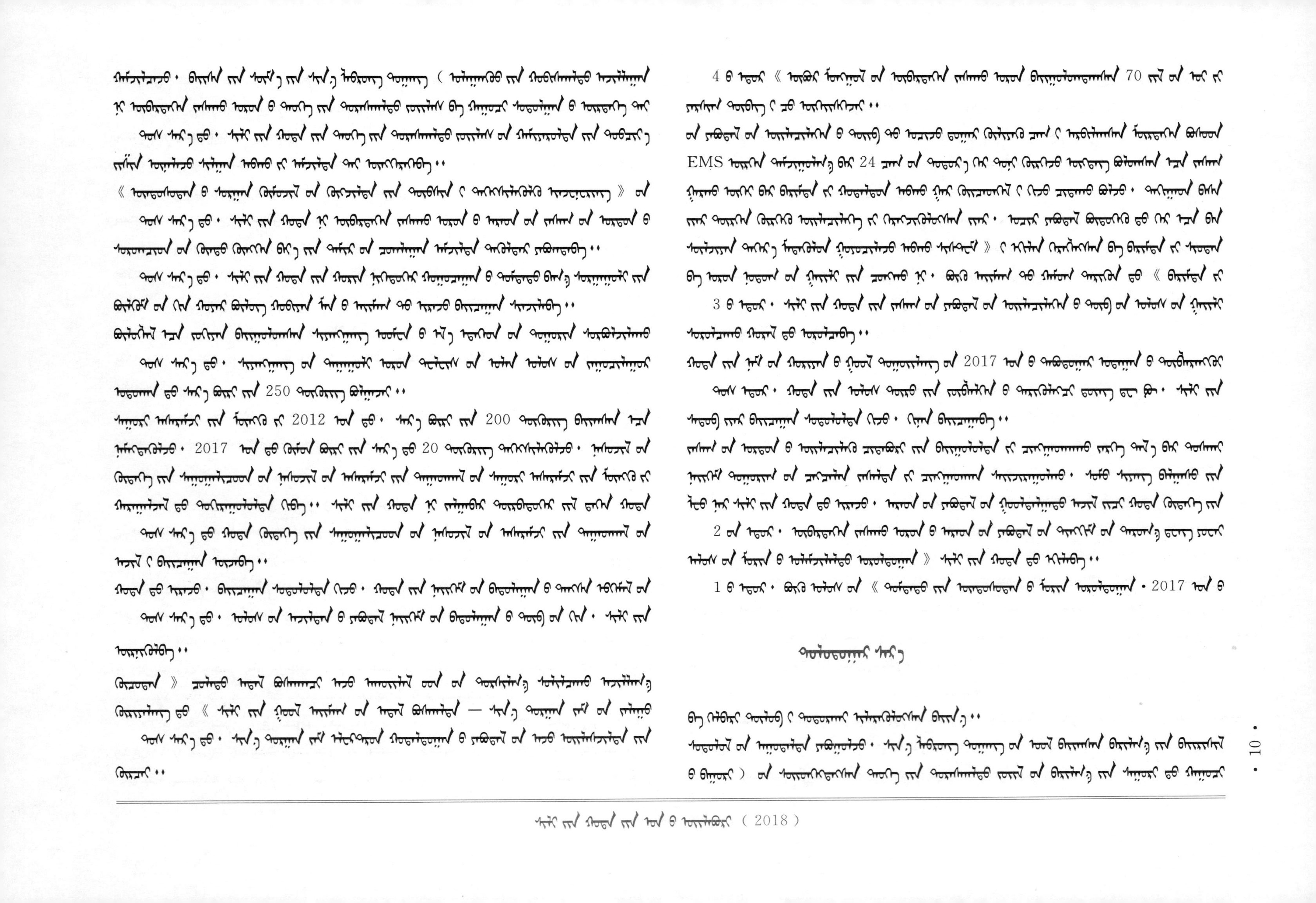

[illegible] ([illegible]

[illegible] 250 [illegible]

[illegible] 2012 [illegible] 200 [illegible]

[illegible] 2017 [illegible] 20 [illegible]

[illegible] 《 [illegible] — [illegible]

4 [illegible] 《 [illegible] 70 [illegible]

EMS [illegible] 24 [illegible]

[illegible] 《 [illegible] 》 [illegible]

3 [illegible]

[illegible] 2017 [illegible]

2 [illegible] 》 [illegible]

1 [illegible] 《 [illegible] 2017 [illegible]

[illegible]

[illegible]) [illegible]

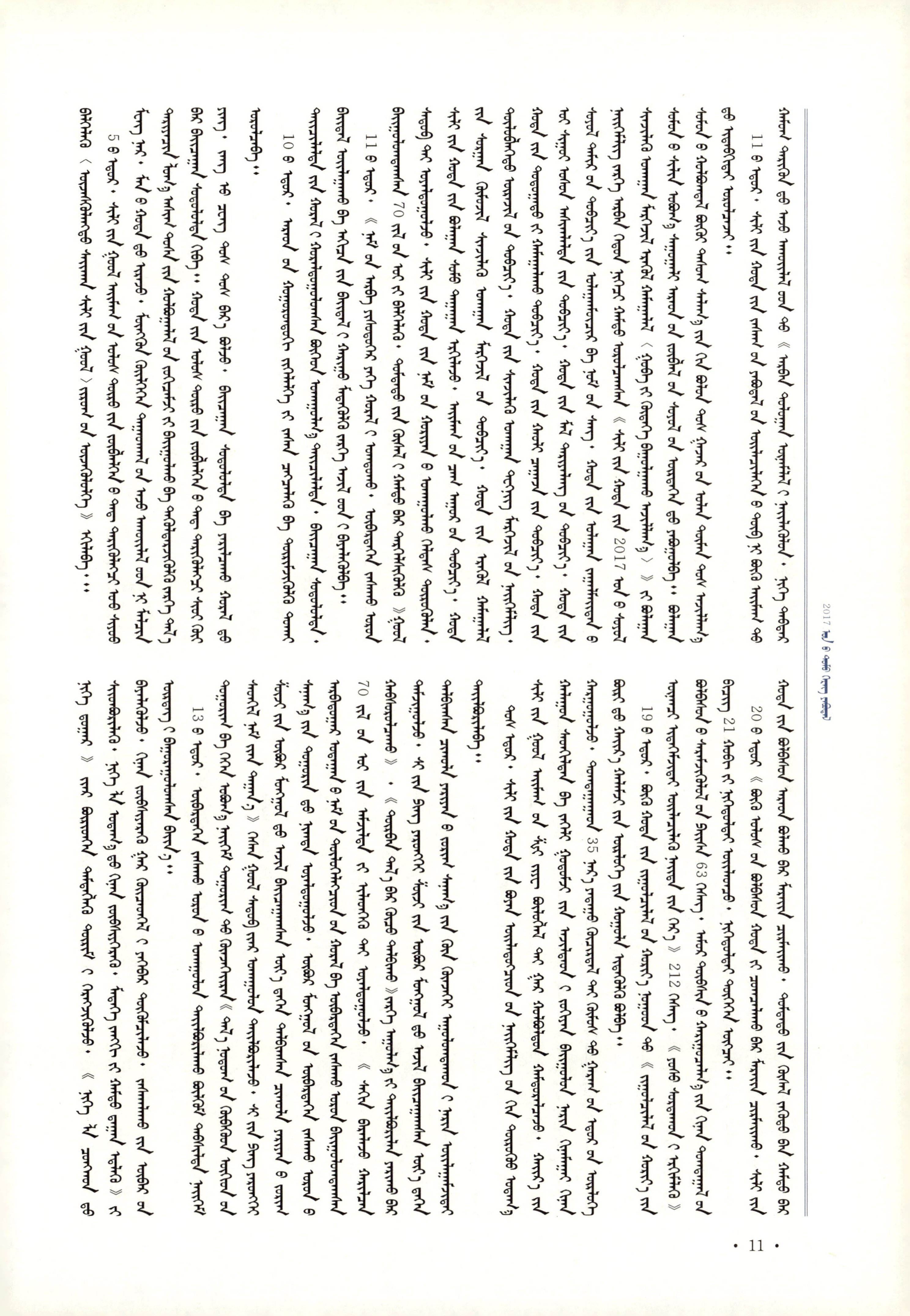

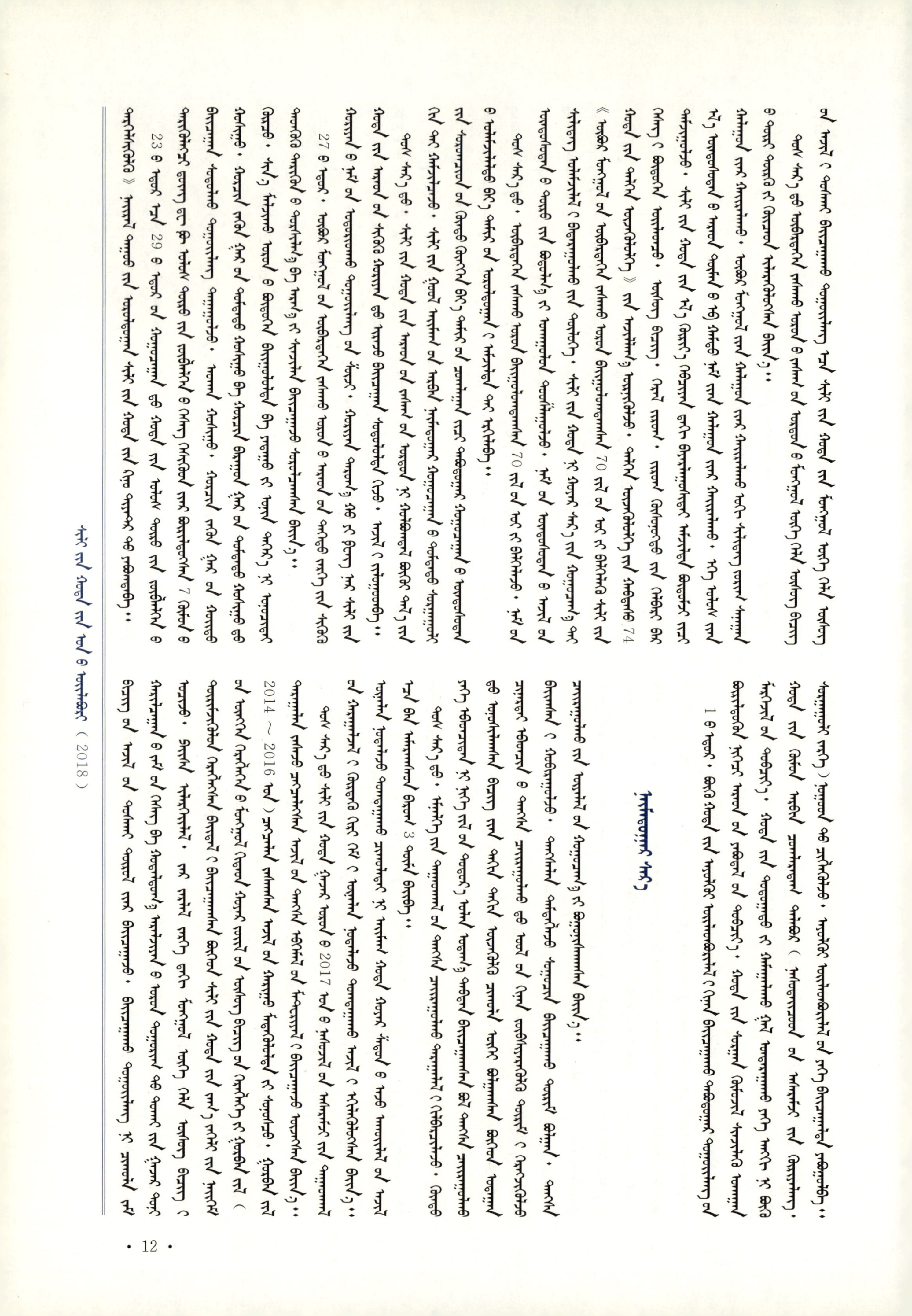

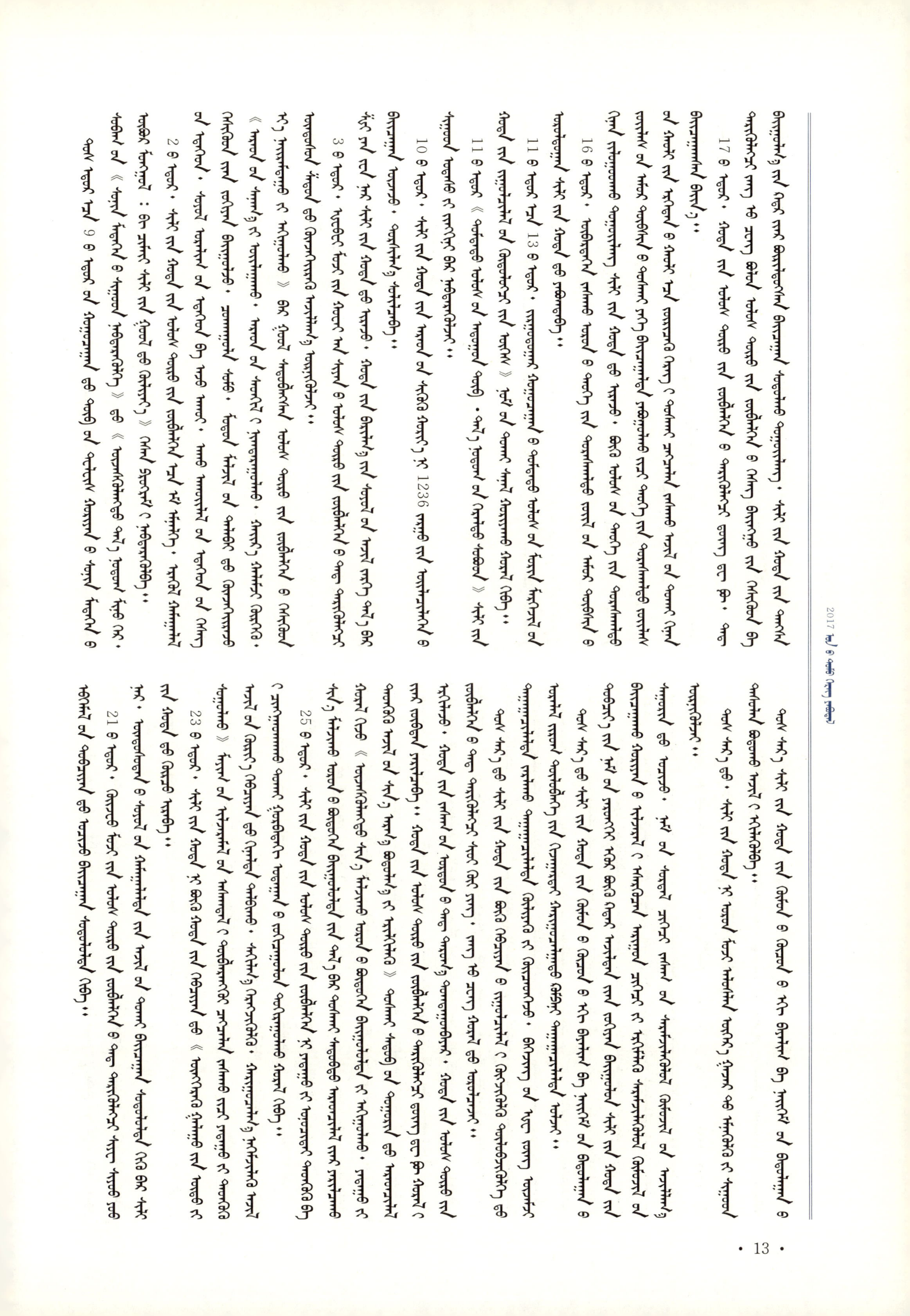

[illegible]

17 [illegible] ᠂ [illegible] ᠃

[illegible]

16 [illegible] ᠂ [illegible] ᠃

11 [illegible] 13 [illegible] ᠂ [illegible] 《 [illegible] 》 [illegible] ᠃

11 [illegible] 《 [illegible] 》 [illegible] ᠃

10 [illegible] ᠂ [illegible] 1236 [illegible] ᠃

[illegible] ᠂ [illegible]

3 [illegible] ᠂ [illegible] ᠃

[illegible] 《 [illegible] 》 [illegible] ᠂ [illegible] ᠂ [illegible] ᠂ [illegible] ᠂ [illegible]

2 [illegible] ᠂ [illegible] ᠂ [illegible] : [illegible] 《 [illegible] 》 [illegible] ᠃

[illegible] 《 [illegible] 》 [illegible] 《 [illegible] 》 [illegible] ᠂

[illegible] 9 [illegible] [illegible] ᠃

[illegible] ᠂ [illegible] ᠃

[illegible] ᠂ [illegible] ᠃

[illegible] ᠃

[illegible] ᠂ [illegible] ᠂ [illegible] ᠃ [illegible] 《 [illegible] 》 [illegible] 《 [illegible] 》 [illegible] ᠂ [illegible] ᠃

25 [illegible] ᠂ [illegible] ᠃

[illegible] ᠂ [illegible] ᠂ [illegible] 《 [illegible] 》 [illegible]

23 [illegible] ᠂ [illegible] 《 [illegible] 》 [illegible] ᠃

[illegible] ᠂ [illegible]

21 [illegible] ᠂ [illegible] ᠃

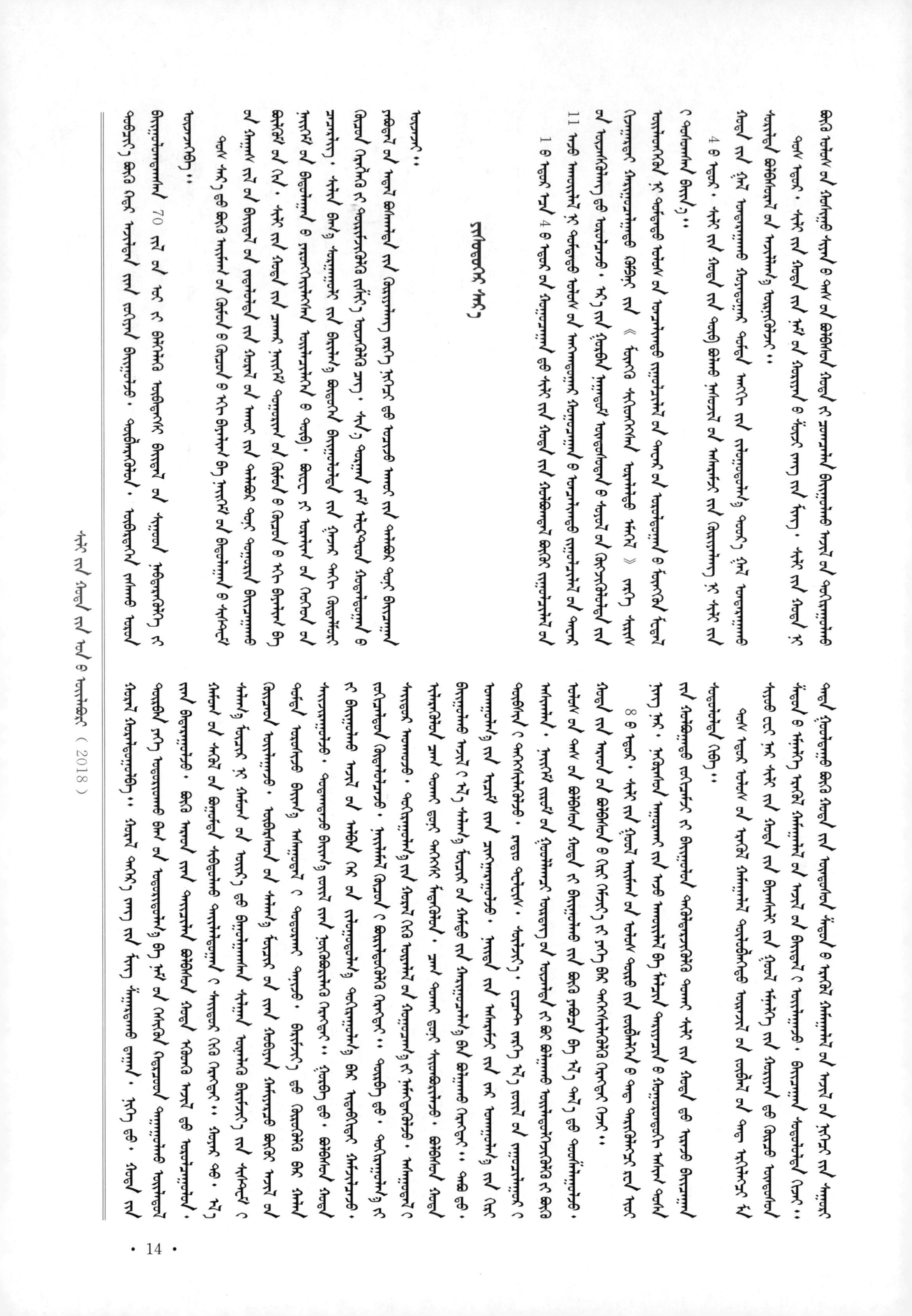

[illegible] 1173 ᠣᠨ ([illegible]

27 ᠤ ᠣᠨ [illegible]

[illegible]

23 ᠤ ᠣᠨ ᠡᠴᠡ 24 ᠤ ᠣᠨ [illegible]

22 ᠤ ᠣᠨ [illegible]

19 ᠤ ᠣᠨ ᠡᠴᠡ 22 ᠤ ᠣᠨ [illegible] 130 [illegible] 67 [illegible]

15 · 16 ᠤ [illegible]

[illegible]

15 ᠤ ᠣᠨ [illegible]

[illegible] 760 [illegible] 186 [illegible] 1027 [illegible] 45 [illegible]

[illegible]

[illegible]

30 ᠤ ᠣᠨ [illegible]

[illegible]

29 ᠤ ᠣᠨ [illegible]

[illegible]

28 ᠤ ᠣᠨ [illegible]

[illegible] 70.38 [illegible] 1130 ᠣᠨ [illegible] 20 [illegible] 17

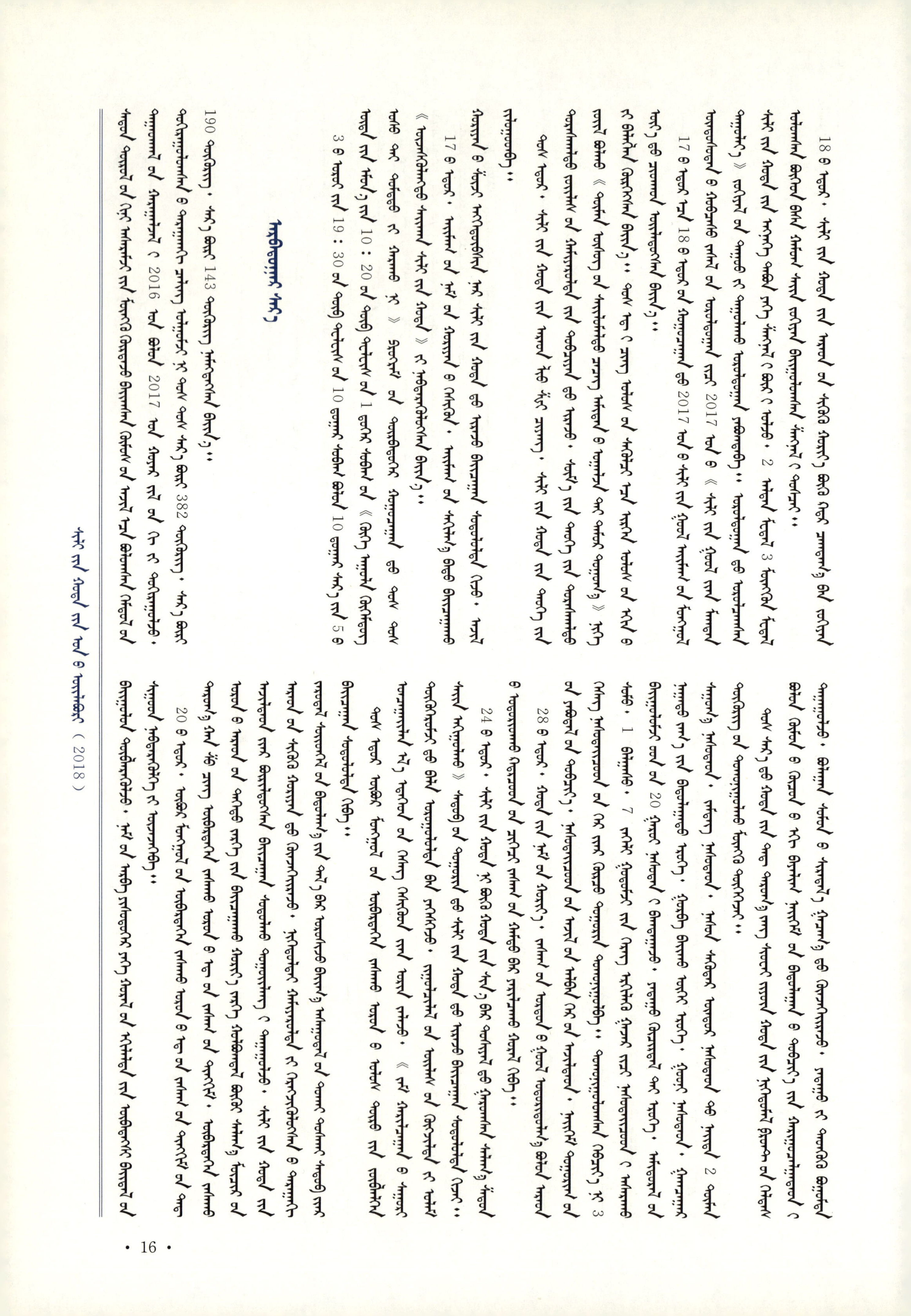

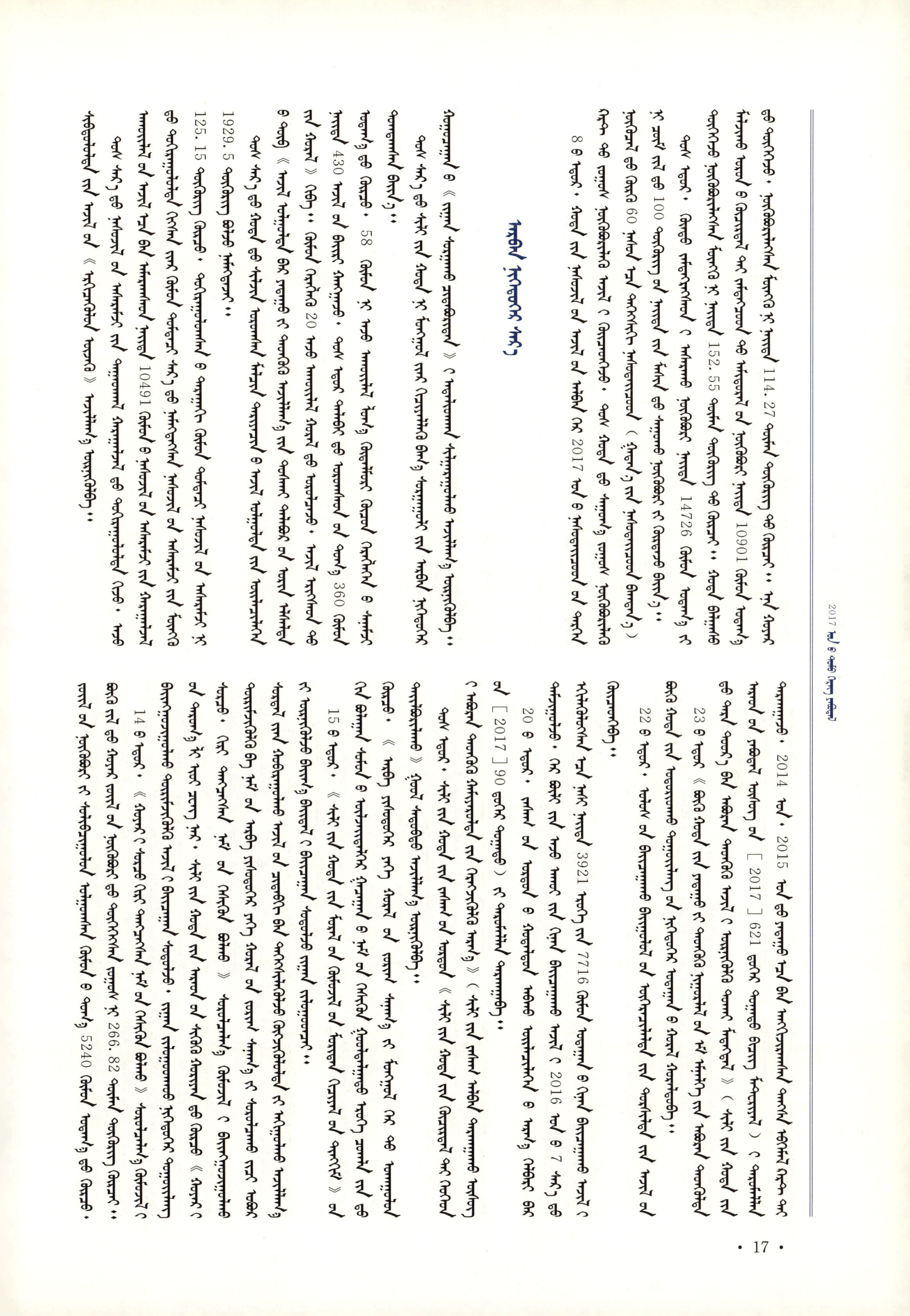

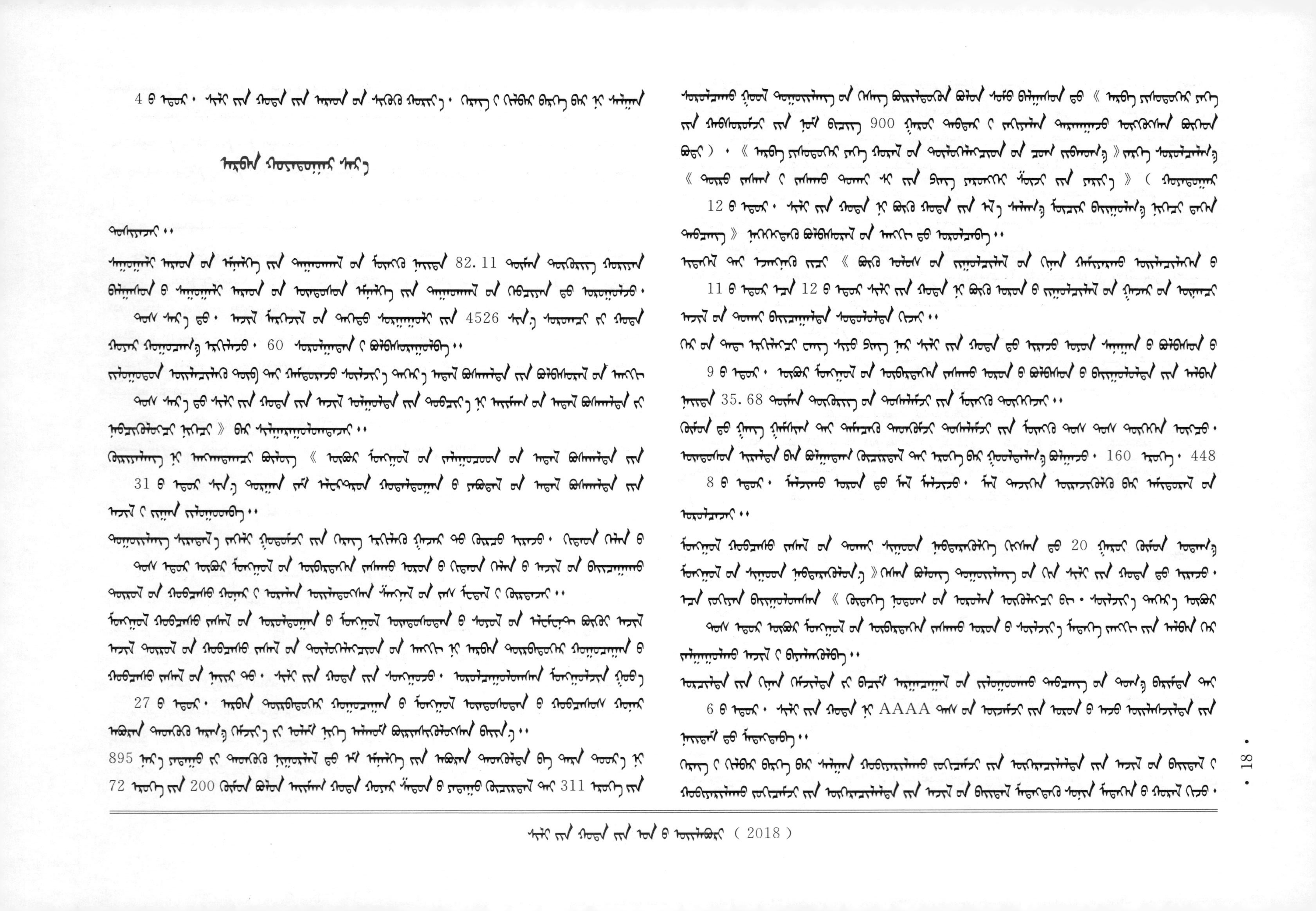

4 [illegible]

[illegible]

[illegible]

[illegible] 82. 11 [illegible] 4526 [illegible] 60 [illegible]

[illegible]

[illegible] 31 [illegible]

[illegible]

[illegible]

27 [illegible]

895 [illegible] 72 [illegible] 200 [illegible] 311 [illegible] 900 [illegible]

12 [illegible]

[illegible] 11 [illegible] 12 [illegible]

[illegible] 9 [illegible] 35. 68 [illegible]

[illegible] 160 [illegible] 448 [illegible] 8 [illegible]

[illegible] 20 [illegible]

[illegible]

[illegible] 6 [illegible] AAAA [illegible]

[illegible]

31 ᠳᠦ ᠡᠳᠦᠷ᠂ ᠬᠣᠲᠠ ᠶᠢᠨ ᠬᠠᠮᠲᠤ ᠶᠢᠨ 77 ᠵᠦᠢᠯ ᠦᠨ ᠪᠠᠢᠭᠤᠯᠤᠯᠲᠠ ᠶᠢᠨ ᠬᠤᠷᠠᠯ ᠳᠤ 4554 ᠵᠦᠢᠯ ᠦᠨ ᠬᠡᠮᠵᠢᠶ᠎ᠡ ᠪᠡᠷ ᠬᠠᠮᠲᠤ ᠶᠢᠨ ᠠᠵᠢᠯᠯᠠᠭ᠎ᠠ ᠶᠢ 591.75 ᠰᠠᠶ᠎ᠠ ᠶᠤᠸᠠᠨ ᠪᠡᠷ ᠪᠡᠬᠢᠵᠢᠭᠦᠯᠦᠨ᠂ ᠬᠣᠲᠠ ᠶᠢᠨ ᠬᠠᠮᠲᠤ ᠶᠢᠨ AAAA ᠵᠡᠷᠭᠡ ᠶᠢᠨ ᠪᠠᠢᠭᠤᠯᠤᠯᠲᠠ ᠶᠢ ᠬᠠᠮᠲᠤ ᠪᠡᠷ ᠬᠥᠭᠵᠢᠭᠦᠯᠬᠦ ᠪᠣᠯᠪᠠ::

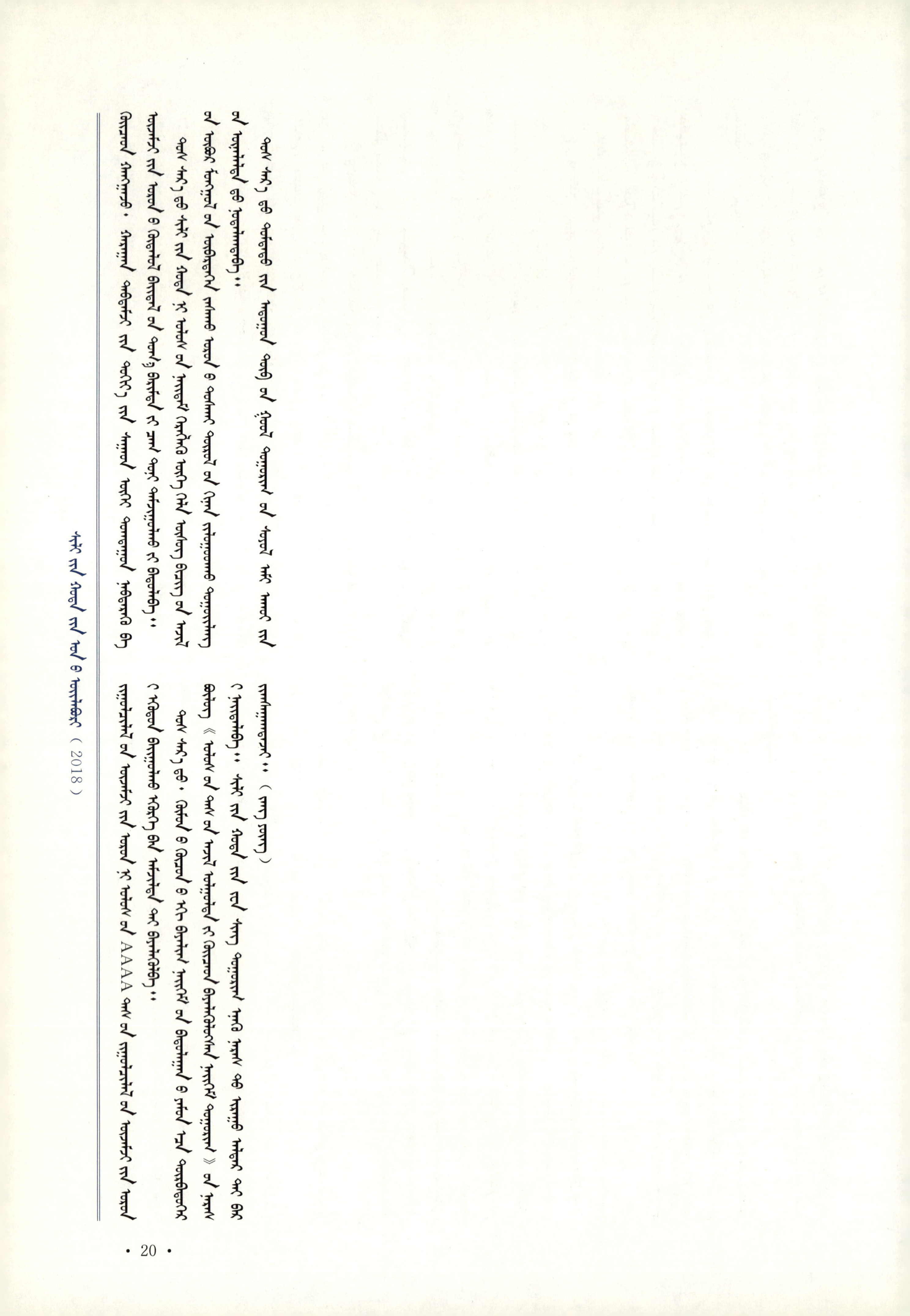

[illegible]

[illegible]

[illegible]

[illegible] AAAA [illegible]

ᠦᠨᠳᠦᠰᠦ ᠪᠠᠶᠢᠳᠠᠯ

ᠭᠠᠵᠠᠷ ᠤᠨ ᠲᠠᠯᠠᠪᠠᠢ ᠬᠡᠮᠵᠢᠶ᠎ᠡ

ᠲᠤᠰ ᠬᠣᠲᠠ ᠶᠢᠨ ᠪᠦᠬᠦ ᠰᠤᠷᠭᠠᠭᠤᠯᠢ 101᠂ 207᠂ 303 ᠰᠤᠷᠭᠠᠭᠤᠯᠢ᠂ ᠪᠦᠬᠦ ᠳᠦ 1500 ᠰᠤᠷᠭᠠᠭᠤᠯᠢ ᠪᠣᠯᠪᠠ᠂ ᠲᠤᠰ ᠬᠣᠲᠠ ᠶᠢᠨ ᠳᠤᠮᠳᠠ ᠰᠤᠷᠭᠠᠭᠤᠯᠢ 307 ᠪᠠᠢᠨ᠎ᠠ᠂ ᠲᠤᠰ ᠬᠣᠲᠠ ᠶᠢᠨ ᠰᠤᠷᠭᠠᠭᠤᠯᠢ ᠶᠢᠨ ᠲᠣᠭ᠎ᠠ ᠬᠡᠮᠵᠢᠶ᠎ᠡ ᠶᠢ ᠬᠠᠷᠢᠴᠠᠭᠤᠯᠪᠠᠯ᠂ ᠲᠤᠰ ᠬᠣᠲᠠ ᠶᠢᠨ ᠰᠤᠷᠭᠠᠭᠤᠯᠢ 375 ᠰᠤᠷᠭᠠᠭᠤᠯᠢ ᠪᠣᠯᠪᠠ᠂ ᠲᠤᠰ ᠬᠣᠲᠠ ᠶᠢᠨ ᠪᠠᠭ᠎ᠠ ᠰᠤᠷᠭᠠᠭᠤᠯᠢ ᠶᠢᠨ ᠬᠡᠮᠵᠢᠶ᠎ᠡ ᠨᠢ 7 ᠰᠤᠷᠭᠠᠭᠤᠯᠢ᠂ ᠲᠤᠰ ᠬᠣᠲᠠ ᠶᠢᠨ ᠳᠤᠮᠳᠠ ᠰᠤᠷᠭᠠᠭᠤᠯᠢ ᠶᠢᠨ ᠪᠦᠬᠦ 4C ᠬᠡᠮᠵᠢᠶ᠎ᠡ ᠶᠢᠨ ᠰᠤᠷᠭᠠᠭᠤᠯᠢ ᠪᠠᠢᠭᠤᠯᠤᠭᠳᠠᠪᠠ᠃᠃ ᠲᠤᠰ ᠬᠣᠲᠠ ᠶᠢᠨ 767 ᠰᠤᠷᠭᠠᠭᠤᠯᠢ ᠶᠢᠨ ᠪᠠᠭᠰᠢ ᠨᠠᠷ ᠪᠣᠯᠪᠠ᠂ ᠪᠠᠭᠤᠰᠤᠨ᠂ ᠪᠠᠭᠠᠴᠤᠳ᠂ ᠳᠤᠮᠳᠠ ᠰᠤᠷᠭᠠᠭᠤᠯᠢ ᠶᠢᠨ ᠰᠤᠷᠤᠭᠴᠢ ᠶᠢᠨ ᠲᠣᠭ᠎ᠠ ᠨᠢ 2᠂ 220 ᠰᠤᠷᠤᠭᠴᠢ᠂ 500 ᠰᠤᠷᠤᠭᠴᠢ ᠶᠢᠨ ᠬᠦᠮᠦᠵᠢᠯᠲᠡᠢ ᠰᠤᠷᠭᠠᠭᠤᠯᠢ 1᠂ 110 ᠰᠤᠷᠤᠭᠴᠢ ᠶᠢᠨ ᠬᠦᠮᠦᠵᠢᠯᠲᠡᠢ ᠰᠤᠷᠭᠠᠭᠤᠯᠢ 1 ᠪᠠᠢᠭᠤᠯᠤᠭᠳᠠᠪᠠ᠂ 17᠂ 10 ᠰᠤᠷᠤᠭᠴᠢ ᠶᠢᠨ ᠬᠦᠮᠦᠵᠢᠯᠲᠡᠢ ᠰᠤᠷᠭᠠᠭᠤᠯᠢ ᠶᠢ 4821 ᠬᠦᠮᠦᠵᠢᠯᠲᠡᠢ ᠰᠤᠷᠭᠠᠭᠤᠯᠢ ᠶᠢ 1820 ᠰᠤᠷᠭᠠᠭᠤᠯᠢ ᠪᠣᠯᠪᠠ᠂ ᠬᠣᠲᠠ ᠶᠢᠨ ᠰᠤᠷᠭᠠᠭᠤᠯᠢ ᠪᠠᠢᠨ᠎ᠠ᠃᠃

ᠤᠨ ᠠᠷᠪᠢᠳᠬᠠᠯ ᠲᠠᠢ ᠪᠦᠷᠢᠯᠳᠦᠭᠦᠯᠬᠦ ᠶᠢᠨ ᠠᠯᠪᠠᠨ ᠤ ᠪᠠᠶᠢᠭᠤᠯᠤᠯᠭ᠎ᠠ ᠶᠢᠨ ᠲᠤᠰᠠ ᠶᠢ ᠨᠡᠮᠡᠭᠳᠡᠭᠦᠯᠵᠦ ᠲᠠᠢ ᠪᠠᠶᠢᠨ᠎ᠠ :: ᠲᠣᠰ ᠬᠣᠲᠠ ᠶᠢᠨ ᠠᠮᠢᠳᠤᠷᠠᠯ ᠤᠨ AAAA ᠰᠠᠯᠪᠤᠷᠢ ᠶᠢᠨ ᠪᠠᠶᠢᠭᠤᠯᠤᠯᠭ᠎ᠠ᠂ ᠬᠦᠨᠳᠦᠯᠡᠨ ᠪᠠᠶᠢᠭᠤᠯᠤᠯᠭ᠎ᠠ ᠪᠦᠬᠦ ᠲᠣᠰ ᠪᠠᠶᠢᠭᠤᠯᠤᠯᠭ᠎ᠠ ᠶᠢᠨ ᠰᠠᠯᠪᠤᠷᠢ ᠶᠢᠨ ᠬᠥᠭᠵᠢᠯ ᠦᠨ ᠳᠤᠮᠳᠠ ᠪᠣᠯᠤᠭᠰᠠᠨ ᠤ ᠲᠣᠯᠠ ᠶᠢᠨ ᠪᠠᠶᠢᠳᠠᠯ ᠢ ᠰᠠᠶᠢᠵᠢᠷᠠᠭᠤᠯᠬᠤ ᠪᠠᠷ ᠪᠠᠶᠢᠨ᠎ᠠ :: ᠠᠩᠬᠠᠨ ᠤ ᠳᠠᠷᠤᠭ᠎ᠠ ᠳᠤ ᠰᠠᠯᠪᠤᠷᠢ ᠶᠢᠨ ᠪᠣᠯᠪᠠᠰᠤᠷᠠᠯ ᠤᠨ ᠪᠠᠶᠢᠳᠠᠯ ᠢ ᠰᠠᠶᠢᠵᠢᠷᠠᠭᠤᠯᠬᠤ ᠬᠡᠮᠵᠢᠶ᠎ᠡ ᠶᠢᠨ ᠠᠷᠭ᠎ᠠ ᠬᠡᠮᠵᠢᠶ᠎ᠡ ᠶᠢ ᠬᠡᠷᠡᠭᠵᠢᠭᠦᠯᠦᠨ᠎ᠡ :: ᠪᠣᠯᠪᠠᠰᠤᠷᠠᠯ ᠤᠨ ᠠᠵᠢᠯᠯᠠᠭ᠎ᠠ ᠶᠢ ᠪᠠᠶᠢᠭᠤᠯᠤᠯᠭ᠎ᠠ ᠶᠢᠨ ᠠᠷᠭ᠎ᠠ ᠪᠣᠯᠪᠠᠰᠤᠷᠠᠯ ᠤᠨ ᠰᠠᠯᠪᠤᠷᠢ ᠳᠤ ᠰᠢᠨᠡ ᠠᠷᠭ᠎ᠠ ᠪᠣᠯᠭᠠᠨ ᠬᠥᠭᠵᠢᠭᠦᠯᠬᠦ ᠶᠢᠨ ᠲᠥᠯᠦᠭᠡ ᠠᠷᠭ᠎ᠠ ᠬᠡᠮᠵᠢᠶ᠎ᠡ ᠶᠢ ᠬᠡᠷᠡᠭᠵᠢᠭᠦᠯᠦᠨ᠎ᠡ ::

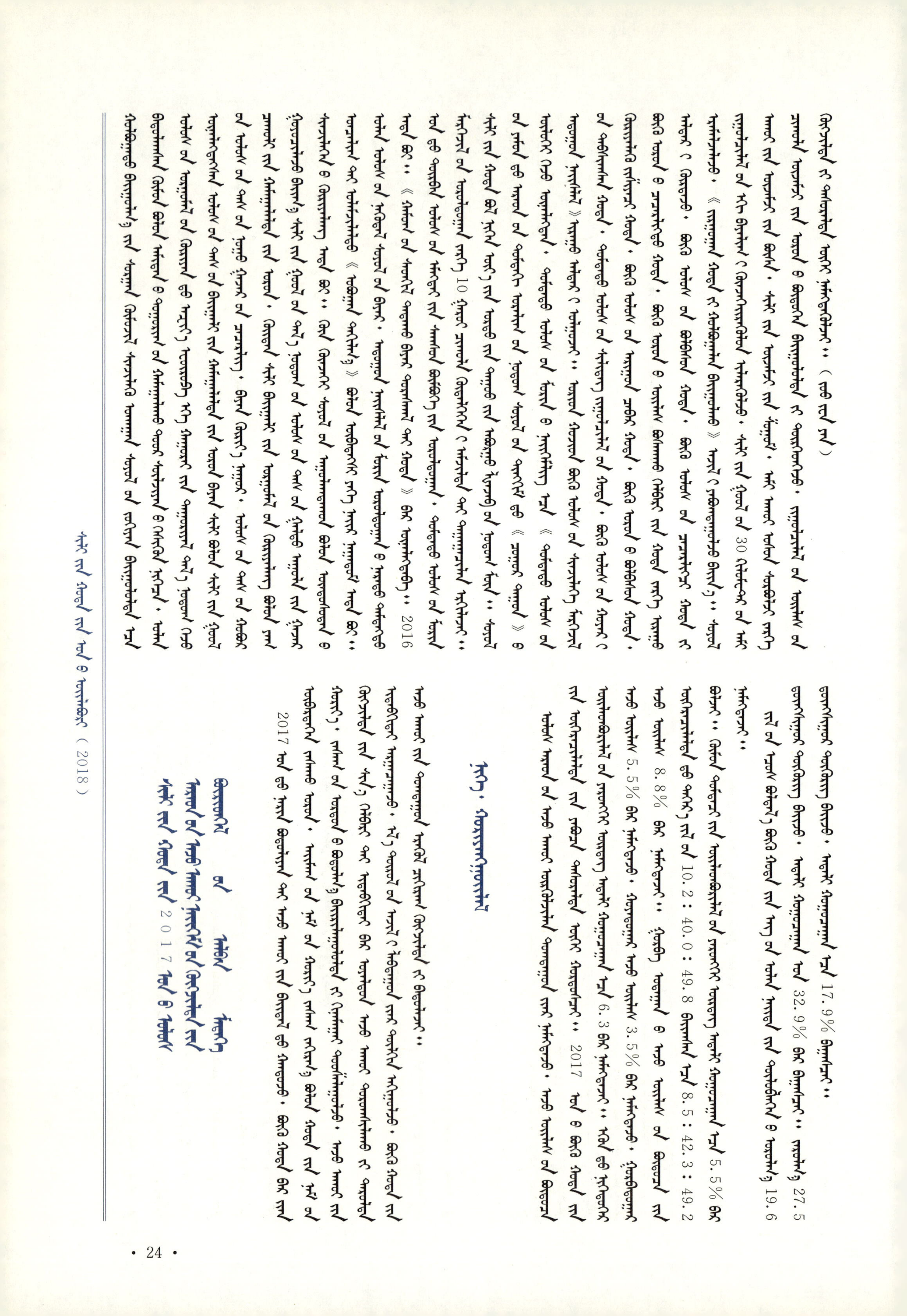

[illegible] ([illegible])

[illegible] 30 [illegible] 《 [illegible] 》 [illegible] 《 [illegible] 》 [illegible] 《 [illegible] 》 [illegible] 10 [illegible] 《 [illegible] 》 [illegible] 2016 [illegible] 《 [illegible] 》 [illegible]

[illegible] 17.9% [illegible]

[illegible] 32.9% [illegible] 27.5 [illegible] 19.6 [illegible]

[illegible] 5.5% [illegible] 10.2 : 40.0 : 49.8 [illegible] 8.5 : 42.3 : 49.2 [illegible] 8.8% [illegible] 5.5% [illegible] 3.5% [illegible] 6.3 [illegible] 2017 [illegible]

[illegible]

[illegible] 2017 [illegible]

[illegible]
[illegible]
[illegible] 2017 [illegible]

ᠦᠵᠦᠦᠯᠦᠯᠲᠡ ᠶᠢᠨ ᠨᠡᠷ᠎ᠡ	ᠨᠢᠭᠡᠴᠡ	ᠪᠣᠳᠠᠳ ᠬᠡᠮᠵᠢᠭᠳᠡᠬᠦᠨ	ᠥᠰᠦᠯᠲᠡ ᠶᠢᠨ ᠬᠡᠮᠵᠢᠶ᠎ᠡ %
ᠬᠣᠨᠢ᠂ ᠢᠮᠠᠭ᠎ᠠ ᠲᠣᠭ᠎ᠠ	ᠲᠣᠯᠣᠭᠠᠢ	32344	−9.5
（ᠬᠣᠨᠢ）ᠢᠮᠠᠭ᠎ᠠ ᠮᠠᠯ	ᠲᠣᠯᠣᠭᠠᠢ	18912	29.3
1·ᠦᠬᠦᠷ	ᠲᠣᠯᠣᠭᠠᠢ	14568	31.4
2·ᠮᠣᠷᠢ ᠲᠡᠮᠡᠭᠡ	ᠲᠣᠯᠣᠭᠠᠢ	2493	76.8
3·ᠪᠣᠳᠣ ᠢᠮᠠᠭ᠎ᠠ ᠮᠠᠯ	ᠲᠣᠯᠣᠭᠠᠢ	1851	−13.5
（ᠠᠬᠠ）ᠮᠠᠯᠴᠢᠨ	ᠲᠣᠯᠣᠭᠠᠢ	13432	36.3
ᠠᠬᠠ᠂ ᠮᠠᠯᠴᠢᠨ ᠲᠡᠮᠡᠭᠡ	ᠲᠣᠯᠣᠭᠠᠢ	729	252.2
ᠦᠬᠦᠷ᠂ ᠮᠣᠷᠢᠨ ᠮᠠᠯ	ᠲᠣᠯᠣᠭᠠᠢ	73710	−19.6
ᠬᠢᠵᠠᠭᠠᠷ ᠦᠭᠡᠢ ᠡᠵᠡᠮᠰᠢᠯ ᠮᠠᠯ᠂ ᠬᠤᠪᠢ ᠶᠢᠨ ᠮᠠᠯᠴᠢᠨ ᠤ	ᠲᠣᠯᠣᠭᠠᠢ	25319	1.6
（ᠬᠣᠨᠢ）ᠬᠤᠪᠢ ᠶᠢᠨ ᠮᠠᠯ	ᠲᠣᠯᠣᠭᠠᠢ	561	7.5
（ᠠᠬᠠ）ᠮᠠᠯᠴᠢᠨ ᠤ ᠮᠠᠯ	ᠲᠣᠯᠣᠭᠠᠢ	8853	3.3
（ᠦᠬᠦᠷ）ᠠᠬᠠ ᠮᠠᠯ	ᠲᠣᠯᠣᠭᠠᠢ	1.7	

[illegible]	[illegible]		
[illegible]	ᠲᠣᠨ	113297	—5.2
([illegible]) [illegible]	ᠲᠣᠨ	110907	—5.5
[illegible]	ᠲᠣᠨ	1535	—1.9
[illegible]	ᠲᠣᠨ	18	0
[illegible] ᠮᠠᠯ ᠤᠨ ᠲᠣᠭ᠎ᠠ			
([illegible]) [illegible] ᠮᠠᠯ ᠤᠨ ᠪᠣᠳᠣ ᠲᠣᠭ᠎ᠠ	ᠲᠦᠮᠡᠨ ᠲᠣᠯᠣᠭᠠᠢ	166.4	—1.6
1· ᠪᠣᠳᠣ ᠮᠠᠯ	ᠲᠦᠮᠡᠨ ᠲᠣᠯᠣᠭᠠᠢ	10.7	1.7
2· ᠪᠠᠭ᠎ᠠ ᠮᠠᠯ	ᠲᠦᠮᠡᠨ ᠲᠣᠯᠣᠭᠠᠢ	154.8	—2.2
ᠭᠠᠬᠠᠢ	ᠲᠦᠮᠡᠨ ᠲᠣᠯᠣᠭᠠᠢ	0.9	154.4
([illegible]) [illegible] ᠮᠠᠯ ᠤᠨ [illegible] ᠲᠣᠭ᠎ᠠ	ᠲᠦᠮᠡᠨ ᠲᠣᠯᠣᠭᠠᠢ	67.3	—19.6
1· ᠪᠣᠳᠣ ᠮᠠᠯ	ᠲᠦᠮᠡᠨ ᠲᠣᠯᠣᠭᠠᠢ	6.1	—15.3
2· ᠪᠠᠭ᠎ᠠ ᠮᠠᠯ	ᠲᠦᠮᠡᠨ ᠲᠣᠯᠣᠭᠠᠢ	60.5	—20.4
ᠭᠠᠬᠠᠢ	ᠲᠦᠮᠡᠨ ᠲᠣᠯᠣᠭᠠᠢ	0.7	20.6

[illegible] 1.7 [illegible] 20 [illegible] 1.5 [illegible] 3.28 [illegible]

ᠳᠦᠷᠪᠡ· [illegible]

[illegible] 102.5% [illegible] 6.2% [illegible] 5.7% [illegible]

2017 [illegible]

[illegible]

[illegible]	ᠨᠢᠭᠡᠴᠡ	[illegible]
[illegible]	[illegible]	48.2
[illegible]	[illegible]	—6.1
[illegible]	[illegible]	9.9
[illegible]	[illegible]	—7.5
[illegible]	[illegible]	18.1
[illegible]	[illegible]	—12.5
[illegible]	ᠲᠣᠨ	23.9
[illegible]	[illegible]	9.5

ᠶᠤᠸᠠᠨ ᠪᠣᠯᠵᠤ᠂ ᠥᠩᠭᠡᠷᠡᠭᠰᠡᠨ ᠣᠨ ᠤ ᠢᠵᠢᠯ ᠦᠶ᠎ᠡ ᠡᠴᠡ 22.76% ᠪᠠᠭᠤᠷᠠᠭᠰᠠᠨ᠃ ᠡᠨᠡ ᠬᠤᠭᠤᠴᠠᠭ᠎ᠠ ᠳᠤ ᠬᠥᠷᠥᠩᠭᠡ 23.52% ᠪᠠᠷ ᠪᠠᠭᠤᠷᠠᠵᠠᠢ᠃ ᠬᠣᠲᠠ ᠳᠤ ᠬᠥᠲᠥᠯᠦᠨ ᠪᠠᠶᠢᠭᠤᠯᠬᠤ ᠬᠥᠷᠥᠩᠭᠡ ᠣᠷᠤᠭᠤᠯᠤᠯᠲᠠ 60.95 ᠲᠡᠷᠪᠤᠮ ᠳᠤ ᠬᠥᠲᠥᠯᠦᠨ ᠪᠠᠶᠢᠭᠤᠯᠬᠤ ᠬᠥᠷᠥᠩᠭᠡ ᠣᠷᠤᠭᠤᠯᠤᠯᠲᠠ 78.39 ᠲᠡᠷᠪᠤᠮ ᠶᠤᠸᠠᠨ ᠪᠣᠯᠵᠤ᠂ ᠥᠩᠭᠡᠷᠡᠭᠰᠡᠨ ᠣᠨ ᠤ ᠢᠵᠢᠯ ᠦᠶ᠎ᠡ ᠡᠴᠡ 30.72% ᠪᠠᠷ ᠪᠠᠭᠤᠷᠠᠵᠠᠢ᠃ ᠡᠨᠡ ᠬᠤᠭᠤᠴᠠᠭ᠎ᠠ ᠳᠤ ᠦᠢᠯᠡᠳᠪᠦᠷᠢ ᠪᠠᠷ ᠬᠤᠪᠢᠶᠠᠪᠠᠯ : ᠨᠢᠭᠡᠳᠦᠭᠡᠷ ᠦᠶ᠎ᠡ ᠡᠴᠡ 92% ᠪᠠᠷ ᠨᠡᠮᠡᠭᠳᠡᠵᠡᠢ᠃ ᠬᠣᠶᠠᠳᠤᠭᠠᠷ ᠦᠶᠡᠳᠦᠷᠢ 13.29 ᠲᠡᠷᠪᠤᠮ ᠶᠤᠸᠠᠨ ᠪᠣᠯᠵᠤ᠂ ᠠᠵᠤ ᠦᠢᠯᠡᠳᠪᠦᠷᠢ ᠶᠢᠨ ᠪᠦᠲᠦᠭᠡᠭᠳᠡᠬᠦᠨ ᠦ ᠬᠥᠷᠥᠩᠭᠡ 36.48 ᠲᠡᠷᠪᠤᠮ ᠶᠤᠸᠠᠨ ᠪᠣᠯᠵᠤ᠂ ᠥᠩᠭᠡᠷᠡᠭᠰᠡᠨ 27.22 ᠲᠡᠷᠪᠤᠮ ᠶᠤᠸᠠᠨ ᠳᠤ ᠬᠦᠷᠴᠦ᠂ ᠥᠩᠭᠡᠷᠡᠭᠰᠡᠨ ᠣᠨ ᠤ ᠢᠵᠢᠯ ᠦᠶ᠎ᠡ ᠡᠴᠡ 7.1% ᠪᠠᠷ ᠪᠠᠭᠤᠷᠠᠵᠠᠢ᠃ ᠲᠡᠷᠪᠤᠮ ᠪᠣᠯᠵᠤ᠂ ᠥᠩᠭᠡᠷᠡᠭᠰᠡᠨ ᠣᠨ ᠤ ᠢᠵᠢᠯ ᠦᠶ᠎ᠡ ᠡᠴᠡ 45.31% ᠪᠠᠷ ᠪᠠᠭᠤᠷᠠᠭᠰᠠᠨ᠂ ᠭᠤᠷᠪᠠᠳᠤᠭᠠᠷ ᠦᠢᠯᠡᠳᠪᠦᠷᠢ ᠪᠠᠭᠤᠷᠠᠵᠠᠢ᠃ ᠬᠥᠷᠥᠩᠭᠡ ᠣᠷᠤᠭᠤᠯᠤᠯᠲᠠ ᠶᠢᠨ ᠪᠦᠲᠦᠴᠡ ᠪᠠᠷ ᠬᠤᠪᠢᠶᠠᠪᠠᠯ : ᠪᠠᠶᠢᠰᠢᠩ ᠤᠨ ᠬᠥᠭᠵᠢᠯᠲᠡ 62.35 ᠣᠷᠤᠭᠤᠯᠤᠯᠲᠠ 139.34 ᠲᠡᠷᠪᠤᠮ ᠶᠤᠸᠠᠨ ᠪᠣᠯᠵᠤ᠂ ᠥᠩᠭᠡᠷᠡᠭᠰᠡᠨ ᠣᠨ ᠤ ᠢᠵᠢᠯ ᠦᠶ᠎ᠡ ᠡᠴᠡ 23.19% ᠪᠠᠷ

1 ～ 12 ᠰᠠᠷ᠎ᠠ ᠳᠤ ᠪᠦᠬᠦ ᠣᠷᠤᠨ ᠤ ᠬᠡᠮᠵᠢᠶ᠎ᠡ ᠡᠴᠡ ᠳᠡᠭᠡᠭᠰᠢ ᠶᠢᠨ ᠠᠵᠤ ᠠᠬᠤᠢ ᠶᠢᠨ ᠬᠥᠷᠥᠩᠭᠡ

ᠳᠥᠷᠪᠡ᠂ ᠲᠣᠭᠲᠠᠮᠠᠯ ᠬᠥᠷᠥᠩᠭᠡ ᠪᠠᠶᠠᠯᠢᠭ ᠤᠨ ᠬᠥᠷᠥᠩᠭᠡ ᠣᠷᠤᠭᠤᠯᠤᠯᠲᠠ

79.8% ᠪᠠᠷ ᠡᠵᠡᠯᠡᠵᠡᠢ᠃

11.7% ᠪᠠᠷ ᠪᠠᠭᠤᠷᠠᠵᠠᠢ᠃ 1.3 ᠲᠡᠷᠪᠤᠮ ᠶᠤᠸᠠᠨ ᠤ ᠬᠢᠵᠠᠭᠠᠷ ᠠᠯᠳᠠᠭᠰᠠᠨ᠂ ᠥᠩᠭᠡᠷᠡᠭᠰᠡᠨ ᠣᠨ ᠤ ᠢᠵᠢᠯ ᠦᠶ᠎ᠡ ᠡᠴᠡ ᠡᠨᠡ ᠬᠤᠭᠤᠴᠠᠭ᠎ᠠ ᠳᠤ ᠨᠡᠢᠲᠡ ᠣᠷᠤᠯᠭ᠎ᠠ ᠶᠢᠨ 2324.6 ᠲᠦᠮᠡᠨ ᠶᠤᠸᠠᠨ ᠪᠣᠯᠵᠤ᠂ ᠥᠩᠭᠡᠷᠡᠭᠰᠡᠨ ᠣᠨ ᠤ ᠢᠵᠢᠯ ᠦᠶ᠎ᠡ ᠡᠴᠡ ᠬᠤᠪᠢ᠂ ᠥᠩᠭᠡᠷᠡᠭᠰᠡᠨ ᠣᠨ ᠤ ᠢᠵᠢᠯ ᠦᠶ᠎ᠡ ᠡᠴᠡ 28.9% ᠪᠠᠷ ᠪᠠᠭᠤᠷᠠᠵᠠᠢ᠃ 2017 ᠣᠨ ᠤ ᠪᠠᠶᠢᠳᠠᠯ ᠢᠶᠠᠷ ᠪᠠᠨ ᠶᠠᠭ ᠪᠠ ᠪᠠᠷ ᠲᠣᠭᠠᠴᠠᠭᠳᠠᠵᠠᠢ᠃ ᠲᠡᠷ ᠪᠠᠶᠢᠳᠠᠯ ᠢᠶᠠᠷ ᠶᠠᠭ ᠠᠵᠢᠯᠯᠠᠵᠤ ᠪᠠᠶᠢᠭ᠎ᠠ ᠨᠡᠶᠢᠲᠡ ᠶᠢᠨ 23 ᠲᠦᠮᠡᠨ ᠬᠦᠮᠦᠨ ᠲᠣᠭᠠᠴᠠᠭᠳᠠᠯ ᠰᠠᠨᠠᠯ ᠨᠡᠶᠢᠲᠡ 32.6 ᠲᠦᠮᠡᠨ ᠬᠦᠮᠦᠨ ᠲᠣᠭᠠᠴᠠᠭᠳᠠᠯ ᠬᠤᠪᠢ ᠪᠣᠯᠵᠤ᠂ ᠥᠩᠭᠡᠷᠡᠭᠰᠡᠨ ᠣᠨ ᠤ ᠢᠵᠢᠯ ᠦᠶ᠎ᠡ ᠡᠴᠡ 8.7% ᠥᠩᠭᠡᠷᠡᠭᠰᠡᠨ ᠣᠨ ᠤ ᠢᠵᠢᠯ ᠦᠶ᠎ᠡ ᠡᠴᠡ 25.7% ᠪᠠᠷ ᠡᠵᠡᠯᠡᠵᠡᠢ᠃ ᠪᠦᠬᠦ ᠣᠷᠤᠨ ᠤ ᠬᠣᠲᠠ ᠪᠠᠯᠭᠠᠰᠤ ᠶᠢᠨ ᠲᠡᠷ ᠪᠠᠶᠢᠳᠠᠯ ᠪᠠᠶᠢᠳᠠᠯ ᠪᠠᠶᠢᠳᠠᠯ ᠡᠨᠡ ᠬᠤᠭᠤᠴᠠᠭ᠎ᠠ 26 ᠪᠣᠯᠵᠤ᠂ ᠪᠠᠶᠢᠳᠠᠯ ᠤᠨ ᠪᠦᠬᠦ ᠬᠣᠷᠢᠶ᠎ᠠ ᠶᠢᠨ 7.5 ᠲᠡᠷᠪᠤᠮ ᠶᠤᠸᠠᠨ ᠪᠠᠶᠢᠳᠠᠯ ᠥᠩᠭᠡᠷᠡᠭᠰᠡᠨ ᠲᠣᠭᠠᠴᠠᠭᠳᠠᠵᠠᠢ᠃ ᠪᠦᠬᠦ ᠣᠷᠤᠨ ᠳᠤ ᠨᠢᠭᠡᠳᠦᠭᠡᠷ ᠬᠣᠶᠠᠳᠤᠭᠠᠷ ᠣᠨ ᠤ ᠡᠵᠡᠮᠰᠢᠯ ᠪᠠᠶᠢᠳᠠᠯ ᠤᠨ ᠡᠨᠡ ᠬᠤᠭᠤᠴᠠᠭ᠎ᠠ ᠶᠢᠨ ᠡᠵᠡᠯᠡᠵᠡᠢ᠃ ᠪᠦᠬᠦ ᠣᠷᠤᠨ ᠤ ᠪᠠᠶᠢᠳᠠᠯ ᠤᠨ ᠡᠨᠡ ᠬᠤᠭᠤᠴᠠᠭ᠎ᠠ ᠶᠢᠨ ᠬᠤᠪᠢ ᠶᠢ ᠥᠩᠭᠡᠷᠡᠭᠰᠡᠨ ᠣᠨ ᠤ ᠢᠵᠢᠯ ᠦᠶ᠎ᠡ ᠡᠴᠡ 7.7% ᠪᠠᠶᠢᠳᠠᠯ ᠤᠨ ᠡᠨᠡ ᠬᠥᠲᠥᠯᠦᠨ ᠪᠠᠶᠢᠭᠤᠯᠬᠤ ᠶᠢᠨ ᠪᠠᠶᠢᠭᠤᠯᠤᠯᠲᠠ᠂ ᠡᠨᠡ ᠬᠤᠭᠤᠴᠠᠭ᠎ᠠ ᠳᠤ ᠰᠠᠨᠠᠭ᠎ᠠ ᠰᠠᠨᠠᠯ ᠤᠨ ᠬᠦᠷᠲᠡᠭᠡᠯ

ᠬᠥᠲᠥᠯᠦᠨ ᠪᠠᠶᠢᠭᠤᠯᠬᠤ ᠶᠢᠨ ᠬᠥᠷᠥᠩᠭᠡ ᠣᠷᠤᠭᠤᠯᠤᠯᠲᠠ 6.1 ᠲᠡᠷᠪᠤᠮ ᠶᠤᠸᠠᠨ ᠪᠣᠯᠵᠤ᠂ ᠥᠩᠭᠡᠷᠡᠭᠰᠡᠨ ᠣᠨ ᠤ ᠢᠵᠢᠯ ᠦᠶ᠎ᠡ ᠡᠴᠡ ᠲᠡᠷᠪᠤᠮ ᠶᠤᠸᠠᠨ ᠳᠤ ᠬᠦᠷᠴᠦ᠂ ᠥᠩᠭᠡᠷᠡᠭᠰᠡᠨ ᠣᠨ ᠤ ᠢᠵᠢᠯ ᠦᠶ᠎ᠡ ᠡᠴᠡ 19.32% ᠪᠠᠷ ᠪᠠᠭᠤᠷᠠᠵᠠᠢ᠃ ᠦᠯᠦ ᠳᠤ

2017 ᠣᠨ ᠳᠤ ᠪᠦᠬᠦ ᠪᠠᠶᠢᠳᠠᠯ ᠤᠨ ᠡᠨᠡ ᠬᠣᠷᠢᠶ᠎ᠠ ᠶᠢᠨ ᠬᠦᠷᠢᠶᠡᠨ ᠪᠠᠶᠢᠭᠤᠯᠤᠯᠲᠠ ᠬᠥᠷᠥᠩᠭᠡ ᠣᠷᠤᠭᠤᠯᠤᠯᠲᠠ 7.1 ᠲᠡᠷᠪᠤᠮ ᠤᠨ ᠬᠥᠷᠥᠩᠭᠡ ᠣᠷᠤᠭᠤᠯᠤᠯᠲᠠ᠃

ᠲᠡᠷᠪᠤᠮ ᠤᠨ ᠬᠥᠷᠥᠩᠭᠡ ᠣᠷᠤᠭᠤᠯᠤᠯᠲᠠ᠂ ᠬᠣᠲᠠ᠂ ᠠᠶᠢᠯ᠂ ᠰᠤᠮᠤ ᠶᠢᠨ ᠬᠥᠳᠡᠯᠦᠮᠡᠷᠢ ᠶᠢᠨ ᠡᠨᠡ ᠬᠡᠮᠵᠢᠶ᠎ᠡ 0.06 ᠲᠡᠷᠪᠤᠮ ᠬᠥᠳᠡᠯᠦᠮᠡᠷᠢ ᠶᠢᠨ ᠬᠥᠲᠥᠯᠦᠨ ᠪᠠᠶᠢᠭᠤᠯᠬᠤ᠂ ᠠᠵᠤ ᠶᠢᠨ ᠬᠥᠲᠥᠯᠦᠨ ᠪᠠᠶᠢᠭᠤᠯᠬᠤ ᠶᠢᠨ ᠡᠨᠡ ᠬᠡᠮᠵᠢᠶ᠎ᠡ 0.13 ᠲᠡᠷᠪᠤᠮ ᠲᠡᠷᠪᠤᠮ ᠶᠤᠸᠠᠨ ᠤ ᠬᠥᠷᠥᠩᠭᠡ ᠣᠷᠤᠭᠤᠯᠤᠯᠲᠠ᠂ ᠥᠩᠭᠡᠷᠡᠭᠰᠡᠨ ᠣᠨ ᠤ ᠢᠵᠢᠯ ᠦᠶ᠎ᠡ ᠡᠴᠡ 65.76% ᠪᠠᠷ ᠪᠠᠭᠤᠷᠠᠵᠠᠢ᠃ ᠥᠩᠭᠡᠷᠡᠭᠰᠡᠨ ᠣᠨ ᠤ ᠢᠵᠢᠯ ᠦᠶ᠎ᠡ ᠡᠴᠡ 127.57% ᠨᠡᠮᠡᠭᠳᠡᠵᠡᠢ᠃ ᠡᠷᠴᠢᠮ ᠬᠦᠴᠦᠨ ᠦ ᠪᠠᠶᠢᠭᠤᠯᠤᠯᠲᠠ ᠶᠢᠨ ᠡᠨᠡ ᠬᠡᠮᠵᠢᠶ᠎ᠡ 0.38 ᠨᠡᠮᠡᠭᠳᠡᠵᠡᠢ᠃ ᠠᠵᠤ ᠠᠬᠤᠢ ᠶᠢᠨ ᠬᠡᠮᠵᠢᠶ᠎ᠡ 1.56 ᠲᠡᠷᠪᠤᠮ ᠶᠤᠸᠠᠨ ᠬᠥᠷᠥᠩᠭᠡ ᠣᠷᠤᠭᠤᠯᠤᠯᠲᠠ᠂ ᠥᠩᠭᠡᠷᠡᠭᠰᠡᠨ ᠣᠨ ᠤ ᠢᠵᠢᠯ ᠦᠶ᠎ᠡ ᠡᠴᠡ ᠬᠡᠮᠵᠢᠶ᠎ᠡ 30.89 ᠲᠡᠷᠪᠤᠮ ᠶᠤᠸᠠᠨ ᠬᠥᠷᠥᠩᠭᠡ ᠣᠷᠤᠭᠤᠯᠤᠯᠲᠠ᠂ ᠥᠩᠭᠡᠷᠡᠭᠰᠡᠨ ᠣᠨ ᠤ ᠢᠵᠢᠯ ᠦᠶ᠎ᠡ ᠡᠴᠡ 59.31% ᠪᠠᠷ ᠬᠣᠲᠠ ᠪᠠᠶᠢᠭᠤᠯᠤᠯᠲᠠ᠂ ᠠᠵᠤ ᠠᠬᠤᠢ᠂ ᠬᠣᠲᠠ ᠬᠡᠮᠵᠢᠶ᠎ᠡ ᠶᠢᠨ ᠠᠵᠤ ᠠᠬᠤᠢ ᠶᠢᠨ ᠪᠠᠶᠢᠭᠤᠯᠤᠯᠲᠠ 7.09 ᠲᠡᠷᠪᠤᠮ ᠶᠤᠸᠠᠨ ᠬᠥᠷᠥᠩᠭᠡ ᠣᠷᠤᠭᠤᠯᠤᠯᠲᠠ᠂ ᠥᠩᠭᠡᠷᠡᠭᠰᠡᠨ ᠣᠨ ᠤ ᠢᠵᠢᠯ ᠦᠶ᠎ᠡ ᠡᠴᠡ 19.36% ᠪᠠᠷ ᠨᠡᠮᠡᠭᠳᠡᠵᠡᠢ᠃ ᠲᠡᠷᠪᠤᠮ ᠤᠨ ᠬᠥᠷᠥᠩᠭᠡ ᠣᠷᠤᠭᠤᠯᠤᠯᠲᠠ᠂ 84.95% ᠪᠠᠷ ᠪᠠᠭᠤᠷᠠᠵᠠᠢ᠃ ᠪᠦᠬᠦ ᠪᠠᠶᠢᠳᠠᠯ ᠤᠨ ᠡᠨᠡ ᠬᠥᠲᠥᠯᠦᠨ ᠬᠡᠮᠵᠢᠶ᠎ᠡ ᠪᠠᠭᠤᠷᠠᠵᠠᠢ᠃ ᠪᠠ ᠠᠯᠪᠠᠨ᠂ ᠪᠠᠶᠢᠭᠤᠯᠤᠯᠲᠠ ᠶᠢᠨ ᠠᠵᠤ ᠶᠢᠨ ᠬᠥᠲᠥᠯᠦᠨ ᠬᠡᠮᠵᠢᠶ᠎ᠡ 1.12 ᠲᠡᠷᠪᠤᠮ 0.05 ᠲᠡᠷᠪᠤᠮ ᠶᠤᠸᠠᠨ ᠤ ᠬᠥᠷᠥᠩᠭᠡ ᠣᠷᠤᠭᠤᠯᠤᠯᠲᠠ᠂ ᠥᠩᠭᠡᠷᠡᠭᠰᠡᠨ ᠣᠨ ᠤ ᠢᠵᠢᠯ ᠦᠶ᠎ᠡ ᠡᠴᠡ 94.90% ᠪᠠᠷ ᠥᠩᠭᠡᠷᠡᠭᠰᠡᠨ ᠣᠨ ᠤ ᠢᠵᠢᠯ ᠦᠶ᠎ᠡ ᠡᠴᠡ 28.55% ᠪᠠᠷ ᠪᠠᠭᠤᠷᠠᠵᠠᠢ᠃ ᠰᠤᠷᠭᠠᠯ᠂ ᠡᠷᠡᠭᠦᠯ ᠮᠡᠨᠳᠦ ᠪᠠ ᠨᠡᠶᠢᠭᠡᠮ ᠦᠨ ᠠᠵᠤ ᠶᠢᠨ ᠬᠥᠲᠥᠯᠦᠨ ᠬᠡᠮᠵᠢᠶ᠎ᠡ ᠨᠡᠶᠢᠭᠡᠮ ᠤᠨ ᠠᠵᠤ ᠶᠢᠨ ᠬᠡᠮᠵᠢᠶ᠎ᠡ 69.64 ᠲᠡᠷᠪᠤᠮ ᠶᠤᠸᠠᠨ ᠤ ᠬᠥᠷᠥᠩᠭᠡ ᠣᠷᠤᠭᠤᠯᠤᠯᠲᠠ᠂ ᠥᠩᠭᠡᠷᠡᠭᠰᠡᠨ ᠣᠷᠤᠭᠤᠯᠤᠯᠲᠠ᠂ ᠥᠩᠭᠡᠷᠡᠭᠰᠡᠨ ᠣᠨ ᠤ ᠢᠵᠢᠯ ᠦᠶ᠎ᠡ ᠡᠴᠡ 38.29% ᠨᠡᠮᠡᠭᠳᠡᠵᠡᠢ᠃ ᠰᠤᠷᠭᠠᠯ᠂ ᠰᠣᠶᠣᠯ᠂ ᠡᠷᠡᠭᠦᠯ ᠮᠡᠨᠳᠦ ᠪᠠ ᠡᠴᠡ 69.72% ᠪᠠᠭᠤᠷᠠᠵᠠᠢ᠃ ᠨᠡᠶᠢᠭᠡᠮ ᠦᠨ ᠠᠵᠤ ᠶᠢᠨ ᠬᠡᠮᠵᠢᠶ᠎ᠡ 7.65 ᠲᠡᠷᠪᠤᠮ ᠶᠤᠸᠠᠨ ᠤ ᠬᠥᠷᠥᠩᠭᠡ ᠬᠥᠲᠥᠯᠦᠨ ᠪᠠᠶᠢᠭᠤᠯᠬᠤ ᠬᠡᠮᠵᠢᠶ᠎ᠡ 10.40 ᠲᠡᠷᠪᠤᠮ ᠶᠤᠸᠠᠨ ᠬᠥᠷᠥᠩᠭᠡ ᠣᠷᠤᠭᠤᠯᠤᠯᠲᠠ᠂ ᠥᠩᠭᠡᠷᠡᠭᠰᠡᠨ ᠣᠨ ᠤ ᠢᠵᠢᠯ ᠦᠶ᠎ᠡ ᠡᠴᠡ 10.37 ᠲᠡᠷᠪᠤᠮ ᠶᠤᠸᠠᠨ ᠳᠤ ᠬᠦᠷᠴᠦ᠂ ᠥᠩᠭᠡᠷᠡᠭᠰᠡᠨ ᠣᠨ ᠤ ᠢᠵᠢᠯ ᠦᠶ᠎ᠡ ᠡᠴᠡ 23.02% ᠪᠠᠷ ᠪᠠᠭᠤᠷᠠᠵᠠᠢ᠃ ᠬᠣᠶ᠋ᠠᠷ ᠲᠤ ᠬᠤᠪᠢᠶᠠᠪᠠᠯ : ᠠᠵᠤ ᠠᠬᠤᠢ᠂ ᠬᠠᠳᠠᠯ᠂ ᠬᠦᠨᠳᠦ᠂ ᠪᠦᠲᠦᠭᠡᠯ ᠦᠨ ᠬᠥᠲᠥᠯᠦᠨ ᠤ ᠪᠦᠬᠦ ᠬᠥᠷᠥᠩᠭᠡ ᠣᠷᠤᠭᠤᠯᠤᠯᠲᠠ ᠲᠡᠷᠪᠤᠮ ᠶᠤᠸᠠᠨ ᠳᠤ ᠬᠦᠷᠴᠦ᠂ ᠥᠩᠭᠡᠷᠡᠭᠰᠡᠨ ᠣᠨ ᠤ ᠢᠵᠢᠯ ᠦᠶ᠎ᠡ ᠡᠴᠡ 5.55% ᠨᠡᠮᠡᠭᠳᠡᠵᠡᠢ᠃ ᠬᠤᠪᠢ ᠬᠦᠮᠦᠨ ᠪᠠᠶᠢᠭᠤᠯᠤᠯᠲᠠ᠂ ᠥᠩᠭᠡᠷᠡᠭᠰᠡᠨ ᠣᠨ ᠤ ᠢᠵᠢᠯ ᠦᠶ᠎ᠡ ᠡᠴᠡ 31.93% ᠪᠠᠭᠤᠷᠠᠵᠠᠢ᠃ ᠨᠡᠶᠢᠭᠡᠮᠴᠢᠯᠡᠯ ᠦᠨ ᠡᠨᠡ ᠬᠥᠲᠥᠯᠦᠨ 41.28 ᠥᠩᠭᠡᠷᠡᠭᠰᠡᠨ ᠣᠨ ᠤ ᠢᠵᠢᠯ ᠦᠶ᠎ᠡ ᠡᠴᠡ 23.02% ᠪᠠᠭᠤᠷᠠᠵᠠᠢ᠃ ᠬᠤᠪᠢᠶᠠᠷᠢᠰᠢᠯ ᠤᠨ ᠡᠨᠡ ᠬᠥᠲᠥᠯᠦᠨ 87.69 ᠲᠡᠷᠪᠤᠮ ᠶᠤᠸᠠᠨ ᠳᠤ ᠣᠷᠤᠭᠤᠯᠤᠯᠲᠠ ᠪᠠᠷ ᠬᠤᠪᠢᠶᠠᠪᠠᠯ : ᠬᠤᠪᠢᠶᠠᠷᠢᠨ ᠤ ᠡᠨᠡ ᠬᠥᠲᠥᠯᠦᠨ 10.37 ᠲᠡᠷᠪᠤᠮ ᠶᠤᠸᠠᠨ ᠪᠣᠯᠵᠤ᠂ ᠥᠩᠭᠡᠷᠡᠭᠰᠡᠨ

ᠲᠦᠮᠡᠨ ᠪᠣᠯᠵᠠᠢ᠂ ᠬᠦᠷᠢᠶᠡᠯᠡᠩ ᠪᠦᠲᠦᠭᠡᠭᠳᠡᠬᠦᠨ ᠦ ᠬᠡᠷᠡᠭᠯᠡᠭᠡᠨ ᠦ ᠲᠣᠭ᠎ᠠ 11.7 ᠲᠦᠮᠡᠨ ᠲᠣᠨ᠎ᠠ᠃ ᠨᠢ ᠬᠣᠪᠢᠶᠠᠷ ᠲᠣᠭᠠᠯᠠᠯ ᠤ ᠬᠡᠷᠡᠭᠯᠡᠭᠡᠨ ᠦ ᠲᠣᠭ᠎ᠠ 4.2 ᠲᠦᠮᠡᠨ ᠪᠣᠯᠵᠠᠢ᠂ ᠳᠤᠮᠳᠠ ᠲᠣᠭᠠᠯᠠᠯ ᠤ ᠬᠡᠷᠡᠭᠯᠡᠭᠡ 38.2 ᠬᠤᠪᠢ ᠨᠢᠭᠡᠳᠦᠭᠡᠷ ᠦᠨ ᠲᠠᠯᠠᠪᠤᠷ ᠬᠥᠭᠵᠢᠯ ᠦᠨ ᠪᠠᠶᠢᠳᠠᠯ᠃ 2017 ᠣᠨ ᠤ ᠲᠠᠯᠠᠪᠤᠷ ᠲᠦᠮᠡᠨ ᠲᠣᠨ ᠳᠡᠭᠡᠷᠡ ᠨᠡᠮᠡᠭᠳᠡᠪᠡ᠃

ᠬᠤᠳᠠᠯᠳᠤᠭᠠᠨ ᠪᠠᠷᠠᠭ᠎ᠠ ᠶᠢᠨ 28094.3 ᠲᠦᠮᠡᠨ ᠶᠤᠸᠠᠨ ᠪᠣᠯᠵᠠᠢ᠂ ᠮᠥᠨ ᠥᠩᠭᠡᠷᠡᠭᠰᠡᠨ ᠣᠨ 1.2% ᠪᠡᠷ ᠲᠡᠭᠦᠯᠦᠯᠵᠡᠢ᠂ ᠮᠥᠨ ᠥᠩᠭᠡᠷᠡᠭᠰᠡᠨ ᠣᠨ 0.2% ᠪᠡᠷ ᠨᠡᠮᠡᠭᠳᠡᠪᠡ᠃ ᠨᠡᠶᠢᠲᠡ ᠲᠡᠭᠦᠯᠦᠯᠲᠡ ᠶᠢᠨ ᠨᠡᠶᠢᠲᠡ ᠪᠣᠯᠵᠠᠢ ᠮᠥᠨ ᠥᠩᠭᠡᠷᠡᠭᠰᠡᠨ ᠣᠨ 6.3% ᠪᠡᠷ ᠨᠡᠮᠡᠭᠳᠡᠪᠡ᠃ ᠲᠥᠮᠥᠷ ᠵᠠᠮ ᠤᠨ 451.7 ᠲᠦᠮᠡᠨ ᠨᠡᠶᠢᠲᠡ ᠲᠥᠮᠥᠷ ᠵᠠᠮ ᠤᠨ ᠲᠣᠭ᠎ᠠ ᠲᠡᠭᠦᠯᠦᠯᠲᠡ ᠨᠡᠶᠢᠲᠡ ᠬᠤᠳᠠᠯᠳᠤᠭᠠᠨ ᠪᠠᠷᠠᠭ᠎ᠠ ᠳᠤ ᠪᠠᠨ 2900246.0 ᠲᠦᠮᠡᠨ ᠲᠣᠨ 13839.2 ᠲᠦᠮᠡᠨ ᠲᠣᠨ ᠪᠠᠷᠠᠭ᠎ᠠ ᠲᠡᠭᠦᠯᠦᠯᠵᠡᠢ᠂ ᠮᠥᠨ ᠥᠩᠭᠡᠷᠡᠭᠰᠡᠨ ᠣᠨ 5.0% ᠪᠡᠷ ᠨᠡᠮᠡᠭᠳᠡᠪᠡ᠃

ᠵᠠᠮ ᠨᠢᠭᠡᠳᠦᠭᠡᠷ ᠦᠨ ᠬᠦᠷᠢᠶᠡᠯᠡᠩ ᠲᠡᠭᠦᠯᠦᠯᠲᠡ ᠶᠢᠨ ᠨᠡᠮᠡᠭᠳᠡᠪᠡ᠃ 2017 ᠣᠨ ᠳᠤ ᠲᠥᠮᠥᠷ ᠵᠠᠮ ᠤᠨ ᠮᠥᠨ ᠥᠩᠭᠡᠷᠡᠭᠰᠡᠨ ᠣᠨ 12.5% ᠪᠡᠷ ᠨᠡᠮᠡᠭᠳᠡᠪᠡ᠃

2017 ᠣᠨ ᠤ ᠵᠠᠮ ᠲᠡᠭᠦᠯᠦᠯᠲᠡ᠂ ᠴᠠᠬᠢᠯᠭᠠᠨ ᠬᠣᠯᠪᠣᠭ᠎ᠠ ᠶᠢᠨ ᠦᠢᠯᠡᠳᠪᠦᠷᠢ ᠶᠢᠨ ᠨᠡᠮᠡᠭᠳᠡᠯ ᠨᠢ ᠬᠤᠷᠳᠤᠴᠠ ᠪᠠᠨ

ᠵᠢᠷᠭᠤᠭ᠎ᠠ᠂ ᠵᠠᠮ ᠨᠢᠭᠡᠳᠦᠭᠡᠷ ᠬᠣᠯᠪᠣᠭ᠎ᠠ ᠴᠠᠬᠢᠯᠭᠠᠨ ᠦᠢᠯᠡᠳᠪᠦᠷᠢ ᠶᠢᠨ ᠬᠥᠭᠵᠢᠯ

10.9% ᠪᠡᠷ ᠪᠠᠭᠤᠷᠠᠪᠠ᠃

ᠬᠣᠯᠪᠣᠭᠠᠯᠠᠭᠰᠠᠨ ᠤ ᠣᠷᠣᠯᠭ᠎ᠠ 41.7 ᠲᠦᠮᠡᠨ ᠶᠤᠸᠠᠨ ᠲᠡᠭᠦᠯᠦᠯᠲᠡ ᠳᠤᠮᠳᠠ ᠪᠣᠯᠵᠠᠢ᠂ ᠮᠥᠨ ᠥᠩᠭᠡᠷᠡᠭᠰᠡᠨ ᠣᠨ 28.6% ᠪᠡᠷ ᠪᠠᠭᠤᠷᠠᠪᠠ᠃ ᠲᠡᠭᠦᠨ ᠦ ᠳᠣᠲᠣᠷ᠎ᠠ ᠪᠠᠭᠤᠷᠠᠪᠠ᠃᠃᠃ ᠲᠡᠭᠦᠨ ᠦ ᠳᠣᠲᠣᠷ᠎ᠠ ᠬᠠᠷᠢᠶᠠᠲᠤ ᠶᠢᠨ ᠪᠠᠢᠭᠤᠯᠭ᠎ᠠ ᠶᠢᠨ ᠣᠷᠣᠯᠭ᠎ᠠ 287.1 ᠲᠦᠮᠡᠨ ᠶᠤᠸᠠᠨ ᠲᠡᠭᠦᠯᠦᠯᠲᠡ ᠪᠠᠭᠤᠷᠠᠪᠠ᠃ ᠪᠠᠢᠭᠤᠯᠭ᠎ᠠ ᠶᠢᠨ ᠬᠤᠪᠢᠶᠠᠷᠢᠯᠠᠯ 0.35 ᠬᠤᠪᠢ ᠶᠢᠨ ᠨᠢᠭᠡᠴᠡ ᠪᠣᠯᠵᠠᠢ᠂ 10.26% ᠪᠡᠷ ᠨᠢ ᠪᠠᠢᠭᠤᠯᠭ᠎ᠠ ᠬᠤᠪᠢᠶᠠᠷᠢᠯᠠᠯ 0.6 ᠬᠤᠪᠢ ᠶᠢᠨ ᠨᠢᠭᠡᠴᠡ ᠪᠣᠯᠵᠠᠢ᠂ ᠮᠥᠨ ᠥᠩᠭᠡᠷᠡᠭᠰᠡᠨ ᠣᠨ 48.71% ᠪᠡᠷ ᠮᠥᠨ ᠥᠩᠭᠡᠷᠡᠭᠰᠡᠨ ᠣᠨ 68.75% ᠪᠡᠷ ᠪᠠᠭᠤᠷᠠᠪᠠ᠃ ᠬᠤᠳᠠᠯᠳᠤᠭᠠᠨ ᠤ ᠲᠠᠯᠠᠪᠤᠷ ᠳᠤ ᠬᠠᠷᠢᠶᠠᠲᠤ ᠪᠠᠢᠳᠠᠯ 14.08% ᠪᠡᠷ ᠪᠠᠭᠤᠷᠠᠵᠤ᠂ ᠬᠥᠷᠥᠩᠭᠡ ᠶᠢᠨ ᠨᠢ ᠪᠠᠢᠭᠤᠯᠭ᠎ᠠ 0.08 ᠬᠤᠪᠢ ᠶᠢᠨ ᠨᠢᠭᠡᠴᠡ ᠪᠣᠯᠵᠠᠢ᠂

14.5% ᠪᠡᠷ ᠨᠡᠮᠡᠭᠳᠡᠪᠡ᠃

ᠨᠡᠮᠡᠭᠳᠡᠪᠡ᠃ ᠵᠢᠭᠤᠯᠴᠢᠳ ᠤᠨ ᠲᠣᠭ᠎ᠠ 83.5 ᠬᠤᠪᠢ ᠶᠢᠨ ᠨᠢᠭᠡᠴᠡ ᠪᠣᠯᠵᠠᠢ᠂ ᠮᠥᠨ ᠥᠩᠭᠡᠷᠡᠭᠰᠡᠨ ᠣᠨ ᠲᠣᠭ᠎ᠠ 429.7 ᠲᠦᠮᠡᠨ ᠵᠢᠭᠤᠯᠴᠢᠳ (ᠬᠦᠮᠦᠨ ᠤᠯᠠᠭᠠᠨ)᠂ ᠮᠥᠨ ᠥᠩᠭᠡᠷᠡᠭᠰᠡᠨ ᠣᠨ 3.0% ᠪᠡᠷ ᠲᠥᠷᠥ ᠶᠢᠨ ᠨᠢ ᠵᠢᠭᠤᠯᠴᠢᠳ ᠤᠨ ᠣᠷᠣᠯᠭ᠎ᠠ ᠨᠢ ᠬᠦᠷᠢᠶᠡᠯᠡᠩ ᠦᠨ ᠠᠶᠠᠯᠠᠯ ᠤᠨ ᠬᠡᠷᠡᠭ ᠲᠦᠯ ᠲᠥᠯᠥᠪ᠃ 2017 ᠣᠨ ᠳᠤ ᠨᠡᠮᠡᠭᠳᠡᠪᠡ᠃

ᠭᠠᠳᠠᠭᠠᠳᠤ ᠶᠢᠨ ᠵᠢᠭᠤᠯᠴᠢᠳ 1116 ᠬᠤᠪᠢ ᠶᠢᠨ ᠨᠢᠭᠡᠴᠡ ᠪᠣᠯᠵᠠᠢ᠂ ᠮᠥᠨ ᠥᠩᠭᠡᠷᠡᠭᠰᠡᠨ ᠣᠨ ᠤ 497% ᠪᠡᠷ ᠨᠡᠮᠡᠭᠳᠡᠪᠡ᠂ ᠮᠥᠨ ᠥᠩᠭᠡᠷᠡᠭᠰᠡᠨ ᠣᠨ 7.6% ᠪᠡᠷ ᠪᠠᠭᠤᠷᠠᠪᠠ᠃ ᠳᠣᠲᠣᠭᠠᠳᠤ ᠵᠢᠭᠤᠯᠴᠢᠳ ᠤᠨ ᠨᠡᠮᠡᠭᠳᠡᠯ ᠲᠠᠢ (ᠬᠦᠮᠦᠨ ᠤ ᠳᠠᠪᠬᠤᠷ) 103.4 ᠬᠤᠪᠢ ᠶᠢᠨ ᠨᠢᠭᠡᠴᠡ ᠨᠢ ᠪᠠᠢᠭ᠎ᠠ ᠮᠥᠩᠭᠦ ᠲᠠᠯ᠎ᠠ ᠵᠢᠭᠤᠯᠴᠢᠯᠠᠯ ᠤᠨ ᠪᠠᠢᠭᠤᠯᠭ᠎ᠠ ᠲᠠᠯ᠎ᠠ ᠨᠡᠮᠡᠭᠳᠡᠯ ᠵᠢᠯ ᠲᠡᠭᠦᠯᠦᠯᠪᠡ᠃ 2017 ᠣᠨ ᠳᠤ ᠬᠣᠷᠢᠶ᠎ᠠ ᠨᠢ 8.9 ᠬᠤᠪᠢ ᠶᠢᠨ ᠨᠢᠭᠡᠴᠡ ᠪᠣᠯᠵᠠᠢ᠂ ᠮᠥᠨ ᠥᠩᠭᠡᠷᠡᠭᠰᠡᠨ ᠣᠨ 7.3% ᠪᠡᠷ ᠨᠡᠮᠡᠭᠳᠡᠪᠡ᠃

ᠪᠣᠯᠵᠠᠢ᠂ ᠮᠥᠨ ᠥᠩᠭᠡᠷᠡᠭᠰᠡᠨ ᠣᠨ 7.9% ᠪᠡᠷ ᠨᠡᠮᠡᠭᠳᠡᠵᠦ᠂ ᠬᠣᠲᠠ ᠪᠠᠭᠠᠰᠤ ᠶᠢᠨ ᠬᠦᠮᠦᠨ ᠤ ᠬᠣᠷᠢᠶ᠎ᠠ ᠶᠢᠨ ᠬᠤᠪᠢᠶᠠᠷᠢᠯᠠᠯ: ᠪᠠᠢᠭ᠎ᠠ ᠤᠨ ᠪᠠᠷᠢᠮᠵᠢᠶ᠎ᠠ᠂ ᠰᠠᠯᠪᠤᠷᠢ ᠪᠠᠷᠢᠮᠵᠢᠶ᠎ᠠ ᠬᠤᠪᠢ 58.5 ᠬᠤᠪᠢ ᠶᠢᠨ ᠨᠢᠭᠡᠴᠡ ᠪᠣᠯᠵᠠᠢ᠂ ᠮᠥᠨ ᠥᠩᠭᠡᠷᠡᠭᠰᠡᠨ ᠣᠨ 8.2% ᠪᠡᠷ ᠨᠡᠮᠡᠭᠳᠡᠪᠡ᠃ ᠬᠥᠳᠡᠭᠡ ᠲᠦᠮᠡᠨ ᠤᠨ ᠲᠠᠯᠠᠪᠤᠷ᠂ ᠬᠦᠮᠦᠨ ᠲᠣᠭ᠎ᠠ ᠶᠢᠨ ᠬᠠᠷᠢᠴᠠᠭ᠎ᠠ ᠶᠢᠨ ᠪᠠᠢᠳᠠᠯ ᠨᠢ ᠰᠠᠯᠪᠤᠷᠢ ᠪᠠᠷᠢᠮᠵᠢᠶ᠎ᠠ ᠶᠢᠨ ᠬᠤᠪᠢᠶᠠᠷᠢᠯᠠᠯ 7.8 ᠬᠤᠪᠢ 59.6 ᠬᠤᠪᠢ ᠶᠢᠨ ᠨᠢᠭᠡᠴᠡ ᠪᠣᠯᠵᠠᠢ᠃᠃᠃ ᠮᠥᠨ ᠥᠩᠭᠡᠷᠡᠭᠰᠡᠨ ᠣᠨ 7.8% ᠪᠡᠷ ᠨᠡᠮᠡᠭᠳᠡᠪᠡ᠃ ᠪᠠᠢᠭ᠎ᠠ ᠬᠤᠪᠢᠶᠠᠷᠢᠯᠠᠯ: ᠬᠣᠲᠠ ᠪᠠᠭᠠᠰᠤ ᠶᠢᠨ ᠬᠠᠷᠢᠴᠠᠭ᠎ᠠ ᠶᠢᠨ ᠪᠠᠢᠳᠠᠯ ᠨᠢ ᠰᠠᠯᠪᠤᠷᠢ ᠪᠠᠷᠢᠮᠵᠢᠶ᠎ᠠ ᠶᠢᠨ ᠬᠤᠪᠢᠶᠠᠷᠢᠯᠠᠯ ᠮᠥᠨ ᠥᠩᠭᠡᠷᠡᠭᠰᠡᠨ ᠣᠨ 7.8% ᠪᠡᠷ ᠨᠡᠮᠡᠭᠳᠡᠪᠡ᠃ ᠪᠠᠷᠢᠮᠵᠢᠶ᠎ᠠ ᠶᠢᠨ ᠲᠣᠭ᠎ᠠ ᠳᠣᠲᠣᠷ᠎ᠠ ᠶᠢ ᠬᠠᠷᠢᠴᠠᠭ᠎ᠠ ᠶᠢᠨ ᠪᠠᠢᠳᠠᠯ ᠨᠢ (ᠰᠠᠯᠪᠤᠷᠢ ᠪᠠᠷᠢᠮᠵᠢᠶ᠎ᠠ ᠶᠢᠨ ᠬᠤᠪᠢᠶᠠᠷᠢᠯᠠᠯ 67.4 ᠬᠤᠪᠢ ᠶᠢᠨ ᠨᠢᠭᠡᠴᠡ ᠪᠣᠯᠵᠠᠢ᠂ ᠬᠦᠮᠦᠨ ᠦ ᠨᠡᠮᠡᠭᠳᠡᠯ ᠬᠤᠷᠳᠤᠴᠠ ᠶᠢ ᠮᠥᠨ ᠥᠩᠭᠡᠷᠡᠭᠰᠡᠨ ᠣᠨ 5.0% ᠪᠡᠷ % ᠨᠡᠮᠡᠭᠳᠡᠪᠡ᠃ ᠬᠦᠮᠦᠨ ᠦ ᠬᠤᠷᠳᠤᠴᠠ ᠶᠢ ᠮᠥᠨ ᠥᠩᠭᠡᠷᠡᠭᠰᠡᠨ ᠣᠨ 7.2% ᠪᠡᠷ ᠨᠡᠮᠡᠭᠳᠡᠵᠦ᠂ ᠬᠣᠲᠠ ᠪᠠᠭᠠᠰᠤ ᠶᠢᠨ ᠬᠦᠮᠦᠨ ᠤ ᠬᠣᠷᠢᠶ᠎ᠠ ᠶᠢᠨ ᠨᠡᠮᠡᠭᠳᠡᠪᠡ᠃ 2017 ᠣᠨ ᠳᠤ ᠪᠠᠢᠭ᠎ᠠ ᠵᠠᠮ ᠤᠨ ᠪᠠᠷᠢᠮᠵᠢᠶ᠎ᠠ ᠶᠢᠨ ᠰᠠᠯᠪᠤᠷᠢ ᠪᠠᠷᠢᠮᠵᠢᠶ᠎ᠠ ᠬᠤᠪᠢ ᠨᠢ ᠨᠡᠮᠡᠭᠳᠡᠯ ᠬᠠᠷᠢᠴᠠᠭ᠎ᠠ ᠶᠢᠨ ᠪᠠᠷᠢᠮᠵᠢᠶ᠎ᠠ ᠶᠢᠨ ᠵᠠᠮ ᠤᠨ ᠲᠣᠭᠠᠴᠠᠭᠠᠯᠠᠨ ᠪᠣᠯᠵᠠᠢ᠂ ᠬᠠᠷᠢᠴᠠᠭ᠎ᠠ ᠶᠢᠨ ᠪᠠᠷᠢᠮᠵᠢᠶᠠᠯᠠᠯ ᠲᠣᠭᠠᠴᠠᠭᠠᠯᠠᠨ ᠲᠣᠭ᠎ᠠ

ᠪᠠᠢᠭ᠎ᠠ ᠵᠢᠭᠤᠯᠴᠢᠯᠠᠯ ᠤᠨ ᠬᠦᠷᠢᠶᠡᠯᠡᠩ
ᠵᠢᠭᠤᠯᠴᠢᠳ᠂ ᠬᠦᠮᠦᠨ ᠤ ᠲᠣᠭᠣᠷᠢᠭᠰᠠᠨ ᠬᠤᠷᠢᠶᠠᠩᠭᠤᠢ

1 ᠪᠠᠢ᠌ᠨ᠎ᠠ᠃
004% ᠪᠠᠷ ᠥᠰᠦᠵᠡᠢ᠃ ᠲᠡᠮᠳᠡᠭᠯᠡᠯ ᠲᠡᠭᠡᠷᠡ ᠬᠡᠮᠵᠢᠶ᠎ᠡ ᠶᠢᠨ ᠬᠤᠷᠠᠭ 1 ᠪᠣᠯᠵᠤ᠂ ᠲᠡᠮᠳᠡᠭᠯᠡᠭᠰᠡᠨ ᠬᠡᠮᠵᠢᠶ᠎ᠡ ᠰᠣᠯᠢᠯᠴᠠᠭ᠎ᠠ ᠪᠠᠷ ᠥᠰᠦᠵᠡᠢ᠃ ᠡᠮᠦᠨᠡᠬᠢ ᠤᠯᠠᠷᠢᠯ ᠤᠨ 《ᠬᠦᠮᠦᠨ ᠦ ᠠᠮᠢᠳᠤᠷᠠᠯ ᠤᠨ ᠲᠡᠭᠡᠷᠡ ᠶᠢᠨ ᠲᠣᠭ᠎ᠠ》 ᠢ 11865 ᠪᠠᠢ᠌ᠭᠤᠯᠤᠭᠰᠠᠨ᠂ ᠣᠨ ᠤ 17950 ᠬᠣᠶᠠᠳᠤᠭᠠᠷ ᠤᠯᠠᠷᠢᠯ ᠤᠨ 《ᠬᠦᠮᠦᠨ ᠦ ᠠᠮᠢᠳᠤᠷᠠᠯ ᠤᠨ ᠲᠡᠭᠡᠷᠡ ᠶᠢᠨ ᠲᠣᠭ᠎ᠠ》 ᠢ ᠪᠠᠢ᠌ᠭᠤᠯᠤᠭᠰᠠᠨ᠂ 0.2% ᠬᠦᠮᠦᠨ ᠦ ᠠᠮᠢᠳᠤᠷᠠᠯ ᠤᠨ ᠨᠡᠷᠡ ᠶᠢᠨ ᠬᠤᠷᠢᠶ᠎ᠠ)᠂ ᠨᠡᠢᠲᠡ ᠨᠡᠷᠡ ᠶᠢᠨ ᠬᠤᠷᠢᠶ᠎ᠠ ᠶᠢᠨ ᠪᠦᠬᠦ ᠨᠡᠷᠡ 144 ᠪᠣᠳᠠᠰ ᠪᠠᠢ᠌ᠨ᠎ᠠ᠃ 2017 ᠣᠨ ᠤ ᠮᠠᠯ ᠠᠵᠢ ᠠᠬᠤᠢ ᠶᠢᠨ ᠪᠦᠲᠦᠭᠡᠭᠳᠡᠬᠦᠨ ᠦ ᠨᠡᠷᠡ ᠶᠢᠨ ᠬᠤᠷᠢᠶ᠎ᠠ᠂ ᠬᠦᠮᠦᠨ ᠦ ᠠᠮᠢᠳᠤᠷᠠᠯ ᠤᠨ ᠨᠡᠷᠡ ᠶᠢᠨ ᠬᠤᠷᠢᠶ᠎ᠠ᠂ ᠨᠡᠢᠲᠡ 77 ᠨᠡᠷᠡ ᠶᠢᠨ ᠬᠤᠷᠢᠶ᠎ᠠ (ᠲᠣᠭᠲᠠᠭᠠᠯ) ᠪᠣᠯᠵᠤ᠂ ᠣᠨ ᠤ 3 ᠨᠡᠷᠡ ᠶᠢᠨ ᠬᠤᠷᠢᠶ᠎ᠠ ᠪᠠᠷ (ᠬᠦᠮᠦᠨ ᠦ ᠠᠮᠢᠳᠤᠷᠠᠯ ᠤᠨ ᠪᠠᠢ᠌ᠳᠠᠯ ᠤᠨ ᠲᠣᠭᠠᠨ ᠤ ᠪᠦᠷᠢᠳᠬᠡᠯ ᠠᠮᠢᠳᠤ ᠪᠠᠢ᠌ᠳᠠᠯ ᠪᠠᠷ ᠪᠠᠲᠤᠯᠠᠭᠳᠠᠵᠠᠢ᠃ 2017 ᠣᠨ ᠤ ᠪᠦᠬᠦ ᠬᠣᠲᠠ ᠶᠢᠨ
ᠲᠣᠭᠠᠨ ᠲᠣᠭᠠᠯᠠᠯ ᠤᠨ ᠲᠣᠭᠠᠨ ᠳᠤ ᠬᠤᠳᠠᠯᠳᠤᠭ᠎ᠠ ᠶᠢ ᠪᠦᠷᠢᠳᠬᠡᠵᠡᠢ᠃ ᠲᠣᠭᠠᠨ ᠲᠣᠭᠠᠯᠠᠯ ᠲᠣᠭᠲᠠᠭᠠᠨ ᠪᠣᠯᠪᠠᠰᠤ᠂ ᠮᠠᠯ ᠬᠤᠳᠠᠯᠳᠤᠭ᠎ᠠ᠂ 2722 ᠬᠤᠳᠠᠯᠳᠤᠭ᠎ᠠ ᠶᠢᠨ ᠬᠦᠷᠢᠶᠡᠯᠡᠩ 843 ᠬᠤᠳᠠᠯᠳᠤᠭ᠎ᠠ᠂ 1221 ᠲᠣᠭᠲᠠᠭᠠᠯ ᠪᠠᠢ᠌ᠨ᠎ᠠ᠃
ᠬᠤᠳᠠᠯᠳᠤᠭᠠᠯᠤᠭᠰᠠᠨ ᠤ ᠲᠣᠭᠠᠴᠠᠭᠠ ᠨᠡᠢᠲᠡ 31 ᠪᠣᠯᠵᠤ᠂ 1668 ᠬᠤᠳᠠᠯᠳᠤᠭᠴᠢ ᠶᠢᠨ ᠲᠣᠭ᠎ᠠ᠂ 3337 ᠪᠦᠷᠢᠳᠬᠡᠭᠰᠡᠨ ᠲᠣᠭᠠᠨ ᠤ ᠬᠡᠮᠵᠢᠶ᠎ᠡ ᠶᠢᠨ ᠲᠣᠭᠠᠴᠠᠭ᠎ᠠ ᠬᠤᠳᠠᠯᠳᠤᠭ᠎ᠠ ᠶᠢᠨ ᠲᠣᠭᠠᠴᠠᠭ᠎ᠠ᠂ ᠬᠤᠳᠠᠯᠳᠤᠭᠠᠯ ᠤᠨ ᠪᠦᠷᠢᠳᠬᠡᠯ᠂
ᠬᠤᠳᠠᠯᠳᠤᠭ᠎ᠠ ᠶᠢᠨ ᠲᠣᠭᠠᠨ ᠪᠠᠲᠤᠯᠠᠭᠰᠠᠨ ᠲᠤᠯᠠ ᠪᠦᠷᠢᠳᠬᠡᠵᠡᠢ᠃ 2017 ᠣᠨ ᠤ ᠲᠦᠪᠦᠯ ᠪᠦᠬᠦ ᠤᠨ ᠪᠦᠬᠦ
100% ᠪᠣᠯᠪᠠ᠃
ᠪᠣᠯᠤᠨ ᠲᠣᠨᠨ᠎ᠠ 4943 ᠪᠠᠢ᠌ᠨ᠎ᠠ᠃ ᠪᠦᠬᠦ ᠬᠣᠲᠠ ᠶᠢᠨ ᠲᠠᠷᠢᠶᠠ ᠨᠣᠭᠣᠭ᠎ᠠ ᠶᠢᠨ ᠭᠠᠵᠠᠷ ᠤᠨ ᠲᠠᠷᠢᠯᠤᠭᠰᠠᠨ ᠲᠠᠯᠠᠪᠠᠢ ᠨᠡᠢᠲᠡ ᠲᠠᠷᠢᠯᠠᠯᠲᠠ ᠪᠠᠷ ᠪᠣᠯᠵᠤ᠂ ᠡᠨᠡ ᠨᠢ 1411 ᠲᠣᠨᠨ᠎ᠠ ᠮᠢᠬ᠎ᠠ᠂ 1385 ᠲᠣᠨᠨ᠎ᠠ ᠨᠣᠭᠣᠭ᠎ᠠ᠂ ᠲᠠᠷᠢᠶ᠎ᠠ
ᠡᠨᠡ ᠨᠢ 2782 ᠲᠣᠨᠨ᠎ᠠ ᠮᠢᠬ᠎ᠠ᠂ 2762 ᠨᠣᠭᠣᠭ᠎ᠠ᠂ ᠲᠠᠷᠢᠶ᠎ᠠ ᠪᠣᠯᠤᠨ ᠲᠣᠨᠨ᠎ᠠ 16550 ᠪᠠᠢ᠌ᠨ᠎ᠠ᠃ 22
2917 ᠲᠣᠨᠨ᠎ᠠ ᠨᠣᠭᠣᠭ᠎ᠠ᠂ ᠲᠠᠷᠢᠶ᠎ᠠ ᠪᠣᠯᠤᠨ ᠲᠣᠨᠨ᠎ᠠ 7822 ᠪᠠᠢ᠌ᠨ᠎ᠠ᠃ 13 ᠪᠣᠯᠤᠨ ᠲᠣᠭᠣᠷᠢᠭᠯᠠᠯ ᠪᠣᠯᠵᠤ᠂
5280 ᠪᠠᠢ᠌ᠨ᠎ᠠ᠃ ᠬᠦᠨᠳᠦ ᠪᠣᠳᠣ ᠶᠢᠨ ᠪᠣᠯᠪᠠᠰᠤ ᠲᠣᠭᠣᠷᠢᠭᠯᠠᠯ 6 ᠪᠣᠯᠵᠤ᠂ ᠡᠨᠡ ᠨᠢ 2729 ᠲᠣᠨᠨ᠎ᠠ ᠮᠢᠬ᠎ᠠ᠂
ᠪᠣᠯᠵᠤ᠂ ᠡᠨᠡ ᠨᠢ 1773 ᠲᠣᠨᠨ᠎ᠠ ᠮᠢᠬ᠎ᠠ᠂ 2099 ᠲᠣᠨᠨ᠎ᠠ ᠨᠣᠭᠣᠭ᠎ᠠ᠂ ᠲᠠᠷᠢᠶ᠎ᠠ ᠪᠣᠯᠤᠨ ᠲᠣᠨᠨ᠎ᠠ
26 ᠲᠣᠨᠨ᠎ᠠ ᠨᠣᠭᠣᠭ᠎ᠠ᠂ ᠲᠠᠷᠢᠶ᠎ᠠ ᠪᠣᠯᠤᠨ ᠲᠣᠨᠨ᠎ᠠ 161 ᠪᠠᠢ᠌ᠨ᠎ᠠ᠃ ᠲᠠᠷᠢᠶᠠᠯᠠᠩ ᠪᠣᠳᠣ ᠶᠢᠨ ᠪᠣᠯᠪᠠᠰᠤ ᠲᠣᠭᠣᠷᠢᠭᠯᠠᠯ 2
ᠲᠣᠨᠨ᠎ᠠ 1808 ᠪᠠᠢ᠌ᠨ᠎ᠠ᠃ ᠲᠠᠷᠢᠶᠠᠯᠠᠩ ᠲᠠᠷᠢᠶ᠎ᠠ ᠪᠦᠲᠦᠭᠡᠯ ᠦᠨ ᠲᠣᠭᠣᠷᠢᠭᠯᠠᠯ 1 ᠪᠣᠯᠵᠤ᠂ ᠡᠨᠡ ᠨᠢ 49 ᠮᠢᠬ᠎ᠠ᠂
ᠲᠣᠭᠣᠷᠢᠭᠯᠠᠯ 1 ᠪᠣᠯᠵᠤ᠂ ᠡᠨᠡ ᠨᠢ 677 ᠲᠣᠨᠨ᠎ᠠ ᠮᠢᠬ᠎ᠠ᠂ 641 ᠲᠣᠨᠨ᠎ᠠ ᠨᠣᠭᠣᠭ᠎ᠠ᠂ ᠲᠠᠷᠢᠶ᠎ᠠ ᠪᠣᠯᠤᠨ
ᠨᠣᠭᠣᠭ᠎ᠠ᠂ ᠲᠠᠷᠢᠶ᠎ᠠ ᠪᠣᠯᠤᠨ ᠲᠣᠨᠨ᠎ᠠ 9198 ᠪᠠᠢ᠌ᠨ᠎ᠠ᠃ ᠪᠣᠯᠪᠠᠰᠤ ᠪᠣᠳᠣ ᠶᠢᠨ ᠮᠠᠯ ᠠᠵᠢ ᠠᠬᠤᠢ ᠲᠠᠷᠢᠶᠠᠯᠠᠩ ᠪᠦᠲᠦᠭᠡᠯ ᠦᠨ
ᠮᠠᠯ ᠠᠵᠢ ᠠᠬᠤᠢ ᠶᠢᠨ ᠲᠣᠭᠣᠷᠢᠭᠯᠠᠯ 1 ᠪᠣᠯᠵᠤ᠂ ᠡᠨᠡ ᠨᠢ 3610 ᠲᠣᠨᠨ᠎ᠠ ᠮᠢᠬ᠎ᠠ᠂ 2662 ᠲᠣᠨᠨ᠎ᠠ ᠪᠣᠯᠵᠤ᠂ ᠲᠣᠭᠣᠷᠢᠭᠯᠠᠯ ᠤᠨ ᠲᠠᠷᠢᠶᠠᠯᠠᠩ ᠪᠦᠲᠦᠭᠡᠯ ᠢ ᠬᠡᠮᠵᠢᠶ᠎ᠡ ᠬᠦᠷᠦ ᠬᠦᠮᠦᠨ ᠲᠡᠭᠦᠷᠦᠯᠵᠡᠢ᠃ ᠲᠠᠷᠢᠶᠠᠯᠠᠩ ᠪᠣᠳᠣ ᠶᠢᠨ
ᠲᠣᠭᠣᠷᠢᠭᠯᠠᠯᠲᠠ ᠬᠦᠷᠢᠶᠡᠯᠡᠩ ᠦᠨ ᠪᠣᠯᠤᠨ ᠲᠠᠷᠢᠶ᠎ᠠ ᠪᠦᠲᠦᠭᠡᠯ ᠦᠨ ᠲᠣᠭᠣᠷᠢᠭ ᠢ ᠲᠣᠭᠲᠠᠭᠠᠨ ᠪᠦᠷᠢᠳᠬᠡᠯ ᠪᠠᠷ

ᠭᠤᠷᠪᠠ᠂ ᠲᠠᠷᠢᠶᠠᠯᠠᠩ ᠪᠦᠲᠦᠭᠡᠯ᠂ ᠮᠠᠯ ᠠᠵᠢ ᠠᠬᠤᠢ ᠶᠢᠨ ᠦᠢᠯᠡᠳᠪᠦᠷᠢ ᠲᠣᠭᠠᠨ ᠲᠣᠭᠠᠯᠠᠯ

ᠨᠡᠮᠡᠭᠳᠡᠪᠡ᠃
ᠪᠦᠲᠦᠭᠡᠭᠳᠡᠬᠦᠨ ᠦ ᠲᠣᠭᠠᠨ ᠤ 7.0 ᠰᠠᠶ᠋ᠢ ᠲᠣᠨᠨ᠎ᠠ ᠪᠣᠯᠵᠤ᠂ ᠡᠮᠦᠨ᠎ᠡ ᠵᠢᠯ ᠡᠴᠡ 4.1% ᠪᠠᠷ ᠰᠠᠶ᠋ᠢ ᠲᠣᠨᠨ᠎ᠠ ᠪᠣᠯᠵᠤ᠂ ᠡᠮᠦᠨ᠎ᠡ ᠵᠢᠯ ᠡᠴᠡ 9.2% ᠪᠠᠷ ᠨᠡᠮᠡᠭᠳᠡᠵᠦ᠂ ᠮᠠᠯ ᠨᠡᠮᠡᠯ ᠦ ᠵᠢᠯ ᠡᠴᠡ 5.6% ᠪᠠᠷ ᠨᠡᠮᠡᠭᠳᠡᠵᠦ᠂ ᠣᠨ ᠤ ᠳᠤ ᠪᠣᠭᠣᠨᠢ ᠶᠢᠨ ᠪᠦᠲᠦᠭᠡᠭᠳᠡᠬᠦᠨ ᠦ ᠲᠣᠭᠠᠨ ᠤ 3.4 ᠤᠨ ᠪᠦᠬᠦ ᠶᠢᠨ ᠪᠦᠲᠦᠭᠡᠭᠳᠡᠬᠦᠨ ᠦ ᠲᠣᠭᠣᠷᠢᠭ ᠤᠨ ᠲᠣᠭᠠᠨ ᠤ 10.7 ᠰᠠᠶ᠋ᠢ ᠲᠣᠨᠨ᠎ᠠ ᠪᠣᠯᠵᠤ᠂ ᠡᠮᠦᠨ᠎ᠡ
ᠪᠦᠲᠦᠭᠡᠭᠳᠡᠬᠦᠨ ᠦ ᠲᠣᠭᠠᠨ ᠪᠦᠲᠦᠭᠡᠭᠰᠡᠨ ᠲᠤᠯᠠ ᠪᠦᠷᠢᠳᠬᠡᠵᠡᠢ᠃ 2017 ᠣᠨ ᠤ ᠪᠦᠬᠦ ᠬᠣᠲᠠ ᠶᠢᠨ 22 ᠪᠦᠲᠦᠭᠡᠭᠳᠡᠬᠦᠨ ᠰᠠᠶ᠋ᠢ ᠲᠣᠨᠨ᠎ᠠ ᠪᠠᠢ᠌ᠨ᠎ᠠ᠃
ᠨᠡᠮᠡᠭᠳᠡᠭᠰᠡᠨ ᠤ ᠳᠣᠲᠣᠷ᠎ᠠ 2721 ᠰᠠᠶ᠋ᠢ ᠲᠣᠨᠨ᠎ᠠ ᠪᠣᠯᠵᠤ᠂ ᠲᠠᠷᠢᠶ᠎ᠠ ᠨᠡᠮᠡᠭᠳᠡᠭᠰᠡᠨ ᠤ ᠳᠣᠲᠣᠷ᠎ᠠ 58 ᠰᠠᠶ᠋ᠢ ᠲᠣᠨᠨ᠎ᠠ ᠪᠣᠯᠵᠤ᠂ ᠡᠮᠦᠨ᠎ᠡ ᠵᠢᠯ ᠡᠴᠡ 15% ᠪᠠᠷ ᠨᠡᠮᠡᠭᠳᠡᠵᠦ᠂ ᠣᠨ ᠤ ᠪᠦᠲᠦᠭᠡᠯ ᠲᠣᠭᠣᠷᠢᠭ ᠨᠡᠮᠡᠭᠳᠡᠭᠰᠡᠨ ᠦ 56% ᠢ ᠡᠵᠡᠯᠡᠵᠡᠢ᠃ ᠪᠦᠬᠦ ᠨᠢ ᠤᠨ ᠪᠦᠬᠦ ᠬᠣᠲᠠ ᠶᠢᠨ ᠮᠠᠯ ᠤᠨ ᠮᠢᠬ᠎ᠠ ᠶᠢᠨ ᠳᠣᠲᠣᠷ᠎ᠠ 330 ᠨᠡᠮᠡᠭᠳᠡᠵᠦ᠂ ᠣᠨ ᠤ ᠬᠣᠷᠢᠨ ᠪᠠᠢ᠌ᠳᠠᠯ ᠤᠨ ᠨᠡᠮᠡᠭᠳᠡᠭᠰᠡᠨ 172 ᠰᠠᠶ᠋ᠢ ᠲᠣᠨᠨ᠎ᠠ ᠪᠣᠯᠵᠤ᠂ ᠪᠦᠬᠦ ᠬᠣᠲᠠ ᠶᠢᠨ ᠨᠡᠮᠡᠭᠳᠡᠭᠰᠡᠨ ᠦ ᠬᠡᠮᠵᠢᠶ᠎ᠡ 309 ᠰᠠᠶ᠋ᠢ ᠲᠣᠨᠨ᠎ᠠ ᠪᠣᠯᠵᠤ᠂ ᠡᠮᠦᠨ᠎ᠡ ᠵᠢᠯ ᠡᠴᠡ 8.1% ᠪᠠᠷ
ᠲᠡᠭᠡᠷᠢᠭᠦᠦ ᠪᠦᠲᠦᠭᠡᠯ ᠦᠨ ᠬᠡᠷᠡᠭᠯᠡᠭᠡ ᠰᠠᠶᠢᠨ ᠲᠠᠯ᠎ᠠ᠃ ᠨᠢ ᠤᠨ ᠲᠦᠪᠦᠯ ᠪᠦᠬᠦ ᠬᠣᠲᠠ ᠶᠢᠨ ᠮᠠᠯ ᠤᠨ ᠮᠢᠬ᠎ᠠ ᠶᠢᠨ ᠨᠡᠮᠡᠭᠳᠡᠭᠰᠡᠨ ᠵᠢᠯ 8.5% ᠪᠠᠷ ᠨᠡᠮᠡᠭᠳᠡᠪᠡ᠃
2017 ᠣᠨ ᠤ ᠲᠡᠭᠡᠷᠢᠭᠦᠦ ᠪᠦᠲᠦᠭᠡᠯ ᠪᠦᠲᠦᠭᠡᠭᠳᠡᠬᠦᠨ ᠦ ᠲᠣᠭᠠᠨ ᠤ ᠨᠡᠮᠡᠯᠲᠡ ᠶᠢᠨ ᠲᠣᠭᠲᠠᠭᠠ ᠡᠮᠦᠨ᠎ᠡ

ᠳᠦᠷᠪᠡ᠂ ᠲᠡᠭᠡᠷᠢᠭᠦᠦ ᠪᠦᠲᠦᠭᠡᠯ ᠦᠢᠯᠡᠳᠪᠦᠷᠢ ᠪᠦᠲᠦᠭᠡᠭᠳᠡᠬᠦᠨ ᠦ ᠲᠣᠭᠠᠨ

ᠲᠠᠪᠤ · ᠬᠦᠮᠦᠨ ᠠᠮ ᠪᠠ ᠠᠷᠠᠳ ᠤᠨ ᠠᠮᠢᠳᠤᠷᠠᠯ

ᠬᠣᠲᠠ ᠪᠠᠯᠭᠠᠰᠤ ᠶᠢᠨ ᠬᠡᠷᠡᠭᠯᠡᠭᠡᠨ ᠦ ᠪᠠᠷᠠᠭ᠎ᠠ ᠶᠢᠨ ᠳᠡᠯᠭᠡᠭᠦᠷ ᠦᠨ ᠬᠡᠮᠵᠢᠶ᠎ᠡ ᠨᠢ 2265.6 ᠶᠤᠸᠠᠨ᠂ 7.44% ᠪᠡᠷ ᠥᠰᠪᠡ᠃ 1824 ᠶᠤᠸᠠᠨ ᠬᠦᠷᠦᠯᠴᠡᠵᠦ᠂ 8.2% ᠪᠡᠷ ᠥᠰᠪᠡ᠃ ᠳᠡᠯᠭᠡᠭᠦᠷ ᠦᠨ ᠪᠠᠢ᠌ᠷᠢ ᠲᠠᠢ ᠵᠢ ᠳᠤᠭᠠᠷᠯᠠᠪᠠᠯ ᠪᠠᠢ᠌ᠩᠭ᠎ᠠ ᠶᠢᠨ ᠰᠢᠯᠵᠢᠭᠦᠯᠦᠯ ᠦᠨ ᠳᠡᠯᠭᠡᠭᠦᠷ ᠦᠨ ᠬᠡᠮᠵᠢᠶ᠎ᠡ 24069 ᠶᠤᠸᠠᠨ᠂ ᠨᠡᠢ᠌ᠲᠡ ᠶᠢᠨ ᠳᠤᠮᠳᠠ 38.6% ᠂ ᠥᠩᠭᠡᠷᠡᠭᠰᠡᠨ ᠵᠢᠯ ᠦᠨ ᠡᠴᠡ 0.6 ᠨᠤᠭᠤᠯ ᠦᠨ ᠨᠢᠭᠡᠳᠦᠯ ᠪᠡᠷ ᠪᠠᠭᠤᠷᠠᠪᠠ᠃ ᠬᠣᠳᠠᠯᠳᠤᠭ᠎ᠠ ᠶᠢᠨ ᠲᠣᠭ᠎ᠠ ᠦᠨ ᠬᠦᠷᠦᠯᠴᠡᠪᠡ᠃ ᠬᠥᠳᠡᠭᠡ ᠮᠠᠯᠵᠢᠯ ᠤᠨ ᠪᠠᠢ᠌ᠩᠭ᠎ᠠ ᠶᠢᠨ ᠰᠢᠯᠵᠢᠭᠦᠯᠦᠯ ᠦᠨ ᠬᠡᠮᠵᠢᠶ᠎ᠡ ᠨᠢ ᠪᠦᠬᠦ ᠳᠠᠬᠢ ᠵᠢᠩ ᠦᠨ ᠬᠤᠪᠢ ᠨᠢ ᠮᠠᠯᠵᠢᠯ ᠤᠨ ᠪᠠᠢ᠌ᠩᠭ᠎ᠠ ᠶᠢᠨ ᠰᠢᠯᠵᠢᠭᠦᠯᠦᠯ ᠦᠨ ᠬᠡᠮᠵᠢᠶ᠎ᠡ ᠶᠢᠨ ᠳᠡᠯᠭᠡᠭᠦᠷ ᠦᠨ ᠡᠷᠭᠢᠯᠲᠡ 30685 ᠶᠤᠸᠠᠨ᠂ 4.3% ᠪᠡᠷ ᠳᠡᠯᠭᠡᠭᠦᠷ ᠦᠨ ᠬᠠᠮᠲᠤ ᠶᠢᠨ ᠠᠵᠢᠯ ᠤᠨ ᠬᠣᠷᠢᠶ᠎ᠠ ᠶᠢᠨ ᠬᠡᠮᠵᠢᠶ᠎ᠡ 9584 ᠶᠤᠸᠠᠨ᠂ 6.3% ᠪᠡᠷ ᠥᠰᠪᠡ᠃ ᠬᠥᠳᠡᠭᠡ ᠠᠵᠤ ᠠᠬᠤᠢ ᠶᠢᠨ ᠬᠣᠷᠢᠶ᠎ᠠ ᠶᠢᠨ ᠬᠡᠮᠵᠢᠶ᠎ᠡ 2361 ᠶᠤᠸᠠᠨ᠂ 0.82% ᠪᠡᠷ ᠪᠠᠭᠤᠷᠠᠭᠰᠠᠨ ᠪᠠᠢ᠌ᠨ᠎ᠠ᠃ ᠬᠣᠲᠠ ᠬᠣᠰᠢᠭᠤ ᠶᠢᠨ ᠬᠥᠷᠥᠩᠭᠡ ᠶᠢᠨ ᠬᠣᠷᠢᠶ᠎ᠠ ᠶᠢᠨ ᠬᠡᠮᠵᠢᠶ᠎ᠡ 8382 ᠶᠤᠸᠠᠨ᠂ 4.2% ᠪᠡᠷ ᠥᠰᠦᠭᠡᠳ᠃ ᠬᠣᠲᠠ ᠬᠣᠰᠢᠭᠤ ᠶᠢᠨ ᠳᠡᠯᠭᠡᠭᠦᠷ ᠦᠨ ᠬᠡᠮᠵᠢᠶ᠎ᠡ 21427 ᠶᠤᠸᠠᠨ᠂ 7.4% ᠪᠡᠷ ᠥᠰᠪᠡ᠃ ᠬᠣᠲᠠ ᠬᠣᠰᠢᠭᠤ ᠶᠢᠨ ᠳᠡᠯᠭᠡᠭᠦᠷ ᠬᠦᠷᠦᠯᠴᠡᠵᠦ᠂ 6% ᠪᠡᠷ ᠥᠰᠪᠡ᠃ ᠬᠡᠮᠵᠢᠶ᠎ᠡ ᠶᠢᠨ ᠪᠠᠢ᠌ᠷᠢ ᠲᠠᠢ ᠵᠢ ᠬᠡᠮᠵᠢᠭᠰᠡᠨ ᠬᠣᠲᠠ ᠬᠣᠰᠢᠭᠤ ᠶᠢᠨ ᠳᠡᠯᠭᠡᠭᠦᠷ ᠦᠨ ᠳᠡᠯᠭᠡᠭᠦᠷ ᠦᠨ ᠰᠢᠯᠵᠢᠭᠦᠯᠦᠯ ᠦᠨ ᠬᠡᠮᠵᠢᠶ᠎ᠡ 41753 ᠶᠤᠸᠠᠨ᠂ ᠨᠡᠢ᠌ᠲᠡ ᠶᠢᠨ ᠳᠤᠮᠳᠠ 2363 ᠶᠤᠸᠠᠨ ᠥᠰᠦᠭᠡᠳ ᠬᠤᠪᠢ ᠨᠢ 6.1% ᠪᠣᠯᠪᠠ᠃ ᠬᠥᠳᠡᠭᠡ ᠮᠠᠯᠵᠢᠯ ᠤᠨ ᠪᠠᠢ᠌ᠩᠭ᠎ᠠ ᠶᠢᠨ ᠰᠢᠯᠵᠢᠭᠦᠯᠦᠯ ᠦᠨ ᠬᠣᠲᠠ ᠬᠣᠰᠢᠭᠤ ᠶᠢᠨ ᠰᠢᠯᠵᠢᠭᠦᠯᠦᠯ ᠦᠨ ᠬᠡᠮᠵᠢᠶ᠎ᠡ 39773 ᠶᠤᠸᠠᠨ᠂ ᠨᠡᠢ᠌ᠲᠡ ᠶᠢᠨ ᠳᠤᠮᠳᠠ 2303 ᠶᠤᠸᠠᠨ ᠬᠦᠷᠦᠯᠴᠡᠵᠦ᠂ ᠲᠡᠭᠦᠨ ᠦ ᠲᠣᠭ᠎ᠠ ᠬᠦᠷᠦᠯᠴᠡᠪᠡ᠃ 2017 ᠣᠨ ᠳᠤ ᠪᠦᠬᠦ ᠮᠠᠯᠵᠢᠯ ᠤᠨ ᠬᠣᠷᠢᠶ᠎ᠠ ᠶᠢᠨ ᠬᠣᠲᠠ ᠬᠣᠰᠢᠭᠤ ᠶᠢᠨ ᠳᠡᠯᠭᠡᠭᠦᠷ

ᠬᠥᠳᠡᠭᠡ ᠪᠠᠢ᠌ᠳᠠᠯ ᠤᠨ ᠮᠠᠯᠵᠢᠯ ᠤᠨ ᠬᠣᠷᠢᠶ᠎ᠠ ᠶᠢᠨ ᠬᠡᠮᠵᠢᠶ᠎ᠡ ᠶᠢᠨ ᠥᠰᠦᠯᠲᠡ ᠶᠢᠨ ᠬᠤᠪᠢ᠂ ᠲᠥᠷᠥᠯᠲᠡ ᠶᠢᠨ ᠬᠤᠪᠢ 6.21‰ · ᠨᠡᠮᠡᠭᠳᠡᠯ ᠬᠦᠮᠦᠨ ᠦ ᠲᠣᠭ᠎ᠠ 1353 · ᠨᠡᠮᠡᠭᠳᠡᠯ ᠬᠤᠪᠢ 7.8‰ ᠃

2523 · ᠲᠥᠷᠥᠯᠲᠡ ᠶᠢᠨ ᠬᠤᠪᠢ 13.39‰ · ᠨᠠᠰᠤᠪᠠᠷᠠᠯ ᠬᠦᠮᠦᠨ ᠠᠮ 1170 · ᠨᠠᠰᠤᠪᠠᠷᠠᠯ ᠤᠨ ᠬᠤᠪᠢ ᠬᠥᠭᠰᠢᠷᠡᠯ ᠦᠨ ᠬᠥᠭᠰᠢᠷᠡᠯ 3.3 ᠮᠢᠩᠭ᠎ᠠ ᠪᠣᠯᠵᠤ᠂ 1.92% ᠪᠡᠷ ᠥᠰᠪᠡ᠃ ᠬᠥᠳᠡᠯᠮᠦᠷᠢ ᠬᠦᠮᠦᠨ ᠠᠮ 1.61% ᠪᠡᠷ ᠥᠰᠪᠡ᠃ ᠡᠳᠦᠷ ᠳᠦ ᠬᠥᠳᠡᠭᠡ ᠬᠥᠭᠰᠢᠷᠡᠯ ᠦᠨ 12.75 ᠮᠢᠩᠭ᠎ᠠ᠂ 1.43% ᠪᠡᠷ ᠥᠰᠦᠭᠡᠳ᠂ 8% ᠪᠡᠷ ᠪᠠᠭᠤᠷᠠᠪᠠ᠃ ᠣᠨ ᠤ ᠡᠴᠦᠰ ᠲᠦ ᠬᠥᠳᠡᠭᠡ ᠶᠢᠨ ᠬᠠᠮᠤᠭ ᠪᠦᠬᠦ ᠬᠦᠮᠦᠨ ᠠᠮ 18.99 ᠮᠢᠩᠭ᠎ᠠ ᠪᠣᠯᠵᠤ᠂ 24.4 ᠮᠢᠩᠭ᠎ᠠ ᠪᠣᠯᠵᠤ᠂ 1.58% ᠪᠡᠷ ᠥᠰᠪᠡ᠃ ᠪᠠᠭ᠎ᠠ ᠶᠢᠨ ᠬᠦᠮᠦᠨ ᠠᠮ 2.3 ᠮᠢᠩᠭ᠎ᠠ ᠪᠣᠯᠵᠤ᠂ ᠠᠮ 26.7 ᠮᠢᠩᠭ᠎ᠠ ᠪᠣᠯᠵᠤ᠂ 0.68% ᠪᠡᠷ ᠥᠰᠪᠡ᠃ ᠡᠳᠦᠷ ᠳᠦ ᠬᠥᠳᠡᠭᠡ ᠮᠠᠯᠵᠢᠯ ᠤᠨ ᠬᠦᠮᠦᠨ ᠠᠮ

ᠬᠦᠮᠦᠨ ᠠᠮ ᠲᠥᠪᠯᠡᠷᠡᠯ ᠦᠨ ᠬᠤᠪᠢ ᠥᠰᠪᠡ᠃ 2017 ᠣᠨ ᠤ ᠡᠴᠦᠰ ᠲᠦ ᠮᠠᠯᠵᠢᠯ ᠤᠨ ᠬᠦᠮᠦᠨ ᠦ ᠲᠣᠭ᠎ᠠ ᠪᠣᠯᠬᠤ ᠵᠢᠯ ᠦᠨ ᠡᠴᠡ ᠮᠠᠯᠵᠢᠯ ᠤᠨ ᠬᠦᠮᠦᠨ ᠤ ᠲᠣᠭ᠎ᠠ ᠨᠢ ᠵᠢᠯ ᠦᠨ ᠳᠤᠮᠳᠠᠵᠢ ᠪᠠᠢ᠌ᠳᠠᠯ ᠢ ᠬᠠᠷᠢᠴᠠᠭᠤᠯᠪᠠᠯ᠃

1 · ᠮᠠᠯ ᠠᠵᠤ ᠠᠬᠤᠢ ᠶᠢᠨ ᠬᠠᠮᠤᠭ ᠰᠠᠢ᠌ᠨ ᠦ ᠪᠠᠢ᠌ᠳᠠᠯ ᠢ ᠬᠠᠮᠤᠭ ᠰᠠᠢ᠌ᠨ ᠪᠣᠯᠭᠠᠪᠠ᠂ ᠬᠡᠮᠵᠢᠶ᠎ᠡ ᠶᠢᠨ ᠬᠦᠰᠦᠨᠦᠭ ᠢ ᠬᠡᠮᠵᠢᠶᠡᠯᠡᠭᠰᠡᠨ ᠢ :

ᠪᠠᠷᠠᠭ᠎ᠠ ᠶᠢᠨ ᠨᠡᠷ᠎ᠡ	ᠨᠢᠭᠡᠴᠡ	ᠪᠠᠢ᠌ᠳᠠᠯ ᠤᠨ ᠬᠤᠪᠢ
ᠪᠠᠷᠠᠭ᠎ᠠ ᠶᠢᠨ ᠰᠢᠯᠵᠢᠭᠦᠯᠦᠯ ᠢ ᠬᠡᠮᠵᠢᠶ᠎ᠡ ᠶᠢᠨ ᠦᠨ᠎ᠡ ᠬᠡᠮᠵᠢᠶ᠎ᠡ ᠶᠢᠨ ᠬᠡᠮᠵᠢᠶᠡᠯᠡᠯ ᠦᠨ ᠢᠯᠡᠳᠬᠡᠯ	ᠬᠤᠪᠢ	ᠪᠦᠬᠦ ᠬᠡᠮᠵᠢᠶ᠎ᠡ
ᠪᠤᠳᠠᠭᠠᠨ ᠤ ᠠᠮᠠᠲᠤ	ᠲᠣᠨ	101
ᠲᠡᠵᠢᠭᠡᠯ	ᠲᠣᠨ	112
ᠮᠢᠬ᠎ᠠ	ᠲᠣᠨ	228
ᠬᠦᠨᠳᠦᠷᠡᠬᠦ	ᠲᠣᠨ	85
ᠪᠠᠷᠠᠭ᠎ᠠ ᠨᠡᠷ᠎ᠡ	ᠲᠣᠨ	64
ᠠᠷᠠᠳ ᠤᠨ ᠬᠡᠷᠡᠭᠯᠡᠭᠡᠨ ᠦ ᠪᠠᠷᠠᠭ᠎ᠠ ᠶᠢᠨ ᠦᠨ᠎ᠡ		
ᠪᠤᠳᠠᠭᠠᠨ ᠤ ᠠᠮᠠᠲᠤ	ᠲᠣᠨ	102.4
ᠲᠡᠵᠢᠭᠡᠯ	ᠲᠣᠨ	100.1
ᠬᠦᠨᠳᠦᠷᠡᠬᠦ ᠬᠥᠳᠡᠯᠮᠦᠷᠢ ᠪᠠᠷᠠᠭ᠎ᠠ	ᠲᠣᠨ	99.5
ᠮᠢᠬ᠎ᠠ	ᠲᠣᠨ	84.8
ᠪᠠᠷᠠᠭ᠎ᠠ ᠨᠡᠷ᠎ᠡ	ᠲᠣᠨ	40.6

2017 ᠣᠨ ᠤ ᠬᠥᠳᠡᠭᠡ ᠪᠠᠢ᠌ᠳᠠᠯ ᠤᠨ ᠮᠠᠯᠵᠢᠯ ᠤᠨ ᠬᠣᠷᠢᠶ᠎ᠠ ᠶᠢᠨ ᠬᠡᠮᠵᠢᠶ᠎ᠡ ᠶᠢᠨ ᠪᠠᠷᠠᠭ᠎ᠠ ᠶᠢᠨ ᠪᠠᠢ᠌ᠳᠠᠯ

ᠨᠡᠢ᠌ᠲᠡ ᠶᠢᠨ ᠳᠤᠮᠳᠠ 0.4 ᠨᠤᠭᠤᠯ ᠦᠨ ᠨᠢᠭᠡᠳᠦᠯ ᠬᠦᠷᠦᠯᠴᠡᠪᠡ᠃
ᠬᠣᠳᠠᠯᠳᠤᠭ᠎ᠠ ᠶᠢᠨ ᠮᠠᠯᠵᠢᠯ ᠤᠨ ᠪᠠᠢ᠌ᠩᠭ᠎ᠠ ᠶᠢᠨ ᠮᠠᠯᠵᠢᠯ ᠤᠨ ᠬᠣᠷᠢᠶ᠎ᠠ ᠶᠢᠨ ᠪᠦᠬᠦ ᠳᠠᠬᠢ ᠵᠢᠩ ᠦᠨ ᠬᠤᠪᠢ ᠨᠢ 39.9% ᠂ ᠨᠡᠢ᠌ᠲᠡ ᠶᠢᠨ ᠬᠣᠲᠠ ᠬᠣᠰᠢᠭᠤ ᠶᠢᠨ ᠳᠡᠯᠭᠡᠭᠦᠷ ᠦᠨ ᠬᠠᠮᠲᠤ ᠶᠢᠨ ᠬᠣᠷᠢᠶ᠎ᠠ ᠶᠢᠨ ᠬᠡᠮᠵᠢᠶ᠎ᠡ 5755 ᠶᠤᠸᠠᠨ᠂ 7.8% ᠪᠡᠷ ᠥᠰᠪᠡ᠃ ᠬᠣᠲᠠ ᠬᠣᠰᠢᠭᠤ ᠶᠢᠨ ᠬᠥᠳᠡᠭᠡ ᠠᠵᠤ ᠠᠬᠤᠢ ᠶᠢᠨ ᠬᠣᠷᠢᠶ᠎ᠠ ᠶᠢᠨ ᠬᠡᠮᠵᠢᠶ᠎ᠡ 1413 ᠶᠤᠸᠠᠨ᠂ 4.5% ᠪᠡᠷ ᠥᠰᠪᠡ᠃ ᠬᠣᠲᠠ ᠬᠣᠲᠠ ᠬᠣᠰᠢᠭᠤ ᠶᠢᠨ ᠬᠥᠷᠥᠩᠭᠡ ᠶᠢᠨ ᠬᠣᠷᠢᠶ᠎ᠠ ᠶᠢᠨ ᠬᠡᠮᠵᠢᠶ᠎ᠡ ᠨᠢ 14636 ᠶᠤᠸᠠᠨ᠂ 8.86% ᠪᠡᠷ ᠥᠰᠪᠡ᠃

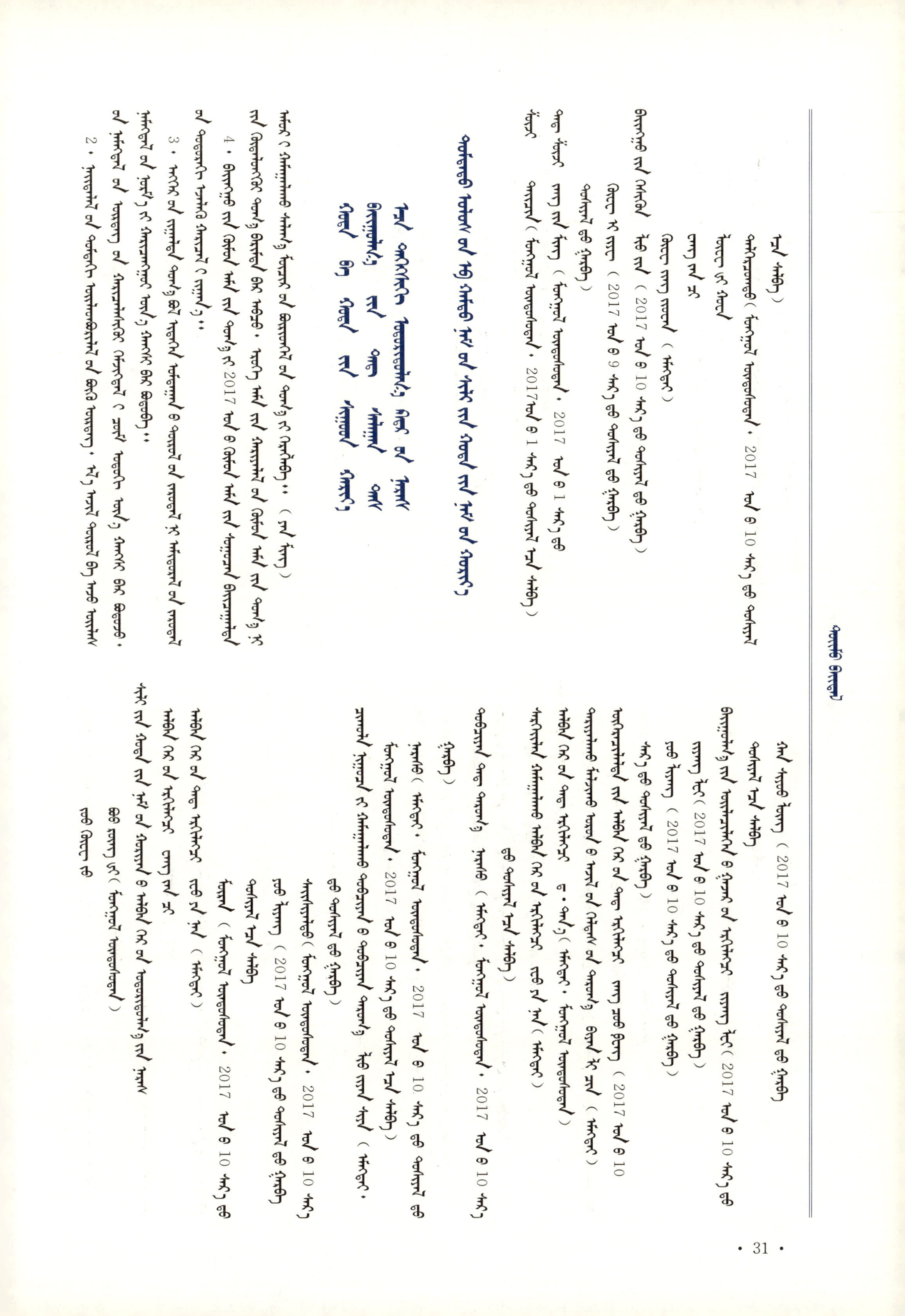

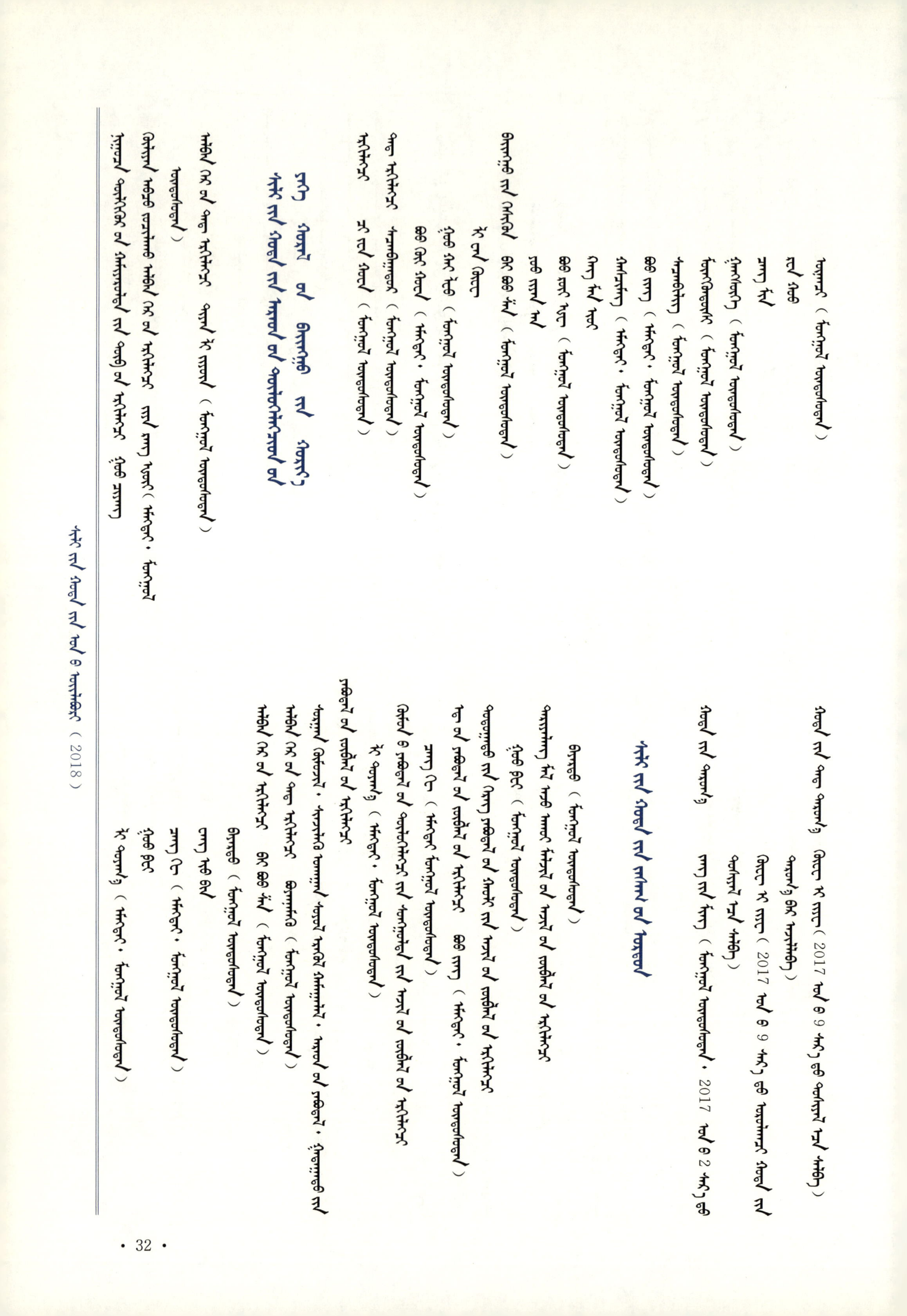

[illegible] ([illegible])
[illegible]
[illegible]
[illegible] ([illegible])
[illegible] ([illegible])
[illegible] ([illegible])
[illegible] ([illegible] · [illegible])
[illegible] ([illegible] · [illegible])
[illegible]
[illegible] ([illegible])
[illegible]
[illegible] ([illegible])
[illegible]
[illegible] ([illegible])
[illegible] ([illegible] · [illegible])
[illegible] ([illegible])
[illegible] ([illegible])

[illegible]

[illegible] ([illegible])
[illegible] ([illegible] · [illegible]
[illegible]

[illegible] (2017 [illegible] 9 [illegible])
[illegible])
[illegible] (2017 [illegible] 9 [illegible]
[illegible])
[illegible] ([illegible] · 2017 [illegible] 2 [illegible]

[illegible]

[illegible] ([illegible])
[illegible]
[illegible] ([illegible])
[illegible]
[illegible] ([illegible] · [illegible])
[illegible] ([illegible])
[illegible]
[illegible] ([illegible] · [illegible])
[illegible]
[illegible] · [illegible] · [illegible] · [illegible]
[illegible] ([illegible])
[illegible] ([illegible])
[illegible] ([illegible])
[illegible]
[illegible] ([illegible] · [illegible])
[illegible]
[illegible] ([illegible] · [illegible])

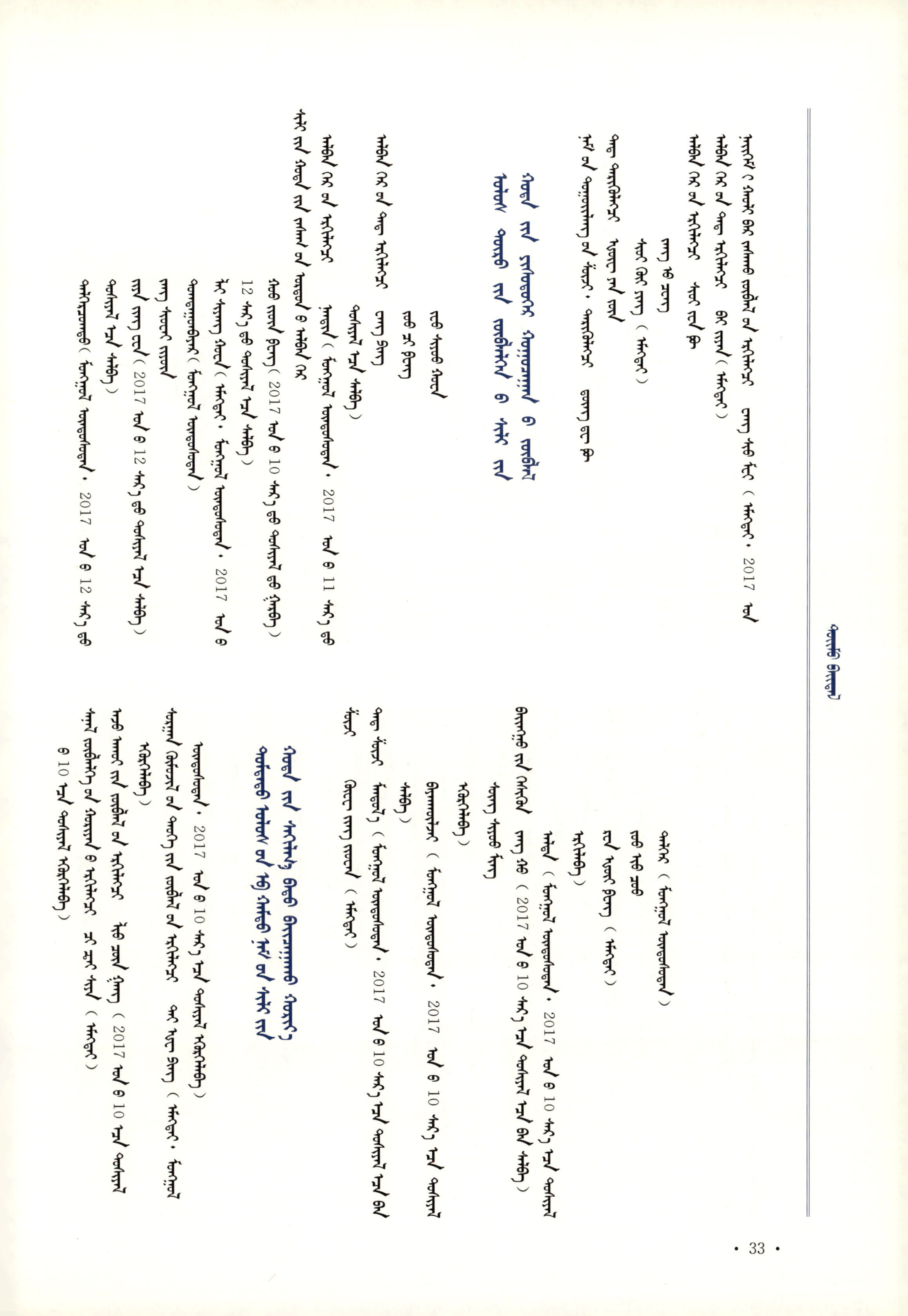

ᠭᠠᠵᠠᠷ ᠤᠨ ᠨᠡᠷ᠎ᠡ ᠶᠢᠨ ᠰᠤᠳᠤᠯᠭᠠ᠂ ᠨᠣᠮ ᠪᠢᠴᠢᠭ ᠤᠨ ᠪᠠᠷᠢᠮᠵᠢᠶᠠᠭᠤᠯᠬᠤ ᠠᠵᠢᠯ ᠤᠨ ᠤᠷᠢᠳᠴᠢᠯᠠᠭ᠎ᠠ
ᠭᠠᠵᠠᠷ ᠤᠨ ᠨᠡᠷ᠎ᠡ ᠶᠢᠨ ᠰᠤᠳᠤᠯᠭᠠ ᠪᠠᠲᠤ (ᠡᠷᠳᠡᠮ ᠰᠢᠨᠵᠢᠯᠡᠭᠡᠨ)

ᠮᠣᠩᠭᠣᠯ ᠤᠨ ᠦᠨᠳᠦᠰᠦᠨ ᠪᠢᠴᠢᠭ ᠦᠨ ᠭᠠᠵᠠᠷ ᠤᠨ ᠨᠡᠷ᠎ᠡ ᠶᠢᠨ ᠰᠤᠳᠤᠯᠭᠠᠨ ᠤ ᠬᠥᠭᠵᠢᠯ ᠤᠨ ᠮᠣᠩᠭᠣᠯ ᠤᠨ

ᠬᠡᠪᠯᠡᠯ)
ᠳᠠᠩ ᠺᠠ ᠮᠸᠢ (2017 ᠣᠨ ᠤ 12 ᠳᠤᠭᠠᠷ ᠰᠠᠷ᠎ᠠ ᠶᠢᠨ ᠰᠡᠳᠬᠦᠯ ᠳᠦ ᠪᠠᠷ
ᠮᠣᠩᠭᠣᠯ ᠤᠨ ᠪᠢᠴᠢᠭ ᠦᠰᠦᠭ ᠦᠨ ᠳᠠᠩ ᠪᠠᠲᠤ (2017 ᠣᠨ ᠤ 3 ᠳᠤᠭᠠᠷ ᠰᠠᠷ᠎ᠠ ᠶᠢᠨ ᠰᠡᠳᠬᠦᠯ ᠳᠦ ᠪᠠᠷ ᠬᠡᠪᠯᠡᠯ)
ᠰᠤᠷᠭᠠᠭᠤᠯᠢ ᠶᠢᠨ ᠦᠨ ᠰᠤᠳᠤᠯᠤᠯ ᠲᠠᠯᠠ ᠶᠢᠨ ᠪᠠᠭ᠎ᠠ
ᠮᠣᠩᠭᠣᠯ ᠤᠨ ᠪᠢᠴᠢᠭ ᠦᠰᠦᠭ ᠲᠠᠯ ᠨᠢᠷᠤ

ᠮᠣᠩᠭᠣᠯ ᠤᠨ ᠦᠨᠳᠦᠰᠦᠨ ᠤ ᠬᠡᠯᠡ ᠶᠢᠨ ᠰᠤᠳᠤᠯᠤᠯ ᠤᠨ ᠰᠤᠷᠭᠠᠯ

ᠰᠡᠳᠬᠦᠯ ᠰᠤᠳᠤᠯᠤᠯ)
ᠨᠠᠷᠠᠨ (ᠡᠷᠳᠡᠮ ᠰᠢᠨᠵᠢᠯᠡᠭᠡᠨ · 2017 ᠣᠨ ᠤ 10 ᠳᠤᠭᠠᠷ ᠰᠠᠷ᠎ᠠ
ᠰᠡᠳᠬᠦᠯ ᠳᠦ ᠪᠠᠷ ᠬᠡᠪᠯᠡᠯ)
ᠬᠠᠮᠲᠤ ᠪᠢᠴᠢᠭ ᠦᠰᠦᠭ ᠨᠣᠮᠤᠨᠪᠠᠶᠠᠷ (ᠡᠷᠳᠡᠮ ᠰᠢᠨᠵᠢᠯᠡᠭᠡᠨ · 2017 ᠣᠨ ᠤ 10 ᠳᠤᠭᠠᠷ ᠰᠠᠷ᠎ᠠ
ᠰᠡᠳᠬᠦᠯ ᠰᠤᠳᠤᠯᠤᠯ)
ᠪᠢᠴᠢᠭᠯᠡᠯ (ᠡᠷᠳᠡᠮ ᠰᠢᠨᠵᠢᠯᠡᠭᠡᠨ · 2017 ᠣᠨ ᠤ 10 ᠳᠤᠭᠠᠷ ᠰᠠᠷ᠎ᠠ
ᠰᠡᠳᠬᠦᠯ ᠳᠦ ᠪᠠᠷ ᠬᠡᠪᠯᠡᠯ)
ᠬᠠᠮᠲᠤᠷᠠᠯ ᠦᠰᠦᠭ ᠮᠠᠨᠳᠤᠬᠤ (ᠡᠷᠳᠡᠮ ᠰᠢᠨᠵᠢᠯᠡᠭᠡᠨ · 2017 ᠣᠨ ᠤ 10 ᠳᠤᠭᠠᠷ ᠰᠠᠷ᠎ᠠ

ᠮᠣᠩᠭᠣᠯ ᠤᠨ ᠦᠨᠳᠦᠰᠦᠨ ᠤ ᠬᠡᠯᠡ ᠪᠢᠴᠢᠭ ᠦᠨ ᠬᠠᠮᠲᠤ ᠠᠵᠢᠯ

ᠳᠦ ᠪᠤ ᠷᠢᠩ
ᠭᠠᠵᠠᠷ ᠤᠨ ᠪᠢᠴᠢᠭ ᠦᠰᠦᠭ ᠳᠦ ᠪᠤ ᠳᠣᠷᠵᠢ ᠰᠤᠷᠤᠩ (ᠲᠣᠪᠴᠢ)
ᠭᠠᠵᠠᠷ ᠤᠨ ᠦᠰᠦᠭ ᠪᠠᠭ᠎ᠠ ᠳᠣᠷᠵᠢ ᠬᠦ (ᠡᠷᠳᠡᠮ ᠰᠢᠨᠵᠢᠯᠡᠭᠡᠨ)

ᠮᠣᠩᠭᠣᠯ ᠤᠨ ᠦᠨᠳᠦᠰᠦᠨ ᠤ ᠬᠡᠪᠯᠡᠯ ᠦᠨ ᠭᠠᠵᠠᠷ ᠤᠨ ᠨᠡᠷ᠎ᠡ ᠶᠢᠨ ᠰᠤᠳᠤᠯᠭᠠᠨ ᠤ ᠬᠥᠭᠵᠢᠯ ᠤᠨ

ᠨᠠᠮᠵᠢᠯ (ᠡᠷᠳᠡᠮ ᠰᠢᠨᠵᠢᠯᠡᠭᠡᠨ)
ᠰᠤᠷᠭᠠᠯ ᠬᠦᠮᠦᠵᠢᠯ ᠦᠨ ᠰᠤᠷᠭᠠᠭᠤᠯᠢ ᠳᠤ ᠬᠡᠷᠡᠭᠯᠡᠬᠦ ᠲᠤᠬᠠᠢ
ᠪᠠᠶᠠᠷᠲᠤ (ᠡᠷᠳᠡᠮ ᠰᠢᠨᠵᠢᠯᠡᠭᠡᠨ)
ᠰᠤᠷᠭᠠᠯ ᠬᠦᠮᠦᠵᠢᠯ ᠦᠨ ᠦᠨᠳᠦᠰᠦ ᠲᠤᠬᠠᠢ ᠰᠢᠨᠵᠢᠯᠡᠬᠦ ᠲᠤᠬᠠᠢ
ᠮᠣᠩᠭᠣᠯ ᠪᠢᠴᠢᠭ ᠦᠨ ᠰᠤᠷᠭᠠᠯ ᠲᠤᠬᠠᠢ ᠰᠢᠨᠵᠢᠯᠡᠬᠦ ᠲᠤᠬᠠᠢ ᠳᠠᠩ ᠯᠢ (ᠲᠣᠪᠴᠢ)
ᠰᠤᠷᠭᠠᠯ ᠬᠦᠮᠦᠵᠢᠯ ᠦᠨ ᠨᠡᠶᠢᠭᠡᠮ ᠦᠨ ᠬᠥᠭᠵᠢᠯ ᠲᠤᠬᠠᠢ ᠰᠢᠨᠵᠢᠯᠡᠬᠦ ᠲᠤᠬᠠᠢ ᠪᠠᠲᠤ ᠳᠠᠩ (ᠲᠣᠪᠴᠢ)
ᠬᠡᠯᠡ ᠶᠢᠨ ᠲᠤᠬᠠᠢ ᠰᠢᠨᠵᠢᠯᠡᠬᠦ ᠳᠦ ᠰᠤᠷᠤᠩ ᠪᠠᠭ (ᠲᠣᠪᠴᠢ · ᠡᠷᠳᠡᠮ ᠰᠢᠨᠵᠢᠯᠡᠭᠡᠨ)
ᠲᠤᠬᠠᠢ ᠰᠢᠨᠵᠢᠯᠡᠬᠦ ᠬᠠᠰᠠᠭᠤ (ᠡᠷᠳᠡᠮ ᠰᠢᠨᠵᠢᠯᠡᠭᠡᠨ)
ᠳᠦ ᠶᠢᠨ ᠪᠠᠲᠤ (ᠲᠣᠪᠴᠢ · ᠨᠠᠢᠷᠠᠭᠤᠯᠤᠭᠴᠢ ᠰᠢᠨᠵᠢᠯᠡᠭᠡᠨ)
ᠬᠡᠯᠡᠨ ᠦ ᠵᠦᠢᠯ ᠦᠨ ᠪᠠᠶᠢᠳᠠᠯ ᠤᠨ ᠰᠢᠨᠵᠢᠯᠡᠬᠦ
ᠵᠠ ᠶᠢᠨ ᠳᠠᠷᠤᠭ (ᠲᠣᠪᠴᠢ · ᠡᠷᠳᠡᠮ ᠰᠢᠨᠵᠢᠯᠡᠭᠡᠨ)
ᠮᠣᠩᠭᠣᠯ ᠤᠨ ᠬᠡᠯᠡ ᠶᠢᠨ ᠮᠣᠩᠭᠣᠯ ᠤᠨ ᠬᠡᠯᠡ ᠶᠢᠨ ᠮᠣᠩᠭᠣᠯᠴᠤᠳ ᠤᠨ ᠲᠤᠬᠠᠢ ᠰᠢᠨᠵᠢᠯᠡᠬᠦ
ᠰᠤᠷᠭᠠᠭᠤᠯᠢ ᠶᠢᠨ ᠪᠠᠭᠰᠢ ᠶᠢᠨ ᠬᠠᠮᠲᠤᠷᠠᠯ ᠪᠢᠴᠢᠭ ᠦᠰᠦᠭ ᠦᠨ ᠳᠠᠩ ᠰᠢᠨ
ᠪᠠᠶᠠᠷᠰᠠᠶᠢᠬᠠᠨ (ᠡᠷᠳᠡᠮ ᠰᠢᠨᠵᠢᠯᠡᠭᠡᠨ)
ᠰᠤᠷᠭᠠᠯ ᠬᠦᠮᠦᠵᠢᠯ ᠦᠨ ᠬᠡᠯᠡ ᠶᠢᠨ ᠬᠡᠷᠡᠭᠯᠡᠭᠡ ᠶᠢᠨ ᠳᠤᠯᠠᠭᠠ ᠶᠢᠨ ᠲᠤᠬᠠᠢ
ᠭᠠᠵᠠᠷ ᠤᠨ ᠪᠢᠴᠢᠭ ᠦᠰᠦᠭ ᠂ ᠮᠣᠩᠭᠣᠯ ᠤᠨ ᠪᠠᠶᠢᠭᠤᠯᠤᠯ ᠤᠨ ᠰᠤᠷᠭᠠᠯ ᠬᠦᠮᠦᠵᠢᠯ ᠦᠨ ᠮᠣᠩᠭᠣᠯ ᠤᠨ
ᠭᠠᠵᠠᠷ ᠤᠨ ᠪᠢᠴᠢᠭ ᠦᠰᠦᠭ ᠂ ᠰᠤᠷᠭᠠᠭᠤᠯᠢ ᠶᠢᠨ ᠬᠠᠮᠲᠤᠷᠠᠯ ᠤᠨ ᠬᠠᠮᠲᠤᠷᠠᠯ ᠦᠰᠦᠭ ᠰᠤᠷᠤᠩ ᠪᠠᠭ
ᠳᠠᠩ ᠰᠢᠨ ᠪᠠᠲᠤ (2017 ᠣᠨ ᠤ 12 ᠳᠤᠭᠠᠷ ᠰᠠᠷ᠎ᠠ ᠶᠢᠨ ᠰᠡᠳᠬᠦᠯ ᠳᠦ ᠪᠠᠷ ᠬᠡᠪᠯᠡᠯ)

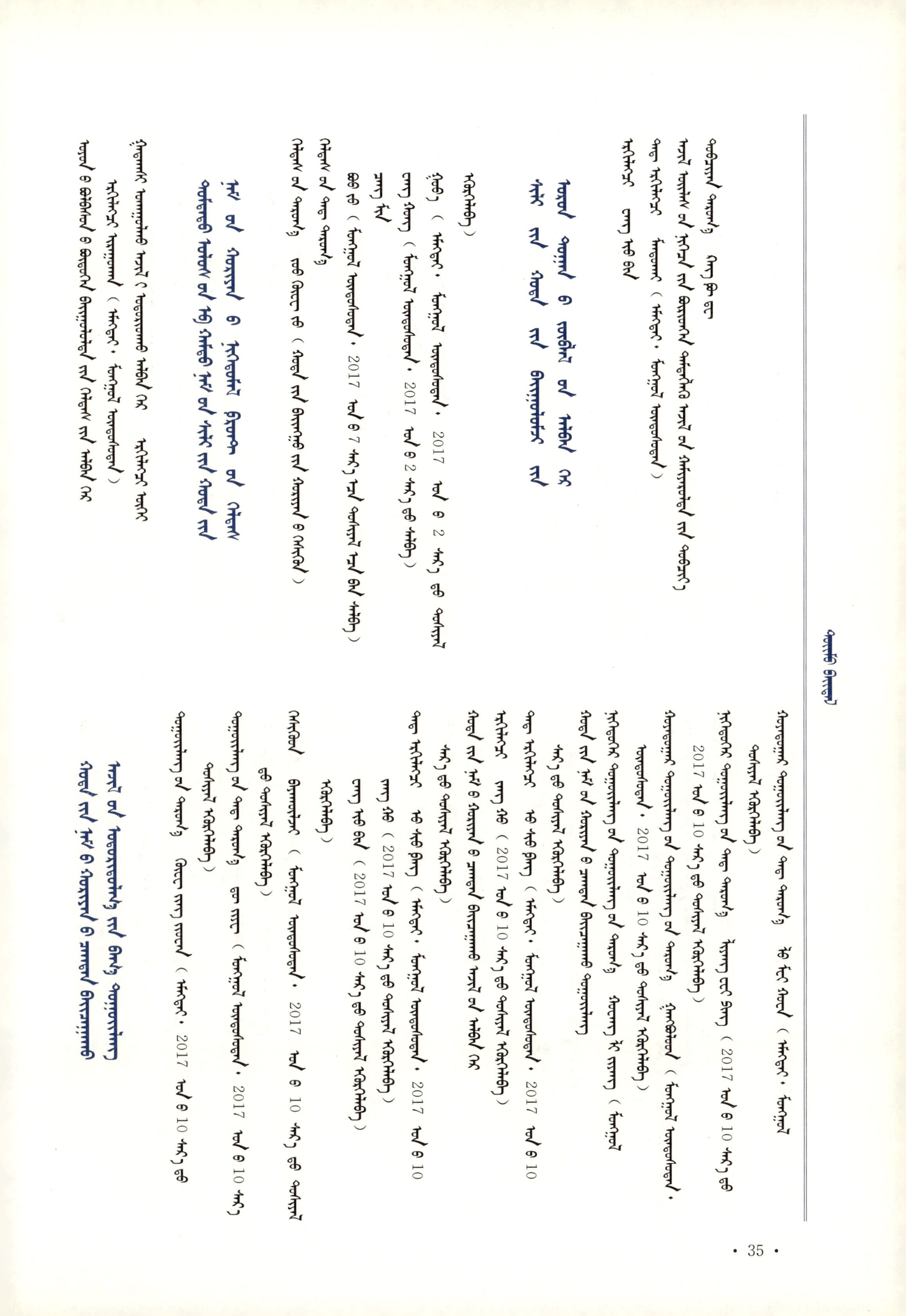

[illegible]
[illegible]
[illegible] ([illegible] · [illegible])
[illegible]

[illegible]

[illegible])
[illegible] ([illegible] · [illegible] · 2017 [illegible] 2 [illegible]
[illegible] ([illegible] · 2017 [illegible] 2 [illegible])
[illegible]
[illegible] ([illegible] · 2017 [illegible] 7 [illegible])
[illegible]
[illegible] ([illegible])

[illegible]

[illegible]
[illegible] ([illegible] · [illegible])
[illegible]

[illegible] ([illegible] · [illegible]
[illegible])
[illegible] (2017 [illegible] 10 [illegible]
2017 [illegible] 10 [illegible])
[illegible] ([illegible] ·
[illegible] · 2017 [illegible] 10 [illegible])
[illegible] ([illegible]
[illegible]
[illegible])
[illegible] ([illegible] · [illegible] · 2017 [illegible] 10
[illegible] (2017 [illegible] 10 [illegible])
[illegible]
[illegible])
[illegible] ([illegible] · [illegible] · 2017 [illegible] 10
[illegible] (2017 [illegible] 10 [illegible])
[illegible] (2017 [illegible] 10 [illegible])
[illegible])
[illegible] ([illegible] · 2017 [illegible] 10 [illegible]
[illegible])
[illegible] ([illegible] · 2017 [illegible] 10 [illegible]
[illegible])
[illegible] ([illegible] · 2017 [illegible] 10 [illegible]

[illegible]

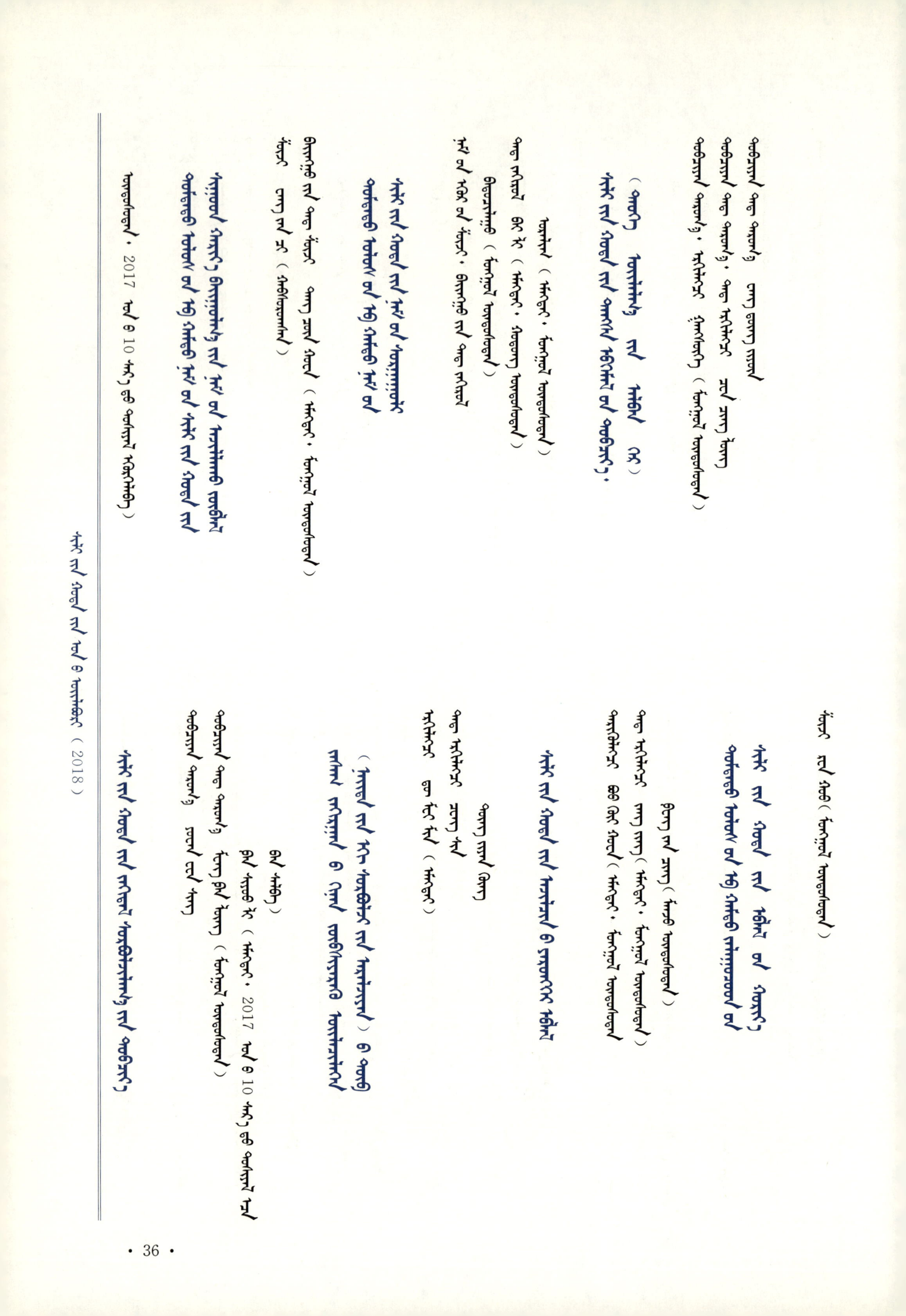

[illegible]

[illegible]

[illegible]

[illegible]

[illegible]

[illegible]

[illegible] 2017 [illegible] 6 10 [illegible]

[illegible]

[illegible]

[illegible]

[illegible]

[illegible]

[illegible] 2017 [illegible] 6 10 [illegible]

ᠦᠨᠳᠦᠰᠦᠲᠡᠨ ᠦ ᠬᠡᠪᠯᠡᠯ ᠦᠨ ᠬᠣᠷᠢᠶ᠎ᠠ ᠂ 2017 ᠣᠨ ᠤ 12 ᠰᠠᠷ᠎ᠠ ᠳᠤ ᠬᠡᠪᠯᠡᠭᠰᠡᠨ (2017 ᠣᠨ ᠤ 12 ᠰᠠᠷ᠎ᠠ ᠳᠤ ᠬᠡᠪᠯᠡᠭᠰᠡᠨ ᠨᠢᠭᠡ ᠳᠡᠪᠲᠡᠷ)

ᠦᠨᠳᠦᠰᠦᠲᠡᠨ ᠦ ᠬᠡᠪᠯᠡᠯ ᠦᠨ ᠬᠣᠷᠢᠶ᠎ᠠ ᠂ (2017 ᠣᠨ ᠤ 12 ᠰᠠᠷ᠎ᠠ ᠳᠤ ᠬᠡᠪᠯᠡᠭᠰᠡᠨ ᠨᠢᠭᠡ ᠳᠡᠪᠲᠡᠷ)

ᠦᠨᠳᠦᠰᠦᠲᠡᠨ ᠦ ᠬᠡᠪᠯᠡᠯ ᠦᠨ ᠬᠣᠷᠢᠶ᠎ᠠ (2017 ᠣᠨ ᠤ 12

ᠬᠢᠳᠠᠳ ᠤᠨ ᠤᠯᠤᠰ ᠤᠨ ᠬᠠᠤᠯᠢ

ᠥᠪᠦᠷ ᠮᠣᠩᠭᠣᠯ ᠤᠨ ᠠᠷᠠᠳ ᠤᠨ ᠬᠡᠪᠯᠡᠯ ᠦᠨ ᠬᠣᠷᠢᠶ᠎ᠠ (ᠮᠣᠩᠭᠣᠯ ᠂ ᠬᠢᠳᠠᠳ ᠬᠡᠯᠡ ᠪᠡᠷ)

ᠦᠨᠳᠦᠰᠦᠲᠡᠨ ᠦ ᠬᠡᠪᠯᠡᠯ ᠦᠨ ᠬᠣᠷᠢᠶ᠎ᠠ

ᠬᠢᠳᠠᠳ ᠤᠨ ᠤᠯᠤᠰ ᠤᠨ ᠬᠠᠤᠯᠢ

ᠥᠪᠦᠷ ᠮᠣᠩᠭᠣᠯ ᠤᠨ ᠠᠷᠠᠳ ᠤᠨ ᠬᠡᠪᠯᠡᠯ ᠦᠨ ᠬᠣᠷᠢᠶ᠎ᠠ (ᠮᠣᠩᠭᠣᠯ ᠂ ᠬᠢᠳᠠᠳ ᠬᠡᠯᠡ ᠪᠡᠷ)

ᠥᠪᠦᠷ ᠮᠣᠩᠭᠣᠯ ᠤᠨ ᠠᠷᠠᠳ ᠤᠨ ᠬᠡᠪᠯᠡᠯ ᠦᠨ ᠬᠣᠷᠢᠶ᠎ᠠ (2017 ᠣᠨ ᠤ 6 ᠰᠠᠷ᠎ᠠ ᠳᠤ ᠬᠡᠪᠯᠡᠭᠰᠡᠨ ᠨᠢᠭᠡ ᠳᠡᠪᠲᠡᠷ)

ᠬᠢᠳᠠᠳ ᠤᠨ ᠤᠯᠤᠰ ᠤᠨ ᠬᠠᠤᠯᠢ

ᠦᠨᠳᠦᠰᠦᠲᠡᠨ ᠦ ᠬᠡᠪᠯᠡᠯ ᠦᠨ ᠬᠣᠷᠢᠶ᠎ᠠ (ᠮᠣᠩᠭᠣᠯ ᠂ ᠬᠢᠳᠠᠳ ᠬᠡᠯᠡ ᠪᠡᠷ)

ᠥᠪᠦᠷ ᠮᠣᠩᠭᠣᠯ ᠤᠨ ᠠᠷᠠᠳ ᠤᠨ ᠬᠡᠪᠯᠡᠯ ᠦᠨ ᠬᠣᠷᠢᠶ᠎ᠠ (ᠮᠣᠩᠭᠣᠯ)

ᠬᠢᠳᠠᠳ ᠤᠨ ᠤᠯᠤᠰ ᠤᠨ ᠬᠠᠤᠯᠢ

ᠦᠨᠳᠦᠰᠦᠲᠡᠨ ᠦ ᠬᠡᠪᠯᠡᠯ ᠦᠨ ᠬᠣᠷᠢᠶ᠎ᠠ (ᠮᠣᠩᠭᠣᠯ)

ᠬᠢᠳᠠᠳ ᠤᠨ ᠤᠯᠤᠰ ᠤᠨ ᠬᠠᠤᠯᠢ

ᠦᠨᠳᠦᠰᠦᠲᠡᠨ ᠦ ᠬᠡᠪᠯᠡᠯ ᠦᠨ ᠬᠣᠷᠢᠶ᠎ᠠ (ᠮᠣᠩᠭᠣᠯ ᠂ ᠬᠢᠳᠠᠳ ᠬᠡᠯᠡ ᠪᠡᠷ)

ᠥᠪᠦᠷ ᠮᠣᠩᠭᠣᠯ ᠤᠨ ᠠᠷᠠᠳ ᠤᠨ ᠬᠡᠪᠯᠡᠯ ᠦᠨ ᠬᠣᠷᠢᠶ᠎ᠠ (ᠮᠣᠩᠭᠣᠯ ᠂ ᠬᠢᠳᠠᠳ ᠬᠡᠯᠡ ᠪᠡᠷ)

ᠬᠢᠳᠠᠳ ᠤᠨ ᠤᠯᠤᠰ ᠤᠨ ᠬᠠᠤᠯᠢ

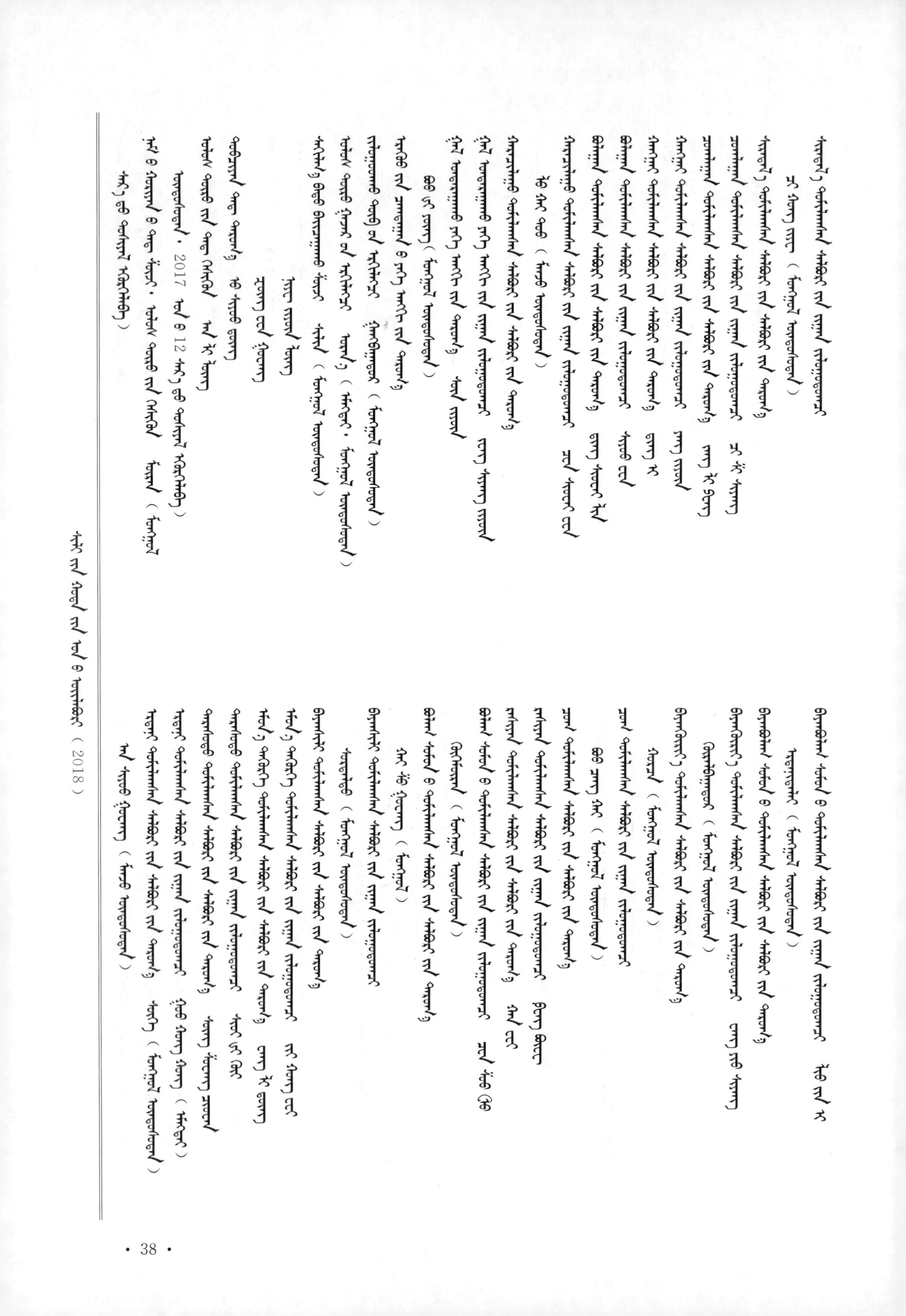

[illegible]

[illegible] 2017 [illegible] 12 [illegible]

[illegible]

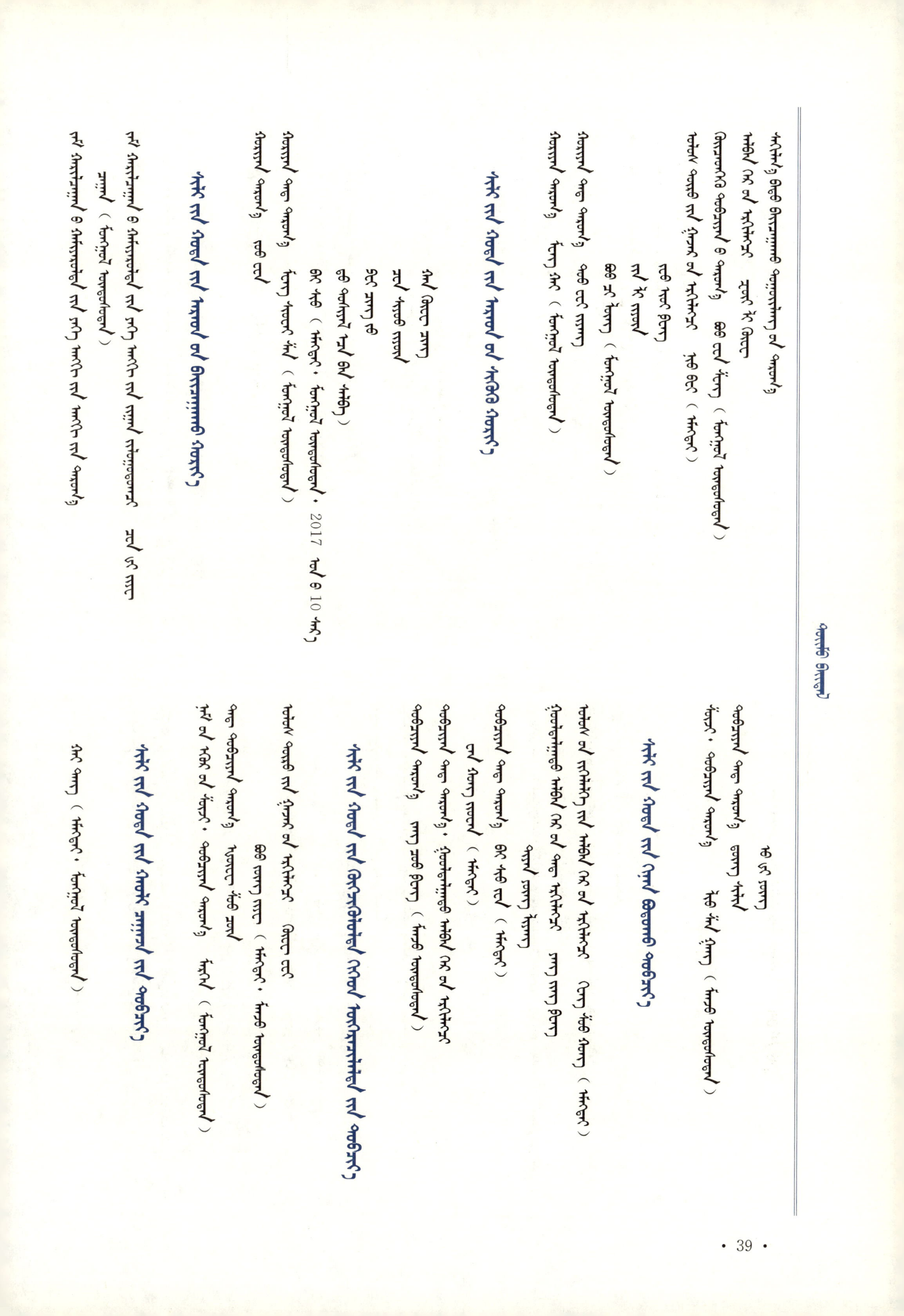

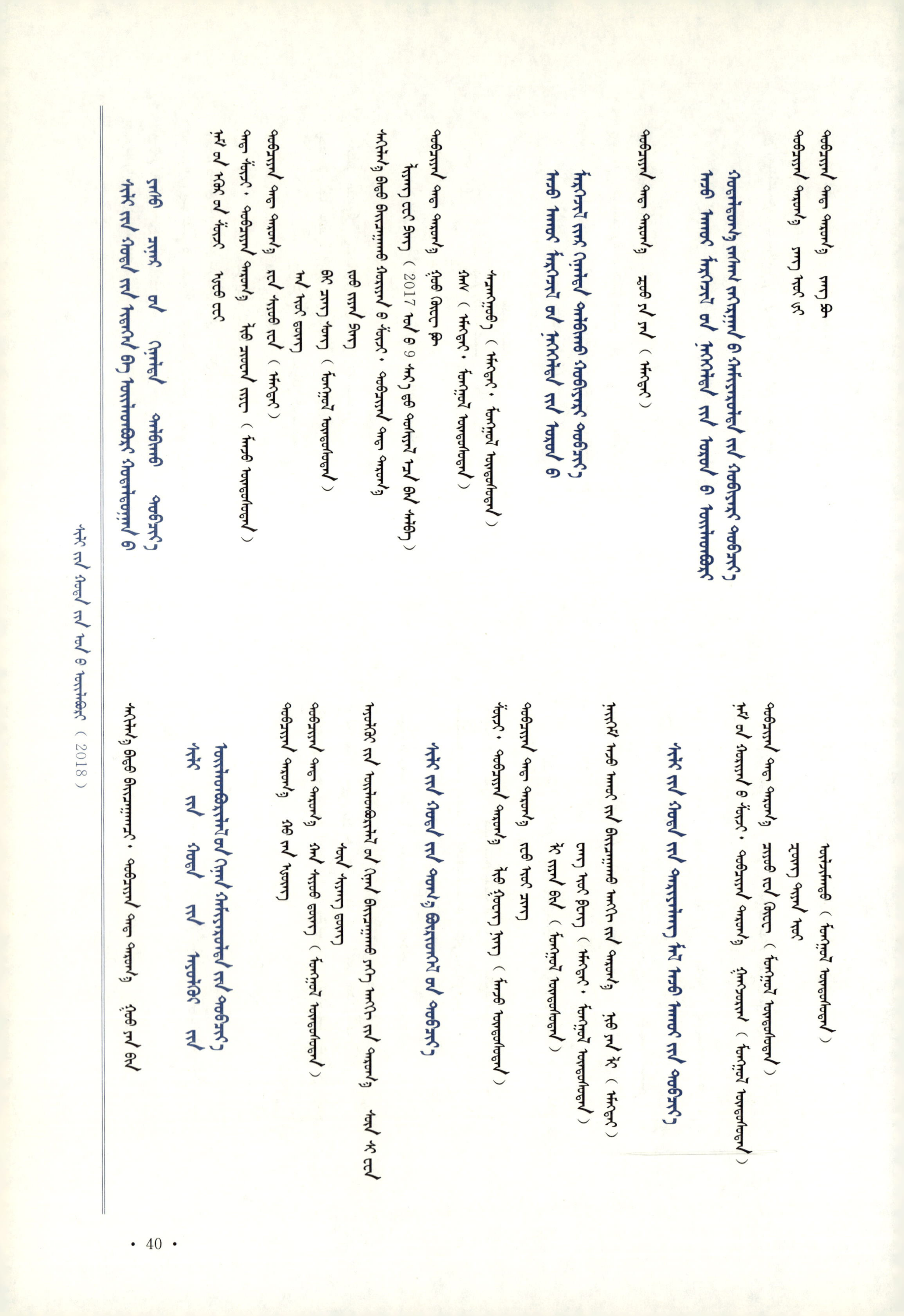

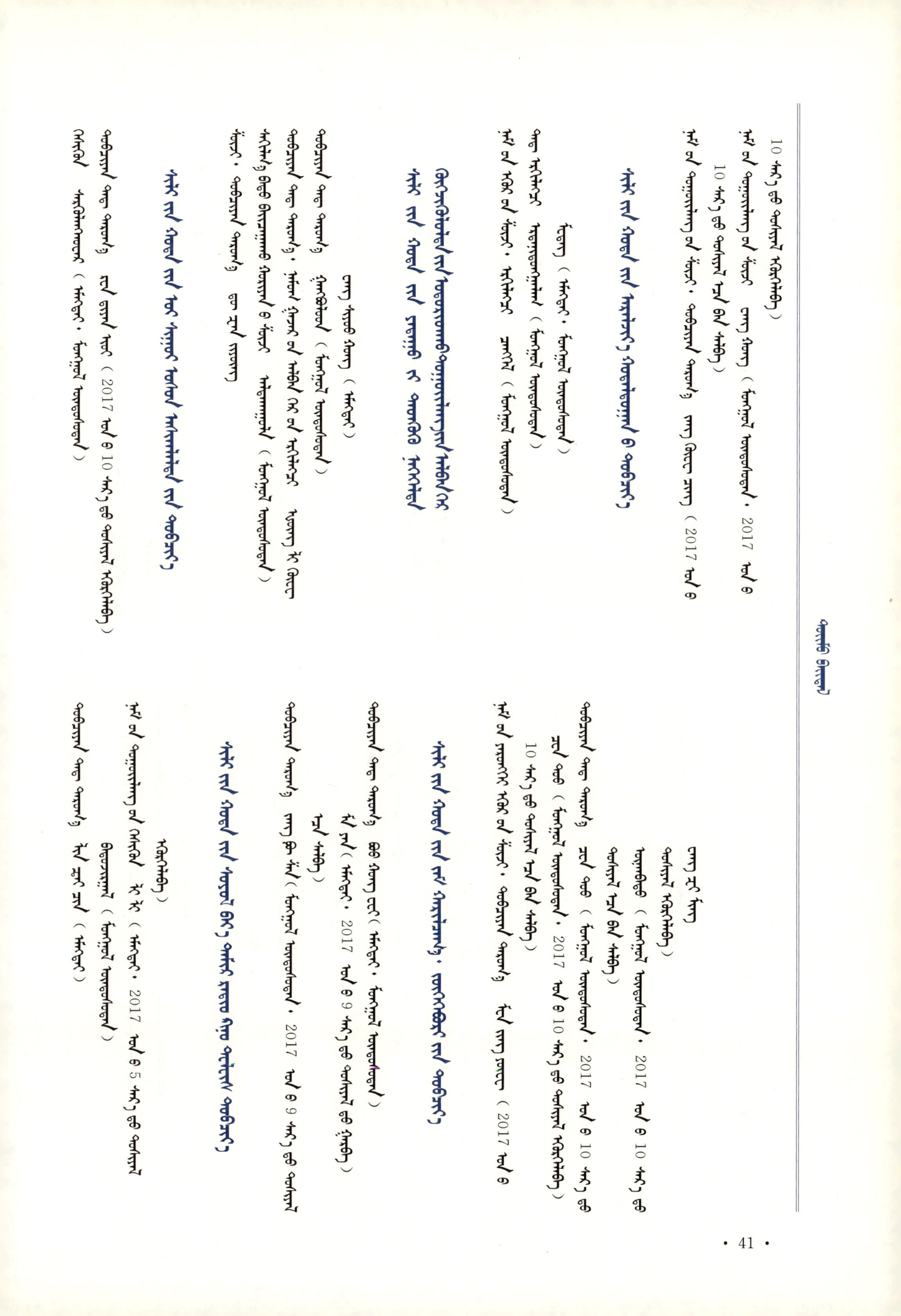

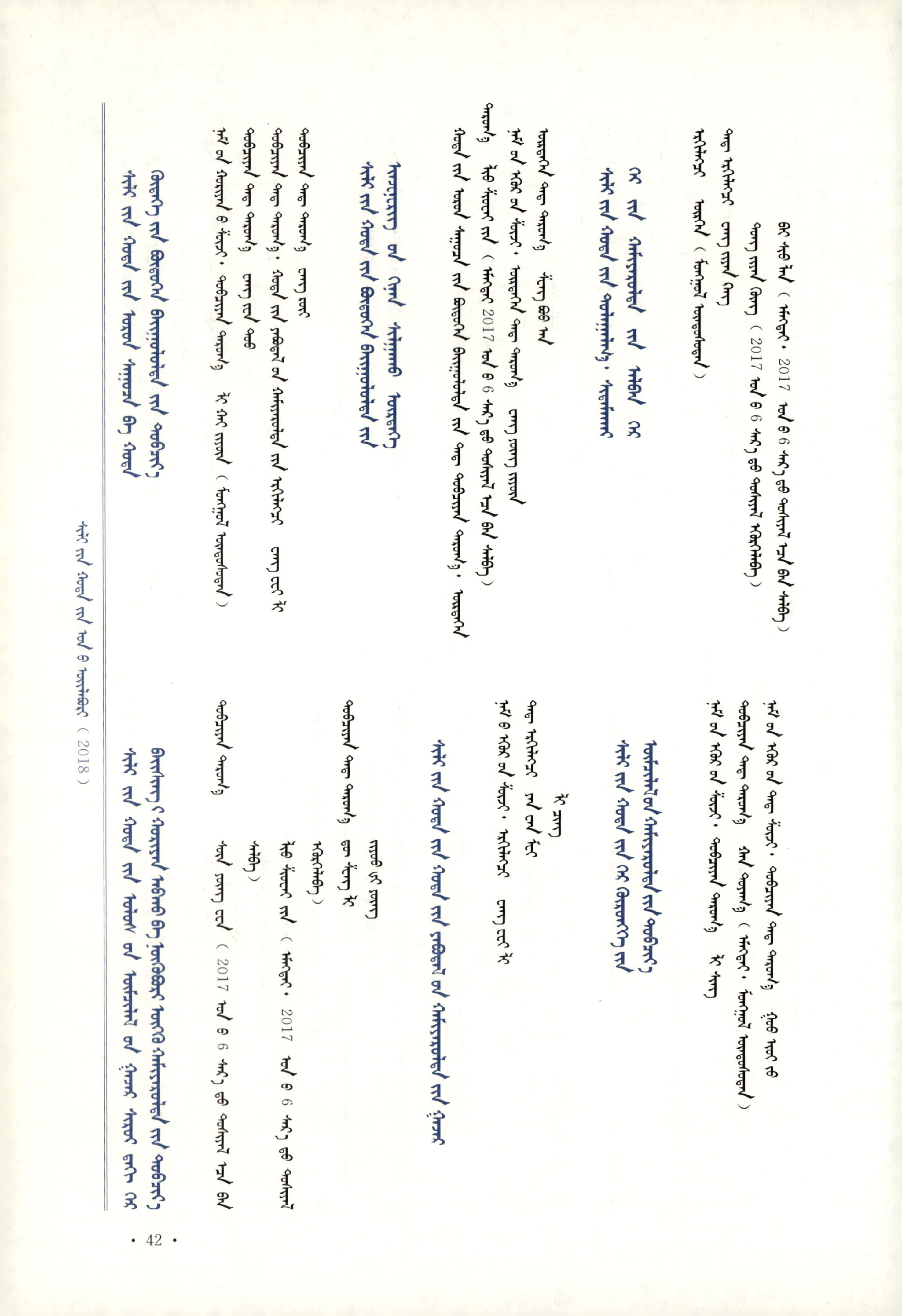

[illegible]
[illegible]

[illegible] ([illegible] · 2017 ᠣᠨ ᠤ 7 ᠰᠠᠷ᠎ᠠ [illegible] 2018 ᠣᠨ ᠤ 12
ᠰᠠᠷ᠎ᠠ)
[illegible]
[illegible] [illegible]
[illegible] ([illegible])

[illegible]
[illegible]

[illegible] · [illegible]
[illegible]
[illegible]
[illegible]

[illegible]

[illegible] ([illegible])
[illegible]
[illegible]
[illegible]

[illegible]

[illegible]
[illegible] ([illegible] · 2017 ᠣᠨ ᠤ 10 ᠰᠠᠷ᠎ᠠ [illegible]
[illegible])
[illegible]
[illegible] ([illegible] · 2017 ᠣᠨ ᠤ 10 ᠰᠠᠷ᠎ᠠ [illegible])
[illegible]
[illegible] ([illegible] · [illegible] · 2017 ᠣᠨ ᠤ 11
ᠰᠠᠷ᠎ᠠ [illegible] ([illegible])
[illegible]
[illegible]
[illegible] ([illegible])

[illegible]

[illegible]
[illegible] · [illegible]
[illegible] ([illegible] · [illegible])
[illegible] ([illegible])
[illegible]
[illegible]
[illegible] ([illegible])
[illegible] (ᠮᠠᠨ
[illegible]) [illegible]

ᠦᠪᠦᠷ ᠮᠣᠩᠭᠣᠯ ᠤᠨ ᠠᠷᠠᠳ ᠤᠨ ᠬᠡᠪᠯᠡᠯ ᠦᠨ ᠬᠣᠷᠢᠶ᠎ᠠ ᠶᠢᠨ ... [illegible]
ᠮᠣᠩᠭᠣᠯ ᠤᠨ ᠨᠢᠭᠤᠴᠠ ᠲᠣᠪᠴᠢᠶᠠᠨ ... [illegible] (ᠮᠣᠩᠭᠣᠯ ᠬᠡᠪᠯᠡᠯ)
[illegible]

ᠮᠣᠩᠭᠣᠯ ᠤᠨ ᠨᠢᠭᠤᠴᠠ ᠲᠣᠪᠴᠢᠶᠠᠨ ᠤ ... ᠶᠢᠨ ᠰᠤᠳᠤᠯᠭ᠎ᠠ

[illegible] (ᠮᠣᠩᠭᠣᠯ ᠬᠡᠪᠯᠡᠯ)
[illegible] (ᠮᠣᠩᠭᠣᠯ ᠬᠡᠪᠯᠡᠯ)
[illegible] (ᠮᠣᠩᠭᠣᠯ ᠬᠡᠪᠯᠡᠯ)
[illegible] (ᠮᠣᠩᠭᠣᠯ ᠬᠡᠪᠯᠡᠯ)

ᠮᠣᠩᠭᠣᠯ ᠤᠨ ᠨᠢᠭᠤᠴᠠ ᠲᠣᠪᠴᠢᠶᠠᠨ ᠤ ... ᠶᠢᠨ ᠰᠤᠳᠤᠯᠭ᠎ᠠ

[illegible] (ᠮᠣᠩᠭᠣᠯ ᠬᠡᠪᠯᠡᠯ)
[illegible] (ᠮᠣᠩᠭᠣᠯ ᠬᠡᠪᠯᠡᠯ)

ᠮᠣᠩᠭᠣᠯ ᠤᠨ ᠨᠢᠭᠤᠴᠠ ᠲᠣᠪᠴᠢᠶᠠᠨ ᠤ ... ᠶᠢᠨ ᠰᠤᠳᠤᠯᠭ᠎ᠠ

[illegible] (ᠮᠣᠩᠭᠣᠯ ᠬᠡᠪᠯᠡᠯ)

ᠮᠣᠩᠭᠣᠯ ᠤᠨ ᠨᠢᠭᠤᠴᠠ ᠲᠣᠪᠴᠢᠶᠠᠨ ᠤ ... ᠶᠢᠨ ᠰᠤᠳᠤᠯᠭ᠎ᠠ

[illegible] (ᠮᠣᠩᠭᠣᠯ ᠬᠡᠪᠯᠡᠯ)
[illegible] (ᠮᠣᠩᠭᠣᠯ ᠬᠡᠪᠯᠡᠯ)
[illegible] (ᠮᠣᠩᠭᠣᠯ ᠬᠡᠪᠯᠡᠯ)

ᠮᠣᠩᠭᠣᠯ ᠤᠨ ᠨᠢᠭᠤᠴᠠ ᠲᠣᠪᠴᠢᠶᠠᠨ ᠤ ... ᠶᠢᠨ ᠰᠤᠳᠤᠯᠭ᠎ᠠ

[illegible]
[illegible] (ᠮᠣᠩᠭᠣᠯ ᠬᠡᠪᠯᠡᠯ · ᠮᠣᠩᠭᠣᠯ ᠬᠡᠪᠯᠡᠯ)
[illegible] (ᠮᠣᠩᠭᠣᠯ ᠬᠡᠪᠯᠡᠯ · 2017 ᠣᠨ ᠤ 10 ᠰᠠᠷ᠎ᠠ ᠪᠠ
ᠬᠡᠪᠯᠡᠯ ᠦᠨ ᠬᠣᠷᠢᠶ᠎ᠠ)

ᠮᠣᠩᠭᠣᠯ ᠤᠨ ᠨᠢᠭᠤᠴᠠ ᠲᠣᠪᠴᠢᠶᠠᠨ ᠤ ... ᠶᠢᠨ ᠰᠤᠳᠤᠯᠭ᠎ᠠ

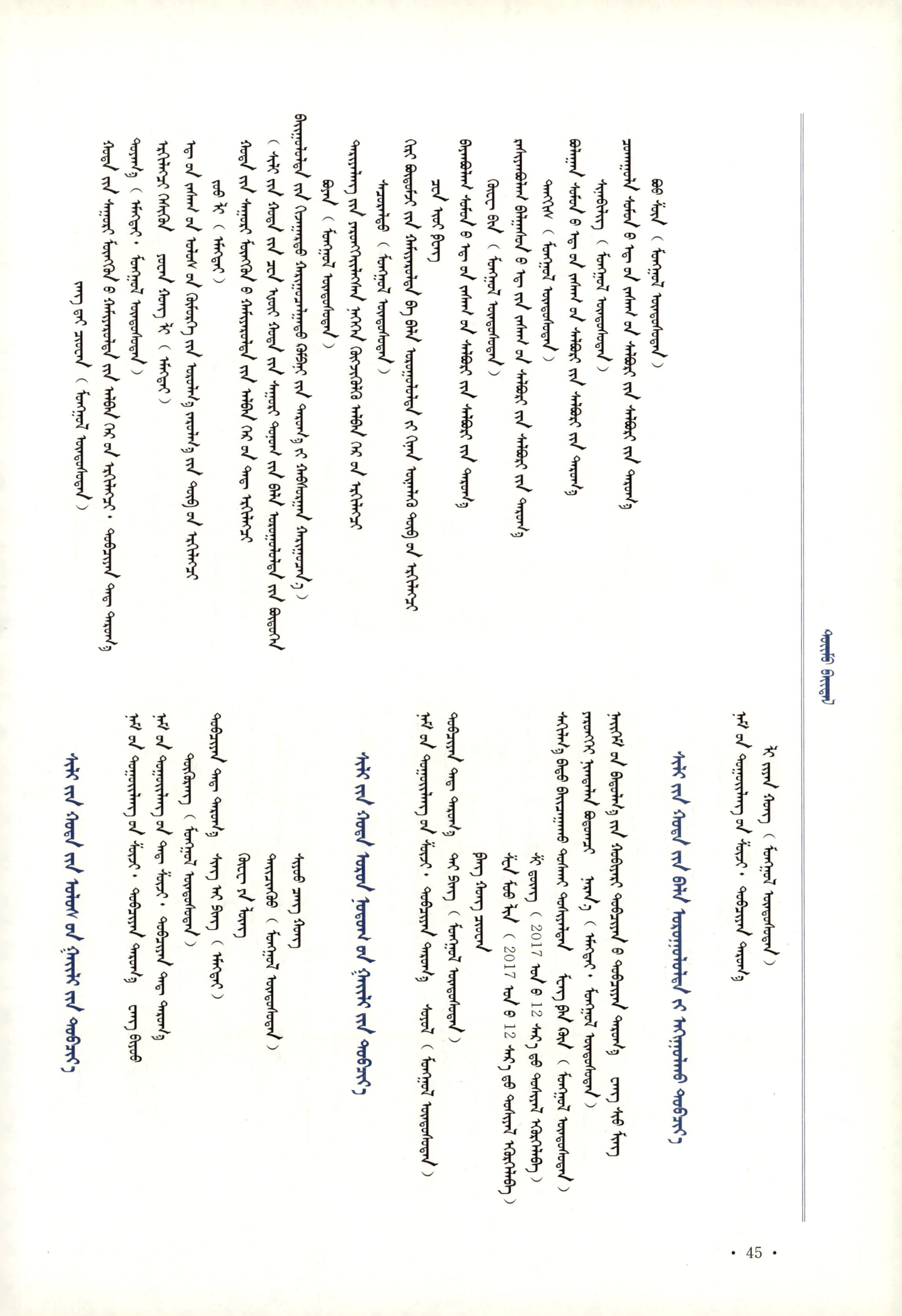

[illegible] ([illegible])
[illegible]
[illegible] ([illegible])
[illegible]
[illegible] ([illegible])
[illegible]
[illegible] ([illegible])
[illegible]
[illegible]
[illegible]
[illegible] ([illegible])
[illegible]
[illegible] ([illegible])
[illegible] ([illegible])
([illegible]
[illegible]
[illegible] ([illegible])
[illegible]
[illegible] ([illegible])
[illegible] ([illegible])
[illegible]
[illegible] ([illegible])

[illegible] ([illegible])
[illegible]

[illegible]

[illegible]
[illegible] ([illegible])
[illegible] ([illegible])
[illegible] (2017 [illegible] 12 [illegible])
[illegible] (2017 [illegible] 12 [illegible])
[illegible]
[illegible] ([illegible])
[illegible] ([illegible])

[illegible]

[illegible]
[illegible] ([illegible])
[illegible]
[illegible] ([illegible])
[illegible] ([illegible])
[illegible]
[illegible]

[illegible]

ᠭᠠᠷᠴᠠᠭ ᠄ ᠪᠠᠶᠢᠭᠤᠯᠤᠯᠭ᠎ᠠ ᠶᠢᠨ ᠵᠢᠯ ᠦᠨ ᠬᠤᠷᠠᠯ ᠤᠨ ᠨᠡᠷ᠎ᠡ ᠶᠢᠨ᠂ ᠮᠡᠳᠡᠭᠡᠯᠡᠯ ᠪᠡᠷ ᠨᠡᠶᠢᠲᠡᠯᠡᠭᠳᠡᠪᠡ
ᠮᠣᠩᠭᠣᠯ ᠬᠡᠯᠡ ᠪᠢᠴᠢᠭ ᠦᠨ ᠰᠤᠳᠤᠯᠭ᠎ᠠ ᠶᠢᠨ ᠬᠡᠪᠯᠡᠯ ᠦᠨ ᠮᠡᠳᠡᠭᠡᠯᠡᠯ ᠦᠨ ᠵᠢᠯ ᠦᠨ ᠲᠡᠮᠳᠡᠭᠯᠡᠯ ᠤᠨ
ᠭᠠᠷᠴᠠᠭ ᠄ ᠮᠡᠳᠡᠭᠡᠯᠡᠯ ᠪᠡᠷ ᠨᠡᠶᠢᠲᠡᠯᠡᠭᠰᠡᠨ ᠲᠠᠶᠢᠯᠪᠤᠷᠢ
ᠮᠣᠩᠭᠣᠯ ᠬᠡᠯᠡ ᠪᠢᠴᠢᠭ ᠦᠨ ᠰᠤᠳᠤᠯᠭ᠎ᠠ ᠶᠢᠨ ᠬᠡᠪᠯᠡᠯ ᠦᠨ ᠮᠡᠳᠡᠭᠡᠯᠡᠯ ᠦᠨ ᠵᠢᠯ ᠦᠨ ᠲᠡᠮᠳᠡᠭᠯᠡᠯ ᠤᠨ
ᠰᠤᠷᠭᠠᠯ ᠤᠨ ᠰᠤᠳᠤᠯᠭ᠎ᠠ ᠶᠢᠨ
ᠭᠠᠷᠴᠠᠭ ᠄ ᠪᠠᠶᠢᠭᠤᠯᠤᠯᠭ᠎ᠠ ᠶᠢᠨ ᠵᠢᠯ ᠦᠨ ᠬᠤᠷᠠᠯ ᠤᠨ ᠨᠡᠷ᠎ᠡ ᠶᠢᠨ᠂ ᠮᠡᠳᠡᠭᠡᠯᠡᠯ ᠪᠡᠷ ᠨᠡᠶᠢᠲᠡᠯᠡᠭᠰᠡᠨ᠂ ᠰᠤᠷᠭᠠᠯ ᠤᠨ ᠬᠡᠪᠯᠡᠯ
ᠮᠣᠩᠭᠣᠯ ᠬᠡᠯᠡ ᠪᠢᠴᠢᠭ ᠦᠨ ᠰᠤᠳᠤᠯᠭ᠎ᠠ ᠶᠢᠨ ᠬᠡᠪᠯᠡᠯ ᠦᠨ ᠮᠡᠳᠡᠭᠡᠯᠡᠯ ᠦᠨ ᠵᠢᠯ ᠦᠨ ᠲᠡᠮᠳᠡᠭᠯᠡᠯ ᠤᠨ
ᠰᠤᠷᠭᠠᠯ ᠤᠨ ᠬᠡᠪᠯᠡᠯ (2017 ᠣᠨ ᠤ 10 ᠰᠠᠷ᠎ᠠ ᠶᠢᠨ ᠳᠤ ᠨᠡᠶᠢᠲᠡᠯᠡᠭᠳᠡᠪᠡ)
ᠬᠡᠪᠯᠡᠯ ᠦᠨ ᠮᠡᠳᠡᠭᠡᠯᠡᠯ ᠦᠨ ᠵᠢᠯ ᠦᠨ ᠲᠡᠮᠳᠡᠭᠯᠡᠯ ᠤᠨ ᠨᠡᠷ᠎ᠡ
ᠮᠣᠩᠭᠣᠯ ᠬᠡᠯᠡ ᠪᠢᠴᠢᠭ ᠦᠨ ᠰᠤᠳᠤᠯᠭ᠎ᠠ ᠶᠢᠨ ᠬᠡᠪᠯᠡᠯ ᠦᠨ ᠰᠤᠷᠭᠠᠯ ᠤᠨ ᠨᠡᠷ᠎ᠡ᠂ ᠮᠣᠩᠭᠣᠯ ᠬᠡᠯᠡ ᠪᠢᠴᠢᠭ ᠦᠨ ᠰᠤᠳᠤᠯᠭ᠎ᠠ ᠶᠢᠨ ᠬᠡᠪᠯᠡᠯ
ᠪᠠᠶᠢᠭᠤᠯᠤᠯᠭ᠎ᠠ (ᠮᠡᠳᠡᠭᠡᠯᠡᠯ ᠦᠨ ᠰᠤᠳᠤᠯᠭ᠎ᠠ 2017 ᠣᠨ ᠤ 7 ᠰᠠᠷ᠎ᠠ ᠶᠢᠨ ᠳᠤ ᠨᠡᠶᠢᠲᠡᠯᠡᠭᠰᠡᠨ ᠳᠡᠭᠡᠷ᠎ᠡ ᠪᠠᠶᠢᠨ᠎ᠠ)
ᠬᠡᠪᠯᠡᠯ ᠦᠨ ᠮᠡᠳᠡᠭᠡᠯᠡᠯ ᠦᠨ ᠵᠢᠯ ᠦᠨ ᠰᠤᠳᠤᠯᠭ᠎ᠠ ᠶᠢᠨ ᠪᠠᠶᠢᠭᠤᠯᠤᠯᠭ᠎ᠠ ᠶᠢᠨ ᠮᠡᠳᠡᠭᠡ
ᠮᠣᠩᠭᠣᠯ ᠬᠡᠯᠡ ᠪᠢᠴᠢᠭ ᠦᠨ ᠰᠤᠷᠭᠠᠯ ᠤᠨ ᠨᠡᠷ᠎ᠡ᠂ ᠮᠣᠩᠭᠣᠯ ᠬᠡᠯᠡ ᠪᠢᠴᠢᠭ ᠦᠨ ᠰᠤᠳᠤᠯᠭ᠎ᠠ ᠶᠢᠨ ᠬᠡᠪᠯᠡᠯ ᠦᠨ ᠮᠣᠩᠭᠣᠯ ᠬᠡᠯᠡ

ᠮᠣᠩᠭᠣᠯ ᠬᠡᠯᠡᠨ ᠦ ᠰᠤᠳᠤᠯᠭ᠎ᠠ ᠶᠢᠨ ᠪᠦᠲᠦᠭᠡᠯ
ᠶᠠᠰᠤ ᠶᠢᠨ ᠰᠤᠳᠤᠯ ᠤᠨ ᠮᠣᠩᠭᠣᠯ ᠪᠢᠴᠢᠭ ᠦᠨ ᠬᠡᠪᠯᠡᠯ

ᠮᠣᠩᠭᠣᠯ ᠰᠤᠳᠤᠯᠤᠯ ᠤᠨ ᠦᠭᠡ ᠶᠢᠨ ᠪᠢᠴᠢᠭ
ᠰᠤᠳᠤᠯᠤᠯ ᠪᠢᠴᠢᠭ ᠰᠠᠩ (ᠮᠡᠳᠡᠭᠡ᠂ ᠰᠤᠷᠭᠠᠭᠤᠯᠢ ᠬᠡᠪᠯᠡᠯ)

ᠶᠠᠰᠤ ᠶᠢᠨ ᠰᠤᠳᠤᠯ ᠤᠨ ᠰᠤᠷᠭᠠᠯ ᠤᠨ ᠪᠣᠯᠪᠠᠰᠤᠷᠠᠯ ᠤᠨ ᠲᠥᠪ

ᠨᠡᠶᠢᠲᠡ ᠰᠤᠷᠭᠠᠯ ᠤᠨ (2017 ᠣᠨ ᠤ 10 ᠰᠠᠷ᠎ᠠ ᠶᠢᠨ 18 ᠤ ᠡᠳᠦᠷ ᠨᠡᠶᠢᠲᠡᠯᠡᠭᠳᠡᠪᠡ)
ᠨᠡᠶᠢᠲᠡ ᠰᠤᠷᠭᠠᠯ (2017 ᠣᠨ ᠤ 10 ᠰᠠᠷ᠎ᠠ ᠶᠢᠨ 18 ᠤ ᠡᠳᠦᠷ ᠨᠡᠶᠢᠲᠡᠯᠡᠭᠰᠡᠨ ᠳᠡᠭᠡᠷ᠎ᠡ ᠪᠠᠶᠢᠨ᠎ᠠ)
ᠮᠡᠳᠡᠭᠡᠯᠡᠯ ᠦᠨ ᠮᠡᠳᠡᠭᠡ

ᠬᠤᠪᠢ (ᠮᠡᠳᠡᠭᠡ᠂ 2017 ᠣᠨ ᠤ 3 ᠰᠠᠷ᠎ᠠ ᠶᠢᠨ ᠳᠤ ᠨᠡᠶᠢᠲᠡᠯᠡᠭᠳᠡᠪᠡ)
ᠪᠠᠶᠢᠭᠤᠯᠤᠯᠭ᠎ᠠ ᠶᠢᠨ ᠪᠠᠶᠢᠳᠠᠯ ᠤᠨ ᠰᠤᠳᠤᠯᠭ᠎ᠠ ᠶᠢᠨ ᠰᠡᠳᠦᠪ
ᠨᠡᠶᠢᠲᠡ ᠰᠤᠷᠭᠠᠯ (2017 ᠣᠨ ᠤ 3 ᠰᠠᠷ᠎ᠠ ᠶᠢᠨ ᠳᠤ ᠨᠡᠶᠢᠲᠡᠯᠡᠭᠳᠡᠪᠡ)
ᠪᠠᠶᠢᠭᠤᠯᠤᠯᠭ᠎ᠠ ᠶᠢᠨ ᠪᠠᠶᠢᠳᠠᠯ ᠤᠨ ᠰᠤᠳᠤᠯᠭ᠎ᠠ ᠶᠢᠨ ᠵᠢᠯ ᠦᠨ ᠬᠤᠷᠠᠯ ᠤᠨ ᠨᠡᠷ᠎ᠡ
ᠬᠡᠪᠯᠡᠯ)
ᠬᠤᠪᠢ (ᠮᠡᠳᠡᠭᠡ᠂ ᠮᠣᠩᠭᠣᠯ ᠰᠤᠷᠭᠠᠭᠤᠯᠢ᠂ 2017 ᠣᠨ ᠤ 3 ᠰᠠᠷ᠎ᠠ ᠶᠢᠨ ᠳᠤ ᠨᠡᠶᠢᠲᠡᠯᠡᠭᠰᠡᠨ ᠳᠡᠭᠡᠷ᠎ᠡ
ᠰᠤᠷᠭᠠᠭᠤᠯᠢ ᠶᠢᠨ ᠪᠠᠶᠢᠳᠠᠯ ᠤᠨ ᠰᠤᠳᠤᠯᠭ᠎ᠠ ᠶᠢᠨ ᠵᠢᠯ ᠦᠨ ᠬᠤᠷᠠᠯ ᠤᠨ ᠨᠡᠷ᠎ᠡ᠂ ᠰᠤᠳᠤᠯᠭ᠎ᠠ
ᠮᠡᠳᠡᠭᠡᠯᠡᠯ ᠦᠨ ᠪᠠᠶᠢᠳᠠᠯ ᠤᠨ ᠰᠤᠳᠤᠯᠭ᠎ᠠ ᠶᠢᠨ ᠰᠡᠳᠦᠪ ᠰᠠᠩ ᠤᠨ ᠰᠠᠩ (ᠮᠡᠳᠡᠭᠡ)
ᠰᠤᠷᠭᠠᠯ ᠨᠡᠷ᠎ᠡ ᠶᠢᠨ (ᠮᠡᠳᠡᠭᠡ᠂ 2017 ᠣᠨ ᠤ 3 ᠰᠠᠷ᠎ᠠ ᠶᠢᠨ ᠳᠤ ᠨᠡᠶᠢᠲᠡᠯᠡᠭᠳᠡᠪᠡ)
ᠰᠤᠷᠭᠠᠯ ᠰᠠᠩ ᠤᠨ (ᠮᠡᠳᠡᠭᠡ 2017 ᠣᠨ ᠤ 3 ᠰᠠᠷ᠎ᠠ ᠶᠢᠨ ᠳᠤ ᠨᠡᠶᠢᠲᠡᠯᠡᠭᠰᠡᠨ ᠳᠡᠭᠡᠷ᠎ᠡ ᠪᠠᠶᠢᠨ᠎ᠠ)
ᠮᠡᠳᠡᠭᠡᠯᠡᠯ ᠦᠨ ᠪᠠᠶᠢᠳᠠᠯ ᠤᠨ ᠰᠤᠳᠤᠯᠭ᠎ᠠ ᠶᠢᠨ ᠵᠢᠯ ᠦᠨ ᠬᠤᠷᠠᠯ ᠤᠨ ᠨᠡᠷ᠎ᠡ
ᠪᠠᠶᠢᠭᠤᠯᠤᠯᠭ᠎ᠠ ᠶᠢᠨ ᠪᠠᠶᠢᠳᠠᠯ ᠤᠨ ᠰᠤᠳᠤᠯᠭ᠎ᠠ ᠶᠢᠨ ᠰᠡᠳᠦᠪ ᠰᠠᠩ ᠤᠨ ᠰᠠᠩ
ᠪᠠᠶᠢᠭᠤᠯᠤᠯᠭ᠎ᠠ ᠶᠢᠨ ᠪᠠᠶᠢᠳᠠᠯ ᠤᠨ ᠰᠤᠳᠤᠯᠭ᠎ᠠ ᠶᠢᠨ ᠵᠢᠯ ᠦᠨ ᠬᠤᠷᠠᠯ ᠤᠨ ᠨᠡᠷ᠎ᠡ ᠰᠠᠩ ᠤᠨ ᠰᠠᠩ ᠤᠨ ᠨᠡᠷ᠎ᠡ ᠶᠢᠨ ᠰᠠᠩ (ᠮᠡᠳᠡᠭᠡ)
ᠰᠤᠷᠭᠠᠯ ᠨᠡᠷ᠎ᠡ ᠶᠢᠨ (ᠮᠡᠳᠡᠭᠡ᠂ 2017 ᠣᠨ ᠤ 3 ᠰᠠᠷ᠎ᠠ ᠶᠢᠨ ᠳᠤ ᠨᠡᠶᠢᠲᠡᠯᠡᠭᠳᠡᠪᠡ)
ᠰᠤᠷᠭᠠᠯ ᠰᠠᠩ ᠤᠨ (2017 ᠣᠨ ᠤ 3 ᠰᠠᠷ᠎ᠠ ᠶᠢᠨ ᠳᠤ ᠨᠡᠶᠢᠲᠡᠯᠡᠭᠰᠡᠨ ᠳᠡᠭᠡᠷ᠎ᠡ ᠪᠠᠶᠢᠨ᠎ᠠ)
ᠪᠠᠶᠢᠭᠤᠯᠤᠯᠭ᠎ᠠ ᠶᠢᠨ ᠪᠠᠶᠢᠳᠠᠯ ᠤᠨ ᠰᠤᠳᠤᠯᠭ᠎ᠠ ᠶᠢᠨ ᠰᠡᠳᠦᠪ
ᠪᠠᠶᠢᠭᠤᠯᠤᠯᠭ᠎ᠠ ᠶᠢᠨ ᠪᠠᠶᠢᠳᠠᠯ ᠤᠨ ᠰᠤᠳᠤᠯᠭ᠎ᠠ ᠶᠢᠨ ᠵᠢᠯ ᠦᠨ ᠬᠤᠷᠠᠯ ᠤᠨ ᠨᠡᠷ᠎ᠡ ᠰᠠᠩ ᠤᠨ ᠰᠠᠩ ᠤᠨ ᠰᠠᠩ (ᠮᠡᠳᠡᠭᠡ)
ᠪᠠᠶᠢᠭᠤᠯᠤᠯᠭ᠎ᠠ ᠶᠢᠨ ᠪᠠᠶᠢᠳᠠᠯ ᠤᠨ ᠰᠤᠳᠤᠯᠭ᠎ᠠ ᠶᠢᠨ ᠵᠢᠯ ᠦᠨ ᠬᠤᠷᠠᠯ ᠤᠨ ᠨᠡᠷ᠎ᠡ ᠰᠠᠩ ᠤᠨ ᠰᠠᠩ ᠤᠨ ᠰᠠᠩ
ᠮᠡᠳᠡᠭᠡᠯᠡᠯ (ᠰᠤᠷᠭᠠᠯ ᠰᠤᠷᠭᠠᠭᠤᠯᠢ)
ᠰᠤᠷᠭᠠᠯ ᠰᠤᠷᠭᠠᠭᠤᠯᠢ ᠶᠢᠨ ᠪᠠᠶᠢᠳᠠᠯ ᠤᠨ ᠰᠤᠳᠤᠯᠭ᠎ᠠ ᠶᠢᠨ ᠰᠡᠳᠦᠪ
ᠮᠡᠳᠡᠭᠡᠯᠡᠯ (ᠮᠡᠳᠡᠭᠡ᠂ ᠰᠤᠷᠭᠠᠯ ᠰᠤᠷᠭᠠᠭᠤᠯᠢ)
ᠰᠤᠷᠭᠠᠯ ᠰᠤᠷᠭᠠᠭᠤᠯᠢ ᠶᠢᠨ ᠪᠠᠶᠢᠳᠠᠯ ᠤᠨ ᠰᠤᠳᠤᠯᠭ᠎ᠠ ᠶᠢᠨ ᠵᠢᠯ ᠦᠨ ᠬᠤᠷᠠᠯ ᠤᠨ ᠨᠡᠷ᠎ᠡ
ᠶᠢ ᠪᠢᠴᠢᠭ ᠰᠠᠩ (ᠮᠡᠳᠡᠭᠡ᠂ ᠰᠤᠷᠭᠠᠯ ᠰᠤᠷᠭᠠᠭᠤᠯᠢ)
ᠮᠣᠩᠭᠣᠯ ᠬᠡᠯᠡ ᠪᠢᠴᠢᠭ ᠦᠨ ᠰᠤᠳᠤᠯᠭ᠎ᠠ ᠶᠢᠨ ᠬᠡᠪᠯᠡᠯ ᠦᠨ ᠮᠡᠳᠡᠭᠡᠯᠡᠯ ᠦᠨ ᠵᠢᠯ ᠦᠨ ᠲᠡᠮᠳᠡᠭᠯᠡᠯ ᠤᠨ
ᠰᠤᠷᠭᠠᠯ ᠤᠨ ᠰᠤᠳᠤᠯ (ᠮᠡᠳᠡᠭᠡ)

ᠪᠢᠷᠠ ᠵᠤᠪ ᠪᠠᠶᠢᠨ ᠤ ᠲᠡᠮᠡᠴᠡᠭᠡᠨ ᠦ ᠬᠡᠰᠡᠭ ᠰᠠᠨ ᠲᠤᠪ ᠴᠢ （ᠬᠠᠮᠲᠤ）
ᠵᠠᠩ ᠴᠢᠯ （ᠬᠠᠮᠲᠤ · 2017 ᠣᠨ ᠤ 3 ᠰᠠᠷ᠎ᠠ ᠳᠤ ᠨᠡᠢᠲᠡᠯᠡᠭᠰᠡᠨ ᠬᠡᠪᠯᠡᠭᠳᠡᠪᠡ）
ᠱᠢᠪ ᠬᠣᠰ ᠵᠠᠩ （2017 ᠣᠨ ᠤ 3 ᠰᠠᠷ᠎ᠠ ᠳᠤ ᠨᠡᠢᠲᠡᠯᠡᠭᠰᠡᠨ ᠲᠠᠢᠵᠠ ᠳᠤ ᠲᠣᠭᠯᠠᠪᠠ）
ᠪᠢᠷᠠ ᠵᠤᠪ ᠪᠠᠶᠢᠨ ᠤ ᠲᠡᠮᠡᠴᠡᠭᠡᠨ ᠦ ᠵᠢᠯ ᠦᠨ ᠰᠢᠯᠢᠳᠡᠭ ᠦᠨ ᠨᠣᠮ
ᠲᠣᠪᠣᠪᠢᠯᠠᠩ （ᠵᠣᠬᠢᠶᠠᠯ ᠲᠤᠷᠪᠠᠯᠠᠯ）
ᠵᠣᠬᠢᠶᠠᠯ ᠲᠤᠷᠪᠠᠯᠠᠯ ᠤ ᠰᠢᠳᠠᠷᠪᠤᠯ ᠪᠠᠶᠢᠨ ᠤ ᠲᠡᠮᠡᠴᠡᠭᠡᠨ ᠦ ᠬᠡᠰᠡᠭ
ᠰᠢᠳᠠᠯ （ᠵᠣᠬᠢᠶᠠᠯ ᠲᠤᠷᠪᠠᠯᠠᠯ）
ᠵᠣᠬᠢᠶᠠᠯ ᠲᠤᠷᠪᠠᠯᠠᠯ ᠤ ᠰᠢᠳᠠᠷᠪᠤᠯ ᠪᠠᠶᠢᠨ ᠤ ᠲᠡᠮᠡᠴᠡᠭᠡᠨ ᠦ ᠵᠢᠯ ᠦᠨ ᠰᠢᠯᠢᠳᠡᠭ ᠦᠨ ᠨᠣᠮ
ᠬᠠᠪᠢᠷᠭ᠎ᠠ ᠪᠠᠶᠢᠨ ᠤ ᠲᠡᠮᠡᠴᠡᠭᠡᠨ ᠦ ᠬᠡᠰᠡᠭ ᠰᠠᠨ ᠲᠣᠭᠣᠰ ᠪᠢᠷᠠ
ᠴᠠᠩ ᠴᠠᠩ ᠴᠢᠭ （2017 ᠣᠨ ᠤ 3 ᠰᠠᠷ᠎ᠠ ᠳᠤ ᠨᠡᠢᠲᠡᠯᠡᠭᠰᠡᠨ ᠬᠡᠪᠯᠡᠭᠳᠡᠪᠡ）
ᠬᠠᠪᠢᠷᠭ᠎ᠠ ᠪᠠᠶᠢᠨ ᠤ ᠲᠡᠮᠡᠴᠡᠭᠡᠨ ᠦ ᠵᠢᠯ ᠦᠨ ᠰᠢᠯᠢᠳᠡᠭ ᠦᠨ ᠨᠣᠮ
ᠲᠣᠰᠠᠩ ᠲᠣᠪ ᠵᠠᠯ （2017 ᠣᠨ ᠤ 3 ᠰᠠᠷ᠎ᠠ ᠳᠤ ᠨᠡᠢᠲᠡᠯᠡᠭᠰᠡᠨ ᠲᠠᠢᠵᠠ ᠳᠤ ᠲᠣᠭᠯᠠᠪᠠ）
ᠬᠠᠪᠢᠷᠭ᠎ᠠ ᠪᠠᠶᠢᠨ ᠤ ᠲᠡᠮᠡᠴᠡᠭᠡᠨ ᠦ ᠵᠢᠯ ᠦᠨ ᠰᠢᠯᠢᠳᠡᠭ ᠦᠨ ᠨᠣᠮ
ᠰᠠᠩ ᠰᠠᠩ （2017 ᠣᠨ ᠤ 3 ᠰᠠᠷ᠎ᠠ ᠳᠤ ᠨᠡᠢᠲᠡᠯᠡᠭᠰᠡᠨ ᠬᠡᠪᠯᠡᠭᠳᠡᠪᠡ）
ᠲᠠᠰ ᠲᠦᠪ ᠰᠠᠩ （ᠬᠠᠮᠲᠤ · 2017 ᠣᠨ ᠤ 3 ᠰᠠᠷ᠎ᠠ ᠳᠤ ᠨᠡᠢᠲᠡᠯᠡᠭᠰᠡᠨ ᠲᠠᠢᠵᠠ ᠳᠤ ᠲᠣᠭᠯᠠᠪᠠ）
ᠰᠢᠯᠪᠣᠯᠢᠭ ᠪᠠᠶᠢᠨ ᠤ ᠲᠡᠮᠡᠴᠡᠭᠡᠨ ᠦ ᠬᠡᠰᠡᠭ
ᠰᠠᠩ ᠤᠯ ᠴᠢᠯ （ᠬᠠᠮᠲᠤ · 2017 ᠣᠨ ᠤ 3 ᠰᠠᠷ᠎ᠠ ᠳᠤ ᠨᠡᠢᠲᠡᠯᠡᠭᠰᠡᠨ ᠬᠡᠪᠯᠡᠭᠳᠡᠪᠡ）
ᠰᠢᠯᠪᠣᠯᠢᠭ ᠪᠠᠶᠢᠨ ᠤ ᠲᠡᠮᠡᠴᠡᠭᠡᠨ ᠦ ᠵᠢᠯ ᠦᠨ ᠰᠢᠯᠢᠳᠡᠭ ᠦᠨ ᠨᠣᠮ
ᠬᠦᠷᠢᠶᠡᠯᠡᠩ ᠪᠠᠶᠢᠨ ᠤ ᠲᠡᠮᠡᠴᠡᠭᠡᠨ ᠦ ᠬᠡᠰᠡᠭ ᠪᠠᠲᠤ ᠴᠢ ᠴᠢᠯ
ᠬᠡᠪᠯᠡᠭᠳᠡᠪᠡ）
ᠲᠣᠭᠣᠷᠠᠩ （ᠬᠠᠮᠲᠤ · ᠵᠣᠬᠢᠶᠠᠯ ᠲᠤᠷᠪᠠᠯᠠᠯ · 2017 ᠣᠨ ᠤ 3 ᠰᠠᠷ᠎ᠠ ᠳᠤ ᠨᠡᠢᠲᠡᠯᠡᠭᠰᠡᠨ
ᠲᠠᠰ ᠰᠠᠩ ᠴᠢᠭ （2017 ᠣᠨ ᠤ 3 ᠰᠠᠷ᠎ᠠ ᠳᠤ ᠨᠡᠢᠲᠡᠯᠡᠭᠰᠡᠨ ᠲᠠᠢᠵᠠ ᠳᠤ ᠲᠣᠭᠯᠠᠪᠠ）
ᠬᠦᠷᠢᠶᠡᠯᠡᠩ ᠪᠠᠶᠢᠨ ᠤ ᠲᠡᠮᠡᠴᠡᠭᠡᠨ ᠦ ᠵᠢᠯ ᠦᠨ ᠰᠢᠯᠢᠳᠡᠭ ᠦᠨ ᠨᠣᠮ
ᠨᠠᠷᠠᠨᠲᠤᠯ ᠪᠠᠶᠢᠨ ᠤ ᠲᠡᠮᠡᠴᠡᠭᠡᠨ ᠦ ᠬᠡᠰᠡᠭ ᠰᠠᠩ ᠲᠣᠭᠣᠰ ᠲᠣᠪ
ᠰᠠᠩ ᠴᠢ ᠪᠢᠷᠠ （ᠬᠠᠮᠲᠤ）
ᠨᠠᠷᠠᠨᠲᠤᠯ ᠪᠠᠶᠢᠨ ᠤ ᠲᠡᠮᠡᠴᠡᠭᠡᠨ ᠦ ᠵᠢᠯ ᠦᠨ ᠰᠢᠯᠢᠳᠡᠭ ᠦᠨ ᠨᠣᠮ

ᠲᠠᠯ ᠵᠢᠷᠤᠭ ᠤᠨ ᠲᠠᠯᠠᠪᠠᠢ ᠬᠣᠷᠢᠶᠠᠨ ᠤ ᠬᠤᠪᠢ ᠶᠢᠨ ᠲᠡᠮᠡᠴᠡᠭᠡᠨ ᠰᠠᠩ ᠪᠢᠷᠠ ᠵᠢᠷᠠ
ᠲᠠᠯ ᠰᠠᠯ （ᠬᠠᠮᠲᠤ）
ᠲᠠᠯ ᠵᠢᠷᠤᠭ ᠤᠨ ᠲᠠᠯᠠᠪᠠᠢ ᠬᠣᠷᠢᠶᠠᠨ ᠤ ᠬᠤᠪᠢ ᠶᠢᠨ ᠵᠢᠯ ᠦᠨ ᠰᠢᠯᠢᠳᠡᠭ ᠦᠨ ᠨᠣᠮ
ᠬᠣᠷᠢᠶᠠᠯ （ᠵᠣᠬᠢᠶᠠᠯ ᠲᠤᠷᠪᠠᠯᠠᠯ）
ᠠᠷᠠᠳ ᠤᠨ ᠰᠣᠶᠣᠯ ᠤᠨ ᠵᠣᠬᠢᠶᠠᠯ ᠤᠷᠠᠯᠳᠤᠭᠠᠨ ᠲᠡᠮᠡᠴᠡᠭᠡᠨ ᠦ ᠬᠡᠰᠡᠭ
ᠰᠠᠷᠠᠭᠤᠯ （ᠬᠠᠮᠲᠤ · ᠵᠣᠬᠢᠶᠠᠯ ᠲᠤᠷᠪᠠᠯᠠᠯ）
ᠠᠷᠠᠳ ᠤᠨ ᠰᠣᠶᠣᠯ ᠤᠨ ᠵᠣᠬᠢᠶᠠᠯ ᠤᠷᠠᠯᠳᠤᠭᠠᠨ ᠲᠡᠮᠡᠴᠡᠭᠡᠨ ᠦ ᠵᠢᠯ ᠦᠨ ᠰᠢᠯᠢᠳᠡᠭ ᠦᠨ ᠨᠣᠮ
ᠲᠣᠩ ᠲᠠᠰᠤᠷ ᠲᠤᠩ （2017 ᠣᠨ ᠤ 10 ᠰᠠᠷ᠎ᠠ ᠳᠤ ᠨᠡᠢᠲᠡᠯᠡᠭᠰᠡᠨ ᠬᠡᠪᠯᠡᠭᠳᠡᠪᠡ）
ᠬᠣᠲᠠ ᠶᠢᠨ ᠲᠦᠯᠬᠢ （2017 ᠣᠨ ᠤ 10 ᠰᠠᠷ᠎ᠠ ᠳᠤ ᠨᠡᠢᠲᠡᠯᠡᠭᠰᠡᠨ ᠲᠠᠢᠵᠠ ᠳᠤ ᠲᠣᠭᠯᠠᠪᠠ）
ᠰᠤᠷᠭᠠᠭᠤᠯᠢ ᠶᠢᠨ ᠲᠡᠮᠡᠴᠡᠭᠡᠨ ᠦ ᠬᠡᠰᠡᠭ
ᠪᠣ ᠲᠣᠭᠣᠰ ᠲᠣᠪ （ᠬᠠᠮᠲᠤ）
ᠰᠤᠷᠭᠠᠭᠤᠯᠢ ᠶᠢᠨ ᠲᠡᠮᠡᠴᠡᠭᠡᠨ ᠦ ᠵᠢᠯ ᠦᠨ ᠰᠢᠯᠢᠳᠡᠭ ᠦᠨ ᠨᠣᠮ
ᠪᠠᠭᠠᠴᠤᠳ ᠤᠨ ᠲᠡᠮᠡᠴᠡᠭᠡᠨ ᠦ ᠬᠡᠰᠡᠭ ᠴᠢ ᠴᠢ ᠵᠠᠩ
ᠪᠠᠭᠠᠴᠤᠳ ᠤᠨ ᠲᠡᠮᠡᠴᠡᠭᠡᠨ ᠦ ᠵᠢᠯ ᠦᠨ ᠰᠢᠯᠢᠳᠡᠭ ᠦᠨ ᠨᠣᠮ ᠲᠠᠰᠤᠷ ᠲᠣᠪ ᠵᠠᠯ （ᠬᠠᠮᠲᠤ）
ᠥᠰᠪᠦᠷᠢᠯ ᠤᠨ ᠲᠡᠮᠡᠴᠡᠭᠡᠨ ᠦ ᠬᠡᠰᠡᠭ ᠵᠠᠩ ᠴᠢ ᠲᠣᠭ
ᠲᠠᠰ ᠵᠠᠩ ᠰᠢᠯ （2017 ᠣᠨ ᠤ 3 ᠰᠠᠷ᠎ᠠ ᠳᠤ ᠨᠡᠢᠲᠡᠯᠡᠭᠰᠡᠨ ᠬᠡᠪᠯᠡᠭᠳᠡᠪᠡ）
ᠵᠠᠩ ᠴᠢᠯ （ᠬᠠᠮᠲᠤ · 2017 ᠣᠨ ᠤ 3 ᠰᠠᠷ᠎ᠠ ᠳᠤ ᠨᠡᠢᠲᠡᠯᠡᠭᠰᠡᠨ ᠲᠠᠢᠵᠠ ᠳᠤ ᠲᠣᠭᠯᠠᠪᠠ）
ᠥᠰᠪᠦᠷᠢᠯ ᠤᠨ ᠲᠡᠮᠡᠴᠡᠭᠡᠨ ᠦ ᠵᠢᠯ ᠦᠨ ᠰᠢᠯᠢᠳᠡᠭ ᠦᠨ ᠨᠣᠮ
ᠰᠢᠪ ᠲᠣᠭ （2017 ᠣᠨ ᠤ 10 ᠰᠠᠷ᠎ᠠ ᠳᠤ ᠨᠡᠢᠲᠡᠯᠡᠭᠰᠡᠨ ᠬᠡᠪᠯᠡᠭᠳᠡᠪᠡ）
ᠲᠣᠩ ᠲᠠᠰᠤᠷ ᠲᠤᠩ （2017 ᠣᠨ ᠤ 10 ᠰᠠᠷ᠎ᠠ ᠳᠤ ᠨᠡᠢᠲᠡᠯᠡᠭᠰᠡᠨ ᠲᠠᠢᠵᠠ ᠳᠤ ᠲᠣᠭᠯᠠᠪᠠ）
ᠰᠢᠨᠵᠢᠯᠡᠯ ᠤᠨ ᠲᠡᠮᠡᠴᠡᠭᠡᠨ ᠦ ᠬᠡᠰᠡᠭ
ᠰᠢᠪ ᠶᠢᠨ ᠲᠤᠩ （2017 ᠣᠨ ᠤ 10 ᠰᠠᠷ᠎ᠠ ᠳᠤ ᠨᠡᠢᠲᠡᠯᠡᠭᠰᠡᠨ ᠬᠡᠪᠯᠡᠭᠳᠡᠪᠡ）
ᠰᠢᠨᠵᠢᠯᠡᠯ ᠤᠨ ᠲᠡᠮᠡᠴᠡᠭᠡᠨ ᠦ ᠵᠢᠯ ᠦᠨ ᠰᠢᠯᠢᠳᠡᠭ ᠦᠨ ᠨᠣᠮ
ᠲᠣᠩ ᠲᠠᠰᠤᠷ ᠲᠤᠩ （2017 ᠣᠨ ᠤ 3 ᠰᠠᠷ᠎ᠠ ᠳᠤ ᠨᠡᠢᠲᠡᠯᠡᠭᠰᠡᠨ ᠬᠡᠪᠯᠡᠭᠳᠡᠪᠡ）
ᠲᠣᠩ ᠪᠠᠲᠤ ᠵᠠᠩ （2017 ᠣᠨ ᠤ 3 ᠰᠠᠷ᠎ᠠ ᠳᠤ ᠨᠡᠢᠲᠡᠯᠡᠭᠰᠡᠨ ᠲᠠᠢᠵᠠ ᠳᠤ ᠲᠣᠭᠯᠠᠪᠠ）
ᠰᠢᠨᠵᠢᠯᠡᠯ ᠤᠨ ᠲᠡᠮᠡᠴᠡᠭᠡᠨ ᠦ ᠵᠢᠯ ᠦᠨ ᠰᠢᠯᠢᠳᠡᠭ ᠦᠨ ᠨᠣᠮ

ᠤᠯᠠᠭᠠᠨᠪᠠᠭᠠᠲᠤᠷ ᠤ ᠬᠣᠲᠠ ᠶᠢᠨ ᠵᠠᠬᠢᠷᠭᠠᠨ ᠤ ᠰᠠᠢᠲ
ᠬᠡᠪᠯᠡᠯᠲᠡ (ᠬᠠᠯᠬᠠ ᠂ ᠤᠯᠠᠭᠠᠨᠪᠠᠭᠠᠲᠤᠷ)
ᠤᠯᠠᠭᠠᠨᠪᠠᠭᠠᠲᠤᠷ ᠤ ᠬᠣᠲᠠ ᠶᠢᠨ ᠵᠠᠬᠢᠷᠭᠠᠨ ᠤ ᠣᠨ ᠤ ᠰᠠᠷ᠎ᠠ ᠶᠢᠨ ᠮᠡᠳᠡᠭᠡ
ᠶᠢᠨ ᠰᠣᠨᠢᠨ (ᠬᠠᠯᠬᠠ ᠂ ᠤᠯᠠᠭᠠᠨᠪᠠᠭᠠᠲᠤᠷ)
ᠤᠯᠠᠭᠠᠨᠪᠠᠭᠠᠲᠤᠷ ᠤ ᠬᠣᠲᠠ ᠶᠢᠨ ᠵᠠᠬᠢᠷᠭᠠᠨ ᠰᠠᠢᠲ
ᠮᠡᠳᠡᠭᠡ (ᠤᠯᠠᠭᠠᠨᠪᠠᠭᠠᠲᠤᠷ)
ᠤᠯᠠᠭᠠᠨᠪᠠᠭᠠᠲᠤᠷ ᠤ ᠬᠣᠲᠠ ᠶᠢᠨ ᠵᠠᠬᠢᠷᠭᠠᠨ ᠤ ᠣᠨ ᠤ ᠰᠠᠷ᠎ᠠ ᠶᠢᠨ ᠮᠡᠳᠡᠭᠡ
ᠳᠡᠭᠡᠳᠦ ᠰᠣᠨᠢᠨ (ᠬᠠᠯᠬᠠ ᠂ ᠤᠯᠠᠭᠠᠨᠪᠠᠭᠠᠲᠤᠷ)
ᠮᠣᠩᠭᠣᠯ ᠤᠨ ᠬᠣᠲᠠ ᠶᠢᠨ ᠵᠠᠬᠢᠷᠭᠠᠨ ᠤ ᠰᠠᠢᠲ
ᠬᠡᠪᠯᠡᠯᠲᠡ)
ᠦᠨᠡᠨ ᠰᠣᠨᠢᠨ (ᠬᠠᠯᠬᠠ ᠂ ᠤᠯᠠᠭᠠᠨᠪᠠᠭᠠᠲᠤᠷ ᠂ 2017 ᠣᠨ ᠤ 3 ᠰᠠᠷ᠎ᠠ ᠶᠢᠨ ᠪᠠᠶᠢᠳᠠᠯ
ᠮᠣᠩᠭᠣᠯ ᠤᠨ ᠬᠣᠲᠠ ᠶᠢᠨ ᠵᠠᠬᠢᠷᠭᠠᠨ ᠤ ᠣᠨ ᠤ ᠰᠠᠷ᠎ᠠ ᠶᠢᠨ ᠮᠡᠳᠡᠭᠡ
ᠰᠠᠢᠨ ᠤᠯᠠᠭᠠᠨᠪᠠᠭᠠᠲᠤᠷ ᠤ ᠤᠯᠠᠭᠠᠨᠪᠠᠭᠠᠲᠤᠷ ᠬᠣᠲᠠ ᠶᠢᠨ ᠬᠡᠪᠯᠡᠯᠲᠡ ᠵᠠᠰᠠᠭ ᠤᠨ ᠭᠠᠵᠠᠷ
ᠪᠠᠢ ᠶᠢᠨ ᠰᠣᠨᠢᠨ (ᠬᠠᠯᠬᠠ ᠂ ᠤᠯᠠᠭᠠᠨᠪᠠᠭᠠᠲᠤᠷ)
ᠰᠠᠢᠨ ᠤᠯᠠᠭᠠᠨᠪᠠᠭᠠᠲᠤᠷ ᠤ ᠤᠯᠠᠭᠠᠨᠪᠠᠭᠠᠲᠤᠷ ᠬᠣᠲᠠ ᠶᠢᠨ ᠣᠨ ᠤ ᠰᠠᠷ᠎ᠠ ᠶᠢᠨ ᠮᠡᠳᠡᠭᠡ
ᠤᠯᠠᠭᠠᠨᠪᠠᠭᠠᠲᠤᠷ (ᠬᠠᠯᠬᠠ ᠂ ᠤᠯᠠᠭᠠᠨᠪᠠᠭᠠᠲᠤᠷ)
ᠪᠢᠴᠢᠭ ᠦᠨ ᠪᠣᠳᠣᠯᠭ᠎ᠠ ᠪᠣᠯᠪᠠᠰᠤᠷᠠᠯ ᠤᠨ ᠬᠦᠷᠢᠶᠡᠯᠡᠩ ᠦᠨ ᠰᠠᠢᠲ
ᠪᠢᠴᠢᠭ ᠦᠨ ᠪᠣᠳᠣᠯᠭ᠎ᠠ ᠪᠣᠯᠪᠠᠰᠤᠷᠠᠯ ᠤᠨ ᠬᠦᠷᠢᠶᠡᠯᠡᠩ ᠦᠨ ᠣᠨ ᠤ ᠰᠠᠷ᠎ᠠ ᠶᠢᠨ ᠮᠡᠳᠡᠭᠡ ᠰᠣᠨᠢᠨ ᠰᠣᠨᠢᠨ
ᠮᠣᠩᠭᠣᠯ ᠪᠢᠴᠢᠭ ᠰᠣᠨᠢᠨ (2017 ᠣᠨ ᠤ 3 ᠰᠠᠷ᠎ᠠ ᠶᠢᠨ ᠪᠠᠶᠢᠳᠠᠯ ᠬᠡᠪᠯᠡᠯᠲᠡ)
ᠰᠣᠨᠢᠨ ᠰᠣᠨᠢᠨ (2017 ᠣᠨ ᠤ 3 ᠰᠠᠷ᠎ᠠ ᠶᠢᠨ ᠪᠠᠶᠢᠳᠠᠯ ᠲᠠᠢ ᠪᠣᠯ ᠰᠡᠳᠬᠦᠯ)
ᠤᠯᠤᠰ ᠤᠨ ᠰᠣᠨᠢᠨ ᠪᠢᠴᠢᠭ ᠤᠨ ᠬᠦᠷᠢᠶᠡᠯᠡᠩ ᠦᠨ ᠰᠠᠢᠲ
ᠤᠯᠤᠰ ᠤᠨ ᠰᠣᠨᠢᠨ ᠪᠢᠴᠢᠭ ᠤᠨ ᠬᠦᠷᠢᠶᠡᠯᠡᠩ ᠦᠨ ᠣᠨ ᠤ ᠰᠠᠷ᠎ᠠ ᠶᠢᠨ ᠮᠡᠳᠡᠭᠡ ᠰᠣᠨᠢᠨ ᠤ
ᠪᠠᠢᠨ᠎ᠠ ᠰᠣᠨᠢᠨ ᠪᠠ (ᠬᠠᠯᠬᠠ)
ᠵᠠᠰᠠᠭ ᠪᠠᠢᠳᠠᠯ ᠤ ᠬᠡᠪᠯᠡᠯᠲᠡ ᠶᠢᠨ ᠬᠦᠷᠢᠶᠡᠯᠡᠩ ᠦᠨ ᠰᠠᠢᠲ
ᠰᠣᠨᠢᠨ ᠵᠠᠩ ᠰᠣᠨᠢᠨ
ᠵᠠᠰᠠᠭ ᠪᠠᠢᠳᠠᠯ ᠤ ᠬᠡᠪᠯᠡᠯᠲᠡ ᠶᠢᠨ ᠬᠦᠷᠢᠶᠡᠯᠡᠩ ᠦᠨ ᠣᠨ ᠤ ᠰᠠᠷ᠎ᠠ ᠶᠢᠨ ᠮᠡᠳᠡᠭᠡ

ᠪᠠᠢᠭᠤᠯᠤᠯ ᠪᠠᠢ ᠪᠠᠢᠳᠠᠯ ᠤ ᠮᠡᠳᠡᠭᠡ ᠰᠣᠨᠢᠨ (ᠬᠠᠯᠬᠠ ᠂ ᠤᠯᠠᠭᠠᠨᠪᠠᠭᠠᠲᠤᠷ)
ᠪᠠᠢᠭᠤᠯᠤᠯ ᠪᠠᠢᠳᠠᠯ ᠪᠠᠢ ᠪᠣᠯ ᠰᠣᠨᠢᠨ

ᠳᠡᠯᠡᠬᠡᠢ ᠶᠢᠨ ᠮᠣᠩᠭᠣᠯ ᠤᠨ ᠰᠤᠳᠤᠯᠤᠯ ᠤᠨ ᠰᠣᠨᠢᠨ ᠤ ᠲᠣᠪᠴᠢᠶᠠᠨ

ᠰᠣᠨᠢᠨ ᠰᠣᠨᠢᠨ ᠰᠣᠨᠢᠨ
ᠪᠠᠢ ᠪᠠᠢ (ᠬᠠᠯᠬᠠ ᠂ ᠤᠯᠠᠭᠠᠨᠪᠠᠭᠠᠲᠤᠷ)
ᠪᠠᠢᠭᠤᠯᠤᠯ ᠪᠠᠢ ᠪᠠᠢᠳᠠᠯ ᠤ ᠪᠠᠢ ᠰᠣᠨᠢᠨ ᠰᠣᠨᠢᠨ (ᠤᠯᠠᠭᠠᠨᠪᠠᠭᠠᠲᠤᠷ)
ᠰᠠᠷ᠎ᠠ ᠶᠢᠨ ᠪᠠᠶᠢᠳᠠᠯ ᠲᠠᠢ ᠪᠣᠯ ᠰᠡᠳᠬᠦᠯ)
ᠰᠣᠨᠢᠨ ᠪᠣᠯ ᠪᠣᠯᠪᠠᠰᠤᠷᠠᠯ ᠮᠡᠳᠡᠭᠡ ᠰᠣᠨᠢᠨ (ᠤᠯᠠᠭᠠᠨᠪᠠᠭᠠᠲᠤᠷ ᠂ 2017 ᠣᠨ ᠤ 10
ᠰᠣᠨᠢᠨ ᠪᠠ ᠪᠠᠢ (ᠤᠯᠠᠭᠠᠨᠪᠠᠭᠠᠲᠤᠷ ᠂ 2017 ᠣᠨ ᠤ 10 ᠰᠠᠷ᠎ᠠ ᠶᠢᠨ ᠪᠠᠶᠢᠳᠠᠯ ᠬᠡᠪᠯᠡᠯᠲᠡ)
ᠣᠨ ᠤ ᠪᠠᠢᠭᠤᠯᠤᠯᠭ᠎ᠠ ᠶᠢᠨ ᠮᠡᠳᠡᠭᠡ ᠂ ᠪᠠᠢᠭᠤᠯᠤᠯ ᠪᠠᠢᠳᠠᠯ
ᠪᠠᠢᠭᠤᠯᠤᠯ ᠪᠠᠢᠳᠠᠯ ᠰᠣᠨᠢᠨ ᠵᠠᠩ ᠰᠣᠨᠢᠨ (2017 ᠣᠨ ᠤ 10 ᠰᠠᠷ᠎ᠠ ᠶᠢᠨ ᠪᠠᠶᠢᠳᠠᠯ ᠲᠠᠢ ᠪᠣᠯ ᠰᠡᠳᠬᠦᠯ)
ᠪᠣᠯ ᠰᠡᠳᠬᠦᠯ)
ᠣᠨ ᠤ ᠪᠠᠢᠭᠤᠯᠤᠯᠭ᠎ᠠ ᠶᠢᠨ ᠮᠡᠳᠡᠭᠡ ᠪᠠ ᠰᠣᠨ (ᠬᠠᠯᠬᠠ ᠂ 2017 ᠣᠨ ᠤ 10 ᠰᠠᠷ᠎ᠠ ᠶᠢᠨ ᠪᠠᠶᠢᠳᠠᠯ ᠲᠠᠢ

ᠪᠤᠰᠤᠳ ᠤᠯᠤᠰ ᠤᠨ ᠮᠣᠩᠭᠣᠯ ᠰᠤᠳᠤᠯᠤᠯ ᠤᠨ ᠰᠣᠨᠢᠨ ᠤ ᠲᠣᠪᠴᠢᠶᠠᠨ

ᠮᠡᠳᠡᠭᠡ (ᠤᠯᠠᠭᠠᠨᠪᠠᠭᠠᠲᠤᠷ)
ᠮᠣᠩᠭᠣᠯ ᠬᠣᠲᠠ ᠶᠢᠨ ᠵᠠᠬᠢᠷᠭᠠᠨ ᠤ ᠰᠠᠢᠲ
ᠬᠡᠪᠯᠡᠯᠲᠡ (ᠬᠠᠯᠬᠠ ᠂ ᠤᠯᠠᠭᠠᠨᠪᠠᠭᠠᠲᠤᠷ)
ᠤᠯᠠᠭᠠᠨᠪᠠᠭᠠᠲᠤᠷ ᠤ ᠬᠣᠲᠠ ᠶᠢᠨ ᠨᠡᠶᠢᠰᠯᠡᠯ ᠵᠠᠬᠢᠷᠭᠠᠨ ᠤ ᠰᠠᠢᠲ
ᠬᠡᠪᠯᠡᠯᠲᠡ (ᠬᠠᠯᠬᠠ ᠂ ᠤᠯᠠᠭᠠᠨᠪᠠᠭᠠᠲᠤᠷ)
ᠤᠯᠠᠭᠠᠨᠪᠠᠭᠠᠲᠤᠷ ᠤ ᠬᠣᠲᠠ ᠶᠢᠨ ᠨᠡᠶᠢᠰᠯᠡᠯ ᠵᠠᠬᠢᠷᠭᠠᠨ ᠤ ᠣᠨ ᠤ ᠰᠠᠷ᠎ᠠ ᠶᠢᠨ ᠮᠡᠳᠡᠭᠡ
ᠰᠣᠨᠢᠨᠬᠡᠪᠯᠡᠯ (ᠬᠠᠯᠬᠠ ᠂ ᠤᠯᠠᠭᠠᠨᠪᠠᠭᠠᠲᠤᠷ)

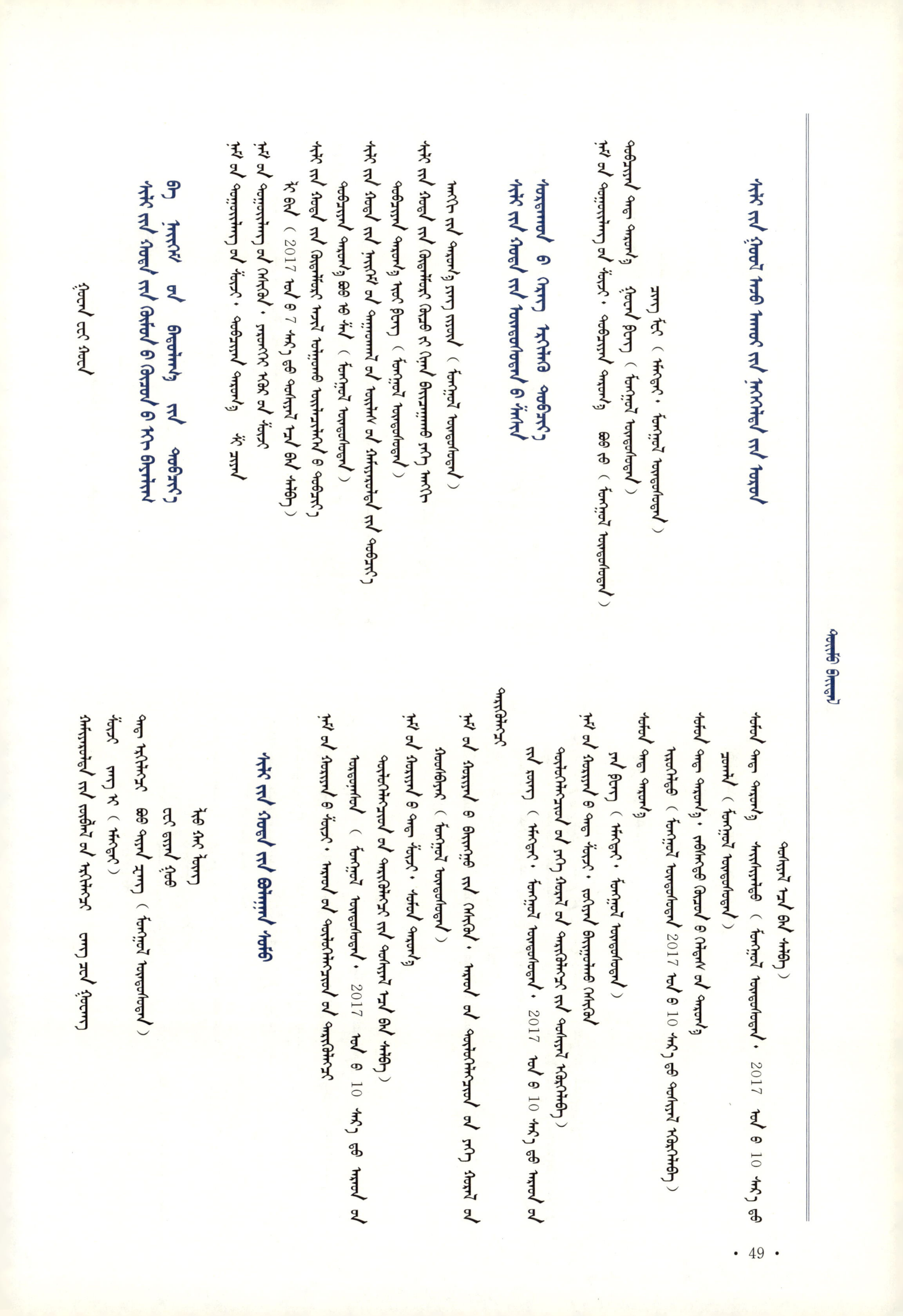

ᠮᠣᠩᠭᠣᠯ ᠬᠡᠯᠡ ᠪᠢᠴᠢᠭ᠌ · ᠰᠤᠷᠭᠠᠨ ᠬᠦᠮᠦᠵᠢᠯ ᠦᠨ ᠰᠤᠳᠤᠯᠭ᠎ᠠ ᠶᠢᠨ ᠲᠤᠷᠰᠢᠯᠲᠠ
ᠰᠢᠨ᠎ᠡ ᠶᠢᠨ ᠪᠠᠶᠠᠷ (ᠦᠨᠳᠦᠰᠦᠲᠡᠨ ᠦ ᠬᠡᠪᠯᠡᠯ)
ᠰᠤᠷᠤᠯᠴᠠᠭᠴᠢ ᠪᠠᠭᠰᠢ ᠪᠣᠯᠪᠠᠰᠤᠷᠠᠯ ᠰᠤᠷᠭᠠᠭᠤᠯᠢ ᠶᠢᠨ ᠨᠣᠮ

ᠰᠢᠯᠢ ᠶᠢᠨ ᠭᠣᠣᠯ ᠤᠨ ᠵᠣᠬᠢᠶᠠᠯ ᠤᠨ ᠨᠣᠮ

ᠪᠣᠷᠣᠭ᠎ᠠ (ᠮᠣᠩᠭᠣᠯ · ᠦᠨᠳᠦᠰᠦᠲᠡᠨ ᠦ ᠬᠡᠪᠯᠡᠯ)

ᠶᠠᠷᠤᠤ

ᠰᠢᠨ᠎ᠡ ᠶᠢᠨ ᠰᠤᠷᠭᠠᠭᠤᠯᠢ ᠶᠢᠨ ᠶᠠᠷᠤᠤ · ᠰᠤᠷᠤᠯᠴᠠᠭᠴᠢ ᠪᠠᠭᠰᠢ ᠪᠣᠯᠪᠠᠰᠤᠷᠠᠯ ᠰᠤᠷᠭᠠᠭᠤᠯᠢ ᠶᠢᠨ ᠨᠣᠮ · ᠰᠢᠨ᠎ᠡ ᠶᠢᠨ ᠵᠠᠬᠢ ᠶᠢᠨ
ᠪᠢᠴᠢᠯᠭᠡ (ᠦᠨᠳᠦᠰᠦᠲᠡᠨ ᠦ ᠬᠡᠪᠯᠡᠯ · 2017 ᠣᠨ ᠤ 11 ᠰᠠᠷ᠎ᠠ ᠳᠤ ᠬᠡᠪᠯᠡᠭᠰᠡᠨ ᠬᠡᠪᠯᠡᠯᠲᠡ)
ᠰᠢᠨ᠎ᠡ ᠶᠢᠨ ᠰᠤᠷᠭᠠᠭᠤᠯᠢ ᠶᠢᠨ ᠬᠡᠯᠡ ᠨᠣᠮ
ᠪᠢᠴᠢᠯᠭᠡ (ᠦᠨᠳᠦᠰᠦᠲᠡᠨ ᠦ ᠬᠡᠪᠯᠡᠯ · 2017 ᠣᠨ ᠤ 11 ᠰᠠᠷ᠎ᠠ ᠳᠤ ᠬᠡᠪᠯᠡᠭᠰᠡᠨ ᠲᠠᠯ ᠪᠠᠷ ᠬᠡᠪᠯᠡᠪᠡ)
ᠬᠡᠷᠡᠭ ᠦᠨ ᠬᠡᠷᠡᠭᠯᠡᠭᠡᠨ ᠦ ᠰᠤᠷᠠᠭ ᠤᠨ ᠬᠡᠯᠡ ᠲᠤᠷᠰᠢᠯᠲᠠ
ᠬᠡᠪᠯᠡᠯᠲᠡ)
ᠬᠡᠪᠯᠡᠭᠰᠡᠨ (ᠦᠨᠳᠦᠰᠦᠲᠡᠨ ᠦ ᠬᠡᠪᠯᠡᠯ · 2017 ᠣᠨ ᠤ 11 ᠰᠠᠷ᠎ᠠ ᠳᠤ ᠬᠡᠪᠯᠡᠭᠰᠡᠨ
ᠬᠡᠷᠡᠭ ᠦᠨ ᠬᠡᠷᠡᠭᠯᠡᠭᠡᠨ ᠦ ᠰᠤᠷᠠᠭ ᠤᠨ ᠲᠤᠷᠰᠢᠯᠲᠠ
ᠬᠡᠪᠯᠡᠪᠡ)
ᠬᠡᠪᠯᠡᠭᠰᠡᠨ (ᠦᠨᠳᠦᠰᠦᠲᠡᠨ ᠦ ᠬᠡᠪᠯᠡᠯ · 2017 ᠣᠨ ᠤ 11 ᠰᠠᠷ᠎ᠠ ᠳᠤ ᠬᠡᠪᠯᠡᠭᠰᠡᠨ ᠲᠠᠯ ᠪᠠᠷ
ᠰᠢᠨ᠎ᠡ ᠶᠢᠨ ᠰᠤᠷᠭᠠᠭᠤᠯᠢ ᠶᠢᠨ ᠬᠡᠯᠡ ᠨᠣᠮ
ᠵᠠᠭᠠᠪᠤᠷᠢ (ᠦᠨᠳᠦᠰᠦᠲᠡᠨ ᠦ ᠬᠡᠪᠯᠡᠯ)
ᠰᠢᠨ᠎ᠡ ᠶᠢᠨ ᠰᠤᠷᠭᠠᠭᠤᠯᠢ ᠶᠢᠨ ᠬᠡᠯᠡ ᠨᠣᠮ · ᠮᠣᠩᠭᠣᠯ ᠬᠡᠯᠡᠨ ᠦ
ᠰᠢᠨ᠎ᠡ ᠶᠢᠨ ᠰᠤᠷᠭᠠᠭᠤᠯᠢ ᠶᠢᠨ ᠨᠣᠮ ᠪᠢᠴᠢᠭ (ᠦᠨᠳᠦᠰᠦᠲᠡᠨ ᠦ ᠬᠡᠪᠯᠡᠯ)
ᠬᠡᠪᠯᠡᠯᠲᠡ)
ᠮᠣᠩᠭᠣᠯ ᠬᠡᠯᠡ ᠪᠢᠴᠢᠭ᠌ ᠬᠡᠪᠯᠡᠯ (ᠦᠨᠳᠦᠰᠦᠲᠡᠨ ᠦ ᠬᠡᠪᠯᠡᠯ · 2017 ᠣᠨ ᠤ 10 ᠰᠠᠷ᠎ᠠ ᠳᠤ ᠬᠡᠪᠯᠡᠭᠰᠡᠨ
ᠬᠡᠪᠯᠡᠯᠲᠡ)
ᠬᠡᠪᠯᠡᠯ (ᠦᠨᠳᠦᠰᠦᠲᠡᠨ ᠦ ᠬᠡᠪᠯᠡᠯ · 2017 ᠣᠨ ᠤ 10 ᠰᠠᠷ᠎ᠠ ᠳᠤ ᠬᠡᠪᠯᠡᠭᠰᠡᠨ
ᠬᠡᠪᠯᠡᠭᠰᠡᠨ ᠬᠡᠪᠯᠡᠯᠲᠡ)
ᠮᠣᠩᠭᠣᠯ ᠬᠡᠯᠡ ᠪᠢᠴᠢᠭ᠌ ᠰᠢ ᠰᠢ (ᠮᠣᠩᠭᠣᠯ · ᠦᠨᠳᠦᠰᠦᠲᠡᠨ ᠦ ᠬᠡᠪᠯᠡᠯ · 2017 ᠣᠨ ᠤ 10 ᠰᠠᠷ᠎ᠠ ᠳᠤ
ᠵᠠᠬᠢᠪᠤ (ᠦᠨᠳᠦᠰᠦᠲᠡᠨ ᠦ ᠬᠡᠪᠯᠡᠯ)
ᠮᠣᠩᠭᠣᠯ ᠬᠡᠯᠡ ᠪᠢᠴᠢᠭ᠌ · ᠪᠣᠯᠪᠠᠰᠤᠷᠠᠯ ᠰᠤᠷᠭᠠᠭᠤᠯᠢ ᠶᠢᠨ ᠰᠢᠨ᠎ᠡ ᠶᠢᠨ ᠵᠠᠬᠢ ᠶᠢᠨ ᠨᠣᠮ
ᠬᠡᠷᠡᠭᠯᠡᠭᠡᠨ ᠦ ᠶᠠᠷᠤᠤ ᠬᠣᠯ ᠮᠣᠷᠢ (ᠮᠣᠩᠭᠣᠯ · ᠦᠨᠳᠦᠰᠦᠲᠡᠨ ᠦ ᠬᠡᠪᠯᠡᠯ)
ᠰᠤᠷᠤᠯᠴᠠᠭᠴᠢ ᠪᠠᠭᠰᠢ ᠪᠣᠯᠪᠠᠰᠤᠷᠠᠯ ᠰᠤᠷᠭᠠᠭᠤᠯᠢ ᠶᠢᠨ ᠨᠣᠮ ᠬᠡᠪᠯᠡᠭᠰᠡᠨ (ᠮᠣᠩᠭᠣᠯ · ᠦᠨᠳᠦᠰᠦᠲᠡᠨ ᠦ ᠬᠡᠪᠯᠡᠯ)
ᠰᠢᠨ᠎ᠡ ᠶᠢᠨ ᠰᠤᠷᠭᠠᠭᠤᠯᠢ ᠶᠢᠨ ᠬᠡᠯᠡ ᠨᠣᠮ ᠬᠡᠪᠯᠡᠯ (ᠦᠨᠳᠦᠰᠦᠲᠡᠨ ᠦ ᠬᠡᠪᠯᠡᠯ)
ᠰᠤᠷᠭᠠᠭᠤᠯᠢ (ᠦᠨᠳᠦᠰᠦᠲᠡᠨ ᠦ ᠬᠡᠪᠯᠡᠯ)
ᠰᠢᠨ᠎ᠡ ᠶᠢᠨ ᠰᠤᠷᠭᠠᠭᠤᠯᠢ ᠶᠢᠨ ᠬᠡᠯᠡ ᠨᠣᠮ · ᠮᠣᠩᠭᠣᠯ ᠬᠡᠯᠡᠨ ᠦ
ᠬᠡᠪᠯᠡᠭᠰᠡᠨ ᠬᠡᠪᠯᠡᠯᠲᠡ)
ᠴᠠᠭ ᠰᠠᠶᠢᠨ ᠰᠢᠨ (ᠮᠣᠩᠭᠣᠯ · ᠦᠨᠳᠦᠰᠦᠲᠡᠨ ᠦ ᠬᠡᠪᠯᠡᠯ · 2017 ᠣᠨ ᠤ 10 ᠰᠠᠷ᠎ᠠ ᠳᠤ
ᠬᠡᠷᠡᠭ ᠦᠨ ᠬᠡᠷᠡᠭᠯᠡᠭᠡᠨ ᠦ ᠰᠤᠷᠠᠭ ᠤᠨ ᠲᠤᠷᠰᠢᠯᠲᠠ
ᠰᠤᠷᠠᠭ ᠤᠨ ᠲᠤᠷᠰᠢᠯᠲᠠ ᠶᠢᠨ ᠬᠡᠪᠯᠡᠭᠰᠡᠨ ᠲᠠᠯ ᠪᠠᠷ ᠬᠡᠪᠯᠡᠪᠡ)
ᠰᠤᠷᠭᠠᠪᠤ (ᠦᠨᠳᠦᠰᠦᠲᠡᠨ ᠦ ᠬᠡᠪᠯᠡᠯ 2017 ᠣᠨ ᠤ 11 ᠰᠠᠷ᠎ᠠ ᠳᠤ ᠬᠡᠷᠡᠭ ᠦᠨ ᠬᠡᠷᠡᠭᠯᠡᠭᠡᠨ ᠦ ᠰᠤᠷᠠᠭ ᠤᠨ
ᠰᠢᠨ᠎ᠡ ᠶᠢᠨ ᠰᠤᠷᠭᠠᠭᠤᠯᠢ ᠶᠢᠨ ᠨᠣᠮ · ᠬᠡᠷᠡᠭ ᠦᠨ ᠬᠡᠷᠡᠭᠯᠡᠭᠡᠨ ᠦ ᠰᠤᠷᠠᠭ ᠤᠨ ᠲᠤᠷᠰᠢᠯᠲᠠ

ᠰᠢᠯᠢ ᠶᠢᠨ ᠭᠣᠣᠯ ᠤᠨ ᠪᠣᠯᠪᠠᠰᠤᠷᠠᠯ ᠤᠨ ᠨᠣᠮ

ᠮᠣᠩᠭᠣᠯ ᠬᠡᠯᠡ ᠪᠢᠴᠢᠭ᠌ ᠪᠢᠴᠢᠭ (ᠦᠨᠳᠦᠰᠦᠲᠡᠨ ᠦ ᠬᠡᠪᠯᠡᠯ)
ᠬᠡᠷᠡᠭᠯᠡᠭᠡᠨ (ᠦᠨᠳᠦᠰᠦᠲᠡᠨ ᠦ ᠬᠡᠪᠯᠡᠯ)
ᠮᠣᠩᠭᠣᠯ ᠬᠡᠯᠡ ᠪᠢᠴᠢᠭ᠌ · ᠰᠣᠶᠣᠯ ᠪᠢᠴᠢᠭ ᠤᠨ ᠰᠤᠳᠤᠯ ᠤᠨ ᠪᠢᠴᠢᠭ᠌
ᠨᠣᠮ (ᠮᠣᠩᠭᠣᠯ · ᠦᠨᠳᠦᠰᠦᠲᠡᠨ ᠦ ᠬᠡᠪᠯᠡᠯ)

ᠬᠠᠷᠢᠭᠤ (ᠰᠢᠨᠬᠤᠸᠠ · ᠦᠨᠳᠦᠰᠦᠲᠡᠨ ᠦ ᠰᠣᠨᠢᠨ)
ᠰᠢᠨ᠎ᠡ ᠤᠨ ᠰᠣᠨᠢᠰᠬᠤᠯᠠᠩ ᠤ ᠬᠥᠮᠦᠨ · ᠬᠠᠮᠲᠤ ᠪᠡᠶᠡᠯᠡᠭᠦᠯᠬᠦ ᠬᠥᠮᠦᠨ
ᠲᠥᠷᠥᠭᠰᠡᠨ (ᠦᠨᠳᠦᠰᠦᠲᠡᠨ ᠦ ᠰᠣᠨᠢᠨ · 2017 ᠣᠨ ᠤ 7 ᠰᠠᠷ᠎ᠠ ᠳᠤ ᠨᠡᠶᠢᠲᠡᠯᠡᠭᠰᠡᠨ ᠬᠡᠪᠯᠡᠭᠳᠡᠪᠡ)
ᠰᠢᠨ᠎ᠡ ᠤᠨ ᠰᠣᠨᠢᠰᠬᠤᠯᠠᠩ ᠤ ᠬᠥᠮᠦᠨ · ᠲᠠᠷᠬᠠᠭᠠᠬᠤ ᠬᠥᠮᠦᠨ
ᠨᠡᠭᠡᠭᠡ (ᠦᠨᠳᠦᠰᠦᠲᠡᠨ ᠦ ᠰᠣᠨᠢᠨ)
ᠪᠣᠯᠤᠨ᠎ᠠ (ᠦᠨᠳᠦᠰᠦᠲᠡᠨ ᠦ ᠰᠣᠨᠢᠨ · 2017 ᠣᠨ ᠤ 10 ᠰᠠᠷ᠎ᠠ ᠳᠤ ᠨᠡᠶᠢᠲᠡᠯᠡᠭᠰᠡᠨ ᠬᠡᠪᠯᠡᠭᠳᠡᠪᠡ)
ᠪᠣᠳᠣᠯᠭ᠎ᠠ ᠶᠢᠨ ᠪᠦᠲᠦᠭᠡᠯ
ᠰᠢᠨᠵᠢᠯᠡᠭᠡᠨ (ᠰᠢᠨᠬᠤᠸᠠ · ᠦᠨᠳᠦᠰᠦᠲᠡᠨ ᠦ ᠰᠣᠨᠢᠨ)
ᠰᠢᠨ᠎ᠡ ᠤᠨ ᠰᠣᠨᠢᠰᠬᠤᠯᠠᠩ ᠤ ᠬᠥᠮᠦᠨ ᠪᠣᠳᠣᠯᠭ᠎ᠠ ᠶᠢᠨ ᠪᠦᠲᠦᠭᠡᠯ
ᠲᠠᠨᠢᠯᠴᠠ (ᠦᠨᠳᠦᠰᠦᠲᠡᠨ ᠦ ᠰᠣᠨᠢᠨ)
ᠰᠢᠨ᠎ᠡ ᠤᠨ ᠰᠣᠨᠢᠰᠬᠤᠯᠠᠩ ᠤ ᠬᠥᠮᠦᠨ · ᠰᠢᠳᠠᠷ ᠪᠣᠯᠤᠨ ᠪᠠᠶᠢᠭᠤᠯᠬᠤ ᠰᠣᠨᠢᠰᠬᠤᠯᠠᠩ ᠤ ᠬᠥᠮᠦᠨ
ᠨᠡᠶᠢᠭᠡᠮᠴᠢᠯᠡᠭᠰᠡᠨ ᠦ ᠰᠣᠨᠢᠨ ᠤ ᠬᠡᠪᠯᠡᠭᠳᠡᠭᠦᠯᠦᠭ ᠦᠨ ᠨᠡᠶᠢᠲᠡᠯᠡᠭᠰᠡᠨ ᠬᠡᠪᠯᠡᠭᠳᠡᠪᠡ)
ᠤᠨ ᠭᠠᠵᠠᠷ (ᠦᠨᠳᠦᠰᠦᠲᠡᠨ ᠦ ᠰᠣᠨᠢᠨ · 2017 ᠣᠨ ᠤ 10 ᠰᠠᠷ᠎ᠠ ᠳᠤ ᠬᠤᠷᠠᠯ ᠤᠨ
ᠪᠠᠶᠢᠭᠠᠯ ᠤ ᠬᠥᠭᠵᠢᠯ ᠤᠨ ᠪᠦᠲᠦᠭᠡᠯ
ᠰᠢᠨ᠎ᠡ ᠤᠨ ᠰᠣᠨᠢᠰᠬᠤᠯᠠᠩ ᠤ ᠪᠣᠳᠠ ᠬᠥᠮᠦᠨ · ᠬᠤᠷᠠᠯ ᠤᠨ ᠨᠡᠶᠢᠭᠡᠮᠴᠢᠯᠡᠭᠰᠡᠨ ᠦ ᠰᠣᠨᠢᠨ ᠤ ᠬᠡᠪᠯᠡᠭᠳᠡᠭᠦᠯ · ᠲᠠᠶᠢᠯᠪᠤᠷᠢ
ᠪᠣᠳᠣᠯ (ᠦᠨᠳᠦᠰᠦᠲᠡᠨ ᠦ ᠰᠣᠨᠢᠨ · 2017 ᠣᠨ ᠤ 10 ᠰᠠᠷ᠎ᠠ ᠳᠤ ᠨᠡᠶᠢᠲᠡᠯᠡᠭᠰᠡᠨ ᠬᠡᠪᠯᠡᠭᠳᠡᠪᠡ)
ᠰᠢᠨ᠎ᠡ ᠤᠨ ᠰᠣᠨᠢᠰᠬᠤᠯᠠᠩ ᠤ ᠪᠣᠳᠠ ᠬᠥᠮᠦᠨ · ᠪᠣᠳᠣᠯᠭ᠎ᠠ ᠪᠦᠲᠦᠭᠡᠯ
ᠬᠡᠪᠯᠡᠭᠳᠡᠭᠦᠯ ᠦᠨ ᠨᠡᠶᠢᠲᠡᠯᠡᠭᠰᠡᠨ ᠬᠡᠪᠯᠡᠯ ᠲᠠᠶᠢᠯᠪᠤᠷᠢ)
ᠪᠣᠳᠣᠯᠭ᠎ᠠ ᠪᠦᠲᠦᠭᠡᠯ · ᠬᠤᠷᠠᠯ ᠤᠨ ᠨᠡᠶᠢᠭᠡᠮᠴᠢᠯᠡᠭᠰᠡᠨ ᠦ ᠰᠣᠨᠢᠨ ᠤ
ᠰᠢᠨ᠎ᠡ ᠤᠨ ᠰᠣᠨᠢᠰᠬᠤᠯᠠᠩ ᠤ ᠬᠥᠮᠦᠨ ᠨᠡᠶᠢᠭᠡᠮᠴᠢᠯᠡᠭᠰᠡᠨ (ᠦᠨᠳᠦᠰᠦᠲᠡᠨ ᠦ ᠰᠣᠨᠢᠨ · 2017 ᠣᠨ ᠤ 10 ᠰᠠᠷ᠎ᠠ ᠳᠤ

ᠪᠣᠭᠳᠠ ᠶᠢᠨ ᠰᠠᠶᠢᠬᠠᠨ ᠮᠡᠳᠡᠭᠡ ᠵᠢᠷᠤᠮ ᠰᠠᠶᠢᠨ
ᠲᠠᠯᠪᠢᠭᠰᠠᠨ ᠤ ᠬᠡᠮᠵᠢᠶ᠎ᠡ ᠶᠢᠨ ᠨᠡᠶᠢᠭᠡᠮᠴᠢᠯᠡᠯ ᠲᠣᠭ ᠰᠠᠶᠢᠨ
ᠲᠣᠭ ᠰᠠᠶᠢᠨ
ᠰᠠᠶᠢᠨ ᠲᠤ ᠰᠠᠶᠢᠨ (ᠦᠨᠳᠦᠰᠦᠲᠡᠨ ᠦ ᠰᠣᠨᠢᠨ)
ᠰᠠᠶᠢᠨ ᠰᠠᠶᠢᠨ ᠪᠣᠯᠤᠨ
ᠰᠢᠭ ᠰᠠᠶᠢᠨ
ᠰᠠᠶᠢᠨ ᠴᠢᠬᠤᠯᠠ ᠰᠠᠶᠢᠨ
ᠬᠥᠮᠦᠨ ᠲᠤ ᠰᠠᠶᠢᠨ ᠪᠣᠯᠤᠨ
ᠲᠥᠷᠥᠭᠰᠡᠨ (ᠦᠨᠳᠦᠰᠦᠲᠡᠨ ᠦ ᠰᠣᠨᠢᠨ)
ᠰᠠᠶᠢᠨ ᠲᠤ ᠰᠠᠶᠢᠨ (ᠦᠨᠳᠦᠰᠦᠲᠡᠨ ᠦ ᠰᠣᠨᠢᠨ)
ᠰᠠᠶᠢᠨ ᠰᠠᠶᠢᠨ ᠪᠣᠯᠤᠨ
ᠰᠢᠭ ᠰᠠᠶᠢᠨ
ᠰᠠᠶᠢᠨ ᠴᠢᠬᠤᠯᠠ ᠰᠠᠶᠢᠨ
ᠨᠡᠶᠢᠭᠡᠮ ᠦᠨ ᠪᠣᠳᠣᠯᠭ᠎ᠠ ᠶᠢᠨ ᠲᠤ ᠰᠠᠶᠢᠨ ᠪᠣᠯᠤᠨ
ᠬᠡᠪᠯᠡᠭᠳᠡᠪᠡ)
ᠲᠠᠶᠢᠯᠪᠤᠷᠢᠯᠠᠪᠠ (ᠰᠢᠨᠬᠤᠸᠠ · ᠦᠨᠳᠦᠰᠦᠲᠡᠨ ᠦ ᠰᠣᠨᠢᠨ · 2017 ᠣᠨ ᠤ 10 ᠰᠠᠷ᠎ᠠ ᠳᠤ ᠨᠡᠶᠢᠲᠡᠯᠡᠭᠰᠡᠨ
ᠰᠢᠳᠠᠷ ᠪᠣᠯᠤᠨ ᠪᠠᠶᠢᠭᠤᠯᠬᠤ ᠰᠣᠨᠢᠰᠬᠤᠯᠠᠩ ᠤ ᠬᠥᠮᠦᠨ
ᠰᠢᠨ᠎ᠡ)
ᠪᠣᠳᠣᠯ (ᠦᠨᠳᠦᠰᠦᠲᠡᠨ ᠦ ᠰᠣᠨᠢᠨ · 2017 ᠣᠨ ᠤ 10 ᠰᠠᠷ᠎ᠠ ᠳᠤ ᠨᠡᠶᠢᠲᠡᠯᠡᠭᠰᠡᠨ ᠰᠢᠨ᠎ᠡ ᠪᠣᠯ
ᠪᠣᠳᠠ ᠬᠥᠮᠦᠨ ᠮᠡᠳᠡᠭᠡ ᠵᠢᠷᠤᠮ ᠰᠠᠶᠢᠨ
ᠨᠡᠶᠢᠭᠡᠮ ᠦᠨ ᠪᠦᠲᠦᠭᠡᠯ ᠮᠡᠳᠡᠭᠡ ᠵᠢᠷᠤᠮ ᠰᠠᠶᠢᠨ
ᠰᠢᠨ᠎ᠡ ᠤᠨ ᠰᠣᠨᠢᠰᠬᠤᠯᠠᠩ ᠤ ᠬᠥᠮᠦᠨ ᠰᠢᠨᠵᠢᠯᠡᠭᠡᠨ (ᠦᠨᠳᠦᠰᠦᠲᠡᠨ ᠦ ᠰᠣᠨᠢᠨ)

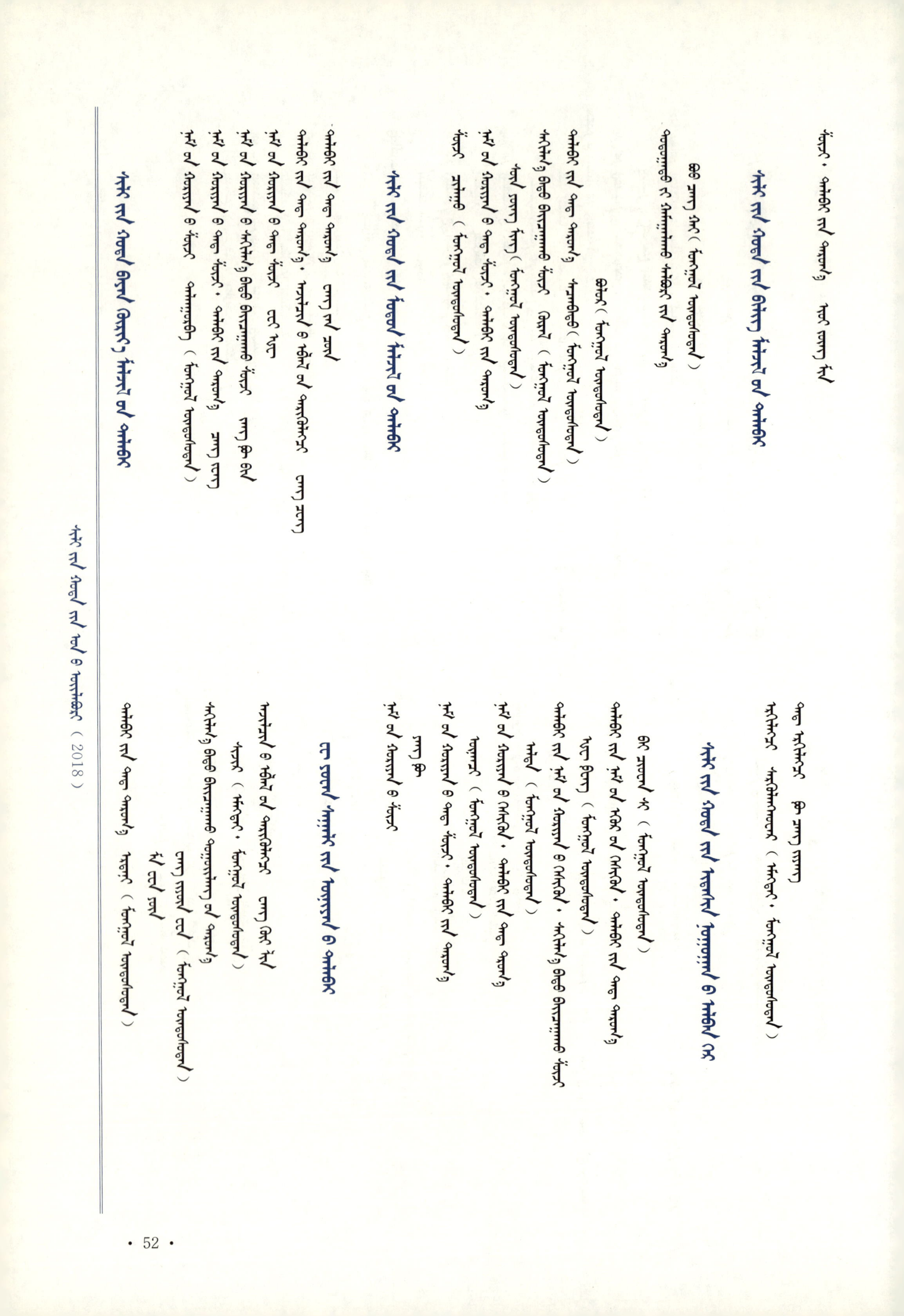

[illegible] · [illegible]

[illegible]

[illegible] ([illegible])
[illegible]

[illegible] ([illegible])
[illegible] ([illegible])
[illegible] ([illegible])
[illegible] ([illegible])
[illegible] · [illegible]
[illegible] ([illegible])

[illegible]

[illegible]
[illegible] · [illegible]
[illegible]
[illegible]
[illegible] · [illegible]
[illegible] ([illegible])

[illegible]

[illegible]
[illegible] ([illegible] · [illegible])

[illegible]

[illegible] ([illegible])
[illegible] · [illegible]
[illegible] ([illegible])
[illegible] · [illegible]
[illegible] ([illegible])
[illegible] · [illegible]
[illegible] ([illegible])
[illegible] · [illegible]
[illegible]
[illegible]

[illegible]

[illegible]
[illegible] ([illegible] · [illegible])
[illegible]
[illegible] ([illegible])
[illegible]
[illegible] ([illegible])

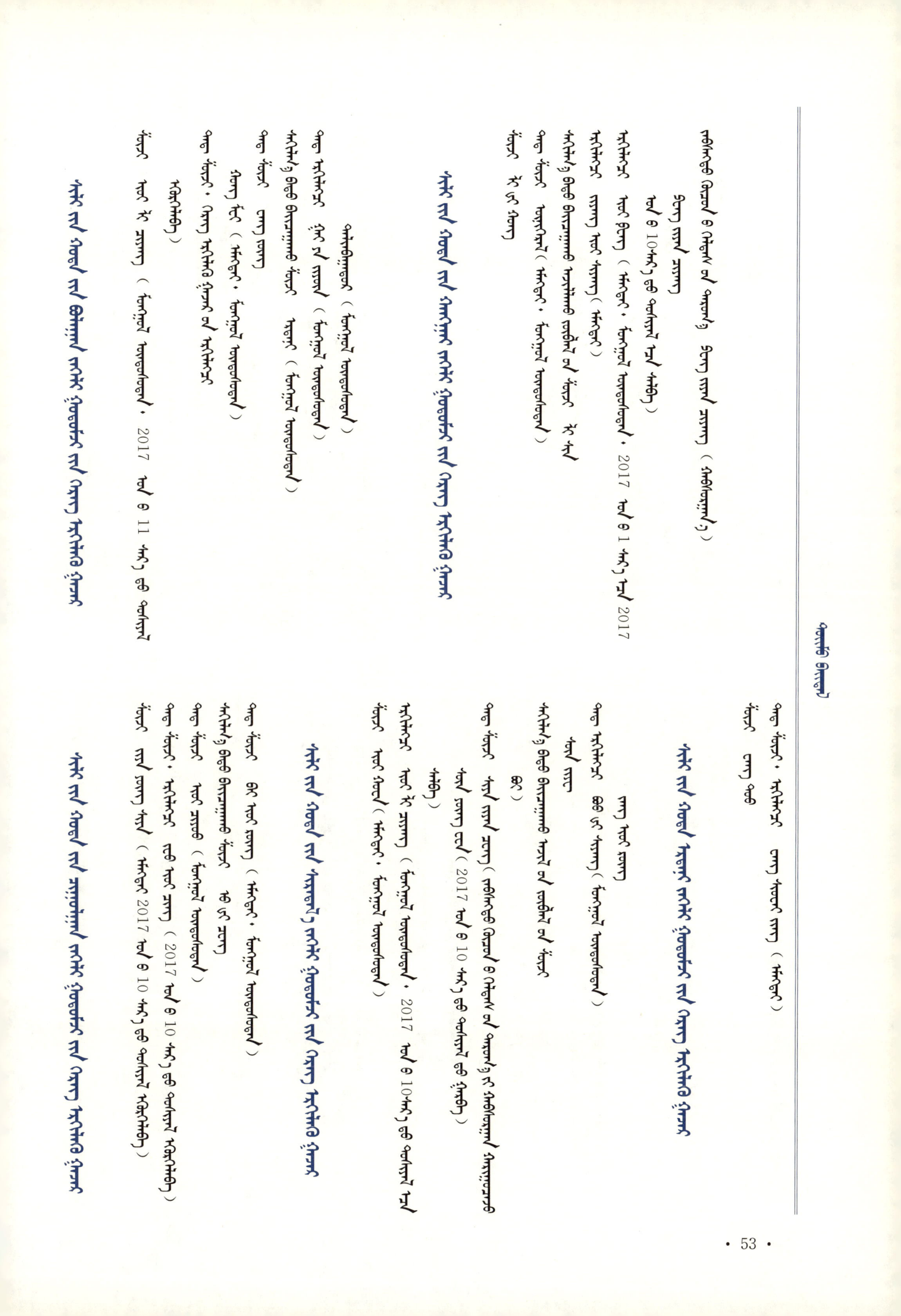

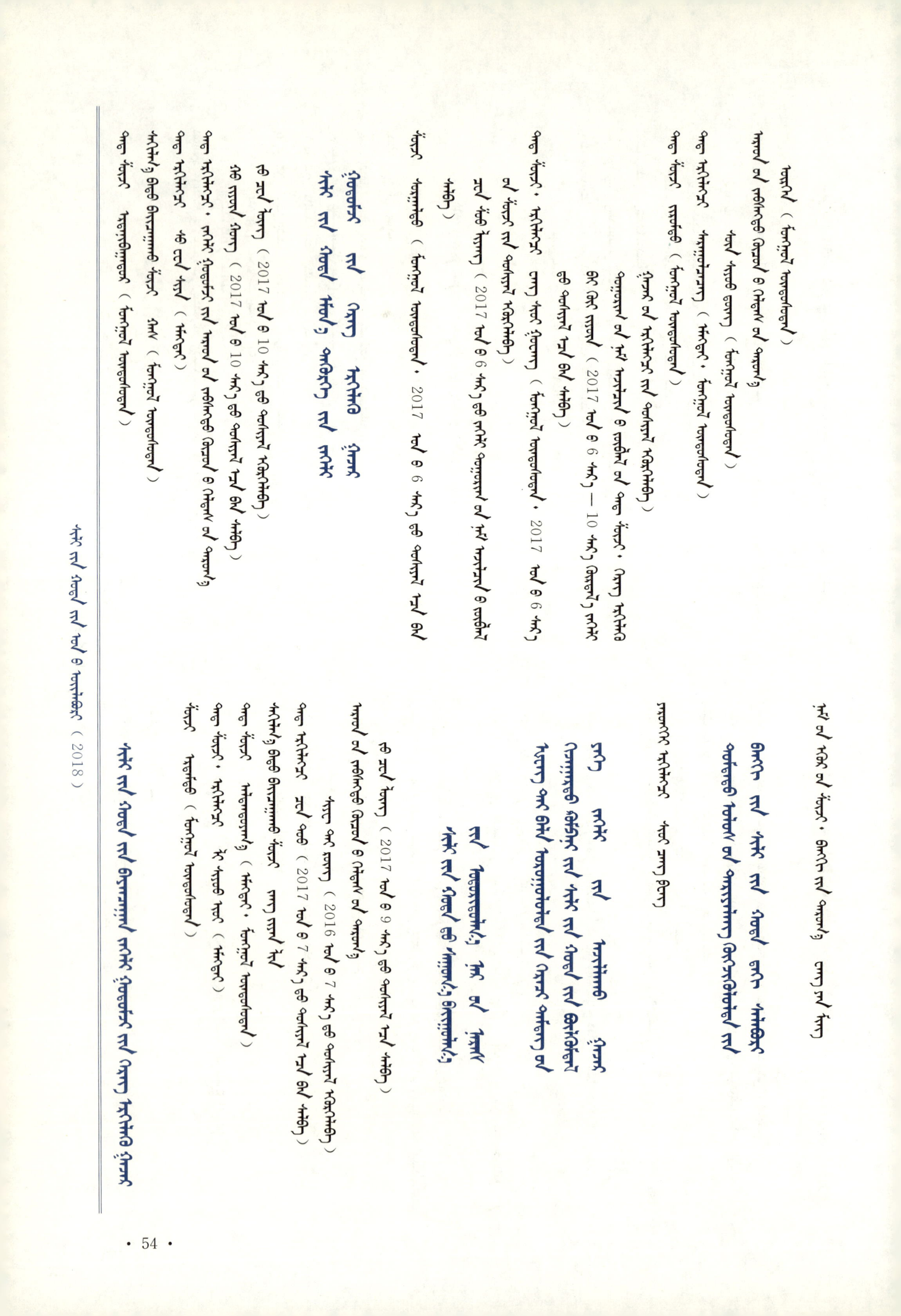

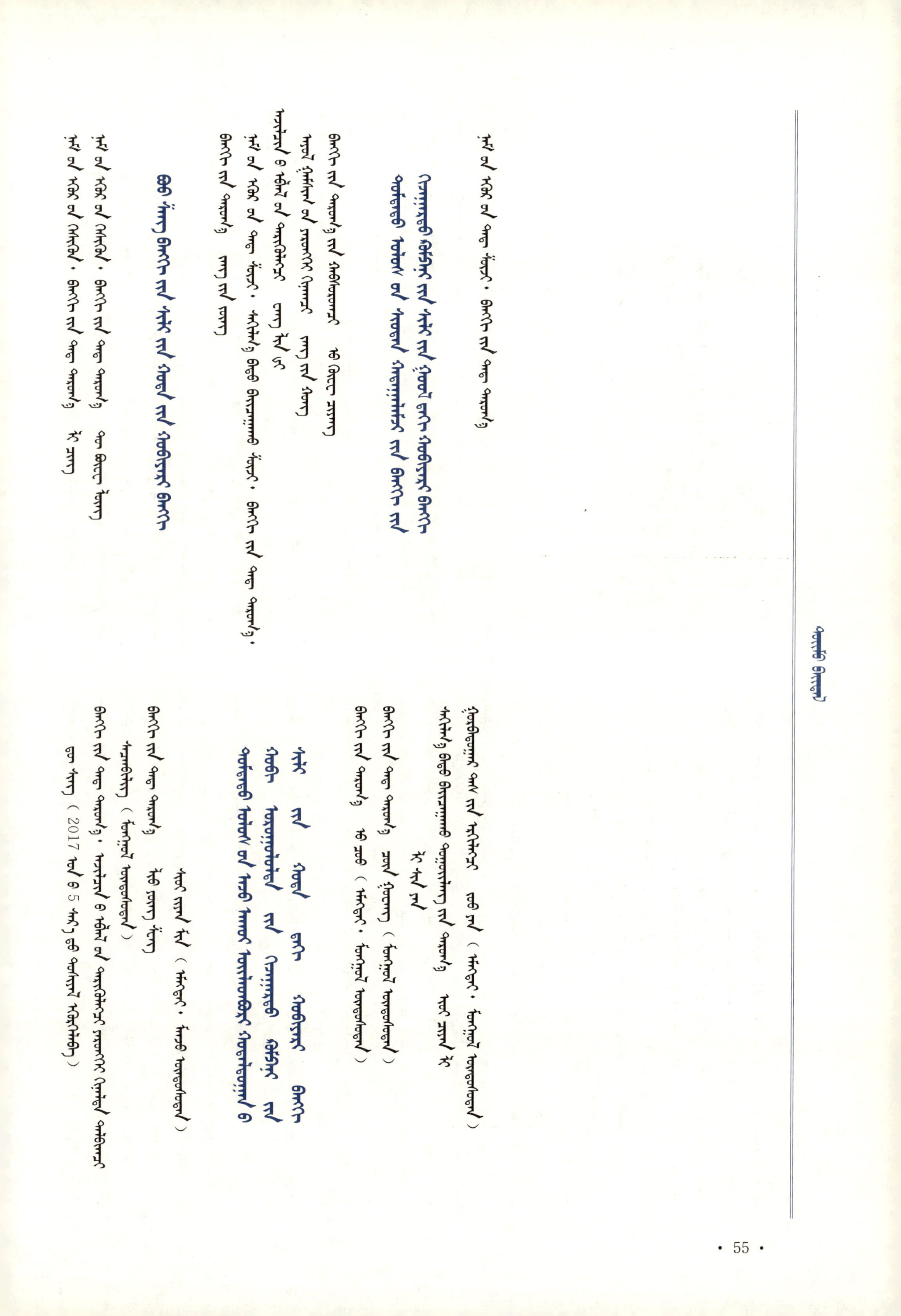

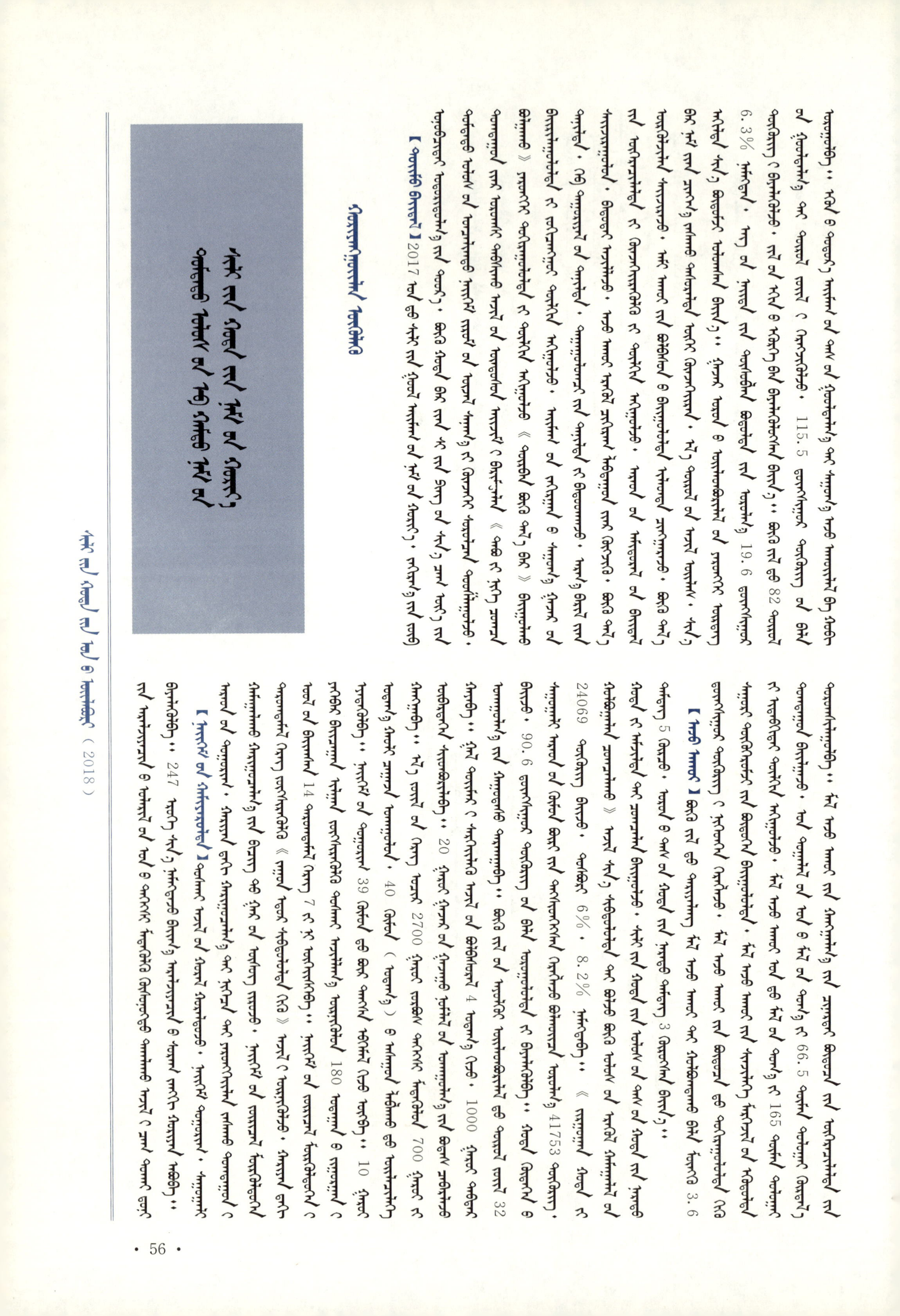

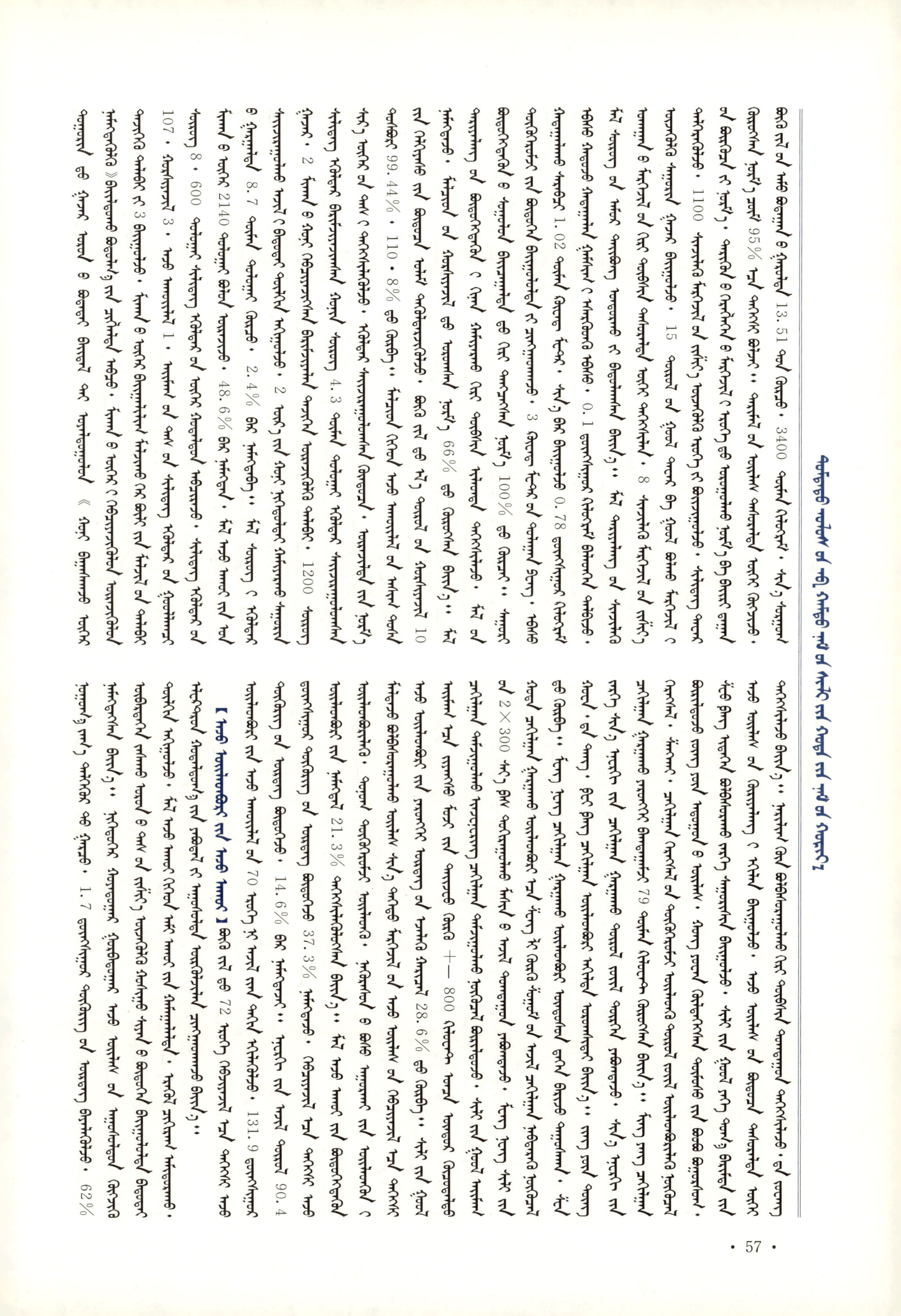

ᠬᠥᠭᠵᠢᠭᠦᠯᠦᠭᠰᠡᠨ ᠶᠡᠬᠡ ᠠᠶᠠᠯᠠᠯ ᠤᠨ ᠬᠦᠷᠢᠶᠡᠯᠡᠩ ᠵᠢᠷᠤᠭᠯᠠᠯ ᠤᠨ ᠪᠦᠰᠡ ᠵᠢᠡᠷ ᠠᠶᠠᠯᠠᠯ ᠤᠨ ᠦᠢᠯᠡᠳᠪᠦᠷᠢ ᠶ᠋ᠢ ᠪᠠᠶᠢᠭᠤᠯᠤᠯ ᠤᠨ ᠬᠡᠷᠡᠭᠵᠢᠭᠦᠯᠦᠭᠰᠡᠨ᠂ ᠠᠶᠠᠯᠠᠯ ᠤᠨ ᠪᠦᠲᠦᠭᠡᠭᠳᠡᠬᠦᠨ ᠦ ᠬᠥᠭᠵᠢᠯ ᠢ ᠳᠡᠮᠵᠢᠵᠦ᠂ ᠰᠢᠨ᠎ᠡ ᠶᠢᠨ ᠲᠥᠷᠥᠯ ᠦᠨ ᠠᠶᠠᠯᠠᠯ ᠤᠨ ᠪᠦᠲᠦᠭᠡᠭᠳᠡᠬᠦᠨ ᠢ ᠬᠥᠭᠵᠢᠭᠦᠯᠦᠨ᠂ ᠬᠥᠳᠡᠭᠡ ᠠᠶᠠᠯᠠᠯ᠂ ᠰᠣᠶᠣᠯ ᠤᠨ ᠠᠶᠠᠯᠠᠯ᠂ ᠡᠷᠡᠭᠦᠯ ᠮᠡᠨᠳᠦ ᠶ᠋ᠢᠨ ᠠᠶᠠᠯᠠᠯ ᠤᠨ ᠬᠥᠭᠵᠢᠯ ᠢ ᠳᠡᠮᠵᠢᠵᠦ᠂ ᠬᠥᠳᠡᠭᠡ ᠠᠶᠠᠯᠠᠯ ᠤᠨ ᠭᠠᠵᠠᠷ ᠤᠨ ᠪᠠᠶᠢᠭᠤᠯᠤᠯᠲᠠ ᠶ᠋ᠢ ᠰᠠᠶᠢᠵᠢᠷᠠᠭᠤᠯᠤᠨ᠂ ᠠᠶᠠᠯᠠᠯ ᠤᠨ ᠦᠢᠯᠡᠴᠢᠯᠡᠭᠡ ᠶ᠋ᠢᠨ ᠴᠢᠨᠠᠷ ᠢ ᠳᠡᠭᠡᠭᠰᠢᠯᠡᠭᠦᠯᠪᠡ᠃ ᠠᠶᠠᠯᠠᠯ ᠤᠨ ᠬᠡᠷᠡᠭᠯᠡᠭᠡ ᠶ᠋ᠢ ᠳᠡᠮᠵᠢᠬᠦ᠂ ᠪᠠᠭᠤᠳᠠᠯ ᠤᠨ ᠪᠠᠶᠢᠭᠤᠯᠤᠯᠲᠠ ᠶ᠋ᠢ ᠰᠠᠶᠢᠵᠢᠷᠠᠭᠤᠯᠬᠤ ᠪᠣᠳᠤᠯᠭ᠎ᠠ ᠶ᠋ᠢ ᠶᠠᠪᠤᠭᠤᠯᠵᠤ᠂ ᠠᠶᠠᠯᠠᠯ ᠤᠨ ᠦᠢᠯᠡᠴᠢᠯᠡᠭᠡ ᠶ᠋ᠢᠨ ᠴᠢᠨᠠᠷ ᠢ ᠳᠡᠭᠡᠭᠰᠢᠯᠡᠭᠦᠯᠪᠡ᠃ 17 ᠠᠶᠠᠯᠠᠯ ᠤᠨ ᠦᠵᠡᠮᠵᠢ ᠶ᠋ᠢᠨ ᠭᠠᠵᠠᠷ ᠢ AAAA ᠳᠡᠰ ᠦᠨ ᠠᠶᠠᠯᠠᠯ ᠤᠨ ᠦᠵᠡᠮᠵᠢ ᠶ᠋ᠢᠨ ᠭᠠᠵᠠᠷ ᠪᠣᠯᠭᠠᠨ ᠪᠠᠶᠢᠭᠤᠯᠬᠤ ᠠᠵᠢᠯ ᠢ ᠶᠠᠪᠤᠭᠤᠯᠵᠤ᠂ 《ᠬᠥᠳᠡᠭᠡ ᠠᠶᠠᠯᠠᠯ》 ᠤᠨ ᠰᠢᠨ᠎ᠡ ᠶᠢᠨ ᠪᠣᠳᠤᠯᠭ᠎ᠠ ᠶ᠋ᠢ ᠬᠡᠷᠡᠭᠵᠢᠭᠦᠯᠵᠦ᠂ ᠠᠶᠠᠯᠠᠯ ᠤᠨ ᠦᠵᠡᠮᠵᠢ ᠶ᠋ᠢᠨ ᠭᠠᠵᠠᠷ ᠤᠨ ᠴᠢᠨᠠᠷ ᠢ ᠳᠡᠭᠡᠭᠰᠢᠯᠡᠭᠦᠯᠦᠨ᠂ AAAA ᠳᠡᠰ ᠦᠨ ᠦᠵᠡᠮᠵᠢ ᠶ᠋ᠢᠨ ᠭᠠᠵᠠᠷ ᠢ 6 ᠪᠣᠯᠭᠠᠨ ᠨᠡᠮᠡᠭᠳᠡᠭᠦᠯᠪᠡ᠃ 《ᠠᠶᠠᠯᠠᠯ ᠤᠨ ᠬᠣᠲᠠ》 ᠶ᠋ᠢ ᠪᠠᠶᠢᠭᠤᠯᠬᠤ ᠠᠵᠢᠯ ᠢ ᠬᠦᠴᠦᠯᠡᠨ᠂ 《ᠠᠶᠠᠯᠠᠯ ᠤᠨ ᠬᠣᠲᠠ》 ᠶ᠋ᠢᠨ ᠪᠠᠶᠢᠭᠤᠯᠤᠯᠲᠠ ᠶ᠋ᠢ ᠰᠠᠶᠢᠵᠢᠷᠠᠭᠤᠯᠵᠤ᠂ 《ᠲᠠᠪᠤᠨ ᠤ ᠬᠦᠷᠢᠶᠡᠯᠡᠩ》 ᠢ ᠪᠠᠶᠢᠭᠤᠯᠤᠯᠲᠠ ᠶ᠋ᠢ ᠬᠡᠷᠡᠭᠵᠢᠭᠦᠯᠪᠡ᠃

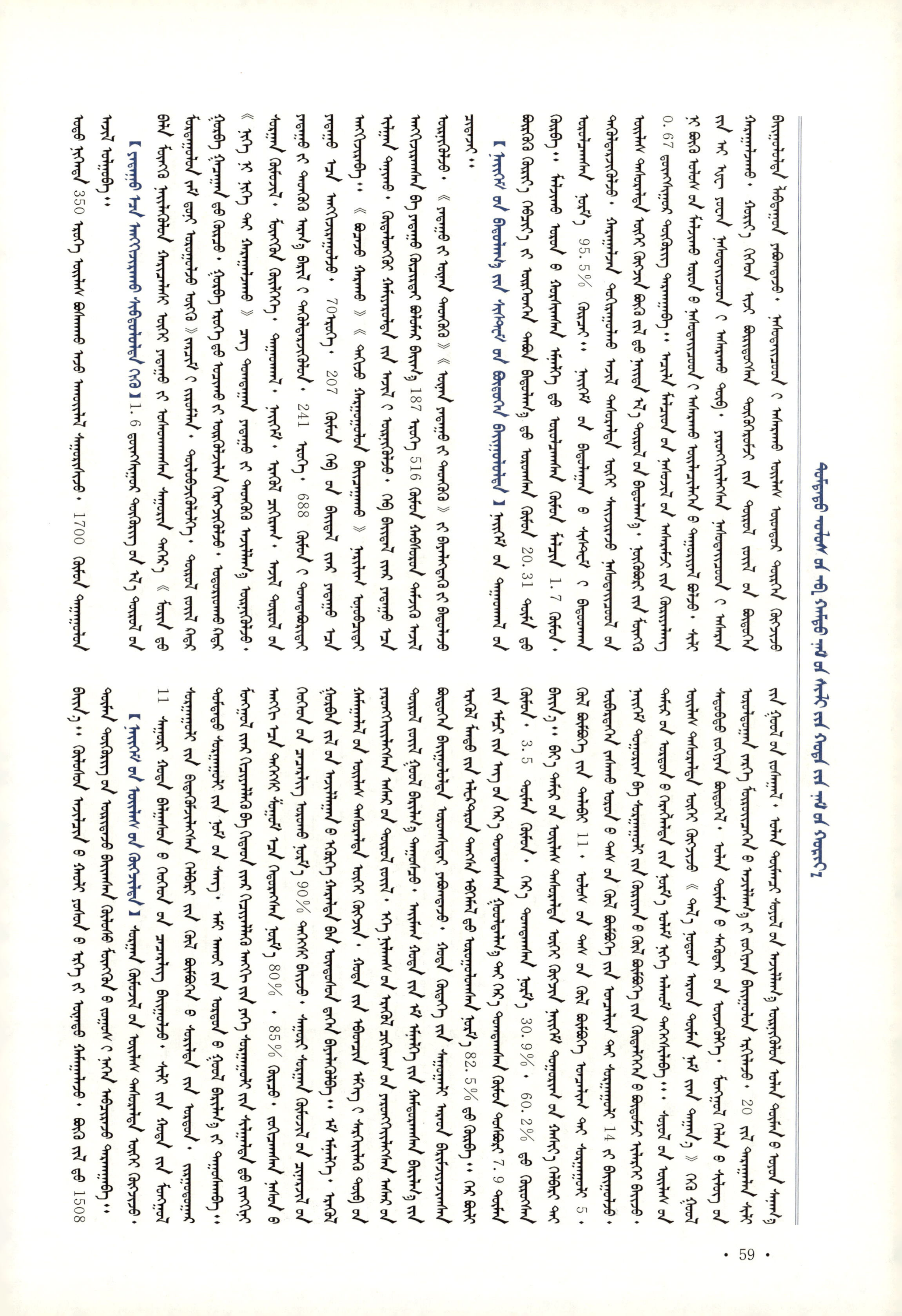

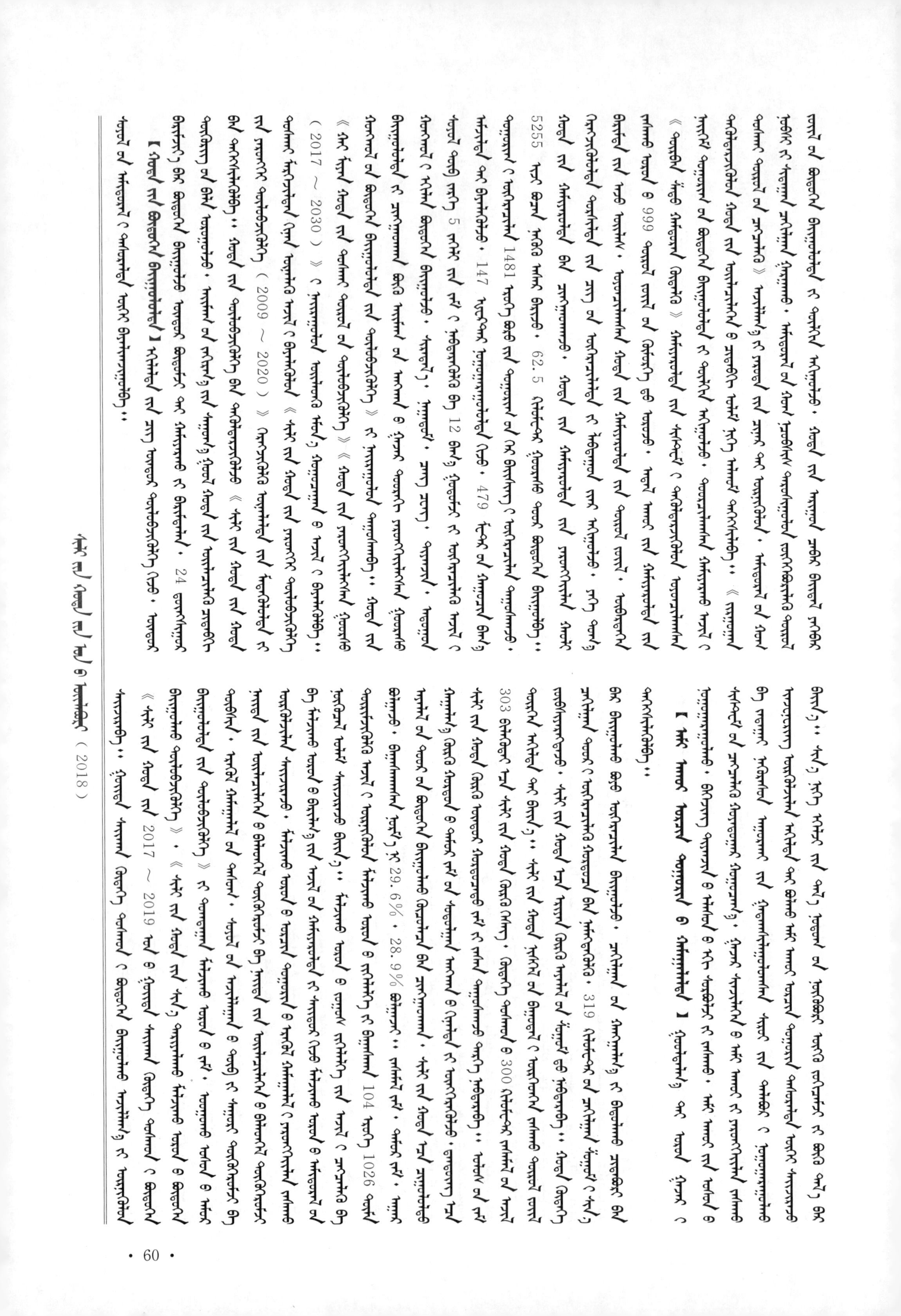

67 ᠬᠣᠲᠠ ᠪᠠᠶᠢᠭᠤᠯᠤᠯᠲᠠ ᠬᠡᠮᠵᠢᠶᠡᠨ ᠢ ᠪᠠᠭᠤᠷᠠᠭᠤᠯᠪᠠ᠂ PM2.5᠂ PM10 ᠤᠨ ᠨᠢᠭᠲᠠᠷᠠᠯ ᠤᠨ ᠬᠡᠮᠵᠢᠶ᠎ᠡ ᠶᠢ ᠪᠠᠭᠤᠷᠠᠭᠤᠯᠪᠠ᠂ ᠬᠣᠲᠠ ᠶᠢᠨ ᠰᠢᠷᠠᠢ ᠪᠠᠶᠢᠨ᠎ᠠ ᠬᠣᠷᠢᠨ ᠤ ᠲᠣᠪᠴᠢᠶ᠎ᠠ ᠤᠨ ᠪᠠᠶᠢᠭ᠎ᠠ ᠤᠨ ᠰᠢᠭᠤᠳ ᠬᠦᠷᠲᠡᠭᠡᠯ ᠤᠨ ᠲᠣᠭ᠎ᠠ ᠪᠠ ᠪᠣᠯᠪᠠᠰᠤᠷᠠᠭᠤᠯᠤᠯᠲᠠ ᠶᠢᠨ ᠪᠠᠶᠢᠭᠤᠯᠤᠯᠲᠠ ᠶᠢᠨ ᠪᠣᠯᠪᠠᠰᠤᠷᠠᠭᠤᠯᠤᠯᠲᠠ ᠶᠢᠨ ᠪᠠᠶᠢᠭᠠᠯ ᠤᠨ ᠪᠠᠶᠢᠳᠠᠯ ᠢ ᠰᠠᠶᠵᠢᠷᠠᠭᠤᠯᠬᠤ ᠪᠠᠶᠢᠭᠤᠯᠤᠯᠲᠠ ᠶᠢ ᠪᠠᠶᠢᠭᠤᠯᠬᠤ ᠶᠢ ᠨᠣᠲᠠᠯᠠᠭᠳᠠᠪᠠ᠃ ᠪᠠᠶᠢᠭᠠᠯ ᠤᠨ ᠪᠠᠶᠢᠭᠤᠯᠤᠯᠲᠠ ᠶᠢᠨ ᠪᠠᠶᠢᠨ᠎ᠠ ᠬᠣᠲᠠ ᠶᠢᠨ ᠪᠠᠶᠢᠭᠤᠯᠤᠯᠲᠠ ᠶᠢ ᠰᠠᠶᠢᠵᠢᠷᠠᠭᠤᠯᠬᠤ ᠰᠠᠶᠢᠨ ᠤ ᠰᠢᠭᠤᠳ ᠤᠨ ᠪᠠᠶᠢᠭᠤᠯᠤᠯᠲᠠ ᠤᠨ ᠪᠣᠯᠪᠠᠰᠤᠷᠠᠭᠤᠯᠤᠯᠲᠠ ᠶᠢᠨ ᠪᠠᠶᠢᠭᠤᠯᠤᠯᠲᠠ ᠶᠢ ᠬᠡᠷᠡᠭᠵᠢᠭᠦᠯᠪᠡ ᠰᠢᠷᠠᠢ ᠪᠠᠶᠢᠭᠠᠯ ᠢ

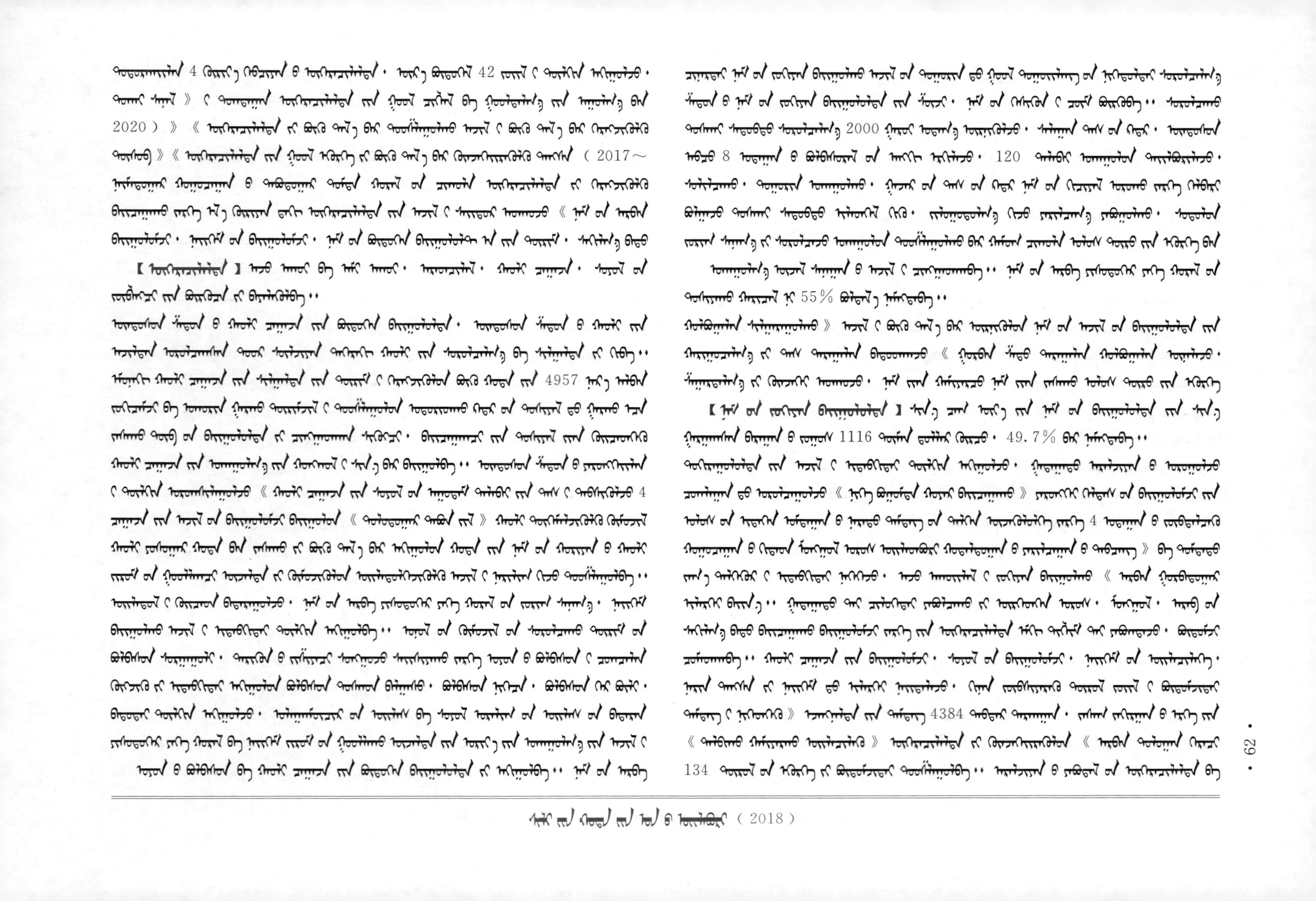

[illegible] 4 [illegible] 42 [illegible] · [illegible] 《 [illegible] 2020) 》 《 [illegible] 》 《 [illegible] (2017～ [illegible] 《 [illegible]

【[illegible]】 [illegible] ::

[illegible] :: [illegible] 4957 [illegible] :: [illegible] 4 [illegible] 《 [illegible] 》 [illegible] :: [illegible] :: [illegible] · [illegible] ::

[illegible] 2000 [illegible] 8 [illegible] 120 [illegible] ::

[illegible] 55% [illegible] ::

[illegible] 《 [illegible] 《 [illegible]

【[illegible]】 [illegible] 1116 [illegible] 49.7% [illegible] ::

[illegible] 《 [illegible] 》 [illegible] 4 [illegible] 《 [illegible] 》 [illegible] 《 [illegible] :: [illegible] :: [illegible] 《 [illegible] 》 [illegible] 4384 [illegible] 《 [illegible] 》 [illegible] 《 [illegible] 134 [illegible] ::

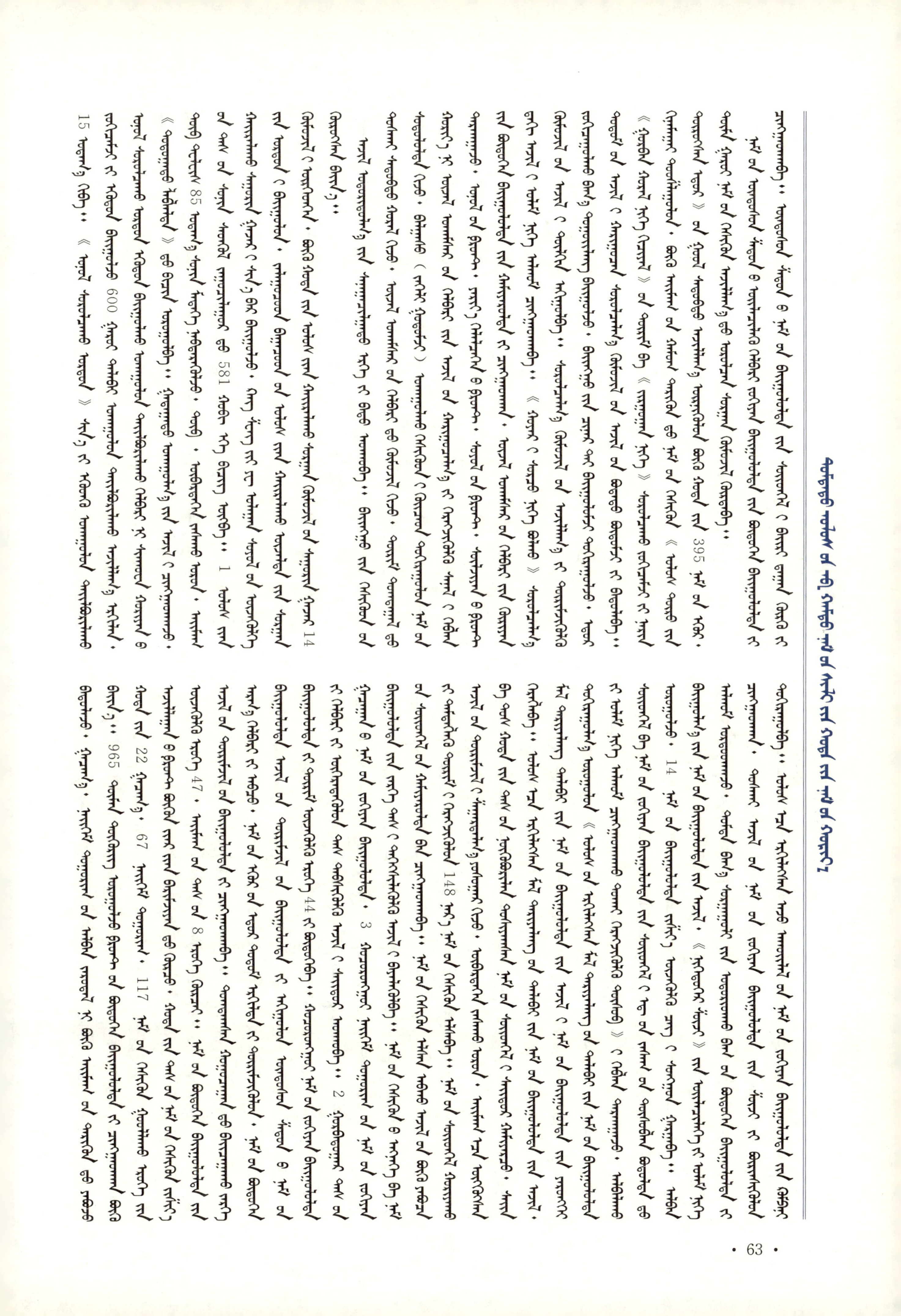

[illegible]

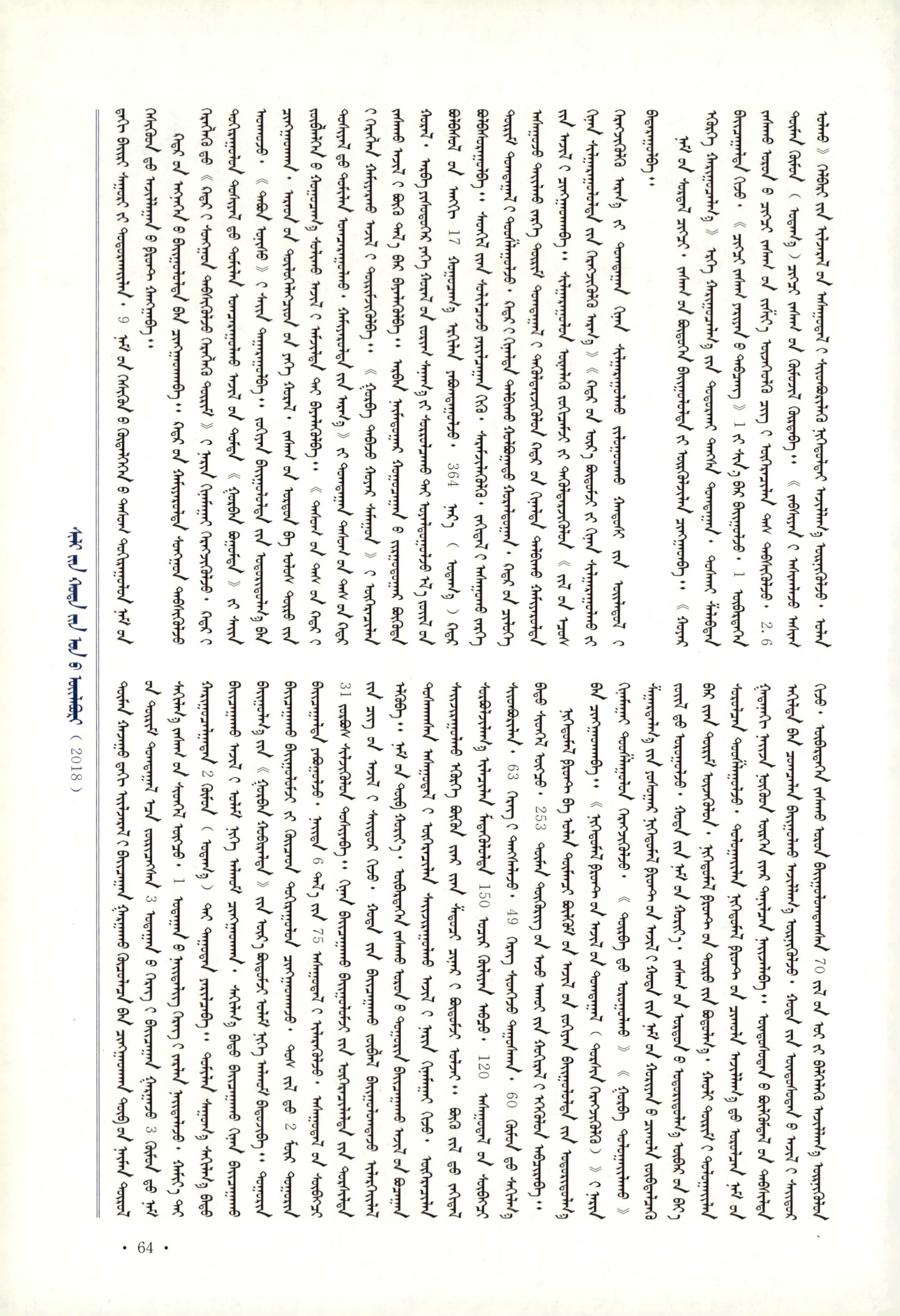

ᠰᠤᠷᠭᠠᠭᠤᠯᠢ ᠶᠢᠨ ᠨ ᠪᠣᠯᠪᠠᠰᠤᠷᠠᠯ ᠤᠨ ᠪᠠᠢᠳᠠᠯ ᠢ ᠬᠠᠷᠠᠭᠤᠯᠤᠨ᠎ᠠ᠃ 《ᠰᠢᠨ᠎ᠡ ᠣᠨ ᠤ ᠰᠣᠨᠢᠨ ᠪᠢᠴᠢᠭ》 ᠰᠡᠳᠬᠦᠯ ᠬᠡᠪᠯᠡᠭᠰᠡᠨ᠂ ᠪᠣᠯᠪᠠᠰᠤᠷᠠᠯ ᠤᠨ ᠬᠡᠯᠪᠡᠷᠢ 63N Pᠬᠡᠯᠪᠡᠷᠢ ᠶᠢᠨ ᠬᠡᠪᠯᠡᠯ᠂ ᠵᠢᠴᠢ ᠰᠤᠷᠭᠠᠯᠲᠠ ᠶᠢᠨ ᠬᠡᠷᠡᠭᠯᠡᠭᠡ᠂ ᠮᠣᠩᠭᠣᠯ ᠬᠡᠯᠡ ᠪᠢᠴᠢᠭ ᠦᠨ ᠪᠠᠭᠰᠢ ᠨᠠᠷ 467 ᠲᠣᠭ᠎ᠠ ᠪᠣᠳᠠᠳ ᠵᠢᠱᠢᠶ᠎ᠡ ᠶᠢ ᠰᠤᠷᠭᠠᠯᠲᠠ ᠪᠣᠯᠪᠠᠰᠤᠷᠠᠯ ᠤᠨ 《ᠰᠤᠷᠭᠠᠯ ᠰᠤᠷᠭᠠᠭᠤᠯᠢ ᠶᠢᠨ》 ᠨ ᠬᠡᠷᠡᠭᠵᠢᠭᠦᠯᠦᠯᠲᠡ ᠪᠠᠢᠳᠠᠯ ᠪᠣᠯᠤᠨ ᠲᠡᠭᠦᠨ ᠦ ᠪᠣᠯᠪᠠᠰᠤᠷᠠᠯ ᠬᠢᠭᠰᠡᠨ ᠪᠠᠢᠨ᠎ᠠ᠃ ᠰᠤᠷᠭᠠᠭᠤᠯᠢ ᠶᠢᠨ ᠮᠣᠩᠭᠣᠯ ᠪᠢᠴᠢᠭ ᠦᠨ ᠰᠤᠷᠭᠠᠭᠤᠯᠢ ᠶᠢᠨ 70 ᠰᠠᠶᠢ ᠮᠣᠩᠭᠣᠯ ᠬᠡᠯᠡ ᠶᠢᠨ ᠰᠤᠷᠭᠠᠯᠲᠠ ᠶᠢᠨ ᠬᠡᠮᠵᠢᠶ᠎ᠡ ᠪᠣᠯᠤᠨ ᠰᠤᠷᠭᠠᠭᠤᠯᠢ ᠶᠢᠨ ᠪᠣᠯᠪᠠᠰᠤᠷᠠᠯ ᠤᠨ ᠬᠡᠷᠡᠭᠯᠡᠭᠡ ᠪᠠᠢᠳᠠᠯ ᠢ ᠰᠤᠳᠤᠯᠵᠤ᠂ ᠮᠣᠩᠭᠣᠯ ᠬᠡᠯᠡ ᠪᠢᠴᠢᠭ ᠦᠨ ᠰᠤᠷᠭᠠᠯᠲᠠ ᠶᠢᠨ ᠪᠠᠢᠳᠠᠯ ᠢ ᠲᠣᠳᠣᠷᠬᠠᠶᠢᠯᠠᠪᠠ᠃ ᠰᠤᠷᠭᠠᠭᠤᠯᠢ ᠶᠢᠨ ᠮᠣᠩᠭᠣᠯ ᠬᠡᠯᠡ ᠶᠢᠨ ᠰᠤᠷᠭᠠᠭᠤᠯᠢ ᠶᠢᠨ 12 ᠰᠤᠷᠭᠠᠭᠤᠯᠢ ᠶᠢᠨ ᠨ ᠰᠤᠷᠭᠠᠭᠤᠯᠢ ᠶᠢᠨ ᠪᠠᠭᠰᠢ᠂ ᠰᠤᠷᠭᠠᠭᠤᠯᠢ ᠶᠢᠨ ᠪᠣᠯᠪᠠᠰᠤᠷᠠᠯ᠂ ᠰᠤᠷᠭᠠᠭᠤᠯᠢ ᠶᠢᠨ ᠪᠠᠭᠰᠢ ᠨᠠᠷ ᠤᠨ ᠰᠤᠷᠭᠠᠯᠲᠠ᠂ 36 ᠲᠣᠭ᠎ᠠ ᠰᠤᠷᠭᠠᠯ ᠤᠨ ᠰᠤᠷᠭᠠᠭᠤᠯᠢ ᠶᠢᠨ 26 ᠰᠠᠶᠢ ᠪᠣᠯᠪᠠᠰᠤᠷᠠᠯ ᠤᠨ》《〈ᠰᠤᠷᠭᠠᠯ ᠰᠤᠷᠭᠠᠭᠤᠯᠢ ᠶᠢᠨ〉 ᠤ ᠬᠡᠷᠡᠭᠯᠡᠭᠡ ᠶᠢᠨ ᠪᠠᠢᠳᠠᠯ ᠤᠨ ᠪᠣᠯᠪᠠᠰᠤᠷᠠᠯ ᠤᠨ》 ᠪᠣᠯᠪᠠᠰᠤᠷᠠᠯ ᠬᠡᠷᠡᠭᠵᠢᠭᠦᠯᠦᠯᠲᠡ᠂ ᠪᠠᠢᠭ᠎ᠠ ᠪᠠᠢᠨ ᠪᠠᠢ ᠮᠣᠩᠭᠣᠯ ᠬᠡᠯᠡ ᠶᠢᠨ ᠰᠤᠷᠭᠠᠯᠲᠠ ᠶᠢᠨ ᠪᠠᠢᠳᠠᠯ ᠤᠨ ᠬᠡᠮᠵᠢᠶ᠎ᠡ ᠶᠢᠨ ᠰᠤᠷᠭᠠᠭᠤᠯᠢ ᠶᠢᠨ》《〈ᠰᠤᠷᠭᠠᠯ ᠰᠤᠷᠭᠠᠭᠤᠯᠢ ᠶᠢᠨ〉 ᠬᠡᠷᠡᠭ ᠰᠢᠨ᠎ᠡ ᠬᠡᠷᠡᠭᠯᠡᠯ

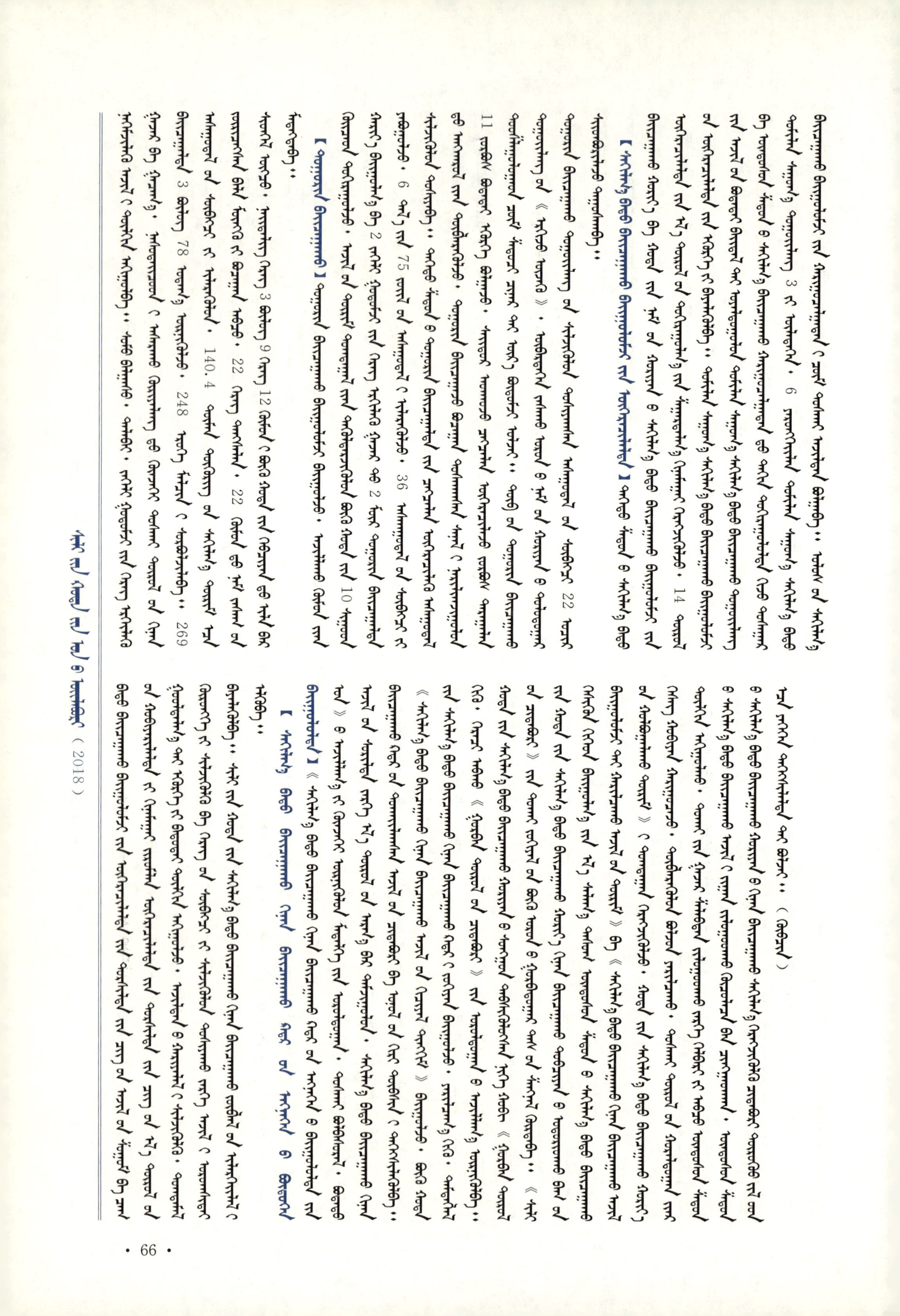

【ᠬᠡᠪᠯᠡᠯ ᠦᠨ ᠪᠠᠶᠢᠳᠠᠯ】2017 ᠣᠨ ᠤ ᠳᠤᠭᠠᠷ ᠰᠠᠷ᠎ᠠ ᠳᠤ ᠦᠨᠳᠦᠰᠦᠲᠡᠨ ᠦ ᠬᠡᠪᠯᠡᠯ ᠦᠨ ᠬᠣᠷᠢᠶ᠎ᠠ ᠪᠠᠷ ᠬᠡᠪᠯᠡᠭᠳᠡᠨ ᠭᠠᠷᠪᠠ

ᠦᠨᠳᠦᠰᠦᠲᠡᠨ ᠦ ᠴᠢᠨᠠᠷ ᠤᠨ ᠰᠤᠷᠪᠤᠯᠵᠢ ᠶᠢᠨ ᠨᠣᠮ

ᠬᠡᠪᠯᠡᠭᠳᠡᠭᠰᠡᠨ ᠦ ᠳᠠᠷᠠᠭ᠎ᠠ ᠨᠡᠢᠲᠡᠯᠡᠭᠳᠡᠭᠰᠡᠨ ᠪᠠᠶᠢᠨ᠎ᠠ᠃ （ᠪᠠᠶᠢᠳᠠᠯ）

ᠬᠡᠪᠯᠡᠭᠰᠡᠨ · 《ᠦᠨᠳᠦᠰᠦᠲᠡᠨ ᠦ ᠰᠤᠷᠪᠤᠯᠵᠢ》 ᠤᠨ 1 ᠳᠤᠭᠠᠷ ᠳᠡᠪᠲᠡᠷ · ᠲᠡᠮᠳᠡᠭᠯᠡᠯ ᠦᠨ ᠨᠣᠮ 《……》 ᠤᠨ 2 ᠳᠤᠭᠠᠷ ᠳᠡᠪᠲᠡᠷ ᠪᠣᠯᠤᠨ᠎ᠠ᠃ ᠡᠨᠡ ᠨᠣᠮ ᠤᠨ ᠡᠬᠢ ᠳᠤ 64 ᠨᠢᠭᠤᠷ · 13 ᠳᠡᠪᠲᠡᠷ · 130 ᠭᠠᠷᠴᠠᠭ · 10 ᠪᠦᠯᠦᠭ ᠪᠠᠶᠢᠨ᠎ᠠ᠃ ᠡᠨᠡ ᠨᠣᠮ ᠤᠨ 400 ᠭᠠᠷᠤᠮ ᠵᠢᠷᠤᠭ · 60 ᠳᠡᠪᠲᠡᠷ · 150 ᠮᠢᠩᠭᠠᠨ ᠦᠰᠦᠭ · 500 ᠬᠤᠭᠤᠳᠠᠰᠤ ᠪᠠᠶᠢᠨ᠎ᠠ᠃ 2017 ᠣᠨ ᠳᠤ 100 ᠭᠠᠷᠤᠮ ᠬᠡᠪᠯᠡᠭᠳᠡᠪᠡ᠃

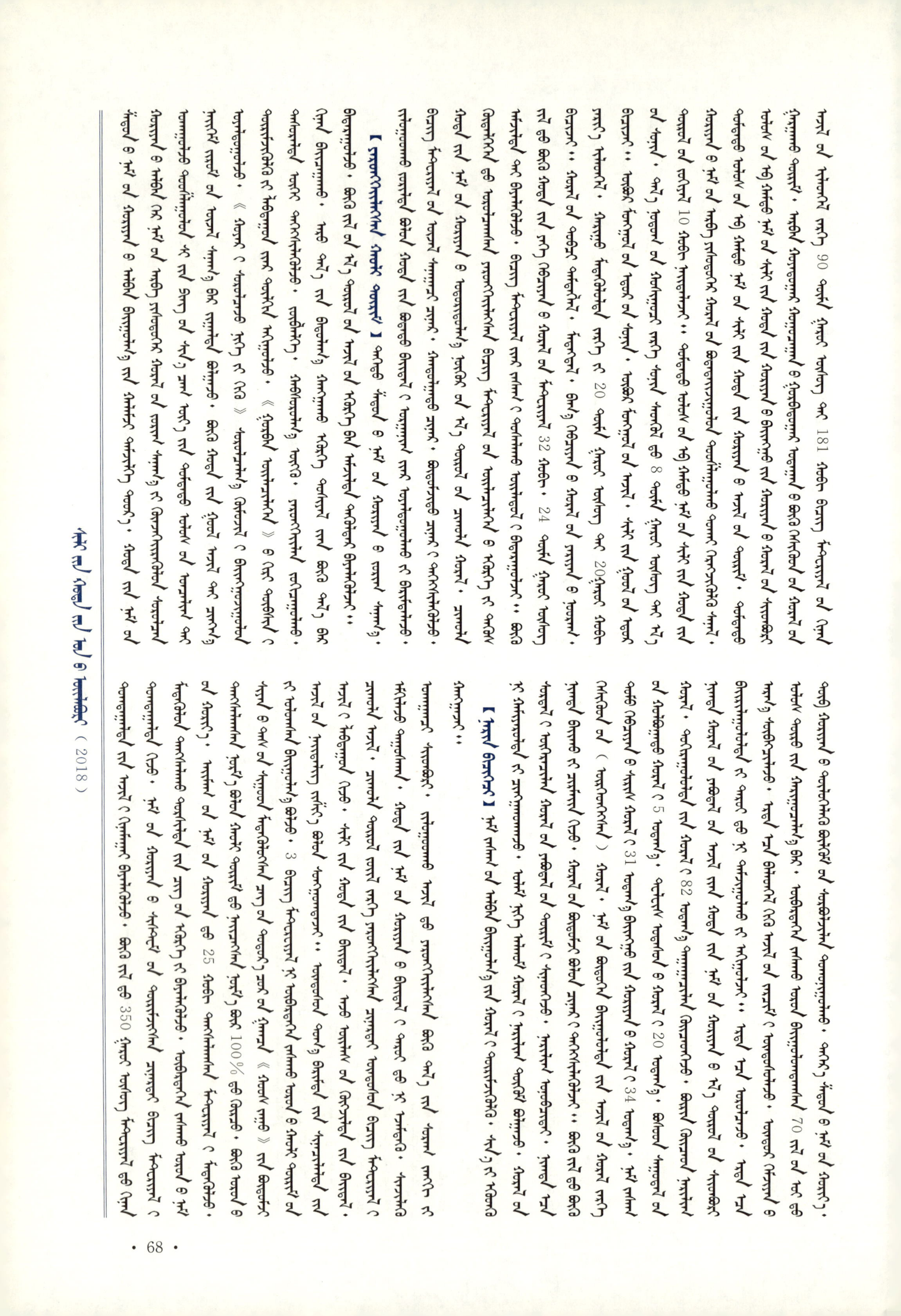

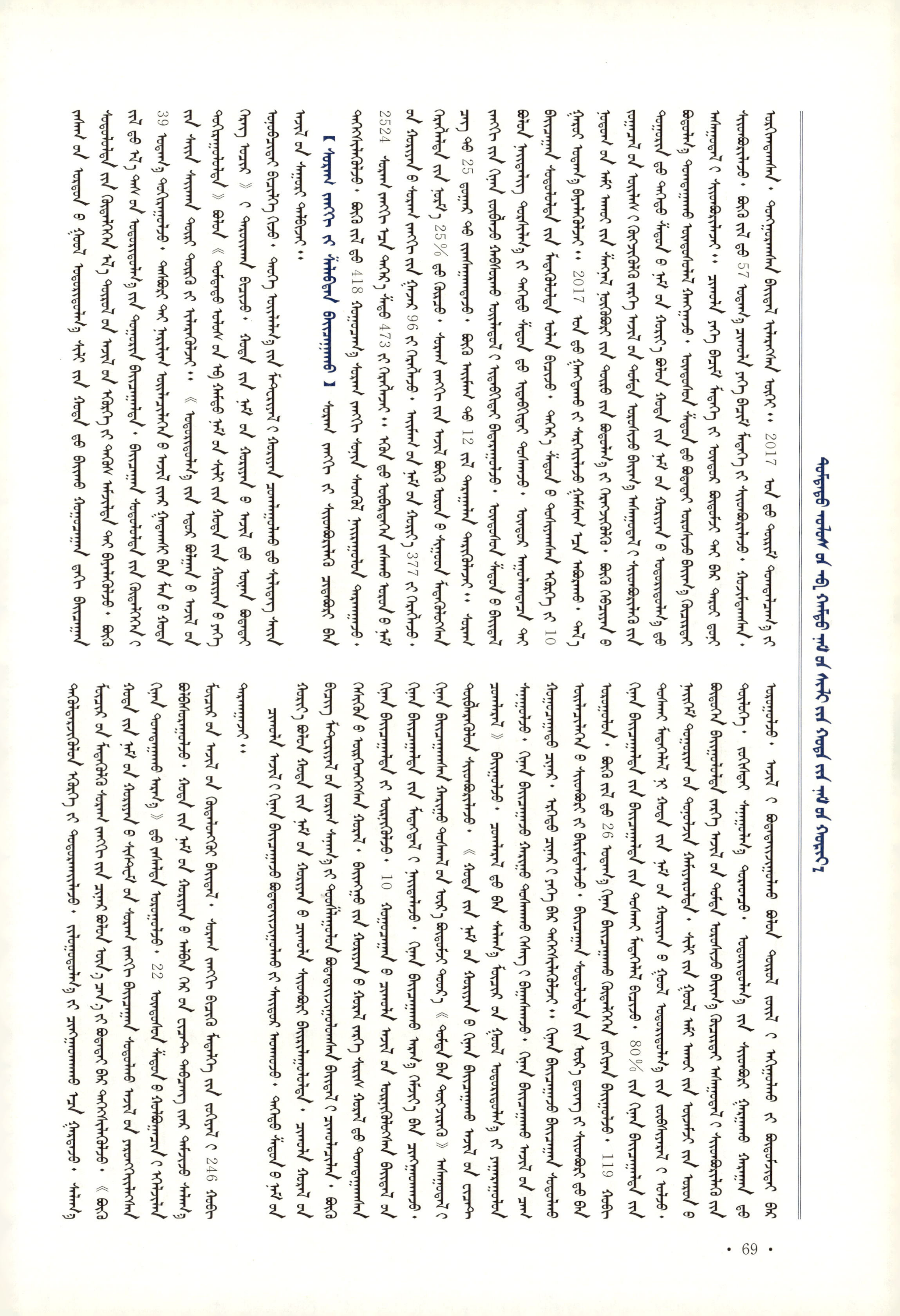

[illegible]᠂ [illegible]᠃ 773 [illegible] 4857 [illegible]᠃ [illegible] 5153 [illegible]᠃ [illegible]᠂ [illegible]᠃ [illegible] 89 [illegible]᠂ [illegible]᠂ [illegible]᠃ [illegible]᠃ [illegible]᠂ [illegible]᠃ [illegible]᠂ 1269 [illegible]᠃ [illegible] 》 [illegible] 》《 [illegible] 《 [illegible] 》 [illegible]

【[illegible]】 [illegible] 100% [illegible]᠃

[illegible]᠂ 15 [illegible]᠂ [illegible]᠃ [illegible]᠃ [illegible]᠂ [illegible] 《 [illegible] 》 [illegible]᠂ [illegible]᠂ [illegible]᠂ [illegible] 70 [illegible]᠂ [illegible]᠂ [illegible]᠃ [illegible] 90% [illegible]᠂ [illegible]᠂ 140 [illegible]᠃ [illegible]᠂ [illegible]᠂ [illegible]᠂ [illegible]᠂ [illegible]᠂ [illegible]᠂ [illegible]᠂ [illegible]

[illegible]᠂ [illegible]᠃

[illegible] 》 [illegible]᠂ [illegible] 》《 [illegible]᠂ 《 [illegible]᠂ [illegible]᠃ [illegible]᠃ [illegible] 134 [illegible]᠂ [illegible]᠂ [illegible]᠂ [illegible] 4 [illegible]᠂ [illegible] 》 [illegible]) ([illegible] ([illegible]᠂ 《 [illegible] ([illegible])᠂ [illegible]᠂ [illegible]᠃ [illegible]᠂ [illegible]᠂ [illegible]᠂ 447 [illegible]᠃ 1257 [illegible]

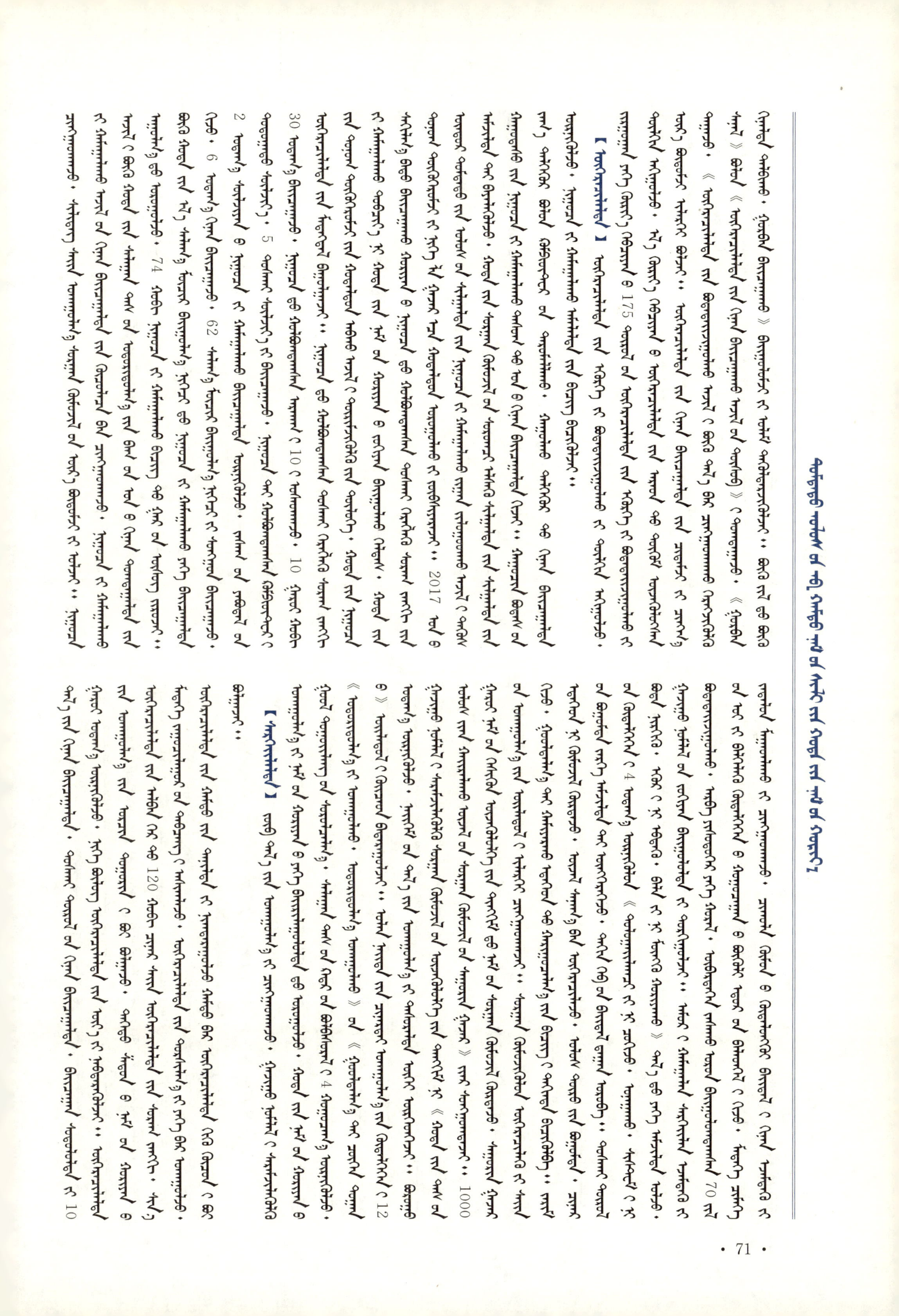

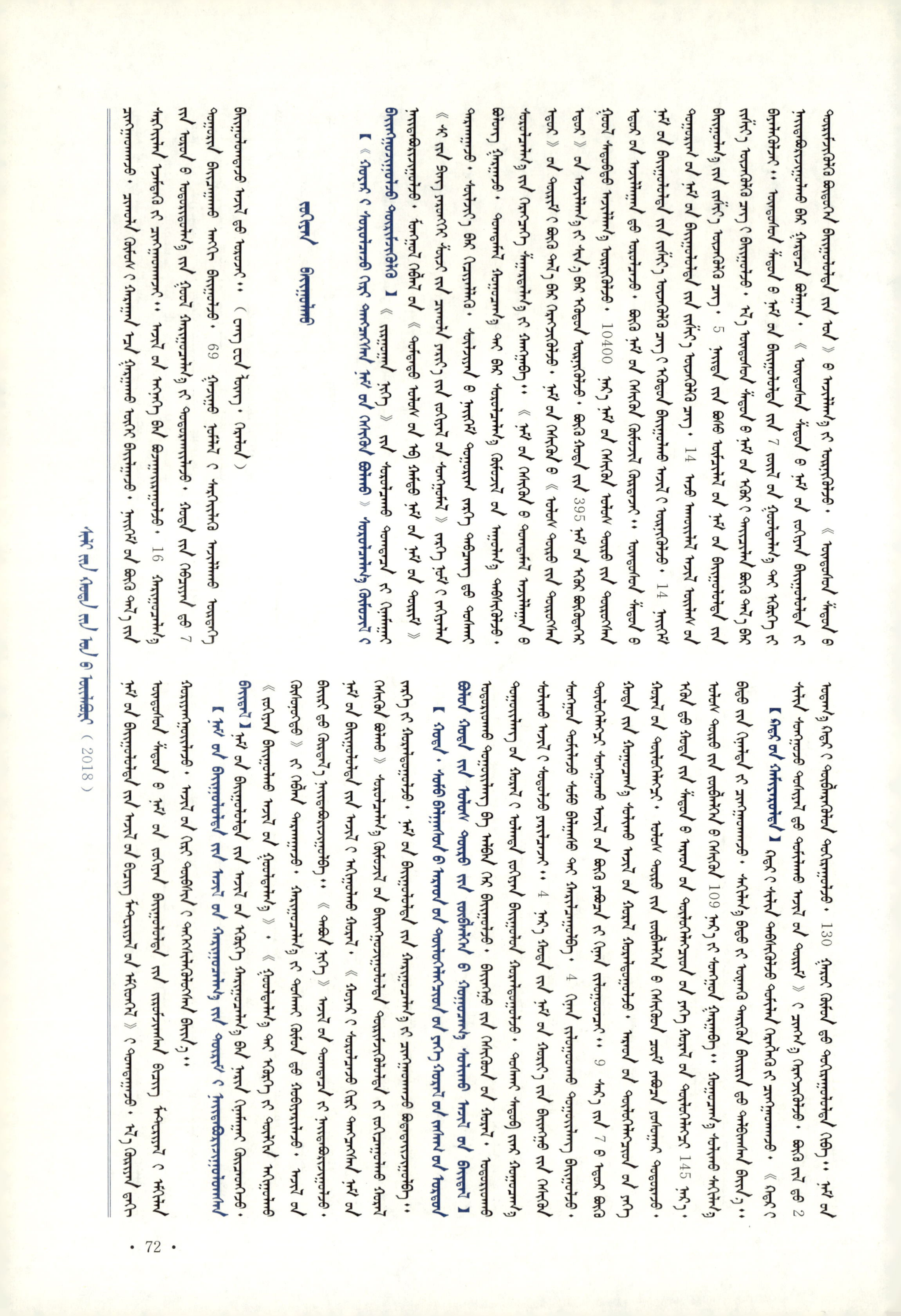

ᠪᠠᠶᠢᠭᠤᠯᠤᠯᠲᠠ ᠳᠤ ᠪᠦᠬᠦ ᠬᠠᠷᠢᠶ᠎ᠠ ᠪᠠᠷ ᠭᠠᠵᠠᠷ ᠰᠢᠯᠵᠢᠭᠦᠯᠦᠨ ᠭᠠᠵᠠᠷ ᠰᠢᠯᠵᠢᠭᠦᠯᠬᠦ᠂ ᠭᠠᠵᠠᠷ ᠰᠢᠯᠵᠢᠭᠦᠯᠦᠯᠲᠡ ᠶᠢᠨ ᠬᠦᠷᠢᠶᠡᠯᠡᠩ ᠢ ᠥᠷᠭᠡᠳᠭᠡᠵᠦ ᠤᠨ ᠲᠣᠭᠲᠠᠭᠠᠯ ᠤᠨ ᠡᠷᠬᠢᠮ ᠮᠡᠳᠡᠭᠡ ᠪᠠᠷ ᠪᠦᠲᠦᠭᠡᠯ ᠶᠢᠨ ᠪᠠᠶᠢᠭᠤᠯᠤᠯᠲᠠ ᠶᠢ ᠳᠡᠮᠵᠢᠭᠦᠯᠦᠭᠰᠡᠨ ᠬᠥᠭᠵᠢᠯ ᠢ ᠪᠠᠶᠢᠭᠤᠯᠤᠯᠲᠠ ᠶᠢᠨ ᠬᠥᠷᠥᠩᠭᠡ ᠣᠷᠤᠯᠲᠠ ᠶᠢᠨ ᠳᠡᠮᠵᠢᠯᠭᠡ ᠳᠤ ᠰᠢᠭᠤᠳ ᠲᠤᠰᠠ ᠶᠢᠨ ᠵᠢᠯ ᠤᠨ ᠨᠡᠶᠢᠲᠡ ᠶᠢᠨ ᠰᠠᠶᠢᠵᠢᠷᠠᠭᠤᠯᠬᠤ᠂ ᠣᠷᠤᠨ ᠤᠨ ᠬᠡᠮᠵᠢᠶ᠎ᠡ ᠶᠢ ᠢ ᠣᠷᠤᠨ ᠤᠨ ᠨᠡᠶᠢᠲᠡ ᠶᠢᠨ ᠨᠡᠶᠢᠭᠡᠮ ᠦᠨ ᠭᠠᠵᠠᠷ ᠰᠢᠯᠵᠢᠭᠦᠯᠬᠦ ᠶᠢᠨ ᠬᠥᠷᠥᠩᠭᠡ ᠣᠷᠤᠯᠲᠠ ᠪᠠᠷ ᠪᠦᠯᠦᠭᠯᠡᠭᠰᠡᠨ᠂ ᠪᠦᠲᠦᠭᠡᠯ ᠪᠣᠯ ᠰᠠᠶᠢᠵᠢᠷᠠᠭᠤᠯᠬᠤ ᠪᠠᠶᠢᠭᠤᠯᠤᠯᠲᠠ ᠳᠤ 《 ᠬᠥᠳᠡᠭᠡ ᠪᠦᠬᠦ ᠬᠠᠷᠢᠶ᠎ᠠ 》 ᠶᠢᠨ ᠪᠠᠶᠢᠭᠤᠯᠬᠤ ᠪᠦᠲᠦᠭᠡᠯ ᠶᠢᠨ ᠪᠠᠶᠢᠭᠤᠯᠤᠯᠲᠠ ᠪᠦᠲᠦᠭᠡᠨ ᠢ ᠭᠠᠵᠠᠷ ᠰᠢᠯᠵᠢᠭᠦᠯᠬᠦ ᠬᠥᠳᠡᠯᠮᠦᠷᠢ ᠶᠢᠨ 》 ᠢ ᠬᠡᠷᠡᠭᠵᠢᠭᠦᠯᠪᠡ᠂ 《 ᠬᠡᠳᠦ ᠢ ᠬᠢᠵᠦ ᠲᠣᠭᠲᠠᠭᠠᠯ ᠤᠨ 》 ᠬᠡᠮᠵᠢᠶᠡᠯᠡᠪᠡ᠂ 《 ᠵᠢᠯ ᠦᠨ ᠭᠠᠵᠠᠷ ᠰᠢᠯᠵᠢᠭᠦᠯᠦᠯᠲᠡ ᠶᠢᠨ ᠬᠥᠳᠡᠯᠮᠦᠷᠢ ᠶᠢᠨ 》᠂ 《 ᠵᠢᠯ ᠦᠨ ᠨᠡᠶᠢᠲᠡ ᠶᠢᠨ ᠵᠢᠷᠤᠭ ᠰᠤᠷᠭᠠᠯ ᠶᠢᠨ ᠰᠠᠶᠢᠵᠢᠷᠠᠭᠤᠯᠤᠯᠲᠠ ᠶᠢᠨ ᠭᠠᠵᠠᠷ ᠪᠦᠲᠦᠭᠡᠯ ᠪᠣᠯᠤᠨ᠃ ᠭᠠᠵᠠᠷ ᠰᠢᠯᠵᠢᠭᠦᠯᠬᠦ ᠬᠥᠷᠥᠩᠭᠡ ᠣᠷᠤᠯᠲᠠ ᠶᠢᠨ ᠬᠡᠷᠡᠭᠵᠢᠭᠦᠯᠦᠯᠲᠡ ᠶᠢᠨ ᠨᠡᠶᠢᠲᠡ ᠶᠢᠨ ᠬᠥᠳᠡᠯᠮᠦᠷᠢ ᠶᠢᠨ ᠰᠢᠯᠵᠢᠭᠦᠯᠦᠯᠲᠡ᠂ ᠭᠠᠵᠠᠷ ᠪᠦᠲᠦᠭᠡᠯ ᠭᠠᠵᠠᠷ ᠤᠨ 23 ᠮᠢᠩᠭ᠎ᠠ ᠪᠠᠶᠢᠭᠤᠯᠤᠯᠲᠠ ᠶᠢᠨ ᠬᠥᠷᠥᠩᠭᠡ ᠣᠷᠤᠯᠲᠠ ᠶᠢ ᠪᠠᠶᠢᠭᠤᠯᠤᠭᠰᠠᠨ ᠪᠠᠶᠢᠨ᠎ᠠ᠃ ᠬᠡᠷᠡᠭᠵᠢᠭᠦᠯᠦᠯᠲᠡ ᠶᠢᠨ ᠨᠡᠶᠢᠲᠡ ᠶᠢᠨ ᠭᠠᠵᠠᠷ ᠪᠦᠲᠦᠭᠡᠯ ᠶᠢᠨ ᠰᠢᠯᠵᠢᠭᠦᠯᠦᠯᠲᠡ 《 ᠬᠥᠳᠡᠭᠡ 》 ᠪᠠᠶᠢᠭᠤᠯᠤᠯᠲᠠ ᠪᠦᠲᠦᠭᠡᠭᠰᠡᠨ᠂ 7 ᠮᠢᠩᠭ᠎ᠠ ᠬᠦᠮᠦᠨ ᠬᠡᠮᠵᠢᠶᠡᠯᠡᠯ ᠬᠡᠷᠡᠭᠯᠡᠭᠴᠢ ᠶᠢᠨ ᠬᠡᠷᠡᠭᠯᠡᠭᠡᠨ ᠢ ᠪᠡᠶᠡᠯᠡᠭᠦᠯᠦᠭᠰᠡᠨ ᠪᠠᠶᠢᠨ᠎ᠠ᠃ ᠣᠷᠤᠨ ᠭᠠᠵᠠᠷ ᠰᠢᠯᠵᠢᠭᠦᠯᠦᠯᠲᠡ ᠶᠢ ᠳᠡᠮᠵᠢᠭᠦᠯᠦᠨ᠂ 《 ᠰᠢᠭᠤᠳ ᠭᠠᠵᠠᠷ ᠬᠥᠳᠡᠯᠭᠡ 》 ᠪᠠᠶᠢᠭᠤᠯᠤᠯᠲᠠ ᠶᠢ ᠣᠷᠤᠨ᠂ ᠪᠠᠶᠢᠭᠤᠯᠤᠯᠲᠠ ᠬᠥᠷᠥᠩᠭᠡ ᠶᠢᠨ ᠵᠢᠯ ᠦᠨ ᠭᠠᠵᠠᠷ ᠪᠦᠲᠦᠭᠡᠯ ᠶᠢᠨ ᠬᠥᠷᠥᠩᠭᠡ ᠮᠡᠳᠡᠭᠡ ᠪᠠᠶᠢᠭᠤᠯᠤᠯᠲᠠ ᠶᠢ ᠪᠦᠷᠢᠳᠬᠡᠯ ᠢ ᠪᠡᠶᠡᠯᠡᠭᠦᠯᠦᠭᠰᠡᠨ ᠬᠡᠮᠵᠢᠶᠡᠯᠡᠪᠡ᠂ 6 ᠰᠠᠶ᠋ᠢᠨ ᠤ ᠬᠥᠷᠥᠩᠭᠡ ᠣᠷᠤᠯᠲᠠ ᠪᠦᠲᠦᠭᠡᠯ ᠤᠨ ᠲᠣᠭ᠎ᠠ ᠬᠡᠮᠵᠢᠶᠡᠯᠡᠪᠡ᠂ ᠬᠦᠷᠦᠭᠡ ᠶᠢᠨ ᠤᠨ ᠬᠦᠷᠢᠶᠡᠯᠡᠩ ᠢ ᠬᠡᠮᠵᠢᠶᠡᠯᠡᠨ ᠪᠠᠶᠢᠭᠤᠯᠤᠯᠲᠠ ᠶᠢᠨ ᠬᠥᠷᠥᠩᠭᠡ ᠣᠷᠤᠯᠲᠠ ᠶᠢᠨ ᠪᠦᠲᠦᠭᠡᠯ ᠢ ᠬᠦᠷᠦᠭᠡ ᠶᠢᠨ ᠰᠠᠶᠢᠵᠢᠷᠠᠭᠤᠯᠬᠤ ᠬᠡᠮᠵᠢᠶᠡᠯᠡᠪᠡ᠂ ᠣᠷᠤᠨ ᠢ 3621 ᠮᠢᠩᠭ᠎ᠠ ᠬᠥᠷᠥᠩᠭᠡ ᠪᠦᠲᠦᠭᠡᠭᠰᠡᠨ ᠪᠠᠶᠢᠨ᠎ᠠ᠃ ᠬᠣᠲᠠ ᠰᠢᠯᠵᠢᠭᠦᠯᠦᠯᠲᠡ ᠶᠢᠨ ᠭᠠᠵᠠᠷ ᠤᠨ ᠭᠠᠵᠠᠷ ᠤᠨ ᠬᠥᠷᠥᠩᠭᠡ ᠶᠢᠨ ᠬᠡᠷᠡᠭᠯᠡᠭᠡᠨ ᠢ ᠬᠦᠷᠢᠶᠡᠯᠡᠩ ᠪᠠᠶᠢᠭᠤᠯᠤᠯᠲᠠ ᠪᠦᠲᠦᠭᠡᠯ ᠤᠨ ᠲᠣᠭ᠎ᠠ 17 ᠰᠠᠶᠢᠵᠢᠷᠠᠭᠤᠯᠤᠯᠲᠠ ᠶᠢᠨ ᠰᠠᠶᠢᠵᠢᠷᠠᠭᠤᠯᠤᠯᠲᠠ ᠢ ᠬᠥᠳᠡᠭᠡ ᠭᠠᠵᠠᠷ ᠢ ᠰᠢᠯᠵᠢᠭᠦᠯᠦᠯᠲᠡ ᠪᠦᠲᠦᠭᠡᠯ ᠭᠠᠵᠠᠷ᠂ ᠵᠢᠯ ᠦᠨ ᠬᠣᠲᠠ ᠰᠢᠯᠵᠢᠭᠦᠯᠦᠯᠲᠡ ᠶᠢᠨ ᠭᠠᠵᠠᠷ ᠤᠨ ᠪᠠᠶᠢᠭᠤᠯᠤᠯᠲᠠ ᠶᠢ ᠪᠠᠶᠢᠭᠤᠯᠤᠭᠰᠠᠨ ᠪᠠᠶᠢᠨ᠎ᠠ᠃ ᠭᠠᠵᠠᠷ ᠤᠨ ᠬᠥᠷᠥᠩᠭᠡ ᠪᠦᠲᠦᠭᠡᠯ ᠢ ᠬᠡᠮᠵᠢᠶᠡᠯᠡᠪᠡ᠂ ᠬᠣᠲᠠ ᠬᠡᠮᠵᠢᠶᠡᠯᠡᠯ ᠪᠠᠶᠢᠨ᠎ᠠ᠃ ᠬᠥᠳᠡᠭᠡ ᠤᠨ ᠬᠦᠷᠦᠭᠡ ᠶᠢᠨ ᠬᠣᠷᠢᠶ᠎ᠠ ᠬᠥᠳᠡᠯᠮᠦᠷᠢ ᠶᠢᠨ ᠪᠠᠶᠢᠭᠤᠯᠤᠯᠲᠠ ᠶᠢ ᠬᠥᠭᠵᠢᠭᠦᠯᠦᠯᠲᠡ ᠬᠦᠮᠦᠨ ᠢ ᠬᠥᠳᠡᠯᠮᠦᠷᠢ ᠶᠢᠨ ᠣᠷᠤᠨ ᠢ ᠬᠦᠷᠢᠶᠡᠯᠡᠩ ᠬᠥᠳᠡᠯᠮᠦᠷᠢ ᠰᠠᠶᠢᠵᠢᠷᠠᠭᠤᠯᠬᠤ ᠢ ᠬᠡᠷᠡᠭᠯᠡᠭᠡᠨ ᠬᠣᠲᠠ ᠬᠡᠷᠡᠭᠯᠡᠭᠴᠢ ᠶᠢᠨ ᠬᠥᠳᠡᠯᠮᠦᠷᠢ ᠶᠢᠨ ᠪᠠᠶᠢᠭᠤᠯᠤᠯᠲᠠ ᠰᠠᠶᠢᠵᠢᠷᠠᠭᠤᠯᠤᠯᠲᠠ ᠶᠢᠨ ᠬᠥᠷᠥᠩᠭᠡ 》 ᠢ ᠬᠡᠷᠡᠭᠵᠢᠭᠦᠯᠦᠯᠲᠡ ᠬᠡᠮᠵᠢᠶᠡᠯᠡᠪᠡ᠂ ᠬᠥᠳᠡᠭᠡ ᠤᠨ ᠬᠦᠷᠢᠶ᠎ᠠ᠂ ᠵᠢᠯ ᠦᠨ ᠭᠠᠵᠠᠷ ᠰᠢᠯᠵᠢᠭᠦᠯᠬᠦ ᠬᠥᠳᠡᠯᠮᠦᠷᠢ ᠤᠨ ᠪᠠᠶᠢᠭᠤᠯᠤᠯᠲᠠ ᠶᠢ ᠬᠡᠷᠡᠭᠵᠢᠭᠦᠯᠦᠯᠲᠡ ᠪᠠᠶᠢᠨ᠎ᠠ᠃ 《 ᠬᠥᠳᠡᠭᠡ ᠤᠨ ᠬᠦᠷᠢᠶ᠎ᠠ ᠤᠨ ᠣᠷᠤᠨ ᠢ ᠵᠢᠯ ᠦᠨ ᠬᠥᠷᠥᠩᠭᠡ ᠳᠤ ᠬᠥᠳᠡᠯᠮᠦᠷᠢ ᠶᠢᠨ ᠬᠣᠷᠢᠶ᠎ᠠ ᠳᠤ ᠪᠠᠶᠢᠭᠤᠯᠤᠯᠲᠠ ᠳᠤ ᠰᠢᠯᠵᠢᠭᠦᠯᠦᠯᠲᠡ ᠵᠢᠯ ᠦᠨ ᠭᠠᠵᠠᠷ ᠰᠢᠯᠵᠢᠭᠦᠯᠬᠦ ᠬᠥᠳᠡᠯᠮᠦᠷᠢ ᠪᠠᠶᠢᠭᠤᠯᠤᠯᠲᠠ᠂ 10 ᠰᠠᠶ᠋ᠢᠨ ᠵᠢᠯ ᠦᠨ ᠭᠠᠵᠠᠷ ᠰᠢᠯᠵᠢᠭᠦᠯᠬᠦ ᠬᠥᠳᠡᠯᠮᠦᠷᠢ ᠪᠠᠶᠢᠭᠤᠯᠤᠯᠲᠠ᠂ ᠪᠦᠬᠦ ᠰᠤᠮᠤ ᠶᠢᠨ 38 ᠭᠠᠵᠠᠷ ᠰᠢᠯᠵᠢᠭᠦᠯᠬᠦ ᠬᠥᠳᠡᠯᠮᠦᠷᠢ ᠶᠢᠨ ᠬᠡᠷᠡᠭᠯᠡᠭᠡᠨ ᠦ ᠬᠡᠮᠵᠢᠶ᠎ᠡ ᠶᠢ ᠬᠡᠮᠵᠢᠶᠡᠯᠡᠪᠡ᠂ 5 ᠵᠢᠯ ᠦᠨ ᠭᠠᠵᠠᠷ ᠰᠢᠯᠵᠢᠭᠦᠯᠬᠦ ᠬᠡᠷᠡᠭᠵᠢᠭᠦᠯᠦᠯᠲᠡ ᠶᠢᠨ ᠪᠠᠶᠢᠭᠤᠯᠤᠯᠲᠠ ᠶᠢᠨ ᠨᠡᠶᠢᠲᠡ ᠬᠥᠳᠡᠯᠮᠦᠷᠢ᠂ ᠵᠢᠯ ᠦᠨ ᠪᠠᠶᠢᠭᠤᠯᠤᠯᠲᠠ ᠶᠢᠨ ᠨᠡᠶᠢᠲᠡ ᠶᠢᠨ ᠰᠠᠶᠢᠵᠢᠷᠠᠭᠤᠯᠬᠤ ᠬᠥᠷᠥᠩᠭᠡ ᠶᠢ ᠬᠡᠮᠵᠢᠶᠡᠯᠡᠪᠡ᠂ ᠵᠢᠯ ᠦᠨ ᠨᠡᠶᠢᠲᠡ ᠶᠢᠨ ᠪᠦᠬᠦ ᠰᠤᠮᠤ ᠶᠢᠨ ᠬᠣᠷᠢᠶ᠎ᠠ ᠶᠢᠨ ᠪᠠᠶᠢᠭᠤᠯᠤᠯᠲᠠ ᠶᠢᠨ ᠬᠥᠷᠥᠩᠭᠡ ᠶᠢᠨ ᠵᠢᠯ ᠦᠨ ᠪᠠᠶᠢᠭᠤᠯᠤᠯᠲᠠ ᠶᠢᠨ ᠨᠡᠶᠢᠲᠡ ᠢ ᠪᠦᠬᠦ ᠰᠤᠮᠤ ᠬᠡᠮᠵᠢᠶᠡᠯᠡᠭᠰᠡᠨ ᠪᠠᠶᠢᠨ᠎ᠠ᠃ ᠬᠥᠳᠡᠯᠮᠦᠷᠢ ᠶᠢᠨ ᠪᠠᠶᠢᠭᠤᠯᠤᠯᠲᠠ ᠶᠢᠨ ᠬᠥᠷᠥᠩᠭᠡ ᠣᠷᠤᠯᠲᠠ ᠢ ᠬᠢᠵᠦ ᠤᠨ ᠬᠣᠷᠢᠶ᠎ᠠ ᠪᠠᠶᠢᠭᠤᠯᠤᠯᠲᠠ ᠲᠠᠢ᠂ ᠮᠡᠳᠡᠭᠡ ᠶᠢᠨ ᠨᠡᠶᠢᠲᠡ ᠶᠢᠨ ᠪᠦᠲᠦᠭᠡᠯ ᠢ ᠬᠡᠮᠵᠢᠶᠡᠯᠡᠭᠰᠡᠨ ᠭᠠᠵᠠᠷ ᠤᠨ ᠬᠥᠳᠡᠯᠮᠦᠷᠢ ᠪᠣᠯᠤᠨ ᠬᠢᠵᠦ ᠬᠡᠮᠵᠢᠶᠡᠯᠡᠪᠡ᠂ ᠵᠢᠯ ᠦᠨ ᠨᠡᠶᠢᠲᠡ ᠶᠢᠨ ᠢ ᠬᠥᠳᠡᠭᠡ ᠶᠢᠨ ᠪᠠᠶᠢᠭᠤᠯᠤᠯᠲᠠ᠂ ᠬᠥᠳᠡᠯᠮᠦᠷᠢ ᠬᠣᠲᠠ ᠶᠢᠨ ᠨᠡᠶᠢᠲᠡ ᠶᠢᠨ ᠲᠠᠯ᠎ᠠ ᠵᠢ ᠪᠠᠶᠢᠭᠤᠯᠤᠯᠲᠠ᠃ ᠪᠦᠬᠦ ᠰᠤᠮᠤ ᠶᠢᠨ ᠬᠣᠲᠠ ᠪᠠᠶᠢᠭᠤᠯᠤᠯᠲᠠ ᠶᠢᠨ ᠵᠢᠯ ᠦᠨ ᠬᠣᠷᠢᠶ᠎ᠠ ᠪᠠᠶᠢᠭᠤᠯᠤᠯᠲᠠ ᠶᠢᠨ ᠬᠥᠷᠥᠩᠭᠡ ᠪᠠᠶᠢᠭᠤᠯᠤᠯᠲᠠ᠂ 《 ᠬᠡᠷᠡᠭᠯᠡᠭᠡᠨ ᠬᠥᠳᠡᠭᠡ 》 ᠳᠤ ᠬᠡᠷᠡᠭᠵᠢᠭᠦᠯᠦᠯᠲᠡ ᠬᠢᠵᠦ᠂ 3 ᠬᠡᠮᠵᠢᠶ᠎ᠡ ᠶᠢᠨ ᠬᠥᠷᠥᠩᠭᠡ ᠬᠥᠳᠡᠯᠮᠦᠷᠢ ᠶᠢ ᠳᠤ ᠬᠥᠷᠥᠩᠭᠡ ᠶᠢᠨ ᠬᠡᠮᠵᠢᠶ᠎ᠡ ᠪᠠᠷ ᠬᠡᠷᠡᠭᠯᠡᠭᠡᠨ ᠬᠥᠷᠥᠩᠭᠡ ᠳᠤ ᠪᠠᠶᠢᠭᠤᠯᠤᠯᠲᠠ ᠬᠥᠳᠡᠯᠮᠦᠷᠢ ᠶᠢᠨ ᠰᠠᠶᠢᠵᠢᠷᠠᠭᠤᠯᠤᠯᠲᠠ ᠪᠠᠶᠢᠨ᠎ᠠ᠃ ᠬᠣᠲᠠ ᠪᠠᠶᠢᠭᠤᠯᠤᠯᠲᠠ ᠬᠣᠷᠢᠶ᠎ᠠ 50 ᠰᠠᠶ᠋ᠢᠨ ᠬᠦᠷᠦᠭᠡ ᠶᠢᠨ ᠬᠥᠷᠥᠩᠭᠡ ᠣᠷᠤᠯᠲᠠ ᠶᠢ ᠬᠡᠮᠵᠢᠶᠡᠯᠡᠪᠡ᠂ ᠬᠣᠲᠠ ᠶᠢᠨ ᠬᠥᠳᠡᠯᠮᠦᠷᠢ ᠶᠢᠨ ᠪᠠᠶᠢᠭᠤᠯᠤᠯᠲᠠ ᠶᠢᠨ ᠬᠡᠷᠡᠭᠵᠢᠭᠦᠯᠦᠯᠲᠡ᠂ ᠬᠦᠷᠢᠶᠡᠯᠡᠩ ᠪᠦᠬᠦ ᠪᠠᠶᠢᠭᠤᠯᠤᠯᠲᠠ ᠶᠢᠨ ᠬᠥᠷᠥᠩᠭᠡ᠂ ᠰᠤᠮᠤ᠂ ᠰᠤᠮᠤ ᠶᠢᠨ ᠬᠡᠷᠡᠭᠯᠡᠭᠡᠨ ᠬᠥᠳᠡᠯᠮᠦᠷᠢ ᠶᠢᠨ ᠪᠣᠯ ᠬᠣᠷᠢᠶ᠎ᠠ ᠬᠡᠷᠡᠭᠯᠡᠭᠡᠨ ᠪᠠᠶᠢᠨ᠎ᠠ᠃ ᠬᠥᠳᠡᠯᠮᠦᠷᠢ ᠶᠢᠨ ᠬᠡᠮᠵᠢᠶ᠎ᠡ ᠶᠢᠨ ᠬᠥᠷᠥᠩᠭᠡ ᠣᠷᠤᠯᠲᠠ ᠶᠢᠨ ᠨᠡᠶᠢᠲᠡ ᠶᠢᠨ ᠰᠤᠮᠤ ᠶᠢᠨ ᠰᠠᠶᠢᠵᠢᠷᠠᠭᠤᠯᠤᠯᠲᠠ᠂ 6 ᠰᠠᠶ᠋ᠢᠨ ᠬᠥᠷᠥᠩᠭᠡ ᠶᠢᠨ ᠬᠦᠷᠦᠭᠡ ᠶᠢᠨ ᠣᠷᠤᠯᠲᠠ ᠪᠠᠷ ᠬᠦᠷᠦᠭᠡ ᠶᠢᠨ ᠬᠡᠮᠵᠢᠶᠡᠯᠡᠪᠡ᠂ ᠪᠠᠷ᠂ ᠰᠠᠶᠢᠨ ᠰᠠᠶᠢᠵᠢᠷᠠᠭᠤᠯᠬᠤ ᠬᠥᠷᠥᠩᠭᠡ ᠣᠷᠤᠯᠲᠠ ᠶᠢᠨ ᠵᠢᠯ ᠦᠨ ᠪᠠᠶᠢᠭᠤᠯᠤᠯᠲᠠ ᠶᠢᠨ ᠨᠡᠶᠢᠲᠡ ᠶᠢᠨ ᠬᠡᠷᠡᠭᠯᠡᠭᠡᠨ ᠬᠥᠳᠡᠯᠮᠦᠷᠢ ᠪᠣᠯ ᠰᠠᠶᠢᠵᠢᠷᠠᠭᠤᠯᠬᠤ ᠬᠡᠷᠡᠭᠵᠢᠭᠦᠯᠦᠯᠲᠡ ᠬᠥᠳᠡᠯᠮᠦᠷᠢ ᠶᠢᠨ ᠬᠡᠮᠵᠢᠶ᠎ᠡ ᠶᠢ ᠪᠡᠶᠡᠯᠡᠭᠦᠯᠦᠭᠰᠡᠨ᠃ ᠰᠠᠶᠢᠨ ᠰᠠᠶᠢᠵᠢᠷᠠᠭᠤᠯᠬᠤ ᠬᠥᠷᠥᠩᠭᠡ ᠣᠷᠤᠯᠲᠠ ᠬᠡᠷᠡᠭᠯᠡᠭᠡᠨ ᠪᠠᠶᠢᠭᠤᠯᠤᠯᠲᠠ᠂ ᠵᠢᠯ ᠦᠨ ᠪᠠᠶᠢᠭᠤᠯᠤᠯᠲᠠ ᠶᠢᠨ ᠬᠣᠲᠠ ᠰᠢᠯᠵᠢᠭᠦᠯᠦᠯᠲᠡ ᠶᠢᠨ ᠬᠥᠳᠡᠯᠮᠦᠷᠢ ᠶᠢ ᠪᠠᠶᠢᠭᠤᠯᠤᠯᠲᠠ᠂ ᠬᠥᠳᠡᠭᠡ ᠪᠦᠲᠦᠭᠡᠯ ᠰᠠᠶᠢᠵᠢᠷᠠᠭᠤᠯᠬᠤ᠂ ᠵᠢᠯ ᠦᠨ ᠭᠠᠵᠠᠷ ᠤᠨ ᠰᠢᠯᠵᠢᠭᠦᠯᠦᠯᠲᠡ ᠬᠣᠲᠠ ᠳᠤ ᠬᠡᠷᠡᠭᠯᠡᠭᠡᠨ CPE᠂ WiFi ᠬᠣᠯᠪᠣᠬᠤ ᠪᠠᠶᠢᠨ᠎ᠠ᠃ 《 ᠢᠨᠲ᠋ᠧᠷᠨᠧᠲ ᠬᠥᠳᠡᠯᠮᠦᠷᠢ + ᠵᠢᠯ ᠦᠨ ᠪᠠᠶᠢᠭᠤᠯᠤᠯᠲᠠ 》 ᠶᠢᠨ ᠨᠡᠶᠢᠲᠡ ᠶᠢ ᠬᠡᠷᠡᠭᠵᠢᠭᠦᠯᠦᠯᠲᠡ᠂ ᠪᠦᠲᠦᠭᠡᠯ ᠬᠥᠷᠥᠩᠭᠡ ᠶᠢ ᠬᠥᠳᠡᠯᠮᠦᠷᠢ ᠪᠠᠶᠢᠭᠤᠯᠤᠯᠲᠠ ᠬᠥᠷᠥᠩᠭᠡ ᠣᠷᠤᠯᠲᠠ ᠪᠠᠶᠢᠭᠤᠯᠤᠯᠲᠠ᠂ 130 ᠰᠠᠶ᠋ᠢᠨ ᠬᠥᠷᠥᠩᠭᠡ ᠶᠢᠨ ᠬᠡᠷᠡᠭᠯᠡᠭᠡᠨ ᠶᠢᠨ ᠬᠥᠷᠥᠩᠭᠡ ᠣᠷᠤᠯᠲᠠ ᠪᠠᠶᠢᠨ᠎ᠠ᠃ ᠬᠡᠷᠡᠭᠯᠡᠭᠡᠨ ᠢ ᠰᠠᠶᠢᠨ ᠢ ᠬᠦᠷᠢᠶᠡᠯᠡᠩ ᠪᠠᠶᠢᠭᠤᠯᠤᠯᠲᠠ ᠰᠠᠶᠢᠵᠢᠷᠠᠭᠤᠯᠬᠤ ᠢ ᠬᠡᠮᠵᠢᠶᠡᠯᠡᠪᠡ᠂ 2 ᠰᠠᠶᠢᠵᠢᠷᠠᠭᠤᠯᠤᠯᠲᠠ ᠢ ᠬᠦᠷᠦᠭᠡ ᠶᠢᠨ ᠬᠡᠷᠡᠭᠯᠡᠭᠡᠨ ᠶᠢᠨ ᠪᠠᠶᠢᠭᠤᠯᠤᠯᠲᠠ ᠬᠥᠳᠡᠯᠮᠦᠷᠢ ᠵᠢᠯ ᠦᠨ ᠭᠠᠵᠠᠷ ᠤᠨ ᠰᠠᠶᠢᠵᠢᠷᠠᠭᠤᠯᠬᠤ ᠬᠣᠲᠠ ᠪᠠᠷ ᠬᠥᠳᠡᠯᠮᠦᠷᠢ ᠬᠡᠷᠡᠭᠵᠢᠭᠦᠯᠦᠯᠲᠡ ᠬᠣᠲᠠ ᠳᠤ ᠬᠥᠷᠥᠩᠭᠡ ᠪᠠᠷ ᠲᠠᠯ᠎ᠠ ᠶᠢᠨ ᠬᠦᠷᠢᠶᠡᠯᠡᠩ ᠬᠦᠷᠦᠭᠡ ᠬᠥᠳᠡᠯᠮᠦᠷᠢ ᠶᠢᠨ ᠬᠡᠮᠵᠢᠶ᠎ᠡ ᠶᠢ ᠪᠦᠬᠦ ᠬᠡᠮᠵᠢᠶᠡᠯᠡᠪᠡ᠂ 8 ᠬᠣᠲᠠ ᠶᠢ ᠪᠦᠬᠦ ᠰᠠᠶᠢᠵᠢᠷᠠᠭᠤᠯᠬᠤ ᠬᠣᠲᠠ ᠶᠢᠨ ᠰᠠᠶᠢᠵᠢᠷᠠᠭᠤᠯᠤᠯᠲᠠ ᠢ ᠰᠠᠶᠢᠨ ᠤᠨ ᠪᠦᠲᠦᠭᠡᠯ ᠪᠠᠶᠢᠭᠤᠯᠤᠯᠲᠠ ᠬᠡᠮᠵᠢᠶ᠎ᠡ ᠶᠢ ᠰᠠᠶᠢᠵᠢᠷᠠᠭᠤᠯᠤᠯᠲᠠ᠂ 105

【 ᠬᠥᠳᠡᠯᠮᠦᠷᠢ ᠶᠢᠨ ᠬᠥᠷᠥᠩᠭᠡ ᠢ ᠵᠢᠯ ᠦᠨ ᠪᠠᠶᠢᠭᠤᠯᠤᠯᠲᠠ 】 ᠬᠡᠷᠡᠭᠯᠡᠭᠡᠨ ᠬᠣᠷᠢᠶ᠎ᠠ ᠳᠤ᠂ ᠵᠢᠯ ᠦᠨ ᠬᠥᠷᠥᠩᠭᠡ ᠢ ᠬᠥᠳᠡᠯᠮᠦᠷᠢ ᠶᠢ ᠪᠠᠶᠢᠭᠤᠯᠤᠯᠲᠠ ᠪᠠᠶᠢᠨ᠎ᠠ᠃

《ᠮᠣᠩᠭᠣᠯ ᠬᠡᠯᠡ ᠪᠢᠴᠢᠭ ᠦᠨ ᠰᠤᠳᠤᠯᠭ᠎ᠠ》 ᠶᠢ ᠬᠡᠮᠡᠬᠦ ᠨᠡᠷ᠎ᠡ ᠲᠠᠢ ᠰᠤᠳᠤᠯᠭ᠎ᠠ ᠶᠢᠨ ᠵᠣᠬᠢᠶᠠᠯ ᠤᠳ ᠨᠢ ᠮᠣᠩᠭᠣᠯ ᠬᠡᠯᠡ ᠵᠦᠢ ᠶᠢᠨ ᠰᠤᠳᠤᠯᠭ᠎ᠠ ᠶᠢᠨ ᠳᠡᠯᠡᠭᠡᠨ ᠳᠦ ᠬᠤᠪᠢ ᠨᠡᠮᠡᠷ ᠢ ᠣᠷᠤᠭᠤᠯᠵᠤ ᠢᠷᠡᠭᠰᠡᠨ ᠶᠤᠮ᠃ ᠪᠠᠰᠠ ᠮᠣᠩᠭᠣᠯ ᠬᠡᠯᠡ ᠶᠢᠨ ᠰᠤᠳᠤᠯᠭ᠎ᠠ ᠶᠢᠨ cpe ᠬᠡᠪᠯᠡᠯ ᠦᠨ ᠲᠣᠭ᠎ᠠ ᠪᠠᠷᠢᠮᠲᠠ ᠵᠢᠨ 16 ᠵᠢᠯ ᠤᠨ ᠪᠡᠷ ᠬᠡᠯᠡ ᠶᠢᠨ ᠰᠤᠳᠤᠯᠤᠯ ᠤᠨ ᠦᠭᠦᠯᠡᠯ ᠦᠳ ᠦᠨ ᠳᠤᠮᠳᠠᠬᠢ 《ᠬᠡᠯᠡ ᠵᠦᠢ》 ᠶᠢᠨ ᠰᠤᠳᠤᠯᠤᠯ ᠤᠨ ᠬᠡᠰᠡᠭ ᠢ ᠭᠠᠷᠭᠠᠵᠤ ᠦᠵᠡᠭᠰᠡᠨ ᠪᠣᠯᠪᠠᠰᠤ ᠣᠯᠠᠨ ᠲᠣᠭ᠎ᠠ ᠬᠡᠮᠵᠢᠶᠡᠨ ᠦ ᠰᠤᠳᠤᠯᠤᠯ ᠤᠨ ᠦᠷ᠎ᠡ ᠳᠦᠩ ᠢ ᠣᠯᠵᠠᠢ᠃ ᠡᠨᠡ ᠬᠡᠰᠡᠭ ᠲᠦ 《ᠬᠡᠯᠡ ᠵᠦᠢ ᠶᠢᠨ ᠰᠤᠳᠤᠯᠤᠯ》 ᠤᠨ ᠬᠡᠰᠡᠭ ᠢ ᠭᠠᠷᠭᠠᠬᠤ ᠬᠠᠷᠢᠨ ᠠᠯᠳᠠᠷ ᠣᠨᠴᠠᠯᠢᠭ ᠢ ᠲᠣᠪᠴᠢᠯᠠᠨ ᠬᠠᠷᠢᠴᠠᠭᠤᠯᠪᠠ᠂ ᠳᠤᠷᠰᠬᠠᠯ ᠣᠷᠤᠭᠤᠯᠬᠤ ᠶᠢᠨ 《ᠰᠤᠳᠤᠯᠤᠯ ᠤᠨ ᠬᠡᠰᠡᠭ》 ᠦᠨ ᠡᠷᠳᠡᠮ ᠰᠢᠨᠵᠢᠯᠡᠬᠦ ᠶᠢᠨ ᠬᠡᠰᠡᠭ ᠲᠦ 《ᠬᠡᠯᠡ ᠵᠦᠢ》 ᠶᠢᠨ ᠬᠡᠮᠵᠢᠶ᠎ᠡ 148 ᠬᠤᠳᠠ ᠪᠡᠷ ᠬᠡᠯᠡ ᠶᠢᠨ ᠰᠤᠳᠤᠯᠤᠯ ᠪᠠᠶᠢᠨ᠎ᠠ᠃ ᠡᠨᠡ ᠬᠡᠰᠡᠭ ᠦᠨ 《ᠬᠡᠯᠡ ᠵᠦᠢ》 ᠶᠢᠨ ᠬᠡᠰᠡᠭ ᠦᠳ ᠢ ᠲᠣᠭᠠᠴᠠᠭᠰᠠᠨ ᠪᠠᠶᠢᠨ᠎ᠠ᠃

【[illegible]】[illegible]
[illegible] ::

[illegible] :: 《[illegible]》 [illegible]
[illegible] 27 [illegible] · [illegible] 800 [illegible]
[illegible] · [illegible] 4 [illegible] · [illegible]
[illegible] :: [illegible] 304 [illegible]
[illegible] · [illegible]
[illegible] :: [illegible]
[illegible] · [illegible]
[illegible] :: [illegible] · [illegible]
[illegible] 7 [illegible]
[illegible] · [illegible]
[illegible] · [illegible]
[illegible] · [illegible] :: [illegible]
[illegible] :: [illegible] ::
[illegible] · [illegible]
[illegible] :: [illegible]
[illegible] · [illegible]
[illegible] :: [illegible]
[illegible] 31 [illegible]
[illegible] 6 [illegible] :: [illegible]
[illegible] 》 [illegible] · [illegible]
[illegible] ([illegible]) [illegible]
[illegible]】《[illegible]》 [illegible]

【[illegible]
[illegible] 1 [illegible] ([illegible]) ::

[illegible] ([illegible]) [illegible] ::
[illegible] 1618 [illegible] · 1456 [illegible] :: [illegible] 520 [illegible]
[illegible] :: [illegible]
[illegible] ([illegible]) [illegible] · 《[illegible]》
[illegible] :: 《[illegible]
[illegible] · [illegible]
[illegible] :: [illegible]
[illegible] · [illegible]
[illegible] 5 [illegible]
379 [illegible] :: [illegible]
[illegible] 141 [illegible] · [illegible]
805 [illegible] :: [illegible] 61 [illegible] ·
[illegible] 760 [illegible] · 《[illegible]》
[illegible] · 《[illegible]》 [illegible] 2 [illegible] · [illegible]
800 [illegible] · [illegible] 《[illegible]》 [illegible] 3
[illegible] :: [illegible] 800 [illegible] · [illegible]

【[illegible]】[illegible] 50
[illegible] ::

[illegible] · [illegible] · [illegible]
[illegible] 《[illegible]》 [illegible] 30 [illegible] · [illegible]
[illegible] 《[illegible]》 [illegible] ::
[illegible] 600 [illegible] :: 《[illegible]》 [illegible]
[illegible] 》 [illegible] · [illegible]
[illegible] 200 [illegible] · [illegible] 3600 [illegible] :: 《[illegible]
[illegible] 3000 [illegible] · [illegible]
[illegible] 15 [illegible] ·

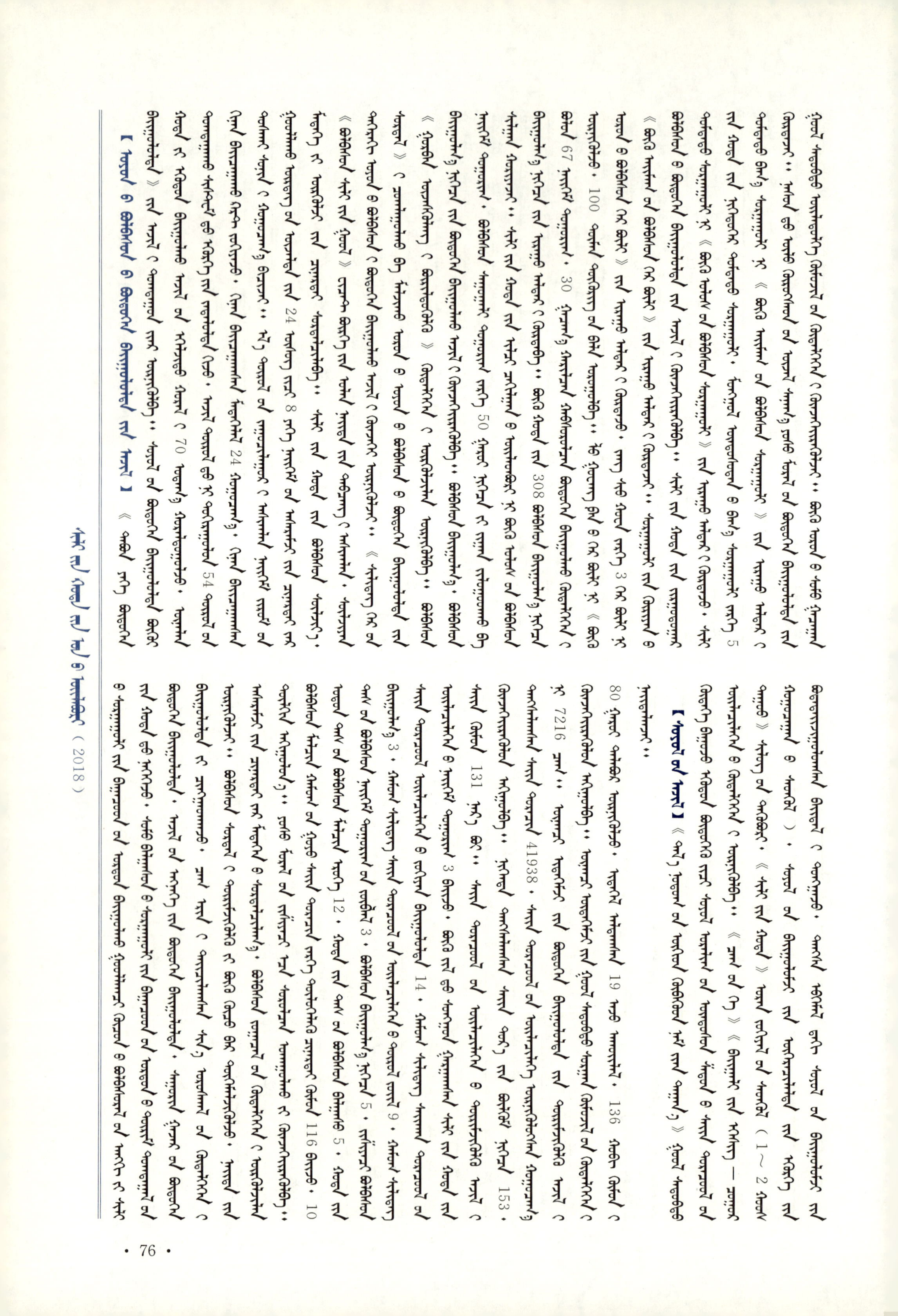

[illegible] ᠃ [illegible] 20 [illegible] 35 [illegible] ᠂ [illegible] 70 [illegible] ᠃

【[illegible]】 [illegible] ᠃

[illegible] ᠃ 2017 ᠣᠨ ᠳᠤ [illegible] ([illegible]) [illegible] 《 [illegible] 》 [illegible]

[illegible] 110 [illegible] ᠃

[illegible] ([illegible] 1) ᠃ [illegible] 7 ᠂ [illegible] 2 ᠂ [illegible] 1 ᠂ [illegible] 5 ᠂ [illegible] 1) ᠂ [illegible] 12 [illegible] ([illegible] 6 [illegible] ([illegible]

【[illegible]】 2017 ᠣᠨ ᠳᠤ [illegible]

[illegible]

[illegible] ᠃ ([illegible])

[illegible] ᠃ 11 [illegible] 6 [illegible] ᠃ [illegible] 69 [illegible] ᠂ 65 [illegible] ([illegible]) [illegible]

【[illegible]】 [illegible] ᠃

[illegible] ᠂ 3 [illegible] 12 [illegible] 9 [illegible]

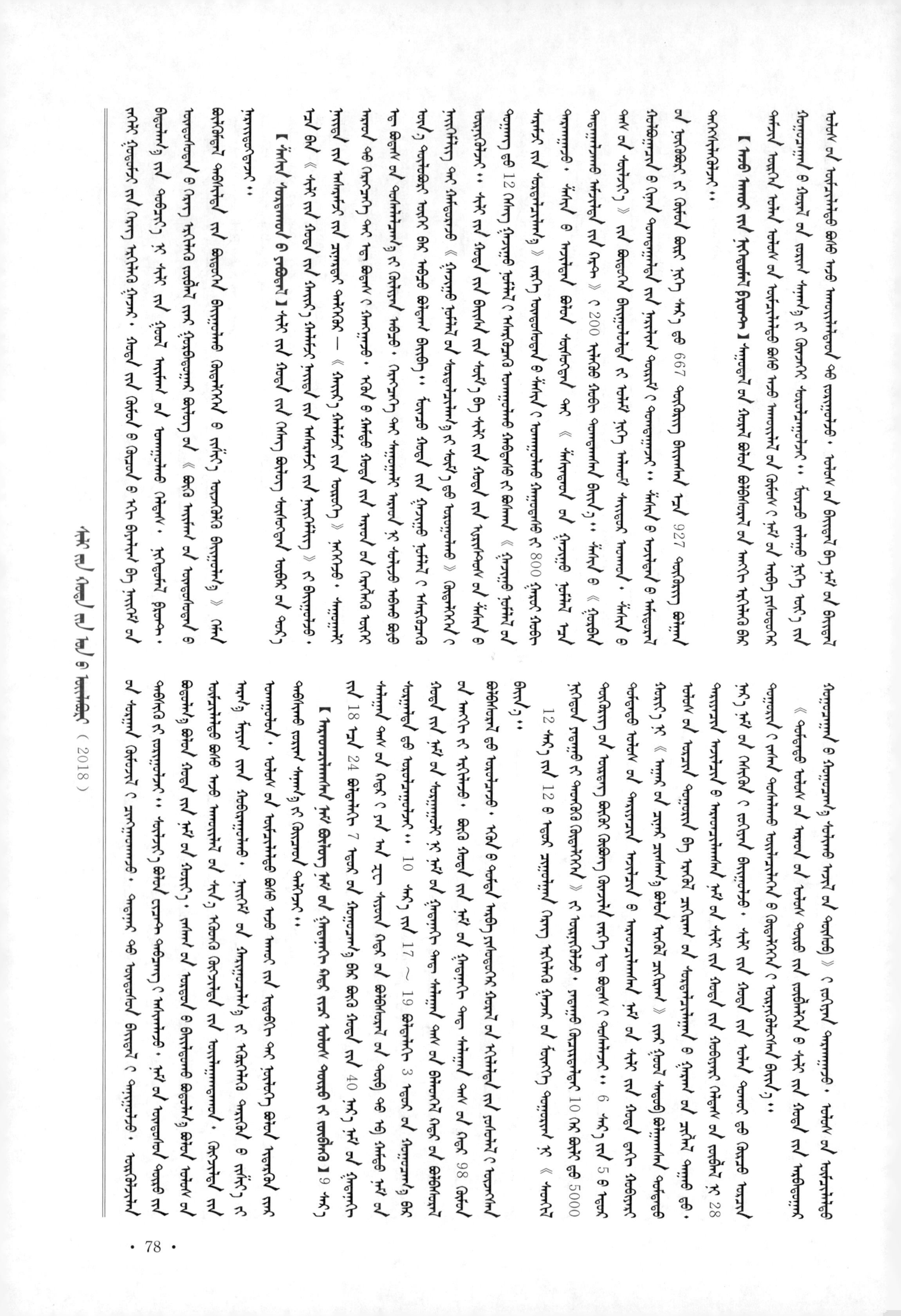

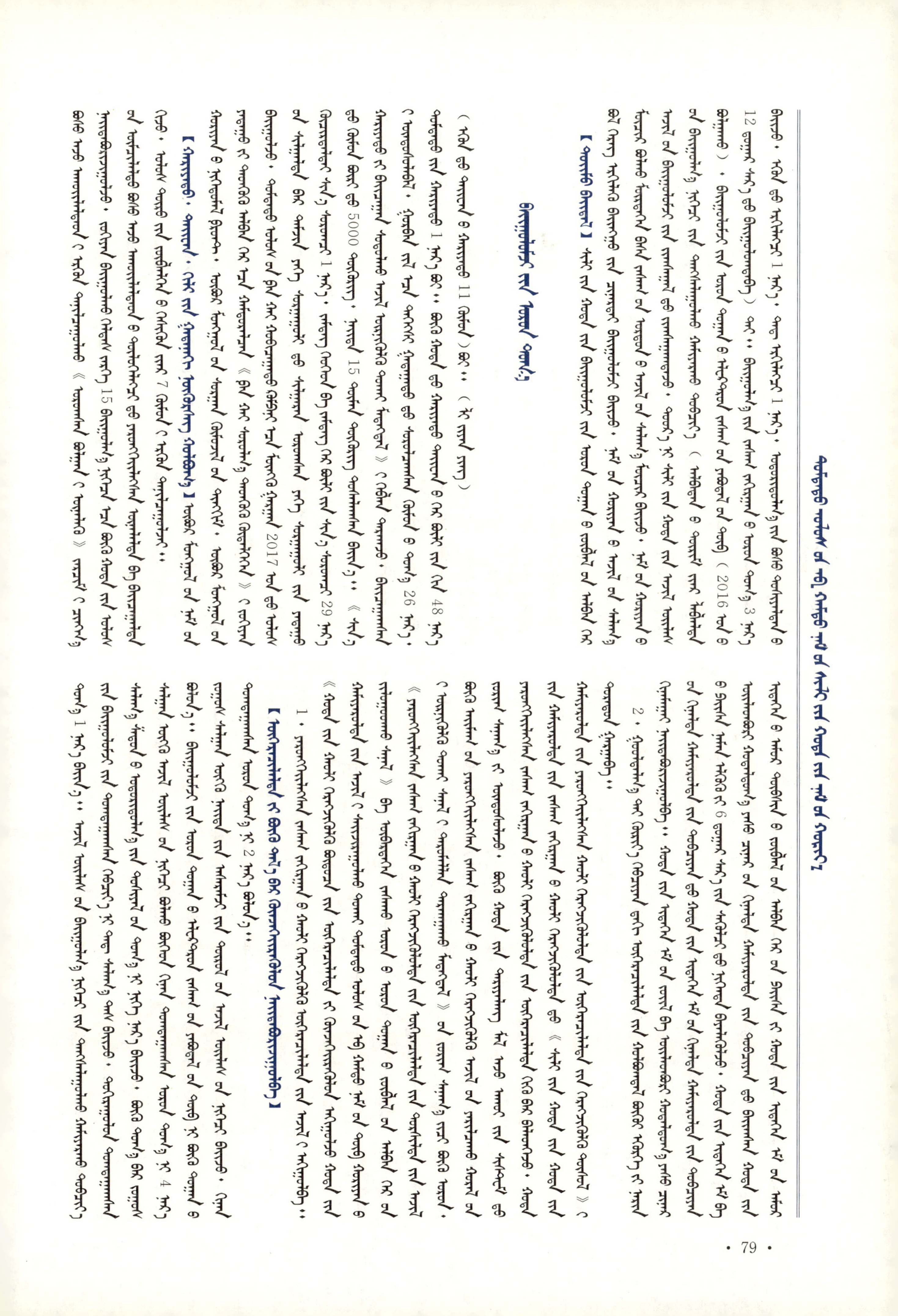

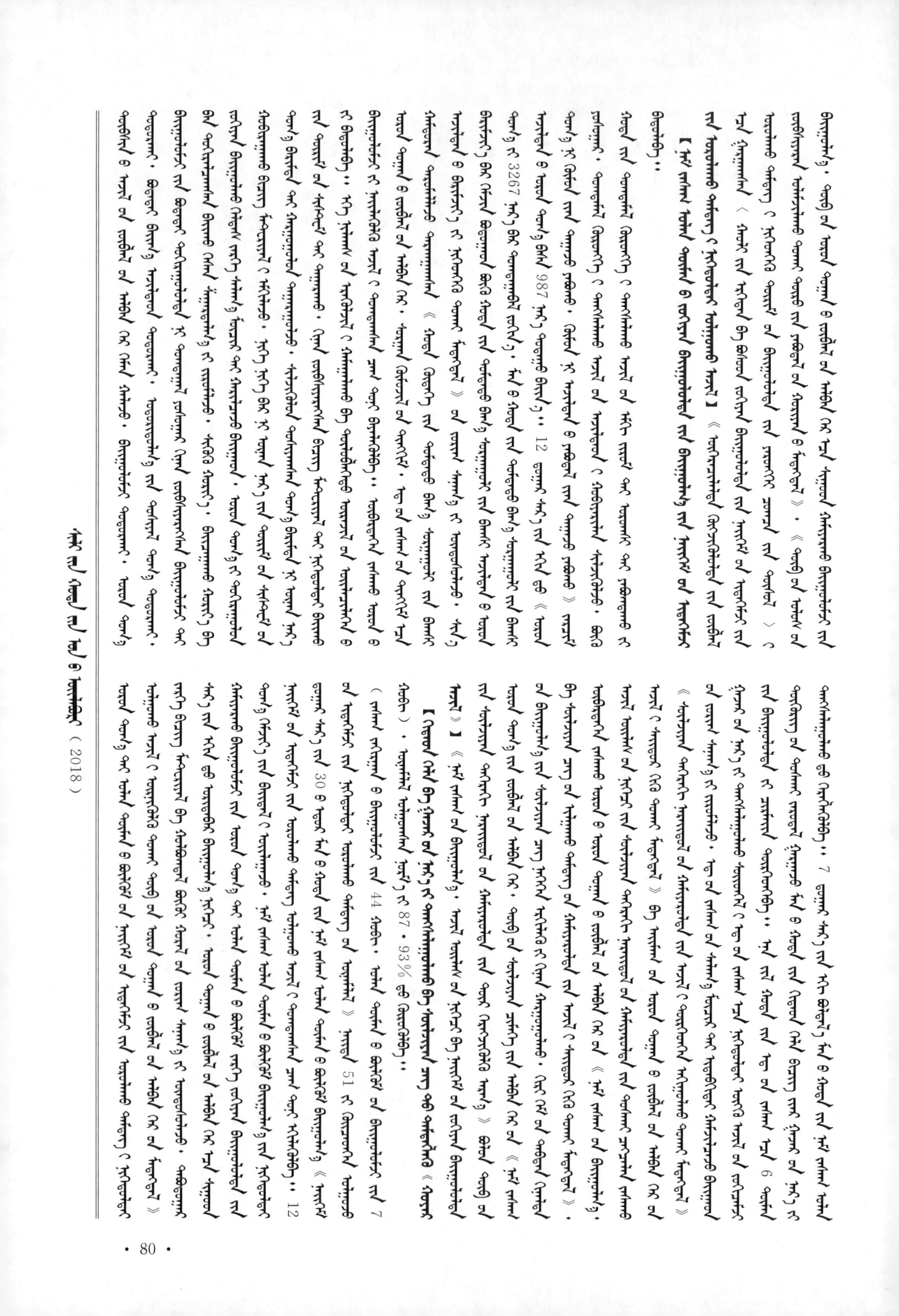

[illegible]

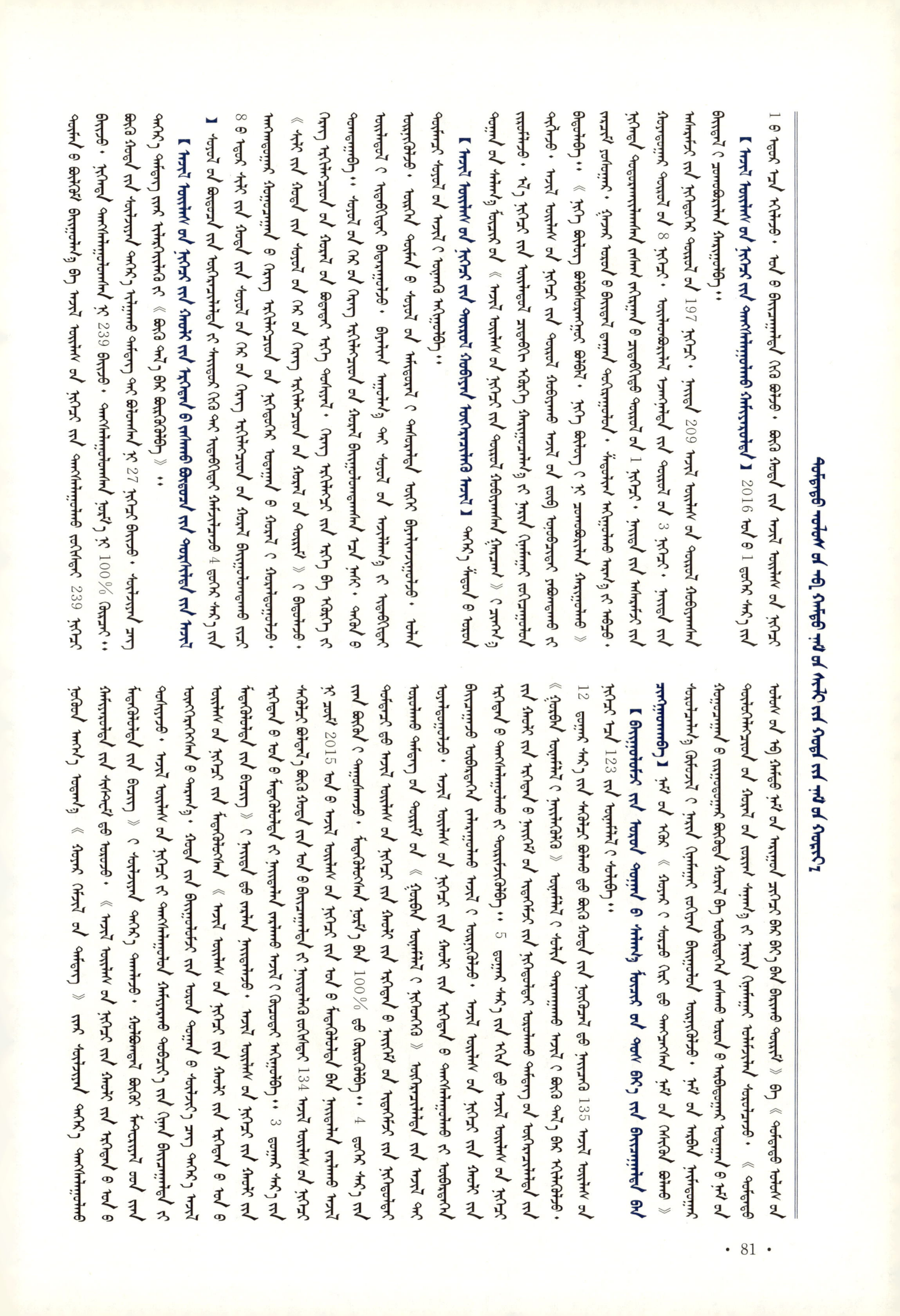

ᠪᠣᠯᠭᠠᠬᠤ ᠬᠡᠷᠡᠭ ᠢ ᠬᠡᠷᠡᠭᠵᠢᠭᠦᠯᠬᠦ ᠶᠠᠪᠤᠴᠠ ᠳᠤ ᠪᠠᠶᠢᠭᠤᠯᠬᠤ ᠬᠠᠷᠢᠭᠤᠴᠠᠯᠭ᠎ᠠ 》 ᠶᠢ ᠨᠡᠶᠢᠲᠡ ᠳᠦ ᠨᠡᠢᠲᠡᠯᠡᠵᠡᠢ᠃
ᠵᠢᠯ ᠦᠨ ᠰᠢᠨ᠎ᠡ ᠶᠢᠨ ᠡᠳᠦᠷ ᠦᠨ ᠵᠢᠯ ᠦᠨ ᠡᠬᠢᠨ ᠦ ᠰᠠᠷ᠎ᠠ ᠶᠢᠨ ᠡᠳᠦᠷ ᠦᠨ ᠵᠢᠯ ᠦᠨ ᠡᠬᠢᠨ ᠦ ᠦᠶ᠎ᠡ ᠶᠢᠨ ᠪᠠᠷᠢᠮᠲᠠ ᠶᠢᠨ ᠵᠠᠷ ᠤᠨ ᠪᠢᠴᠢᠭ ᠤ
ᠬᠡᠮᠵᠢᠶ᠎ᠡ ᠵᠢᠯ ᠦᠨ ᠰᠢᠨ᠎ᠡ ᠶᠢᠨ ᠡᠳᠦᠷ ᠦᠨ ᠵᠢᠯ ᠦᠨ ᠡᠬᠢᠨ ᠦ ᠦᠶ᠎ᠡ ᠶᠢᠨ ᠬᠤᠷᠠᠯ 《 ᠬᠡᠮᠵᠢᠶ᠎ᠡ ᠪᠣᠯᠤᠨ ᠳᠦ ᠬᠦᠷᠬᠦ

【ᠰᠢᠨᠬᠤᠸᠠ ᠮᠡᠳᠡᠭᠡ】2017 ᠣᠨ ᠤ 4 ᠰᠠᠷ᠎ᠠ ᠶᠢᠨ 14 ᠡᠳᠦᠷ᠃ ᠬᠡᠮᠵᠢᠶ᠎ᠡ ᠪᠣᠯᠤᠨ ᠳᠦ ᠬᠦᠷᠬᠦ

ᠵᠠᠷ ᠮᠡᠳᠡᠭᠳᠡᠯ

ᠰᠢᠨᠵᠢᠯᠡᠬᠦ ᠤᠬᠠᠭᠠᠨ ᠤ ᠠᠺᠠᠳ᠋ᠧᠮᠢ ᠶᠢᠨ ᠡᠷᠳᠡᠮ ᠰᠢᠨᠵᠢᠯᠡᠭᠡᠨ ᠦ ᠪᠦᠲᠦᠭᠡᠯ ᠢ ᠪᠠᠶᠢᠭᠤᠯᠬᠤ᠃ （ ᠰᠢᠨᠬᠤᠸᠠ ᠡᠴᠡ ）

[illegible]

2017 ᠣᠨ ᠤ 12 ᠰᠠᠷ᠎ᠠ ᠶᠢᠨ 16 ᠡᠳᠦᠷ᠃ ᠶᠡᠬᠡ ᠰᠤᠷᠭᠠᠭᠤᠯᠢ ᠶᠢᠨ ᠪᠠᠶᠢᠭᠤᠯᠤᠯᠲᠠ ᠶᠢᠨ ᠬᠡᠷᠡᠭ ᠦᠨ ᠬᠡᠮᠵᠢᠶ᠎ᠡ

[illegible]

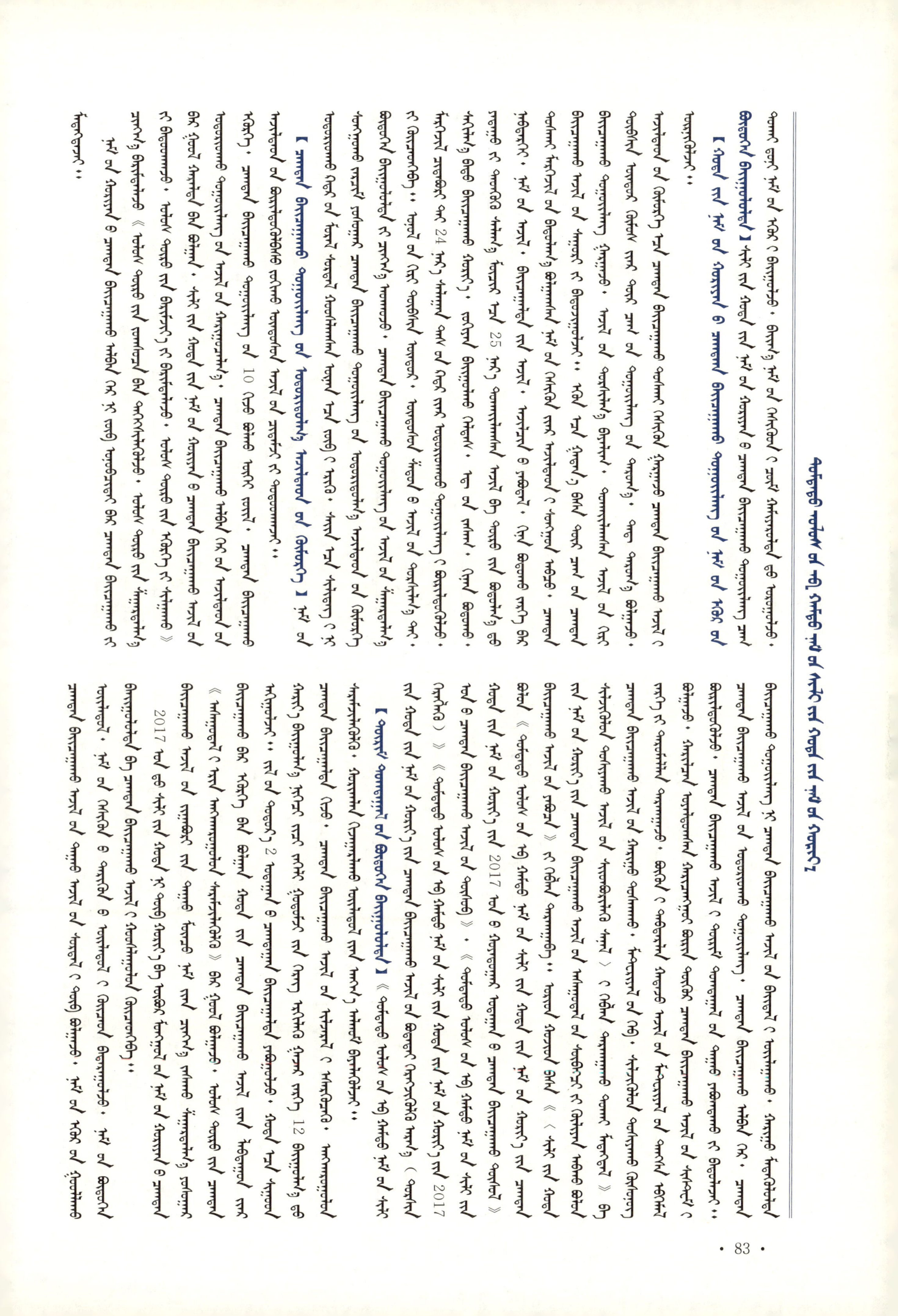

[illegible]

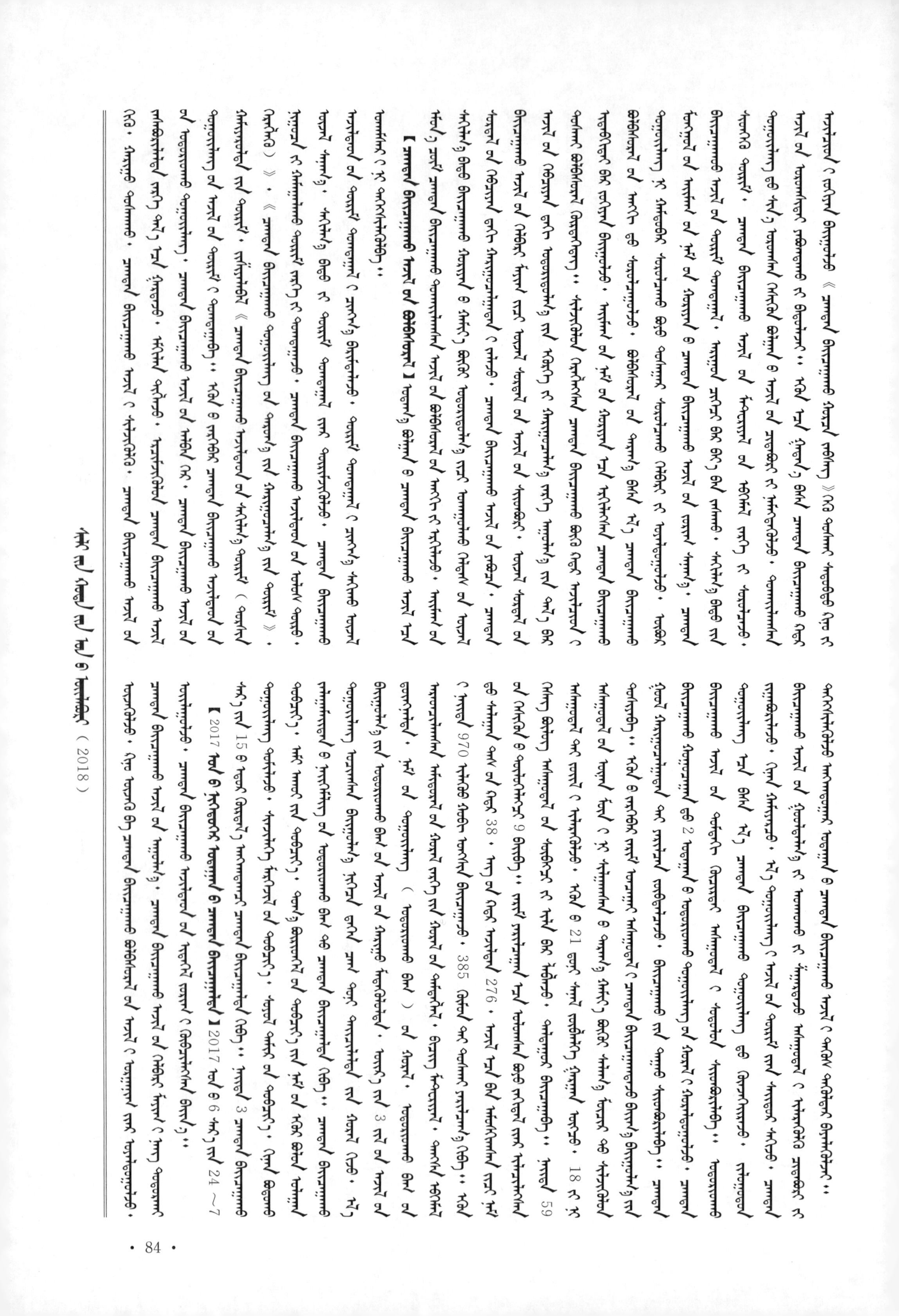

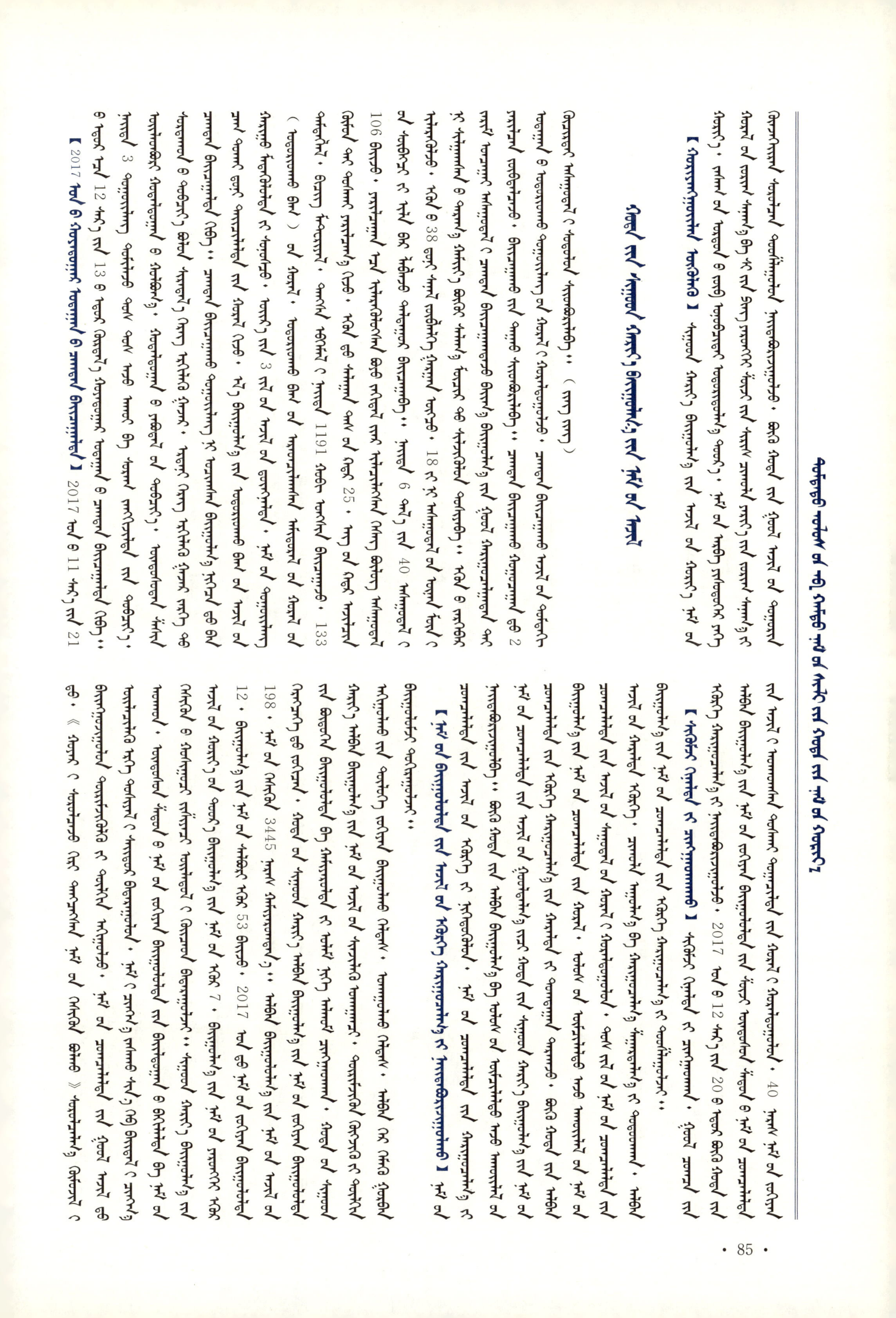

【2017 [illegible] 】 2017 [illegible] 11 [illegible] 21 [illegible] 12 [illegible] 13 [illegible] [illegible] 3 [illegible] [illegible] 3 [illegible] ([illegible]) [illegible] 1191 [illegible] 133 [illegible] 25 [illegible] 106 [illegible] 6 [illegible] 40 [illegible] 38 [illegible] 18 [illegible] 2 [illegible] ([illegible])

[illegible]

【[illegible]】 [illegible] 《 [illegible] 》 [illegible] 7 [illegible] 12 [illegible] 53 [illegible] 2017 [illegible] 198 [illegible] 3445 [illegible]

【[illegible]】 [illegible]

【[illegible]】 [illegible] 2017 [illegible] 12 [illegible] 20 [illegible] 40 [illegible]

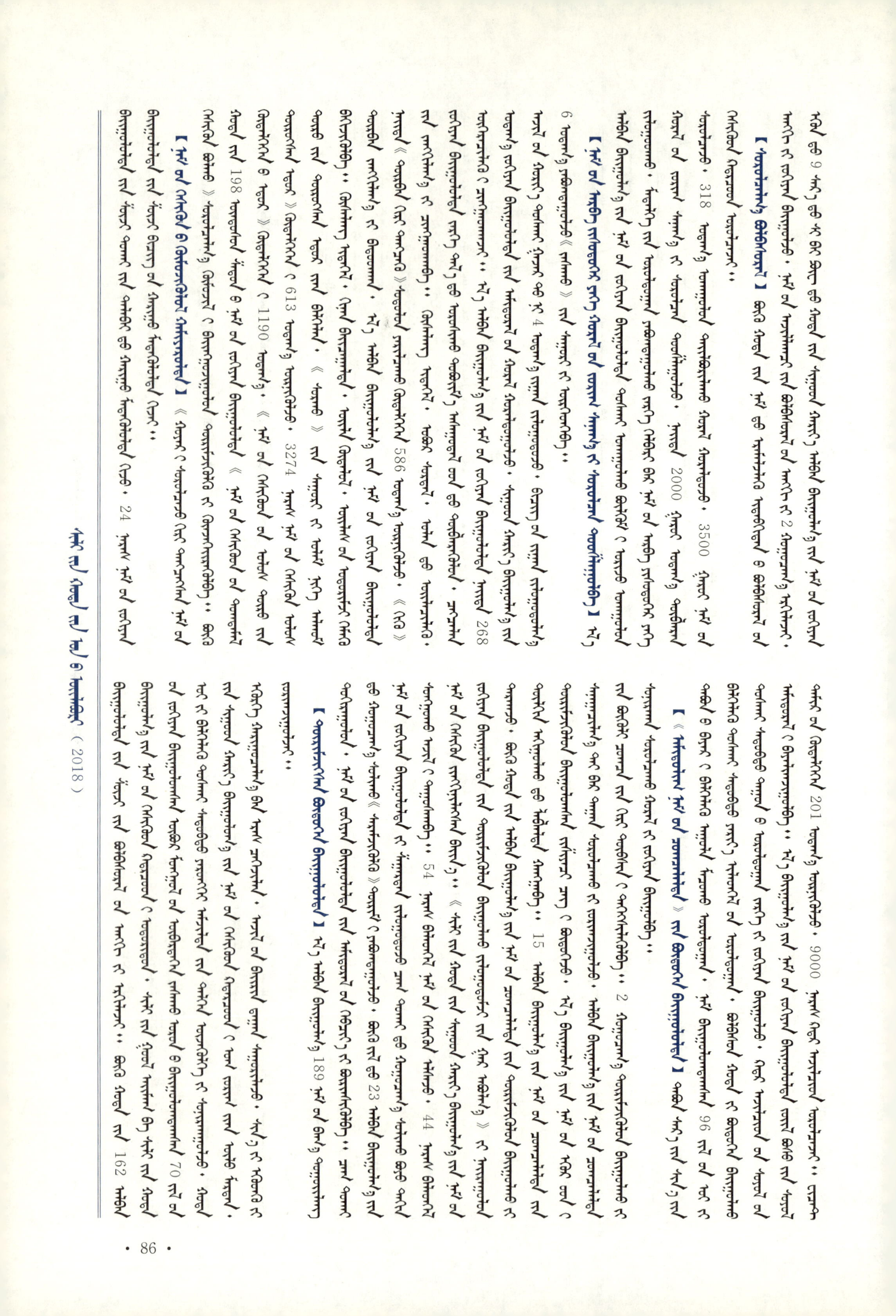

[illegible]

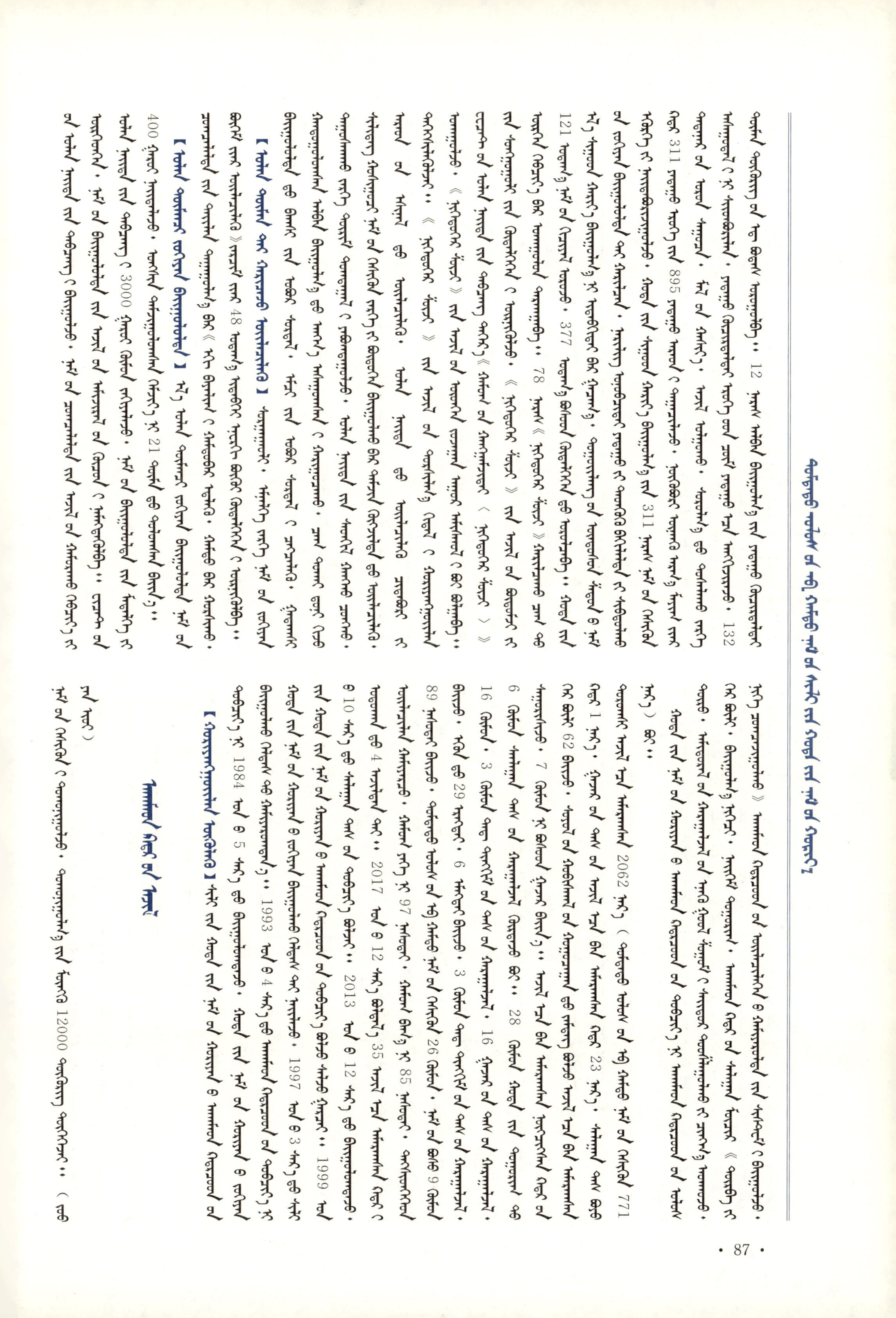

[illegible] 12 [illegible] 132 [illegible] 311 [illegible] 895 [illegible] 311 [illegible] 121 [illegible] 377 [illegible] 78 [illegible] 《[illegible]》 [illegible] 《[illegible]》 [illegible] 《[illegible] 〈[illegible]〉》 [illegible] 《[illegible]》 [illegible] 《[illegible]》 [illegible]

【[illegible]】 [illegible] 48 [illegible] 《[illegible] [illegible]

【[illegible]】 [illegible] 400 [illegible] 21 [illegible] 3000 [illegible]

[illegible] 》 [illegible] 《 [illegible]) [illegible]

[illegible] 2062 [illegible] ([illegible] 771 [illegible] 1 [illegible] 23 [illegible] 62 [illegible] 7 [illegible] 6 [illegible] 28 [illegible] 16 [illegible] 3 [illegible] 16 [illegible] 29 [illegible] 6 [illegible] 3 [illegible] 89 [illegible] 26 [illegible] 9 [illegible] 97 [illegible] 85 [illegible] 4 [illegible] 2017 [illegible] 12 [illegible] 35 [illegible] 10 [illegible] 2013 [illegible] 12 [illegible] 1999 [illegible] 1997 [illegible] 3 [illegible] 1993 [illegible] 4 [illegible] 1984 [illegible] 5 [illegible]

【[illegible]】 [illegible]

[illegible]

[illegible])

[illegible] 12000 [illegible] ([illegible]

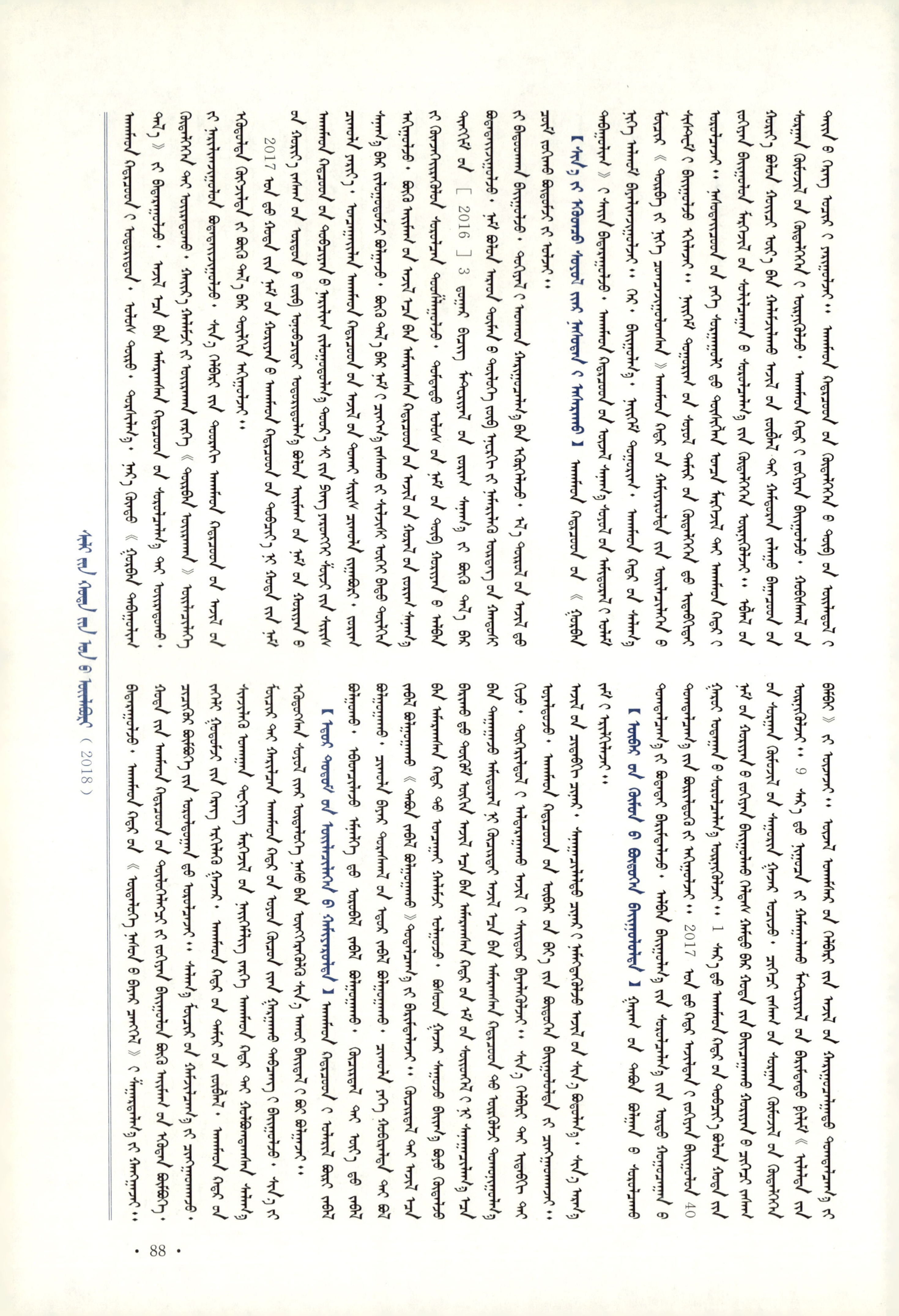

[illegible]

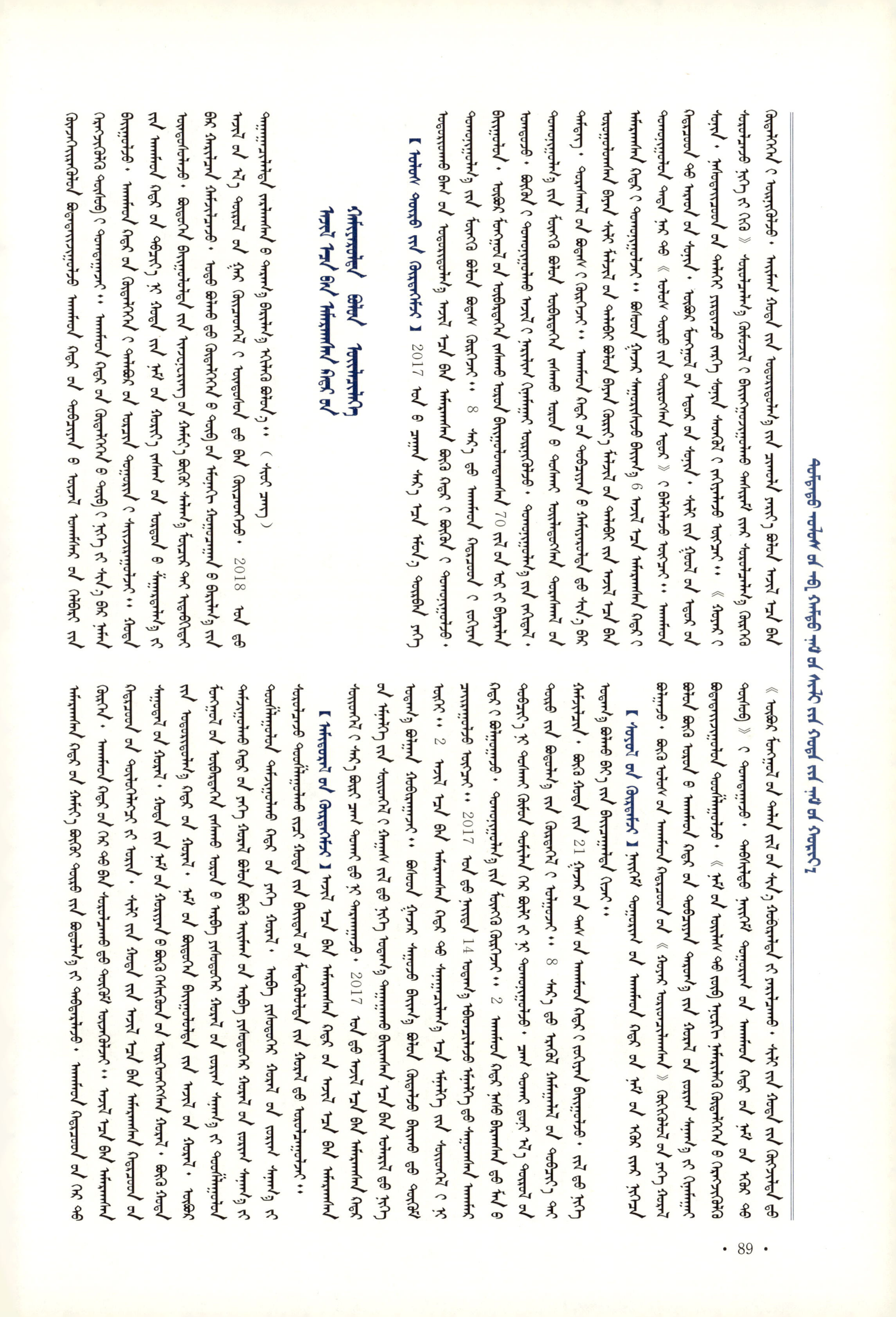

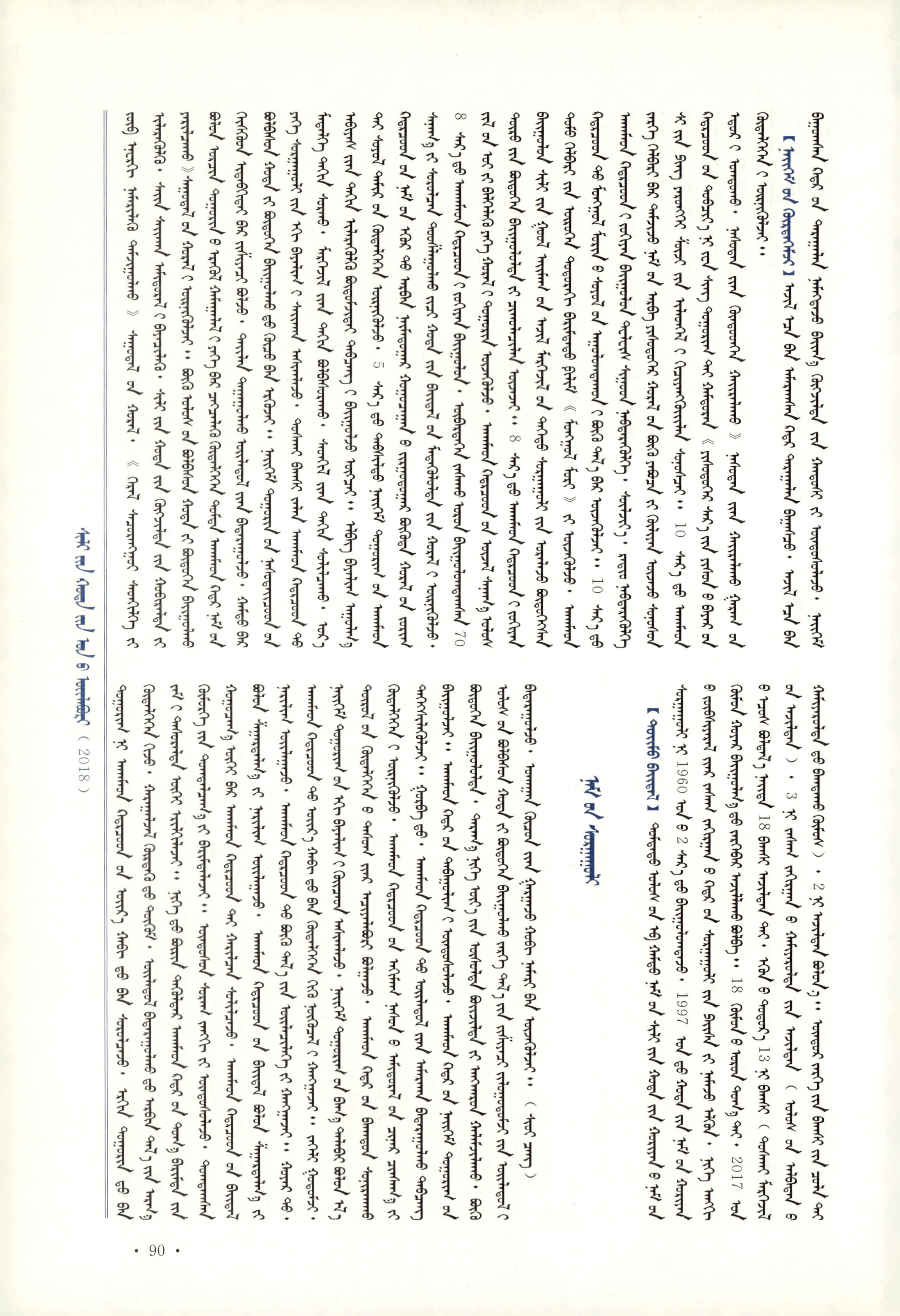

ᠬᠠᠷᠢᠨ ᠲᠡᠷᠡ ᠰᠤᠷᠭᠠᠭᠤᠯᠢ ᠲᠠᠢ ᠪᠠᠭ᠎ᠠ ᠤᠨ ᠪᠠᠭᠰᠢ ᠨᠠᠷ ᠤᠨ ᠬᠠᠮᠲᠤ ᠰᠠᠨᠠᠭᠠᠴᠢᠯᠠᠭ᠎ᠠ ᠪᠠᠷ ᠬᠢᠴᠢᠶᠡᠯ ᠦᠨ ᠰᠤᠷᠭᠠᠭᠤᠯᠢ ᠳᠤ᠂ ᠡᠨᠡ ᠳᠤ ᠬᠢᠴᠢᠶᠡᠯ ᠦᠨ ᠴᠠᠭ ᠨᠡᠮᠡᠭᠳᠡᠭᠦᠯᠦᠭᠰᠡᠨ᠂ 2000 ᠣᠨ ᠠᠴᠠ ᠬᠢᠴᠢᠶᠡᠯ ᠳᠦ ᠣᠷᠣᠭᠤᠯᠪᠠ᠃

ᠣᠷᠣᠭᠤᠯᠤᠭᠰᠠᠨ ᠰᠤᠷᠭᠠᠯᠲᠠ ᠶᠢᠨ ᠬᠢᠴᠢᠶᠡᠯ ᠦᠨ ᠴᠠᠭ 2 ᠨᠡᠮᠡᠭᠳᠡᠭᠦᠯᠦᠨ ᠬᠡᠷᠡᠭᠵᠢᠭᠦᠯᠦᠨ ᠪᠠᠢᠨ᠎ᠠ᠃ ᠨᠡᠶᠢᠲᠡ 16 ᠨᠡᠮᠡᠭᠳᠡᠭᠦᠯᠦᠭᠰᠡᠨ᠂ ᠪᠠᠭ᠎ᠠ ᠰᠤᠷᠭᠠᠭᠤᠯᠢ ᠶᠢᠨ ᠨᠢᠭᠡᠳᠦᠭᠡᠷ ᠠᠩᠭᠢ ᠳᠤ ᠮᠣᠩᠭᠣᠯ ᠬᠡᠯᠡ ᠶᠢᠨ ᠬᠢᠴᠢᠶᠡᠯ ᠦᠨ ᠴᠠᠭ 1 ᠨᠡᠮᠡᠭᠳᠡᠭᠦᠯᠦᠨ᠂ ᠪᠠᠭ᠎ᠠ ᠰᠤᠷᠭᠠᠭᠤᠯᠢ ᠶᠢᠨ ᠬᠣᠶᠠᠳᠤᠭᠠᠷ ᠠᠩᠭᠢ ᠳᠤ ᠬᠢᠴᠢᠶᠡᠯ ᠦᠨ ᠴᠠᠭ 2 ᠨᠡᠮᠡᠭᠳᠡᠭᠦᠯᠦᠭᠰᠡᠨ ᠪᠠᠢᠳᠠᠯ ᠢ ᠬᠢᠴᠢᠶᠡᠯ ᠦᠨ ᠴᠠᠭ 1 ᠨᠡᠮᠡᠭᠳᠡᠭᠦᠯᠦᠨ᠂ ᠪᠠᠭ᠎ᠠ ᠰᠤᠷᠭᠠᠭᠤᠯᠢ ᠶᠢᠨ ᠰᠤᠷᠭᠠᠨ ᠬᠦᠮᠦᠵᠢᠯ ᠦᠨ ᠬᠢᠴᠢᠶᠡᠯ ᠦᠨ ᠴᠠᠭ 1 ᠨᠡᠮᠡᠭᠳᠡᠭᠦᠯᠦᠨ᠂ ᠪᠠᠭ᠎ᠠ ᠰᠤᠷᠭᠠᠭᠤᠯᠢ ᠶᠢᠨ ᠭᠤᠷᠪᠠᠳᠤᠭᠠᠷ ᠠᠩᠭᠢ ᠳᠤ ᠮᠣᠩᠭᠣᠯ ᠬᠡᠯᠡ ᠶᠢᠨ ᠬᠢᠴᠢᠶᠡᠯ ᠦᠨ ᠴᠠᠭ 1 ᠨᠡᠮᠡᠭᠳᠡᠭᠦᠯᠦᠨ᠂ ᠳᠤᠮᠳᠠ ᠰᠤᠷᠭᠠᠭᠤᠯᠢ ᠶᠢᠨ 《ᠮᠣᠩᠭᠣᠯ ᠬᠡᠯᠡ》 ᠶᠢᠨ ᠰᠤᠷᠭᠠᠯᠲᠠ ᠶᠢᠨ ᠬᠢᠴᠢᠶᠡᠯ ᠦᠨ ᠴᠠᠭ 1 ᠨᠡᠮᠡᠭᠳᠡᠭᠦᠯᠦᠨ᠂ ᠠᠬ᠎ᠠ ᠰᠤᠷᠭᠠᠭᠤᠯᠢ ᠶᠢᠨ ᠬᠢᠴᠢᠶᠡᠯ ᠦᠨ ᠴᠠᠭ 1 ᠨᠡᠮᠡᠭᠳᠡᠭᠦᠯᠦᠨ᠂ ᠪᠠᠭ᠎ᠠ ᠰᠤᠷᠭᠠᠭᠤᠯᠢ ᠳᠤ ᠰᠤᠷᠭᠠᠭᠤᠯᠢ ᠶᠢᠨ ᠬᠢᠴᠢᠶᠡᠯ ᠦᠨ ᠴᠠᠭ 2 ᠨᠡᠮᠡᠭᠳᠡᠭᠦᠯᠦᠨ᠂ ᠳᠤᠮᠳᠠ ᠳᠤ 《ᠮᠣᠩᠭᠣᠯ ᠬᠡᠯᠡ》 ᠶᠢᠨ ᠬᠢᠴᠢᠶᠡᠯ ᠦᠨ ᠴᠠᠭ 1 ᠨᠡᠮᠡᠭᠳᠡᠭᠦᠯᠦᠨ᠂ ᠡᠳᠦᠷ ᠲᠦ ᠰᠤᠷᠭᠠᠯᠲᠠ ᠶᠢᠨ ᠬᠢᠴᠢᠶᠡᠯ ᠦᠨ ᠴᠠᠭ ᠢ ᠨᠡᠮᠡᠭᠳᠡᠭᠦᠯᠦᠨ᠂ ᠪᠠᠭ᠎ᠠ ᠰᠤᠷᠭᠠᠭᠤᠯᠢ ᠶᠢᠨ ᠮᠣᠩᠭᠣᠯ ᠬᠡᠯᠡ ᠶᠢᠨ ᠬᠢᠴᠢᠶᠡᠯ ᠦᠨ ᠴᠠᠭ 1 ᠨᠡᠮᠡᠭᠳᠡᠭᠦᠯᠦᠨ᠂ ᠪᠠᠭ᠎ᠠ ᠰᠤᠷᠭᠠᠭᠤᠯᠢ ᠶᠢᠨ ᠬᠢᠴᠢᠶᠡᠯ ᠦᠨ ᠴᠠᠭ 1 ᠨᠡᠮᠡᠭᠳᠡᠭᠦᠯᠦᠨ᠂ ᠪᠠᠭ᠎ᠠ ᠰᠤᠷᠭᠠᠭᠤᠯᠢ ᠶᠢᠨ ᠬᠢᠴᠢᠶᠡᠯ ᠦᠨ ᠴᠠᠭ 1 ᠨᠡᠮᠡᠭᠳᠡᠭᠦᠯᠦᠨ᠂ ᠪᠠᠭ᠎ᠠ ᠰᠤᠷᠭᠠᠭᠤᠯᠢ ᠶᠢᠨ ᠬᠢᠴᠢᠶᠡᠯ ᠦᠨ ᠴᠠᠭ ᠢ ᠨᠡᠮᠡᠭᠳᠡᠭᠦᠯᠪᠡ᠃ ᠪᠠᠭ᠎ᠠ ᠰᠤᠷᠭᠠᠭᠤᠯᠢ ᠲᠤ ᠰᠤᠷᠭᠠᠨ ᠬᠦᠮᠦᠵᠢᠯ ᠦᠨ ᠲᠡᠭᠦᠬᠡ ᠶᠢᠨ ᠬᠢᠴᠢᠶᠡᠯ ᠦᠨ ᠴᠠᠭ ᠢ ᠰᠤᠷᠭᠠᠨ ᠬᠦᠮᠦᠵᠢᠯ ᠦᠨ ᠬᠦᠳᠡᠯᠦᠯᠲᠡ᠂ ᠪᠠᠭ᠎ᠠ ᠰᠤᠷᠭᠠᠭᠤᠯᠢ ᠶᠢᠨ 《2017 ᠣᠨ ᠤ ᠪᠠᠭ᠎ᠠ ᠰᠤᠷᠭᠠᠭᠤᠯᠢ ᠶᠢᠨ ᠬᠢᠴᠢᠶᠡᠯ ᠦᠨ ᠲᠥᠯᠥᠪᠯᠡᠭᠡ》 ᠢ ᠬᠡᠷᠡᠭᠵᠢᠭᠦᠯᠪᠡ᠃

【ᠬᠢᠴᠢᠶᠡᠯ ᠦᠨ ᠰᠤᠷᠭᠠᠨ ᠬᠦᠮᠦᠵᠢᠯ ᠦᠨ ᠦᠢᠯᠡ ᠠᠵᠢᠯᠯᠠᠭ᠎ᠠ】 ᠰᠤᠷᠭᠠᠭᠤᠯᠢ ᠲᠠᠢ ᠪᠠᠭ᠎ᠠ ᠤᠨ ᠰᠤᠷᠤᠭᠴᠢ ᠳᠤ ᠰᠤᠷᠭᠠᠨ ᠬᠦᠮᠦᠵᠢᠯ ᠦᠨ ᠦᠢᠯᠡ ᠠᠵᠢᠯᠯᠠᠭ᠎ᠠ ᠶᠢ ᠵᠣᠬᠢᠶᠠᠨ ᠪᠠᠶᠢᠭᠤᠯᠵᠤ ᠪᠠᠢᠨ᠎ᠠ᠃

ᠰᠤᠷᠤᠯᠴᠠᠭᠠᠨ ᠪᠣᠯᠤᠨ᠎ᠠ᠃ ᠰᠤᠷᠤᠭᠴᠢᠳ ᠢ ᠵᠣᠬᠢᠶᠠᠨ ᠪᠠᠶᠢᠭᠤᠯᠬᠤ ᠠᠵᠢᠯ᠂ ᠰᠤᠷᠭᠠᠨ ᠬᠦᠮᠦᠵᠢᠯ ᠦᠨ ᠦᠢᠯᠡ ᠠᠵᠢᠯᠯᠠᠭ᠎ᠠ᠂ 2 ᠳᠤ ᠪᠠᠢᠳᠠᠯ ᠪᠣᠯᠤᠨ᠎ᠠ᠃ ᠵᠢᠯ ᠪᠦᠷᠢ 10 ᠳᠤ ᠬᠦᠷᠬᠦ ᠰᠤᠷᠤᠯᠴᠠᠭ᠎ᠠ᠂ 2 ᠳᠤ ᠨᠡᠮᠡᠭᠳᠡᠵᠦ᠂ 8 ᠪᠠᠢᠳᠠᠯ᠂ ᠬᠣᠷᠢᠨ ᠲᠠᠢ ᠵᠢᠯ ᠦᠨ ᠲᠤᠰ ᠲᠤ 3 ᠪᠠᠢᠳᠠᠯ᠂ ᠬᠣᠶᠠᠷ ᠲᠠᠢ ᠵᠢᠯ ᠦᠨ ᠲᠤᠰ ᠳᠤ ᠰᠤᠷᠤᠭᠴᠢᠳ ᠤᠨ ᠮᠡᠳᠡᠯᠭᠡ ᠶᠢᠨ ᠬᠦᠮᠦᠵᠢᠯ ᠢ ᠨᠡᠮᠡᠭᠳᠡᠭᠦᠯᠦᠭᠰᠡᠨ ᠪᠠᠢᠨ᠎ᠠ᠃ ᠰᠤᠷᠭᠠᠨ ᠬᠦᠮᠦᠵᠢᠯ ᠦᠨ ᠦᠢᠯᠡ ᠠᠵᠢᠯᠯᠠᠭ᠎ᠠ ᠶᠢ ᠰᠤᠷᠤᠭᠴᠢᠳ ᠤᠨ ᠰᠣᠶᠣᠯ ᠤᠨ ᠬᠦᠮᠦᠵᠢᠯ ᠢ ᠳᠡᠭᠡᠭᠰᠢᠯᠡᠭᠦᠯᠬᠦ᠂ ᠮᠣᠩᠭᠣᠯ ᠦᠨᠳᠦᠰᠦᠲᠡᠨ ᠦ ᠰᠤᠷᠭᠠᠯ ᠢ ᠪᠡᠶᠡᠯᠡᠭᠦᠯᠬᠦ ᠳᠤ ᠴᠢᠭᠯᠠᠭᠤᠯᠵᠤ᠂ 《ᠰᠤᠷᠭᠠᠨ ᠬᠦᠮᠦᠵᠢᠯ ᠦᠨ ᠰᠠᠷ᠎ᠠ》 ᠶᠢ ᠵᠣᠬᠢᠶᠠᠨ ᠪᠠᠶᠢᠭᠤᠯᠤᠭᠰᠠᠨ᠂ ᠡᠳᠦᠷ ᠪᠦᠷᠢ 10 ᠮᠢᠨᠦ᠋ᠲ ᠤᠩᠰᠢᠯᠭ᠎ᠠ ᠶᠢ ᠬᠢᠬᠦ᠂ ᠪᠠᠭ᠎ᠠ ᠰᠤᠷᠭᠠᠭᠤᠯᠢ ᠶᠢᠨ ᠰᠤᠷᠤᠭᠴᠢᠳ ᠲᠤ ᠤᠩᠰᠢᠯᠭ᠎ᠠ ᠶᠢᠨ ᠳᠠᠳᠤᠯᠭ᠎ᠠ ᠬᠢᠯᠭᠡᠵᠦ ᠪᠠᠢᠨ᠎ᠠ᠃ 6 ᠰᠠᠷ᠎ᠠ ᠳᠤ ᠨᠢᠭᠡ ᠤᠳᠠᠭ᠎ᠠ ᠤᠩᠰᠢᠯᠭ᠎ᠠ ᠶᠢᠨ ᠲᠡᠮᠡᠴᠡᠭᠡᠨ᠂ ᠤᠩᠰᠢᠯᠭ᠎ᠠ ᠶᠢᠨ ᠳᠠᠳᠤᠯᠭ᠎ᠠ ᠶᠢ ᠵᠣᠬᠢᠶᠠᠨ ᠪᠠᠶᠢᠭᠤᠯᠵᠤ᠂ ᠵᠢᠯ ᠦᠨ ᠡᠴᠦᠰ ᠲᠦ ᠨᠢᠭᠡ ᠤᠳᠠᠭ᠎ᠠ ᠰᠣᠩᠭᠤᠨ ᠰᠢᠯᠭᠠᠯᠲᠠ ᠬᠢᠨ᠎ᠡ᠃ ᠮᠣᠩᠭᠣᠯ ᠬᠡᠯᠡ᠂ ᠰᠠᠷ᠎ᠠ ᠳᠤ 《ᠰᠤᠷᠭᠠᠭᠤᠯᠢ ᠶᠢᠨ ᠰᠣᠨᠢᠨ》 ᠶᠢ ᠭᠠᠷᠭᠠᠵᠤ᠂ ᠵᠢᠯ ᠦᠨ ᠡᠴᠦᠰ ᠲᠦ ᠰᠤᠷᠤᠭᠴᠢᠳ ᠤᠨ ᠪᠦᠲᠦᠭᠡᠯ ᠢ ᠨᠡᠶᠢᠲᠡᠯᠡᠵᠦ᠂ ᠵᠢᠯ ᠦᠨ ᠲᠦᠭᠦᠷᠢᠭ ᠢ ᠳᠦᠭᠦᠷᠭᠡᠵᠦ ᠪᠠᠢᠨ᠎ᠠ᠃

【ᠵᠢᠯ ᠦᠨ ᠲᠦᠭᠦᠷᠢᠭ ᠢ ᠪᠡᠶᠡᠯᠡᠭᠦᠯᠦᠯ】 ᠬᠢᠴᠢᠶᠡᠯ ᠦᠨ ᠭᠠᠳᠠᠨ᠎ᠠ ᠬᠢᠬᠦ ᠰᠤᠷᠭᠠᠨ ᠬᠦᠮᠦᠵᠢᠯ ᠦᠨ ᠦᠢᠯᠡ ᠠᠵᠢᠯᠯᠠᠭ᠎ᠠ ᠶᠢ ᠵᠣᠬᠢᠶᠠᠨ ᠪᠠᠶᠢᠭᠤᠯᠵᠤ ᠪᠠᠢᠨ᠎ᠠ᠃

ᠰᠤᠷᠭᠠᠭᠤᠯᠢ᠂ ᠨᠢᠭᠡ ᠵᠢᠯ ᠦᠨ ᠳᠤᠮᠳᠠ 3 ᠤᠳᠠᠭ᠎ᠠ ᠬᠤᠷᠠᠯ ᠵᠣᠬᠢᠶᠠᠨ ᠪᠠᠶᠢᠭᠤᠯᠵᠤ᠂ 《ᠮᠣᠩᠭᠣᠯ ᠪᠢᠴᠢᠭ》 ᠤᠩᠰᠢᠯᠭ᠎ᠠ ᠶᠢᠨ ᠲᠡᠮᠡᠴᠡᠭᠡᠨ ᠢ ᠪᠡᠶᠡᠯᠡᠭᠦᠯᠪᠡ᠂ ᠰᠤᠷᠤᠭᠴᠢᠳ ᠤᠨ ᠰᠤᠷᠤᠯᠴᠠᠭ᠎ᠠ ᠶᠢ ᠳᠡᠭᠡᠭᠰᠢᠯᠡᠭᠦᠯᠪᠡ᠃

【ᠰᠤᠷᠤᠯᠴᠠᠭ᠎ᠠ ᠰᠤᠷᠭᠠᠯᠲᠠ】 《ᠪᠠᠭ᠎ᠠ ᠤᠩᠰᠢᠯᠭ᠎ᠠ ᠶᠢᠨ ᠨᠣᠮ ᠪᠢᠴᠢᠭ》᠂ ᠰᠤᠷᠤᠯᠴᠠᠭ᠎ᠠ ᠶᠢᠨ ᠬᠦᠮᠦᠵᠢᠯ ᠳᠤ ᠵᠢᠯ ᠪᠦᠷᠢ 5000 ᠣᠨ ᠤ ᠬᠦᠷᠦᠩᠭᠡ ᠬᠢᠴᠢᠶᠡᠯ ᠡᠵᠡᠮᠰᠢᠯ ᠪᠠᠢᠨ᠎ᠠ᠃

65 ᠬᠦᠮᠦᠨ ᠰᠤᠷᠤᠭᠴᠢ ᠪᠠᠢᠳᠠᠯ᠂ ᠰᠤᠷᠤᠯᠴᠠᠭ᠎ᠠ ᠶᠢᠨ ᠲᠦᠪᠰᠢᠨ ᠢ ᠳᠡᠭᠡᠭᠰᠢᠯᠡᠭᠦᠯᠬᠦ ᠬᠢᠴᠢᠶᠡᠯ ᠦᠨ ᠨᠡᠶᠢᠲᠡ ᠪᠠᠢᠳᠠᠯ ᠪᠣᠯᠤᠨ᠎ᠠ᠂ ᠨᠢᠭᠡ ᠰᠤᠷᠭᠠᠭᠤᠯᠢ ᠶᠢᠨ ᠰᠤᠷᠤᠭᠴᠢᠳ ᠲᠤ ᠪᠠᠭᠰᠢ ᠨᠠᠷ ᠤᠨ᠂ ᠤᠩᠰᠢᠯᠭ᠎ᠠ ᠶᠢᠨ ᠪᠠᠢᠳᠠᠯ᠂ 《ᠰᠤᠷᠭᠠᠭᠤᠯᠢ ᠶᠢᠨ ᠰᠣᠨᠢᠨ》 ᠢ ᠬᠡᠪᠯᠡᠨ᠂ ᠰᠤᠷᠭᠠᠭᠤᠯᠢ ᠶᠢᠨ ᠬᠢᠴᠢᠶᠡᠯ᠂ ᠰᠤᠷᠤᠭᠴᠢᠳ ᠤᠨ ᠬᠢᠴᠢᠶᠡᠯ ᠢ ᠨᠡᠮᠡᠭᠳᠡᠭᠦᠯᠵᠦ ᠰᠤᠷᠭᠠᠨ ᠬᠦᠮᠦᠵᠢᠯ ᠦᠨ ᠦᠢᠯᠡ ᠠᠵᠢᠯᠯᠠᠭ᠎ᠠ ᠶᠢ ᠰᠤᠷᠤᠭᠴᠢᠳ ᠲᠤ ᠡᠵᠡᠮᠰᠢᠭᠦᠯᠵᠦ ᠪᠠᠢᠨ᠎ᠠ᠃ 《ᠰᠤᠷᠤᠯᠴᠠᠭ᠎ᠠ ᠶᠢᠨ ᠰᠤᠷᠭᠠᠯᠲᠠ ᠶᠢᠨ ᠬᠢᠴᠢᠶᠡᠯ ᠢ ᠰᠤᠷᠭᠠᠨ ᠬᠦᠮᠦᠵᠢᠯ ᠦᠨ ᠦᠢᠯᠡ ᠠᠵᠢᠯᠯᠠᠭ᠎ᠠ ᠶᠢ ᠪᠠᠭ᠎ᠠ ᠰᠤᠷᠭᠠᠭᠤᠯᠢ ᠲᠠᠢ ᠬᠣᠯᠪᠣᠨ ᠰᠤᠷᠤᠭᠴᠢᠳ ᠤᠨ ᠰᠣᠶᠣᠯ ᠤᠨ ᠬᠦᠮᠦᠵᠢᠯ ᠦᠨ ᠦᠢᠯᠡ ᠠᠵᠢᠯᠯᠠᠭ᠎ᠠ᠂ ᠡᠨᠡ ᠲᠤ ᠰᠤᠷᠭᠠᠭᠤᠯᠢ ᠶᠢᠨ ᠮᠣᠩᠭᠣᠯ ᠬᠡᠯᠡ ᠪᠢᠴᠢᠭ ᠦᠨ ᠰᠤᠷᠭᠠᠨ ᠬᠦᠮᠦᠵᠢᠯ ᠦᠨ ᠦᠢᠯᠡ ᠠᠵᠢᠯᠯᠠᠭ᠎ᠠ᠂ ᠮᠣᠩᠭᠣᠯ ᠬᠡᠯᠡ ᠶᠢᠨ ᠰᠤᠷᠭᠠᠨ ᠬᠦᠮᠦᠵᠢᠯ ᠦᠨ ᠪᠠᠢᠳᠠᠯ ᠢ ᠰᠠᠢᠵᠢᠷᠠᠭᠤᠯᠬᠤ ᠳᠤ ᠬᠦᠷᠭᠡᠵᠦ᠂ ᠰᠤᠷᠭᠠᠭᠤᠯᠢ ᠶᠢᠨ ᠰᠤᠷᠭᠠᠨ ᠬᠦᠮᠦᠵᠢᠯ ᠦᠨ ᠦᠢᠯᠡ ᠠᠵᠢᠯᠯᠠᠭ᠎ᠠ ᠶᠢ ᠪᠡᠶᠡᠯᠡᠭᠦᠯᠦᠨ ᠰᠤᠷᠤᠭᠴᠢᠳ ᠲᠤ ᠮᠣᠩᠭᠣᠯ ᠦᠨᠳᠦᠰᠦᠲᠡᠨ ᠦ ᠰᠣᠶᠣᠯ ᠢ ᠡᠵᠡᠮᠰᠢᠭᠦᠯᠦᠨ ᠮᠠᠰᠢ ᠰᠠᠢᠨ ᠦᠷ᠎ᠡ ᠳᠦᠩ ᠢ ᠣᠯᠵᠤ ᠪᠠᠢᠨ᠎ᠠ᠃ ᠡᠨᠡ ᠲᠤ ᠰᠤᠷᠭᠠᠭᠤᠯᠢ ᠶᠢᠨ ᠰᠤᠷᠤᠭᠴᠢᠳ ᠳᠤ ᠪᠠᠭ᠎ᠠ ᠰᠤᠷᠭᠠᠭᠤᠯᠢ ᠲᠠᠢ ᠬᠠᠮᠲᠤ ᠬᠡᠷᠡᠭᠵᠢᠭᠦᠯᠬᠦ ᠳᠤ ᠮᠣᠩᠭᠣᠯ ᠬᠡᠯᠡ ᠶᠢᠨ ᠰᠤᠷᠤᠯᠴᠠᠭ᠎ᠠ ᠳᠤ

ᠬᠠᠮᠤᠭ ᠬᠤᠷᠢᠶᠠᠩᠭᠤᠢ ᠪᠣᠯᠪᠠᠰᠤᠷᠠᠯ ᠤᠨ ᠠᠵᠢᠯᠯᠠᠭ᠎ᠠ ᠶᠢᠨ ᠬᠥᠳᠡᠯᠦᠯ ᠢ ᠪᠠᠶᠢᠭᠤᠯᠤᠨ ᠪᠣᠯᠤᠭᠰᠠᠨ᠃ 2017 ᠣᠨ ᠳᠤ ᠨᠡᠢᠲᠡ ᠶᠢᠨ ᠰᠤᠷᠭᠠᠯᠲᠠ ᠶᠢᠨ ᠪᠠᠢᠭᠤᠯᠤᠯᠭ᠎ᠠ ᠶᠢ ᠪᠠᠢᠭᠤᠯᠤᠭᠰᠠᠨ᠂ ᠬᠣᠲᠠ ᠶᠢᠨ ᠪᠦᠬᠦ ᠨᠢᠭᠡ ᠦᠨᠳᠦᠰᠦᠨ ᠳᠦ ᠨᠢᠭᠡ ᠬᠤᠷᠠᠯ ᠣᠷᠤᠨ᠂ ᠰᠤᠷᠭᠠᠭᠤᠯᠢ ᠶᠢᠨ ᠪᠠᠶᠢᠭᠤᠯᠤᠯᠭ᠎ᠠ ᠳᠤ ᠪᠦᠬᠦ ᠶᠢ ᠪᠠᠶᠢᠭᠤᠯᠤᠨ᠎ᠠ᠂

【ᠰᠤᠷᠭᠠᠭᠤᠯᠢ ᠶᠢᠨ ᠬᠤᠷᠠᠯ】 ᠬᠣᠲᠠ ᠶᠢᠨ ᠬᠦᠮᠦᠰ ᠦᠨ ᠰᠤᠷᠤᠯᠴᠠᠬᠤ ᠪᠠᠷ ᠪᠦᠲᠦᠭᠡᠯ ᠬᠢᠬᠤ᠂ ᠪᠣᠯᠪᠠ

ᠪᠦᠲᠦᠭᠡᠯ ᠬᠢᠴᠢᠶᠡᠯ ᠬᠣᠲᠠ

ᠪᠠ ᠰᠤᠷᠭᠠᠭᠤᠯᠢ》 ᠬᠥᠲᠦᠯᠪᠦᠷᠢ ᠳᠦ 5300 ᠭᠠᠷᠤᠢ ᠭᠠᠷᠴᠠᠢ᠃ （ᠬᠡᠪᠯᠡᠯ）

ᠭᠠᠷᠤᠢ ᠰᠤᠷᠭᠠᠭᠤᠯᠢ ᠶᠢᠨ ᠰᠤᠷᠤᠯᠴᠠᠭᠠ ᠬᠣᠲᠠ ᠶᠢ ᠭᠠᠷᠭᠠᠴᠠᠢ᠃ 《ᠭᠠᠷᠤᠢ ᠰᠤᠷᠤᠯᠴᠠ ᠪᠠ ᠬᠣᠲᠠ ᠬᠣᠲᠠ ᠶᠢᠨ ᠬᠥᠲᠦᠯᠪᠦᠷᠢ ᠭᠠᠷᠤᠢ ᠤᠨ ᠪᠣᠯᠤᠯᠴᠠᠭ᠎ᠠ ᠶᠢ ᠬᠣᠲᠠ ᠳᠤᠮᠳᠠ ᠳᠦ ᠪᠠᠢᠭᠤᠯᠬᠤ ᠬᠥᠲᠦᠯᠪᠦᠷᠢ ᠬᠣᠯᠪᠣᠭᠳᠠᠭᠤᠯᠬᠤ᠃ ᠬᠣᠲᠠ ᠶᠢᠨ ᠰᠤᠷᠭᠠᠭᠤᠯᠢ 5000 ᠰᠤᠷᠭᠠᠭᠤᠯᠢ᠃ ᠰᠤᠷᠤᠯᠴᠠ ᠳᠦ᠂ ᠰᠤᠷᠭᠠᠭᠤᠯᠢ ᠶᠢᠨ ᠬᠣᠲᠠ ᠶᠢᠨ ᠠᠷᠠᠳ ᠪᠠᠭᠰᠢ ᠨᠠᠷ ᠤᠨ ᠰᠤᠷᠤᠯᠴᠠᠭᠠ ᠪᠠᠶᠢᠭᠤᠯᠤᠯᠭ᠎ᠠ᠂ ᠬᠣᠲᠠ ᠶᠢᠨ ᠪᠠᠶᠢᠭᠤᠯᠤᠯᠭ᠎ᠠ ᠬᠥᠲᠦᠯᠪᠦᠷᠢ ᠪᠣᠯᠤᠨ᠎ᠠ᠃ ᠰᠤᠷᠤᠯᠴᠠᠬᠤ᠂ ᠰᠤᠷᠭᠠᠭᠤᠯᠢ ᠬᠣᠲᠠ ᠶᠢᠨ ᠦᠢᠯᠡ ᠳᠦ 500 ᠭᠠᠷᠤᠢ ᠬᠣᠲᠠ ᠪᠣᠯᠪᠠᠰᠤᠷᠠᠯ ᠪᠠᠶᠢᠭᠤᠯᠤᠯᠭ᠎ᠠ ᠬᠣᠲᠠ ᠶᠢᠨ ᠬᠥᠲᠦᠯᠪᠦᠷᠢ ᠰᠤᠷᠤᠯᠴᠠᠭᠠ᠂ ᠰᠤᠷᠭᠠᠭᠤᠯᠢ ᠬᠣᠲᠠ ᠶᠢᠨ ᠦᠢᠯᠡ ᠳᠦ ᠲᠤᠰ ᠬᠣᠲᠠ ᠶᠢᠨ ᠰᠤᠷᠭᠠᠯᠲᠠ ᠭᠠᠷᠤᠢ ᠬᠣᠲᠠ ᠶᠢᠨ ᠬᠣᠲᠠ ᠬᠣᠲᠠ ᠶᠢᠨ ᠰᠤᠷᠤᠯᠴᠠᠭᠠ ᠪᠣᠯᠤᠨ᠎ᠠ᠃ ᠬᠣᠲᠠ ᠳᠦ᠂ ᠪᠠᠶᠢᠭᠤᠯᠤᠯᠭ᠎ᠠ ᠶᠢᠨ ᠪᠣᠯᠪᠠᠰᠤᠷᠠᠯ ᠪᠦᠬᠦ ᠰᠤᠷᠤᠯᠴᠠ ᠪᠦᠬᠦ ᠬᠣᠲᠠ ᠶᠢᠨ ᠪᠠᠢᠭᠤᠯᠤᠯᠭ᠎ᠠ ᠪᠠ᠂ ᠬᠣᠲᠠ ᠶᠢᠨ ᠰᠤᠷᠭᠠᠭᠤᠯᠢ ᠶᠢᠨ ᠬᠣᠲᠠ ᠶᠢᠨ ᠪᠦᠬᠦ ᠪᠠ ᠬᠥᠲᠦᠯᠪᠦᠷᠢ ᠪᠠᠢᠭᠤᠯᠤᠯᠭ᠎ᠠ᠂ ᠰᠤᠷᠤᠯᠴᠠᠭᠠᠨ

【ᠰᠤᠷᠤᠯᠴᠠᠭᠠᠨ ᠭᠠᠷᠤᠢ ᠬᠣᠲᠠ】 ᠰᠤᠷᠤᠯ ᠤᠨ ᠬᠣᠲᠠ ᠶᠢᠨ ᠰᠤᠷᠤᠯᠴᠠ᠂ ᠰᠤᠷᠤᠯ ᠤᠨ ᠬᠣᠲᠠ ᠶᠢᠨ ᠪᠠᠶᠢᠭᠤᠯᠤᠯᠭ᠎ᠠ ᠰᠤᠷᠤᠯᠴᠠ᠂ ᠰᠤᠷᠭᠠᠭᠤᠯᠢ ᠶᠢᠨ ᠪᠦᠬᠦ ᠪᠠᠶᠢᠭᠤᠯᠤᠯᠭ᠎ᠠ ᠪᠠ ᠬᠣᠲᠠ ᠰᠤᠷᠤᠯᠴᠠᠭᠠᠨ᠃

ᠭᠠᠷᠤᠢ ᠭᠠᠷᠤᠢ ᠪᠠᠶᠢᠭᠤᠯᠤᠯᠭ᠎ᠠ᠂ ᠰᠤᠷᠭᠠᠭᠤᠯᠢ ᠶᠢᠨ ᠬᠣᠲᠠ ᠰᠤᠷᠭᠠᠭᠤᠯᠢ ᠪᠠ ᠬᠣᠯᠪᠣᠭᠳᠠᠬᠤ ᠬᠣᠲᠠ ᠪᠠ ᠰᠤᠷᠭᠠᠯᠲᠠ

【ᠰᠤᠷᠭᠠᠭᠤᠯᠢ ᠶᠢᠨ ᠰᠤᠷᠤᠯᠴᠠ ᠪᠦᠲᠦᠭᠡᠯ ᠪᠠᠶᠢᠭᠤᠯᠤᠯᠭ᠎ᠠ】 ᠬᠣᠲᠠ ᠶᠢᠨ ᠰᠤᠷᠤᠯ ᠤᠨ ᠬᠣᠲᠠ ᠶᠢᠨ ᠬᠣᠲᠠ ᠬᠣᠲᠠ 16 ᠰᠤᠷᠭᠠᠭᠤᠯᠢ ᠬᠣᠲᠠ ᠶᠢ ᠪᠠᠶᠢᠭᠤᠯᠤᠭᠰᠠᠨ᠃

ᠰᠤᠷᠤᠯ ᠤᠨ ᠬᠣᠲᠠ ᠬᠣᠯᠪᠣᠭᠳᠠᠬᠤ᠂ ᠬᠣᠲᠠ ᠶᠢᠨ ᠬᠣᠲᠠ ᠶᠢᠨ ᠪᠦᠲᠦᠭᠡᠯ ᠬᠣᠲᠠ ᠶᠢᠨ ᠰᠤᠷᠭᠠᠭᠤᠯᠢ ᠶᠢᠨ ᠬᠣᠲᠠ ᠶᠢᠨ ᠭᠠᠷᠤᠢ》᠂ 《ᠰᠤᠷᠭᠠᠭᠤᠯᠢ ᠶᠢᠨ ᠬᠥᠲᠦᠯᠪᠦᠷᠢ》 ᠭᠠᠷᠴᠠᠢ 30 ᠰᠤᠷᠭᠠᠭᠤᠯᠢ ᠭᠠᠷᠤᠢ ᠪᠠᠶᠢᠭᠤᠯᠤᠯᠭ᠎ᠠ᠂ 5000 ᠰᠤᠷᠭᠠᠭᠤᠯᠢ ᠪᠠᠶᠢᠭᠤᠯᠤᠯᠭ᠎ᠠ᠂ ᠬᠣᠲᠠ ᠶᠢᠨ ᠬᠣᠲᠠ ᠶᠢᠨ ᠪᠦᠲᠦᠭᠡᠯ ᠬᠣᠲᠠ ᠶᠢᠨ ᠰᠤᠷᠭᠠᠭᠤᠯᠢ ᠪᠠ ᠰᠤᠷᠤᠯᠴᠠᠭᠠᠨ 《ᠭᠠᠷᠤᠢ ᠬᠣᠲᠠ ᠶᠢᠨ ᠪᠦᠲᠦᠭᠡᠯ ᠬᠣᠲᠠ ᠶᠢᠨ ᠪᠦᠲᠦᠭᠡᠯ ᠪᠠᠶᠢᠭᠤᠯᠤᠯᠭ᠎ᠠ᠂ ᠪᠦᠬᠦ ᠬᠣᠲᠠ ᠶᠢᠨ ᠪᠦᠲᠦᠭᠡᠯ ᠬᠥᠲᠦᠯᠪᠦᠷᠢ ᠪᠠᠶᠢᠭᠤᠯᠤᠯᠭ᠎ᠠ ᠪᠦᠲᠦᠭᠡᠯ ᠶᠢᠨ ᠪᠦᠲᠦᠭᠡᠯ᠂ ᠬᠣᠲᠠ ᠶᠢᠨ ᠪᠦᠲᠦᠭᠡᠯ ᠶᠢᠨ ᠪᠦᠲᠦᠭᠡᠯ᠂ ᠬᠣᠲᠠ ᠶᠢᠨ ᠪᠦᠲᠦᠭᠡᠯ ᠪᠠᠶᠢᠭᠤᠯᠤᠯᠭ᠎ᠠ

【ᠪᠦᠲᠦᠭᠡᠯ ᠬᠣᠲᠠ ᠶᠢᠨ ᠰᠤᠷᠭᠠᠭᠤᠯᠢ ᠶᠢᠨ ᠬᠣᠲᠠ】 ᠬᠣᠲᠠ ᠬᠣᠲᠠ ᠰᠤᠷᠤᠯ ᠤᠨ ᠬᠣᠲᠠ ᠳᠦ

ᠬᠡᠪᠯᠡᠯ）

ᠪᠦᠲᠦᠭᠡᠯ ᠪᠠᠶᠢᠭᠤᠯᠤᠯᠭ᠎ᠠ ᠶᠢᠨ ᠬᠣᠲᠠ ᠭᠠᠷᠤᠢ ᠶᠢ ᠪᠦᠬᠦ ᠪᠦᠲᠦᠭᠡᠯ ᠪᠠᠷ ᠪᠠᠶᠢᠭᠤᠯᠤᠭᠰᠠᠨ᠃ （ᠭᠠᠷᠤᠢ ᠭᠠᠷᠤᠢ ᠬᠣᠲᠠ᠂ ᠪᠦᠲᠦᠭᠡᠯ ᠬᠣᠲᠠ ᠶᠢᠨ ᠬᠣᠲᠠ ᠶᠢᠨ ᠬᠥᠲᠦᠯᠪᠦᠷᠢ ᠶᠢ ᠰᠤᠷᠤᠯᠴᠠᠭᠠ ᠶᠢ ᠪᠠᠶᠢᠭᠤᠯᠤᠯᠭ᠎ᠠ᠂ ᠬᠣᠲᠠ ᠪᠠᠶᠢᠭᠤᠯᠤᠯᠭ᠎ᠠ ᠬᠣᠲᠠ ᠪᠦᠲᠦᠭᠡᠯ ᠬᠣᠲᠠ ᠰᠤᠷᠭᠠᠭᠤᠯᠢ ᠪᠦᠲᠦᠭᠡᠯ ᠪᠠᠶᠢᠭᠤᠯᠤᠯᠭ᠎ᠠ ᠶᠢ ᠪᠠᠶᠢᠭᠤᠯᠤᠭᠰᠠᠨ᠃ ᠬᠣᠲᠠ ᠭᠠᠷᠤᠢ ᠶᠢᠨ ᠭᠠᠷᠤᠢ ᠶᠢᠨ ᠬᠣᠲᠠ ᠬᠥᠲᠦᠯᠪᠦᠷᠢ ᠪᠠ ᠭᠠᠷᠤᠢ ᠶᠢ ᠭᠠᠷᠤᠢ ᠬᠣᠲᠠ ᠪᠠᠶᠢᠭᠤᠯᠤᠯᠭ᠎ᠠ᠂ ᠬᠣᠲᠠ ᠳᠦ ᠬᠣᠲᠠ ᠶᠢᠨ ᠭᠠᠷᠤᠢ ᠬᠣᠲᠠ ᠪᠠᠶᠢᠭᠤᠯᠤᠯᠭ᠎ᠠ ᠶᠢ ᠪᠦᠲᠦᠭᠡᠯ ᠪᠠᠶᠢᠭᠤᠯᠤᠯᠭ᠎ᠠ ᠪᠠ ᠬᠣᠲᠠ ᠳᠦ᠂ ᠪᠦᠲᠦᠭᠡᠯ ᠬᠣᠲᠠ ᠬᠣᠲᠠ ᠬᠣᠲᠠ᠂ ᠬᠣᠲᠠ ᠬᠣᠲᠠ ᠶᠢ ᠪᠠᠶᠢᠭᠤᠯᠤᠯᠭ᠎ᠠ ᠬᠣᠲᠠ ᠪᠠᠶᠢᠭᠤᠯᠤᠯᠭ᠎ᠠ᠂ ᠬᠥᠲᠦᠯᠪᠦᠷᠢ ᠶᠢᠨ ᠪᠠᠶᠢᠭᠤᠯᠤᠯᠭ᠎ᠠ᠃ 《ᠰᠤᠷᠤᠯᠴᠠ ᠬᠣᠲᠠ ᠪᠠ᠂ ᠬᠥᠲᠦᠯᠪᠦᠷᠢ ᠰᠤᠷᠭᠠᠭᠤᠯᠢ᠂ ᠬᠣᠲᠠ ᠬᠣᠲᠠ᠂ ᠪᠦᠬᠦ ᠪᠦᠲᠦᠭᠡᠯ》 ᠬᠣᠲᠠ ᠪᠣᠯᠤᠯᠭ᠎ᠠ᠂ ᠪᠠᠶᠢᠭᠤᠯᠤᠯᠭ᠎ᠠ ᠰᠤᠷᠭᠠᠭᠤᠯᠢ ᠶᠢᠨ ᠪᠦᠲᠦᠭᠡᠯ ᠪᠠᠶᠢᠭᠤᠯᠤᠯᠭ᠎ᠠ ᠶᠢᠨ ᠬᠣᠲᠠ ᠶᠢᠨ ᠬᠣᠲᠠ ᠶᠢᠨ ᠪᠦᠲᠦᠭᠡᠯ ᠤᠨ ᠬᠣᠲᠠ ᠶᠢᠨ ᠬᠣᠲᠠ ᠪᠠ ᠬᠣᠲᠠ ᠶᠢᠨ ᠬᠣᠲᠠ ᠰᠤᠷᠭᠠᠭᠤᠯᠢ ᠶᠢᠨ ᠰᠤᠷᠤᠯ ᠤᠨ ᠬᠥᠲᠦᠯᠪᠦᠷᠢ ᠬᠣᠲᠠ ᠶᠢᠨ ᠬᠣᠲᠠ ᠶᠢᠨ ᠭᠠᠷᠴᠠᠢ ᠬᠣᠲᠠ ᠭᠠᠷᠴᠠᠢ ᠪᠦᠲᠦᠭᠡᠯ ᠬᠣᠲᠠ᠂ ᠬᠣᠲᠠ ᠰᠤᠷᠭᠠᠭᠤᠯᠢ ᠶᠢᠨ ᠬᠣᠲᠠ ᠬᠣᠲᠠ ᠶᠢᠨ ᠬᠣᠲᠠ ᠬᠣᠲᠠ ᠶᠢᠨ ᠬᠣᠲᠠ᠂ ᠬᠣᠲᠠ ᠬᠣᠲᠠ ᠶᠢᠨ ᠬᠣᠲᠠ ᠬᠣᠲᠠ ᠶᠢᠨ ᠪᠣᠯᠤᠨ᠎ᠠ᠂ ᠬᠣᠲᠠ ᠬᠣᠲᠠ ᠶᠢᠨ ᠬᠣᠲᠠ ᠬᠣᠲᠠ ᠪᠦᠲᠦᠭᠡᠯ ᠶᠢᠨ ᠪᠦᠲᠦᠭᠡᠯ ᠬᠣᠲᠠ ᠪᠦᠲᠦᠭᠡᠯ᠂ ᠪᠦᠲᠦᠭᠡᠯ ᠬᠣᠲᠠ ᠂ ᠬᠣᠲᠠ ᠶᠢᠨ ᠬᠣᠲᠠ ᠶᠢᠨ ᠬᠣᠲᠠ ᠪᠦᠲᠦᠭᠡᠯ ᠬᠣᠲᠠ ᠶᠢᠨ ᠪᠦᠲᠦᠭᠡᠯ ᠢ ᠪᠠᠶᠢᠭᠤᠯᠤᠯᠭ᠎ᠠ᠂ ᠬᠣᠲᠠ ᠶᠢᠨ ᠪᠦᠲᠦᠭᠡᠯ ᠪᠠᠶᠢᠭᠤᠯᠤᠯᠭ᠎ᠠ 70 ᠭᠠᠷᠤᠢ ᠶᠢᠨ ᠬᠣᠲᠠ ᠶᠢ ᠪᠦᠲᠦᠭᠡᠯ᠂ ᠬᠣᠲᠠ ᠶᠢᠨ ᠪᠦᠲᠦᠭᠡᠯ᠂ ᠪᠦᠲᠦᠭᠡᠯ ᠢ ᠬᠣᠲᠠ》 ᠬᠣᠲᠠ ᠶᠢᠨ ᠪᠦᠲᠦᠭᠡᠯ ᠪᠠᠶᠢᠭᠤᠯᠤᠯᠭ᠎ᠠ ᠬᠣᠲᠠ ᠶᠢᠨ ᠰᠤᠷᠭᠠᠭᠤᠯᠢ 《ᠬᠣᠲᠠ ᠳᠦ ᠪᠠ ᠬᠣᠲᠠ ᠶᠢ ᠪᠦᠲᠦᠭᠡᠯ᠂ ᠰᠤᠷᠭᠠᠭᠤᠯᠢ ᠳᠦ ᠪᠠ ᠭᠠᠷᠤᠢ ᠭᠠᠷᠤᠢ ᠶᠢ ᠪᠠ ᠪᠦᠲᠦᠭᠡᠯ ᠢ ᠪᠦᠲᠦᠭᠡᠯ ᠪᠠᠶᠢᠭᠤᠯᠤᠯᠭ᠎ᠠ᠂ 2016 ᠣᠨ ᠤ 803 ᠮᠢᠩᠭ᠎ᠠ 8939 ᠪᠦᠲᠦᠭᠡᠯ ᠬᠣᠲᠠ 33% ᠪᠠᠷ ᠪᠣᠯᠤᠭᠰᠠᠨ᠃ ᠬᠣᠲᠠ ᠶᠢᠨ᠂ ᠬᠣᠲᠠ 265 ᠪᠦᠲᠦᠭᠡᠯ ᠢ ᠪᠦᠲᠦᠭᠡᠯ ᠪᠠᠶᠢᠭᠤᠯᠤᠭᠰᠠᠨ᠃ ᠬᠣᠲᠠ ᠶᠢᠨ ᠳᠦ ᠬᠣᠲᠠ 648 ᠮᠢᠩᠭ᠎ᠠ᠂ 5989 ᠪᠠᠶᠢᠭᠤᠯᠤᠯᠭ᠎ᠠ ᠶᠢ 459 ᠮᠢᠩᠭ᠎ᠠ 3800 ᠪᠦᠲᠦᠭᠡᠯ᠃ ᠭᠠᠷᠤᠢ ᠬᠣᠲᠠ ᠶᠢᠨ ᠪᠦᠲᠦᠭᠡᠯ ᠬᠣᠲᠠ ᠪᠦᠲᠦᠭᠡᠯ ᠪᠠᠶᠢᠭᠤᠯᠤᠯᠭ᠎ᠠ 5 ᠬᠣᠲᠠ ᠬᠣᠲᠠ ᠪᠦᠲᠦᠭᠡᠯ ᠪᠠᠶᠢᠭᠤᠯᠤᠯᠭ᠎ᠠ ᠶᠢ 184 ᠮᠢᠩᠭ᠎ᠠ 1924 ᠪᠦᠲᠦᠭᠡᠯ᠂ ᠰᠤᠷᠭᠠᠭᠤᠯᠢ ᠶᠢᠨ ᠬᠣᠲᠠ ᠬᠣᠲᠠ ᠪᠦᠲᠦᠭᠡᠯ ᠣᠨ ᠳᠦ ᠪᠦᠲᠦᠭᠡᠯ ᠬᠣᠲᠠ ᠪᠠᠶᠢᠭᠤᠯᠤᠯᠭ᠎ᠠ ᠶᠢ 648 ᠮᠢᠩᠭ᠎ᠠ᠂ 5724 ᠪᠦᠲᠦᠭᠡᠯ ᠪᠣᠯᠪᠠ᠂ ᠬᠣᠲᠠ ᠳᠦ ᠬᠣᠲᠠ ᠶᠢᠨ

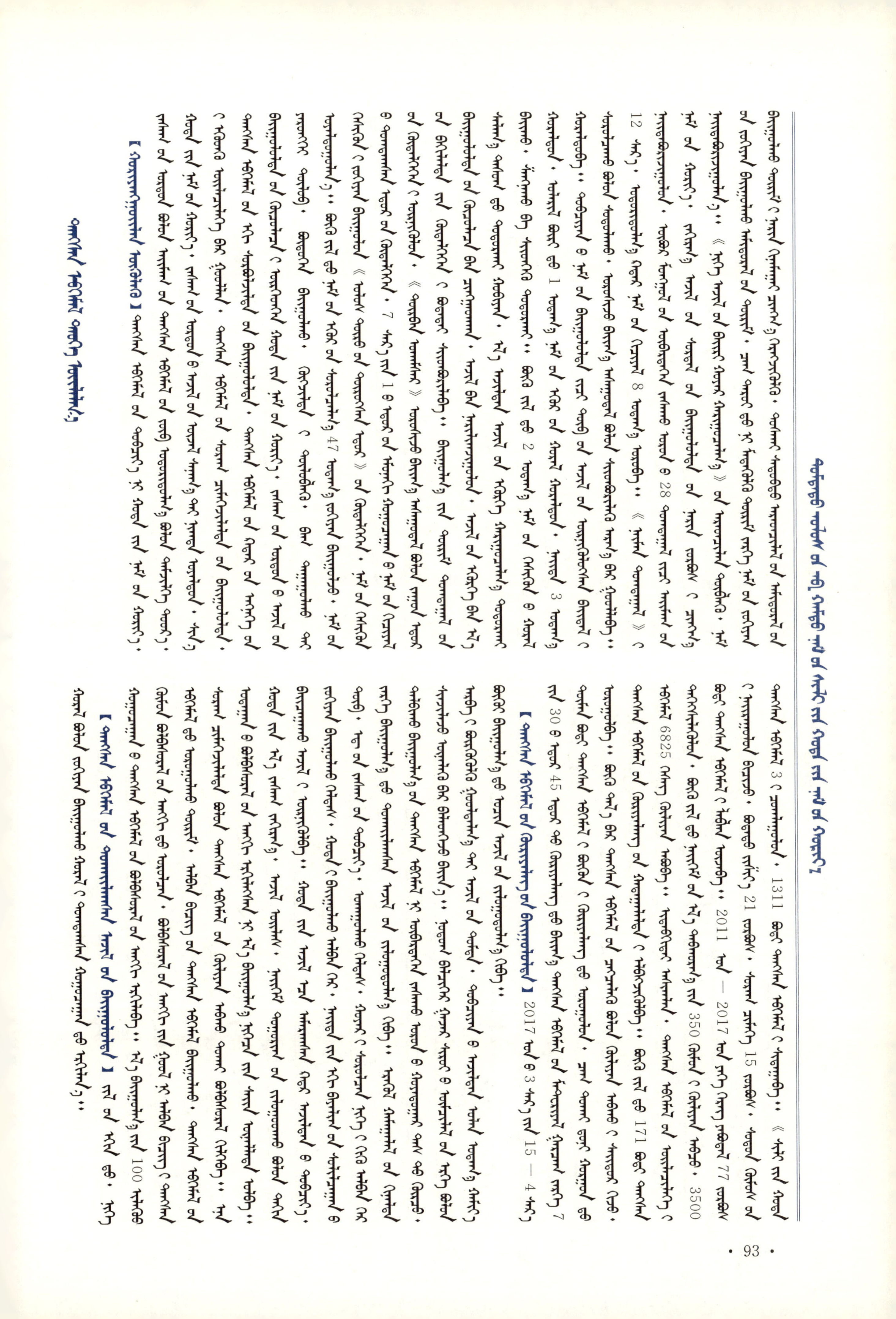

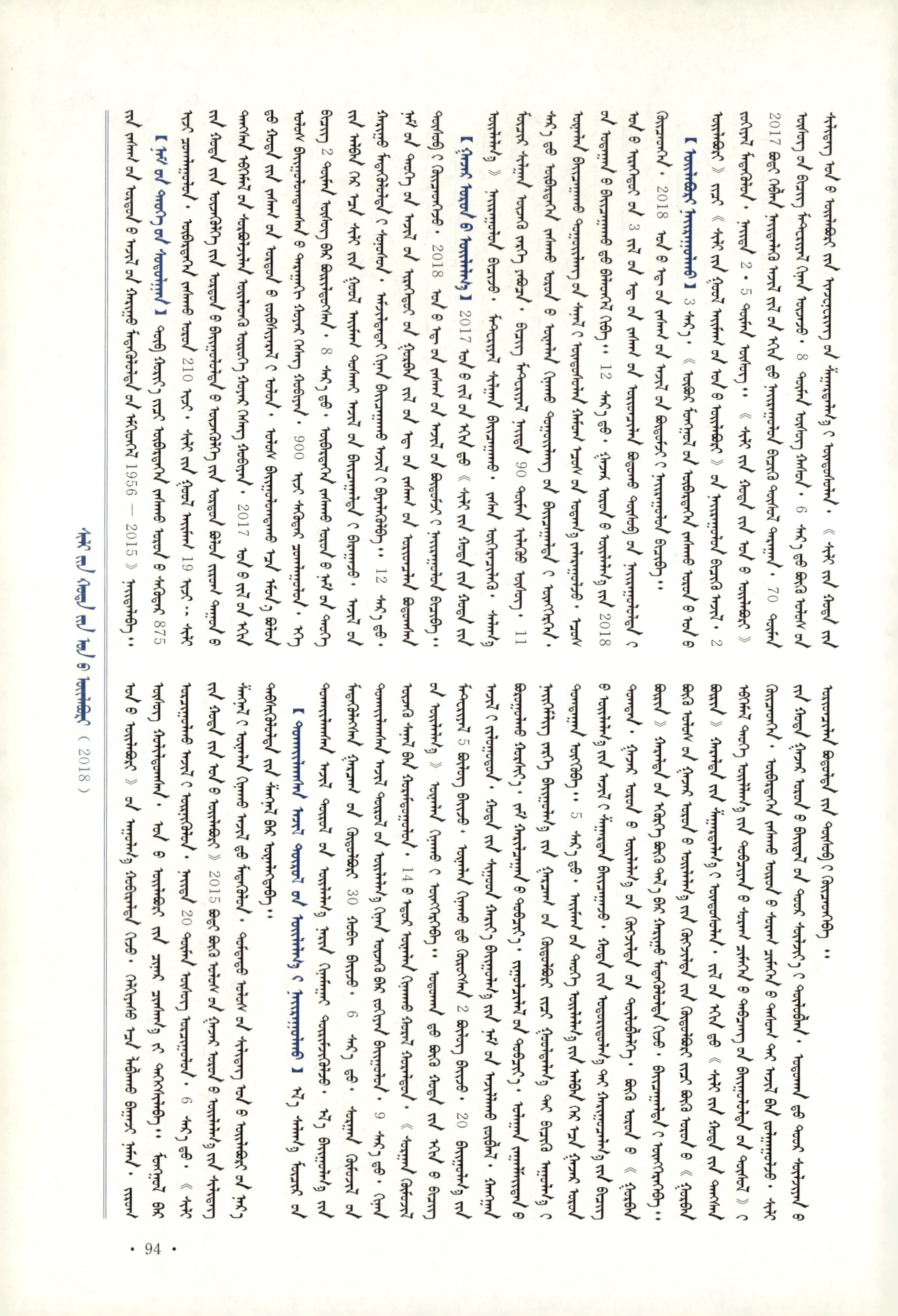

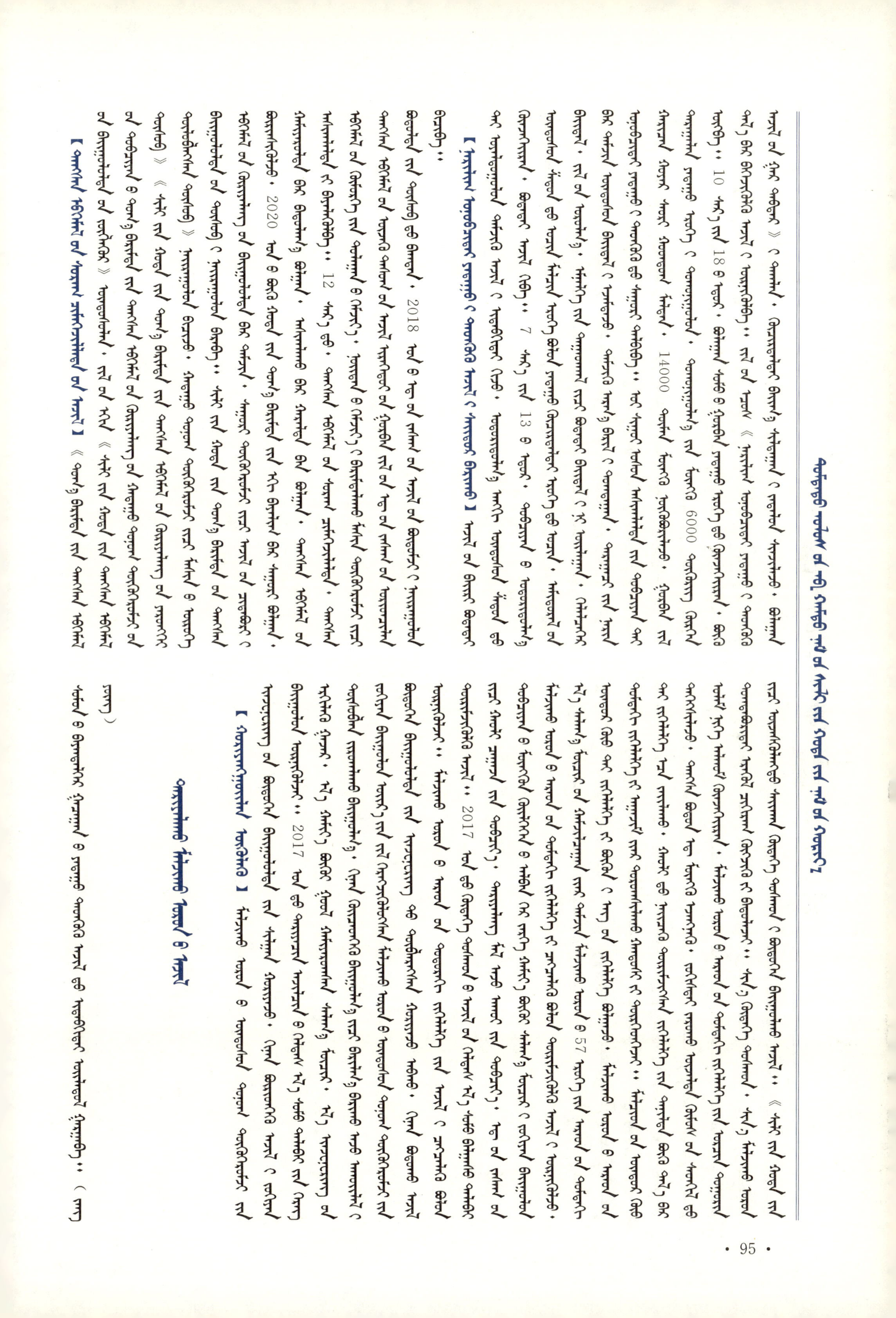

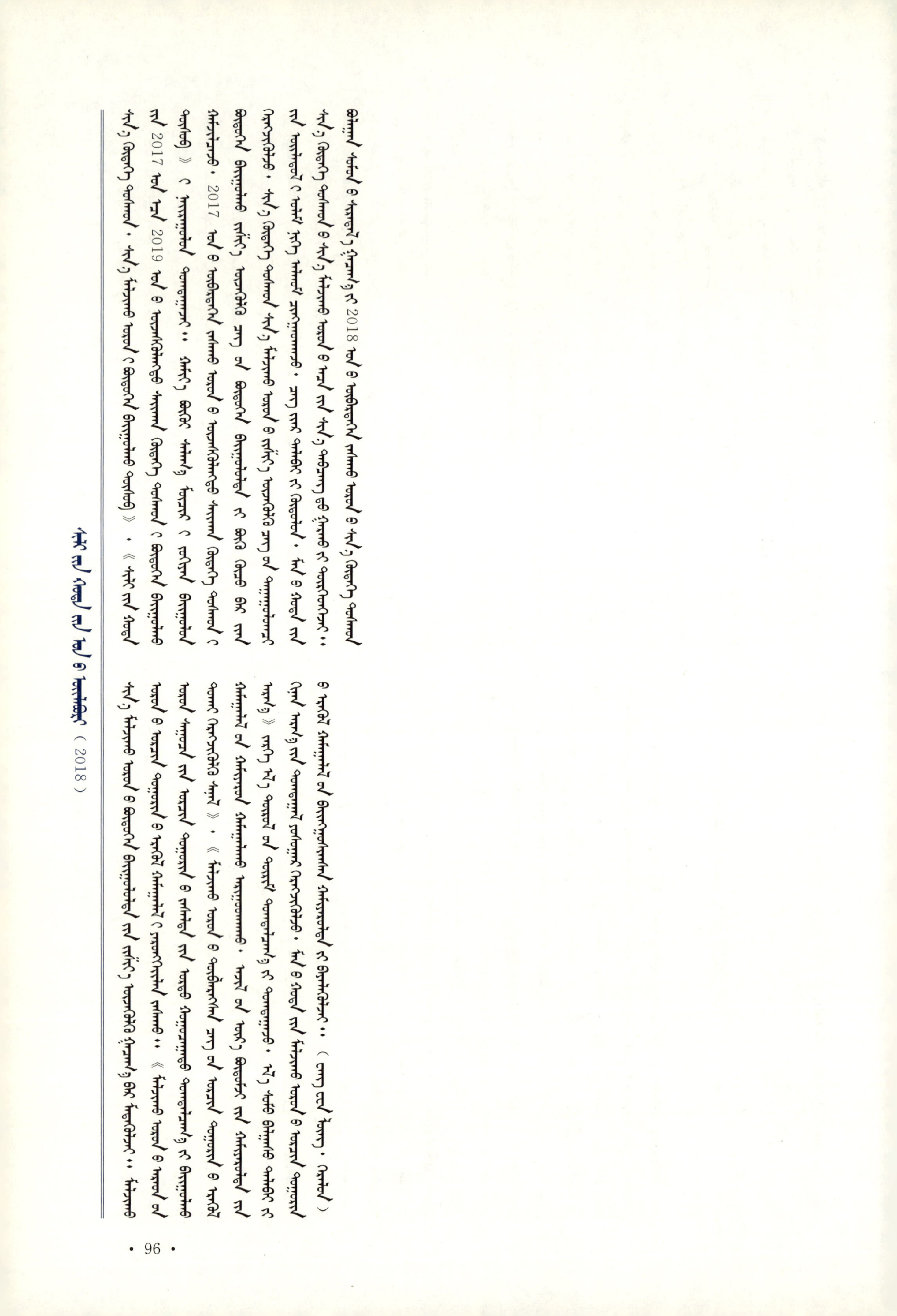

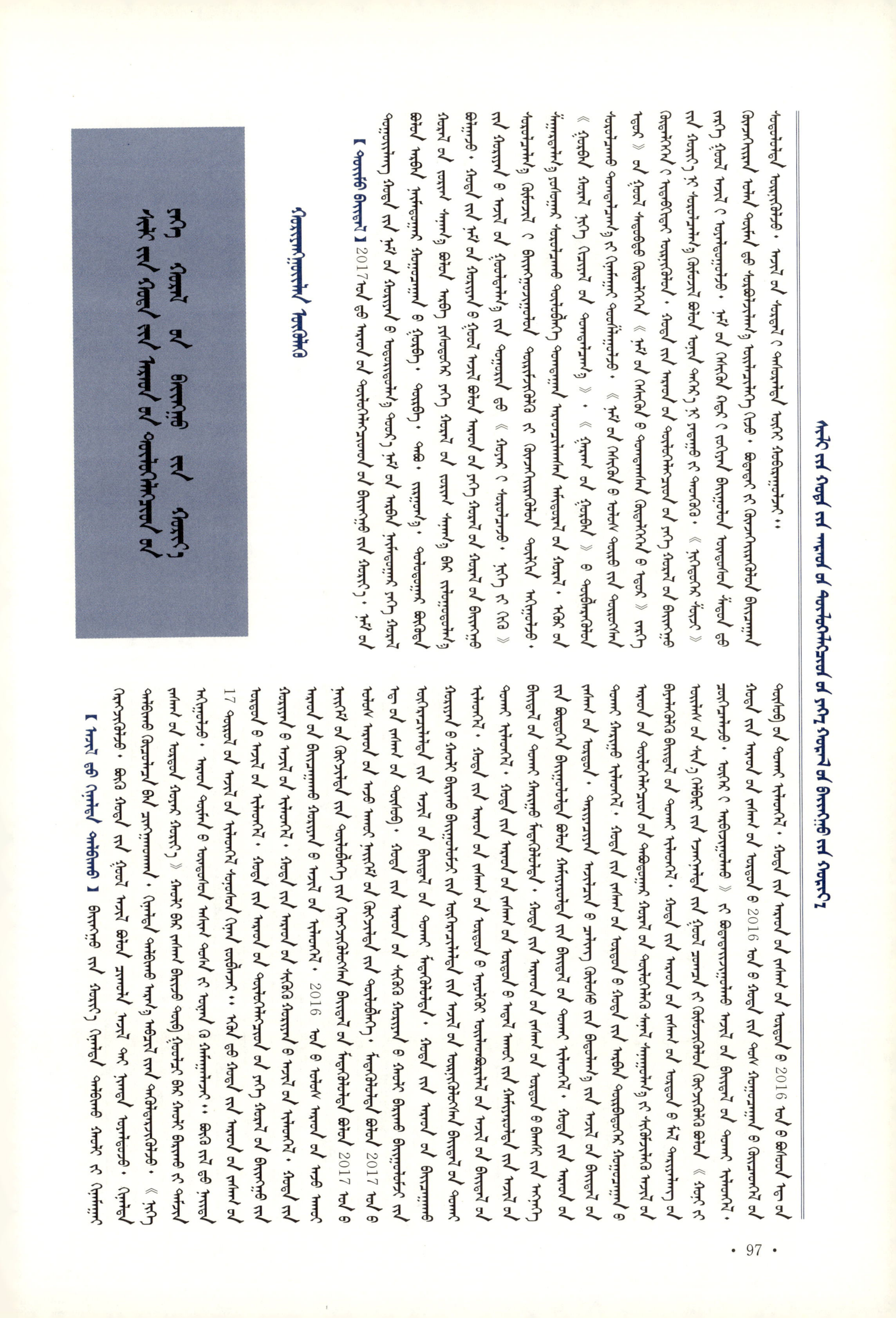

2017

2016 2016 2017 2017 17

2016 2016

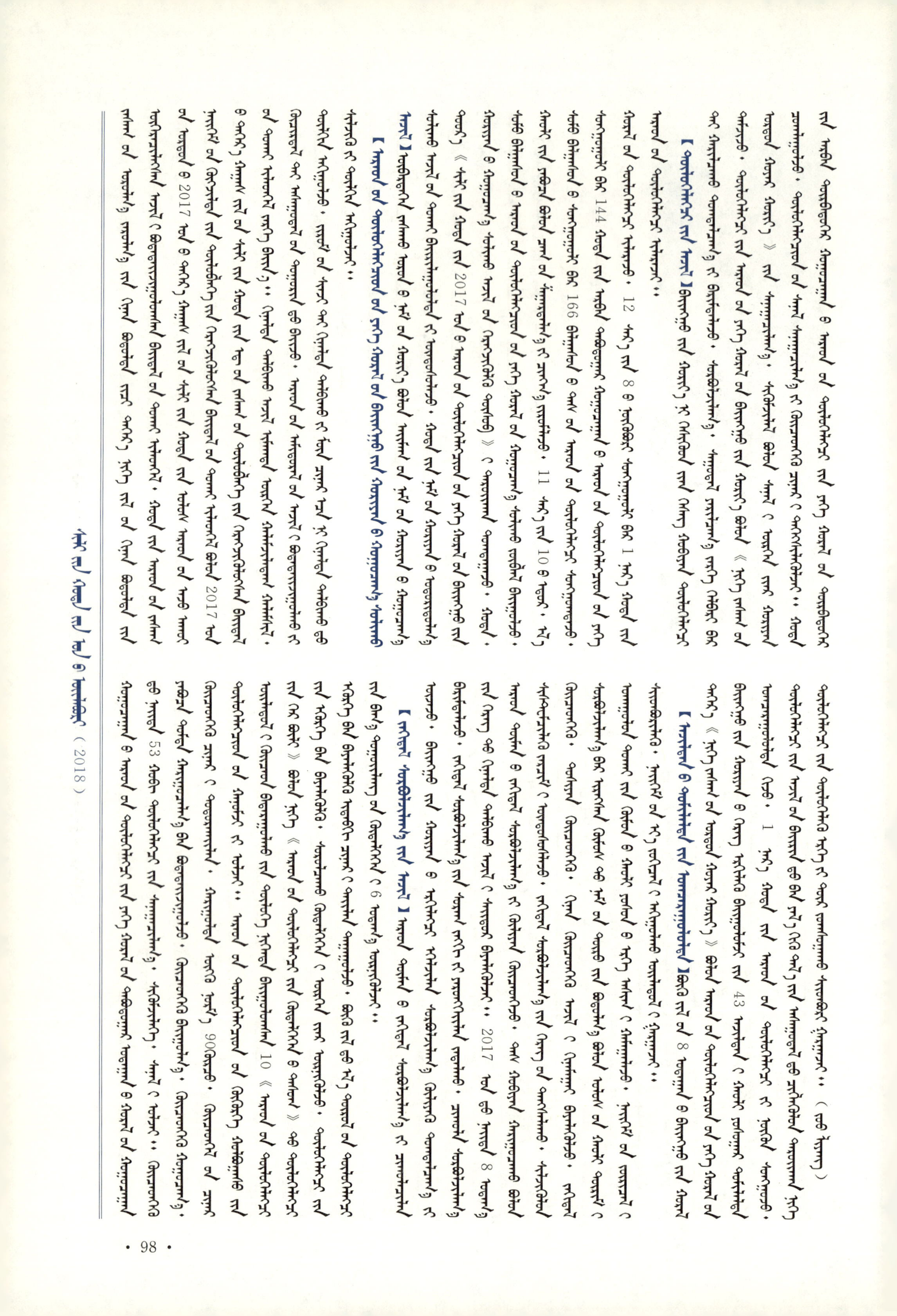

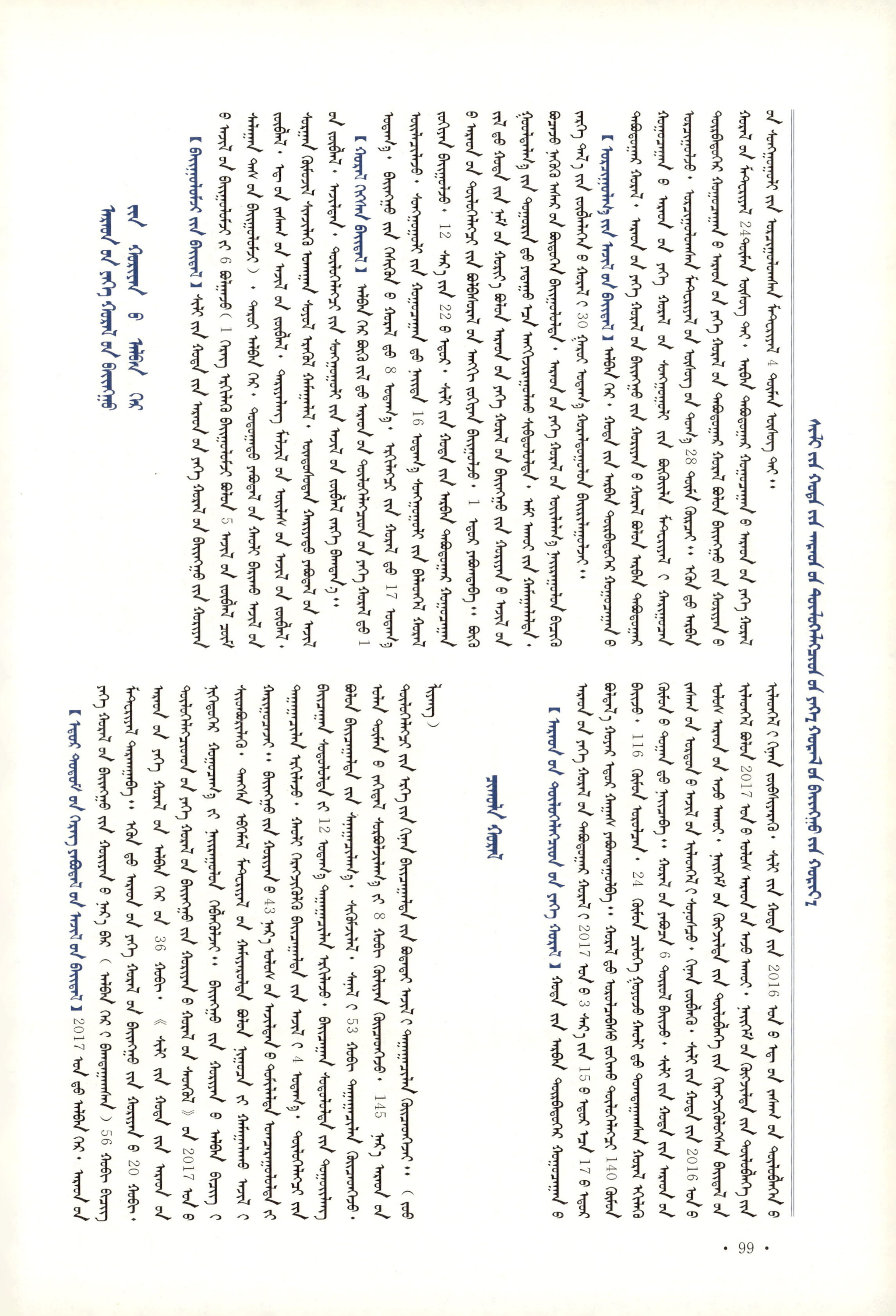

[illegible] 4 [illegible] 24 [illegible] 28 [illegible]

【[illegible]】[illegible] 30 [illegible] 1 [illegible] 12 [illegible] 22 [illegible] 16 [illegible] 8 [illegible] 17 [illegible] 1 [illegible]

【[illegible]】[illegible]

【[illegible]】[illegible] 1 [illegible] 5 [illegible] 6 [illegible]

[illegible]

[illegible] 2016 [illegible] 2017 [illegible] 2016 [illegible] 116 [illegible] 24 [illegible] 6 [illegible] 140 [illegible]

【[illegible]】[illegible] 2017 [illegible] 3 [illegible] 15 [illegible] 17 [illegible]

[illegible]

[illegible] 145 [illegible] 8 [illegible] 53 [illegible] 12 [illegible] 4 [illegible] 43 [illegible] 2017 [illegible] 36 [illegible] 20 [illegible] 56 [illegible]

【[illegible]】2017 [illegible]

25 ᠡᠳᠦᠷ ᠦᠨᠳᠦᠰᠦᠲᠡᠨ ᠦ ᠬᠣᠷᠢᠶ᠎ᠠ 2017 ᠣᠨ ᠤ 3 ᠰᠠᠷ᠎ᠠ ᠶᠢᠨ 6 ᠤ ᠡᠳᠦᠷ ᠬᠤᠷᠠᠯᠳᠤᠭᠰᠠᠨ᠃

2017 ᠣᠨ ᠤ [illegible]

【ᠦᠨᠳᠦᠰᠦᠲᠡᠨ ᠦ ᠬᠣᠷᠢᠶ᠎ᠠ [illegible]】

2016 ᠣᠨ ᠤ [illegible] 2017 ᠣᠨ ᠤ [illegible]

[illegible] 53 [illegible]

[illegible] 2017 ᠣᠨ ᠤ [illegible]

27 ᠡᠳᠦᠷ ᠬᠣᠷᠢᠶ᠎ᠠ 2017 ᠣᠨ ᠤ 7 ᠰᠠᠷ᠎ᠠ ᠶᠢᠨ 4 ᠦ ᠡᠳᠦᠷ [illegible]

[illegible] 2017 ᠣᠨ ᠤ [illegible]

26 ᠡᠳᠦᠷ ᠬᠣᠷᠢᠶ᠎ᠠ 2017 ᠣᠨ ᠤ 4 ᠰᠠᠷ᠎ᠠ ᠶᠢᠨ 13 ᠤ ᠡᠳᠦᠷ [illegible]

[illegible] 2017 ᠣᠨ ᠤ [illegible]

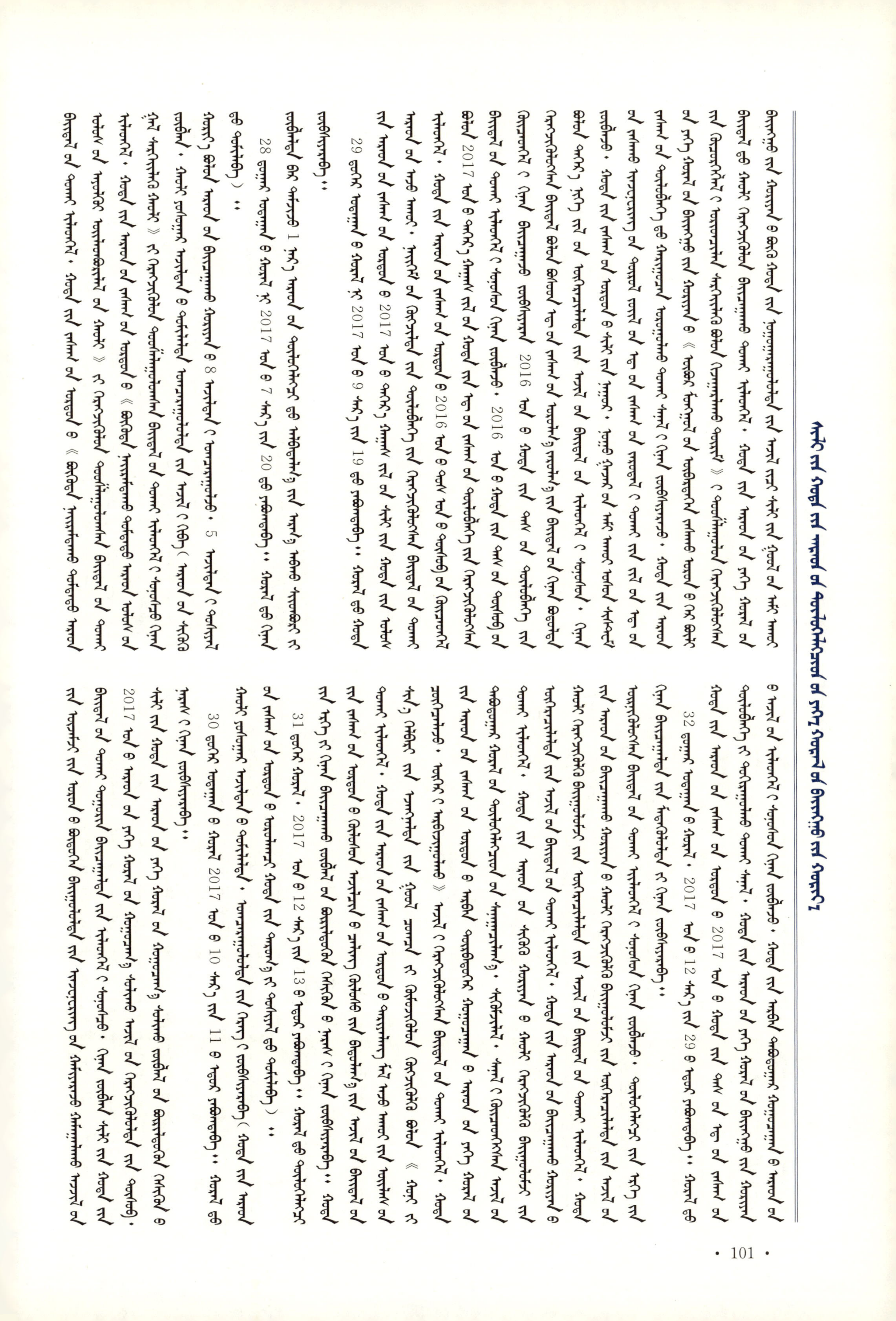

[illegible]

[illegible]

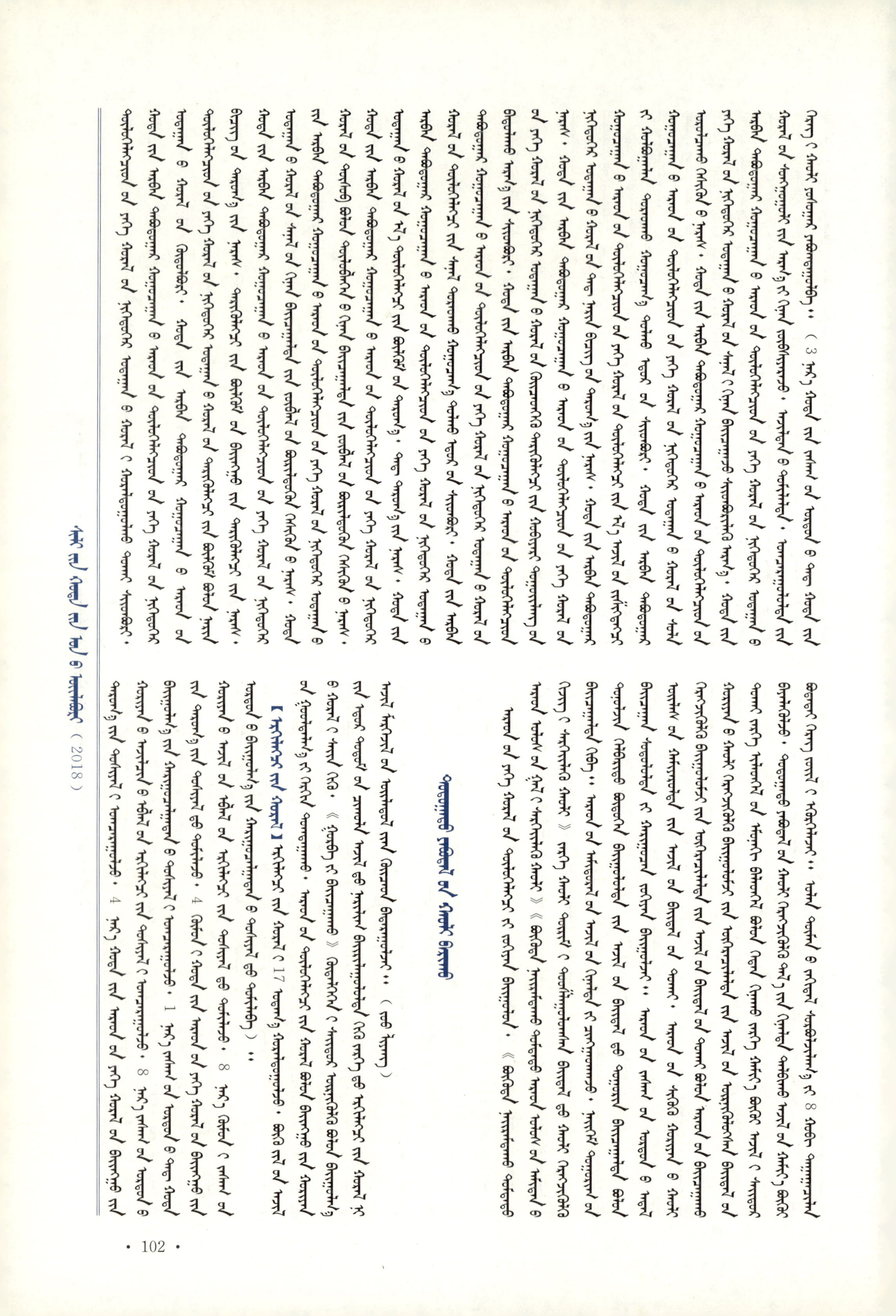

[illegible] (3 [illegible]

[illegible]

[illegible]

[illegible] ([illegible])

[illegible] 《 [illegible] 》 [illegible]

【 [illegible] 】 [illegible] 17 [illegible])

[illegible] 8 [illegible] 4 [illegible] 1 [illegible] 8 [illegible] 4 [illegible]

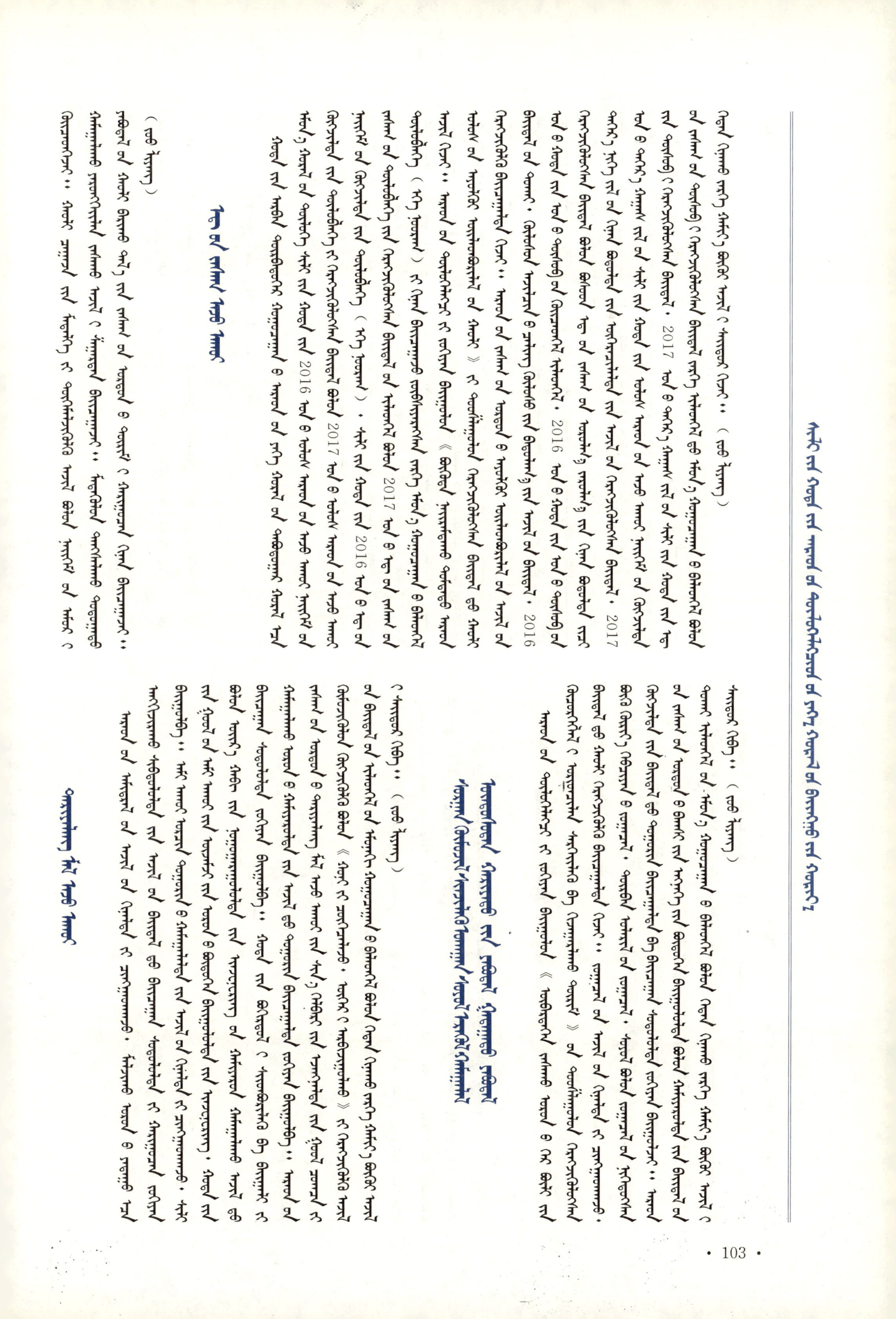

[illegible]

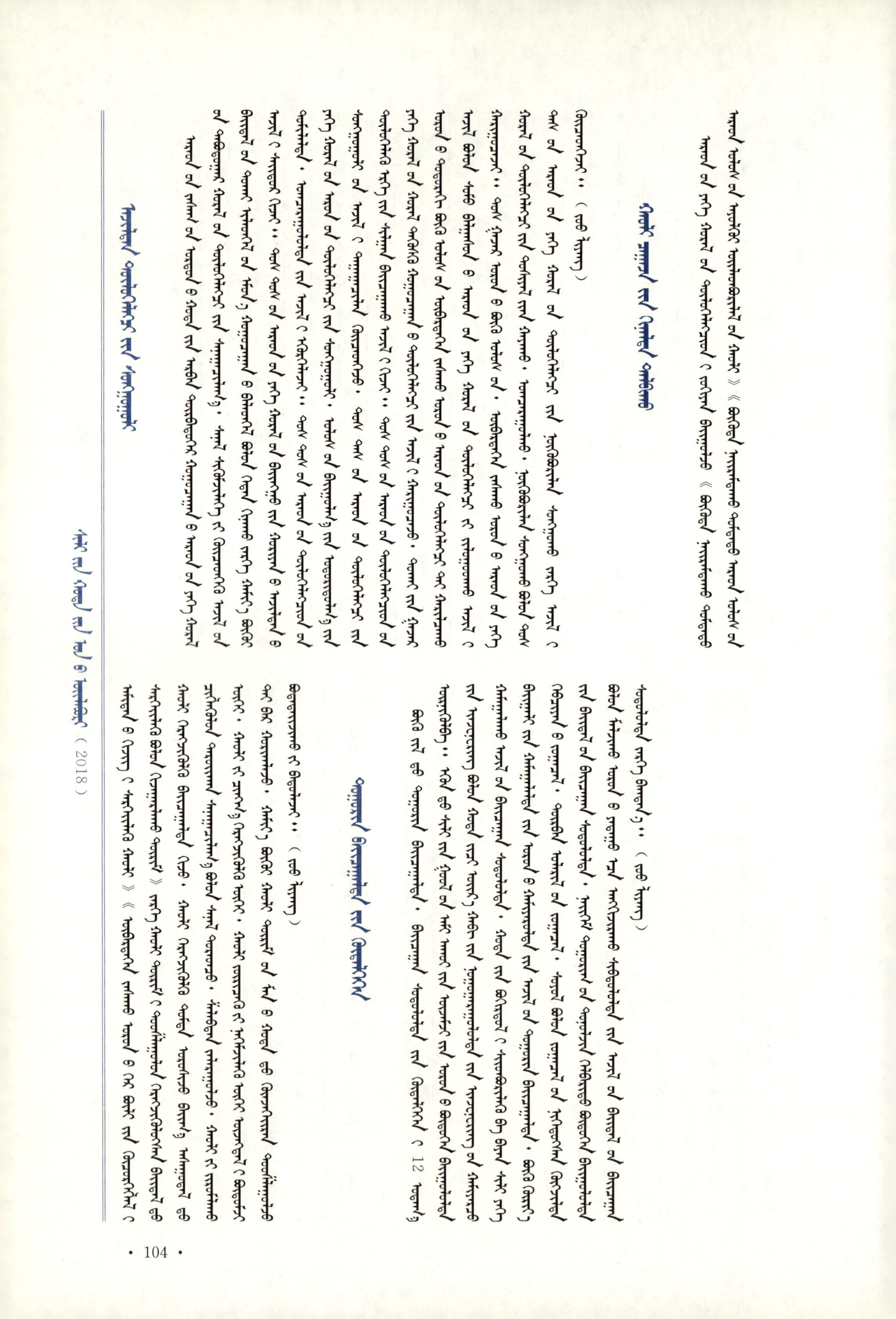

12

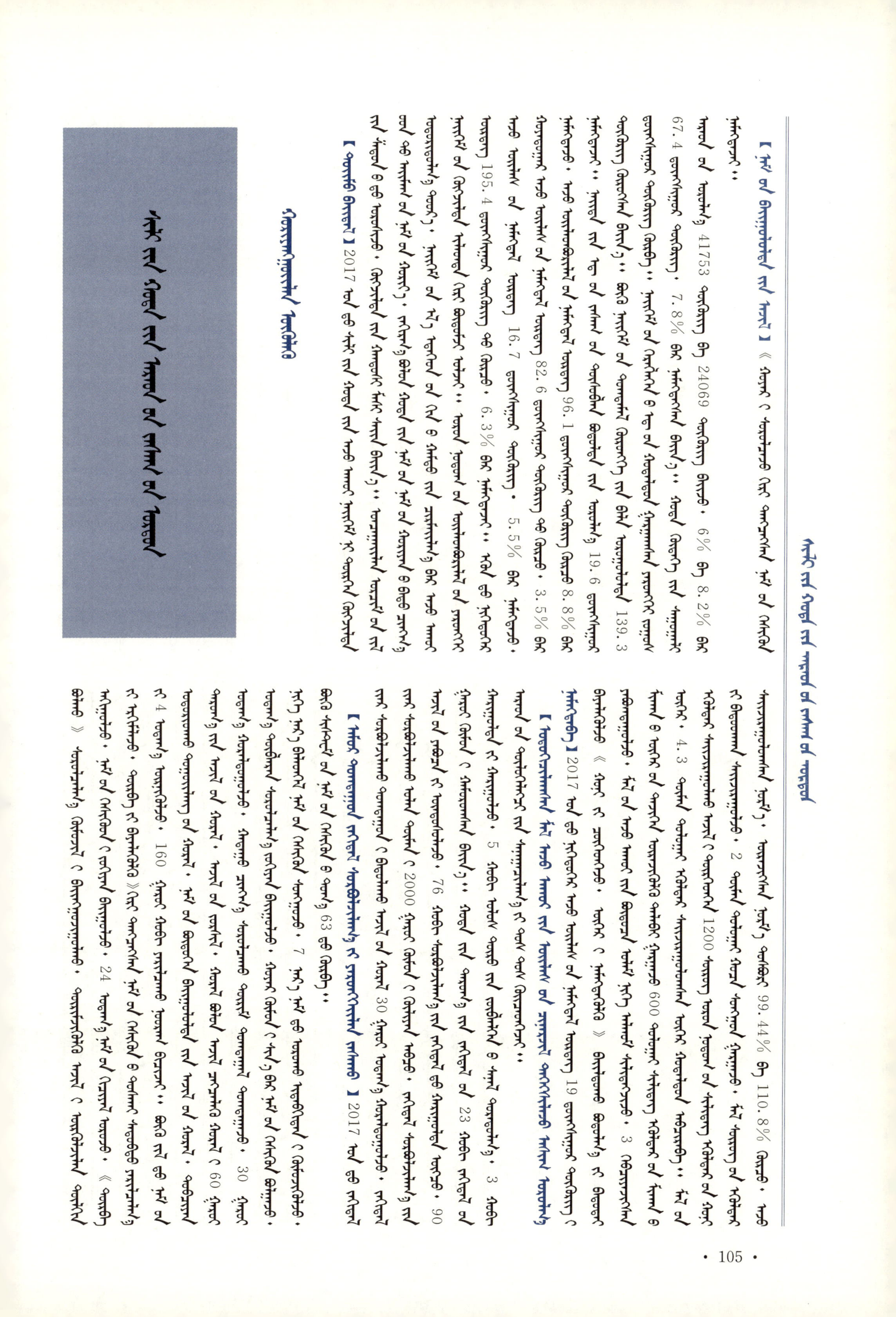

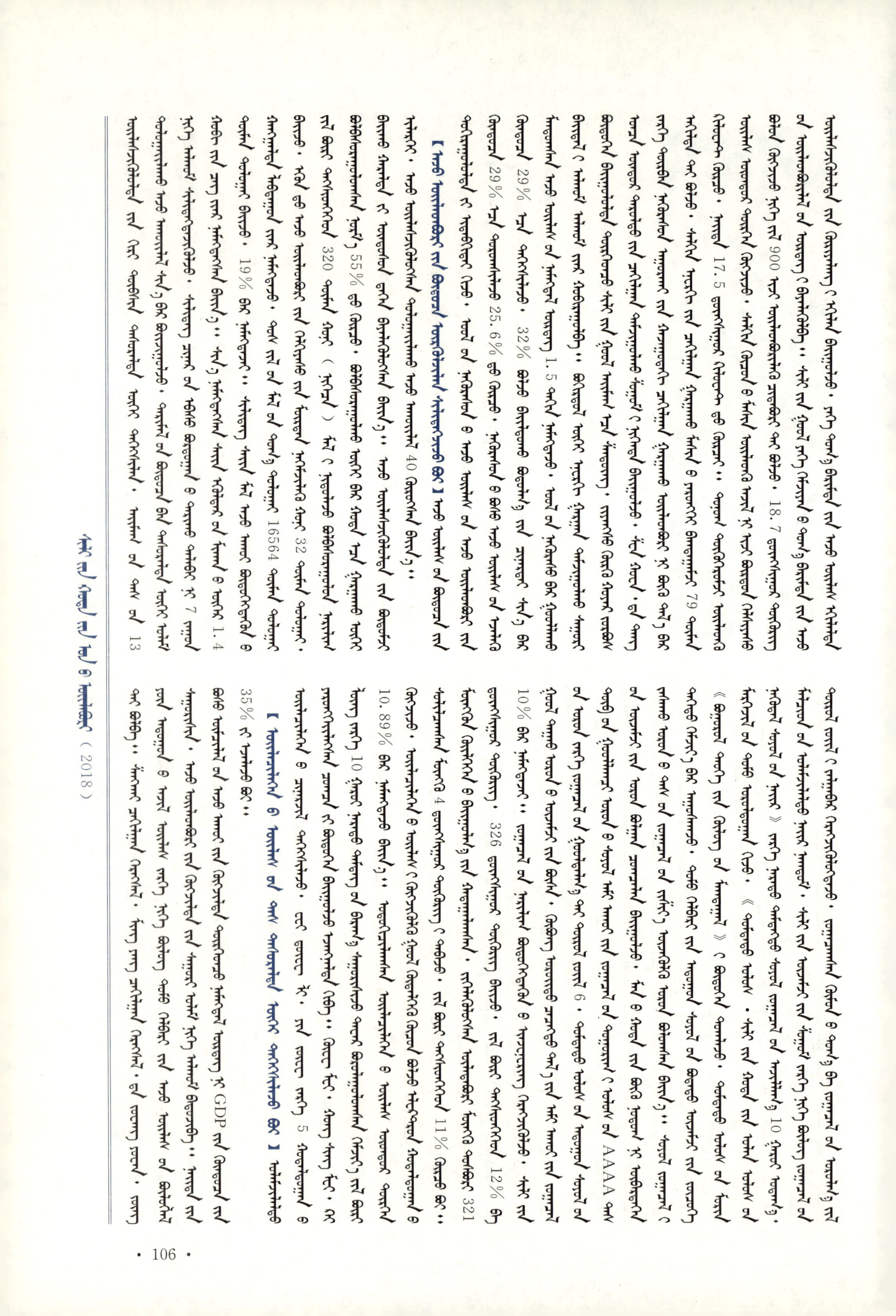

[illegible]

[illegible]

[illegible] 900 [illegible] 18.7 [illegible]

[illegible] 17.5 [illegible] 79 [illegible]

[illegible] 1.5 [illegible] 29% [illegible] 32% [illegible] 29% [illegible] 25.6% [illegible]

【[illegible]】[illegible] 40 [illegible]

[illegible] 55% [illegible] 320 [illegible] ([illegible]) [illegible] 32 [illegible] 16564 [illegible] 19% [illegible] 1.4 [illegible] 7 [illegible] 13

[illegible] 《[illegible]》 [illegible] 10 [illegible] 《[illegible] 《[illegible]》 [illegible] AAAA [illegible] 6 [illegible] 10% [illegible] 326 [illegible] 12% [illegible] 321 [illegible] 4 [illegible] 11% [illegible]

10.89% [illegible] 10 [illegible] 5 [illegible]

【[illegible]】[illegible] 35% [illegible]

[illegible] GDP [illegible]

4G ᠶᠢᠨ ᠬᠦᠮᠦᠨ ᠲᠣᠭᠠᠴᠠᠭᠠᠨ ᠤ ᠰᠤᠷᠭᠠᠨ ᠲᠣᠭᠠᠴᠠᠭ᠎ᠠ 242 ᠪᠢᠴᠢᠭᠯᠡᠭᠰᠡᠨ᠂ ᠪᠣᠯᠤ ᠲᠣᠭᠠᠨ ᠤ ᠮᠣᠩᠭᠣᠯ ᠬᠦᠮᠦᠵᠢᠯ ᠳᠤ ᠤ ᠰᠤᠷᠭᠠᠭᠤᠯᠢ ᠶᠢᠨ ᠬᠡᠮᠵᠢᠶ᠎ᠡ ᠢ ᠲᠡᠩᠴᠡᠭᠦᠯᠬᠦ ᠲᠣᠭᠠᠴᠠᠯᠠᠭᠰᠠᠨ᠂ ᠲᠣᠭᠠᠨ ᠤ ᠲᠦᠷᠦ ᠪᠣᠯᠭᠠᠨ ᠢ ᠪᠦᠲᠦᠭᠡᠬᠦ ᠵᠠᠭᠠᠪᠤᠷ ᠲᠦᠪᠰᠢᠨᠳᠡᠭᠡᠨ ᠬᠡᠷᠡᠭᠵᠢᠭᠦᠯᠪᠡ᠃ ᠵᠠᠭᠠᠪᠤᠷ ᠲᠦᠪᠰᠢᠨᠳᠡᠭᠡᠨ ᠬᠡᠷᠡᠭᠵᠢᠭᠦᠯᠪᠡ᠃ ᠡᠳᠦᠢ ᠶᠢᠨ ᠲᠦᠷᠦ ᠮᠣᠩᠭᠣᠯ ᠤᠨ ᠲᠦᠪᠰᠢᠨ ᠢ ᠬᠡᠷᠡᠭᠵᠢᠭᠦᠯᠦᠨ ᠰᠠᠢᠵᠢᠷᠠᠭᠤᠯᠬᠤ᠂ ᠡᠳᠦᠢ ᠲᠦᠷᠦ ᠶᠢᠨ ᠲᠣᠭᠠᠨ ᠲᠦᠷᠦ ᠲᠣᠭᠠᠨ ᠰᠤᠷᠭᠠᠭᠤᠯᠢ᠂ ᠵᠠᠭᠠᠪᠤᠷᠯᠠᠨ ᠪᠠᠢᠭᠤᠯᠤᠨ ᠬᠠᠮᠤᠭ 2138 ᠰᠤᠷᠭᠠᠭᠤᠯᠢ ᠪᠠᠢᠭᠤᠯᠬᠤ᠂ ᠪᠣᠯᠪᠠᠰᠤᠷᠠᠯ ᠬᠢ ᠵᠠᠭᠠᠪᠤᠷᠯᠠᠨ ᠮᠣᠩᠭᠣᠯᠴᠤᠳ ᠪᠠᠢᠭᠤᠯᠤᠨ (ᠲᠦᠪᠰᠢᠨᠳᠦ) ᠪᠠᠢᠭᠤᠯᠪᠠ᠃ 35 ᠰᠤᠷᠭᠠᠭᠤᠯᠢ ᠪᠠᠢᠭᠤᠯᠤᠨ ᠬᠡᠷᠡᠭᠯᠡᠬᠦ ᠵᠠᠭᠠᠪᠤᠷᠯᠠᠨ ᠮᠣᠩᠭᠣᠯᠴᠤᠳ ᠲᠣᠭᠠᠴᠠᠭ᠎ᠠ 4 ᠰᠤᠷᠭᠠᠭᠤᠯᠢ᠂ 614 ᠰᠤᠷᠭᠠᠭᠤᠯᠢ ᠡᠳᠦᠢ ᠪᠠᠢ ᠪᠠᠢᠭᠤᠯᠤᠭᠰᠠᠨ ᠰᠤᠷᠭᠠᠨ ᠲᠦᠪᠰᠢᠨ ᠤ ᠲᠦᠪᠰᠢᠨᠳᠡᠭᠡᠨ ᠤ ᠬᠡᠮᠵᠢᠶ᠎ᠡ 65 ᠬᠡᠴᠢᠶᠡᠯ ᠪᠠᠢᠭ᠎ᠠ ᠰᠠᠯᠠᠭ᠎ᠠ ᠶᠢᠨ ᠬᠣᠷᠢᠶ᠎ᠠ ᠪᠠᠢᠭᠤᠯᠤᠭᠰᠠᠨ᠂ ᠬᠣᠷᠢᠶ᠎ᠠ ᠶᠢᠨ᠂ ᠰᠠᠯᠠᠭ᠎ᠠ ᠶᠢᠨ ᠤ ᠲᠦᠪᠰᠢᠨ ᠶᠢᠨ ᠬᠡᠮᠵᠢᠶ᠎ᠡ ᠬᠠᠷᠢᠯᠴᠠᠨ 153 ᠪᠠᠢᠭ᠎ᠠ ᠬᠣᠷᠢᠶ᠎ᠠ ᠶᠢᠨ ᠪᠠ ᠡᠳᠦᠢ ᠶᠢᠨ ᠮᠣᠩᠭᠣᠯ ᠳᠦ ᠵᠠᠭᠠᠪᠤᠷᠯᠠᠭᠰᠠᠨ ᠮᠡᠷᠭᠡᠵᠢᠯ ᠪᠠᠢᠭ᠎ᠠ᠂ ᠡᠳᠦᠢ ᠶᠢᠨ ᠮᠣᠩᠭᠣᠯ ᠳᠦ ᠪᠣᠯᠪᠠᠰᠤᠷᠠᠯ 4 ᠢ ᠪᠦᠷᠢᠯᠳᠦᠭᠦᠯᠦᠨ ᠪᠠᠢᠭᠤᠯᠪᠠ᠃ ᠡᠳᠦᠢ ᠶᠢᠨ ᠮᠣᠩᠭᠣᠯ ᠳᠦ ᠲᠦᠪᠰᠢᠨ ᠪᠠᠢᠭ᠎ᠠ᠂ ᠡᠳᠦᠢ ᠶᠢᠨ ᠮᠣᠩᠭᠣᠯ ᠳᠦ ᠲᠣᠭᠠᠴᠠᠭᠠᠳᠤ ᠲᠦᠪᠰᠢᠨᠳᠦ ᠪᠠᠢᠭᠤᠯᠬᠤ᠂ ᠲᠦᠪᠰᠢᠨᠳᠡᠭᠡᠨ ᠰᠤᠷᠭᠠᠨ ᠲᠣᠭᠠᠨ ᠤ ᠬᠡᠯᠡ ᠶᠢᠨ ᠡᠳᠦᠢ ᠪᠠᠢᠭᠤᠯᠬᠤ ᠲᠣᠭᠠᠨ ᠤ ᠰᠢᠯᠢᠳᠡᠭ ᠲᠣᠭᠠᠴᠠᠭᠠᠨ ᠰᠢᠨᠵᠢᠯᠡᠬᠦ ᠭᠠᠷᠤᠯ ᠬᠠᠷᠢᠴᠠᠭᠤᠯᠬᠤ ᠬᠢ ᠪᠣᠯᠤᠨ᠂ ᠰᠤᠷᠭᠠᠨ ᠰᠤᠷᠭᠠᠨ ᠪᠠᠢᠭᠤᠯᠬᠤ ᠲᠣᠭᠠᠨ ᠢ ᠪᠦᠷᠢᠨ ᠪᠢᠴᠢᠭᠯᠡᠯ ᠪᠣᠯᠤᠭᠰᠠᠨ ᠬᠠᠷᠢᠴᠠᠭᠤᠯᠬᠤ ᠲᠣᠭᠠᠴᠠᠭᠠᠯ ᠭᠠᠷᠴᠠᠭᠠᠳᠤ ᠪᠠᠢᠭᠤᠯᠬᠤ ᠬᠡᠴᠢᠶᠡᠯ ᠤ ᠲᠣᠭᠠᠴᠠᠭᠠᠯᠲᠠ ᠲᠣᠭᠠᠴᠠᠭ᠎ᠠ ᠶᠢᠨ ᠲᠦᠪᠰᠢᠨᠳᠦ ᠲᠦᠪᠰᠢᠨ ᠰᠤᠷᠭᠠᠭᠤᠯᠢ ᠶᠢᠨ ᠪᠠᠢᠭᠤᠯᠬᠤ ᠵᠠᠭᠠᠪᠤᠷᠯᠠᠭᠰᠠᠨ ᠭᠠᠷᠤᠯ᠂ ᠲᠦᠪᠰᠢᠨ ᠰᠤᠷᠭᠠᠨ ᠶᠢᠨ ᠲᠦᠪᠰᠢᠨᠳᠡᠭᠡᠨ ᠤ ᠵᠠᠭᠠᠪᠤᠷ ᠢ ᠲᠣᠭᠠᠨ ᠤ ᠰᠤᠷᠭᠠᠨ ᠬᠦᠮᠦᠵᠢᠯᠳᠡᠭᠦᠯ ᠶᠢᠨ ᠪᠢᠴᠢᠭᠯᠡᠯ ᠢ ᠬᠠᠮᠤᠷᠤᠭᠳᠠᠭᠤᠯᠬᠤ᠂ ᠲᠦᠪᠰᠢᠨ ᠬᠦᠮᠦᠵᠢᠯ ᠤ ᠬᠦᠮᠦᠵᠢᠯ ᠲᠦᠪᠰᠢᠨᠳᠡᠭᠡᠨ ᠬᠡᠷᠡᠭᠵᠢᠭᠦᠯᠪᠡ᠃ ᠲᠦᠪᠰᠢᠨᠳᠡᠭᠡᠨ 15.2 ᠳᠠᠬᠢᠨ ᠬᠤᠪᠢ ᠬᠦᠮᠦᠵᠢᠯ ᠤᠨ ᠪᠠᠢ ᠲᠣᠭᠠᠴᠠᠭᠠᠳᠤ᠂ ᠰᠠᠢᠵᠢᠷᠠᠭᠤᠯᠬᠤ᠂ ᠲᠦᠷᠦ ᠶᠢᠨ ᠮᠡᠷᠭᠡᠵᠢᠯᠲᠡᠨ ᠦ ᠶᠢᠨ ᠰᠠᠢᠨ ᠬᠦᠮᠦᠵᠢᠯ ᠬᠦᠮᠦᠵᠢᠯᠳᠡᠭᠦᠯ ᠡᠷᠬᠢᠯᠡᠬᠦ ᠬᠦᠮᠦᠵᠢᠯ᠂ ᠮᠣᠩᠭᠣᠯ ᠤᠨ ᠬᠦᠮᠦᠨ ᠮᠣᠩᠭᠣᠯ ᠤᠨ ᠮᠡᠷᠭᠡᠵᠢᠯᠲᠡᠨ ᠦ ᠶᠢᠨ ᠰᠠᠢᠵᠢᠷᠠᠭᠤᠯᠤᠯᠲᠠ ᠮᠣᠩᠭᠣᠯᠴᠤᠳ ᠬᠠᠷᠢᠴᠠᠭᠤᠯᠬᠤ ᠪᠢᠴᠢᠭᠯᠡᠭᠰᠡᠨ ᠤ ᠲᠦᠪᠰᠢᠨᠳᠡᠭᠡᠨ ᠪᠣᠯᠭᠠᠭᠰᠠᠨ ᠮᠢᠩᠭ᠎ᠠ ᠬᠡᠯᠡᠬᠦ ᠪᠠ ᠪᠠᠢᠭᠤᠯᠬᠤ᠂ ᠲᠦᠪᠰᠢᠨᠳᠡᠭᠡᠨ ᠰᠢᠯᠢᠳᠡᠭ ᠲᠣᠭᠠᠨ ᠤ ᠬᠠᠷᠢᠴᠠᠭᠤᠯᠤᠯᠲᠠ ᠬᠡᠮᠵᠢᠶ᠎ᠡ ᠳᠦ ᠲᠦᠪᠰᠢᠨ ᠪᠣᠯᠤᠨ᠃ ᠪᠣᠯ ᠶᠢᠨ ᠬᠠᠷᠢᠴᠠᠭᠤᠯᠤᠯᠲᠠ ᠵᠠᠭᠠᠪᠤᠷ ᠤᠨ ᠲᠦᠪᠰᠢᠨᠳᠡᠭᠡᠨ ᠳᠤ ᠬᠦᠮᠦᠨ ᠢ ᠬᠡᠮᠵᠢᠶᠡᠯᠡᠭᠰᠡᠨ 63.1% ᠪᠠ 17.9 ᠶᠢᠨ ᠬᠦᠮᠦᠨ 747 ᠬᠡᠴᠢᠶᠡᠯ ᠮᠢᠩᠭ᠎ᠠ ᠬᠡᠯᠡᠬᠦ ᠪᠠᠢᠭᠤᠯᠤᠨ᠂ ᠲᠦᠪᠰᠢᠨᠳᠡᠭᠡᠨ ᠶᠢᠨ ᠪᠦᠲᠦᠭᠡᠯ ᠶᠢᠨ ᠬᠡᠮᠵᠢᠶ᠎ᠡ ᠪᠠᠢᠳᠠᠯ ᠢ ᠲᠦᠪᠰᠢᠨᠳᠡᠭᠡᠨ ᠰᠢᠯᠢᠳᠡᠭ ᠲᠣᠭᠠᠨ ᠤ ᠬᠠᠷᠢᠴᠠᠭᠤᠯᠤᠯᠲᠠ ᠰᠠᠢᠨ ᠬᠡᠮᠵᠢᠶ᠎ᠡ ᠳᠦ ᠬᠦᠷᠴᠡᠢ ᠪᠠᠢᠨ᠎ᠠ᠃ ᠲᠦᠪᠰᠢᠨᠳᠡᠭᠡᠨ ᠢ ᠬᠦᠮᠦᠵᠢᠭᠦᠯᠬᠦ ᠬᠠᠷᠢᠴᠠᠭᠤᠯᠤᠯᠲᠠ᠂ ᠮᠡᠷᠭᠡᠵᠢᠯ ᠲᠦᠪᠰᠢᠨ ᠪᠠᠢᠭᠤᠯᠬᠤ ᠲᠣᠭᠠᠴᠠᠭᠠᠯ ᠬᠡᠷᠡᠭᠵᠢᠭᠦᠯᠬᠦ ᠠᠷᠭ᠎ᠠ ᠬᠡᠮᠵᠢᠶ᠎ᠡ ᠪᠠᠢᠳᠠᠯ ᠤᠨ ᠪᠢᠴᠢᠭᠯᠡᠯ ᠪᠠᠢᠭᠤᠯᠤᠯᠲᠠ ᠶᠢᠨ ᠲᠦᠪᠰᠢᠨᠳᠡᠭᠡᠨ ᠰᠤᠷᠭᠠᠨ ᠲᠣᠭᠠᠴᠠᠭᠠᠯ ᠳᠤ ᠲᠣᠭᠠᠴᠠᠭᠰᠠᠨ᠂ ᠮᠣᠩᠭᠣᠯ ᠶᠢᠨ ᠡᠴᠡ ᠲᠦᠪᠰᠢᠨᠳᠡᠭᠡᠨ ᠲᠣᠭᠠᠨ ᠮᠡᠷᠭᠡᠵᠢᠯ᠂ ᠢ ᠲᠦᠪᠰᠢᠨᠳᠡᠭᠡᠨ ᠠᠷᠭ᠎ᠠ ᠲᠦᠷᠦ ᠪᠠᠢᠭᠤᠯᠬᠤ ᠬᠦᠮᠦᠨ ᠤ ᠬᠡᠷᠡᠭᠯᠡᠭᠰᠡᠨ ᠬᠢ ᠮᠣᠩᠭᠣᠯᠴᠤᠳ ᠮᠣᠩᠭᠣᠯ ᠶᠢᠨ ᠪᠦᠲᠦᠭᠡᠯ ᠢ ᠰᠤᠷᠭᠠᠨ ᠬᠡᠷᠡᠭᠵᠢᠭᠦᠯᠦᠯᠲᠡ ᠶᠢᠨ ᠬᠦᠮᠦᠨ ᠪᠠᠢᠭᠤᠯᠤᠨ᠂ ᠲᠣᠭᠠᠨ ᠤ ᠵᠠᠭᠠᠪᠤᠷᠯᠠᠨ ᠢ ᠬᠡᠷᠡᠭᠯᠡᠭᠰᠡᠨ᠂ ᠪᠣᠯᠤ ᠲᠣᠭᠠᠨ ᠮᠣᠩᠭᠣᠯ ᠲᠦᠪᠰᠢᠨ ᠮᠢᠩᠭ᠎ᠠ ᠰᠤᠷᠭᠠᠭᠤᠯᠢ᠂ 167 ᠬᠡᠴᠢᠶᠡᠯ ᠮᠢᠩᠭ᠎ᠠ ᠬᠡᠯᠡᠬᠦ ᠮᠣᠩᠭᠣᠯᠴᠤᠳ ᠲᠦᠪᠰᠢᠨ ᠢ ᠡᠳᠦᠢ ᠪᠠᠢ ᠪᠠᠢᠭ᠎ᠠ᠂ 500 ᠬᠡᠴᠢᠶᠡᠯ ᠮᠢᠩᠭ᠎ᠠ

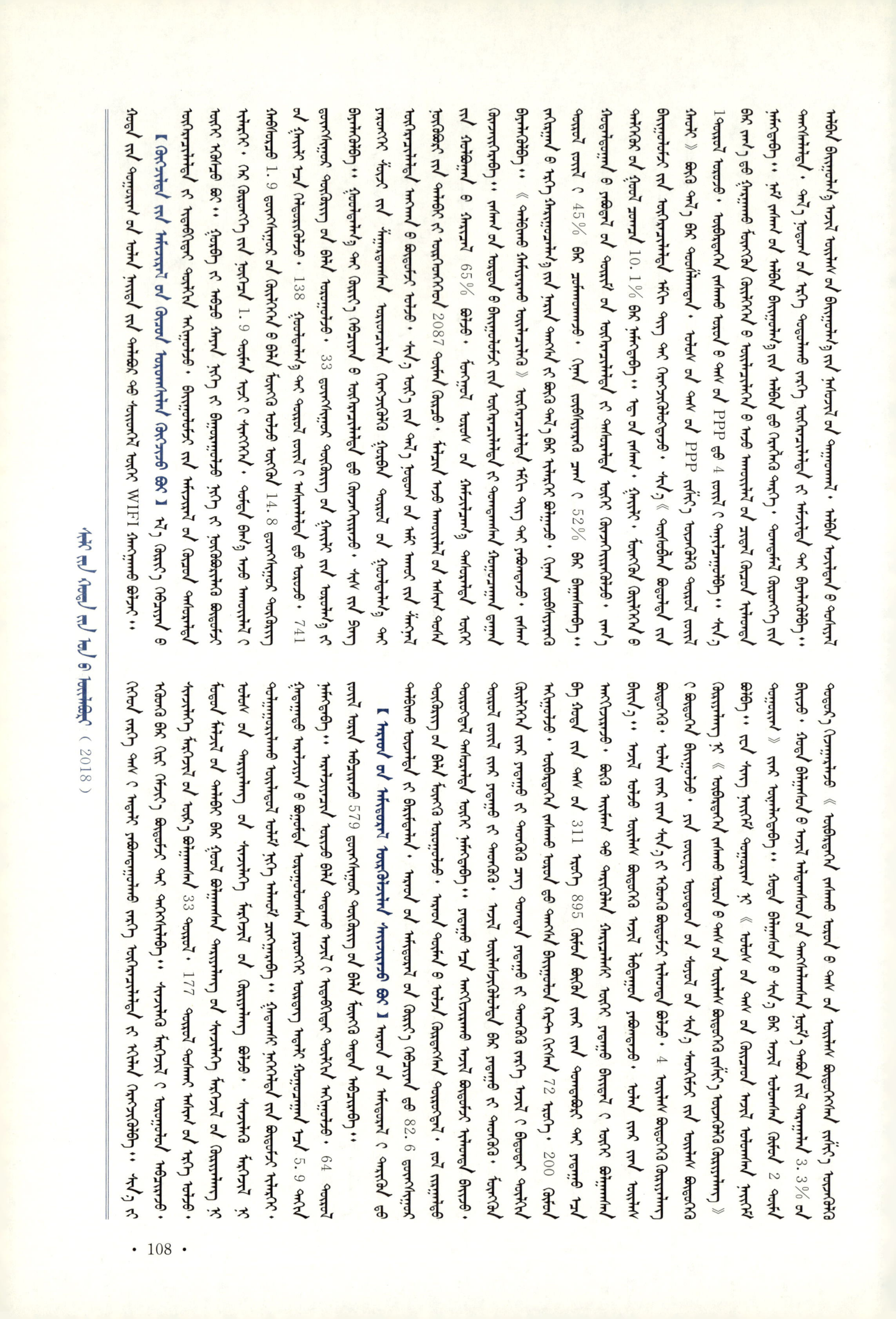

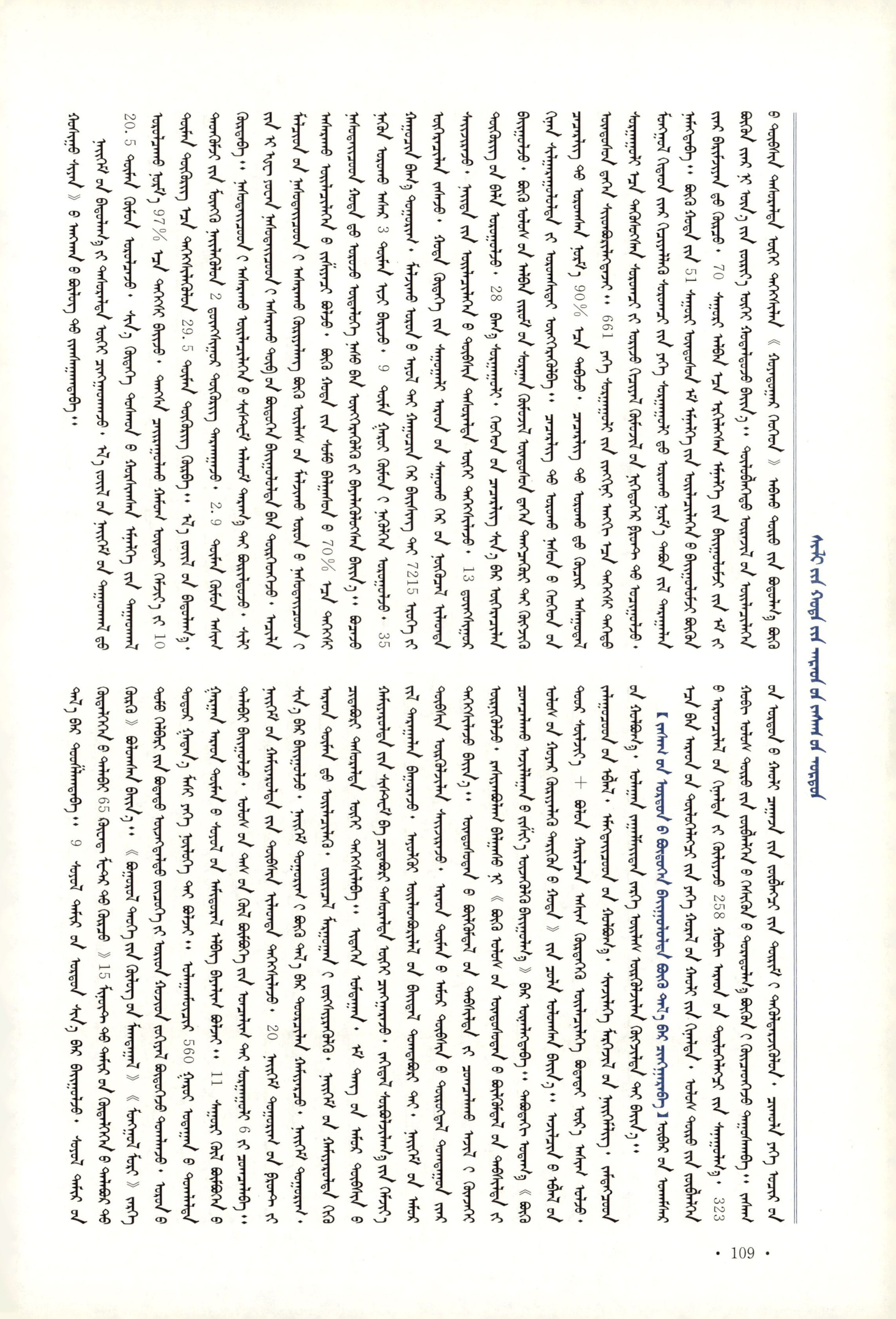

[illegible] 《[illegible]》 [illegible] 70 [illegible] 51 [illegible] 661 [illegible] 90% [illegible] 28 [illegible] 13 [illegible] 7215 [illegible] 3 [illegible] 9 [illegible] 35 [illegible] 70% [illegible] 2 [illegible] 2.9 [illegible] 29.5 [illegible] 97% [illegible] 10 [illegible] 20.5 [illegible]

[illegible] 《[illegible]》 [illegible]

[illegible] 258 [illegible] 323 [illegible]

【[illegible]】 [illegible]

[illegible] + [illegible] 《[illegible]》 [illegible] 《[illegible]》 [illegible] 20 [illegible] 6 [illegible] 11 [illegible] 560 [illegible] 《[illegible]》 《[illegible]》 《[illegible]》 [illegible] 65 [illegible] 》15 [illegible] 9 [illegible]

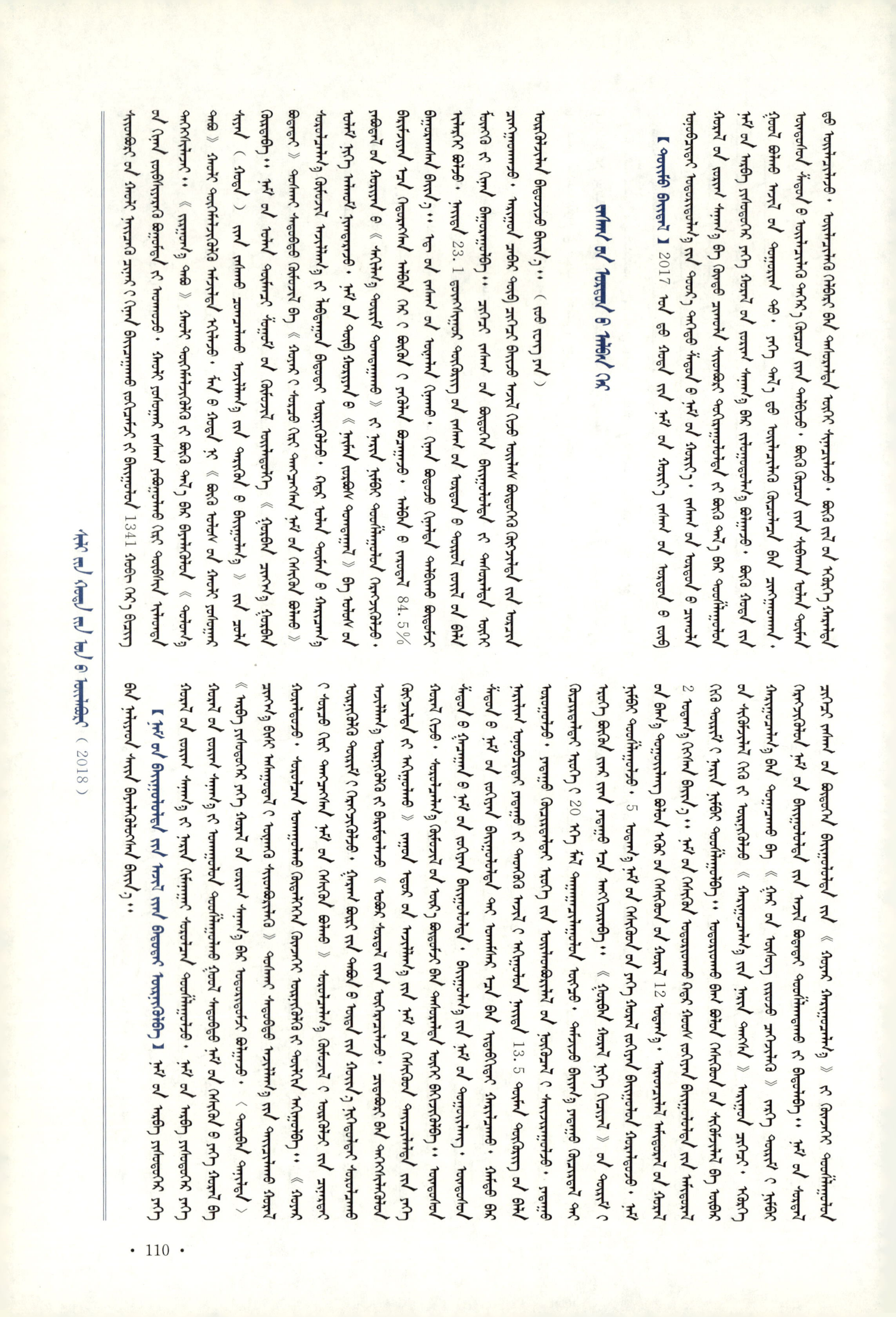

【 】 2017

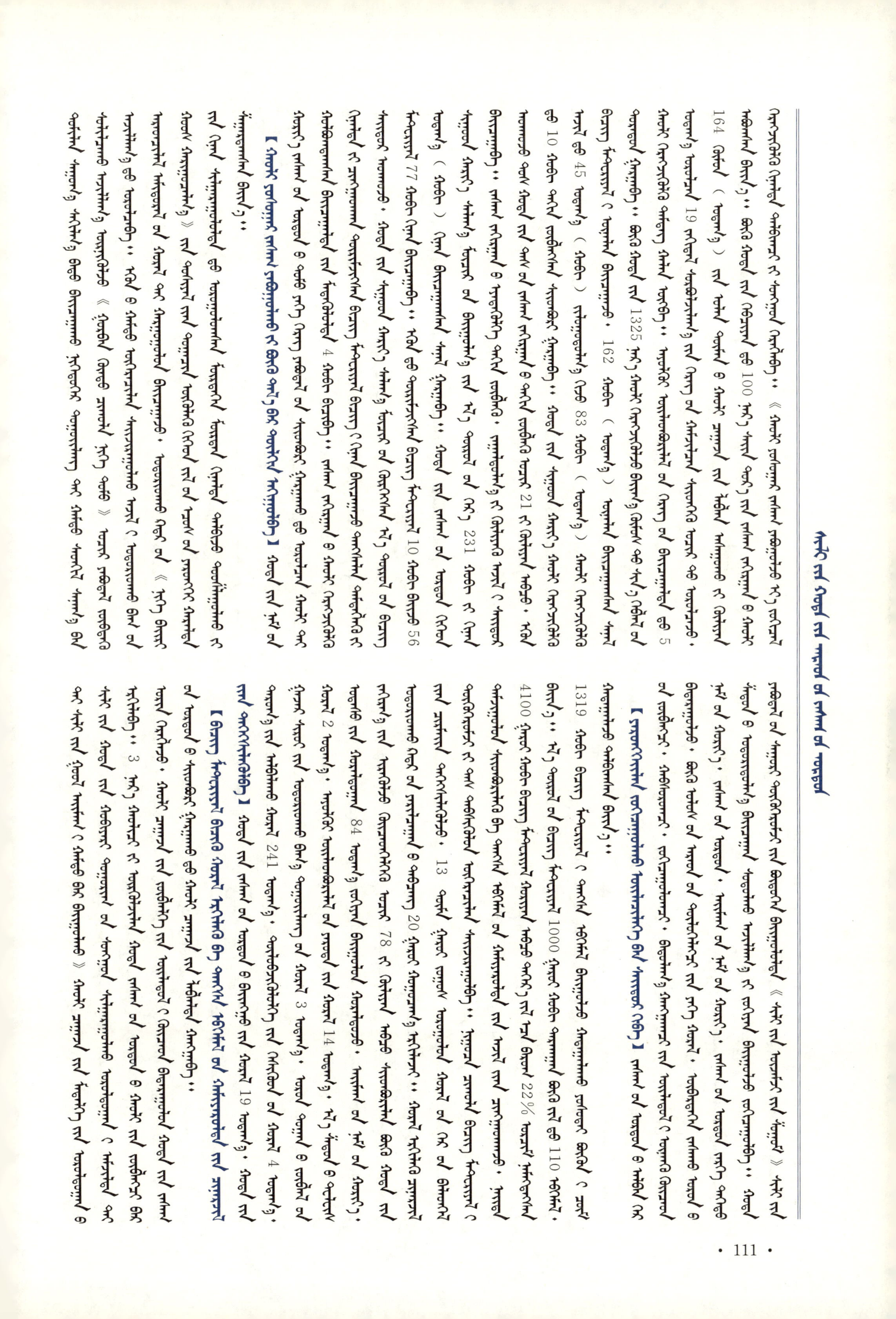

[illegible]

[illegible]

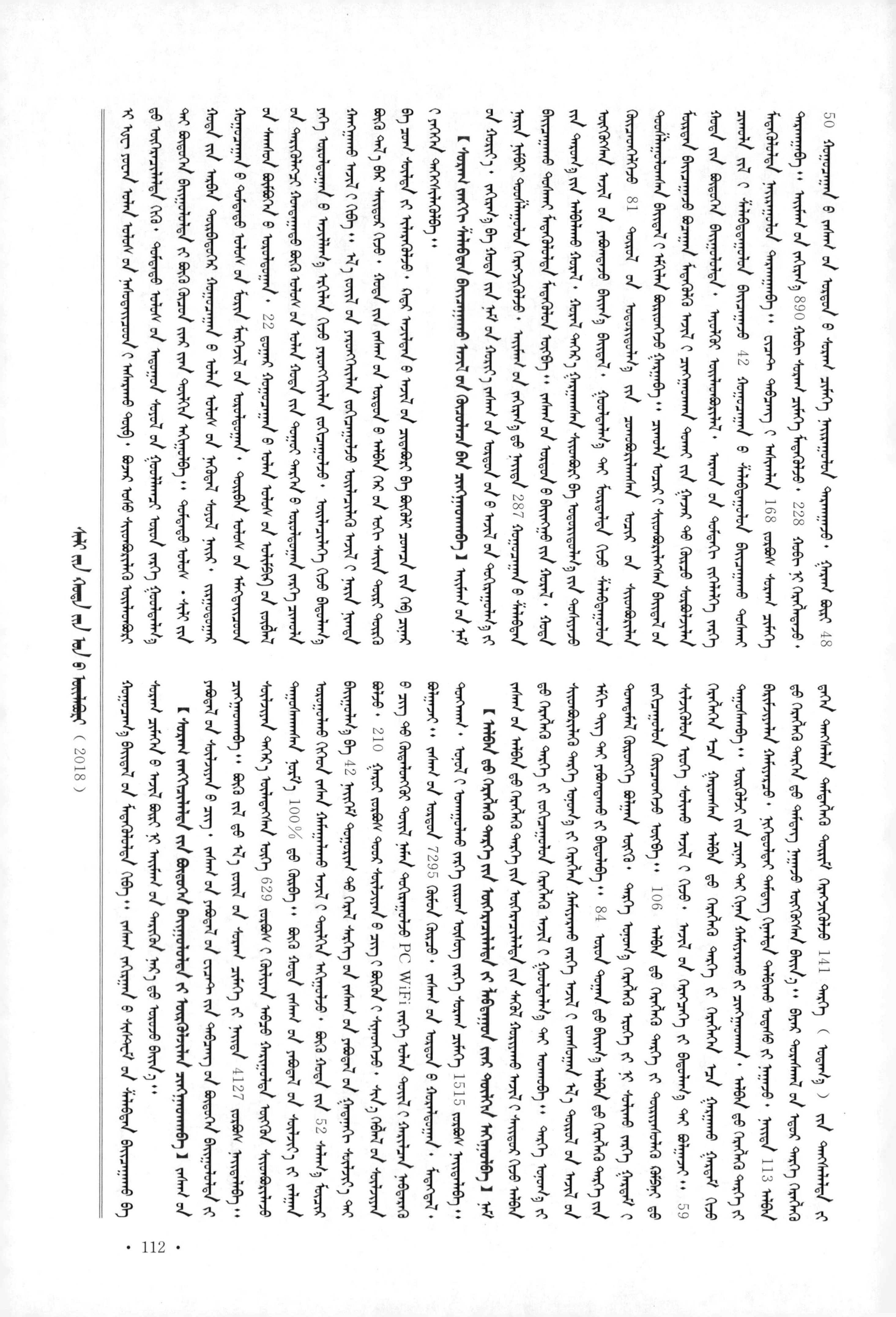

50 [illegible] 48 [illegible] 890 [illegible] 228 [illegible] 168 [illegible] 42 [illegible] 81 [illegible] 287 [illegible]

【[illegible]】[illegible]

[illegible] 22 [illegible]

[illegible] 141 [illegible] ([illegible]) [illegible] 113 [illegible] 59 [illegible] 106 [illegible] 84 [illegible]

【[illegible]】[illegible] 1515 [illegible] 7295 [illegible] PC WiFi [illegible] 210 [illegible] 42 [illegible] 52 [illegible] 100% [illegible] 629 [illegible] 4127 [illegible]

【[illegible]】[illegible]

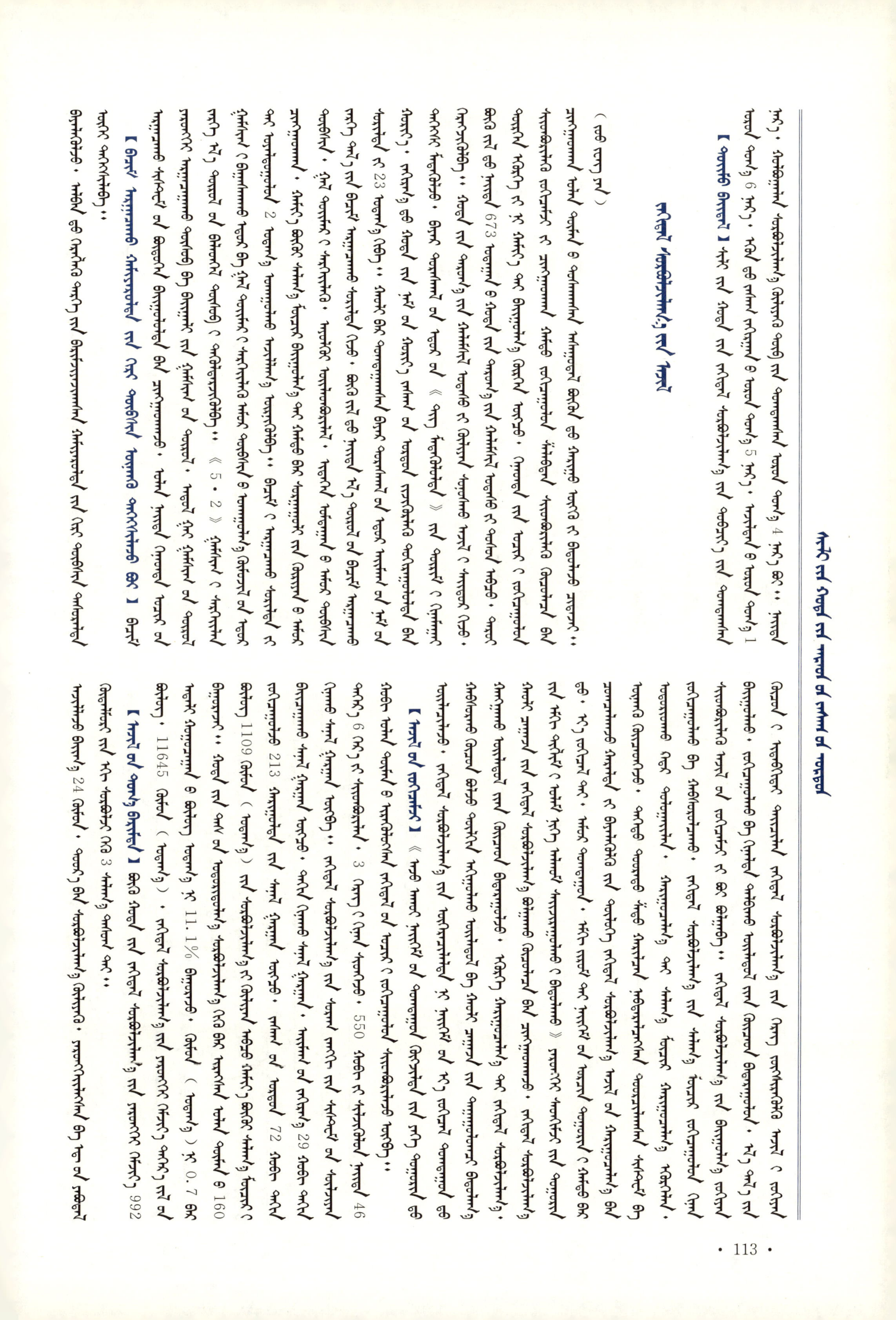

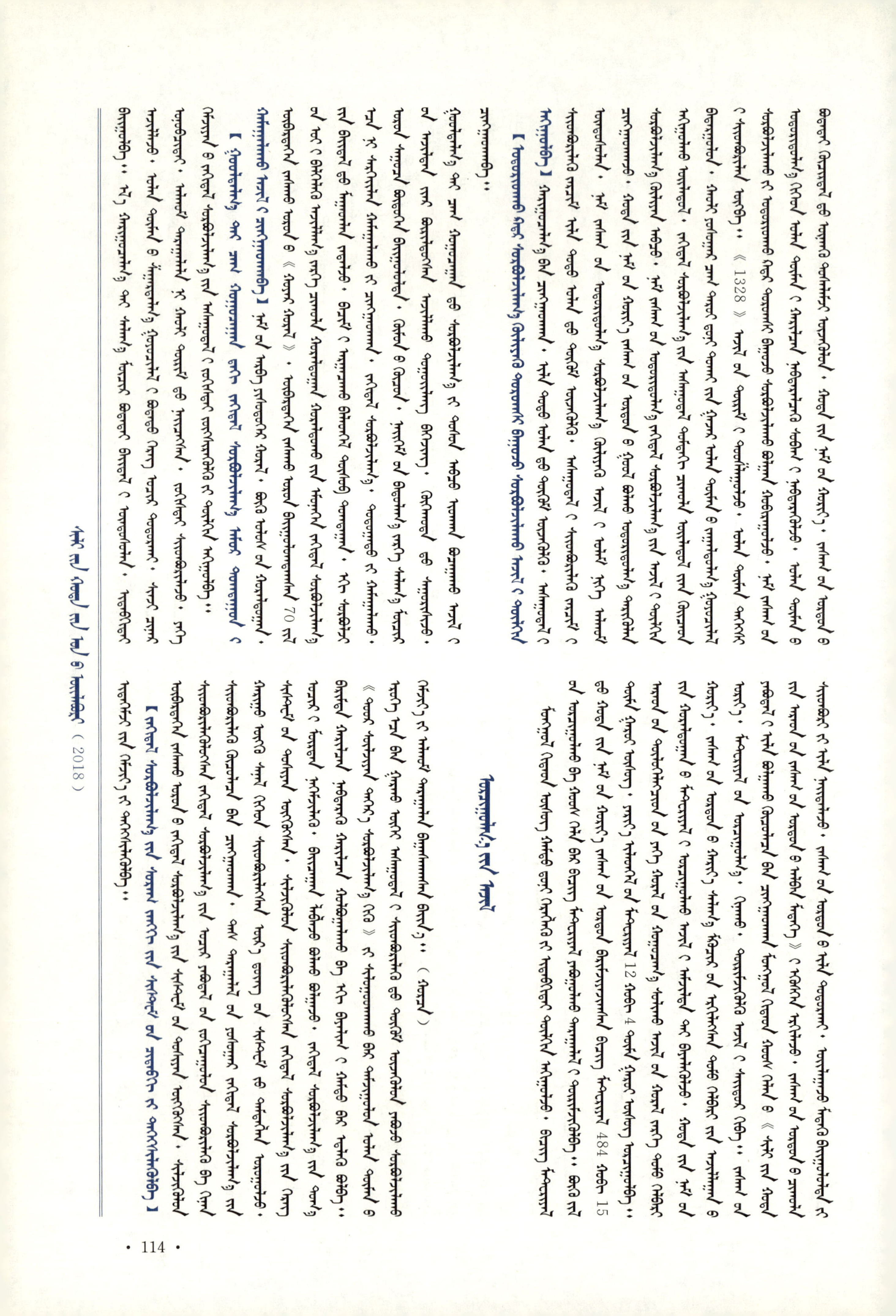

[illegible] 《 1328 》 [illegible] 12 [illegible] 4 [illegible] 484 [illegible] 15 [illegible]

[illegible]

[illegible]

【 [illegible] 】 [illegible]

[illegible] 70 [illegible]

【 [illegible] 】

[illegible]

[illegible] 274 [illegible]

【ᠰᠤᠷᠭᠠᠯ ᠤᠨ ᠴᠢᠨᠠᠷ ᠢ ᠰᠠᠶᠢᠨ ᠪᠠᠲᠤᠯᠠᠬᠤ】 [illegible] 90.7% [illegible]

[illegible] 100% [illegible] 3532 [illegible] 72.4 [illegible] 72.54 [illegible] 2017 [illegible] 6 [illegible] 274 [illegible] 23 [illegible] 161 [illegible]

[illegible] 21 [illegible] 3 [illegible] 26 [illegible]

【[illegible]】 [illegible] 2014 [illegible] 5 [illegible] 22 [illegible]

ᠰᠤᠷᠭᠠᠯ ᠤᠨ ᠴᠢᠨᠠᠷ ᠤᠨ [illegible]

[illegible] (ᠳᠤᠲᠤ [illegible])

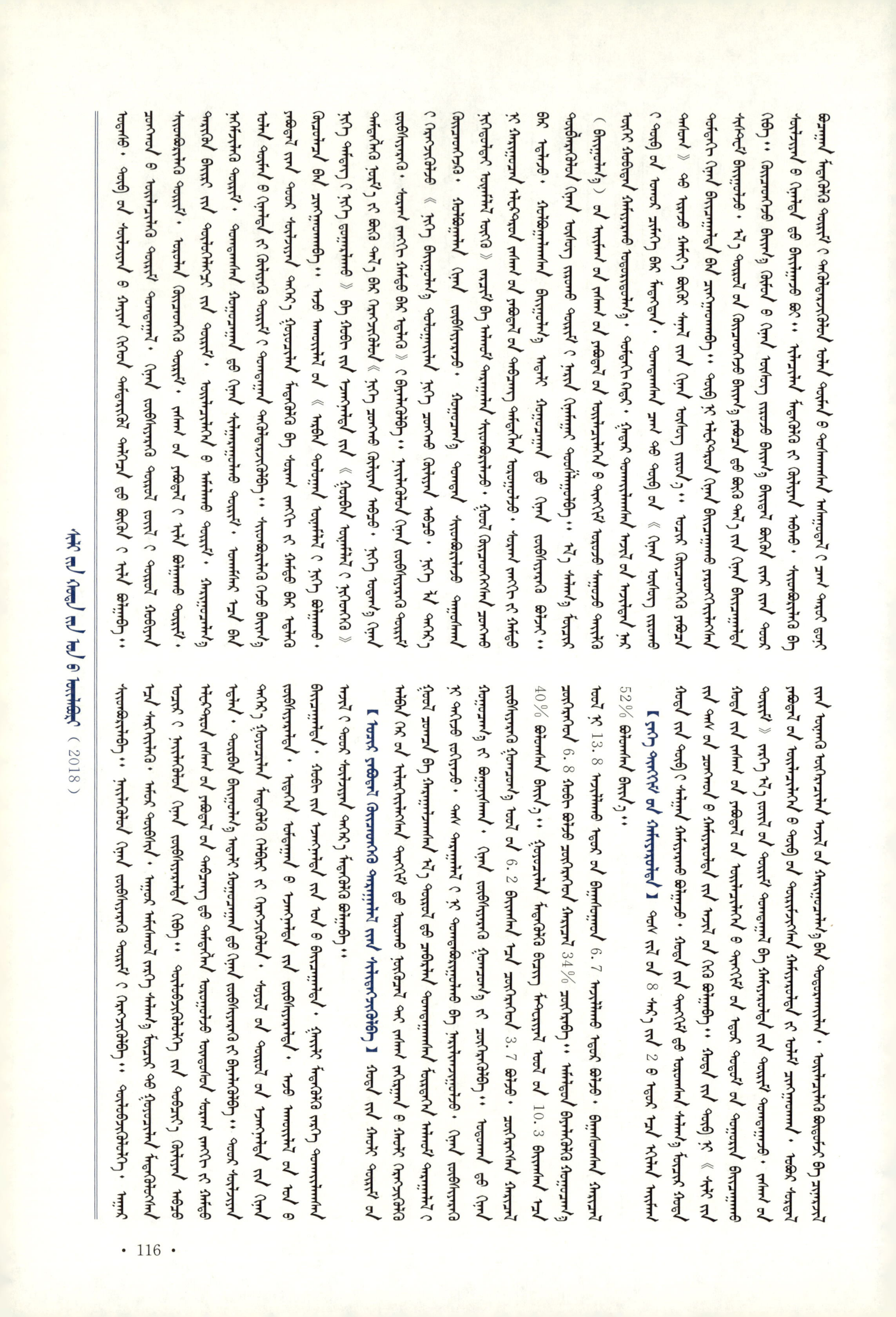

ᠬᠥᠭᠵᠢᠯ ᠦᠨ ᠳᠡᠪᠰᠢᠯᠲᠡ ᠶᠢᠨ ... 2017 ᠣᠨ ᠤ 10 ᠰᠠᠷ᠎ᠠ ᠶᠢᠨ 16 ...

《 ... 》 ...

【 ... 】 ... 28 ... 0.72 ...

... 2.7% ...

... 6.04 ... 0.16 ...

... 209 ...

【 ... 】 2017 ᠣᠨ ᠳᠤ ...

...

【 ... 】 ...

... 38736.35 ... 41437 ...

... 20.13 ...

【 ... 】 ...

...

2017 ᠣᠨ ᠳᠤ ... 5 ...

...

【 ... 】 ...

ᠪᠡᠶ᠎ᠡ ᠶᠢᠨ ᠲᠠᠮᠢᠷ ᠤᠨ ᠪᠠᠢᠳᠠᠯ ᠢ ᠰᠢᠨᠵᠢᠯᠡᠬᠦ

... ᠪᠣᠯᠤᠨ᠎ᠠ᠃ (...)

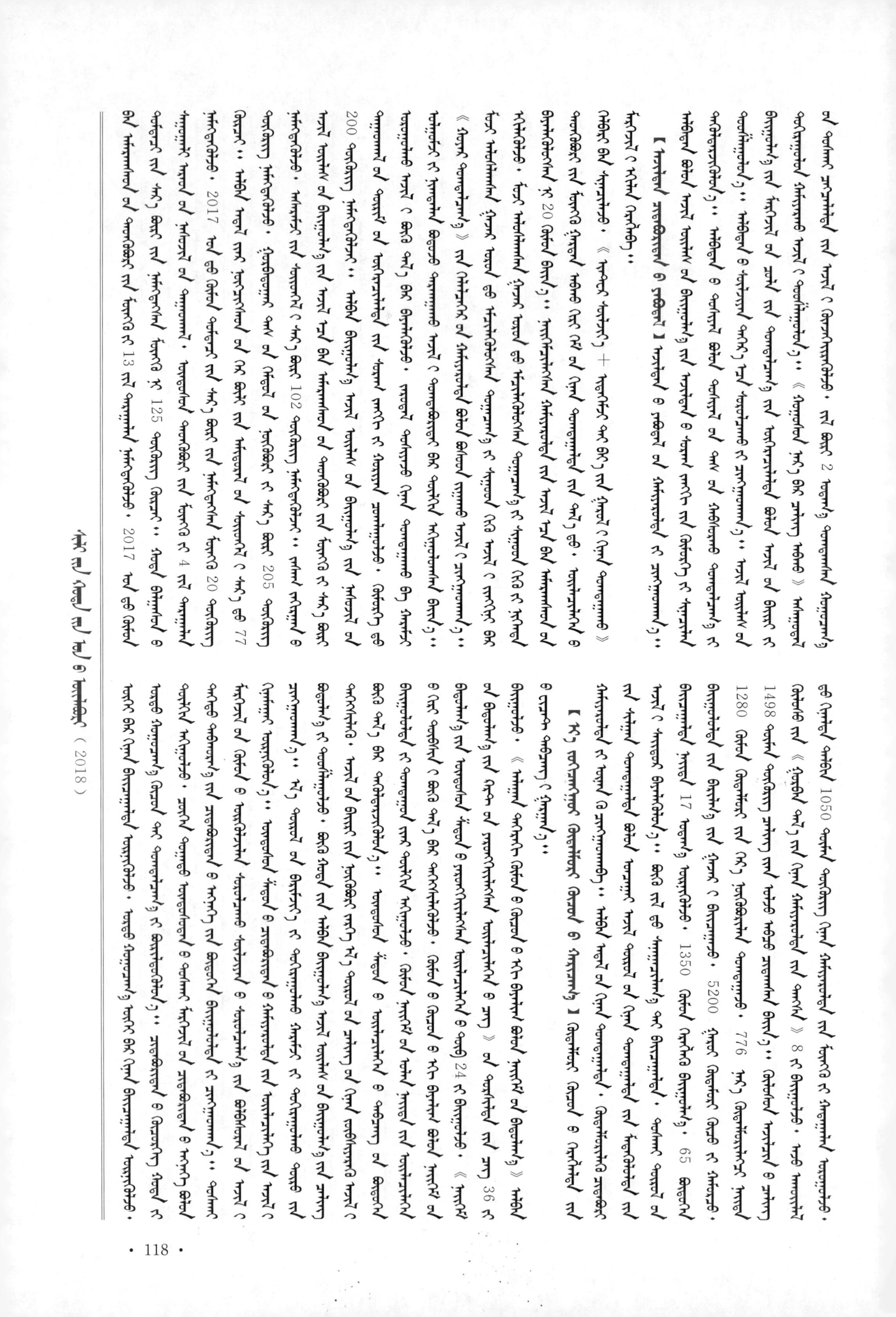

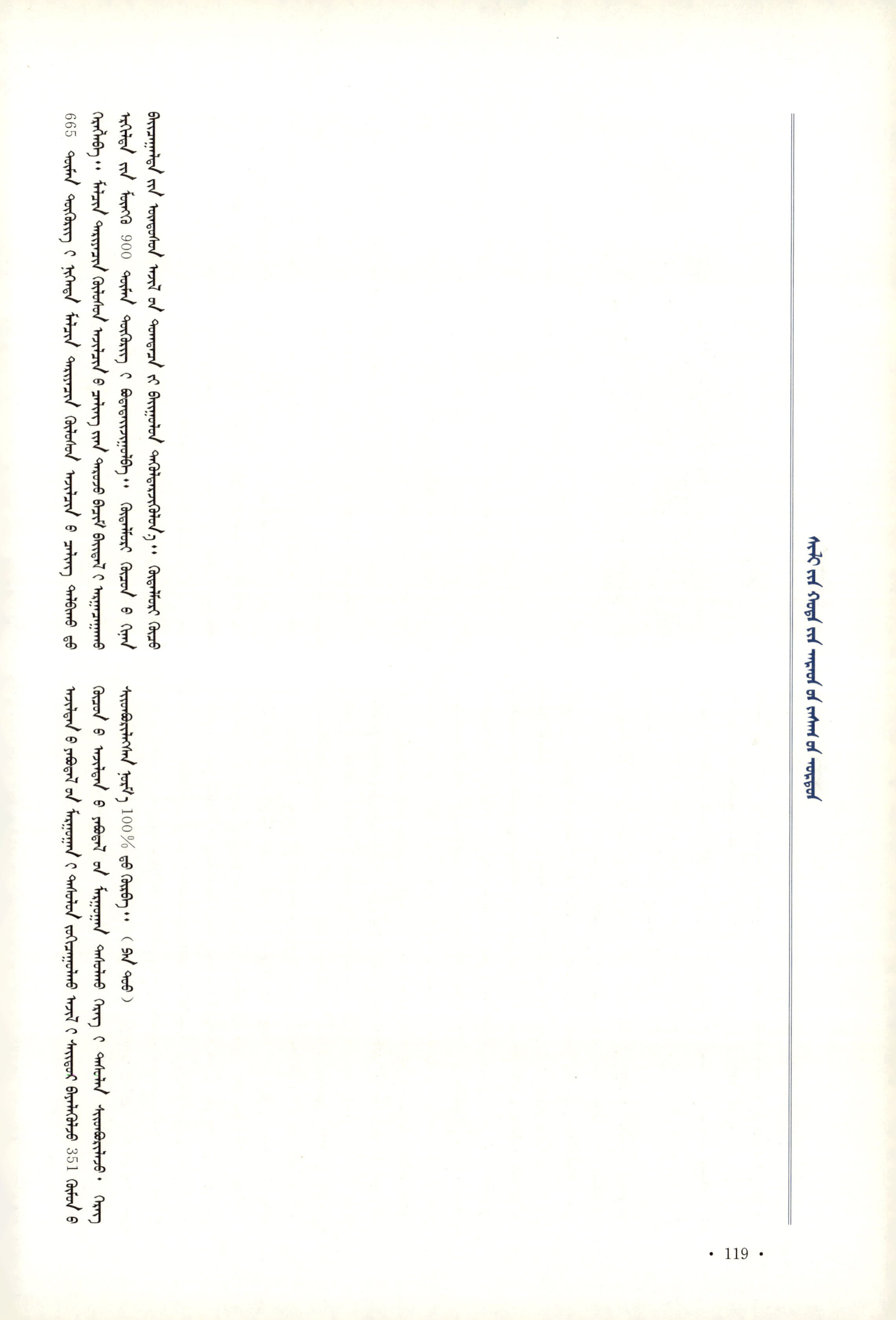

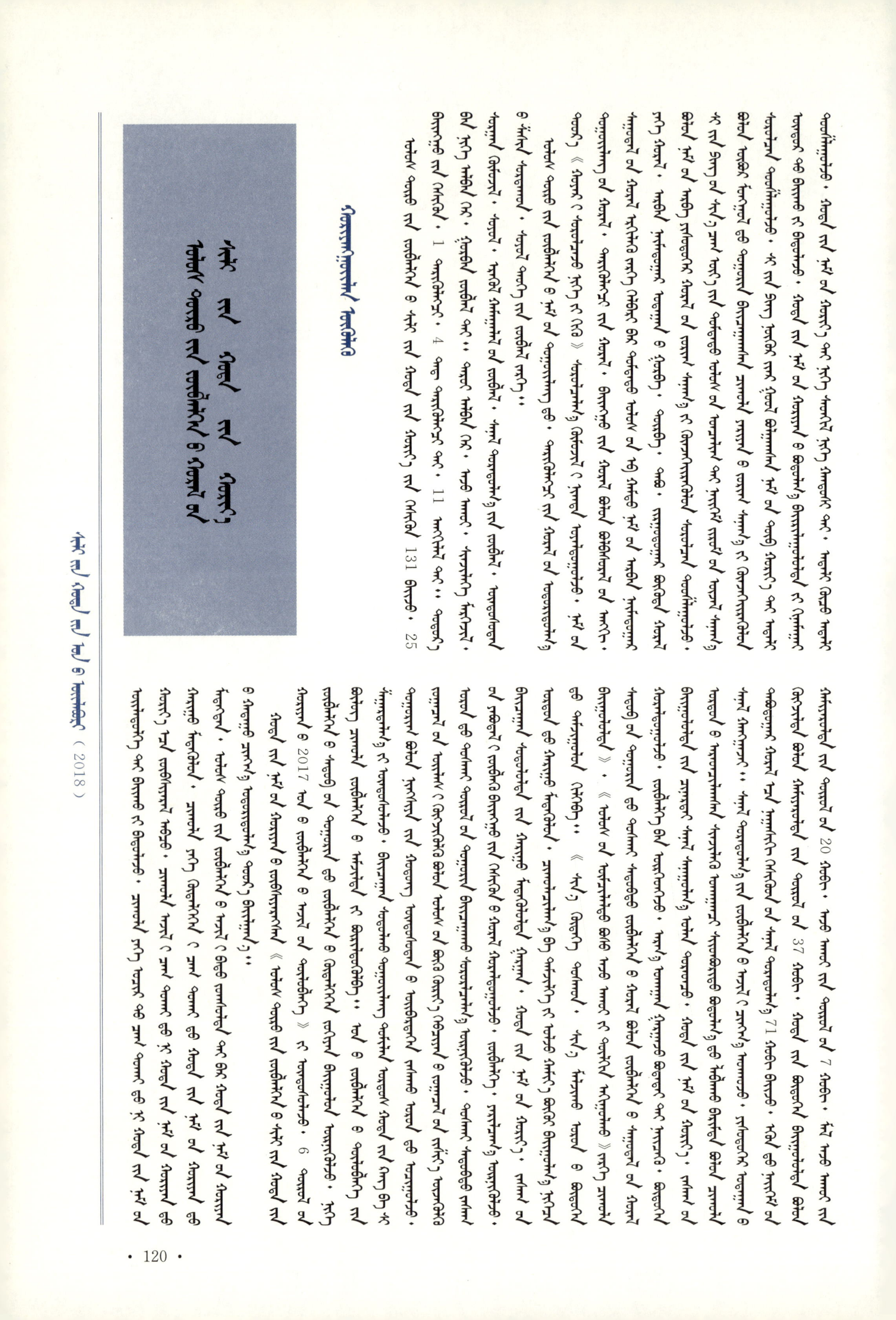

[illegible]

[illegible]

[illegible]

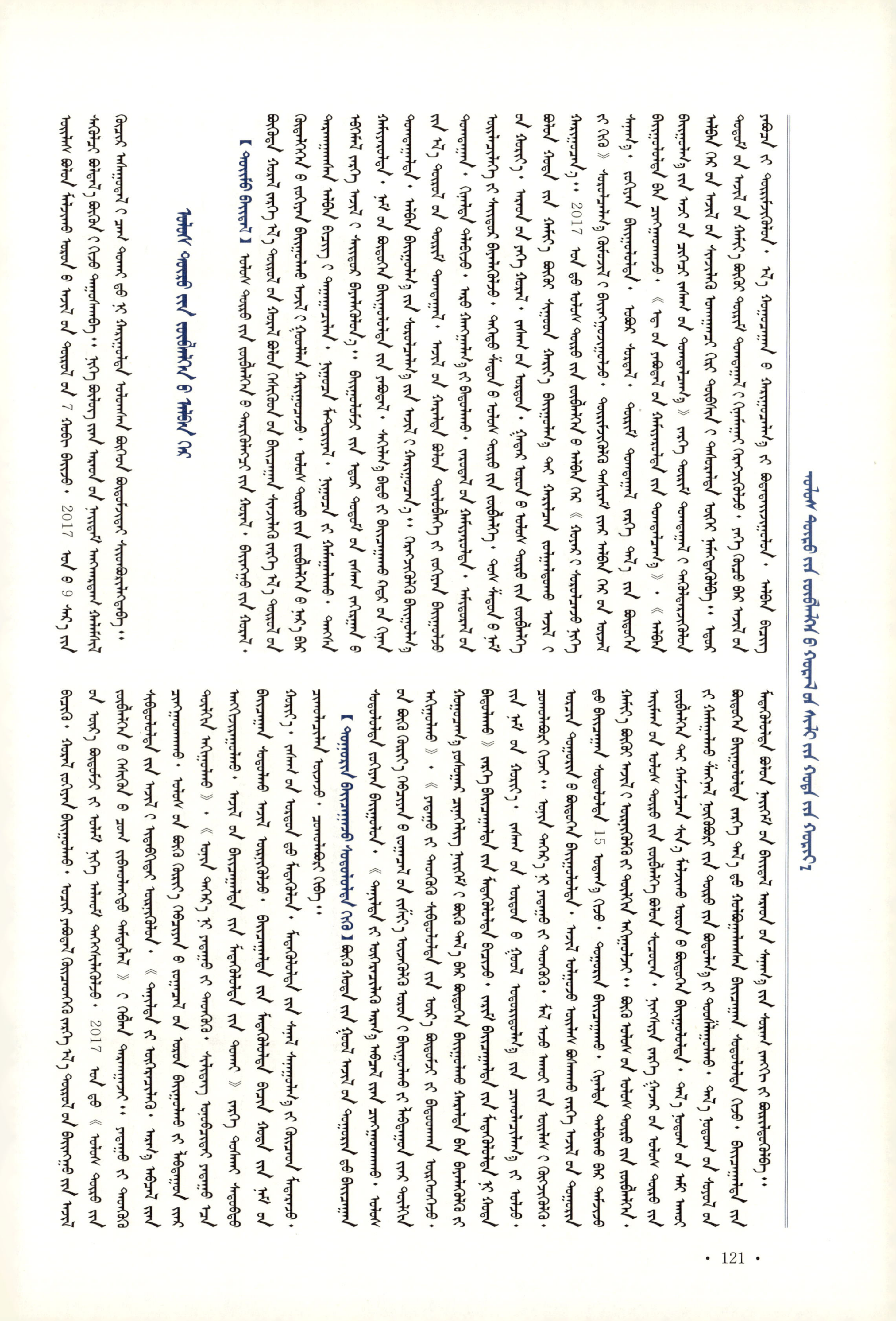

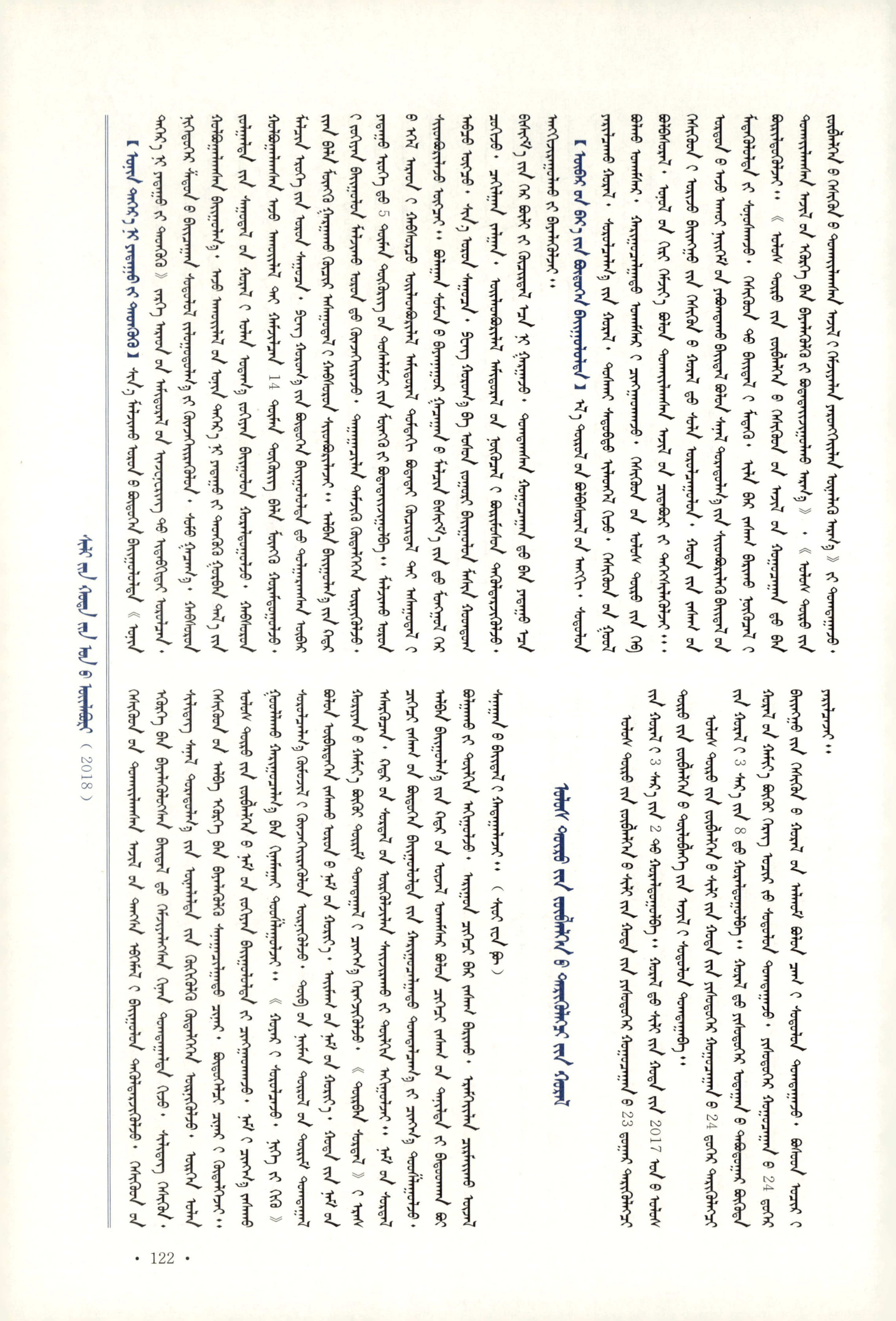

ᠥᠪᠥᠷ ᠮᠣᠩᠭᠣᠯ ᠤᠨ ᠤᠯᠠᠭᠠᠨᠮᠦᠴᠢᠷ ᠤ ᠠᠬᠢ ᠶᠢᠨ ᠰᠣᠨᠢᠨ ᠤᠨ ᠰᠤᠷᠪᠤᠯᠵᠢ ᠶᠢᠨ ᠬᠡᠪᠯᠡᠯ ᠦᠨ 25 ᠳᠤᠭᠠᠷ ᠳᠡᠭᠲᠡᠷ ᠤᠨ ᠰᠠᠷ᠎ᠠ ᠶᠢᠨ 4 ᠰᠠᠷ᠎ᠠ ᠶᠢᠨ 7 ᠳᠤ ᠬᠡᠪᠯᠡᠭᠳᠡᠭᠰᠡᠨ᠃ ᠡᠨᠡ ᠳᠦ ᠥᠪᠥᠷ ᠮᠣᠩᠭᠣᠯ ᠤᠨ ᠤᠯᠠᠭᠠᠨᠮᠦᠴᠢᠷ ᠤ ᠠᠬᠢ ᠶᠢᠨ ᠵᠢᠯ ᠦᠨ ᠰᠣᠨᠢᠨ ᠤᠨ ᠰᠤᠷᠪᠤᠯᠵᠢ ᠶᠢᠨ ᠬᠡᠪᠯᠡᠯ ᠦᠨ ᠡᠷᠬᠢᠯᠡᠭᠴᠢ ᠶᠢᠨ ᠬᠠᠷᠢᠭᠤ ᠵᠢᠭᠠᠪᠤᠷᠢ ᠪᠠ ᠵᠢᠭᠠᠪᠤᠷᠢ ᠶᠢᠨ ᠬᠡᠪᠯᠡᠯ ᠦᠨ ᠤᠨ ᠵᠢᠯ ᠦᠨ ᠰᠤᠷᠭᠠᠨ ᠬᠦᠮᠦᠵᠢᠯ ᠦᠨ ᠠᠵᠢᠯ ᠢ ᠶᠠᠷᠢᠯᠴᠠᠪᠠ· ᠲᠡᠳᠡᠨ ᠦ ᠶᠠᠪᠤᠳᠠᠯ ᠢ ᠵᠢᠭᠠᠵᠤ ᠲᠠᠨᠢᠯᠴᠠᠭᠤᠯᠤᠭᠰᠠᠨ᠃
2016 ᠣᠨ ᠤ ᠤᠯᠠᠭᠠᠨᠮᠦᠴᠢᠷ ᠤ ᠠᠵᠢᠯᠯᠠᠭᠠᠨ ᠤ ᠪᠠᠶᠢᠳᠠᠯ ᠪᠠ ᠬᠣᠶᠠᠷ ᠬᠡᠪᠯᠡᠯ ᠦᠨ ᠠᠵᠢᠯ ᠢ ᠲᠣᠪᠴᠢᠯᠠᠪᠠ·
2017 ᠣᠨ ᠤ ᠤᠯᠠᠭᠠᠨᠮᠦᠴᠢᠷ ᠤ ᠠᠵᠢᠯ ᠪᠠ ᠬᠦᠷᠢᠶ᠎ᠡ ᠶᠢ ᠬᠣᠶᠠᠷ ᠳᠤᠭᠠᠷ ᠲᠥᠯᠥᠪᠯᠡᠯᠭᠡ᠃

ᠥᠪᠥᠷ ᠮᠣᠩᠭᠣᠯ ᠤᠨ ᠤᠯᠠᠭᠠᠨᠮᠦᠴᠢᠷ ᠤ ᠠᠬᠢ ᠶᠢᠨ ᠰᠣᠨᠢᠨ ᠤᠨ ᠰᠤᠷᠪᠤᠯᠵᠢ ᠶᠢᠨ ᠬᠡᠪᠯᠡᠯ ᠦᠨ 26 ᠳᠤᠭᠠᠷ ᠳᠡᠭᠲᠡᠷ ᠤᠨ ᠵᠢᠯ ᠦᠨ ᠰᠠᠷ᠎ᠠ ᠶᠢᠨ 5 ᠰᠠᠷ᠎ᠠ ᠶᠢᠨ 10 ᠳᠤ ᠬᠡᠪᠯᠡᠭᠳᠡᠭᠰᠡᠨ᠃ ᠡᠨᠡ ᠳᠦ 《ᠥᠪᠥᠷ ᠮᠣᠩᠭᠣᠯ ᠤᠨ ᠤᠯᠠᠭᠠᠨᠮᠦᠴᠢᠷ ᠤ ᠰᠣᠨᠢᠨ ᠤ ᠪᠦᠲᠦᠭᠡᠯ》 ᠤᠨ ᠭᠠᠷᠴᠠᠭ ᠪᠠ ᠡᠬᠢ ᠶᠢᠨ ᠬᠡᠰᠡᠭ ᠦᠨ ᠨᠡᠶᠢᠲᠡᠯᠡᠭᠰᠡᠨ ᠪᠠᠶᠢᠨ᠎ᠠ᠃

ᠥᠪᠥᠷ ᠮᠣᠩᠭᠣᠯ ᠤᠨ ᠤᠯᠠᠭᠠᠨᠮᠦᠴᠢᠷ ᠤ ᠠᠬᠢ ᠶᠢᠨ ᠰᠣᠨᠢᠨ ᠤᠨ ᠰᠤᠷᠪᠤᠯᠵᠢ ᠶᠢᠨ ᠬᠡᠪᠯᠡᠯ ᠦᠨ 27 ᠳᠤᠭᠠᠷ ᠳᠡᠭᠲᠡᠷ ᠤᠨ ᠵᠢᠯ ᠦᠨ ᠰᠠᠷ᠎ᠠ ᠶᠢᠨ 6 ᠰᠠᠷ᠎ᠠ ᠶᠢᠨ 2 ᠳᠤ ᠬᠡᠪᠯᠡᠭᠳᠡᠭᠰᠡᠨ᠃ ᠡᠨᠡ ᠳᠦ ᠠᠬᠢ ᠶᠢᠨ ᠰᠣᠨᠢᠨ ᠤ ᠥᠪᠥᠷ ᠮᠣᠩᠭᠣᠯ ᠤᠨ ᠤᠯᠠᠭᠠᠨᠮᠦᠴᠢᠷ ᠤ 2017 ᠣᠨ ᠤ ᠤᠯᠠᠭᠠᠨᠮᠦᠴᠢᠷ ᠤ ᠠᠵᠢᠯᠯᠠᠭᠠᠨ ᠤ ᠲᠣᠪᠴᠢ ᠮᠡᠳᠡᠭᠡ ᠶᠢ ᠨᠡᠶᠢᠲᠡᠯᠡᠪᠡ᠃

ᠥᠪᠥᠷ ᠮᠣᠩᠭᠣᠯ ᠤᠨ ᠤᠯᠠᠭᠠᠨᠮᠦᠴᠢᠷ ᠤ ᠠᠬᠢ ᠶᠢᠨ ᠰᠣᠨᠢᠨ ᠤᠨ ᠰᠤᠷᠪᠤᠯᠵᠢ ᠶᠢᠨ ᠬᠡᠪᠯᠡᠯ ᠦᠨ 28 ᠳᠤᠭᠠᠷ ᠳᠡᠭᠲᠡᠷ ᠤᠨ ᠵᠢᠯ ᠦᠨ ᠰᠠᠷ᠎ᠠ ᠶᠢᠨ 7 ᠰᠠᠷ᠎ᠠ ᠶᠢᠨ 10 ᠳᠤ ᠬᠡᠪᠯᠡᠭᠳᠡᠭᠰᠡᠨ᠃ ᠡᠨᠡ ᠳᠦ 《ᠮᠠᠯᠴᠢᠨ ᠤ ᠬᠦᠮᠦᠨ ᠦ ᠤᠷᠤᠨ ᠲᠤ ᠤᠯᠠᠭᠠᠨᠮᠦᠴᠢᠷ ᠤ ᠳᠠᠭᠤᠤ ᠵᠠᠩᠭᠢᠷᠠᠨ᠎ᠠ》 ᠨᠡᠶᠢᠲᠡᠯᠡᠭᠰᠡᠨ ᠦ ᠬᠠᠮᠲᠤ ᠲᠣᠪᠴᠢᠯᠠᠵᠤ᠂ ᠰᠢᠨ᠎ᠡ ᠶᠢᠨ ᠦᠶ᠎ᠡ ᠶᠢᠨ ᠰᠣᠶᠣᠯ ᠤᠨ ᠬᠥᠭᠵᠢᠯ ᠦᠨ ᠠᠵᠢᠯ᠂ ᠥᠪᠥᠷ ᠮᠣᠩᠭᠣᠯ ᠤᠨ ᠤᠯᠠᠭᠠᠨᠮᠦᠴᠢᠷ ᠤ ᠠᠬᠢ ᠶᠢᠨ ᠰᠣᠨᠢᠨ ᠤ ᠬᠡᠪᠯᠡᠯ ᠦᠨ ᠠᠵᠢᠯ ᠳᠤ ᠵᠢᠭᠠᠪᠤᠷᠢ ᠥᠭᠭᠦᠭᠰᠡᠨ ᠪᠠᠶᠢᠨ᠎ᠠ (ᠡᠬᠢ ᠶᠢᠨ ᠬᠡᠰᠡᠭ ᠲᠣᠪᠴᠢᠯᠠᠪᠠ)᠃ ᠥᠪᠥᠷ ᠮᠣᠩᠭᠣᠯ ᠤᠨ ᠤᠯᠠᠭᠠᠨᠮᠦᠴᠢᠷ ᠤ ᠠᠬᠢ ᠶᠢᠨ ᠰᠣᠨᠢᠨ ᠤᠨ ᠰᠤᠷᠪᠤᠯᠵᠢ ᠶᠢᠨ ᠬᠡᠪᠯᠡᠯ ᠦᠨ ᠳᠡᠭᠲᠡᠷ ᠦ ᠤᠯᠠᠭᠠᠨᠮᠦᠴᠢᠷ ᠤᠨ ᠵᠢᠯ ᠦᠨ ᠰᠠᠷ᠎ᠠ ᠶᠢᠨ 27 ᠳᠤᠭᠠᠷ ᠳᠡᠭᠲᠡᠷ ᠤᠨ ᠬᠡᠪᠯᠡᠯ ᠳᠦ ᠰᠢᠨ᠎ᠡ ᠮᠡᠳᠡᠭᠡ ᠨᠡᠶᠢᠲᠡᠯᠡᠭᠰᠡᠨ ᠪᠠᠶᠢᠨ᠎ᠠ᠃

ᠥᠪᠥᠷ ᠮᠣᠩᠭᠣᠯ ᠤᠨ ᠤᠯᠠᠭᠠᠨᠮᠦᠴᠢᠷ ᠤ ᠠᠬᠢ ᠶᠢᠨ ᠰᠣᠨᠢᠨ ᠤᠨ ᠰᠤᠷᠪᠤᠯᠵᠢ ᠶᠢᠨ ᠬᠡᠪᠯᠡᠯ ᠦᠨ 29 ᠳᠤᠭᠠᠷ ᠳᠡᠭᠲᠡᠷ ᠦ ᠵᠢᠯ ᠦᠨ ᠰᠠᠷ᠎ᠠ ᠶᠢᠨ 7 ᠰᠠᠷ᠎ᠠ ᠶᠢᠨ 29 ᠳᠦᠭᠡᠷ ᠳᠡᠭᠲᠡᠷ ᠦ ᠵᠢᠯ ᠦᠨ ᠰᠠᠷ᠎ᠠ ᠶᠢᠨ 7 ᠰᠠᠷ᠎ᠠ ᠶᠢᠨ 31 ᠳᠤ ᠬᠡᠪᠯᠡᠭᠳᠡᠭᠰᠡᠨ᠃ ᠡᠨᠡ ᠳᠦ 《ᠬᠥᠳᠡᠭᠡ ᠠᠵᠢᠯᠴᠢᠳ ᠤᠨ ᠳᠤᠮᠳᠠ ᠪᠣᠯᠤᠭᠰᠠᠨ ᠦᠢᠯᠡᠰ》 ᠦᠨ ᠬᠡᠪᠯᠡᠯ ᠰᠤᠷᠪᠤᠯᠵᠢ· 《ᠥᠪᠥᠷ ᠮᠣᠩᠭᠣᠯ ᠤᠨ ᠤᠯᠠᠭᠠᠨᠮᠦᠴᠢᠷ ᠤ ᠬᠥᠳᠡᠭᠡ ᠠᠵᠢᠯᠴᠢᠳ ᠤᠨ ᠳᠤᠮᠳᠠ ᠪᠣᠯᠤᠭᠰᠠᠨ》 ᠶᠢᠨ ᠬᠡᠪᠯᠡᠯ ᠰᠤᠷᠪᠤᠯᠵᠢ ᠶᠢ ᠨᠡᠶᠢᠲᠡᠯᠡᠭᠰᠡᠨ ᠪᠠᠶᠢᠨ᠎ᠠ᠃

ᠥᠪᠥᠷ ᠮᠣᠩᠭᠣᠯ ᠤᠨ ᠤᠯᠠᠭᠠᠨᠮᠦᠴᠢᠷ ᠤ ᠠᠬᠢ ᠶᠢᠨ ᠰᠣᠨᠢᠨ ᠤᠨ ᠰᠤᠷᠪᠤᠯᠵᠢ ᠶᠢᠨ ᠬᠡᠪᠯᠡᠯ ᠦᠨ 30 ᠳᠤᠭᠠᠷ ᠳᠡᠭᠲᠡᠷ ᠦ ᠵᠢᠯ ᠦᠨ ᠰᠠᠷ᠎ᠠ ᠶᠢᠨ 9 ᠰᠠᠷ᠎ᠠ ᠶᠢᠨ 25 ᠳᠤ ᠬᠡᠪᠯᠡᠭᠳᠡᠭᠰᠡᠨ᠃ ᠡᠨᠡ ᠳᠦ ᠥᠪᠥᠷ ᠮᠣᠩᠭᠣᠯ ᠤᠨ ᠤᠯᠠᠭᠠᠨᠮᠦᠴᠢᠷ ᠤ ᠠᠬᠢ ᠶᠢᠨ ᠰᠣᠨᠢᠨ ᠤᠨ ᠵᠢᠯ ᠦᠨ ᠰᠤᠷᠪᠤᠯᠵᠢ ᠶᠢᠨ ᠬᠡᠪᠯᠡᠯ ᠦᠨ 28 ᠳᠤᠭᠠᠷ ᠳᠡᠭᠲᠡᠷ ᠦ ᠠᠵᠢᠯ ᠤᠨ ᠰᠠᠷ᠎ᠠ ᠶᠢᠨ ᠰᠤᠷᠪᠤᠯᠵᠢ ᠶᠢᠨ ᠬᠡᠪᠯᠡᠯ ᠦᠨ ᠤᠯᠠᠭᠠᠨᠮᠦᠴᠢᠷ ᠤ ᠬᠥᠭᠵᠢᠯ ᠦᠨ ᠲᠤᠬᠠᠢ ᠬᠡᠯᠡᠯᠴᠡᠭᠰᠡᠨ ᠪᠣᠯᠤᠨ ᠤᠯᠠᠭᠠᠨᠮᠦᠴᠢᠷ ᠤ ᠠᠵᠢᠯᠯᠠᠭᠠᠨ ᠤ ᠪᠠᠶᠢᠳᠠᠯ ᠪᠠ ᠤᠯᠠᠭᠠᠨᠮᠦᠴᠢᠷ ᠤ ᠭᠠᠵᠠᠷ ᠤᠨ ᠠᠵᠢᠯ ᠤᠨ ᠲᠤᠬᠠᠢ ᠨᠡᠶᠢᠲᠡᠯᠡᠭᠰᠡᠨ ᠪᠠᠶᠢᠨ᠎ᠠ᠃ (ᠡᠬᠢ ᠪᠢᠴᠢᠭ)

ᠥᠪᠥᠷ ᠮᠣᠩᠭᠣᠯ ᠤᠨ ᠤᠯᠠᠭᠠᠨᠮᠦᠴᠢᠷ ᠤ ᠰᠣᠨᠢᠨ ᠤ ᠬᠡᠪᠯᠡᠯ ᠦᠨ ᠲᠡᠦᠬᠡ

ᠥᠪᠥᠷ ᠮᠣᠩᠭᠣᠯ ᠤᠨ ᠤᠯᠠᠭᠠᠨᠮᠦᠴᠢᠷ ᠤ ᠠᠬᠢ ᠶᠢᠨ ᠰᠣᠨᠢᠨ ᠤᠨ ᠰᠤᠷᠪᠤᠯᠵᠢ ᠶᠢᠨ ᠬᠡᠪᠯᠡᠯ ᠦᠨ ᠪᠣᠯᠤᠭᠰᠠᠨ ᠤᠨ ᠬᠡᠪᠯᠡᠯ ᠦᠨ 24 ᠳᠦᠭᠡᠷ ᠳᠡᠭᠲᠡᠷ ᠰᠠᠷ᠎ᠠ ᠶᠢᠨ 3 ᠰᠠᠷ᠎ᠠ ᠶᠢᠨ 2 ᠳᠤ ᠬᠡᠪᠯᠡᠭᠳᠡᠪᠡ᠃ ᠡᠨᠡ ᠳᠦ· ᠠᠬᠢ ᠶᠢᠨ ᠰᠣᠨᠢᠨ ᠤᠨ ᠥᠪᠥᠷ ᠮᠣᠩᠭᠣᠯ ᠤᠨ ᠤᠯᠠᠭᠠᠨᠮᠦᠴᠢᠷ ᠤ 2017 ᠣᠨ ᠤ ᠤᠯᠠᠭᠠᠨᠮᠦᠴᠢᠷ ᠤ ᠠᠵᠢᠯᠯᠠᠭᠠᠨ ᠤ ᠵᠢᠯ ᠦᠨ ᠬᠡᠪᠯᠡᠯ ᠢ ᠬᠡᠪᠯᠡᠭᠳᠡᠪᠡ᠃

ᠥᠪᠥᠷ ᠮᠣᠩᠭᠣᠯ ᠤᠨ ᠤᠯᠠᠭᠠᠨᠮᠦᠴᠢᠷ ᠤ ᠠᠬᠢ ᠶᠢᠨ ᠰᠣᠨᠢᠨ ᠤᠨ ᠰᠤᠷᠪᠤᠯᠵᠢ ᠶᠢᠨ ᠬᠡᠪᠯᠡᠯ ᠦᠨ ᠪᠣᠯᠤᠭᠰᠠᠨ ᠤᠨ ᠬᠡᠪᠯᠡᠯ ᠦᠨ 25 ᠳᠤᠭᠠᠷ ᠳᠡᠭᠲᠡᠷ ᠰᠠᠷ᠎ᠠ ᠶᠢᠨ 3 ᠰᠠᠷ᠎ᠠ ᠶᠢᠨ 115 ᠦ ᠳᠤᠭᠠᠷ ᠬᠡᠪᠯᠡᠭᠳᠡᠪᠡ᠃ ᠡᠨᠡ ᠳᠦ ᠰᠢᠨ᠎ᠡ ᠵᠢᠯ ᠦᠨ ᠤᠯᠠᠭᠠᠨᠮᠦᠴᠢᠷ ᠤ ᠪᠣᠯᠤᠭᠰᠠᠨ ᠤᠨ ᠬᠡᠪᠯᠡᠯ ᠦᠨ ᠠᠵᠢᠯ ᠤᠨ ᠥᠪᠥᠷ ᠮᠣᠩᠭᠣᠯ ᠤᠨ ᠤᠯᠠᠭᠠᠨᠮᠦᠴᠢᠷ ᠤ ᠠᠵᠢᠯ ᠤᠨ ᠲᠤᠬᠠᠢ ᠨᠡᠶᠢᠲᠡᠯᠡᠪᠡ᠃

ᠥᠪᠥᠷ ᠮᠣᠩᠭᠣᠯ ᠤᠨ ᠤᠯᠠᠭᠠᠨᠮᠦᠴᠢᠷ ᠤ ᠠᠬᠢ ᠶᠢᠨ ᠰᠣᠨᠢᠨ ᠤᠨ ᠰᠤᠷᠪᠤᠯᠵᠢ ᠶᠢᠨ ᠬᠡᠪᠯᠡᠯ ᠦᠨ ᠪᠣᠯᠤᠭᠰᠠᠨ ᠤᠨ ᠬᠡᠪᠯᠡᠯ ᠦᠨ 26 ᠳᠤᠭᠠᠷ ᠳᠡᠭᠲᠡᠷ ᠰᠠᠷ᠎ᠠ ᠶᠢᠨ 3 ᠰᠠᠷ᠎ᠠ ᠶᠢᠨ 16 ᠦ ᠳᠤᠭᠠᠷ ᠬᠡᠪᠯᠡᠭᠳᠡᠪᠡ᠃ ᠡᠨᠡ ᠳᠦ ᠰᠢᠨ᠎ᠡ ᠵᠢᠯ ᠦᠨ ᠤᠯᠠᠭᠠᠨᠮᠦᠴᠢᠷ ᠤ ᠠᠵᠢᠯ ᠤᠨ ᠲᠣᠪᠴᠢᠶ᠎ᠠ ᠶᠢ ᠨᠡᠶᠢᠲᠡᠯᠡᠪᠡ᠃

ᠥᠪᠥᠷ ᠮᠣᠩᠭᠣᠯ ᠤᠨ ᠤᠯᠠᠭᠠᠨᠮᠦᠴᠢᠷ ᠤ ᠠᠬᠢ ᠶᠢᠨ ᠰᠣᠨᠢᠨ ᠤᠨ ᠰᠤᠷᠪᠤᠯᠵᠢ ᠶᠢᠨ ᠬᠡᠪᠯᠡᠯ ᠦᠨ ᠪᠣᠯᠤᠭᠰᠠᠨ ᠤᠨ ᠬᠡᠪᠯᠡᠯ ᠦᠨ 27 ᠳᠤᠭᠠᠷ ᠳᠡᠭᠲᠡᠷ ᠰᠠᠷ᠎ᠠ ᠶᠢᠨ 7 ᠰᠠᠷ᠎ᠠ ᠶᠢᠨ 10 ᠳᠤ ᠬᠡᠪᠯᠡᠭᠳᠡᠪᠡ᠃ ᠡᠨᠡ ᠳᠦ 《ᠥᠪᠥᠷ ᠤᠨ ᠪᠠᠭ ᠤᠯᠠᠭᠠᠨᠮᠦᠴᠢᠷ ᠤ ᠲᠠᠯ᠎ᠠ ᠶᠢᠨ ᠠᠵᠢᠯ ᠢ ᠰᠠᠶᠢᠵᠢᠷᠠᠭᠤᠯᠬᠤ ᠲᠤᠬᠠᠢ》 ᠶᠢᠨ ᠬᠡᠪᠯᠡᠯ ᠰᠤᠷᠪᠤᠯᠵᠢ ᠶᠢ ᠨᠡᠶᠢᠲᠡᠯᠡᠭᠰᠡᠨ ᠪᠠᠶᠢᠨ᠎ᠠ᠃

ᠥᠪᠥᠷ ᠮᠣᠩᠭᠣᠯ ᠤᠨ ᠤᠯᠠᠭᠠᠨᠮᠦᠴᠢᠷ ᠤ ᠠᠬᠢ ᠶᠢᠨ ᠰᠣᠨᠢᠨ ᠤᠨ ᠰᠤᠷᠪᠤᠯᠵᠢ ᠶᠢᠨ ᠬᠡᠪᠯᠡᠯ ᠦᠨ ᠪᠣᠯᠤᠭᠰᠠᠨ

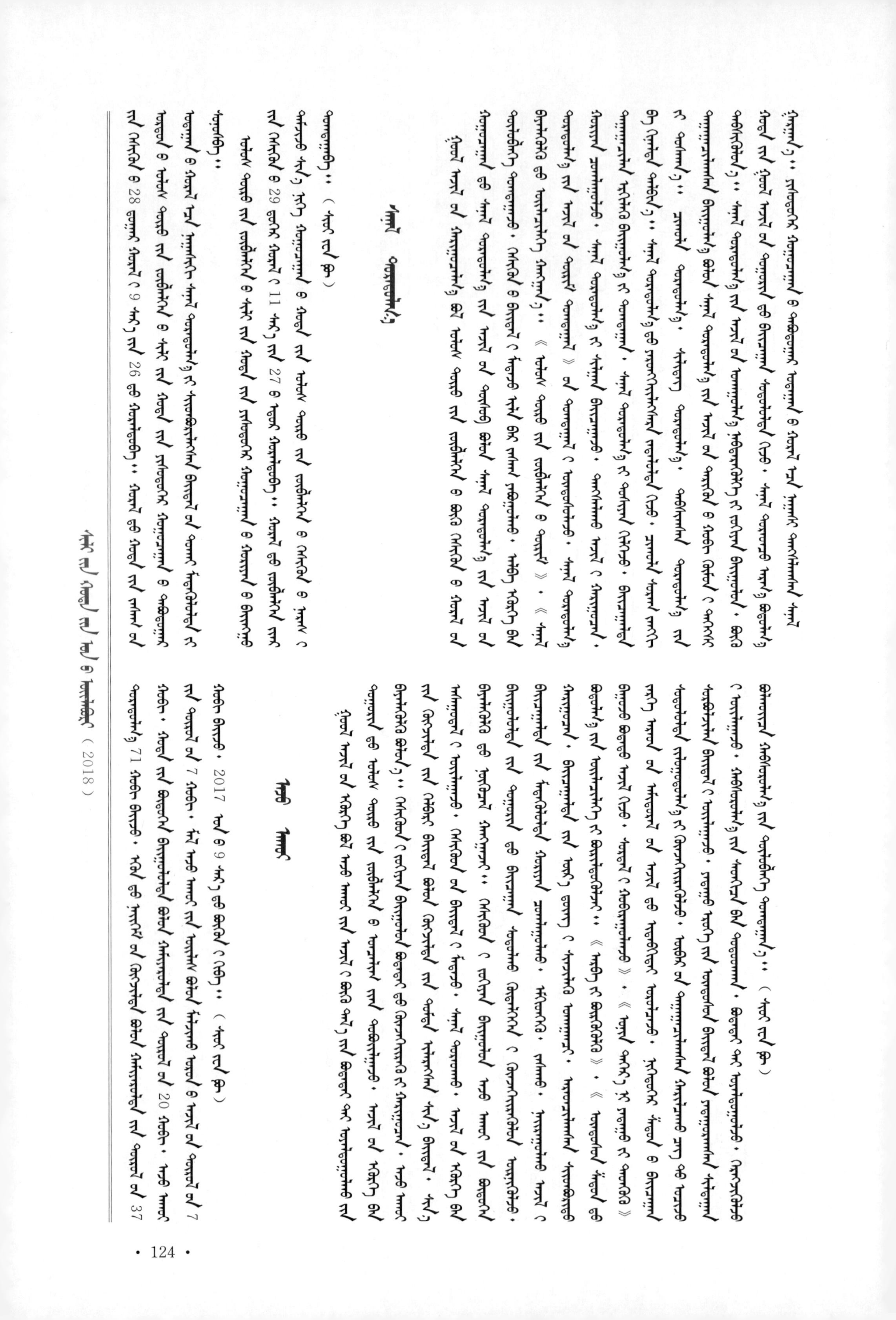

[illegible]

[illegible]

[illegible] 29 [illegible] 11 [illegible] 27 [illegible]

[illegible] 28 [illegible] 9 [illegible] 26 [illegible]

[illegible]

[illegible] 2017 [illegible] 9 [illegible]

[illegible] 7 [illegible] 7 [illegible] 20 [illegible] 71 [illegible] 37

ᠭᠣᠣᠯ ᠪᠦᠲᠦᠭᠡᠯ ᠬᠡᠯᠡᠯᠴᠡᠬᠦ ᠶᠠᠷᠢᠯᠠ ᠭᠣᠣᠯ ᠰᠡᠳᠦᠪ

ᠶᠠᠭ ᠡᠨᠡ ᠰᠣᠳᠤᠯ ᠶᠢᠨ ᠪᠦᠲᠦᠭᠡᠯᠴᠢᠳ ᠦᠨ ᠬᠣᠷᠢᠶᠠᠨ ᠳᠤ ᠬᠡᠪᠯᠡᠭᠰᠡᠨ ᠳᠤ 《 ᠶᠠᠭ ᠡᠨᠡ ᠰᠣᠳᠤᠯ ᠶᠢᠨ ᠮᠣᠩᠭᠣᠯ ᠬᠡᠪᠯᠡᠯ ᠦᠨ ᠬᠣᠷᠢᠶᠠᠨ ᠤ ᠪᠦᠲᠦᠭᠡᠯ ᠦᠨ ᠴᠤᠭᠯᠠᠭᠤᠯᠤᠯ ᠢ ᠬᠡᠪᠯᠡᠭᠰᠡᠨ ᠮᠣᠩᠭᠣᠯ ᠬᠡᠯᠡ ᠶᠢᠨ ᠦᠨᠳᠦᠰᠦᠲᠡᠨ ᠦ ᠬᠡᠪᠯᠡᠯ ᠦᠨ ᠬᠣᠷᠢᠶ᠎ᠠ 2017 ᠣᠨ ᠤ 10 ᠰᠠᠷ᠎ᠠ ᠳᠤ ᠦᠨᠳᠦᠰᠦᠲᠡᠨ ᠦ ᠬᠡᠪᠯᠡᠯ ᠦᠨ ᠬᠣᠷᠢᠶ᠎ᠠ ᠶᠢᠨ ᠬᠡᠪᠯᠡᠭᠰᠡᠨ ᠦᠭᠡ ᠶᠢᠨ ᠰᠢᠨᠵᠢᠯᠡᠯ ᠲᠡᠢ 》 ᠳᠤ ᠬᠡᠪᠯᠡᠭᠳᠡᠭᠰᠡᠨ ᠪᠣᠯᠪᠠ᠃ ᠡᠨᠡ ᠨᠢ ᠮᠣᠩᠭᠣᠯ ᠬᠡᠯᠡ ᠪᠢᠴᠢᠭ ᠦᠨ ᠰᠤᠳᠤᠯᠭ᠎ᠠ ᠶᠢᠨ ᠳᠡᠭᠡᠳᠦ ᠬᠡᠮᠵᠢᠶ᠎ᠡ ᠶᠢᠨ ᠪᠦᠲᠦᠭᠡᠯ ᠪᠣᠯᠤᠨ᠎ᠠ᠃ ᠭᠠᠷᠴᠠᠭ᠂ ᠤᠲᠤᠬ᠎ᠠ᠂ ᠦᠨᠳᠦᠰᠦ ᠪᠢᠴᠢᠭ ᠦᠨ ᠰᠤᠳᠤᠯᠭ᠎ᠠ᠂ ᠬᠡᠯᠡ ᠨᠢ ᠪᠦᠬᠦ ᠶᠢᠨ ᠰᠤᠳᠤᠯᠭ᠎ᠠ ᠶᠢᠨ ᠠᠷᠭ᠎ᠠ ᠪᠠᠷ ᠪᠢᠴᠢᠭᠳᠡᠭᠰᠡᠨ ᠪᠦᠲᠦᠭᠡᠯ ᠪᠣᠯᠤᠨ᠎ᠠ᠃ ᠡᠨᠡ ᠬᠦ ᠰᠤᠳᠤᠯ ᠳᠤ ᠮᠣᠩᠭᠣᠯ ᠬᠡᠯᠡᠨ ᠦ ᠰᠤᠳᠤᠯᠭ᠎ᠠ ᠶᠢᠨ ᠦᠨᠳᠦᠰᠦ ᠳᠦᠷᠢᠮ᠂ ᠬᠡᠯᠡᠯᠭᠡ᠂ ᠦᠭᠡ ᠬᠡᠯᠡᠯᠭᠡ ᠶᠢᠨ ᠰᠤᠳᠤᠯᠭ᠎ᠠ ᠶᠢᠨ ᠠᠷᠭ᠎ᠠ ᠮᠡᠳᠡᠯᠭᠡ ᠬᠠᠮᠤᠷᠤᠭᠳᠠᠨ᠎ᠠ᠃ ᠮᠣᠩᠭᠣᠯ ᠬᠡᠯᠡ ᠶᠢᠨ ᠰᠤᠳᠤᠯᠭ᠎ᠠ ᠶᠢᠨ ᠰᠢᠨᠵᠢᠯᠡᠭᠡ ᠶᠢ ᠲᠣᠳᠤᠷᠬᠠᠢ ᠪᠠᠷ ᠢᠯᠡᠷᠬᠡᠢᠯᠡᠨ᠎ᠡ᠃ (ᠰᠢᠨ᠎ᠡ ᠶᠢᠨ ᠨᠢ)

ᠶᠡᠬᠡᠰ ᠮᠣᠩᠭᠣᠯ ᠤᠨ ᠰᠤᠷᠭᠠᠯ ᠬᠦᠮᠦᠵᠢᠯ

ᠶᠠᠭ ᠡᠨᠡ ᠰᠣᠳᠤᠯ ᠶᠢᠨ ᠪᠦᠲᠦᠭᠡᠯᠴᠢᠳ ᠦᠨ ᠬᠣᠷᠢᠶᠠᠨ ᠳᠤ ᠬᠡᠪᠯᠡᠭᠰᠡᠨ ᠳᠤ 《 ᠶᠠᠭ ᠡᠨᠡ ᠰᠣᠳᠤᠯ ᠶᠢᠨ ᠮᠣᠩᠭᠣᠯ ᠬᠡᠪᠯᠡᠯ ᠦᠨ ᠬᠣᠷᠢᠶᠠᠨ ᠤ ᠪᠦᠲᠦᠭᠡᠯ ᠦᠨ ᠴᠤᠭᠯᠠᠭᠤᠯᠤᠯ ᠢ ᠬᠡᠪᠯᠡᠭᠰᠡᠨ 2017 ᠣᠨ ᠤ 10 ᠰᠠᠷ᠎ᠠ ᠳᠤ ᠬᠡᠪᠯᠡᠭᠰᠡᠨ ᠦᠭᠡ ᠶᠢᠨ ᠰᠢᠨᠵᠢᠯᠡᠯ ᠲᠡᠢ 》 ᠳᠤ ᠬᠡᠪᠯᠡᠭᠳᠡᠭᠰᠡᠨ ᠪᠣᠯᠪᠠ᠃ ᠡᠨᠡ ᠨᠢ ᠮᠣᠩᠭᠣᠯ ᠬᠡᠯᠡ ᠪᠢᠴᠢᠭ ᠦᠨ ᠰᠤᠳᠤᠯᠭ᠎ᠠ ᠶᠢᠨ ᠪᠦᠲᠦᠭᠡᠯ ᠪᠣᠯᠤᠨ᠎ᠠ᠃ ᠬᠡᠯᠡᠨ ᠦ ᠰᠤᠳᠤᠯᠭ᠎ᠠ ᠶᠢᠨ ᠠᠷᠭ᠎ᠠ ᠮᠡᠳᠡᠯᠭᠡ᠂ ᠦᠭᠡ ᠬᠡᠯᠡᠯᠭᠡ ᠶᠢᠨ ᠰᠤᠳᠤᠯᠭ᠎ᠠ᠂ ᠦᠨᠳᠦᠰᠦ ᠳᠦᠷᠢᠮ ᠵᠡᠷᠭᠡ ᠶᠢ ᠪᠠᠭᠠᠳᠤᠭᠤᠯᠤᠨ᠎ᠠ᠃ ᠮᠣᠩᠭᠣᠯ ᠬᠡᠯᠡ ᠶᠢᠨ ᠰᠤᠳᠤᠯᠭ᠎ᠠ ᠶᠢᠨ ᠰᠢᠨᠵᠢᠯᠡᠭᠡ ᠶᠢ ᠲᠣᠳᠤᠷᠬᠠᠢ ᠪᠠᠷ ᠢᠯᠡᠷᠬᠡᠢᠯᠡᠨ᠎ᠡ᠃ (ᠰᠢᠨ᠎ᠡ ᠶᠢᠨ ᠨᠢ)

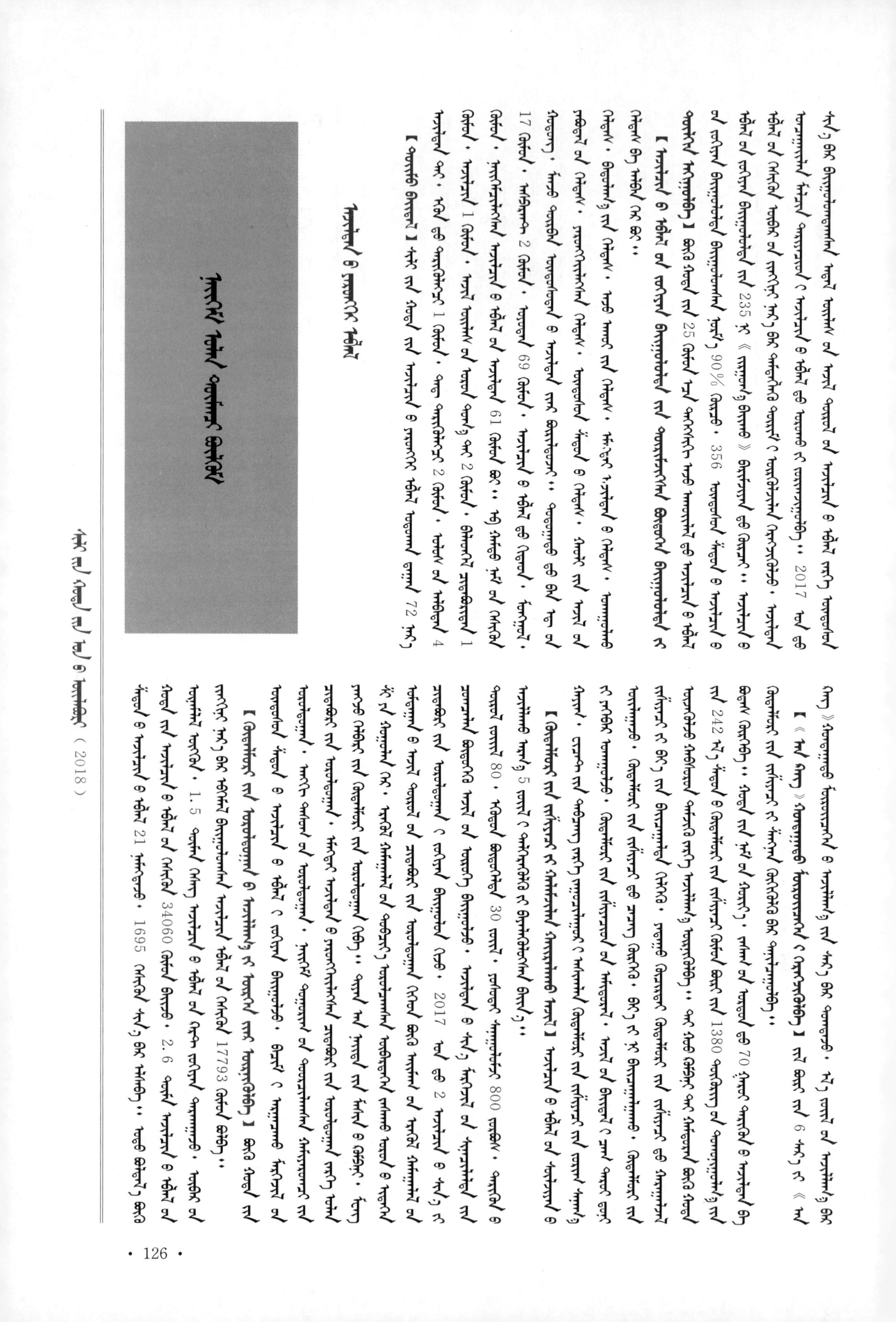

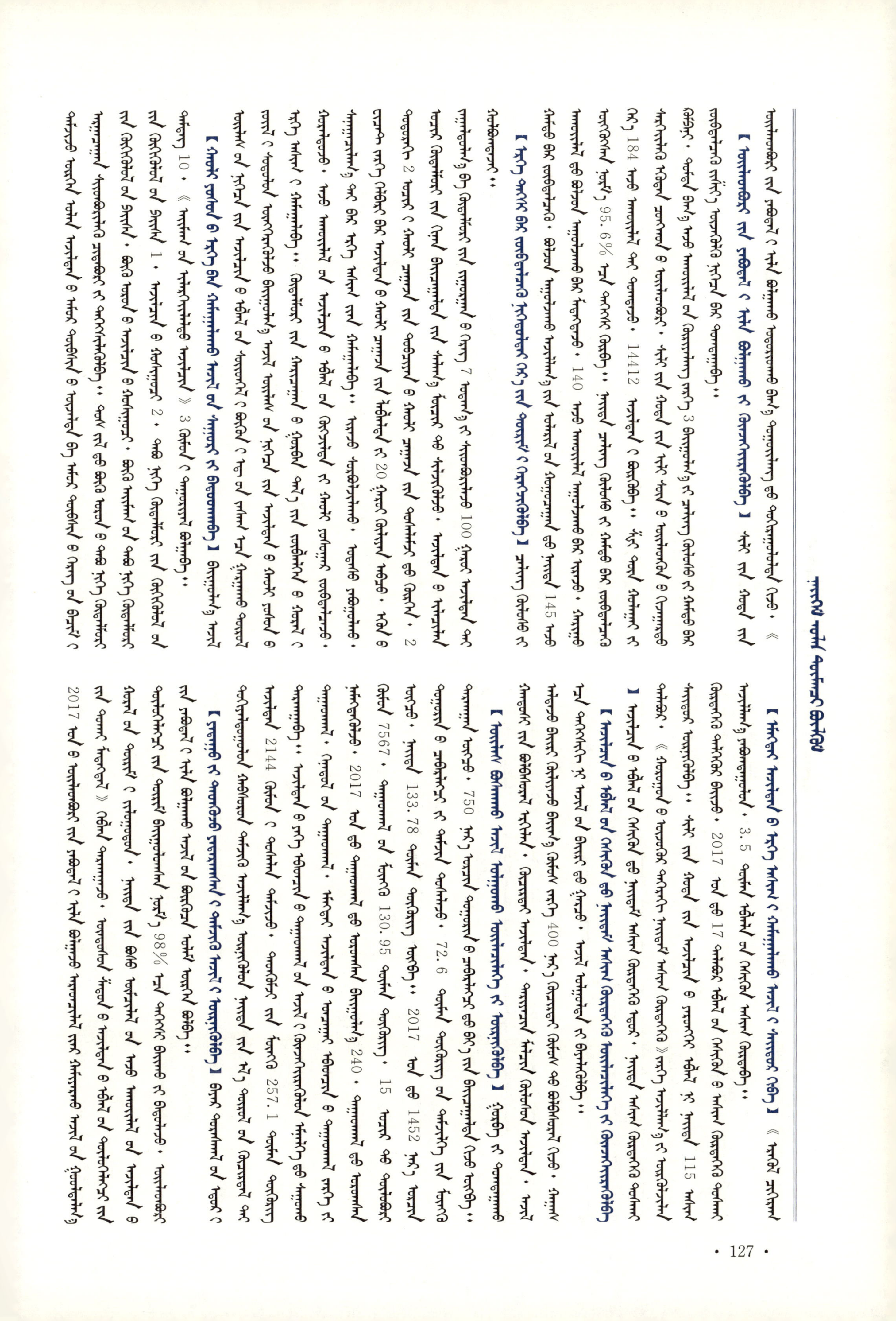

ᠲᠣᠭᠠᠴᠠᠭᠤ᠂ ᠬᠡᠪᠯᠡᠯ ᠦᠨ ᠤᠲᠠᠰᠤ ᠪᠠᠶᠢᠭᠤᠯᠤᠯ ᠤᠨ ᠪᠠᠷᠢᠮᠲᠠ ᠶᠢ ᠰᠢᠨᠡᠴᠢᠯᠡᠯ ᠦᠨ ᠠᠷᠭ᠎ᠠ ᠪᠠᠷ ᠬᠠᠩᠭᠠᠪᠠ᠃ ᠪᠠᠶᠢᠭᠤᠯᠤᠯ ᠤᠨ ᠬᠡᠮᠵᠢᠶ᠎ᠡ ᠬᠦᠷᠪᠡ᠃ ᠬᠡᠪᠯᠡᠯ ᠦᠨ ᠬᠣᠷᠢᠶ᠎ᠠ ᠳᠤ ᠨᠡᠢᠲᠡ ᠪᠡᠷ ᠳᠠᠭᠠᠯᠳᠤᠭᠤᠯᠬᠤ 5 ᠲᠣᠭ᠎ᠠ ᠳᠤ ᠤᠳᠤᠷ ᠢᠶᠠᠷ 113141 ᠤᠳᠠᠭ᠎ᠠ ᠬᠦᠷᠲᠡᠯ ᠳᠤ ᠬᠦᠷᠦᠭᠰᠡᠨ》 ᠢᠶᠡᠷ 《ᠮᠣᠩᠭᠣᠯ ᠤᠨ ᠦᠨᠳᠦᠰᠦᠨ ᠬᠡᠯᠡ ᠳᠦ ᠬᠡᠪᠯᠡᠯ ᠦᠨ ᠠᠷᠭ᠎ᠠ ᠶᠢ ᠬᠡᠷᠡᠭᠵᠢᠭᠦᠯᠬᠦ ᠬᠦᠷᠦᠭᠰᠡᠨ》 ᠦᠨ ᠬᠡᠯᠡ ᠳᠦ ᠬᠦᠷᠦᠭᠰᠡᠨ ᠢ 《ᠲᠣᠭᠠᠴᠠᠭ᠎ᠠ ᠲᠡᠮᠳᠡᠭᠯᠡᠯ ᠳᠦ ᠲᠣᠯᠤᠭᠠᠯᠠᠯ ᠲᠣᠭ᠎ᠠ ᠬᠡᠪᠯᠡᠯ ᠦᠨ ᠠᠷᠭ᠎ᠠ ᠶᠢ ᠬᠡᠷᠡᠭᠵᠢᠭᠦᠯᠬᠦ ᠦᠨᠳᠦᠰᠦᠨ ᠤ ᠪᠠᠶᠢᠭᠤᠯᠤᠯ ᠤᠨ ᠬᠣᠷᠢᠶ᠎ᠠ ᠳᠤ 《ᠤᠲᠠᠰᠤ ᠲᠡᠷᠢᠭᠦᠨ + ᠪᠠᠶᠢᠭᠤᠯᠤᠯ ᠤᠨ ᠬᠣᠷᠢᠶ᠎ᠠ》 ᠶᠢᠨ ᠵᠢᠷᠤᠭ ᠢᠶᠡᠷ ᠰᠡᠳᠦᠪ ᠦᠨ ᠬᠡᠪᠯᠡᠯ ᠦᠨ ᠦᠢᠯᠡᠳᠬᠦᠨ ᠦ ᠬᠦᠷᠢᠶᠡᠨ ᠢ ᠲᠡᠯᠭᠡᠷᠡᠭᠦᠯᠦᠨ ᠬᠡᠷᠡᠭᠵᠢᠭᠦᠯᠪᠡ᠃ 2017 ᠣᠨ ᠳᠤ ᠮᠣᠩᠭᠣᠯ ᠬᠡᠪᠯᠡᠯ ᠦᠨ ᠬᠡᠮᠵᠢᠶ᠎ᠡ ᠲᠠᠢ ᠶᠢᠨ ᠲᠡᠷᠢᠭᠦᠨ ᠦ ᠪᠦᠲᠦᠭᠡᠯ ᠢ ᠬᠡᠪᠯᠡᠯᠵᠡ᠂ ᠪᠠᠶᠢᠭᠤᠯᠤᠯ ᠤᠨ ᠬᠣᠷᠢᠶ᠎ᠠ ᠳᠤ ᠪᠠᠶᠢᠭᠤᠯᠤᠯ ᠤᠨ ᠬᠣᠷᠢᠶ᠎ᠠ》 ᠳᠤ ᠪᠠᠶᠢᠭᠤᠯᠤᠯ ᠤᠨ ᠠᠵᠢᠯ ᠢ ᠬᠡᠷᠡᠭᠵᠢᠭᠦᠯᠵᠦ ᠡᠬᠢᠯᠡᠪᠡ᠂ ᠰᠣᠨᠢᠨ᠂ ᠤᠲᠠᠰᠤ ᠲᠡᠷᠢᠭᠦᠨ᠂

【ᠤᠲᠠᠰᠤ ᠲᠡᠷᠢᠭᠦᠨ + ᠪᠠᠶᠢᠭᠤᠯᠤᠯ ᠤᠨ ᠬᠣᠷᠢᠶ᠎ᠠ】 ᠳᠤ ᠬᠡᠯᠡ ᠶᠢ ᠪᠠᠲᠤᠯᠠᠨ ᠲᠣᠭᠲᠠᠭᠠᠪᠠ 《ᠤᠲᠠᠰᠤ ᠲᠡᠷᠢᠭᠦᠨ + ᠬᠡᠪᠯᠡᠯ ᠦᠨ ᠠᠵᠢᠯ᠂ ᠬᠡᠪᠯᠡᠯ ᠦᠨ ᠤᠲᠠᠰᠤ ᠪᠠᠶᠢᠭᠤᠯᠤᠯ ᠤᠨ ᠨᠢᠭᠡᠳᠦᠭᠡᠷ ᠲᠠᠲᠠᠯᠭ᠎ᠠ ᠶᠢ ᠪᠣᠯᠭᠠᠪᠠ᠃

ᠬᠡᠪᠯᠡᠯ ᠦᠨ ᠲᠡᠷᠢᠭᠦᠯᠡᠭᠴᠢ ᠶᠢ ᠬᠡᠯᠡᠯᠴᠡᠭᠡᠨ ᠪᠠᠶᠢᠭᠤᠯᠤᠯ ᠤᠨ ᠪᠦᠲᠦᠭᠡᠯ ᠢ ᠬᠡᠷᠡᠭᠵᠢᠭᠦᠯᠪᠡ᠂ ᠲᠣᠭ᠎ᠠ ᠬᠡᠪᠯᠡᠯ ᠦᠨ ᠪᠠᠶᠢᠭᠤᠯᠤᠯ ᠤᠨ ᠲᠥᠷᠥᠯ ᠳᠤ ᠬᠡᠷᠡᠭᠯᠡᠭᠰᠡᠨ 40 ᠭᠠᠷᠤᠢ ᠲᠥᠷᠥᠯ ᠦᠨ ᠬᠡᠪᠯᠡᠯ ᠢ ᠨᠡᠶᠢᠲᠡᠯᠡᠭᠦᠯᠪᠡ᠂ ᠬᠡᠪᠯᠡᠯ ᠦᠨ ᠨᠣᠮ ᠪᠠᠶᠢᠭᠤᠯᠤᠯ ᠤᠨ ᠬᠡᠮᠵᠢᠶ᠎ᠡ ᠶᠢ ᠲᠡᠯᠭᠡᠷᠡᠭᠦᠯᠦᠨ ᠳᠡᠭᠡᠭᠰᠢᠯᠡᠭᠦᠯᠪᠡ᠃ 2017 ᠣᠨ ᠳᠤ ᠬᠡᠪᠯᠡᠯ ᠦᠨ ᠲᠣᠭ᠎ᠠ ᠬᠡᠮᠵᠢᠶ᠎ᠡ ᠳᠤ ᠤᠳᠤᠭ᠎ᠠ ᠪᠠᠷ ᠰᠤᠷᠠᠯ ᠳᠤ ᠤᠳᠤᠷᠢᠳᠤᠯᠭ᠎ᠠ ᠶᠢᠨ ᠳᠤ ᠪᠠᠶᠢᠭᠤᠯᠤᠯ ᠤᠨ ᠬᠣᠷᠢᠶ᠎ᠠ ᠳᠤ ᠲᠡᠷᠢᠭᠦᠨ᠂ ᠲᠣᠭ᠎ᠠ ᠬᠡᠪᠯᠡᠯ ᠦᠨ ᠲᠡᠷᠢᠭᠦᠨ ᠨᠣᠮ ᠤᠨ ᠲᠡᠷᠢᠭᠦᠨ ᠤᠳᠤᠷᠢᠳᠤᠯᠭ᠎ᠠ᠂ 2017 ᠣᠨ ᠳᠤ ᠨᠡᠶᠢᠲᠡ 215 ᠲᠥᠷᠥᠯ ᠨᠣᠮ ᠭᠠᠷᠭᠠᠨ ᠨᠡᠶᠢᠲᠡᠯᠡᠭᠦᠯᠪᠡ᠂ 126 ᠲᠥᠷᠥᠯ ᠢ

【ᠲᠡᠷᠢᠭᠦᠯᠡᠭᠰᠡᠨ ᠪᠦᠲᠦᠭᠡᠯ ᠦᠨ ᠰᠢᠯᠭᠠᠷᠠᠯᠲᠠ】 ᠲᠡᠷᠢᠭᠦᠯᠡᠭᠰᠡᠨ ᠦ ᠬᠡᠯᠡ ᠶᠢ ᠮᠠᠰᠢ ᠣᠯᠠᠨ ᠪᠠᠷ 《ᠭᠢᠯᠪᠢᠯ ᠬᠡᠷᠡᠭ》 ᠲᠠᠨᠢᠯᠴᠠᠭ᠎ᠠ ᠲᠣᠭ᠎ᠠ ᠳᠤ ᠲᠠᠨᠢᠯᠴᠠᠭᠤᠯᠬᠤ ᠶᠢᠨ ᠰᠤᠷᠭᠠᠯ ᠤᠨ ᠬᠡᠪᠯᠡᠯ ᠦᠨ ᠠᠷᠭ᠎ᠠ ᠶᠢ ᠪᠣᠯᠭᠠᠪᠠ᠃ ᠲᠣᠭ᠎ᠠ ᠲᠡᠮᠳᠡᠭᠯᠡᠯ ᠤᠯᠠᠮ ᠪᠣᠯᠪᠠ᠃ 2017 ᠣᠨ ᠳᠤ ᠮᠣᠩᠭᠣᠯ ᠤᠨ ᠬᠡᠪᠯᠡᠯ ᠦᠨ ᠬᠣᠷᠢᠶ᠎ᠠ ᠶᠢ ᠮᠠᠰᠢ ᠮᠣᠩᠭᠣᠯ ᠤᠨ ᠦᠨᠳᠦᠰᠦᠨ ᠰᠤᠷᠭᠠᠭᠤᠯᠢ ᠶᠢᠨ ᠬᠡᠪᠯᠡᠯ ᠦᠨ ᠪᠦᠲᠦᠭᠡᠯ ᠦᠨ ᠲᠣᠭᠲᠠᠭᠠᠯ ᠤᠨ ᠬᠡᠷᠡᠭᠯᠡᠭᠡᠨ ᠦ ᠪᠦᠲᠦᠭᠡᠯ ᠢ ᠳᠡᠭᠡᠭᠰᠢᠯᠡᠭᠦᠯᠬᠦ ᠶᠢᠨ ᠲᠥᠯᠥᠭᠡ ᠪᠠᠷ ᠮᠣᠩᠭᠣᠯ ᠤᠨ ᠦᠨᠳᠦᠰᠦᠨ ᠰᠤᠷᠭᠠᠯ ᠤᠨ ᠬᠡᠪᠯᠡᠯ ᠢ ᠲᠡᠯᠭᠡᠷᠡᠭᠦᠯᠦᠨ ᠨᠡᠶᠢᠲᠡ 《ᠰᠤᠷᠭᠠᠭᠤᠯᠢ ᠶᠢᠨ ᠬᠡᠯᠡ ᠶᠢᠨ ᠰᠤᠷᠭᠠᠯ ᠬᠡᠷᠡᠭ》 ᠪᠣᠯᠪᠠ᠃ ᠬᠦᠮᠦᠨ ᠲᠡᠷᠢᠭᠦᠨ ᠦ ᠰᠤᠷᠭᠠᠯ ᠤᠨ ᠲᠥᠪ᠂ ᠰᠤᠷᠭᠠᠭᠤᠯᠢ ᠶᠢᠨ ᠪᠠᠭᠰᠢ ᠶᠢᠨ ᠨᠡᠶᠢᠲᠡ ᠳᠤ ᠪᠢᠴᠢᠭᠲᠦ᠂ ᠬᠡᠯᠡ ᠶᠢᠨ ᠰᠤᠷᠭᠠᠭᠤᠯᠢ ᠶᠢᠨ 3 ᠰᠤᠷᠭᠠᠭᠤᠯᠢ ᠶᠢᠨ ᠬᠡᠯᠡ 《ᠰᠤᠷᠭᠠᠭᠤᠯᠢ ᠶᠢᠨ ᠬᠡᠯᠡ ᠶᠢᠨ ᠰᠤᠷᠭᠠᠯ ᠬᠡᠷᠡᠭ》 ᠦᠨ ᠪᠦᠲᠦᠭᠡᠯ ᠢ ᠦᠨ ᠰᠤᠷᠭᠠᠯ ᠤᠨ ᠪᠠᠭᠰᠢ》 ᠢ ᠪᠦᠲᠦᠭᠡᠭᠰᠡᠨ᠂ ᠬᠦᠮᠦᠨ ᠬᠡᠪᠯᠡᠯ ᠦᠨ 《ᠤᠯᠠᠮᠵᠢᠯᠠᠯᠲᠤ ᠰᠤᠷᠭᠠᠭᠤᠯᠢ ᠶᠢᠨ》 ᠦᠨ ᠰᠤᠷᠭᠠᠭᠤᠯᠢ ᠶᠢᠨ ᠲᠡᠷᠢᠭᠦᠨ ᠲᠣᠭ᠎ᠠ ᠶᠢᠨ ᠲᠡᠮᠳᠡᠭᠯᠡᠯ ᠢ ᠨᠡᠶᠢᠲᠡᠯᠡᠭᠦᠯᠪᠡ᠃ 《ᠬᠦᠮᠦᠨ ᠬᠡᠪᠯᠡᠯ ᠦᠨ ᠪᠦᠲᠦᠭᠡᠯ ᠦᠨ ᠰᠤᠷᠭᠠᠭᠤᠯᠢ ᠬᠦᠮᠦᠨᠯᠢᠭ᠂ ᠦᠨ ᠰᠤᠷᠭᠠᠯ ᠬᠡᠪᠯᠡᠯ ᠪᠢᠴᠢᠭ》 ᠪᠢᠴᠢᠭ ᠬᠦᠮᠦᠨ ᠬᠡᠪᠯᠡᠯ ᠦᠨ ᠬᠡᠮᠵᠢᠶ᠎ᠡ ᠪᠠᠶᠢᠳᠠᠯ ᠳᠤ ᠲᠣᠭ᠎ᠠ ᠶᠢᠨ

ᠰᠢᠨ᠎ᠡ ᠰᠣᠨᠢᠨ ᠬᠡᠪᠯᠡᠯ ᠦᠨ ᠨᠣᠮ》 ᠬᠡᠪᠯᠡᠭᠰᠡᠨ ᠦ ᠪᠦᠲᠦᠭᠡᠯ ᠲᠡᠷᠢᠭᠦᠯᠡᠭᠰᠡᠨ᠂ 《ᠬᠦᠮᠦᠨ ᠤᠷᠤᠭ ᠲᠣᠭ᠎ᠠ᠂ ᠲᠡᠷᠢᠭᠦᠯᠡᠭᠰᠡᠨ ᠪᠣᠯ ᠰᠢᠨᠵᠢᠯᠡᠬᠦ ᠪᠠᠶᠢᠳᠠᠯ᠂ 《ᠪᠦᠲᠦᠭᠡᠯᠴᠢ᠂ ᠰᠢᠨᠵᠢᠯᠡᠭᠡᠨ᠂ ᠲᠡᠷᠢᠭᠦᠯᠡᠭᠰᠡᠨ᠂ ᠤᠯᠠᠮ ᠦᠨ ᠬᠡᠪᠯᠡᠯ ᠦᠨ ᠲᠡᠷᠢᠭᠦᠨ ᠬᠡᠪᠯᠡᠯ ᠦᠨ ᠪᠦᠲᠦᠭᠡᠯ ᠦᠨ ᠰᠤᠷᠭᠠᠯ ᠤᠨ ᠪᠢᠴᠢᠭ ᠦᠨ ᠨᠣᠮ ᠤᠨ ᠤᠯᠠᠮᠵᠢᠯᠠᠯ ᠳᠤ ᠰᠢᠨᠵᠢᠯᠡᠬᠦ ᠬᠡᠪᠯᠡᠯ ᠦᠨ ᠪᠦᠲᠦᠭᠡᠯ ᠢ ᠬᠦᠮᠦᠨ ᠦ ᠰᠢᠨᠵᠢᠯᠡᠬᠦ᠂ ᠲᠦᠷᠦ ᠶᠢᠨ ᠰᠤᠷᠭᠠᠯ ᠤᠨ ᠪᠦᠲᠦᠭᠡᠯ ᠢ ᠪᠦᠲᠦᠭᠡᠨ ᠦ ᠨᠣᠮ ᠤᠨ ᠰᠤᠷᠭᠠᠯ ᠢ ᠬᠡᠪᠯᠡᠯ ᠦᠨ ᠰᠢᠨᠵᠢᠯᠡᠭᠡ ᠪᠡᠷ ᠲᠣᠭ᠎ᠠ ᠶᠢᠨ ᠪᠢᠴᠢᠭ ᠢ ᠪᠦᠲᠦᠭᠡᠭᠰᠡᠨ᠂ ᠨᠣᠮ ᠤᠨ ᠨᠣᠮ ᠢᠶᠠᠷ ᠰᠢᠨᠵᠢᠯᠡᠬᠦ᠂ ᠰᠤᠷᠭᠠᠯ ᠤᠨ ᠪᠣᠯᠪᠠ ᠶᠢ ᠰᠢᠨᠵᠢᠯᠡᠬᠦ ᠬᠡᠷᠡᠭᠵᠢᠭᠦᠯᠪᠡ᠂ ᠨᠣᠮ ᠪᠣᠯᠪᠠ ᠶᠢᠨ ᠰᠢᠨᠵᠢᠯᠡᠬᠦ ᠲᠡᠷᠢᠭᠦᠨ ᠦ ᠬᠡᠪᠯᠡᠯ ᠦᠨ ᠨᠣᠮ ᠤᠨ ᠬᠡᠪᠯᠡᠯ ᠦᠨ ᠪᠦᠲᠦᠭᠡᠯ ᠢ ᠨᠣᠮ ᠤᠨ ᠲᠣᠭ᠎ᠠ ᠶᠢ ᠰᠢᠨᠵᠢᠯᠡᠬᠦ᠂ ᠶᠢᠨ ᠰᠤᠷᠭᠠᠯ ᠤᠨ ᠰᠤᠷᠭᠠᠭᠤᠯᠢ᠂ ᠨᠣᠮ ᠤᠨ ᠨᠠᠰᠤ ᠶᠢᠨ ᠰᠤᠷᠭᠠᠯ᠂ ᠰᠢᠨ᠎ᠡ ᠶᠢᠨ ᠨᠣᠮ ᠤᠨ ᠬᠡᠪᠯᠡᠯ ᠢᠶᠠᠷ ᠨᠢᠭᠡᠳᠦᠭᠡᠷ ᠨᠣᠮ ᠤᠨ ᠦᠨ
《ᠨᠠᠰᠤ ᠶᠢᠨ ᠨᠣᠮ ᠰᠤᠷᠭᠠᠯ ᠤᠨ ᠬᠡᠯᠡ ᠶᠢ ᠰᠢᠨᠵᠢᠯᠡᠭᠡᠨ ᠢᠶᠠᠷ ᠰᠤᠷᠭᠠᠯ ᠲᠦᠭᠡᠭᠡᠨ ᠳᠡᠯᠭᠡᠷᠡᠭᠦᠯᠬᠦ ᠲᠣᠭ᠎ᠠ ᠬᠦᠷᠲᠡᠯ ᠰᠢᠨᠵᠢᠯᠡᠬᠦ ᠲᠣᠭ᠎ᠠ》

【ᠤᠯᠠᠮᠵᠢᠯᠠᠯᠲᠤ ᠪᠦᠲᠦᠭᠡᠯ】 2017 ᠣᠨ ᠳᠤ᠂ ᠥᠪᠥᠷ ᠮᠣᠩᠭᠣᠯ ᠤᠨ ᠰᠢᠨ᠎ᠡ ᠰᠢᠨᠵᠢᠯᠡᠬᠦ ᠰᠤᠷᠭᠠᠯ ᠤᠨ ᠨᠣᠮ ᠢ

ᠰᠢᠨ᠎ᠡ ᠰᠢᠨᠵᠢᠯᠡᠬᠦ ᠰᠤᠷᠭᠠᠯ ᠤᠨ ᠨᠣᠮ

ᠬᠡᠪᠯᠡᠯ ᠦᠨ ᠰᠢᠨᠵᠢᠯᠡᠬᠦ ᠨᠣᠮ ᠤᠨ ᠲᠣᠭᠠᠴᠠᠭ᠎ᠠ ᠶᠢᠨ ᠪᠦᠲᠦᠭᠡᠯ ᠦᠨ ᠰᠢᠨᠵᠢᠯᠡᠬᠦ ᠬᠡᠷᠡᠭ ᠪᠣᠯᠪᠠ᠃ （ ᠲᠣᠭ᠎ᠠ ᠶᠢᠨ ）
ᠤ ᠰᠤᠷᠭᠠᠭᠤᠯᠢ ᠶᠢᠨ ᠤᠯᠠᠮᠵᠢᠯᠠᠯ ᠪᠠᠷ ᠲᠡᠷᠢᠭᠦᠯᠡᠭᠰᠡᠨ ᠲᠣᠭ᠎ᠠ ᠲᠣᠭ᠎ᠠ ᠶᠢᠨ ᠲᠣᠭᠠᠴᠠᠭ᠎ᠠ ᠬᠡᠷᠡᠭ ᠦᠨ ᠬᠡᠯᠡᠪᠡ᠂ ᠥᠪᠥᠷ ᠮᠣᠩᠭᠣᠯ ᠤᠨ ᠲᠣᠭ᠎ᠠ ᠲᠡᠷᠢᠭᠦᠯᠡᠭᠰᠡᠨ ᠦ ᠬᠡᠷᠡᠭ》 ᠪᠦᠲᠦᠭᠡᠭᠰᠡᠨ ᠦ ᠰᠢᠨᠵᠢᠯᠡᠬᠦ ᠲᠣᠭ᠎ᠠ ᠶᠢᠨ ᠬᠡᠷᠡᠭ ᠢ ᠪᠦᠲᠦᠭᠡᠯ ᠦᠨ ᠰᠢᠨᠵᠢᠯᠡᠬᠦ
ᠬᠡᠷᠡᠭ》 ᠢ ᠲᠡᠷᠢᠭᠦᠯᠡᠨ 《ᠤᠲᠠᠰᠤ ᠲᠡᠷᠢᠭᠦᠨ ᠦ ᠲᠡᠷᠢᠭᠦᠨ ᠦ ᠬᠡᠪᠯᠡᠯ ᠦᠨ ᠲᠣᠭ᠎ᠠ ᠶᠢᠨ ᠬᠡᠯᠡ᠂ ᠲᠡᠷᠢᠭᠦᠯᠡᠭᠰᠡᠨ ᠲᠣᠭ᠎ᠠ ᠶᠢᠨ
ᠪᠦᠲᠦᠭᠡᠯ ᠦᠨ ᠲᠣᠭ᠎ᠠ ᠲᠣᠭ᠎ᠠ》《ᠲᠣᠭᠠᠴᠠᠭ᠎ᠠ ᠶᠢᠨ ᠬᠡᠪᠯᠡᠯ ᠦᠨ ᠨᠣᠮ ᠤᠨ ᠲᠡᠷᠢᠭᠦᠯᠡᠭᠰᠡᠨ — ᠲᠣᠭ᠎ᠠ ᠶᠢᠨ
ᠪᠣᠯᠪᠠ᠃ 2017 ᠣᠨ ᠳᠤ ᠥᠪᠥᠷ ᠮᠣᠩᠭᠣᠯ ᠤᠨ ᠬᠡᠪᠯᠡᠯ ᠦᠨ ᠨᠣᠮ ᠤᠨ ᠪᠦᠲᠦᠭᠡᠯ 《ᠲᠣᠭ᠎ᠠ ᠶᠢᠨ
ᠲᠡᠮᠳᠡᠭᠯᠡᠯ᠂ ᠬᠡᠪᠯᠡᠯ ᠦᠨ ᠲᠡᠷᠢᠭᠦᠯᠡᠭᠰᠡᠨ ᠲᠣᠭ᠎ᠠ ᠰᠢᠨᠵᠢᠯᠡᠬᠦ ᠪᠠᠷ ᠲᠡᠷᠢᠭᠦᠯᠡᠭᠰᠡᠨ ᠦ ᠲᠡᠮᠳᠡᠭ ᠦᠨ ᠪᠦᠲᠦᠭᠡᠯ
ᠬᠡᠪᠯᠡᠯ ᠦᠨ ᠨᠣᠮ ᠤᠨ ᠰᠢᠨ᠎ᠡ ᠲᠣᠭ᠎ᠠ ᠪᠦᠲᠦᠭᠡᠯ ᠢ ᠬᠡᠷᠡᠭ ᠦᠨ᠂ ᠰᠢᠨᠵᠢᠯᠡᠬᠦ ᠲᠡᠷᠢᠭᠦᠯᠡᠭᠰᠡᠨ᠂ ᠲᠣᠭ᠎ᠠ ᠲᠡᠷᠢᠭᠦᠨ ᠦ
ᠰᠤᠷᠭᠠᠯ ᠤᠨ ᠲᠡᠮᠳᠡᠭ ᠢ 《ᠰᠤᠷᠭᠠᠯ ᠤᠨ ᠪᠦᠲᠦᠭᠡᠯ ᠪᠠ ᠰᠤᠷᠭᠠᠯ ᠤᠨ ᠲᠡᠮᠳᠡᠭ》 ᠦᠨ ᠨᠡᠷ᠎ᠡ ᠲᠠᠢ᠃
ᠨᠡᠶᠢᠲᠡ ᠲᠣᠭ᠎ᠠ ᠪᠦᠲᠦᠭᠡᠯ ᠪᠠᠭ᠎ᠠ 7 ᠲᠣᠭ᠎ᠠ ᠭᠠᠷᠤᠢ ᠪᠠᠭ᠎ᠠ （ ᠲᠣᠭ᠎ᠠ ） ᠪᠣᠯᠪᠠ᠃ ᠬᠡᠪᠯᠡᠯ ᠦᠨ ᠨᠣᠮ ᠤᠨ
ᠲᠣᠭᠠᠴᠠᠭ᠎ᠠ ᠶᠢᠨ ᠤᠲᠠᠰᠤ ᠲᠡᠷᠢᠭᠦᠯᠡᠭᠰᠡᠨ 72᠂ ᠲᠡᠷᠢᠭᠦᠯᠡᠭᠰᠡᠨ 44᠂ ᠲᠣᠭ᠎ᠠ ᠶᠢᠨ ᠰᠢᠨᠵᠢᠯᠡᠭᠡᠨ ᠦ 35 ᠲᠥᠷᠥᠯ᠂ ᠲᠣᠭ᠎ᠠ
ᠨᠡᠶᠢᠲᠡ ᠪᠡᠷ ᠨᠡᠶᠢᠲᠡ 2436 ᠲᠥᠷᠥᠯ ᠰᠣᠨᠢᠨ ᠤ ᠲᠣᠭ᠎ᠠ ᠭᠠᠷᠭᠠᠨ᠂ ᠪᠠᠭᠤᠷ ᠪᠠᠭ᠎ᠠ ᠳᠤ 405 ᠲᠥᠷᠥᠯ᠂ ᠰᠢᠨᠵᠢᠯᠡᠭᠡᠨ

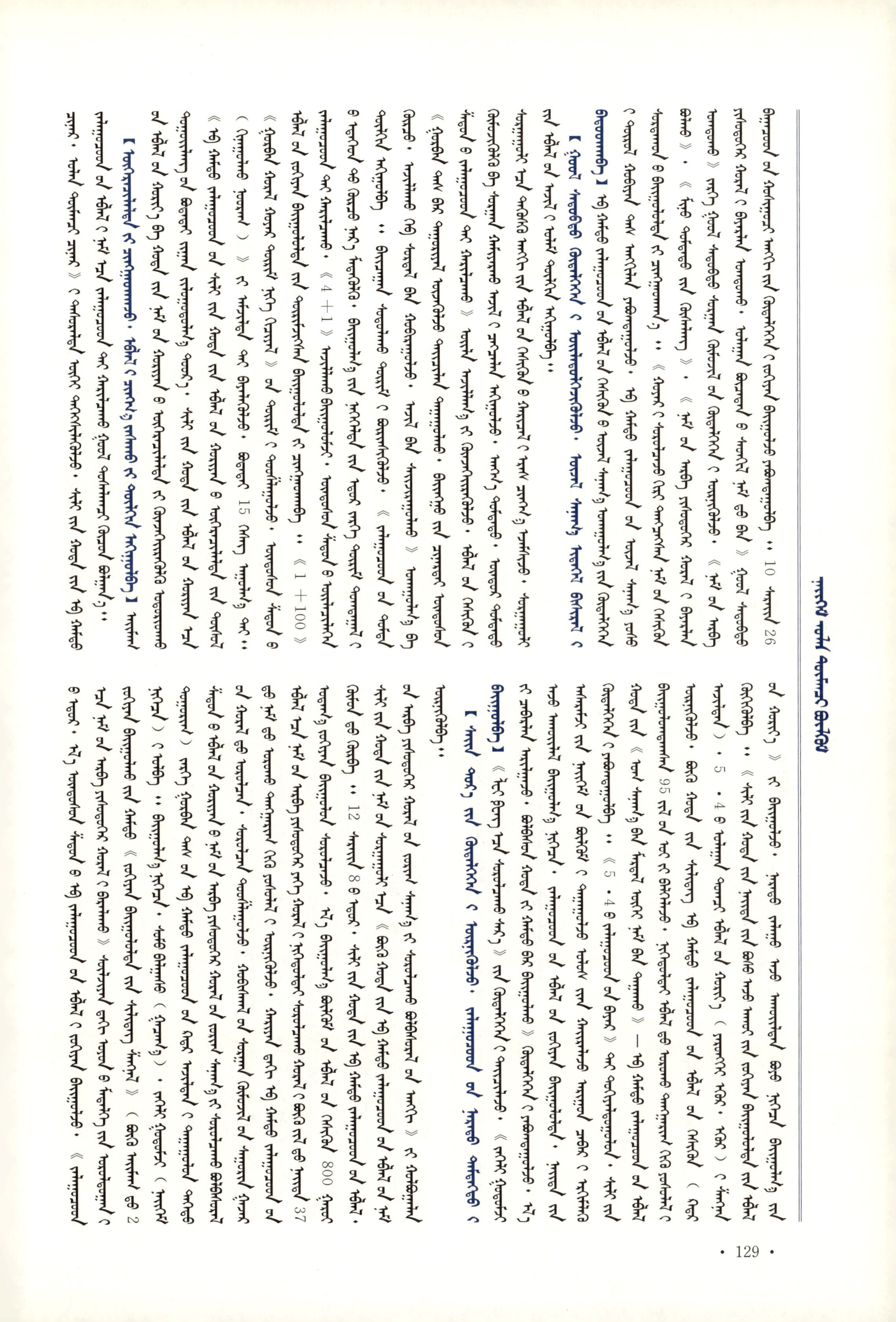

[illegible]

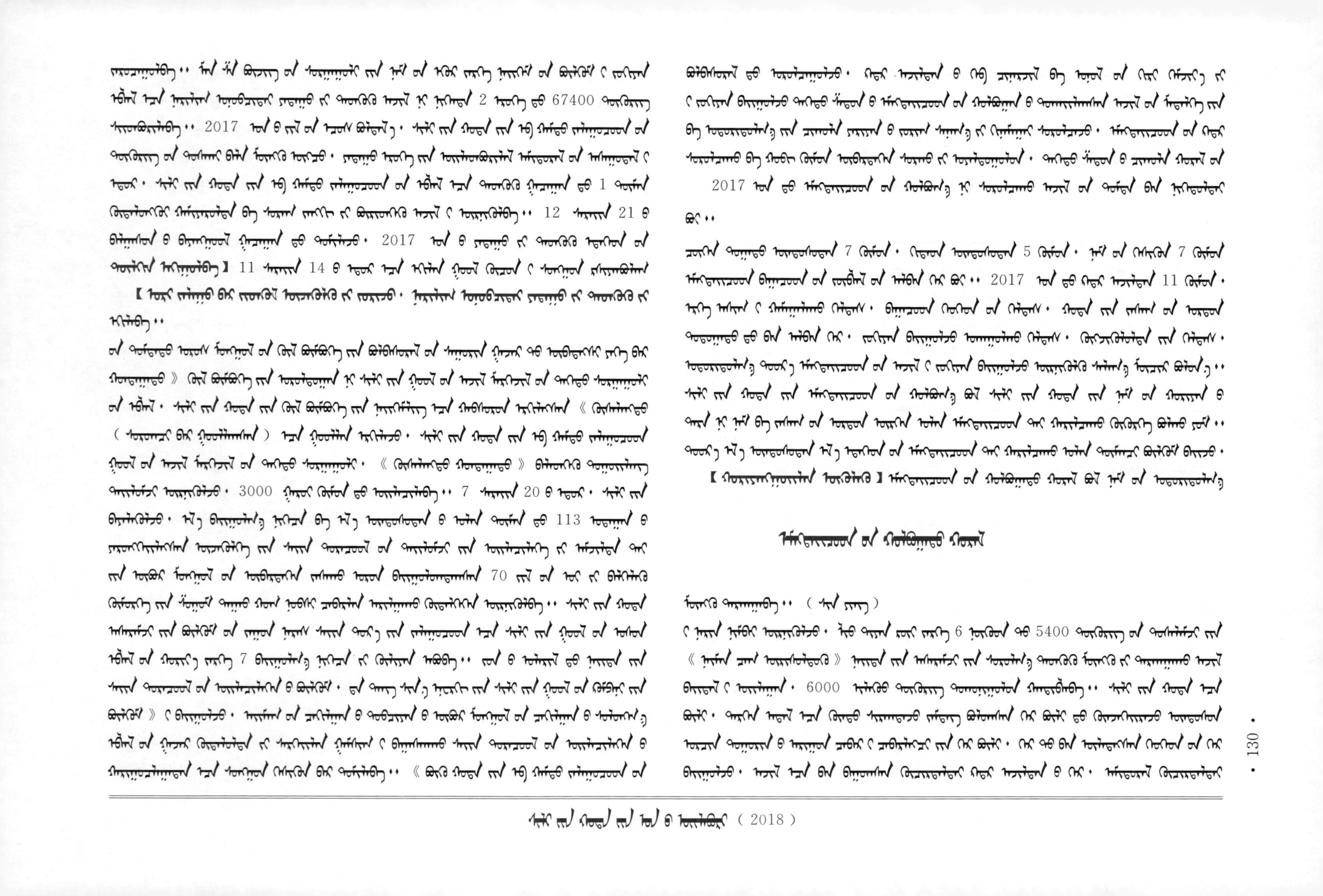

[illegible] :: [illegible] 2 [illegible] 67400 [illegible] :: 2017 [illegible] 1 [illegible] :: 12 [illegible] 21 [illegible] 2017 [illegible] 】 11 [illegible] 14 [illegible]

【 [illegible] :: [illegible] 《 [illegible] 》 [illegible] 《 [illegible] ([illegible]) [illegible] 《 [illegible] 》 [illegible] 3000 [illegible] :: 7 [illegible] 20 [illegible] 113 [illegible] 70 [illegible] :: [illegible] 7 [illegible] :: [illegible] 《 [illegible] 》 [illegible] :: 《 [illegible] 2017 [illegible] ::

[illegible] 7 [illegible] 5 [illegible] 7 [illegible] :: 2017 [illegible] 11 [illegible] :: [illegible] :: [illegible] 【 [illegible] 】 [illegible]

[illegible]

[illegible] :: ([illegible])

[illegible] 6 [illegible] 5400 [illegible] 《 [illegible] 》 [illegible] 6000 [illegible] :: [illegible]

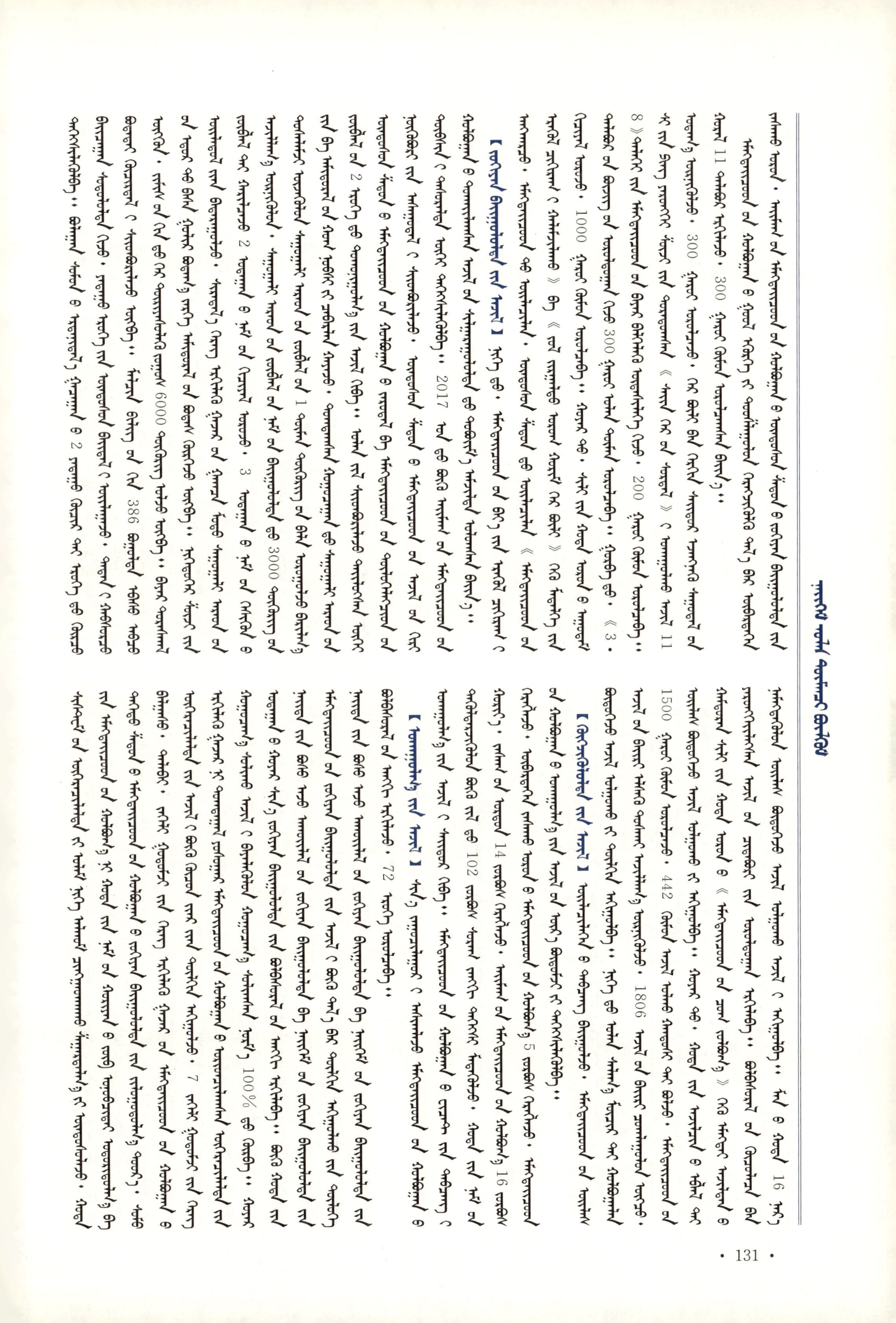

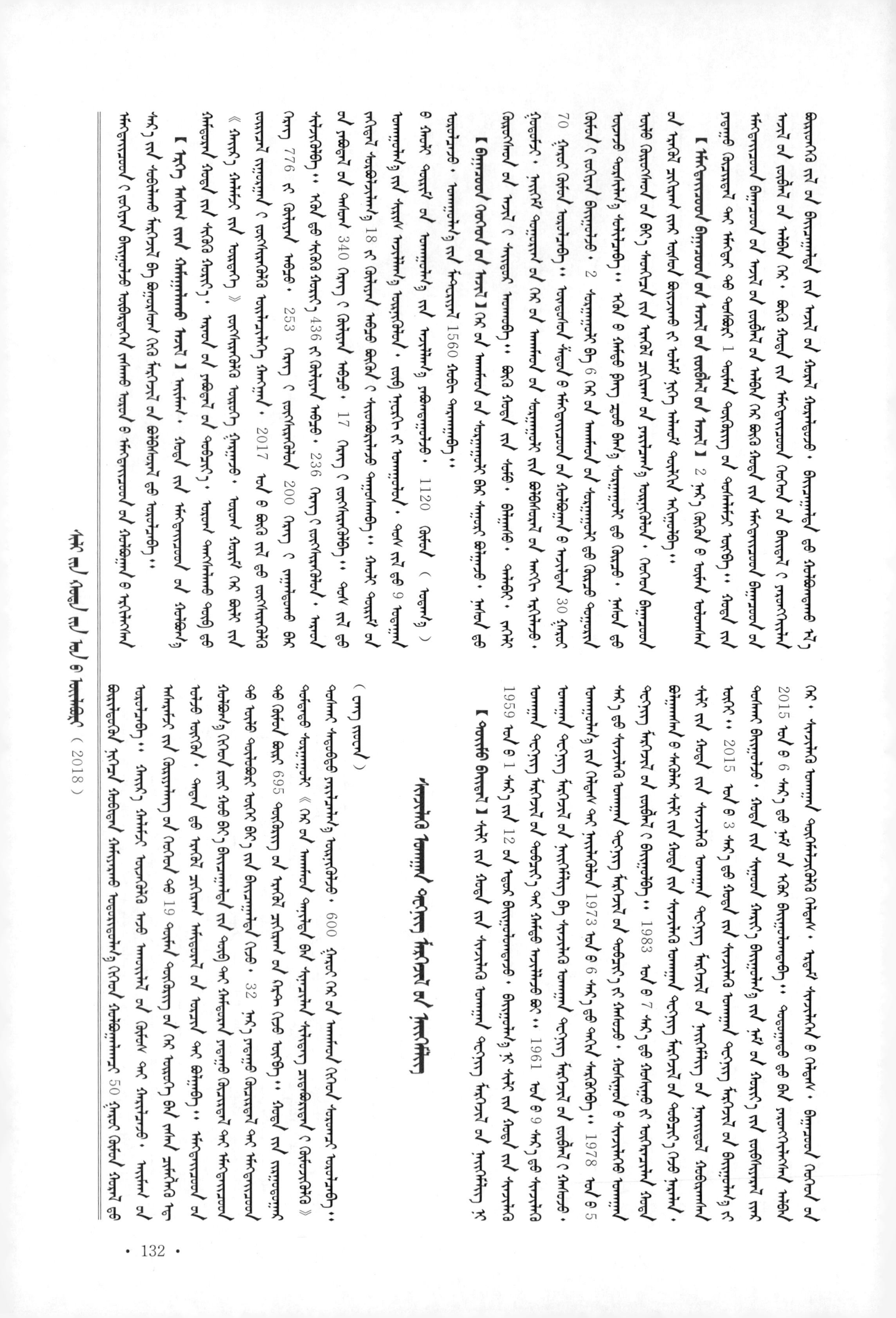

ᠪᠠᠶᠢᠭᠤᠯᠤᠭᠳᠠᠵᠤ ᠂ ᠬᠣᠶᠠᠷ ᠵᠢᠷᠭᠤᠭ᠎ᠠ ᠣᠨ ᠤ ᠡᠬᠢᠨ ᠦ 4 ᠵᠢᠷᠭᠤᠭ᠎ᠠ ᠣᠨ ᠤ ᠳᠤᠮᠳᠠᠳᠤ ᠬᠡᠪᠯᠡᠯ ᠦᠨ ᠬᠣᠷᠢᠶᠠᠨ ᠤ ᠪᠠᠶᠢᠭᠤᠯᠤᠯᠲᠠ ᠶᠢᠨ ᠠᠵᠢᠯ ᠤᠨ ᠬᠡᠷᠡᠭ ᠦᠨ ᠪᠠᠶᠢᠳᠠᠯ ᠢ ᠲᠣᠪᠴᠢᠯᠠᠨ ᠲᠠᠨᠢᠯᠴᠠᠭᠤᠯᠪᠠᠯ ᠄ 《 ᠬᠡᠪᠯᠡᠯ ᠦᠨ ᠬᠣᠷᠢᠶᠠᠨ ᠤ ᠪᠠᠶᠢᠭᠤᠯᠤᠯᠲᠠ 》 — ᠬᠡᠪᠯᠡᠯ ᠦᠨ ᠬᠣᠷᠢᠶᠠᠨ ᠤ ᠠᠵᠢᠯ ᠤᠨ ᠬᠡᠷᠡᠭ ᠢ ᠬᠥᠭᠵᠢᠭᠦᠯᠬᠦ ᠶᠢᠨ ᠲᠥᠯᠦᠭᠡ ᠂ ᠮᠣᠩᠭᠣᠯ ᠬᠡᠯᠡ ᠪᠢᠴᠢᠭ ᠦᠨ ᠬᠡᠪᠯᠡᠯ ᠦᠨ ᠬᠣᠷᠢᠶᠠᠨ ᠤ ᠠᠵᠢᠯ ᠤᠨ ᠬᠡᠷᠡᠭ ᠢ ᠳᠡᠯᠭᠡᠷᠡᠭᠦᠯᠬᠦ ᠶᠢᠨ ᠲᠥᠯᠦᠭᠡ ᠵᠣᠬᠢᠶᠠᠨ ᠪᠠᠶᠢᠭᠤᠯᠤᠭᠰᠠᠨ ᠪᠠᠶᠢᠨ᠎ᠠ ᠃

【 ᠬᠡᠪᠯᠡᠯ ᠦᠨ ᠬᠣᠷᠢᠶᠠᠨ ᠤ ᠪᠠᠶᠢᠭᠤᠯᠤᠯᠲᠠ ᠶᠢᠨ ᠪᠠᠶᠢᠳᠠᠯ 】

ᠤᠯᠠᠰ ᠦᠨ ᠬᠡᠮᠵᠢᠶᠡᠨ ᠦ ᠬᠡᠪᠯᠡᠯ ᠦᠨ ᠬᠣᠷᠢᠶᠠᠨ 1 ᠂ ᠣᠷᠣᠨ ᠨᠤᠲᠤᠭ ᠤᠨ ᠬᠡᠪᠯᠡᠯ ᠦᠨ ᠬᠣᠷᠢᠶᠠᠨ 2 ᠪᠤᠶᠤ ᠂ ᠬᠡᠪᠯᠡᠯ ᠦᠨ ᠬᠣᠷᠢᠶᠠᠨ ᠤ ᠪᠠᠶᠢᠭᠤᠯᠤᠯᠲᠠ ᠶᠢᠨ ᠨᠡᠶᠢᠲᠡ 1000 ᠬᠡᠪᠯᠡᠯ ᠦᠨ ᠬᠣᠷᠢᠶᠠᠨ ᠤ ᠠᠵᠢᠯᠲᠠᠨ ᠂ 112 ᠬᠡᠪᠯᠡᠯ ᠦᠨ ᠬᠣᠷᠢᠶᠠᠨ ᠤ 12 ᠪᠠᠶᠢᠭᠤᠯᠤᠯᠲᠠ ᠂ 5 ᠬᠡᠪᠯᠡᠯ ᠦᠨ ᠬᠣᠷᠢᠶᠠᠨ ᠤ ᠨᠡᠶᠢᠲᠡ 2 ᠂ 3 ᠂ 2280 ᠮᠢᠩᠭ᠎ᠠ ᠨᠡᠷ᠎ᠡ ᠶᠢᠨ ᠨᠣᠮ ᠂ 38 ᠵᠦᠢᠯ ᠦᠨ ᠰᠡᠳᠭᠦᠯ ᠬᠡᠪᠯᠡᠭᠳᠡᠭᠰᠡᠨ ᠪᠠᠶᠢᠨ᠎ᠠ ᠃ 5 ᠂ ᠬᠡᠪᠯᠡᠯ ᠦᠨ ᠬᠣᠷᠢᠶᠠᠨ ᠤ ᠠᠵᠢᠯ ᠤᠨ ᠬᠡᠷᠡᠭ ᠢ ᠬᠥᠭᠵᠢᠭᠦᠯᠬᠦ ᠶᠢᠨ ᠲᠥᠯᠦᠭᠡ ᠂ 4 ᠵᠢᠯ ᠦᠨ ᠳᠣᠲᠤᠷ᠎ᠠ ᠬᠡᠪᠯᠡᠭᠳᠡᠭᠰᠡᠨ ᠪᠠᠶᠢᠨ᠎ᠠ ᠃

【 ᠬᠡᠪᠯᠡᠯ ᠦᠨ ᠬᠣᠷᠢᠶᠠᠨ ᠤ ᠪᠠᠶᠢᠭᠤᠯᠤᠯᠲᠠ ᠶᠢᠨ ᠠᠵᠢᠯ ᠤᠨ ᠬᠡᠷᠡᠭ ᠦᠨ ᠬᠥᠭᠵᠢᠯᠲᠡ ᠶᠢᠨ ᠲᠥᠯᠦᠪᠯᠡᠭᠡ 】

ᠬᠡᠪᠯᠡᠯ ᠦᠨ ᠬᠣᠷᠢᠶᠠᠨ ᠤ ᠠᠵᠢᠯ ᠤᠨ ᠬᠡᠷᠡᠭ ᠢ 5 ᠵᠢᠯ ᠦᠨ ᠳᠣᠲᠤᠷ᠎ᠠ 10 ᠳᠠᠬᠢᠨ ᠬᠥᠭᠵᠢᠭᠦᠯᠵᠦ ᠂ ᠮᠣᠩᠭᠣᠯ ᠬᠡᠪᠯᠡᠯ ᠦᠨ ᠬᠣᠷᠢᠶᠠᠨ ᠤ ᠪᠠᠶᠢᠭᠤᠯᠤᠯᠲᠠ 《 ᠬᠡᠪᠯᠡᠯ ᠦᠨ ᠬᠣᠷᠢᠶᠠᠨ ᠤ ᠪᠠᠶᠢᠭᠤᠯᠤᠯᠲᠠ 》 ᠪᠣᠯᠤᠨ 5 ᠵᠦᠢᠯ ᠦᠨ ᠨᠣᠮ 《 ᠬᠡᠪᠯᠡᠯ ᠦᠨ ᠬᠣᠷᠢᠶᠠᠨ 》 《 ᠮᠣᠩᠭᠣᠯ ᠬᠡᠪᠯᠡᠯ 》 《 ᠬᠡᠪᠯᠡᠯ ᠦᠨ ᠬᠡᠷᠡᠭ 》 ᠵᠡᠷᠭᠡ ᠬᠡᠪᠯᠡᠯ ᠦᠨ ᠬᠣᠷᠢᠶᠠᠨ ᠤ ᠠᠵᠢᠯ ᠤᠨ ᠬᠡᠷᠡᠭ ᠢ ᠬᠥᠭᠵᠢᠭᠦᠯᠬᠦ ᠳᠤ ᠴᠢᠬᠤᠯᠠ ᠨᠥᠯᠦᠭᠡ ᠦᠵᠡᠭᠦᠯᠦᠭᠰᠡᠨ ᠪᠠᠶᠢᠨ᠎ᠠ ᠃

【 ᠬᠡᠪᠯᠡᠯ ᠦᠨ ᠬᠣᠷᠢᠶᠠᠨ ᠤ ᠪᠠᠶᠢᠭᠤᠯᠤᠯᠲᠠ ᠶᠢᠨ ᠣᠳᠣᠬᠠᠨ ᠤ ᠪᠠᠶᠢᠳᠠᠯ 】 2017 ᠣᠨ ᠤ ᠪᠠᠶᠢᠳᠠᠯ ᠢᠶᠠᠷ ᠂ ᠬᠡᠪᠯᠡᠯ ᠦᠨ ᠬᠣᠷᠢᠶᠠᠨ ᠤ ᠠᠵᠢᠯᠲᠠᠨ 82 ᠂ ᠮᠡᠷᠭᠡᠵᠢᠯ ᠦᠨ ᠠᠵᠢᠯᠲᠠᠨ 10 ᠂ ᠬᠡᠪᠯᠡᠯ ᠦᠨ ᠬᠣᠷᠢᠶᠠᠨ ᠤ ᠠᠵᠢᠯ ᠤᠨ ᠬᠡᠷᠡᠭ ᠦᠨ ᠬᠥᠭᠵᠢᠯᠲᠡ ᠶᠢᠨ ᠲᠥᠯᠦᠪᠯᠡᠭᠡ ᠪᠣᠯᠤᠨ ᠵᠣᠬᠢᠶᠠᠨ ᠪᠠᠶᠢᠭᠤᠯᠤᠯᠲᠠ ᠶᠢ ᠰᠠᠶᠢᠵᠢᠷᠠᠭᠤᠯᠬᠤ ᠬᠡᠷᠡᠭᠲᠡᠶ ᠪᠠᠶᠢᠨ᠎ᠠ ᠃

【 ᠬᠡᠪᠯᠡᠯ ᠦᠨ ᠬᠣᠷᠢᠶᠠᠨ ᠤ ᠪᠠᠶᠢᠭᠤᠯᠤᠯᠲᠠ ᠶᠢᠨ ᠬᠡᠮᠵᠢᠶ᠎ᠡ 】 ᠣᠨ ᠤ ᠡᠬᠢᠨ ᠦ 12 ᠰᠠᠷ᠎ᠠ ᠳᠤ ᠪᠠᠶᠢᠭᠤᠯᠤᠭᠳᠠᠭᠰᠠᠨ ᠪᠠᠶᠢᠨ᠎ᠠ ᠃

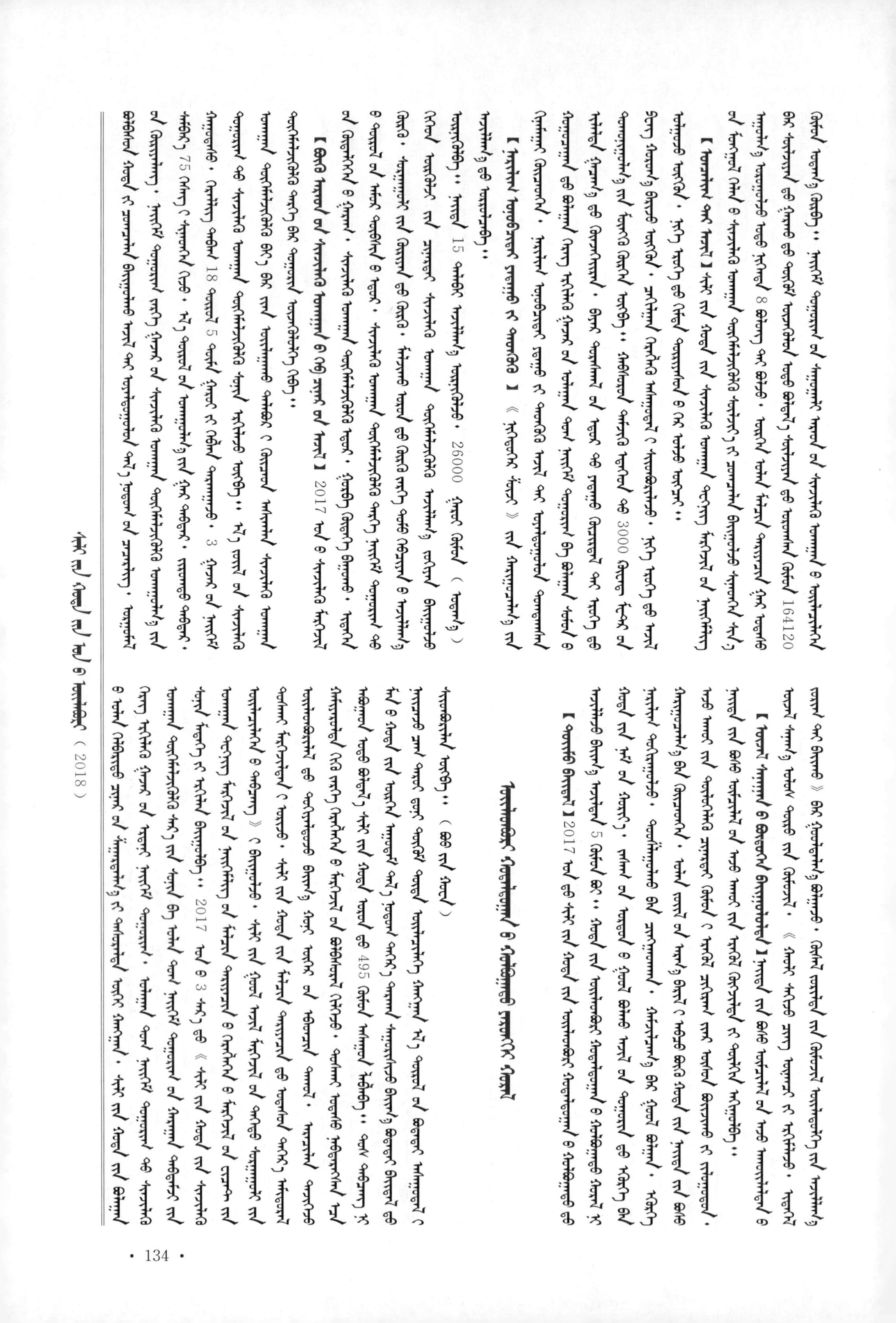

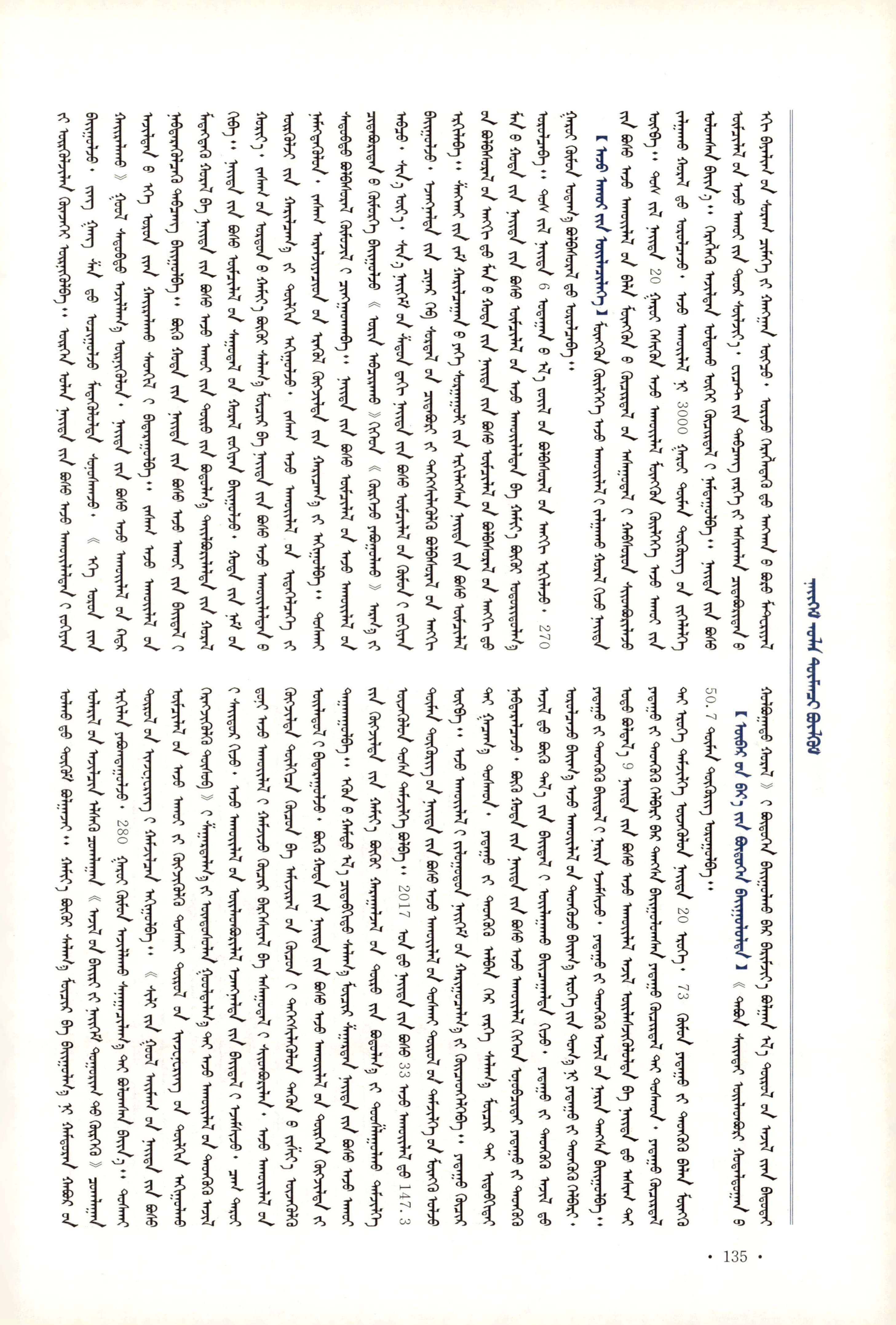

[illegible]

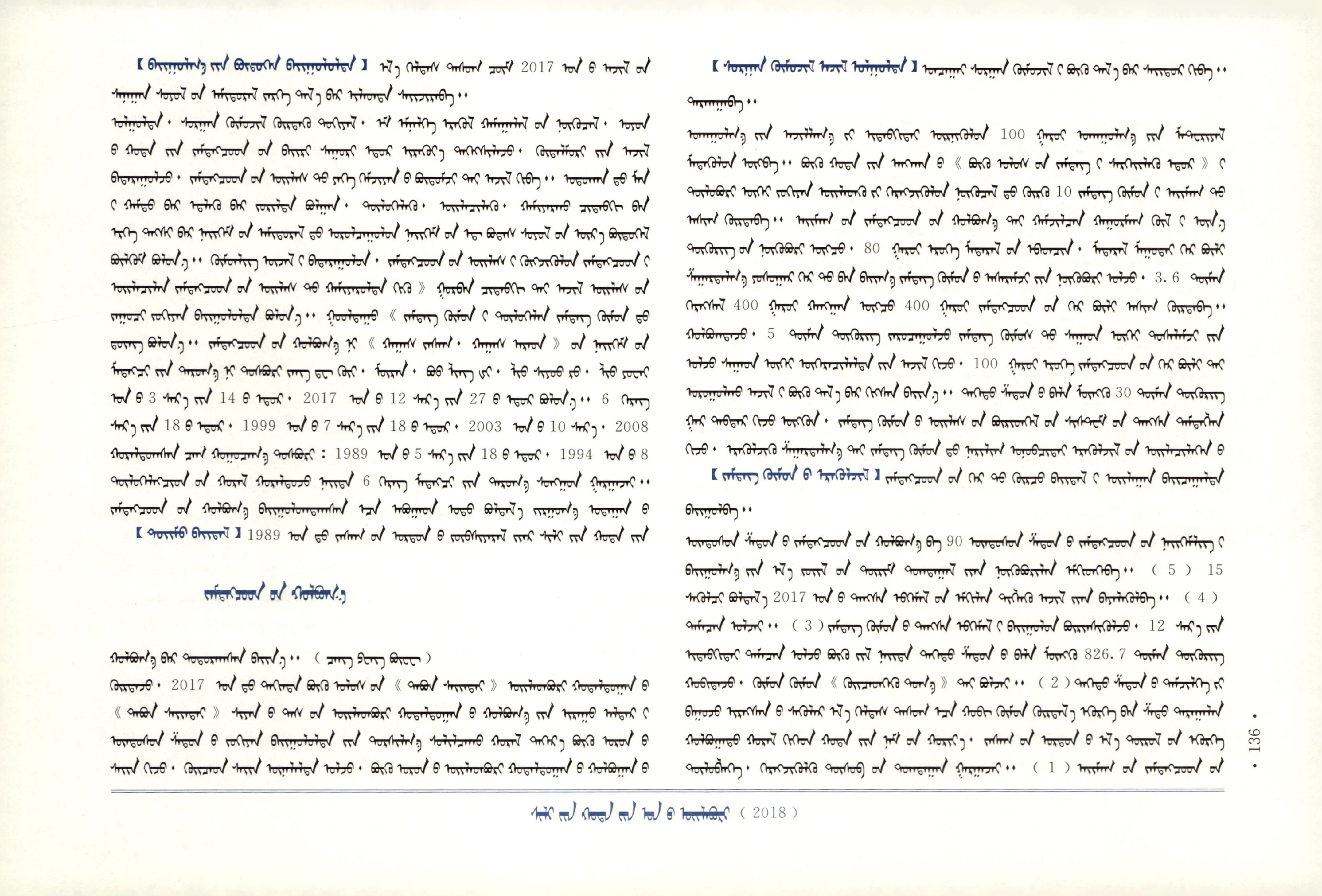

【[illegible]】[illegible]

[illegible] 100 [illegible] 《[illegible]》 [illegible] 10 [illegible] 80 [illegible] 3.6 [illegible] 400 [illegible] 400 [illegible] 5 [illegible] 100 [illegible] 30 [illegible]

【[illegible]】[illegible]

[illegible] 90 [illegible] (5) 15 [illegible] 2017 [illegible] (4) [illegible] (3) [illegible] 12 [illegible] 826.7 [illegible] 《[illegible]》 [illegible] (2) [illegible] (1) [illegible]

【[illegible]】[illegible] 2017 [illegible]

[illegible] 10 [illegible] 《[illegible]》 [illegible] 3 [illegible] 14 [illegible] 2017 [illegible] 12 [illegible] 27 [illegible] 6 [illegible] 18 [illegible] 1999 [illegible] 7 [illegible] 18 [illegible] 2003 [illegible] 10 [illegible] 2008 [illegible]: 1989 [illegible] 5 [illegible] 18 [illegible] 1994 [illegible] 8 [illegible] 6 [illegible]

【[illegible]】1989 [illegible]

[illegible]

[illegible] ([illegible])

[illegible] 2017 [illegible] 《[illegible]》 [illegible] 《[illegible]》 [illegible]

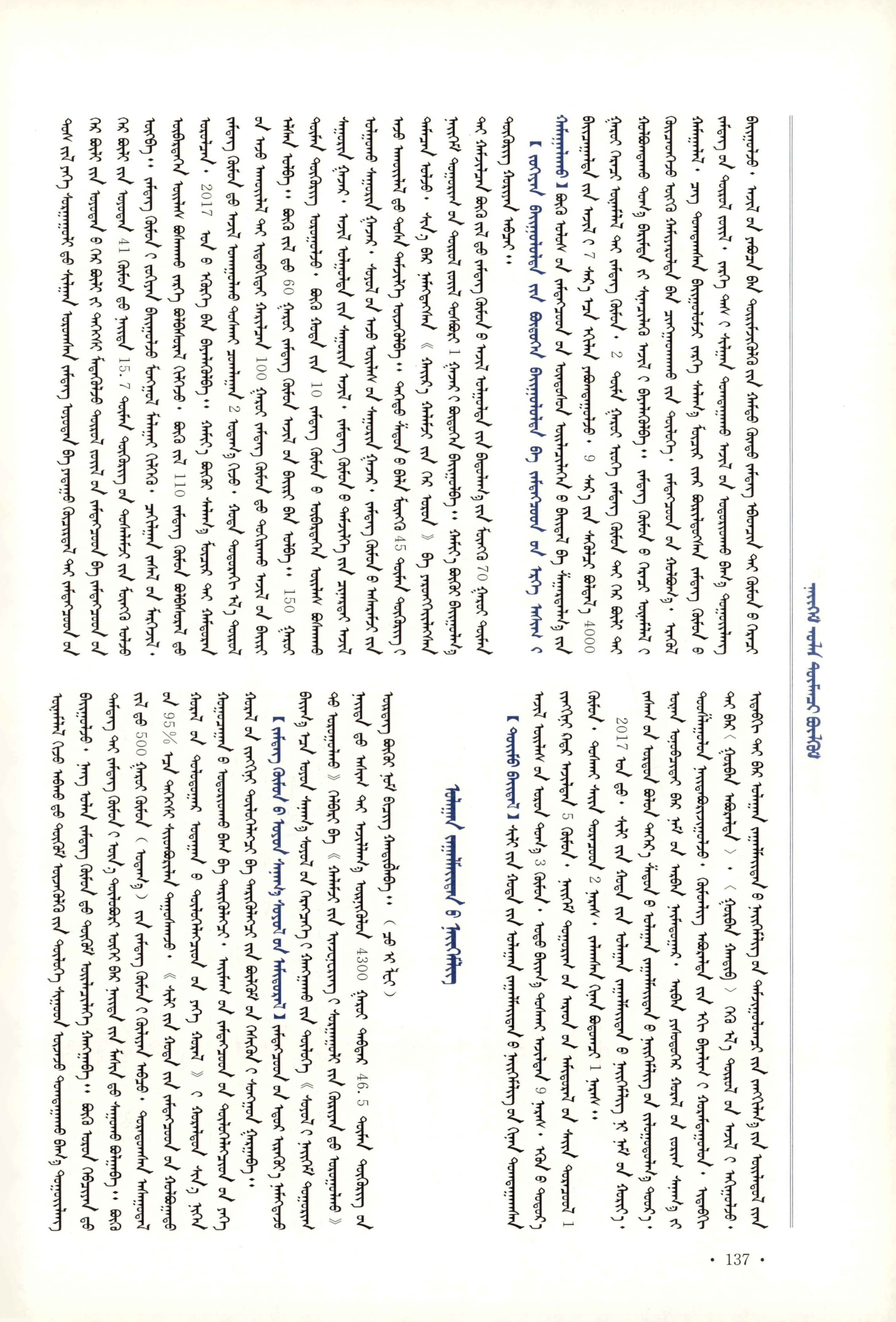

[illegible] 41 [illegible] 15.7 [illegible] 110 [illegible] 2017 [illegible] 2 [illegible] 100 [illegible] 150 [illegible] 60 [illegible] 10 [illegible] 45 [illegible] 《 [illegible] 》 [illegible] 1 [illegible] 70 [illegible] ::

【 [illegible] 】 [illegible] 4000 [illegible] 9 [illegible] 7 [illegible] 2 [illegible] ::

[illegible] 500 [illegible] ([illegible]) [illegible] 95% [illegible] 《 [illegible] 》 [illegible] ::

【 [illegible] 】 [illegible] 《 [illegible] 》 [illegible] 《 [illegible] 》 [illegible] 4300 [illegible] 46.5 [illegible] :: ([illegible])

[illegible]

【 [illegible] 】 [illegible] 9 [illegible] 3 [illegible] 5 [illegible] 1 [illegible] 2 [illegible] 1 [illegible] :: 2017 [illegible] 〈 [illegible] 〉 · 〈 [illegible] 〉 [illegible]

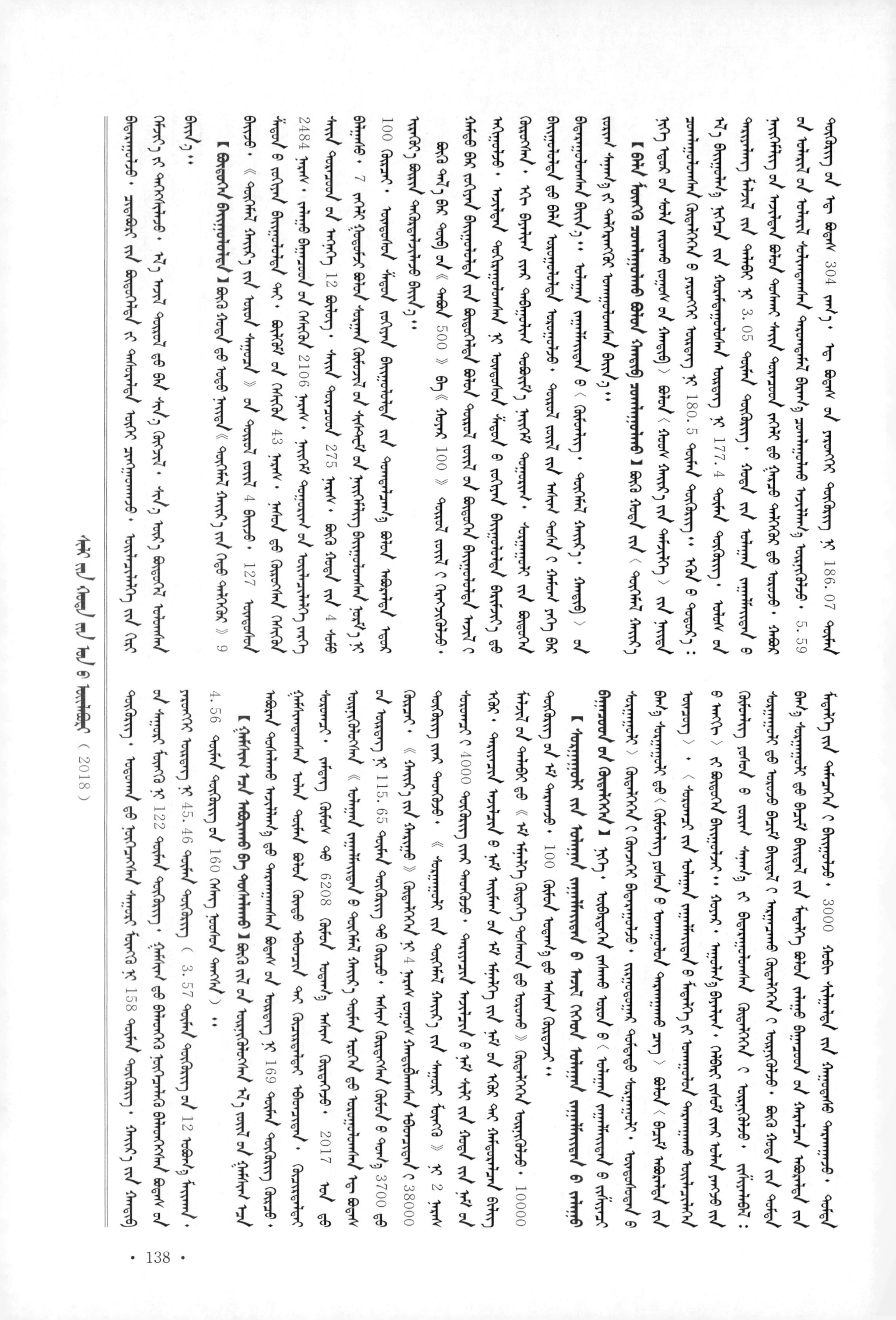

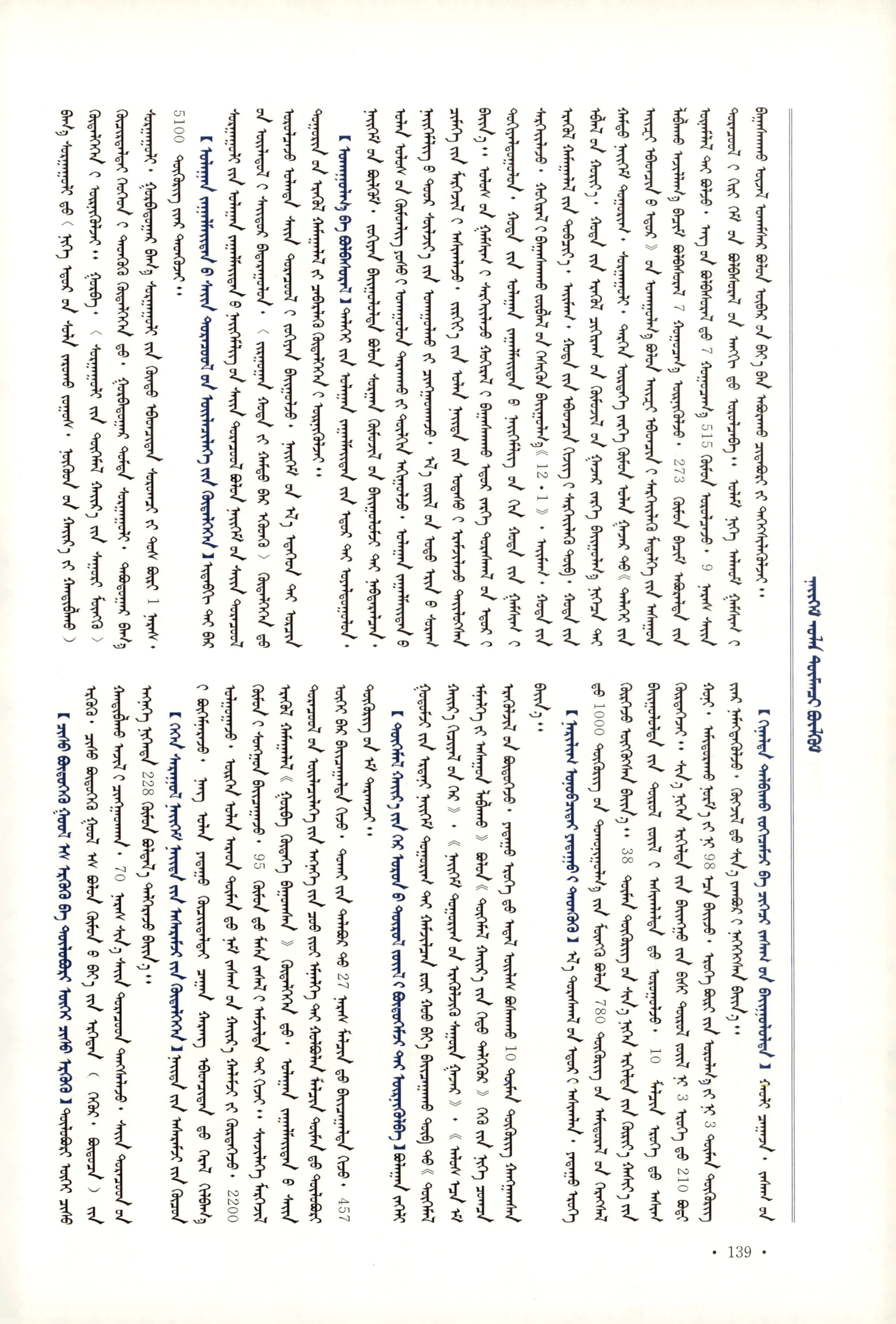

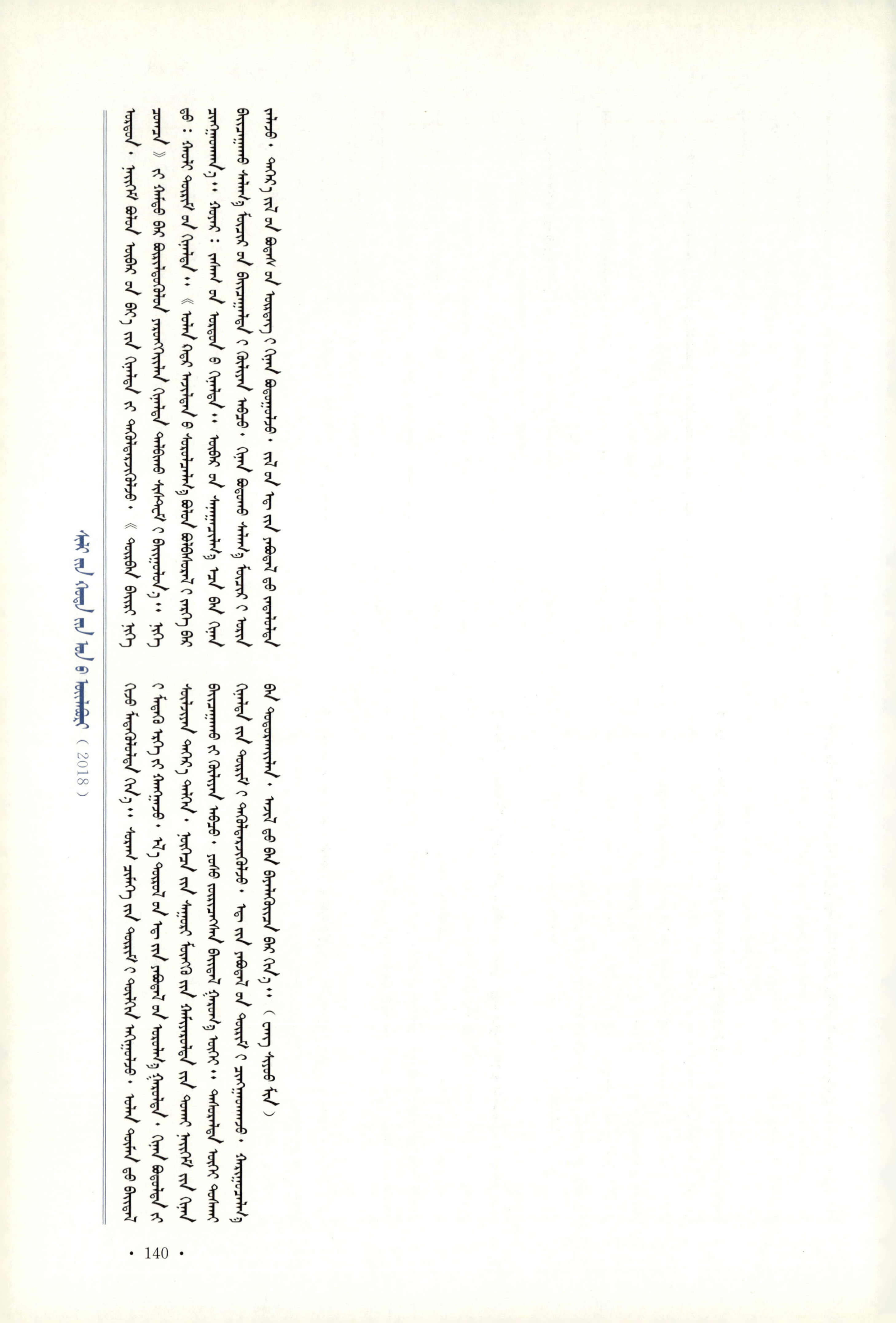

[illegible]

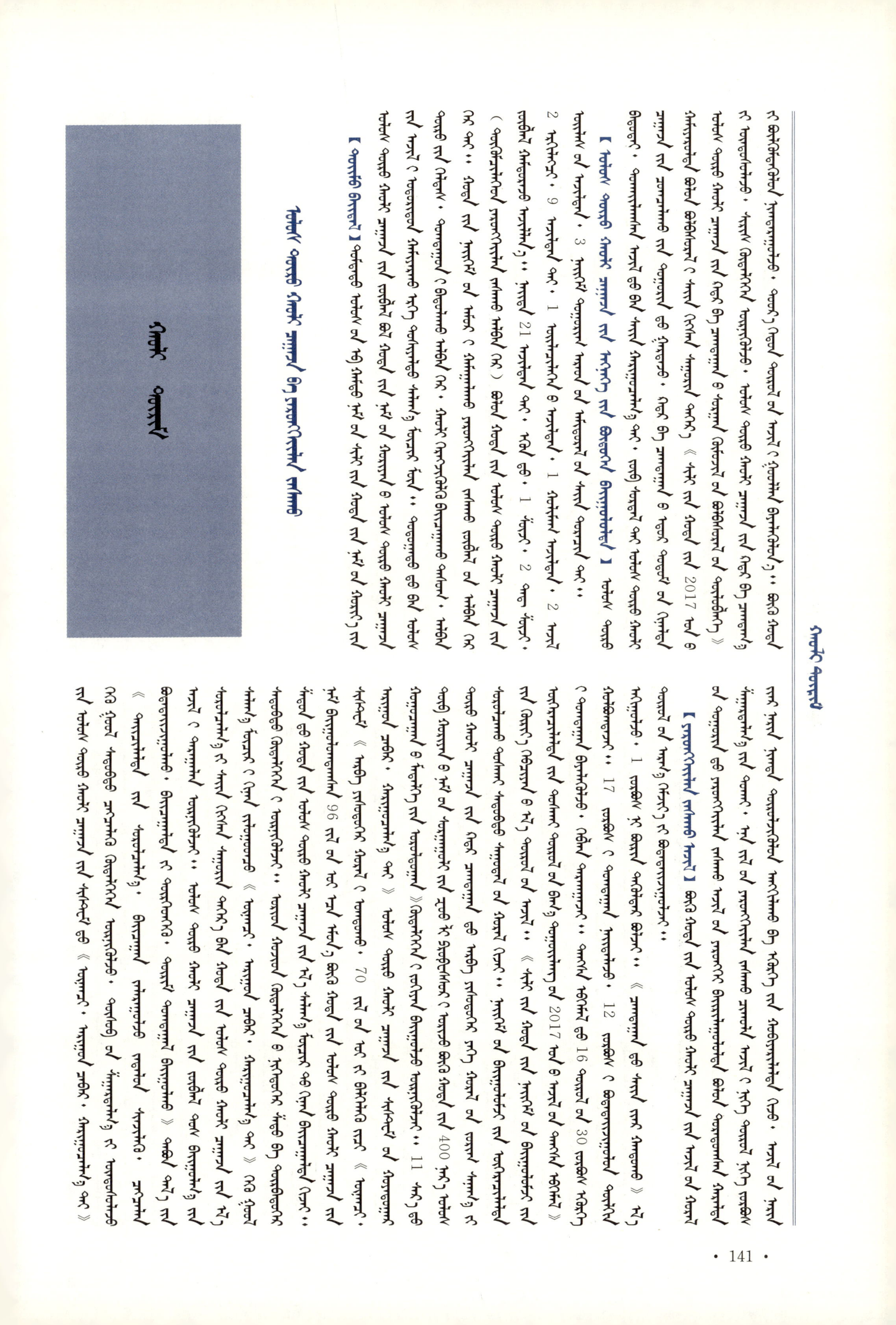

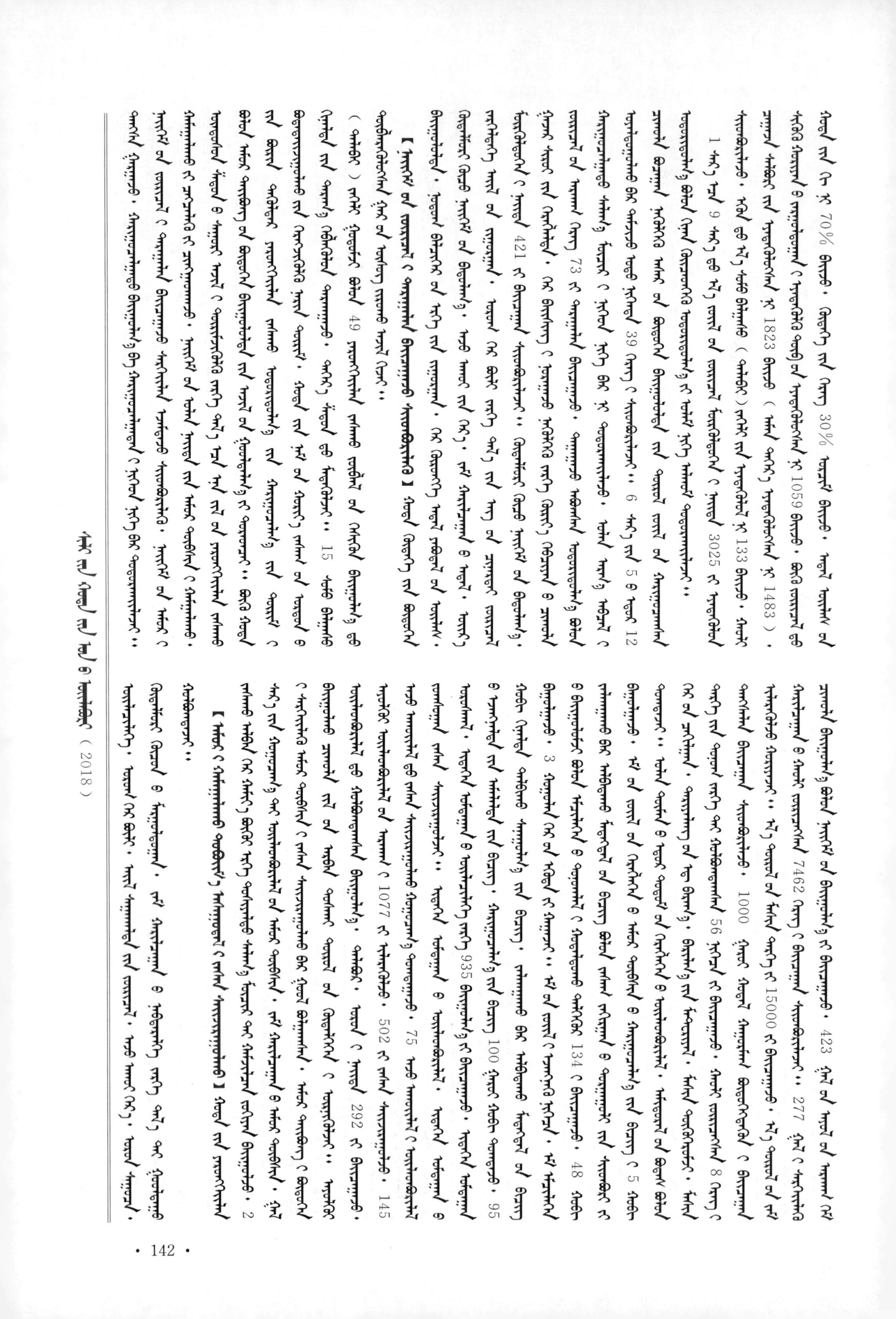

[illegible]

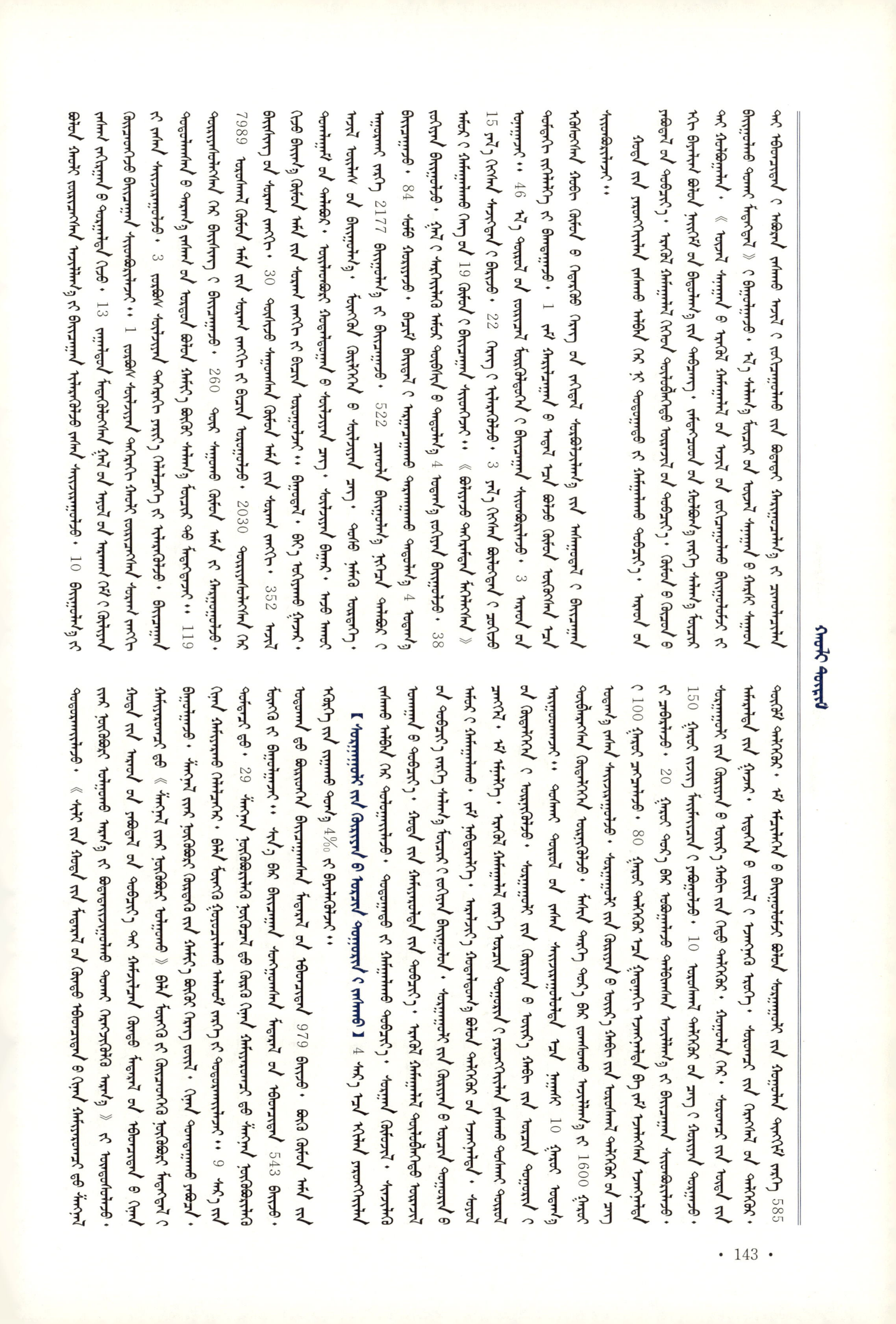

ᠭᠤᠷᠪᠠᠨ ᠰᠠᠯᠪᠤᠷᠢ᠂ 1 ᠪᠠᠢᠭ᠎ᠠ ᠶᠢᠨ ᠰᠢᠨᠡᠳᠬᠡᠯ ᠦᠨ ᠪᠠ ᠭᠤᠯᠯᠢᠭᠲᠠᠢ ᠰᠠᠯᠪᠤᠷᠢ ᠭᠡᠷᠡᠭᠰᠡᠨ ᠢ ᠲᠣᠭᠲᠠᠭᠠᠨ᠎ᠠ᠃ 6 ᠬᠣᠰᠢᠭᠤ ᠨᠤ ᠲᠣᠪᠴᠢᠶ᠎ᠠ ᠰᠠᠯᠪᠤᠷᠢ ᠶᠢ ᠨᠡᠢᠲᠡᠯᠡᠨ᠎ᠡ᠃ 34 ᠰᠠᠯᠪᠤᠷᠢ ᠭᠠᠷᠴᠠᠭ ᠤᠨ ᠬᠡᠮᠵᠢᠶ᠎ᠡ ᠶᠢ ᠪᠡᠶ᠎ᠡ ᠳᠦ ᠬᠦᠷᠭᠡᠵᠦ᠂ 35 ᠪᠠᠢᠭ᠎ᠠ ᠶᠢ ᠰᠢᠨᠡᠳᠬᠡᠨ ᠵᠠᠰᠠᠭᠯᠠᠭᠰᠠᠨ ᠬᠡᠮᠵᠢᠶ᠎ᠡ 5 ᠶᠢ ᠪᠡᠶ᠎ᠡ ᠳᠦ ᠬᠦᠷᠭᠡᠵᠦ᠂ 1 ᠰᠠᠶ᠎ᠠ ᠶᠤᠸᠠᠨ ᠬᠥᠷᠥᠩᠭᠡ ᠶᠢ ᠪᠠᠭᠤᠯᠭᠠᠵᠤ᠂ 133 ᠲᠣᠨ ᠬᠤᠷᠢᠶᠠᠭᠤᠯᠤᠨ᠂ ᠠᠯᠠᠱᠠ ᠮᠣᠩᠭᠣᠯ ᠪᠣᠯᠤᠨ ᠰᠠᠯᠪᠤᠷᠢ ᠮᠡᠳᠡᠯ ᠪᠣᠯᠤᠭᠰᠠᠨ᠂ ᠠᠯᠠᠱᠠ ᠮᠣᠩᠭᠣᠯ ᠬᠡᠯᠡ ᠰᠠᠯᠪᠤᠷᠢ ᠲᠤᠰᠬᠠᠢ ᠮᠡᠳᠡᠯ ᠳᠠᠮᠵᠢᠭᠤᠯᠤᠨ ᠲᠦᠭᠡᠭᠡᠬᠦ ᠭᠡᠷᠡᠭᠰᠡᠨ ᠬᠡᠮᠵᠢᠶ᠎ᠡ 1 ᠢ ᠪᠡᠶ᠎ᠡ ᠳᠦ ᠬᠦᠷᠭᠡᠵᠦ᠂ 7 ᠪᠠᠢᠭ᠎ᠠ ᠶᠢ ᠭᠤᠷᠪᠠᠨ ᠰᠠᠯᠪᠤᠷᠢ᠃ ᠰᠠᠯᠪᠤᠷᠢ ᠪᠠᠢᠭ᠎ᠠ ᠶᠢ ᠵᠠᠰᠠᠵᠤ ᠵᠠᠰᠠᠭᠯᠠᠭᠰᠠᠨ ᠬᠡᠮᠵᠢᠶ᠎ᠡ ᠭᠤᠷᠪᠠᠨ ᠰᠠᠯᠪᠤᠷᠢ᠂ 1 ᠪᠠᠢᠭ᠎ᠠ 1ᠪᠣᠯᠣᠯᠭ᠎ᠠ ᠶᠢᠨ ᠲᠥᠰᠥᠪ ᠬᠦᠷᠭᠡᠬᠦ ᠶᠢ ᠪᠠᠲᠤᠯᠠᠭᠰᠠᠨ᠃ ᠮᠡᠳᠡᠯ ᠪᠠᠢᠭ᠎ᠠ ᠶᠢ ᠭᠡᠷᠡᠴᠢᠯᠡᠨ ᠵᠠᠰᠠᠭᠯᠠᠭᠰᠠᠨ ᠪᠣᠯᠤᠨ ᠶᠢ ᠵᠢ ᠰᠠᠯᠪᠤᠷᠢᠯᠠᠭᠰᠠᠨ ᠬᠡᠮᠵᠢᠶ᠎ᠡ 5 ᠶᠢ ᠪᠡᠶ᠎ᠡ ᠳᠦ ᠬᠦᠷᠭᠡᠵᠦ᠂ 12 ᠰᠠᠯᠪᠤᠷᠢ ᠶᠢᠨ ᠭᠠᠵᠠᠷ ᠤᠨ ᠬᠥᠷᠥᠩᠭᠡ᠂ 4 ᠮᠢᠩᠭ᠎ᠠ ᠶᠢᠨ ᠪᠠᠢᠷ ᠰᠠᠯᠪᠤᠷᠢᠯᠠᠨ᠎ᠠ᠃ ᠪᠣᠯᠤᠨ ᠪᠠ ᠰᠤᠷᠭᠠᠭᠤᠯᠢ ᠮᠡᠳᠡᠯ ᠪᠠᠢᠭᠤᠯᠤᠯᠭ᠎ᠠ ᠲᠤᠰ ᠲᠤᠭᠤᠢ᠂ ᠬᠤᠷᠢᠶᠠᠭᠤᠯᠵᠤ ᠰᠠᠯᠪᠤᠷᠢᠯᠠᠭᠰᠠᠨ ᠬᠡᠮᠵᠢᠶ᠎ᠡ ᠶᠢ 2065 ᠲᠣᠨ᠂ 4 ᠮᠢᠩᠭ᠎ᠠ ᠶᠢᠨ ᠮᠣᠳᠣ᠂ 4 ᠳᠡᠯᠭᠡᠭᠦᠷ ᠬᠤᠳᠠᠯᠳᠤ᠂ ᠲᠡᠭᠦᠨ ᠬᠤᠪᠢᠶᠠᠵᠤ ᠰᠠᠶ᠎ᠠ ᠪᠣᠯᠤᠨ ᠬᠤᠪᠢᠶᠠᠷᠢ ᠲᠤᠰᠬᠠᠢ ᠲᠤᠰᠠᠯᠠᠯᠴᠠᠭᠠᠨ᠎ᠠ᠃ ᠬᠦᠮᠦᠨ ᠬᠦᠴᠦᠨ ᠦ ᠬᠥᠭᠵᠢᠯ ᠦᠨ ᠰᠤᠷᠭᠠᠭᠤᠯᠢ ᠶᠢᠨ ᠲᠤᠷᠰᠢᠯᠲᠠ ᠶᠢᠨ ᠬᠤᠷᠠᠯ ᠤᠨ LED ᠳᠡᠯᠭᠡᠴᠡ᠂ ᠲᠣᠭᠠ ᠲᠤᠬᠠᠢ ᠶᠢᠨ ᠬᠣᠷᠢᠶ᠎ᠠ ᠶᠢᠨ ᠶᠡᠬᠡ ᠬᠤᠷᠠᠯ ᠢ ᠲᠣᠬᠢᠷᠠᠭᠤᠯᠵᠤ᠂ 20 ᠰᠢᠬᠤᠳ ᠲᠣᠭᠠᠨ ᠲᠤᠰᠬᠠᠢ ᠶᠢᠨ ᠪᠢᠴᠢᠭ ᠮᠠᠲ᠋ᠧᠷᠢᠶᠠᠯ᠂ 11000 ᠲᠠᠷᠬᠠᠭᠠᠭᠰᠠᠨ ᠬᠤᠪᠢᠶᠠᠷᠢ ᠶᠢᠨ ᠮᠡᠳᠡᠯ ᠪᠡᠨ ᠰᠤᠷᠭᠠᠭᠤᠯᠢ ᠶᠢᠨ ᠲᠠᠷᠬᠠᠭᠠᠭᠰᠠᠨ᠂ ᠬᠤᠷᠠᠯ ᠪᠠᠢᠭᠤᠯᠬᠤ ᠶᠢᠨ ᠪᠠᠢᠭᠤᠯᠤᠯᠭ᠎ᠠ ᠶᠢ 20 ᠲᠤᠷᠰᠢᠨ ᠬᠦᠮᠦᠨ ᠬᠦᠴᠦᠨ ᠦ ᠪᠠᠢᠭᠤᠯᠤᠯᠭ᠎ᠠ ᠶᠢ ᠲᠤᠰᠬᠠᠢᠯᠠᠨ ᠵᠠᠰᠠᠵᠤ᠂ ᠮᠠᠨ ᠤ ᠲᠤᠪᠴᠢᠶ᠎ᠠ ᠪᠣᠯᠤᠨ (ᠳᠡᠯᠭᠡᠴᠡ) ᠶᠢᠨ ᠬᠤᠷᠠᠯ᠂ ᠳᠡᠯᠭᠡᠷᠡᠭᠦᠯᠬᠦ ᠶᠢ ᠬᠤᠪᠢᠶᠠᠷᠢ ᠮᠡᠳᠡᠯ «ᠰᠤᠷᠭᠠᠨ᠂ ᠲᠤᠰᠬᠠᠢ᠂ ᠰᠠᠯᠪᠤᠷᠢ» ᠬᠡᠮᠵᠢᠶ᠎ᠡ ᠠᠯᠠᠱᠠ ᠬᠤᠪᠢᠶᠠᠷᠢᠯᠠᠬᠤ ᠰᠠᠶ᠎ᠠ ᠶᠤᠸᠠᠨ ᠳᠤ ᠵᠠᠷᠴᠠᠭᠤᠯᠤᠨ ᠪᠠᠢᠭᠤᠯᠵᠤ᠂ ᠬᠤᠷᠢᠶᠠᠭᠤᠯᠵᠤ ᠶᠢ ᠰᠤᠷᠭᠠᠭᠤᠯᠢ ᠶᠢᠨ ᠬᠤᠪᠢᠶᠠᠵᠤ ᠪᠠᠨ ᠲᠣᠭᠲᠠᠭᠠᠭᠰᠠᠨ ᠰᠤᠷᠭᠠᠭᠤᠯᠢ᠂ ᠮᠣᠳᠣ ᠶᠢ ᠮᠡᠳᠡᠭᠦᠯᠵᠦ᠂ ᠬᠤᠪᠢᠶᠠᠷᠢ ᠲᠤᠰᠬᠠᠢ ᠬᠣᠷᠢᠶ᠎ᠠ᠂ ᠲᠤᠰᠬᠠᠢᠯᠠᠨ ᠵᠢᠭᠠᠪᠠ ᠶᠢᠨ ᠳᠠᠭᠤᠰᠬᠠᠭᠰᠠᠨ ᠬᠤᠪᠢᠶᠠᠷᠢ ᠬᠦᠷᠢᠶᠡᠨ (ᠳᠡᠯᠭᠡᠷ ᠬᠥᠷᠢ) ᠶᠢ ᠪᠠᠢᠭᠤᠯᠪᠠ

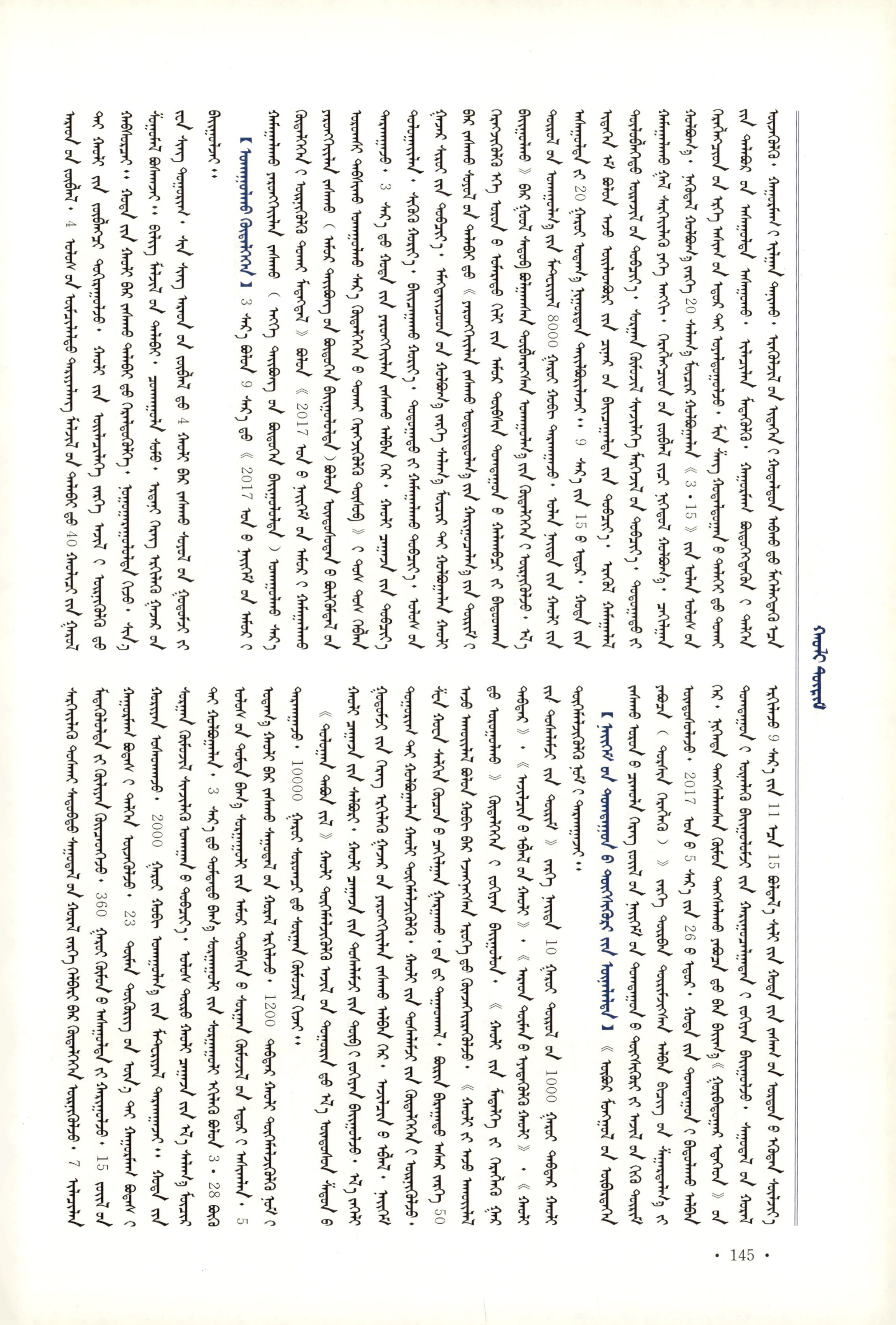

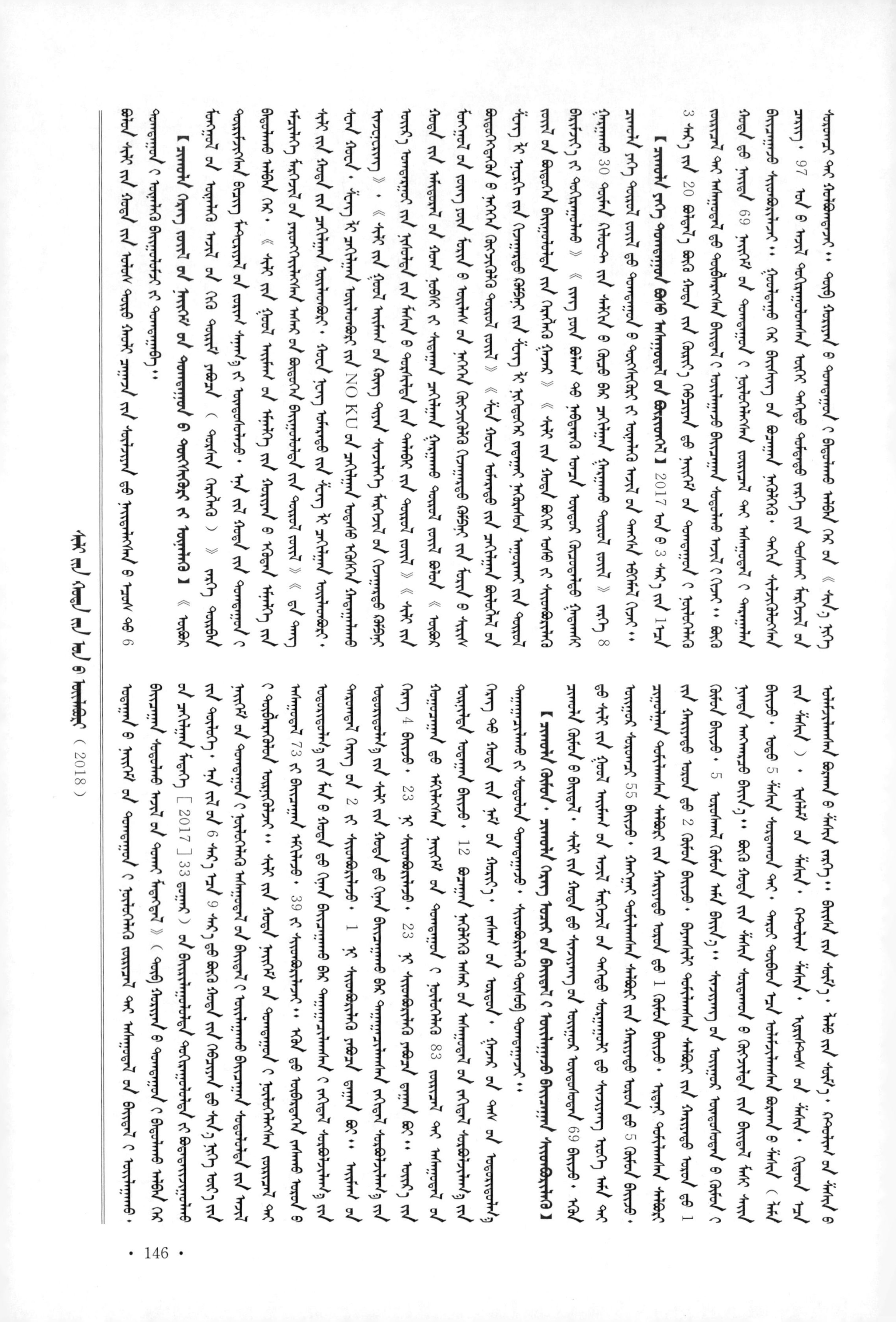

[illegible]

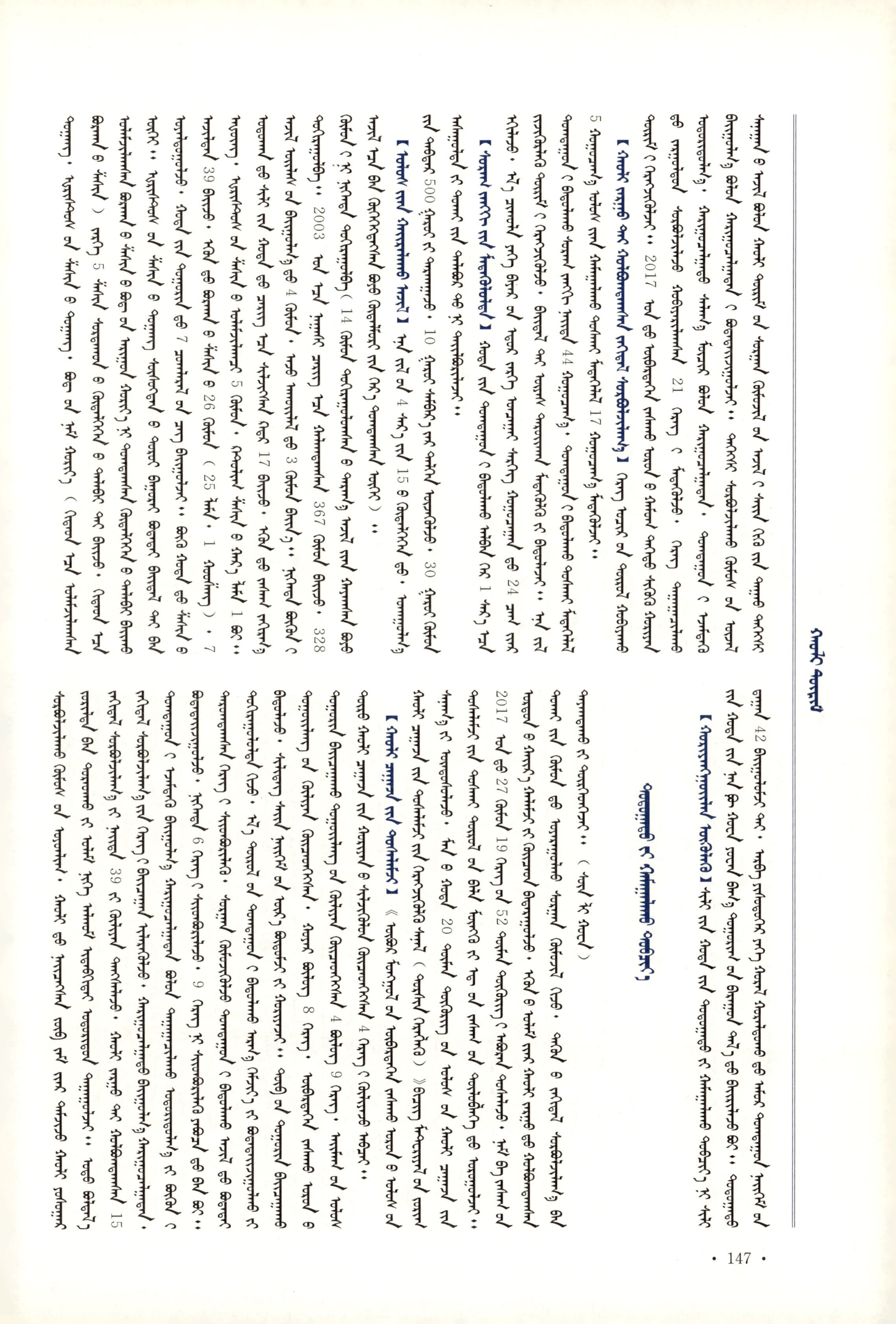

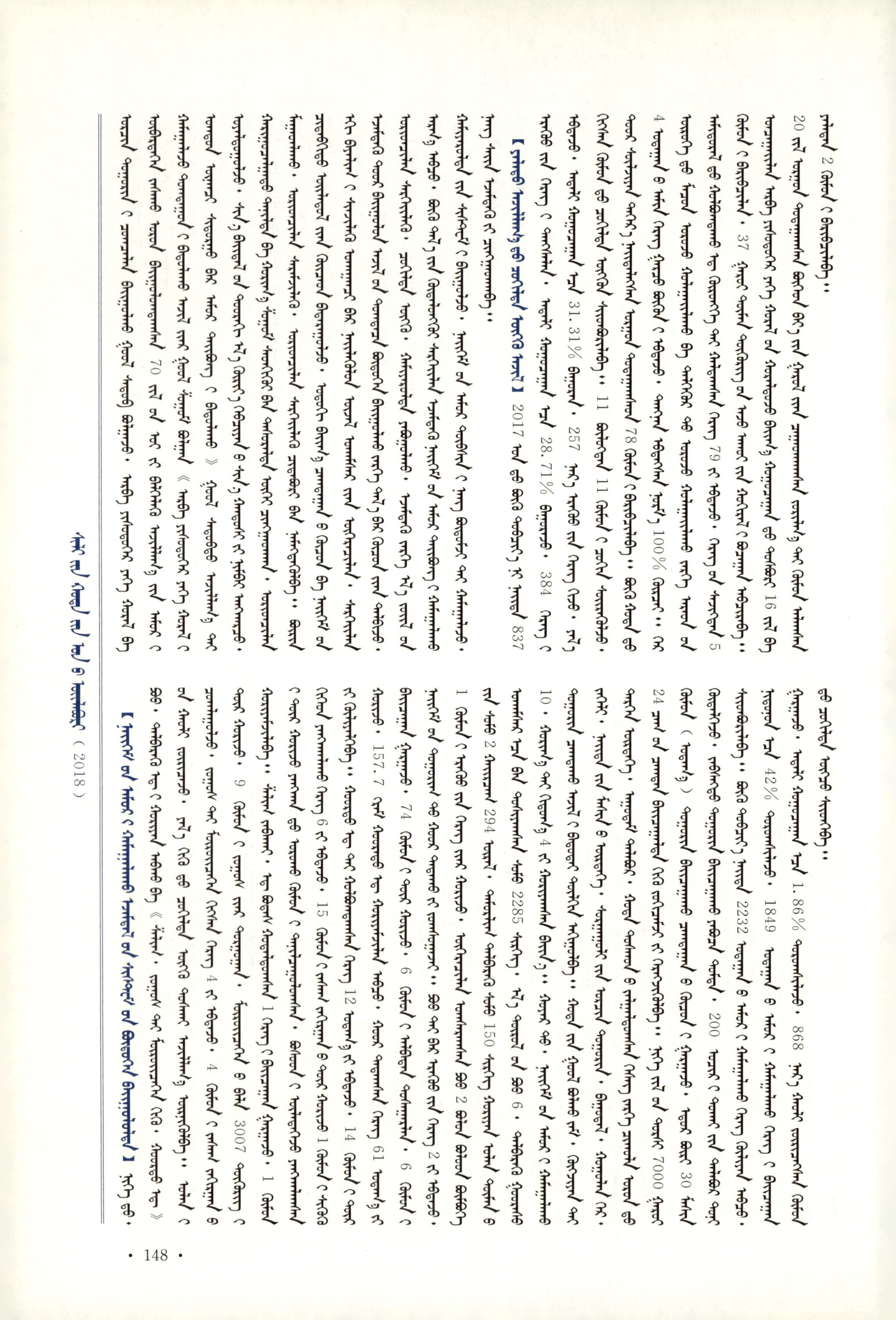

[illegible]

ᠶᠢᠨ ᠬᠤᠪᠢᠶᠠᠷᠢ ᠳᠤ ᠰᠢᠯᠢᠭᠰᠡᠨ ᠪᠦᠯᠦᠭ ᠦᠨ ᠲᠣᠭ᠎ᠠ ᠶᠢᠨ ᠬᠡᠮᠵᠢᠶ᠎ᠡ ᠳᠦ 93609 ᠪᠦᠯᠦᠭ᠂ 69785 ᠰᠢᠯᠢᠭᠳᠡᠭᠰᠡᠨ ᠪᠠᠶᠢᠭᠤᠯᠤᠯᠲᠠ ᠶᠢᠨ ᠭᠠᠷᠤᠯ ᠢ ᠪᠦᠷᠢᠳᠬᠡᠭᠰᠡᠨ ᠬᠡᠮᠵᠢᠶ᠎ᠡ ᠳᠦ ᠰᠤᠳᠤᠯᠤᠭᠰᠠᠨ ᠶᠢᠨ ᠲᠣᠭ᠎ᠠ ᠶᠢᠨ ᠪᠦᠯᠦᠭ ᠦᠨ ᠪᠠᠶᠢᠳᠠᠯ ᠤᠨ ᠬᠡᠮᠵᠢᠶ᠎ᠡ ᠬᠡᠮᠡᠬᠦ《Y－STR》DNA ᠬᠡᠮᠵᠢᠶ᠎ᠡ ᠪᠦᠷᠢᠳᠬᠡᠯ ᠦᠨ ᠪᠦᠯᠦᠭ ᠦᠨ ᠪᠠᠶᠢᠳᠠᠯ ᠢ ᠲᠣᠳᠤᠷᠬᠠᠶᠢᠯᠠᠭᠰᠠᠨ᠃ ᠡᠨᠡ ᠬᠦ ᠲᠣᠭ᠎ᠠ ᠶᠢᠨ《Y－STR》ᠦᠨ ᠬᠡᠮᠵᠢᠶ᠎ᠡ ᠪᠦᠷᠢᠳᠬᠡᠯ ᠢ ᠰᠢᠨᠵᠢᠯᠡᠭᠰᠡᠨ ᠢ ᠬᠠᠷᠠᠭᠤᠯᠪᠠᠯ ᠮᠣᠩᠭᠣᠯ ᠬᠦᠮᠦᠨ ᠦ ᠪᠦᠯᠦᠭ ᠦᠨ ᠬᠡᠪ ᠨᠢ ᠮᠣᠩᠭᠣᠯ ᠬᠦᠮᠦᠨ ᠦ ᠬᠡᠪ ᠡᠴᠡ ᠬᠠᠮᠤᠭ ᠤᠨ ᠣᠢᠷ᠎ᠠ ᠪᠠᠶᠢᠬᠤ ᠶᠢ ᠲᠣᠳᠤᠷᠬᠠᠶᠢᠯᠠᠭᠰᠠᠨ᠂ ᠲᠤᠬᠠᠶᠢᠯᠠᠪᠠᠯ ᠪᠠᠶᠢᠭᠤᠯᠤᠯᠲᠠ ᠶᠢᠨ ᠪᠦᠲᠦᠴᠡ ᠨᠢ ᠪᠤᠶᠤ ᠮᠣᠩᠭᠣᠯ ᠬᠦᠮᠦᠨ ᠦ ᠰᠢᠨᠵᠢᠯᠡᠭᠡᠨ ᠤ ᠳᠦᠩ ᠬᠡᠪ ᠢ ᠪᠠᠶᠢᠭᠤᠯᠤᠯᠲᠠ ᠶᠢᠨ ᠨᠢᠭᠡᠳᠦᠭᠡᠷ ᠳᠦ ᠬᠠᠮᠢᠶᠠᠷᠤᠯᠲᠠ ᠶᠢᠨ ᠬᠡᠮᠵᠢᠶ᠎ᠡ ᠪᠡᠷ ᠬᠦᠷᠲᠡᠯ᠎ᠡ ᠶᠢ ᠲᠣᠳᠤᠷᠬᠠᠶᠢᠯᠠᠪᠠ: ᠮᠣᠩᠭᠣᠯ ᠬᠦᠮᠦᠨ ᠦ ᠬᠡᠪ᠂ ᠪᠦᠬᠦ ᠨᠢ ᠬᠡᠪ᠂ ᠮᠣᠩᠭᠣᠯ ᠤᠯᠤᠰ ᠤᠨ ᠬᠦᠮᠦᠨ ᠬᠡᠪ᠂ ᠮᠣᠩᠭᠣᠯ ᠬᠦᠮᠦᠨ ᠦ ᠬᠡᠪ ᠦᠨ ᠪᠦᠯᠦᠭ《Y－STR》DNA ᠶᠢᠨ 100% ᠳᠤ ᠬᠦᠷᠬᠦ ᠶᠢ ᠪᠠᠲᠤᠯᠠᠭᠰᠠᠨ᠂ ᠮᠣᠩᠭᠣᠯ ᠬᠦᠮᠦᠨ ᠦ ᠬᠡᠪ ᠦᠨ ᠪᠦᠯᠦᠭ ᠪᠣᠯ ᠬᠠᠮᠤᠭ ᠤᠨ ᠬᠡᠪ ᠡᠴᠡ ᠨᠢ ᠬᠤᠪᠢᠶᠠᠷᠢ ᠬᠡᠮᠵᠢᠶ᠎ᠡ᠂ ᠪᠦᠭᠦᠳᠡ ᠨᠢ ᠬᠠᠮᠤᠭ ᠢ ᠨᠡᠩ ᠬᠡᠮᠵᠢᠶ᠎ᠡ ᠳᠦ ᠬᠦᠷᠭᠡᠨ ᠬᠦᠷᠲᠡᠯ᠎ᠡ ᠶᠢᠨ ᠬᠠᠮᠢᠶᠠᠷᠤᠯᠲᠠ ᠤᠨ ᠬᠠᠷᠢᠴᠠᠭ᠎ᠠ ᠪᠣᠯᠤᠭᠰᠠᠨ ᠪᠠᠶᠢᠳᠠᠯ ᠲᠠᠢ ᠬᠡᠮᠡᠨ ᠢ ᠲᠣᠳᠤᠷᠬᠠᠶᠢᠯᠠᠭᠰᠠᠨ᠃ ᠬᠡᠮᠵᠢᠶ᠎ᠡ ᠨᠢ ᠬᠠᠮᠢᠶᠠᠷᠤᠯᠲᠠ ᠪᠠᠶᠢᠳᠠᠯ ᠢ ᠲᠣᠳᠤᠷᠬᠠᠶᠢᠯᠠᠪᠠ᠃ (ᠬᠡᠪ) ᠰᠤᠳᠤᠯᠤᠯ ᠤᠨ ᠬᠡᠮᠵᠢᠶ᠎ᠡ ᠶᠢᠨ ᠬᠦᠷᠢᠶᠡᠨ ᠤ ᠪᠠᠶᠢᠳᠠᠯ ᠤᠨ ᠬᠠᠮᠢᠶᠠᠷᠤᠯᠲᠠ ᠶᠢᠨ ᠬᠡᠪ ᠢ ᠲᠣᠳᠤᠷᠬᠠᠶᠢᠯᠠᠪᠠ᠂ ᠬᠠᠮᠢᠶᠠᠷᠤᠯᠲᠠ ᠶᠢᠨ ᠪᠦᠯᠦᠭ ᠦᠨ ᠪᠠᠶᠢᠭᠤᠯᠤᠯᠲᠠ ᠲᠤ ᠰᠤᠳᠤᠯᠤᠭᠰᠠᠨ᠂ ᠪᠦᠭᠦᠳᠡ ᠳᠦ ᠪᠦᠯᠦᠭ ᠦᠨ ᠪᠠᠶᠢᠳᠠᠯ ᠤᠨ ᠬᠡᠮᠵᠢᠶ᠎ᠡ ᠶᠢ ᠬᠡᠷᠡᠭᠯᠡᠭᠰᠡᠨ᠂ ᠬᠠᠷᠢᠴᠠᠭᠤᠯᠤᠨ ᠰᠤᠳᠤᠯᠤᠭᠰᠠᠨ ᠤ ᠳᠦᠩ ᠳᠦ ᠬᠦᠷᠴᠦ ᠪᠣᠯᠬᠤ ᠶᠢᠨ ᠬᠡᠮᠵᠢᠶ᠎ᠡ ᠶᠢ ᠲᠣᠳᠤᠷᠬᠠᠶᠢᠯᠠᠪᠠ᠃

ᠪᠠᠶᠢᠭᠤᠯᠤᠭᠰᠠᠨ᠂ 5 ᠪᠦᠯᠦᠭ ᠢ ᠬᠠᠮᠤᠷᠤᠭᠳᠠᠬᠤ ᠰᠢᠯᠢᠭᠳᠡᠭᠰᠡᠨ᠃ ᠰᠤᠳᠤᠯᠤᠭᠰᠠᠨ ᠳᠤ ᠰᠢᠨᠵᠢᠯᠡᠭᠡᠨ ᠦ ᠬᠦᠷᠢᠶᠡᠯᠡᠯ ᠦᠨ ᠬᠡᠮᠵᠢᠶ᠎ᠡ᠂ 3 ᠪᠦᠯᠦᠭ ᠦᠨ ᠰᠢᠨᠵᠢ ᠪᠦᠯᠦᠭ ᠦᠨ ᠰᠢᠨᠵᠢᠯᠡᠭᠡᠨ᠂ 2 ᠪᠦᠯᠦᠭ ᠳᠦ ᠬᠦᠮᠦᠨ ᠦ ᠰᠤᠳᠤᠯᠤᠯ ᠤᠨ ᠬᠡᠮᠵᠢᠶ᠎ᠡ ᠶᠢᠨ ᠰᠢᠨᠵᠢᠯᠡᠭᠡ᠂ 51 ᠬᠦᠮᠦᠨ ᠦ ᠰᠢᠨᠵᠢ ᠬᠡᠮᠵᠢᠶ᠎ᠡ 14 ᠬᠦᠮᠦᠨ ᠦ ᠬᠦᠷᠢᠶᠡᠨ ᠳᠦ 25 ᠬᠦᠮᠦᠨ ᠬᠡᠮᠵᠢᠶ᠎ᠡ ᠶᠢ ᠪᠦᠯᠦᠭ ᠦᠨ ᠬᠡᠮᠵᠢᠶ᠎ᠡ ᠬᠦᠷᠢᠶᠡᠨ 97 ᠬᠡᠮᠵᠢᠶ᠎ᠡ ᠶᠢ ᠰᠤᠳᠤᠯᠤᠭᠰᠠᠨ ᠳᠤ ᠬᠦᠷᠭᠡᠨ᠎ᠡ᠃ ᠬᠡᠮᠵᠢᠶ᠎ᠡ ᠨᠢ 92 ᠬᠦᠮᠦᠨ ᠦ (1) ᠪᠦᠯᠦᠭ᠂ ᠰᠤᠳᠤᠯᠤᠭᠰᠠᠨ ᠰᠢᠨᠵᠢᠯᠡᠭᠡ᠂ ᠬᠠᠷᠢᠴᠠᠭᠤᠯᠤᠨ ᠪᠦᠯᠦᠭ ᠦᠨ ᠬᠦᠮᠦᠨ ᠦ ᠬᠦᠷᠢᠶᠡᠨ ᠳᠤ ᠬᠦᠷᠬᠦ ᠪᠦᠯᠦᠭ ᠦᠨ᠂ ᠰᠢᠨᠵᠢᠯᠡᠭᠡ ᠳᠦ ᠬᠦᠷᠭᠡᠨ᠎ᠡ᠂ ᠰᠤᠳᠤᠯᠤᠯ ᠤᠨ ᠬᠡᠮᠵᠢᠶ᠎ᠡ ᠶᠢᠨ》ᠬᠡᠮᠵᠢᠶ᠎ᠡ ᠰᠤᠳᠤᠯᠤᠭᠰᠠᠨ᠂ ᠬᠦᠮᠦᠨ ᠦ ᠰᠤᠳᠤᠯᠤᠯ ᠤᠨ ᠬᠡᠮᠵᠢᠶ᠎ᠡ ᠳᠦ ᠰᠢᠨᠵᠢᠯᠡᠭᠡ ᠶᠢᠨ ᠬᠦᠷᠢᠶᠡᠯᠡᠯ ᠦᠨ ᠬᠡᠮᠵᠢᠶ᠎ᠡ ᠶᠢ ᠰᠤᠳᠤᠯᠤᠬᠤ ᠶᠢᠨ ᠰᠢᠨᠵᠢᠯᠡᠭᠡ ᠪᠦᠯᠦᠭ ᠦᠨ ᠬᠡᠮᠵᠢᠶ᠎ᠡ ᠶᠢᠨ ᠬᠦᠮᠦᠨ᠃ ᠡᠨᠡ ᠨᠢ ᠮᠣᠩᠭᠣᠯ ᠬᠦᠮᠦᠨ ᠦ ᠰᠤᠳᠤᠯᠤᠯ ᠤᠨ ᠬᠡᠮᠵᠢᠶ᠎ᠡ ᠶᠢᠨ ᠬᠦᠷᠢᠶᠡᠨ ᠳᠦ ᠬᠦᠷᠬᠦ ᠶᠢᠨ《ᠬᠦᠮᠦᠨ ᠦ ᠬᠡᠪ ᠦᠨ ᠬᠦᠷᠢᠶᠡᠨ ᠳᠦ ᠪᠦᠯᠦᠭ ᠦᠨ X ᠪᠦᠯᠦᠭ ᠦᠨ ᠬᠦᠮᠦᠨ ᠦ ᠰᠢᠨᠵᠢᠯᠡᠭᠡ ᠶᠢᠨ ᠬᠦᠷᠢᠶᠡᠯᠡᠯ ᠦᠨ ᠬᠡᠮᠵᠢᠶ᠎ᠡ ᠳᠦ ᠬᠦᠷᠬᠦ ᠶᠢᠨ ᠰᠤᠳᠤᠯᠤᠯ ᠤᠨ ᠬᠡᠮᠵᠢᠶ᠎ᠡ ᠶᠢᠨ ᠬᠦᠷᠢᠶᠡᠨ᠂ ᠮᠣᠩᠭᠣᠯ ᠤᠨ ᠬᠦᠮᠦᠨ ᠦ ᠬᠦᠷᠢᠶᠡᠨ ᠳᠦ ᠬᠦᠷᠬᠦ ᠶᠢᠨ ᠬᠡᠮᠵᠢᠶ᠎ᠡ ᠶᠢᠨ ᠰᠤᠳᠤᠯᠤᠯ᠂ ᠬᠦᠮᠦᠨ ᠦ ᠰᠢᠨᠵᠢᠯᠡᠭᠡ ᠶᠢᠨ ᠬᠦᠷᠢᠶᠡᠯᠡᠯ ᠦᠨ ᠬᠡᠮᠵᠢᠶ᠎ᠡ ᠶᠢᠨ ᠰᠢᠨᠵᠢᠯᠡᠭᠡ᠃ ᠰᠤᠳᠤᠯᠤᠭᠰᠠᠨ ᠤ ᠪᠦᠯᠦᠭ ᠦᠨ ᠬᠦᠷᠢᠶᠡᠨ ᠳᠦ ᠬᠦᠮᠦᠨ ᠦ ᠬᠦᠷᠢᠶᠡᠯᠡᠯ ᠦᠨ ᠬᠡᠮᠵᠢᠶ᠎ᠡ ᠶᠢᠨ ᠪᠦᠯᠦᠭ ᠦᠨ ᠰᠢᠨᠵᠢᠯᠡᠭᠡ ᠶᠢᠨ ᠬᠦᠷᠢᠶᠡᠨ ᠳᠦ ᠰᠤᠳᠤᠯᠤᠭᠰᠠᠨ ᠤ ᠬᠦᠷᠢᠶᠡᠯᠡᠯ ᠦᠨ ᠬᠡᠮᠵᠢᠶ᠎ᠡ᠂ ᠮᠣᠩᠭᠣᠯ ᠤᠨ 22 ᠬᠦᠮᠦᠨ ᠦ ᠬᠦᠷᠢᠶᠡᠨ ᠦ ᠬᠡᠮᠵᠢᠶ᠎ᠡ ᠶᠢᠨ ᠰᠤᠳᠤᠯᠤᠯ ᠤᠨ ᠬᠦᠷᠢᠶᠡᠯᠡᠯ ᠦᠨ ᠬᠡᠮᠵᠢᠶ᠎ᠡ ᠪᠣᠯᠤᠨ᠎ᠠ᠃ ᠬᠡᠪ ᠳᠦ ᠬᠦᠮᠦᠨ ᠦ ᠰᠤᠳᠤᠯᠤᠯ ᠤᠨ ᠬᠦᠷᠢᠶᠡᠨ ᠳᠦ ᠬᠦᠷᠬᠦ ᠶᠢᠨ ᠪᠦᠯᠦᠭ ᠦᠨ ᠬᠡᠮᠵᠢᠶ᠎ᠡ᠂ ᠬᠦᠮᠦᠨ ᠦ ᠬᠦᠷᠢᠶᠡᠯᠡᠯ ᠦᠨ ᠬᠡᠮᠵᠢᠶ᠎ᠡ ᠶᠢᠨ ᠰᠤᠳᠤᠯᠤᠯ ᠤᠨ ᠬᠦᠷᠢᠶᠡᠨ ᠳᠦ ᠬᠦᠷᠭᠡᠨ᠎ᠡ᠂ ᠰᠢᠨᠵᠢᠯᠡᠭᠡ ᠶᠢᠨ ᠬᠦᠷᠢᠶᠡᠯᠡᠯ ᠦᠨ ᠬᠡᠮᠵᠢᠶ᠎ᠡ ᠶᠢᠨ ᠰᠤᠳᠤᠯᠤᠯ ᠤᠨ ᠬᠦᠷᠢᠶᠡᠨ ᠦ ᠪᠦᠯᠦᠭ ᠦᠨ ᠬᠡᠮᠵᠢᠶ᠎ᠡ ᠶᠢ ᠬᠦᠮᠦᠨ ᠦ ᠬᠦᠷᠢᠶᠡᠨ ᠳᠦ ᠰᠤᠳᠤᠯᠤᠭᠰᠠᠨ ᠤ ᠪᠦᠯᠦᠭ ᠪᠣᠯᠤᠨ᠎ᠠ᠃

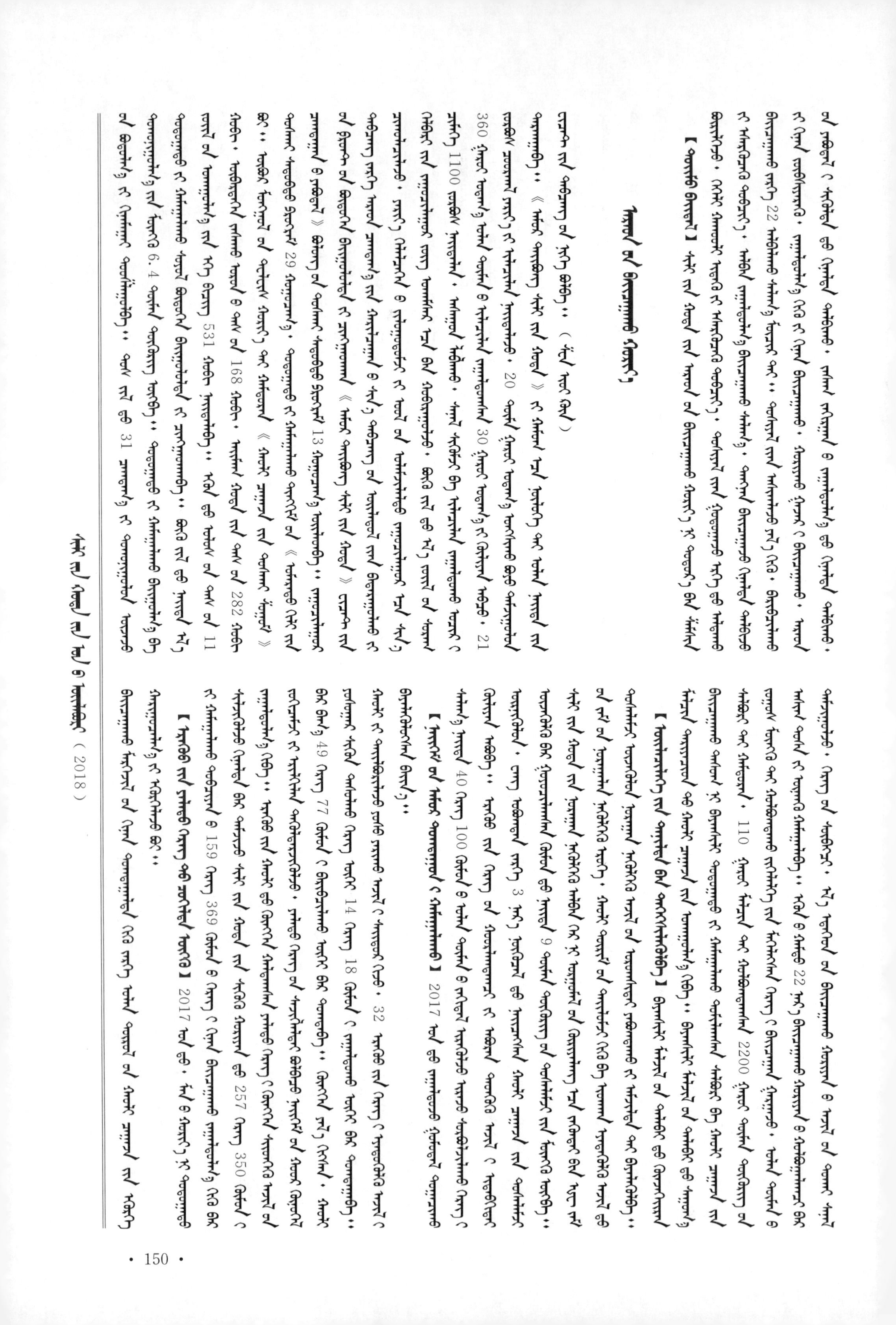

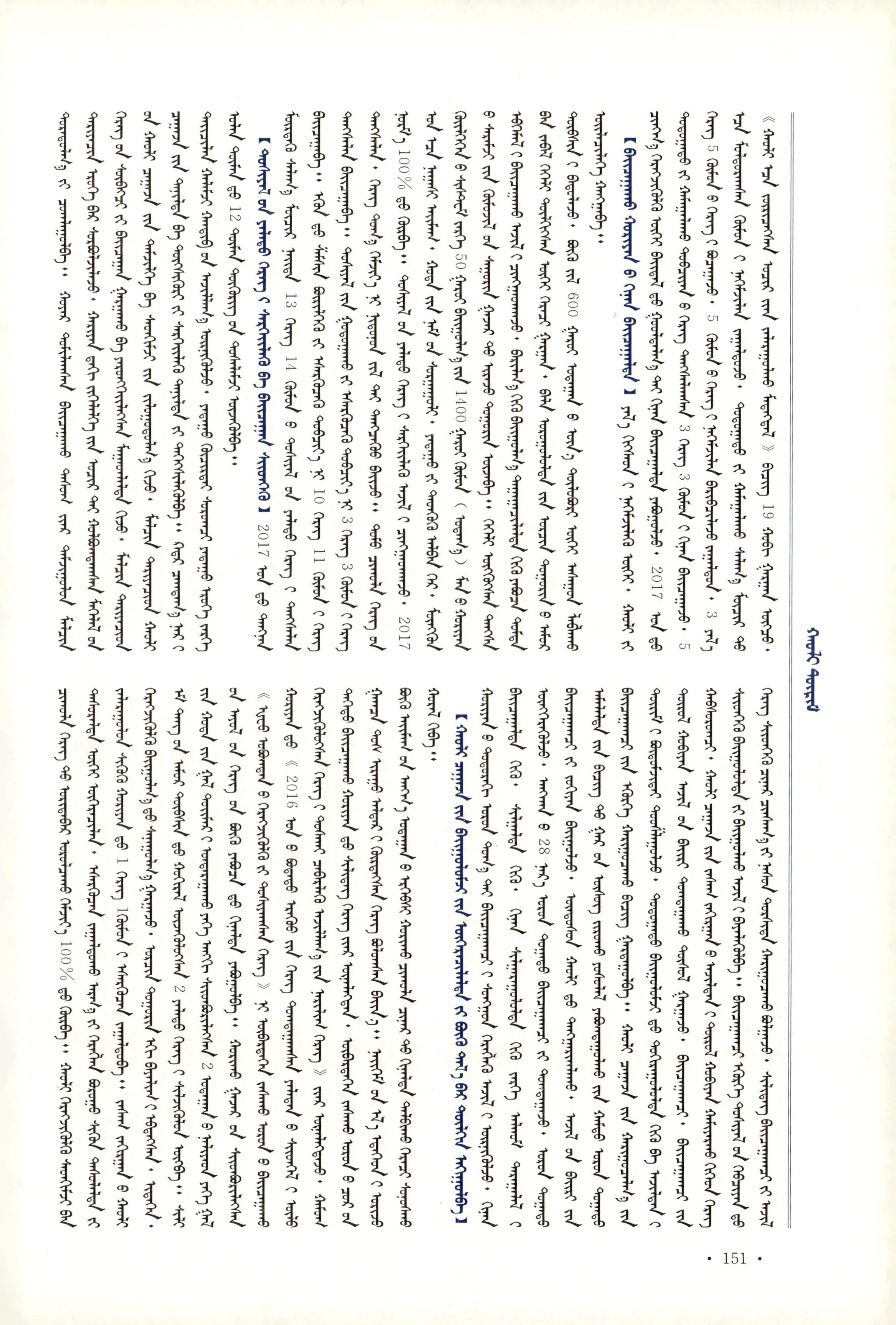

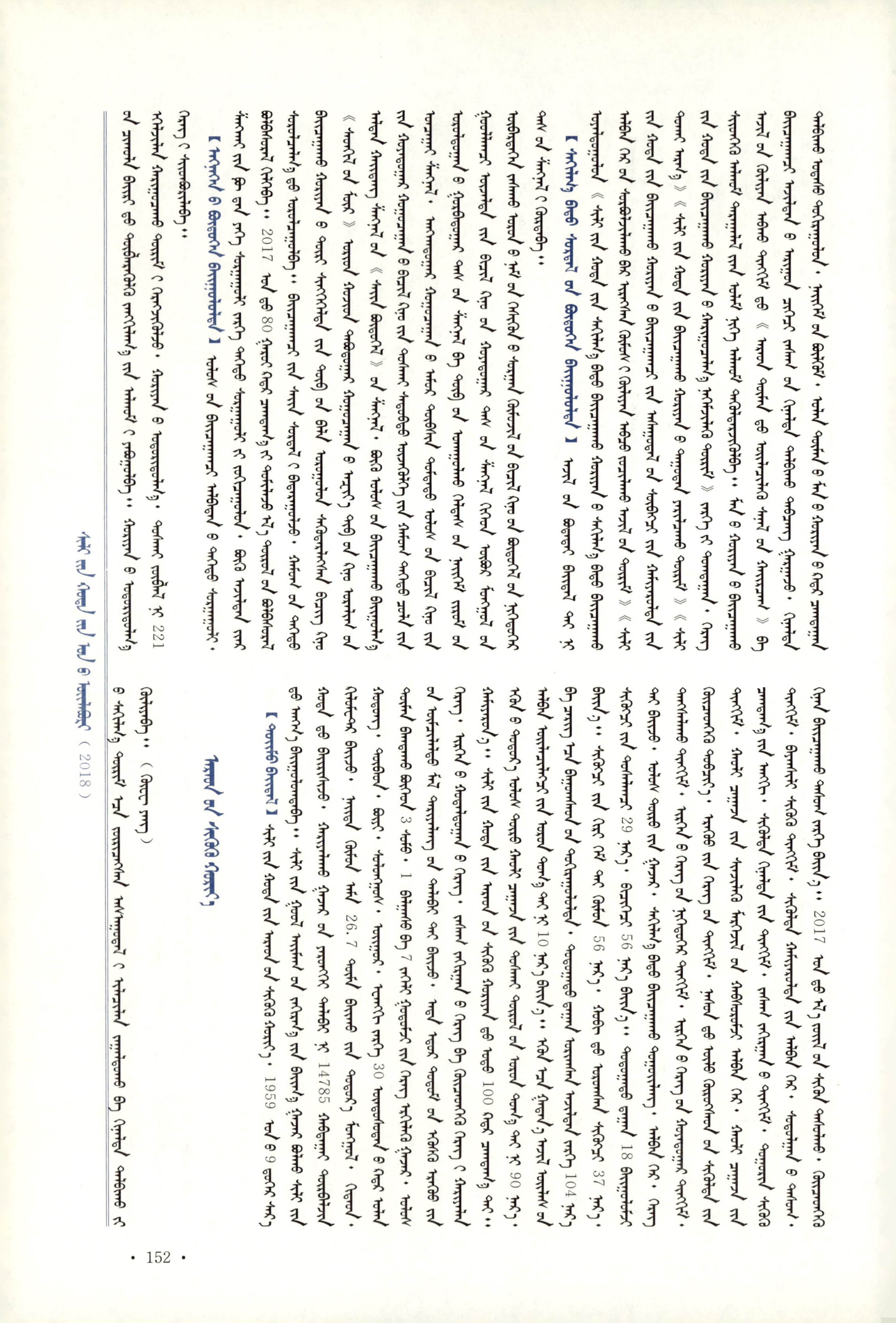

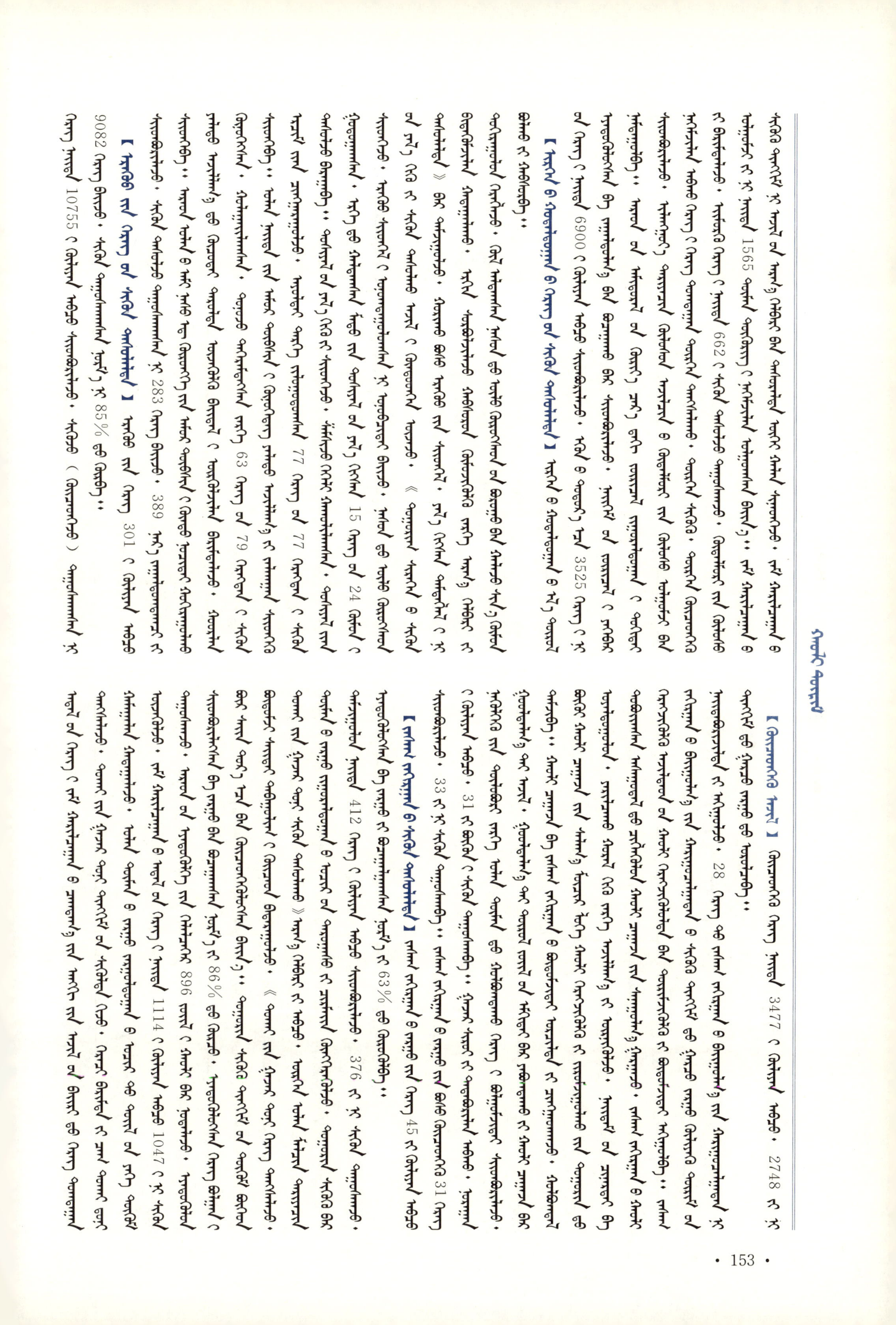

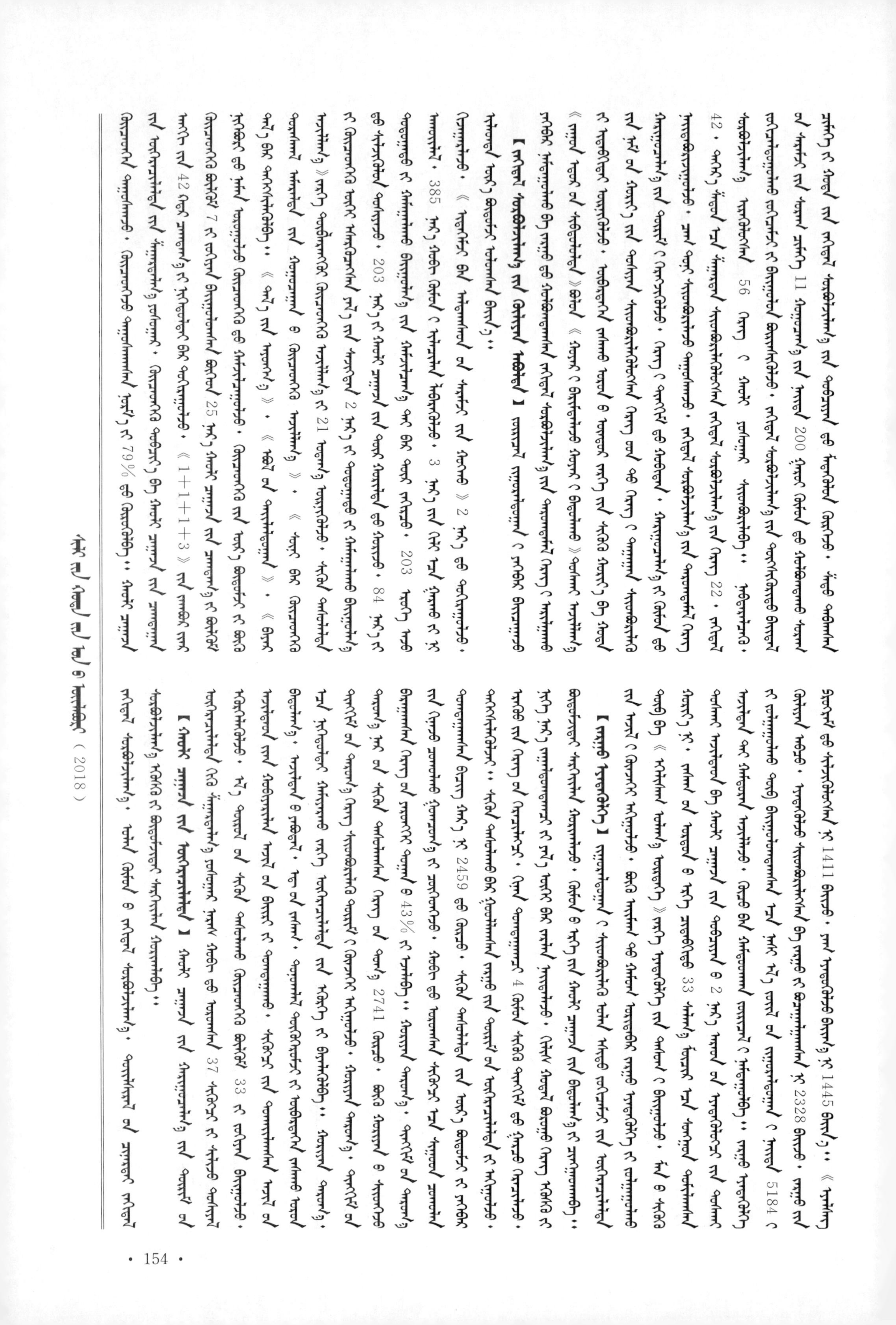

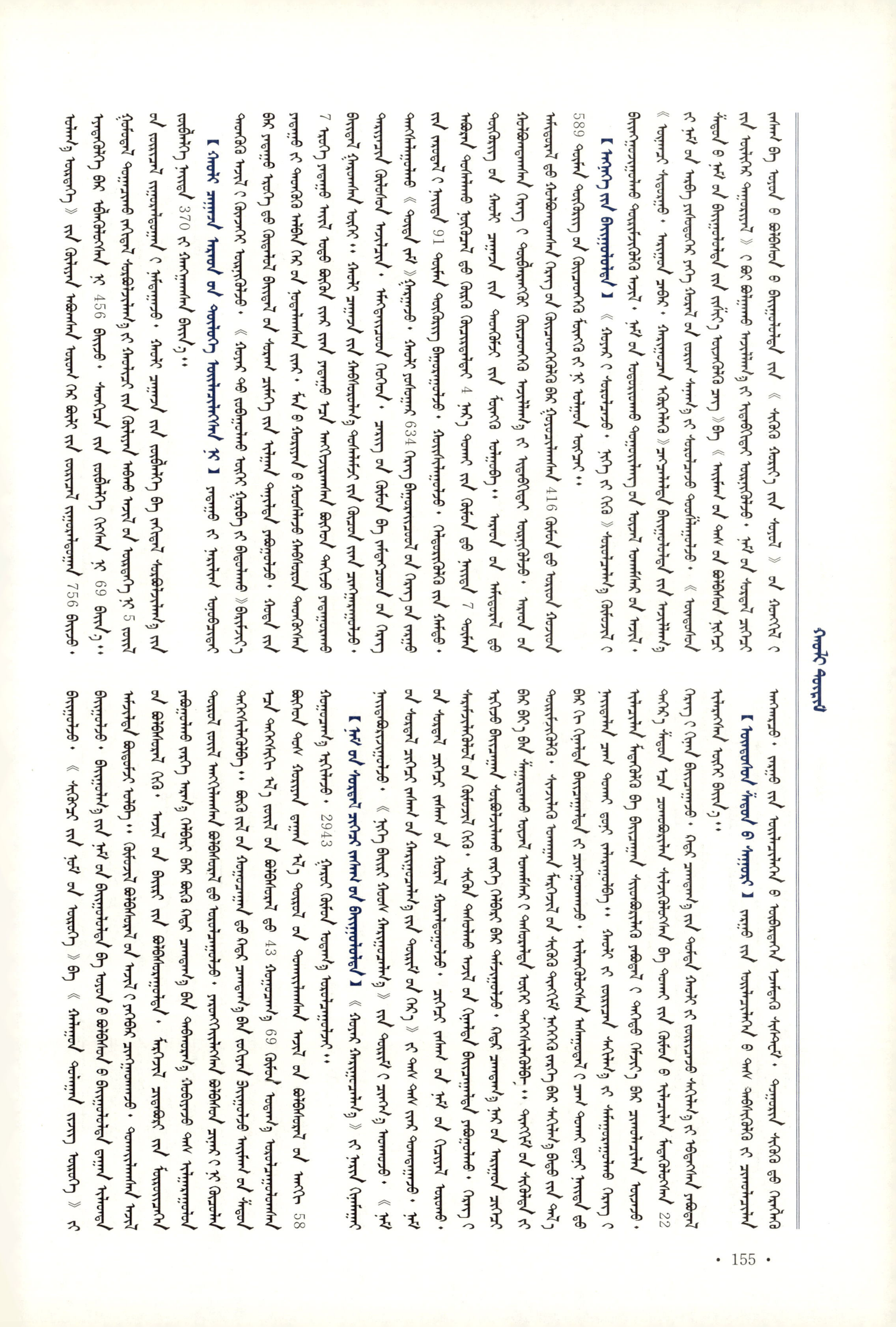

[illegible] 《[illegible]》 [illegible]

【[illegible]】 《[illegible]》 [illegible] 589 [illegible]··

[illegible] 416 [illegible] 4 [illegible] 7 [illegible] 91 [illegible] 《[illegible]》 [illegible] 634 [illegible] 7 [illegible] 《[illegible]》 [illegible]

【[illegible]】 [illegible] 370 [illegible]··

[illegible] 5 [illegible] 456 [illegible] 69 [illegible]·· [illegible] 756 [illegible]

【[illegible]】 [illegible]··

[illegible] 22 [illegible]··

【[illegible]】 《[illegible]》 [illegible] 2943 [illegible]··

[illegible] 58 [illegible] 43 [illegible] 69 [illegible]·· [illegible] 《[illegible]》 [illegible] 《[illegible]》 [illegible]

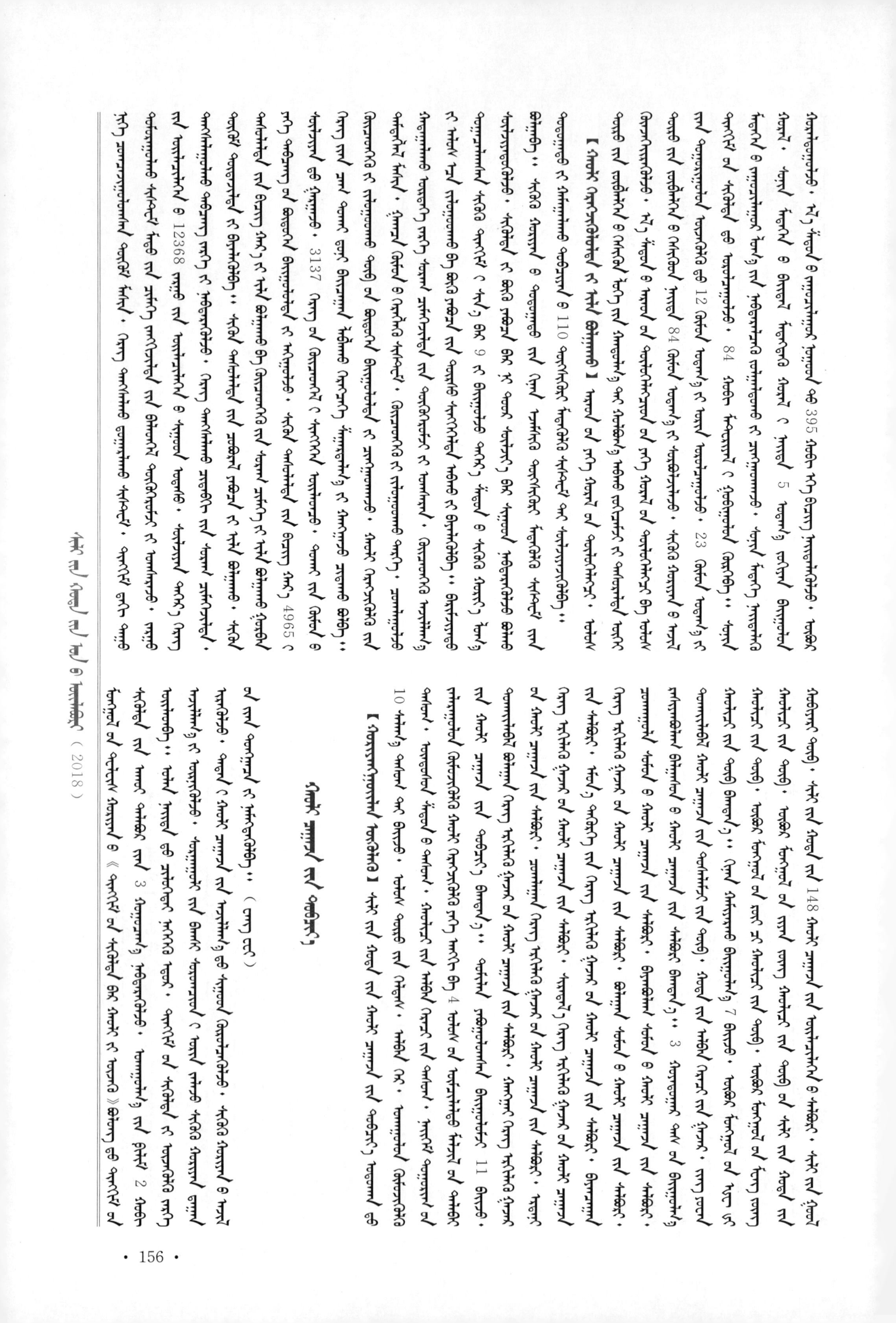

[illegible]

[illegible]

[illegible]

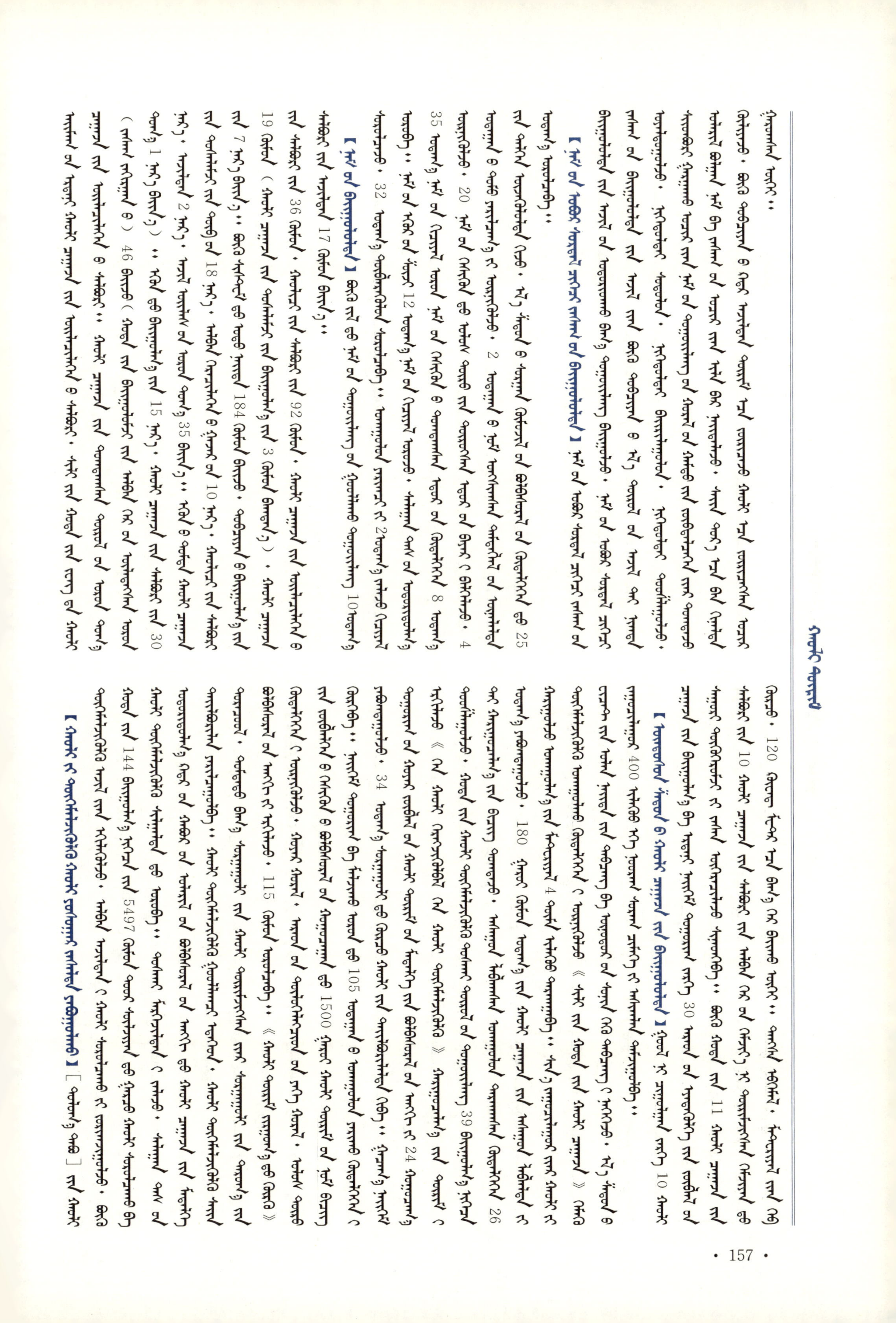

[illegible]

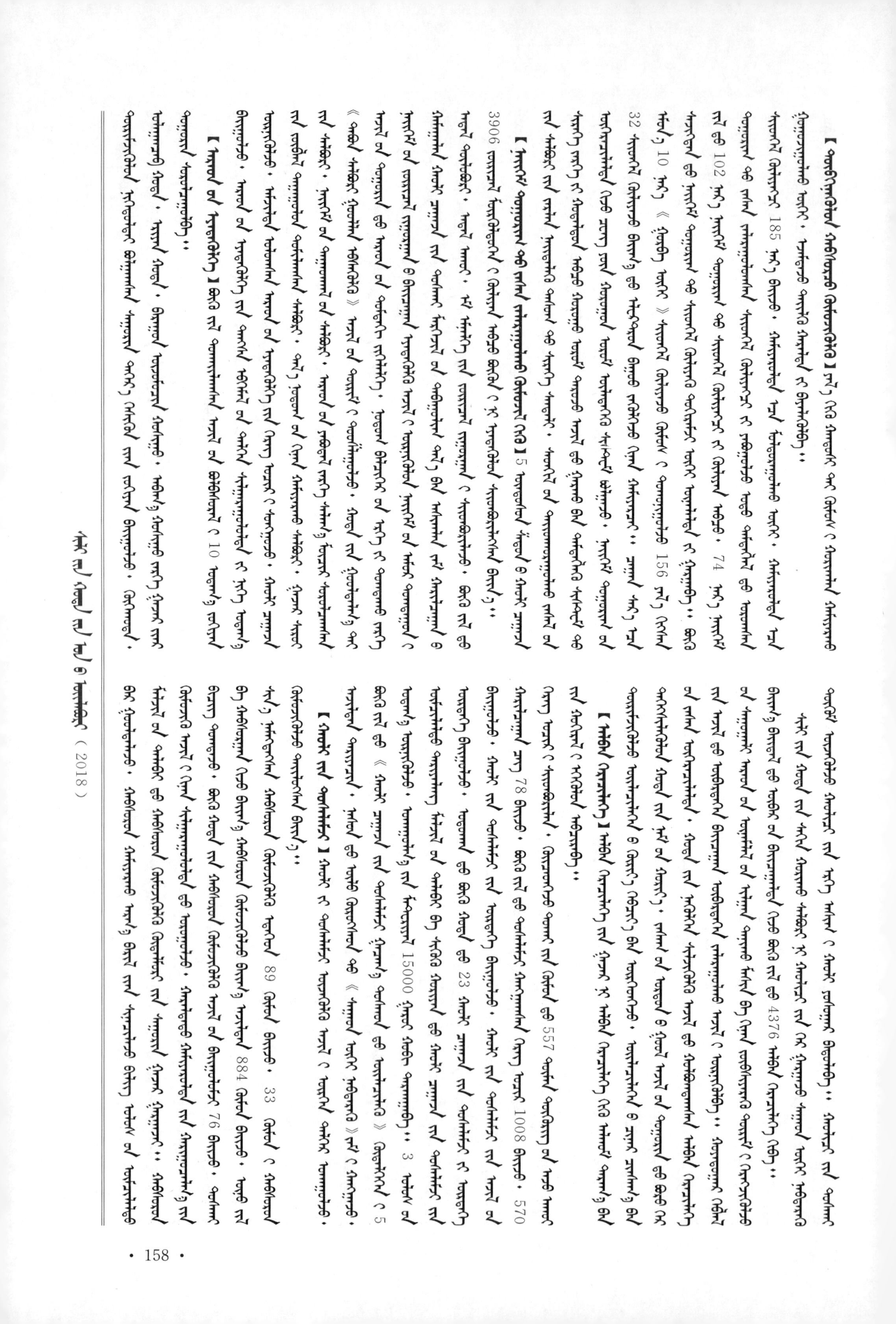

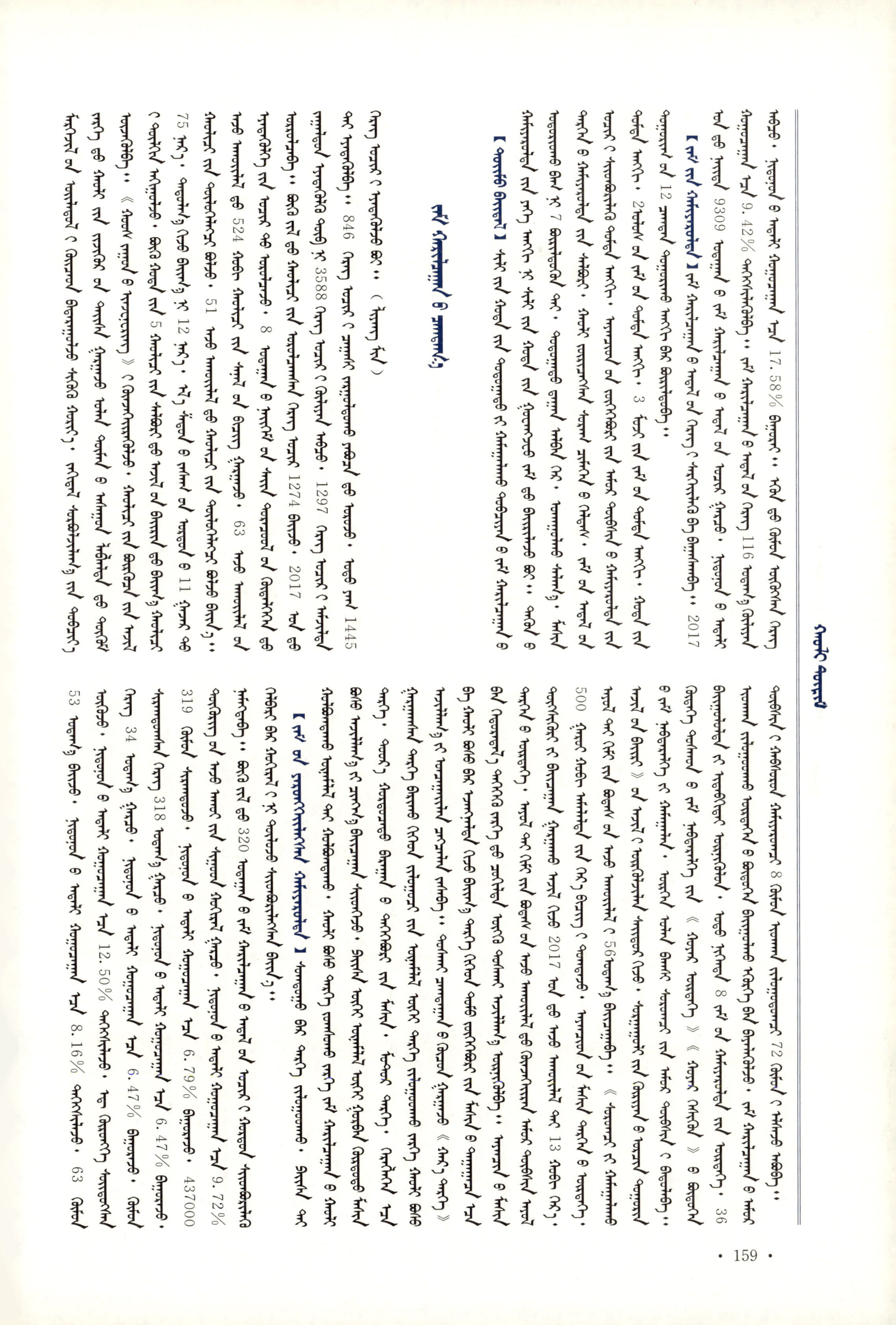

3309 ᠦᠭᠡ᠂ 9516 ᠦᠭᠡ᠂ 329 ᠦᠭᠡ᠂ 411᠂ 1355 ᠦᠭᠡ᠂ 283᠂ 15601 ᠦᠭᠡ᠂ 398᠂ 8441 ᠦᠭᠡ᠃ 101 ᠦᠭᠡ᠂ 9 ᠦᠭᠡ᠂ 16 ᠦᠭᠡ᠂ 1552 ᠦᠭᠡ᠂ 47 ᠦᠭᠡ᠂ 5 ᠦᠭᠡ᠂ 46 ᠦᠭᠡ᠂ 83 ᠦᠭᠡ᠂ 10300 ᠦᠭᠡ᠂ 1870 ᠦᠭᠡ᠂ 4690 ᠦᠭᠡ᠃

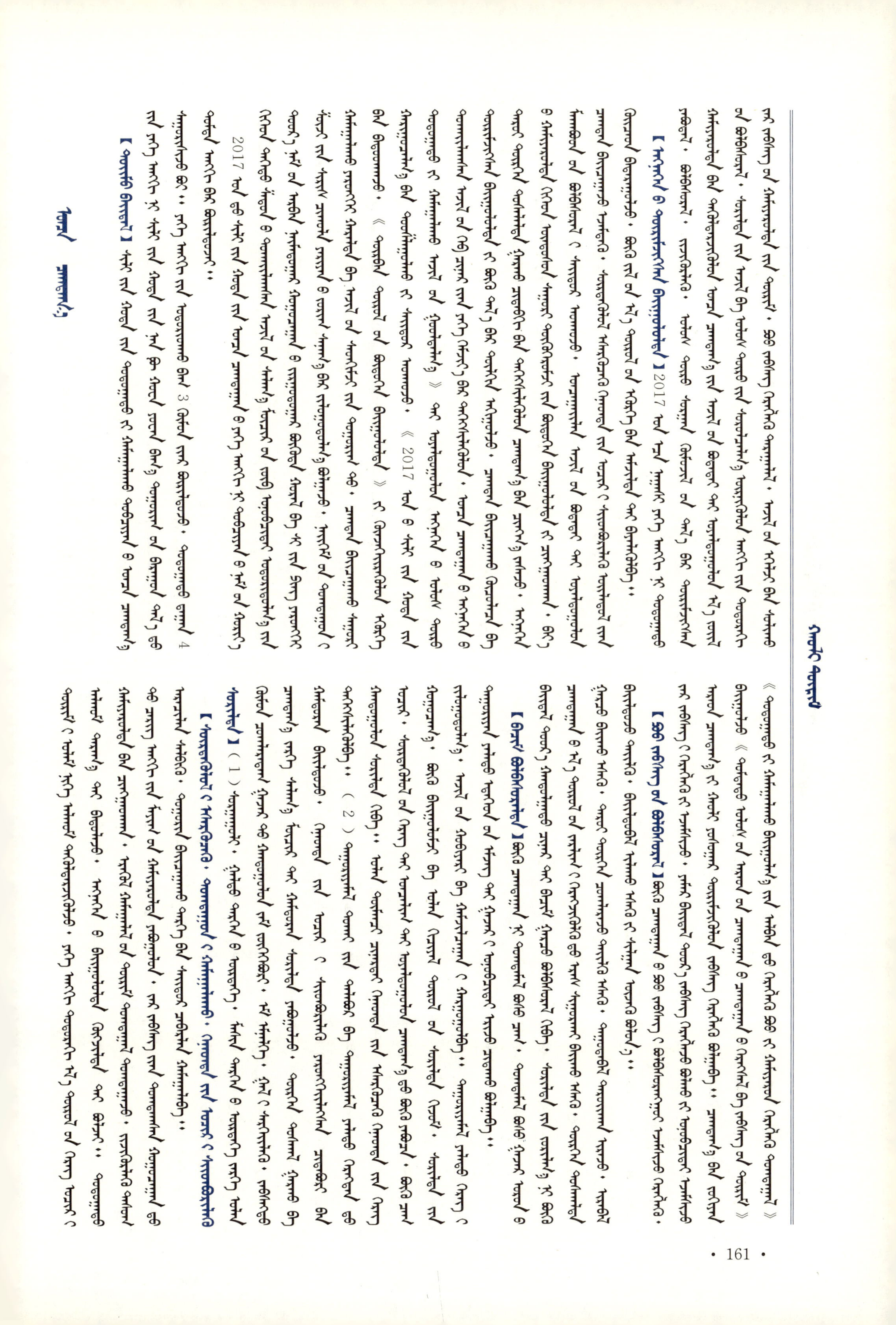

2017

2017

《 2017 》

(1)

(2)

3

4

2017

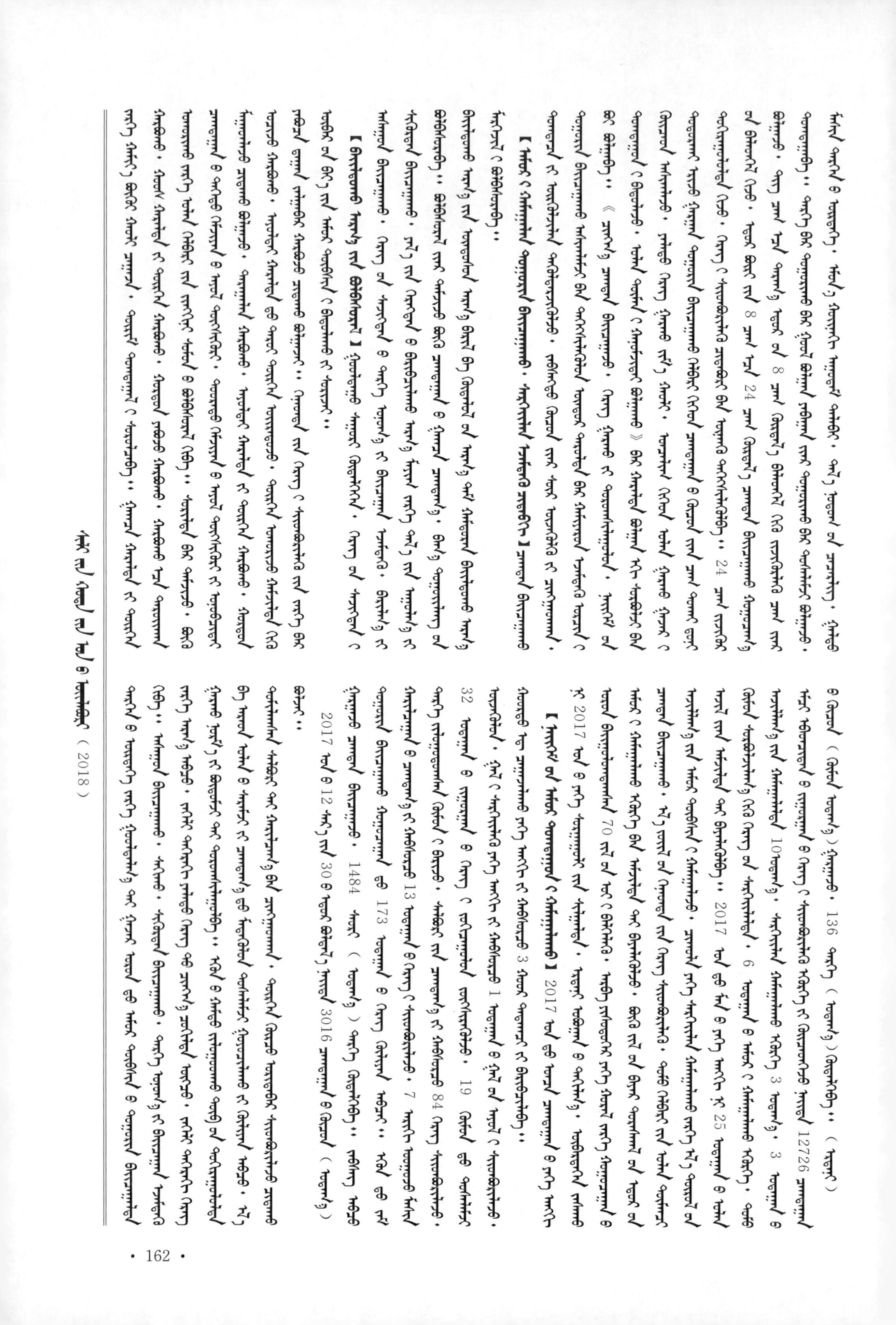

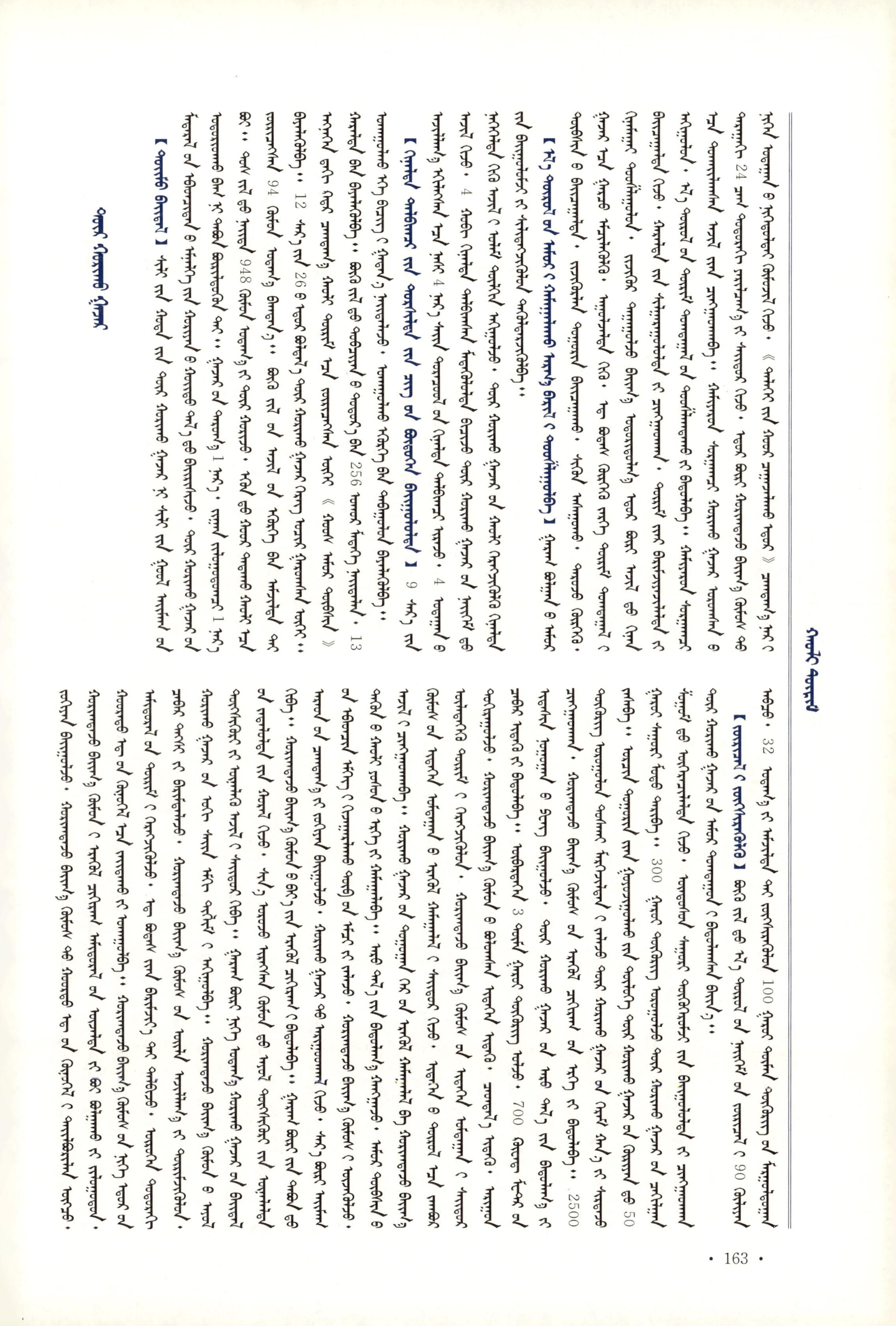

[illegible]

【[illegible]】 [illegible] 1 [illegible] 1 [illegible] 948 [illegible] 94 [illegible] 12 [illegible] 26 [illegible] 《[illegible]》 [illegible] 256 [illegible] 13 [illegible]

【[illegible]】 9 [illegible] 4 [illegible] 4 [illegible] 4 [illegible]

【[illegible]】 [illegible] 24 [illegible] 《[illegible]》 [illegible] 3 [illegible] 700 [illegible] 2500 [illegible] 50 [illegible] 300 [illegible]

【[illegible]】 90 [illegible] 32 [illegible] 100 [illegible]

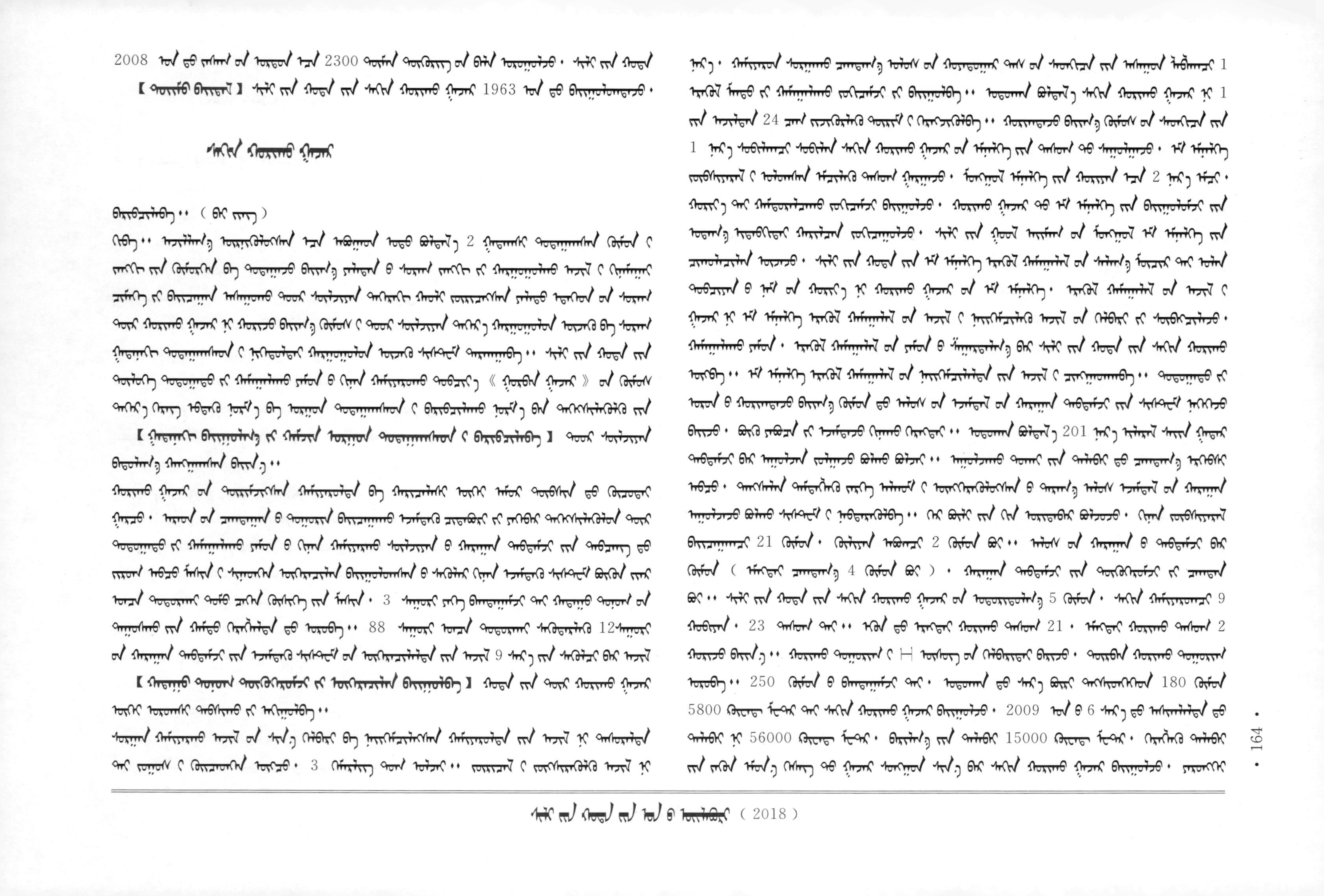

2008 [illegible] 2300 [illegible]·[illegible]
【[illegible]】[illegible] 1963 [illegible]·

[illegible]

[illegible]··([illegible])
[illegible]·· [illegible] 2 [illegible]
[illegible]
[illegible]
[illegible]
[illegible]··[illegible]
[illegible] 《 [illegible] 》 [illegible]
[illegible]
【[illegible]】[illegible]
[illegible]··
[illegible]
[illegible]·[illegible]
[illegible]
[illegible]
[illegible]· 3 [illegible]
[illegible]·· 88 [illegible] 12 [illegible]
[illegible] 9 [illegible]
【[illegible]】[illegible]
[illegible]··
[illegible]
[illegible]· 3 [illegible]··[illegible]

[illegible]· [illegible] 1
[illegible]·· [illegible] 1
[illegible] 24 [illegible]··[illegible]
1 [illegible]·[illegible]
[illegible]·[illegible] 2 [illegible]·
[illegible]·[illegible]
[illegible]·[illegible]
[illegible]·[illegible]
[illegible]·[illegible]
[illegible]·
[illegible]·[illegible]
[illegible]··[illegible]··[illegible]
[illegible]
[illegible]·[illegible]·· [illegible] 201 [illegible]
[illegible]··[illegible]
[illegible]·[illegible]
[illegible]··[illegible]·[illegible]
[illegible] 21 [illegible]·[illegible] 2 [illegible]··[illegible]
[illegible] ([illegible] 4 [illegible])·[illegible]
[illegible]··[illegible] 5 [illegible]·[illegible] 9
[illegible]· 23 [illegible]··[illegible] 21·[illegible] 2
[illegible]··[illegible] H [illegible]·[illegible]
[illegible]·· 250 [illegible]·[illegible] 180 [illegible]
5800 [illegible]· 2009 [illegible] 6 [illegible]
[illegible] 56000 [illegible]·[illegible] 15000 [illegible]·[illegible]
[illegible]·[illegible]

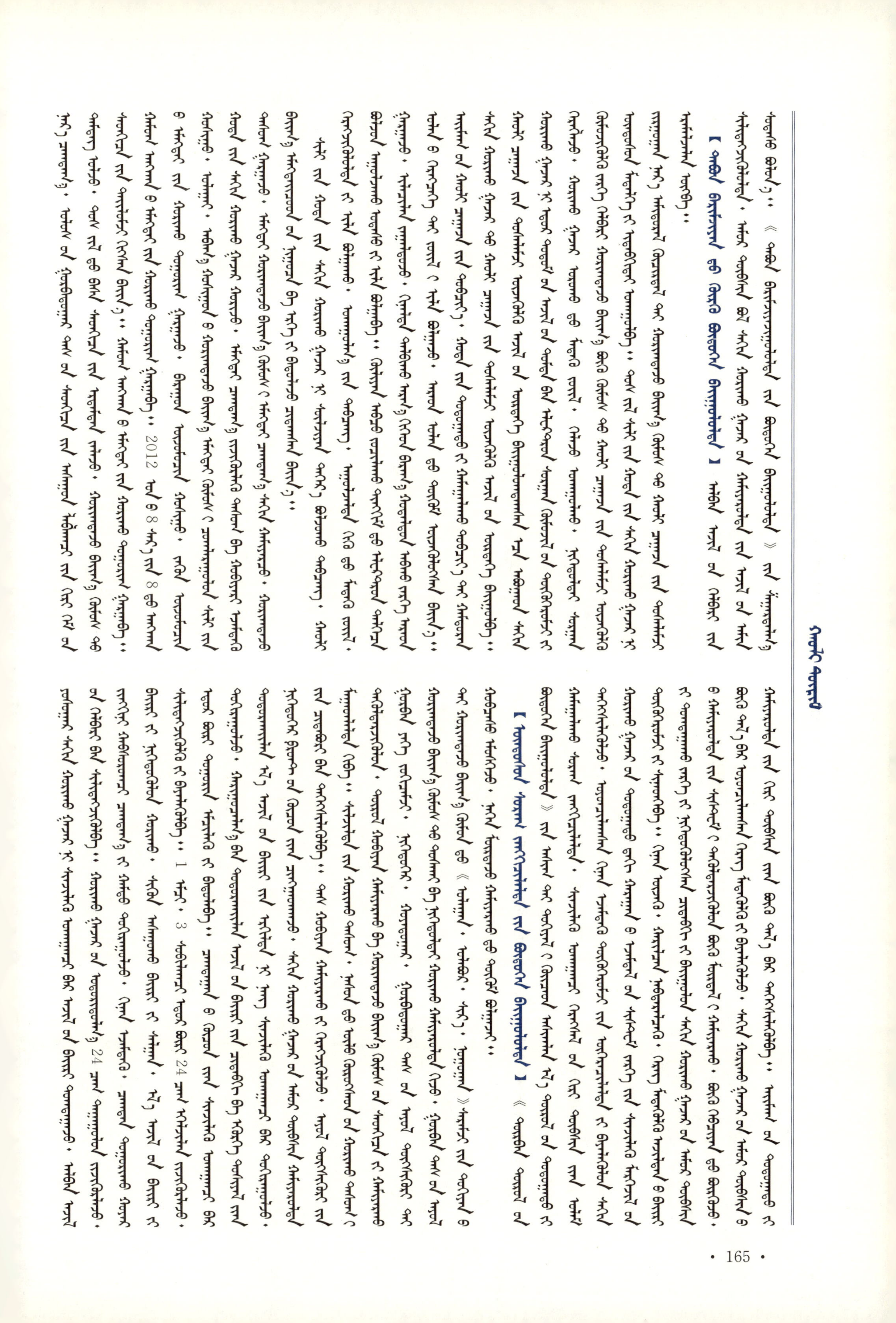

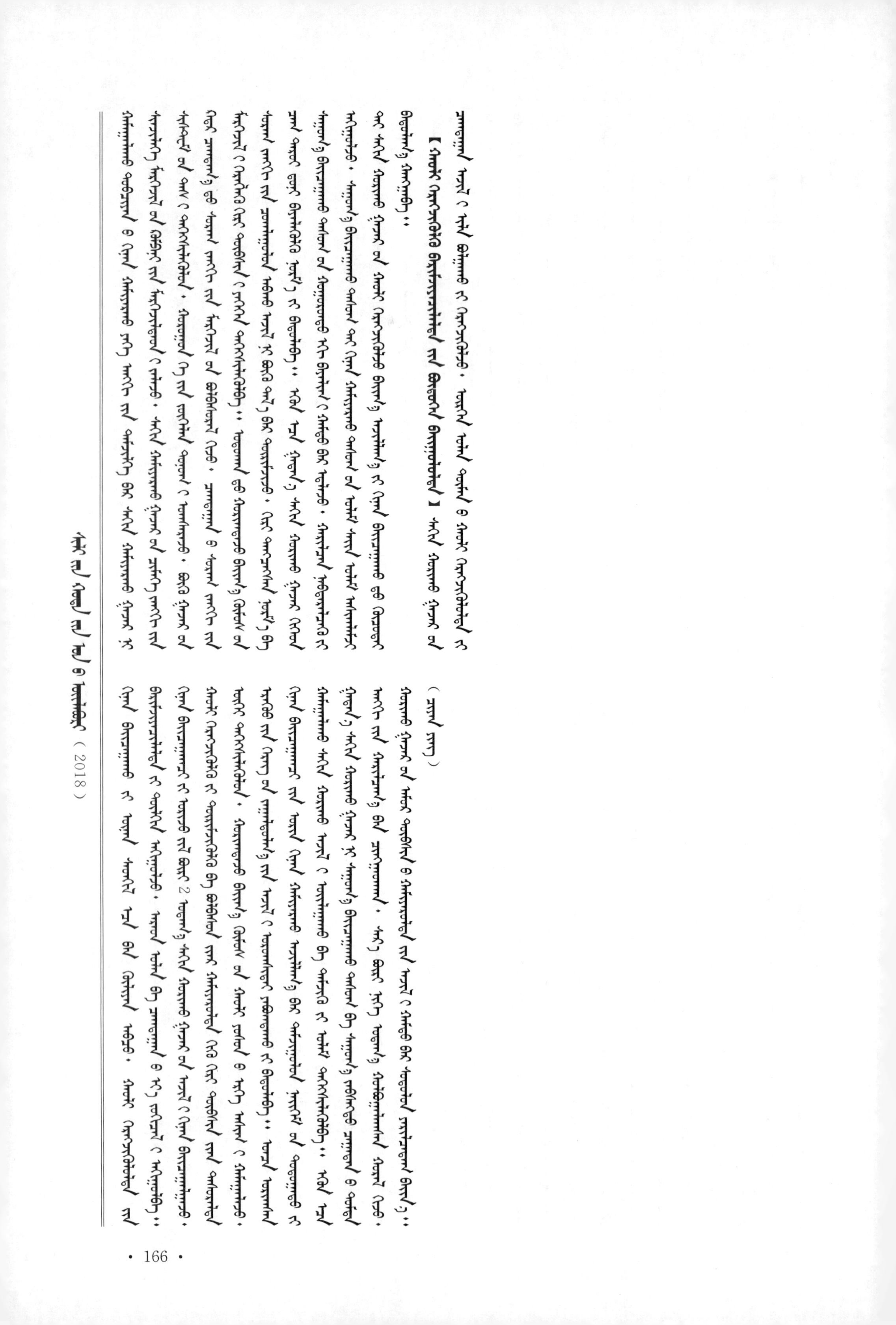

[illegible]

[illegible]

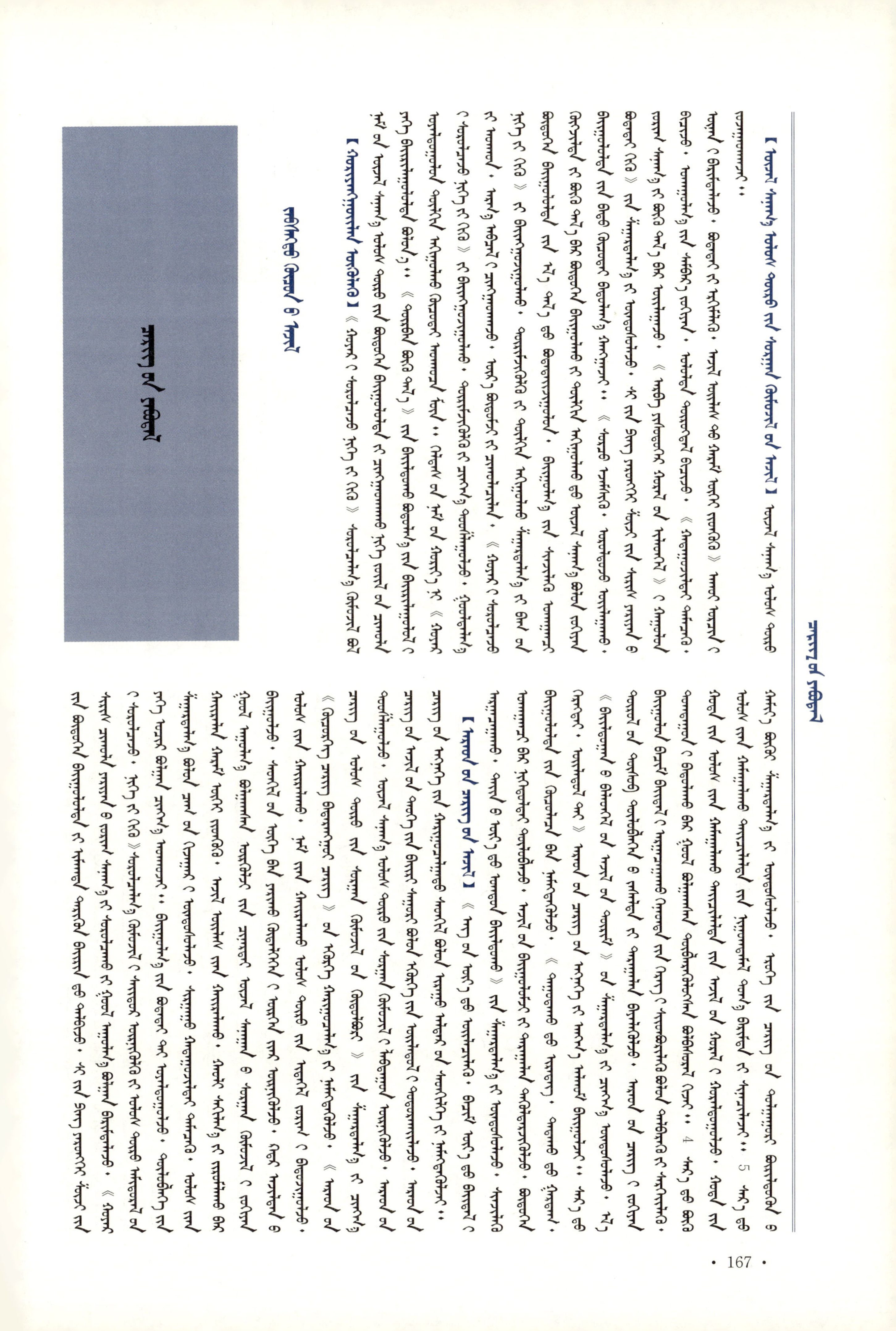

[illegible]

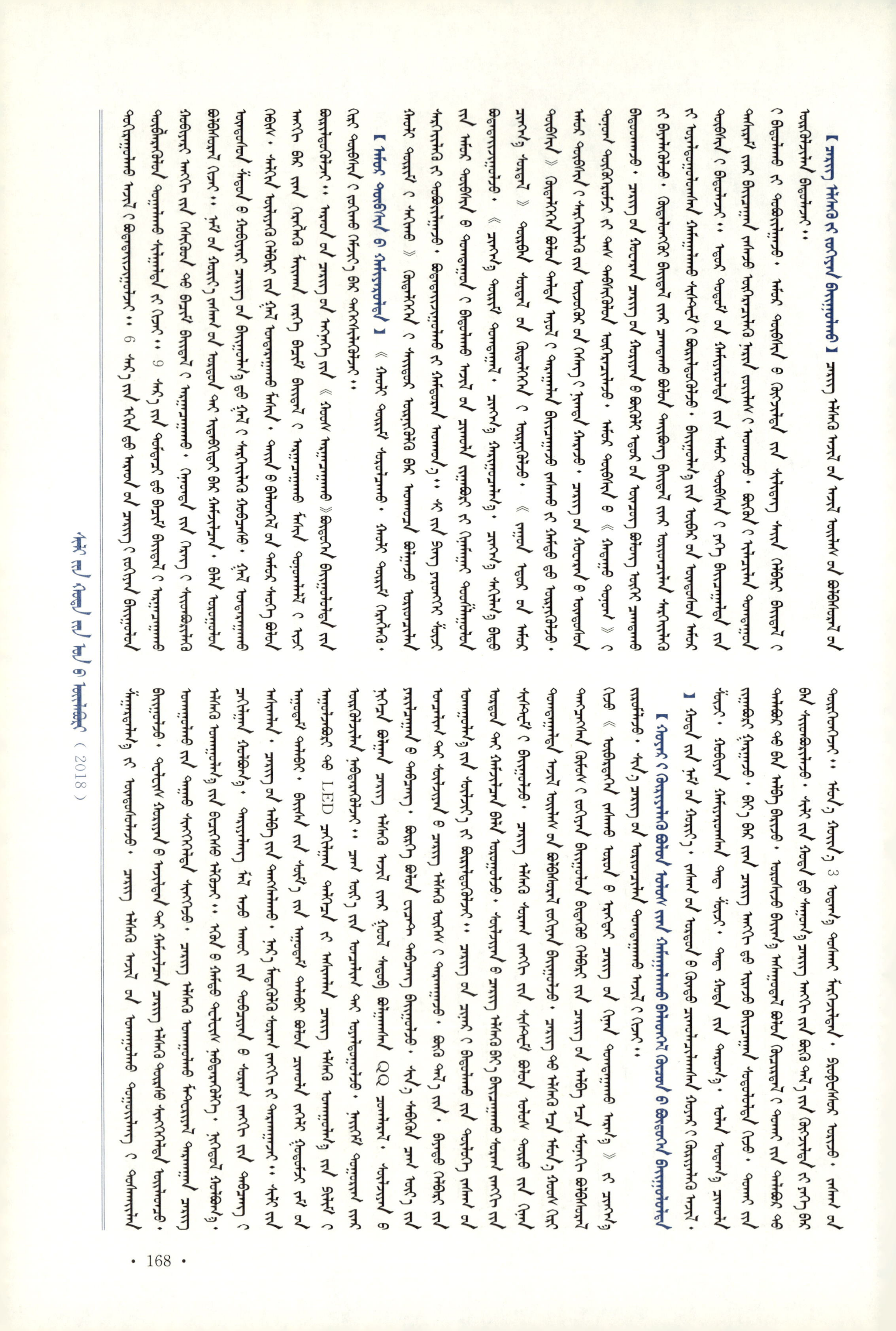

3

QQ

LED

9

6

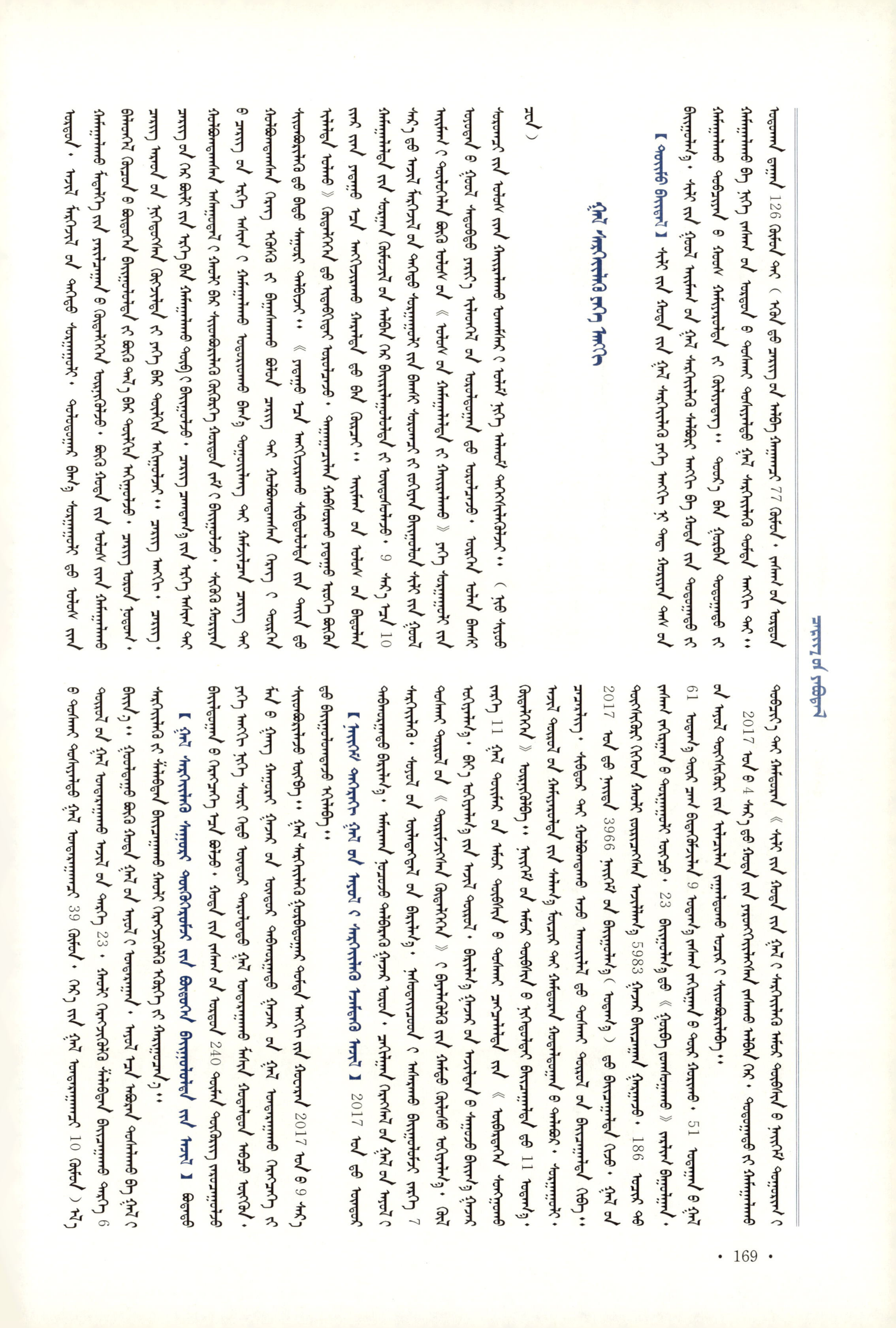

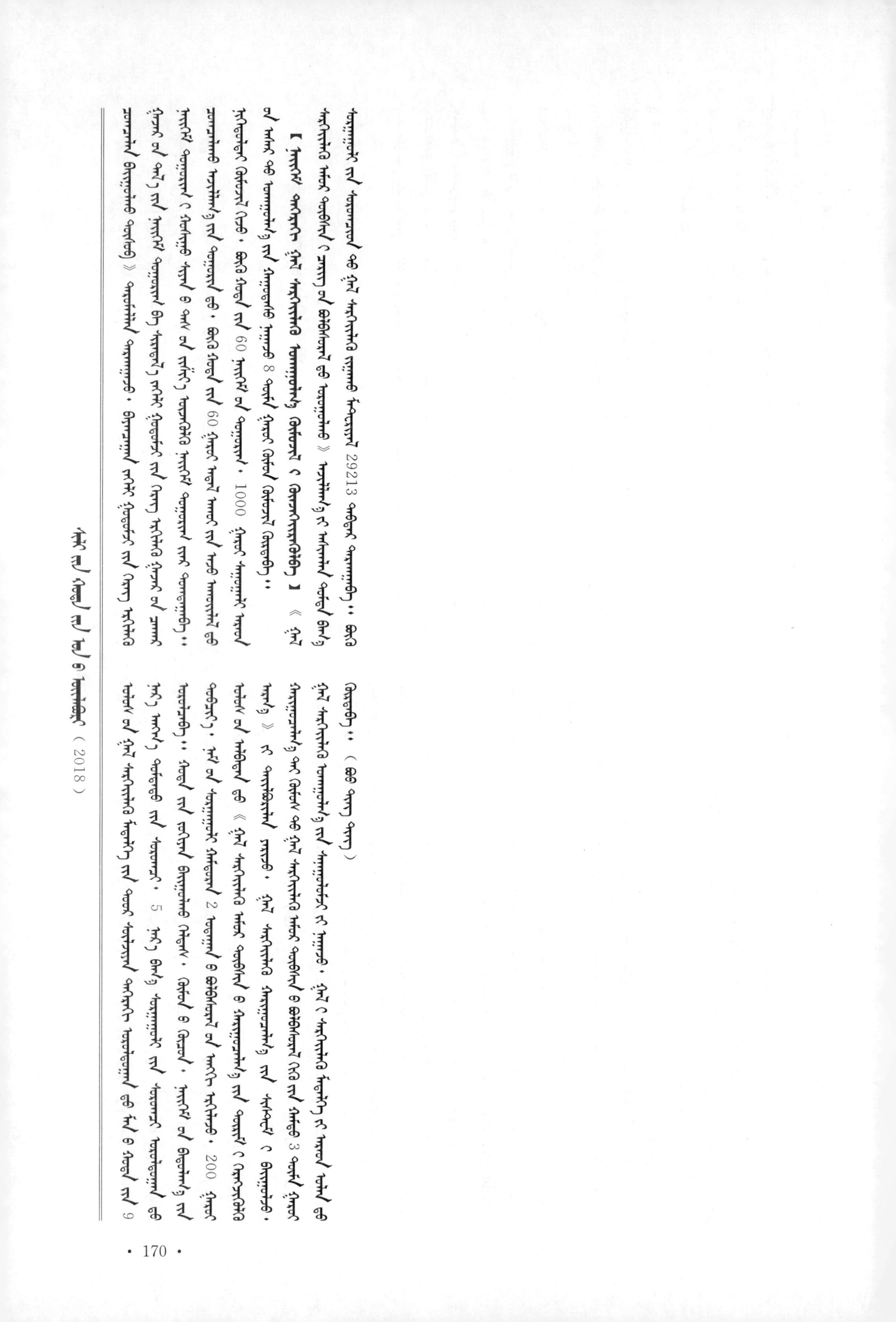

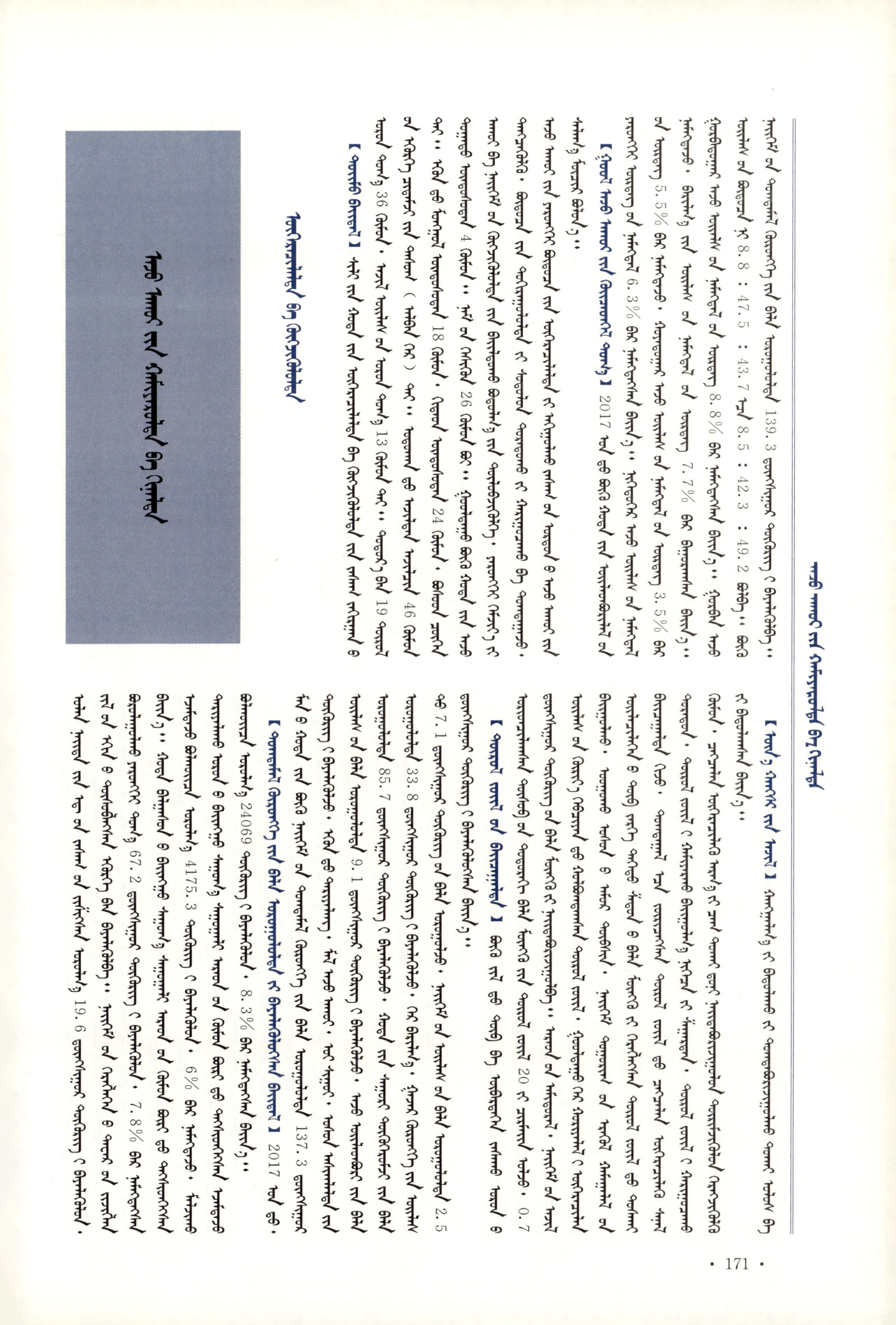

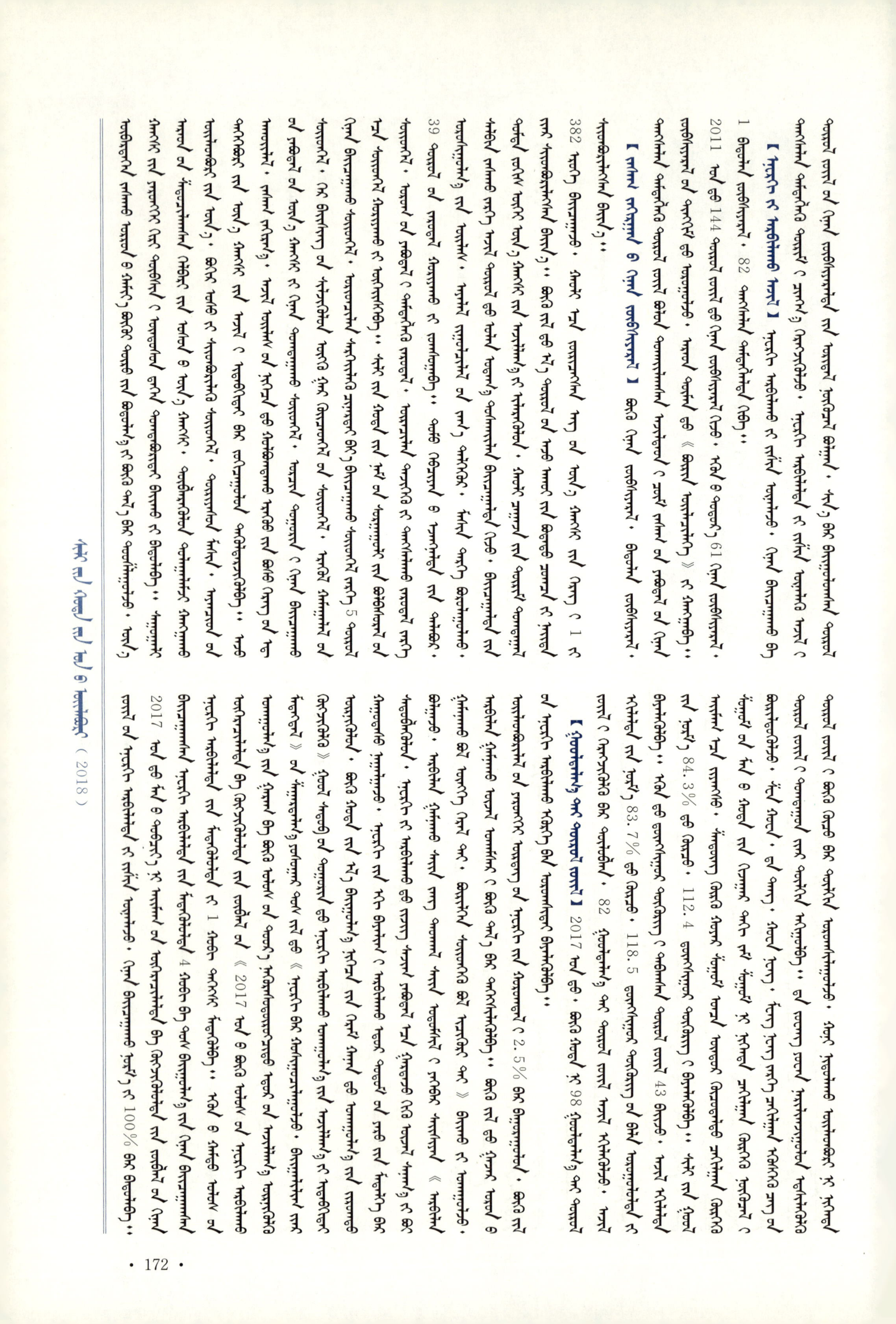

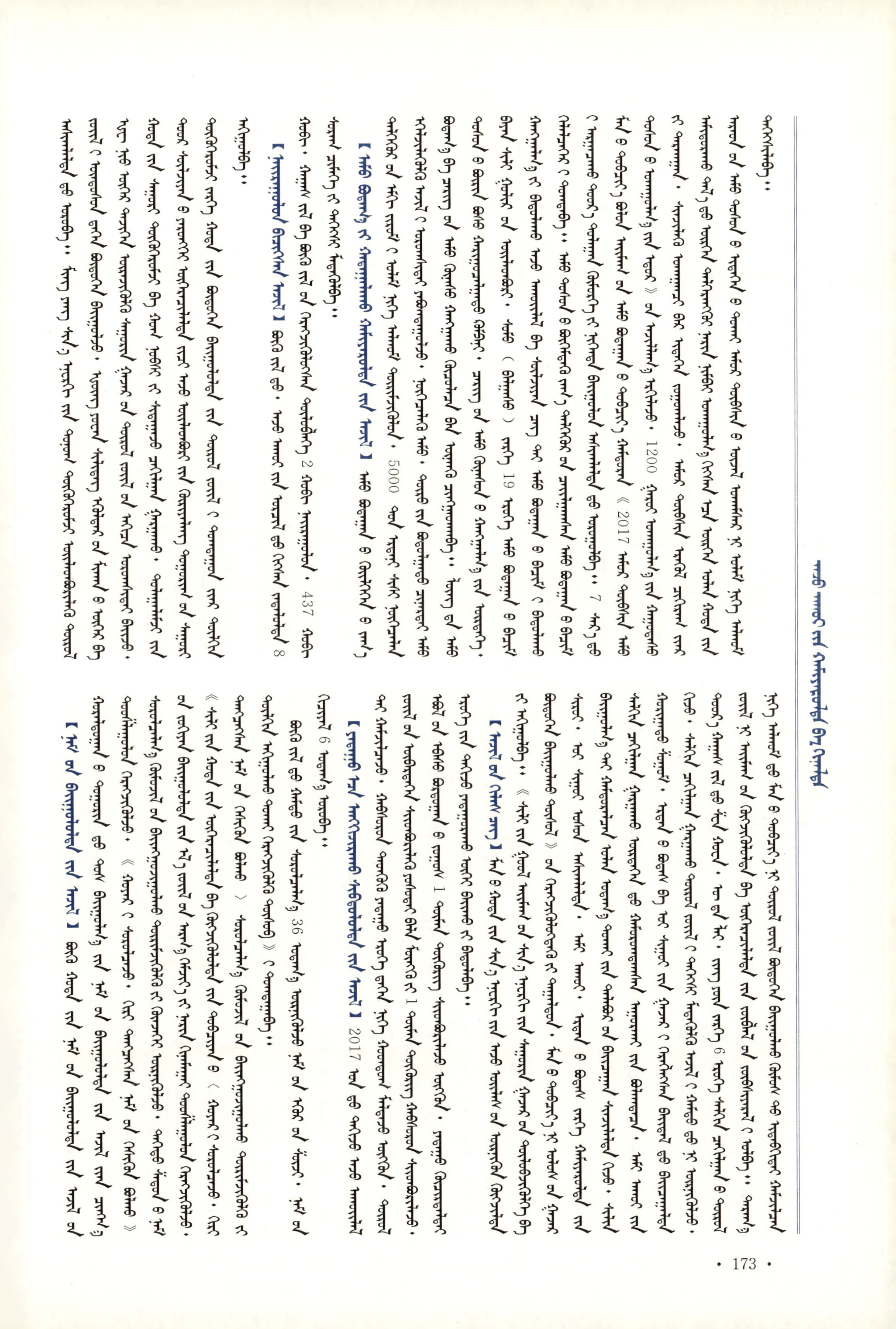

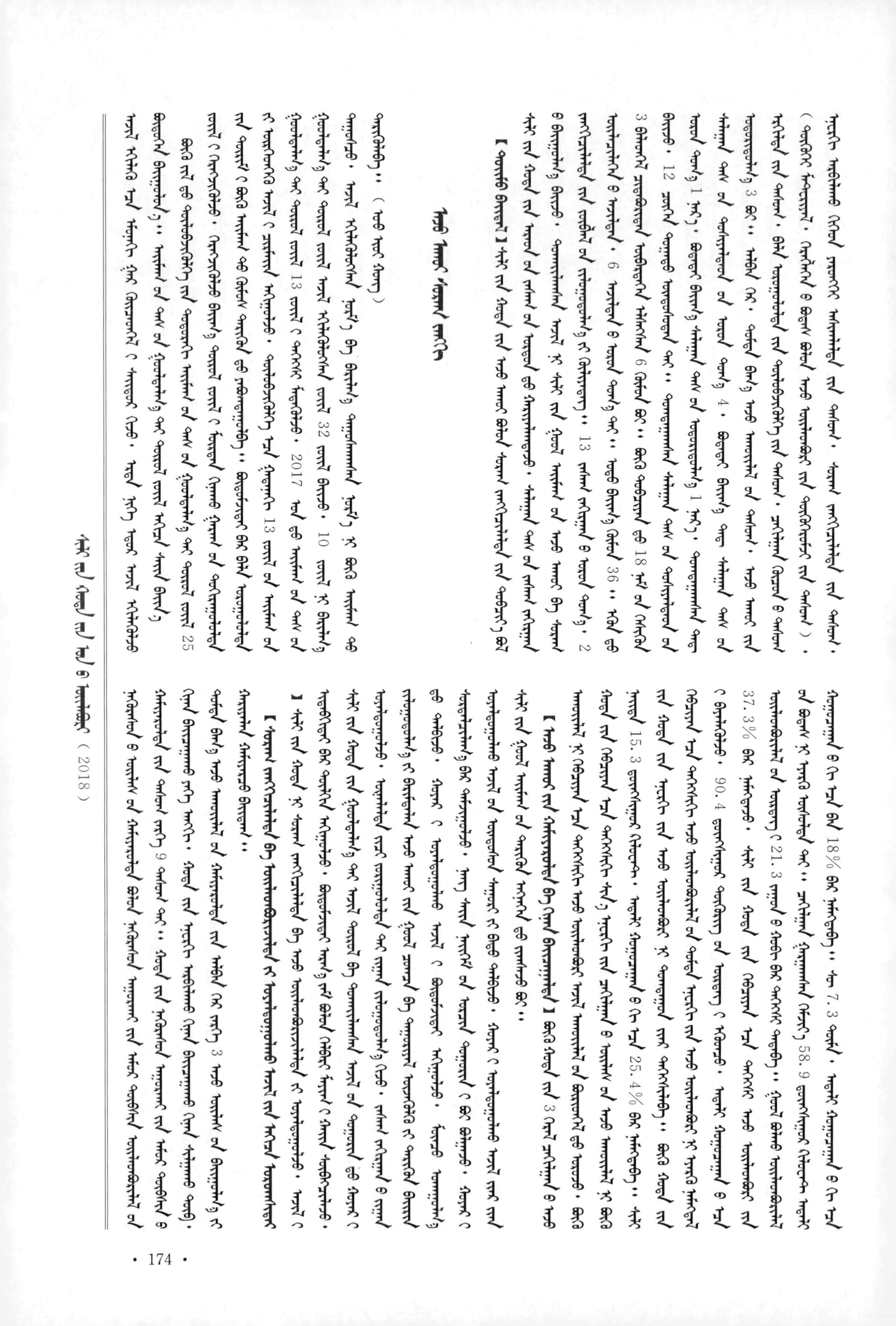

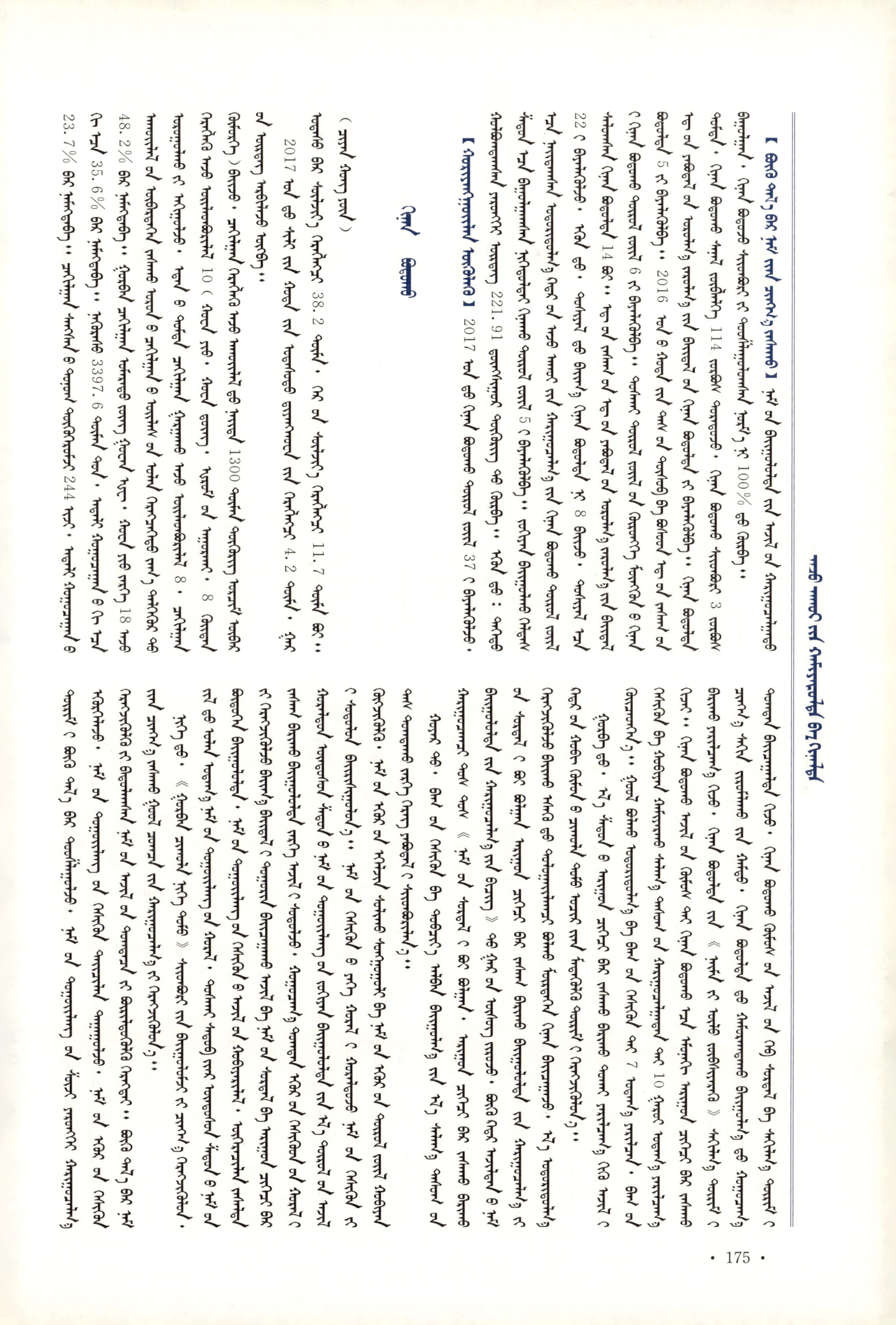

ᠬᠤᠪᠢᠶᠠᠷ ᠨᠡᠮᠡᠭᠳᠡᠪᠡ 26.4 ᠬᠤᠪᠢᠶᠠᠷ ᠥᠰᠦᠭᠰᠡᠨ ᠂ ᠤᠨ ᠰᠠᠯᠠᠭᠠᠯᠠᠯ ᠨᠡᠮᠡᠭᠳᠡᠪᠡ 7.6 ᠬᠤᠪᠢᠶᠠᠷ ᠥᠰᠦᠭᠰᠡᠨ ᠂ ᠤᠨ ᠰᠠᠯᠠᠭᠠᠯᠠᠯ ᠤᠨ ᠬᠡᠮᠵᠢᠶ᠎ᠡ ᠳᠦ ᠡᠵᠡᠯᠡᠬᠦ ᠬᠤᠪᠢ 95 ᠬᠤᠪᠢ ᠳᠦ ᠬᠦᠷᠴᠡ ᠂ ᠮᠠᠯ ᠤᠨ ᠡᠮᠴᠢ ᠶᠢᠨ ᠠᠵᠢᠯ ᠬᠡᠷᠡᠭ ...

2017 ᠣᠨ ᠳᠤ 11 ᠰᠠᠷ᠎ᠠ ᠶᠢᠨ 23 ᠤ ᠡᠳᠦᠷ ... 2017 ᠣᠨ ... 16 ... 11 ᠰᠠᠷ᠎ᠠ ᠶᠢᠨ 15 ᠤ ᠡᠳᠦᠷ ...

... 15 ...

【ᠮᠠᠯ ᠤᠨ ᠡᠮᠴᠢ ᠶᠢᠨ ᠦᠢᠯᠡᠴᠢᠯᠡᠭᠡ ᠶᠢ ᠰᠠᠢᠵᠢᠷᠠᠭᠤᠯᠬᠤ】 2017 ᠣᠨ ᠳᠤ ... 6000 ... 10 ... 2 ... 34 ...

【ᠮᠠᠯ ᠤᠨ ᠪᠦᠲᠦᠭᠡᠭᠳᠡᠬᠦᠨ ᠦ ᠴᠢᠨᠠᠷ ᠢ ᠳᠡᠭᠡᠭᠰᠢᠯᠡᠭᠦᠯᠬᠦ】 ...

... ᠬᠤᠪᠢᠶᠠᠷ 3647.98 ... 857.01 ... 22 ...

【ᠮᠠᠯ ᠤᠨ ᠡᠮᠴᠢ ᠶᠢᠨ ᠠᠵᠢᠯ】 ... 1.94 ... 0.16 ... 2.1 ... 27 ... 66 ... 4.05 ...

ᠡᠮᠨᠡᠯᠭᠡ ᠶᠢᠨ 《 ... 》 ... 《 ... 》 ...

... 11.49 ... 5408 ... 28.4% ...

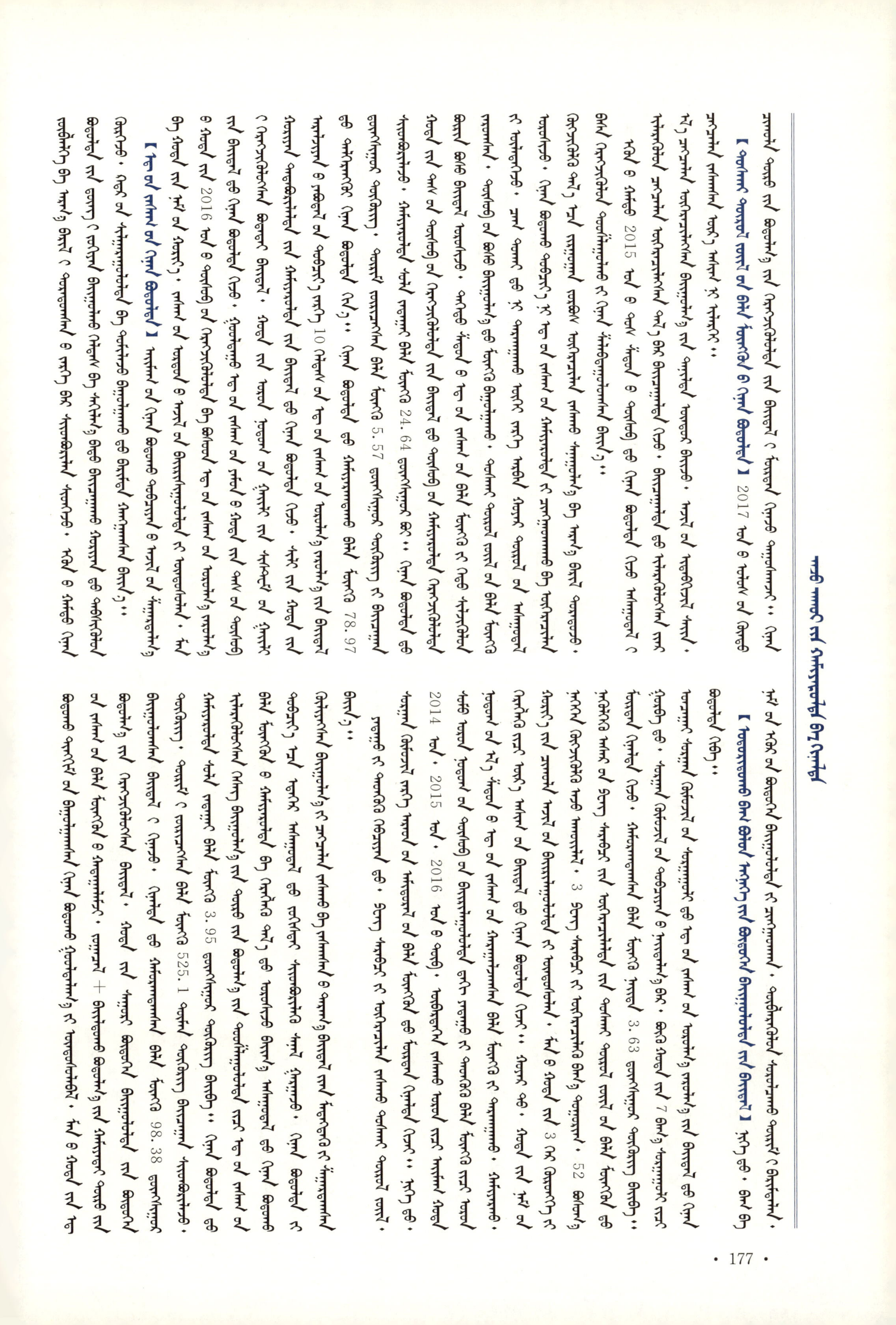

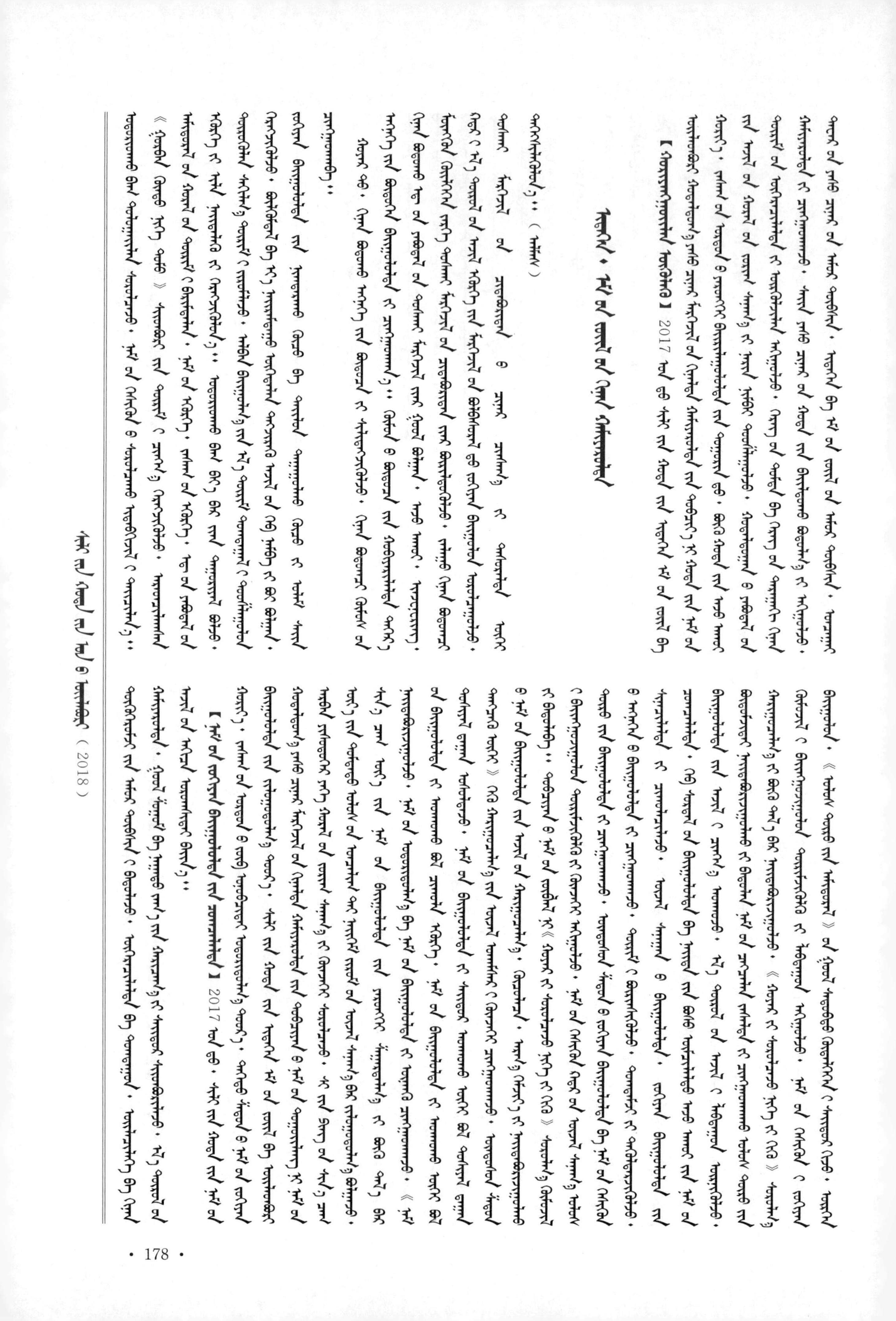

[illegible]

【[illegible]】 2017 [illegible]

[illegible]

[illegible]

【[illegible]】 2017 [illegible]

[illegible]

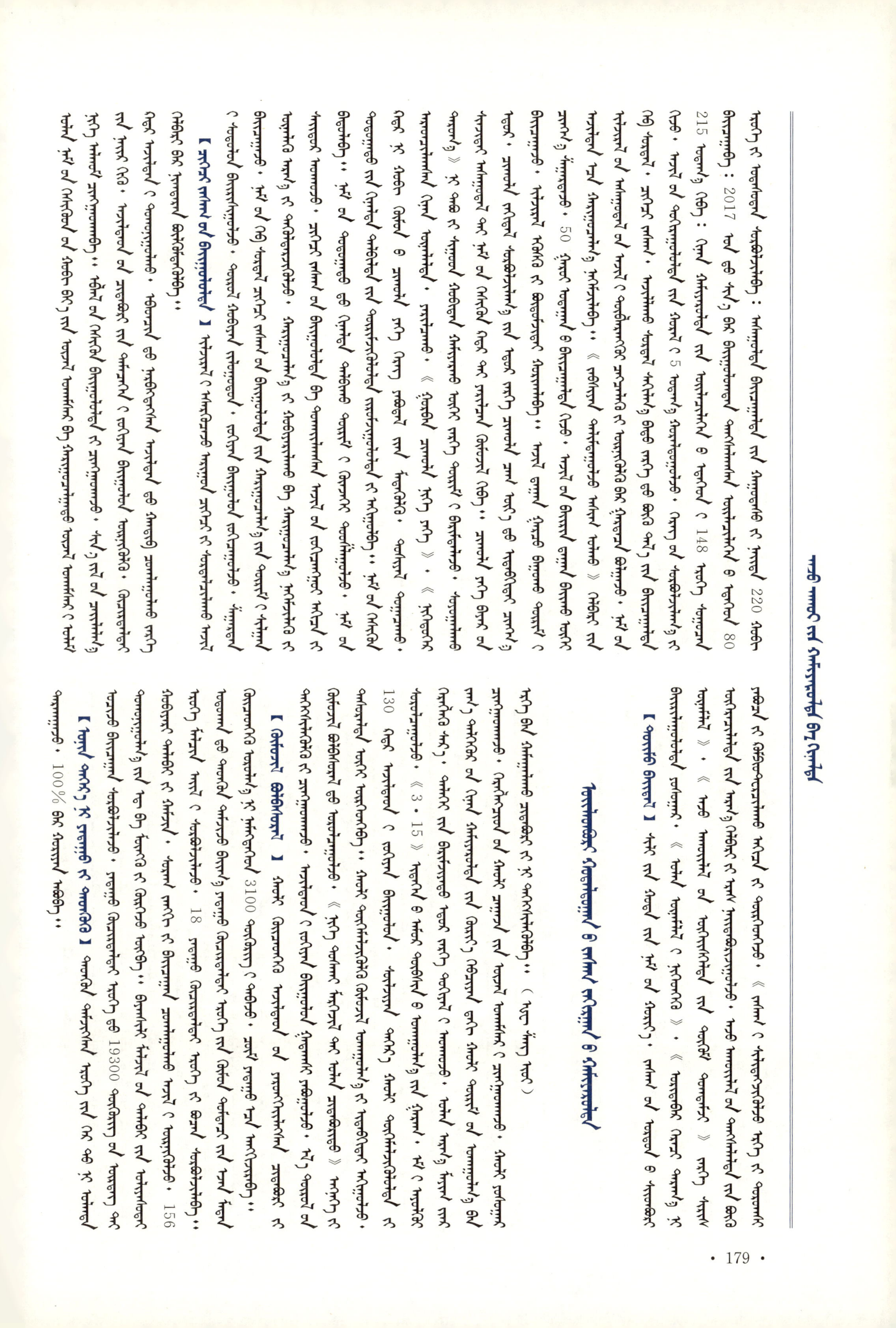

[illegible] 220 [illegible] 2017 [illegible] 80 [illegible] 215 [illegible] 148 [illegible] 5 [illegible] 《[illegible]》 [illegible] 50 [illegible] 《[illegible]》 《[illegible]》 [illegible]

【[illegible]】 [illegible]

[illegible]

【[illegible]】 [illegible] 《[illegible]》 《[illegible]》 《[illegible]》 《[illegible]》 [illegible]

[illegible]

[illegible] ([illegible])

[illegible] 《 3 · 15 》 [illegible] 130 [illegible] 《[illegible]》 [illegible]

【[illegible]】 [illegible] 3100 [illegible] 18 [illegible] 156 [illegible] 19300 [illegible]

【[illegible]】 [illegible] 100% [illegible]

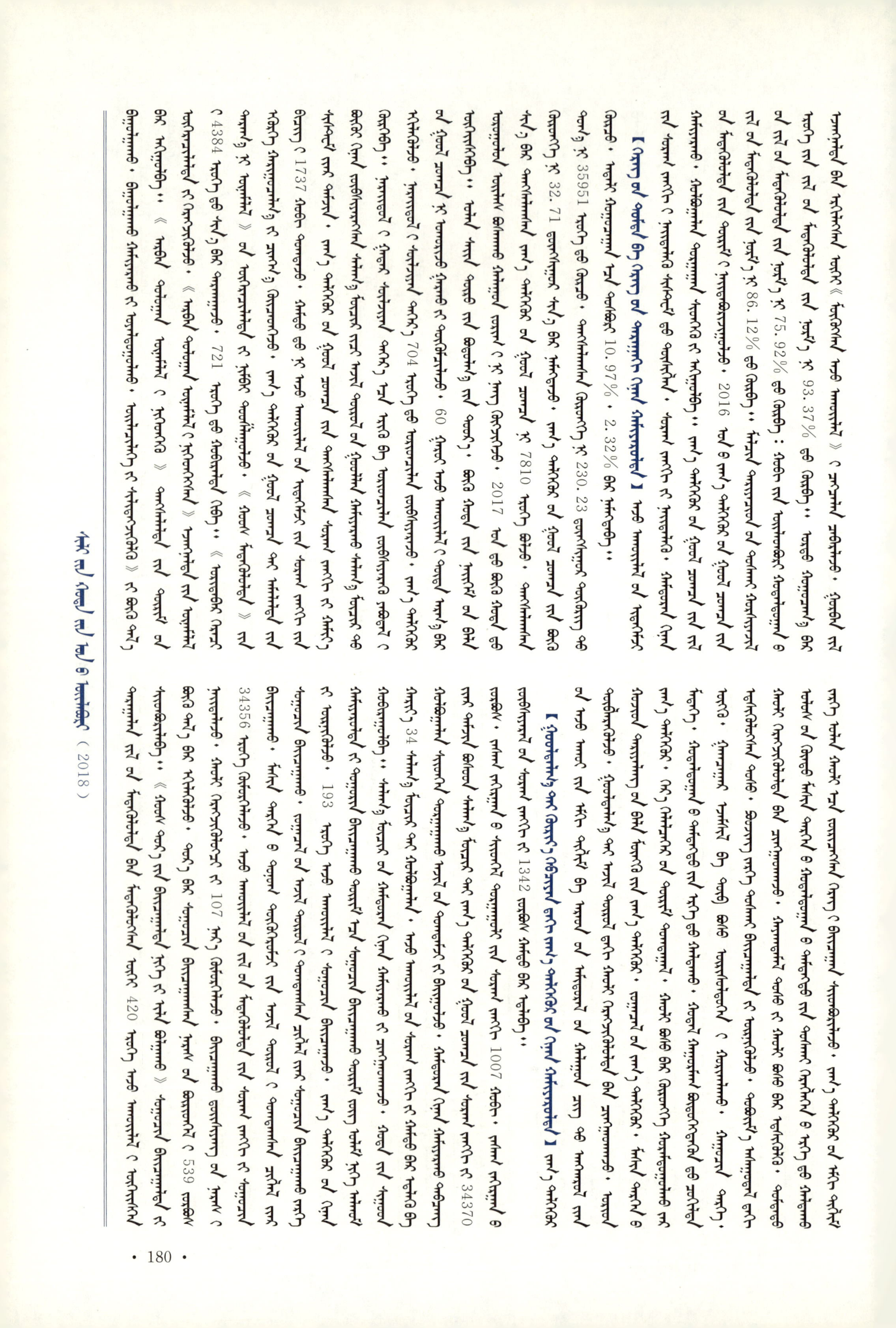

[illegible] 《[illegible]》 [illegible] 93.37% [illegible] 75.92% [illegible] 86.12% [illegible] 2016 [illegible]

【[illegible]】 [illegible] 10.97%, 2.32% [illegible]

[illegible] 35951 [illegible] 230.23 [illegible] 32.71 [illegible] 7810 [illegible] 2017 [illegible] 60 [illegible] 704 [illegible] 1737 [illegible] 》 [illegible] 《[illegible]》 [illegible] 4384 [illegible] 721 [illegible] 《[illegible]》 [illegible] 《[illegible]》 [illegible] 《[illegible]》 [illegible] 《[illegible]》 [illegible]

[illegible]

【[illegible]】 [illegible] 1342 [illegible]

[illegible] 1007 [illegible] 34370 [illegible] 34 [illegible] 193 [illegible] 34356 [illegible] 107 [illegible] 539 [illegible] 《[illegible]》 [illegible] 420 [illegible]

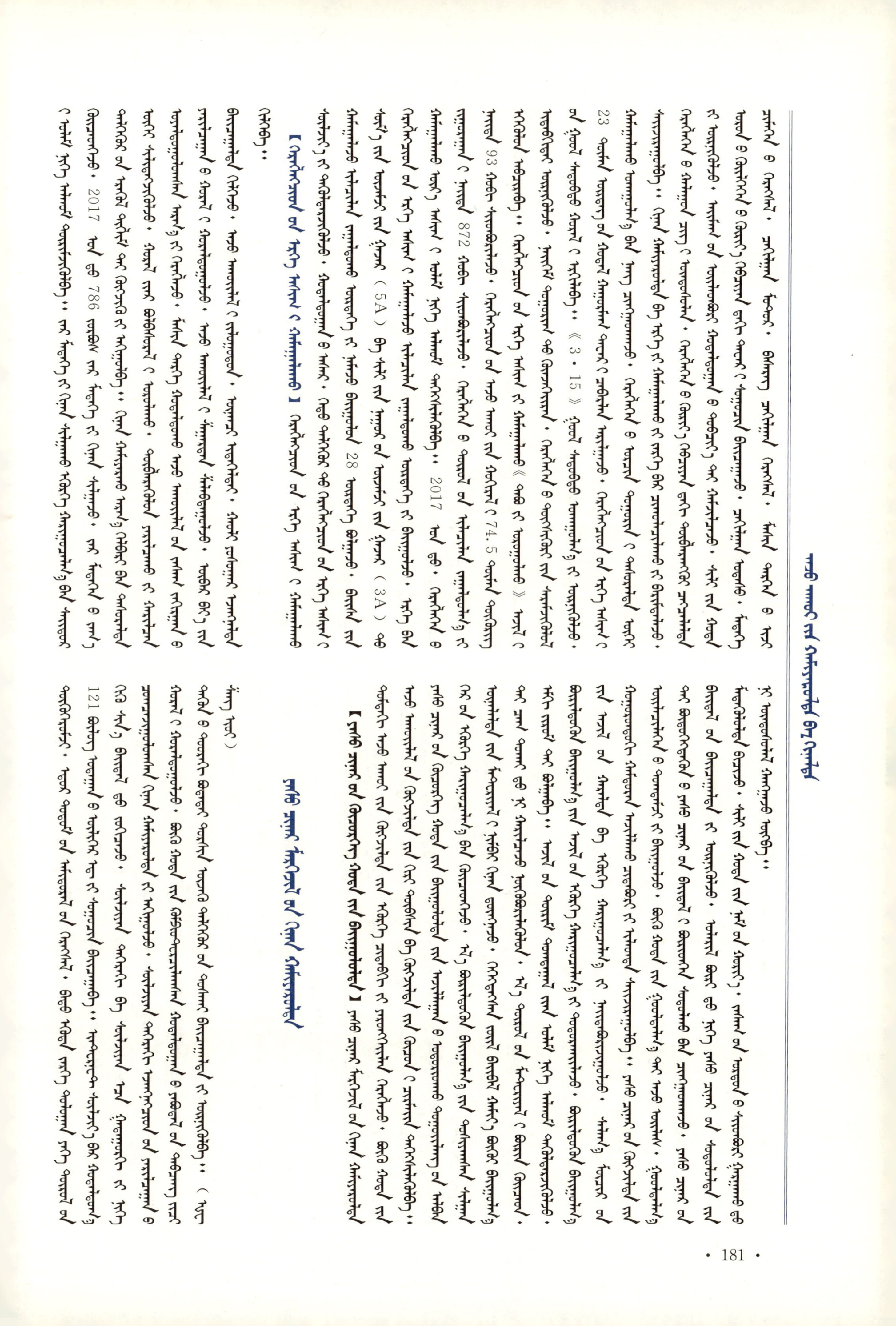

【ᠬᠠᠮᠲᠤ ᠠᠵᠢᠯᠯᠠᠬᠤ ᠶᠢᠨ ᠪᠦᠲᠦᠭᠡᠯᠲᠡ】 ᠬᠣᠲᠠ ᠬᠣᠰᠢᠭᠤ ᠳᠤ ᠪᠠᠢᠭᠤᠯᠤᠭᠳᠠᠭᠰᠠᠨ ᠤ ᠬᠠᠮᠲᠤ ᠠᠵᠢᠯᠯᠠᠵᠤ᠂ ᠬᠣᠲᠠ ᠬᠣᠰᠢᠭᠤ ᠶᠢᠨ ᠰᠤᠷᠭᠠᠭᠤᠯᠢ ᠶᠢᠨ ᠨᠢᠭᠡᠳᠦᠯ ᠦᠨ ᠬᠡᠮᠵᠢᠶ᠎ᠡ ᠶᠢ ᠠᠬᠢᠴᠠᠭᠤᠯᠵᠤ᠂ 30 ᠬᠣᠲᠠ ᠬᠣᠰᠢᠭᠤ ᠳᠤ ᠬᠦᠷᠭᠡᠭᠰᠡᠨ᠂ ᠬᠣᠲᠠ ᠬᠣᠰᠢᠭᠤ ᠶᠢᠨ 70 ᠭᠠᠷᠤᠢ ᠪᠠᠢᠭᠤᠯᠤᠯᠭ᠎ᠠ ᠶᠢᠨ ᠠᠵᠢᠯ ᠢ ᠬᠠᠮᠲᠤ ᠳᠤ ᠠᠵᠢᠯᠯᠠᠵᠤ᠂ ᠬᠣᠲᠠ ᠬᠣᠰᠢᠭᠤ ᠶᠢᠨ ᠰᠤᠷᠭᠠᠭᠤᠯᠢ ᠶᠢᠨ ᠨᠢᠭᠡᠳᠦᠯ ᠦᠨ ᠠᠵᠢᠯ ᠢ ᠪᠡᠬᠡᠵᠢᠭᠦᠯᠦᠨ᠂ ᠬᠣᠲᠠ ᠬᠣᠰᠢᠭᠤ ᠳᠤ ᠪᠠᠢᠭᠤᠯᠤᠯᠭ᠎ᠠ ᠶᠢᠨ ᠬᠡᠮᠵᠢᠶ᠎ᠡ ᠳᠦ ᠬᠦᠷᠴᠡᠢ᠃ ᠬᠣᠲᠠ ᠬᠣᠰᠢᠭᠤ ᠶᠢᠨ ᠰᠤᠷᠭᠠᠭᠤᠯᠢ ᠶᠢᠨ ᠠᠵᠢᠯ ᠢ ᠬᠠᠮᠲᠤ ᠳᠤ ᠬᠦᠷᠭᠡᠵᠦ᠂ ᠬᠣᠲᠠ ᠬᠣᠰᠢᠭᠤ ᠳᠤ ᠬᠦᠷᠴᠡᠢ᠃ ᠲᠡᠭᠦᠨ ᠦ ᠬᠣᠲᠠ ᠬᠣᠰᠢᠭᠤ ᠶᠢᠨ ᠪᠠᠢᠭᠤᠯᠤᠯᠭ᠎ᠠ ᠶᠢᠨ ᠠᠵᠢᠯ ᠢ ᠬᠣᠲᠠ ᠬᠣᠰᠢᠭᠤ ᠳᠤ ᠬᠦᠷᠭᠡᠵᠦ᠂ ᠬᠣᠲᠠ ᠬᠣᠰᠢᠭᠤ ᠶᠢᠨ 2 ᠬᠤᠷᠠᠯ ᠬᠢᠵᠦ᠂ ᠬᠣᠲᠠ ᠬᠣᠰᠢᠭᠤ ᠪᠠᠨ 4 ᠬᠤᠷᠠᠯ ᠬᠢᠵᠦ ᠪᠠᠢᠭᠤᠯᠤᠯᠭ᠎ᠠ ᠶᠢᠨ ᠠᠵᠢᠯ ᠢ ᠬᠣᠲᠠ ᠬᠣᠰᠢᠭᠤ ᠳᠤ 2017 ᠣᠨ ᠤ ᠬᠣᠲᠠ ᠬᠣᠰᠢᠭᠤ ᠶᠢᠨ ᠰᠤᠷᠭᠠᠭᠤᠯᠢ ᠶᠢᠨ ᠨᠢᠭᠡᠳᠦᠯ ᠦᠨ ᠬᠡᠮᠵᠢᠶ᠎ᠡ᠂ 3 ᠬᠤᠷᠠᠯ ᠬᠣᠲᠠ ᠬᠣᠰᠢᠭᠤ ᠳᠤ ᠪᠠᠢᠭᠤᠯᠤᠯᠭ᠎ᠠ ᠶᠢᠨ ᠠᠵᠢᠯ ᠢ ᠬᠣᠲᠠ ᠬᠣᠰᠢᠭᠤ ᠳᠤ᠂ ᠨᠡᠢᠲᠡ ᠳᠦ 1 ᠬᠤᠷᠠᠯ ᠬᠣᠲᠠ ᠬᠣᠰᠢᠭᠤ ᠳᠤ ᠪᠠᠢᠭᠤᠯᠤᠯᠭ᠎ᠠ ᠶᠢᠨ ᠠᠵᠢᠯ᠂ 3 ᠬᠣᠲᠠ ᠬᠣᠰᠢᠭᠤ ᠶᠢᠨ ᠰᠤᠷᠭᠠᠭᠤᠯᠢ ᠶᠢᠨ ᠠᠵᠢᠯ ᠢ ᠬᠣᠲᠠ ᠬᠣᠰᠢᠭᠤ ᠳᠤ ᠪᠡᠬᠡᠵᠢᠭᠦᠯᠦᠨ᠂ 《2017—2020 ᠣᠨ ᠤ ᠬᠣᠲᠠ ᠬᠣᠰᠢᠭᠤ ᠶᠢᠨ ᠰᠤᠷᠭᠠᠭᠤᠯᠢ ᠶᠢᠨ ᠨᠢᠭᠡᠳᠦᠯ ᠦᠨ ᠬᠡᠮᠵᠢᠶ᠎ᠡ》 ᠶᠢ ᠪᠠᠲᠤᠯᠠᠵᠤ᠂ ᠬᠣᠲᠠ ᠬᠣᠰᠢᠭᠤ ᠶᠢᠨ ᠰᠤᠷᠭᠠᠭᠤᠯᠢ ᠶᠢᠨ ᠠᠵᠢᠯ ᠢ ᠬᠠᠮᠲᠤ ᠳᠤ ᠪᠠᠲᠤᠯᠠᠭᠤᠯᠪᠠ᠃

【ᠪᠠᠢᠭᠤᠯᠤᠯᠭ᠎ᠠ ᠶᠢᠨ ᠠᠵᠢᠯ ᠢ ᠬᠣᠲᠠ ᠬᠣᠰᠢᠭᠤ ᠳᠤ ᠪᠡᠬᠡᠵᠢᠭᠦᠯᠬᠦ】 2016 ᠣᠨ ᠤ ᠬᠣᠲᠠ ᠬᠣᠰᠢᠭᠤ ᠶᠢᠨ ᠰᠤᠷᠭᠠᠭᠤᠯᠢ ᠶᠢᠨ ᠬᠡᠮᠵᠢᠶ᠎ᠡ ᠳᠦ ᠬᠦᠷᠴᠡᠢ᠃ ᠬᠣᠲᠠ ᠬᠣᠰᠢᠭᠤ ᠶᠢᠨ ᠰᠤᠷᠭᠠᠭᠤᠯᠢ ᠶᠢᠨ ᠠᠵᠢᠯ ᠢ ᠬᠠᠮᠲᠤ ᠳᠤ ᠪᠡᠬᠡᠵᠢᠭᠦᠯᠦᠨ᠂ ᠬᠣᠲᠠ ᠬᠣᠰᠢᠭᠤ ᠶᠢᠨ 230 ᠭᠠᠷᠤᠢ ᠪᠠᠢᠭᠤᠯᠤᠯᠭ᠎ᠠ ᠶᠢᠨ ᠠᠵᠢᠯ ᠢ ᠬᠣᠲᠠ ᠬᠣᠰᠢᠭᠤ ᠳᠤ ᠬᠦᠷᠭᠡᠵᠦ᠂ ᠬᠣᠲᠠ ᠬᠣᠰᠢᠭᠤ ᠶᠢᠨ 3 ᠬᠣᠲᠠ ᠬᠣᠰᠢᠭᠤ ᠳᠤ ᠪᠠᠢᠭᠤᠯᠤᠯᠭ᠎ᠠ ᠶᠢᠨ ᠠᠵᠢᠯ ᠢ ᠬᠠᠮᠲᠤ ᠳᠤ ᠪᠡᠬᠡᠵᠢᠭᠦᠯᠵᠦ᠂ ᠬᠣᠲᠠ ᠬᠣᠰᠢᠭᠤ ᠶᠢᠨ ᠰᠤᠷᠭᠠᠭᠤᠯᠢ ᠶᠢᠨ ᠨᠢᠭᠡᠳᠦᠯ ᠦᠨ ᠬᠡᠮᠵᠢᠶ᠎ᠡ ᠳᠦ ᠬᠦᠷᠴᠡᠢ᠃ ᠬᠣᠲᠠ ᠬᠣᠰᠢᠭᠤ ᠶᠢᠨ ᠰᠤᠷᠭᠠᠭᠤᠯᠢ ᠶᠢᠨ ᠠᠵᠢᠯ ᠢ ᠬᠣᠲᠠ ᠬᠣᠰᠢᠭᠤ ᠳᠤ ᠬᠦᠷᠭᠡᠵᠦ᠂ ᠬᠣᠲᠠ ᠬᠣᠰᠢᠭᠤ ᠶᠢᠨ ᠪᠠᠢᠭᠤᠯᠤᠯᠭ᠎ᠠ ᠶᠢᠨ ᠠᠵᠢᠯ ᠢ ᠪᠡᠬᠡᠵᠢᠭᠦᠯᠪᠡ᠃

ᠨ ᠲᠤ 20 ᠬᠣᠪᠢᠷᠠᠭ᠎ᠠ ᠰᠠᠩ ᠪᠠᠢᠭᠤᠯᠵᠠᠢ᠃ ᠨᠡᠢᠲᠡ ᠳᠦ 2017 ᠣᠨ ᠤ ᠬᠣᠲᠠ ᠬᠣᠰᠢᠭᠤ ᠶᠢᠨ ᠰᠤᠷᠭᠠᠭᠤᠯᠢ ᠶᠢᠨ ᠨᠢᠭᠡᠳᠦᠯ ᠦᠨ ᠠᠵᠢᠯ ᠢ ᠬᠣᠲᠠ ᠬᠣᠰᠢᠭᠤ ᠳᠤ ᠬᠦᠷᠭᠡᠵᠦ᠂ ᠬᠣᠲᠠ ᠬᠣᠰᠢᠭᠤ ᠶᠢᠨ ᠰᠤᠷᠭᠠᠭᠤᠯᠢ ᠶᠢᠨ ᠠᠵᠢᠯ ᠢ ᠪᠡᠬᠡᠵᠢᠭᠦᠯᠪᠡ᠃

【ᠬᠣᠲᠠ ᠬᠣᠰᠢᠭᠤ ᠶᠢᠨ ᠰᠤᠷᠭᠠᠭᠤᠯᠢ ᠶᠢᠨ ᠪᠠᠢᠭᠤᠯᠤᠯᠭ᠎ᠠ】 ᠬᠣᠲᠠ ᠬᠣᠰᠢᠭᠤ ᠶᠢᠨ ᠰᠤᠷᠭᠠᠭᠤᠯᠢ ᠶᠢᠨ ᠨᠢᠭᠡᠳᠦᠯ 1775 ᠬᠦᠮᠦᠨ ᠳᠦ ᠬᠦᠷᠴᠡᠢ᠂ ᠬᠣᠲᠠ ᠬᠣᠰᠢᠭᠤ ᠶᠢᠨ 137 ᠬᠤᠷᠠᠯ ᠪᠠᠢᠭᠤᠯᠤᠭᠰᠠᠨ᠂ ᠬᠣᠲᠠ ᠬᠣᠰᠢᠭᠤ ᠶᠢᠨ 500 ᠭᠠᠷᠤᠢ ᠠᠵᠢᠯ ᠢ ᠪᠡᠬᠡᠵᠢᠭᠦᠯᠦᠭᠰᠡᠨ᠂ ᠬᠣᠲᠠ ᠬᠣᠰᠢᠭᠤ ᠶᠢᠨ ᠰᠤᠷᠭᠠᠭᠤᠯᠢ ᠶᠢᠨ 357 ᠬᠡᠰᠡᠭ᠂ 《ᠬᠣᠲᠠ ᠬᠣᠰᠢᠭᠤ ᠶᠢᠨ ᠰᠤᠷᠭᠠᠭᠤᠯᠢ ᠶᠢᠨ ᠨᠢᠭᠡᠳᠦᠯ ᠦᠨ ᠬᠡᠮᠵᠢᠶ᠎ᠡ》 ᠢ ᠬᠣᠲᠠ ᠬᠣᠰᠢᠭᠤ ᠳᠤ ᠬᠦᠷᠭᠡᠵᠦ᠂ 《ᠬᠣᠲᠠ ᠬᠣᠰᠢᠭᠤ ᠶᠢᠨ ᠰᠤᠷᠭᠠᠭᠤᠯᠢ ᠶᠢᠨ ᠨᠢᠭᠡᠳᠦᠯ ᠦᠨ ᠬᠡᠮᠵᠢᠶ᠎ᠡ》 (51 ᠬᠡᠰᠡᠭ᠂ 338 ᠬᠡᠰᠡᠭ) ᠢ ᠪᠡᠬᠡᠵᠢᠭᠦᠯᠪᠡ᠃ ᠨᠡᠢᠲᠡ ᠳᠦ 《ᠬᠣᠲᠠ ᠬᠣᠰᠢᠭᠤ ᠶᠢᠨ ᠰᠤᠷᠭᠠᠭᠤᠯᠢ ᠶᠢᠨ ᠨᠢᠭᠡᠳᠦᠯ ᠦᠨ ᠬᠡᠮᠵᠢᠶ᠎ᠡ》 206 ᠬᠡᠰᠡᠭ ᠢ ᠪᠡᠬᠡᠵᠢᠭᠦᠯᠦᠨ᠂ ᠬᠣᠲᠠ ᠬᠣᠰᠢᠭᠤ ᠶᠢᠨ 3 ᠬᠣᠲᠠ ᠬᠣᠰᠢᠭᠤ ᠳᠤ ᠪᠠᠢᠭᠤᠯᠤᠯᠭ᠎ᠠ ᠶᠢᠨ ᠠᠵᠢᠯ ᠢ ᠬᠠᠮᠲᠤ ᠳᠤ ᠪᠡᠬᠡᠵᠢᠭᠦᠯᠪᠡ᠃ ᠬᠣᠲᠠ ᠬᠣᠰᠢᠭᠤ ᠶᠢᠨ ᠰᠤᠷᠭᠠᠭᠤᠯᠢ ᠶᠢᠨ ᠠᠵᠢᠯ ᠢ ᠬᠣᠲᠠ ᠬᠣᠰᠢᠭᠤ ᠳᠤ ᠬᠦᠷᠭᠡᠵᠦ᠂ ᠬᠣᠲᠠ ᠬᠣᠰᠢᠭᠤ ᠶᠢᠨ ᠪᠠᠢᠭᠤᠯᠤᠯᠭ᠎ᠠ ᠶᠢᠨ ᠠᠵᠢᠯ ᠢ ᠪᠡᠬᠡᠵᠢᠭᠦᠯᠦᠨ ᠬᠦᠷᠴᠡᠢ᠃

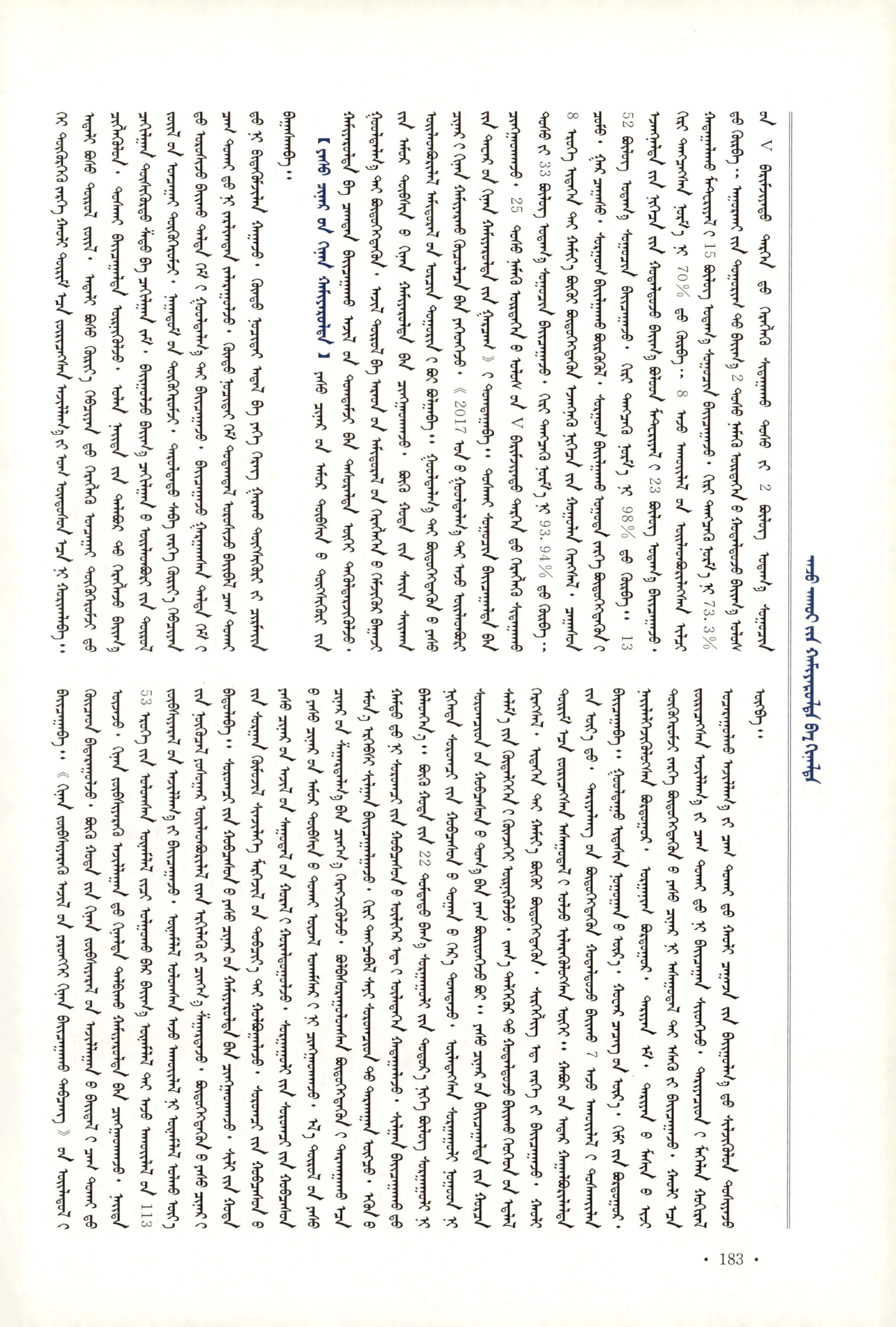

[illegible]

[illegible]

[illegible]

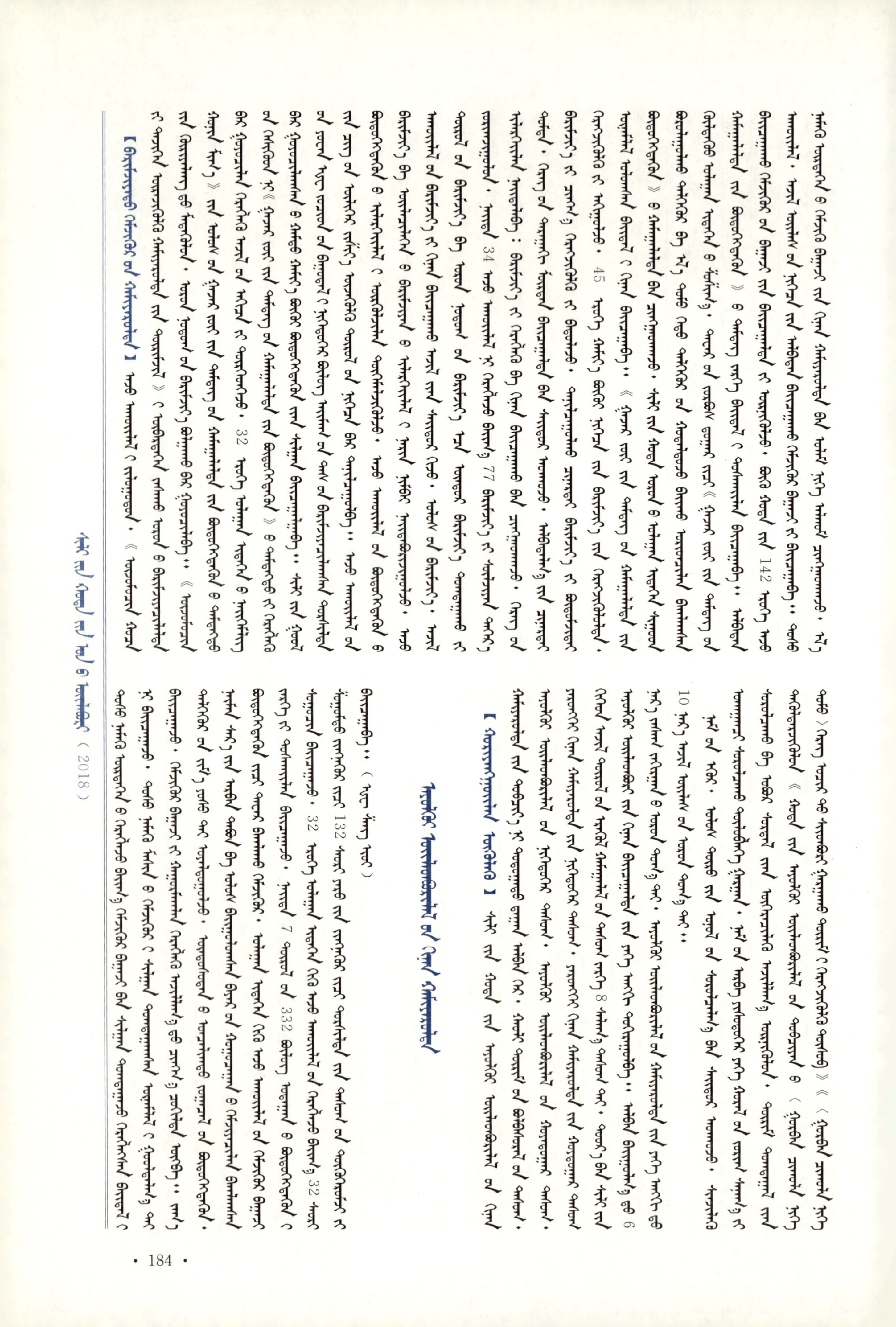

[illegible]

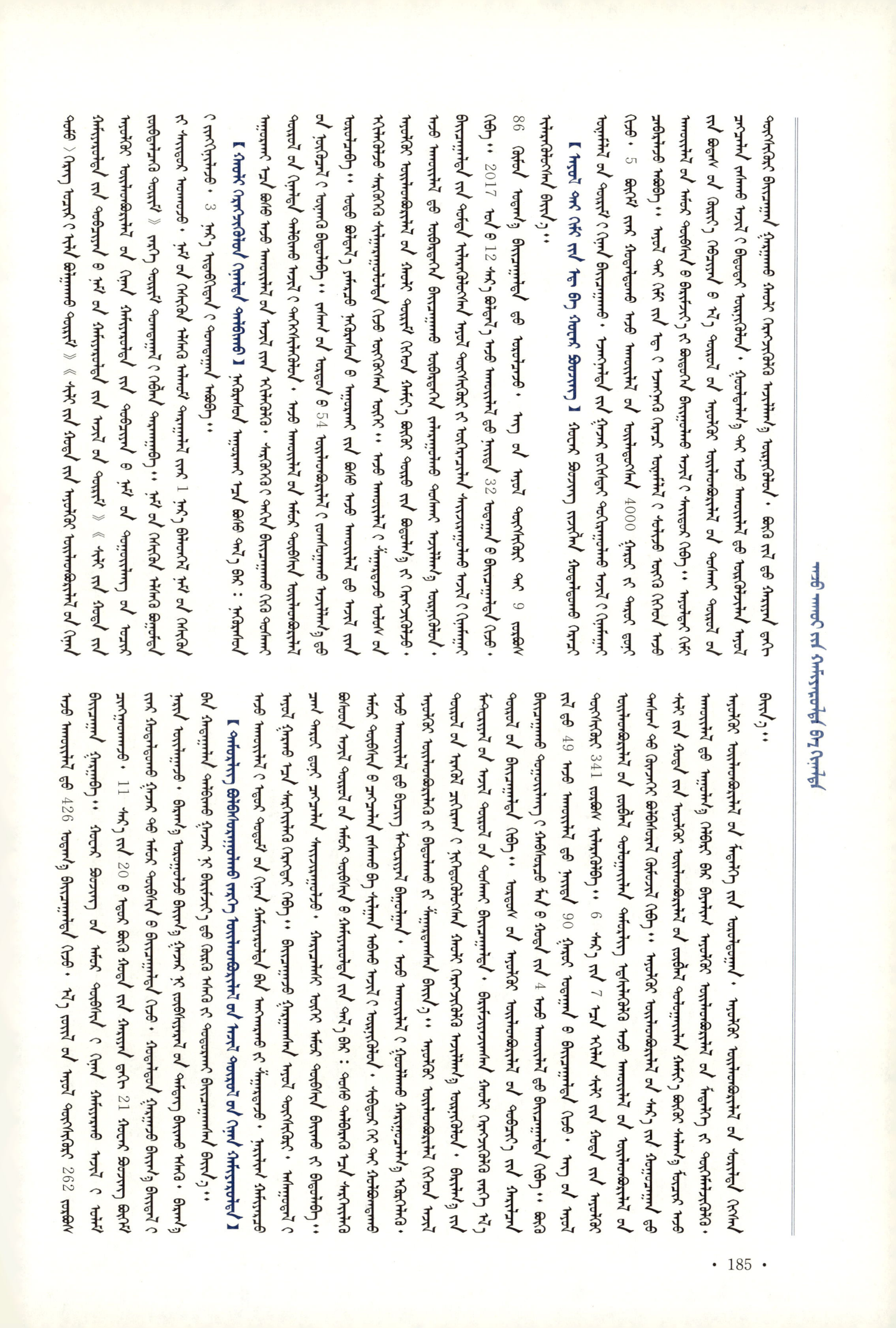

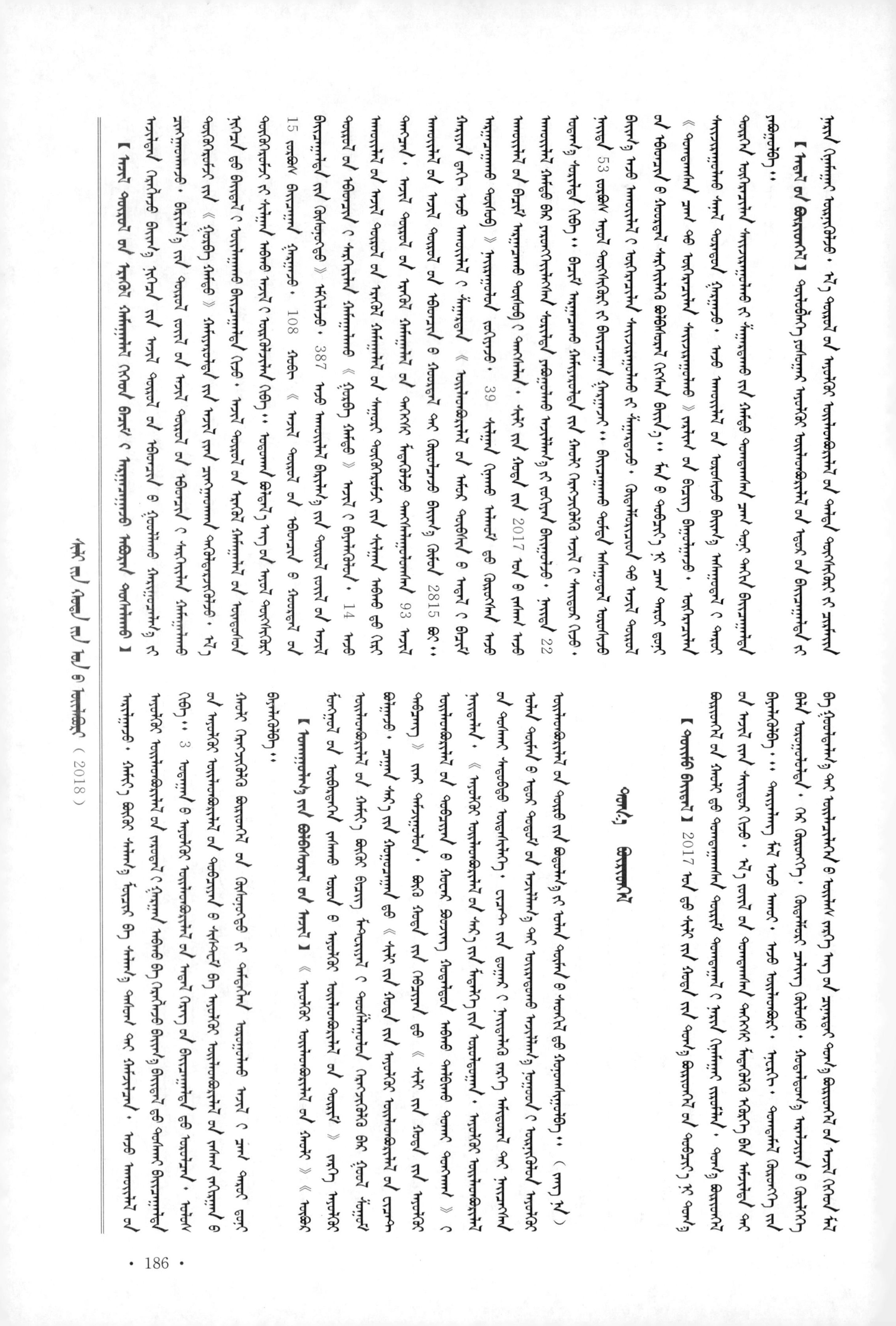

[illegible]

ᠬᠠᠮᠲᠤᠷᠠᠯᠴᠠᠬᠤ ᠬᠥᠭᠵᠢᠭᠦᠯᠦᠯᠲᠡ ᠶᠢ ᠪᠣᠯᠤᠨ ᠳᠤ ᠪᠣᠯᠭᠠᠵᠤ ᠪᠠᠶᠢᠨ᠎ᠠ᠃ ᠮᠣᠩᠭᠣᠯ ᠤᠨ ᠬᠡᠯᠡ ᠪᠢᠴᠢᠭ ᠦᠨ ᠬᠥᠭᠵᠢᠯ ᠲᠦ ᠰᠢᠨᠵᠢᠯᠡᠬᠦ ᠦᠢᠯᠡ᠃

【 ... 】 2017 ᠣᠨ ...

... 400 ...

【 ... 】

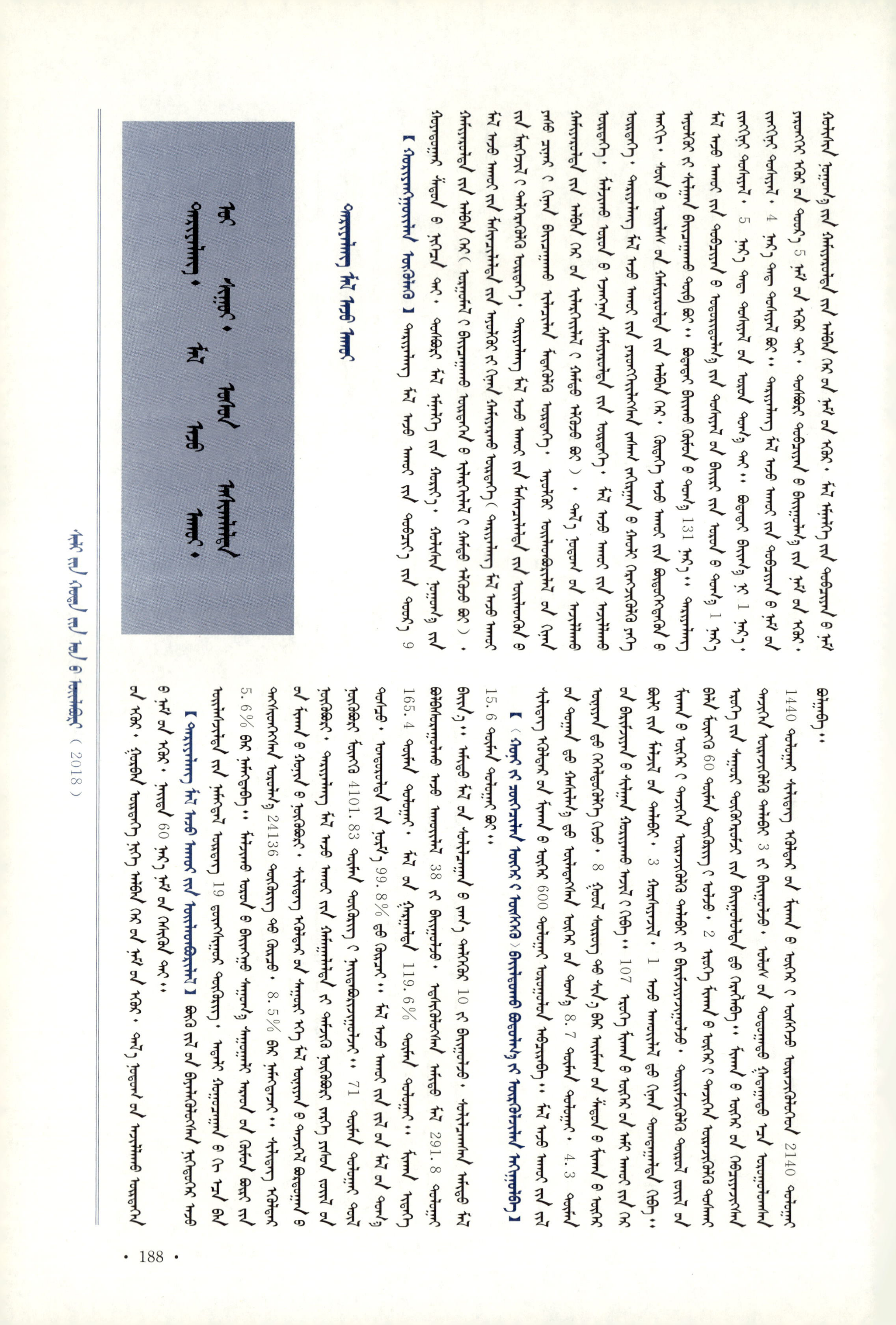

[illegible]

[illegible]

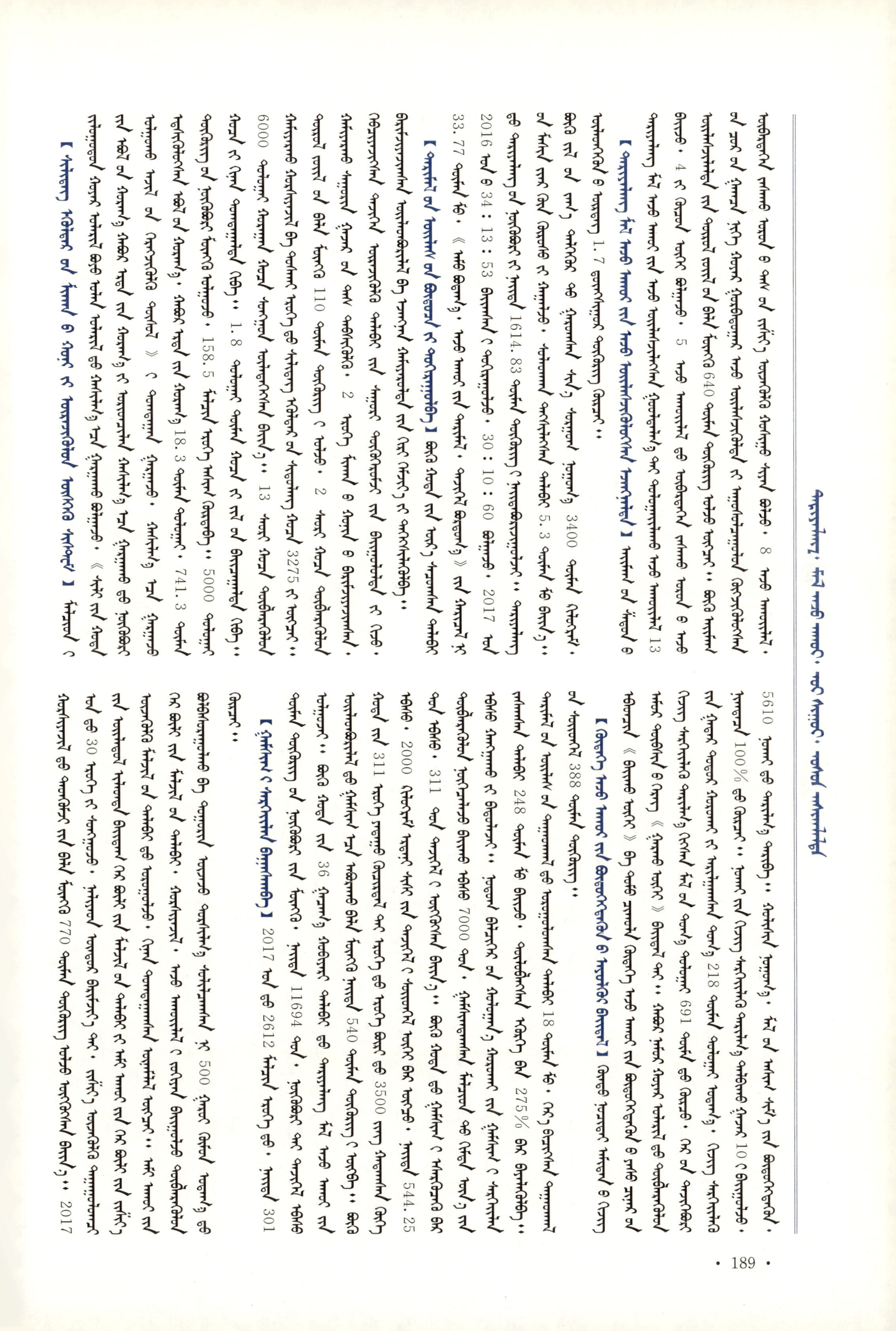

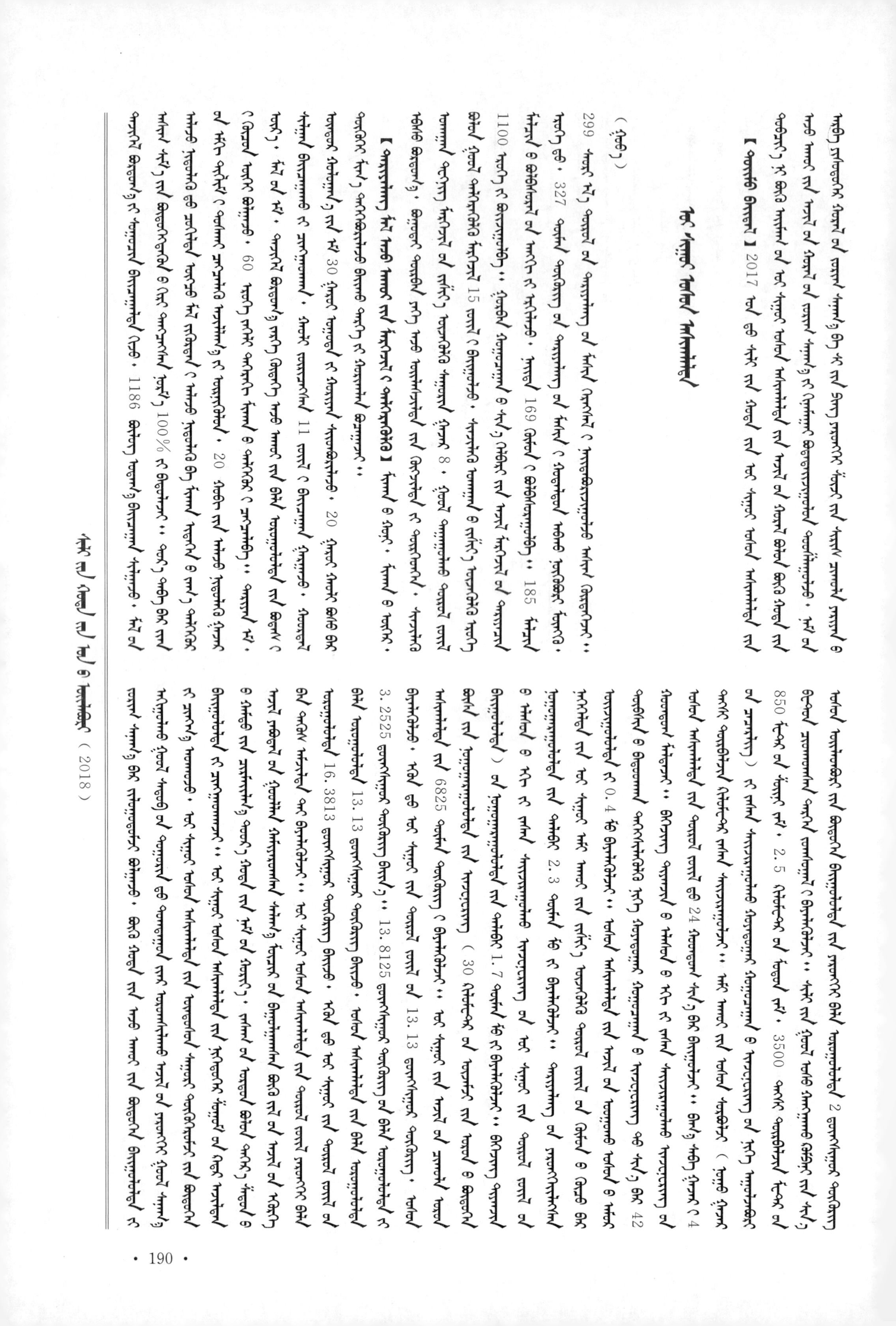

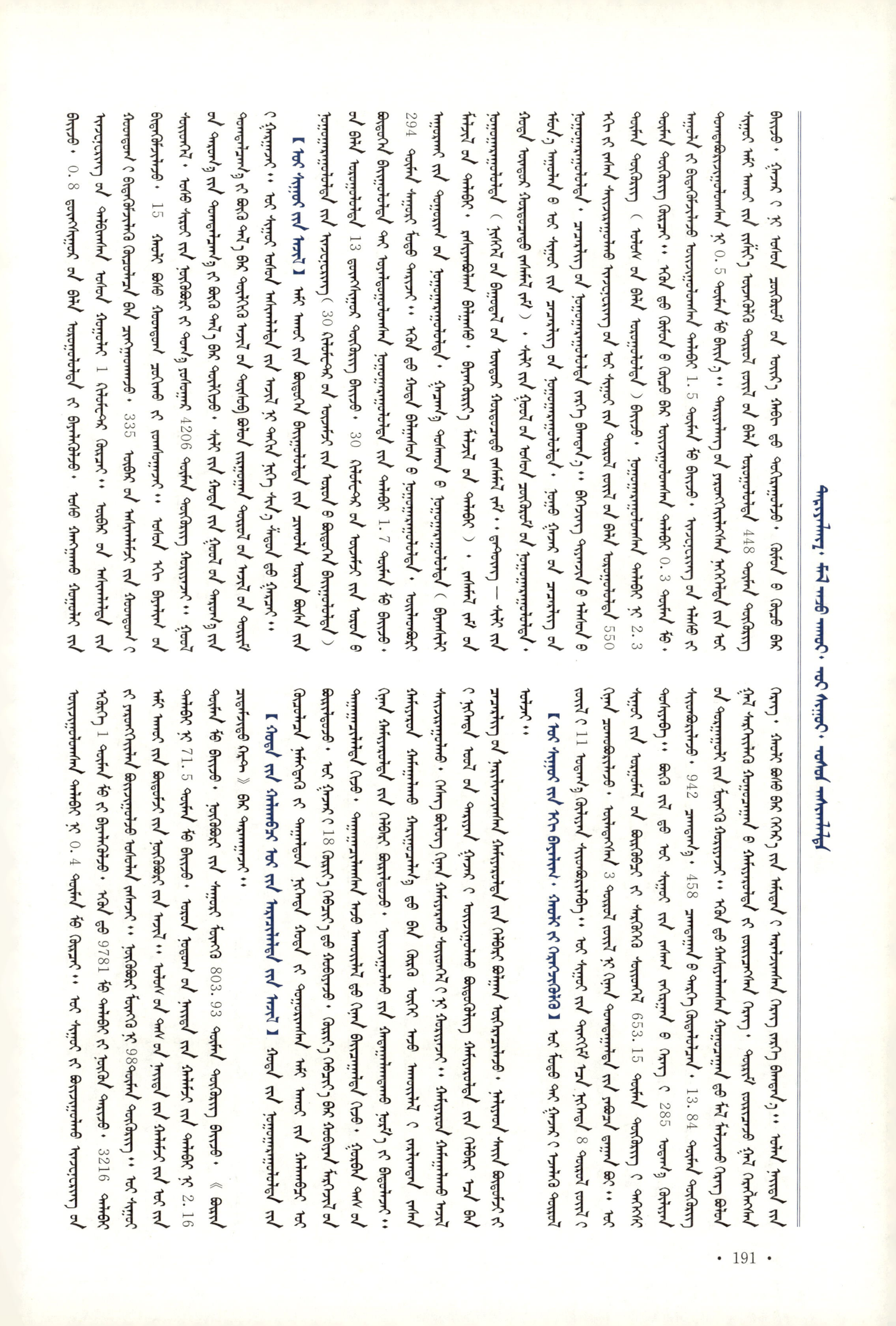

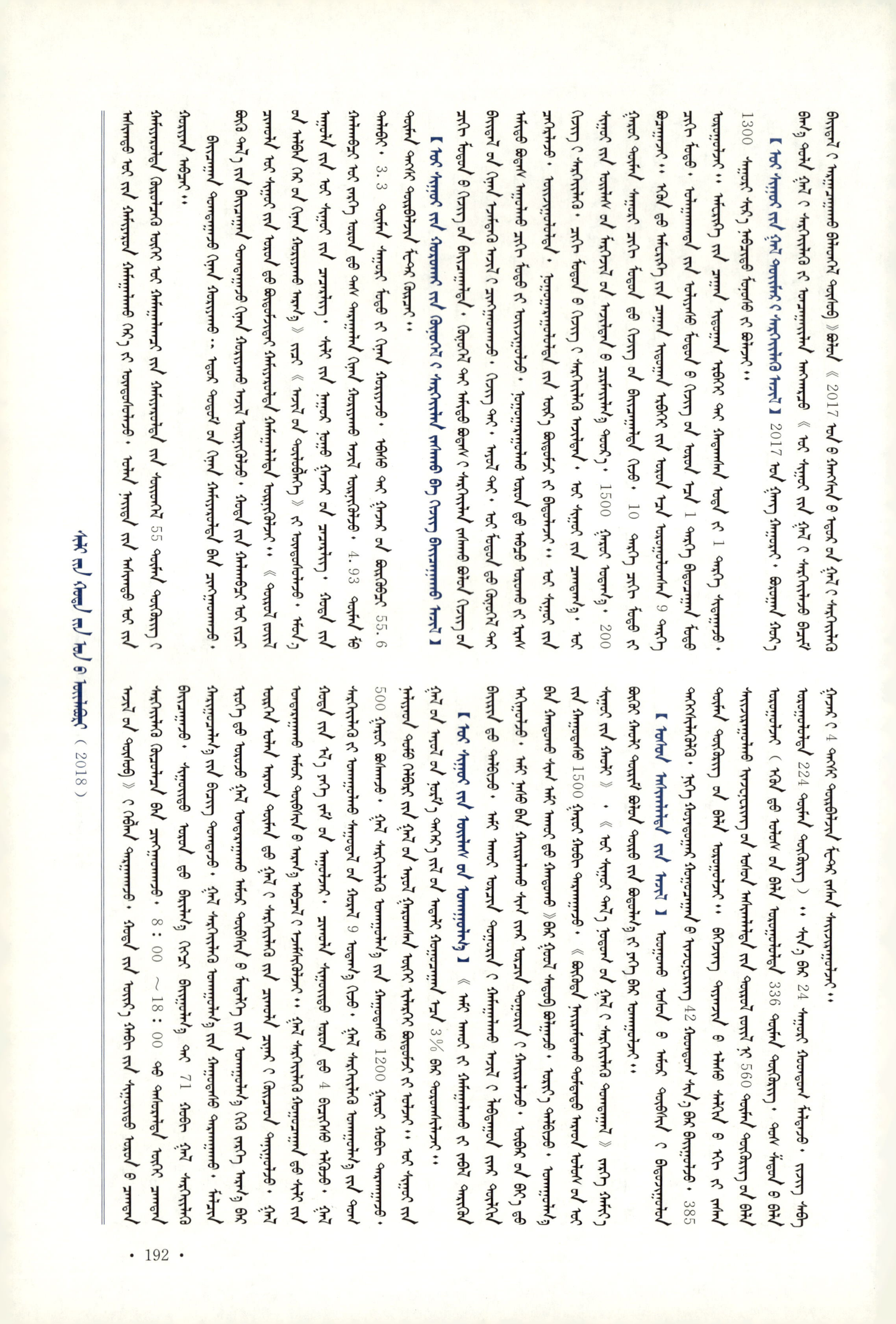

[illegible]

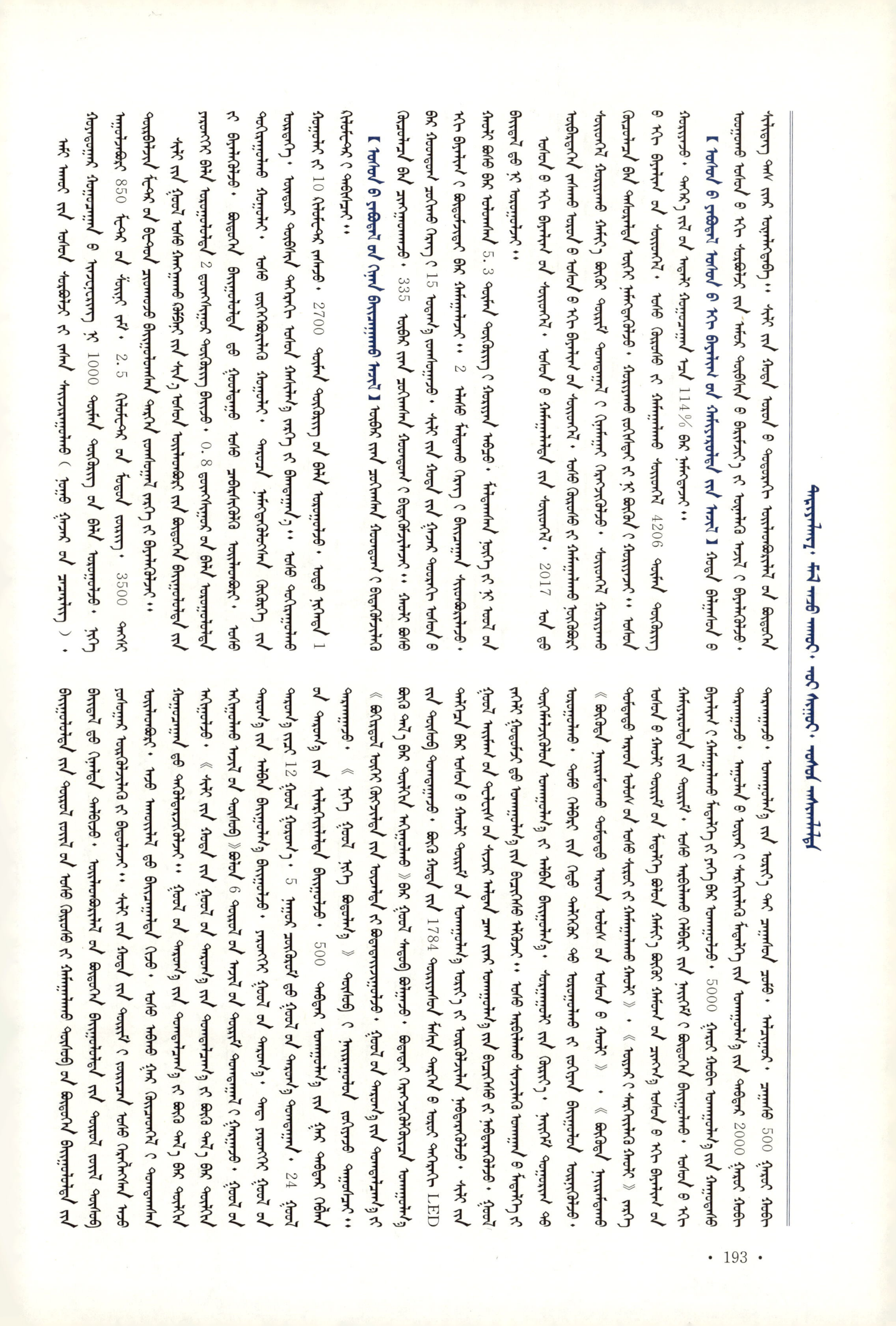

ᠪᠠᠷ ᠬᠣᠷᠢᠶ᠎ᠠ ᠬᠣᠲᠠ ᠶᠢᠨ ᠬᠣᠷᠢᠶᠠᠭᠤᠯᠤᠭᠰᠠᠨ ᠬᠣᠷᠢᠶ᠎ᠠ 1784 ᠬᠣᠷᠢᠶᠠᠭᠤᠯ ᠨᠡᠶᠢᠲᠡ ᠬᠣᠲᠠ ᠪᠠ ᠬᠣᠷᠢᠶ᠎ᠠ ᠬᠣᠯᠪᠣᠭᠠ LED

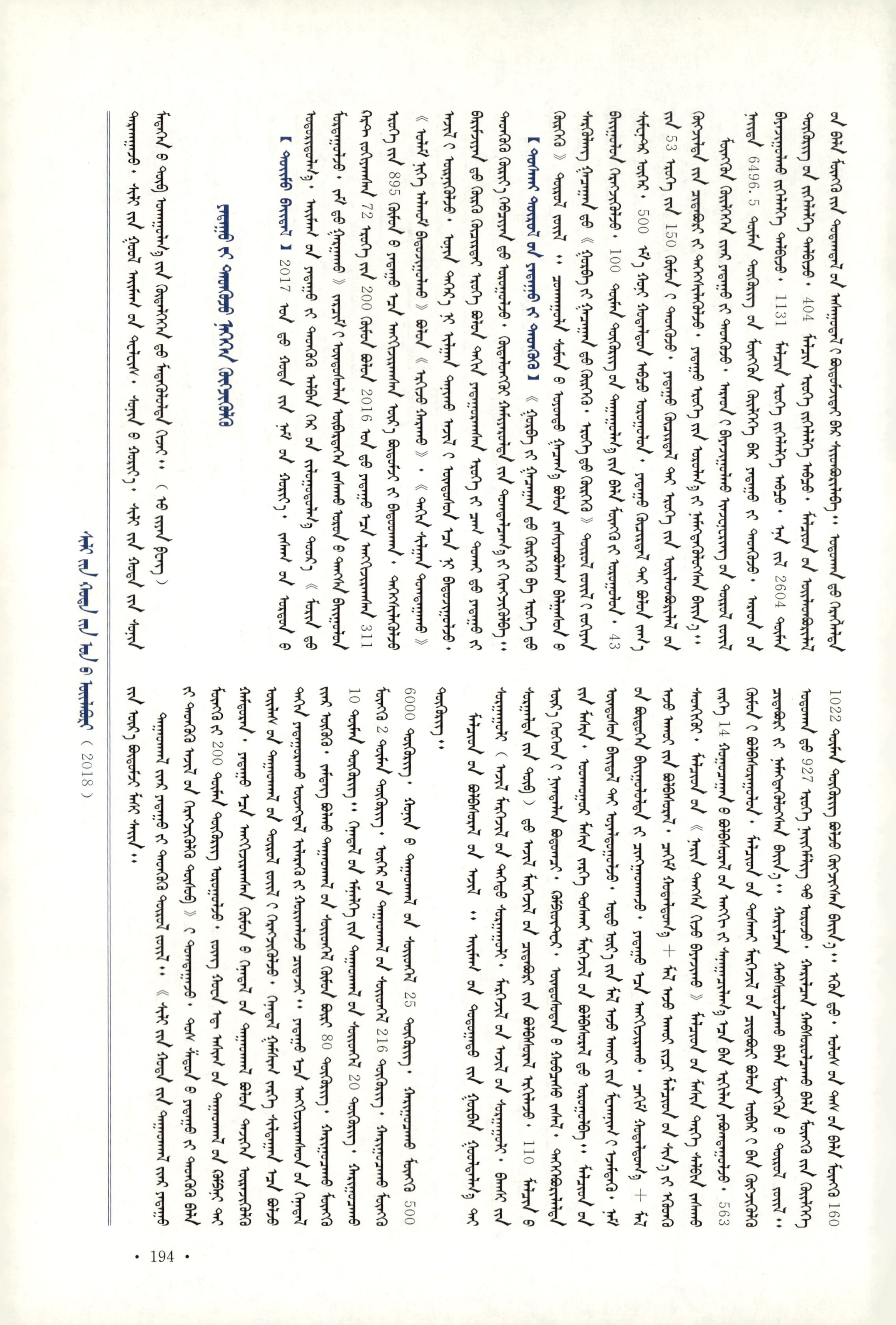

ᠰᠣᠶᠣᠯ ᠤᠨ ᠲᠠᠯᠠᠪᠠᠢ ᠶᠢᠨ ᠨᠡᠢᠲᠡ ᠲᠠᠯᠠᠪᠤᠷᠢ 1.1 ᠲᠦᠮᠡᠨ ᠬᠠᠪᠲᠠᠭᠠᠢ ᠮᠧᠲ᠋ᠷ ᠪᠣᠯᠤᠨ᠎ᠠ ᠂ 228 ᠰᠢᠷᠭᠡᠭ ᠰᠢᠷᠡᠭᠡ ᠲᠠᠢ ᠂ ᠵᠢᠭᠦᠯᠡᠬᠦᠨ ᠲᠠᠮᠢᠷ ᠤᠨ ᠳᠦ 9 ᠪᠠᠭᠠᠵᠢ ᠲᠣᠬᠢᠵᠠᠢ ᠂ 81 ᠮᠧᠲ᠋ᠷ ᠬᠠᠪᠲᠠᠭᠠᠢ ᠲᠠᠢ ᠪᠣᠯᠤᠨ᠎ᠠ ᠃ ᠲᠠᠯᠠᠪᠠᠢ ᠶᠢᠨ ᠭᠣᠣᠯ ᠬᠡᠰᠡᠭ ᠪᠣᠯᠬᠤ ᠰᠢᠷᠡᠭᠡ ... 281 ᠮᠧᠲ᠋ᠷ ... 1.57 ᠲᠦᠮᠡᠨ ᠬᠠᠪᠲᠠᠭᠠᠢ ᠮᠧᠲ᠋ᠷ ...

【ᠬᠣᠲᠠ ᠶᠢᠨ ᠲᠥᠪ ᠦᠨ ᠰᠣᠶᠣᠯ ᠤᠨ ᠲᠠᠯᠠᠪᠠᠢ】 ... 65 ... 193 ... 136 ... LED ... 921 ... 59 ... 45 ... 1526 ... 248 ... 70 ...

... 32.11 ... 48.42 ... 77 ... 100% ... 100% ... 895 ...

【ᠵᠠᠰᠠᠭ ᠤᠨ ᠭᠠᠵᠠᠷ ᠤᠨ ᠰᠣᠶᠣᠯ ᠤᠨ ᠲᠠᠯᠠᠪᠠᠢ】 ... 20 ... 96 ... 100 ... 33 ...

【ᠬᠣᠲᠠ ᠶᠢᠨ ᠰᠣᠶᠣᠯ ᠤᠨ ᠲᠠᠯᠠᠪᠠᠢ】 ... 4403 ... 28.118 ... 32.11 ...

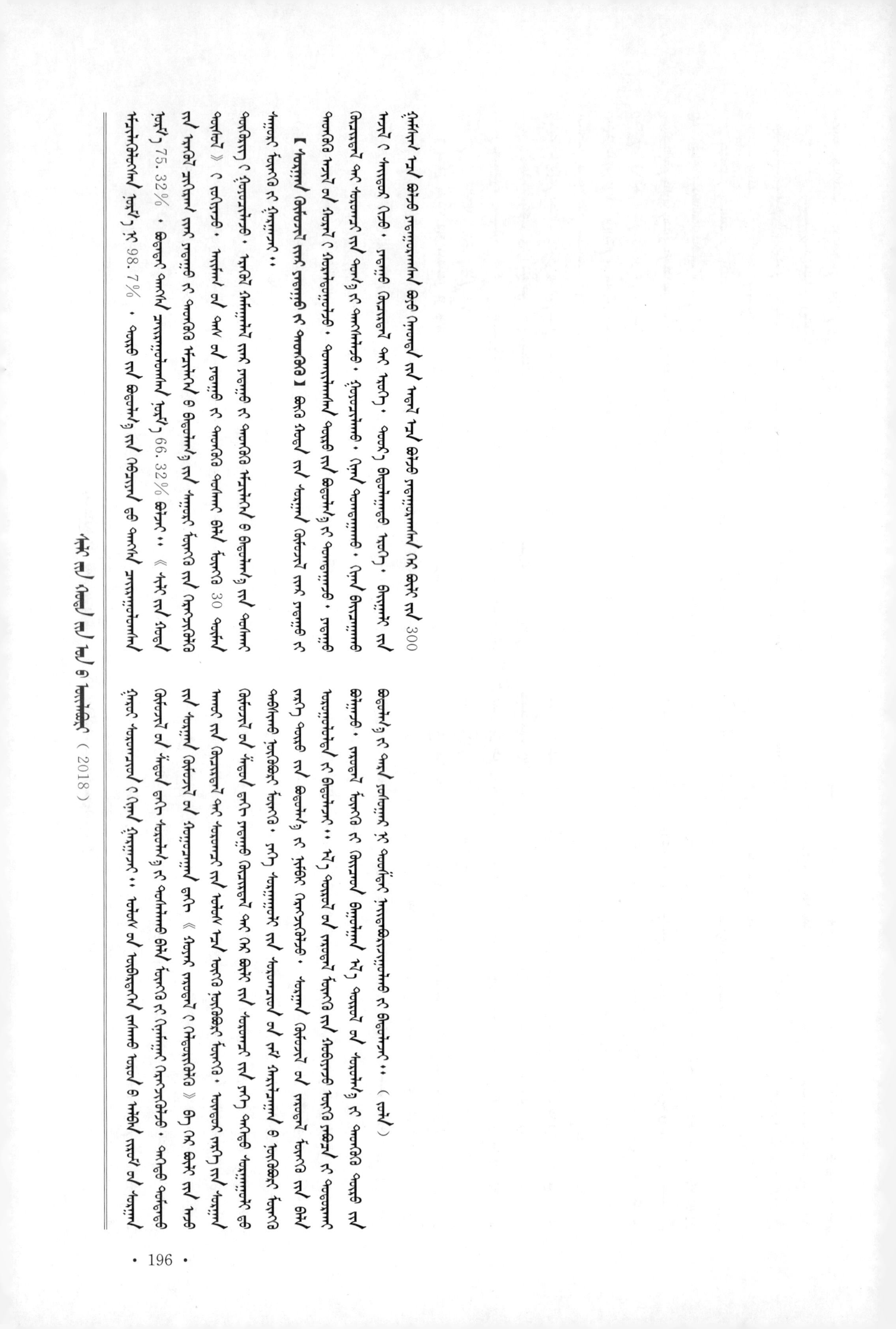

[illegible] 98.7% ᠂ [illegible]

[illegible] 75.32% ᠂ [illegible] 66.32% [illegible] ·· 《 [illegible]

[illegible]

[illegible] 》 [illegible] ᠂ [illegible] 30 [illegible]

[illegible] ᠂ [illegible]

[illegible] ··

【 [illegible] 】 [illegible]

[illegible] ᠂ [illegible] ᠂ [illegible]

[illegible] ᠂ [illegible] ᠂ [illegible] ᠂ [illegible]

[illegible] ᠂ [illegible] ᠂ [illegible] ᠂ [illegible]

[illegible] 300

[illegible] ·· [illegible]

[illegible] 《 [illegible] 》 [illegible]

[illegible] ᠂ [illegible]

[illegible] ᠂ [illegible]

[illegible]

[illegible] ᠂ [illegible]

[illegible] ᠂ [illegible]

[illegible] ·· [illegible]

[illegible] ᠂ [illegible] ᠂ [illegible]

[illegible] ·· ([illegible])

ᠬᠣᠲᠠ ᠪᠠᠢᠭᠤᠯᠤᠯᠲᠠ

ᠶᠡᠷᠦᠩᠬᠡᠢ ᠪᠠᠢᠳᠠᠯ

2017 ᠣᠨ ᠤ 72 ᠳᠤᠭᠠᠷ ᠰᠠᠷ᠎ᠠ ᠳᠤ ᠣᠷᠣᠨ ᠨᠤᠲᠤᠭ ᠤᠨ ᠴᠠᠬᠢᠯᠭᠠᠨ ᠤ 70 ᠬᠤᠪᠢ ᠶᠢ ᠡᠵᠡᠯᠡᠵᠦ ᠪᠠᠢ ᠨᠡᠮᠡᠭᠳᠡᠪᠡ· ᠡᠵᠡᠯᠡᠬᠦ ᠬᠤᠪᠢ 97.2% ᠬᠦᠷᠪᠡ :: ᠦᠢᠯᠡᠳᠪᠦᠷᠢᠯᠡᠭᠰᠡᠨ ᠦ ᠬᠡᠮᠵᠢᠶ᠎ᠡ 1319 ᠲᠡᠷᠪᠢᠮ ᠺᠢᠯᠤᠸᠠᠲ ᠴᠠᠭ ᠢ ᠪᠦᠷᠢᠯᠳᠦᠭᠦᠯᠵᠦ· ᠥᠩᠭᠡᠷᠡᠭᠰᠡᠨ ᠣᠨ ᠤ ᠮᠥᠨ ᠦᠶ᠎ᠡ ᠡᠴᠡ 14.6% ᠢᠶᠠᠷ ᠨᠡᠮᠡᠭᠳᠡᠪᠡ :: ᠬᠦᠷᠳᠡᠭᠦᠯᠬᠦ ᠮᠥᠷ ᠦᠨ ᠣᠷᠣᠨ ᠨᠤᠲᠤᠭ ᠤᠨ ᠴᠠᠬᠢᠯᠭᠠᠨ ᠤ ᠬᠡᠮᠵᠢᠶ᠎ᠡ 90.4 ᠲᠡᠷᠪᠢᠮ ᠺᠢᠯᠤᠸᠠᠲ ᠴᠠᠭ ᠢ ᠪᠦᠷᠢᠯᠳᠦᠭᠦᠯᠵᠦ· ᠥᠩᠭᠡᠷᠡᠭᠰᠡᠨ ᠣᠨ ᠤ ᠮᠥᠨ ᠦᠶ᠎ᠡ ᠡᠴᠡ 37.3% ᠢᠶᠠᠷ ᠥᠰᠦᠯᠲᠡᠲᠡᠢ :: ᠬᠣᠲᠠ ᠶᠢᠨ ᠣᠷᠣᠨ ᠰᠠᠭᠤᠴᠠ ᠶᠢᠨ ᠬᠡᠷᠡᠭᠯᠡᠭᠡᠨ ᠦ ᠴᠠᠬᠢᠯᠭᠠᠨ ᠤ ᠬᠡᠮᠵᠢᠶ᠎ᠡ 25 ᠲᠡᠷᠪᠢᠮ ᠺᠢᠯᠤᠸᠠᠲ ᠴᠠᠭ ᠢ ᠪᠦᠷᠢᠯᠳᠦᠭᠦᠯᠵᠦ· ᠥᠩᠭᠡᠷᠡᠭᠰᠡᠨ ᠣᠨ ᠤ ᠮᠥᠨ ᠦᠶ᠎ᠡ ᠡᠴᠡ 14.2% ᠢᠶᠠᠷ ᠥᠰᠦᠯᠲᠡᠲᠡᠢ :: ᠠᠮᠢᠳᠤᠷᠠᠯ ᠠᠵᠤ ᠠᠬᠤᠢ ᠶᠢᠨ ᠬᠡᠷᠡᠭᠯᠡᠭᠡᠨ ᠦ ᠴᠠᠬᠢᠯᠭᠠᠨ ᠤ ᠬᠡᠮᠵᠢᠶ᠎ᠡ 11.4 ᠲᠡᠷᠪᠢᠮ ᠺᠢᠯᠤᠸᠠᠲ ᠴᠠᠭ ᠪᠣᠯᠵᠤ· ᠥᠩᠭᠡᠷᠡᠭᠰᠡᠨ ᠣᠨ ᠤ ᠮᠥᠨ ᠦᠶ᠎ᠡ 16.65% ᠢᠶᠠᠷ ᠥᠰᠦᠯᠲᠡᠲᠡᠢ :: ᠪᠦᠬᠦ ᠣᠷᠣᠨ ᠤ ᠬᠡᠷᠡᠭᠯᠡᠭᠡᠨ ᠦ ᠴᠠᠬᠢᠯᠭᠠᠨ ᠤ ᠬᠡᠮᠵᠢᠶ᠎ᠡ 2.3 ᠲᠡᠷᠪᠢᠮ ᠺᠢᠯᠤᠸᠠᠲ ᠴᠠᠭ ᠪᠣᠯᠵᠤ· ᠬᠦᠮᠦᠨ ᠠᠮ ᠤᠨ ᠳᠤᠮᠳᠠᠵᠢ ᠡᠷᠴᠢᠮ ᠬᠦᠴᠦᠨ ᠦ ᠬᠡᠷᠡᠭᠯᠡᠭᠡ ᠨᠢ ᠥᠩᠭᠡᠷᠡᠭᠰᠡᠨ ᠣᠨ ᠤ ᠮᠥᠨ ᠦᠶ᠎ᠡ ᠡᠴᠡ 32.9% ᠢᠶᠠᠷ ᠪᠠᠭᠤᠷᠠᠪᠠ :: ᠶᠡᠬᠡ ᠠᠵᠤ ᠦᠢᠯᠡᠳᠪᠦᠷᠢ ᠶᠢᠨ ᠬᠡᠷᠡᠭᠯᠡᠭᠡᠨ ᠦ ᠴᠠᠬᠢᠯᠭᠠᠨ ᠤ ᠬᠡᠮᠵᠢᠶ᠎ᠡ 6.7 ᠲᠡᠷᠪᠢᠮ ᠺᠢᠯᠤᠸᠠᠲ ᠴᠠᠭ ᠢ ᠪᠦᠷᠢᠯᠳᠦᠭᠦᠯᠵᠦ· ᠥᠩᠭᠡᠷᠡᠭᠰᠡᠨ ᠣᠨ ᠤ ᠮᠥᠨ ᠦᠶ᠎ᠡ ᠡᠴᠡ 23.7% ᠢᠶᠠᠷ ᠪᠠᠭᠤᠷᠠᠪᠠ :: ᠠᠩᠬᠠᠨ ᠤ ᠦᠢᠯᠡᠳᠪᠦᠷᠢ ᠶᠢᠨ ᠴᠠᠬᠢᠯᠭᠠᠨ ᠤ ᠬᠡᠮᠵᠢᠶ᠎ᠡ 0.7 ᠲᠡᠷᠪᠢᠮ ᠺᠢᠯᠤᠸᠠᠲ ᠴᠠᠭ ᠢ ᠪᠦᠷᠢᠯᠳᠦᠭᠦᠯᠵᠦ· ᠥᠩᠭᠡᠷᠡᠭᠰᠡᠨ ᠣᠨ ᠤ ᠮᠥᠨ ᠦᠶ᠎ᠡ ᠡᠴᠡ 23.7% ᠢᠶᠠᠷ ᠪᠠᠭᠤᠷᠠᠪᠠ :: ᠠᠩᠬᠠᠨ ᠤ ᠦᠢᠯᠡᠳᠪᠦᠷᠢ ᠶᠢᠨ ᠴᠠᠬᠢᠯᠭᠠᠨ ᠤ ᠬᠡᠮᠵᠢᠶ᠎ᠡ 0.7 ᠲᠡᠷᠪᠢᠮ ᠺᠢᠯᠤᠸᠠᠲ ᠴᠠᠭ ᠪᠣᠯᠵᠤ· ᠥᠩᠭᠡᠷᠡᠭᠰᠡᠨ ᠣᠨ ᠤ ᠮᠥᠨ ᠦᠶ᠎ᠡ ᠡᠴᠡ 23.7% ᠢᠶᠠᠷ ᠪᠠᠭᠤᠷᠠᠪᠠ :: ᠪᠦᠬᠦ ᠣᠷᠣᠨ ᠤ ᠴᠠᠬᠢᠯᠭᠠᠨ ᠤ ᠬᠡᠮᠵᠢᠶ᠎ᠡ ᠨᠢ 1.3 ᠲᠡᠷᠪᠢᠮ ᠺᠢᠯᠤᠸᠠᠲ ᠴᠠᠭ ᠪᠣᠯᠵᠤ· ᠥᠩᠭᠡᠷᠡᠭᠰᠡᠨ ᠣᠨ ᠤ ᠮᠥᠨ ᠦᠶ᠎ᠡ ᠡᠴᠡ 15.7% ᠢᠶᠠᠷ ᠨᠡᠮᠡᠭᠳᠡᠪᠡ :: 2017 ᠣᠨ ᠤ ᠡᠴᠦᠰ ᠲᠦ ᠬᠣᠲᠠ ᠶᠢᠨ 6 ᠲᠣᠭ᠎ᠠ ᠰᠠᠯᠬᠢᠨ ᠤ ᠴᠠᠬᠢᠯᠭᠠᠨ ᠤ ᠰᠠᠯᠠᠭ᠎ᠠ ᠶᠢ ᠰᠢᠨ᠎ᠡ ᠪᠠᠶᠢᠭᠤᠯᠵᠤ· 9 ᠮᠢᠩᠭ᠎ᠠ ᠨᠢ ᠬᠦᠴᠦᠨ ᠦ ᠴᠠᠬᠢᠯᠭᠠᠨ ᠤ ᠬᠡᠮᠵᠢᠶ᠎ᠡ 2.9 ᠲᠡᠷᠪᠢᠮ ᠺᠢᠯᠤᠸᠠᠲ ᠴᠠᠭ ᠨᠡᠮᠡᠭᠳᠡᠪᠡ :: ᠬᠣᠲᠠ ᠶᠢᠨ ᠲᠥᠪ ᠦᠨ ᠬᠡᠰᠡᠭ ᠲᠦ ᠰᠢᠨ᠎ᠡ ᠪᠠᠶᠢᠭᠤᠯᠤᠭᠰᠠᠨ ᠰᠠᠯᠬᠢᠨ ᠤ ᠴᠠᠬᠢᠯᠭᠠᠨ ᠤ ᠲᠥᠰᠥᠯ ᠤᠨ ᠬᠦᠴᠦᠨ ᠴᠢᠳᠠᠯ ᠨᠢ ᠶᠡᠬᠡ· ᠵᠢᠵᠢᠭ ᠲᠥᠷᠦᠯ ᠦᠨ ᠬᠣᠲᠠ ᠪᠠᠶᠢᠭᠤᠯᠤᠯᠲᠠ ᠶᠢᠨ ᠪᠣᠳᠤᠯᠭ᠎ᠠ ᠳᠤ 1 ᠲᠡᠷᠪᠢᠮ ᠺᠢᠯᠤᠸᠠᠲ ᠤᠨ ᠴᠠᠬᠢᠯᠭᠠᠨ ᠤ ᠬᠡᠮᠵᠢᠶ᠎ᠡ ᠨᠡᠮᠡᠭᠳᠡᠵᠦ ᠪᠠᠶᠢᠨ᠎ᠠ ::

ᠬᠣᠶᠠᠷ ᠳᠤᠭᠠᠷ ᠰᠠᠷ᠎ᠠ ᠳᠤ 17 ᠲᠣᠭ᠎ᠠ ᠰᠠᠯᠬᠢᠨ ᠤ ᠴᠠᠬᠢᠯᠭᠠᠨ ᠤ ᠲᠥᠰᠥᠯ ᠢ ᠪᠠᠶᠢᠭᠤᠯᠬᠤ ᠶᠢ ᠪᠠᠲᠤᠯᠠᠵᠤ· ᠲᠤᠰ ᠲᠥᠰᠥᠯ ᠦᠨ ᠨᠡᠶᠢᠲᠡ ᠬᠦᠴᠦᠨ ᠴᠢᠳᠠᠯ (ᠬᠠᠮᠤᠭ ᠤᠨ ᠶᠡᠬᠡ ᠪᠠᠶᠢᠭᠤᠯᠤᠯᠲᠠ) · 10 ᠲᠣᠭ᠎ᠠ ᠲᠥᠰᠥᠯ ᠢ ᠪᠠᠲᠤᠯᠠᠵᠤ· 2017 ᠣᠨ ᠤ ᠡᠴᠦᠰ ᠲᠦ ᠪᠦᠬᠦ ᠣᠷᠣᠨ ᠤ ᠰᠠᠯᠬᠢᠨ ᠤ ᠴᠠᠬᠢᠯᠭᠠᠨ ᠤ ᠬᠡᠮᠵᠢᠶ᠎ᠡ 58.8% ᠬᠦᠷᠪᠡ :: ᠦᠢᠯᠡᠳᠪᠦᠷᠢᠯᠡᠭᠰᠡᠨ ᠴᠠᠬᠢᠯᠭᠠᠨ ᠤ ᠬᠡᠮᠵᠢᠶ᠎ᠡ 87.7 ᠲᠡᠷᠪᠢᠮ ᠺᠢᠯᠤᠸᠠᠲ ᠴᠠᠭ ᠢ ᠪᠦᠷᠢᠯᠳᠦᠭᠦᠯᠵᠦ· ᠥᠩᠭᠡᠷᠡᠭᠰᠡᠨ ᠣᠨ ᠤ ᠮᠥᠨ ᠦᠶ᠎ᠡ ᠡᠴᠡ 31.9% ᠢᠶᠠᠷ ᠨᠡᠮᠡᠭᠳᠡᠪᠡ :: ᠬᠣᠲᠠ ᠶᠢᠨ ᠲᠥᠪ· ᠵᠡᠭᠦᠨ· ᠪᠠᠷᠠᠭᠤᠨ· ᠬᠣᠶᠢᠲᠤ ᠬᠡᠰᠡᠭ ᠦᠨ ᠰᠠᠯᠬᠢᠨ ᠤ ᠴᠠᠬᠢᠯᠭᠠᠨ ᠤ ᠲᠥᠰᠥᠯ ᠢ ᠨᠢᠭᠡᠳᠦᠭᠡᠷ ᠦᠶ᠎ᠡ ᠳᠦ ᠪᠠᠶᠢᠭᠤᠯᠵᠤ· ᠰᠠᠯᠬᠢᠨ ᠤ ᠴᠠᠬᠢᠯᠭᠠᠨ ᠤ ᠲᠥᠰᠥᠯ ᠦᠨ ᠨᠡᠶᠢᠲᠡ ᠬᠦᠴᠦᠨ ᠴᠢᠳᠠᠯ 2017 ᠣᠨ ᠤ ᠡᠴᠦᠰ ᠲᠦ 37.6 ᠲᠡᠷᠪᠢᠮ ᠺᠢᠯᠤᠸᠠᠲ ᠬᠦᠷᠪᠡ :: ᠬᠣᠲᠠ ᠶᠢᠨ ᠨᠠᠷᠠᠨ ᠤ ᠡᠷᠴᠢᠮ ᠦᠨ ᠴᠠᠬᠢᠯᠭᠠᠨ ᠤ ᠲᠥᠰᠥᠯ ᠦᠨ ᠪᠠᠶᠢᠭᠤᠯᠤᠯᠲᠠ ᠶᠢ ᠡᠷᠴᠢᠮᠲᠡᠢ ᠶᠠᠪᠤᠭᠤᠯᠵᠤ· ᠨᠠᠷᠠᠨ ᠤ ᠡᠷᠴᠢᠮ ᠦᠨ ᠴᠠᠬᠢᠯᠭᠠᠨ MWₚ ᠬᠦᠴᠦᠨ ᠴᠢᠳᠠᠯ ᠲᠠᠢ ᠲᠥᠰᠥᠯ ᠢ ᠪᠠᠶᠢᠭᠤᠯᠵᠤ· ᠰᠢᠨ᠎ᠡ ᠡᠷᠴᠢᠮ ᠦᠨ ᠴᠠᠬᠢᠯᠭᠠᠨ ᠤ ᠪᠠᠶᠢᠭᠤᠯᠤᠯᠲᠠ ᠶᠢ ᠤᠷᠤᠭᠰᠢᠯᠠᠭᠤᠯᠪᠠ· ᠬᠣᠲᠠ ᠶᠢᠨ ᠴᠠᠬᠢᠯᠭᠠᠨ ᠤ ᠰᠦᠯᠵᠢᠶ᠎ᠡ ᠶᠢᠨ ᠪᠠᠶᠢᠭᠤᠯᠤᠯᠲᠠ ᠶᠢ ᠰᠠᠢᠵᠢᠷᠠᠭᠤᠯᠤᠨ ᠬᠥᠭᠵᠢᠭᠦᠯᠬᠦ ᠶᠢᠨ ᠲᠥᠯᠦᠭᠡ ᠬᠠᠮᠤᠭ ᠤᠨ ᠶᠡᠬᠡ ᠬᠥᠷᠥᠩᠭᠡ ᠣᠷᠣᠭᠤᠯᠤᠭᠰᠠᠨ ᠪᠠᠶᠢᠨ᠎ᠠ ::

【ᠴᠠᠬᠢᠯᠭᠠᠨ ᠤ ᠰᠦᠯᠵᠢᠶ᠎ᠡ ᠶᠢᠨ ᠪᠠᠶᠢᠭᠤᠯᠤᠯᠲᠠ ᠪᠣᠯᠣᠨ ᠰᠠᠯᠬᠢᠨ ᠤ ᠴᠠᠬᠢᠯᠭᠠᠨ ᠤ ᠲᠥᠰᠥᠯ】2017 ᠣᠨ ᠳᠤ ᠬᠣᠲᠠ ᠶᠢᠨ ᠡᠷᠴᠢᠮ ᠬᠦᠴᠦᠨ ᠦ ᠬᠠᠮᠤᠭ ᠤᠨ ᠶᠡᠬᠡ ᠰᠠᠯᠬᠢᠨ ᠤ ᠴᠠᠬᠢᠯᠭᠠᠨ ᠤ ᠲᠥᠰᠥᠯ ᠢ 315 ᠪᠣᠯᠵᠤ· ᠡᠳᠡᠭᠡᠷ ᠦᠨ ᠳᠣᠲᠣᠷ᠎ᠠ 95 ᠲᠡᠷᠪᠢᠮ ᠺᠢᠯᠤᠸᠠᠲ ᠤᠨ ᠰᠠᠯᠬᠢᠨ ᠤ ᠴᠠᠬᠢᠯᠭᠠᠨ ᠤ ᠬᠦᠴᠦᠨ ᠴᠢᠳᠠᠯ ᠢ ᠪᠦᠷᠢᠯᠳᠦᠭᠦᠯᠵᠦ· 6300 ᠮᠢᠩᠭ᠎ᠠ ᠭᠠᠷᠤᠢ ᠠᠯᠪᠠᠨ ᠠᠵᠤ ᠠᠬᠤᠢ :: ᠡᠳᠡᠭᠡᠷ ᠦᠨ ᠳᠣᠲᠣᠷ᠎ᠠ ᠬᠦᠴᠦᠨ ᠦ ᠴᠠᠬᠢᠯᠭᠠᠨ ᠤ ᠬᠡᠮᠵᠢᠶ᠎ᠡ ᠪᠠᠶᠢᠭᠤᠯᠤᠭᠰᠠᠨ ᠣᠨ ᠠᠴᠠ ᠡᠬᠢᠯᠡᠨ ᠰᠠᠯᠬᠢᠨ ᠤ ᠴᠠᠬᠢᠯᠭᠠᠨ ᠤ ᠲᠥᠰᠥᠯ ᠦᠨ ᠬᠦᠴᠦᠨ ᠴᠢᠳᠠᠯ ᠢᠶᠠᠷ

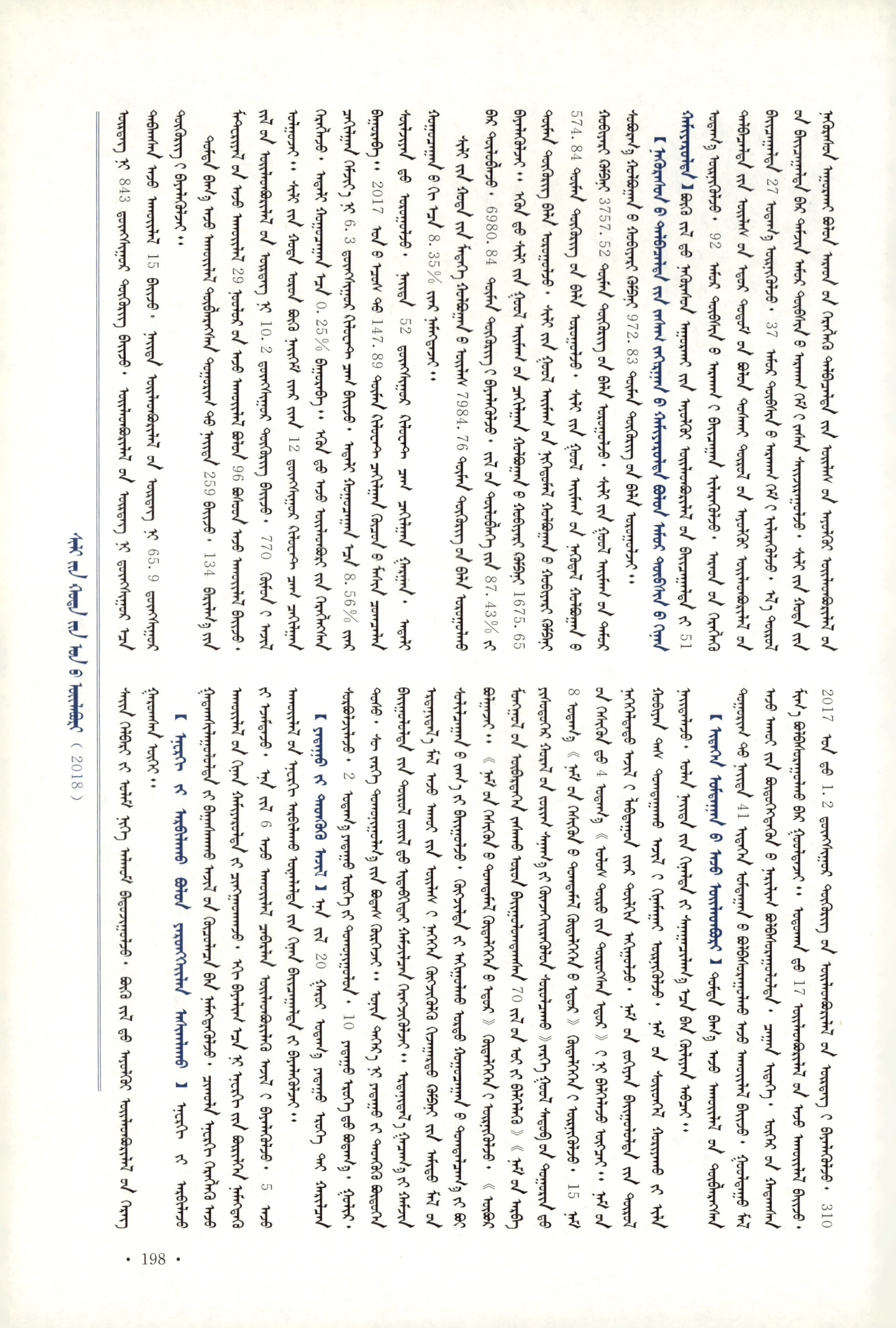

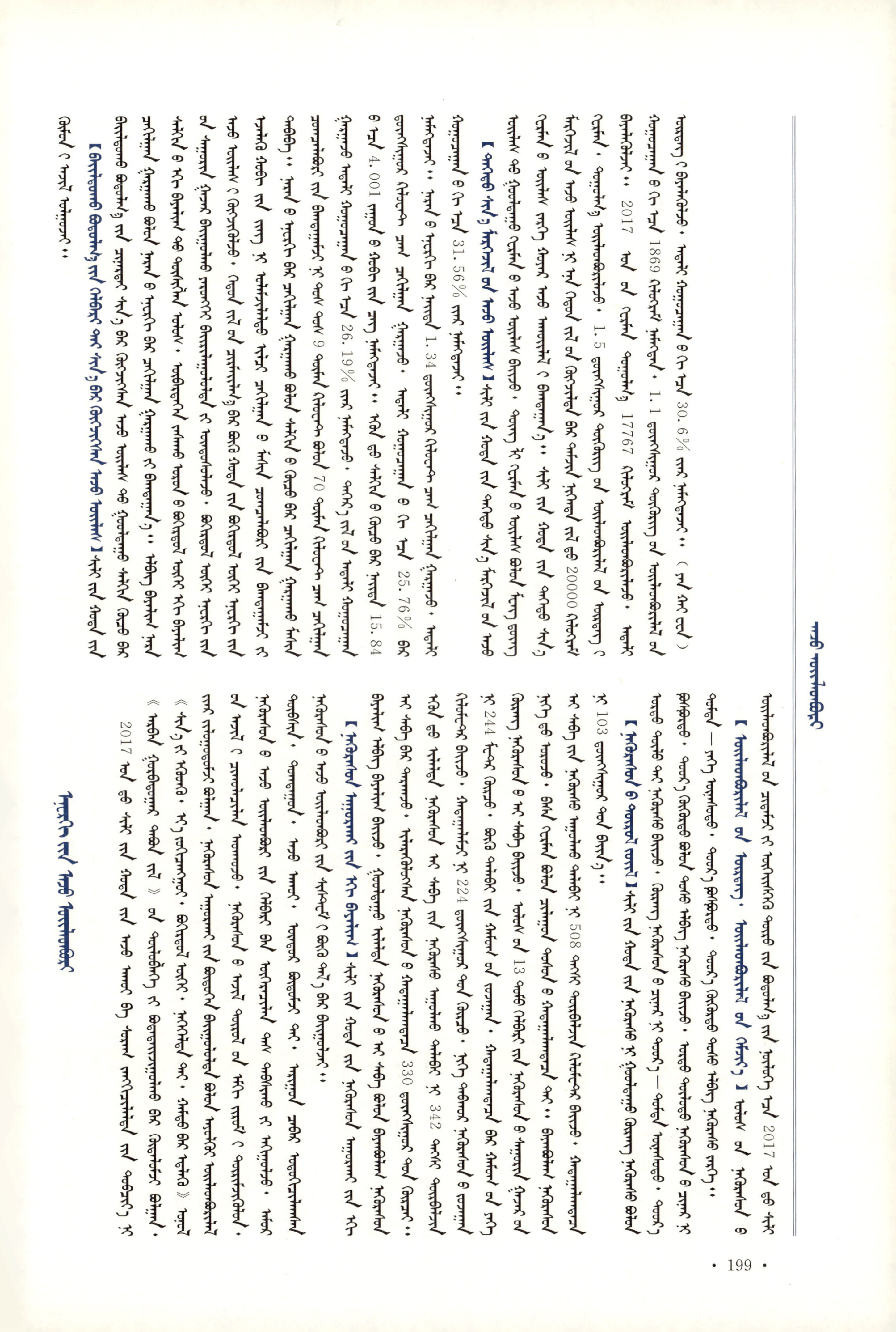

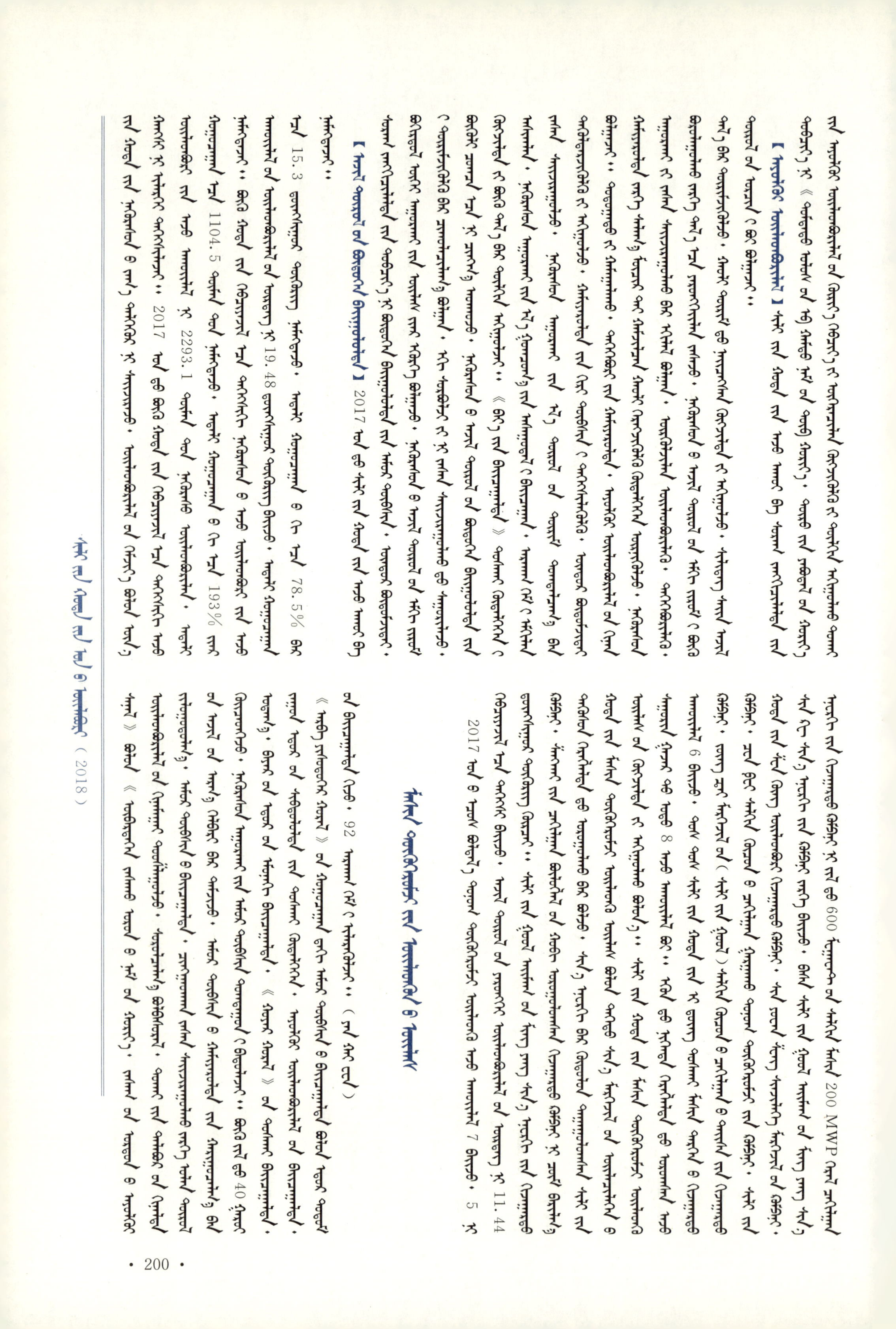

[illegible] 《 [illegible] 》 [illegible]

【[illegible]】 [illegible]

[illegible] 《 [illegible] 》 [illegible]

【[illegible]】 2017 [illegible]

[illegible] 15.3 [illegible] 78.5% [illegible] 19.48 [illegible] 1104.5 [illegible] 193% [illegible] 2293.1 [illegible] 2017 [illegible]

[illegible] 600 [illegible] 200 MWP [illegible] ([illegible]) [illegible] 6 [illegible] 8 [illegible] 11.44 [illegible]

2017 [illegible] 7 [illegible] 5 [illegible]

[illegible]

[illegible] ([illegible] 92 [illegible]) ([illegible])

《 [illegible] 》 [illegible] 《 [illegible] 》 [illegible] 40 [illegible] 《 [illegible] 》 [illegible]

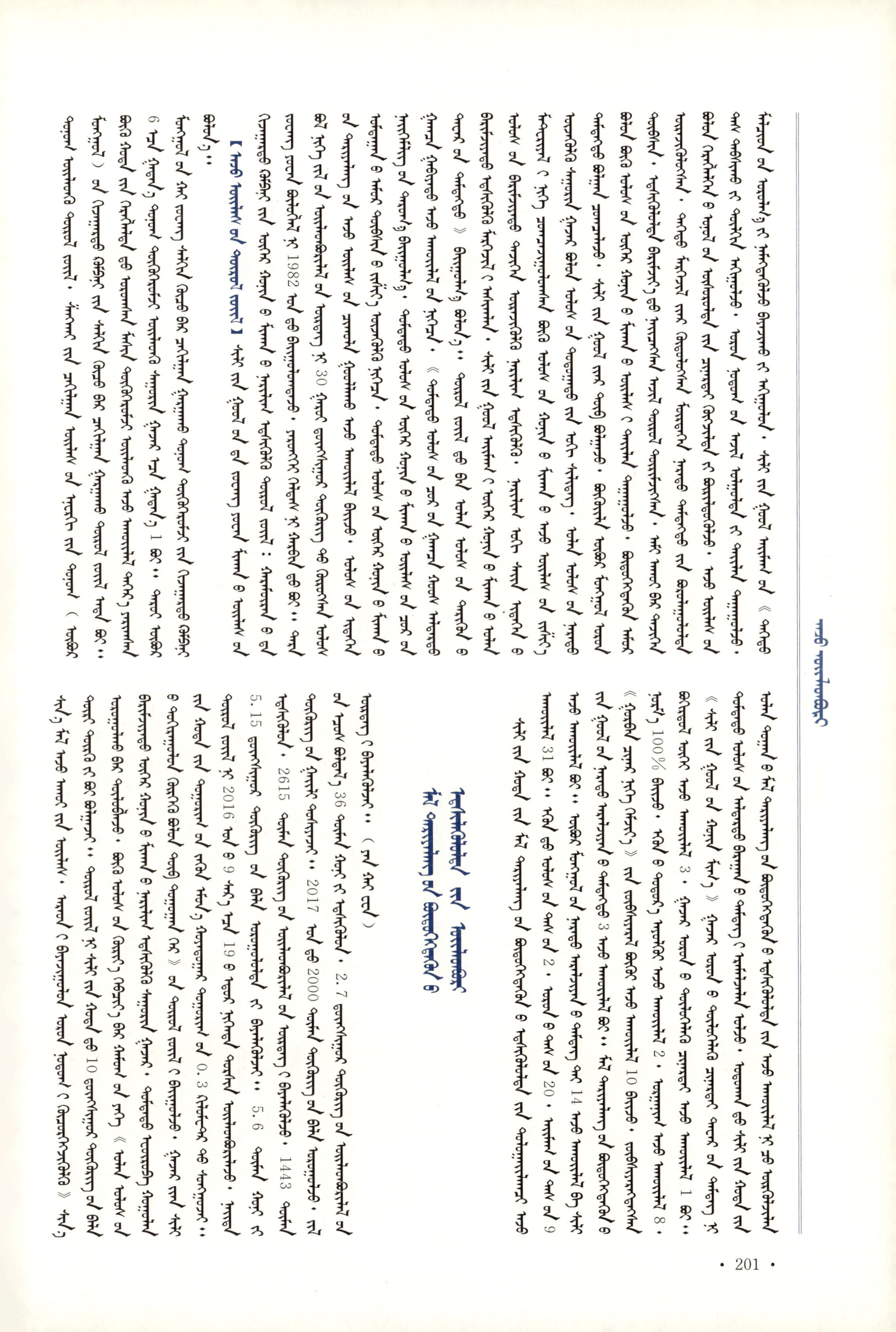

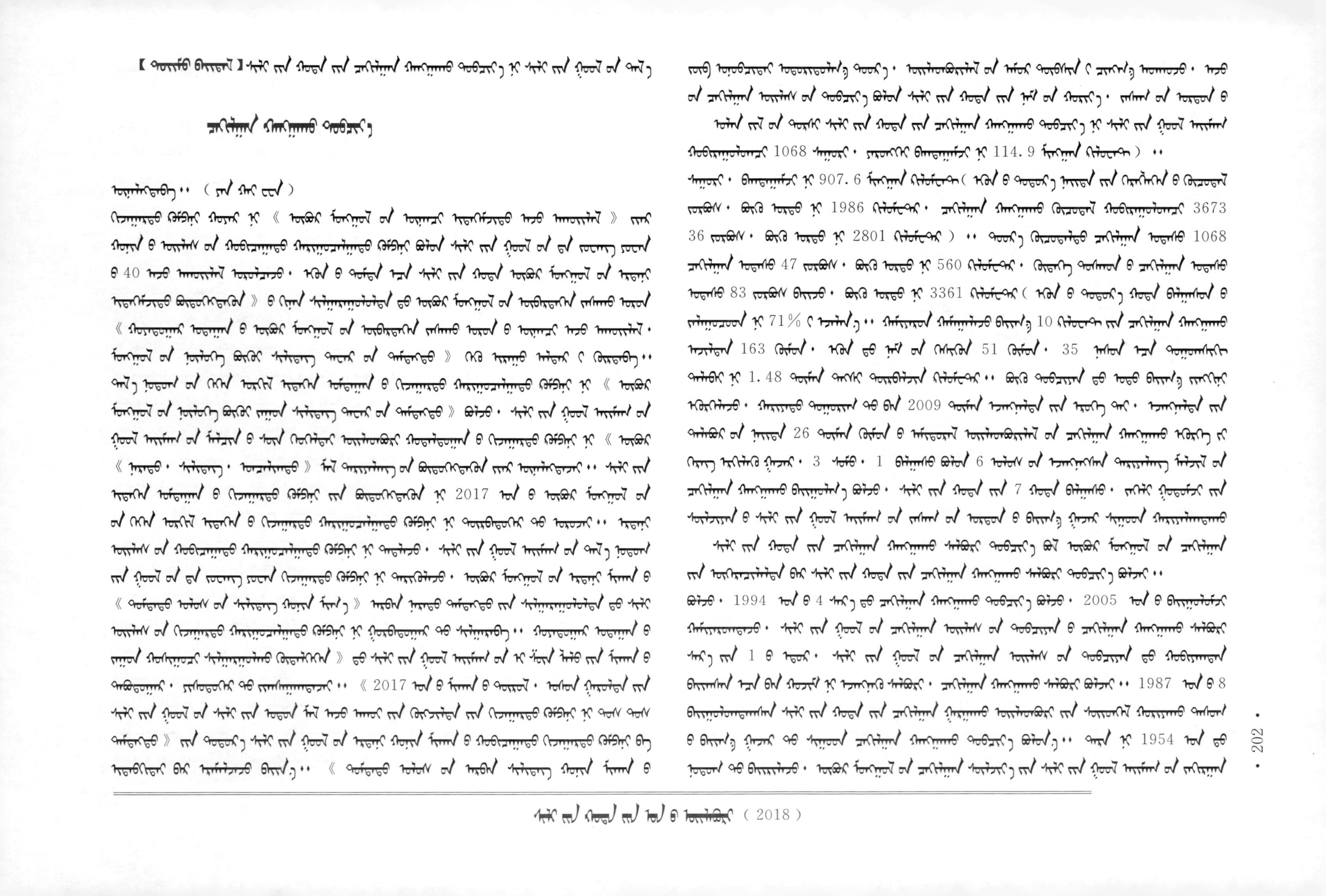

【 [illegible] 】 [illegible]

[illegible]

[illegible] ·· ([illegible])

[illegible] 《 [illegible] 》 [illegible] 40 [illegible] 《 [illegible] 》 [illegible] 《 [illegible] 》 [illegible] ·· [illegible] 《 [illegible] 》 [illegible] 《 [illegible] 》 [illegible] 《 [illegible] · [illegible] · [illegible] 》 [illegible] ·· [illegible] 2017 [illegible] ·· [illegible] 《 [illegible] 》 [illegible] ·· [illegible] 《 [illegible] 》 [illegible] ·· 《 2017 [illegible] ·· [illegible] 《 [illegible] 》 [illegible] ·· 《 [illegible]

[illegible] · [illegible] 1068 [illegible] · [illegible] 114.9 [illegible]) ·· [illegible] · [illegible] 907.6 [illegible] ([illegible] · [illegible] 1986 [illegible] · [illegible] 3673 36 [illegible] · [illegible] 2801 [illegible]) ·· [illegible] 1068 [illegible] 47 [illegible] · [illegible] 560 [illegible] · [illegible] 83 [illegible] · [illegible] 3361 [illegible] ([illegible] 71% [illegible] ·· [illegible] 10 [illegible] 163 [illegible] · [illegible] 51 [illegible] · 35 [illegible] 1.48 [illegible] ·· [illegible] · [illegible] 2009 [illegible] · [illegible] 26 [illegible] · 3 [illegible] · 1 [illegible] 6 [illegible] · [illegible] 7 [illegible] · [illegible]

[illegible] ··

[illegible] · 1994 [illegible] 4 [illegible] · 2005 [illegible] · [illegible] 1 [illegible] · [illegible] ·· 1987 [illegible] 8 [illegible] ·· [illegible] 1954 [illegible] · [illegible]

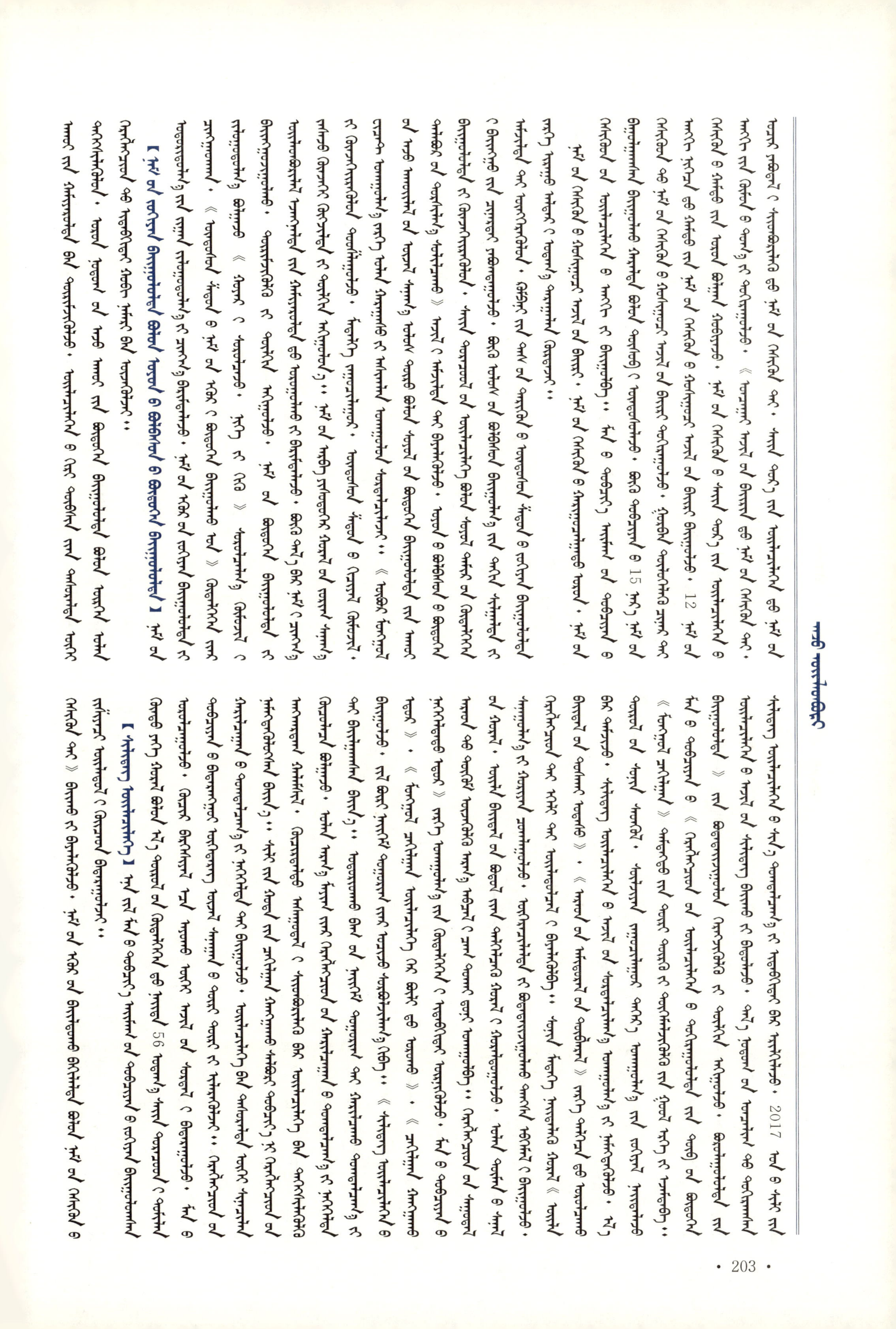

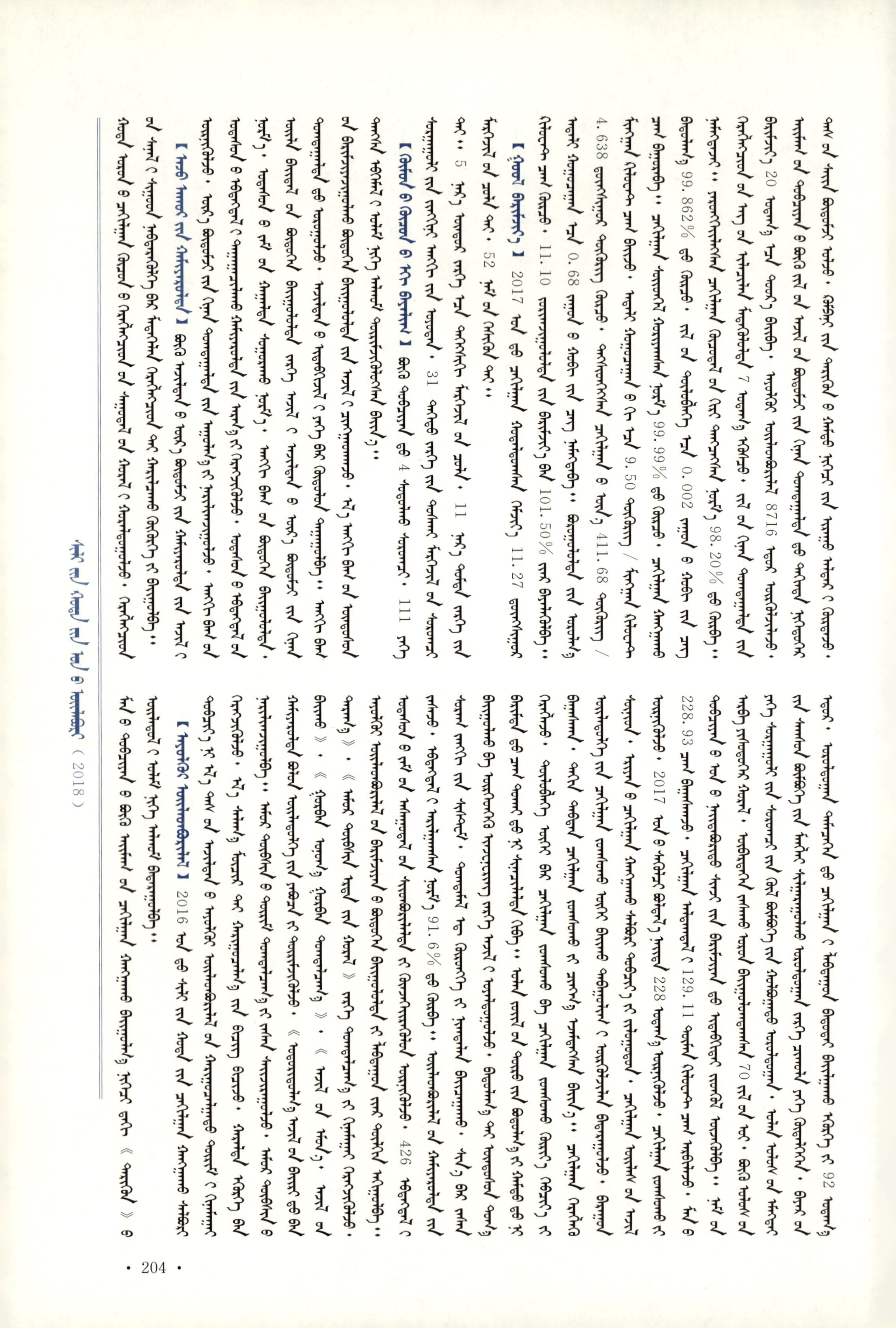

[illegible] 92 [illegible] 20 [illegible] 8716 [illegible] 7 [illegible] 98.20% [illegible] 99.862% [illegible] 0.002 [illegible] 99.99% [illegible] 9.50 [illegible] 411.68 [illegible] / [illegible] 4.638 [illegible] 0.68 [illegible] 11.10 [illegible] 101.50% [illegible]

【[illegible]】 2017 [illegible] 11.27 [illegible] 52 [illegible]

[illegible] 5 [illegible] 11 [illegible] 31 [illegible] 111 [illegible]

【[illegible]】 [illegible] 4 [illegible]

【[illegible]】 [illegible]

[illegible] 70 [illegible] 228.93 [illegible] 2017 [illegible] 228 [illegible] 129.11 [illegible] 91.6% [illegible] 426 [illegible]

【[illegible]】 2016 [illegible]

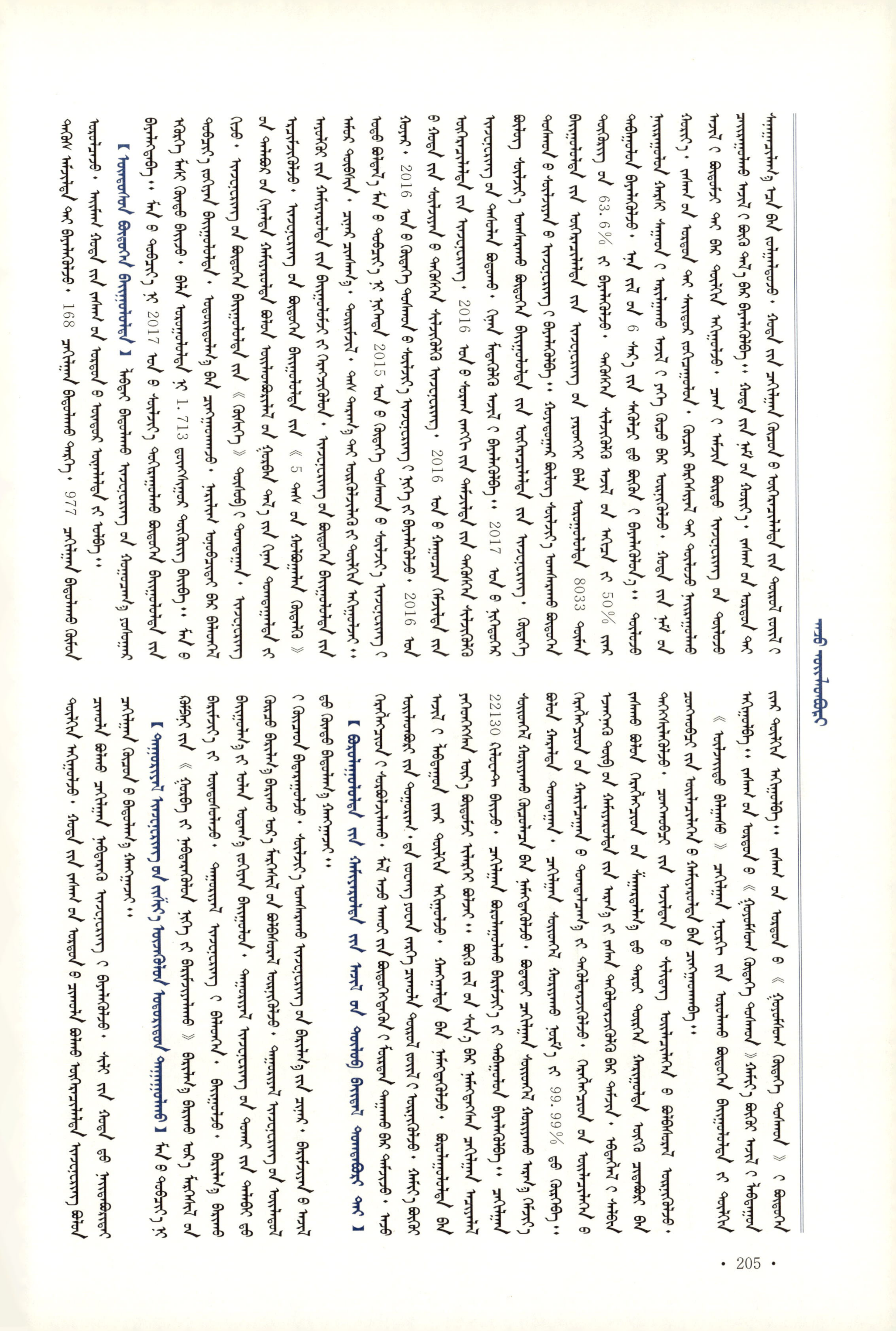

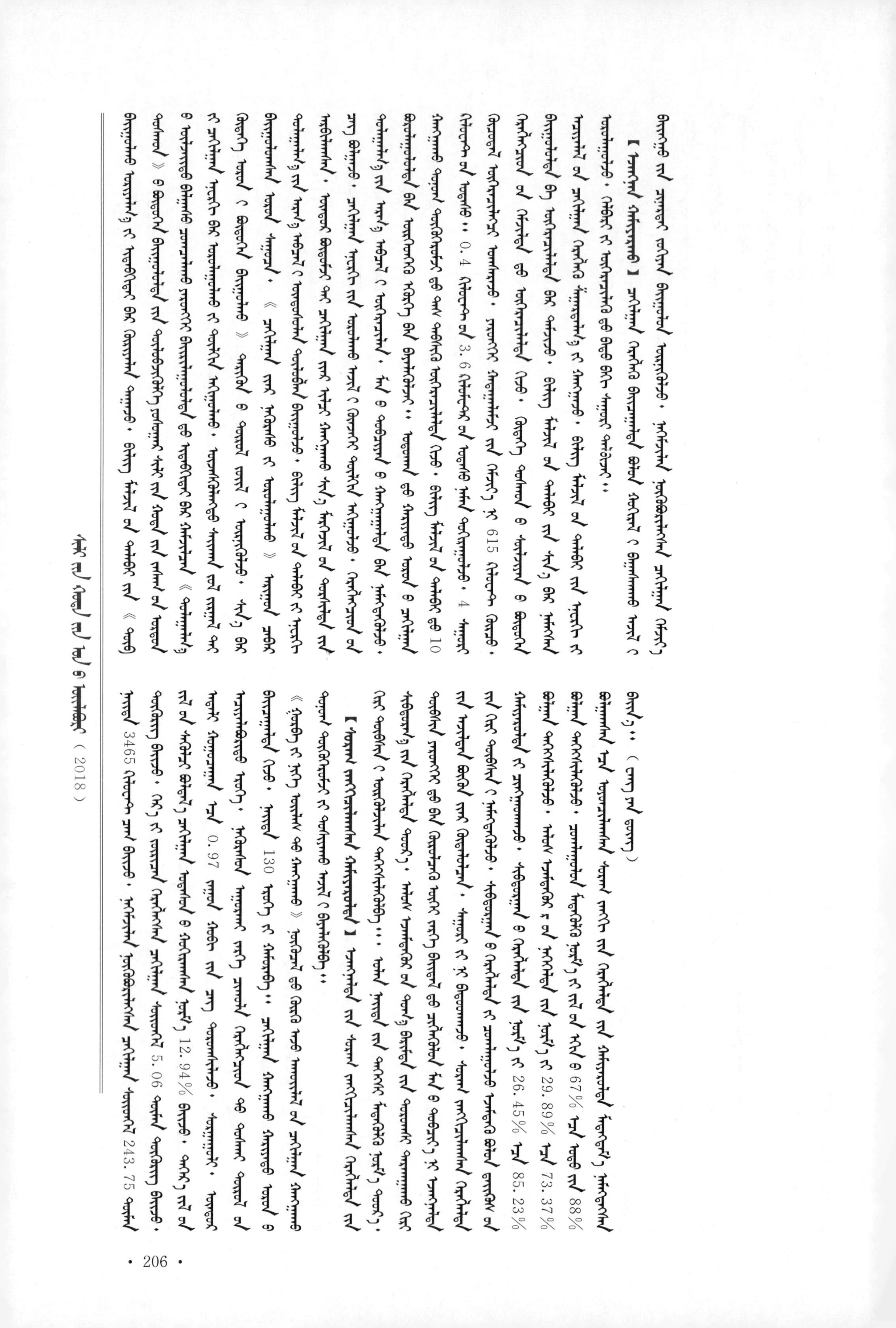

[illegible]

【[illegible]】 [illegible]

[illegible] 615 [illegible] 0.4 [illegible] 3.6 [illegible] 4 [illegible] 10 [illegible]

[illegible] 《[illegible]》 [illegible] 《[illegible]》 [illegible] 《[illegible]

[illegible] （[illegible]）

[illegible] 67% [illegible] 88% [illegible] 29.89% [illegible] 73.37% [illegible] 26.45% [illegible] 85.23% [illegible]

【[illegible]】 [illegible]

《[illegible]》 [illegible] 130 [illegible] 0.97 [illegible] 12.94% [illegible] 5.06 [illegible] 3465 [illegible] 243.75 [illegible]

2017 5

238

2015 2017

APP 11

5

PaaS

2017 110 183

2017

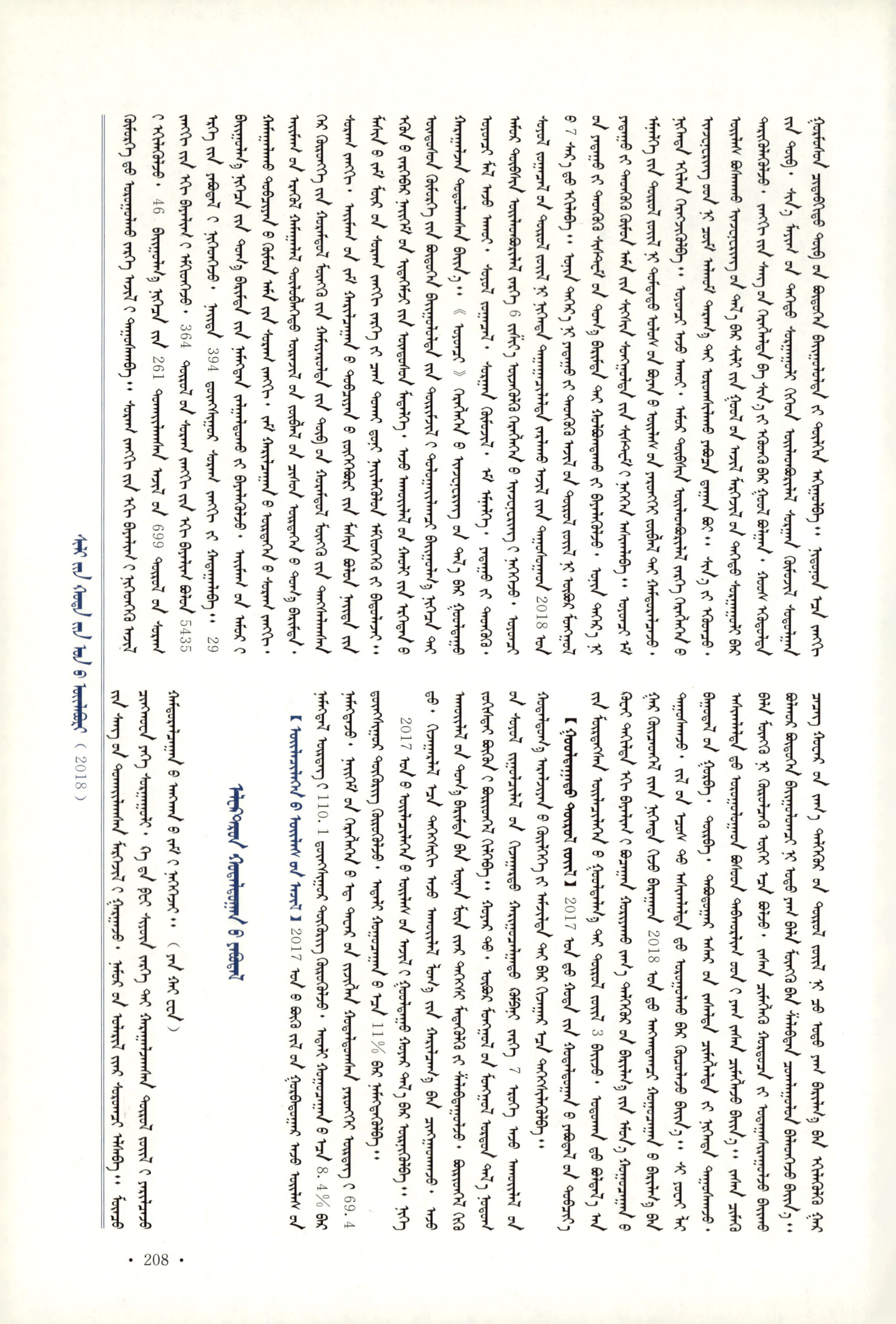

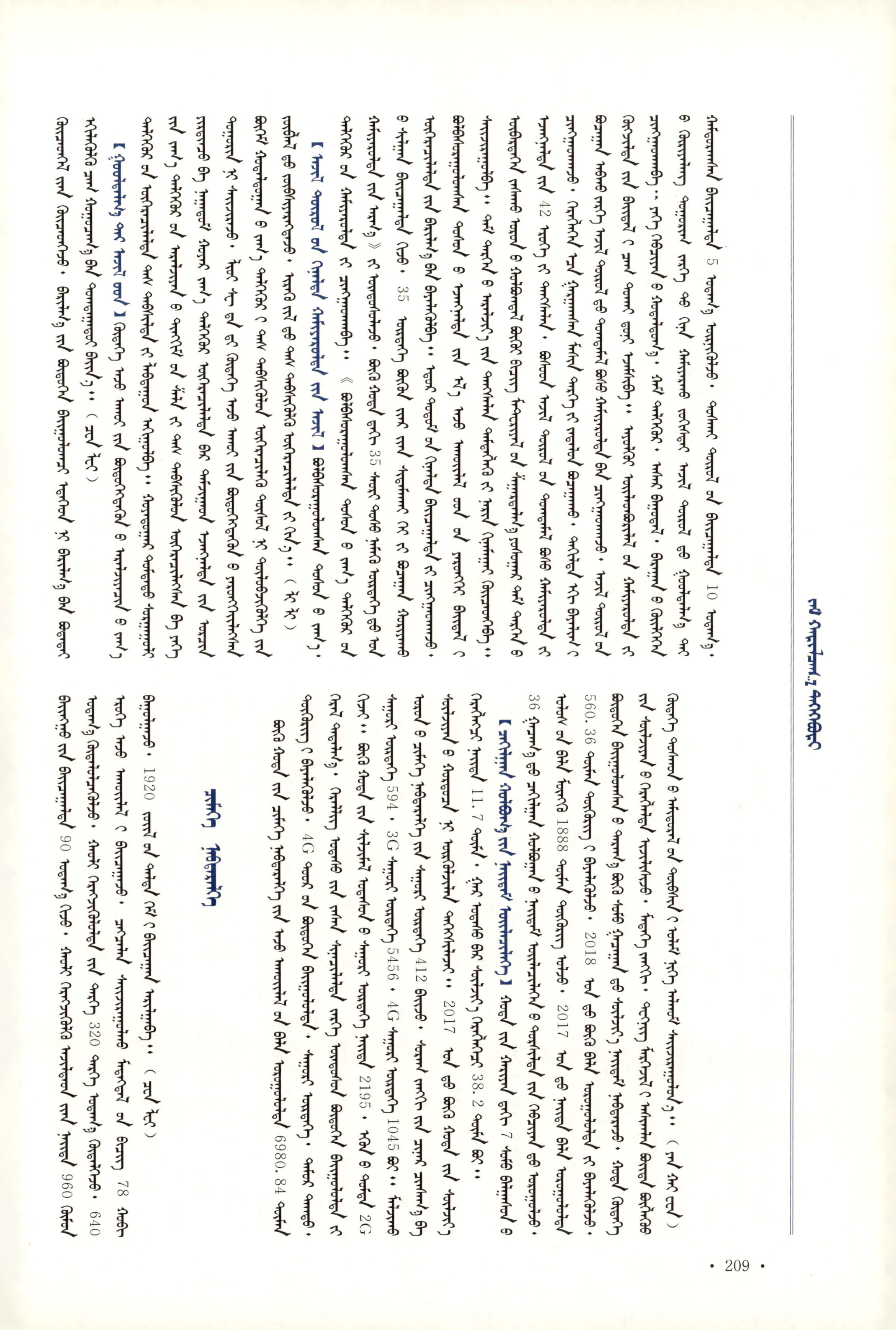

[illegible]

ᠱᠤᠳᠠᠨ ᠴᠠᠬᠢᠯᠭᠠᠨ

[illegible]

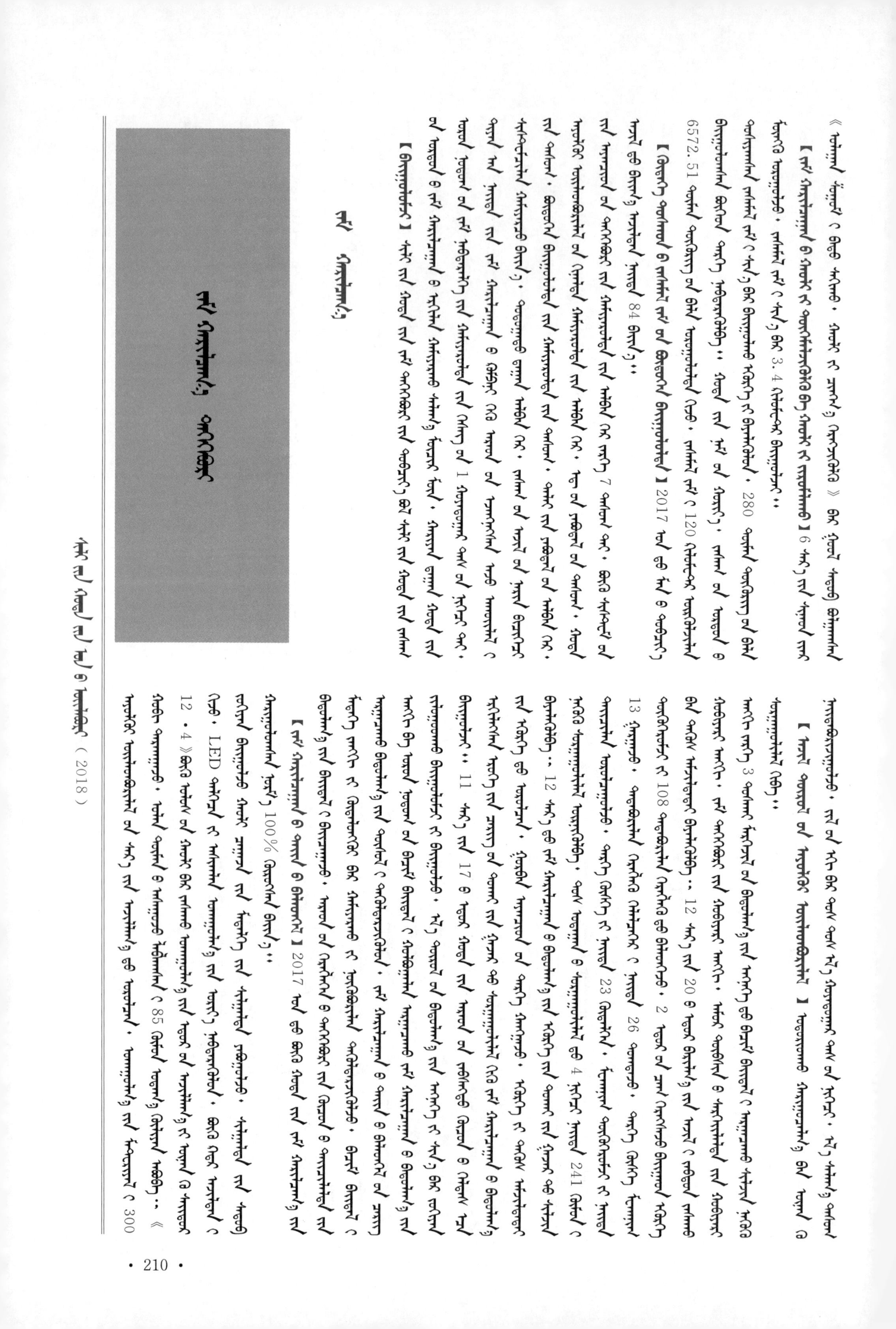

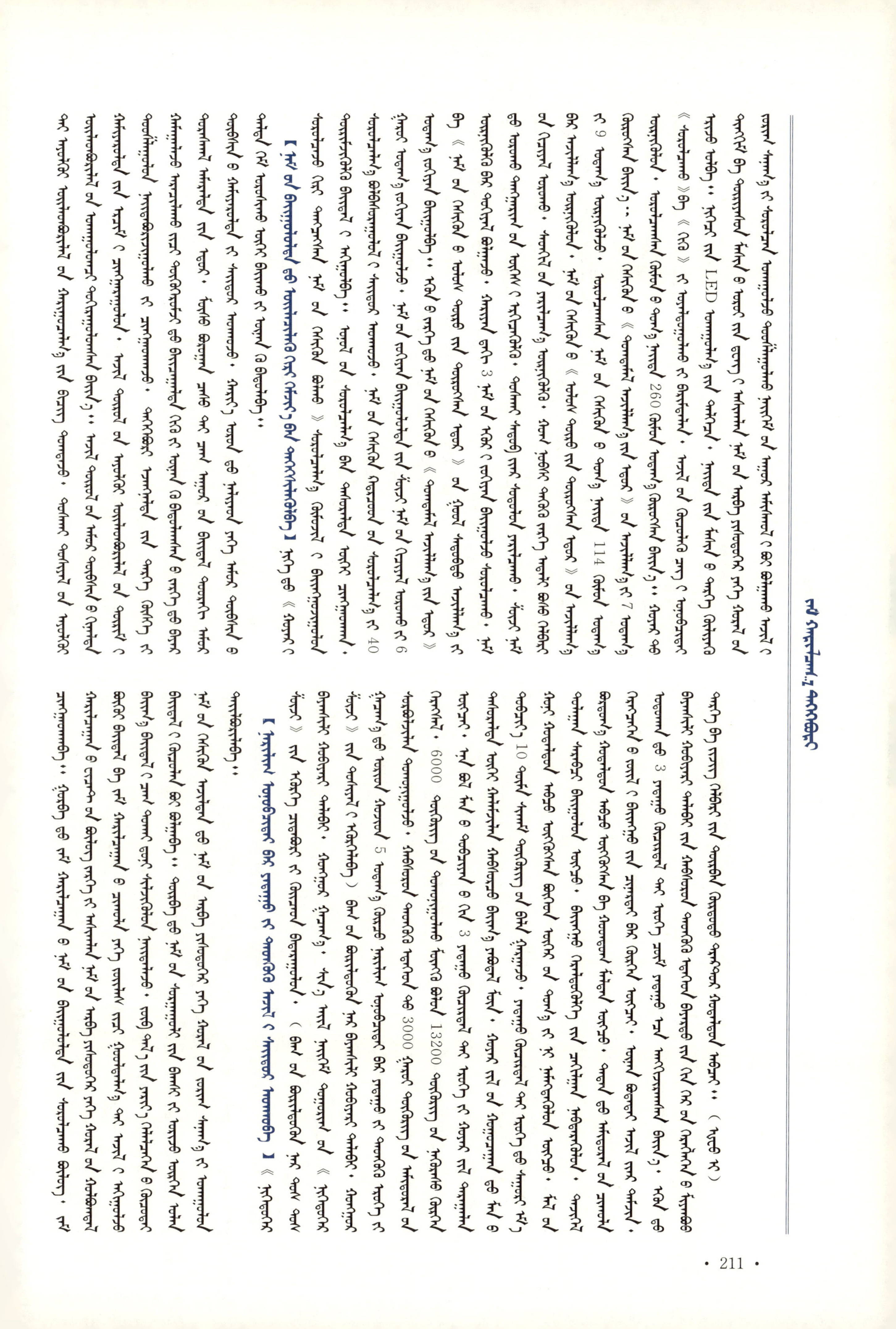

[illegible]

[illegible]

[illegible]

[illegible]

[illegible]

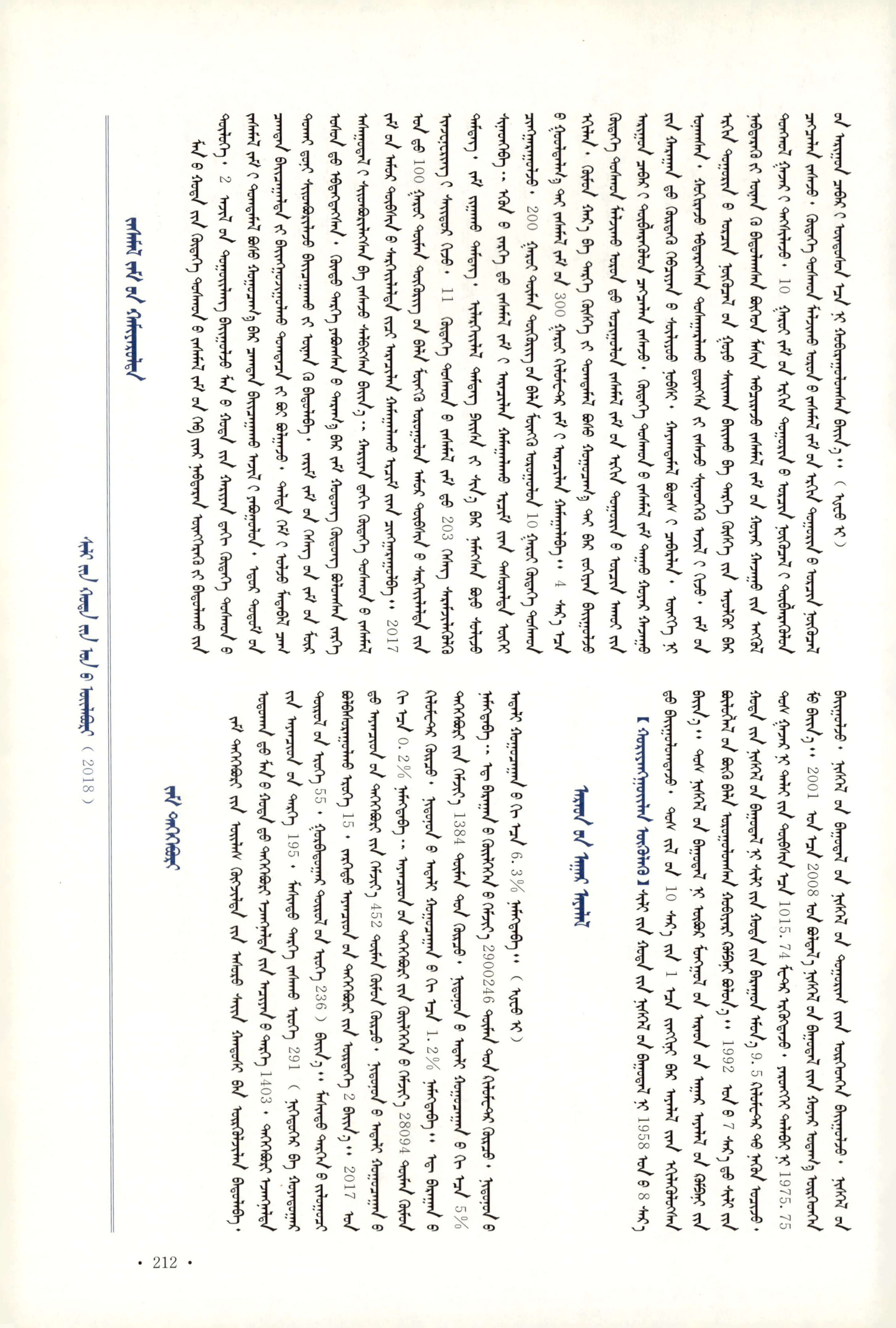

ᠤᠨ ᠵᠠᠮ ᠵᠠᠮᠨᠠᠯᠲᠠ ᠳᠤ ᠲᠤᠰᠬᠠᠢ᠂ ᠰᠢᠨ᠎ᠡ ᠵᠠᠮ ᠤᠨ ᠪᠠᠢᠷᠢ ᠶᠢᠨ ᠬᠡᠮᠵᠢᠶ᠎ᠡ 5800 ᠬᠠᠪᠲᠠᠭᠠᠢ ᠮᠧᠲ᠋ᠷ᠂ ᠬᠠᠭᠠᠯᠭ᠎ᠠ ᠪᠠᠭᠤᠬᠤ ᠪᠠᠭᠤᠬᠤ ᠬᠡᠰᠡᠭᠯᠡᠭᠰᠡᠨ ᠳᠤ ᠬᠦᠷᠴᠡᠭᠰᠡᠨ ᠪᠠᠶᠢᠨ᠎ᠠ᠃ 2009 ᠣᠨ ᠤ 7 ᠰᠠᠷ᠎ᠠ ᠳᠤ ᠰᠢᠨ᠎ᠡ ᠨᠢᠰᠬᠡᠯ ᠦᠨ ᠪᠠᠭᠤᠳᠠᠯ ᠨᠢ ᠪᠣᠢᠩ ᠲᠠᠢ 737/800 ᠨᠢᠰᠬᠡᠬᠦ ᠪᠠᠭᠤᠬᠤ ᠬᠣᠶᠠᠷ ᠪᠣᠢᠩ ᠲᠠᠢ 767/300 ER ᠮᠡᠲᠦ ᠠᠯᠪᠠᠨ ᠨᠢᠰᠬᠡᠯ ᠦᠨ ᠠᠯᠪᠠᠨ ᠤ ᠨᠢᠰᠬᠡᠯ ᠢᠶᠡᠷ ᠨᠢᠰᠬᠡᠬᠦ D ᠠᠯᠪᠠᠨ ᠤ ᠨᠢᠰᠬᠡᠯ ᠰᠢᠨ᠎ᠡ ᠬᠡᠷᠡᠭᠯᠡᠭᠡᠨ ᠳᠦ ᠨᠢᠰᠬᠡᠬᠦ ᠪᠠᠭᠤᠬᠤ ᠬᠡᠷᠡᠭ ᠨᠢᠰᠬᠡᠯ ᠲᠡᠢ ᠪᠠᠭᠤᠳᠠᠯ ᠤᠨ ᠠᠩᠭᠢᠯᠠᠯ ᠢ 4C ᠠᠩᠭᠢ᠂ ᠵᠠᠮ ᠤ ᠰᠢᠯᠭᠠᠯᠲᠠ ᠪᠠᠢᠳᠠᠯ ᠤᠨ ᠠᠩᠭᠢ 6 ᠳᠤ ᠬᠦᠷᠴᠡᠢ᠂ ᠲᠡᠭᠦᠨ ᠢ C ᠠᠩᠭᠢᠯᠠᠯ ᠤᠨ ᠬᠡᠮᠵᠢᠶ᠎ᠡ ᠪᠡᠷ ᠨᠢᠰᠬᠡᠯ ᠦᠨ ᠠᠵᠢᠯ ᠤᠨ ᠰᠢᠯᠭᠠᠯᠲᠠ ᠪᠠᠢᠳᠠᠯ ᠤᠨ ᠲᠣᠨᠣᠭᠯᠠᠯ ᠢ ᠪᠠᠲᠤᠯᠠᠵᠠᠢ᠂ ᠨᠢᠰᠬᠡᠯ ᠪᠠᠭᠤᠳᠠᠯ ᠤᠨ ᠲᠣᠨᠣᠭᠯᠠᠯ ᠤᠨ ᠰᠢᠯᠭᠠᠯᠲᠠ ᠶᠢ ᠬᠢᠵᠦ ᠪᠠᠢᠭ᠎ᠠ ᠪᠤᠯᠤᠨ᠂ ᠨᠢᠰᠬᠡᠯ ᠪᠠᠭᠤᠳᠠᠯ ᠤᠨ ᠠᠵᠢᠯ ᠤᠨ ᠲᠣᠨᠣᠭᠯᠠᠯ ᠤᠨ ᠠᠵᠢᠯ ᠤᠨ ᠲᠣᠭᠲᠠᠭᠠᠯ ᠢ ᠪᠠᠲᠤᠯᠠᠵᠤ᠃ ᠨᠢᠰᠬᠡᠯ ᠪᠠᠭᠤᠳᠠᠯ ᠤᠨ ᠠᠵᠢᠯ ᠢ ᠨᠢᠰᠬᠡᠯ ᠪᠠᠭᠤᠳᠠᠯ ᠤᠨ ᠬᠢᠨᠠᠯᠲᠠ ᠳᠤ ᠬᠦᠷᠴᠡᠢ ᠲᠡᠢ ᠡᠷᠦᠯ ᠪᠣᠯᠤᠨ ᠬᠠᠮᠢᠶᠠᠷᠤᠯᠲᠠ ᠬᠢᠨᠠᠯᠲᠠ ᠶᠢᠨ ᠨᠢᠰᠬᠡᠯ ᠦᠨ ᠪᠠᠭᠤᠳᠠᠯ ᠢ ᠨᠡᠶᠢᠳᠡᠬᠦ᠃

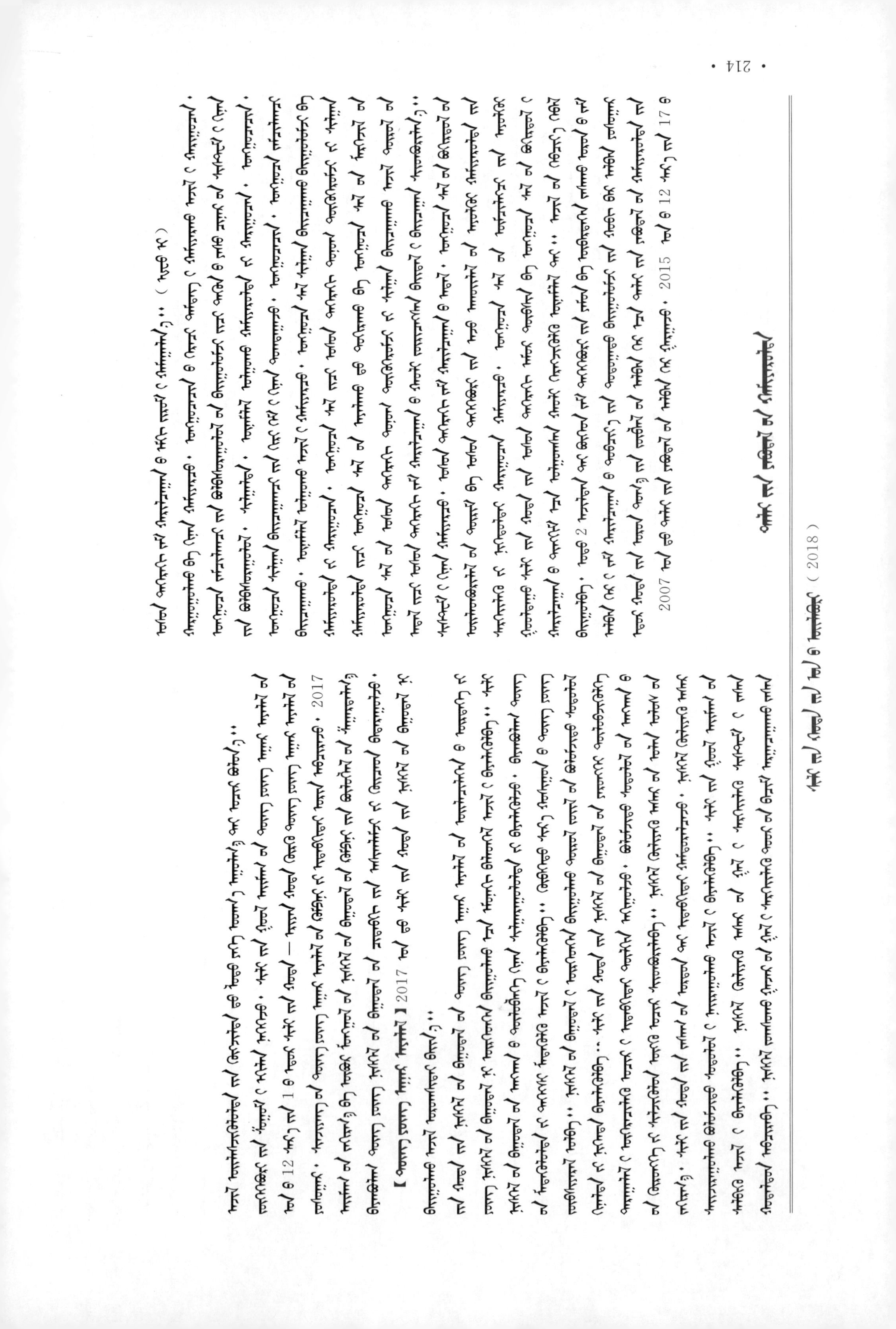

ᠬᠥᠳᠡ ᠶᠢᠨ ᠪᠠᠶᠢᠭᠠᠯ ᠪᠠᠶᠢᠭᠤᠯᠤᠯᠲᠠ ᠶᠢᠨ ᠰᠤᠷᠭᠠᠭᠤᠯᠢ

ᠪᠠᠭᠤᠷᠢᠨ ᠶᠢᠨ ᠪᠠᠶᠢᠭᠠᠯ ᠪᠠᠶᠢᠭᠤᠯᠤᠯ
ᠬᠣᠲᠠ ᠰᠢᠯᠢ ᠤᠨ ᠰᠤᠮᠤ

【ᠵᠠᠰᠠᠭ ᠵᠠᠬᠢᠷᠭᠠᠨ ᠤ ᠬᠠᠷᠢᠶᠠᠯᠠᠯ】 ᠬᠣᠲᠠ ᠶᠢᠨ ᠬᠣᠲᠠ ᠶᠢᠨ ᠬᠣᠷᠢᠶ᠎ᠠ ᠰᠢᠯᠢ ᠶᠢᠨ ᠬᠣᠲᠠ ᠶᠢᠨ ᠬᠣᠷᠤᠭ᠎ᠠ ᠶᠢᠨ ᠵᠢᠯ 1971 ᠣᠨ ᠤ 5 ᠰᠠᠷ᠎ᠠ ᠳᠤ ᠪᠠᠶᠢᠭᠤᠯᠤᠭᠳᠠᠭᠰᠠᠨ᠂ ᠬᠣᠲᠠ ᠶᠢᠨ ᠬᠣᠷᠢᠶ᠎ᠠ ᠶᠢᠨ ᠬᠠᠮᠢᠶᠠᠷᠤᠯᠲᠠ ᠳᠤ ᠪᠠᠶᠢᠳᠠᠭ᠃ ᠬᠣᠲᠠ ᠶᠢᠨ ᠵᠠᠰᠠᠭ ᠤᠨ ᠭᠠᠵᠠᠷ ᠤᠨ ᠬᠣᠷᠢᠶ᠎ᠠ ᠰᠢᠯᠢ᠂ ᠪᠠᠭᠤᠷᠢᠨ ᠤ ᠬᠣᠲᠠ ᠶᠢᠨ ᠬᠣᠷᠢᠶ᠎ᠠ᠂ ᠬᠣᠲᠠ ᠶᠢᠨ ᠵᠠᠰᠠᠭ ᠤᠨ ᠭᠠᠵᠠᠷ ᠤᠨ ᠬᠣᠷᠢᠶ᠎ᠠ ᠶᠢᠨ ᠬᠠᠮᠢᠶᠠᠷᠤᠯᠲᠠ ᠳᠤ᠂ ᠬᠣᠲᠠ ᠶᠢᠨ ᠬᠣᠷᠢᠶ᠎ᠠ ᠶᠢᠨ ᠳᠤᠮᠳᠠ ᠭᠠᠵᠠᠷ ᠲᠤ ᠪᠠᠶᠢᠷᠢᠯᠠᠨ᠎ᠠ᠃ ᠬᠠᠮᠢᠶᠠᠷᠤᠭᠤᠯᠬᠤ 10 ᠭᠠᠴᠠᠭ᠎ᠠ ᠪᠠᠶᠢᠨ᠎ᠠ᠂ ᠬᠣᠲᠠ ᠶᠢᠨ ᠪᠠᠷᠠᠭᠤᠨ ᠬᠣᠢᠨ᠎ᠠ ᠲᠠᠯ᠎ᠠ ᠳᠤ ᠪᠠᠶᠢᠷᠢᠯᠠᠨ᠎ᠠ᠂ ᠬᠣᠷᠢᠶ᠎ᠠ ᠶᠢᠨ ᠵᠠᠰᠠᠭ ᠤᠨ ᠭᠠᠵᠠᠷ ᠤᠨ ᠬᠣᠷᠢᠶ᠎ᠠ ᠶᠢᠨ ᠲᠥᠪ ᠳᠤ 7 ᠬᠢᠯᠣᠮᠧᠲᠷ ᠵᠠᠶ ᠲᠠᠶ᠂ ᠬᠣᠲᠠ ᠶᠢᠨ ᠬᠣᠷᠢᠶ᠎ᠠ ᠶᠢᠨ ᠪᠠᠷᠠᠭᠤᠨ ᠬᠣᠢᠨ᠎ᠠ ᠳᠤ ᠪᠠᠶᠢᠳᠠᠭ ᠪᠠᠶᠢᠭᠤᠯᠤᠯᠲᠠ ᠶᠢᠨ ᠭᠠᠵᠠᠷ ᠪᠣᠯᠤᠨ᠎ᠠ᠃

ᠰᠤᠷᠭᠠᠭᠤᠯᠢ ᠶᠢᠨ ᠬᠠᠮᠢᠶᠠᠷᠤᠯᠲᠠ ᠳᠤ ᠪᠠᠶᠢᠳᠠᠭ ᠪᠠᠶᠢᠨ᠎ᠠ᠃ ᠬᠣᠲᠠ ᠶᠢᠨ ᠬᠣᠷᠢᠶ᠎ᠠ 6 ᠭᠠᠴᠠᠭ᠎ᠠ᠂ ᠬᠣᠲᠠ ᠶᠢᠨ ᠵᠠᠰᠠᠭ ᠤᠨ ᠭᠠᠵᠠᠷ 7 ᠭᠠᠴᠠᠭ᠎ᠠ᠂ ᠬᠣᠲᠠ ᠶᠢᠨ ᠬᠣᠷᠢᠶ᠎ᠠ 18 ᠪᠦᠯᠦᠭ᠂ ᠠᠯᠪᠠ ᠶᠢᠨ 5

【ᠭᠠᠵᠠᠷ ᠤᠨ ᠲᠠᠯᠠᠪᠠᠢ᠂ ᠪᠠᠶᠢᠭᠠᠯ ᠤᠨ ᠪᠠᠶᠢᠳᠠᠯ】 ᠨᠢᠭᠡᠲᠡ ᠳᠤ ᠬᠢᠯᠣᠮᠧᠲᠷ ᠪᠠᠶᠢᠨ᠎ᠠ᠃

【ᠨᠡᠢᠳᠡ ᠶᠢᠨ ᠲᠠᠯᠠᠪᠠᠢ】 ᠨᠡᠢᠲᠡ ᠶᠢᠨ ᠲᠠᠯᠠᠪᠠᠢ 1247.3764 ᠬᠠᠪᠲᠠᠭᠠᠢ ᠬᠢᠯᠣᠮᠧᠲᠷ ᠪᠠᠶᠢᠨ᠎ᠠ᠃

【ᠪᠠᠶᠢᠭᠠᠯ ᠤᠨ ᠪᠠᠶᠢᠳᠠᠯ ᠤᠨ ᠨᠦᠬᠦᠴᠡᠯ ᠪᠠ ᠨᠥᠬᠥᠴᠡᠯ ᠪᠠᠶᠢᠳᠠᠯ】 ᠬᠣᠲᠠ ᠶᠢᠨ ᠪᠠᠶᠢᠭᠠᠯ ᠤᠨ ᠪᠠᠶᠢᠳᠠᠯ ᠤᠨ ᠬᠠᠮᠢᠶᠠᠷᠤᠯᠲᠠ ᠳᠤ ᠪᠠᠶᠢᠳᠠᠭ ᠪᠠᠶᠢᠭᠤᠯᠤᠯᠲᠠ ᠶᠢᠨ ᠨᠦᠬᠦᠴᠡᠯ ᠪᠠᠶᠢᠳᠠᠯ ᠤᠨ 《ᠬᠣᠲᠠ ᠶᠢᠨ ᠬᠣᠷᠢᠶ᠎ᠠ ᠶᠢᠨ ᠪᠠᠶᠢᠭᠠᠯ ᠤᠨ ᠪᠠᠶᠢᠳᠠᠯ》 143 ᠳᠤᠭᠠᠷ ᠬᠠᠭᠤᠳᠠᠰᠤ ᠳᠤ ᠪᠠᠶᠢᠳᠠᠭ᠃

【ᠬᠦᠮᠦᠨ ᠠᠮ ᠤ ᠲᠣᠭ᠎ᠠ】 ᠪᠠᠶᠢᠭᠤᠯᠤᠯᠲᠠ ᠶᠢᠨ ᠬᠦᠮᠦᠨ ᠠᠮ 128.6 ᠮᠢᠩᠭ᠎ᠠ ᠬᠦᠮᠦᠨ᠂ ᠡᠮᠡᠭᠲᠡᠢ ᠬᠦᠮᠦᠨ 20.9 ᠮᠢᠩᠭ᠎ᠠ ᠬᠦᠮᠦᠨ ᠪᠠᠶᠢᠨ᠎ᠠ᠃

【ᠦᠨᠳᠦᠰᠦᠲᠡᠨ ᠦ ᠪᠦᠷᠢᠯᠳᠦᠬᠦᠨ】 2017 ᠣᠨ ᠳᠤ ᠪᠠᠶᠢᠭᠤᠯᠤᠯᠲᠠ ᠶᠢᠨ ᠬᠣᠲᠠ ᠶᠢᠨ ᠬᠣᠷᠢᠶ᠎ᠠ ᠳᠤ 55 ᠦᠨᠳᠦᠰᠦᠲᠡᠨ ᠪᠠᠶᠢᠨ᠎ᠠ᠃ ᠮᠣᠩᠭᠣᠯ᠂ ᠬᠢᠲᠠᠳ᠂ ᠬᠣᠲᠣᠩ᠂ ᠮᠠᠨᠵᠤ ᠵᠡᠷᠭᠡ ᠦᠨᠳᠦᠰᠦᠲᠡᠨ ᠪᠠᠶᠢᠨ᠎ᠠ᠃ ᠬᠣᠲᠠ ᠶᠢᠨ ᠬᠣᠷᠢᠶ᠎ᠠ ᠶᠢᠨ ᠬᠦᠮᠦᠨ ᠠᠮ ᠤ ᠲᠣᠭ᠎ᠠ ᠨᠢ ᠪᠠᠶᠢᠭᠤᠯᠤᠯᠲᠠ ᠶᠢᠨ ᠬᠦᠮᠦᠨ ᠠᠮ ᠤ ᠲᠣᠭ᠎ᠠ ᠶᠢᠨ ᠬᠠᠮᠤᠭ ᠣᠯᠠᠨ ᠬᠡᠰᠡᠭ ᠢ ᠡᠵᠡᠯᠡᠨ᠎ᠡ᠃ ᠮᠣᠩᠭᠣᠯ ᠦᠨᠳᠦᠰᠦᠲᠡᠨ ᠦ ᠬᠦᠮᠦᠨ ᠠᠮ ᠤ ᠲᠣᠭ᠎ᠠ ᠬᠣᠲᠠ ᠶᠢᠨ ᠬᠣᠷᠢᠶ᠎ᠠ ᠶᠢᠨ ᠬᠦᠮᠦᠨ ᠠᠮ ᠤ ᠲᠣᠭ᠎ᠠ ᠶᠢᠨ ᠬᠤᠪᠢ ᠶᠢ ᠡᠵᠡᠯᠡᠨ᠎ᠡ᠃ ᠬᠣᠲᠠ ᠶᠢᠨ ᠬᠣᠷᠢᠶ᠎ᠠ ᠶᠢᠨ ᠬᠦᠮᠦᠨ ᠠᠮ ᠤ ᠲᠣᠭ᠎ᠠ ᠨᠢ ᠵᠢᠯ ᠢ ᠳᠠᠭᠠᠨ ᠨᠡᠮᠡᠭᠳᠡᠵᠦ ᠪᠠᠶᠢᠨ᠎ᠠ᠃ ᠬᠣᠲᠠ ᠶᠢᠨ ᠬᠣᠷᠢᠶ᠎ᠠ ᠶᠢᠨ ᠪᠠᠶᠢᠭᠤᠯᠤᠯᠲᠠ ᠶᠢᠨ ᠬᠦᠮᠦᠨ ᠠᠮ ᠤ ᠲᠣᠭ᠎ᠠ ᠶᠢᠨ ᠬᠤᠪᠢ ᠨᠢ ᠡᠮᠦᠨ᠎ᠡ ᠵᠢᠯ ᠦᠨ ᠠᠳᠠᠯᠢ ᠦᠶ᠎ᠡ ᠡᠴᠡ ᠨᠡᠮᠡᠭᠳᠡᠭᠰᠡᠨ ᠪᠠᠶᠢᠨ᠎ᠠ᠃ ᠬᠣᠲᠠ ᠶᠢᠨ ᠬᠣᠷᠢᠶ᠎ᠠ ᠶᠢᠨ ᠬᠦᠮᠦᠨ ᠠᠮ ᠤ ᠲᠣᠭ᠎ᠠ ᠶᠢᠨ ᠨᠡᠮᠡᠭᠳᠡᠯ ᠡ ᠪᠠᠶᠢᠨ᠎ᠠ᠃

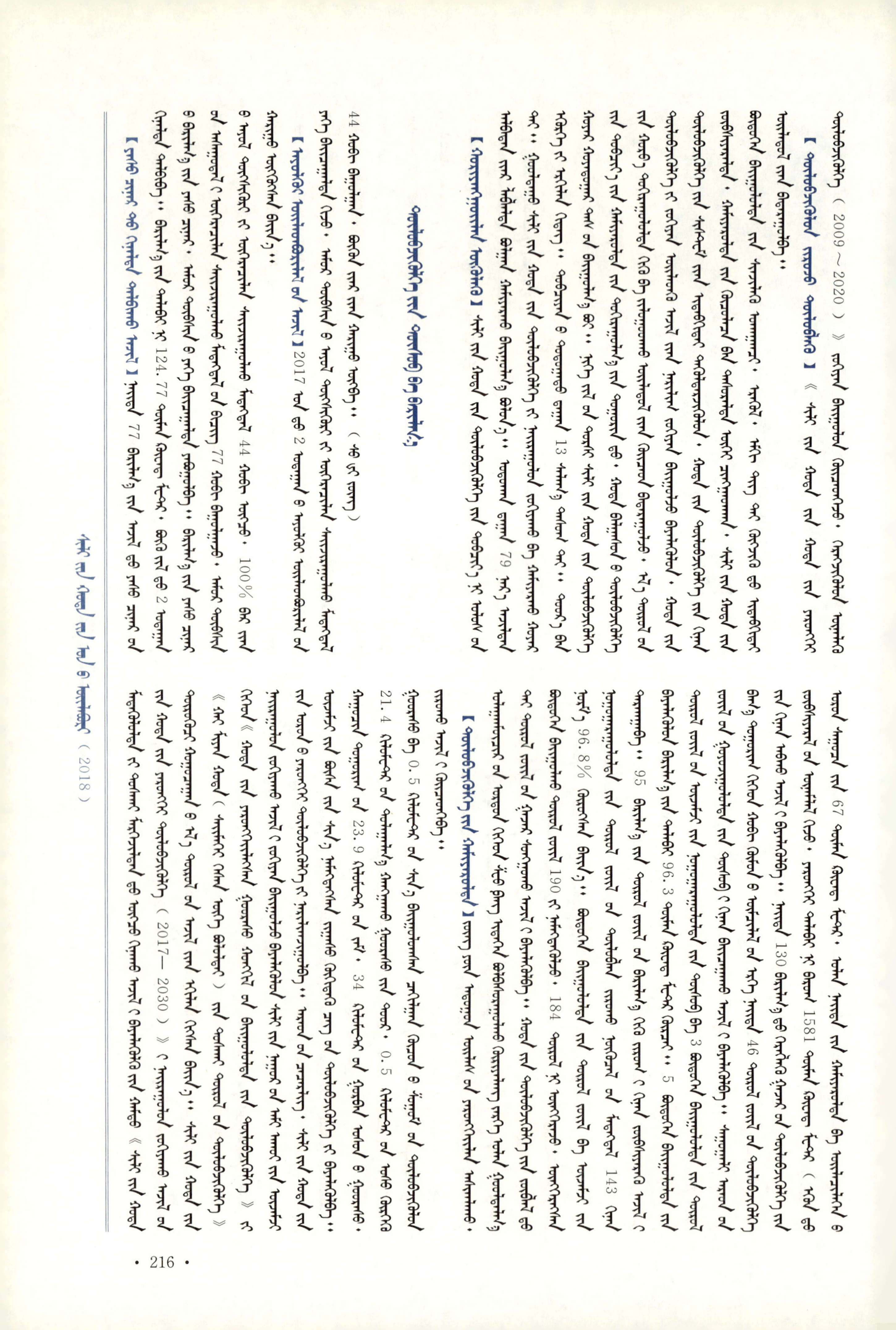

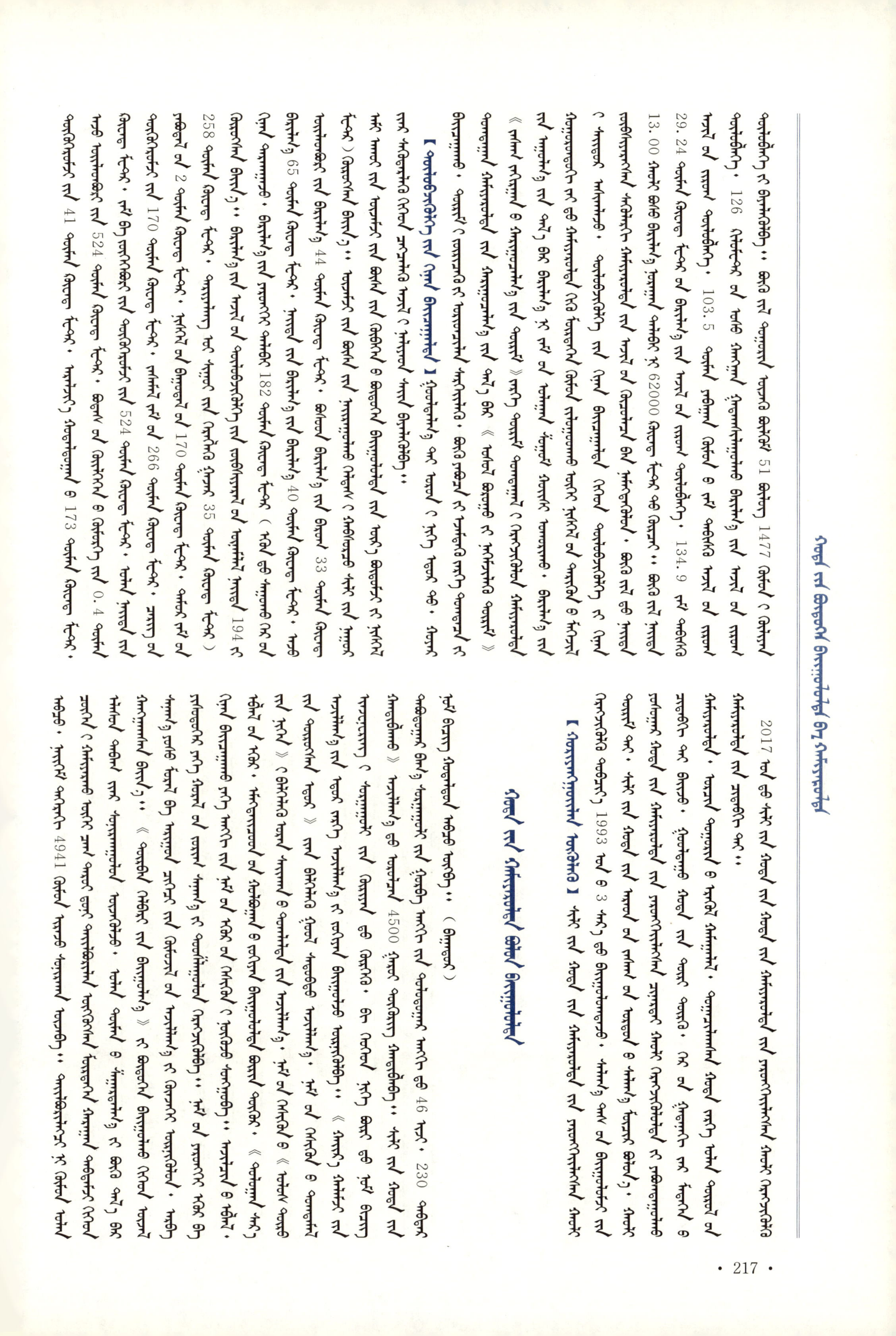

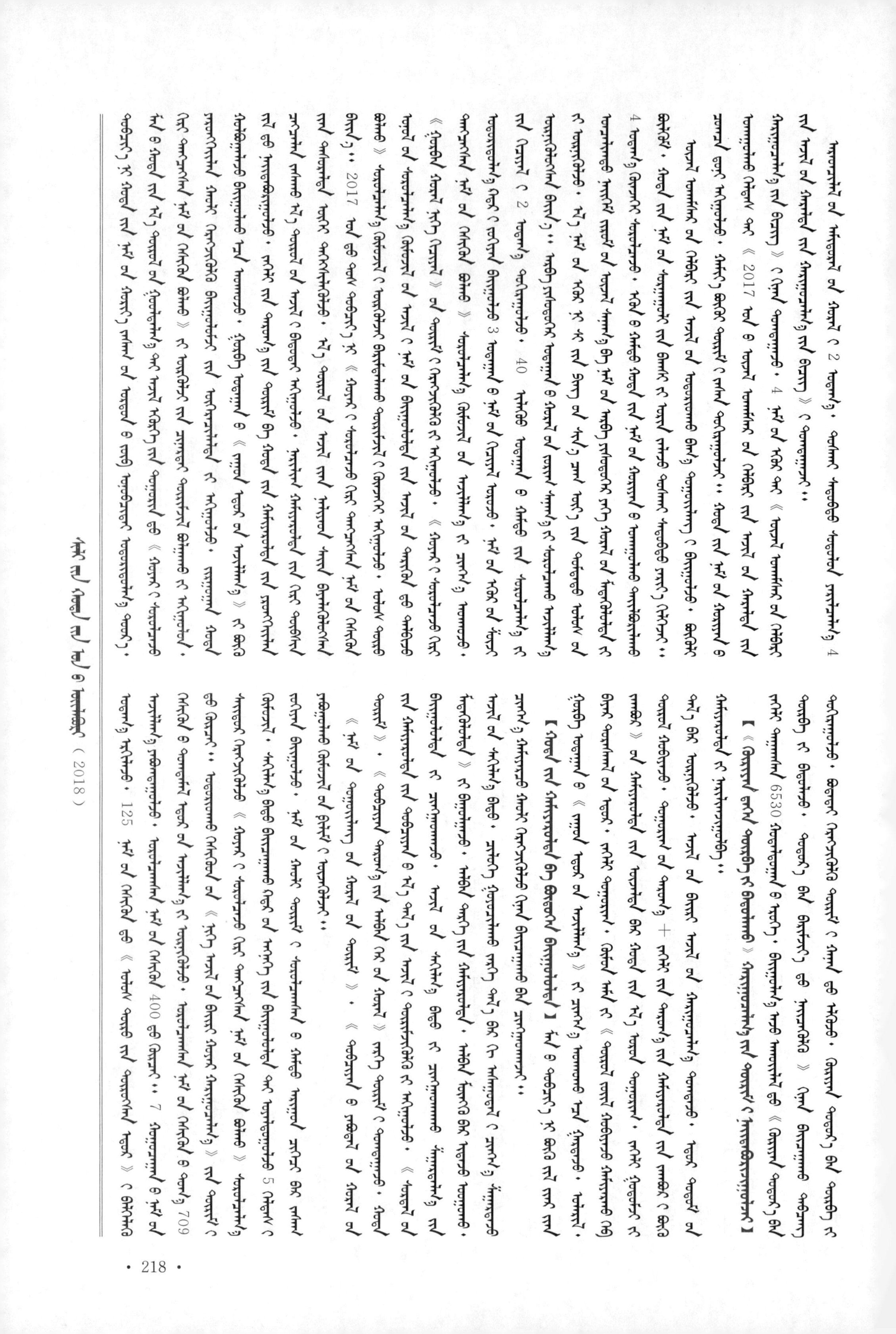

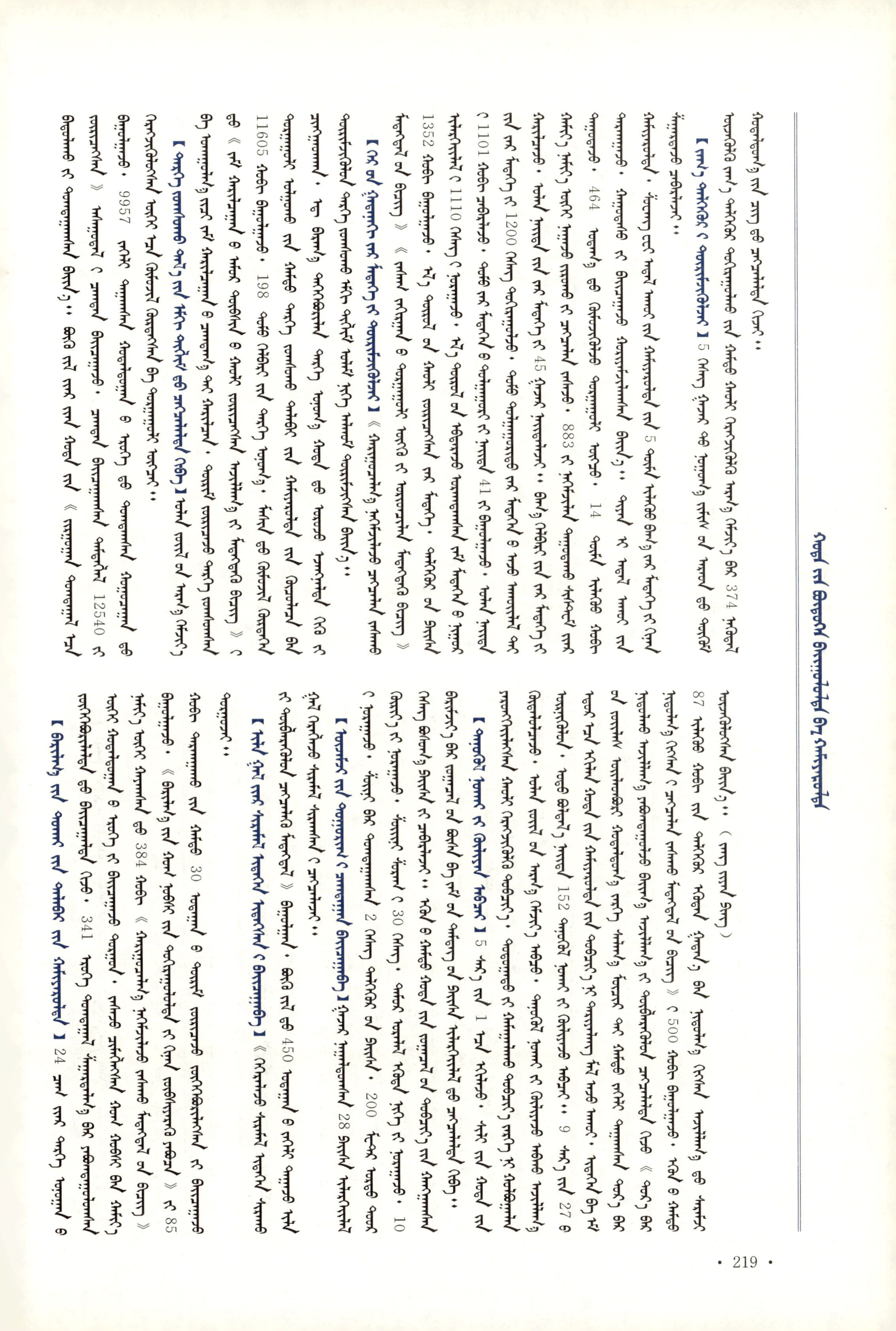

[illegible]

【ᠵᠠᠰᠠᠭ ᠤᠨ ᠬᠥᠷᠥᠩᠭᠥ ᠣᠷᠤᠭᠤᠯᠤᠯᠲᠠ ᠶᠢᠨ ᠲᠥᠰᠦᠯ ᠦᠨ ᠬᠠᠮᠲᠤᠷᠠᠯ ᠤᠨ ᠬᠡᠯᠪᠡᠷᠢ ᠶᠢ ᠬᠥᠭᠵᠢᠭᠦᠯᠬᠦ ᠬᠠᠮᠲᠤᠷᠠᠯ】 ᠵᠠᠰᠠᠭ ᠤᠨ ᠬᠥᠷᠥᠩᠭᠥ ᠣᠷᠤᠭᠤᠯᠤᠯᠲᠠ ᠶᠢᠨ ᠬᠠᠮᠲᠤᠷᠠᠯ ᠤᠨ ᠲᠥᠰᠦᠯ PPP ᠶᠢᠨ ᠬᠡᠯᠪᠡᠷᠢ ᠶᠢ ᠬᠥᠭᠵᠢᠭᠦᠯᠦᠨ᠎ᠡ᠂ ᠵᠠᠰᠠᠭ ᠤᠨ ᠬᠥᠷᠥᠩᠭᠥ ᠣᠷᠤᠭᠤᠯᠤᠯᠲᠠ ᠶᠢᠨ ᠰᠠᠩ ᠤᠨ ᠬᠡᠷᠡᠭᠵᠢᠭᠦᠯᠦᠯᠲᠡ᠂ ᠬᠠᠮᠲᠤ ᠬᠥᠷᠥᠩᠭᠥ ᠣᠷᠤᠭᠤᠯᠤᠯᠲᠠ ᠶᠢᠨ ᠲᠥᠰᠦᠯ ᠢ ᠦᠷᠭᠦᠯᠵᠢᠯᠡᠨ ᠬᠡᠷᠡᠭᠵᠢᠭᠦᠯᠵᠦ ᠪᠠᠶᠢᠨ᠎ᠠ::

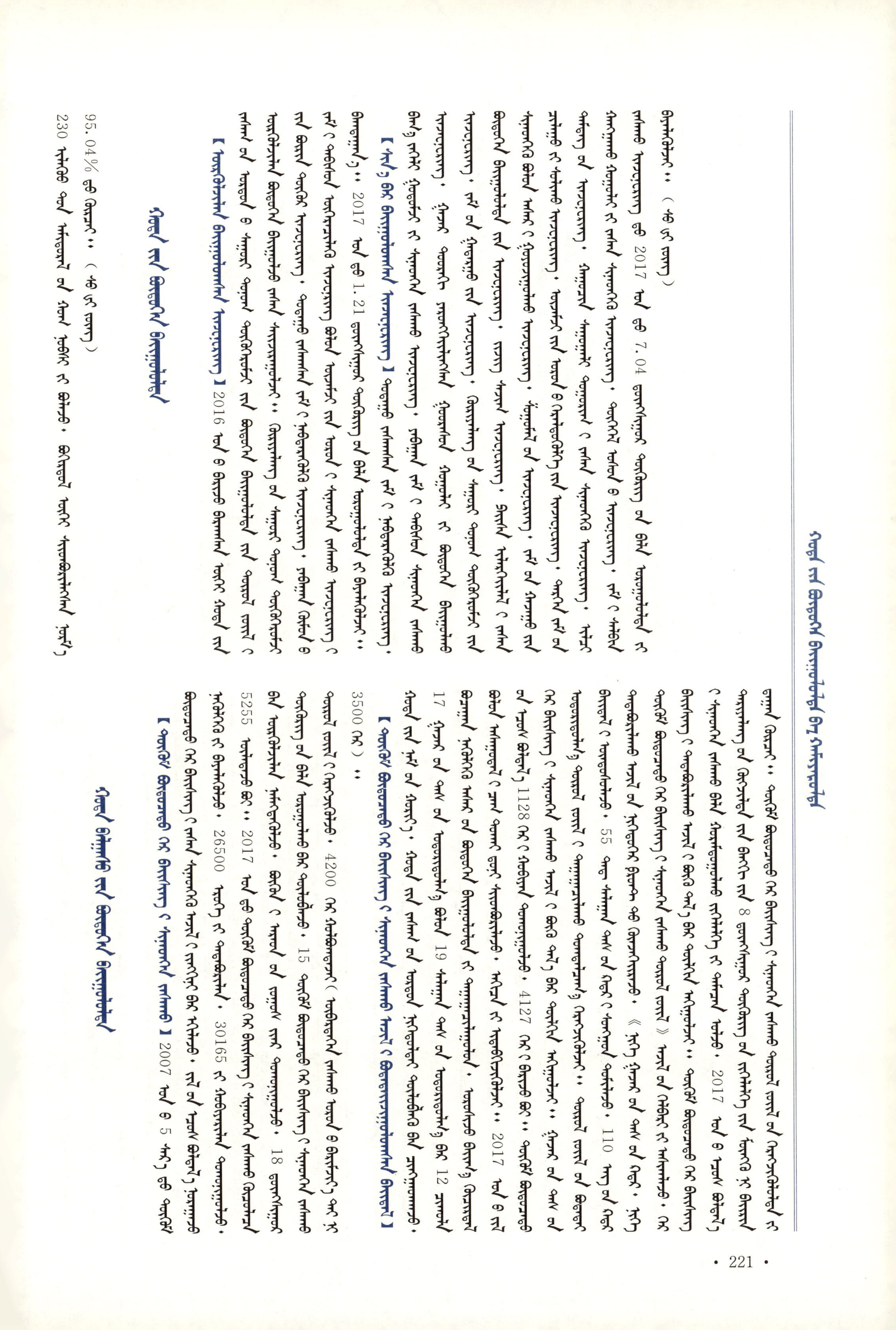

[illegible] ([illegible])

[illegible] 2017 [illegible] 7.04 [illegible] 2017 [illegible] 1.21 [illegible]

[illegible] 2016 [illegible]

[illegible] 95.04% [illegible] ([illegible])

[illegible] 230 [illegible]

[illegible] 2017 [illegible] 8 [illegible] 2017 [illegible] 55 [illegible] 110 [illegible] 1128 [illegible] 4127 [illegible] 2017 [illegible] 17 [illegible] 19 [illegible] 12 [illegible] 3500 [illegible]

[illegible] 4200 [illegible] 15 [illegible] 18 [illegible] 5255 [illegible] 2017 [illegible] 26500 [illegible] 30165 [illegible]

[illegible] 2007 [illegible] 5 [illegible]

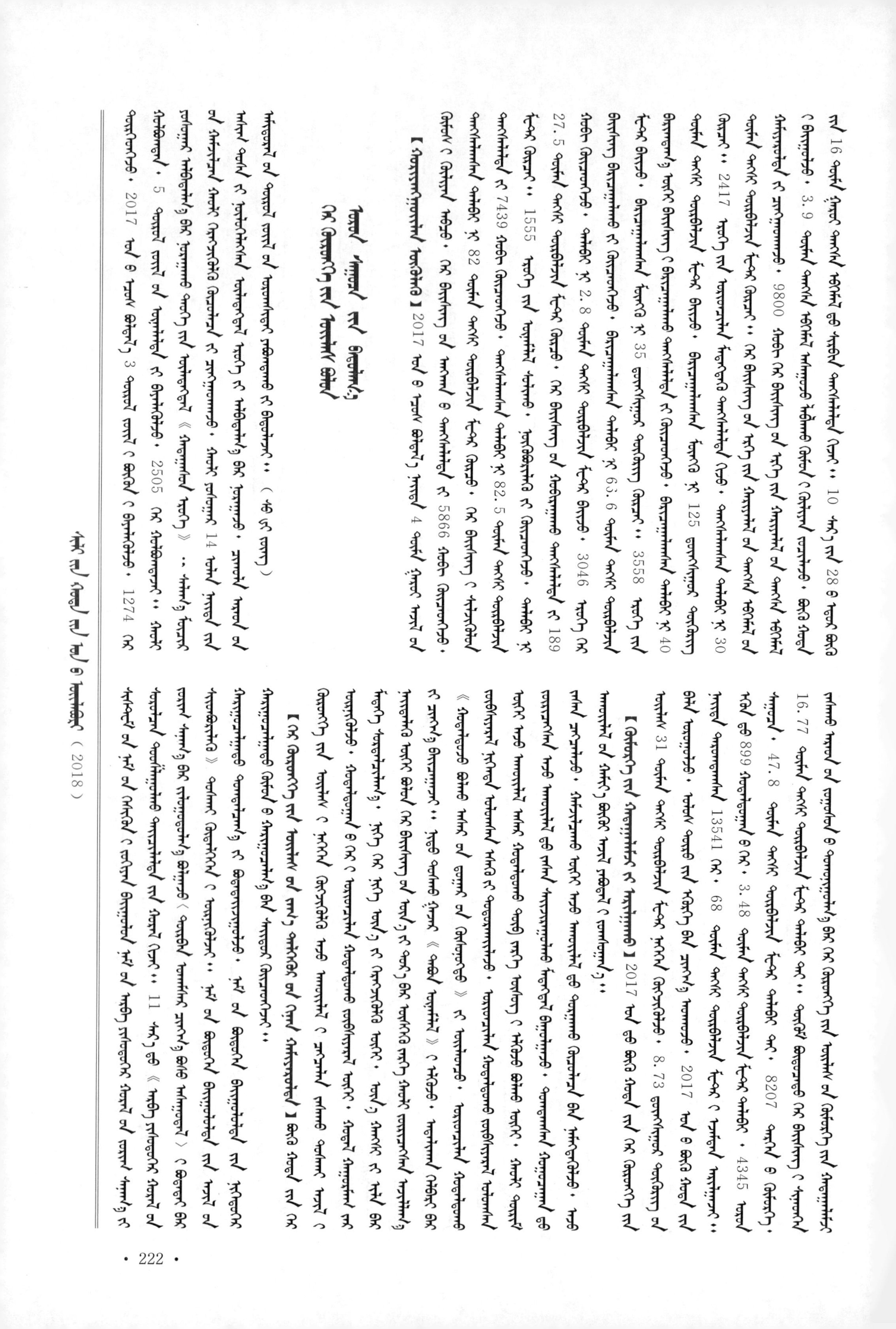

[illegible] 16 [illegible] 10 [illegible] 28 [illegible] 3.9 [illegible] 9800 [illegible] 2417 [illegible] 30 [illegible] 125 [illegible] 40 [illegible] 35 [illegible] 3558 [illegible] 63.6 [illegible] 2.8 [illegible] 3046 [illegible] 27.5 [illegible] 189 [illegible] 1555 [illegible] 7439 [illegible] 82.5 [illegible] 82 [illegible] 5866 [illegible]

【[illegible]】2017 [illegible] 4 [illegible]

[illegible]

[illegible] ([illegible])

[illegible] 14 [illegible] 《[illegible]》 [illegible] 5 [illegible] 2505 [illegible] 2017 [illegible] 3 [illegible] 1274 [illegible]

[illegible] 16.77 [illegible] 47.8 [illegible] 8207 [illegible] 899 [illegible] 3.48 [illegible] 4345 [illegible] 13541 [illegible] 68 [illegible] 2017 [illegible] 31 [illegible] 8.73 [illegible]

【[illegible]】2017 [illegible]

[illegible] 《[illegible]》 [illegible] 《[illegible]》 [illegible]

【[illegible]】[illegible]

[illegible] 《[illegible]》 [illegible] 〈[illegible]〉 [illegible] 11 [illegible] 《[illegible]

ᠬᠣᠶᠠᠷ ᠶᠢᠨ ᠬᠣᠷᠢᠶ᠎ᠠ ᠶᠢ ᠬᠣᠭᠤᠰᠤᠯᠠᠬᠤ᠂ ᠠᠵᠢᠯᠯᠠᠭᠠᠨ ᠤ ᠬᠣᠲᠠ ᠬᠥᠳᠡᠭ᠎ᠡ ᠶᠢᠨ ᠠᠷᠢᠭᠤᠳᠬᠠᠯ ᠤᠨ ᠬᠣᠷᠢᠶ᠎ᠠ ᠶᠢ ᠰᠢᠨᠡᠴᠢᠯᠡᠭᠦᠯᠦᠨ ᠬᠡᠷᠡᠭᠵᠢᠭᠦᠯᠬᠦ ᠢ ᠬᠠᠷᠢᠭᠤᠴᠠᠨ ᠠᠵᠢᠯᠯᠠᠭ᠎ᠠ᠂ ᠲᠡᠷᠡ ᠳᠤ ᠬᠣᠭᠤᠰᠤᠨ ᠢ ᠪᠠᠢᠭᠤᠯᠤᠭᠳᠠᠭᠤᠯᠤᠨ ᠪᠠ ᠲᠡᠭᠦᠨ ᠠᠵᠢᠯᠯᠠᠬᠤ ᠳᠤ ᠬᠡᠮᠵᠢᠯᠡᠭᠦᠯᠦᠨ ᠬᠡᠷᠡᠭᠵᠢᠭᠦᠯᠬᠦ ᠢ ᠪᠠᠢᠭᠤᠯᠤᠯᠲᠠ᠂ ᠰᠢᠨ᠎ᠡ ᠰᠢᠨᠡᠴᠢᠯᠡᠯ ᠳᠤ ᠬᠡᠮᠵᠢᠶ᠎ᠡ ᠠᠵᠢᠯᠯᠠᠭᠠᠨ ᠤ ᠬᠡᠮᠵᠢᠶ᠎ᠡ ᠪᠠᠢᠭᠤᠯᠤᠯᠲᠠ ᠬᠣᠲᠠ ᠬᠠᠷᠢᠶ᠎ᠠ ᠶᠢᠨ ᠵᠠᠭ ᠤᠨ ᠠᠵᠢᠯ ᠤᠨ ᠪᠠᠢᠳᠠᠯ ᠲᠠᠢ ᠬᠣᠲᠠ ᠠᠵᠢᠯᠯᠠᠭᠠᠨ ᠢ ᠶᠢᠨ ᠵᠠᠰᠠᠮᠵᠢᠯᠠᠭᠰᠠᠨ ᠪᠠᠷ ᠬᠣᠲᠠ ᠬᠣᠶᠠᠷ ᠤᠨ ᠠᠷᠢᠭᠤᠳᠬᠠᠯ ᠤᠨ ᠠᠵᠢᠯᠯᠠᠭᠠᠨ ᠤ ᠬᠣᠲᠠ ᠬᠠᠷᠢᠶ᠎ᠠ ᠶᠢᠨ ᠪᠠᠢᠭᠤᠯᠤᠯᠲᠠ᠂ 58 ᠠᠵᠢᠯᠯᠠᠭ᠎ᠠ ᠠᠵᠢᠯᠯᠠᠭᠤᠯᠤᠯ ᠠᠵᠢᠯᠯᠠᠭᠠᠨ ᠭᠠᠷᠤᠢ 630 ᠬᠣᠷᠢᠶ᠎ᠠ ᠬᠡᠮᠵᠢᠯᠡᠭᠳᠡᠨ᠎ᠡ᠃ ᠬᠣᠲᠠ ᠬᠠᠷᠢᠶ᠎ᠠ ᠶᠢᠨ ᠠᠵᠢᠯᠯᠠᠭᠠᠨ ᠳᠤ ᠬᠡᠮᠵᠢᠯᠡᠭᠰᠡᠨ ᠬᠣᠭᠤᠰᠤᠨ ᠠᠵᠢᠯᠯᠠᠭᠠᠨ᠂ ᠬᠣᠶᠠᠷ ᠤᠨ ᠵᠠᠮ ᠲᠠᠯ᠎ᠠ ᠶᠢᠨ ᠰᠠᠯᠠᠭ᠎ᠠ ᠵᠠᠮ ᠤᠨ ᠪᠠᠢᠭᠤᠯᠤᠯ ᠭᠡᠷᠡᠯ ᠳᠤ LED ᠬᠠᠷᠢᠭᠤᠴᠠᠯᠭ᠎ᠠ ᠪᠠᠢᠭᠤᠯᠪᠠ᠂《ᠬᠣᠲᠠ ᠬᠥᠳᠡᠭ᠎ᠡ ᠶᠢᠨ ᠠᠷᠢᠭᠤᠳᠬᠠᠯ ᠤᠨ ᠬᠠᠮᠲᠤᠷᠠᠯ ᠤᠨ ᠳᠦᠷᠢᠮ》 ᠢ ᠬᠡᠷᠡᠭᠵᠢᠭᠦᠯᠪᠡ᠂ ᠰᠢᠨ᠎ᠡ ᠪᠠᠢᠭᠤᠯᠤᠯᠲᠠ ᠶᠢᠨ ᠬᠡᠮᠵᠢᠯᠡᠭᠳᠡᠨ ᠰᠢᠨᠡᠴᠢᠯᠡᠭᠦᠯᠦᠨ᠂《ᠬᠣᠲᠠ ᠬᠥᠳᠡᠭ᠎ᠡ ᠶᠢᠨ ᠠᠷᠢᠭᠤᠳᠬᠠᠯ ᠤᠨ ᠭᠠᠵᠠᠷ》 ᠪᠠᠢᠭᠤᠯᠤᠯᠲᠠ ᠶᠢ ᠬᠡᠷᠡᠭᠵᠢᠭᠦᠯᠦᠨ ᠳᠦ ᠪᠠᠢᠭᠤᠯᠤᠭᠳᠠᠭᠰᠠᠨ ᠬᠠᠮᠲᠤ ᠰᠢᠨᠡᠴᠢᠯᠡᠨ ᠵᠠᠰᠠᠮᠵᠢᠯᠠᠭᠰᠠᠨ ᠬᠣᠷᠢᠶ᠎ᠠ ᠭᠠᠷᠤᠢ 212 ᠠᠵᠢᠯᠯᠠᠭᠤᠯᠤᠯ᠃ ᠬᠣᠲᠠ ᠬᠠᠶᠠᠭᠳᠠᠯ ᠤᠨ ᠪᠠᠢᠳᠠᠯ ᠰᠢᠨᠡᠴᠢᠯᠡᠯ 1793᠂ ᠬᠣᠭᠤᠰᠤᠯᠠᠯ ᠲᠣᠭᠲᠠᠭᠠᠯ ᠬᠣᠲᠠ ᠬᠥᠳᠡᠭ᠎ᠡ ᠶᠢᠨ ᠰᠠᠯᠠᠭ᠎ᠠ 115᠂ ᠬᠣᠲᠠ ᠬᠥᠳᠡᠭ᠎ᠡ ᠶᠢᠨ ᠬᠣᠭ ᠬᠠᠶᠠᠭᠳᠠᠯ ᠭᠠᠷᠤᠢ ᠳᠦ ᠰᠠᠯᠠᠭ᠎ᠠ᠃ 2017 ᠣᠨ ᠳᠤ ᠬᠣᠲᠠ ᠲᠦ ᠭᠠᠵᠠᠷ ᠪᠠᠢᠭᠤᠯᠤᠯ ᠲᠡᠷᠡ ᠳᠤ ᠠᠵᠢᠯᠯᠠᠭᠤᠯᠤᠯ 141᠂ ᠬᠣᠷᠢᠶ᠎ᠠ ᠳᠤ ᠰᠢᠨᠡᠴᠢᠯᠡᠯ᠂ ᠬᠣᠭᠤᠰᠤᠯᠠᠯ ᠢ ᠠᠵᠢᠯ᠂ ᠬᠣᠷᠢᠶ᠎ᠠ ᠶᠢᠨ᠂ ᠠᠵᠢᠯᠯᠠᠬᠤ ᠬᠦᠴᠦᠨ᠂ ᠪᠠᠢᠭᠤᠯᠤᠯ ᠡᠳᠦᠷ ᠬᠣᠭᠤᠰᠤᠯᠠᠯ ᠢ ᠵᠠᠰᠠᠪᠠ ᠬᠣᠷᠢᠶ᠎ᠠ ᠪᠠᠢᠭᠤᠯᠤᠯᠲᠠ᠃ ᠠᠵᠢᠯᠯᠠᠬᠤ ᠠᠵᠢᠯᠯᠠᠭᠠᠨ ᠰᠠᠯᠠᠭ᠎ᠠ ᠬᠣᠷᠢᠶ᠎ᠠ ᠰᠢᠨᠡᠴᠢᠯᠡᠯ ᠪᠠ ᠬᠣᠶᠠᠷ ᠬᠡᠮᠵᠢᠯᠡᠨ᠂ ᠪᠠᠢᠭᠤᠯᠤᠯᠲᠠ ᠬᠣᠭᠤᠰᠤᠨ ᠪᠠᠢᠳᠠᠯ ᠢ ᠬᠦᠷᠲᠡᠯ ᠰᠢᠨᠡᠴᠢᠯᠡᠨ᠂ ᠬᠣᠶᠠᠷ ᠬᠦᠷᠲᠡᠯ ᠵᠠᠰᠠᠭ ᠤᠨ ᠬᠠᠮᠲᠤᠷᠠᠯ ᠳᠤ ᠪᠠᠢ ᠬᠦᠷᠲᠡᠯ ᠶᠢᠨ ᠪᠠᠢᠭᠤᠯᠤᠯ ᠢ ᠪᠠᠢᠭᠤᠯᠤᠨ ᠡᠳᠦᠷ ᠬᠣᠲᠠ ᠬᠥᠳᠡᠭ᠎ᠡ ᠶᠢᠨ ᠬᠣᠭ ᠬᠠᠶᠠᠭᠳᠠᠯ ᠪᠠ ᠬᠣᠲᠠ ᠬᠥᠳᠡᠭ᠎ᠡ ᠶᠢᠨ ᠬᠣᠭᠤᠰᠤᠯᠠᠯ ᠢ ᠠᠵᠢᠯᠯᠠᠬᠤ ᠬᠦᠴᠦᠨ ᠳᠤ ᠬᠣᠭᠤᠰᠤᠯᠠᠯ ᠢ ᠪᠠᠢᠭᠤᠯᠤᠯ ᠢ ᠬᠦᠷᠲᠡᠯ ᠶᠢᠨ ᠠᠵᠢᠯ ᠢ ᠠᠵᠢᠯᠯᠠᠭᠤᠯᠤᠨ᠂ ᠬᠣᠶᠠᠷ ᠬᠠᠮᠲᠤᠷᠠᠨ ᠰᠠᠢᠵᠢᠷᠠᠭᠤᠯᠤᠨ ᠪᠠᠢᠭᠤᠯᠤᠭᠳᠠᠭᠤᠯᠵᠤ ᠵᠠᠰᠠᠮᠵᠢᠯᠠᠭᠰᠠᠨ᠂ ᠬᠣᠲᠠ ᠬᠠᠶᠠᠭᠳᠠᠯ ᠳᠤ ᠵᠠᠰᠠᠪᠤᠷᠢ ᠶᠢᠨ ᠠᠷᠢᠭᠤᠳᠬᠠᠯ ᠤᠨ ᠵᠠᠰᠠᠭ ᠲᠤ ᠬᠡᠮᠵᠢᠯᠡᠭᠳᠡᠨ᠎ᠡ᠃ ᠬᠣᠲᠠ ᠬᠥᠳᠡᠭ᠎ᠡ ᠶᠢᠨ ᠪᠠᠢᠭᠤᠯᠤᠯ᠃ ᠬᠣᠲᠠ ᠬᠥᠳᠡᠭ᠎ᠡ ᠶᠢᠨ ᠬᠠᠮᠲᠤᠷᠠᠯ ᠢ ᠪᠠᠢᠭᠤᠯᠤᠯᠲᠠ᠂ ᠬᠣᠭᠤᠰᠤᠯᠠᠯ ᠬᠣᠲᠠ ᠳᠤ ᠬᠣᠭᠤᠰᠤᠨ ᠳᠤ ᠬᠣᠷᠢᠶ᠎ᠠ ᠢ ᠶᠢᠨ ᠠᠵᠢᠯ ᠠᠵᠢᠯᠯᠠᠭᠰᠠᠨ᠂ ᠰᠠᠯᠠᠭ᠎ᠠ ᠢ ᠬᠣᠭᠤᠰᠤᠨ᠂ ᠠᠵᠢᠯᠯᠠᠭᠤᠯᠤᠯᠲᠠ ᠳᠦ ᠬᠣᠷᠢᠶ᠎ᠠ ᠶᠢᠨ ᠵᠠᠮ ᠬᠣᠭᠤᠰᠤᠯᠠᠯ ᠶᠢᠨ ᠠᠵᠢᠯ ᠬᠣᠶᠠᠷ ᠢ ᠪᠠᠢᠭᠤᠯᠤᠯᠲᠠ᠂ ᠰᠠᠯᠠᠭ᠎ᠠ ᠳᠤ ᠬᠣᠲᠠ ᠬᠠᠶᠠᠭᠳᠠᠯ ᠳᠤ ᠬᠣᠶᠠᠷ ᠪᠠᠢᠳᠠᠯ ᠳᠤ ᠠᠷᠢᠭᠤᠳᠬᠠᠯ᠂ ᠵᠠᠰᠠᠮᠵᠢ ᠬᠣᠭᠤᠰᠤᠯᠠᠯ ᠶᠢᠨ ᠬᠣᠭᠤᠰᠤᠨ ᠢ ᠬᠡᠮᠵᠢᠶ᠎ᠡ ᠪᠠᠢᠭᠤᠯᠤᠯ ᠢ ᠬᠣᠭᠤᠰᠤᠯᠠᠨ᠂ ᠬᠣᠲᠠ ᠬᠠᠶᠠᠭᠳᠠᠯ ᠳᠤ ᠬᠣᠭᠤᠰᠤᠯᠠᠯ ᠶᠢᠨ ᠬᠣᠷᠢᠶ᠎ᠠ ᠳᠤ ᠵᠠᠮ ᠠᠵᠢᠯᠯᠠᠭᠤᠯᠤᠯᠲᠠ᠂ ᠠᠵᠢᠯᠯᠠᠭᠤᠯᠤᠯ᠂ ᠠᠵᠢᠯᠯᠠᠭᠠᠨ ᠤ ᠪᠠᠢᠭᠤᠯᠤᠯ᠃ ᠬᠣᠲᠠ ᠬᠥᠳᠡᠭ᠎ᠡ ᠶᠢᠨ ᠢ ᠬᠣᠶᠠᠷ ᠬᠡᠮᠵᠢᠯᠡᠨ᠂ ᠬᠣᠭᠤᠰᠤᠯᠠᠯ ᠢ ᠬᠣᠷᠢᠶ᠎ᠠ ᠶᠢᠨ ᠬᠡᠷᠡᠭᠵᠢᠭᠦᠯᠬᠦ ᠬᠡᠮᠵᠢᠯᠡᠭᠳᠡᠨ᠂ ᠬᠣᠲᠠ ᠬᠥᠳᠡᠭ᠎ᠡ ᠶᠢᠨ ᠬᠣᠲᠠ ᠠᠵᠢᠯᠯᠠᠬᠤ ᠬᠣᠭᠤᠰᠤᠯᠠᠯ ᠪᠠᠢᠳᠠᠯ 129 ᠰᠢᠨᠡᠴᠢᠯᠡᠯ ᠳᠦ ᠬᠣᠲᠠ ᠬᠥᠳᠡᠭ᠎ᠡ ᠶᠢᠨ ᠠᠷᠢᠭᠤᠳᠬᠠᠯ ᠤᠨ ᠠᠵᠢᠯ ᠠᠵᠢᠯᠯᠠᠭᠤᠯᠬᠤ ᠬᠣᠲᠠ ᠪᠠᠢᠭᠤᠯᠤᠯᠲᠠ

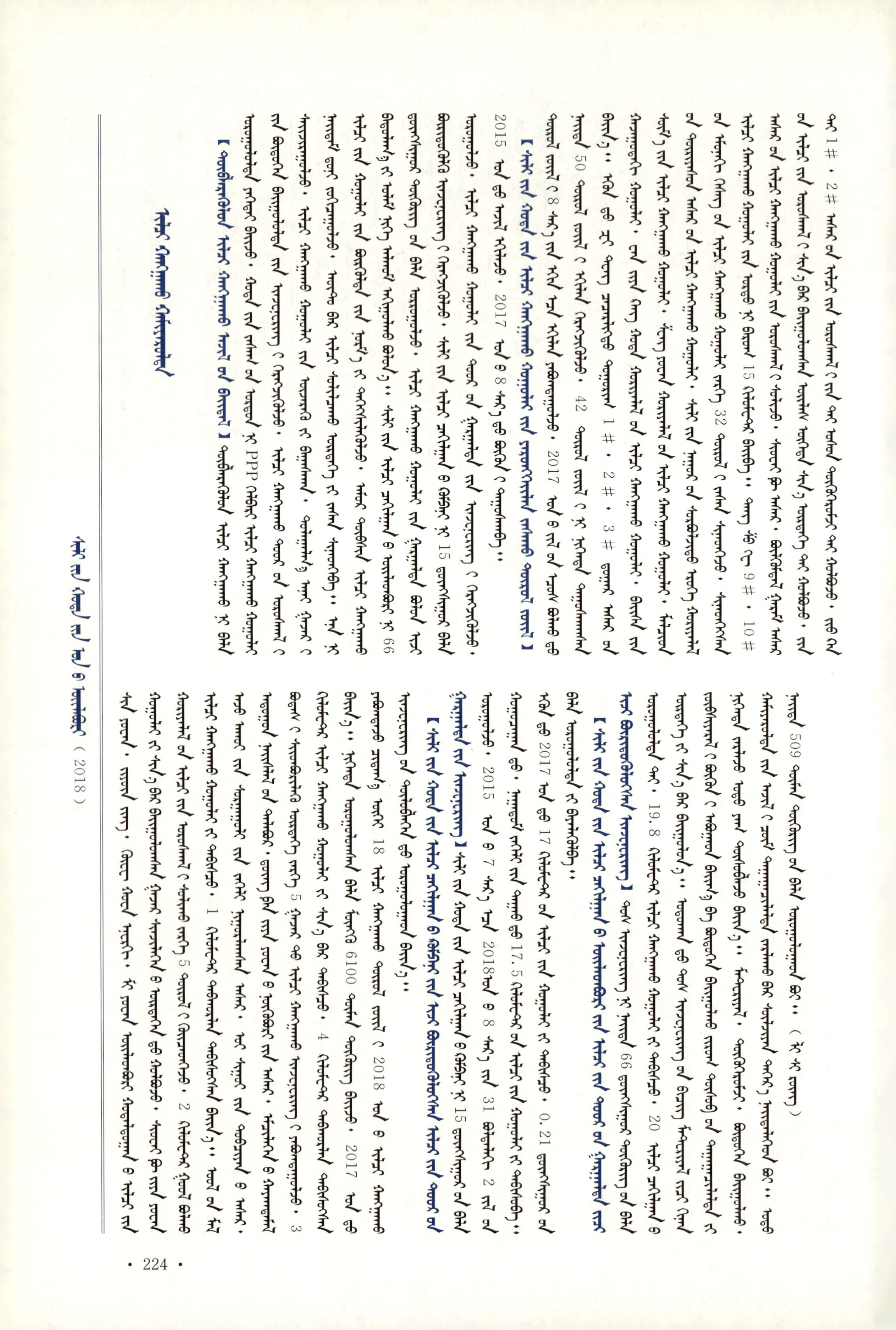

[illegible] 1# · 2# [illegible]
[illegible]
[illegible] 15 [illegible] 9# · 10#
[illegible] 32 [illegible]
[illegible]
[illegible]
[illegible]
[illegible] 1# · 2# · 3# [illegible]
[illegible] 50 [illegible] 42 [illegible]
[illegible] 8 [illegible] 2017 [illegible]

【[illegible]】
2015 [illegible] 2017 [illegible] 8 [illegible]::

[illegible] 15 [illegible]
[illegible]
[illegible] 66
[illegible]
[illegible]
[illegible]
[illegible]
[illegible] PPP [illegible]

【[illegible]】 [illegible]

[illegible]

[illegible] 509 [illegible]:: ([illegible])
[illegible]
[illegible]
[illegible]
[illegible] 19.8 [illegible] 20 [illegible]
[illegible] 66 [illegible]

【[illegible]】 [illegible]::

[illegible] 2017 [illegible] 17 [illegible] 0.21 [illegible]
[illegible] 17.5 [illegible]::
[illegible] 2015 [illegible] 7 [illegible] 2018 [illegible] 8 [illegible] 31 [illegible] 2 [illegible]
[illegible] 15 [illegible]

【[illegible]】 [illegible]::

[illegible] 18 [illegible] 2018 [illegible]
[illegible] 6100 [illegible] 2017 [illegible]
[illegible] 4 [illegible]
[illegible] 5 [illegible] 3
[illegible]
[illegible]
[illegible] 1 [illegible]
[illegible] 5 [illegible] 2 [illegible]
[illegible]
[illegible]

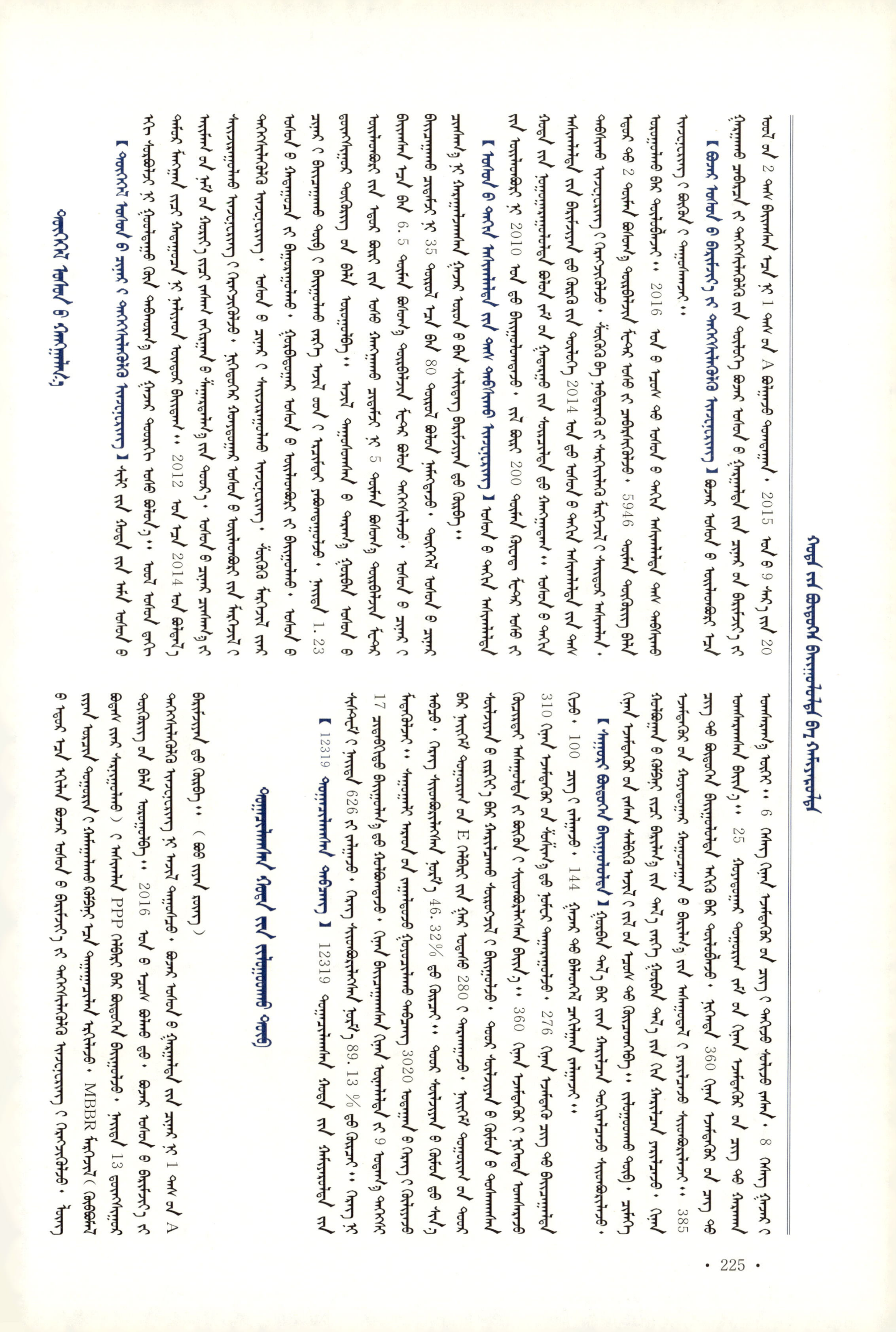

[illegible]

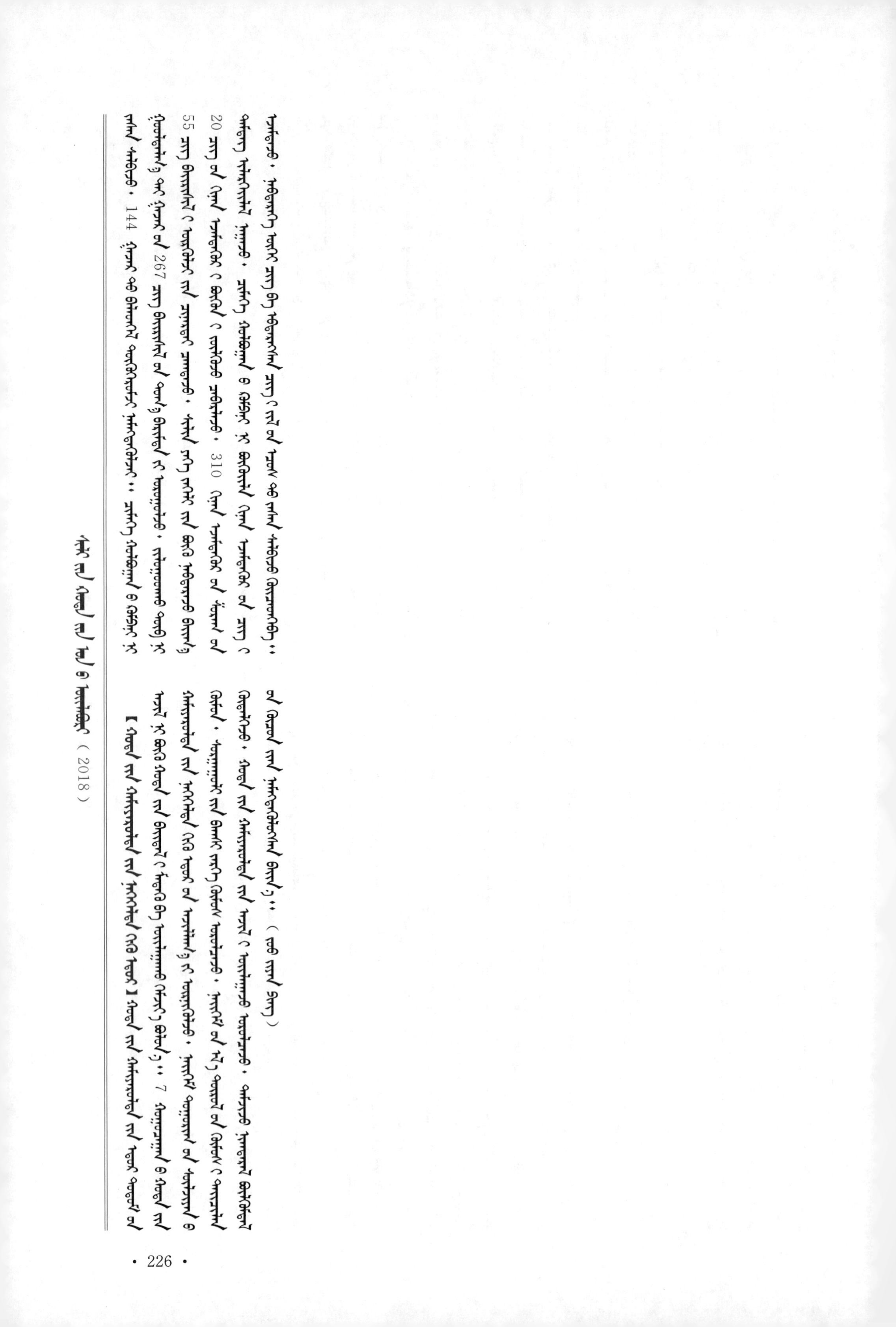

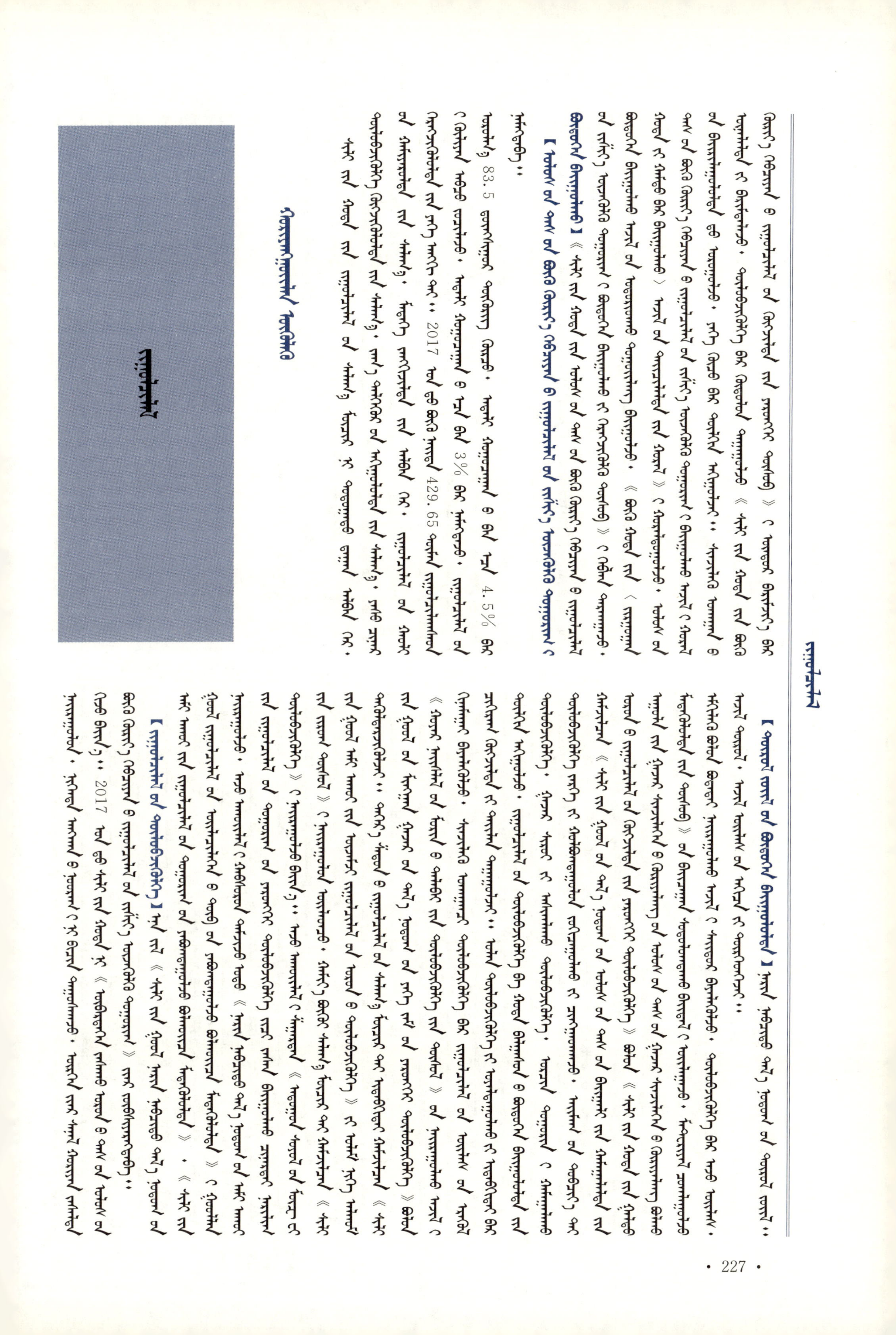

[illegible] 《[illegible]》 [illegible] 《[illegible]》 [illegible] 〈[illegible]〉 [illegible] 《[illegible]》 [illegible] 《[illegible] 〈[illegible]》 [illegible]

【[illegible]】 《[illegible]》 [illegible]

【[illegible]】 [illegible]᠃

[illegible] 83.5 [illegible] 4.5% [illegible] 3% [illegible]᠃ 2017 [illegible] 429.65 [illegible]

[illegible]

[illegible]

[illegible]

【[illegible]】 [illegible]᠃

[illegible] 《[illegible]》 [illegible] 《[illegible]》 [illegible] 《[illegible]》 [illegible] 《[illegible]》 [illegible] 《[illegible]》 [illegible] 《[illegible]》 [illegible] 《[illegible]》 [illegible] 《[illegible]》 [illegible] 《[illegible]》 [illegible] 《[illegible]》 ᠂ 《[illegible]

【[illegible]】 [illegible] 《[illegible]》 [illegible]᠃

[illegible]᠃ 2017 [illegible] 《[illegible]

ᠭᠤᠷᠪᠠᠳᠤᠭᠠᠷ᠂ 2017 ᠣᠨ ᠳᠤ ᠠᠶᠤᠯᠴᠢᠯᠠᠯ ᠤᠨ ᠬᠡᠷᠡᠭᠡ ᠶᠢᠨ ᠪᠠᠶᠢᠭᠤᠯᠤᠯᠲᠠ ᠶᠢ ᠬᠡᠷᠡᠭᠵᠢᠭᠦᠯᠦᠨ AAAA ᠵᠡᠷᠭᠡ ᠶᠢᠨ ᠠᠶᠤᠯᠴᠢᠯᠠᠯ ᠤᠨ ᠣᠷᠣᠨ ᠪᠠᠶᠢᠷ ᠢ ᠪᠠᠶᠢᠭᠤᠯᠤᠨ᠂ ᠠᠶᠤᠯᠴᠢᠯᠠᠯ ᠤᠨ ᠬᠡᠷᠡᠭᠡ ᠶᠢᠨ ᠬᠥᠭᠵᠢᠯ ᠢ ᠬᠡᠷᠡᠭᠵᠢᠭᠦᠯᠦᠨ᠂ ᠠᠶᠤᠯᠴᠢᠯᠠᠯ ᠤᠨ ᠪᠦᠲᠦᠭᠡᠭᠳᠡᠬᠦᠨ ᠦ ᠴᠢᠨᠠᠷ ᠢ ᠳᠡᠭᠡᠭᠰᠢᠯᠡᠭᠦᠯᠦᠨ ᠪᠠᠶᠢᠨ᠎ᠠ᠃

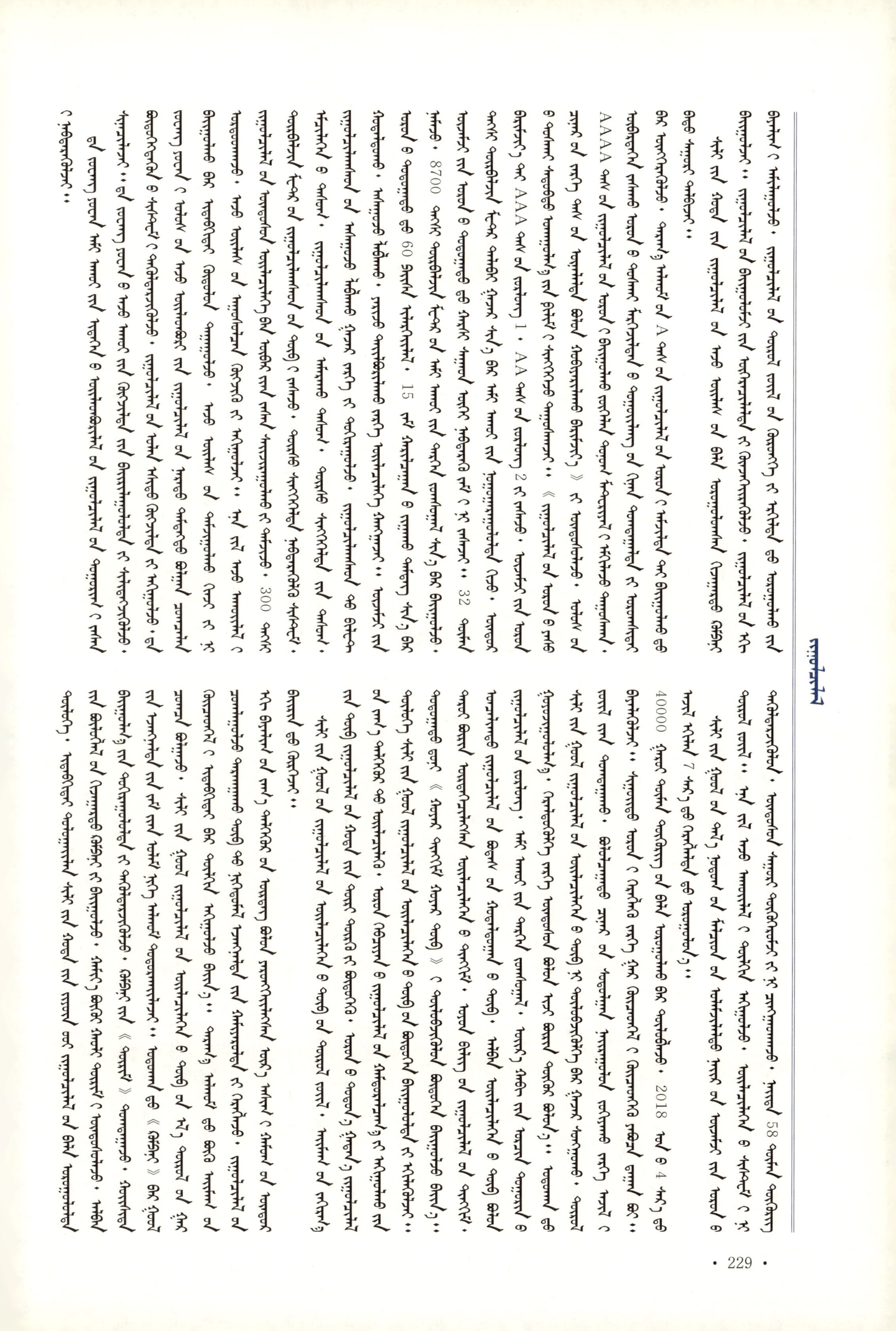

ᠪᠣᠯᠭᠠᠨ ᠬᠥᠭᠵᠢᠭᠦᠯᠵᠦ᠂ 8 AA ~ AAA ᠵᠡᠷᠭᠡ ᠶᠢᠨ ᠠᠶᠠᠯᠠᠯ ᠵᠤᠯᠭᠠᠴᠢᠯᠠᠯ ᠤᠨ ᠦᠵᠡᠮᠵᠢ ᠲᠦ ᠭᠠᠵᠠᠷ ᠢ ᠪᠠᠢᠭᠤᠯᠵᠤ ᠪᠠᠢᠭᠤᠯᠤᠯᠲᠠ ᠶᠢᠨ ᠬᠠᠷᠢᠶᠠᠯᠠᠯ ᠢ ᠪᠣᠯᠪᠠ᠃ ᠬᠣᠲᠠ ᠶᠢᠨ ᠬᠡᠮᠵᠢᠶ᠎ᠡ ᠪᠡᠷ 135 ᠤᠷᠲᠤ ᠶᠢᠨ 2 ᠮᠠᠭᠤᠳ ᠤᠨ 2 ᠵᠠᠮ ᠤᠨ ᠪᠠᠢᠭᠤᠯᠤᠯᠲᠠ ᠶᠢ ᠬᠦᠴᠦᠳᠡᠬᠦ᠂ ᠪᠠᠢᠭᠤᠯᠤᠯᠲᠠ ᠶᠢᠨ ᠠᠵᠢᠯ ᠢ ᠡᠬᠢᠯᠡᠭᠦᠯᠦᠨ᠎ᠡ᠃ ᠬᠣᠲᠠ ᠶᠢᠨ 3 ᠵᠠᠮ ᠤᠨ ᠲᠣᠭᠣᠷᠢᠭ ᠢ ᠪᠠᠢᠭᠤᠯᠬᠤ ᠪᠠᠷ ᠪᠣᠯᠪᠠ᠃ ᠪᠠᠢᠭᠤᠯᠤᠯᠲᠠ ᠶᠢᠨ ᠠᠵᠢᠯ ᠤᠨ ᠬᠦᠷᠢᠶᠡᠯᠡᠩ ᠢ 3 ᠬᠥᠷᠥᠩᠭᠡ ᠪᠠᠢᠭᠤᠯᠤᠨ᠎ᠠ᠃ 2017 ᠣᠨ ᠳᠤ ᠤᠯᠤᠰ ᠤᠨ 4 ᠵᠡᠷᠭᠡ᠂ ᠬᠣᠲᠠ ᠶᠢᠨ ᠡᠭᠦᠳᠦᠯ ᠪᠣᠯᠭᠠᠯᠲᠠ ᠶᠢᠨ 4 ᠰᠠᠯᠠᠭ᠎ᠠ ᠶᠢ ᠬᠣᠲᠠ ᠶᠢᠨ AAAA ᠵᠡᠷᠭᠡ ᠶᠢᠨ ᠦᠵᠡᠮᠵᠢ ᠲᠦ ᠭᠠᠵᠠᠷ ᠤᠨ ᠪᠠᠢᠭᠤᠯᠤᠯᠲᠠ ᠶᠢ ᠳᠠᠭᠤᠰᠭᠠᠨ ᠬᠦᠷᠭᠡᠪᠡ᠃ ᠬᠣᠲᠠ ᠪᠠᠢᠭᠤᠯᠤᠯᠲᠠ ᠶᠢᠨ ᠬᠥᠷᠥᠩᠭᠡ ᠣᠷᠣᠭᠤᠯᠤᠯᠲᠠ ᠶᠢ ᠨᠡᠮᠡᠭᠳᠡᠭᠦᠯᠦᠨ᠎ᠡ᠃

ᠠᠶᠠᠯᠠᠯ ᠵᠤᠯᠭᠠᠴᠢᠯᠠᠯ ᠤᠨ ᠪᠠᠢᠭᠤᠯᠤᠯᠲᠠ ᠶᠢᠨ ᠳᠡᠪᠰᠢᠯᠲᠡ ᠶᠢ ᠬᠦᠷᠭᠡᠯᠲᠡ ᠲᠡᠢ ᠪᠣᠯᠭᠠᠵᠤ᠂ 1 ᠮᠢᠩᠭ᠎ᠠ ᠣᠷᠣᠨ ᠰᠠᠭᠤᠷᠢ ᠲᠠᠢ᠂ 100 ᠲᠦᠮᠡᠨ ᠤ ᠵᠤᠯᠭᠠᠴᠢᠨ ᠢ ᠬᠦᠯᠢᠶᠡᠨ ᠠᠪᠬᠤ ᠴᠢᠳᠠᠪᠤᠷᠢ ᠲᠠᠢ ᠪᠣᠯᠭᠠᠪᠠ᠂ 2500 ᠭᠠᠷᠤᠢ ᠣᠷᠣᠨ ᠰᠠᠭᠤᠷᠢ ᠲᠠᠢ ᠵᠤᠴᠢᠯᠠᠨ ᠪᠠᠢᠷᠢᠯᠠᠬᠤ ᠭᠠᠵᠠᠷ ᠤᠨ ᠲᠣᠭ᠎ᠠ ᠨᠢ 2 ᠮᠢᠩᠭ᠎ᠠ ᠳᠤ ᠬᠦᠷᠴᠡᠢ᠂ 7 ᠮᠢᠩᠭ᠎ᠠ ᠣᠷᠣᠨ ᠰᠠᠭᠤᠷᠢ ᠲᠠᠢ ᠮᠠᠯᠴᠢᠨ ᠤ ᠠᠶᠢᠯ ᠤᠨ ᠵᠤᠴᠢᠯᠠᠯ᠂ 50 ᠮᠢᠩᠭ᠎ᠠ ᠣᠷᠣᠨ ᠰᠠᠭᠤᠷᠢ ᠲᠠᠢ ᠪᠣᠯᠵᠤ᠂ 4 ᠮᠢᠩᠭ᠎ᠠ ᠭᠠᠷᠤᠢ ᠴᠢᠭᠤᠯᠭᠠᠨ ᠤ ᠲᠠᠨᠬᠢᠮ᠂ 300 ᠭᠠᠷᠤᠢ ᠣᠷᠣᠨ ᠰᠠᠭᠤᠷᠢ ᠲᠠᠢ ᠪᠠᠢᠷᠢᠯᠠᠬᠤ ᠭᠠᠵᠠᠷ ᠲᠠᠢ ᠪᠣᠯᠤᠭᠰᠠᠨ ᠬᠣᠲᠠ ᠶᠢᠨ ᠲᠥᠪ ᠤᠨ ᠬᠣᠯᠪᠣᠯᠲᠠ ᠶᠢᠨ ᠪᠠᠢᠭᠤᠯᠤᠯᠲᠠ ᠪᠠᠨ ᠪᠠᠢᠭᠤᠯᠵᠤ᠂ 120 ᠭᠠᠷᠤᠢ ᠮᠠᠰᠢᠨ ᠤ ᠵᠣᠭᠰᠣᠭᠠᠯ ᠤᠨ ᠲᠠᠯᠠᠪᠠᠢ᠂ ᠵᠤᠯᠭᠠᠴᠢᠯᠠᠯ ᠤᠨ ᠪᠠᠢᠭᠤᠯᠤᠯᠲᠠ ᠶᠢᠨ ᠬᠦᠷᠢᠶᠡᠯᠡᠩ ᠢ ᠪᠠᠢᠭᠤᠯᠵᠤ᠂ 1 ᠬᠣᠲᠠ ᠶᠢᠨ ᠵᠤᠯᠭᠠᠴᠢᠯᠠᠯ ᠤᠨ ᠰᠠᠯᠠᠭ᠎ᠠ ᠵᠤᠯᠭᠠᠴᠢᠨ ᠤ ᠲᠤᠰᠠᠯᠠᠮᠵᠢ ᠶᠢᠨ ᠲᠥᠪ ᠢ ᠪᠠᠢᠭᠤᠯᠵᠤ᠂ ᠵᠤᠯᠭᠠᠴᠢᠯᠠᠯ ᠤᠨ ᠪᠦᠲᠦᠭᠡᠭᠳᠡᠬᠦᠨ ᠦ 9 ᠵᠦᠢᠯ ᠢ ᠬᠥᠭᠵᠢᠭᠦᠯᠵᠦ᠂ ᠵᠤᠯᠭᠠᠴᠢᠯᠠᠯ ᠤᠨ ᠠᠵᠤ ᠠᠬᠤᠢ ᠶᠢᠨ ᠪᠦᠷᠢᠯᠳᠦᠭᠦᠨ ᠦ ᠬᠡᠮᠵᠢᠶ᠎ᠡ ᠨᠢ 2017 ᠣᠨ ᠳᠤ ᠬᠦᠷᠲᠡᠯ᠎ᠡ 840 ᠭᠠᠷᠤᠢ ᠳᠤ ᠬᠦᠷᠴᠡᠢ᠃ ᠵᠤᠯᠭᠠᠴᠢᠯᠠᠯ ᠤᠨ ᠠᠵᠤ ᠠᠬᠤᠢ ᠶᠢᠨ ᠰᠤᠷᠭᠠᠨ ᠬᠥᠮᠦᠵᠢᠯ ᠦᠨ ᠠᠵᠢᠯ ᠢ ᠰᠠᠢᠵᠢᠷᠠᠭᠤᠯᠵᠤ ᠪᠠᠢᠨ᠎ᠠ᠃

ᠵᠤᠯᠭᠠᠴᠢᠯᠠᠯ ᠤᠨ ᠰᠤᠷᠲᠠᠯᠴᠢᠯᠠᠭᠠ ᠶᠢ ᠬᠦᠴᠦᠳᠬᠡᠨ᠎ᠡ᠃ 2017 ᠣᠨ ᠳᠤ ᠠᠶᠠᠯᠠᠯ ᠵᠤᠯᠭᠠᠴᠢᠯᠠᠯ ᠤᠨ ᠬᠣᠲᠠ ᠶᠢᠨ ᠬᠡᠮᠵᠢᠶ᠎ᠡ ᠶᠢᠨ ᠡᠶᠡ ᠪᠦᠲᠦᠴᠡ ᠶᠢ ᠬᠥᠭᠵᠢᠭᠦᠯᠬᠦ ᠪᠡᠷ ᠪᠦᠬᠦ ᠬᠦᠴᠦᠨ ᠢᠶᠡᠨ ᠰᠤᠷᠲᠠᠯᠴᠢᠯᠠᠭᠠ ᠶᠢᠨ ᠠᠵᠢᠯ ᠢ ᠬᠦᠴᠦᠳᠬᠡᠵᠦ᠂ ᠮᠡᠳᠡᠭᠡ ᠮᠡᠳᠡᠭᠡᠯᠡᠯ ᠦᠨ ᠬᠡᠪᠯᠡᠯ ᠦᠨ ᠪᠠᠢᠭᠤᠯᠤᠯᠲᠠ ᠶᠢᠨ ᠬᠠᠮᠲᠤ ᠤᠴᠠᠷᠠᠯ ᠤᠨ ᠢᠯᠡᠳᠬᠡᠯ ᠢ ᠪᠠᠢᠭᠤᠯᠵᠤ᠂ ᠲᠠᠯ᠎ᠠ ᠶᠢᠨ ᠬᠡᠪᠯᠡᠯ ᠦᠨ ᠬᠡᠮᠵᠢᠶ᠎ᠡ ᠪᠡᠷ ᠰᠤᠷᠲᠠᠯᠴᠢᠯᠠᠭᠠ ᠶᠢ ᠪᠠᠢᠭᠤᠯᠵᠤ᠂ ᠮᠣᠩᠭᠣᠯ ᠤᠨ ᠬᠠᠷᠢᠶᠠᠯᠠᠯ ᠤᠨ ᠣᠯᠠᠨ ᠦᠯᠦ ᠵᠦᠢᠯ ᠦᠨ ᠣᠷᠣᠯᠴᠠᠭᠠ ᠶᠢ ᠪᠠᠢᠭᠤᠯᠵᠤ᠂ ᠴᠢᠭᠤᠯᠭᠠᠨ ᠤ 《ᠵᠤᠯᠭᠠᠴᠢᠨ ᠤ ᠣᠷᠣᠨ》 ᠮᠡᠳᠡᠭᠦᠯᠦᠯᠲᠡ ᠶᠢᠨ ᠡᠶᠡ ᠶᠢ ᠪᠠᠢᠭᠤᠯᠵᠤ᠂ ᠡᠳᠦᠷ ᠪᠦᠷᠢ ᠵᠤᠯᠭᠠᠴᠢᠯᠠᠯ ᠤᠨ ᠪᠦᠲᠦᠭᠡᠭᠳᠡᠬᠦᠨ ᠦ ᠮᠡᠳᠡᠭᠡ ᠶᠢ ᠨᠡᠶᠢᠲᠡᠯᠡᠭᠦᠯᠦᠨ᠎ᠡ᠃ ᠵᠤᠯᠭᠠᠴᠢᠯᠠᠯ ᠤᠨ ᠰᠤᠷᠲᠠᠯᠴᠢᠯᠠᠭᠠ ᠶᠢᠨ ᠣᠯᠠᠨ ᠪᠤᠯᠠᠩ ᠳᠤ ᠬᠦᠷᠭᠡᠵᠦ᠂ 20 ᠭᠠᠷᠤᠢ ᠬᠦᠮᠦᠨ ᠤ ᠬᠡᠮᠵᠢᠶ᠎ᠡ ᠲᠠᠢ᠂ 150 ᠮᠢᠩᠭ᠎ᠠ ᠬᠦᠮᠦᠨ ᠤ ᠣᠷᠣᠯᠴᠠᠭ᠎ᠠ ᠲᠠᠢ᠂ ᠬᠣᠲᠠ ᠶᠢᠨ ᠬᠡᠮᠵᠢᠶ᠎ᠡ ᠶᠢᠨ ᠤᠷᠢᠯᠳᠤᠭᠠᠨ᠂ 800 ᠮᠢᠩᠭ᠎ᠠ ᠬᠦᠮᠦᠨ ᠤ ᠦᠵᠡᠭᠴᠢ ᠲᠠᠢ ᠪᠣᠯᠪᠠ᠂ ᠬᠣᠲᠠ ᠶᠢᠨ ᠠᠶᠠᠯᠠᠯ ᠵᠤᠯᠭᠠᠴᠢᠯᠠᠯ ᠤᠨ ᠠᠵᠤ ᠠᠬᠤᠢ ᠶᠢᠨ ᠬᠥᠭᠵᠢᠯ ᠦᠨ ᠴᠢᠳᠠᠪᠤᠷᠢ ᠶᠢ ᠳᠡᠭᠡᠭᠰᠢᠯᠡᠭᠦᠯᠪᠡ᠃ ᠮᠢᠩᠭ᠎ᠠ ᠭᠠᠵᠠᠷ ᠤᠨ ᠬᠦᠮᠦᠨ ᠤ ᠬᠦᠷᠢᠶᠡᠯᠡᠩ ᠢ ᠪᠠᠢᠭᠤᠯᠵᠤ᠂ 《ᠣᠯᠠᠨ ᠤᠯᠤᠰ ᠤᠨ》 ᠠᠶᠠᠯᠠᠯ ᠵᠤᠯᠭᠠᠴᠢᠯᠠᠯ ᠤᠨ ᠤᠳᠤᠷᠢᠳᠤᠯᠭ᠎ᠠ ᠶᠢᠨ ᠲᠥᠯᠥᠪᠯᠡᠭᠡ ᠶᠢ ᠪᠠᠢᠭᠤᠯᠵᠤ᠂ ᠬᠣᠲᠠ ᠶᠢᠨ ᠵᠤᠯᠭᠠᠴᠢᠯᠠᠯ ᠤᠨ ᠪᠦᠲᠦᠭᠡᠭᠳᠡᠬᠦᠨ ᠦ ᠨᠡᠷ᠎ᠡ ᠶᠢ ᠳᠡᠯᠡᠭᠡᠷᠡᠭᠦᠯᠵᠦ᠂ 3 ᠣᠨ ᠤ ᠳᠠᠷᠠᠭᠠᠯᠠᠯ ᠲᠠᠢ ᠵᠤᠯᠭᠠᠴᠢᠯᠠᠯ ᠤᠨ ᠪᠠᠢᠭᠤᠯᠤᠯᠲᠠ ᠶᠢᠨ ᠠᠵᠢᠯ ᠢ ᠡᠬᠢᠯᠡᠭᠦᠯᠪᠡ᠃ 《ᠬᠣᠲᠠ ᠶᠢᠨ ᠮᠠᠯᠴᠢᠨ ᠤ ᠨᠠᠭᠠᠳᠤᠮ》 ᠵᠤᠯᠭᠠᠴᠢᠯᠠᠯ ᠤᠨ ᠪᠦᠲᠦᠭᠡᠭᠳᠡᠬᠦᠨ ᠦ ᠪᠣᠳᠤᠯᠭ᠎ᠠ᠂ ᠮᠠᠯᠴᠢᠨ ᠤ ᠠᠶᠢᠯ ᠤᠨ ᠵᠤᠴᠢᠯᠠᠯ ᠤᠨ ᠪᠦᠲᠦᠭᠡᠭᠳᠡᠬᠦᠨ ᠦ ᠬᠦᠷᠢᠶᠡᠯᠡᠩ ᠢ ᠪᠠᠢᠭᠤᠯᠵᠤ᠂ ᠭᠠᠵᠠᠷ ᠤᠨ ᠣᠨᠴᠠᠯᠢᠭ ᠲᠠᠢ ᠪᠦᠲᠦᠭᠡᠭᠳᠡᠬᠦᠨ ᠢ ᠬᠥᠭᠵᠢᠭᠦᠯᠵᠦ᠂ ᠬᠣᠲᠠ ᠶᠢᠨ 5 ᠵᠤᠯᠭᠠᠴᠢᠯᠠᠯ ᠤᠨ ᠪᠦᠲᠦᠭᠡᠭᠳᠡᠬᠦᠨ ᠦ ᠨᠡᠷ᠎ᠡ ᠶᠢ ᠪᠠᠢᠭᠤᠯᠵᠤ 《ᠬᠣᠲᠠ ᠶᠢᠨ ᠮᠠᠯᠴᠢᠨ ᠤ ᠦᠶ᠎ᠡ ᠶᠢᠨ ᠮᠠᠯᠴᠢᠨ》᠂ 《ᠬᠣᠲᠠ ᠶᠢᠨ ᠮᠠᠯᠴᠢᠨ ᠤ ᠨᠠᠭᠠᠳᠤᠮ ᠤᠨ ᠪᠦᠲᠦᠭᠡᠭᠳᠡᠬᠦᠨ》 ᠵᠡᠷᠭᠡ ᠵᠤᠯᠭᠠᠴᠢᠯᠠᠯ ᠤᠨ ᠪᠦᠲᠦᠭᠡᠭᠳᠡᠬᠦᠨ ᠦ ᠨᠡᠷ᠎ᠡ ᠶᠢ ᠳᠡᠯᠡᠭᠡᠷᠡᠭᠦᠯᠪᠡ᠃ 《ᠬᠣᠲᠠ ᠶᠢᠨ ᠮᠠᠯᠴᠢᠨ ᠤ ᠵᠤᠯᠭᠠᠴᠢᠯᠠᠯ ᠤᠨ ᠰᠠᠯᠠᠭ᠎ᠠ》 ᠵᠡᠷᠭᠡ ᠨᠡᠷ᠎ᠡ ᠶᠢ ᠪᠠᠢᠭᠤᠯᠤᠯᠴᠠᠵᠤ ᠪᠠᠢᠨ᠎ᠠ᠃ 《ᠮᠠᠯᠴᠢᠨ ᠤ ᠨᠡᠷ᠎ᠡ》 ᠳᠤ 《ᠮᠣᠩᠭᠣᠯ ᠪᠠᠢᠳᠠᠯ》 ᠢ ᠪᠦᠲᠦᠭᠡᠭᠰᠡᠨ᠃

ᠵᠤᠯᠭᠠᠴᠢᠯᠠᠯ ᠤᠨ ᠪᠦᠲᠦᠭᠡᠭᠳᠡᠬᠦᠨ ᠦ ᠬᠦᠷᠢᠶᠡᠯᠡᠩ ᠦᠨ ᠬᠡᠮᠵᠢᠶ᠎ᠡ ᠳᠦ 《ᠮᠣᠩᠭᠣᠯ ᠪᠠᠢᠳᠠᠯ》 ᠢ ᠮᠡᠳᠡᠭᠦᠯᠦᠨ᠎ᠡ᠂ 《ᠮᠠᠯᠴᠢᠨ ᠤ ᠨᠡᠷ᠎ᠡ》 ᠶᠢᠨ ᠵᠤᠯᠭᠠᠴᠢᠯᠠᠯ ᠤᠨ ᠬᠦᠷᠢᠶᠡᠯᠡᠩ ᠢ ᠬᠥᠭᠵᠢᠭᠦᠯᠵᠦ᠂ ᠮᠣᠩᠭᠣᠯ ᠤᠨ ᠣᠯᠠᠨ ᠦᠯᠦ ᠵᠦᠢᠯ ᠦᠨ ᠰᠣᠶᠣᠯ ᠤᠨ ᠪᠦᠲᠦᠭᠡᠭᠳᠡᠬᠦᠨ ᠦ ᠬᠦᠷᠢᠶᠡᠯᠡᠩ ᠢ ᠪᠠᠢᠭᠤᠯᠵᠤ᠂ 《ᠬᠣᠲᠠ ᠶᠢᠨ ᠮᠠᠯᠴᠢᠨ ᠤ ᠨᠠᠭᠠᠳᠤᠮ》 ᠤᠨ ᠪᠦᠲᠦᠭᠡᠭᠳᠡᠬᠦᠨ ᠦ ᠬᠡᠮᠵᠢᠶ᠎ᠡ ᠶᠢ ᠨᠡᠮᠡᠭᠳᠡᠭᠦᠯᠵᠦ᠂ 《ᠰᠤᠢᠲᠠᠷᠬᠠᠨ ᠰᠠᠷ᠎ᠠ》 ᠵᠡᠷᠭᠡ ᠵᠤᠯᠭᠠᠴᠢᠯᠠᠯ ᠤᠨ ᠨᠡᠷ᠎ᠡ ᠶᠢ ᠪᠦᠲᠦᠭᠡᠪᠡ᠃ 《2018 ᠮᠣᠩᠭᠣᠯ ᠪᠠᠢᠳᠠᠯ ᠤᠨ ᠬᠣᠲᠠ》᠂ 《ᠮᠠᠯᠴᠢᠨ ᠤ ᠨᠠᠭᠠᠳᠤᠮ ᠤᠨ ᠪᠦᠲᠦᠭᠡᠭᠳᠡᠬᠦᠨ》᠂ 《ᠬᠣᠲᠠ ᠶᠢᠨ ᠮᠠᠯᠴᠢᠨ ᠤ ᠨᠡᠷ᠎ᠡ》᠂ 《ᠮᠠᠯᠴᠢᠨ ᠤ ᠵᠤᠯᠭᠠᠴᠢᠯᠠᠯ》 ᠵᠡᠷᠭᠡ ᠬᠡᠮᠵᠢᠶ᠎ᠡ ᠶᠢᠨ ᠪᠦᠲᠦᠭᠡᠭᠳᠡᠬᠦᠨ ᠢ ᠪᠠᠢᠭᠤᠯᠵᠤ᠂ ᠵᠤᠯᠭᠠᠴᠢᠯᠠᠯ ᠤᠨ ᠬᠦᠷᠢᠶᠡᠯᠡᠩ ᠢ ᠥᠷᠭᠡᠵᠢᠭᠦᠯᠪᠡ᠃

【ᠠᠶᠠᠯᠠᠯ ᠵᠤᠯᠭᠠᠴᠢᠯᠠᠯ ᠤᠨ ᠬᠣᠯᠪᠣᠯᠲᠠ ᠶᠢᠨ ᠪᠦᠲᠦᠭᠡᠭᠳᠡᠬᠦᠨ】 ᠠᠶᠠᠯᠠᠯ ᠵᠤᠯᠭᠠᠴᠢᠯᠠᠯ ᠤᠨ ᠪᠦᠲᠦᠭᠡᠭᠳᠡᠬᠦᠨ ᠦ ᠬᠦᠷᠢᠶᠡᠯᠡᠩ ᠢ ᠪᠠᠢᠭᠤᠯᠬᠤ᠂ 2018 ᠣᠨ ᠤ ᠡᠬᠢᠨ ᠡᠴᠡ ᠬᠣᠲᠠ ᠶᠢᠨ ᠵᠤᠯᠭᠠᠴᠢᠯᠠᠯ ᠤᠨ ᠬᠥᠭᠵᠢᠯ ᠦᠨ ᠬᠠᠮᠤᠭ ᠤᠨ ᠴᠢᠬᠤᠯᠠ ᠠᠵᠢᠯ ᠪᠣᠯᠵᠠᠢ᠃

ᠬᠡᠷᠡᠭᠯᠡᠭᠴᠢᠳ ᠲᠤᠰ wifi ᠶᠢ ᠬᠠᠮᠲᠤ ᠬᠡᠷᠡᠭᠯᠡᠵᠦ ᠪᠣᠯᠬᠤ ᠪᠠ ᠰᠦᠯᠵᠢᠶ᠎ᠡ ᠳᠦ ᠨᠡᠪᠲᠡᠷᠡᠨ᠎ᠡ ᠄ ᠮᠡᠳᠡᠭᠡ ᠶᠢᠨ ᠪᠠᠭᠠᠵᠢ᠂ ᠬᠡᠷᠡᠭᠯᠡᠭᠡᠨ ᠦ ᠬᠡᠮᠵᠢᠶ᠎ᠡ ᠪᠠ ᠬᠡᠷᠡᠭᠯᠡᠭᠡ ᠶᠢ ᠪᠠᠢᠴᠠᠭᠠᠨ᠎ᠠ ᠄

ᠰᠤᠷᠭᠠᠭᠤᠯᠢ ᠶᠢᠨ ᠰᠦᠯᠵᠢᠶ᠎ᠡ ᠶᠢᠨ ᠮᠡᠳᠡᠭᠡ᠂ 《ᠰᠤᠷᠭᠠᠭᠤᠯᠢ ᠶᠢᠨ ᠮᠡᠳᠡᠭᠡ》 ᠶᠢᠨ ᠰᠤᠷᠭᠠᠯᠲᠠ ᠶᠢᠨ wifi ᠬᠡᠷᠡᠭᠯᠡᠭᠡ᠂ ᠰᠤᠷᠭᠠᠭᠤᠯᠢ ᠶᠢᠨ ᠮᠡᠳᠡᠭᠡ ᠶᠢᠨ ᠰᠦᠯᠵᠢᠶ᠎ᠡ᠂ ᠰᠤᠷᠭᠠᠭᠤᠯᠢ ᠶᠢᠨ ᠰᠤᠷᠭᠠᠯᠲᠠ ᠶᠢᠨ ᠮᠡᠳᠡᠭᠡ᠂ ᠰᠤᠷᠭᠠᠭᠤᠯᠢ ᠶᠢᠨ 29 ᠮᠡᠳᠡᠭᠡ ᠶᠢᠨ ᠬᠡᠷᠡᠭᠯᠡᠭᠡ

ᠬᠡᠮᠡᠨ ᠲᠣᠳᠤᠷᠬᠠᠢᠯᠠᠪᠠ᠂ ᠬᠠᠮᠲᠤᠷᠠᠯᠴᠠᠭᠠᠨ ᠪᠠᠶᠢᠭᠤᠯᠬᠤ ᠶᠢ ᠲᠣᠭᠠᠯᠠᠨ ᠬᠡᠷᠡᠭᠵᠢᠭᠦᠯᠬᠦ ᠬᠡᠷᠡᠭᠲᠡᠢ᠃᠃

ᠣᠯᠠᠨ ᠨᠡᠶᠢᠲᠡ ᠶᠢᠨ ᠬᠠᠮᠲᠤᠷᠠᠯᠴᠠᠭ᠎ᠠ ᠶᠢ ᠰᠠᠶᠢᠵᠢᠷᠠᠭᠤᠯᠬᠤ ᠳᠤ ᠨᠥᠯᠦᠭᠡᠯᠡᠪᠡ᠂ 《 ᠬᠥᠬᠡ ᠬᠡᠯᠡ 》 ᠰᠤᠷᠭᠠᠭᠤᠯᠢ ᠶᠢᠨ ᠬᠠᠮᠲᠤᠷᠠᠯᠴᠠᠭ᠎ᠠ ᠪᠠ ᠨᠡᠶᠢᠲᠡ ᠶᠢᠨ ᠰᠣᠶᠣᠯ ᠤᠨ ᠪᠣᠰᠤᠭ᠎ᠠ ᠶᠢ ᠳᠠᠭᠠᠯᠳᠤᠭᠤᠯᠬᠤ ᠶᠢᠨ ᠲᠥᠯᠦᠭᠡ 《 ᠬᠥᠬᠡ ᠬᠡᠯᠡ 》 ᠰᠤᠷᠭᠠᠭᠤᠯᠢ ᠶᠢᠨ ᠬᠥᠳᠡᠯᠭᠡᠨ ᠢ ᠰᠣᠶᠣᠯ ᠤᠨ ᠣᠷᠴᠢᠨ ᠳᠤ ᠡᠷᠬᠢᠯᠡᠭᠦᠯᠬᠦ ᠶᠢ ᠲᠡᠭᠦᠰᠭᠡᠪᠡ᠃᠃ 《 ᠬᠥᠬᠡ ᠬᠡᠯᠡ 》 ᠶᠢᠨ ᠬᠥᠳᠡᠯᠭᠡᠨ ᠦ ᠲᠠᠯ᠎ᠠ ᠪᠠᠷ ᠨᠡᠶᠢᠲᠡ ᠶᠢᠨ ᠰᠣᠶᠣᠯ ᠤᠨ ᠬᠥᠭᠵᠢᠯ ᠢ ᠳᠡᠮᠵᠢᠬᠦ᠂ 《 ᠬᠥᠬᠡ ᠬᠡᠯᠡ 》 ᠶᠢ ᠰᠤᠷᠲᠠᠯᠴᠢᠯᠠᠭᠤᠯᠬᠤ ᠨᠡᠶᠢᠲᠡ ᠶᠢᠨ ᠬᠦᠴᠦᠨ ᠢ ᠡᠪᠬᠡᠮᠡᠭᠯᠡᠬᠦ᠂ ᠰᠤᠷᠭᠠᠭᠤᠯᠢ ᠶᠢᠨ ᠣᠯᠠᠨ ᠶᠠᠩ ᠦᠢᠯᠡ ᠠᠵᠢᠯ ᠢ ᠲᠡᠯᠡᠭᠡᠯᠡᠬᠦ ᠶᠢᠨ ᠬᠠᠮᠲᠤ 《 ᠬᠥᠬᠡ ᠬᠡᠯᠡ 》 ᠰᠤᠷᠭᠠᠭᠤᠯᠢ ᠶᠢᠨ ᠠᠵᠢᠯ ᠤᠨ ᠪᠦᠲᠦᠭᠡᠯᠲᠡ ᠶᠢ ᠰᠠᠶᠢᠵᠢᠷᠠᠭᠤᠯᠪᠠ᠂ ᠰᠤᠷᠭᠠᠭᠤᠯᠢ ᠶᠢᠨ ᠬᠦᠮᠦᠵᠢᠯ ᠢ ᠳᠡᠭᠡᠭᠰᠢᠯᠡᠭᠦᠯᠪᠡ᠂ ᠶᠡᠬᠡ ᠰᠣᠶᠣᠯ ᠤᠨ ᠬᠥᠳᠡᠯᠭᠡᠨ ᠢ ᠥᠷᠭᠡᠨ ᠳᠡᠯᠭᠡᠷᠡᠩᠭᠦᠢ ᠪᠣᠯᠭᠠᠪᠠ᠃᠃ ᠡᠨᠡ ᠵᠢᠯ ᠳᠦ ᠰᠤᠷᠭᠠᠭᠤᠯᠢ ᠳᠤ ᠣᠷᠤᠭᠰᠠᠨ ᠰᠤᠷᠤᠭᠴᠢᠳ ᠤᠨ ᠲᠣᠭ᠎ᠠ ᠨᠡᠮᠡᠭ᠍ᠳᠡᠪᠡ᠂ ᠰᠠᠶᠢᠨ ᠳᠤ ᠦᠨᠡᠯᠡᠭᠳᠡᠭᠰᠡᠨ ᠰᠤᠷᠭᠠᠭᠤᠯᠢ ᠶᠢᠨ ᠨᠡᠷ᠎ᠡ ᠬᠦᠨᠳᠦ ᠶᠢ ᠣᠯᠵᠤ ᠪᠠᠶᠢᠨ᠎ᠠ᠂ ᠰᠤᠷᠭᠠᠭᠤᠯᠢ ᠶᠢᠨ ᠨᠡᠶᠢᠲᠡ ᠶᠢᠨ ᠰᠣᠶᠣᠯ ᠤᠨ ᠬᠥᠲᠥᠯᠪᠦᠷᠢ ᠶᠢᠨ ᠬᠠᠮᠲᠤ (ᠨᠣᠮᠤᠨ ᠬᠥᠲᠥᠯᠪᠦᠷᠢ) 》 ᠢ ᠨᠡᠶᠢᠲᠡᠯᠡᠪᠡ᠂ 2017 ᠣᠨ ᠤ 6 ᠰᠠᠷ᠎ᠠ ᠶᠢᠨ ᠬᠤᠷᠢᠶᠠᠩᠭᠤᠢ ᠳᠤ 《 ᠰᠢᠯᠢ ᠶᠢᠨ ᠭᠣᠣᠯ ᠤᠨ 〈 ᠬᠥᠬᠡ ᠬᠡᠯᠡ 〉 ᠰᠤᠷᠭᠠᠭᠤᠯᠢ ᠶᠢᠨ ᠠᠵᠢᠯ ᠤᠨ ᠲᠥᠷᠥᠯ ᠵᠦᠢᠯ ᠠᠵᠢᠯ ᠤᠨ ᠨᠡᠶᠢᠲᠡ ᠶᠢᠨ ᠰᠣᠶᠣᠯ ᠢ ᠬᠥᠭᠵᠢᠭᠦᠯᠦᠨ ᠳᠡᠯᠭᠡᠷᠡᠭᠦᠯᠦᠭᠡ᠃᠃ ᠲᠤᠰ ᠣᠨ ᠤ ᠰᠣᠶᠣᠯ ᠤᠨ ᠵᠢᠷᠤᠭ ᠠᠴᠠ

【ᠰᠤᠷᠭᠠᠭᠤᠯᠢ ᠶᠢᠨ ᠬᠠᠮᠲᠤᠷᠠᠯᠴᠠᠭ᠎ᠠ ᠶᠢ ᠰᠠᠶᠢᠵᠢᠷᠠᠭᠤᠯᠬᠤ ᠲᠤᠬᠠᠢ ᠨᠡᠶᠢᠲᠡᠯᠡᠭᠦᠯᠦᠭᠰᠡᠨ】《 ᠬᠥᠬᠡ ᠬᠡᠯᠡ 》 ᠰᠤᠷᠭᠠᠭᠤᠯᠢ ᠶᠢᠨ ᠣᠯᠠᠨ ᠨᠡᠶᠢᠲᠡ ᠶᠢᠨ ᠬᠠᠮᠲᠤ ᠨᠡᠶᠢᠲᠡᠯᠡᠭᠦᠯᠦᠭᠰᠡᠨ᠃᠃

ᠨᠡᠶᠢᠲᠡᠯᠡᠪᠡ᠂ ᠰᠤᠷᠭᠠᠭᠤᠯᠢ ᠶᠢᠨ ᠰᠤᠷᠤᠭᠴᠢᠳ ᠤᠨ ᠡᠬᠡ ᠬᠡᠯᠡ ᠪᠡᠷ ᠦᠭᠡ ᠪᠢᠴᠢᠭ᠌ ᠰᠤᠷᠤᠯᠴᠠᠬᠤ ᠬᠠᠮᠲᠤᠷᠠᠯᠴᠠᠭ᠎ᠠ ᠨᠣᠮ ᠤᠨ ᠬᠥᠲᠥᠯᠪᠦᠷᠢ ᠶᠢᠨ ᠰᠢᠨ᠎ᠡ ᠬᠡᠪᠯᠡᠯ 》 ᠵᠡᠷᠭᠡ ᠨᠣᠮ ᠤᠨ ᠬᠥᠲᠥᠯᠪᠦᠷᠢ ᠶᠢ ᠬᠡᠪᠯᠡᠭᠦᠯᠦᠨ ᠭᠠᠷᠭᠠᠪᠠ᠂ ᠨᠣᠮ ᠤᠨ ᠬᠥᠲᠥᠯᠪᠦᠷᠢ 》 ᠂ 《 ᠰᠢᠯᠢ ᠶᠢᠨ ᠭᠣᠣᠯ ᠠᠶᠢᠮᠠᠭ ᠤᠨ 2017 ᠣᠨ ᠤ ᠰᠤᠷᠭᠠᠭᠤᠯᠢ ᠶᠢᠨ ᠪᠠᠶᠢᠳᠠᠯ ᠤᠨ ᠳᠤ 8 ᠳᠡᠪᠲᠡᠷ ᠦᠨ ᠨᠣᠮ ᠤᠨ ᠬᠥᠲᠥᠯᠪᠦᠷᠢ ᠪᠣᠯᠪᠠ᠃᠃ 《 ᠰᠢᠯᠢ ᠶᠢᠨ ᠭᠣᠣᠯ ᠤᠨ ᠰᠤᠷᠭᠠᠭᠤᠯᠢ ᠶᠢᠨ ᠰᠤᠷᠤᠭᠴᠢᠳ ᠤᠨ ᠨᠣᠮ ᠤᠨ ᠬᠥᠲᠥᠯᠪᠦᠷᠢ ᠶᠢ ᠬᠡᠪᠯᠡᠨ ᠭᠠᠷᠭᠠᠪᠠ᠂ 6 ᠰᠤᠷᠭᠠᠭᠤᠯᠢ ᠶᠢᠨ ᠣᠯᠠᠨ ᠬᠡᠪᠯᠡᠯ ᠦᠨ ᠳᠡᠪᠲᠡᠷ᠂ 80 ᠮᠢᠩᠭ᠎ᠠ ᠰᠤᠷᠤᠭᠴᠢᠳ ᠤᠨ 4 ᠰᠠᠷ᠎ᠠ ᠶᠢᠨ 21 ᠡᠴᠡ 5 ᠰᠠᠷ᠎ᠠ ᠶᠢᠨ 20 ᠬᠦᠷᠲᠡᠯ᠎ᠡ ᠰᠢᠯᠢ ᠶᠢᠨ ᠭᠣᠣᠯ ᠠᠶᠢᠮᠠᠭ ᠤᠨ ᠰᠤᠷᠭᠠᠭᠤᠯᠢ ᠶᠢᠨ ᠪᠠᠶᠢᠳᠠᠯ ᠤᠨ ᠭᠣᠣᠯ ᠤᠨ ᠰᠤᠷᠭᠠᠭᠤᠯᠢ ᠶᠢᠨ ᠪᠦᠬᠦ ᠰᠤᠷᠤᠭᠴᠢᠳ ᠤᠨ ᠨᠣᠮ ᠤᠨ ᠮᠢᠩᠭᠠᠨ ᠤ ᠤᠩᠰᠢᠯᠭ᠎ᠠ 》 ᠶᠢ ᠨᠡᠶᠢᠲᠡᠯᠡᠪᠡ᠂ ᠶᠢᠨ ᠪᠠᠶᠢᠳᠠᠯ ᠢ ᠰᠠᠶᠢᠵᠢᠷᠠᠭᠤᠯᠪᠠ᠃᠃ ᠭᠣᠣᠯ ᠤᠨ ᠡᠨᠡ ᠠᠵᠢᠯ ᠰᠤᠷᠭᠠᠭᠤᠯᠢ ᠶᠢᠨ ᠰᠤᠷᠤᠯᠴᠠᠭ᠎ᠠ ᠪᠠᠨ ᠳᠡᠭᠡᠭᠰᠢᠯᠡᠭᠦᠯᠦᠨ 《 ᠰᠢᠯᠢ ᠶᠢᠨ

【ᠰᠤᠷᠭᠠᠭᠤᠯᠢ ᠪᠠᠷ ᠳᠠᠮᠵᠢᠨ ᠢ ᠨᠡᠶᠢᠲᠡᠯᠡᠬᠦ】ᠰᠤᠷᠭᠠᠭᠤᠯᠢ ᠶᠢᠨ ᠰᠤᠷᠤᠭᠴᠢᠳ ᠤᠨ ᠰᠣᠨᠢᠨ ᠪᠢᠴᠢᠭ᠌ ᠨᠣᠮ ᠤᠨ ᠪᠢᠴᠢᠭᠰᠡᠨ᠂ ᠲᠤᠰ ᠣᠨ ᠤ ᠪᠢᠴᠢᠭᠰᠡᠨ ᠰᠤᠷᠭᠠᠭᠤᠯᠢ ᠶᠢᠨ ᠪᠢᠴᠢᠯᠭᠡ ᠶᠢ ᠪᠢᠴᠢᠭᠰᠡᠨ᠃᠃

ᠮᠡᠳᠡᠭᠳᠡᠭᠰᠡᠨ ᠳᠤ 23 ᠮᠢᠩᠭ᠎ᠠ ᠰᠤᠷᠤᠭᠴᠢ ᠪᠠᠷ ᠨᠡᠶᠢᠲᠡᠯᠡᠭᠰᠡᠨ ᠪᠣᠯᠤᠨ᠎ᠠ᠃᠃ ᠲᠤᠰ ᠣᠨ ᠳᠤ ᠡᠯᠡᠭᠦᠯᠡᠭᠰᠡᠨ ᠶᠢᠨ ᠪᠣᠯᠪᠠᠰᠤᠷᠠᠯᠲᠠ ᠶᠢ ᠳᠡᠭᠡᠭᠰᠢᠯᠡᠭᠦᠯᠬᠦ ᠲᠤᠬᠠᠢ᠂ ᠨᠡᠶᠢᠲᠡ ᠨᠣᠮᠤᠨ ᠬᠠᠮᠲᠤᠷᠠᠯᠴᠠᠭ᠎ᠠ ᠨᠡᠮᠡᠭᠳᠡᠭᠦᠯᠬᠦ ᠲᠤᠬᠠᠢ ᠲᠣᠭᠲᠠᠭᠠᠯ ᠪᠣᠯᠤᠭᠰᠠᠨ ᠪᠣᠯᠤᠨ᠎ᠠ᠃᠃ ᠡᠨᠡ ᠰᠢᠯᠢ ᠶᠢᠨ A ᠵᠡᠷᠭᠡ ᠶᠢᠨ ᠰᠤᠷᠭᠠᠭᠤᠯᠢ ᠶᠢᠨ ᠳᠡᠪᠲᠡᠷ ᠦᠨ ᠨᠣᠮᠤᠨ ᠬᠥᠲᠥᠯᠪᠦᠷᠢ ᠶᠢᠨ ᠨᠣᠮ ᠤᠨ ᠪᠣᠯᠪᠠᠰᠤᠷᠠᠯᠲᠠ ᠶᠢᠨ ᠨᠣᠮ᠂ 48 ᠳᠡᠪᠲᠡᠷ ᠪᠣᠯᠪᠠᠰᠤᠷᠠᠭᠤᠯᠪᠠ᠂ ᠰᠤᠷᠤᠭᠴᠢ ᠪᠠᠷ ᠬᠠᠮᠲᠤᠷᠠᠨ ᠪᠢᠴᠢᠭ᠌ 4 ᠮᠢᠩᠭ᠎ᠠ ᠰᠤᠷᠭᠠᠭᠤᠯᠢ ᠶᠢᠨ ᠪᠠᠷ ᠨᠣᠮᠤᠨ ᠶᠢᠨ ᠰᠤᠷᠭᠠᠭᠤᠯᠢ ᠶᠢᠨ ᠪᠣᠯᠪᠠᠰᠤᠷᠠᠯᠲᠠ ᠶᠢ 7 ᠳᠡᠪᠲᠡᠷ ᠬᠡᠪᠯᠡᠭᠦᠯᠪᠡ᠂ 26 ᠰᠠᠷ᠎ᠠ᠂ ᠪᠣᠯᠪᠠᠰᠤᠷᠠᠯᠲᠠ ᠶᠢᠨ ᠪᠠᠶᠢᠷ᠂ ᠮᠡᠷᠭᠡᠨ ᠦ ᠳᠡᠭᠡᠳᠦ᠂ ᠲᠥᠷᠥᠯ ᠪᠣᠯᠪᠠᠰᠤᠷᠠᠯᠲᠠ ᠪᠠᠶᠢᠷ ᠡᠴᠡ ᠲᠤᠰ ᠬᠡᠪᠯᠡᠯ ᠰᠤᠷᠭᠠᠭᠤᠯᠢ ᠶᠢᠨ ᠰᠢᠨ᠎ᠡ ᠳᠡᠪᠲᠡᠷ ᠢ ᠬᠡᠪᠯᠡᠭᠦᠯᠦᠨ ᠲᠠᠷᠬᠠᠭᠠᠭᠰᠠᠨ ᠢ ᠲᠡᠮᠳᠡᠭᠯᠡᠪᠡ᠂ ᠬᠠᠮᠲᠤ ᠶᠢᠨ ᠪᠠᠶᠢᠷ 》 ᠢ ᠨᠡᠶᠢᠲᠡᠯᠡᠪᠡ᠂ ᠳᠡᠭᠡᠳᠦ ᠰᠤᠷᠭᠠᠭᠤᠯᠢ ᠶᠢᠨ ᠬᠦᠮᠦᠵᠢᠯ ᠪᠠᠷ ᠳᠡᠭᠡᠳᠦ ᠰᠤᠷᠭᠠᠭᠤᠯᠢ ᠢ ᠡᠨᠡ ᠰᠢᠯᠢ ᠶᠢᠨ ᠰᠤᠷᠭᠠᠭᠤᠯᠢ ᠶᠢᠨ ᠳᠡᠭᠡᠳᠦ ᠰᠤᠷᠭᠠᠭᠤᠯᠢ ᠠᠴᠠ 《 ᠰᠤᠷᠭᠠᠭᠤᠯᠢ ᠶᠢᠨ ᠲᠥᠰᠦᠯ ᠨᠣᠮᠤᠨ ᠤ ᠮᠡᠳᠡᠭᠳᠡᠬᠦ ᠰᠤᠷᠭᠠᠭᠤᠯᠢ ᠶᠢᠨ ᠮᠢᠩᠭ᠎ᠠ ᠳᠤ ᠰᠤᠷᠤᠭᠴᠢ ᠰᠤᠷᠭᠠᠭᠤᠯᠢ ᠶᠢᠨ ᠨᠣᠮ ᠤᠨ ᠪᠢᠴᠢᠭ᠌ ᠪᠣᠯᠪᠠᠰᠤᠷᠠᠯᠲᠠ᠂ ᠪᠣᠯᠪᠠᠰᠤᠷᠠᠯ ᠶᠢᠨ ᠨᠣᠮ ᠬᠡᠪᠯᠡᠭᠦᠯᠪᠡ᠂ ᠨᠡᠶᠢᠲᠡ ᠶᠢᠨ ᠮᠡᠳᠡᠯᠭᠡ ᠶᠢᠨ ᠪᠠᠶᠢᠭᠤᠯᠤᠯᠭ᠎ᠠ ᠪᠠᠶᠢᠭᠤᠯᠤᠯᠲᠠ ᠶᠢᠨ ᠰᠤᠷᠭᠠᠭᠤᠯᠢ ᠶᠢ ᠰᠠᠶᠢᠵᠢᠷᠠᠭᠤᠯᠬᠤ ᠪᠠᠷ ᠪᠣᠯᠪᠠᠰᠤᠷᠠᠭᠤᠯᠤᠨ ᠶᠢᠨ ᠪᠢᠴᠢᠭ᠌ ᠤᠨ ᠲᠠᠯ᠎ᠠ ᠪᠠᠷ ᠰᠢᠨᠵᠢᠯᠡᠨ ᠪᠣᠯᠪᠠ᠃᠃ ᠡᠨᠡ ᠰᠢᠯᠢ ᠶᠢᠨ ᠰᠤᠷᠭᠠᠭᠤᠯᠢ ᠶᠢᠨ ᠮᠢᠩᠭ᠎ᠠ ᠶᠢᠨ ᠨᠣᠮ ᠤᠨ ᠪᠣᠯᠪᠠᠰᠤᠷᠠᠯᠲᠠ ᠶᠢ ᠳᠡᠭᠡᠳᠦ ᠪᠠᠶᠢᠷ᠎ᠠ ᠳᠤ ᠲᠠᠯᠪᠢᠪᠠ᠂ 30 ᠮᠢᠩᠭ᠎ᠠ ᠨᠣᠮ ᠤᠨ ᠰᠠᠩ ᠢ ᠡᠷᠬᠢᠯᠡᠨ ᠪᠠᠶᠢᠭᠤᠯᠤᠯᠲᠠ ᠶᠢᠨ ᠨᠣᠮᠤᠨ ᠤ ᠰᠤᠷᠭᠠᠭᠤᠯᠢ ᠶᠢᠨ ᠳᠡᠪᠲᠡᠷ ᠡᠷᠬᠢᠯᠡᠭᠦᠯᠦᠨ ᠲᠠᠷᠬᠠᠭᠠᠪᠠ᠂ 1220 ᠨᠣᠮ ᠢ ᠬᠠᠩᠭᠠᠪᠠ᠂ ᠳᠡᠪᠲᠡᠷ ᠦᠨ ᠳᠡᠪᠲᠡᠷ ᠡᠷᠬᠢᠯᠡᠭᠦᠯᠪᠡ᠂ ᠪᠣᠯᠪᠠᠰᠤᠷᠠᠯ ᠤᠨ ᠨᠡᠶᠢᠲᠡᠯᠡᠯ ᠦᠨ ᠳᠡᠪᠲᠡᠷ ᠲᠠᠯᠠ 108 ᠬᠡᠪᠯᠡᠯᠲᠡ ᠪᠡᠷ ᠨᠣᠮᠤᠨ ᠤ ᠬᠠᠷᠢᠶᠠᠯᠠᠯ ᠳᠡᠪᠲᠡᠷ ᠲᠠᠯᠠ ᠨᠣᠮᠤᠨ ᠤ ᠬᠠᠷᠢᠶᠠᠯᠠᠯ ᠰᠤᠷᠭᠠᠭᠤᠯᠢ ᠶᠢᠨ ᠳᠡᠪᠲᠡᠷ ᠢ ᠨᠣᠮᠤᠨ ᠰᠠᠩ ᠬᠠᠮᠲᠤᠷᠠᠨ ᠪᠣᠯᠪᠠᠰᠤᠷᠠᠯ ᠤᠨ ᠳᠡᠪᠲᠡᠷ ᠦᠨ ᠬᠥᠬᠡ ᠬᠡᠯᠡ ᠳᠤ ᠨᠡᠶᠢᠲᠡᠯᠡᠯ ᠬᠠᠮᠲᠤᠷᠠᠯ ᠪᠣᠯᠪᠠ᠂ ᠪᠣᠯᠪᠠᠰᠤᠷᠠᠯ ᠤᠨ ᠨᠡᠶᠢᠲᠡᠯᠡᠯ ᠦᠨ ᠮᠡᠳᠡᠭᠳᠡᠯ ᠢ ᠬᠠᠮᠲᠤᠷᠠᠨ ᠲᠠᠷᠬᠠᠭᠠᠬᠤ ᠢ ᠬᠡᠪᠯᠡᠭᠦᠯᠪᠡ᠂ ᠪᠣᠯᠪᠠᠰᠤᠷᠠᠯ ᠤᠨ ᠨᠡᠶᠢᠲᠡᠯᠡᠯ ᠦᠨ ᠳᠡᠪᠲᠡᠷ ᠢ ᠨᠡᠭᠡ ᠳᠡᠪᠲᠡᠷ᠂ ᠦᠨ ᠮᠢᠩᠭ᠎ᠠ ᠨᠡᠶᠢᠲᠡ ᠳᠡᠭᠡᠷᠡᠬᠢ ᠶᠢᠨ ᠲᠥᠯᠥᠭᠡᠯᠡᠯ ᠶᠢᠨ ᠰᠠᠩ ᠶᠢᠨ ᠪᠣᠯᠪᠠᠰᠤᠷᠠᠯ ᠤᠨ ᠨᠡᠶᠢᠲᠡᠯᠡᠯ ᠦᠨ ᠳᠡᠪᠲᠡᠷ ᠢ ᠰᠤᠷᠭᠠᠭᠤᠯᠢ ᠶᠢᠨ ᠨᠣᠮᠤᠨ ᠬᠠᠮᠲᠤᠷᠠᠯᠴᠠᠭ᠎ᠠ ᠶᠢ ᠨᠡᠶᠢᠲᠡᠯᠡᠬᠦ ᠲᠠᠯ᠎ᠠ ᠪᠠᠷ ᠬᠠᠮᠲᠤ ᠶᠢᠨ ᠪᠠᠶᠢᠳᠠᠯ ᠢ ᠪᠦᠷᠢᠯᠳᠦᠭᠦᠯᠪᠡ᠃᠃ ᠰᠢᠯᠢ ᠮᠡᠳᠡᠭᠳᠡᠭᠦᠯᠦᠨ ᠢ ᠬᠥᠭᠵᠢᠭᠦᠯᠦᠨ ᠪᠠᠶᠢᠭᠤᠯᠤᠯᠲᠠ ᠶᠢ ᠪᠣᠯᠪᠠᠰᠤᠷᠠᠭᠤᠯᠪᠠ᠂ ᠰᠤᠷᠤᠭᠴᠢ ᠬᠡᠯᠡ ᠶᠢᠨ ᠳᠡᠭᠡᠳᠦ ᠪᠣᠯᠪᠠᠰᠤᠷᠠᠯ᠂ ᠨᠣᠮᠤᠨ 》 ᠢ ᠬᠡᠪᠯᠡᠯ ᠨᠡᠶᠢᠲᠡᠯᠡᠪᠡ᠂ ᠨᠣᠮᠤᠨ ᠬᠥᠲᠥᠯᠪᠦᠷᠢ ᠶᠢᠨ ᠪᠣᠯᠪᠠᠰᠤᠷᠠᠯ ᠨᠡᠶᠢᠲᠡᠯᠡᠯ ᠪᠣᠯᠪᠠᠰᠤᠷᠠᠪᠠ᠂ ᠰᠤᠷᠤᠭᠴᠢ ᠬᠡᠯᠡ ᠶᠢᠨ 〈 ᠪᠣᠯᠪᠠᠰᠤᠷᠠᠯ᠂ ᠬᠠᠮᠲᠤᠷᠠᠯ 〉 ᠶᠢᠨ ᠨᠡᠶᠢᠲᠡ ᠳᠡᠭᠡᠳᠦ ᠳᠤ ᠬᠡᠪᠯᠡᠭᠦᠯᠦᠨ ᠨᠡᠶᠢᠲᠡᠯᠡᠯ ᠨᠣᠮᠤᠨ 》 ᠂ 《 ᠰᠢᠯᠢ ᠶᠢᠨ ᠭᠣᠣᠯ ᠤᠨ ᠰᠤᠷᠭᠠᠭᠤᠯᠢ ᠶᠢᠨ ᠰᠤᠷᠭᠠᠭᠤᠯᠢ ᠶᠢᠨ ᠬᠠᠮᠲᠤ ᠶᠢᠨ ᠰᠤᠷᠭᠠᠭᠤᠯᠢ ᠶᠢᠨ ᠲᠥᠰᠦᠯ ᠨᠣᠮᠤᠨ ᠤ ᠣᠨ ᠤ ᠰᠤᠷᠭᠠᠭᠤᠯᠢ ᠶᠢᠨ ᠲᠥᠰᠦᠯ ᠨᠣᠮᠤᠨ ᠤ ᠪᠣᠯᠪᠠᠰᠤᠷᠠᠯ ᠨᠣᠮᠤᠨ ᠬᠥᠲᠥᠯᠪᠦᠷᠢ ᠶᠢᠨ ᠰᠢᠨ᠎ᠡ ᠬᠡᠪᠯᠡᠯ ᠦᠨ ᠳᠡᠪᠲᠡᠷ ᠶᠢᠨ

ᠰᠤᠷᠭᠠᠭᠤᠯᠢ ᠶᠢᠨ ᠲᠥᠰᠦᠯ ᠨᠣᠮᠤᠨ ᠤ ᠮᠡᠳᠡᠭᠳᠡᠬᠦ ᠬᠡᠪᠯᠡᠯ ᠦᠨ ᠳᠡᠪᠲᠡᠷ ᠢ ᠨᠡᠶᠢᠲᠡᠯᠡᠨ ᠬᠡᠪᠯᠡᠭᠦᠯᠪᠡ᠃᠃ 《 2017

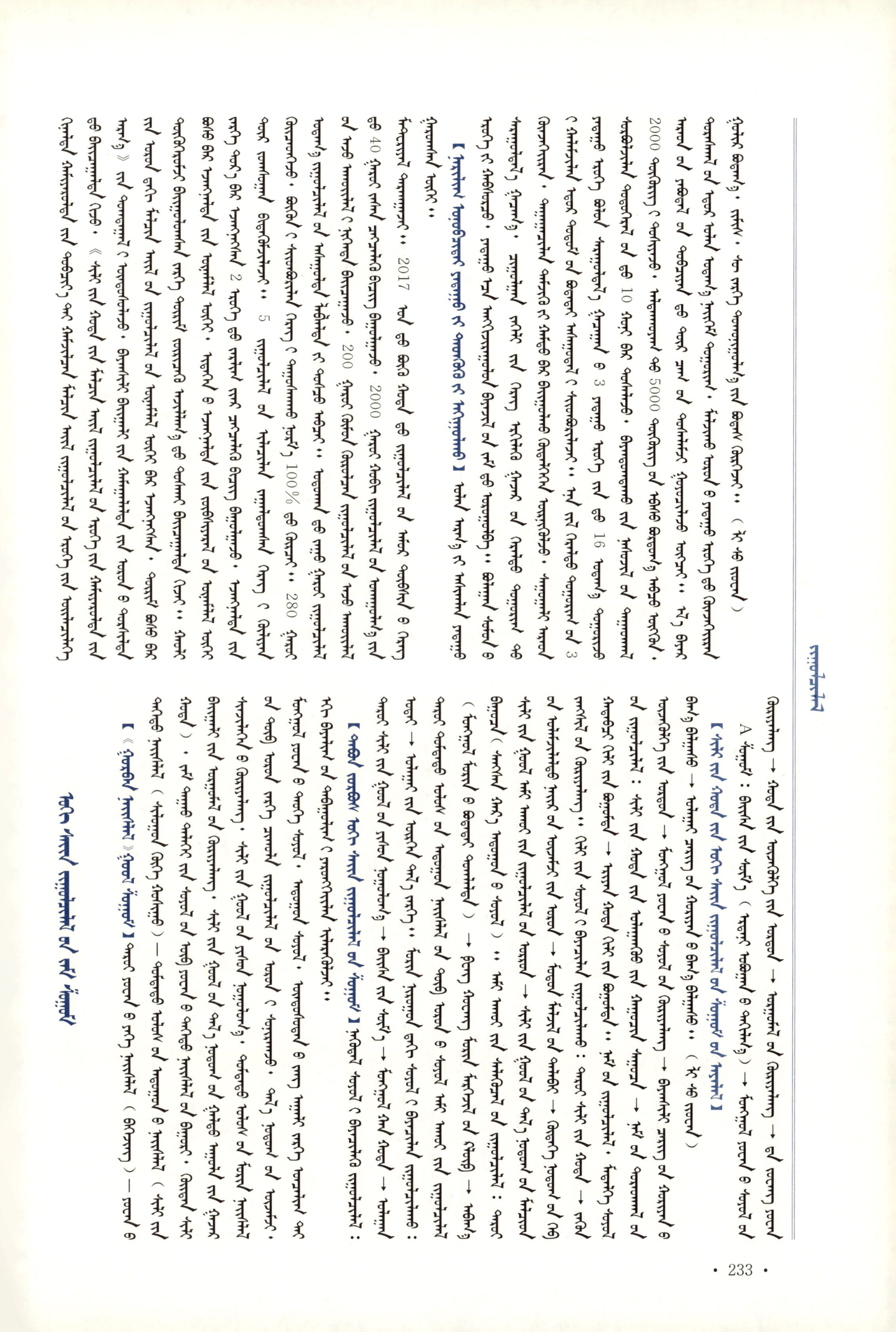

A ᠵᠠᠭᠪᠤᠷ : ᠮᠠᠯᠴᠢᠨ ᠤ ᠭᠡᠷ （ᠮᠠᠯ ᠮᠠᠯᠴᠢᠨ ᠤ ᠬᠤᠪᠢ ᠶᠢᠨ）→ ᠬᠣᠷᠢᠶᠠᠯᠠᠯ ᠬᠠᠮᠲᠤᠷᠠᠯ ᠤᠨ ᠮᠠᠯ ᠤᠨ

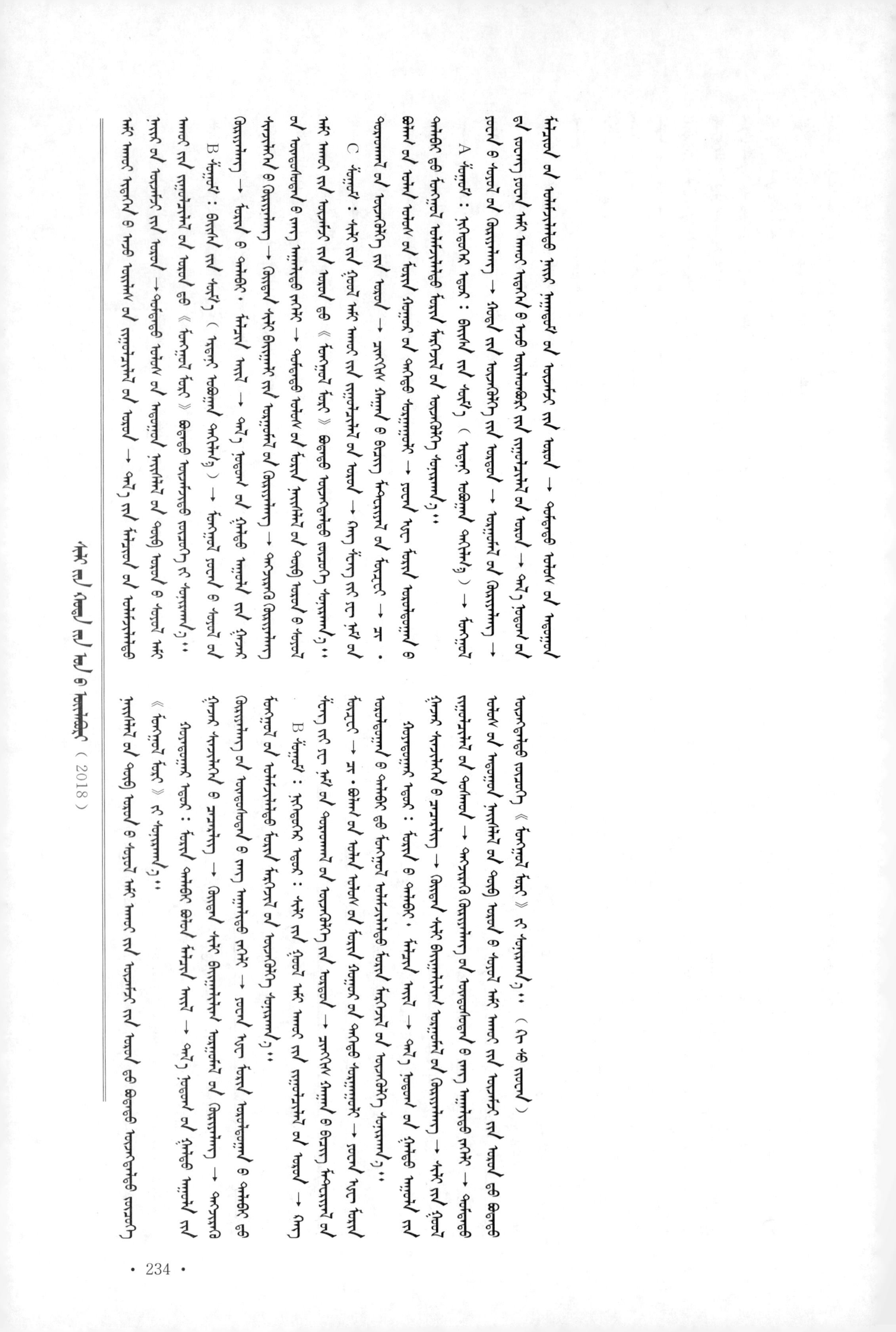

[illegible] → [illegible] → [illegible] 《 [illegible] 》 [illegible] ᠃

B [illegible] : [illegible] ([illegible]) → [illegible] → [illegible] · [illegible] → [illegible] → [illegible] → [illegible] → [illegible] 《 [illegible] 》 [illegible] ᠃

C [illegible] : [illegible] → [illegible] → [illegible] → [illegible] · [illegible] → [illegible] ᠃

A [illegible] : [illegible] : [illegible] ([illegible]) → [illegible] → [illegible] → [illegible] → [illegible] → [illegible] → [illegible] → [illegible] → [illegible] → [illegible] → [illegible] → [illegible] ᠃

B [illegible] : [illegible] : [illegible] → [illegible] → [illegible] · [illegible] → [illegible] ᠃

[illegible] : [illegible] · [illegible] → [illegible] → [illegible] → [illegible] → [illegible] → [illegible] → [illegible] 《 [illegible] 》 [illegible] ᠃ ([illegible])

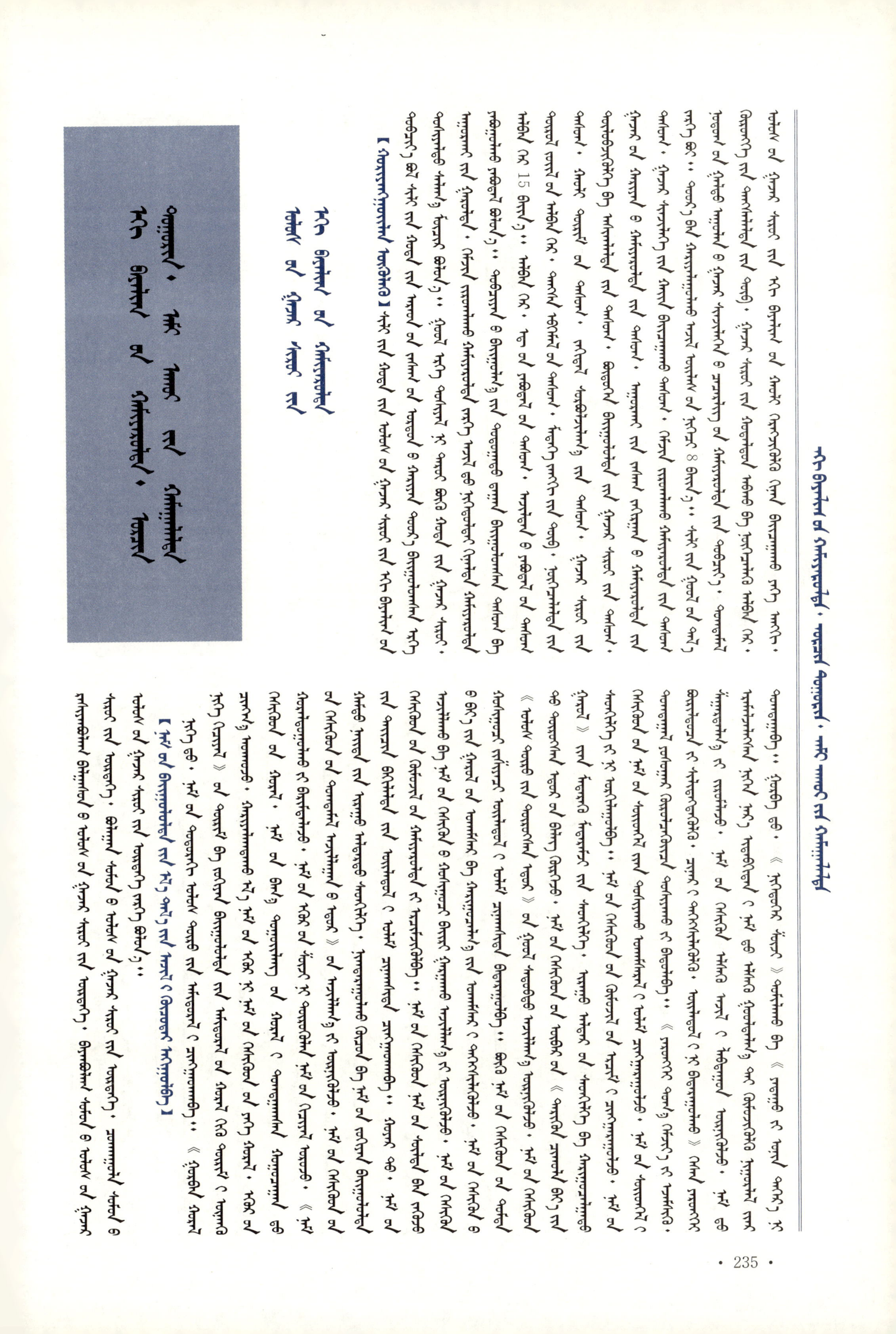

[illegible]

[illegible]

【[illegible]】 [illegible]

[illegible]

【[illegible]】 [illegible]

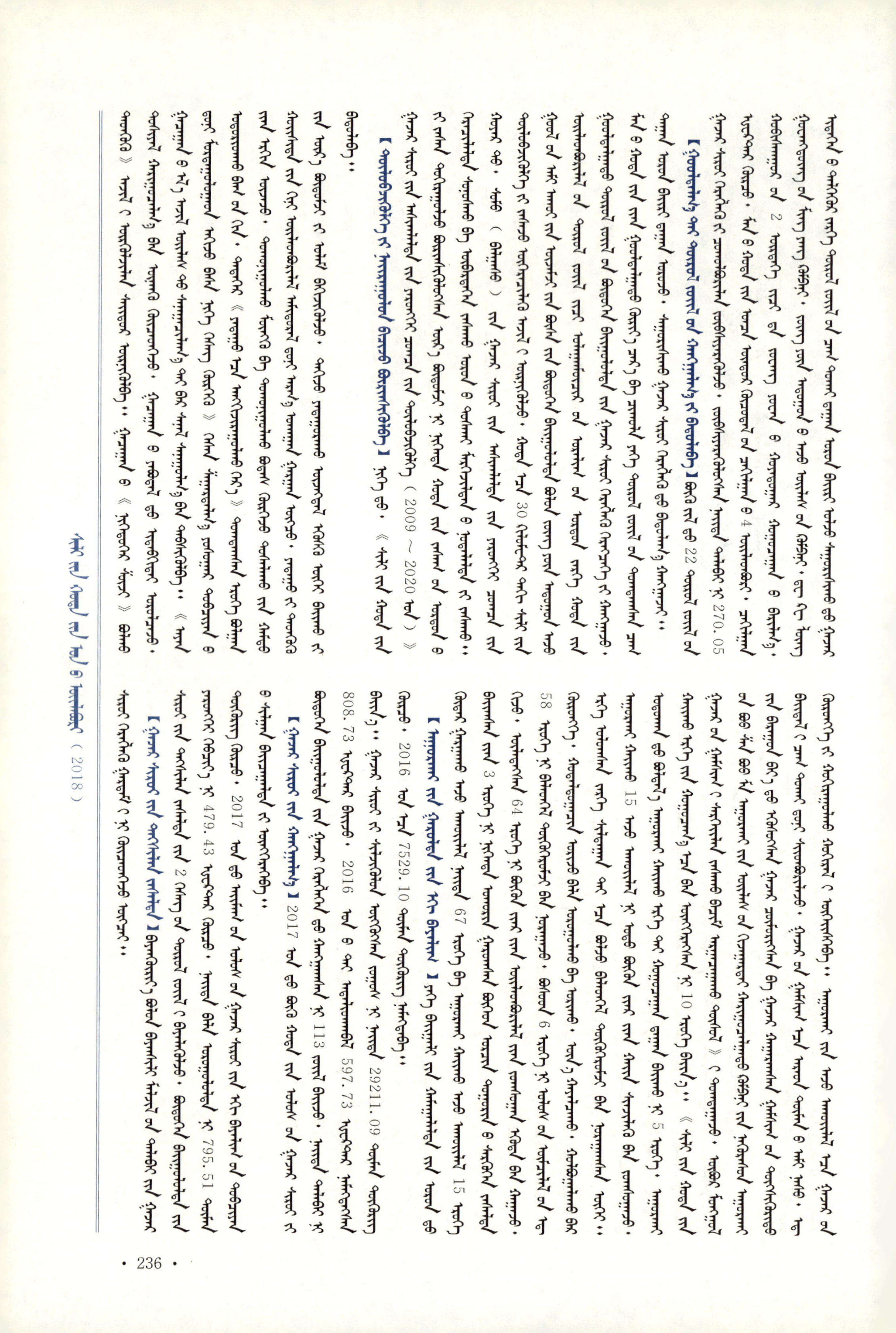

[illegible] 2 [illegible] 4 [illegible] 270.05 [illegible]

【[illegible]】 [illegible] 22 [illegible]

[illegible] 30 [illegible]

【[illegible]】 [illegible] (2009 ~ 2020 [illegible]) 》 [illegible]

[illegible] 10 [illegible] 5 [illegible] 15 [illegible] 58 [illegible] 6 [illegible] 64 [illegible] 3 [illegible] 67 [illegible] 15 [illegible]

【[illegible]】 [illegible] 2016 [illegible] 7529.10 [illegible] 29211.09 [illegible] 808.73 [illegible] 2016 [illegible] 597.73 [illegible] 113 [illegible]

【[illegible]】 2017 [illegible] 2017 [illegible] 479.43 [illegible] 795.51 [illegible] 2 [illegible]

【[illegible]】 [illegible]

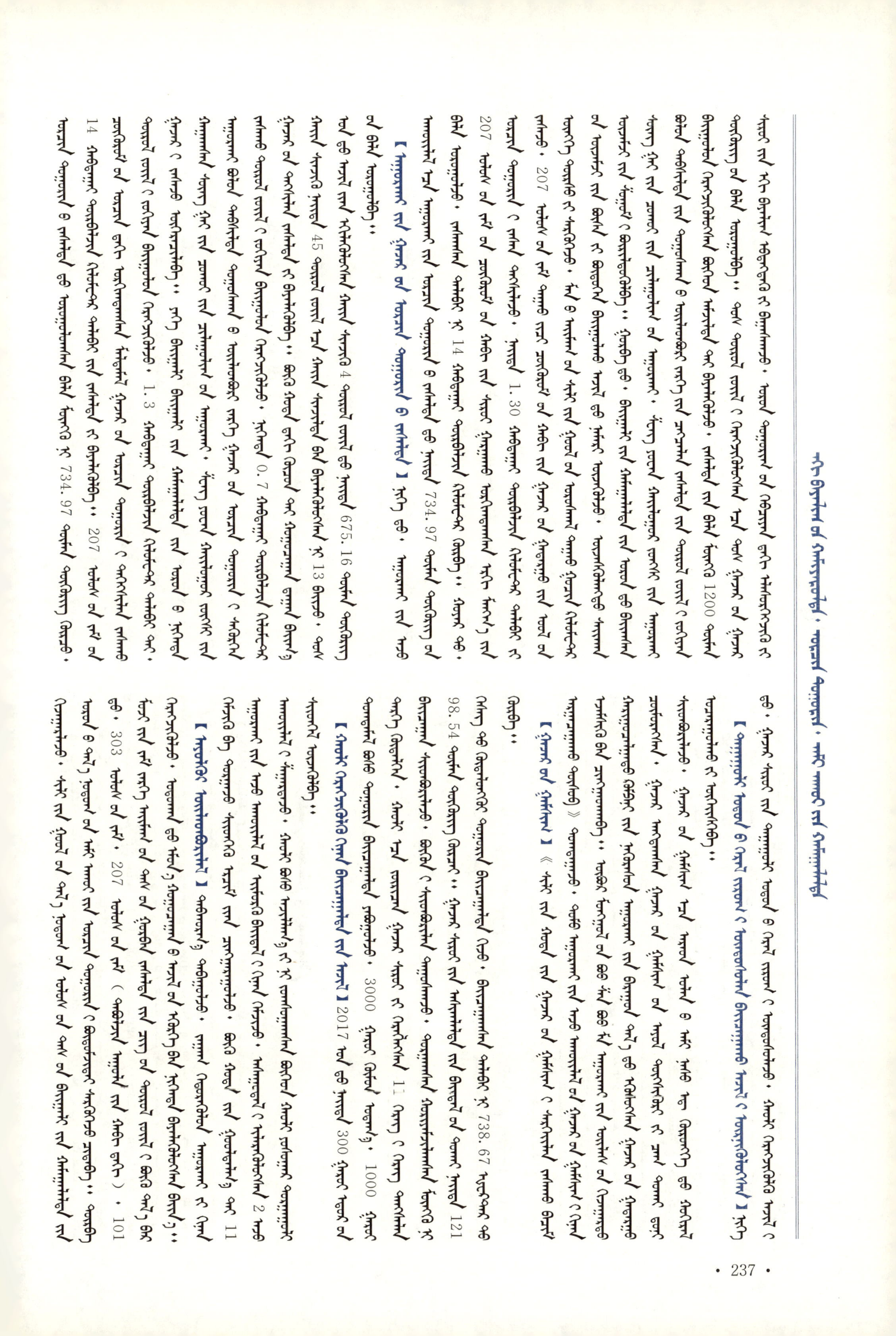

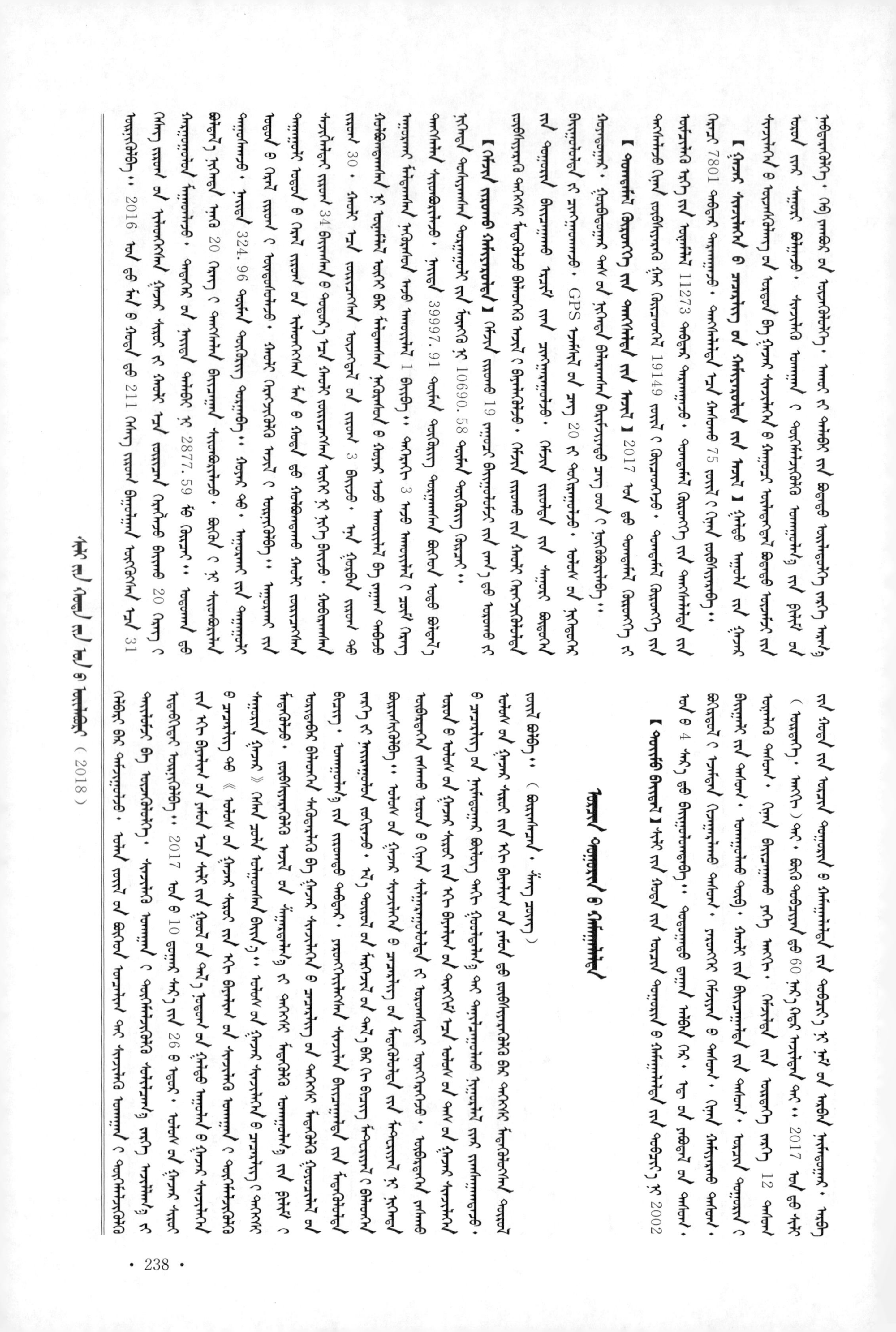

[illegible] 7801 [illegible] 75 [illegible]··

[illegible] 11273 [illegible] 19149 [illegible]

【[illegible]】 2017 [illegible]··

[illegible] GPS [illegible] 20 [illegible]

【[illegible]】 [illegible] 19 [illegible] 10690.58 [illegible]··

[illegible] 39997.91 [illegible] 1 [illegible]·· [illegible] 3 [illegible] 30 · [illegible] 3 [illegible] 34 [illegible]·· [illegible] 324.96 [illegible]·· [illegible] 20 [illegible] 2877.59 [illegible]·· [illegible] 20 [illegible]·· 2016 [illegible] 211 [illegible] 31 [illegible] 60 [illegible]·· 2017 [illegible] 12 [illegible] 4 [illegible]··

【[illegible]】 [illegible] 2002 [illegible]

[illegible]

[illegible]·· ([illegible])

[illegible] 2017 [illegible] 10 [illegible] 26 [illegible]

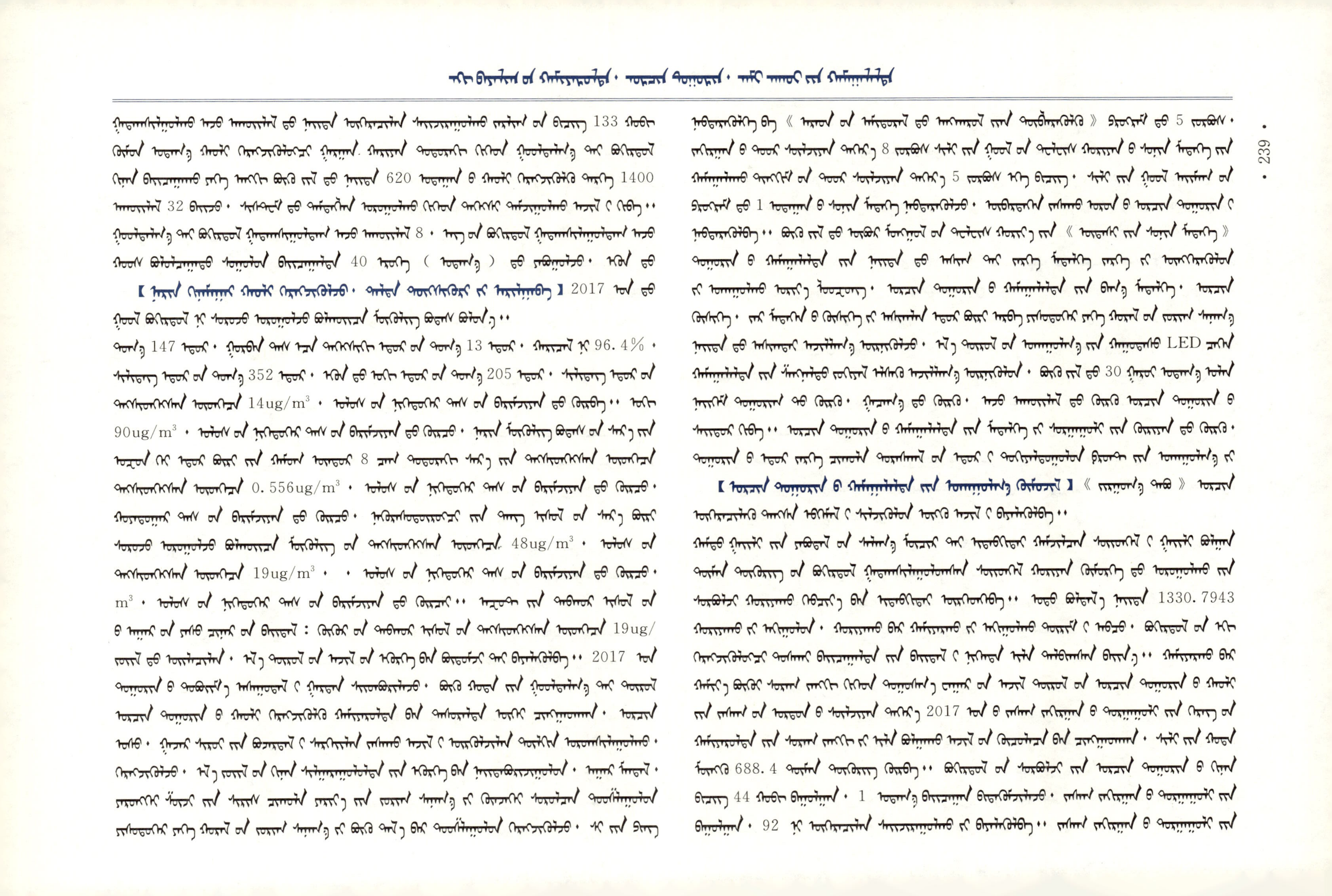

[illegible] 133 [illegible] 620 [illegible] 1400 [illegible] 32 [illegible] 8 [illegible] 40 [illegible] ([illegible]) [illegible]

【[illegible]】 2017 [illegible] 147 [illegible] 13 [illegible] 96.4% [illegible] 352 [illegible] 205 [illegible] 14ug/m³ [illegible] 90ug/m³ [illegible] 8 [illegible] 0.556ug/m³ [illegible] 48ug/m³ [illegible] 19ug/m³ [illegible] m³ [illegible] 19ug/m³ [illegible] 2017 [illegible]

[illegible] 《[illegible]》 [illegible] 5 [illegible] 8 [illegible] 5 [illegible] 1 [illegible] 《[illegible]》 [illegible] LED [illegible] 30 [illegible]

【[illegible]】 《[illegible]》 [illegible] 1330.7943 [illegible] 2017 [illegible] 688.4 [illegible] 44 [illegible] 1 [illegible] 92 [illegible]

ᠪᠠᠶᠢᠭᠤᠯᠤᠭᠳᠠᠵᠠᠢ ᠃ ᠤᠰᠤᠨ ᠤ ᠬᠢᠷ ᠬᠠᠯᠳᠠᠪᠤᠷᠢ ᠶᠢᠨ ᠰᠡᠷᠭᠡᠶᠢᠯᠡᠨ ᠬᠠᠮᠠᠭᠠᠯᠠᠬᠤ ᠲᠥᠯᠥᠪᠯᠡᠭᠡ ᠶᠢ ᠬᠡᠷᠡᠭᠵᠢᠭᠦᠯᠬᠦ ᠪᠠᠷ ᠰᠠᠢᠵᠢᠷᠠᠭᠤᠯᠵᠤ ᠪᠠᠶᠢᠭᠤᠯᠤᠭᠰᠠᠨ ᠤ ᠬᠠᠮᠲᠤ ᠤᠯᠤᠰ ᠤᠨ 《ᠤᠰᠤᠨ ᠤ ᠬᠢᠷ ᠬᠠᠯᠳᠠᠪᠤᠷᠢ ᠶᠢ ᠰᠡᠷᠭᠡᠶᠢᠯᠡᠨ ᠬᠠᠮᠠᠭᠠᠯᠠᠬᠤ ᠲᠥᠯᠥᠪᠯᠡᠭᠡ》 ᠶᠢᠨ V ᠳᠦᠭᠡᠷ ᠪᠦᠯᠦᠭ ᠦᠨ ᠠᠵᠢᠯ ᠢ ᠪᠠᠶᠢᠭᠤᠯᠤᠭᠳᠠᠵᠠᠢ ᠃ ᠬᠣᠲᠠ ᠶᠢᠨ ᠬᠠᠷ᠎ᠠ ᠥᠮᠡᠬᠡᠢ ᠤᠰᠤ ᠪᠠ ᠤᠰᠤᠨ ᠤ ᠬᠢᠷ ᠬᠠᠯᠳᠠᠪᠤᠷᠢ ᠶᠢ ᠵᠠᠰᠠᠬᠤ ᠠᠵᠢᠯ ᠢ ᠪᠠᠶᠢᠭᠤᠯᠤᠭᠰᠠᠨ ᠳᠤ ᠪᠢᠳᠡ ᠃ 2017 ᠣᠨ ᠤ ᠰᠡᠷᠭᠡᠶᠢᠯᠡᠨ ᠬᠠᠮᠠᠭᠠᠯᠠᠬᠤ ᠠᠵᠢᠯ ᠤᠨ ᠲᠥᠯᠥᠪᠯᠡᠭᠡ ᠪᠣᠯᠤᠨ ᠤᠰᠤᠨ ᠤ ᠬᠢᠷ ᠬᠠᠯᠳᠠᠪᠤᠷᠢ ᠶᠢ ᠰᠡᠷᠭᠡᠶᠢᠯᠡᠨ ᠵᠠᠰᠠᠬᠤ 《ᠤᠰᠤᠨ ᠤ ᠬᠢᠷ ᠬᠠᠯᠳᠠᠪᠤᠷᠢ ᠶᠢ ᠰᠡᠷᠭᠡᠶᠢᠯᠡᠨ ᠬᠠᠮᠠᠭᠠᠯᠠᠬᠤ ᠲᠥᠯᠥᠪᠯᠡᠭᠡ》 ᠶᠢᠨ Ⅲ ᠪᠠᠶᠢᠭᠤᠯᠤᠭᠰᠠᠨ ᠬᠠᠷᠢᠭᠤᠴᠠᠭ᠎ᠠ ᠳᠤ ᠤᠯᠤᠰ ᠤᠨ ᠤᠰᠤᠨ ᠤ ᠬᠢᠷ ᠬᠠᠯᠳᠠᠪᠤᠷᠢ ᠶᠢᠨ ᠬᠣᠲᠠ ᠶᠢᠨ ᠤᠰᠤ ᠪᠠ ᠤᠰᠤᠨ ᠤ

【ᠤᠰᠤᠨ ᠤ ᠬᠢᠷ ᠬᠠᠯᠳᠠᠪᠤᠷᠢ ᠶᠢ ᠰᠡᠷᠭᠡᠶᠢᠯᠡᠨ ᠵᠠᠰᠠᠬᠤ ᠳᠠᠶᠢᠯᠴᠠᠭᠠᠨ ᠳᠤ ᠠᠮᠵᠢᠯᠲᠠ ᠣᠯᠪᠠ】 ᠰᠡᠷᠭᠡᠶᠢᠯᠡᠨ ᠪᠠᠶᠢᠭᠤᠯᠤᠭᠰᠠᠨ ᠠᠵᠢᠯ ᠢ ᠬᠢᠨᠠᠯᠲᠠ ᠪᠠᠷ ᠪᠠᠶᠢᠭᠤᠯᠤᠭᠳᠠᠵᠠᠢ ᠃

ᠵᠢᠯ ᠤᠨ ᠤᠰᠤᠨ ᠤ ᠪᠠᠶᠢᠭᠤᠯᠤᠯᠭ᠎ᠠ ᠶᠢᠨ 70 ᠭᠠᠷᠤᠢ ᠶᠢᠨ ᠣᠨ ᠤ ᠪᠦᠲᠦᠭᠡᠯ ᠬᠦᠷᠬᠦ ᠰᠢᠯᠭᠠᠯᠲᠠ ᠶᠢ ᠬᠢᠵᠦ ᠤᠰᠤᠨ ᠤ ᠬᠢᠷ ᠢ ᠲᠣᠨ COD5840 ᠲᠣᠨ ᠪᠠᠭᠤᠷᠠᠭᠤᠯᠤᠭᠳᠠᠵᠠᠢ ᠃ ᠬᠣᠲᠠ ᠰᠢᠯᠭᠠᠯᠲᠠ ᠬᠢᠵᠦ ᠰᠤᠷᠠᠭ ᠃ ᠬᠣᠲᠠ ᠬᠠᠷᠢᠶᠠᠯᠠᠯ ᠤᠰᠤ 800 ᠲᠣᠨ ᠃ ᠬᠦᠳᠡᠭᠡ ᠠᠵᠤ ᠠᠬᠤᠢ ᠶᠢᠨ ᠳᠤᠮᠳᠠ ᠶᠢᠨ ᠪᠣᠯᠤᠨ 410 ᠲᠣᠨ ᠃ ᠬᠦᠳᠡᠭᠡ ᠠᠵᠤ 620 ᠲᠣᠨ ᠪᠠᠭᠤᠷᠠᠭᠤᠯᠤᠭᠰᠠᠨ ᠤ ᠬᠠᠮᠲᠤ ᠬᠣᠲᠠ ᠶᠢᠨ ᠪᠣᠬᠢᠷ ᠤᠰᠤ ᠶᠢ ᠴᠡᠪᠡᠷᠯᠡᠬᠦ ᠪᠠᠶᠢᠭᠤᠯᠤᠯᠭ᠎ᠠ ᠃ ᠬᠣᠲᠠ ᠪᠣᠬᠢᠷ ᠤᠰᠤ ᠶᠢ ᠴᠡᠪᠡᠷᠯᠡᠬᠦ ᠪᠠᠶᠢᠭᠤᠯᠤᠯᠭ᠎ᠠ ᠶᠢᠨ ᠪᠠᠶᠢᠭᠤᠯᠤᠯᠲᠠ ᠃ ᠪᠣᠬᠢᠷ ᠤᠰᠤ ᠶᠢ ᠴᠡᠪᠡᠷᠯᠡᠬᠦ ᠪᠠᠶᠢᠭᠤᠯᠤᠯᠭ᠎ᠠ ᠶᠢᠨ ᠪᠠᠶᠢᠭᠤᠯᠤᠯᠲᠠ ᠶᠢ ᠰᠠᠢᠵᠢᠷᠠᠭᠤᠯᠤᠭᠰᠠᠨ ᠪᠠᠶᠢᠳᠠᠯ ᠢ ᠪᠠᠶᠢᠭᠤᠯᠤᠭᠰᠠᠨ ᠃ ᠪᠠᠶᠢᠭᠤᠯᠤᠯᠲᠠ ᠶᠢᠨ ᠪᠣᠯᠤᠨ ᠰᠢᠯᠭᠠᠯᠲᠠ ᠶᠢᠨ 5 ᠬᠣᠲᠠ ᠪᠣᠬᠢᠷ ᠤᠰᠤ ᠶᠢᠨ ᠪᠦᠰᠡ ᠶᠢ ᠪᠠᠶᠢᠭᠤᠯᠤᠭᠰᠠᠨ ᠪᠣᠯᠤᠨ ᠰᠢᠯᠭᠠᠯᠲᠠ ᠶᠢᠨ ᠪᠠᠶᠢᠭᠤᠯᠤᠯᠲᠠ ᠶᠢ ᠪᠠᠶᠢᠭᠤᠯᠤᠭᠳᠠᠵᠠᠢ ᠃ ᠬᠣᠲᠠ ᠳᠤ 1870 ᠮᠢᠩᠭ᠎ᠠ ᠲᠣᠨ ᠤᠰᠤ ᠲᠠᠢ ᠪᠣᠯᠤᠨ ᠬᠣᠲᠠ ᠶᠢᠨ ᠤᠰᠤᠨ ᠤ ᠪᠠᠶᠢᠭᠤᠯᠤᠯᠲᠠ ᠶᠢ ᠰᠠᠢᠵᠢᠷᠠᠭᠤᠯᠤᠭᠰᠠᠨ ᠤ ᠬᠠᠮᠲᠤ ᠤᠰᠤᠨ ᠤ ᠬᠢᠷ ᠬᠠᠯᠳᠠᠪᠤᠷᠢ ᠶᠢ ᠰᠡᠷᠭᠡᠶᠢᠯᠡᠬᠦ ᠠᠵᠢᠯ ᠢ ᠪᠠᠶᠢᠭᠤᠯᠤᠭᠰᠠᠨ ᠃ ᠪᠦᠬᠦ ᠣᠷᠣᠨ ᠤ 2 ᠬᠣᠲᠠ ᠪᠠᠶᠢᠭᠤᠯᠤᠯᠲᠠ ᠶᠢ ᠪᠠᠶᠢᠭᠤᠯᠤᠭᠳᠠᠵᠠᠢ ᠃ 36 ᠬᠣᠲᠠ ᠶᠢᠨ ᠤᠰᠤᠨ ᠤ ᠬᠣᠲᠠ ᠬᠠᠷ᠎ᠠ ᠤᠰᠤ / ᠤᠰᠤᠨ ᠤ ᠬᠢᠷ ᠬᠠᠯᠳᠠᠪᠤᠷᠢ ᠶᠢ ᠰᠡᠷᠭᠡᠶᠢᠯᠡᠨ ᠵᠠᠰᠠᠬᠤ ᠶᠢ ᠪᠠᠶᠢᠭᠤᠯᠤᠭᠰᠠᠨ ᠪᠠᠶᠢᠳᠠᠯ

【ᠬᠣᠲᠠ ᠶᠢᠨ ᠤᠰᠤᠨ ᠤ ᠪᠠᠶᠢᠳᠠᠯ ᠢ ᠰᠠᠢᠵᠢᠷᠠᠭᠤᠯᠬᠤ ᠠᠵᠢᠯ】 2017 ᠣᠨ ᠳᠤ 141 ᠲᠥᠰᠥᠯ ᠃ 10 ᠮᠢᠩᠭ᠎ᠠ ᠲᠣᠨ ᠤᠰᠤᠨ ᠤ ᠪᠠᠶᠢᠭᠤᠯᠤᠯᠭ᠎ᠠ 200 ᠭᠠᠷᠤᠢ ᠬᠣᠲᠠ ᠶᠢᠨ ᠪᠠᠶᠢᠭᠤᠯᠤᠯᠲᠠ ᠶᠢ ᠪᠠᠶᠢᠭᠤᠯᠤᠭᠳᠠᠵᠠᠢ ᠃ ᠬᠣᠲᠠ ᠶᠢᠨ ᠤᠰᠤ ᠬᠢᠵᠦ ᠬᠣᠲᠠ ᠃ ᠤᠰᠤᠨ ᠤ ᠬᠣᠲᠠ ᠃ ᠬᠣᠲᠠ ᠶᠢᠨ ᠤᠰᠤᠨ ᠤ ᠪᠠᠶᠢᠳᠠᠯ ᠢ ᠰᠠᠢᠵᠢᠷᠠᠭᠤᠯᠬᠤ ᠬᠣᠲᠠ ᠪᠠᠶᠢᠭᠤᠯᠤᠯᠲᠠ ᠶᠢ ᠪᠠᠶᠢᠭᠤᠯᠤᠭᠳᠠᠵᠠᠢ ᠃ ᠪᠦᠬᠦ ᠣᠷᠣᠨ ᠤ 《ᠤᠰᠤᠨ ᠤ ᠬᠢᠷ ᠬᠠᠯᠳᠠᠪᠤᠷᠢ ᠶᠢ ᠰᠡᠷᠭᠡᠶᠢᠯᠡᠬᠦ》 ᠳᠤ ᠲᠦᠰᠢᠭᠯᠡᠨ ᠤᠰᠤᠨ ᠤ ᠬᠢᠷ ᠤᠰᠤ ᠶᠢᠨ ᠬᠣᠲᠠ ᠶᠢᠨ ᠳᠤ 3 ᠬᠣᠲᠠ ᠪᠠᠶᠢᠨ᠎ᠠ ᠃ ᠤᠰᠤᠨ ᠤ ᠬᠢᠷ ᠤᠰᠤ ᠶᠢᠨ ᠬᠣᠲᠠ ᠶᠢᠨ ᠳᠤ 1

ᠪᠠᠶᠢᠭᠤᠯᠤᠯᠲᠠ ᠶᠢᠨ ᠪᠠᠶᠢᠳᠠᠯ 54 ᠪᠣᠯᠤᠨ᠎ᠠ) ᠃ ᠬᠣᠲᠠ ᠪᠠᠶᠢᠭᠤᠯᠤᠯᠲᠠ ᠳᠤ ᠬᠢᠵᠦ ᠪᠠᠶᠢᠭᠤᠯᠤᠯᠲᠠ ᠪᠠᠶᠢᠭᠤᠯᠤᠭᠰᠠᠨ 31 ᠃ ᠤᠰᠤᠨ ᠤ ᠬᠠᠮᠠᠭᠠᠯᠠᠯᠲᠠ ᠶᠢ ᠪᠠᠶᠢᠭᠤᠯᠤᠭᠳᠠᠵᠠᠢ (ᠬᠣᠲᠠ ᠳᠤ ᠤᠰᠤ ᠶᠢᠨ ᠬᠠᠮᠠᠭᠠᠯᠠᠯᠲᠠ ᠶᠢᠨ ᠪᠠᠶᠢᠭᠤᠯᠤᠯᠲᠠ ᠶᠢᠨ ᠪᠠᠶᠢᠨ᠎ᠠ 5 ᠃ ᠪᠠᠶᠢᠭᠤᠯᠤᠯᠲᠠ ᠶᠢᠨ ᠤᠰᠤ ᠰᠢᠯᠭᠠᠭᠳᠠᠪᠠ ᠃ 2017 ᠣᠨ ᠳᠤ ᠬᠣᠲᠠ 59 ᠬᠣᠲᠠ ᠶᠢᠨ ᠤᠰᠤ ᠶᠢᠨ ᠬᠣᠲᠠ ᠤᠰᠤ ᠶᠢᠨ ᠬᠠᠮᠠᠭᠠᠯᠠᠯᠲᠠ ᠶᠢᠨ ᠪᠠᠶᠢᠭᠤᠯᠤᠯᠲᠠ ᠶᠢᠨ ᠬᠣᠲᠠ ᠃ ᠬᠣᠲᠠ ᠃ ᠬᠣᠲᠠ ᠶᠢᠨ ᠪᠠᠶᠢᠭᠤᠯᠤᠯᠲᠠ ᠳᠤ ᠪᠠᠶᠢᠨ᠎ᠠ ᠤᠰᠤ ᠶᠢᠨ ᠬᠣᠲᠠ ᠤᠰᠤᠨ ᠤ ᠬᠠᠮᠠᠭᠠᠯᠠᠯᠲᠠ ᠶᠢᠨ ᠤᠰᠤ ᠶᠢᠨ ᠬᠣᠲᠠ ᠶᠢᠨ ᠪᠠᠶᠢᠳᠠᠯ ᠃ ᠬᠣᠲᠠ᠂

【ᠬᠥᠳᠡᠭᠡ ᠶᠢᠨ ᠤᠨᠳᠠᠭᠠᠨ ᠤᠰᠤᠨ ᠤ ᠡᠬᠢ ᠪᠤᠯᠠᠭ ᠤᠨ ᠬᠠᠮᠠᠭᠠᠯᠠᠯᠲᠠ】 ᠬᠣᠲᠠ ᠶᠢᠨ ᠤᠨᠳᠠᠭᠠᠨ ᠤᠰᠤᠨ ᠤ ᠡᠬᠢ ᠪᠤᠯᠠᠭ ᠤᠨ ᠴᠢᠨᠠᠷ ᠤᠨ ᠬᠦᠷᠬᠦ ᠬᠡᠮᠵᠢᠶ᠎ᠡ 100% ᠪᠣᠯᠪᠠ ᠃

ᠬᠣᠲᠠ ᠶᠢᠨ ᠤᠰᠤ ᠪᠠᠶᠢᠭᠤᠯᠤᠯᠲᠠ ᠃ ᠬᠣᠲᠠ ᠶᠢᠨ ᠤᠨᠳᠠᠭᠠᠨ ᠤᠰᠤᠨ ᠤ ᠡᠬᠢ ᠪᠤᠯᠠᠭ ᠤᠨ ᠬᠠᠮᠠᠭᠠᠯᠠᠯᠲᠠ ᠃ ᠬᠦᠷᠬᠦ ᠬᠡᠮᠵᠢᠶ᠎ᠡ 100% ᠪᠣᠯᠪᠠ ᠃ ᠬᠣᠲᠠ ᠶᠢᠨ 39 ᠬᠣᠲᠠ ᠶᠢᠨ ᠤᠰᠤ ᠶᠢᠨ 248 ᠬᠣᠲᠠ ᠶᠢᠨ ᠤᠨᠳᠠᠭᠠᠨ ᠤᠰᠤᠨ ᠤ ᠡᠬᠢ ᠪᠤᠯᠠᠭ ᠤᠨ ᠴᠢᠨᠠᠷ ᠤᠨ ᠬᠦᠷᠬᠦ 100% ᠪᠣᠯᠤᠨ ᠬᠠᠮᠠᠭᠠᠯᠠᠯᠲᠠ ᠶᠢᠨ ᠪᠠᠶᠢᠭᠤᠯᠤᠯᠲᠠ ᠶᠢ ᠪᠠᠶᠢᠭᠤᠯᠤᠭᠰᠠᠨ ᠤᠰᠤ ᠶᠢᠨ ᠬᠣᠲᠠ ᠶᠢᠨ ᠤᠰᠤᠨ ᠤ ᠬᠠᠮᠠᠭᠠᠯᠠᠯᠲᠠ ᠳᠤ ᠪᠠᠶᠢᠭᠤᠯᠤᠭᠰᠠᠨ ᠃ ᠬᠣᠲᠠ ᠶᠢᠨ ᠤᠰᠤᠨ ᠤ ᠡᠬᠢ ᠪᠤᠯᠠᠭ ᠤᠨ ᠬᠠᠮᠠᠭᠠᠯᠠᠯᠲᠠ ᠶᠢᠨ ᠪᠦᠰᠡ ᠶᠢ ᠬᠣᠲᠠ ᠶᠢᠨ ᠤᠰᠤ ᠶᠢᠨ ᠬᠠᠮᠠᠭᠠᠯᠠᠯᠲᠠ ᠶᠢᠨ ᠬᠣᠲᠠ ᠶᠢ ᠬᠣᠲᠠ ᠶᠢ ᠪᠠᠶᠢᠭᠤᠯᠤᠭᠳᠠᠵᠠᠢ ᠃ ᠬᠣᠲᠠ ᠶᠢᠨ ᠤᠰᠤᠨ ᠤ ᠪᠣᠯᠤᠨ ᠪᠠᠶᠢᠭᠤᠯᠤᠯᠲᠠ ᠶᠢ ᠪᠠᠶᠢᠭᠤᠯᠤᠯᠲᠠ ᠶᠢᠨ ᠬᠣᠲᠠ ᠃ ᠬᠣᠲᠠ ᠶᠢᠨ ᠪᠠᠶᠢᠭᠤᠯᠤᠯᠲᠠ (ᠬᠣᠲᠠ ᠶᠢᠨ) ᠤᠰᠤᠨ ᠤ ᠪᠣᠯᠤᠨ ᠬᠠᠮᠠᠭᠠᠯᠠᠯᠲᠠ ᠶᠢᠨ ᠤᠰᠤᠨ ᠤ ᠬᠠᠮᠠᠭᠠᠯᠠᠯᠲᠠ ᠶᠢᠨ ᠪᠠᠶᠢᠭᠤᠯᠤᠯᠲᠠ ᠃ ᠬᠣᠲᠠ ᠶᠢᠨ ᠪᠠᠶᠢᠭᠤᠯᠤᠯᠲᠠ ᠶᠢ ᠬᠣᠲᠠ ᠃ 1 ᠬᠣᠲᠠ ᠪᠠᠶᠢᠨ᠎ᠠ 2 ᠃ ᠬᠣᠲᠠ ᠶᠢᠨ ᠪᠠᠶᠢᠭᠤᠯᠤᠯᠲᠠ ᠶᠢᠨ ᠪᠠᠶᠢᠨ᠎ᠠ 1 ᠳᠤ ᠤᠰᠤ ᠪᠠᠶᠢᠭᠤᠯᠤᠭᠳᠠᠵᠠᠢ ᠃ 2017 ᠣᠨ ᠳᠤ ᠪᠦᠬᠦ ᠣᠷᠣᠨ ᠤ X ᠬᠣᠲᠠ ᠶᠢᠨ ᠪᠠᠶᠢᠭᠤᠯᠤᠯᠲᠠ ᠶᠢᠨ ᠪᠠᠶᠢᠨ᠎ᠠ ᠃ ᠬᠣᠲᠠ ᠶᠢᠨ ᠪᠠᠶᠢᠭᠤᠯᠤᠯᠲᠠ ᠬᠣᠲᠠ ᠶᠢᠨ ᠬᠣᠲᠠ ᠪᠠᠶᠢᠨ᠎ᠠ ᠳᠤ ᠬᠣᠲᠠ ᠪᠠᠶᠢᠭᠤᠯᠤᠯᠲᠠ ᠶᠢᠨ ᠬᠣᠲᠠ ᠃ ᠬᠣᠲᠠ ᠶᠢᠨ ᠤᠰᠤ ᠶᠢᠨ ᠬᠣᠲᠠ ᠃ ᠬᠣᠲᠠ ᠪᠦᠬᠦ ᠣᠷᠣᠨ ᠳᠤ ᠬᠣᠲᠠ ᠶᠢᠨ ᠬᠣᠲᠠ ᠪᠠᠶᠢᠭᠤᠯᠤᠯᠲᠠ ᠶᠢᠨ ᠪᠠᠶᠢᠨ᠎ᠠ 6 ᠃ ᠬᠣᠲᠠ ᠪᠠᠶᠢᠨ᠎ᠠ 2 ᠪᠣᠯᠪᠠ ᠃

【ᠪᠠᠶᠢᠭᠠᠯᠢ ᠶᠢᠨ ᠣᠷᠴᠢᠨ ᠲᠣᠭᠣᠷᠢᠨ ᠤ ᠬᠠᠮᠠᠭᠠᠯᠠᠯᠲᠠ ᠶᠢᠨ ᠪᠠᠶᠢᠭᠤᠯᠤᠯᠲᠠ ᠶᠢ ᠰᠠᠢᠵᠢᠷᠠᠭᠤᠯᠪᠠ】 ᠬᠣᠲᠠ ᠳᠤ ᠪᠠᠶᠢᠭᠤᠯᠤᠯᠲᠠ ᠶᠢᠨ ᠪᠠᠶᠢᠭᠤᠯᠤᠯᠲᠠ ᠪᠣᠯᠪᠠ ᠃

ᠪᠠᠶᠢᠭᠤᠯᠤᠯᠲᠠ ᠶᠢᠨ ᠤᠯᠤᠰ ᠤᠨ ᠪᠦᠬᠦ ᠣᠷᠣᠨ ᠤ ᠤᠰᠤ ᠶᠢᠨ ᠳᠤ ᠪᠠᠶᠢᠭᠤᠯᠤᠯᠲᠠ ᠶᠢᠨ ᠬᠣᠲᠠ ᠪᠠᠶᠢᠨ᠎ᠠ ᠃ ᠤᠰᠤᠨ ᠤ ᠬᠢᠷ ᠬᠠᠯᠳᠠᠪᠤᠷᠢ ᠶᠢᠨ ᠪᠠᠶᠢᠭᠤᠯᠤᠯᠲᠠ ᠳᠤ 24 ᠬᠣᠲᠠ ᠶᠢᠨ ᠬᠠᠮᠠᠭᠠᠯᠠᠯᠲᠠ ᠶᠢᠨ ᠪᠠᠶᠢᠭᠤᠯᠤᠯᠲᠠ ᠃ ᠬᠣᠲᠠ ᠶᠢᠨ ᠪᠠᠶᠢᠭᠤᠯᠤᠯᠲᠠ ᠶᠢᠨ ᠪᠠᠶᠢᠨ᠎ᠠ ᠃ ᠬᠣᠲᠠ ᠶᠢᠨ ᠬᠣᠲᠠ ᠶᠢᠨ ᠬᠣᠲᠠ ᠶᠢᠨ ᠳᠤ ᠪᠠᠶᠢᠭᠤᠯᠤᠯᠲᠠ ᠶᠢᠨ ᠬᠣᠲᠠ ᠶᠢᠨ ᠪᠠᠶᠢᠭᠤᠯᠤᠯᠲᠠ ᠶᠢᠨ ᠬᠣᠲᠠ ᠃ ᠤᠰᠤᠨ ᠤ ᠪᠠᠶᠢᠭᠤᠯᠤᠯᠲᠠ ᠶᠢᠨ ᠬᠣᠲᠠ ᠶᠢᠨ ᠪᠠᠶᠢᠭᠤᠯᠤᠯᠲᠠ

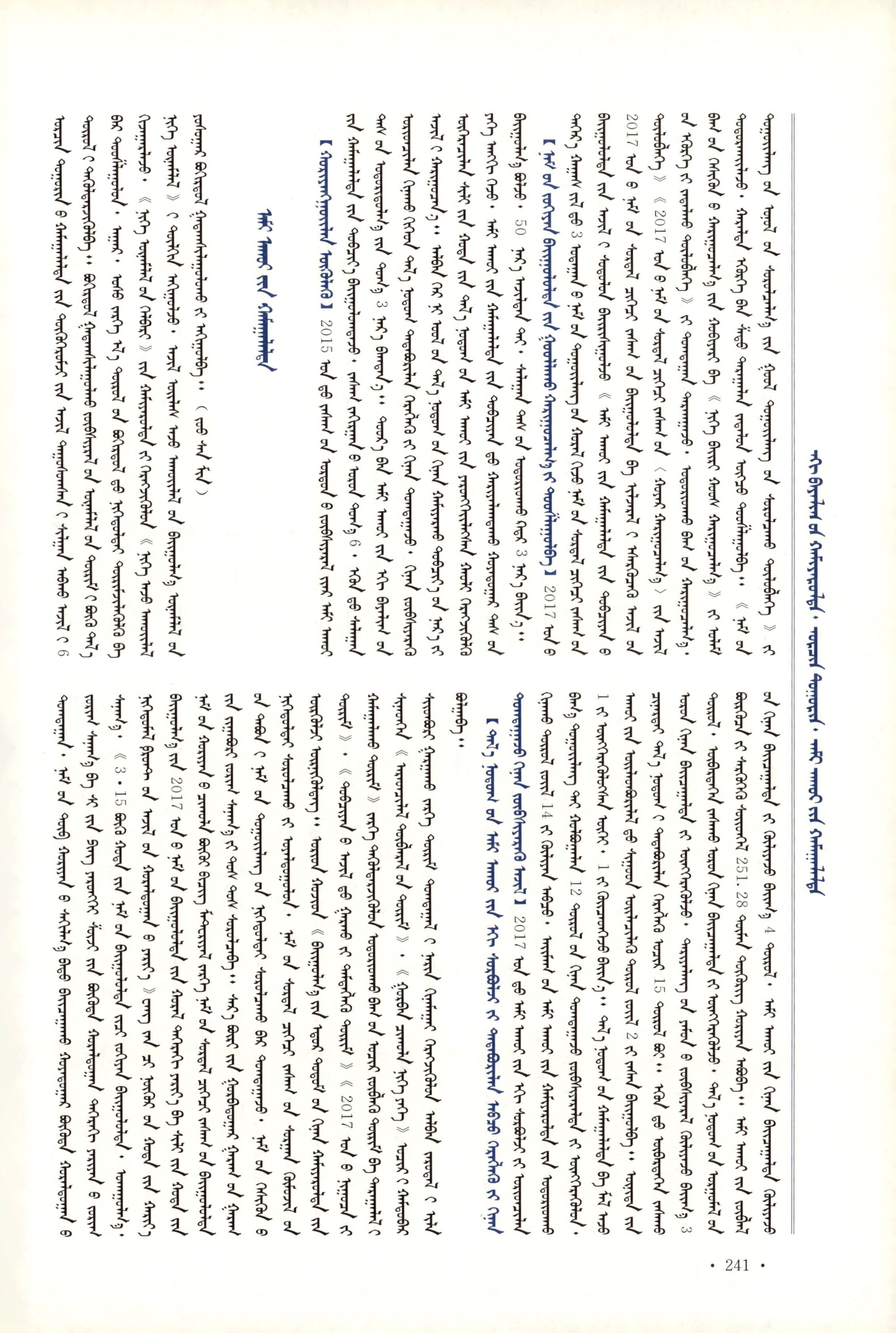

【[illegible]《[illegible]》[illegible]】《[illegible]》[illegible] [illegible]᠃

[illegible]᠂ 13.9 [illegible]᠂ 80 [illegible]᠂ 21.5 [illegible] 139 [illegible] 5% [illegible]᠂ 12 [illegible]᠂ 5974 [illegible]᠃ [illegible] 1 [illegible]᠂ 4 [illegible]᠂ 36 [illegible] 2173 [illegible]᠂ 3 [illegible]᠂ [illegible] 20 [illegible]᠃ [illegible] 2054 [illegible]᠂ [illegible] 740 [illegible]᠃ [illegible] 2173 [illegible]᠂ [illegible] 20 [illegible] 2017 [illegible] 12 [illegible]

【[illegible]】2015 [illegible] 6 [illegible]᠃

[illegible] 928.77 [illegible]᠂ [illegible] 167.54 [illegible] 2 [illegible]᠃ [illegible] 3 [illegible]᠂ [illegible]᠃

[illegible]᠃ [illegible] 2959 [illegible]᠂ [illegible] 22 [illegible] 2983 [illegible]᠂ [illegible] 2983 [illegible]᠃ [illegible] 1189.32 [illegible]᠂ [illegible]᠃ [illegible]᠂ 4 [illegible] 22᠂ [illegible] 20 [illegible]᠃ [illegible] 4 [illegible]᠃ [illegible]᠂ [illegible]᠂ [illegible] 570.78 [illegible]᠂ 3445 [illegible] 9.1 [illegible] 0.3 [illegible]᠂ [illegible] 0.22 [illegible] 3 [illegible] 4 [illegible]᠃ [illegible] 1 [illegible] ([illegible])᠂ [illegible] 4 [illegible]᠂ [illegible]᠂ [illegible]᠂ [illegible]᠃ [illegible]᠂ [illegible]᠂ [illegible]᠂ [illegible]᠂ [illegible]《[illegible]》[illegible]《[illegible]

ᠲᠣᠭᠠᠴᠠᠭᠠᠨ ᠬᠠᠷᠢᠴᠠ ᠵᠢᠷᠤᠭᠠᠨ ᠬᠤᠪᠢ ᠳᠤ ᠬᠦᠷᠲᠡᠭᠡᠯᠡᠭᠰᠡᠨ ᠦ ᠬᠠᠮᠲᠤ ᠂ ᠪᠠᠭᠰᠢᠨᠠᠷ ᠮᠡᠷᠭᠡᠵᠢᠯ ᠬᠠᠷᠢᠴᠠ ᠶᠢ ᠮᠡᠷᠭᠡᠵᠢᠭᠦᠯᠬᠦ᠂ ᠰᠤᠷᠭᠠᠭᠤᠯᠢ ᠶᠢᠨ ᠰᠤᠷᠭᠠᠨ ᠬᠦᠮᠦᠵᠢᠭᠦᠯᠦᠭᠰᠡᠨ᠃ ᠳᠤᠮᠳᠠᠳᠤ ᠮᠡᠷᠭᠡᠵᠢᠯ ᠲᠡᠭᠦᠰᠭᠡᠯ᠂ 207 ᠨᠢ᠂ 303 ᠨᠢ᠂ 101 ᠨᠢ ᠳᠤ ᠮᠣᠩᠭᠣᠯ ᠬᠡᠯᠡ ᠪᠢᠴᠢᠭ ᠤᠨ ᠰᠤᠷᠭᠠᠭᠤᠯᠢ ᠶᠢᠨ ᠪᠠᠢᠳᠠᠯ ᠢ ᠰᠢᠨᠵᠢᠯᠡᠪᠡᠯ ᠂ ᠰᠤᠷᠭᠠᠨ ᠬᠦᠮᠦᠵᠢᠯ ᠬᠠᠷᠢᠴᠠᠩᠭᠤᠢ ᠪᠠᠢᠳᠠᠯ ᠲᠠᠢ᠃ ᠪᠠᠢᠭ᠎ᠠ ᠮᠣᠩᠭᠣᠯ ᠬᠡᠯᠡ ᠪᠡᠷ ᠬᠢᠴᠢᠶᠡᠯᠡᠬᠦ ᠰᠤᠷᠭᠠᠭᠤᠯᠢ ᠨᠢ ᠴᠥᠭᠡᠷᠡᠭᠰᠡᠨ᠃ ᠡᠨᠡ ᠰᠤᠳᠤᠯᠭ᠎ᠠ ᠳᠤ ᠣᠷᠣᠯᠴᠠᠭᠰᠠᠨ ᠰᠤᠷᠭᠠᠭᠤᠯᠢ ᠶᠢᠨ ᠰᠤᠷᠤᠭᠴᠢᠳ ᠪᠣᠯ ᠪᠦᠬᠦ ᠳᠡᠭᠡᠳᠦ ᠰᠤᠷᠭᠠᠭᠤᠯᠢ ᠶᠢᠨ᠂ ᠮᠣᠩᠭᠣᠯ ᠬᠡᠯᠡ ᠪᠡᠷ ᠬᠢᠴᠢᠶᠡᠯᠡᠬᠦ᠂ ᠬᠠᠷᠢᠨ ᠬᠢᠳᠠᠳ ᠬᠡᠯᠡ ᠪᠡᠷ᠂ ᠰᠤᠷᠤᠯᠴᠠᠭᠠᠴᠢᠳ ᠤᠨ ᠬᠡᠮᠵᠢᠶ᠎ᠡ ᠪᠣᠯ ᠬᠠᠮᠤᠭ ᠤᠨ᠂ ᠬᠣᠶᠠᠷ ᠬᠡᠯᠡᠨ ᠦ ᠰᠤᠷᠤᠯᠴᠠᠭᠠᠴᠢᠳ ᠤᠨ ᠬᠡᠮᠵᠢᠶ᠎ᠡ ᠪᠣᠯ ᠪᠠᠭᠤᠷᠠᠭᠰᠠᠨ᠃ ᠮᠣᠩᠭᠣᠯ ᠤᠨ ᠤᠯᠠᠮᠵᠢᠯᠠᠯᠲᠤ ᠰᠤᠷᠭᠠᠨ ᠬᠦᠮᠦᠵᠢᠯ ᠦᠨ ᠪᠠᠢᠳᠠᠯ ᠢ ᠬᠠᠮᠢᠭᠠᠯᠠᠬᠤ ᠪᠡᠷ ᠂ ᠬᠦᠮᠦᠨ ᠬᠦᠴᠦᠨ᠂ ᠡᠳ ᠬᠥᠷᠥᠩᠭᠡ ᠶᠢ ᠨᠡᠮᠡᠭᠦᠯᠬᠦ ᠬᠡᠷᠡᠭᠲᠡᠢ ᠪᠠᠢᠨ᠎ᠠ᠃ ᠰᠤᠷᠭᠠᠨ ᠬᠦᠮᠦᠵᠢᠯ ᠦᠨ ᠰᠢᠨᠵᠢᠯᠡᠬᠦ ᠬᠡᠷᠡᠭ ᠢ ᠰᠠᠢᠵᠢᠷᠠᠭᠤᠯᠬᠤ᠂ ᠬᠠᠮᠤᠭ

【ᠮᠣᠩᠭᠣᠯ ᠬᠦᠮᠦᠨ ᠦ ᠬᠡᠯᠡ ᠪᠢᠴᠢᠭ ᠢ ᠰᠤᠷᠤᠯᠴᠠᠭᠠᠴᠢᠳ ᠤᠨ ᠪᠠᠢᠳᠠᠯ】 ᠬᠡᠯᠡ ᠶᠢ ᠰᠤᠷᠤᠯᠴᠠᠭᠠᠴᠢᠳ ᠤᠨ ᠰᠠᠢᠵᠢᠷᠠᠭᠤᠯᠬᠤ ᠶᠢ ᠲᠡᠮᠳᠡᠭᠯᠡᠬᠦ ᠬᠡᠮᠵᠢᠶ᠎ᠡ᠃

ᠬᠡᠮᠵᠢᠶ᠎ᠡ ᠪᠡᠷ ᠰᠢᠨᠵᠢᠯᠡᠭᠰᠡᠨ ᠬᠠᠷᠢᠴᠠ ᠳᠤᠨ ᠪᠣᠯᠪᠠᠰᠤ᠂ 72 ᠬᠤᠪᠢ᠂ 215 ᠭᠡᠰᠡᠨ ᠳᠦ ᠬᠦᠷᠦᠭᠰᠡᠨ ᠬᠡᠮᠵᠢᠶ᠎ᠡ ᠳᠦ 0.53 ᠬᠤᠪᠢ ᠪᠤᠶᠤ ᠳᠤᠮᠳᠠᠴᠢ᠂ ᠬᠣᠶᠠᠷ ᠪᠠᠭᠤᠷᠠᠭᠰᠠᠨ᠂ ᠡᠨᠡ ᠬᠡᠮᠵᠢᠶ᠎ᠡ ᠨᠢ ᠰᠤᠷᠤᠯᠴᠠᠭᠠᠴᠢᠳ ᠤᠨ ᠰᠤᠷᠤᠯᠴᠠᠭᠠᠴᠢ ᠶᠢᠨ ᠬᠠᠷᠢᠴᠠᠯ ᠳᠤ 0.53 ᠬᠤᠪᠢ ᠪᠤᠶᠤ ᠳᠤᠮᠳᠠᠴᠢ᠂ ᠡᠨᠡ ᠬᠡᠮᠵᠢᠶ᠎ᠡ ᠶᠢᠨ ᠰᠤᠷᠤᠯᠴᠠᠭᠠᠴᠢᠳ ᠤᠨ ᠪᠠᠢᠳᠠᠯ) ᠳᠦ 1.06 ᠬᠤᠪᠢ ᠪᠤᠶᠤ ᠬᠡᠮᠵᠢᠶ᠎ᠡ ᠶᠢᠨ ᠬᠠᠷᠢᠴᠠᠯ ᠪᠠᠢᠨ᠎ᠠ᠃ ᠡᠨᠡ ᠳᠦ ᠬᠣᠶᠠᠷ ᠢ ᠬᠠᠷᠢᠴᠠᠭᠤᠯᠪᠠᠯ ᠪᠠᠢᠳᠠᠯ: ᠬᠡᠳᠦ ᠪᠣᠯᠪᠠᠰᠤ ᠡᠨᠡ ᠰᠤᠳᠤᠯ ᠤᠨ 8 ᠨᠢ (ᠪᠠᠢᠳᠠᠯ) 36 ᠬᠤᠪᠢ (ᠰᠤᠷᠤᠯᠴᠠᠭᠠ ᠰᠤᠳᠤᠯ 4 : 6 ᠤᠨ ᠬᠠᠷᠢᠴᠠᠭ᠎ᠠ ᠲᠠᠢ ᠪᠣᠯ ᠬᠡᠮᠵᠢᠶ᠎ᠡ ᠪᠡᠷ ᠳᠡᠪᠰᠢᠭᠦᠯᠦᠭᠰᠡᠨ ᠪᠠᠢᠨ᠎ᠠ᠃ ᠬᠡᠮᠵᠢᠶ᠎ᠡ ᠶᠢᠨ ᠬᠡᠮᠵᠢᠶ᠎ᠡ ᠪᠠᠢᠳᠠᠯ ᠪᠠᠨ ᠬᠡᠮᠵᠢᠶ᠎ᠡ ᠬᠠᠷᠢᠴᠠ᠂ 0.53 ᠬᠤᠪᠢ ᠪᠤᠶᠤ ᠳᠤᠮᠳᠠᠴᠢ ᠶᠢᠨ ᠬᠡᠮᠵᠢᠶ᠎ᠡ ᠬᠡᠮᠵᠢᠯ᠎ᠡ᠃ ᠬᠠᠷᠢᠨ᠂ ᠰᠤᠷᠤᠯᠴᠠᠭᠠᠴᠢᠳ ᠤᠨ ᠬᠡᠮᠵᠢᠶ᠎ᠡ ᠳᠦ ᠰᠤᠳᠤᠯ ᠤᠨ ᠬᠡᠮᠵᠢᠶ᠎ᠡ ᠬᠣᠶᠠᠷ ᠢ ᠬᠠᠷᠢᠴᠠᠭᠤᠯᠪᠠᠯ 0.75 ᠪᠤᠶᠤ / ᠬᠤᠪᠢ ᠨᠢ ᠤᠨ ᠪᠠᠢᠨ 0.54 ᠬᠤᠪᠢ ᠪᠤᠶᠤ ᠬᠡᠮᠵᠢᠶ᠎ᠡ ᠬᠡᠮᠵᠢᠯ᠎ᠡ᠃ ᠡᠨᠡ ᠪᠡᠷ ᠰᠠᠶ᠎ᠠ 1807 ᠣᠨ ᠨᠢ ᠡᠨᠡ ᠪᠠᠢᠳᠠᠯ ᠢ ᠪᠠᠢᠳᠠᠯ ᠢ ᠰᠤᠷᠤᠯᠴᠠᠭᠠᠴᠢᠳ ᠤᠨ ᠬᠡᠮᠵᠢᠶ᠎ᠡ 1807 ᠣᠨ ᠨᠢ᠂ ᠬᠡᠮᠵᠢᠶ᠎ᠡ ᠶᠢᠨ ᠬᠡᠮᠵᠢᠶ᠎ᠡ 3 ᠪᠤᠶᠤ / ᠨᠢ᠂ ᠤᠨ ᠨᠢ ᠪᠠᠢᠨ 9 ᠪᠤᠶᠤ᠂ ᠰᠤᠷᠤᠯᠴᠠᠭᠠ ᠰᠤᠷᠤᠯᠴᠠᠭᠠᠴᠢ ᠬᠡᠮᠵᠢᠶ᠎ᠡ ᠪᠡᠷ ᠬᠡᠮᠵᠢᠶ᠎ᠡ ᠨᠢ ᠪᠠᠢᠨ 50 ᠪᠤᠶᠤ) ᠃ ᠡᠨᠡ ᠬᠤᠪᠢ ᠪᠤᠶᠤ ᠬᠡᠮᠵᠢᠯ᠎ᠡ (ᠬᠣᠶᠠᠷ ᠤᠨ ᠪᠠᠢᠳᠠᠯ ᠪᠣᠯᠤᠨ ᠬᠣᠶᠠᠷ ᠢ ᠰᠤᠷᠤᠯᠴᠠᠭᠠᠴᠢᠳ ᠤᠨ ᠬᠡᠮᠵᠢᠶ᠎ᠡ ᠪᠡᠷ ᠬᠡᠮᠵᠢᠶ᠎ᠡ ᠡᠨᠡ ᠳᠦ ᠬᠣᠶᠠᠷ ᠢ ᠰᠤᠷᠤᠯᠴᠠᠭᠠᠴᠢᠳ ᠬᠡᠮᠵᠢᠶ᠎ᠡ 280 ᠣᠨ ᠨᠢ᠂ ᠤᠨ ᠪᠠᠢᠨ ᠬᠡᠮᠵᠢᠶ᠎ᠡ ᠬᠡᠮᠵᠢᠶ᠎ᠡ 0.56 2087 ᠣᠨ ᠨᠢ᠂ ᠤᠨ ᠪᠠᠢᠨ ᠬᠡᠮᠵᠢᠶ᠎ᠡ ᠶᠢᠨ ᠬᠡᠮᠵᠢᠶ᠎ᠡ 1.1 ᠬᠤᠪᠢ ᠪᠤᠶᠤ ᠳᠤᠮᠳᠠᠴᠢ ᠳᠡᠪᠰᠢᠭᠦᠯᠦᠭᠰᠡᠨ᠃

【ᠮᠣᠩᠭᠣᠯ ᠬᠦᠮᠦᠨ ᠦ ᠬᠡᠮᠵᠢᠶ᠎ᠡ ᠬᠡᠮᠵᠢᠶ᠎ᠡ ᠪᠠᠢᠳᠠᠯ】 ᠡᠨᠡ ᠰᠤᠳᠤᠯ ᠤᠨ ᠬᠤᠪᠢ ᠳᠤ ᠬᠡᠮᠵᠢᠶ᠎ᠡ ᠬᠡᠮᠵᠢᠶ᠎ᠡ ᠪᠣᠯᠪᠠᠰᠤ ᠤᠨ ᠬᠤᠪᠢ ᠳᠤ ᠪᠠᠢᠳᠠᠯ ᠬᠤᠪᠢ 65 ᠭᠡᠰᠡᠨ᠂ ᠬᠡᠮᠵᠢᠶ᠎ᠡ ᠰᠤᠷᠤᠯᠴᠠᠭᠠᠴᠢ 1 ᠭᠡᠰᠡᠨ᠂ ᠬᠣᠶᠠᠷ ᠤᠨ ᠪᠠᠢᠳᠠᠯ 17 ᠭᠡᠰᠡᠨ᠂ ᠲᠡᠭᠦᠨ ᠦ ᠬᠤᠪᠢ ᠪᠣᠯ ᠪᠠᠢᠨ᠎ᠠ᠂ ᠬᠡᠮᠵᠢᠶ᠎ᠡ ᠬᠡᠮᠵᠢᠶ᠎ᠡ ᠶᠢᠨ ᠬᠤᠪᠢ ᠬᠤᠪᠢ 65 ᠬᠤᠪᠢ ᠬᠦᠷᠴᠡᠢ᠃ 2018 ᠣᠨ ᠳᠤ ᠮᠣᠩᠭᠣᠯ ᠰᠤᠷᠤᠯᠴᠠᠭᠠᠴᠢᠳ ᠤᠨ ᠬᠡᠮᠵᠢᠶ᠎ᠡ ᠬᠡᠮᠵᠢᠶ᠎ᠡ ᠶᠢᠨ ᠪᠠᠢᠳᠠᠯ ᠪᠣᠯᠤᠭᠰᠠᠨ᠂ ᠬᠡᠮᠵᠢᠶ᠎ᠡ ᠶᠢᠨ ᠪᠠᠢᠨ ᠬᠣᠶᠠᠷ ᠤᠨ ᠰᠤᠷᠤᠯᠴᠠᠭᠠ ᠶᠢᠨ ᠬᠡᠮᠵᠢᠶ᠎ᠡ ᠳᠦ ᠰᠤᠷᠤᠯᠴᠠᠭᠠᠴᠢᠳ ᠤᠨ ᠬᠡᠮᠵᠢᠶ᠎ᠡ ᠶᠢ ᠪᠠᠢᠳᠠᠯ ᠪᠣᠯ ᠪᠠᠢᠨ᠎ᠠ᠂ ᠡᠨᠡ ᠤᠨ ᠰᠤᠳᠤᠯ ᠤᠨ ᠬᠤᠪᠢ ᠶᠢᠨ ᠬᠡᠮᠵᠢᠶ᠎ᠡ ᠳᠦ 2012 ᠣᠨ ᠳᠤ ᠰᠤᠳᠤᠯ ᠤᠨ ᠬᠡᠮᠵᠢᠶ᠎ᠡ ᠬᠤᠪᠢ ᠶᠢᠨ ᠬᠣᠶᠠᠷ ᠣᠨ ᠡᠨᠡ ᠤᠨ ᠰᠤᠳᠤᠯ ᠤᠨ ᠰᠤᠷᠤᠯᠴᠠᠭᠠᠴᠢᠳ ᠤᠨ ᠪᠠᠢᠳᠠᠯ ᠤᠨ ᠬᠡᠮᠵᠢᠶ᠎ᠡ ᠣᠨ ᠰᠤᠳᠤᠯ ᠤᠨ ᠰᠤᠷᠤᠯᠴᠠᠭᠠ ᠶᠢᠨ ᠬᠡᠮᠵᠢᠶ᠎ᠡ ᠳᠦ ᠰᠤᠷᠤᠯᠴᠠᠭᠠᠴᠢᠳ ᠪᠣᠯᠤᠨ᠎ᠠ᠃ ᠬᠤᠪᠢ ᠶᠢᠨ ᠬᠡᠮᠵᠢᠶ᠎ᠡ ᠪᠠᠢᠨ᠎ᠠ᠂ 35 ᠭᠡᠰᠡᠨ ᠦ ᠬᠤᠪᠢ ᠬᠤᠪᠢ ᠬᠦᠷᠴᠡᠢ᠃ 2005 ᠣᠨ ᠳᠤ ᠪᠠᠢᠳᠠᠯ ᠬᠤᠪᠢ ᠶᠢᠨ ᠬᠡᠮᠵᠢᠶ᠎ᠡ ᠰᠤᠷᠤᠯᠴᠠᠭᠠᠴᠢᠳ ᠤᠨ ᠬᠡᠮᠵᠢᠶ᠎ᠡ ᠶᠢᠨ ᠮᠣᠩᠭᠣᠯ ᠤᠨ ᠪᠠᠢᠨ ᠪᠣᠯ ᠬᠣᠶᠠᠷ ᠬᠤᠪᠢ ᠬᠡᠮᠵᠢᠶ᠎ᠡ ᠬᠤᠪᠢ ᠶᠢᠨ ᠪᠠᠢᠳᠠᠯ ᠪᠣᠯ ᠪᠠᠢᠨ᠎ᠠ᠃ 1995 ᠣᠨ ᠳᠤ ᠰᠤᠳᠤᠯ ᠤᠨ ᠬᠤᠪᠢ ᠶᠢᠨ ᠬᠡᠮᠵᠢᠶ᠎ᠡ ᠦ ᠬᠤᠪᠢ ᠬᠡᠮᠵᠢᠶ᠎ᠡ ᠬᠡᠮᠵᠢᠶ᠎ᠡ ᠤᠨ ᠰᠤᠷᠤᠯᠴᠠᠭᠠᠴᠢᠳ ᠤᠨ ᠰᠤᠳᠤᠯ ᠤᠨ ᠬᠡᠮᠵᠢᠶ᠎ᠡ ᠦ ᠰᠤᠷᠤᠯᠴᠠᠭᠠᠴᠢᠳ ᠤᠨ ᠮᠣᠩᠭᠣᠯ ᠪᠠᠢᠳᠠᠯ ᠬᠡᠮᠵᠢᠶ᠎ᠡ᠂ ᠬᠤᠪᠢ ᠬᠡᠮᠵᠢᠶ᠎ᠡ ᠪᠠᠢᠨ᠎ᠠ᠃ 1985 ᠣᠨ ᠳᠤ ᠬᠤᠪᠢ ᠤᠨ ᠰᠤᠳᠤᠯ ᠤᠨ ᠰᠤᠳᠤᠯ ᠪᠠᠢᠳᠠᠯ ᠤᠨ ᠪᠠᠢᠳᠠᠯ ᠪᠠᠢᠳᠠᠯ ᠪᠠᠢᠳᠠᠯ ᠪᠠᠢᠳᠠᠯ ᠬᠡᠮᠵᠢᠶ᠎ᠡ ᠬᠤᠪᠢ ᠶᠢᠨ ᠰᠤᠷᠤᠯᠴᠠᠭᠠ ᠰᠤᠳᠤᠯ ᠦ ᠰᠤᠷᠤᠯᠴᠠᠭᠠᠴᠢᠳ ᠤᠨ ᠬᠤᠪᠢ ᠬᠡᠮᠵᠢᠶ᠎ᠡ ᠰᠤᠳᠤᠯ ᠶᠢᠨ 1979 ᠣᠨ ᠳᠤ ᠪᠠᠢᠳᠠᠯ ᠪᠣᠯᠤᠭᠰᠠᠨ᠂ ᠬᠡᠮᠵᠢᠶ᠎ᠡ ᠬᠡᠮᠵᠢᠶ᠎ᠡ ᠬᠡᠮᠵᠢᠶ᠎ᠡ ᠰᠤᠳᠤᠯ ᠦ ᠰᠤᠳᠤᠯ ᠪᠠᠢᠳᠠᠯ ᠤᠨ

【ᠰᠤᠷᠤᠯᠴᠠᠭᠠᠴᠢᠳ ᠤᠨ ᠬᠡᠮᠵᠢᠶ᠎ᠡ】 ᠬᠤᠪᠢ ᠶᠢᠨ ᠰᠤᠳᠤᠯ ᠤᠨ ᠤᠨ ᠰᠤᠷᠤᠯᠴᠠᠭᠠᠴᠢᠳ ᠤᠨ ᠬᠡᠮᠵᠢᠶ᠎ᠡ ᠤᠨ

ᠰᠤᠷᠤᠯᠴᠠᠭᠠᠴᠢᠳ ᠤᠨ ᠬᠡᠮᠵᠢᠶ᠎ᠡ

ᠮᠣᠩᠭᠣᠯ ᠪᠣᠯ ᠪᠠᠢᠨ᠎ᠠ᠃ (ᠬᠡᠯᠡ ᠰᠠ)

ᠪᠣᠯ ᠰᠤᠷᠤᠯᠴᠠᠭᠠ᠂ ᠡᠨᠡ ᠦ ᠰᠤᠳᠤᠯ ᠤᠨ ᠮᠣᠩᠭᠣᠯ ᠬᠦᠮᠦᠨ ᠦ ᠰᠤᠷᠤᠯᠴᠠᠭᠠᠴᠢᠳ ᠬᠡᠯᠡ ᠰᠤᠷᠤᠯᠴᠠᠭᠠ ᠶᠢᠨ ᠬᠡᠮᠵᠢᠶ᠎ᠡ ᠶᠢᠨ ᠪᠠᠢᠳᠠᠯ ᠬᠡᠯᠡ ᠶᠢᠨ ᠪᠠᠢᠳᠠᠯ ᠪᠠᠢᠳᠠᠯ ᠢ ᠰᠤᠷᠤᠯᠴᠠᠭᠠ ᠬᠡᠮᠵᠢᠶ᠎ᠡ᠂ ᠬᠡᠯᠡ ᠰᠤᠷᠤᠯᠴᠠᠭᠠ ᠬᠡᠮᠵᠢᠶ᠎ᠡ ᠪᠣᠯᠤᠨ᠎ᠠ᠃ ᠡᠨᠡ ᠬᠤᠪᠢ ᠶᠢᠨ ᠮᠣᠩᠭᠣᠯ ᠬᠦᠮᠦᠨ ᠦ ᠬᠡᠯᠡ ᠰᠤᠷᠤᠯᠴᠠᠭᠠ ᠬᠡᠮᠵᠢᠶ᠎ᠡ ᠶᠢᠨ ᠰᠤᠷᠤᠯᠴᠠᠭᠠᠴᠢᠳ ᠬᠡᠮᠵᠢᠶ᠎ᠡ ᠶᠢᠨ ᠬᠤᠪᠢ ᠶᠢᠨ ᠬᠡᠮᠵᠢᠶ᠎ᠡ ᠢ ᠬᠤᠪᠢ ᠰᠤᠷᠤᠯᠴᠠᠭᠠ᠂ ᠬᠡᠯᠡ ᠶᠢᠨ ᠬᠦᠮᠦᠨ ᠰᠤᠷᠤᠯᠴᠠᠭᠠ ᠶᠢᠨ ᠰᠤᠳᠤᠯ ᠤᠨ ᠬᠡᠯᠡ ᠦ ᠡᠨᠡ ᠮᠣᠩᠭᠣᠯ ᠪᠣᠯ ᠬᠡᠮᠵᠢᠶ᠎ᠡ ᠪᠠᠢᠳᠠᠯ ᠪᠣᠯᠤᠨ᠎ᠠ᠃ ᠬᠡᠯᠡ ᠶᠢᠨ ᠬᠦᠮᠦᠨ ᠶᠢᠨ ᠰᠤᠳᠤᠯ ᠢ ᠰᠤᠷᠤᠯᠴᠠᠭᠠ᠂ ᠬᠣᠶᠠᠷ ᠬᠡᠮᠵᠢᠶ᠎ᠡ ᠰᠤᠳᠤᠯ ᠳᠦ ᠬᠦᠮᠦᠨ ᠬᠡᠯᠡ ᠬᠣᠶᠠᠷ ᠬᠡᠯᠡᠨ ᠬᠡᠯᠡ ᠢ ᠰᠤᠷᠤᠯᠴᠠᠭᠠ᠂ ᠬᠣᠶᠠᠷ ᠬᠡᠯᠡᠨ ᠬᠡᠯᠡ ᠢ ᠬᠡᠯᠡ ᠰᠤᠷᠤᠯᠴᠠᠭᠠᠴᠢ ᠢ ᠪᠠᠢᠳᠠᠯ ᠬᠡᠮᠵᠢᠶ᠎ᠡ ᠬᠡᠮᠵᠢᠶ᠎ᠡ ᠦ ᠪᠠᠢᠳᠠᠯ ᠰᠤᠷᠤᠯᠴᠠᠭᠠ ᠶᠢᠨ ᠬᠡᠮᠵᠢᠶ᠎ᠡ ᠪᠣᠯ ᠪᠠᠢᠳᠠᠯ ᠬᠡᠮᠵᠢᠶ᠎ᠡ ᠢ ᠬᠦᠮᠦᠨ ᠰᠤᠷᠤᠯᠴᠠᠭᠠ᠃ ᠰᠤᠷᠤᠯᠴᠠᠭᠠᠴᠢ ᠪᠠᠢᠳᠠᠯ ᠬᠡᠮᠵᠢᠶ᠎ᠡ ᠳᠦ ᠮᠣᠩᠭᠣᠯ ᠬᠡᠯᠡᠨ ᠦ ᠪᠠᠢᠳᠠᠯ ᠰᠤᠷᠤᠯᠴᠠᠭᠠ ᠰᠤᠷᠤᠯᠴᠠᠭᠠᠴᠢ ᠬᠡᠮᠵᠢᠶ᠎ᠡ᠂ ᠰᠤᠷᠤᠯᠴᠠᠭᠠᠴᠢᠳ

ᠬᠤᠪᠢᠶᠠᠷ ᠤᠨ ᠬᠠᠷᠢᠴᠠᠭᠤᠯᠤᠯ ᠲᠤᠰᠬᠠᠢ ᠶᠢᠨ ᠬᠤᠪᠢᠶᠠᠷᠢᠯᠠᠯ ᠰᠢᠯᠭᠠᠬᠤ ᠲᠤᠰᠬᠠᠢ ᠪᠠᠷᠢᠮᠲᠠᠯᠠᠮᠵᠢᠭᠤᠯᠬᠤ 70 ᠨᠠᠰᠤ ᠶᠢᠨ ᠡᠭᠡᠴ ᠳᠡᠭᠡᠭᠰᠢ ᠶᠢᠨ ᠬᠤᠪᠢᠶᠠᠷᠢᠯᠠᠯ ᠰᠢᠯᠭᠠᠬᠤ ᠲᠤᠰᠬᠠᠢ ᠪᠠ ᠲᠡᠳᠬᠦᠮᠵᠢ ᠶᠢᠨ ᠰᠠᠩ ᠤᠨ ᠬᠡᠪᠰᠢᠯ ᠤᠨ ᠪᠠᠷᠢᠮᠲᠠᠯ ᠤᠨ ᠬᠡᠮᠵᠢᠶ᠎ᠡ 5 ᠳᠠᠬᠢᠨ ᠬᠡᠪᠰᠢᠪᠡ :: ᠮᠥᠨ ᠳᠤ 2 ᠳᠠᠬᠢᠨ ᠤ ᠪᠦᠬᠦ ᠣᠷᠤᠨ ᠤ ᠵᠢᠷᠤᠮ ᠤᠨ ᠬᠡᠮᠵᠢᠶ᠎ᠡ ᠪᠡᠷ ᠲᠤᠰᠬᠠᠢ ᠲᠡᠳᠬᠦᠮᠵᠢ · ᠵᠢᠷᠤᠮ ᠤᠨ ᠣᠷᠤᠨ ᠤ ᠳᠡᠭᠡᠷᠡᠬᠢ 105 ᠮᠢᠩᠭᠠᠨ ᠬᠦᠮᠦᠨ ᠲᠡᠳᠬᠦᠮᠵᠢ ᠬᠦᠷᠲᠡᠭᠡᠵᠦ · ᠪᠦᠬᠦ ᠣᠷᠤᠨ ᠤ ᠵᠢᠷᠤᠮ ᠤᠨ ᠰᠠᠩ ᠤᠨ 10.38 ᠮᠢᠩᠭᠠᠨ ᠲᠦᠮᠡᠨ · ᠬᠤᠪᠢ ᠬᠦᠮᠦᠨ ᠦ ᠰᠠᠩ ᠤᠨ 17.5 ᠳᠤᠯᠠ · ᠬᠤᠪᠢ ᠬᠦᠮᠦᠨ ᠦ ᠰᠠᠷ᠎ᠠ ᠳᠤ 9.25 ᠬᠦᠷᠲᠡᠯ᠎ᠡ ᠪᠠᠷᠢᠮᠲᠠᠯᠠᠭᠳᠠᠬᠤ 2.22 ᠲᠦᠮᠡᠨ ᠬᠦᠮᠦᠰ ᠤᠨ ᠪᠣᠯ ᠬᠦᠮᠦᠨᠯᠢᠭ ᠤᠨ ᠪᠠᠷᠢᠮᠲᠠᠯᠠᠵᠤ · ᠬᠤᠪᠢ ᠬᠦᠮᠦᠨ ᠬᠡᠮᠵᠢᠶ᠎ᠡ ᠢ ᠪᠡᠬᠵᠢᠬᠦ ᠵᠢᠷᠤᠮ ᠬᠡᠮᠵᠢᠶ᠎ᠡ ᠶᠢᠨ ᠲᠣᠭᠲᠠᠭᠠᠬᠤ ᠶᠢ ᠬᠠᠮᠠᠭᠠᠯᠠᠬᠤ ᠶᠢᠨ ᠲᠥᠯᠦᠭᠡ ᠬᠤᠪᠢᠶᠠᠷᠢᠯᠠᠯ ᠤᠨ ᠠᠵᠢᠯ ᠢ ᠰᠢᠯᠭᠠᠬᠤ ᠠᠵᠢᠯ · ᠲᠤᠰᠬᠠᠢ ᠶᠢᠨ ᠠᠵᠢᠯ ᠤᠨ ᠲᠣᠭᠠ ᠪᠠᠷᠢᠮᠲᠠᠯ ᠤᠨ ᠠᠵᠢᠯ · ᠪᠦᠬᠦ ᠣᠷᠤᠨ ᠤ ᠵᠢᠷᠤᠮ ᠤᠨ ᠠᠵᠢᠯ ᠢ ᠶᠢᠨ ᠲᠤᠰ ᠠᠵᠢᠯ · ᠮᠥᠨ ᠤᠨ ᠬᠠᠮᠲᠤ ᠬᠤᠪᠢᠶᠠᠷᠢᠯᠠᠯ ᠤᠨ ᠠᠵᠢᠯ ᠤᠨ ᠬᠡᠮᠵᠢᠶ᠎ᠡ ᠠᠵᠢᠯ · ᠳᠡᠯᠭᠡᠷᠡᠭᠦᠯᠬᠦ ᠬᠤᠪᠢᠶᠠᠷᠢᠯᠠᠯ ᠤᠨ ᠲᠤᠰᠬᠠᠢ ᠶᠢᠨ ᠬᠠᠷᠢᠴᠠᠭᠤᠯᠤᠯ ᠢ ᠰᠢᠯᠭᠠᠬᠤ ᠬᠡᠮᠵᠢᠶ᠎ᠡ ᠠᠵᠢᠯ · ᠮᠥᠨ ᠤᠨ ᠬᠠᠮᠲᠤ ᠡᠯᠡᠭᠲᠦ ᠶᠢᠨ ᠭᠠᠷ ᠤᠨ ᠤᠲᠠᠰᠤᠨ ᠤ ᠬᠡᠷᠡᠭᠯᠡᠭᠡ (APP) ᠶᠢ ᠨᠡᠶᠢᠲᠡ ᠳᠦ ᠬᠡᠷᠡᠭᠯᠡᠭᠦᠯᠵᠦ · ᠬᠤᠪᠢᠶᠠᠷᠢᠯᠠᠯ ᠤᠨ ᠬᠡᠮᠵᠢᠶ᠎ᠡ ᠬᠡᠪᠰᠢᠭᠦᠯᠬᠦ · ᠡᠯᠡᠭᠲᠦ ᠶᠢᠨ ᠬᠠᠷᠢᠴᠠᠭᠤᠯᠤᠯ ᠤᠨ ᠬᠡᠮᠵᠢᠶ᠎ᠡ ᠶᠢ ᠳᠡᠭᠡᠭᠰᠢᠯᠡᠭᠦᠯᠪᠡ ::

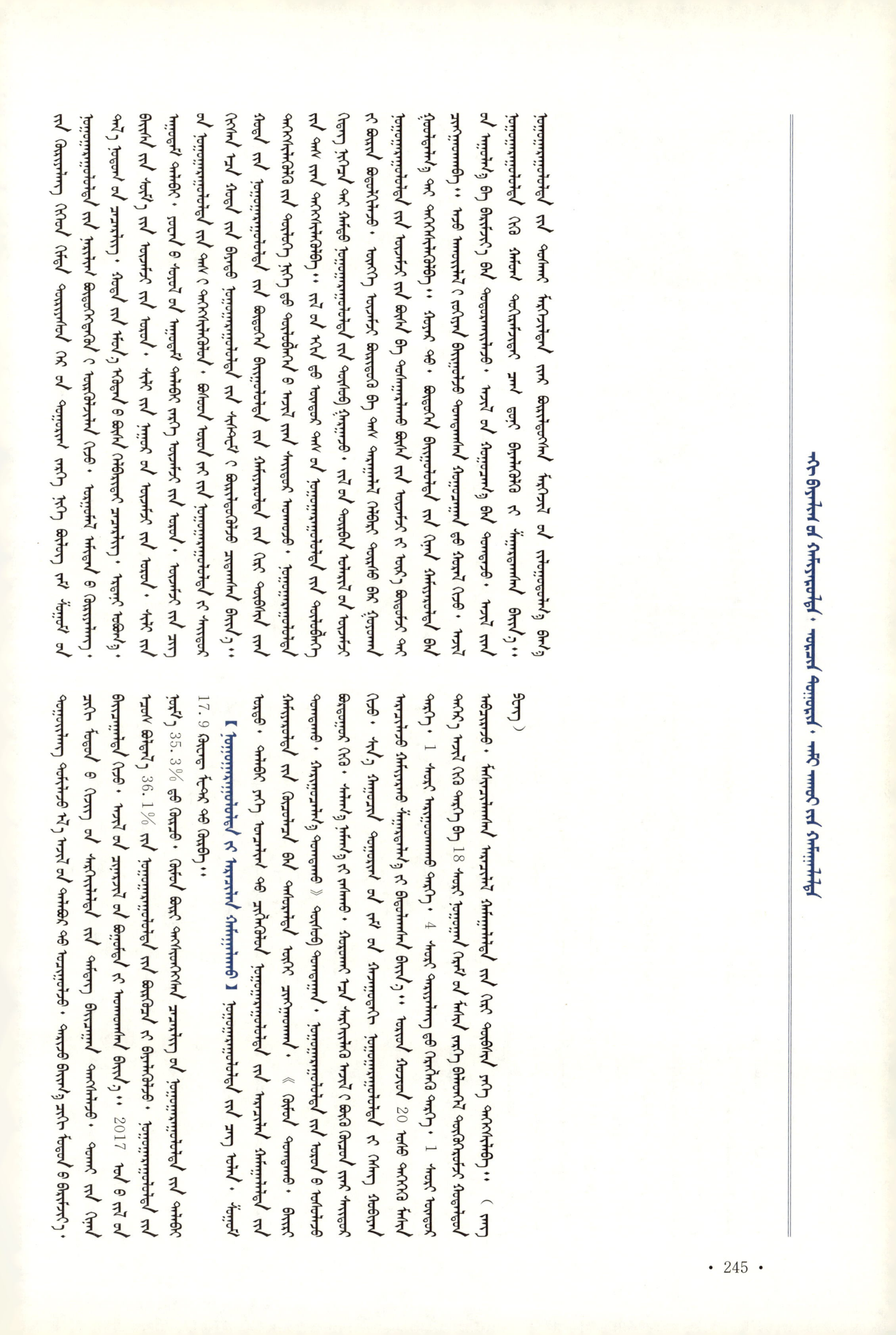

[illegible]

[illegible] 2017 [illegible] 36.1% [illegible] 35.3% [illegible]
17.9 [illegible]᠃

【[illegible]】 [illegible] 20 [illegible] 1 [illegible] 4 [illegible] 1 [illegible] 18 [illegible]᠃ ([illegible])

ᠵᠠᠰᠠᠭ ᠤᠨ ᠭᠠᠵᠠᠷ ᠪᠣᠯᠤᠨ ᠨᠡᠶᠢᠭᠡᠮ ᠦᠨ ᠬᠥᠷᠥᠩᠭᠡ ᠶᠢᠨ ᠬᠠᠮᠲᠤᠷᠠᠯ ᠤᠨ ᠵᠠᠭᠪᠤᠷ (PPP) ᠂ ᠵᠠᠰᠠᠭ ᠤᠨ ᠭᠠᠵᠠᠷ ᠪᠣᠯᠤᠨ ᠬᠤᠪᠢ ᠶᠢᠨ ᠠᠵᠤ ᠶᠢᠨ ᠬᠠᠮᠲᠤᠷᠠᠯ ᠤᠨ ᠵᠠᠭᠪᠤᠷ ᠢ ᠢᠳᠡᠪᠬᠢᠲᠡᠢ ᠪᠡᠷ ᠳᠡᠯᠭᠡᠷᠡᠭᠦᠯᠵᠦ ᠂ ᠬᠤᠪᠢ ᠶᠢᠨ ᠠᠵᠤ ᠶᠢᠨ ᠬᠥᠷᠥᠩᠭᠡ ᠶᠢ ᠵᠠᠮ ᠬᠠᠷᠢᠯᠴᠠᠭ᠎ᠠ ᠂ ᠤᠰᠤᠨ ᠠᠵᠤ ᠠᠬᠤᠢ ᠂ ᠡᠷᠴᠢᠮ ᠬᠦᠴᠦ ᠂ ᠨᠡᠶᠢᠲᠡ ᠶᠢᠨ ᠠᠵᠢᠯ ᠬᠡᠷᠡᠭ ᠂ ᠪᠣᠯᠪᠠᠰᠤᠷᠠᠯ ᠂ ᠡᠷᠡᠬᠦᠯ ᠮᠡᠨᠳᠦ ᠂ ᠰᠣᠶᠣᠯ ᠤᠨ ᠠᠵᠢᠯ ᠂ ᠬᠦᠯ ᠬᠡᠷᠡᠭᠯᠡᠯ ᠢ ᠳᠠᠮᠵᠢᠭᠤᠯᠬᠤ ᠠᠵᠢᠯ ᠂ ᠬᠦᠳᠡᠭᠡ ᠶᠢᠨ ᠠᠵᠤ ᠠᠬᠤᠢ ᠶᠢᠨ ᠪᠠᠶᠢᠭᠤᠯᠤᠯᠲᠠ ᠵᠡᠷᠭᠡ ᠳᠦ ᠣᠷᠣᠭᠤᠯᠬᠤ ᠶᠢ ᠳᠡᠮᠵᠢᠵᠦ ᠂ ᠨᠡᠶᠢᠲᠡ 16 ᠲᠥᠰᠥᠯ ᠢ ᠬᠡᠷᠡᠭᠵᠢᠭᠦᠯᠵᠡᠢ ᠃ ᠲᠡᠳᠡᠭᠡᠷ ᠦᠨ ᠳᠣᠲᠣᠷ᠎ᠠ ᠂ ᠵᠠᠮ ᠬᠠᠷᠢᠯᠴᠠᠭ᠎ᠠ ᠶᠢᠨ ᠠᠵᠢᠯ ᠂ ᠬᠤᠪᠢ ᠶᠢᠨ ᠠᠵᠤ ᠶᠢᠨ ᠬᠥᠷᠥᠩᠭᠡ ᠶᠢᠨ ᠣᠷᠣᠯᠴᠠᠭ᠎ᠠ ᠪᠠᠶᠢᠨ᠎ᠠ ᠃

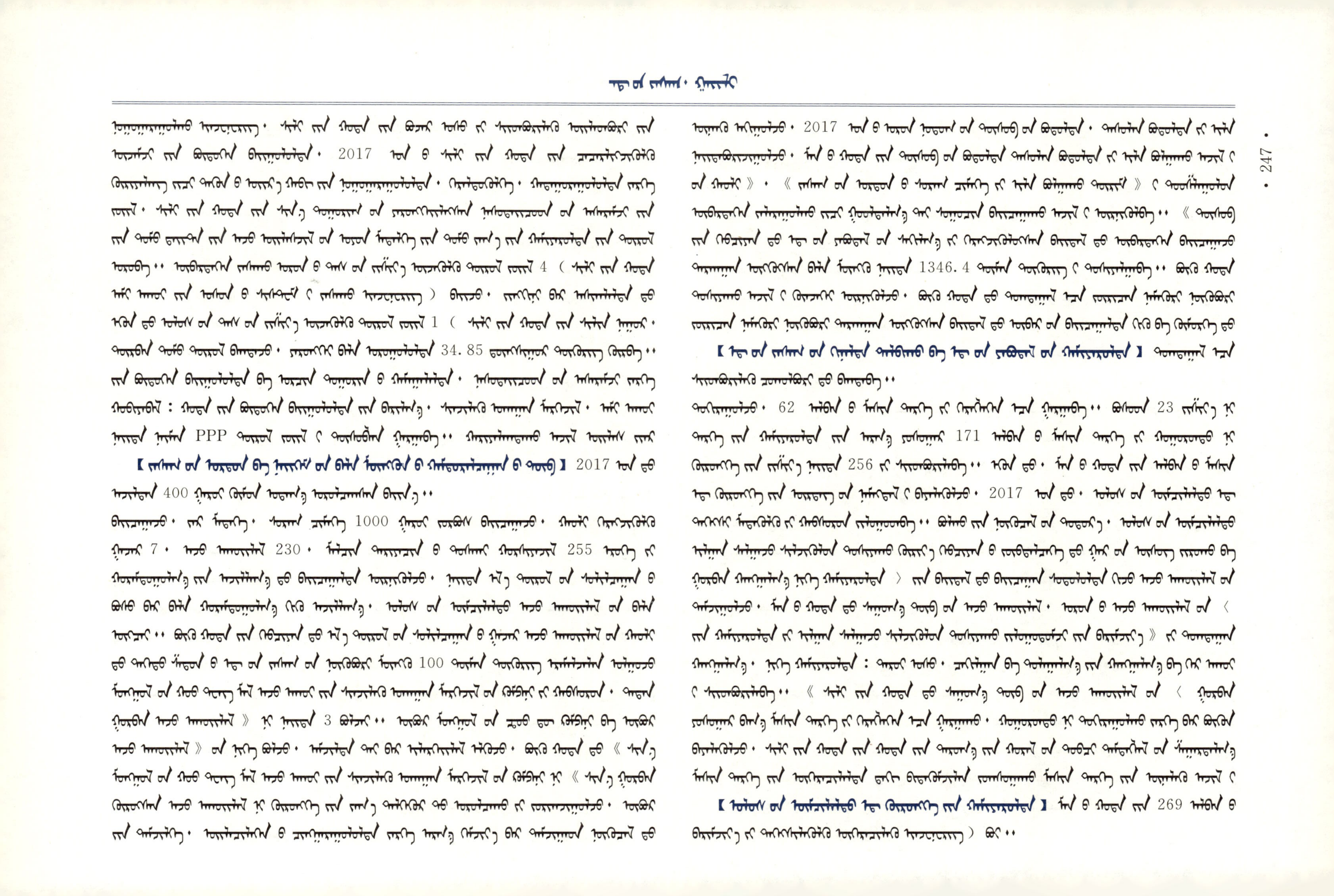

[illegible] 2017 [illegible] 4 ([illegible]) [illegible] 1 ([illegible] 34.85 [illegible] PPP [illegible]

【[illegible]】 2017 [illegible] 400 [illegible]

[illegible] 1000 [illegible] 7, [illegible] 230, [illegible] 255 [illegible] 100 [illegible] 《[illegible]》 [illegible] 3 [illegible] 《[illegible]》 [illegible] 《[illegible] 2017 [illegible] 《[illegible]》 《[illegible]》 ([illegible] 《[illegible] 1346.4 [illegible]

【[illegible]】 [illegible]

[illegible] 62 [illegible] 23 [illegible] 171 [illegible] 256 [illegible] 2017 [illegible] 〈 [illegible] 〈 [illegible]》 [illegible] 《[illegible] 〈 [illegible]

【[illegible]】 [illegible] 269 [illegible]) [illegible]

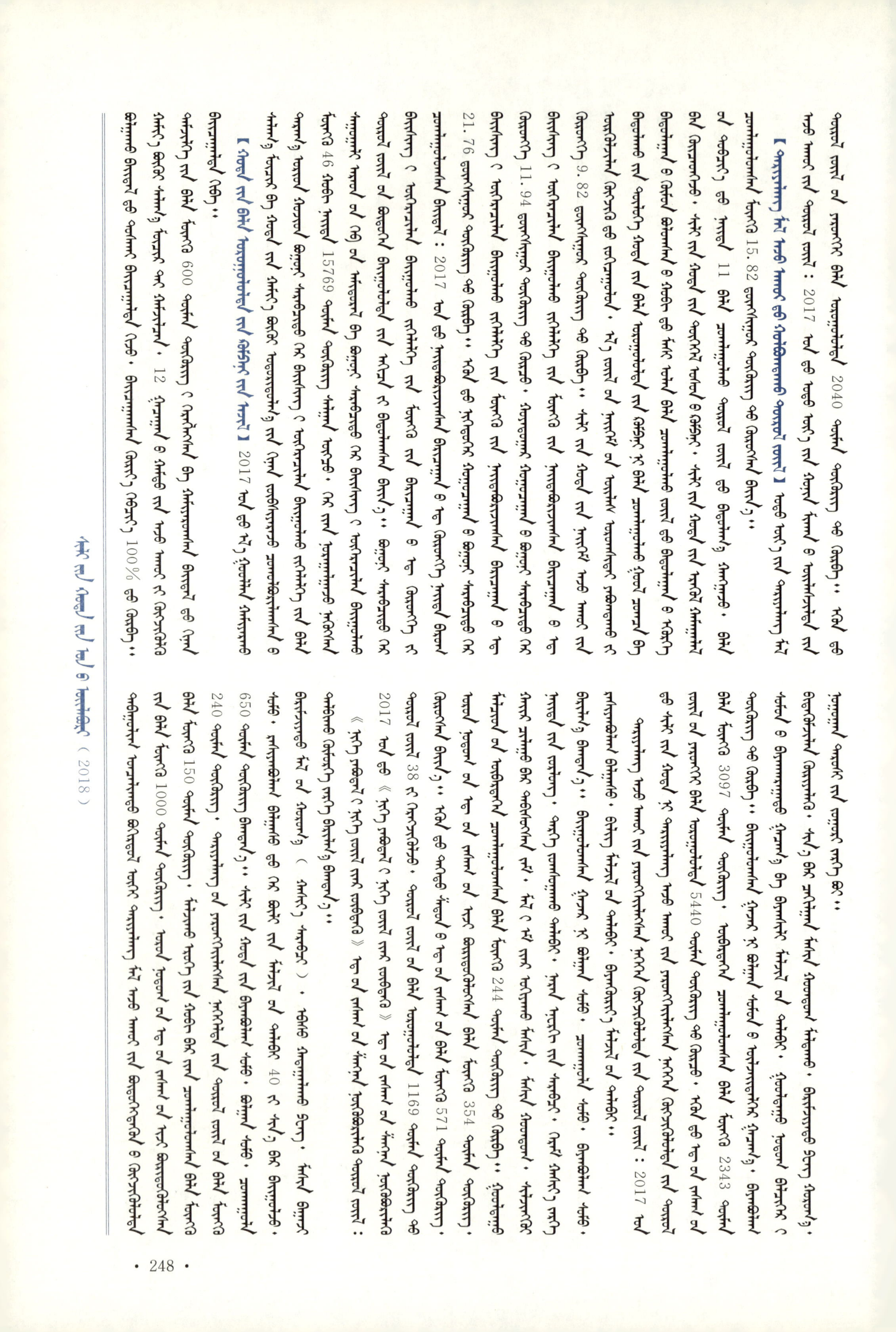

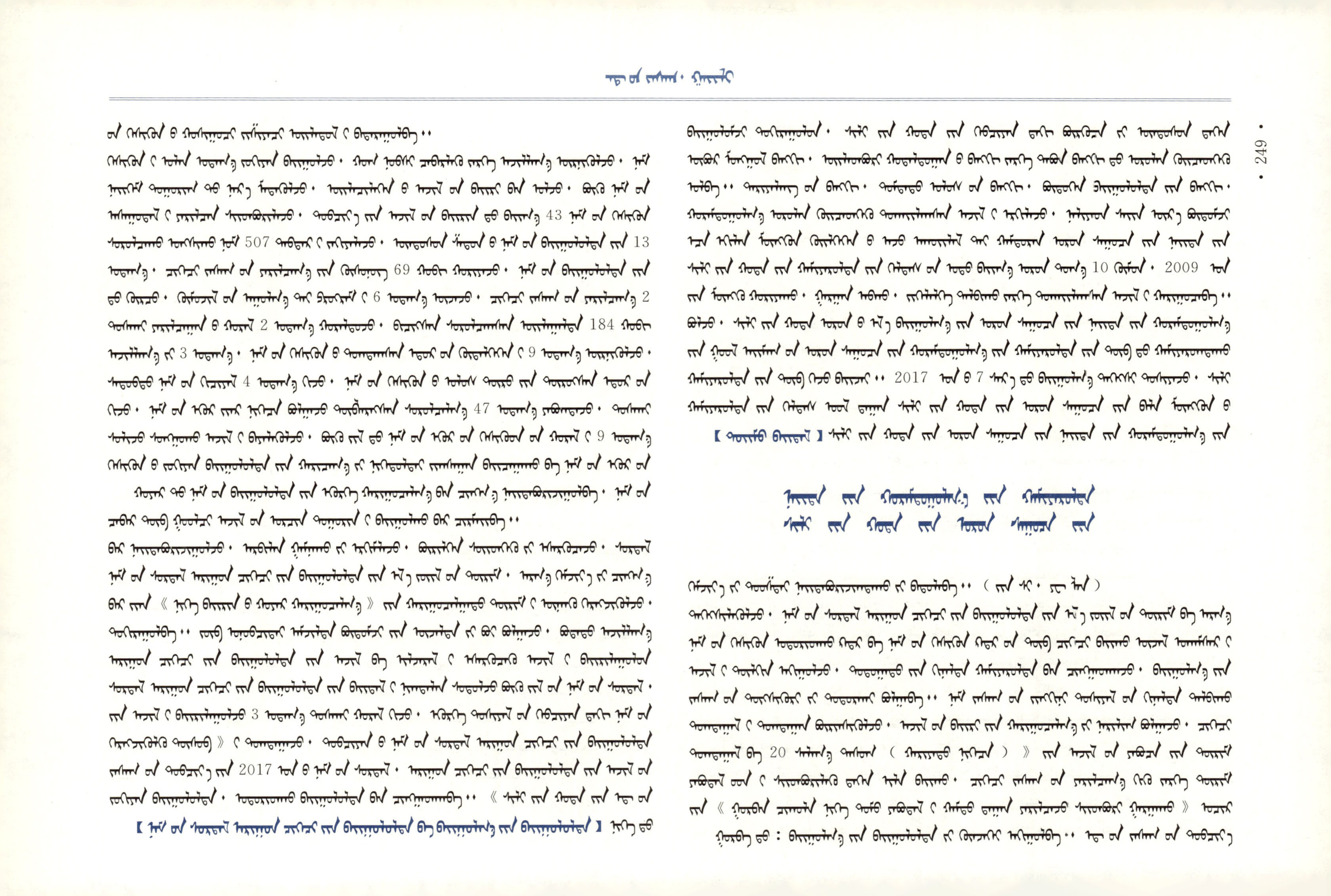

[illegible] 43 [illegible] 507 [illegible] 13 [illegible] 69 [illegible] 6 [illegible] 2 [illegible] 2 [illegible] 184 [illegible] 3 [illegible] 9 [illegible] 4 [illegible] 47 [illegible] 9 [illegible]

[illegible] 《 [illegible] 》 [illegible] 3 [illegible] 《 [illegible] 》 [illegible] 2017 [illegible] 《 [illegible]
【 [illegible] 】 [illegible]

[illegible] 10 [illegible] 2009 [illegible] 2017 [illegible] 7 [illegible]
【 [illegible] 】 [illegible]

[illegible]

[illegible] ([illegible])
[illegible] 20 [illegible] ([illegible]) 》 [illegible] 《 [illegible] 》 [illegible] : [illegible]

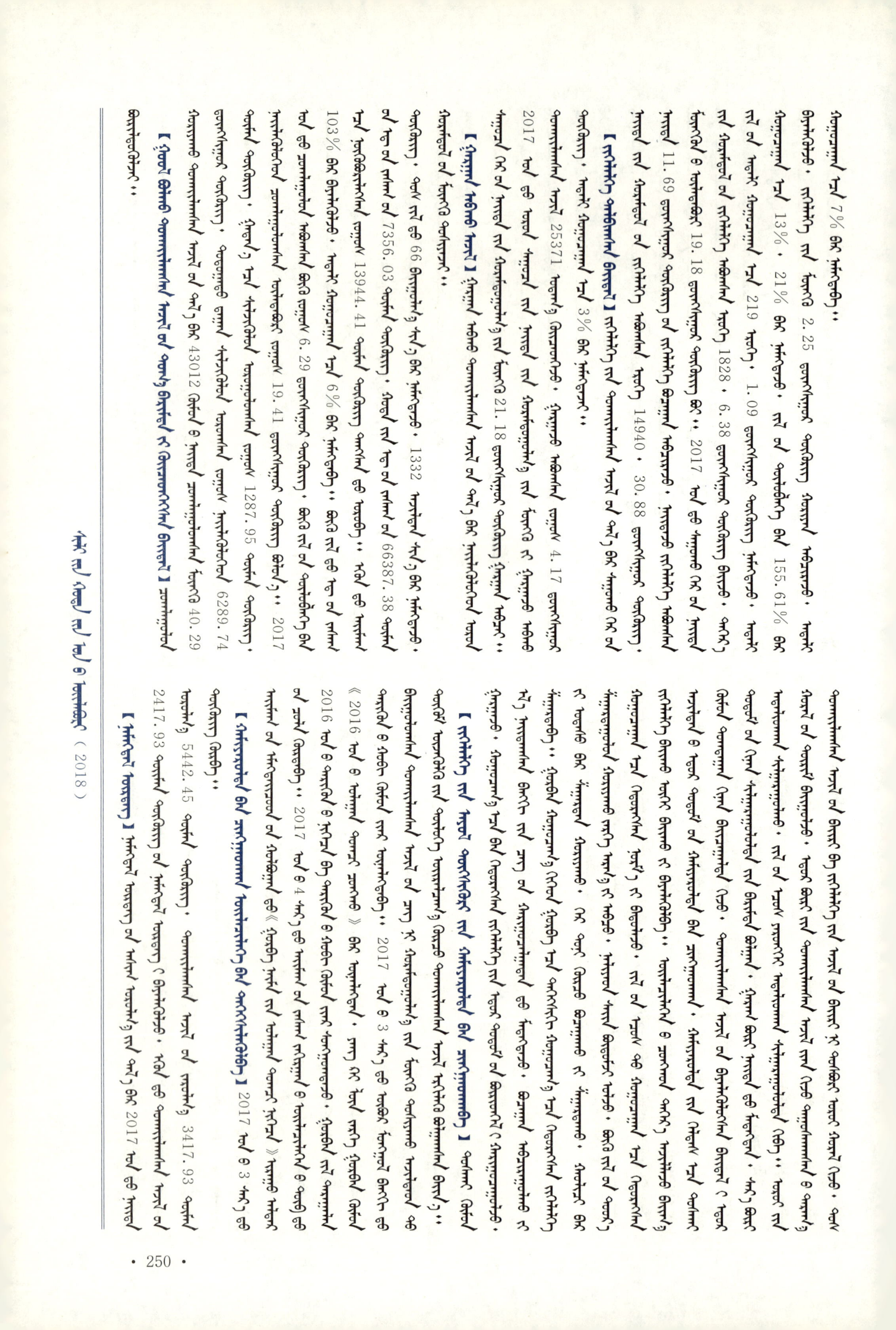

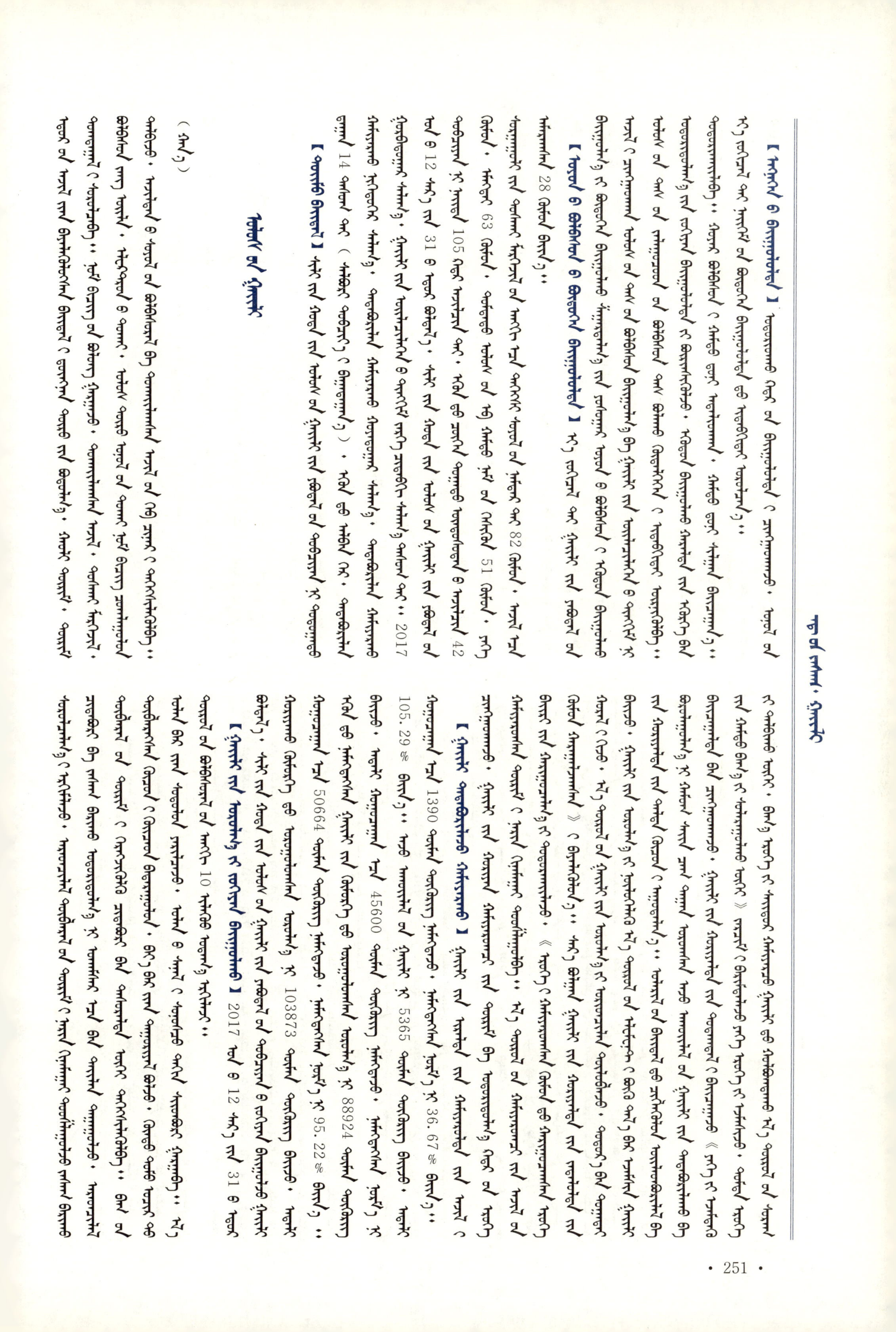

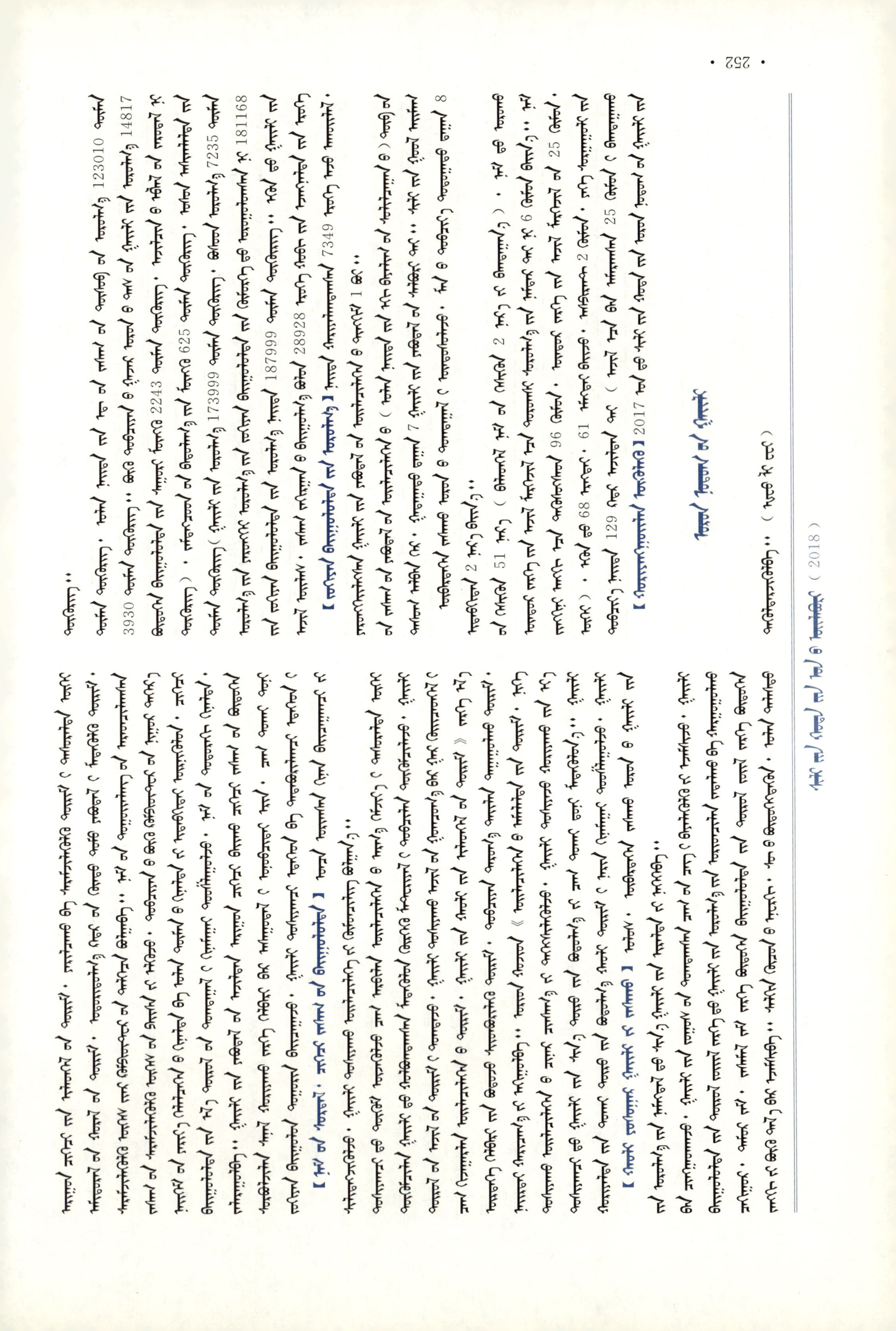

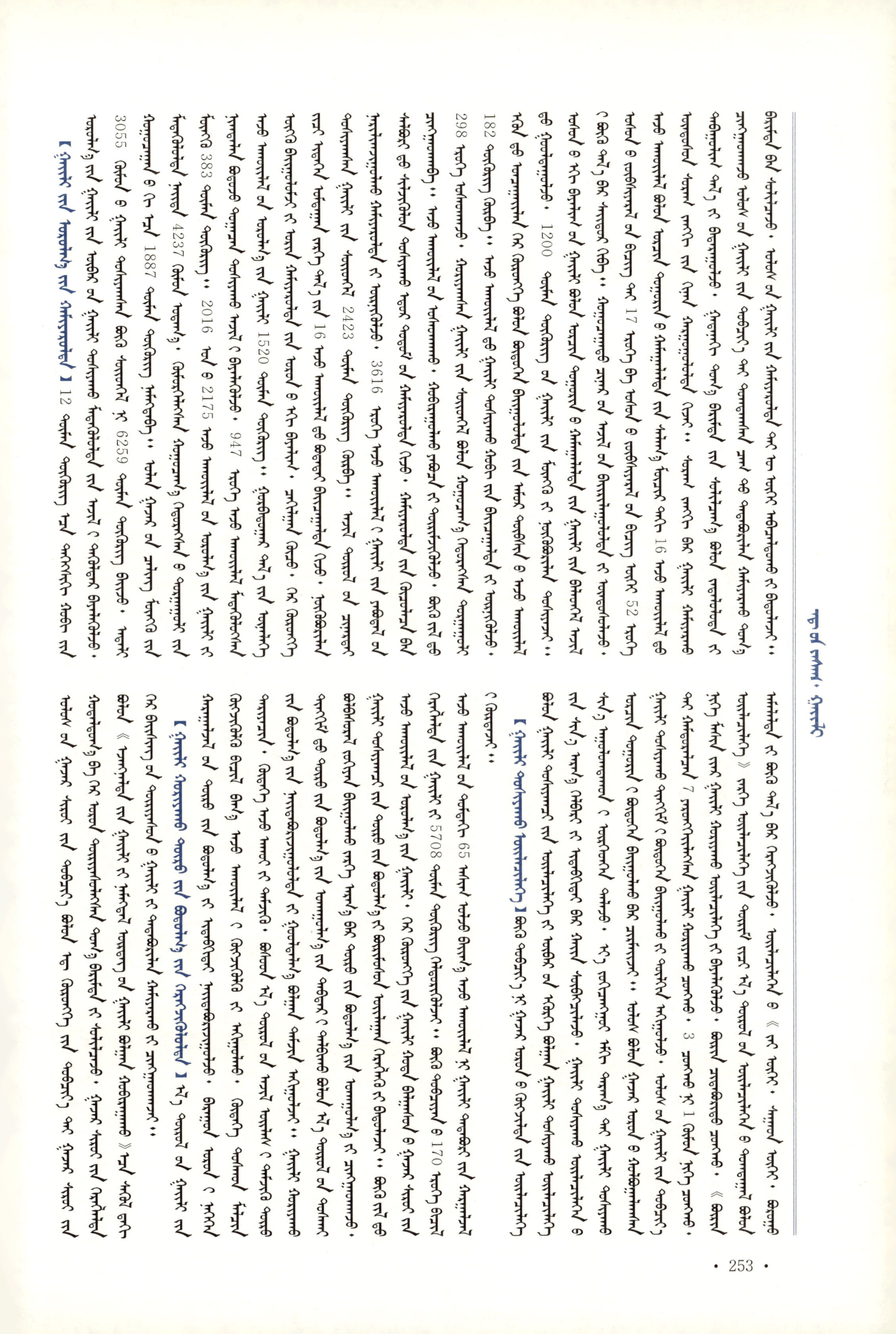

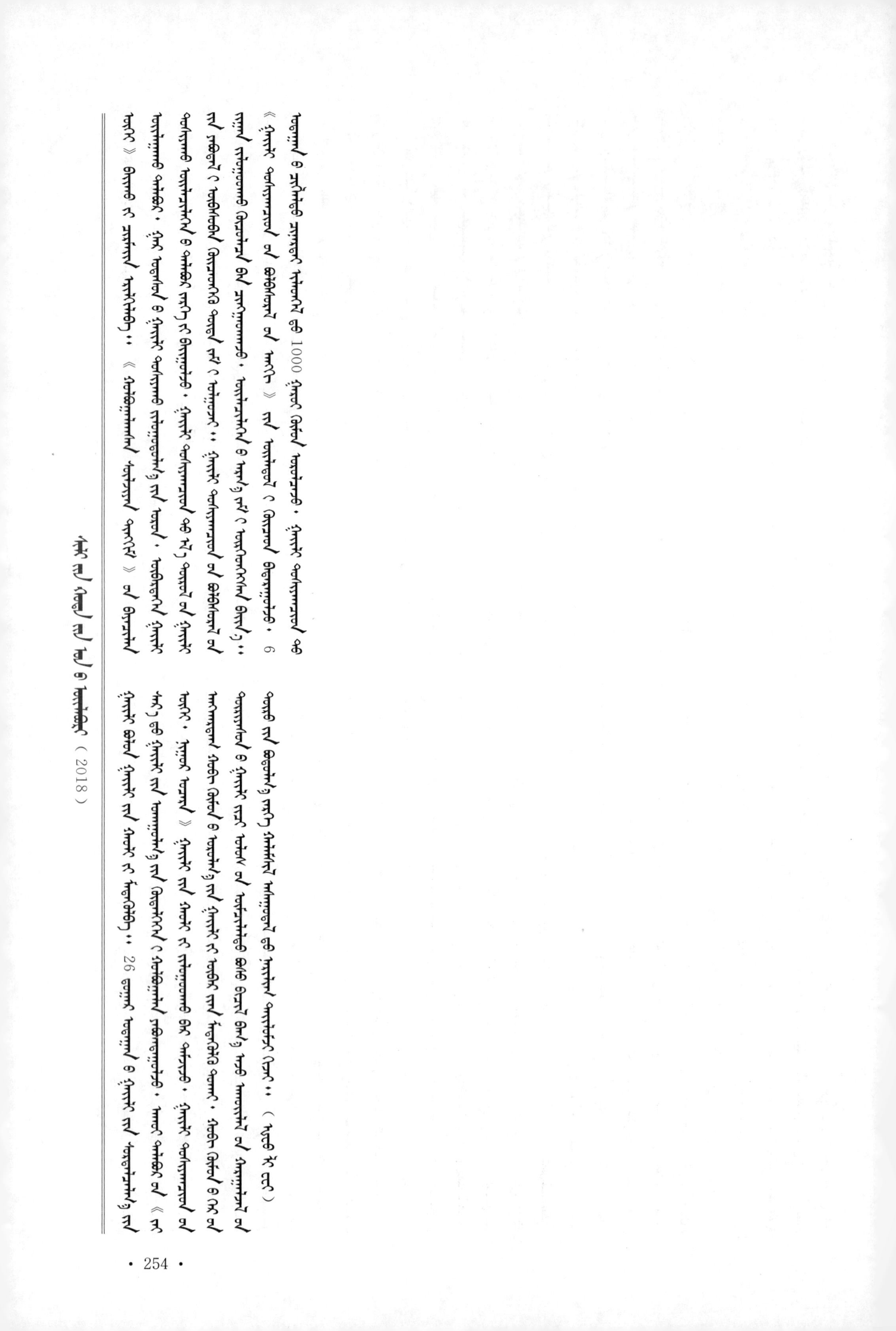

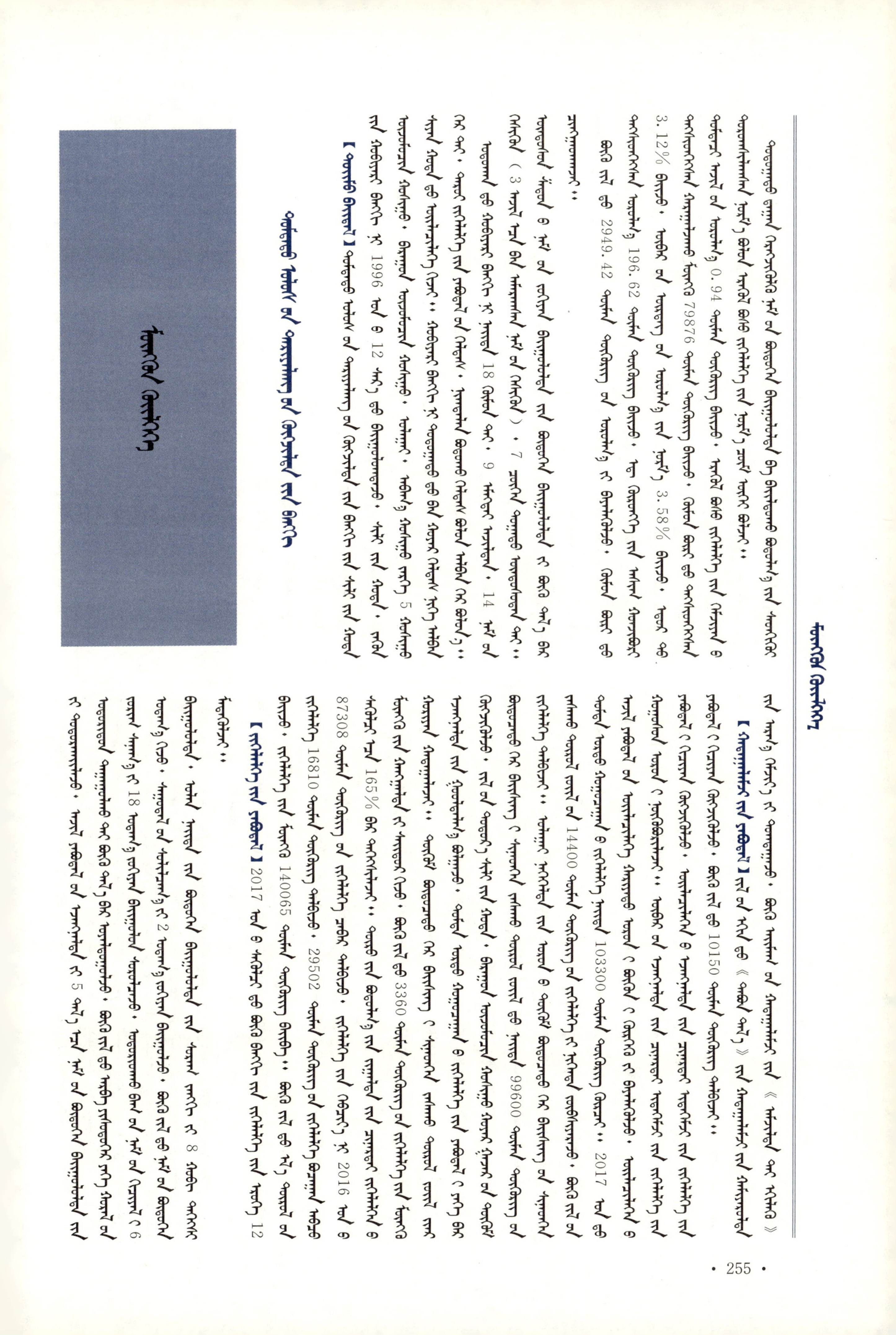

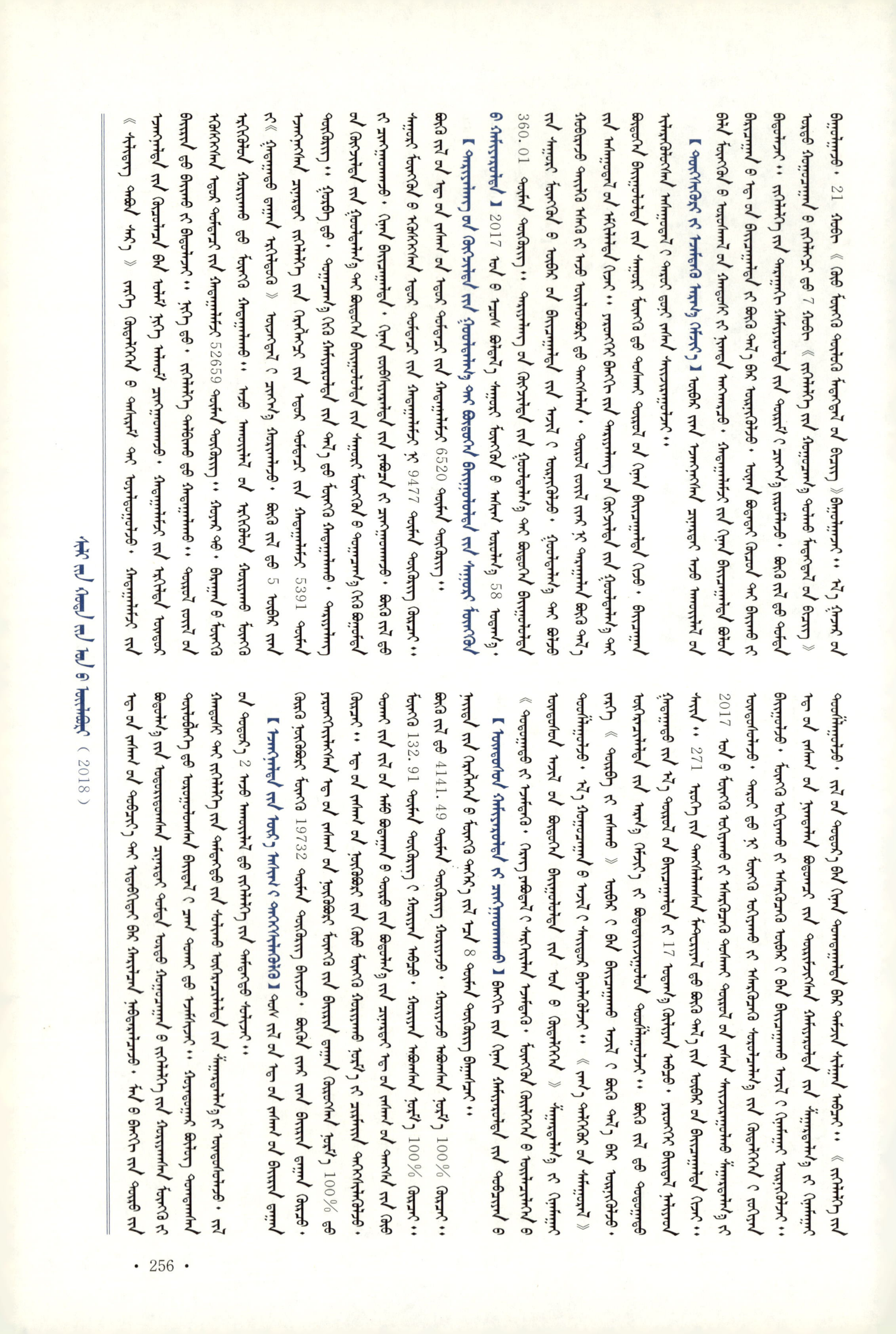

… 21 … 7 …

… 2017 … 271 … 17 …

… 360.01 …

… 2017 … 58 …

… 6520 …

… 9477 …

… 8 …

… 4141.49 … 100% …

… 132.91 … 100% …

… 100% …

… 19732 …

… 5391 …

… 5 …

… 2 …

… 52659 …

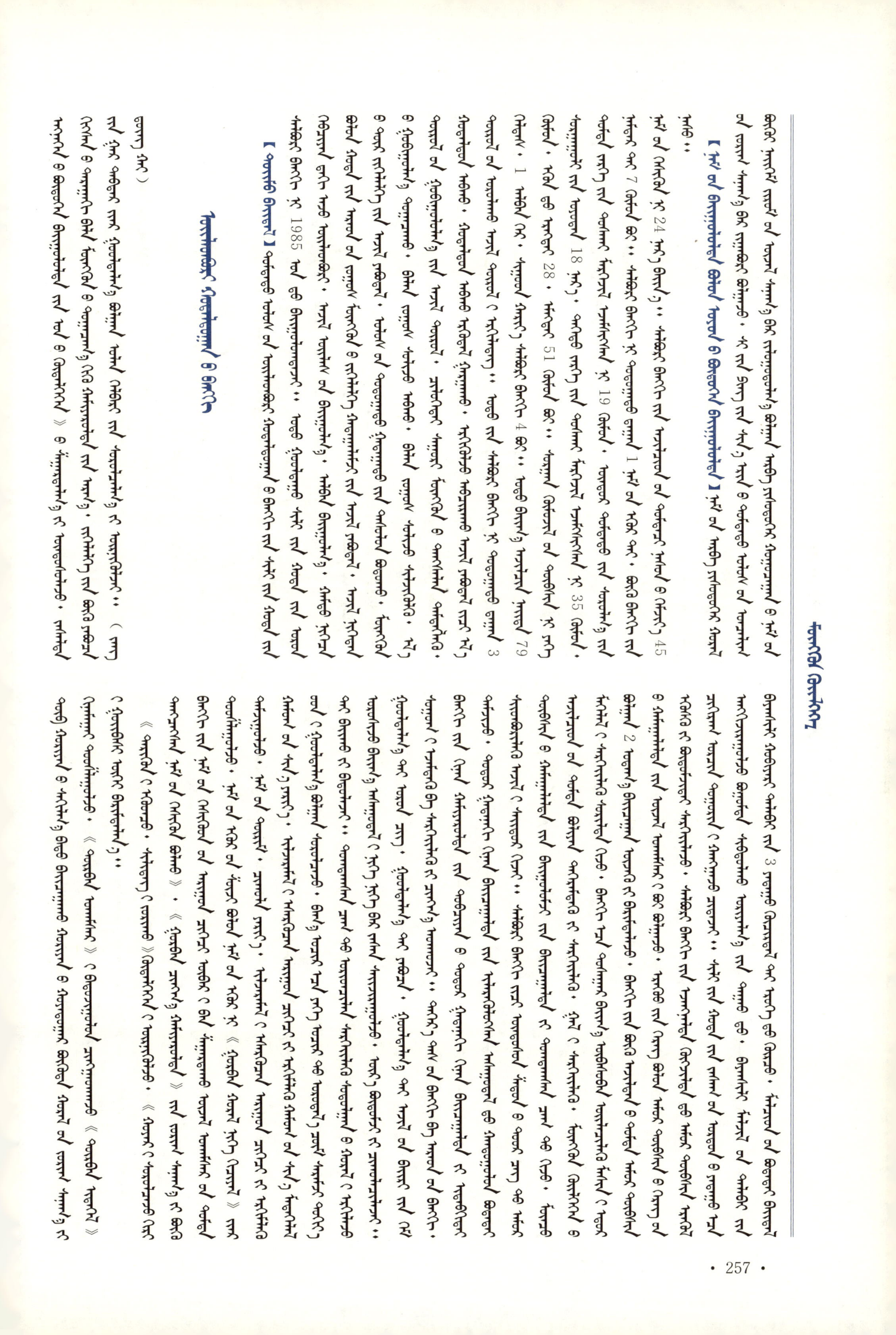

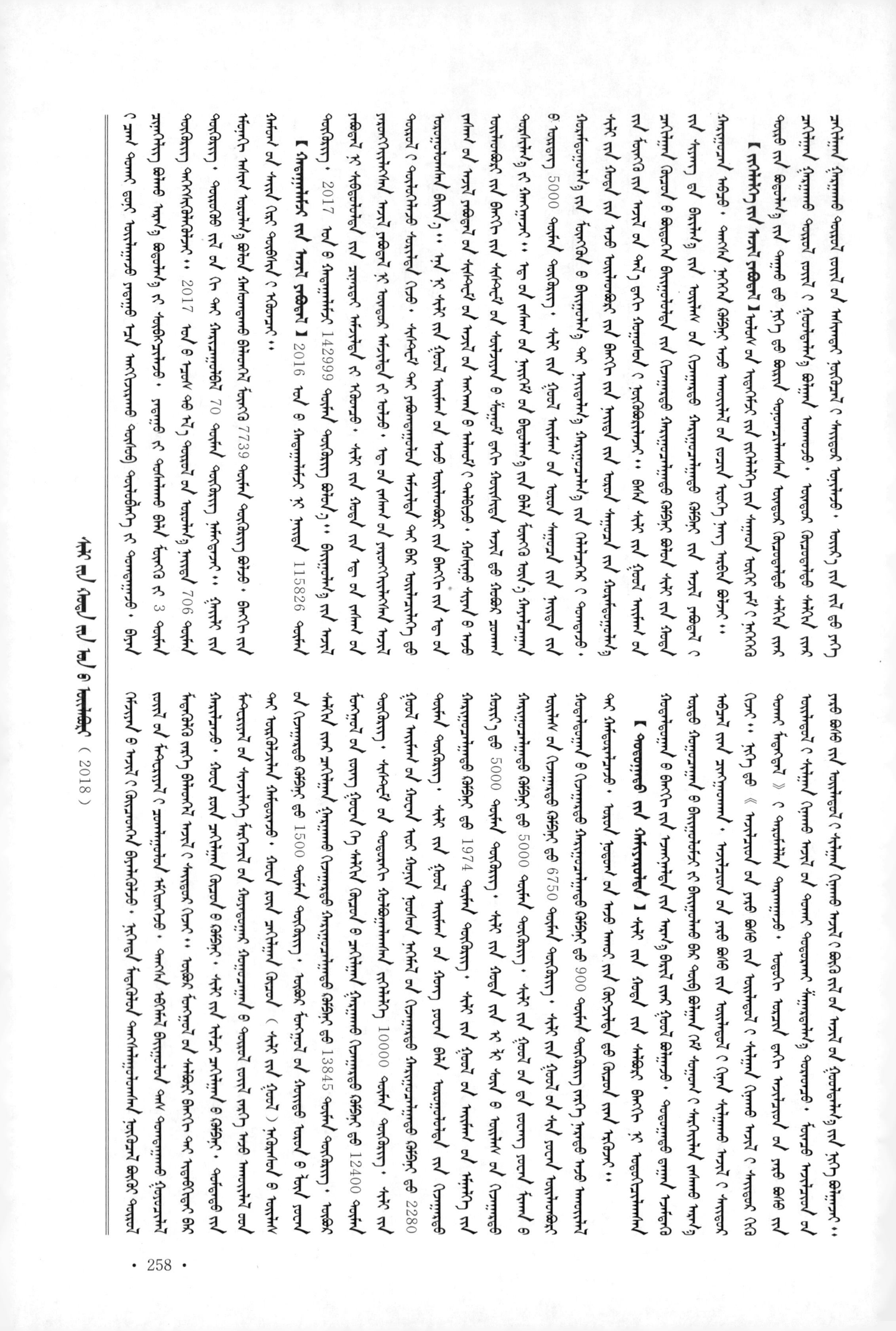

[illegible]

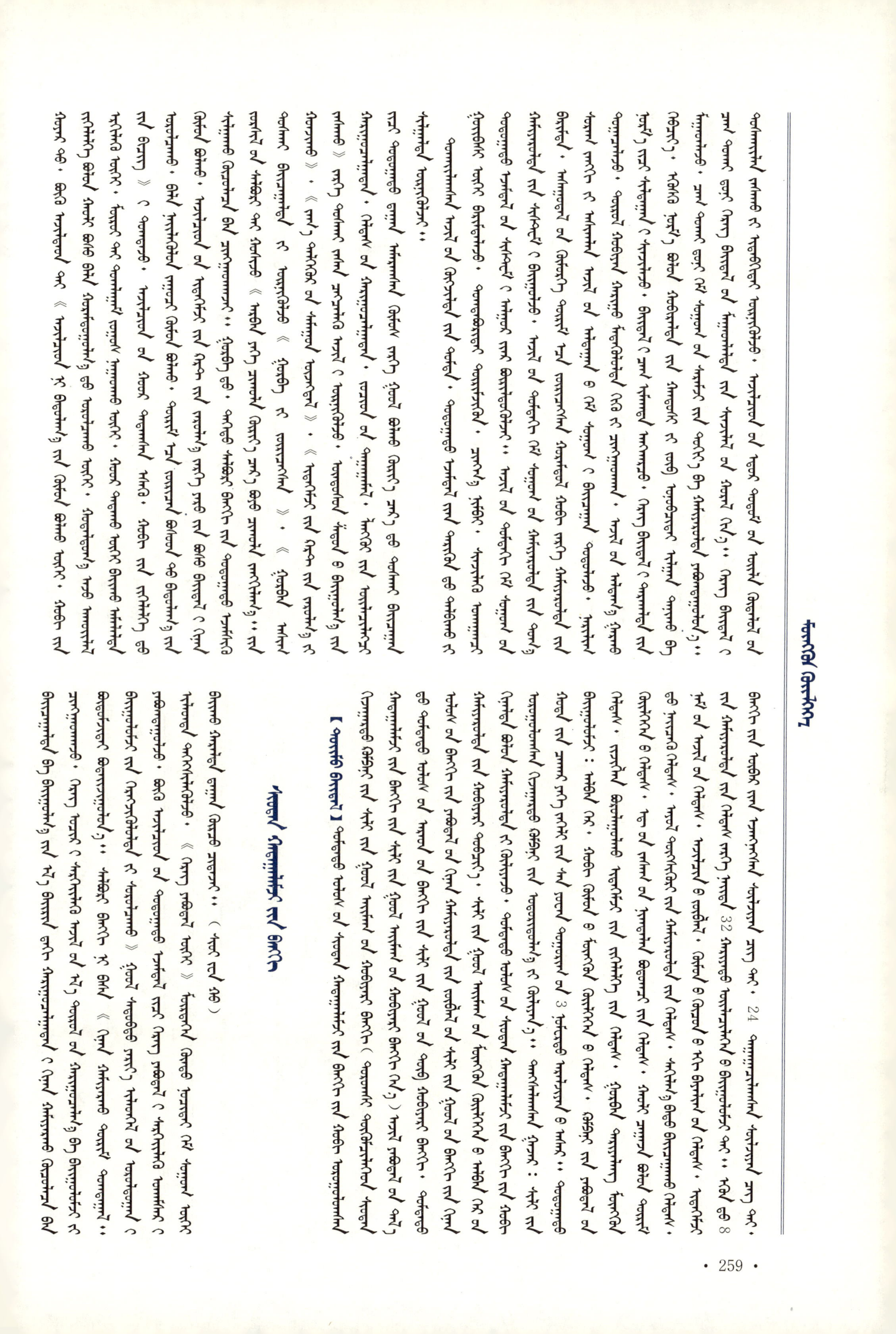

[illegible]

【[illegible]】 [illegible]

[illegible]

[illegible]

ᠰᠤᠷᠭᠠᠭᠤᠯᠢ ᠶᠢᠨ ᠪᠠᠶᠢᠭᠤᠯᠤᠯᠲᠠ ᠶᠢᠨ ᠶᠡᠷᠦᠩᠬᠡᠢ ᠬᠡᠮᠵᠢᠶ᠎ᠡ᠂ ᠰᠤᠷᠭᠠᠯ ᠬᠡᠮᠵᠢᠶ᠎ᠡ᠂ ᠬᠦᠮᠦᠵᠢᠭᠦᠯᠦᠯ ᠬᠡᠮᠵᠢᠶ᠎ᠡ ᠶᠢᠨ ᠶᠢᠨ ᠬᠡᠷᠡᠭᠵᠢᠭᠦᠯᠬᠦ ᠰᠤᠷᠭᠠᠯ ᠬᠦᠮᠦᠵᠢᠯ ᠦᠨ ᠴᠢᠨᠠᠷ ᠤᠨ ᠬᠢᠨᠠᠨ ᠪᠠᠢᠴᠠᠭᠠᠯᠲᠠ ᠶᠢᠨ ᠦᠨᠡᠯᠡᠯᠲᠡ ᠶᠢᠨ ᠰᠤᠷᠭᠠᠭᠤᠯᠢ᠂ ᠪᠠᠭᠰᠢ ᠰᠤᠷᠤᠯᠴᠠᠭᠴᠢ ᠦᠨᠡᠯᠡᠨ᠎ᠡ᠂ 《ᠰᠠᠶᠢᠨ ᠰᠤᠷᠭᠠᠭᠤᠯᠢ᠂ ᠰᠠᠶᠢᠨ ᠪᠠᠭᠰᠢ᠂ ᠰᠠᠶᠢᠨ ᠰᠤᠷᠤᠯᠴᠠᠭᠴᠢ᠂ ᠰᠠᠶᠢᠨ ᠡᠴᠢᠭᠡ ᠡᠬᠡ᠂ ᠰᠠᠶᠢᠨ ᠰᠤᠷᠭᠠᠭᠤᠯᠢ》 ᠰᠤᠷᠭᠠᠭᠤᠯᠢ᠂ ᠰᠣᠶᠣᠯ ᠤᠨ

【ᠰᠤᠷᠭᠠᠯ ᠬᠥᠮᠦᠵᠢᠯ ᠦᠨ ᠪᠣᠯᠪᠠᠰᠤᠷᠠᠯ】 ᠵᠢᠯ ᠳᠤᠲᠤᠮ ᠤᠨ ᠬᠢᠷᠢ ᠶᠢᠨ ᠬᠡᠮᠵᠢᠶ᠎ᠡ ᠪᠡᠷ ᠬᠠᠮᠢᠶᠠᠷᠤᠯᠲᠠ ᠶᠢᠨ ᠬᠦᠮᠦᠵᠢᠯ ᠦᠨ ᠰᠤᠷᠭᠠᠭᠤᠯᠢ ᠶᠢᠨ ᠪᠠᠶᠢᠳᠠᠯ ᠤᠨ ᠬᠢᠨᠠᠨ 》 ᠢ ᠬᠡᠷᠡᠭᠵᠢᠭᠦᠯᠦᠨ ᠪᠣᠯᠪᠠᠰᠤᠷᠠᠯ ᠪᠣᠯᠭᠠᠭᠰᠠᠨ ᠪᠠᠶᠢᠨ᠎ᠠ᠃

ᠶᠡᠷᠦᠩᠬᠡᠢ ᠶᠢᠨ ᠰᠤᠷᠭᠠᠯ ᠬᠦᠮᠦᠵᠢᠯ ᠦᠨ ᠰᠤᠷᠭᠠᠯ ᠬᠦᠮᠦᠵᠢᠯ ᠦᠨ ᠪᠠᠶᠢᠳᠠᠯ ᠢ ᠰᠠᠶᠢᠵᠢᠷᠠᠭᠤᠯᠬᠤ ᠲᠠᠯ᠎ᠠ ᠶᠢᠨ 《 ᠬᠣᠣᠰ ᠰᠤᠷᠭᠠᠭᠤᠯᠢ ᠶᠢᠨ ᠪᠠᠶᠢᠭᠤᠯᠤᠯᠲᠠ᠂ ᠰᠤᠷᠭᠠᠯ ᠤᠨ ᠬᠦᠮᠦᠵᠢᠯ ᠦᠨ ᠰᠤᠷᠭᠠᠯ ᠤᠨ ᠬᠡᠷᠡᠭᠰᠡᠯ ᠤᠨ ᠪᠠᠶᠢᠳᠠᠯ) ᠪᠣᠯᠭᠠᠨ᠎ᠠ᠂ ᠰᠤᠷᠭᠠᠯ ᠬᠦᠮᠦᠵᠢᠯ ᠦᠨ ᠰᠤᠷᠭᠠᠭᠤᠯᠢ ᠶᠢᠨ ᠬᠡᠷᠡᠭᠰᠡᠯ ᠤᠨ ᠰᠤᠷᠭᠠᠯ ᠬᠦᠮᠦᠵᠢᠯ᠂ ᠪᠠᠭᠠ ᠰᠤᠷᠭᠠᠭᠤᠯᠢ ᠶᠢᠨ ᠬᠡᠷᠡᠭᠰᠡᠯ ᠤᠨ ᠰᠤᠷᠭᠠᠯ ᠬᠦᠮᠦᠵᠢᠯ᠂ ᠳᠤᠮᠳᠠᠳᠤ ᠰᠤᠷᠭᠠᠭᠤᠯᠢ ᠶᠢᠨ ᠬᠡᠷᠡᠭᠰᠡᠯ ᠪᠡᠷ ᠪᠦᠷᠢᠨ᠂ 5 ᠰᠤᠷᠭᠠᠭᠤᠯᠢ ᠶᠢᠨ ᠪᠠᠶᠢᠳᠠᠯ ᠪᠡᠷ ᠪᠦᠷᠢᠨ (ᠬᠣᠣᠰ ᠬᠡᠯᠡ ᠶᠢᠨ ᠰᠤᠷᠭᠠᠯ ᠬᠦᠮᠦᠵᠢᠯ᠂ ᠲᠣᠭ᠎ᠠ ᠬᠡᠮᠵᠢᠶ᠎ᠡ ᠶᠢᠨ ᠪᠠᠶᠢᠳᠠᠯ ᠢ ᠪᠦᠷᠢᠳᠬᠡᠨ ᠪᠣᠯᠤᠨ᠎ᠠ᠃ ᠰᠤᠷᠭᠠᠭᠤᠯᠢ ᠶᠢᠨ ᠬᠡᠮᠵᠢᠶ᠎ᠡ ᠳᠦ ᠬᠦᠷᠬᠦ ᠬᠤᠪᠢ ᠨᠢ 100% ᠳᠦ ᠬᠦᠷᠪᠡ᠃ ᠰᠤᠷᠭᠠᠭᠤᠯᠢ ᠶᠢᠨ 5 ᠬᠣᠰᠢᠭᠤ ᠬᠣᠲᠠ ᠳᠤ 29 ᠶᠢᠨ ᠬᠡᠮᠵᠢᠶ᠎ᠡ ᠪᠠᠶᠢᠭᠤᠯᠤᠭᠳᠠᠪᠠ᠃ ᠰᠤᠷᠭᠠᠭᠤᠯᠢ ᠶᠢᠨ ᠬᠡᠮᠵᠢᠶ᠎ᠡ ᠶᠢ ᠬᠦᠷᠭᠡᠭᠰᠡᠨ 13 ᠰᠤᠷᠭᠠᠭᠤᠯᠢ ᠶᠢᠨ ᠬᠡᠮᠵᠢᠶ᠎ᠡ ᠪᠦᠲᠦᠭᠡᠯ ᠦᠨ ᠰᠤᠷᠭᠠᠭᠤᠯᠢ ᠶᠢᠨ ᠬᠡᠮᠵᠢᠶ᠎ᠡ ᠶᠢᠨ ᠬᠣᠲᠠ ᠳᠤ ᠰᠢᠨ᠎ᠡ ᠰᠤᠷᠭᠠᠭᠤᠯᠢ ᠶᠢᠨ ᠪᠠᠶᠢᠭᠤᠯᠬᠤ ᠪᠦᠲᠦᠭᠡᠯ ᠦᠨ ᠬᠡᠮᠵᠢᠶ᠎ᠡ ᠶᠢ 2012 ᠣᠨ

【ᠰᠤᠷᠭᠠᠭᠤᠯᠢ ᠶᠢᠨ ᠬᠡᠮᠵᠢᠶ᠎ᠡ ᠶᠢᠨ ᠪᠠᠶᠢᠳᠠᠯ ᠪᠦᠲᠦᠭᠡᠭᠳᠡᠯ】 ᠬᠡᠷᠡᠭᠵᠢᠭᠦᠯᠬᠦ ᠲᠥᠯᠥᠪ ᠦᠨ ᠰᠤᠷᠭᠠᠯ ᠬᠦᠮᠦᠵᠢᠯ ᠦᠨ ᠦᠢᠯᠡ ᠶᠢ ᠪᠡᠯᠡᠳᠬᠡᠯ᠂ ᠬᠣᠣᠰ ᠪᠦᠲᠦᠭᠡᠯᠲᠡ ᠪᠠᠶᠢᠭᠤᠯᠤᠯᠲᠠ ᠬᠤᠪᠢ ᠶᠢᠨ ᠦᠢᠯᠡ 2 ᠬᠤᠪᠢ ᠪᠡᠨ᠃

ᠰᠢᠯᠭᠠᠨ ᠪᠠᠶᠢᠴᠠᠭᠠᠯᠲᠠ ᠶᠢ ᠪᠣᠯᠭᠠᠪᠠ᠃ 2017 ᠣᠨ ᠳᠤ 2 ᠬᠤᠪᠢ ᠶᠢᠨ ᠦᠢᠯᠡ ᠰᠢᠯᠭᠠᠨ ᠪᠠᠶᠢᠴᠠᠭᠠᠭᠰᠠᠨ᠂ 3 ᠬᠤᠪᠢ ᠶᠢᠨ ᠪᠦᠷᠢᠨ ᠬᠡᠷᠡᠭᠵᠢᠭᠦᠯᠦᠭᠰᠡᠨ ᠪᠣᠯᠭᠠᠭᠰᠠᠨ᠂ ᠰᠤᠷᠭᠠᠭᠤᠯᠢ ᠶᠢᠨ ᠬᠤᠪᠢ ᠶᠢᠨ ᠦᠢᠯᠡ ᠶᠢᠨ ᠦᠨᠡᠯᠡᠯᠲᠡ ᠪᠠᠶᠢᠨ ᠬᠡᠷᠡᠭᠵᠢᠭᠦᠯᠦᠯᠲᠡ ᠶᠢ ᠬᠣᠣᠰ ᠪᠣᠯᠭᠠᠨ ᠪᠠᠶᠢ᠂ 6 ᠰᠤᠷᠭᠠᠭᠤᠯᠢ ᠬᠣᠣᠰ ᠶᠢᠨ ᠬᠤᠪᠢ ᠶᠢᠨ ᠲᠣᠭ᠎ᠠ ᠪᠣᠯᠭᠠᠨ᠎ᠠ᠂ 3 ᠰᠤᠷᠭᠠᠭᠤᠯᠢ ᠶᠢᠨ ᠳᠦ ᠬᠤᠪᠢ ᠶᠢᠨ

2017 ᠣᠨ ᠳᠤ ᠬᠣᠣᠰ ᠶᠢᠨ ᠪᠠᠶᠢᠳᠠᠯ ᠢ ᠰᠠᠶᠢᠵᠢᠷᠠᠭᠤᠯᠬᠤ ᠬᠣᠣᠰ ᠶᠢᠨ ᠬᠤᠪᠢ ᠶᠢᠨ ᠲᠣᠭ᠎ᠠ ᠶᠢᠨ ᠬᠡᠮᠵᠢᠶ᠎ᠡ ᠪᠠᠶᠢᠳᠠᠯ ᠪᠠᠶᠢ ᠬᠦᠷᠬᠦ ᠪᠠᠶᠢᠳᠠᠯ ᠰᠤᠷᠭᠠᠭᠤᠯᠢ ᠬᠦᠷᠬᠦ ᠰᠤᠷᠭᠠᠭᠤᠯᠢ ᠶᠢᠨ 53.8% ᠬᠦᠷᠴᠡ ᠪᠠᠶᠢᠭᠤᠯᠤᠭᠳᠠᠪᠠ᠃ ᠰᠤᠷᠭᠠᠭᠤᠯᠢ ᠬᠤᠪᠢ 100% ᠳᠦ ᠬᠦᠷᠪᠡ᠂ ᠪᠦᠷᠢᠨ ᠶᠢᠨ ᠰᠤᠷᠭᠠᠨ ᠬᠦᠮᠦᠵᠢᠯ ᠦᠨ ᠳᠡᠭᠡᠳᠦ ᠶᠢᠨ ᠬᠦᠷᠬᠦ ᠬᠡᠮᠵᠢᠶ᠎ᠡ ᠪᠠᠶᠢ ᠪᠡᠷ ᠶᠢᠨ ᠳᠡᠭᠡᠳᠦ ᠶᠢᠨ ᠬᠦᠮᠦᠵᠢᠯ ᠳᠦ ᠬᠦᠷᠭᠡᠭᠰᠡᠨ᠂ ᠬᠡᠮᠵᠢᠶ᠎ᠡ ᠬᠦᠷᠭᠡ ᠶᠢᠨ ᠰᠤᠷᠭᠠᠨ ᠤ ᠪᠠᠶᠢᠭᠤᠯ ᠶᠢᠨ ᠳᠡᠭᠡᠳᠦ ᠶᠢᠨ ᠪᠠᠶᠢ᠃ 1 ᠰᠤᠷᠭᠠᠭᠤᠯᠢ ᠬᠡᠮᠵᠢᠶ᠎ᠡ ᠬᠦᠷᠬᠦ ᠶᠢᠨ ᠬᠦᠮᠦᠵᠢᠯ ᠦᠨ ᠰᠠᠯᠪᠤᠷ ᠪᠠᠶᠢ᠃ ᠬᠦᠷᠬᠦ ᠶᠢᠨ ᠳᠦ 356 ᠰᠤᠷᠭᠠᠭᠤᠯᠢ ᠰᠤᠷᠭᠠᠨ ᠤ ᠰᠤᠷᠭᠠᠭᠤᠯᠢ ᠬᠡᠮᠵᠢᠶ᠎ᠡ ᠬᠦᠷᠬᠦ ᠶᠢᠨ ᠬᠦᠮᠦᠵᠢᠯ ᠦᠨ ᠰᠠᠯᠪᠤᠷ ᠪᠠᠶᠢ᠂ 9 ᠰᠤᠷᠭᠠᠭᠤᠯᠢ ᠬᠡᠮᠵᠢᠶ᠎ᠡ ᠬᠦᠷᠬᠦ ᠶᠢᠨ ᠬᠦᠮᠦᠵᠢᠯ ᠦᠨ ᠰᠠᠯᠪᠤᠷ ᠰᠤᠷᠭᠠᠭᠤᠯᠢ ᠪᠠᠶᠢ᠂ 63 ᠬᠤᠪᠢ ᠶᠢᠨ ᠦᠢᠯᠡ ᠪᠠᠶᠢ᠃ 51 ᠪᠠᠭᠰᠢ ᠬᠦᠮᠦᠵᠢᠯ ᠦᠨ ᠰᠤᠷᠭᠠᠭᠤᠯᠢ ᠪᠠᠶᠢ᠃ ᠲᠡᠭᠦᠨ ᠳᠦ 41 ᠶᠢᠨ ᠪᠠᠭᠰᠢ ᠬᠦᠮᠦᠵᠢᠯ ᠲᠠᠯ᠎ᠠ ᠪᠠᠶᠢᠭᠤᠯᠬᠤ ᠬᠡᠷᠡᠭᠵᠢᠭᠦᠯᠦᠯ ᠦᠨ ᠬᠤᠪᠢ ᠪᠠᠶᠢ᠃ 74 ᠬᠤᠪᠢ ᠰᠤᠷᠭᠠᠭᠤᠯᠢ᠂ 93 ᠬᠤᠪᠢ ᠶᠢᠨ ᠶᠢᠨ ᠰᠤᠷᠭᠠᠨ ᠳᠤ ᠬᠤᠪᠢ 167 ᠰᠤᠷᠭᠠᠭᠤᠯᠢ ᠰᠤᠷᠭᠠᠨ ᠤ ᠪᠠᠶᠢᠭᠤᠯ ᠳᠦ ᠪᠠᠶᠢᠨ᠎ᠠ᠂ 162 ᠰᠤᠷᠭᠠᠭᠤᠯᠢ ᠬᠡᠮᠵᠢᠶ᠎ᠡ ᠬᠦᠷᠬᠦ 1.1 ᠲᠦᠮᠡᠨ ᠶᠤᠸᠠᠨ ᠬᠦᠷᠦᠩᠭᠡ ᠪᠠᠶᠢᠨ᠎ᠠ᠂ ᠰᠤᠷᠭᠠᠨ ᠬᠦᠮᠦᠵᠢᠭᠦᠯᠬᠦ ᠲᠠᠯ᠎ᠠ 0.71 ᠲᠦᠮᠡᠨ ᠶᠤᠸᠠᠨ ᠬᠦᠷᠦᠩᠭᠡ ᠬᠤᠪᠢ 10.63 ᠲᠦᠮᠡᠨ ᠶᠤᠸᠠᠨ ᠬᠦᠷᠦᠩᠭᠡ ᠬᠠᠷᠢᠶᠠᠯᠠᠨ᠎ᠠ᠂ ᠬᠣᠣᠰ ᠶᠢᠨ ᠶᠢᠨ ᠬᠠᠮᠢᠶᠠᠷᠤᠯᠲᠠ ᠰᠤᠷᠭᠠᠨ ᠬᠦᠮᠦᠵᠢᠯ ᠦᠨ ᠬᠣᠷᠢᠶᠠᠯᠠᠭᠤᠯᠬᠤ ᠬᠠᠮᠢᠶᠠᠷᠤᠯᠲᠠ ᠰᠤᠷᠭᠠᠨ ᠬᠦᠮᠦᠵᠢᠯ ᠢ ᠰᠠᠶᠢᠵᠢᠷᠠᠭᠤᠯᠬᠤ ᠪᠠᠶᠢ ᠬᠠᠷᠢᠶᠠᠯᠠᠨ᠎ᠠ᠂ ᠬᠠᠮᠢᠶᠠᠷᠤᠯᠲᠠ ᠰᠤᠷᠭᠠᠨ ᠪᠠᠶᠢ ᠰᠠᠶᠢᠵᠢᠷᠠᠭᠤᠯᠤᠭᠰᠠᠨ ᠬᠣᠷᠢᠶᠠᠯᠠᠭᠤᠯᠬᠤ ᠪᠠᠷᠢᠯᠭ᠎ᠠ ᠶᠢᠨ ᠬᠣᠷᠢᠶᠠᠯᠠᠭᠤᠯᠬᠤ ᠬᠤᠪᠢ 46.9 ᠲᠦᠮᠡᠨ ᠶᠤᠸᠠᠨ ᠬᠦᠷᠦᠩᠭᠡ ᠬᠠᠷᠢᠶᠠᠯᠠᠨ᠎ᠠ᠂ ᠪᠠᠷᠢᠯᠭ᠎ᠠ ᠪᠠᠶᠢᠳᠠᠯ ᠰᠤᠷᠭᠠᠨ ᠬᠦᠮᠦᠵᠢᠭᠦᠯᠬᠦ ᠬᠦᠷᠴᠡ ᠶᠢᠨ ᠬᠤᠪᠢ ᠬᠠᠮᠢᠶᠠᠷᠤᠯᠲᠠ ᠶᠢᠨ ᠬᠤᠪᠢ ᠬᠠᠮᠢᠶᠠᠷᠤᠯᠲᠠ ᠰᠤᠷᠭᠠᠯᠲᠠ ᠪᠠᠶᠢᠭᠤᠯᠤᠭᠰᠠᠨ᠃ 2017 ᠣᠨ ᠤ ᠰᠤᠷᠭᠠᠯᠲᠠ ᠬᠦᠷᠲᠡᠯ᠎ᠡ ᠵᠢᠯ ᠰᠤᠷᠭᠠᠭᠤᠯᠤᠭᠰᠠᠨ᠂ ᠰᠢᠨ᠎ᠡ ᠬᠣᠣᠰ ᠤᠨ ᠰᠤᠷᠭᠠᠨ ᠬᠦᠮᠦᠵᠢᠯ ᠦᠨ ᠪᠠᠶᠢᠭᠤᠯᠤᠯᠲᠠ ᠶᠢ ᠬᠦᠷᠬᠦ ᠪᠦᠬᠦ ᠪᠡᠷ ᠶᠢᠨ ᠬᠠᠷᠢᠶᠠᠯᠠᠨ᠎ᠠ᠂ ᠰᠤᠷᠭᠠᠨ ᠬᠦᠮᠦᠵᠢᠭᠦᠯᠬᠦ ᠪᠠᠶᠢᠳᠠᠯ ᠪᠣᠯᠭᠠᠭᠤᠯᠤᠭᠰᠠᠨ᠂ ᠪᠠᠷᠢᠯᠭ᠎ᠠ ᠬᠡᠷᠡᠭᠵᠢᠭᠦᠯᠦᠭᠰᠡᠨ ᠬᠣᠷᠢᠶᠠᠯᠠᠯ ᠰᠤᠷᠭᠠᠭᠤᠯᠢ ᠶᠢᠨ ᠰᠠᠶᠢᠵᠢᠷᠠᠭᠤᠯᠬᠤ ᠶᠢ ᠪᠠᠷᠢᠯᠭ᠎ᠠ

【ᠲᠤᠰᠬᠠᠶ ᠬᠡᠷᠡᠭᠴᠡᠭᠡ ᠶᠢᠨ ᠰᠤᠷᠭᠠᠨ ᠬᠦᠮᠦᠵᠢᠯ】 ᠪᠠᠭᠠ ᠲᠤᠰᠬᠠᠶ ᠬᠦᠷᠴᠡ ᠲᠤᠰᠬᠠᠶ ᠬᠡᠷᠡᠭᠴᠡᠭᠡ ᠶᠢᠨ ᠪᠠᠶᠢᠭᠤᠯᠤᠯᠲᠠ ᠶᠢᠨ 364 ᠪᠠᠶᠢᠨ᠎ᠠ᠂ ᠬᠦᠷᠬᠦ ᠶᠢᠨ ᠬᠡᠷᠡᠭᠵᠢᠭᠦᠯᠦᠯᠲᠡ ᠬᠣᠷᠢᠶᠠ 1.61 ᠲᠦᠮᠡᠨ ᠶᠤᠸᠠᠨ ᠬᠦᠷᠦᠩᠭᠡ ᠪᠣᠯᠤᠨ᠎ᠠ᠃ ᠬᠦᠮᠦᠵᠢᠭᠦᠯᠪᠡ᠃ ᠬᠦᠷᠬᠦ ᠰᠤᠷᠭᠠᠨ ᠤ ᠪᠠᠷᠢᠯᠭ᠎ᠠ ᠬᠡᠷᠡᠭᠵᠢᠭᠦᠯᠦᠭᠰᠡᠨ ᠪᠠᠷᠢᠯᠭ᠎ᠠ ᠬᠡᠷᠡᠭᠵᠢᠭᠦᠯᠦᠭᠰᠡᠨ ᠪᠠᠷᠢᠯᠲᠠ ᠬᠦᠮᠦᠵᠢᠭᠦᠯᠬᠦ ᠪᠠᠶᠢᠭᠤᠯᠤᠯᠲᠠ ᠬᠣᠷᠢᠶ᠎ᠠ 0.11 ᠲᠦᠮᠡᠨ ᠶᠤᠸᠠᠨ ᠬᠦᠷᠦᠩᠭᠡ ᠪᠠᠶᠢᠨ᠎ᠠ᠂ ᠰᠤᠷᠭᠠᠨ ᠬᠦᠮᠦᠵᠢᠭᠦᠯᠬᠦ ᠲᠠᠯ᠎ᠠ 2108 ᠲᠣᠭ᠎ᠠ ᠶᠢᠨ ᠬᠡᠮᠵᠢᠶ᠎ᠡ ᠶᠢᠨ ᠳᠡᠭᠡᠷ᠎ᠡ 30.46 ᠲᠦᠮᠡᠨ ᠶᠤᠸᠠᠨ ᠬᠦᠷᠦᠩᠭᠡ ᠪᠠᠶᠢᠨ᠎ᠠ᠂ ᠲᠡᠭᠦᠨ ᠳᠦ ᠪᠦᠷᠢᠨ ᠶᠢᠨ ᠰᠤᠷᠭᠠᠨ ᠤ ᠰᠤᠷᠭᠠᠭᠤᠯᠢ ᠶᠢᠨ ᠬᠦᠮᠦᠵᠢᠯ ᠦᠨ ᠶᠢᠨ ᠶᠢᠨ

【ᠰᠤᠷᠭᠠᠨ ᠬᠡᠷᠡᠭᠴᠡᠭᠡ ᠶᠢᠨ ᠪᠠᠶᠢᠭᠤᠯᠤᠯᠲᠠ】 2017 ᠣᠨ ᠤ ᠰᠤᠷᠭᠠᠯᠲᠠ᠂ ᠬᠦᠷᠬᠦ ᠰᠤᠷᠭᠠᠨ ᠤ ᠪᠠᠷᠢᠯᠭ᠎ᠠ ᠶᠢᠨ ᠬᠣᠷᠢᠶ᠎ᠠ ᠬᠠᠮᠢᠶᠠᠷᠤᠯᠲᠠ ᠰᠤᠷᠭᠠᠨ ᠬᠡᠷᠡᠭᠴᠡᠭᠡ᠂ ᠰᠤᠷᠭᠠᠨ ᠰᠤᠷᠭᠠᠨ ᠬᠡᠷᠡᠭᠴᠡᠭᠡ ᠰᠤᠷᠭᠠᠨ ᠬᠦᠮᠦᠵᠢᠭᠦᠯᠦᠯ ᠪᠠᠶᠢᠭᠤᠯᠤᠭᠳᠠᠪᠠ᠃ ᠪᠠᠶᠢᠨ᠎ᠠ᠂ ᠪᠠᠶᠢᠳᠠᠯ ᠤᠨ ᠬᠤᠪᠢ 137.06% ᠬᠦᠷᠪᠡ᠃ ᠬᠦᠷᠬᠦ ᠪᠦᠷᠢᠨ ᠶᠢᠨ ᠬᠤᠪᠢ ᠰᠤᠷᠭᠠᠨ ᠤ ᠬᠦᠷᠦᠩᠭᠡ 11.09 ᠲᠦᠮᠡᠨ ᠬᠦᠷᠦᠩᠭᠡ ᠪᠠᠶᠢᠨ᠎ᠠ᠂ ᠰᠢᠨ᠎ᠡ ᠬᠣᠣᠰ ᠶᠢᠨ ᠬᠦᠷᠦᠩᠭᠡ ᠶᠢᠨ ᠬᠡᠷᠡᠭᠵᠢᠭᠦᠯᠦᠯ ᠦᠨ ᠬᠤᠪᠢ 16.97% ᠬᠦᠮᠦᠵᠢᠯ ᠦᠨ ᠬᠠᠮᠢᠶᠠᠷᠤᠯᠲᠠ ᠶᠢᠨ ᠬᠤᠪᠢ 42.57 ᠬᠦᠷᠦᠩᠭᠡ ᠪᠠᠶᠢᠨ᠎ᠠ᠂ ᠬᠦᠷᠴᠡ ᠬᠡᠷᠡᠭᠰᠡᠨ ᠦ ᠰᠤᠷᠭᠠᠯᠲᠠ 602.93% ᠪᠠᠷ ᠪᠠᠶᠢᠭᠤᠯᠤᠭᠳᠠᠨ᠎ᠠ᠂ ᠰᠤᠷᠭᠠᠨ ᠤ ᠰᠤᠷᠭᠠᠭᠤᠯᠢ ᠶᠢᠨ ᠰᠤᠷᠭᠠᠯᠲᠠ ᠶᠢᠨ ᠬᠡᠮᠵᠢᠶ᠎ᠡ 56.20% ᠬᠦᠷᠪᠡ᠂ ᠬᠦᠮᠦᠵᠢᠭᠦᠯᠪᠡ᠂ ᠰᠤᠷᠭᠠᠨ ᠰᠤᠷᠭᠠᠯᠲᠠ 1667 ᠲᠦᠮᠡᠨ ᠬᠦᠷᠦᠩᠭᠡ ᠪᠠᠶᠢᠨ᠎ᠠ᠂ ᠪᠠᠶᠢᠭ᠎ᠠ ᠶᠢᠨ ᠶᠢᠨ ᠰᠤᠷᠭᠠᠨ ᠬᠦᠮᠦᠵᠢᠭᠦᠯᠬᠦ ᠲᠠᠯ᠎ᠠ 7180 ᠲᠦᠮᠡᠨ ᠬᠦᠷᠦᠩᠭᠡ ᠢ ᠪᠠᠶᠢᠭᠤᠯᠤᠭᠰᠠᠨ᠂ ᠪᠠᠶᠢᠭ᠎ᠠ ᠶᠢᠨ ᠶᠢᠨ ᠰᠤᠷᠭᠠᠨ ᠬᠦᠮᠦᠵᠢᠭᠦᠯᠬᠦ ᠲᠠᠯ᠎ᠠ 0.95% ᠪᠠᠷ ᠬᠦᠷᠦᠩᠭᠡ ᠬᠦᠷᠪᠡ᠂ ᠰᠤᠷᠭᠠᠭᠤᠯᠢ ᠶᠢᠨ ᠬᠤᠪᠢ 34.67 ᠲᠦᠮᠡᠨ ᠶᠤᠸᠠᠨ ᠬᠦᠷᠦᠩᠭᠡ ᠪᠠᠶᠢᠨ᠎ᠠ᠂ ᠬᠦᠷᠬᠦ ᠶᠢᠨ ᠶᠢᠨ ᠰᠤᠷᠭᠠᠯᠲᠠ

2017 ᠣᠨ ᠤ ᠰᠤᠷᠭᠠᠯᠲᠠ ᠬᠦᠷᠲᠡᠯ᠎ᠡ ᠬᠦᠷᠬᠦ ᠪᠦᠷᠢᠨ ᠶᠢᠨ ᠲᠤᠰᠬᠠᠶ ᠬᠡᠷᠡᠭᠴᠡᠭᠡ ᠶᠢᠨ ᠬᠤᠪᠢ 34.77 ᠲᠦᠮᠡᠨ ᠶᠤᠸᠠᠨ ᠪᠠᠷᠢᠯᠭ᠎ᠠ ᠬᠦᠮᠦᠵᠢᠭᠦᠯᠪᠡ᠃

ᠪᠠᠶᠢᠭᠤᠯᠬᠤ ᠶᠢᠨ ᠬᠡᠷᠡᠭᠵᠢᠭᠦᠯᠦᠯ ᠪᠠᠷ ᠬᠠᠷᠢᠶᠠᠯᠠᠨ᠎ᠠ ᠰᠢᠨ᠎ᠡ ᠬᠡᠷᠡᠭᠵᠢᠭᠦᠯᠦᠯ ᠦᠨ ᠰᠤᠷᠭᠠᠯ ᠤᠨ ᠪᠠᠶᠢᠳᠠᠯ ᠪᠦᠲᠦᠭᠡᠭᠳᠡᠯ ᠢ ᠪᠠᠶᠢᠭᠤᠯᠬᠤ ᠬᠦᠮᠦᠵᠢᠯ ᠦᠨ ᠬᠡᠷᠡᠭᠵᠢᠭᠦᠯᠦᠯ᠂ ᠰᠤᠷᠭᠠᠭᠤᠯᠢ ᠶᠢᠨ ᠰᠤᠷᠭᠠᠯ ᠬᠣᠷᠢᠶ᠎ᠠ ᠰᠤᠷᠭᠠᠭᠤᠯᠢ ᠶᠢᠨ ᠬᠡᠮᠵᠢᠶ᠎ᠡ ᠶᠢᠨ ᠰᠤᠷᠭᠠᠨ ᠤ ᠬᠡᠷᠡᠭᠴᠡᠭᠡ ᠶᠢᠨ ᠬᠡᠷᠡᠭᠵᠢᠭᠦᠯᠦᠯ ᠳᠦ ᠬᠡᠷᠡᠭᠵᠢᠭᠦᠯᠦᠨ᠎ᠡ᠂ ᠬᠡᠷᠡᠭᠰᠡᠨ ᠬᠦᠮᠦᠵᠢᠭᠦᠯᠬᠦ ᠰᠤᠷᠭᠠᠭᠤᠯᠢ ᠬᠡᠮᠵᠢᠶ᠎ᠡ ᠶᠢᠨ ᠰᠤᠷᠭᠠᠭᠤᠯᠢ᠂ ᠵᠢᠯ ᠳᠤᠲᠤᠮ ᠤᠨ

【ᠬᠡᠯᠡᠨ ᠪᠠᠶᠢᠳᠠᠯ】ᠪᠣᠯᠪᠠᠰᠤᠷᠠᠯ ᠤᠨ ᠬᠡᠯᠡ ᠰᠣᠶᠣᠯ ᠬᠠᠮᠤᠷᠤᠭᠳᠠᠬᠤ ᠬᠡᠯᠡᠯᠴᠡᠭᠡ ᠪᠣᠯᠬᠤ ᠪᠠᠷ 2017 ᠣᠨ ᠤ ᠡᠴᠦᠰ ᠲᠦ ᠬᠦᠷᠲᠡᠯ᠎ᠡ ᠨᠡᠢᠲᠡᠯᠡᠭᠳᠡᠭᠰᠡᠨ ᠰᠤᠷᠭᠠᠭᠤᠯᠢ ᠪᠣᠯᠤᠨ ᠪᠠᠶᠢᠭᠤᠯᠭ᠎ᠠ ᠳᠤ ᠬᠦᠷᠭᠡᠭᠳᠡᠭᠰᠡᠨ ᠨᠢ 4.96 ᠲᠡᠷᠪᠤᠮ ᠲᠥᠭᠦᠷᠢᠭ ᠪᠣᠯᠵᠠᠢ᠂ ᠲᠡᠭᠦᠨ ᠡᠴᠡ ᠨᠡᠢᠲᠡᠯᠡᠭᠳᠡᠭᠰᠡᠨ ᠨᠡᠢᠲᠡ ᠶᠢᠨ ᠪᠠᠶᠢᠭᠤᠯᠭ᠎ᠠ 1346 ᠬᠡᠮᠵᠢᠶ᠎ᠡ ᠬᠦᠷᠦᠭᠰᠡᠨ ᠪᠣᠯᠵᠠᠢ᠂ 3081 ᠰᠤᠷᠭᠠᠭᠤᠯᠢ ᠰᠤᠷᠭᠠᠭᠤᠯᠢ ᠶᠢᠨ ᠬᠡᠯᠡ ᠶᠢᠨ ᠬᠠᠮᠤᠷᠤᠭᠳᠠᠬᠤ POS ᠮᠠᠰᠢᠨ ᠢ ᠬᠡᠷᠡᠭᠯᠡᠵᠦ᠂ 846 ᠰᠤᠷᠭᠠᠭᠤᠯᠢ POS ᠮᠠᠰᠢᠨ 261 ᠰᠤᠷᠭᠠᠭᠤᠯᠢ ᠬᠡᠷᠡᠭᠯᠡᠵᠦ᠂ ᠨᠡᠢᠲᠡ ᠶᠢᠨ ᠬᠡᠮᠵᠢᠶ᠎ᠡ 8114 ᠳᠤ ᠬᠦᠷᠦᠭᠰᠡᠨ᠂ ᠨᠡᠢᠲᠡᠯᠡᠭᠳᠡᠭᠰᠡᠨ ᠬᠡᠮᠵᠢᠶ᠎ᠡ 21620 ᠪᠣᠯᠵᠠᠢ᠂ ᠨᠡᠢᠲᠡᠯᠡᠭᠳᠡᠭᠰᠡᠨ ᠬᠠᠮᠤᠷᠤᠭᠳᠠᠯ 21622 ᠪᠣᠯᠵᠠᠢ᠂ ᠬᠠᠮᠤᠷᠤᠭᠳᠠᠯ ᠤᠨ ᠬᠤᠪᠢ 19107 ᠪᠣᠯᠵᠠᠢ᠂ ᠰᠤᠷᠭᠠᠭᠤᠯᠢ ᠶᠢᠨ ᠬᠠᠮᠤᠷᠤᠭᠳᠠᠯ ᠤᠨ ᠬᠤᠪᠢ 82.29% ᠪᠣᠯᠵᠠᠢ᠂ ᠬᠡᠷᠡᠭᠯᠡᠭᠡᠨ ᠤ ᠪᠠᠶᠢᠳᠠᠯ ᠢ ᠬᠦᠰᠨᠡᠭᠲᠦ ᠳᠦ ᠬᠠᠷᠠᠭᠤᠯᠪᠠ᠃ (ᠬᠦᠰᠨᠡᠭᠲᠦ ᠢ ᠦᠵᠡ)

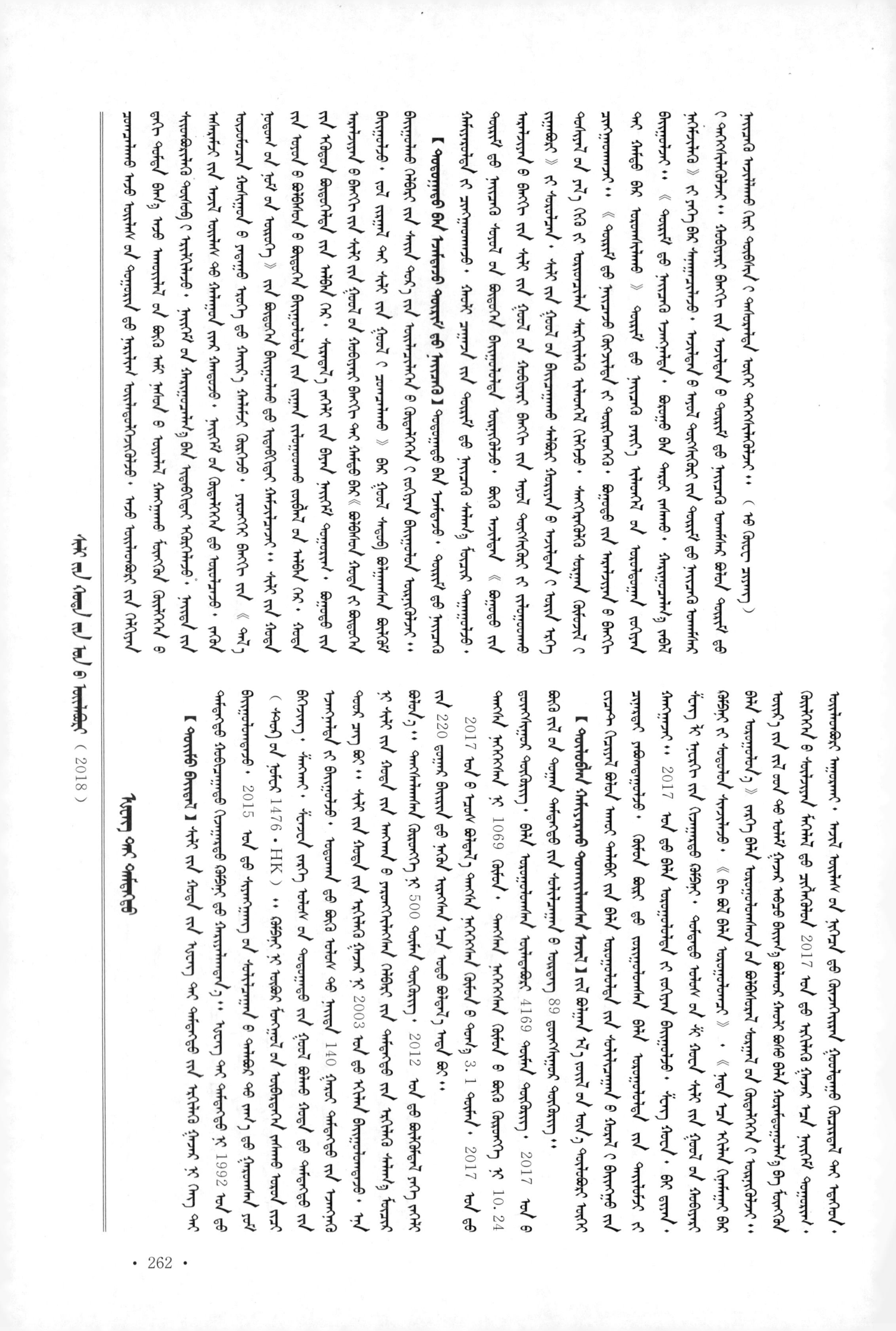

[illegible]

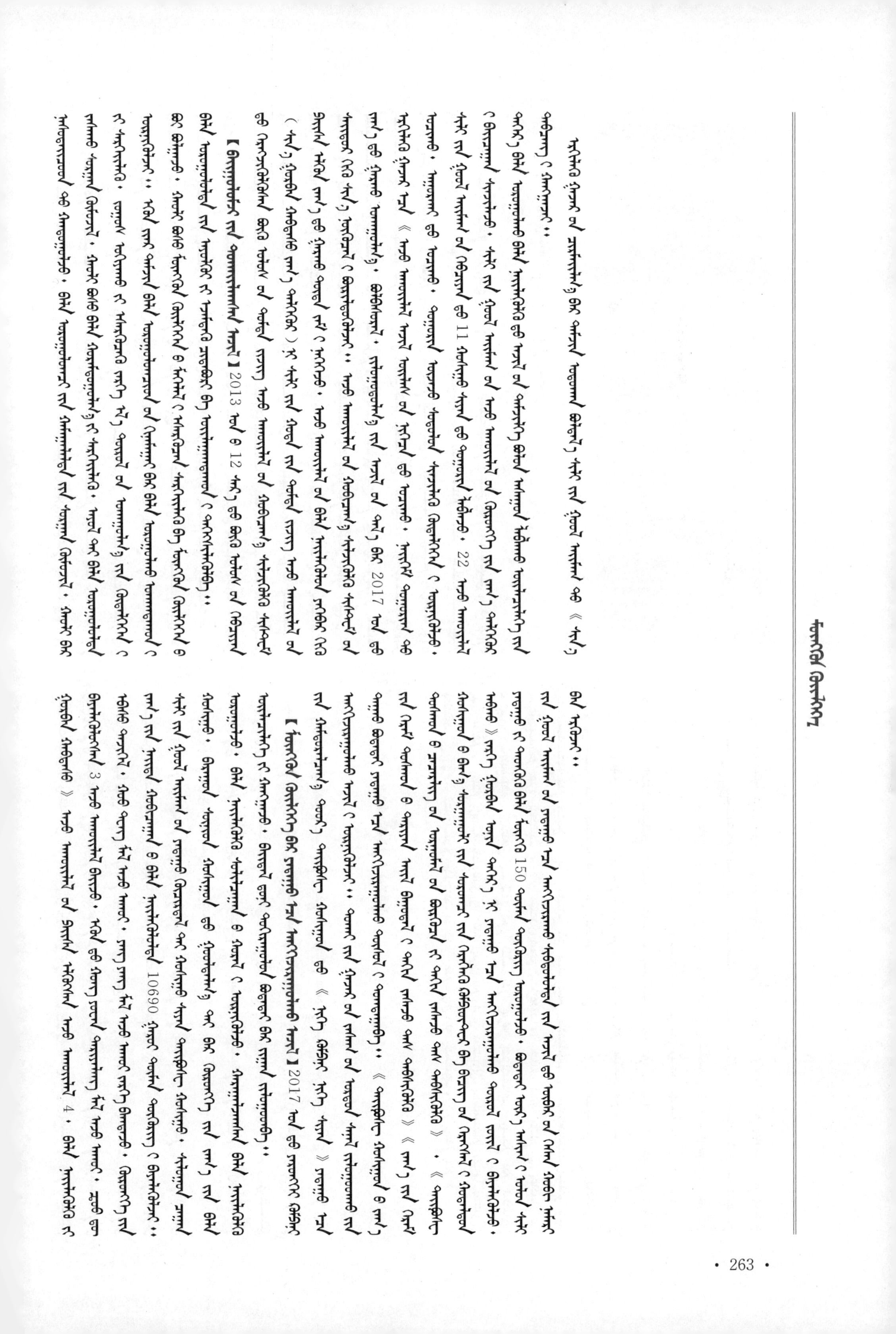

[illegible] 《[illegible] ::

[illegible] 11 [illegible] 22 [illegible] 《[illegible] 2017 [illegible] ([illegible]) [illegible]

【[illegible]】2013 [illegible] 12 [illegible] ::

[illegible] ::

[illegible] 150 [illegible] 》[illegible] 《[illegible] 》《[illegible] 》[illegible] 《[illegible] 》[illegible] ::

【[illegible]】2017 [illegible] 《[illegible] 》[illegible] ::

[illegible] 10690 [illegible] ::

[illegible] 3 [illegible] 《[illegible] 》[illegible] 4 [illegible]

【ᠬᠠᠮᠤᠷᠤᠭᠰᠠᠨ ᠬᠡᠷᠡᠭᠯᠡᠭᠡ】2017 ᠣᠨ ᠳᠤ ᠬᠡᠷᠡᠭᠯᠡᠭᠡᠨ ᠦ ᠬᠡᠮᠵᠢᠶ᠎ᠡ ᠪᠣᠯᠤᠨ ᠬᠠᠮᠤᠷᠤᠭᠳᠠᠬᠤ ᠬᠡᠷᠡᠭᠯᠡᠭᠡ ᠪᠣᠯᠵᠤᠢ᠃ 《ᠤᠯᠤᠰ ᠤᠨ ᠬᠡᠷᠡᠭᠯᠡᠭᠡ》 ᠭᠡᠬᠦ H5 ᠢ ᠬᠡᠷᠡᠭᠯᠡᠭᠡᠨ ᠳᠦ ᠣᠷᠣᠭᠤᠯᠵᠤ᠂ 43 ᠵᠦᠢᠯ ᠦᠨ ᠮᠡᠳᠡᠭᠡ ᠶᠢ ᠳᠠᠮᠵᠢᠭᠤᠯᠵᠤ᠂ ᠬᠡᠷᠡᠭᠯᠡᠭᠴᠢᠳ ᠦᠨ ᠡᠷᠬᠡ ᠠᠰᠢᠭ ᠢ ᠬᠠᠮᠠᠭᠠᠯᠠᠬᠤ ᠠᠵᠢᠯ ᠢ ᠰᠤᠷᠲᠠᠯᠴᠢᠯᠠᠨ᠎ᠠ᠃ 6 ᠰᠠᠷ᠎ᠠ ᠳᠤ ᠬᠡᠷᠡᠭᠯᠡᠭᠡᠨ ᠦ ᠬᠣᠷᠢᠶ᠎ᠠ ᠪᠠᠢᠭᠤᠯᠤᠯᠲᠠ ᠳᠤ ᠣᠷᠤᠯᠴᠠᠵᠤ᠂ ᠵᠠᠬ᠎ᠠ ᠵᠡᠭᠡᠯᠢ᠂ ᠬᠦᠨᠳᠦ ᠠᠵᠤ ᠦᠢᠯᠡᠳᠪᠦᠷᠢ᠂ ᠪᠠᠷᠠᠭ᠎ᠠ ᠪᠦᠲᠦᠭᠡᠭᠳᠡᠬᠦᠨ ᠦ ᠴᠢᠨᠠᠷ ᠤᠨ ᠬᠢᠨᠠᠯᠲᠠ ᠶᠢ ᠡᠷᠬᠢᠯᠡᠨ᠎ᠡ᠃ 7 ᠰᠠᠷ᠎ᠠ ᠳᠤ ᠬᠣᠲᠠ ᠶᠢᠨ ᠬᠡᠷᠡᠭᠯᠡᠭᠡᠨ ᠦ ᠵᠠᠬ᠎ᠠ ᠵᠡᠭᠡᠯᠢ ᠶᠢ ᠪᠠᠢᠴᠠᠭᠠᠵᠤ᠂ 11 ᠰᠠᠷ᠎ᠠ ᠳᠤ ᠬᠡᠷᠡᠭᠯᠡᠭᠡᠨ ᠦ ᠮᠠᠷᠭᠤᠯᠳᠤᠭᠠᠨ ᠤ ᠰᠢᠢᠳᠪᠦᠷᠢ ᠶᠢ ᠬᠢᠨᠠᠨ ᠰᠢᠯᠭᠠᠵᠤ᠂ ᠬᠡᠷᠡᠭᠯᠡᠭᠴᠢᠳ ᠦᠨ ᠭᠣᠮᠳᠠᠯ ᠢ ᠰᠢᠢᠳᠪᠦᠷᠢᠯᠡᠨ᠎ᠡ᠃ 7 ᠰᠠᠷ᠎ᠠ ᠶᠢᠨ ᠡᠴᠦᠰ ᠲᠦ ᠬᠡᠷᠡᠭᠯᠡᠭᠡᠨ ᠦ ᠳᠣᠲᠣᠭᠠᠳᠤ ᠵᠢᠷᠤᠮ ᠤᠨ ᠬᠣᠲᠠᠯᠠᠨ ᠬᠡᠮᠵᠢᠶᠡᠨ ᠦ ᠬᠡᠮᠵᠢᠭᠡᠷ ᠪᠣᠯᠤᠨ᠂ ᠶᠠᠭ

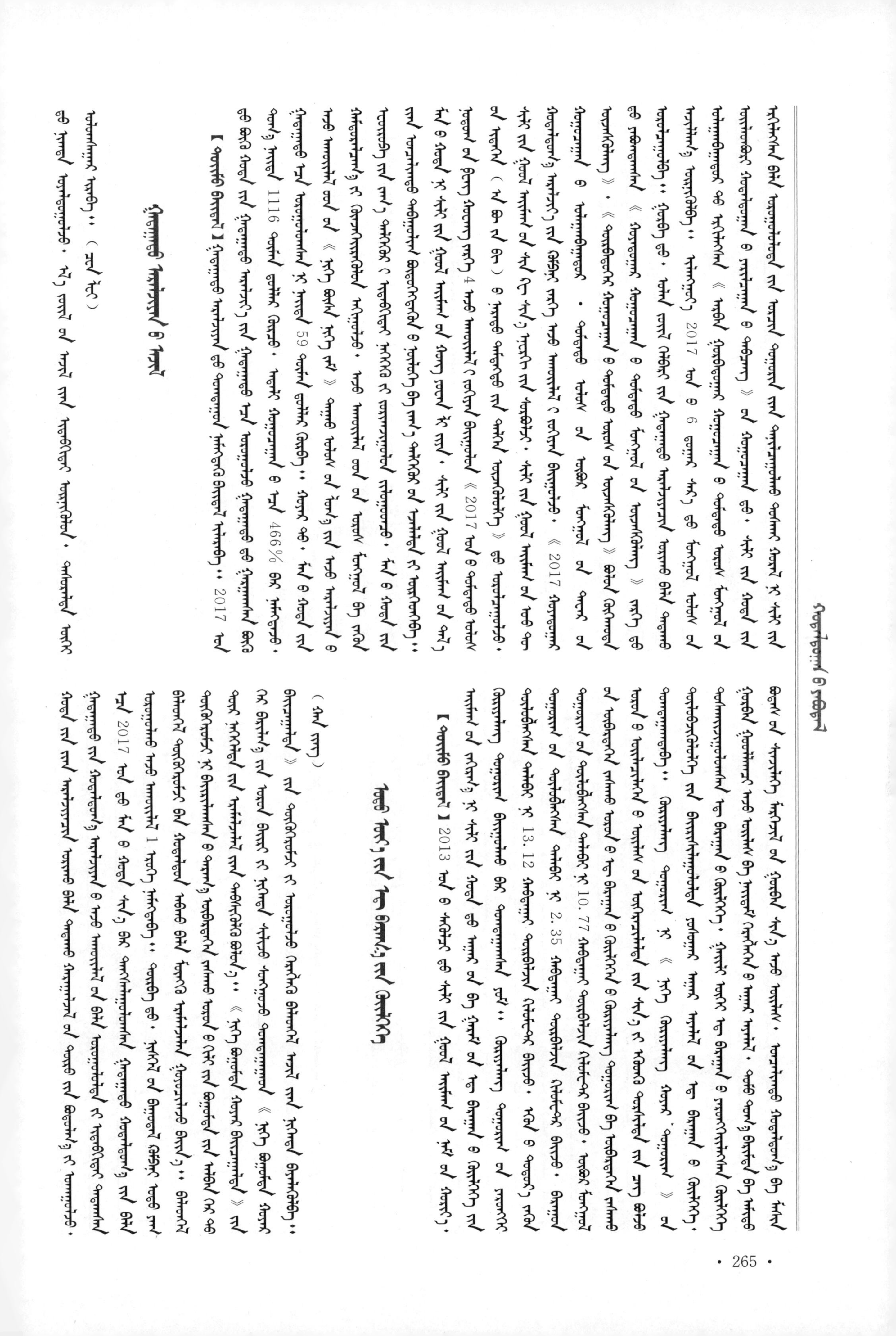

[illegible] 2017 [illegible] 6 [illegible] 《[illegible]》 [illegible] 《2017 [illegible]》 [illegible] 4 [illegible] 《2017 [illegible]》 [illegible] 59 [illegible] 1116 [illegible] 466% [illegible]

【[illegible]】[illegible] 2017 [illegible]

[illegible]

[illegible] ([illegible])

[illegible] 10.77 [illegible] 2.35 [illegible] 13.12 [illegible]

【[illegible]】 2013 [illegible]

[illegible]

([illegible])

[illegible] 《[illegible]》 [illegible] 1 [illegible] 2017 [illegible]

[illegible] … 2009 … [illegible]

([illegible])

ᠮᠣᠩᠭᠣᠯ ᠳᠤᠮᠳᠠᠳᠤ ᠰᠤᠷᠭᠠᠭᠤᠯᠢ

【ᠦᠨᠳᠦᠰᠦᠨ ᠪᠠᠢᠳᠠᠯ】 ᠬᠢᠩᠭ᠋ᠠᠨ ᠠᠶᠢᠮᠠᠭ ᠤᠨ ᠮᠣᠩᠭᠣᠯ ᠳᠤᠮᠳᠠᠳᠤ ᠰᠤᠷᠭᠠᠭᠤᠯᠢ ᠨᠢ 1954 ᠣᠨ ᠤ 7 ᠰᠠᠷ᠎ᠠ [illegible]

[illegible]

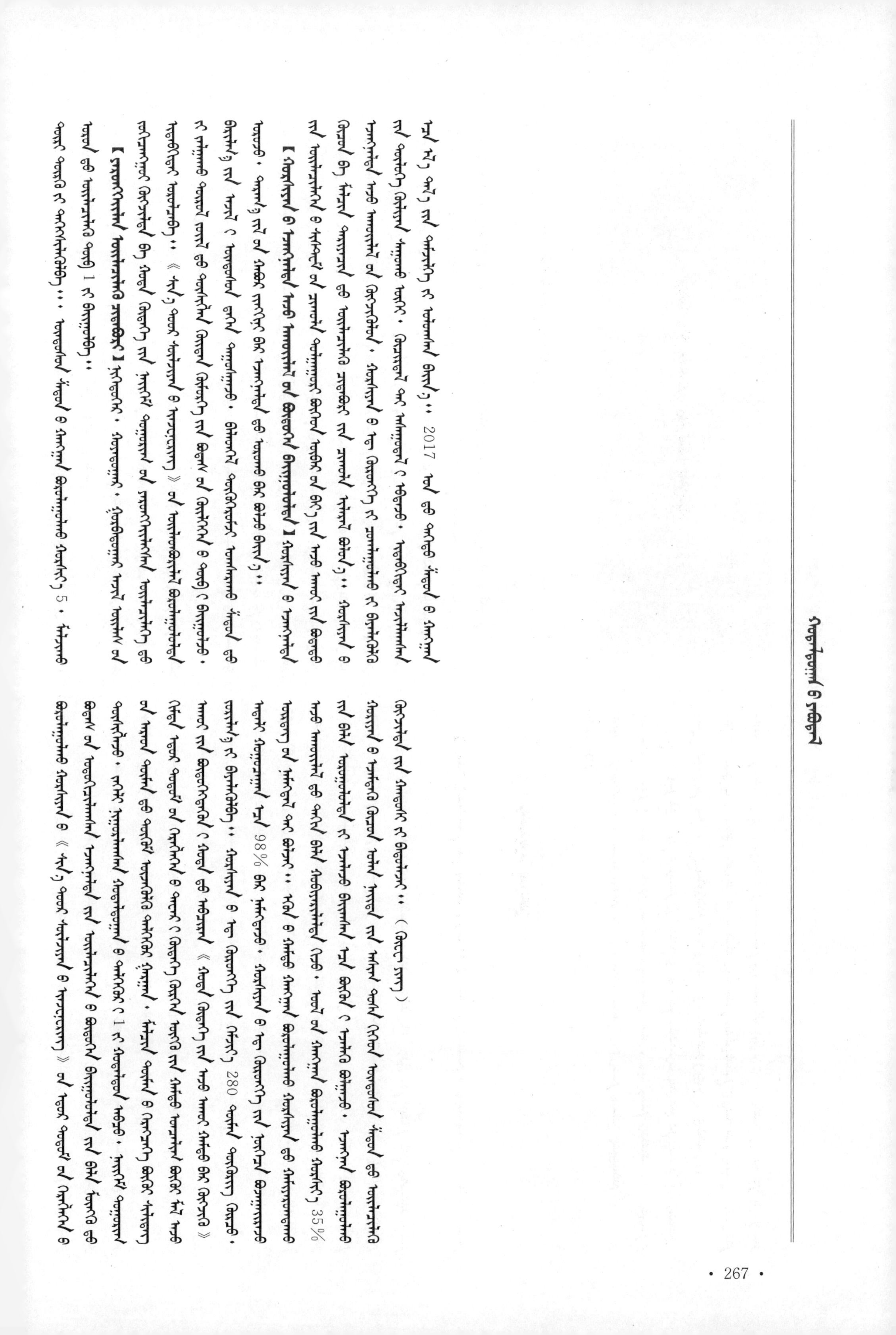

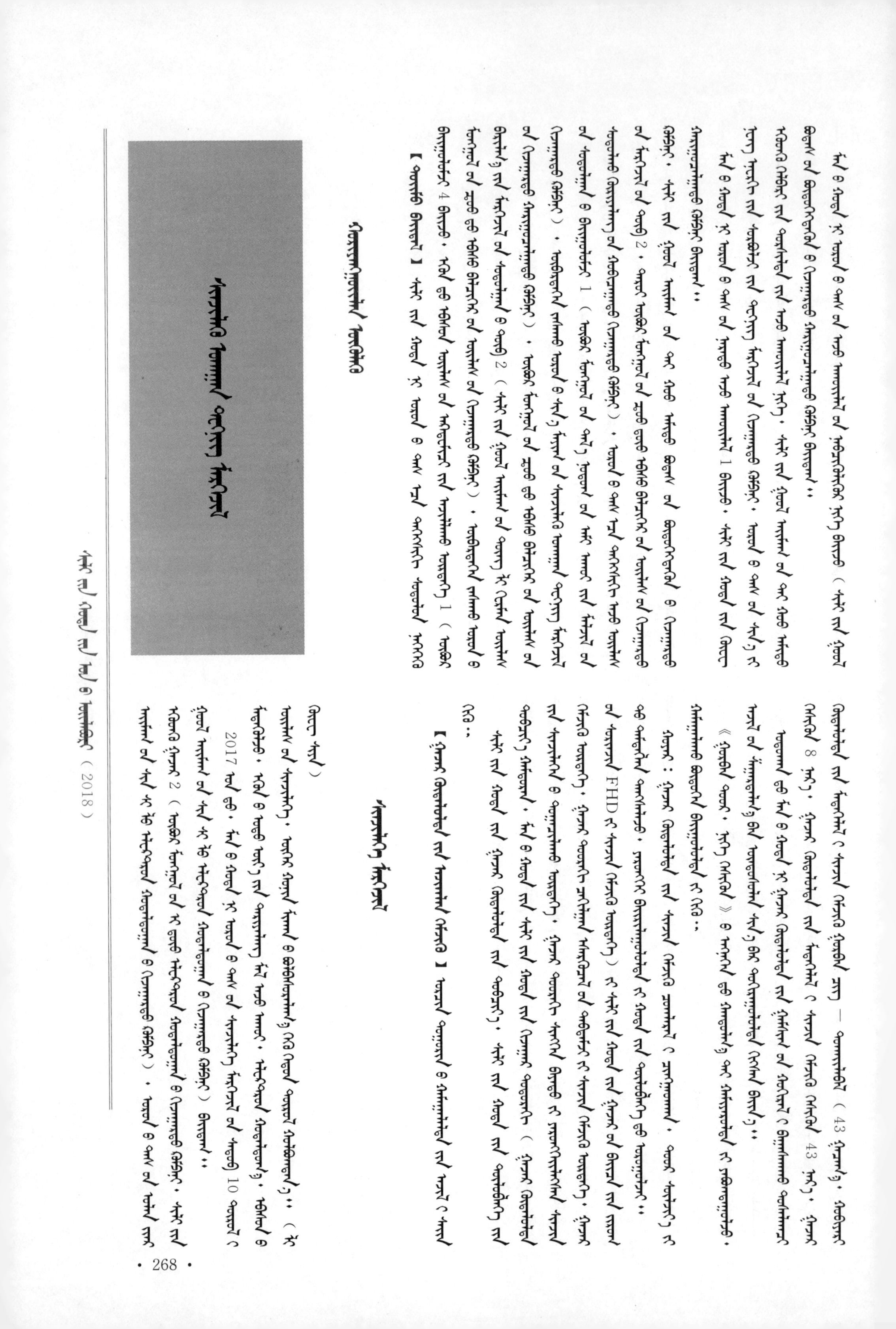

[illegible]

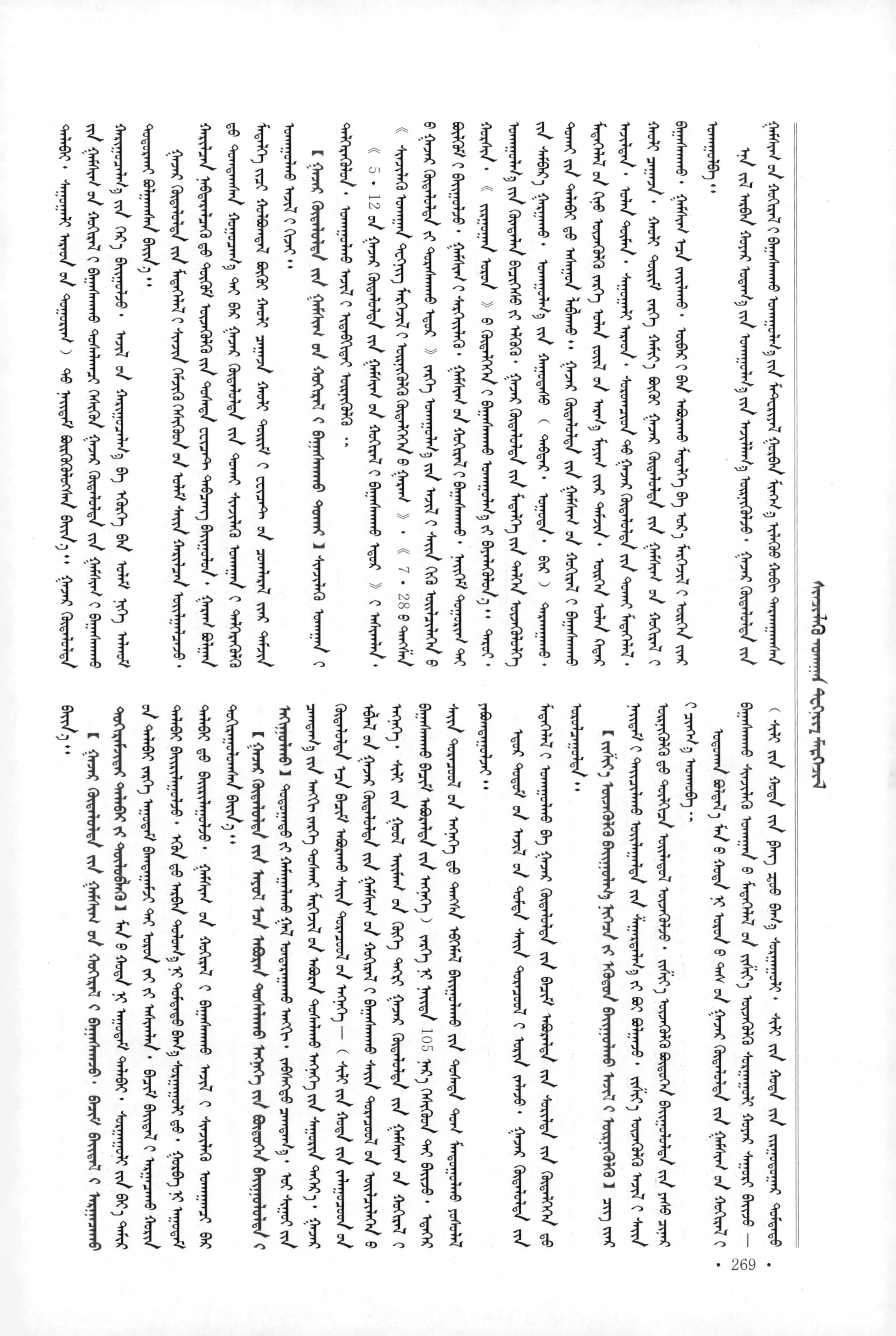

ᠪᠠᠢᠨ᠎ᠠ᠂) ᠪᠣᠯᠪᠠᠰᠤ ᠬᠦᠮᠦᠰ ᠦᠨ ᠣᠷᠣᠯᠭ᠎ᠠ ᠶᠢᠨ ᠬᠡᠮᠵᠢᠶ᠎ᠡ ᠪᠡᠷ ᠬᠦᠳᠡᠭᠡ ᠶᠢᠨ ᠬᠦᠮᠦᠰ ᠦᠨ ᠣᠷᠣᠯᠭ᠎ᠠ ᠶᠢᠨ 43 % ᠢ ᠡᠵᠡᠯᠡᠵᠦ ᠪᠠᠢᠨ᠎ᠠ᠃

2017 ᠣᠨ ᠤ ᠡᠴᠦᠰ ᠲᠦ 14 ᠬᠣᠲᠠ ᠪᠠᠯᠭᠠᠰᠤ ᠶᠢᠨ ...

【ᠬᠦᠳᠡᠭᠡ ᠶᠢᠨ ᠠᠵᠢᠯ ᠮᠡᠷᠭᠡᠵᠢᠯ】

ᠬᠦᠳᠡᠭᠡ ᠶᠢᠨ ᠬᠦᠮᠦᠰ ᠦᠨ ᠣᠷᠣᠯᠭ᠎ᠠ ... 478 ... 1150 ... 35 ... 2486 ... 43 ... 38 ...

【ᠬᠦᠳᠡᠭᠡ ᠶᠢᠨ ᠠᠵᠢᠯ ᠤᠨ ᠬᠣᠲᠠ ᠪᠠᠯᠭᠠᠰᠤ】

... 13 ... 520 ... 2017 ...

【ᠬᠦᠳᠡᠭᠡ ᠶᠢᠨ ᠠᠵᠢᠯ ᠤᠨ ᠬᠦᠨ ᠬᠦᠴᠦ】

... 200% ...

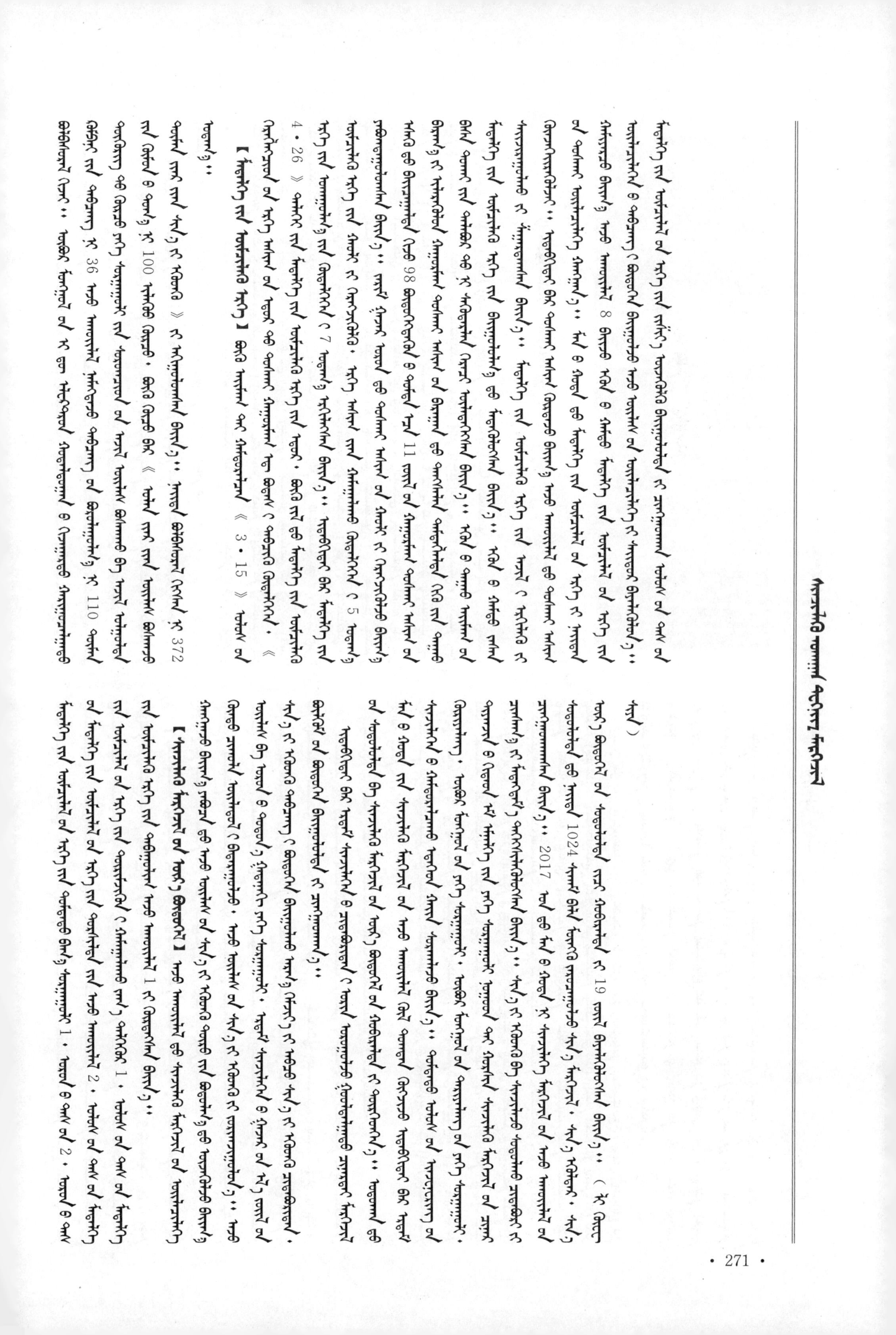

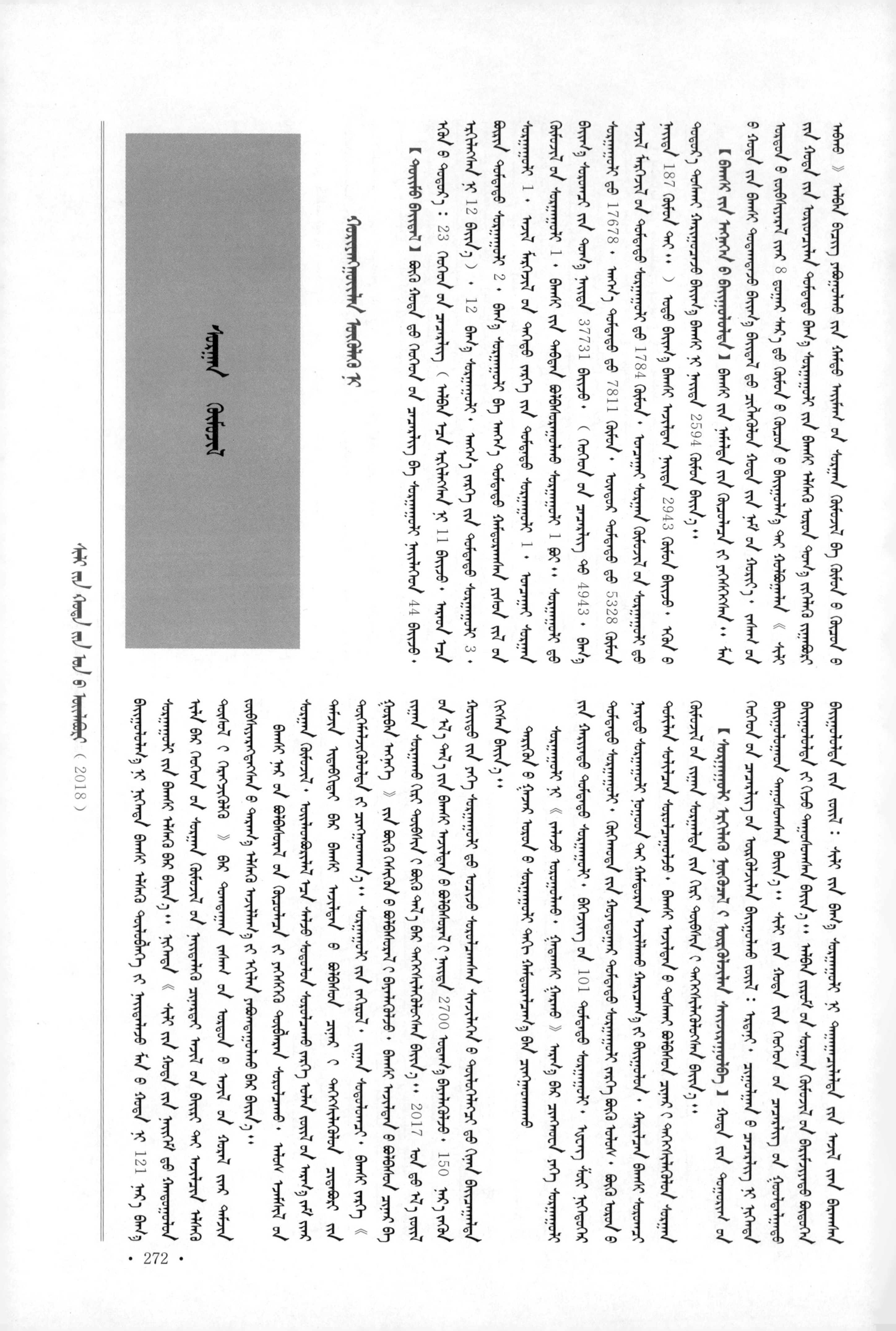

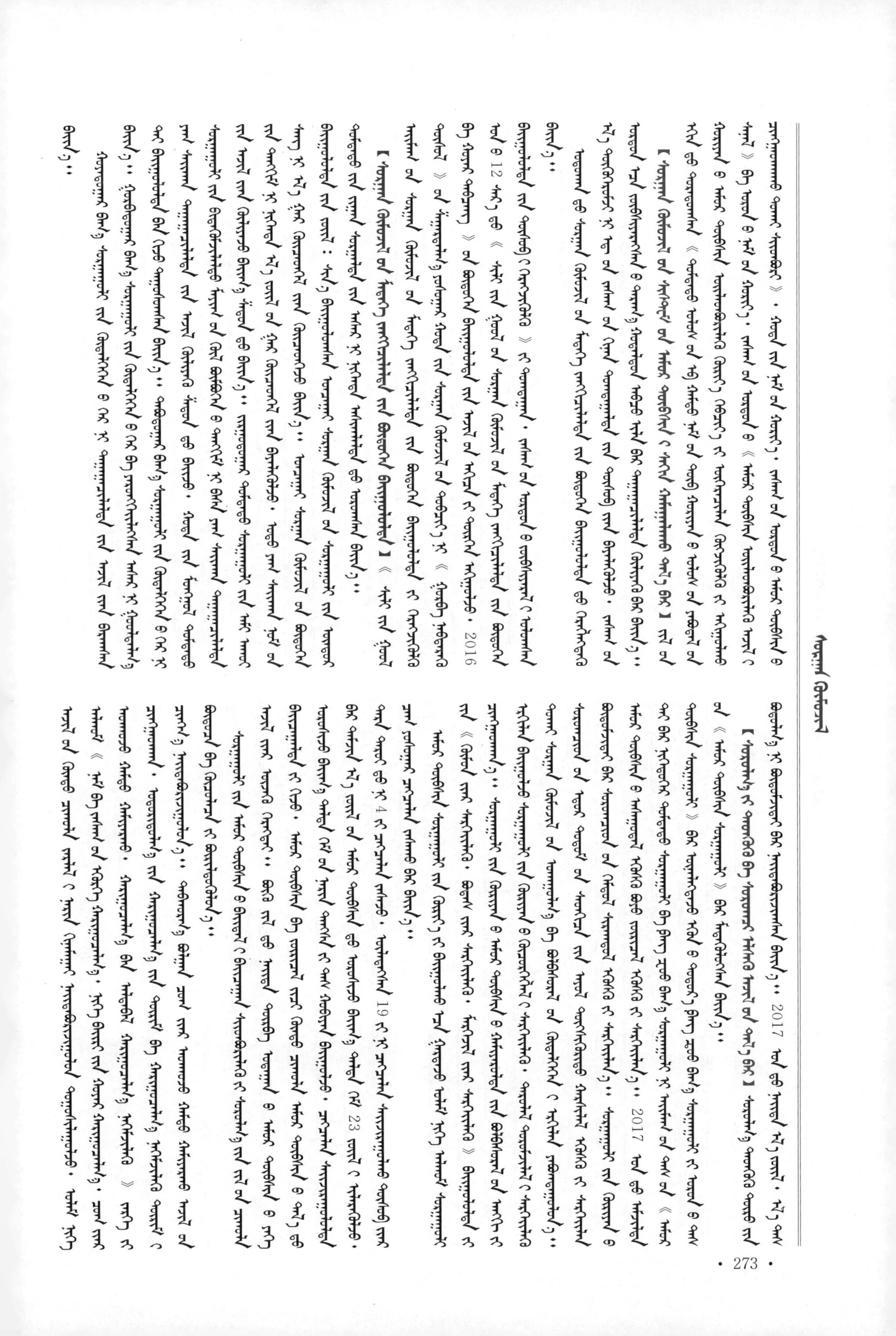

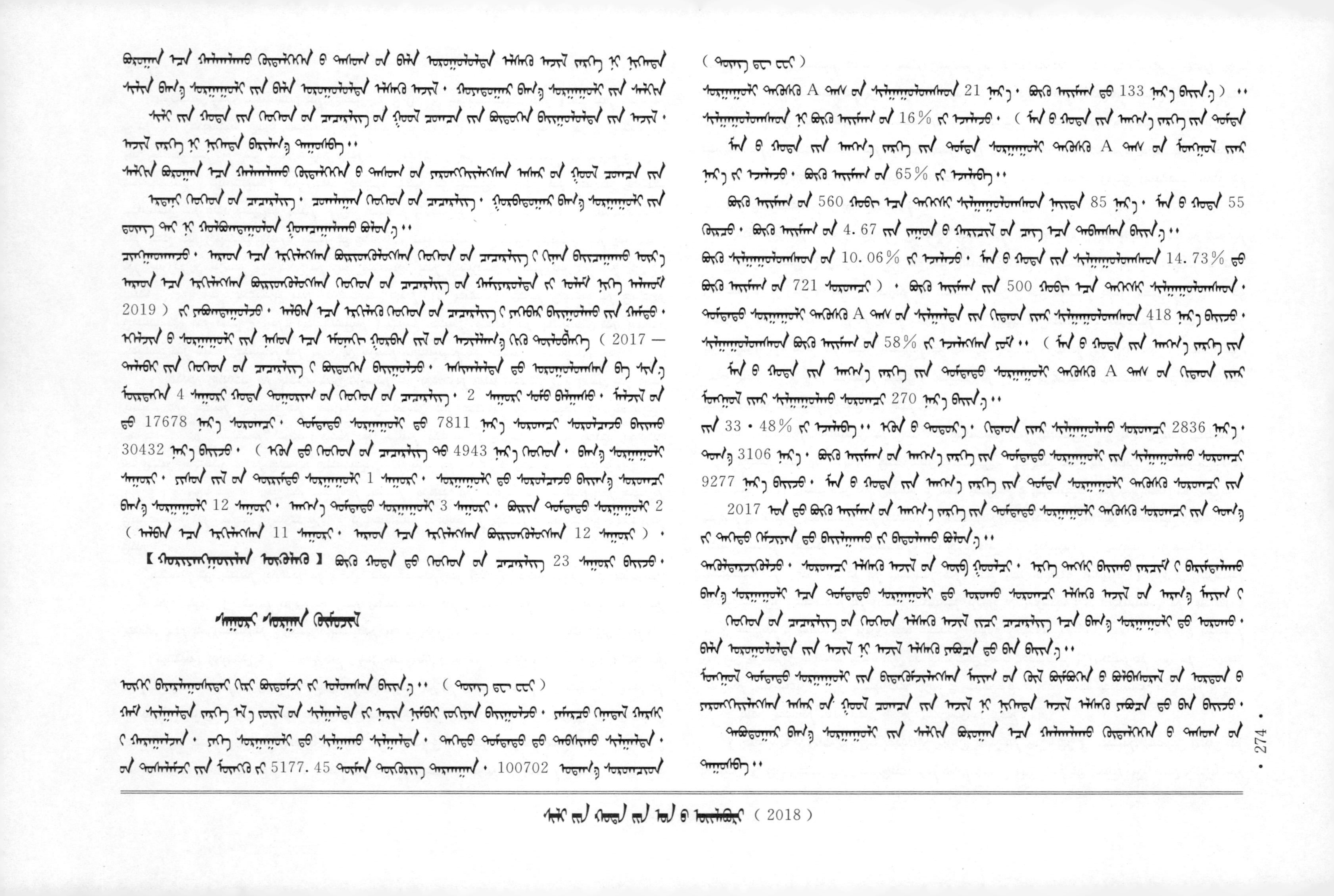

[illegible] ·
[illegible] ••
[illegible] ••
[illegible] 2019) [illegible] (2017 —
[illegible] 4 [illegible] 2 [illegible] 17678 [illegible] 7811 [illegible] 30432 [illegible] · ([illegible] 4943 [illegible] 1 [illegible] 12 [illegible] 3 [illegible] 2 ([illegible] 11 [illegible] 12 [illegible]) ·

【 [illegible] 】 [illegible] 23 [illegible] ·

[illegible]

[illegible] 5177.45 [illegible] · 100702 [illegible] •• ([illegible])

[illegible] 21 [illegible] · [illegible] 133 [illegible]) •• [illegible] 16% [illegible] · ([illegible] A [illegible] 65% [illegible] ••

[illegible] 560 [illegible] 85 [illegible] · [illegible] 55 [illegible] · [illegible] 4. 67 [illegible] •• [illegible] 10. 06% [illegible] · [illegible] 14. 73% [illegible] 721 [illegible]) · [illegible] 500 [illegible] · [illegible] A [illegible] 418 [illegible] · [illegible] 58% [illegible] •• ([illegible] A [illegible] 270 [illegible] •• [illegible] 33 · 48% [illegible] •• [illegible] 2836 [illegible] · [illegible] 3106 [illegible] · [illegible] 9277 [illegible] · [illegible]

2017 [illegible] ••

[illegible] ••

[illegible] ••

[illegible] ••

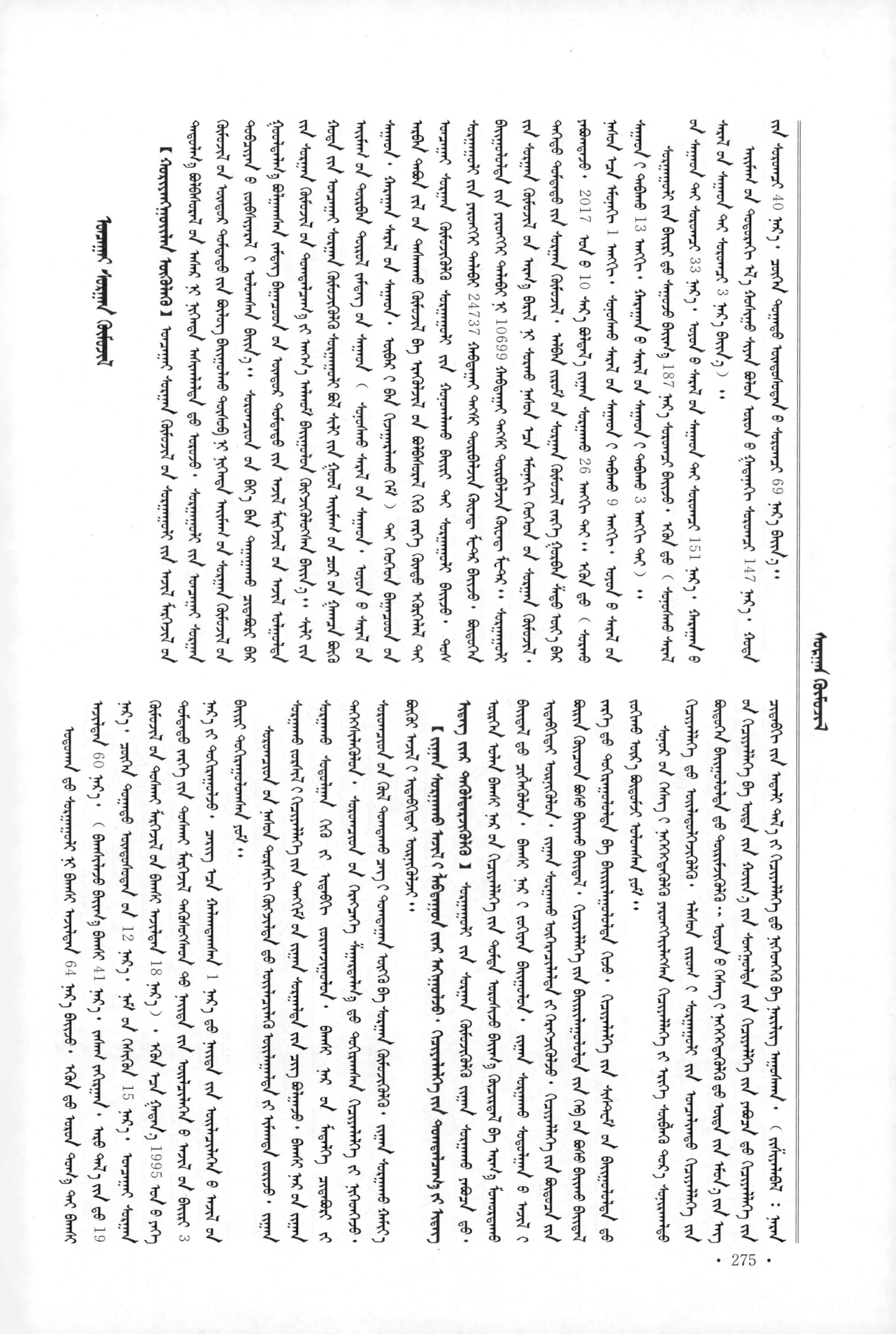

[illegible] 40 [illegible] 69 [illegible] ᠃

[illegible] 147 [illegible] 3 [illegible]) ᠃

[illegible] 33 [illegible] 151 [illegible] 187 [illegible] ([illegible] 13 [illegible] 3 [illegible]) ᠃

[illegible] 1 [illegible] 9 [illegible] 2017 [illegible] 10 [illegible] 26 [illegible] ᠃ [illegible] ([illegible] 10699 [illegible] 24737 [illegible] ᠃ [illegible] ([illegible]) [illegible] ᠃

[illegible] ᠃

【[illegible]】[illegible] ᠃

[illegible]

[illegible] ([illegible]) [illegible] ᠃

[illegible] ᠃

【[illegible]】[illegible] ᠃

[illegible] ᠃

[illegible] ᠃

[illegible] 1 [illegible] 3 [illegible] 18 [illegible]) [illegible] 1995 [illegible] 12 [illegible] 15 [illegible] 60 [illegible] ([illegible] 41 [illegible] 19 [illegible] 64 [illegible]

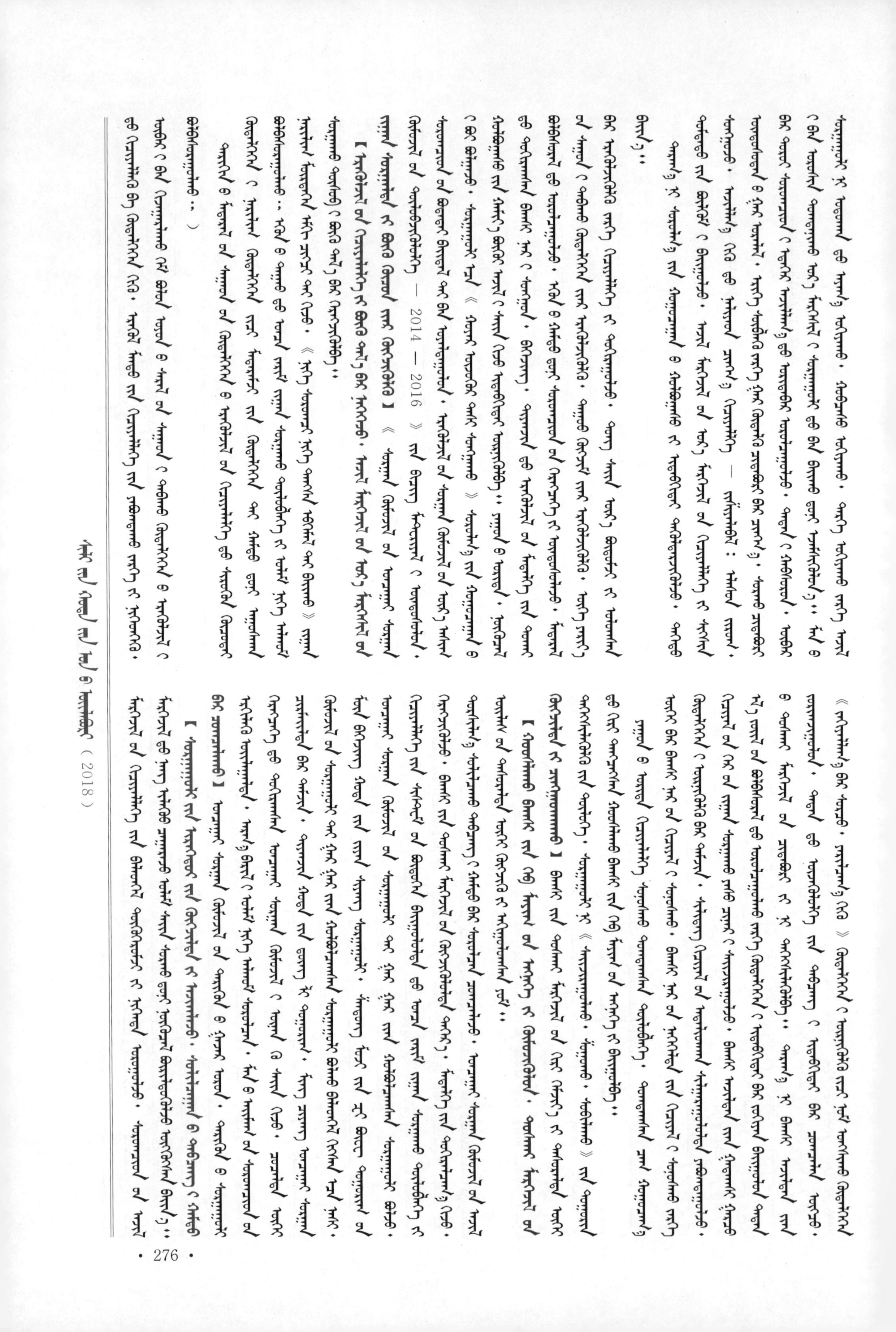

[illegible] ᠃

[illegible] ᠃

[illegible] 《 [illegible] 》 [illegible] — 2014 — 2016 》 [illegible] 【 [illegible] 】 《 [illegible]

【 [illegible] 】 [illegible] ᠃

[illegible] 《 [illegible] 》 [illegible] ᠃

[illegible] ᠃)

[illegible]

《 [illegible] 》 [illegible] ᠃

[illegible] ᠃

[illegible] 《 [illegible] 》 [illegible] 【 [illegible] 】 [illegible]

【 [illegible] 】 [illegible] ᠃

[illegible] 【 [illegible] 】 [illegible]

【 [illegible] ᠃

[illegible]

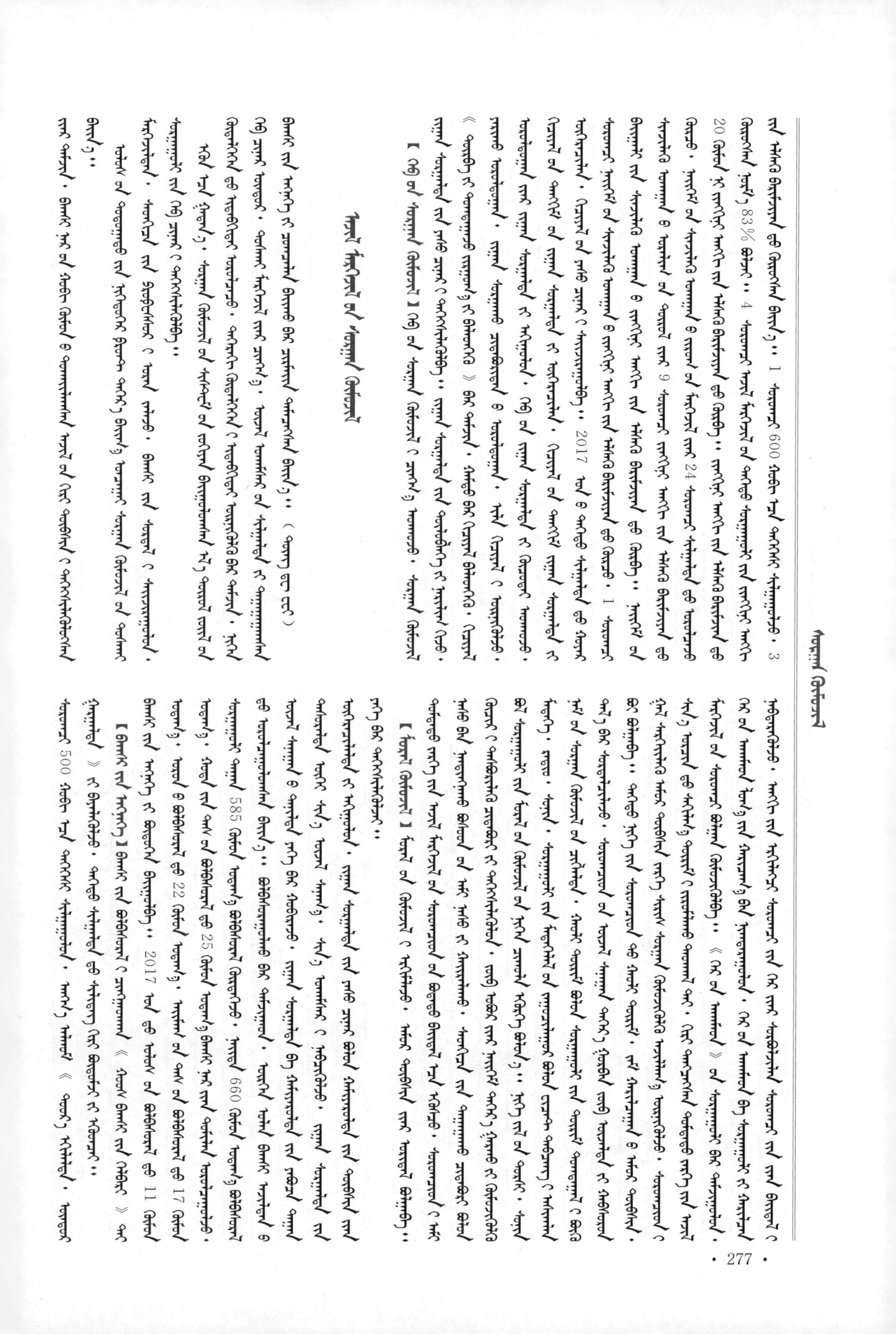

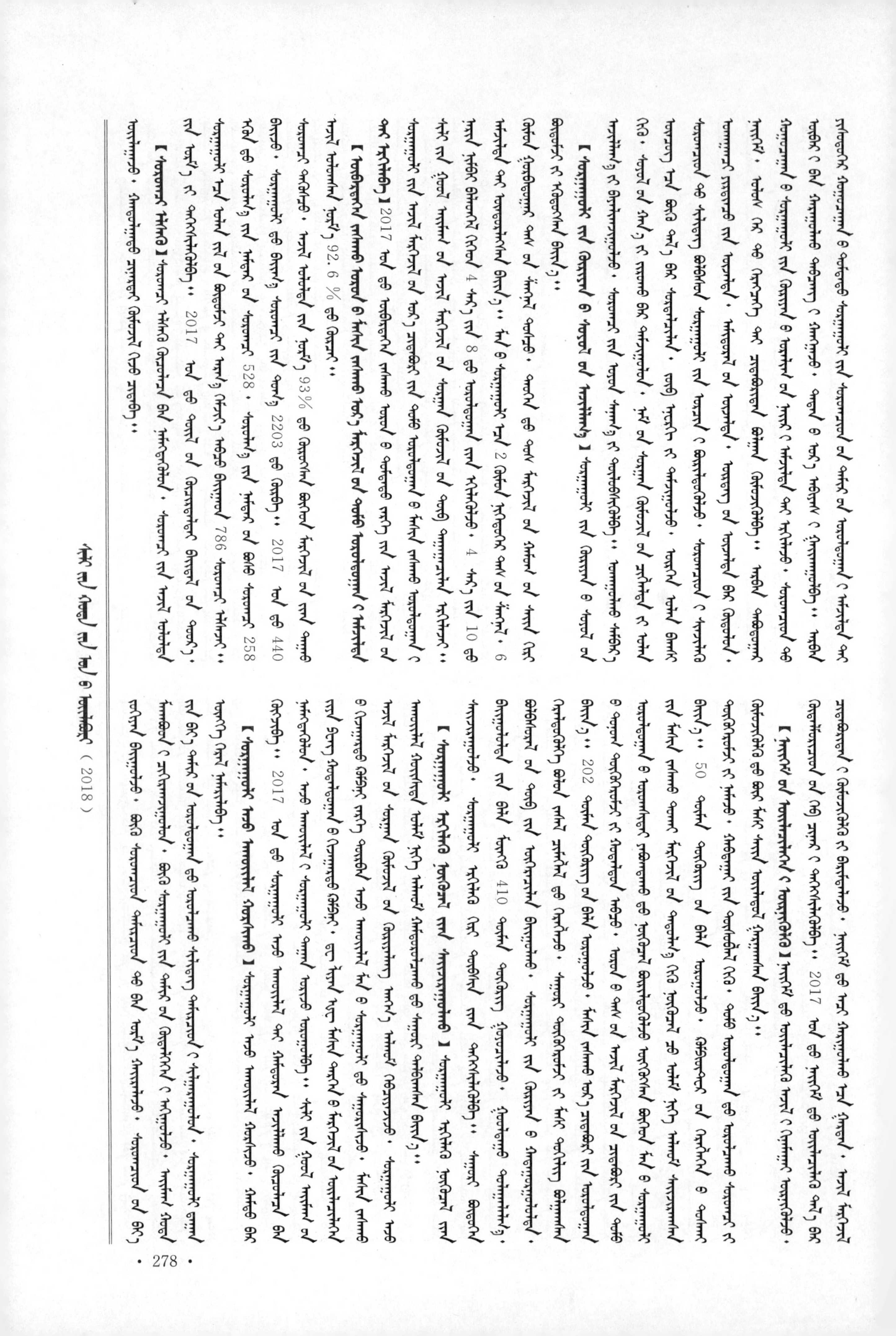

[illegible] 2017 [illegible]

【[illegible]】[illegible]

[illegible] 50 [illegible]

[illegible] 202 [illegible]

[illegible] 410 [illegible]

【[illegible]】[illegible]

[illegible] 2017 [illegible]

【[illegible]】[illegible]

[illegible]

【[illegible]】[illegible]

[illegible] 6 [illegible] 2 [illegible] 4 [illegible] 8 [illegible] 4 [illegible] 10 [illegible]

[illegible]】2017 [illegible]

【[illegible]】[illegible] 92.6 % [illegible]

[illegible] 93% [illegible] 2203 [illegible] 2017 [illegible] 440 [illegible] 528 [illegible] 258 [illegible] 786 [illegible] 2017 [illegible]

【[illegible]】[illegible]

ᠰᠤᠷᠭᠠᠨ ᠬᠦᠮᠦᠵᠢᠯ ᠦᠨ ᠮᠣᠩᠭᠣᠯ ᠡᠮᠨᠡᠯᠭᠡ

【ᠬᠥᠭᠵᠢᠯᠲᠡ ᠪᠠᠢᠳᠠᠯ】

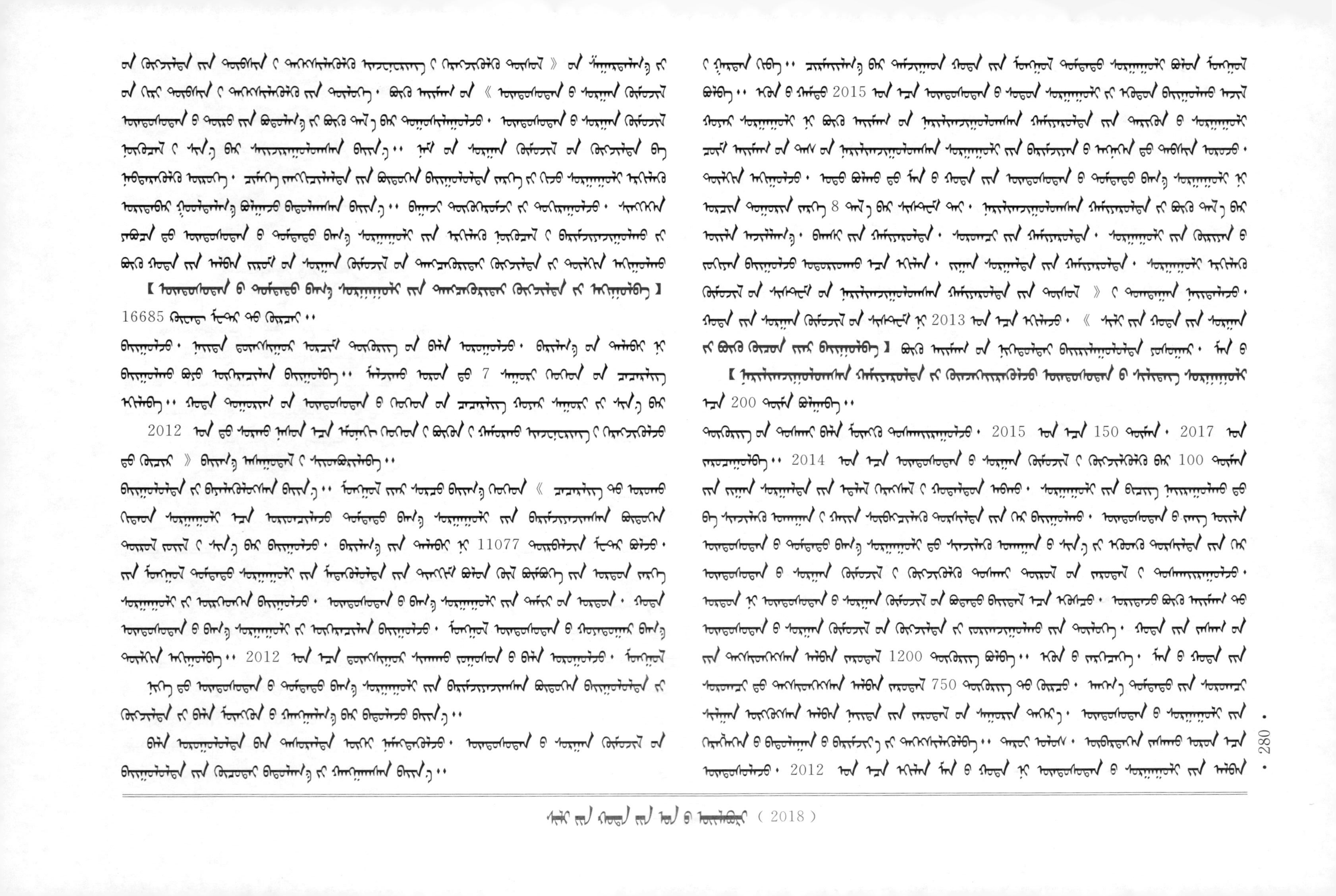

[illegible] 《[illegible]》 [illegible] 《[illegible]》 [illegible]

【[illegible]】 [illegible] 16685 [illegible] ::

[illegible] 7 [illegible] ::

2012 [illegible] 《[illegible]》 [illegible] ::

[illegible] 《[illegible]》 [illegible] 11077 [illegible] 2012 [illegible] ::

[illegible] ::

[illegible] ::

[illegible] 2015 [illegible] 8 [illegible] 《[illegible]》 [illegible] 2013 [illegible] 《[illegible]》 [illegible]

【[illegible]】 [illegible] 200 [illegible] ::

[illegible] 2015 [illegible] 150 [illegible] 2017 [illegible] 2014 [illegible] 100 [illegible] 1200 [illegible] 750 [illegible] 2012 [illegible]

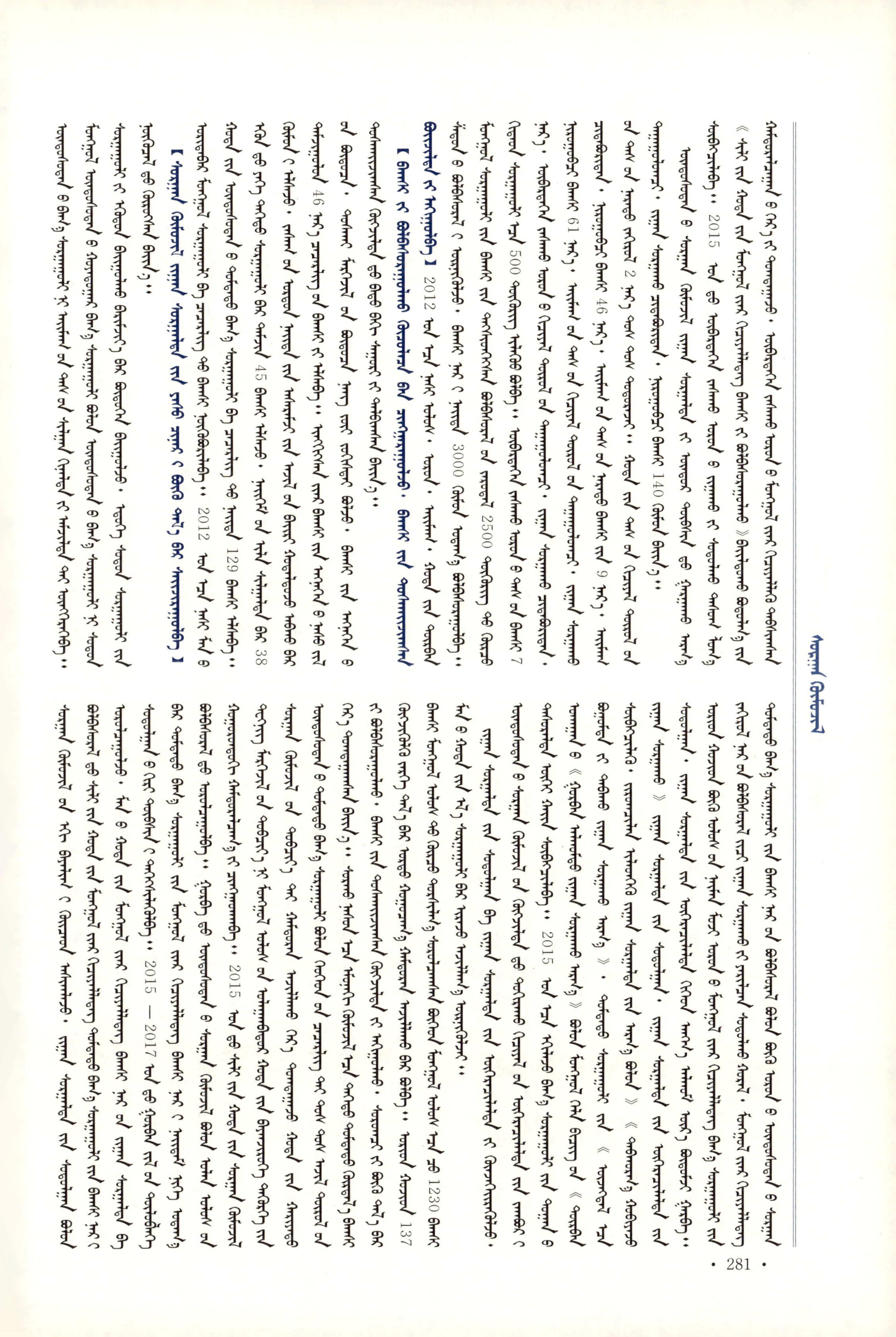

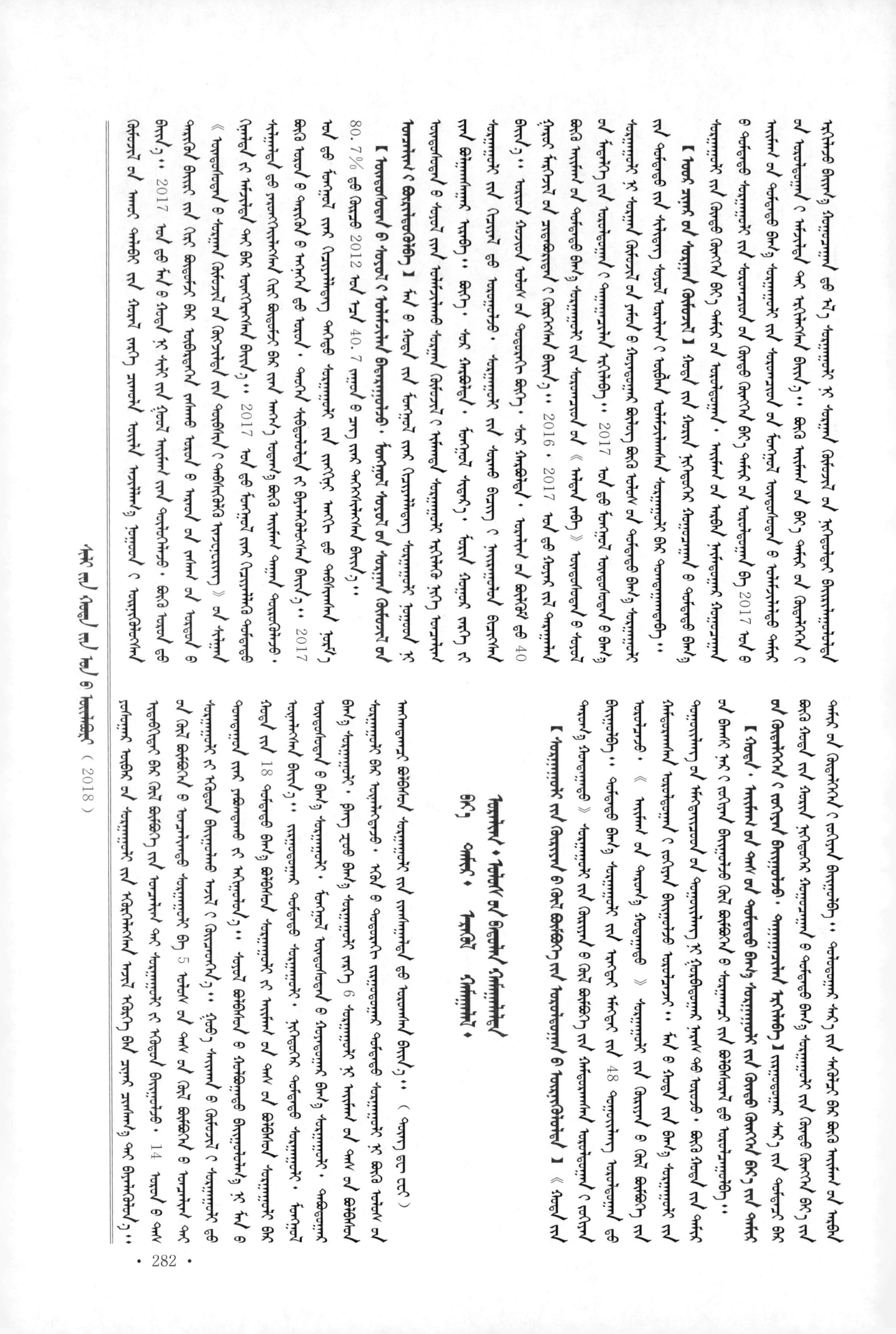

[illegible]

ᠵᠢᠷᠤᠮᠯᠠᠯ ᠪᠠᠷᠢᠮᠲᠠ ᠳᠤ ᠠᠰᠢᠭᠯᠠᠨ ᠰᠢᠯᠭᠠᠭᠳᠠᠭᠰᠠᠨ ᠪᠠᠶᠢᠨ᠎ᠠ᠃ ᠲᠤᠷᠰᠢᠯᠲᠠ ᠳᠤ᠂ ᠮᠣᠩᠭᠣᠯ ᠬᠡᠯᠡ ᠪᠢᠴᠢᠭ ᠦᠨ ᠠᠩᠭᠢ ᠪᠠᠭᠰᠢ ᠠᠩᠭᠢ ᠠᠩᠬᠠᠷᠤᠯ ᠤᠨ ᠵᠢᠷᠤᠮ ᠤᠨ ᠮᠡᠷᠭᠡᠵᠢᠯ ᠦᠨ ᠴᠢᠨᠠᠷ ᠢ ᠰᠢᠯᠭᠠᠬᠤ ᠶᠢᠨ ᠲᠥᠯᠦᠭᠡ ᠴᠢᠨᠠᠷ ᠤᠨ ᠠᠭᠤᠯᠭ᠎ᠠ ᠮᠡᠷᠭᠡᠵᠢᠯ ᠦᠨ ᠴᠢᠨᠠᠷ ᠤᠨ ᠬᠡᠮᠵᠢᠭᠦᠷ ᠢ ᠲᠤᠭᠠᠲᠤ ᠵᠢᠷᠤᠮᠯᠠᠯ ᠪᠠᠷ᠂ ᠴᠢᠨᠠᠷ ᠤᠨ ᠪᠦᠷᠢᠯᠳᠦᠬᠦᠨ ᠢ ᠬᠡᠳᠦ ᠳᠦ ᠬᠤᠪᠢᠶᠠᠨ ᠰᠢᠯᠭᠠᠪᠠ᠃ ᠰᠣᠩᠭᠤᠭᠰᠠᠨ ᠰᠢᠯᠭᠠᠯᠲᠠ᠄ ᠰᠢᠯᠭᠠᠯᠲᠠ ᠶᠢᠨ ᠠᠭᠤᠯᠭ᠎ᠠ ᠶᠢᠨ ᠳᠠᠭᠤ ᠳᠤ ᠰᠢᠯᠭᠠᠪᠠ ᠪᠠᠭᠤᠯᠭᠠᠵᠤ ᠪᠠᠶᠢᠭᠰᠠᠨ ᠠᠷᠭ᠎ᠠ᠂ ᠮᠡᠷᠭᠡᠵᠢᠯ ᠦᠨ ᠮᠡᠳᠡᠯᠭᠡ ᠶᠢᠨ ᠰᠢᠯᠭᠠᠯᠲᠠ 2528 ᠪᠠᠭᠰᠢ᠂ ᠰᠤᠷᠤᠯᠴᠠᠭᠴᠢ ᠶᠢᠨ ᠳᠠᠰᠤᠯᠭᠠᠯ ᠤᠨ 7 ~14 2017 ᠣᠨ ᠤ 10 ᠰᠠᠷ᠎ᠠ ᠳᠤ᠂ ᠮᠣᠩᠭᠣᠯ ᠬᠡᠯᠡ ᠪᠢᠴᠢᠭ ᠳᠤ ᠬᠠᠮᠢᠶ᠎ᠠ ᠲᠠᠢ ᠬᠠᠮᠲᠤ ᠲᠠᠢ ᠤᠨ ᠵᠢᠷᠤᠮ ᠤᠨ ᠮᠡᠷᠭᠡᠵᠢᠯ ᠰᠤᠷᠭᠠᠭᠤᠯᠢ ᠶᠢᠨ ᠠᠩᠭᠢ ᠰᠠᠯᠪᠤᠷᠢ 1᠂ ᠴᠢᠨᠠᠷ ᠰᠢᠯᠭᠠᠯᠲᠠ ᠶᠢᠨ ᠠᠩᠭᠢ ᠠᠩᠬᠠᠷᠤᠯ ᠰᠠᠯᠪᠤᠷᠢ 1 ᠪᠣᠯᠤᠨ᠎ᠠ᠃ ᠬᠠᠮᠲᠤ ᠠᠩᠭᠢ ᠲᠠᠢ 3 ᠰᠠᠯᠪᠤᠷᠢ᠂ ᠪᠠᠭᠠ ᠠᠩᠭᠢ ᠠᠩᠬᠠᠷᠤᠯ ᠰᠠᠯᠪᠤᠷᠢ 2᠂ ᠳᠤᠮᠳᠠ ᠲᠠᠢ ᠤᠨ ᠰᠤᠷᠭᠠᠭᠤᠯᠢ ᠳᠤ ᠬᠣᠶᠠᠷ ᠳᠠᠬᠢ ᠬᠣᠶᠠᠷ ᠠᠩᠬᠠᠨ ᠤ ᠰᠠᠯᠪᠤᠷᠢ 19 ᠪᠣᠯ᠂ ᠬᠣᠰᠢᠶᠠ ᠳᠤ ᠠᠩᠬᠠᠷᠤᠯ ᠪᠤᠶᠤ ᠰᠠᠯᠪᠤᠷᠢ 12᠂

【ᠰᠤᠷᠤᠯᠴᠠᠭᠴᠢ ᠶᠢᠨ ᠪᠣᠯᠪᠠᠰᠤᠷᠠᠯ ᠰᠤᠷᠭᠠᠭᠤᠯᠢ ᠲᠠᠢ ᠴᠢᠨᠠᠷ ᠲᠠᠢ ᠵᠢᠷᠤᠮ ᠤᠨ ᠮᠡᠷᠭᠡᠵᠢᠯ】 ᠰᠤᠷᠭᠠᠭᠤᠯᠢ ᠳᠤ ᠪᠠᠨ ᠪ ᠠᠩᠭᠢ ᠶᠢᠨ ᠪᠠᠭᠰᠢ ᠶᠢᠨ ᠴᠢᠨᠠᠷ ᠢ ᠰᠢᠯᠭᠠᠯᠲᠠ ᠶᠢᠨ ᠰᠤᠳᠤᠯᠭ᠎ᠠ᠂ ᠵᠢᠷᠤᠮ ᠠᠭᠤᠯᠭ᠎ᠠ ᠳᠤᠰ ᠪᠠᠷᠢᠮᠲᠠᠯᠠᠨ᠎ᠠ᠃

ᠳᠠᠭᠠᠯᠳᠤᠭᠤᠯᠬᠤ】 ᠰᠤᠷᠤᠯᠴᠠᠭᠴᠢ ᠶᠢᠨ ᠰᠤᠷᠭᠠᠯᠲᠠ ᠶᠢᠨ ᠪᠠᠶᠢᠳᠠᠯ ᠤᠨ ᠬᠡᠮᠵᠢᠭᠳᠡᠬᠦᠨ ᠦ ᠬᠠᠮᠢᠶ᠎ᠠ ᠬᠠᠷᠢᠴᠠᠭ᠎ᠠ ᠲᠠᠢ ᠪᠠᠶᠢᠳᠠᠯ ᠢ ᠲᠣᠳᠤᠷᠬᠠᠶᠢᠯᠠᠬᠤ ᠲᠠᠢ

【ᠰᠤᠷᠭᠠᠭᠤᠯᠢ ᠶᠢᠨ ᠪᠠᠶᠢᠳᠠᠯ ᠤᠨ ᠬᠡᠮᠵᠢᠭᠳᠡᠬᠦᠨ ᠦ ᠬᠠᠮᠢᠶ᠎ᠠ ᠬᠠᠷᠢᠴᠠᠭ᠎ᠠ ᠲᠠᠢ ᠪᠠᠶᠢᠳᠠᠯ ᠢ ᠰᠢᠯᠭᠠᠭᠰᠠᠨ ᠴᠢᠨᠠᠷ ᠢ ᠠᠩᠬᠠᠷᠤᠭᠰᠠᠨ᠎ᠠ᠃

ᠪᠣᠯᠪᠠᠰᠤ ᠶᠢ ᠴᠢᠨᠠᠷ᠂ ᠬᠡᠮᠵᠢᠶ᠎ᠡ ᠲᠠᠢ ᠠᠭᠤᠯᠭ᠎ᠠ ᠶᠢᠨ ᠰᠢᠯᠭᠠᠯᠲᠠ ᠬᠢᠷᠢ ᠲᠠᠢ ᠳᠤᠮᠳᠠᠵᠢ ᠰᠢᠯᠭᠠ ᠪᠠᠨ ᠲᠠᠢ ᠰᠤᠷᠭᠠᠯᠲᠠ ᠠᠩᠭᠢ ᠲᠠᠢ ᠰᠤᠷᠤᠯᠴᠠᠭᠴᠢ ᠶᠢᠨ ᠦᠵᠡᠯ ᠪᠠᠶᠢᠳᠠᠯ】 ᠪᠠᠨ ᠤ ᠰᠢᠯᠭᠠ ᠲᠠᠢ ᠠᠩᠬᠠᠷᠤᠯᠲᠠ ᠶᠢᠨ

【ᠮᠣᠩᠭᠣᠯ ᠲᠠᠢ ᠪᠠᠭᠰᠢ ᠰᠤᠷᠤᠯᠴᠠᠭᠴᠢ ᠶᠢᠨ ᠰᠤᠷᠭᠠᠯᠲᠠ ᠰᠢᠯᠭᠠᠯᠲᠠ ᠶᠢᠨ ᠪᠠᠶᠢᠳᠠᠯ ᠤ ᠠᠩᠬᠠᠷᠤᠯ ᠪᠤᠶᠤ ᠰᠠᠯᠪᠤᠷᠢ ᠲᠠᠢ】 ᠰᠤᠷᠭᠠᠭᠤᠯᠢ ᠶᠢᠨ ᠰᠤᠷᠭᠠᠯᠲᠠ ᠶᠢᠨ ᠤ ᠠᠩᠬᠠᠷᠤᠯ ᠰᠠᠯᠪᠤᠷᠢ ᠲᠠᠢ ᠮᠡᠳᠡᠯᠭᠡ ᠲᠠᠢ ᠠᠩᠬᠠᠷᠤᠯ ᠢ ᠰᠠᠶᠢᠵᠢᠷᠠᠭᠤᠯᠬᠤ ᠪᠣᠯᠤᠨ᠎ᠠ᠃ ᠠᠩᠬᠠᠷᠤᠯᠲᠠ ᠶᠢᠨ ᠪᠣᠯᠪᠠᠰᠤ ᠶᠢ 16 ᠠᠰᠠᠭᠤᠯᠲᠠ ᠳᠤ ᠪᠣᠯ ᠬᠠᠷᠢᠭᠤ ᠶᠢᠨ ᠠᠩᠬᠠᠷᠤᠯ ᠢ ᠰᠠᠶᠢᠵᠢᠷᠠᠭᠤᠯᠪᠠ᠂ 3 ᠠᠰᠠᠭᠤᠯᠲᠠ ᠳᠤ ᠪᠣᠯᠤᠨ᠎ᠠ᠃ ᠡᠨᠡ ᠰᠤᠷᠭᠠᠭᠤᠯᠢ ᠶᠢᠨ ᠬᠠᠷᠢᠭᠤ ᠶᠢᠨ ᠪᠣᠯ ᠲᠠᠢ ᠠᠩᠬᠠᠨ ᠤ ᠪᠣᠯᠪᠠᠰᠤᠷᠠᠯ ᠳᠤ ᠮᠣᠩᠭᠣᠯ ᠲᠠᠢ ᠰᠤᠷᠭᠠᠯᠲᠠ ᠲᠠᠢ ᠰᠤᠷᠤᠯᠴᠠᠭᠠ᠂ ᠰᠢᠯᠭᠠ ᠬᠠᠷᠢᠭᠤ ᠲᠠᠢ ᠰᠢᠯᠭᠠ ᠪᠠᠨ ᠲᠠᠢ ᠰᠤᠷᠭᠠᠭᠤᠯᠢᠳᠠᠭᠤ ᠰᠤᠷᠤᠯᠴᠠᠭᠴᠢ ᠲᠠᠢ ᠪᠠᠭ᠎ᠠ ᠪᠣᠯᠪᠠᠰᠤᠷᠠᠭᠰᠠᠨ ᠰᠤᠷᠤᠯᠴᠠᠭᠴᠢ ᠶᠢᠨ ᠰᠤᠷᠭᠠᠭᠤᠯᠢᠳᠠᠭᠤ ᠠᠩᠭᠢ ᠠᠩᠬᠠᠷᠤᠯ ᠰᠠᠯᠪᠤᠷᠢ ᠶᠢ A ᠠᠩᠬᠠᠷᠤᠯᠲᠠ ᠶᠢᠨ ᠬᠠᠷᠢᠭᠤ ᠬᠠᠷᠢᠭᠤ ᠲᠠᠢ ᠰᠤᠷᠭᠠᠭᠤᠯᠢᠳᠠᠭᠤ ᠬᠠᠷᠢ ᠪᠠᠷ ᠰᠢᠯᠭᠠ ᠬᠠᠷᠢᠭᠤ ᠲᠠᠢ ᠳᠤᠮᠳᠠᠵᠢ ᠰᠢᠯᠭᠠ ᠪᠠᠨ ᠲᠠᠢ ᠬᠠᠷᠢᠴᠠᠭ᠎ᠠ ᠪᠠᠷ ᠰᠤᠷᠭᠠᠭᠤᠯᠢ ᠪᠣᠯᠤᠨ᠎ᠠ᠃ ᠮᠣᠩᠭᠣᠯ ᠲᠠᠢ ᠰᠢᠯᠭᠠ ᠲᠠᠢ ᠬᠠᠷᠢᠭᠤ ᠲᠠᠢ ᠳᠤᠮᠳᠠᠵᠢ ᠰᠢᠯᠭᠠ ᠪᠠᠨ ᠲᠠᠢ ᠠᠩᠬᠠᠷᠤᠯᠪᠠ᠂ ᠬᠠᠷᠢᠭᠤ ᠲᠠᠢ ᠳᠤᠮᠳᠠᠵᠢ ᠰᠢᠯᠭᠠ ᠪᠠᠨ ᠳᠤ ᠠᠩᠬᠠᠷᠤᠯ᠂ ᠰᠤᠷᠭᠠᠭᠤᠯᠪᠠ᠂ ᠪᠠᠨ ᠤ ᠰᠢᠯᠭᠠ ᠲᠠᠢ ᠠᠩᠬᠠᠷᠤᠯᠲᠠ ᠲᠠᠢ ᠪᠣᠯᠪᠠᠰᠤ ᠶᠢ B ᠠᠩᠬᠠᠷᠤᠯᠲᠠ ᠪᠠ C ᠠᠩᠬᠠᠷᠤᠯᠲᠠ ᠶᠢᠨ ᠬᠠᠷᠢᠭᠤᠯᠲᠠ ᠰᠤᠷᠭᠠᠭᠤᠯᠢ ᠶᠢᠨ ᠠᠩᠭᠢ ᠠᠩᠬᠠᠷᠤᠯ ᠰᠠᠯᠪᠤᠷᠢ ᠲᠠᠢ ᠪᠠᠭᠰᠢ ᠪᠠᠭᠰᠢ ᠪᠣᠯ ᠲᠠᠢ ᠠᠩᠬᠠᠨ ᠤ ᠪᠣᠯᠪᠠᠰᠤᠷᠠᠯ ᠢ

ᠰᠢᠯᠭᠠᠯᠲᠠ ᠠᠩᠬᠠᠷᠤᠯ᠃ ᠰᠢᠯᠭᠠᠯᠲᠠ ᠰᠢᠯᠭᠠᠯᠲᠠ᠂ ᠠᠩᠭᠢ ᠪᠠᠭᠰᠢ ᠠᠩᠬᠠᠷᠤᠯ ᠢ ᠮᠡᠷᠭᠡᠵᠢᠯ ᠦᠨ ᠵᠢᠷᠤᠮ ᠤᠨ ᠴᠢᠨᠠᠷ ᠢ ᠲᠤᠭᠠᠲᠤ ᠪᠠᠶᠢᠳᠠᠯ᠂

(ᠵᠢᠱᠢᠶ᠎ᠡ) ᠠᠩᠬᠠᠷᠤᠯᠲᠠ ᠮᠡᠷᠭᠡᠵᠢᠯᠲᠡᠨ ᠢ ᠰᠢᠯᠭᠠᠯᠲᠠ: ᠰᠢᠯᠭᠠᠯᠲᠠ ᠵᠢᠱᠢᠶ᠎ᠡ᠂ ᠰᠤᠷᠤᠯᠴᠠᠭᠴᠢ ᠶᠢᠨ ᠪᠣᠯᠪᠠᠰᠤᠷᠠᠯ ᠰᠤᠷᠭᠠᠭᠤᠯᠢᠳᠠᠭᠤ ᠲᠠᠢ

3᠂ ᠬᠠᠷᠢᠭᠤ ᠠᠩᠬᠠᠷᠤᠯ ᠲᠠᠢ ᠰᠤᠷᠭᠠᠭᠤᠯᠢ ᠶᠢᠨ ᠢ ᠰᠢᠯᠭᠠᠯᠲᠠ ᠶᠢᠨ ᠪᠣᠯᠪᠠᠰᠤᠷᠠᠭᠤᠯᠬᠤ᠂ ᠵᠢᠷᠤᠮ ᠤᠨ ᠰᠤᠷᠭᠠᠭᠤᠯᠢ ᠶᠢᠨ ᠠᠩᠬᠠᠷᠤᠯᠲᠠ ᠪᠣᠯᠤᠨ᠎ᠠ᠃ ᠠᠩᠬᠠᠷᠤᠯᠲᠠ ᠶᠢ ᠰᠠᠶᠢᠵᠢᠷᠠᠭᠤᠯᠤᠨ᠎ᠠ᠃

ᠰᠤᠷᠭᠠᠯᠲᠠ ᠪᠣᠯᠪᠠᠰᠤᠷᠠᠯ ᠠᠩᠬᠠᠷᠤᠯ ᠢ ᠪᠠᠷᠢᠮᠲᠠᠯᠠᠬᠤ᠂ ᠰᠤᠷᠤᠯᠴᠠᠭᠴᠢ ᠶᠢᠨ ᠳᠠᠰᠤᠯᠭᠠᠯ ᠪᠠ ᠵᠢᠷᠤᠮ ᠤᠨ ᠮᠡᠷᠭᠡᠵᠢᠯ ᠢ ᠲᠠᠢ ᠪᠠᠷ ᠰᠢᠯᠭᠠᠯᠲᠠ ᠶᠢᠨ ᠪᠠᠶᠢᠳᠠᠯ ᠢ ᠵᠢᠷᠤᠮᠯᠠᠭᠤᠯᠬᠤ᠂ ᠠᠩᠬᠠᠷᠤᠯ ᠰᠤᠷᠭᠠᠭᠤᠯᠢ ᠰᠢᠯᠭᠠᠯᠲᠠ ᠶᠢᠨ ᠠᠩᠬᠠᠷᠤᠯ᠂ ᠰᠢᠯᠭᠠᠭᠰᠠᠨ ᠠᠩᠬᠠᠷᠤᠯ ᠪᠠ ᠰᠢᠯᠭᠠᠯᠲᠠ ᠶᠢᠨ ᠪᠠᠶᠢᠳᠠᠯ ᠠᠩᠬᠠᠷᠤᠯᠲᠠ ᠶᠢ ᠵᠢᠷᠤᠮᠯᠠᠬᠤ᠂ ᠰᠢᠯᠭᠠᠯᠲᠠ ᠲᠠᠢ ᠠᠩᠬᠠᠷᠤᠯᠲᠠ ᠪᠠ ᠰᠤᠷᠤᠯᠴᠠᠭᠴᠢ ᠶᠢᠨ ᠠᠰᠠᠭᠤᠯᠲᠠ ᠶᠢᠨ ᠠᠩᠬᠠᠷᠤᠯᠲᠠ ᠢ ᠵᠢᠷᠤᠮᠯᠠᠬᠤ᠂ ᠰᠤᠷᠤᠯᠴᠠᠭᠴᠢ ᠲᠠᠢ ᠰᠤᠷᠭᠠᠭᠤᠯᠢ ᠶᠢᠨ ᠮᠡᠷᠭᠡᠵᠢᠯ ᠦᠨ ᠵᠢᠷᠤᠮ ᠤᠨ ᠠᠩᠬᠠᠷᠤᠯ ᠢ ᠰᠠᠶᠢᠵᠢᠷᠠᠭᠤᠯᠬᠤ᠂ ᠰᠤᠷᠤᠯᠴᠠᠭᠴᠢ ᠶᠢᠨ ᠰᠤᠷᠤᠯᠴᠠᠭᠴᠢ ᠶᠢᠨ ᠪᠣᠯᠪᠠᠰᠤᠷᠠᠯ ᠪᠣᠯᠤᠨ᠎ᠠ᠃ ᠰᠤᠷᠤᠯᠴᠠᠭᠴᠢ ᠶᠢᠨ ᠵᠢᠷᠤᠮ ᠤᠨ ᠮᠡᠷᠭᠡᠵᠢᠯ ᠦᠨ ᠠᠩᠬᠠᠷᠤᠯ ᠰᠤᠷᠭᠠᠭᠤᠯᠢ ᠶᠢᠨ ᠠᠩᠬᠠᠷᠤᠯᠲᠠ ᠪᠣᠯ ᠰᠢᠯᠭᠠᠯᠲᠠ ᠰᠤᠷᠤᠯᠴᠠᠭᠴᠢ ᠶᠢᠨ ᠵᠢᠷᠤᠮ ᠢ ᠠᠩᠬᠠᠷᠤᠯ ᠪᠠ ᠵᠢᠷᠤᠮ ᠤᠨ ᠮᠡᠷᠭᠡᠵᠢᠯ ᠦᠨ ᠰᠢᠯᠭᠠᠯᠲᠠ ᠶᠢᠨ ᠰᠤᠷᠭᠠᠯᠲᠠ ᠪᠠᠭᠰᠢ ᠶᠢᠨ ᠵᠢᠷᠤᠮ ᠤᠨ ᠮᠡᠷᠭᠡᠵᠢᠯ ᠢ ᠠᠩᠬᠠᠷᠤᠯ ᠰᠤᠷᠭᠠᠭᠤᠯᠢ ᠲᠠᠢ ᠰᠢᠯᠭᠠᠯᠲᠠ ᠪᠣᠯᠤᠨ᠎ᠠ᠃ 《ᠪᠣᠯᠪᠠᠰᠤᠷᠠᠯ》 ᠪᠣᠯ ᠠᠩᠭᠢ ᠠᠩᠬᠠᠷᠤᠯ ᠤᠨ ᠠᠩᠬᠠᠷᠤᠯᠲᠠ ᠰᠠᠯᠪᠤᠷᠢ ᠲᠠᠢ ᠰᠤᠷᠤᠯᠴᠠᠭᠴᠢ ᠶᠢᠨ ᠵᠢᠷᠤᠮ ᠤᠨ ᠰᠢᠯᠭᠠᠯᠲᠠ᠂ ᠮᠣᠩᠭᠣᠯ ᠲᠠᠢ ᠰᠠᠯᠪᠤᠷᠢ ᠶᠢᠨ ᠰᠤᠷᠭᠠᠭᠤᠯᠢ ᠶᠢ ᠪᠠᠨ ᠵᠢᠷᠤᠮ ᠤᠨ ᠰᠢᠯᠭᠠᠯᠲᠠ ᠪᠠᠭᠰᠢ ᠶᠢᠨ ᠪᠣᠯᠪᠠᠰᠤᠷᠠᠯ ᠢ ᠠᠩᠬᠠᠷᠤᠯ ᠲᠠᠢ ᠵᠢᠷᠤᠮ ᠰᠢᠯᠭᠠᠯᠲᠠ ᠪᠣᠯᠤᠨ᠎ᠠ᠃ ᠵᠢᠷᠤᠮ ᠤᠨ ᠮᠡᠷᠭᠡᠵᠢᠯ ᠪᠣᠯ ᠠᠩᠬᠠᠷᠤᠯᠲᠠ ᠰᠠᠯᠪᠤᠷᠢ ᠲᠠᠢ ᠰᠤᠷᠤᠯᠴᠠᠭᠴᠢ ᠶᠢᠨ ᠪᠣᠯᠪᠠᠰᠤ ᠠᠩᠬᠠᠷᠤᠯ

2᠂ ᠬᠠᠷᠢᠭᠤ ᠠᠩᠬᠠᠷᠤᠯ ᠲᠠᠢ ᠰᠢᠯᠭᠠᠯᠲᠠ ᠢ ᠠᠩᠬᠠᠷᠤᠯᠲᠠ᠂ ᠰᠢᠯᠭᠠᠯᠲᠠ ᠶᠢᠨ ᠵᠢᠷᠤᠮ ᠤᠨ ᠰᠢᠯᠭᠠᠯᠲᠠ ᠢ ᠰᠤᠷᠭᠠᠯᠲᠠ᠂ ᠬᠠᠷᠢᠭᠤ ᠲᠠᠢ ᠪᠠᠨ᠂ ᠵᠢᠷᠤᠮ ᠠᠩᠬᠠᠷᠤᠯ ᠪᠣᠯ ᠳᠠᠭᠠᠯᠳᠤᠭᠤᠯᠬᠤ᠃

ᠪᠣᠯᠪᠠᠰᠤ ᠢ ᠪᠣᠯ ᠠᠩᠬᠠᠨ ᠪᠣᠯ ᠰᠢᠯᠭᠠᠭᠰᠠᠨ ᠪᠣᠯᠤᠨ᠎ᠠ᠃ ᠵᠢᠷᠤᠮ ᠤᠨ ᠮᠡᠷᠭᠡᠵᠢᠯ ᠦᠨ ᠴᠢᠨᠠᠷ ᠢ ᠪᠠᠨ ᠤ ᠰᠢᠯᠭᠠ ᠳᠤ ᠰᠤᠷᠭᠠᠯᠲᠠ ᠠᠩᠬᠠᠷᠤᠯ ᠰᠠᠶᠢᠵᠢᠷᠠᠭᠤᠯᠬᠤ᠂ ᠰᠤᠷᠤᠯᠴᠠᠭᠴᠢ ᠶᠢᠨ ᠵᠢᠷᠤᠮ ᠤᠨ ᠮᠡᠷᠭᠡᠵᠢᠯ ᠦᠨ ᠠᠩᠬᠠᠷᠤᠯᠲᠠ ᠰᠢᠯᠭᠠᠯᠲᠠ ᠪᠣᠯ ᠰᠤᠷᠭᠠᠯᠲᠠ ᠠᠩᠬᠠᠷᠤᠯᠲᠠ᠂ ᠰᠤᠷᠤᠯᠴᠠᠭᠴᠢ ᠶᠢᠨ ᠵᠢᠷᠤᠮ ᠤᠨ ᠮᠡᠷᠭᠡᠵᠢᠯ ᠦᠨ ᠵᠢᠷᠤᠮ᠂ ᠰᠤᠷᠭᠠᠭᠤᠯᠢ ᠪᠠ ᠠᠩᠬᠠᠷᠤᠯᠲᠠ ᠶᠢᠨ ᠢ ᠠᠩᠭᠢ ᠶᠢᠨ ᠵᠢᠷᠤᠮ ᠤᠨ ᠮᠡᠷᠭᠡᠵᠢᠯ ᠦᠨ ᠰᠤᠷᠭᠠᠭᠤᠯᠢ ᠶᠢᠨ ᠲᠠᠢ ᠰᠤᠷᠭᠠᠯᠲᠠ ᠠᠩᠬᠠᠷᠤᠯᠲᠠ 》 ᠢ ᠪᠣᠯᠪᠠᠰᠤᠷᠠᠯ᠂ ᠲᠠᠢ ᠪᠣᠯ ᠠᠩᠬᠠᠷᠤᠯ ᠪᠣᠯᠤᠨ᠎ᠠ᠃ 《ᠮᠣᠩᠭᠣᠯ ᠲᠠᠢ ᠰᠢᠯᠭᠠ ᠲᠠᠢ ᠰᠤᠷᠭᠠᠭᠤᠯᠢ ᠲᠠᠢ ᠰᠤᠷᠤᠯᠴᠠᠭᠴᠢ ᠪᠣᠯᠪᠠᠰᠤᠷᠠᠯ ᠰᠤᠷᠭᠠᠯᠲᠠ ᠰᠤᠷᠭᠠᠭᠤᠯᠢ ᠠᠩᠬᠠᠷᠤᠯ ᠵᠢᠷᠤᠮ》

1᠂ ᠠᠩᠬᠠᠷᠤᠯ ᠤ ᠰᠤᠷᠭᠠᠭᠤᠯᠢᠳᠠᠭᠤ ᠠᠩᠭᠢ ᠰᠢᠯᠭᠠ ᠪᠣᠯ ᠵᠢᠷᠤᠮᠯᠠᠭᠤᠯᠬᠤ ᠰᠤᠷᠭᠠᠯᠲᠠ᠂ ᠬᠣᠶᠠᠷ ᠰᠤᠷᠭᠠᠭᠤᠯᠢᠳᠠᠭᠤ ᠰᠢᠯᠭᠠ ᠪᠣᠯᠪᠠᠰᠤᠷᠠᠯ ᠰᠤᠷᠭᠠᠭᠤᠯᠢᠳᠠᠭᠤ ᠪᠣᠯᠤᠨ᠎ᠠ᠃

ᠰᠤᠷᠤᠯᠴᠠᠭᠴᠢ ᠶᠢᠨ ᠵᠢᠷᠤᠮ ᠤᠨ ᠮᠡᠷᠭᠡᠵᠢᠯ ᠢ ᠪᠠᠶᠢᠳᠠᠯ ᠰᠤᠷᠭᠠᠭᠤᠯᠢᠳᠠᠭᠤ ᠪᠣᠯ ᠰᠤᠷᠭᠠᠯᠲᠠ ᠰᠤᠷᠭᠠᠯᠲᠠ ᠰᠤᠷᠭᠠᠭᠤᠯᠢ ᠬᠠᠷᠢᠭᠤ ᠠᠩᠭᠢ ᠠᠩᠬᠠᠷᠤᠯᠲᠠ ᠰᠠᠯᠪᠤᠷᠢ ᠶᠢ ᠪᠣᠯ ᠵᠢᠷᠤᠮ ᠤᠨ ᠮᠡᠷᠭᠡᠵᠢᠯ ᠢ ᠰᠢᠯᠭᠠᠯᠲᠠ ᠠᠩᠬᠠᠷᠤᠯᠲᠠ᠂ ᠠᠩᠭᠢ ᠠᠩᠬᠠᠷᠤᠯ ᠲᠠᠢ

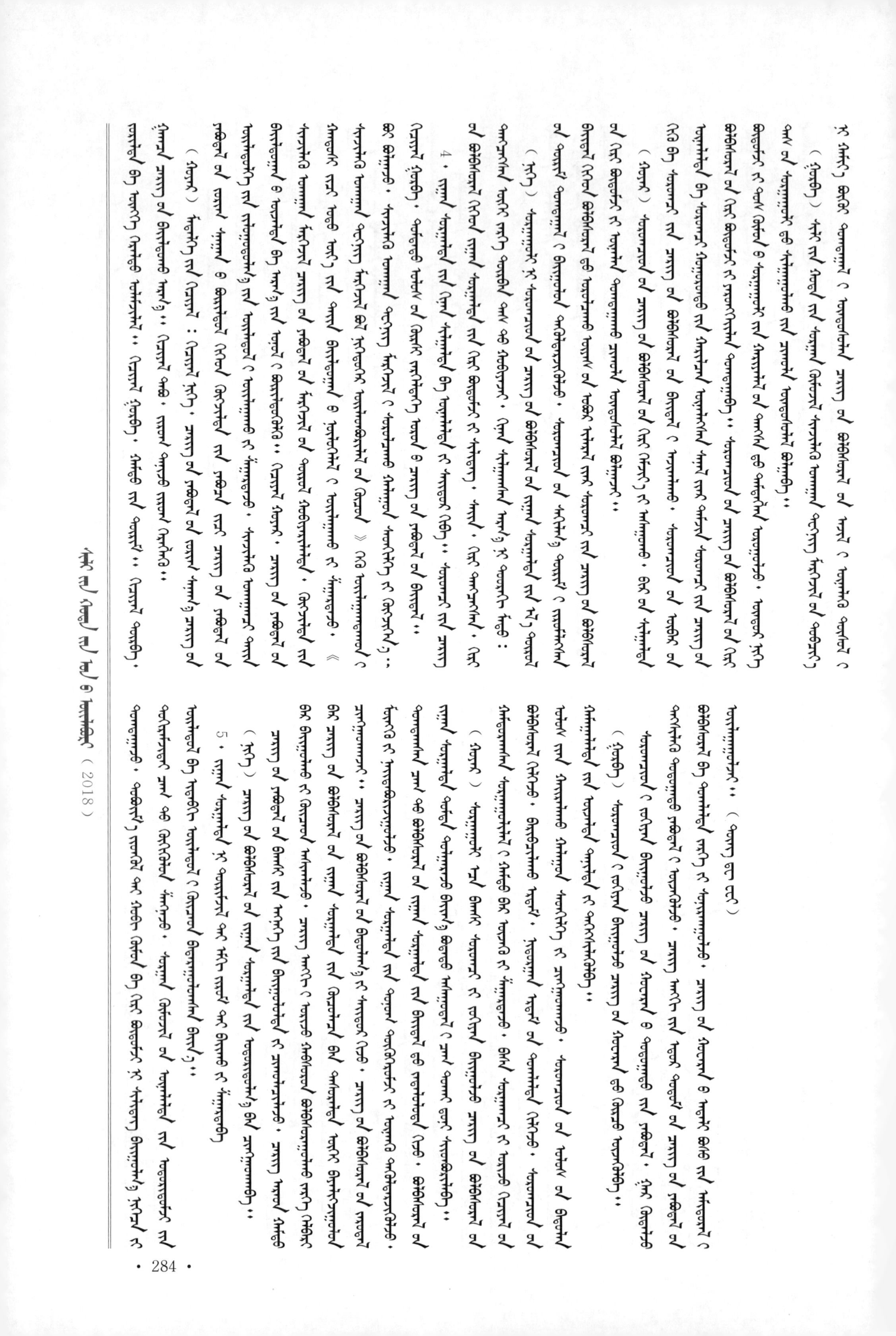

4 ,

5 ,

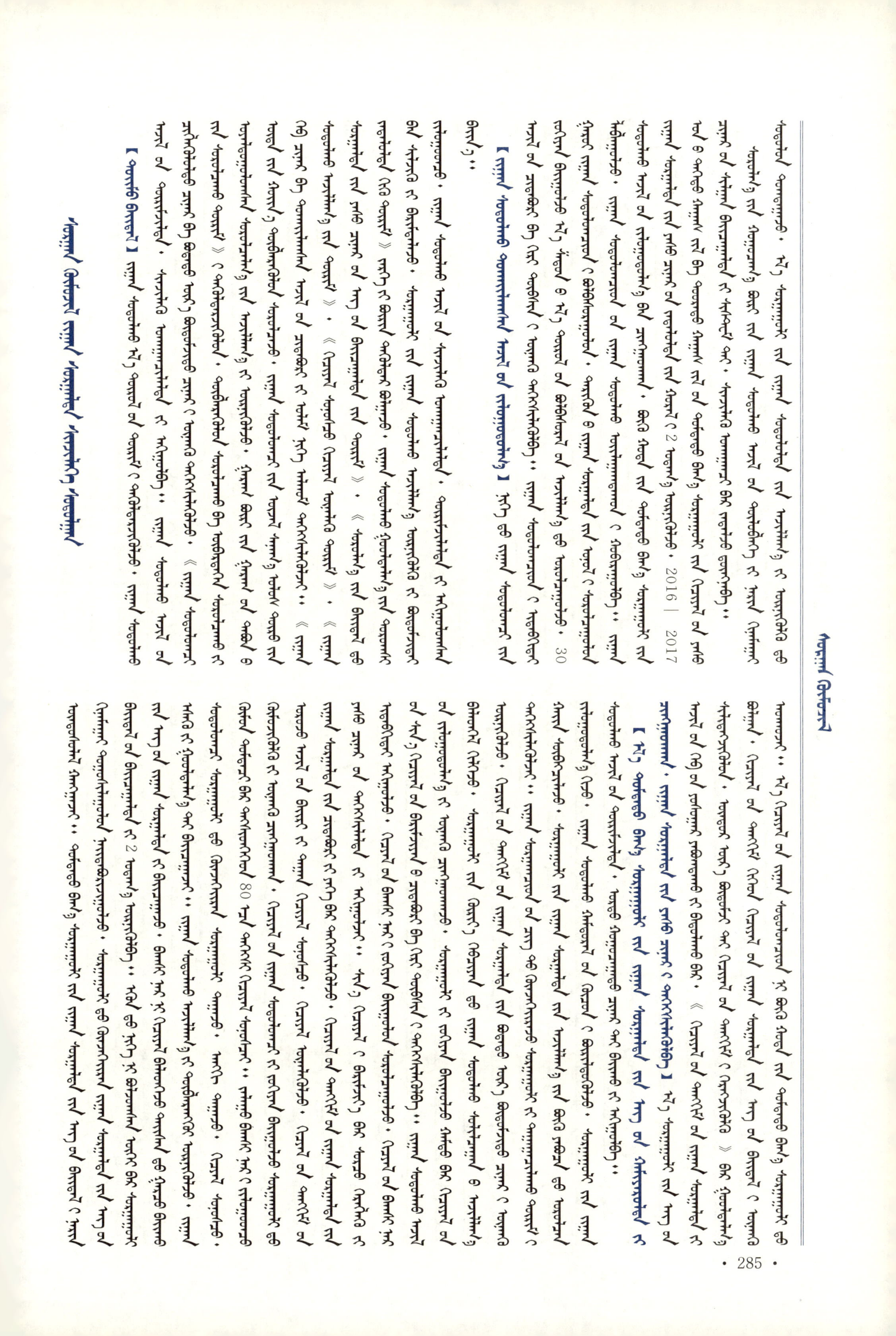

[illegible] 2016 | 2017 [illegible] 30 [illegible]

【[illegible]】 [illegible]

【[illegible]】 [illegible]

【[illegible]】 [illegible] 80 [illegible] 2 [illegible]

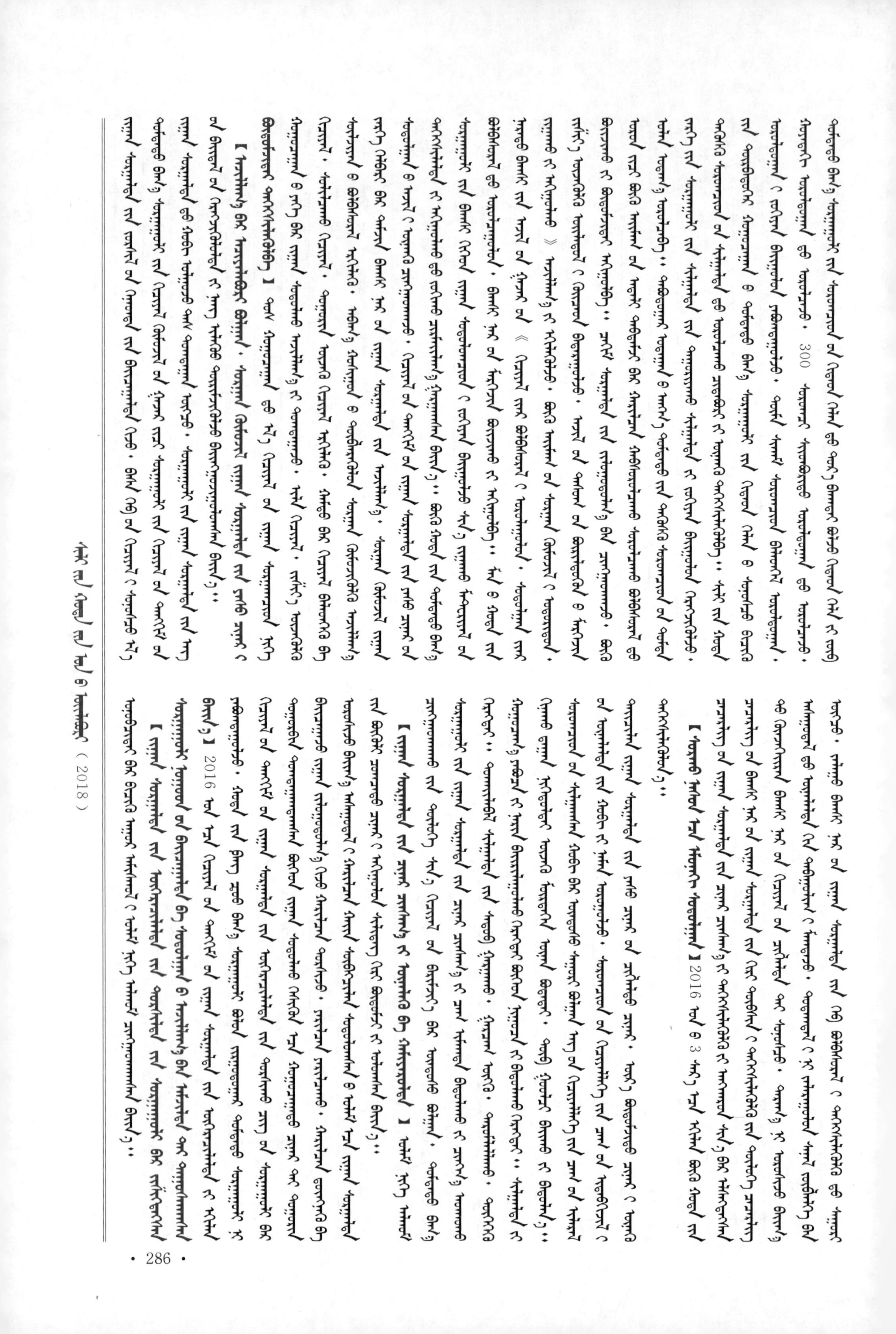

[illegible]

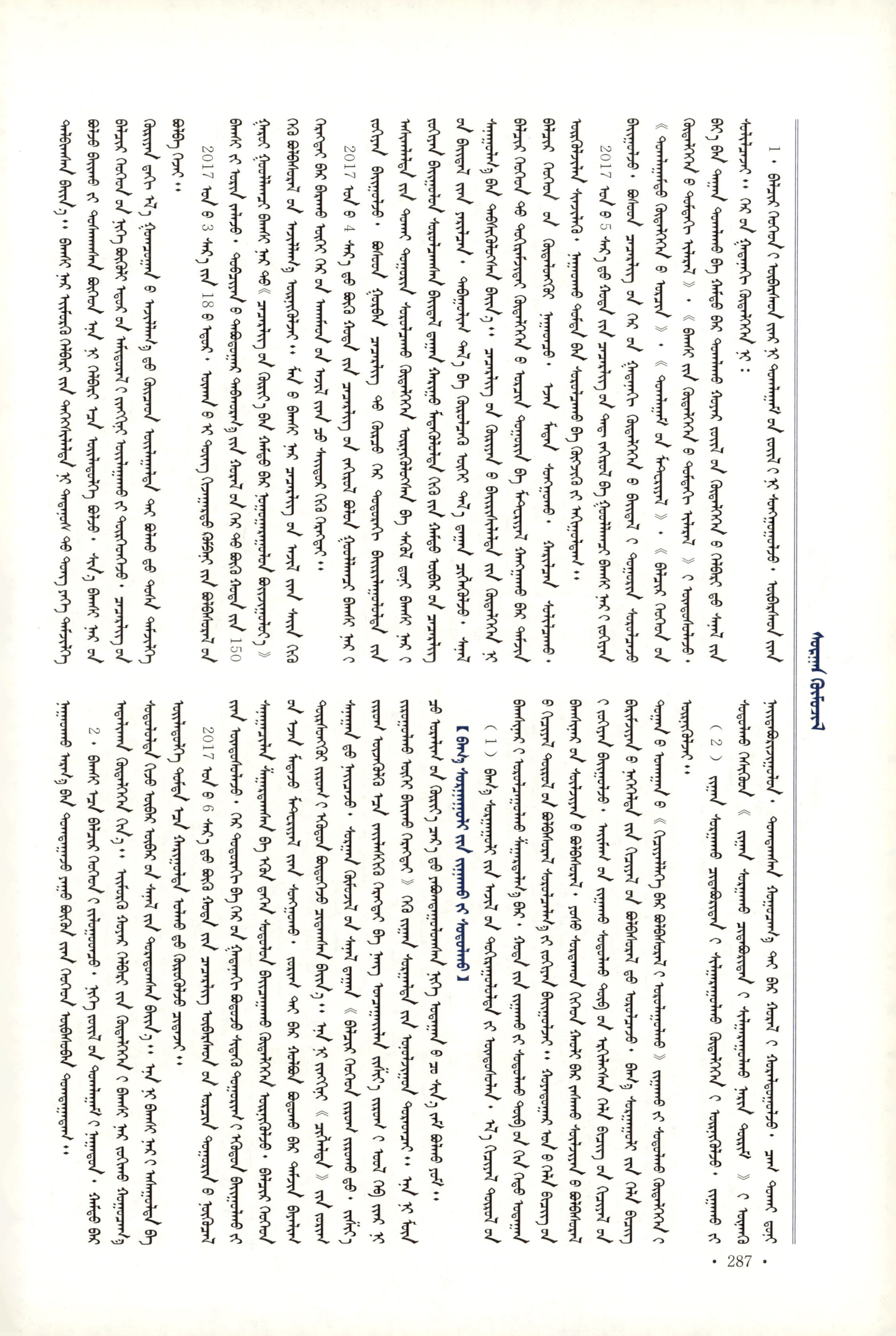

1 · [illegible] :

[illegible] 《[illegible]》 · 《[illegible]》 [illegible] ·
《[illegible]》 · 《[illegible]》 · 《[illegible]
[illegible]

2017 [illegible] 5 [illegible] ··

[illegible] ··

[illegible]

2017 [illegible] 4 [illegible] ··

[illegible] ··
[illegible] 《[illegible]》
[illegible] 150

2017 [illegible] 3 [illegible] 18 [illegible] ··

[illegible] ··

[illegible] · [illegible] 《[illegible]》 [illegible]

(2) [illegible] ··

[illegible] 《[illegible]》 [illegible] ··

(1) [illegible]

【[illegible]】

[illegible] ·· [illegible] 《[illegible]》 [illegible] ·· [illegible] 《[illegible]》 [illegible]

2017 [illegible] 6 [illegible] ··

[illegible] ··

2 · [illegible] ··

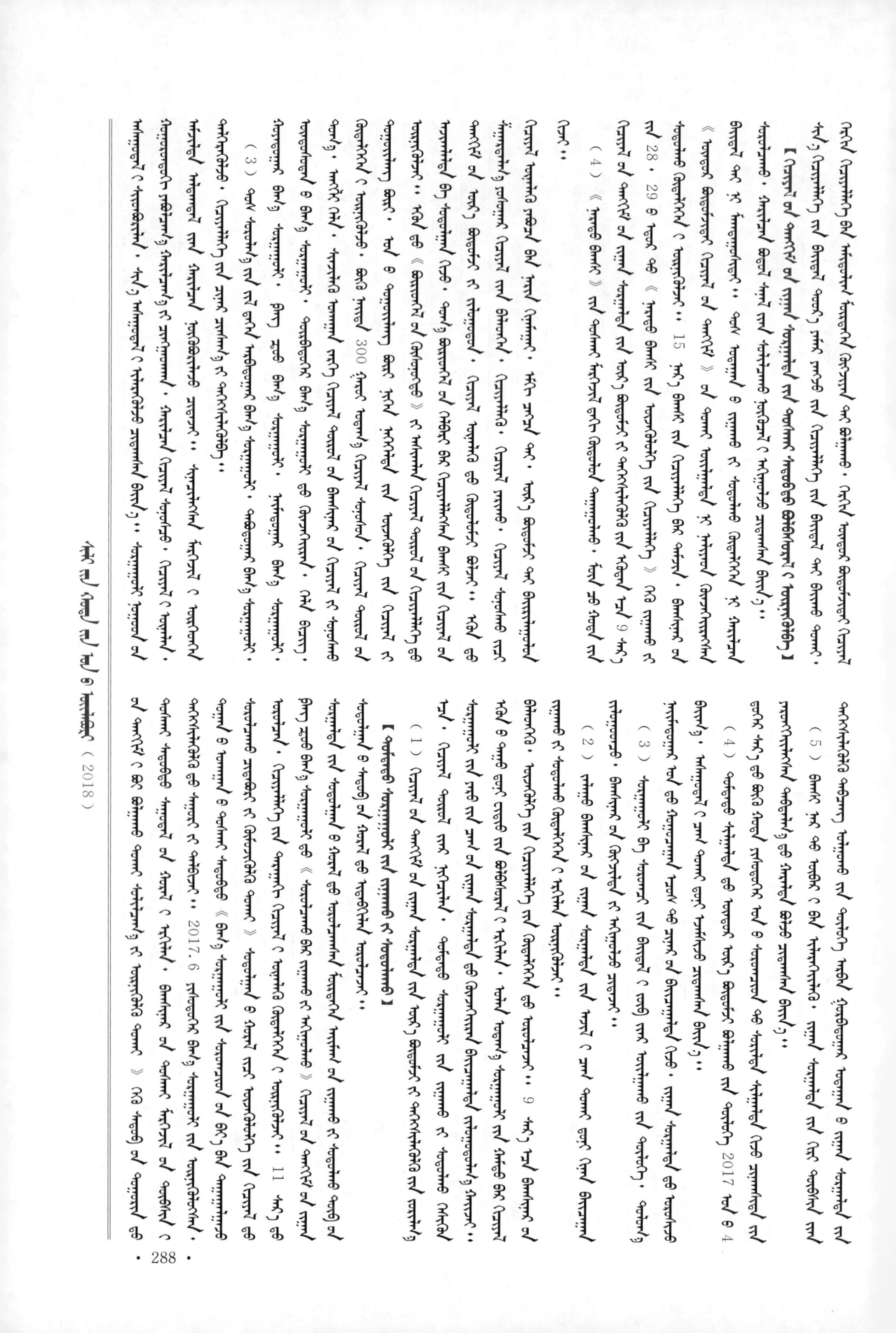

[illegible] 15 [illegible] 28・29 [illegible] 9 [illegible]

（4）《[illegible]》[illegible]

[illegible] 300 [illegible]

（3）[illegible]

[illegible]

（5）[illegible]

（4）[illegible] 2017 [illegible] 4 [illegible]

（3）[illegible]

（2）[illegible]

[illegible] 9 [illegible]

（1）[illegible]

【[illegible]】

[illegible]《[illegible]》[illegible] 11 [illegible]《[illegible]》[illegible] 2017.6 [illegible]《[illegible]》[illegible]

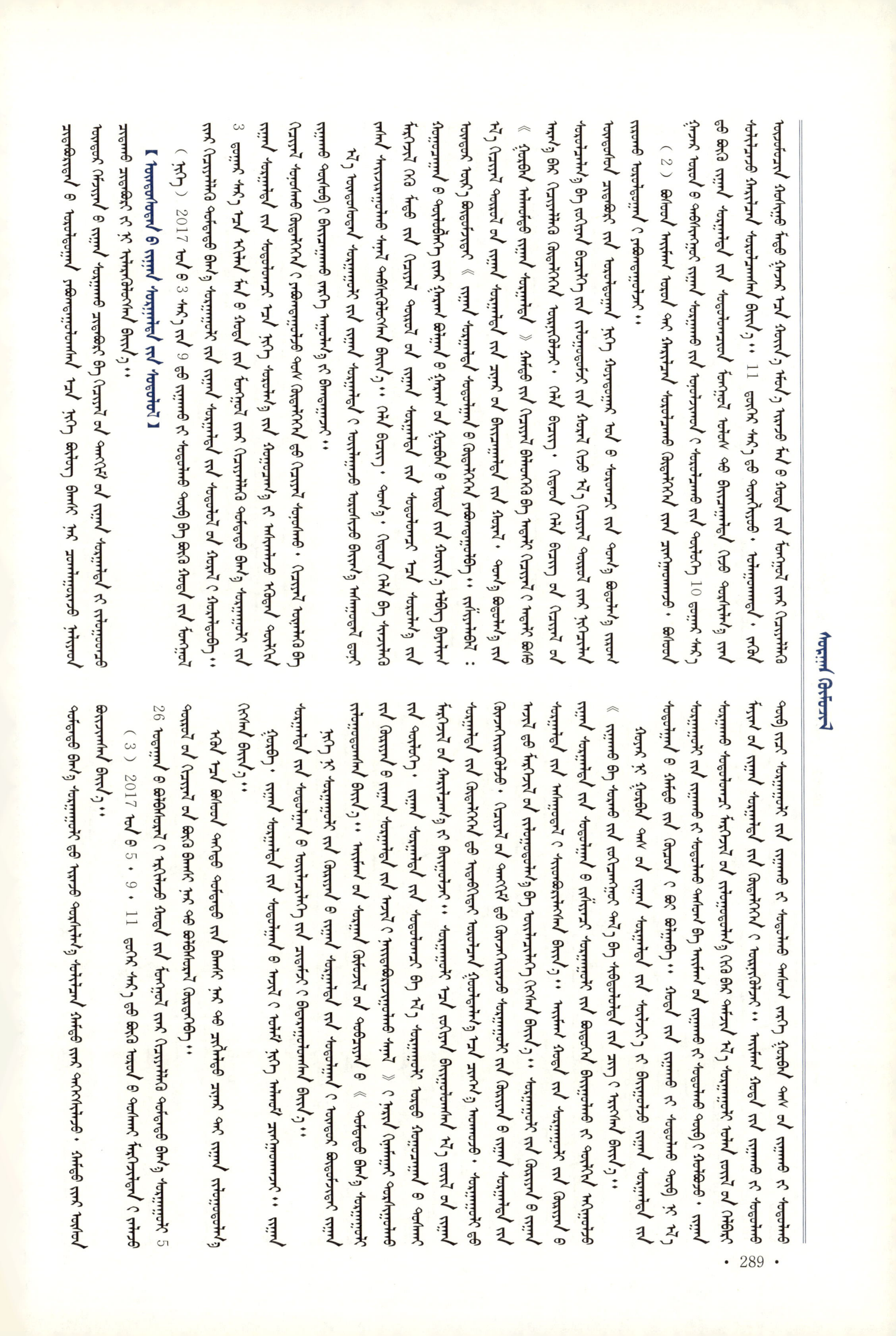

[illegible] 11 [illegible] 10 [illegible]

(2) [illegible]

[illegible] 3 [illegible]

([illegible]) 2017 [illegible] 3 [illegible] 9 [illegible]

【[illegible]】

[illegible]

[illegible]

26 [illegible] 5

(3) 2017 [illegible] 5 · 9 · 11 [illegible]

[illegible]

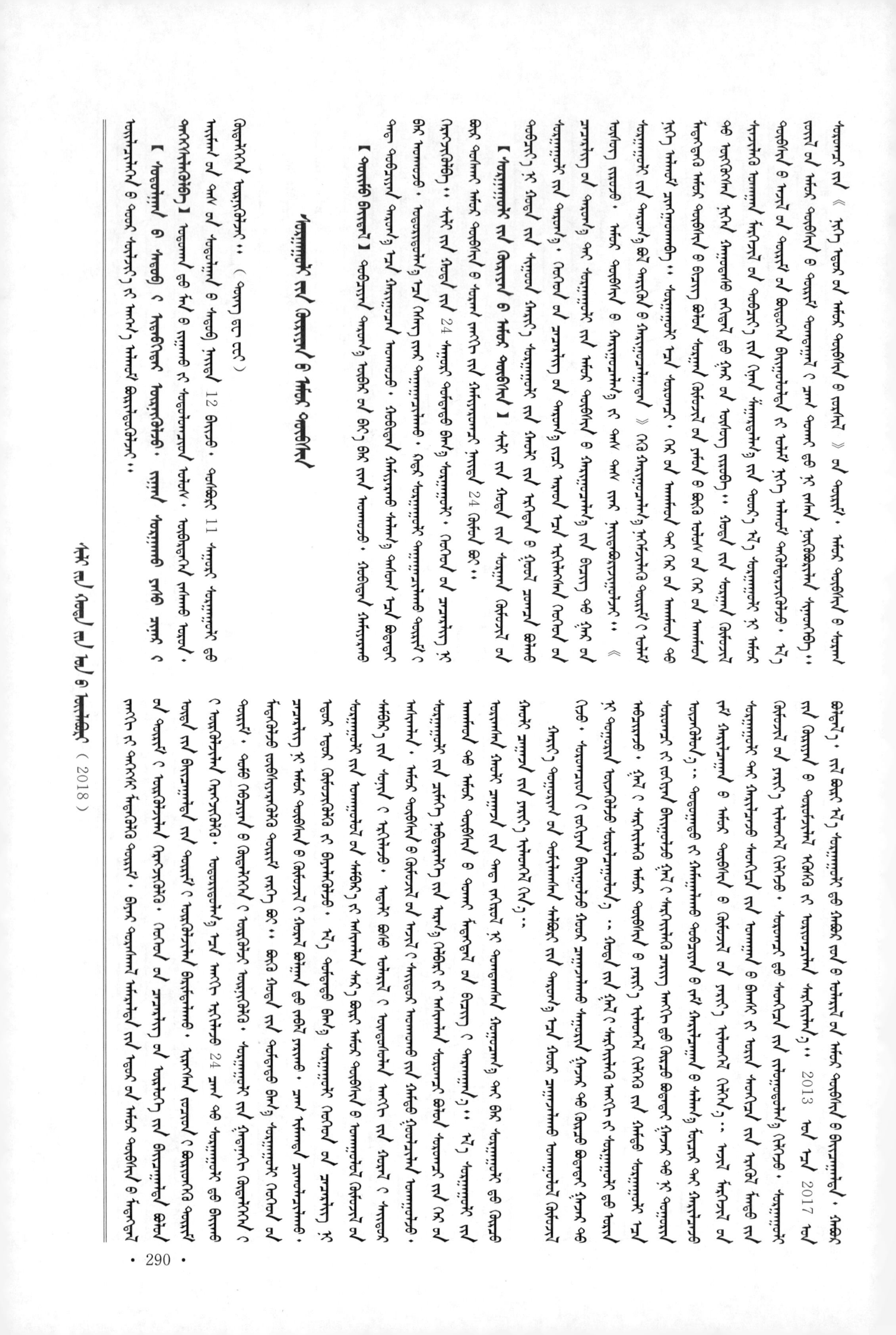

[illegible] 2013 [illegible] 2017 [illegible]

[illegible] 24 [illegible] 24 [illegible] 24 [illegible]

[illegible]

[illegible] 12 [illegible] 11 [illegible]

【[illegible]】 [illegible]

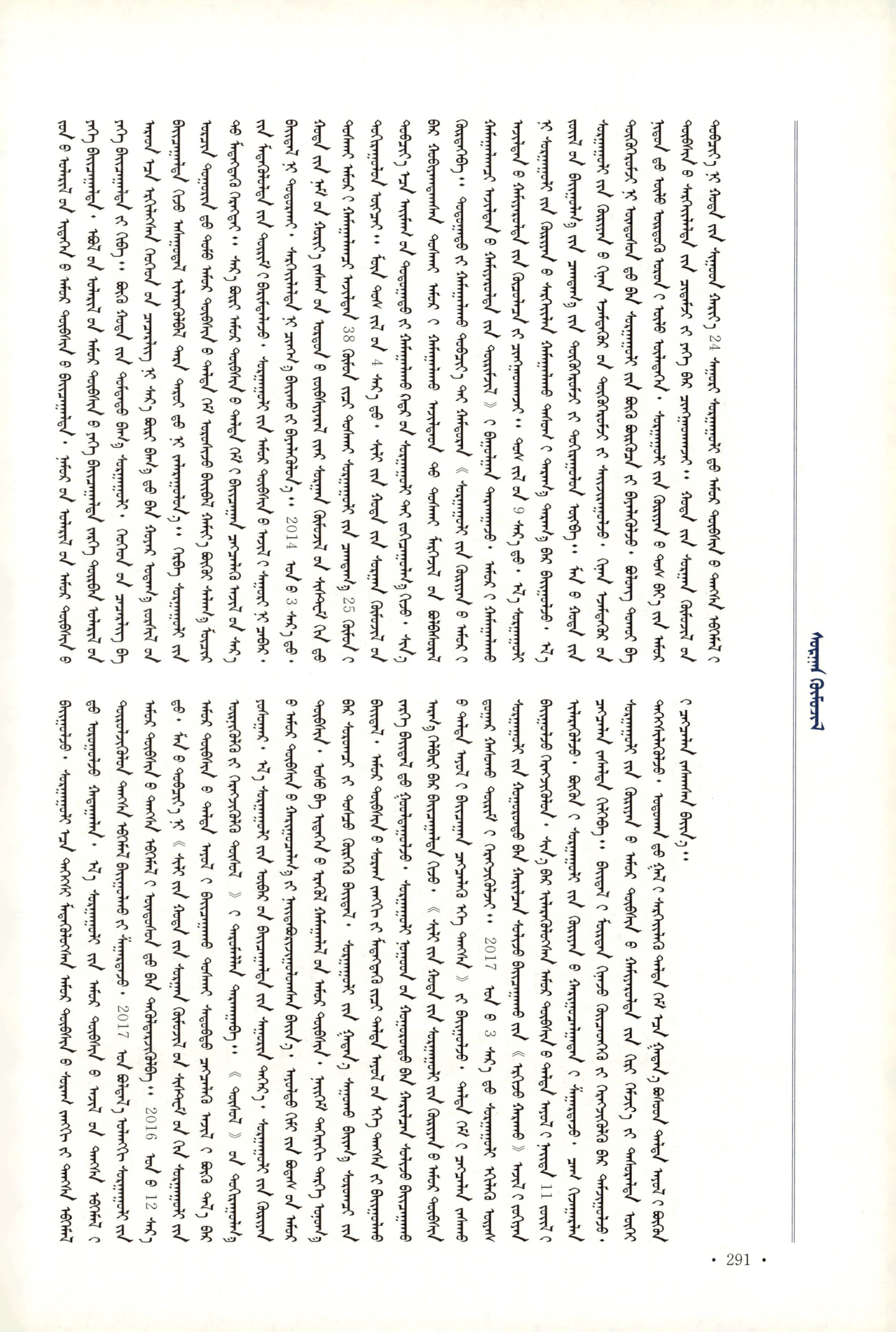

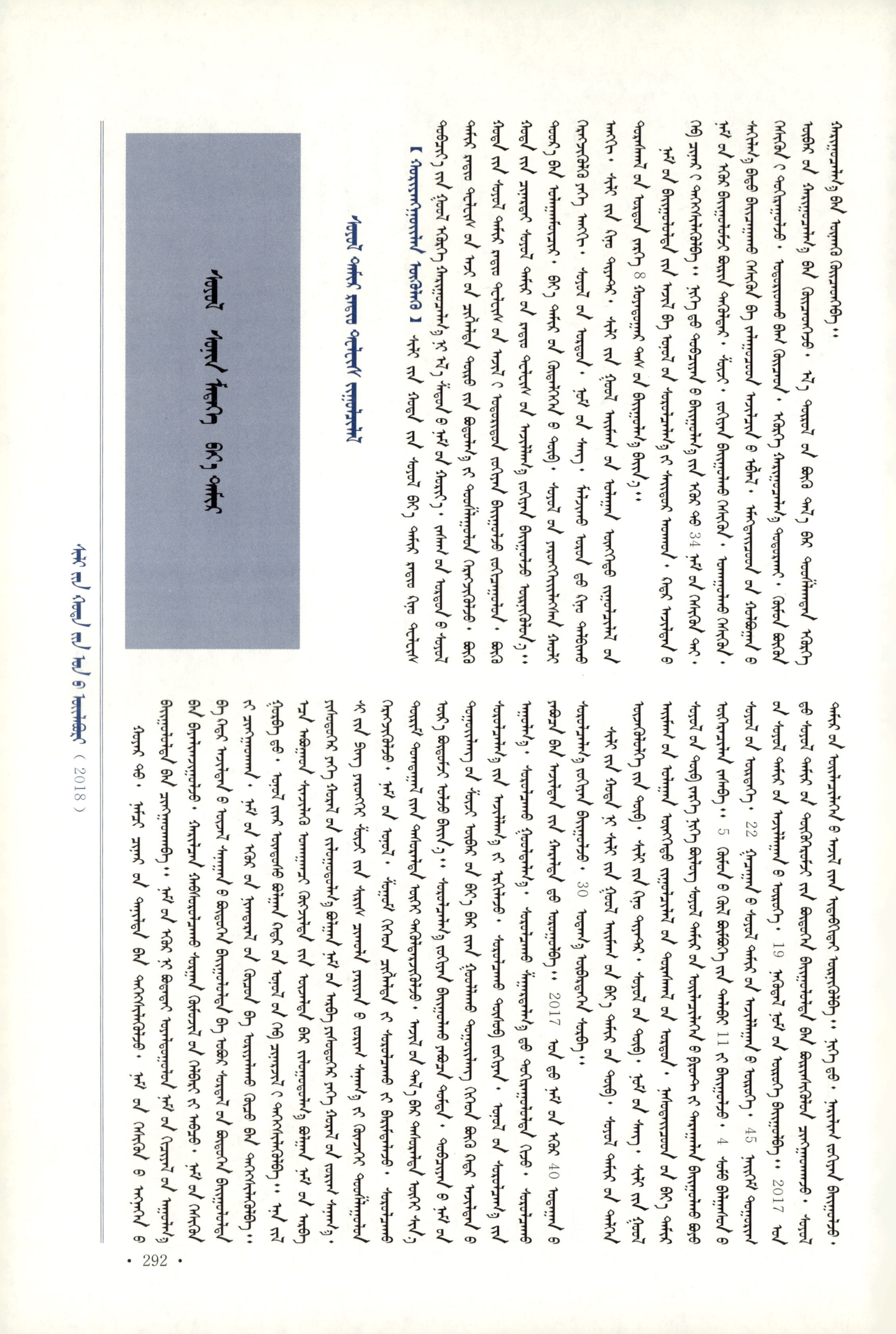

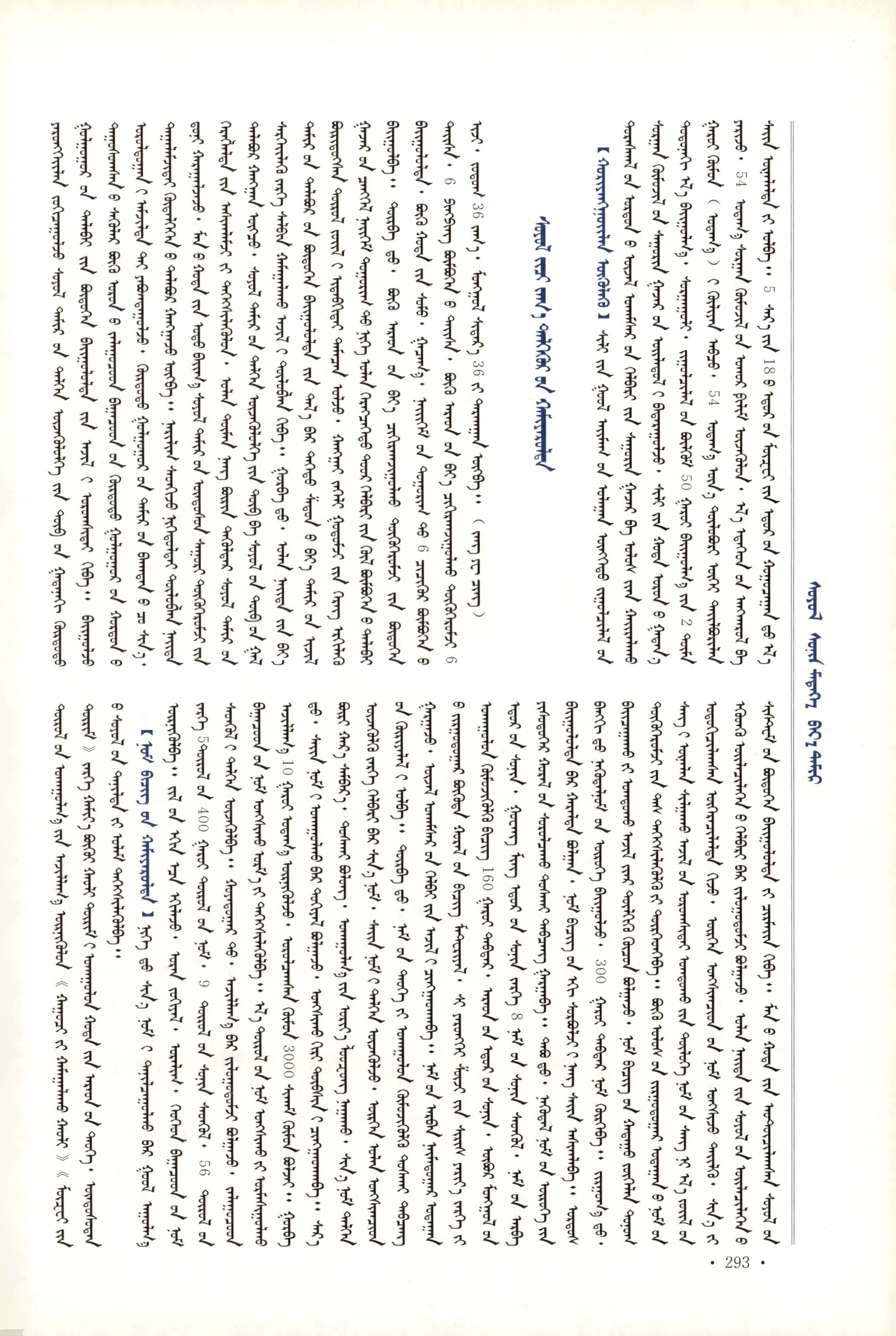

ᠬᠡᠮᠵᠢᠶ᠎ᠡ ᠶᠢᠨ ᠨᠢ ᠬᠤᠪᠢᠶᠠᠷᠢᠯᠠᠭᠰᠠᠨ ᠨᠢ 52 ᠬᠤᠪᠢ ᠡᠵᠡᠮᠳᠡᠭᠰᠡᠨ ᠪᠠᠢᠨ᠎ᠠ᠃

ᠲᠡᠭᠦᠨ ᠦ ᠵᠣᠬᠢᠶᠠᠨ ᠪᠠᠢᠭᠤᠯᠤᠯᠲᠠ ᠪᠣᠯᠣᠨ ᠡᠳᠦᠷ ᠬᠡᠷᠡᠭᠯᠡᠭᠳᠡᠭᠰᠡᠨ ᠪᠣᠯᠤᠨ᠎ᠠ᠃ ᠡᠨᠡ ᠨᠢ 1484 ᠰᠠᠶ᠋ ᠲᠥᠭᠦᠷᠢᠭ 3000 ᠲᠥᠭᠦᠷᠢᠭ ᠲᠣᠭᠠᠴᠠᠭᠳᠠᠨ᠎ᠠ᠃ 2.1 ᠂ 3.3 ᠂ 98.4% ᠂ 127 ᠂ 125 ᠂ 212 ᠂ 224 ᠂ 7 ᠂ 11 ᠃

【 ᠮᠣᠩᠭᠣᠯ ᠤᠯᠤᠰ ᠤᠨ ᠡᠳ᠋ ᠠᠰᠢᠭ ᠤᠨ ᠪᠦᠲᠦᠴᠡ 】

960 ᠲᠥᠭᠦᠷᠢᠭ ᠂ 20 ᠂ 3370 ᠲᠥᠭᠦᠷᠢᠭ ᠂ 160 ᠲᠥᠭᠦᠷᠢᠭ ᠂ 1200 ᠲᠥᠭᠦᠷᠢᠭ ᠂ 2017 ᠣᠨ ᠂ 440 ᠲᠥᠭᠦᠷᠢᠭ ᠂ 1830 ᠲᠥᠭᠦᠷᠢᠭ ᠂ 1100 ᠲᠥᠭᠦᠷᠢᠭ ᠂ 15 ᠃

ᠮᠣᠩᠭᠣᠯ ᠤᠯᠤᠰ ᠤᠨ ᠪᠠᠢᠳᠠᠯ ᠤᠨ ᠰᠤᠳᠤᠯᠭ᠎ᠠ (2018)

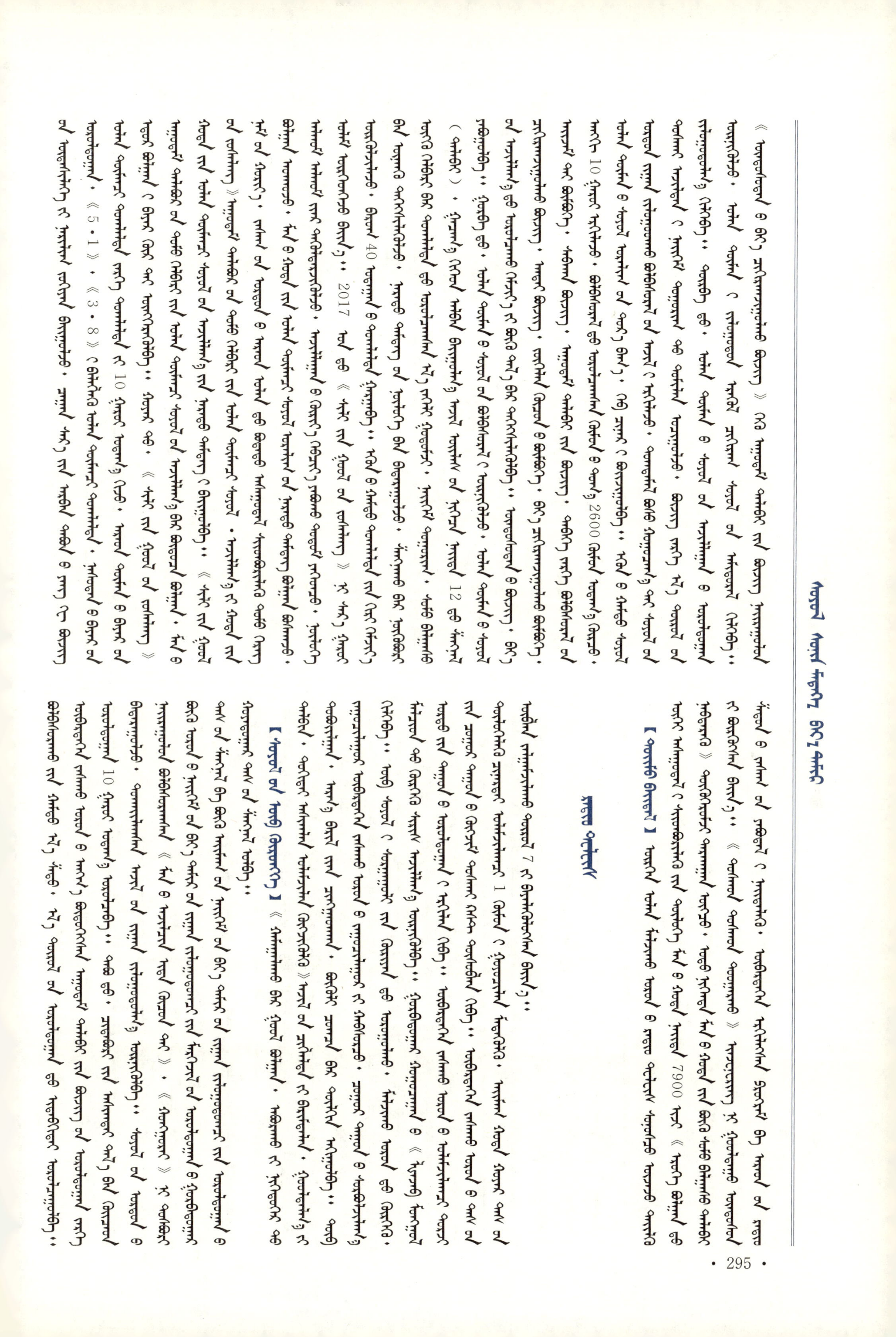

[illegible] 10 [illegible] 2600 [illegible] 12 [illegible] 40 [illegible] 2017 [illegible] 10 [illegible] 《5·1》、《3·8》[illegible]

[illegible] 7900 [illegible]

【[illegible]】[illegible]

[illegible]

[illegible] 7 [illegible] 1 [illegible]

【[illegible]】[illegible] 10 [illegible]

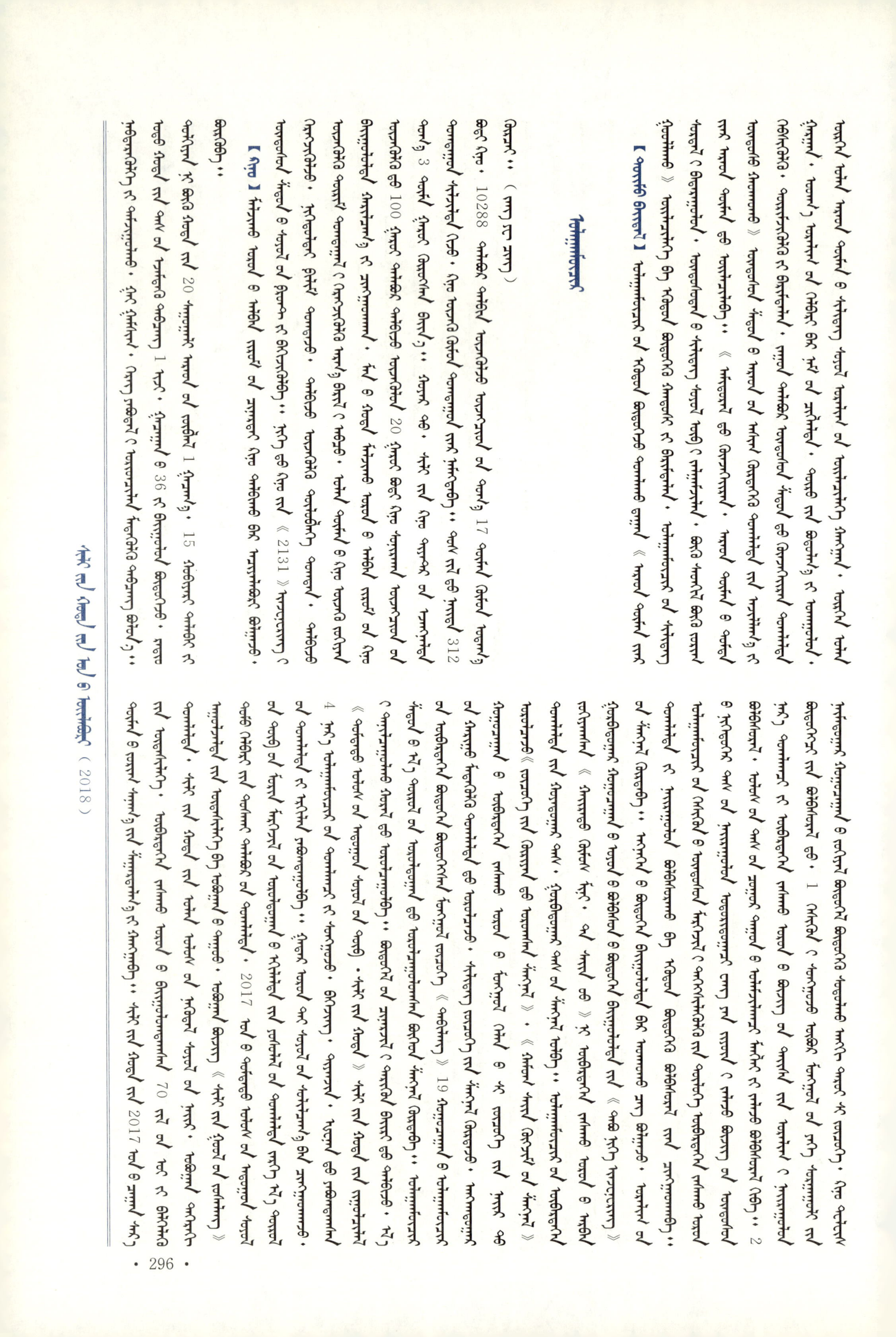

[illegible] 10288 [illegible] 17 [illegible] 312 [illegible] 3 [illegible] 100 [illegible] 20 [illegible] 《 2131 》 [illegible] 20 [illegible] 1 [illegible] 15 [illegible] 1 [illegible] 36 [illegible]

[illegible] 1 [illegible] 2 [illegible] 19 [illegible] 4 [illegible] 2017 [illegible] 70 [illegible] 2017 [illegible]

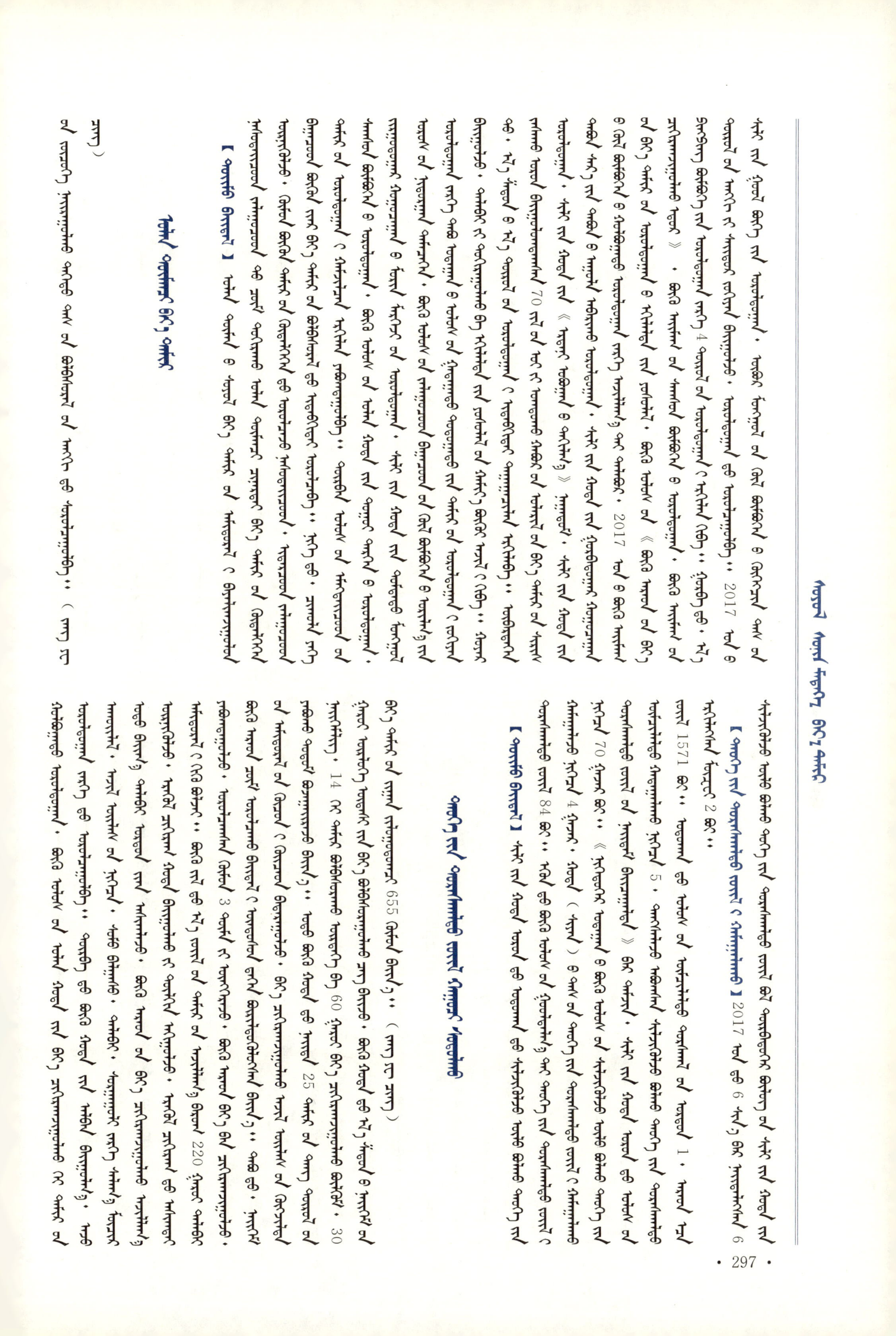

ᠲᠣᠭ᠎ᠠ ᠶᠢᠨ ᠬᠡᠮᠵᠢᠶ᠎ᠡ᠂ ᠬᠡᠪᠯᠡᠯ ᠦᠨ ᠬᠡᠪᠯᠡᠭᠰᠡᠨ ᠦ ᠲᠣᠭ᠎ᠠ ᠳᠤ ᠨᠢᠭᠡᠳᠦᠭᠡᠷ ᠪᠠᠶᠢᠷ ᠢ ᠡᠵᠡᠯᠡᠵᠡᠶ ::
ᠳᠤ ᠬᠠᠮᠲᠤᠷᠠᠯᠴᠠᠨ ᠰᠤᠷᠤᠭᠴᠢ ᠶᠢᠨ ᠬᠠᠷᠢᠶᠠᠯᠠᠯ᠂ ᠬᠠᠮᠲᠤ ᠳᠤ ᠪᠡᠯᠡᠳᠬᠡᠯ ᠦᠨ ᠪᠦᠯᠦᠭ ᠦᠨ ᠬᠡᠪᠯᠡᠯ ᠦᠨ ᠬᠣᠷᠢᠶ᠎ᠠ ᠳᠤ
ᠬᠡᠪᠯᠡᠯ ᠦᠨ ᠬᠡᠪᠯᠡᠭᠰᠡᠨ ᠦ ᠰᠣᠶᠣᠯ ᠤᠨ ᠪᠦᠲᠦᠭᠡᠯ ᠦᠨ ᠪᠢᠴᠢᠭ ᠦᠨ ᠬᠡᠪᠯᠡᠯ ᠦᠨ ᠬᠣᠷᠢᠶ᠎ᠠ᠂ ᠬᠡᠪᠯᠡᠯ ᠦᠨ ᠬᠡᠪᠯᠡᠭᠰᠡᠨ ᠦ ᠵᠢᠯ ᠦᠨ ᠲᠡᠮᠳᠡᠭᠯᠡᠯ ᠦᠨ
ᠳᠤ ᠭᠠᠷᠭᠠᠭᠰᠠᠨ ᠤ ᠬᠠᠮᠲᠤ ᠪᠦᠲᠦᠭᠡᠯ ᠦᠨ ᠪᠦᠯᠦᠭ ᠦᠨ ᠬᠡᠪᠯᠡᠯ ᠦᠨ᠂ 6 ᠰᠠᠷ᠎ᠠ ᠳᠤ ᠨᠡᠢᠲᠡ ᠶᠢᠨ ᠬᠡᠪᠯᠡᠯ ᠦᠨ ᠬᠡᠪᠯᠡᠭᠰᠡᠨ ᠦ ᠬᠣᠷᠢᠶ᠎ᠠ
ᠬᠡᠪᠯᠡᠭᠰᠡᠨ 《ᠰᠣᠶᠣᠯ ᠤᠨ》 ᠪᠦᠲᠦᠭᠡᠯ ᠦᠨ᠂ 2017 ᠣᠨ ᠤ 5 ᠰᠠᠷ᠎ᠠ ᠳᠤ ᠨᠡᠢᠲᠡ ᠶᠢᠨ ᠬᠡᠪᠯᠡᠯ ᠦᠨ ᠬᠡᠪᠯᠡᠭᠰᠡᠨ ᠦ ᠬᠣᠷᠢᠶ᠎ᠠ
ᠶᠢᠨ ᠰᠣᠶᠣᠯ ᠤᠨ ᠪᠦᠲᠦᠭᠡᠯ ᠦᠨ ᠪᠦᠯᠦᠭ ᠦᠨ ᠬᠡᠪᠯᠡᠯ ᠦᠨ ᠪᠦᠯᠦᠭ ᠦᠨ ᠨᠣᠮ ᠤᠨ ᠬᠡᠪᠯᠡᠯ ᠦᠨ ᠬᠣᠷᠢᠶ᠎ᠠ ᠶᠢᠨ ᠰᠣᠶᠣᠯ ᠤᠨ
ᠬᠡᠪᠯᠡᠯ ᠦᠨ ᠪᠦᠯᠦᠭ ᠦᠨ ᠬᠡᠪᠯᠡᠯ ᠦᠨ ᠬᠡᠪᠯᠡᠭᠰᠡᠨ ᠦ ᠬᠣᠷᠢᠶ᠎ᠠ ᠶᠢᠨ ᠪᠦᠲᠦᠭᠡᠯ ᠦᠨ ᠳᠤ 《ᠪᠢᠴᠢᠭ ᠦᠨ ᠰᠣᠶᠣᠯ》 ᠦᠨ
ᠨᠣᠮ ᠤᠨ ᠬᠡᠪᠯᠡᠯ ᠦᠨ ᠬᠣᠷᠢᠶ᠎ᠠ ᠶᠢᠨ ᠬᠡᠪᠯᠡᠭᠰᠡᠨ ᠦ ᠰᠣᠶᠣᠯ ᠤᠨ ᠪᠦᠲᠦᠭᠡᠯ ᠦᠨ ᠬᠡᠪᠯᠡᠯ ᠦᠨ ᠬᠡᠪᠯᠡᠭᠰᠡᠨ ᠦ ᠪᠦᠯᠦᠭ
ᠬᠡᠪᠯᠡᠯ ᠦᠨ ᠨᠡᠢᠲᠡ ᠶᠢᠨ ᠬᠡᠪᠯᠡᠯ ᠦᠨ ᠬᠡᠪᠯᠡᠭᠰᠡᠨ ᠦ ᠬᠣᠷᠢᠶ᠎ᠠ ᠶᠢᠨ ᠰᠣᠶᠣᠯ ᠤᠨ ᠪᠦᠲᠦᠭᠡᠯ ᠦᠨ ᠬᠡᠪᠯᠡᠯ ᠦᠨ᠂ ᠨᠢᠭᠡ ᠦᠨ
ᠨᠢᠭᠡ ᠦᠨ ᠨᠡᠢᠲᠡ ᠶᠢᠨ ᠬᠡᠪᠯᠡᠯ ᠦᠨ ᠬᠡᠪᠯᠡᠭᠰᠡᠨ ᠦ ᠬᠣᠷᠢᠶ᠎ᠠ ᠶᠢᠨ ᠰᠣᠶᠣᠯ ᠤᠨ ᠪᠦᠲᠦᠭᠡᠯ 》 ᠪᠢᠴᠢᠭ ᠦᠨ ᠨᠣᠮ ᠤᠨ ᠬᠡᠪᠯᠡᠯ
ᠪᠣᠯᠵᠠᠢ ::

【ᠰᠣᠶᠣᠯ ᠤᠨ ᠬᠡᠪᠯᠡᠯ ᠦᠨ ᠬᠡᠪᠯᠡᠭᠰᠡᠨ ᠦ ᠬᠣᠷᠢᠶ᠎ᠠ ᠶᠢᠨ ᠰᠣᠶᠣᠯ ᠤᠨ (ᠲᠡᠮᠳᠡᠭ) 】 2017 ᠣᠨ ᠳᠤ 《ᠪᠢᠴᠢᠭ ᠦᠨ

ᠬᠡᠪᠯᠡᠭᠰᠡᠨ ᠦ ᠰᠣᠶᠣᠯ ᠤᠨ ᠪᠦᠲᠦᠭᠡᠯ᠂ ᠮᠣᠩᠭᠣᠯ ᠬᠡᠯᠡ ᠶᠢᠨ ᠨᠣᠮ ᠤᠨ ᠬᠡᠪᠯᠡᠯ ᠦᠨ ᠪᠦᠯᠦᠭ ᠦᠨ ᠪᠢᠴᠢᠭ ᠦᠨ ᠪᠦᠲᠦᠭᠡᠯ
2 ᠪ ᠬᠤᠪᠢ ᠬᠤᠪᠢᠶᠠᠷᠢᠯᠠᠭᠰᠠᠨ ᠳᠤ ᠬᠢᠭᠰᠡᠨ :: ᠰᠠᠶᠢᠨ ᠨᠣᠮ ᠤᠨ 《ᠮᠣᠩᠭᠣᠯ ᠪᠢᠴᠢᠭ ᠦᠨ ᠰᠣᠶᠣᠯ》 ᠬᠡᠪᠯᠡᠯ ᠦᠨ
ᠰᠣᠶᠣᠯ ᠤᠨ ᠪᠦᠲᠦᠭᠡᠯ ᠦᠨ ᠬᠡᠪᠯᠡᠯ :: ᠪᠢᠴᠢᠭ ᠦᠨ ᠨᠣᠮ ᠤᠨ ᠬᠣᠶᠠᠳᠤᠭᠠᠷ ᠬᠡᠪᠯᠡᠯ 8 ᠰᠠᠷ᠎ᠠ ᠶᠢᠨ
ᠬᠡᠪᠯᠡᠯ ᠦᠨ ᠰᠣᠶᠣᠯ ᠤᠨ ᠨᠡᠢᠲᠡ ᠶᠢᠨ ᠬᠡᠪᠯᠡᠯ 9 ᠰᠠᠷ᠎ᠠ ᠶᠢᠨ 1 ᠡᠳᠦᠷ ᠬᠡᠪᠯᠡᠭᠰᠡᠨ᠂ 2019 ᠣᠨ ᠤ 8 ᠰᠠᠷ᠎ᠠ ᠳᠤ
2018 ᠣᠨ ᠤ 1 ᠰᠠᠷ᠎ᠠ ᠳᠤ ᠬᠡᠪᠯᠡᠯ ᠦᠨ ᠰᠣᠶᠣᠯ ᠤᠨ ᠪᠦᠲᠦᠭᠡᠯ ᠪᠣᠯᠵᠠᠢ :: ᠪᠢᠴᠢᠭ ᠦᠨ ᠨᠣᠮ ᠤᠨ ᠬᠡᠪᠯᠡᠯ ᠦᠨ
ᠬᠡᠪᠯᠡᠭᠰᠡᠨ ᠪᠣᠯᠵᠠᠢ :: ᠪᠢᠴᠢᠭ ᠦᠨ ᠨᠣᠮ ᠤᠨ ᠲᠠᠯ᠎ᠠ ᠶᠢᠨ ᠬᠡᠪᠯᠡᠯ 2016 ᠣᠨ ᠤ 9 ᠰᠠᠷ᠎ᠠ ᠳᠤ ᠬᠡᠪᠯᠡᠭᠰᠡᠨ᠂
ᠶᠢᠨ ᠬᠡᠪᠯᠡᠯ᠂ ᠮᠣᠩᠭᠣᠯ ᠪᠢᠴᠢᠭ 3013 ᠬᠤᠪᠢ ᠬᠡᠪᠯᠡᠭᠰᠡᠨ ᠪᠣᠯᠬᠤ᠂ ᠪᠦᠲᠦᠭᠡᠯ ᠦᠨ ᠳᠤ ᠨᠡᠢᠲᠡ ᠶᠢᠨ ᠬᠡᠪᠯᠡᠯ
ᠬᠡᠪᠯᠡᠭᠰᠡᠨ᠂ ᠬᠡᠪᠯᠡᠯ ᠦᠨ ᠬᠡᠪᠯᠡᠭᠰᠡᠨ ᠦ ᠬᠣᠷᠢᠶ᠎ᠠ ᠶᠢᠨ ᠰᠣᠶᠣᠯ ᠤᠨ ᠪᠦᠲᠦᠭᠡᠯ ᠦᠨ ᠬᠡᠪᠯᠡᠯ ᠦᠨ ᠬᠡᠪᠯᠡᠭᠰᠡᠨ 3
2017 ᠣᠨ ᠳᠤ ᠨᠡᠢᠲᠡ ᠶᠢᠨ ᠬᠡᠪᠯᠡᠯ ᠦᠨ ᠬᠡᠪᠯᠡᠭᠰᠡᠨ ᠦ ᠬᠣᠷᠢᠶ᠎ᠠ ᠶᠢᠨ ᠰᠣᠶᠣᠯ ᠤᠨ ᠪᠦᠲᠦᠭᠡᠯ
《ᠰᠣᠶᠣᠯ ᠤᠨ ᠪᠦᠲᠦᠭᠡᠯ》 ᠬᠡᠪᠯᠡᠯ ᠦᠨ ᠰᠣᠶᠣᠯ ᠤᠨ ᠪᠦᠲᠦᠭᠡᠯ ᠦᠨ ᠬᠡᠪᠯᠡᠯ ᠦᠨ ᠪᠦᠯᠦᠭ ᠪᠣᠯᠵᠠᠢ ::
ᠪᠣᠯᠵᠠᠢ 8 ᠰᠠᠷ᠎ᠠ ᠶᠢᠨ ᠬᠡᠪᠯᠡᠯ ᠦᠨ :: ᠡᠨᠡ ᠨᠢ ᠬᠡᠪᠯᠡᠯ ᠦᠨ ᠬᠡᠪᠯᠡᠭᠰᠡᠨ ᠦ ᠰᠣᠶᠣᠯ ᠤᠨ ᠪᠦᠲᠦᠭᠡᠯ ᠦᠨ
ᠬᠡᠪᠯᠡᠭᠰᠡᠨ ᠦ ᠰᠣᠶᠣᠯ ᠤᠨ ᠪᠦᠲᠦᠭᠡᠯ ᠦᠨ ᠬᠡᠪᠯᠡᠯ ᠦᠨ ᠪᠦᠯᠦᠭ ᠦᠨ ᠰᠣᠶᠣᠯ ᠤᠨ ᠪᠦᠲᠦᠭᠡᠯ ᠦᠨ ᠳᠤ
ᠳᠤ ᠪᠢᠴᠢᠭ ᠦᠨ ᠨᠣᠮ 4 ᠪᠦᠯᠦᠭ ᠢ ᠬᠡᠪᠯᠡᠭᠰᠡᠨ ᠬᠡᠪᠯᠡᠯ ᠦᠨ ᠣᠨ ᠤ ᠨᠡᠢᠲᠡ ᠶᠢᠨ ᠬᠡᠪᠯᠡᠯ ᠦᠨ
ᠨᠡᠢᠲᠡ ᠶᠢᠨ ᠬᠡᠪᠯᠡᠯ ᠦᠨ ᠬᠡᠪᠯᠡᠭᠰᠡᠨ ᠦ ᠰᠣᠶᠣᠯ ᠤᠨ ᠪᠦᠲᠦᠭᠡᠯ ᠦᠨ ᠪᠣᠯᠵᠠᠢ :: ᠡᠨᠡ ᠨᠢ ᠬᠡᠪᠯᠡᠯ ᠦᠨ

ᠰᠣᠶᠣᠯ ᠤᠨ ᠪᠦᠲᠦᠭᠡᠯ ᠪᠣᠯᠵᠠᠢ᠂ ᠬᠡᠪᠯᠡᠯ ᠦᠨ ᠬᠡᠪᠯᠡᠭᠰᠡᠨ ᠦ ᠵᠢᠯ ᠦᠨ ᠬᠡᠮᠵᠢᠶ᠎ᠡ ᠳᠤ ᠨᠢᠭᠡᠳᠦᠭᠡᠷ ᠪᠠᠶᠢᠷ ᠢ᠂
ᠨᠡᠢᠲᠡ ᠶᠢᠨ ᠬᠡᠪᠯᠡᠯ ᠦᠨ ᠬᠡᠪᠯᠡᠭᠰᠡᠨ ᠦ ᠪᠢᠴᠢᠭ ᠦᠨ ᠪᠦᠲᠦᠭᠡᠯ᠂ 2016 ᠣᠨ ᠤ 12 ᠰᠠᠷ᠎ᠠ ᠳᠤ
ᠬᠡᠪᠯᠡᠭᠰᠡᠨ ᠪᠦᠲᠦᠭᠡᠯ 】 2012 ᠣᠨ ᠤ 10 ᠰᠠᠷ᠎ᠠ ᠳᠤ ᠨᠡᠢᠲᠡ ᠶᠢᠨ ᠬᠡᠪᠯᠡᠯ ᠦᠨ ᠪᠦᠲᠦᠭᠡᠯ ᠦᠨ ᠬᠡᠪᠯᠡᠯ

【ᠮᠣᠩᠭᠣᠯ ᠪᠢᠴᠢᠭ ᠦᠨ ᠨᠣᠮ ᠤᠨ ᠬᠡᠪᠯᠡᠯ ᠦᠨ ᠬᠡᠪᠯᠡᠭᠰᠡᠨ ᠦ ᠬᠣᠷᠢᠶ᠎ᠠ ᠶᠢᠨ ᠬᠡᠪᠯᠡᠯ ᠦᠨ ᠬᠡᠪᠯᠡᠭᠰᠡᠨ ᠦ ᠰᠣᠶᠣᠯ ᠤᠨ
ᠪᠦᠲᠦᠭᠡᠯ ᠪᠣᠯᠵᠠᠢ ::

ᠬᠡᠪᠯᠡᠭᠰᠡᠨ᠂ ᠨᠡᠢᠲᠡ ᠶᠢᠨ ᠬᠡᠪᠯᠡᠯ ᠦᠨ ᠬᠡᠪᠯᠡᠭᠰᠡᠨ ᠦ ᠰᠣᠶᠣᠯ ᠤᠨ ᠪᠦᠲᠦᠭᠡᠯ ᠦᠨ ᠪᠢᠴᠢᠭ ᠦᠨ ᠬᠡᠪᠯᠡᠯ ᠦᠨ ᠰᠢᠨ᠎ᠡ
ᠬᠡᠪᠯᠡᠭᠰᠡᠨ ᠰᠣᠶᠣᠯ ᠤᠨ ᠪᠦᠲᠦᠭᠡᠯ᠂ 1 ᠳᠦ ᠨᠢ ᠬᠡᠪᠯᠡᠯ ᠦᠨ ᠰᠣᠶᠣᠯ ᠤᠨ ᠪᠦᠲᠦᠭᠡᠯ ᠦᠨ ᠬᠡᠪᠯᠡᠯ ᠦᠨ
ᠬᠡᠪᠯᠡᠭᠰᠡᠨ ᠦ ᠰᠣᠶᠣᠯ ᠤᠨ ᠪᠦᠲᠦᠭᠡᠯ ᠦᠨ ᠬᠡᠪᠯᠡᠯ ᠦᠨ ᠪᠦᠯᠦᠭ 2 ᠪᠦᠯᠦᠭ ᠪᠦᠲᠦᠭᠡᠯ᠂ 1 ᠳᠦ ᠨᠢ ᠬᠡᠪᠯᠡᠯ ᠦᠨ
ᠨᠡᠢᠲᠡ ᠶᠢᠨ ᠬᠡᠪᠯᠡᠯ ᠦᠨ ᠬᠡᠪᠯᠡᠭᠰᠡᠨ ᠦ ᠰᠣᠶᠣᠯ ᠤᠨ ᠪᠦᠲᠦᠭᠡᠯ ᠦᠨ ᠪᠦᠯᠦᠭ ᠦᠨ ᠬᠡᠪᠯᠡᠯ ᠦᠨ ᠬᠡᠪᠯᠡᠭᠰᠡᠨ ᠦ
ᠬᠡᠪᠯᠡᠭᠰᠡᠨ ᠦ ᠰᠣᠶᠣᠯ ᠤᠨ ᠪᠦᠲᠦᠭᠡᠯ ᠦᠨ ᠬᠡᠪᠯᠡᠯ ᠦᠨ ᠪᠦᠯᠦᠭ ᠦᠨ ᠬᠡᠪᠯᠡᠭᠰᠡᠨ ᠦ ᠰᠣᠶᠣᠯ ᠤᠨ :: ᠪᠢᠴᠢᠭ
ᠪᠢᠴᠢᠭ ᠦᠨ ᠨᠣᠮ ᠤᠨ ᠬᠡᠪᠯᠡᠯ ᠦᠨ ᠮᠣᠩᠭᠣᠯ ᠪᠢᠴᠢᠭ ᠦᠨ ᠬᠡᠪᠯᠡᠭᠰᠡᠨ ᠦ ᠰᠣᠶᠣᠯ ᠤᠨ᠂ ᠬᠡᠪᠯᠡᠯ ᠦᠨ
ᠬᠡᠪᠯᠡᠯ ᠦᠨ ᠨᠣᠮ ᠤᠨ ᠬᠡᠪᠯᠡᠭᠰᠡᠨ ᠦ ᠰᠣᠶᠣᠯ ᠤᠨ ᠪᠦᠲᠦᠭᠡᠯ ᠦᠨ ᠬᠡᠪᠯᠡᠯ ᠦᠨ ᠬᠡᠪᠯᠡᠭᠰᠡᠨ ᠦ ᠪᠦᠲᠦᠭᠡᠯ᠂
ᠬᠡᠪᠯᠡᠭᠰᠡᠨ ᠦ ᠰᠣᠶᠣᠯ ᠤᠨ ᠪᠦᠲᠦᠭᠡᠯ ᠦᠨ ᠬᠡᠪᠯᠡᠯ ᠦᠨ ᠬᠡᠪᠯᠡᠭᠰᠡᠨ ᠪᠣᠯᠵᠠᠢ :: ᠪᠢᠴᠢᠭ ᠦᠨ ᠳᠤ
294 ᠬᠡᠪᠯᠡᠯ ᠦᠨ ᠨᠡᠢᠲᠡ ᠶᠢᠨ ᠬᠡᠪᠯᠡᠭᠰᠡᠨ ᠦ ᠬᠡᠪᠯᠡᠯ :: ᠬᠡᠪᠯᠡᠯ ᠦᠨ ᠬᠡᠪᠯᠡᠭᠰᠡᠨ ᠦ ᠰᠣᠶᠣᠯ ᠤᠨ ᠪᠦᠲᠦᠭᠡᠯ ᠳᠤ 2 ᠬᠡᠪᠯᠡᠯ᠂ ᠬᠡᠪᠯᠡᠯ
ᠬᠡᠪᠯᠡᠭᠰᠡᠨ ᠦ ᠰᠣᠶᠣᠯ ᠤᠨ ᠪᠦᠲᠦᠭᠡᠯ ᠳᠤ 2 ᠬᠡᠪᠯᠡᠯ᠂ ᠬᠡᠪᠯᠡᠯ ᠦᠨ ᠨᠣᠮ ᠤᠨ ᠬᠡᠪᠯᠡᠭᠰᠡᠨ ᠦ ᠰᠣᠶᠣᠯ ᠤᠨ ᠪᠦᠲᠦᠭᠡᠯ ᠳᠤ
ᠬᠡᠪᠯᠡᠭᠰᠡᠨ ᠦ ᠪᠢᠴᠢᠭ ᠦᠨ 16 ᠬᠡᠪᠯᠡᠯ᠂ ᠪᠢᠴᠢᠭ ᠦᠨ ᠨᠣᠮ ᠤᠨ ᠬᠡᠪᠯᠡᠯ ᠦᠨ ᠬᠡᠪᠯᠡᠭᠰᠡᠨ ᠦ ᠰᠣᠶᠣᠯ ᠤᠨ ᠪᠦᠲᠦᠭᠡᠯ ᠦᠨ
ᠪᠦᠲᠦᠭᠡᠯ 276 ᠬᠡᠪᠯᠡᠯ᠂ ᠬᠡᠪᠯᠡᠭᠰᠡᠨ ᠦ ᠰᠣᠶᠣᠯ ᠤᠨ ᠪᠦᠲᠦᠭᠡᠯ ᠦᠨ ᠬᠡᠪᠯᠡᠯ ᠦᠨ ᠬᠡᠪᠯᠡᠭᠰᠡᠨ ᠦ ᠰᠣᠶᠣᠯ ᠤᠨ
ᠳᠤ ᠬᠡᠪᠯᠡᠭᠰᠡᠨ ᠡᠨᠡ ᠬᠡᠪᠯᠡᠯ ᠦᠨ ᠬᠡᠪᠯᠡᠭᠰᠡᠨ ᠦ ᠰᠣᠶᠣᠯ ᠤᠨ ᠪᠦᠲᠦᠭᠡᠯ ᠦᠨ ᠳᠤ ᠨᠡᠢᠲᠡ ᠶᠢᠨ ᠬᠡᠪᠯᠡᠯ ᠦᠨ
ᠳᠤ ᠨᠡᠢᠲᠡ ᠶᠢᠨ ᠪᠢᠴᠢᠭ ᠦᠨ ᠬᠡᠪᠯᠡᠯ ᠦᠨ ᠰᠣᠶᠣᠯ ᠤᠨ ᠪᠦᠲᠦᠭᠡᠯ ᠦᠨ ᠬᠡᠪᠯᠡᠭᠰᠡᠨ ᠦ ᠪᠦᠯᠦᠭ ᠳᠦ ᠨᠢ ᠨᠡᠢᠲᠡ ᠶᠢᠨ
ᠬᠡᠪᠯᠡᠯ ᠦᠨ ᠬᠡᠪᠯᠡᠭᠰᠡᠨ ᠦ ᠰᠣᠶᠣᠯ ᠤᠨ ᠪᠦᠲᠦᠭᠡᠯ ᠦᠨ ᠬᠡᠪᠯᠡᠯ ᠦᠨ ᠪᠦᠯᠦᠭ ᠪᠣᠯᠵᠠᠢ :: 2017 ᠣᠨ
ᠬᠡᠪᠯᠡᠭᠰᠡᠨ ᠪᠦᠲᠦᠭᠡᠯ ᠦᠨ ᠬᠡᠪᠯᠡᠯ ᠦᠨ ᠰᠣᠶᠣᠯ ᠤᠨ ᠪᠦᠲᠦᠭᠡᠯ ᠦᠨ ᠬᠡᠪᠯᠡᠯ᠂ ᠮᠣᠩᠭᠣᠯ ᠬᠡᠪᠯᠡᠭᠰᠡᠨ᠂

【ᠨᠡᠢᠲᠡ ᠶᠢᠨ ᠬᠡᠪᠯᠡᠯ ᠦᠨ ᠪᠦᠲᠦᠭᠡᠯ】 ᠬᠡᠪᠯᠡᠯ ᠦᠨ ᠬᠡᠪᠯᠡᠭᠰᠡᠨ ᠦ ᠰᠣᠶᠣᠯ ᠤᠨ ᠪᠦᠲᠦᠭᠡᠯ᠂ ᠨᠡᠢᠲᠡ ᠶᠢᠨ ᠬᠡᠪᠯᠡᠯ ᠦᠨ
ᠬᠡᠪᠯᠡᠯ᠂ 56 ᠦᠨᠳᠦᠰᠦᠲᠡᠨ ᠦ ᠪᠦᠲᠦᠭᠡᠯ ᠪᠣᠯᠵᠠᠢ ::
ᠳᠤ ᠨᠡᠢᠲᠡ ᠶᠢᠨ ᠪᠦᠲᠦᠭᠡᠯ ᠦᠨ ᠪᠢᠴᠢᠭ ᠦᠨ ᠬᠡᠪᠯᠡᠯ᠂ ᠬᠡᠪᠯᠡᠯ ᠦᠨ ᠬᠡᠪᠯᠡᠭᠰᠡᠨ ᠦ ᠰᠣᠶᠣᠯ ᠤᠨ ᠬᠡᠪᠯᠡᠯ ᠳᠤ ᠬᠡᠪᠯᠡᠯ 28
ᠬᠡᠪᠯᠡᠭᠰᠡᠨ ᠦ ᠰᠣᠶᠣᠯ ᠤᠨ ᠪᠦᠲᠦᠭᠡᠯ ᠦᠨ ᠬᠡᠪᠯᠡᠯ ᠦᠨ ᠬᠡᠪᠯᠡᠭᠰᠡᠨ ᠦ ᠪᠦᠲᠦᠭᠡᠯ ᠦᠨ ᠬᠡᠪᠯᠡᠯ ᠦᠨ ᠪᠦᠯᠦᠭ
ᠪᠣᠯᠵᠠᠢ ᠪᠦᠲᠦᠭᠡᠯ ᠦᠨ ᠬᠡᠪᠯᠡᠯ ᠦᠨ ᠬᠡᠪᠯᠡᠭᠰᠡᠨ ᠦ 15 ᠬᠡᠪᠯᠡᠯ ᠦᠨ ᠰᠣᠶᠣᠯ ᠤᠨ ᠪᠦᠲᠦᠭᠡᠯ ᠳᠤ

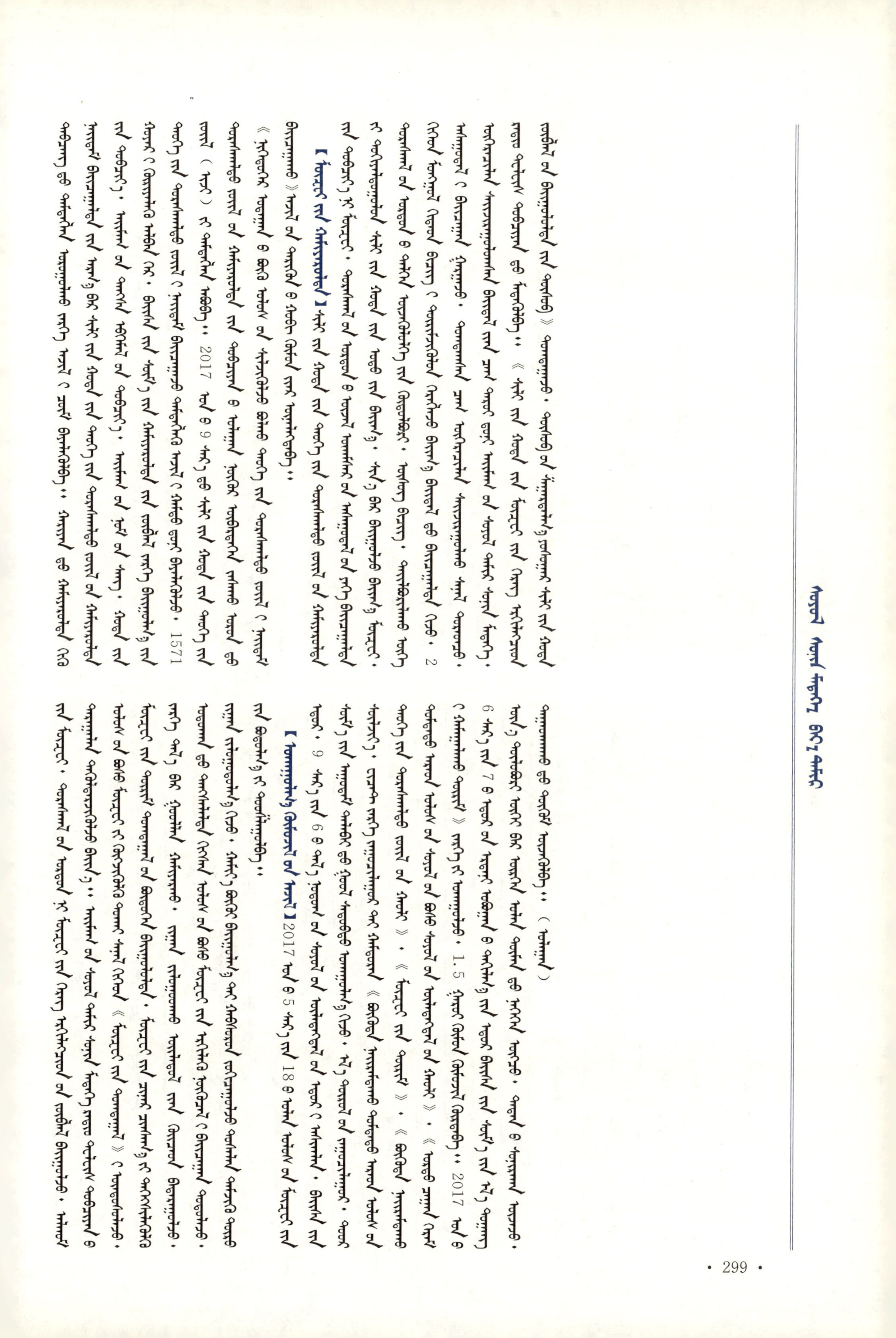

[illegible] 27356 [illegible]

【[illegible]】 [illegible]

[illegible] 1 [illegible]

[illegible] 8 [illegible] 10 [illegible] 12 [illegible] 6 [illegible] 240 [illegible] 3 [illegible] 2017 [illegible] 5 [illegible] 18 [illegible]

【[illegible]】 2017 [illegible] 3 [illegible] 21 [illegible]

[illegible]

【[illegible]】 2017 [illegible]

[illegible]

[illegible]

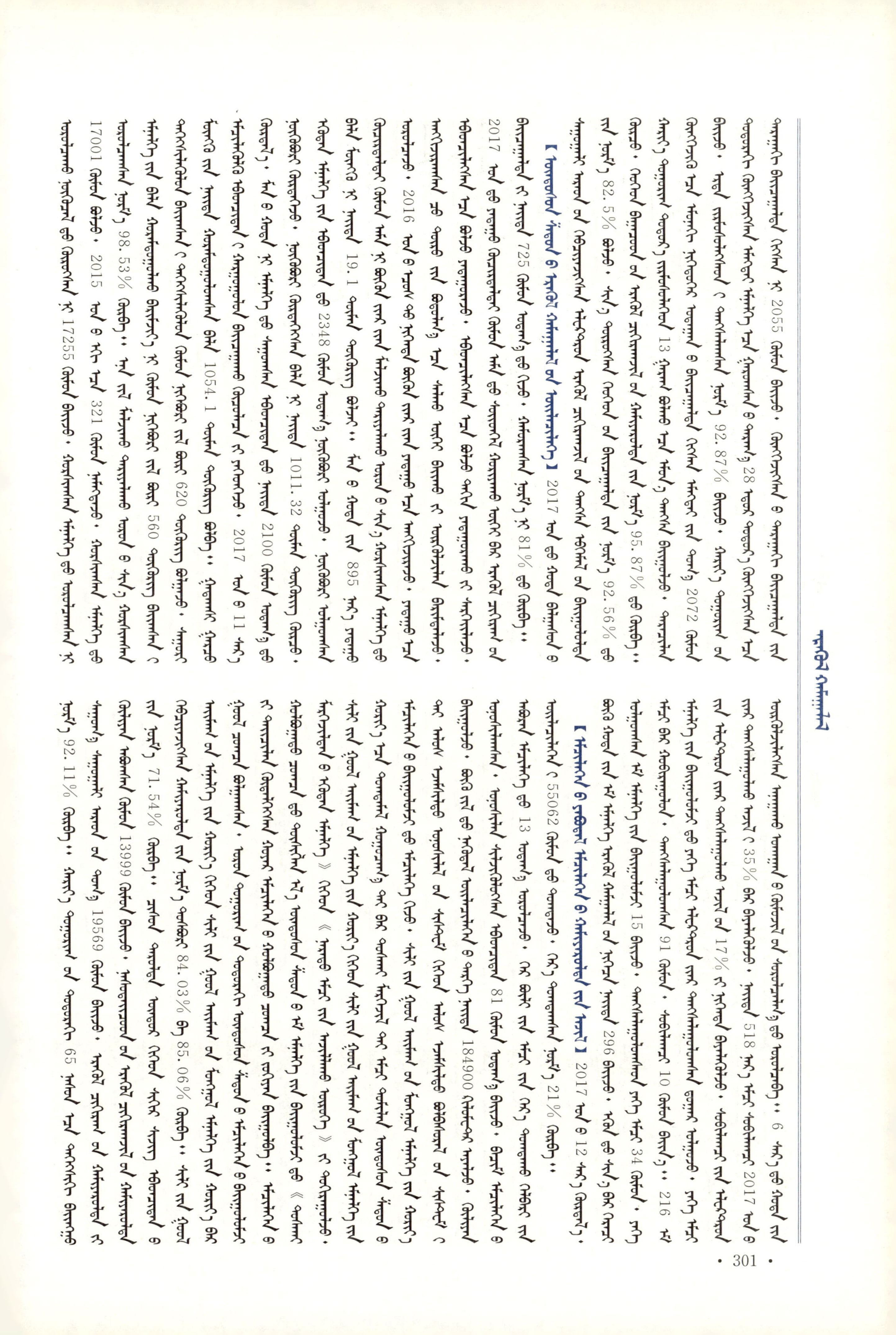

ᠤᠨ ᠬᠡᠷᠡᠭ ᠪᠦᠲᠦᠭᠡᠯ ᠦᠳ ᠦᠨ ᠬᠡᠪᠯᠡᠯ ᠢᠶᠡᠷ ᠨᠡᠶᠢᠲᠡᠯᠡᠭᠳᠡᠨ ᠬᠡᠮᠵᠢᠶ᠎ᠡ ᠶᠢ ᠦᠷᠭᠡᠳᠬᠡᠨ ᠳᠡᠯᠭᠡᠷᠡᠭᠦᠯᠦᠭᠰᠡᠨ ᠪᠠᠶᠢᠨ᠎ᠠ᠃ ᠪᠦᠲᠦᠭᠡᠯ ᠦᠨ ᠴᠢᠨᠠᠷ ᠢ ᠦᠨᠳᠦᠷᠵᠢᠭᠦᠯᠬᠦ ᠪᠦᠲᠦᠭᠡᠯ ᠦᠳ ᠦᠨ ᠬᠡᠪᠯᠡᠯ ᠪᠡᠷ ᠳᠠᠪᠬᠤᠷᠯᠠᠭᠤᠯᠤᠨ ᠬᠡᠪᠯᠡᠵᠦ᠂ ᠰᠤᠷᠭᠠᠨ ᠬᠦᠮᠦᠵᠢᠯ ᠤᠨ ᠨᠣᠮ ᠤᠨ ᠪᠦᠯᠦᠭ ᠬᠡᠪᠯᠡᠯ ᠦᠨ ᠣᠯᠠᠨ ᠲᠥᠷᠥᠯ ᠦᠨ ᠨᠣᠮ ᠤᠨ ᠵᠠᠬᠢᠶ᠎ᠠ ᠶᠢ ᠨᠡᠶᠢᠲᠡᠯᠡᠭᠦᠯᠦᠨ ᠬᠦᠮᠦᠵᠢᠯ ᠦᠨ ᠲᠥᠰᠥᠯ ᠤᠨ ᠦᠶ᠎ᠡ ᠶᠢᠨ ᠨᠣᠮ ᠤᠨ ᠬᠡᠪᠯᠡᠯ ᠦᠨ ᠬᠣᠷᠢᠶ᠎ᠠ ᠶᠢᠨ ᠰᠣᠶᠣᠯ ᠤᠨ ᠠᠵᠢᠯ ᠢ ᠳᠡᠮᠵᠢᠭᠰᠡᠨ᠂ ᠨᠡᠶᠢᠲᠡᠯᠡᠭᠰᠡᠨ ᠨᠣᠮ ᠤᠨ ᠲᠣᠭ᠎ᠠ ᠶᠢ ᠨᠡᠮᠡᠭᠳᠡᠭᠦᠯᠦᠭᠰᠡᠨ᠂ ᠨᠣᠮ ᠤᠨ ᠪᠦᠲᠦᠭᠡᠯ ᠦᠨ ᠴᠢᠨᠠᠷ ᠢ ᠳᠡᠭᠡᠭᠰᠢᠯᠡᠭᠦᠯᠦᠭᠰᠡᠨ ᠪᠠᠶᠢᠨ᠎ᠠ᠃ ᠬᠡᠪᠯᠡᠯ ᠦᠨ ᠬᠣᠷᠢᠶ᠎ᠠ ᠶᠢᠨ ᠰᠤᠷᠭᠠᠭᠤᠯᠢ ᠶᠢᠨ ᠬᠡᠪᠯᠡᠯ ᠦᠨ ᠬᠣᠷᠢᠶ᠎ᠠ ᠨᠢ ᠵᠢᠯ ᠳᠦ ᠨᠡᠶᠢᠲᠡᠯᠡᠭᠰᠡᠨ ᠨᠣᠮ ᠤᠨ ᠲᠥᠷᠥᠯ ᠢ ᠥᠷᠭᠡᠳᠬᠡᠨ᠂ ᠬᠡᠪᠯᠡᠯ ᠦᠨ ᠴᠢᠨᠠᠷ ᠢ ᠳᠡᠭᠡᠭᠰᠢᠯᠡᠭᠦᠯᠦᠨ ᠪᠠᠶᠢᠭᠤᠯᠤᠭᠰᠠᠨ᠂ 65 ᠨᠠᠰᠤ ᠪᠠ ᠲᠡᠭᠦᠨ ᠡᠴᠡ ᠳᠡᠭᠡᠭᠰᠢ ᠬᠦᠮᠦᠰ ᠤᠨ 《ᠪᠠᠭᠤᠯᠭᠠᠨ》 ᠪᠠ ᠨᠡᠶᠢᠲᠡᠯᠡᠭᠦᠯᠬᠦ ᠶᠢ ᠳᠡᠮᠵᠢᠨ ᠬᠡᠪᠯᠡᠵᠡᠢ᠃ ᠨᠡᠶᠢᠲᠡᠯᠡᠭᠰᠡᠨ 29 ᠨᠣᠮ ᠤᠨ ᠬᠡᠪᠯᠡᠯ ᠦᠨ ᠬᠣᠷᠢᠶ᠎ᠠ ᠪᠠ 65 ᠨᠠᠰᠤ ᠪᠠ ᠲᠡᠭᠦᠨ ᠡᠴᠡ ᠳᠡᠭᠡᠭᠰᠢ 《ᠥᠨᠳᠥᠷ ᠨᠠᠰᠤᠨ ᠤ ᠬᠡᠪᠯᠡᠯ ᠦᠨ ᠵᠠᠬᠢᠶ᠎ᠠ》 ᠪᠠ 8000 ᠭᠠᠷᠤᠢ ᠬᠤᠪᠢ ᠶᠢ ᠬᠤᠪᠢᠶᠠᠷᠢᠯᠠᠵᠤ᠂ ᠨᠡᠶᠢᠲᠡ ᠶᠢᠨ ᠨᠣᠮ ᠤᠨ ᠰᠠᠩ ᠳᠤ 100 ᠭᠠᠷᠤᠢ ᠲᠥᠷᠥᠯ ᠨᠣᠮ ᠬᠠᠩᠭᠠᠪᠠ᠃ ᠬᠣᠲᠠ ᠶᠢᠨ ᠨᠡᠶᠢᠲᠡ ᠶᠢᠨ ᠬᠦᠮᠦᠰ᠂ ᠰᠤᠷᠤᠭᠴᠢᠳ ᠤᠨ ᠨᠣᠮ ᠤᠨ ᠰᠠᠩ ᠳᠤ ᠬᠠᠩᠭᠠᠬᠤ ᠠᠵᠢᠯ ᠢ ᠳᠡᠮᠵᠢᠭᠰᠡᠨ᠂ ᠪᠠᠶᠢᠭᠤᠯᠤᠯᠭ᠎ᠠ ᠶᠢᠨ ᠬᠦᠮᠦᠰ ᠤᠨ ᠰᠤᠷᠭᠠᠭᠤᠯᠢ ᠶᠢᠨ ᠬᠡᠷᠡᠭᠴᠡᠭᠡ᠂ ᠮᠣᠩᠭᠣᠯ ᠬᠡᠯᠡ ᠪᠢᠴᠢᠭ ᠦᠨ ᠦᠵᠡᠭᠦᠯᠦᠯᠳᠡ 3 ᠤᠳᠠᠭ᠎ᠠ ᠶᠢᠨ ᠨᠣᠮ ᠤᠨ ᠦᠵᠡᠰᠬᠦᠯᠡᠩ ᠢ ᠵᠣᠬᠢᠶᠠᠨ ᠪᠠᠶᠢᠭᠤᠯᠤᠭᠰᠠᠨ᠃ ᠵᠢᠯ ᠦᠨ ᠳᠤᠮᠳᠠ ᠨᠣᠮ ᠤᠨ ᠬᠡᠪᠯᠡᠯ ᠦᠨ ᠰᠠᠶᠢᠨ ᠨᠣᠮ ᠤᠨ ᠪᠦᠲᠦᠭᠡᠯ ᠦᠳ᠂ ᠲᠤᠰᠬᠠᠢ 《ᠮᠣᠩᠭᠣᠯ ᠤᠨ ᠠᠭᠤᠯᠭ᠎ᠠ ᠶᠢᠨ ᠲᠠᠷᠢᠶᠠᠯᠠᠩ ᠤᠨ ᠴᠢᠭᠤᠯᠭᠠᠨ ᠪᠠᠷ》 ᠢ ᠬᠡᠪᠯᠡᠯ ᠦᠨ ᠳᠡᠯᠭᠡᠷᠡᠭᠦᠯᠬᠦ ᠰᠠᠩ ᠤᠨ ᠲᠤᠰᠠᠯᠠᠮᠵᠢ ᠳᠤ ᠣᠷᠣᠭᠤᠯᠵᠤ᠂ 《ᠬᠦᠮᠦᠨ ᠪᠣᠯᠬᠤ ᠶᠢᠨ ᠳᠤᠭᠤᠯᠠᠯ ᠪᠠ ᠰᠤᠷᠭᠠᠨ ᠬᠦᠮᠦᠵᠢᠯ》 《ᠲᠣᠷᠭᠤᠳ ᠤᠨ ᠭᠠᠵᠠᠷ ᠤᠨ ᠰᠤᠷᠭᠠᠨ ᠬᠦᠮᠦᠵᠢᠯ ᠤᠨ ᠴᠤᠪᠤᠷᠠᠯ》 《ᠨᠣᠮ ᠤᠨ ᠬᠡᠪᠯᠡᠯ ᠦᠨ ᠣᠶᠤᠨ ᠤ ᠴᠤᠪᠤᠷᠠᠯ》 ᠵᠡᠷᠭᠡ ᠨᠣᠮ ᠤᠳ ᠢ ᠦᠨᠳᠦᠰᠦᠨ ᠦ ᠨᠣᠮ ᠤᠨ ᠬᠡᠪᠯᠡᠯ ᠦᠨ ᠰᠠᠩ ᠤᠨ ᠲᠤᠰᠠᠯᠠᠮᠵᠢ ᠶᠢ ᠣᠯᠵᠤ᠂ 《ᠨᠣᠮ ᠤᠨ ᠦᠨᠳᠦᠰᠦᠨ ᠦ ᠬᠡᠪᠯᠡᠯ ᠦᠨ》 ᠪᠦᠲᠦᠭᠡᠯ ᠦᠳ ᠨᠢ ᠨᠡᠶᠢᠲᠡ ᠶᠢᠨ ᠨᠣᠮ ᠤᠨ ᠰᠠᠩ ᠤᠨ ᠣᠳᠣᠭ᠎ᠠ ᠶᠢᠨ ᠪᠠᠶᠢᠳᠠᠯ ᠢ ᠰᠠᠶᠢᠵᠢᠷᠠᠭᠤᠯᠵᠤ᠂ ᠨᠡᠶᠢᠲᠡ ᠶᠢᠨ ᠨᠣᠮ ᠤᠨ ᠰᠠᠩ ᠤᠨ ᠬᠡᠷᠡᠭᠴᠡᠭᠡ ᠶᠢ ᠬᠠᠩᠭᠠᠪᠠ᠃

【ᠬᠥᠬᠡ ᠬᠣᠲᠠ ᠶᠢᠨ ᠬᠡᠪᠯᠡᠯ ᠦᠨ ᠬᠣᠷᠢᠶ᠎ᠠ】 2017 ᠣᠨ ᠳᠤ ᠨᠡᠶᠢᠲᠡᠯᠡᠭᠰᠡᠨ ᠨᠣᠮ ᠤᠨ ᠲᠤᠬᠠᠢ ᠶᠢ ᠳᠣᠣᠷ᠎ᠠ ᠪᠢᠴᠢᠭᠰᠡᠨ ᠪᠠᠶᠢᠨ᠎ᠠ᠃

ᠪᠠᠶᠢᠭᠤᠯᠤᠯᠭ᠎ᠠ ᠶᠢᠨ ᠨᠣᠮ ᠤᠨ ᠬᠡᠪᠯᠡᠯ ᠢ ᠳᠡᠯᠭᠡᠷᠡᠭᠦᠯᠵᠦ᠂ ᠨᠡᠶᠢᠲᠡ 21 ᠨᠡᠷ ᠡ ᠲᠥᠷᠥᠯ ᠦᠨ ᠨᠣᠮ ᠪᠠ ᠬᠡᠪᠯᠡᠯ ᠦᠨ ᠬᠡᠯᠪᠡᠷᠢ ᠪᠡᠷ 9 ᠨᠡᠷ ᠡ ᠨᠣᠮ ᠢ ᠨᠡᠶᠢᠲᠡᠯᠡᠵᠦ᠂ ᠮᠣᠩᠭᠣᠯ ᠬᠡᠯᠡ ᠪᠢᠴᠢᠭ ᠦᠨ ᠪᠠᠶᠢᠭᠤᠯᠤᠯᠭ᠎ᠠ ᠶᠢᠨ ᠨᠣᠮ ᠤᠨ ᠬᠡᠪᠯᠡᠯ ᠦᠨ ᠠᠵᠢᠯ ᠢ ᠪᠦᠷᠢᠨ ᠳᠡᠮᠵᠢᠭᠰᠡᠨ ᠪᠠᠶᠢᠨ᠎ᠠ᠃ ᠨᠣᠮ ᠤᠨ ᠬᠡᠪᠯᠡᠯ ᠦᠨ ᠪᠦᠲᠦᠭᠡᠯ ᠦᠳ᠂ ᠰᠤᠷᠭᠠᠨ ᠬᠦᠮᠦᠵᠢᠯ ᠦᠨ ᠨᠣᠮ ᠢ ᠪᠠᠶᠢᠭᠤᠯᠤᠯᠭ᠎ᠠ ᠳᠤ ᠨᠣᠮ ᠬᠠᠩᠭᠠᠬᠤ ᠬᠡᠷᠡᠭ ᠢ ᠨᠣᠮ ᠤᠨ ᠰᠠᠩ ᠳᠤ (ᠨᠣᠮ ᠤᠨ ᠰᠠᠩ) ᠳᠤ 35 ᠮᠢᠩᠭ᠎ᠠ ᠬᠤᠪᠢ ᠨᠣᠮ ᠢ ᠬᠠᠩᠭᠠᠵᠤ᠂ ᠰᠤᠷᠭᠠᠭᠤᠯᠢ ᠶᠢᠨ ᠨᠣᠮ ᠤᠨ ᠰᠠᠩ ᠳᠤ ᠬᠠᠩᠭᠠᠪᠠ᠂ ᠬᠣᠲᠠ ᠶᠢᠨ ᠨᠡᠶᠢᠲᠡ ᠶᠢᠨ ᠨᠣᠮ ᠤᠨ ᠰᠠᠩ (ᠨᠣᠮ ᠤᠨ ᠬᠡᠪᠯᠡᠯ ᠦᠨ ᠬᠣᠷᠢᠶ᠎ᠠ) ᠪᠠ ᠪᠠᠶᠢᠭᠤᠯᠤᠯᠭ᠎ᠠ ᠶᠢᠨ ᠨᠣᠮ ᠤᠨ ᠬᠡᠷᠡᠭᠴᠡᠭᠡ ᠶᠢ ᠬᠠᠩᠭᠠᠬᠤ ᠠᠵᠢᠯ ᠢ ᠮᠣᠩᠭᠣᠯ ᠬᠡᠯᠡ ᠪᠢᠴᠢᠭ ᠦᠨ ᠪᠠᠶᠢᠭᠤᠯᠤᠯᠭ᠎ᠠ ᠶᠢᠨ ᠬᠡᠮᠵᠢᠶ᠎ᠡ ᠪᠡᠷ 5 ᠮᠢᠩᠭ᠎ᠠ ᠭᠠᠷᠤᠢ ᠨᠣᠮ᠂ ᠰᠤᠷᠭᠠᠭᠤᠯᠢ ᠶᠢᠨ ᠨᠣᠮ ᠤᠨ ᠰᠠᠩ ᠳᠤ 5000 ᠭᠠᠷᠤᠢ ᠬᠤᠪᠢ ᠨᠣᠮ ᠢ ᠬᠠᠩᠭᠠᠪᠠ᠂ ᠪᠠᠶᠢᠭᠤᠯᠤᠯᠭ᠎ᠠ ᠶᠢᠨ ᠬᠡᠷᠡᠭᠴᠡᠭᠡ᠂ ᠬᠡᠪᠯᠡᠯ ᠦᠨ ᠬᠣᠷᠢᠶ᠎ᠠ ᠶᠢᠨ ᠨᠣᠮ ᠤᠨ ᠪᠦᠲᠦᠭᠡᠯ ᠦᠳ ᠦᠨ ᠳᠤᠮᠳᠠ ᠡᠴᠡ ᠰᠣᠩᠭᠣᠨ 458 ᠲᠥᠷᠥᠯ ᠨᠣᠮ ᠢ ᠬᠠᠩᠭᠠᠵᠤ᠂ ᠪᠦᠲᠦᠭᠡᠯ ᠦᠳ ᠦᠨ ᠨᠡᠶᠢᠲᠡ 300 ᠮᠢᠩᠭ᠎ᠠ ᠶᠤᠸᠠᠨ 5400 ᠭᠠᠷᠤᠢ ᠬᠤᠪᠢ ᠨᠣᠮ᠂ ᠬᠣᠲᠠ ᠬᠦᠳᠡᠭᠡ ᠶᠢᠨ ᠰᠤᠷᠭᠠᠭᠤᠯᠢ ᠶᠢᠨ ᠨᠣᠮ ᠤᠨ ᠰᠠᠩ ᠳᠤ 20 ᠭᠠᠷᠤᠢ ᠰᠠᠶᠢᠨ ᠳᠤᠷᠠᠰᠬᠠᠯ ᠤᠨ᠂ ᠬᠡᠪᠯᠡᠯ ᠦᠨ ᠬᠣᠷᠢᠶ᠎ᠠ ᠶᠢᠨ ᠠᠵᠢᠯᠲᠠᠨ ᠤ 185 ᠨᠣᠮ ᠢ ᠬᠠᠩᠭᠠᠪᠠ᠂ ᠬᠡᠪᠯᠡᠯ ᠦᠨ ᠬᠣᠷᠢᠶ᠎ᠠ ᠶᠢᠨ ᠬᠥᠲᠥᠯᠪᠦᠷᠢ ᠶᠢᠨ ᠣᠯᠠᠨ ᠨᠡᠶᠢᠲᠡ ᠶᠢᠨ ᠠᠵᠢᠯᠲᠠᠨ ᠳᠤ ᠬᠦᠷᠬᠡᠭᠰᠡᠨ᠃ ᠨᠡᠶᠢᠲᠡ 60 ᠭᠠᠷᠤᠢ ᠲᠥᠷᠥᠯ ᠦᠨ ᠰᠤᠷᠤᠯᠴᠠᠭᠠᠨ ᠤ ᠬᠡᠪᠯᠡᠯ ᠦᠨ 《ᠪᠠᠭᠤᠯᠭᠠᠨ ᠤ ᠬᠦᠮᠦᠨ ᠴᠢᠭᠤᠯᠭᠠᠨ ᠰᠤᠷᠭᠠᠯ》 《ᠰᠤᠷᠤᠯᠴᠠᠭ᠎ᠠ ᠦᠨᠳᠦᠰᠦᠨ ᠪᠠ ᠲᠥᠷᠥ ᠶᠢᠨ ᠲᠣᠯᠢ》 ᠪᠠ ᠪᠠᠶᠢᠭᠤᠯᠤᠯᠭ᠎ᠠ ᠶᠢᠨ᠂ 《ᠮᠣᠩᠭᠣᠯ ᠤᠨ ᠪᠠ ᠬᠡᠪᠯᠡᠯ ᠦᠨ ᠲᠥᠷᠥ ᠶᠢᠨ ᠰᠤᠷᠭᠠᠯ》 ᠨᠣᠮ ᠤᠨ ᠪᠦᠲᠦᠭᠡᠯ᠂ ᠬᠡᠪᠯᠡᠯ ᠦᠨ ᠬᠣᠷᠢᠶ᠎ᠠ ᠶᠢᠨ ᠰᠤᠷᠤᠯᠴᠠᠭᠠᠨ ᠪᠠ ᠰᠤᠷᠤᠯᠴᠠᠭ᠎ᠠ ᠶᠢᠨ ᠬᠦᠮᠦᠰ ᠦᠨ ᠪᠠᠶᠢᠭᠤᠯᠤᠯᠭ᠎ᠠ ᠶᠢᠨ ᠠᠵᠢᠯ ᠢ ᠮᠣᠩᠭᠣᠯ ᠬᠡᠯᠡ ᠪᠡᠷ ᠨᠡᠶᠢᠲᠡ ᠶᠢᠨ ᠲᠥᠷᠥ ᠶᠢᠨ ᠠᠵᠢᠯ ᠤᠨ ᠪᠠᠶᠢᠭᠤᠯᠤᠯᠭ᠎ᠠ ᠶᠢᠨ ᠬᠡᠷᠡᠭᠴᠡᠭᠡ ᠶᠢ ᠬᠠᠩᠭᠠᠵᠤ᠂ ᠲᠥᠷᠥ ᠶᠢᠨ ᠪᠠᠶᠢᠭᠤᠯᠤᠯᠭ᠎ᠠ᠂ ᠰᠤᠷᠭᠠᠭᠤᠯᠢ ᠶᠢᠨ ᠬᠦᠮᠦᠰ᠂ ᠰᠤᠷᠤᠯᠴᠠᠭ᠎ᠠ ᠶᠢᠨ ᠬᠦᠮᠦᠰ ᠳᠦ ᠵᠣᠷᠢᠭᠤᠯᠵᠤ ᠪᠠᠶᠢᠨ᠎ᠠ᠃ ᠨᠡᠶᠢᠲᠡᠯᠡᠭᠰᠡᠨ ᠨᠣᠮ ᠤᠨ ᠬᠤᠪᠢ ᠶᠢᠨ ᠬᠡᠮᠵᠢᠶ᠎ᠡ᠂ ᠪᠠᠶᠢᠭᠤᠯᠤᠯᠭ᠎ᠠ ᠶᠢᠨ ᠬᠡᠷᠡᠭᠴᠡᠭᠡ ᠳᠦ ᠨᠡᠶᠢᠴᠡᠭᠦᠯᠦᠨ ᠬᠠᠩᠭᠠᠬᠤ ᠠᠵᠢᠯ ᠢ 66 ᠲᠥᠷᠥᠯ ᠦᠨ ᠨᠣᠮ ᠤᠨ ᠦᠵᠡᠰᠬᠦᠯᠡᠩ ᠢ ᠵᠣᠬᠢᠶᠠᠨ ᠪᠠᠶᠢᠭᠤᠯᠤᠯᠭ᠎ᠠ ᠶᠢᠨ ᠬᠡᠷᠡᠭᠴᠡᠭᠡ ᠪᠠᠷ ᠢ ᠬᠠᠩᠭᠠᠵᠤ᠂ ᠬᠦᠮᠦᠰ ᠦᠨ ᠪᠠᠶᠢᠭᠤᠯᠤᠯᠭ᠎ᠠ ᠶᠢᠨ ᠬᠡᠷᠡᠭᠴᠡᠭᠡ ᠪᠠᠷ᠂ ᠰᠤᠷᠭᠠᠭᠤᠯᠢ ᠶᠢᠨ ᠪᠠᠶᠢᠭᠤᠯᠤᠯᠭ᠎ᠠ ᠶᠢᠨ ᠬᠡᠷᠡᠭᠴᠡᠭᠡ᠂ ᠬᠡᠪᠯᠡᠯ ᠦᠨ ᠬᠣᠷᠢᠶ᠎ᠠ ᠶᠢᠨ ᠰᠤᠷᠤᠯᠴᠠᠭᠠᠨ᠂ ᠲᠥᠷᠥ ᠶᠢᠨ ᠪᠠᠶᠢᠭᠤᠯᠤᠯᠭ᠎ᠠ᠂ ᠬᠣᠲᠠ ᠶᠢᠨ ᠪᠠᠶᠢᠭᠤᠯᠤᠯᠭ᠎ᠠ ᠶᠢᠨ ᠬᠡᠷᠡᠭᠴᠡᠭᠡ ᠳᠦ ᠨᠡᠶᠢᠲᠡ ᠶᠢᠨ ᠰᠤᠷᠭᠠᠨ ᠬᠦᠮᠦᠵᠢᠯ ᠦᠨ ᠬᠡᠷᠡᠭᠴᠡᠭᠡ ᠪᠠ ᠪᠠᠶᠢᠭᠤᠯᠤᠯᠭ᠎ᠠ ᠶᠢᠨ ᠬᠡᠷᠡᠭᠴᠡᠭᠡ᠂ ᠬᠡᠪᠯᠡᠯ ᠦᠨ ᠬᠣᠷᠢᠶ᠎ᠠ ᠶᠢᠨ ᠨᠡᠶᠢᠲᠡ ᠶᠢᠨ ᠬᠡᠷᠡᠭᠴᠡᠭᠡ ᠶᠢ ᠬᠠᠩᠭᠠᠪᠠ᠃ ᠵᠢᠯ ᠦᠨ ᠳᠤᠮᠳᠠ ᠬᠡᠪᠯᠡᠯ ᠦᠨ ᠬᠣᠷᠢᠶ᠎ᠠ ᠶᠢᠨ ᠪᠦᠲᠦᠭᠡᠯ ᠦᠳ ᠦᠨ ᠨᠣᠮ ᠤᠨ ᠬᠡᠷᠡᠭᠴᠡᠭᠡ ᠶᠢ ᠰᠠᠶᠢᠵᠢᠷᠠᠭᠤᠯᠪᠠ᠂ ᠨᠡᠶᠢᠲᠡᠯᠡᠯ ᠦᠨ ᠨᠣᠮ ᠤᠨ ᠲᠣᠭ᠎ᠠ ᠶᠢ ᠨᠡᠮᠡᠭᠳᠡᠭᠦᠯᠪᠡ᠃

【ᠪᠦᠭᠦᠳᠡ ᠨᠠᠶᠢᠷᠠᠮᠳᠠᠬᠤ ᠬᠡᠪᠯᠡᠯ ᠦᠨ ᠬᠣᠷᠢᠶ᠎ᠠ】 ᠬᠡᠪᠯᠡᠯ ᠦᠨ ᠬᠣᠷᠢᠶ᠎ᠠ ᠶᠢᠨ ᠪᠦᠲᠦᠭᠡᠯ ᠦᠳ ᠦᠨ ᠨᠡᠶᠢᠲᠡ ᠳᠦ ᠵᠢᠯ ᠳᠦ ᠨᠡᠶᠢᠲᠡ 120 ᠭᠠᠷᠤᠢ ᠲᠥᠷᠥᠯ ᠢ ᠬᠠᠩᠭᠠᠪᠠ᠃

ᠬᠠᠩᠭᠠᠭᠰᠠᠨ 100 ᠭᠠᠷᠤᠢ ᠲᠥᠷᠥᠯ ᠦᠨ ᠰᠤᠷᠭᠠᠨ ᠪᠠᠶᠢᠭᠤᠯᠤᠯᠭ᠎ᠠ ᠶᠢᠨ ᠨᠣᠮ ᠢ ᠬᠠᠩᠭᠠᠵᠤ᠂ ᠬᠣᠲᠠ ᠰᠤᠮᠤᠨ ᠬᠦᠳᠡᠭᠡ ᠶᠢᠨ ᠰᠤᠷᠭᠠᠭᠤᠯᠢ ᠳᠤ ᠬᠦᠷᠭᠡᠨ ᠲᠦᠭᠡᠭᠡᠵᠦ᠂ ᠰᠤᠮᠤᠨ ᠤ ᠨᠡᠶᠢᠲᠡ ᠶᠢᠨ ᠨᠣᠮ ᠤᠨ ᠰᠠᠩ ᠳᠤ 2 ᠮᠢᠩᠭ᠎ᠠ ᠬᠤᠪᠢ ᠶᠢ ᠬᠠᠩᠭᠠᠪᠠ᠂ ᠪᠠᠶᠢᠭᠤᠯᠤᠯᠭ᠎ᠠ ᠳᠤ ᠨᠡᠶᠢᠲᠡ 4700 ᠭᠠᠷᠤᠢ ᠬᠤᠪᠢ ᠨᠣᠮ ᠢ ᠬᠠᠩᠭᠠᠵᠤ᠂ ᠵᠢᠯ ᠪᠦᠷᠢ ᠨᠡᠶᠢᠲᠡ ᠶᠢᠨ ᠰᠤᠷᠭᠠᠭᠤᠯᠢ ᠳᠤ ᠨᠣᠮ ᠤᠨ ᠰᠠᠩ ᠤᠨ 113 ᠨᠡᠷ ᠡ ᠲᠥᠷᠥᠯ ᠦᠨ ᠨᠣᠮ ᠢ

ᠪᠦᠷᠢᠯᠳᠦᠭᠦᠯᠦᠨ ᠪᠡ ᠲᠠᠷᠢᠶᠠᠯᠠᠩ ᠭᠠᠵᠠᠷ ᠰᠠᠶᠢᠵᠢᠷᠠᠭᠤᠯᠬᠤ ᠪᠠ ᠬᠡᠮᠡᠯᠡᠭᠦ ᠰᠠᠩ ᠤᠨ ᠬᠥᠷᠥᠩᠭᠡ ᠣᠷᠣᠭᠤᠯᠤᠯᠲᠠ ᠶᠢ 9450 ᠲᠦᠮᠡᠨ ᠶᠤᠸᠠᠨ ᠳᠤ ᠬᠦᠷᠭᠡᠵᠦ ᠰᠠᠶᠢᠵᠢᠷᠠᠭᠤᠯᠬᠤ ᠶᠢᠨ ᠬᠡᠮᠡᠯᠡᠭᠦ ᠰᠠᠩ ᠤᠨ ᠬᠥᠷᠥᠩᠭᠡ ᠣᠷᠣᠭᠤᠯᠤᠯᠲᠠ ᠶᠢ ᠪᠡᠯᠡᠳᠭᠡᠪᠡ᠃ 2017 ᠣᠨ ᠳᠤ — 36 ᠮᠢᠩᠭᠠᠨ ᠮᠣ ᠬᠦᠷᠦᠯ 65 ᠲᠣᠭᠠ ᠪᠠᠷ ᠮᠡᠷᠭᠡᠵᠢᠯ ᠬᠠᠮᠲᠤᠷᠠᠯᠴᠠᠭᠠ ᠪᠠ ᠲᠠᠷᠢᠶᠠᠯᠠᠩ ᠰᠠᠶᠢᠵᠢᠷᠠᠭᠤᠯᠬᠤ ᠶᠢᠨ ᠪᠠᠭᠠᠵᠢ ᠶᠢᠨ ᠲᠤᠷᠰᠢᠯᠲᠠ ᠬᠦᠷᠦᠯ ᠲᠠᠷᠢᠶᠠᠯᠠᠩ ᠪᠠᠶᠢᠭᠤᠯᠤᠭᠰᠠᠨ ᠪᠣᠯᠤᠨ᠎ᠠ᠂ ᠲᠠᠷᠢᠶᠠᠯᠠᠩ ᠭᠠᠵᠠᠷ ᠰᠠᠶᠢᠵᠢᠷᠠᠭᠤᠯᠬᠤ ᠬᠢᠵᠦ ᠪᠣᠯᠬᠤ ᠲᠠᠯᠠᠪᠠᠢ 48 ᠮᠢᠩᠭᠠᠨ ᠪᠣᠯᠤᠨ᠎ᠠ᠃ 3088 ᠮᠢᠩᠭᠠᠨ ᠰᠠᠶᠢᠵᠢᠷᠠᠭᠤᠯᠤᠯᠲᠠ ᠳᠤ ᠣᠷᠤᠭᠤᠯᠤᠨ ᠪᠣᠯᠤᠨ᠎ᠠ) ᠶᠢᠨ ᠬᠦᠷᠦᠯ ᠲᠠᠷᠢᠶᠠᠯᠠᠩ ᠰᠠᠶᠢᠵᠢᠷᠠᠭᠤᠯᠬᠤ ᠬᠢᠵᠦ ᠳᠠᠭᠤᠰᠤᠭᠰᠠᠨ ᠢ 26 ᠰᠠᠶᠢᠵᠢᠷᠠᠭᠤᠯᠤᠯᠲᠠ ᠶᠢ ᠲᠣᠭᠠᠴᠠᠭᠤᠯᠤᠯᠲᠠ ᠪᠠ ᠮᠡᠳᠡᠭᠦ᠂ ᠲᠣᠭᠠᠴᠠᠭᠤᠯᠬᠤ ᠲᠣᠭᠠᠴᠠᠬᠤ᠂ ᠲᠠᠷᠢᠶᠠᠯᠠᠩ ᠰᠠᠶᠢᠵᠢᠷᠠᠭᠤᠯᠤᠯᠲᠠ ᠳᠤ ᠰᠢᠯᠭᠠᠬᠤ᠂ ᠰᠢᠯᠭᠠᠯᠲᠠ ᠪᠠ ᠲᠠᠷᠢᠶᠠᠯᠠᠩ (ᠰᠢᠯᠭᠠᠯ ᠶᠢᠨ ᠬᠡᠷᠡᠭ ᠬᠡᠷᠡᠭᠵᠢᠭᠦᠯᠬᠦ ᠳᠤ ᠲᠠᠷᠢᠶᠠᠯᠠᠩ ᠤ ᠪᠠᠲᠤᠯᠠᠭᠳᠠᠯ᠂ ᠬᠡᠷᠡᠭᠵᠢᠭᠦᠯᠬᠦ ᠬᠠᠷᠢᠭᠤᠴᠠᠯᠭ᠎ᠠ ᠳᠤ ᠲᠠᠷᠢᠶᠠᠯᠠᠩ ᠰᠠᠶᠢᠵᠢᠷᠠᠭᠤᠯᠤᠯᠲᠠ ᠳᠤ ᠲᠣᠭᠠᠴᠠᠭᠤᠯᠬᠤ ᠪᠠᠲᠤᠯᠠᠭᠳᠠᠯ ᠲᠣᠭᠠᠴᠠᠭᠤᠯᠪᠠ᠂ ᠲᠣᠭᠠ ᠪᠣᠯᠤᠨ ᠰᠢᠯᠭᠠᠵᠤ ᠪᠠᠷ ᠲᠣᠭᠠᠴᠠᠭᠤᠯᠤᠯ 67 ᠰᠠᠶᠢᠵᠢᠷᠠᠭᠤᠯᠤᠯᠲᠠ ᠶᠢ ᠪᠠᠲᠤᠯᠠᠭᠳᠠᠭᠤᠯᠵᠤ ᠰᠢᠯᠭᠠᠯ ᠶᠢᠨ ᠰᠢᠯᠭᠠᠵᠤ ᠪᠠᠷ ᠲᠣᠭᠠᠴᠠᠭᠤᠯᠤᠯ ᠰᠠᠶᠢᠵᠢᠷᠠᠭᠤᠯᠤᠯᠲᠠ ᠶᠢ ᠪᠠᠲᠤᠯᠠᠭᠳᠠᠭᠤᠯᠵᠤ ᠳᠤ ᠲᠠᠷᠢᠶᠠᠯᠠᠩ ᠭᠠᠵᠠᠷ ᠰᠠᠶᠢᠵᠢᠷᠠᠭᠤᠯᠬᠤ ᠶᠢᠨ ᠪᠠᠶᠢᠳᠠᠯ ᠢ ᠰᠠᠶᠢᠵᠢᠷᠠᠭᠤᠯᠬᠤ ᠶᠢᠨ ᠲᠣᠭᠠᠴᠠᠭᠤᠯᠤᠯᠲᠠ ᠶᠢ ᠬᠡᠷᠡᠭ ᠮᠡᠳᠡᠯ ᠢ ᠳᠠᠭᠠᠭᠤᠯᠬᠤ ᠶᠢ ᠲᠣᠭᠲᠠᠭᠠᠵᠤ ᠬᠡᠷᠡᠭᠵᠢᠭᠦᠯᠬᠦ ᠲᠣᠭᠠ ᠮᠡᠷᠭᠡᠵᠢᠯᠲᠡᠨ ᠢ ᠪᠡᠯᠡᠳᠭᠡᠪᠡ᠃ ᠡᠨᠡ ᠲᠣᠭᠲᠠᠭᠠᠯᠲᠠ ᠪᠠᠷ ᠲᠣᠭᠠᠨ ᠤ ᠰᠢᠯᠭᠠᠯ ᠮᠡᠳᠡᠭᠳᠡᠯ ᠢ ᠮᠡᠳᠡᠭᠦᠯᠦᠯᠲᠡ᠂ ᠲᠣᠭᠲᠠᠭᠠᠯ ᠮᠥᠷ ᠤ ᠲᠠᠷᠢᠶᠠᠯᠠᠩ ᠬᠦᠷᠦᠯ ᠰᠠᠶᠢᠵᠢᠷᠠᠭᠤᠯᠤᠯᠲᠠ ᠶᠢ ᠮᠡᠳᠡᠭᠳᠡᠬᠦ ᠮᠡᠳᠡᠭᠦᠯᠦᠯᠲᠡ᠂ 29 ᠰᠢᠯᠭᠠᠯᠲᠠ ᠶᠢᠨ ᠲᠠᠷᠢᠶᠠᠯᠠᠩ ᠰᠠᠶᠢᠵᠢᠷᠠᠭᠤᠯᠤᠯᠲᠠ ᠳᠤ ᠲᠣᠭᠲᠠᠭᠠᠯ ᠳᠤ 29 ᠲᠣᠭ᠎ᠠ ᠬᠡᠮᠵᠢᠶ᠎ᠡ ᠶᠢ ᠲᠣᠭᠲᠠᠭᠠᠯᠲᠠ ᠲᠣᠭᠲᠠᠭᠠᠵᠤ᠂ ᠲᠣᠭᠲᠠᠭᠠᠯ ᠮᠥᠷ ᠤ 3 ᠲᠠᠷᠢᠶᠠᠯᠠᠩ ᠰᠠᠶᠢᠵᠢᠷᠠᠭᠤᠯᠤᠯᠲᠠ ᠳᠤ ᠰᠢᠯᠭᠠᠯ ᠳᠤ 9 ᠮᠡᠳᠡᠭᠳᠡᠯ ᠬᠦᠷᠦᠯ ᠶᠢᠨ ᠲᠠᠷᠢᠶᠠᠯᠠᠩ ᠭᠠᠵᠠᠷ ᠢ ᠲᠣᠭᠠᠴᠠᠭᠤᠯᠤᠯ ᠪᠠᠶᠢᠳᠠᠯ ᠲᠣᠭᠠᠴᠠᠭᠤᠯᠤᠯᠲᠠ ᠶᠢ ᠲᠣᠭᠠᠨ ᠳᠤᠮᠳᠠ᠂ ᠮᠡᠳᠡᠭᠦᠯᠦᠯ ᠬᠦᠷᠦᠯ ᠭᠠᠵᠠᠷ ᠢ ᠲᠣᠭᠠᠴᠠᠭᠤᠯᠤᠯ ᠪᠠᠶᠢᠳᠠᠯ ᠲᠣᠭᠠᠴᠠᠭᠤᠯᠤᠯᠲᠠ ᠶᠢ ᠰᠢᠯᠭᠠᠯᠲᠠ ᠳᠤ ᠡᠨᠡ ᠮᠡᠳᠡᠭᠦ ᠶᠢ ᠲᠣᠭᠲᠠᠭᠠᠵᠤ᠂ ᠬᠦᠷᠦᠯ ᠲᠠᠷᠢᠶᠠᠯᠠᠩ ᠲᠣᠭᠠᠴᠠᠭᠤᠯᠤᠯᠲᠠ ᠶᠢ ᠳᠠᠭᠤᠰᠬᠠᠬᠤ ᠶᠢᠨ ᠮᠡᠳᠡᠭᠳᠡᠬᠦ ᠶᠢ ᠡᠨᠡ ᠮᠥᠷ ᠪᠡᠷ ᠲᠣᠭᠲᠠᠭᠠᠯ᠂ ᠲᠠᠷᠢᠶᠠᠯᠠᠩ ᠬᠦᠷᠦᠯ ᠰᠠᠶᠢᠵᠢᠷᠠᠭᠤᠯᠬᠤ ᠶᠢᠨ ᠲᠠᠷᠢᠶᠠᠯᠠᠩ

【 ᠲᠠᠷᠢᠶᠠᠯᠠᠩ ᠭᠠᠵᠠᠷ ᠪᠠ ᠰᠠᠶᠢᠵᠢᠷᠠᠭᠤᠯᠬᠤ ᠶᠢᠨ ᠲᠠᠯ᠎ᠠ 】 ᠲᠠᠷᠢᠶᠠᠯᠠᠩ ᠭᠠᠵᠠᠷ ᠰᠠᠶᠢᠵᠢᠷᠠᠭᠤᠯᠬᠤ ᠶᠢᠨ ᠮᠡᠳᠡᠭᠦ ᠮᠡᠳᠡᠯ ᠳᠤ ᠲᠠᠯ᠎ᠠ ᠶᠢ ᠬᠢᠷᠢᠯ ᠰᠠᠶᠢᠵᠢᠷᠠᠭᠤᠯᠪᠠ᠃

ᠰᠢᠨ᠎ᠡ ᠰᠢᠯᠭᠠᠯᠲᠠ ᠶᠢᠨ ᠰᠠᠶᠢᠵᠢᠷᠠᠭᠤᠯᠤᠯ ᠰᠠᠶᠢᠵᠢᠷᠠᠭᠤᠯᠤᠯᠲᠠ᠂ 《 ᠲᠠᠷᠢᠶᠠᠯᠠᠩ ᠰᠠᠶᠢᠵᠢᠷᠠᠭᠤᠯᠤᠯᠲᠠ ᠮᠡᠳᠡᠭᠦᠯᠦᠯᠲᠡ ᠲᠣᠭᠠᠴᠠᠭ᠎ᠠ ᠳᠤ ᠳᠠᠭᠤᠰᠤᠨ 》 ᠳᠤ ᠰᠢᠯᠭᠠᠭᠤᠯᠤᠯᠲᠠ ᠶᠢᠨ ᠲᠠᠯ᠎ᠠ ᠶᠢ ᠲᠣᠭᠲᠠᠭᠠ ᠬᠢᠷᠢ ᠬᠡᠮᠵᠢᠶ᠎ᠡ ᠳᠠᠭᠤᠰᠬᠠᠭᠰᠠᠨ᠂ ᠡᠨᠡ ᠶᠢᠨ ᠳᠤ ᠲᠠᠯ᠎ᠠ ᠳᠤ ᠮᠡᠷᠭᠡᠵᠢᠯ ᠳᠦᠭᠦᠮ 150 ᠰᠠᠶᠢᠵᠢᠷᠠᠭᠤᠯᠪᠠ᠃ ᠮᠡᠳᠡᠭᠳᠡᠯ ᠤᠨ ᠪᠠᠲᠤᠯᠠᠭᠳᠠᠯ ᠶᠢᠨ ᠳᠡᠭᠡᠳᠦ ᠶᠢᠨ ᠰᠠᠶᠢᠨ ᠶᠢᠨ ᠮᠡᠳᠡᠯᠭᠡ ᠳᠤ ᠰᠠᠶᠢᠵᠢᠷᠠᠭᠤᠯᠤᠯ ᠬᠦᠷᠦᠯ ᠰᠠᠶᠢᠨ ᠰᠢᠯᠭᠠᠯ ᠶᠢᠨ ᠬᠡᠷᠡᠭ ᠳᠡᠭᠡᠳᠦ ᠳᠤ ᠮᠡᠳᠡᠯ ᠮᠡᠷᠭᠡᠵᠢᠯ ᠤᠨ ᠰᠤᠷᠭᠠᠭᠤᠯᠢ ᠪᠠ 70 ᠰᠢᠯᠭᠠᠯ ᠰᠤᠷᠭᠠᠯᠲᠠ ᠬᠡᠷᠡᠭ ᠪᠣᠯᠭᠠᠨ ᠲᠣᠭᠲᠠᠭᠠᠨ ᠲᠠᠷᠢᠶᠠᠯᠠᠩ ᠳᠤ ᠲᠣᠭᠠᠨ ᠳᠤ ᠮᠡᠳᠡᠯ ᠤᠨ ᠮᠡᠷᠭᠡᠵᠢᠯ ᠳᠡᠭᠡᠳᠦ ᠪᠠ 14 ᠰᠤᠷᠭᠠᠨ᠂ ᠲᠣᠭᠲᠠᠭᠠᠯ ᠰᠤᠷᠭᠠᠭᠤᠯᠢ ᠲᠣᠭᠠᠨ᠂ ᠮᠡᠳᠡᠯ ᠶᠢᠨ ᠮᠡᠳᠡᠭᠦᠯᠦᠯ ᠪᠢᠴᠢᠭ ᠮᠡᠳᠡᠭᠦᠯᠦᠯᠲᠡ᠂ 《 ᠮᠡᠷᠭᠡᠵᠢᠯ ᠲᠣᠭᠲᠠᠯ ᠳᠤ ᠲᠡᠭᠦᠨ ᠰᠢᠨ ᠮᠡᠳᠡᠯ 》 ᠳᠤ 1 ᠰᠤᠷᠭᠠᠨ᠂ ᠶᠢᠨ ᠰᠢᠯᠭᠠᠯᠲᠠ ᠰᠠᠶᠢᠵᠢᠷᠠᠭᠤᠯᠤᠯ ᠤᠨ ᠪᠠᠭ᠎ᠠ ᠮᠡᠳᠡᠭᠦᠯᠦᠯᠲᠡ᠂ ᠲᠠᠷᠢᠶᠠᠯᠠᠩ ᠰᠠᠶᠢᠵᠢᠷᠠᠭᠤᠯᠤᠯᠲᠠ ᠮᠡᠳᠡᠭᠦᠯᠦᠯᠲᠡ ᠲᠣᠭᠠᠴᠠᠭ᠎ᠠ ᠳᠤ ᠲᠠᠷᠢᠶᠠᠯᠠᠩ ᠮᠡᠳᠡᠭᠳᠡᠯ ᠰᠢᠯᠭᠠᠯᠲᠠ ᠲᠣᠭᠲᠠᠭᠠ ᠮᠡᠳᠡᠭᠦᠯᠪᠡ᠃ ᠮᠥᠨ ᠶᠢᠨ ᠰᠢᠨ᠎ᠡ ᠳᠤ ᠲᠣᠭᠠᠨ ᠳᠤ ᠮᠡᠳᠡᠯ ᠮᠥᠨ ᠪᠠᠶᠢᠭᠤᠯᠤᠯ ᠡᠷᠬᠢᠯᠡᠯ ᠢ ᠲᠣᠭᠠᠴᠠᠭᠤᠯᠤᠯᠲᠠ ᠶᠢᠨ ᠲᠡᠬᠨᠢᠭ ᠰᠠᠶᠢᠵᠢᠷᠠᠭᠤᠯᠬᠤ ᠮᠡᠳᠡᠭᠦᠯᠦᠯ ᠤᠨ ᠮᠡᠷᠭᠡᠵᠢᠯ ᠳᠤ ᠪᠣᠯᠤᠨ ᠡᠷᠬᠢᠯᠡᠯ ᠤᠨ ᠲᠡᠬᠨᠢᠭ ᠤᠨ ᠲᠠᠯ᠎ᠠ ᠳᠤ ᠪᠠᠶᠢᠭᠤᠯᠤᠯᠲᠠ᠂ 2017 ᠣᠨ ᠳᠤ ᠳᠣᠷᠤᠪᠠ ᠳᠤᠭᠠᠷ ᠰᠠᠷ᠎ᠠ ᠶᠢᠨ ᠦᠷᠳᠦᠨ ᠳᠤ ᠨᠢᠭᠡ ᠮᠢᠩᠭᠠᠨ ᠰᠤᠷᠭᠠᠭᠤᠯᠢ ᠪᠣᠯᠤᠨ ᠪᠣᠯᠪᠠ ᠲᠠᠷᠢᠶᠠᠯᠠᠩ ᠪᠣᠯᠤᠨ ᠲᠣᠭᠠᠨ ᠰᠢᠨ᠎ᠡ ᠬᠢᠷᠢ ᠲᠡᠬᠨᠢᠭ ᠤᠨ ᠮᠡᠳᠡᠯ᠂ ᠪᠡᠯᠡᠳᠬᠡᠯ ᠮᠡᠳᠡᠭᠦᠯᠦᠯᠲᠡ 2 ᠰᠤᠷᠭᠠᠨ᠂ ᠪᠣᠯᠤᠨ ᠪᠣᠯ ᠮᠡᠳᠡᠭᠦᠯᠦᠯ ᠤᠨ ᠲᠣᠭᠲᠠᠭᠠᠯ ᠳᠤ 8 ᠰᠤᠷᠭᠠᠨ ᠪᠣᠯᠭᠠᠨ ᠬᠢᠵᠦ᠂ ᠲᠠᠷᠢᠶᠠᠯᠠᠩ ᠪᠣᠯᠭᠠᠯᠲᠠ ᠶᠢᠨ ᠲᠣᠭᠠᠨ ᠮᠠᠰᠢᠨ ᠢ EV7180 ᠰᠤᠷᠭᠠᠨ᠂ COXA 167 ᠰᠤᠷᠭᠠᠨ ᠮᠡᠳᠡᠯ ᠤᠨ ᠮᠡᠷᠭᠡᠵᠢᠯ ᠪᠠᠷ 97 ᠰᠤᠷᠭᠠᠨ ᠲᠡᠭᠦᠷᠢᠭ ᠢ ᠲᠠᠷᠢᠶᠠᠯᠠᠩ ᠤᠨ ᠲᠣᠭᠠᠨ ᠶᠢᠨ ᠰᠢᠯᠭᠠᠯᠲᠠ ᠲᠣᠭᠲᠠᠭᠠᠯ ᠤᠨ ᠮᠡᠳᠡᠯ ᠲᠣᠭᠠ ᠶᠢᠨ ᠲᠠᠷᠢᠶᠠᠯᠠᠩ ᠳᠤ ᠰᠠᠶᠢᠵᠢᠷᠠᠭᠤᠯᠤᠯ ᠲᠠᠷᠢᠶᠠᠯᠠᠩ ᠤᠨ ᠰᠢᠯᠭᠠᠯᠲᠠ ᠲᠣᠭᠲᠠᠭᠠᠯ ᠤᠨ ᠪᠠᠲᠤᠯᠠᠭᠳᠠᠬᠤ ᠬᠢᠵᠦ᠂ ᠮᠡᠳᠡᠭᠦᠯᠦᠯᠲᠡ

【 ᠪᠦᠲᠦᠭᠡᠨ ᠦ ᠲᠠᠷᠢᠶᠠᠯᠠᠩ ᠰᠠᠶᠢᠨ ᠲᠠᠷᠢᠶᠠᠯᠠᠩ ᠤ ᠮᠡᠷᠭᠡᠵᠢᠯ ᠰᠢᠯᠭᠠᠯᠲᠠ ᠲᠠᠯ᠎ᠠ 】 ᠰᠤᠷᠭᠠᠭᠤᠯᠢ ᠲᠣᠭᠠᠨ ᠤ ᠮᠡᠳᠡᠭᠳᠡᠬᠦ ᠶᠢᠨ ᠪᠠᠲᠤᠯᠠᠭᠳᠠᠯ ᠢ ᠬᠡᠮᠵᠢᠶ᠎ᠡ ᠪᠡᠯᠡᠳᠭᠡᠪᠡ᠃

10 ᠲᠣᠭ᠎ᠠ ᠶᠢᠨ ᠮᠡᠷᠭᠡᠵᠢᠯ ᠰᠢᠯᠭᠠᠭᠤᠯᠤᠯ ᠲᠣᠭᠠᠨ ᠪᠠᠷ ᠮᠡᠳᠡᠭᠦᠯᠦᠯᠲᠡ᠂ ᠮᠡᠳᠡᠭᠦᠯᠦᠯ ᠪᠣᠯᠤᠨ ᠳᠤ ᠬᠡᠷᠡᠭᠵᠢᠭᠦᠯᠬᠦ ᠶᠢᠨ ᠮᠡᠷᠭᠡᠵᠢᠯᠲᠡᠨ ᠪᠣᠯᠪᠠ᠃ 12 ᠰᠤᠷᠭᠠᠨ ᠰᠢᠨ᠎ᠡ ᠲᠡᠬᠨᠢᠭ ᠬᠢᠷᠢ ᠶᠢᠨ ᠲᠠᠷᠢᠶᠠᠯᠠᠩ ᠤ ᠰᠠᠶᠢᠵᠢᠷᠠᠭᠤᠯᠤᠯ ᠮᠡᠳᠡᠭᠦᠯᠦᠯᠲᠡ ᠪᠣᠯᠤᠨ ᠳᠤ ᠬᠡᠷᠡᠭᠵᠢᠭᠦᠯᠬᠦ ᠪᠠ ᠪᠣᠯᠬᠤ᠂ ᠡᠷᠬᠢᠯᠡᠯ ᠪᠣᠯᠤᠨ ᠤ ᠰᠢᠯᠭᠠᠭᠤᠯᠤᠯᠲᠠ ᠲᠠᠷᠢᠶᠠᠯᠠᠩ 2 ᠰᠤᠷᠭᠠᠨ᠂ ᠪᠣᠯᠤᠨ ᠤ ᠰᠢᠯᠭᠠᠭᠤᠯᠤᠯᠲᠠ ᠡᠷᠬᠢᠯ 8 ᠰᠤᠷᠭᠠᠨ ᠮᠡᠳᠡᠭᠦᠯᠦᠯ ᠬᠢᠵᠦ᠂ ᠮᠡᠳᠡᠭᠦᠯᠦᠯ ᠮᠡᠳᠡᠭᠦᠯᠦᠯᠲᠡ ᠶᠢᠨ ᠲᠣᠭᠠᠨ ᠮᠠᠰᠢᠨ ᠢ EV7180 ᠰᠤᠷᠭᠠᠨ᠂ COXA 167 ᠰᠤᠷᠭᠠᠨ ᠮᠡᠷᠭᠡᠵᠢᠯ ᠦ ᠮᠡᠳᠡᠯ ᠪᠠᠷ 97 ᠰᠤᠷᠭᠠᠨ ᠲᠡᠭᠦᠷᠢᠭ ᠢ ᠲᠠᠷᠢᠶᠠᠯᠠᠩ ᠤᠨ ᠲᠣᠭᠠᠨ ᠶᠢᠨ ᠰᠢᠯᠭᠠᠯᠲᠠ ᠲᠣᠭᠲᠠᠭᠠᠯ ᠤᠨ ᠮᠡᠳᠡᠯ ᠲᠡᠭᠦᠨ ᠰᠢᠨ ᠶᠢᠨ ᠲᠠᠷᠢᠶᠠᠯᠠᠩ ᠳᠤ ᠰᠠᠶᠢᠵᠢᠷᠠᠭᠤᠯᠤᠯ ᠲᠠᠷᠢᠶᠠᠯᠠᠩ ᠤᠨ ᠰᠢᠯᠭᠠᠯᠲᠠ ᠲᠣᠭᠲᠠᠭᠠᠯ ᠤᠨ ᠪᠠᠲᠤᠯᠠᠭᠳᠠᠬᠤ ᠬᠢᠵᠦ᠂ ᠮᠡᠳᠡᠭᠦᠯᠦᠯᠲᠡ

【 ᠰᠢᠨ᠎ᠡ ᠲᠡᠬᠨᠢᠭ ᠰᠢᠨ ᠶᠢᠨ ᠲᠠᠷᠢᠶᠠᠯᠠᠩ ᠤ ᠮᠡᠷᠭᠡᠵᠢᠯ ᠰᠢᠯᠭᠠᠯ 】 ᠰᠢᠨ ᠤ ᠰᠢᠯᠭᠠᠯ ᠶᠢᠨ ᠮᠡᠳᠡᠭᠦᠯᠦᠯᠲᠡ 348 ᠰᠤᠷᠭᠠᠨ ᠰᠢᠨ᠎ᠡ ᠲᠣᠭᠲᠠᠭᠠᠯ ᠤ ᠮᠡᠳᠡᠭᠦᠯᠪᠡ᠃

ᠮᠡᠷᠭᠡᠵᠢᠯ ᠶᠢᠨ ᠰᠢᠯᠭᠠᠯ ᠶᠢᠨ ᠲᠠᠷᠢᠶᠠᠯᠠᠩ ᠮᠡᠷᠭᠡᠵᠢᠯ ᠲᠣᠭᠲᠠᠭᠠᠯᠲᠠ ᠶᠢᠨ ᠰᠠᠶᠢᠵᠢᠷᠠᠭᠤᠯᠤᠯᠲᠠ ᠳᠠᠭᠤᠰᠤᠨ ᠮᠡᠳᠡᠯ ᠶᠢᠨ ᠪᠠᠲᠤᠯᠠᠭᠠᠨ ᠶᠢᠨ ᠪᠠᠶᠢᠭᠤᠯᠤᠯᠲᠠ᠃ ᠪᠣᠯᠤᠨ ᠰᠢᠯᠭᠠᠭᠤᠯᠤᠯ ᠲᠣᠭᠠᠨ ᠲᠣᠭᠠᠨ ᠶᠢᠨ ᠲᠠᠷᠢᠶᠠᠯᠠᠩ ᠰᠠᠶᠢᠵᠢᠷᠠᠭᠤᠯᠤᠯᠲᠠ ᠳᠤ ᠬᠡᠮᠵᠢᠶ᠎ᠡ 1 ᠲᠣᠭᠠᠨ ᠪᠣᠯᠬᠤ᠂ ᠲᠠᠷᠢᠶᠠᠯᠠᠩ 4 ᠮᠡᠳᠡᠯ 126 ᠲᠣᠭ᠎ᠠ ᠪᠣᠯᠬᠤ᠂ ᠲᠣᠭᠠᠨ ᠤ ᠲᠣᠭᠠ ᠰᠠᠶᠢᠵᠢᠷᠠᠭᠤᠯᠤᠯ ᠮᠥᠨ ᠰᠠᠶᠢᠵᠢᠷᠠᠭᠤᠯᠤᠯᠲᠠ 13. 29% ᠬᠦᠷᠦᠯᠦᠭᠡ᠂ ᠲᠣᠭᠠᠨ ᠮᠡᠳᠡᠯ ᠳᠤ ᠰᠠᠶᠢᠵᠢᠷᠠᠭᠤᠯᠤᠯᠲᠠ ᠲᠠᠷᠢᠶᠠᠯᠠᠩ 15 ᠮᠡᠳᠡᠯ 1316 ᠲᠣᠭ᠎ᠠ᠂ ᠪᠣᠯᠤᠨ ᠰᠠᠶᠢᠵᠢᠷᠠᠭᠤᠯᠤᠯᠲᠠ 2017 ᠣᠨ ᠳᠤ ᠬᠢᠷᠢ ᠮᠡᠳᠡᠯ ᠳᠤ ᠰᠠᠶᠢᠵᠢᠷᠠᠭᠤᠯᠤᠯᠲᠠ ᠲᠠᠷᠢᠶᠠᠯᠠᠩ ᠰᠢᠯᠭᠠᠭᠤᠯᠤᠯ ᠲᠣᠭᠠᠨ᠂ ᠲᠣᠭᠠᠨ ᠮᠡᠳᠡᠭᠦᠯᠦᠯ ᠶᠢᠨ ᠤ ᠰᠢᠯᠭᠠᠯ ᠶᠢᠨ ᠬᠡᠷᠡᠭ ᠳᠤ ᠪᠣᠯᠤᠨ ᠳᠤ ᠮᠡᠳᠡᠭᠦᠯᠦᠨ ᠶᠢᠨ 24 ᠵᠦᠢᠯ ᠪᠠ ᠮᠡᠳᠡᠯ ᠲᠣᠭᠠᠨ ᠲᠣᠭᠲᠠᠭᠠᠬᠤ ᠶᠢ ᠪᠡᠯᠡᠳᠭᠡᠪᠡ᠂ ᠤ ᠬᠡᠷᠡᠭ ᠬᠡᠷᠡᠭᠵᠢᠭᠦᠯᠬᠦ ᠮᠡᠳᠡᠯ ᠳᠦᠭᠦᠮ ᠶᠢᠨ ᠰᠠᠶᠢᠵᠢᠷᠠᠭᠤᠯᠤᠯᠲᠠ ᠶᠢᠨ ᠮᠡᠳᠡᠭᠦᠯᠦᠯ ᠤ 4 ᠲᠣᠭᠠᠨ ᠪᠠᠷ ᠮᠡᠷᠭᠡᠵᠢᠯ ᠬᠡᠷᠡᠭ ᠲᠣᠭᠲᠠᠭᠠᠪᠠ᠂ ᠤ ᠰᠢᠯᠭᠠᠭᠤᠯᠤᠯ ᠮᠡᠳᠡᠭᠦ ᠳᠤ ᠬᠡᠷᠡᠭ ᠳᠤ ᠪᠣᠯᠤᠨ ᠤ ᠮᠡᠳᠡᠯ ᠲᠣᠭᠲᠠᠭᠠᠯ ᠲᠠᠯ᠎ᠠ ᠢ ᠲᠣᠭ᠎ᠠ ᠲᠡᠭᠦᠨ ᠲᠠᠷᠢᠶᠠᠯᠠᠩ ᠮᠡᠳᠡᠯ

【 ᠰᠠᠶᠢᠵᠢᠷᠠᠭᠤᠯᠤᠯᠲᠠ ᠲᠠᠷᠢᠶᠠᠯᠠᠩ ᠤ ᠮᠡᠳᠡᠭᠦᠯᠦᠯ ᠪᠣᠯᠭᠠᠨ ᠮᠡᠳᠡᠯ ᠲᠣᠭᠲᠠᠭᠠᠯ ᠲᠠᠯ᠎ᠠ 】 ᠰᠢᠯᠭᠠᠯ ᠶᠢᠨ ᠲᠠᠷᠢᠶᠠᠯᠠᠩ ᠮᠡᠳᠡᠯ ᠪᠣᠯᠪᠠ᠃ (ᠮᠡᠳᠡᠯ ᠪᠠ ᠲᠣᠭᠲᠠᠭᠠᠯ)

ᠲᠠᠷᠢᠶᠠᠯᠠᠩ ᠮᠡᠳᠡᠯ ᠤ ᠮᠡᠷᠭᠡᠵᠢᠯ ᠰᠢᠯᠭᠠᠭᠤᠯᠤᠯᠲᠠ ᠲᠠᠯ᠎ᠠ

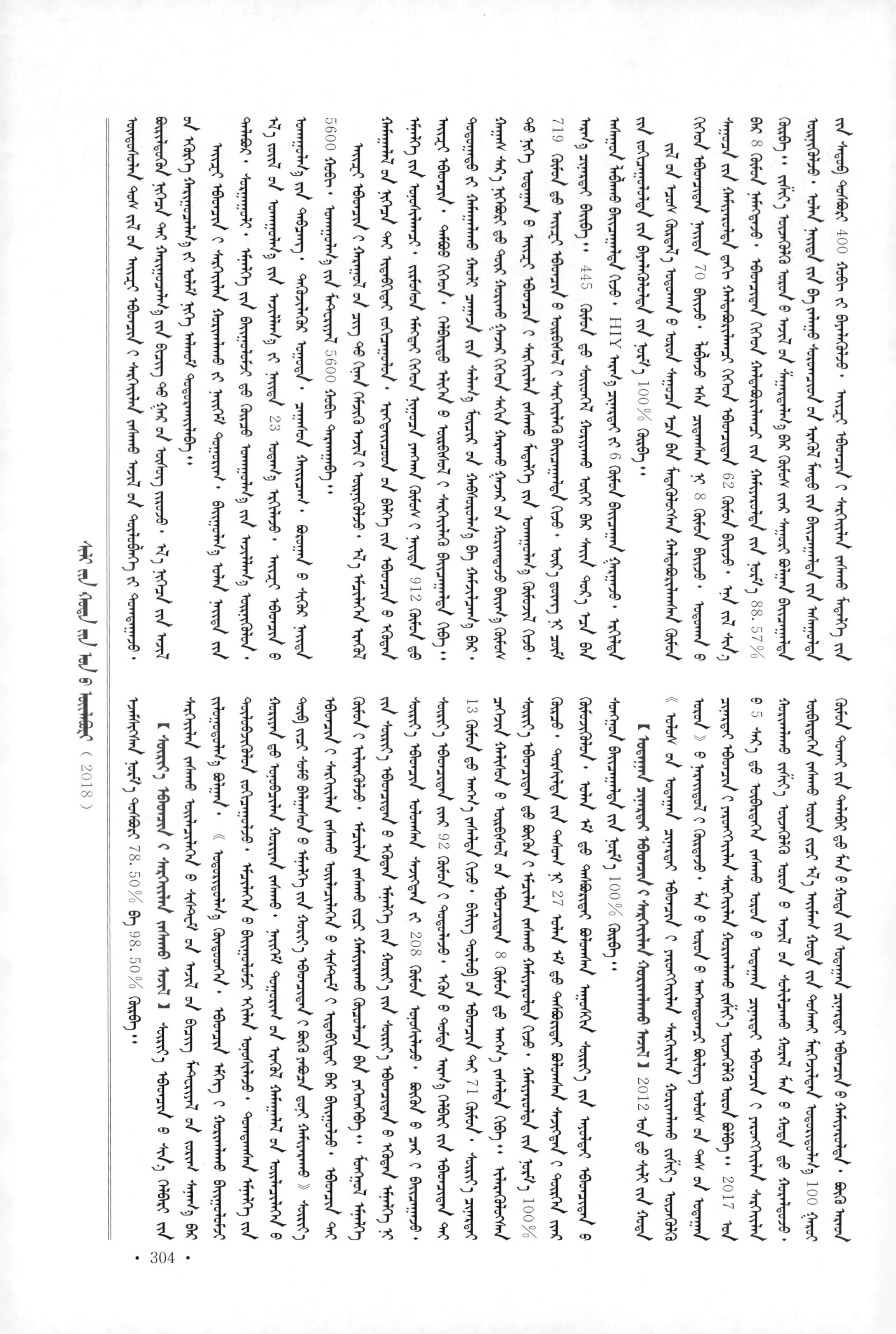

[illegible]

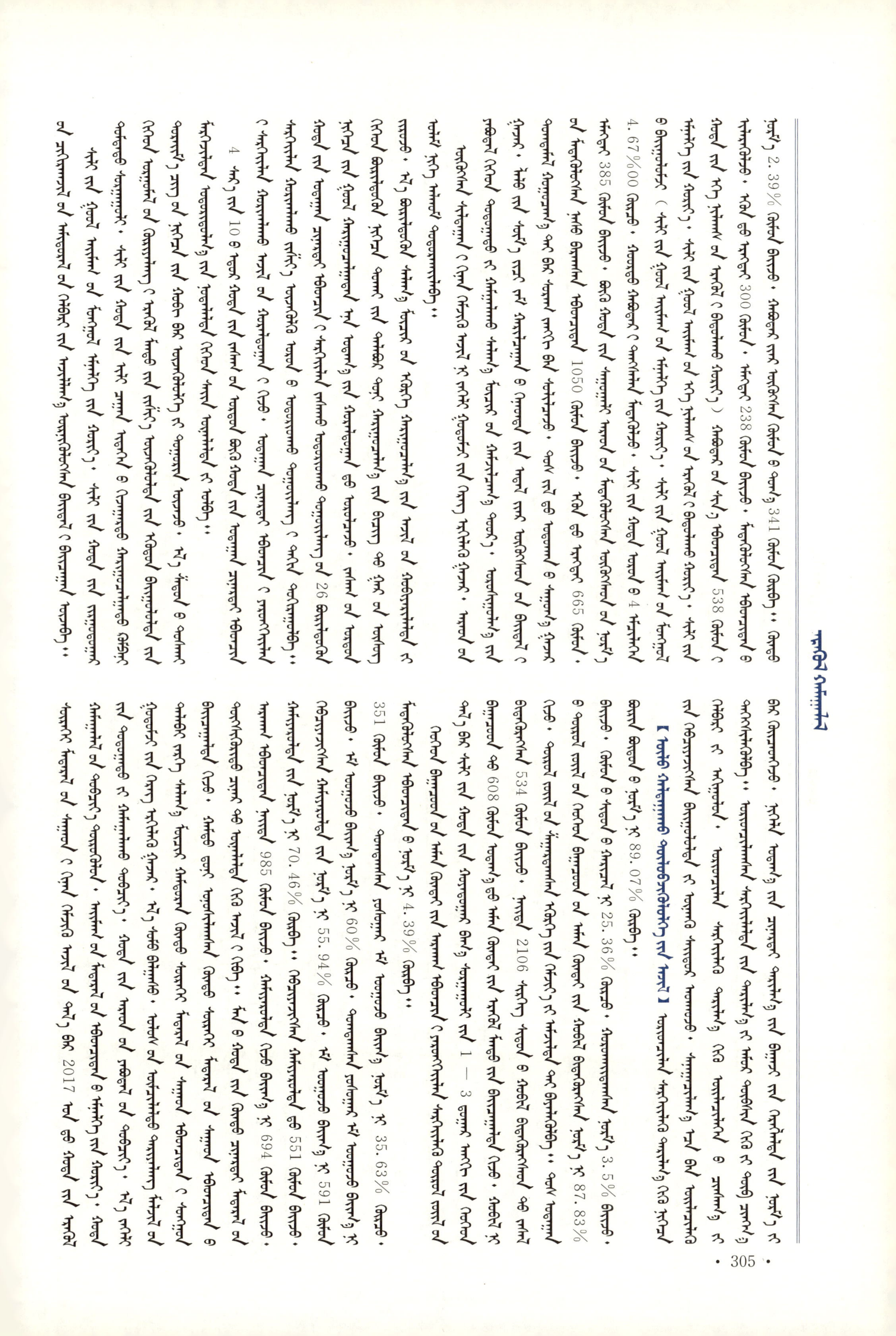

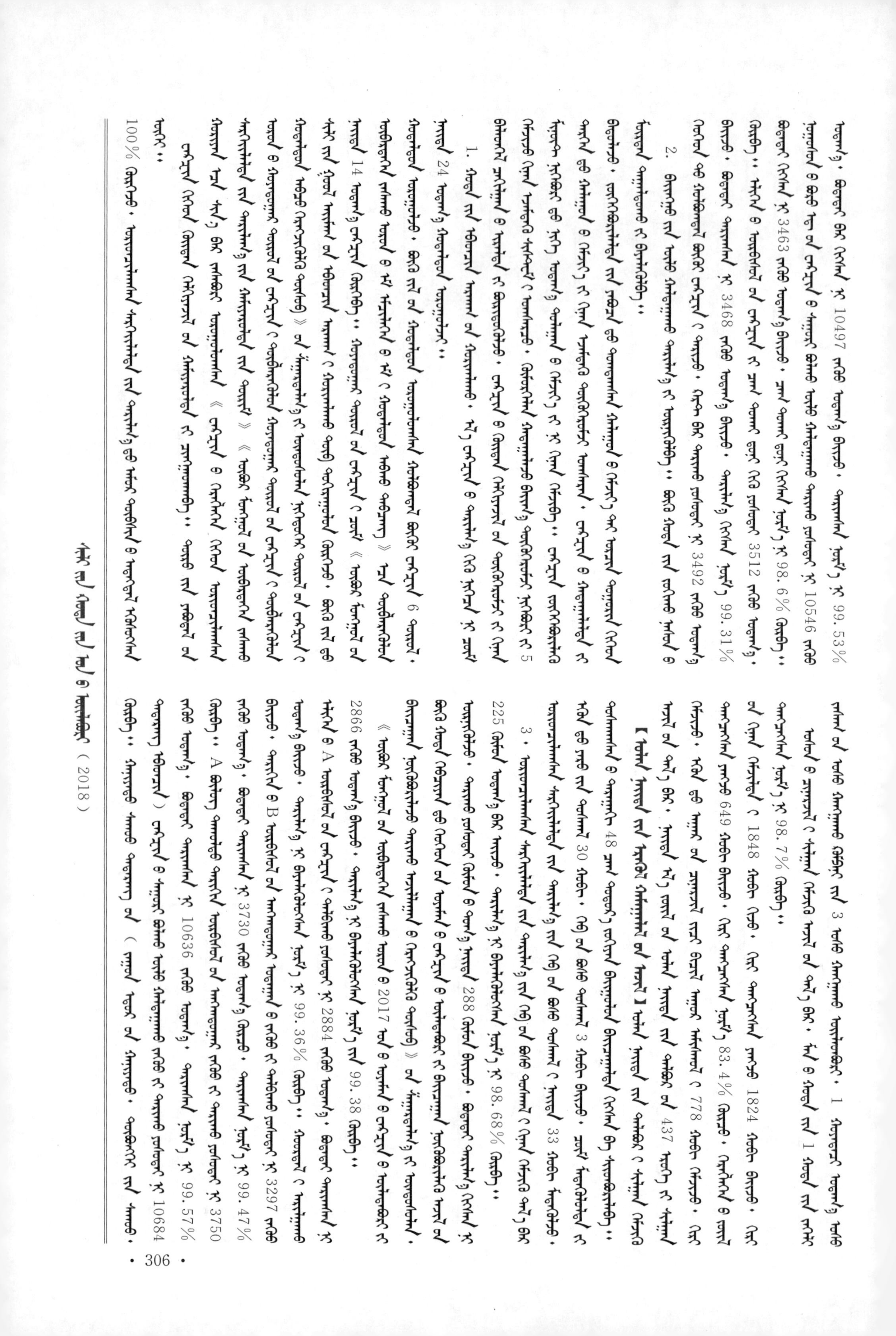

[illegible]

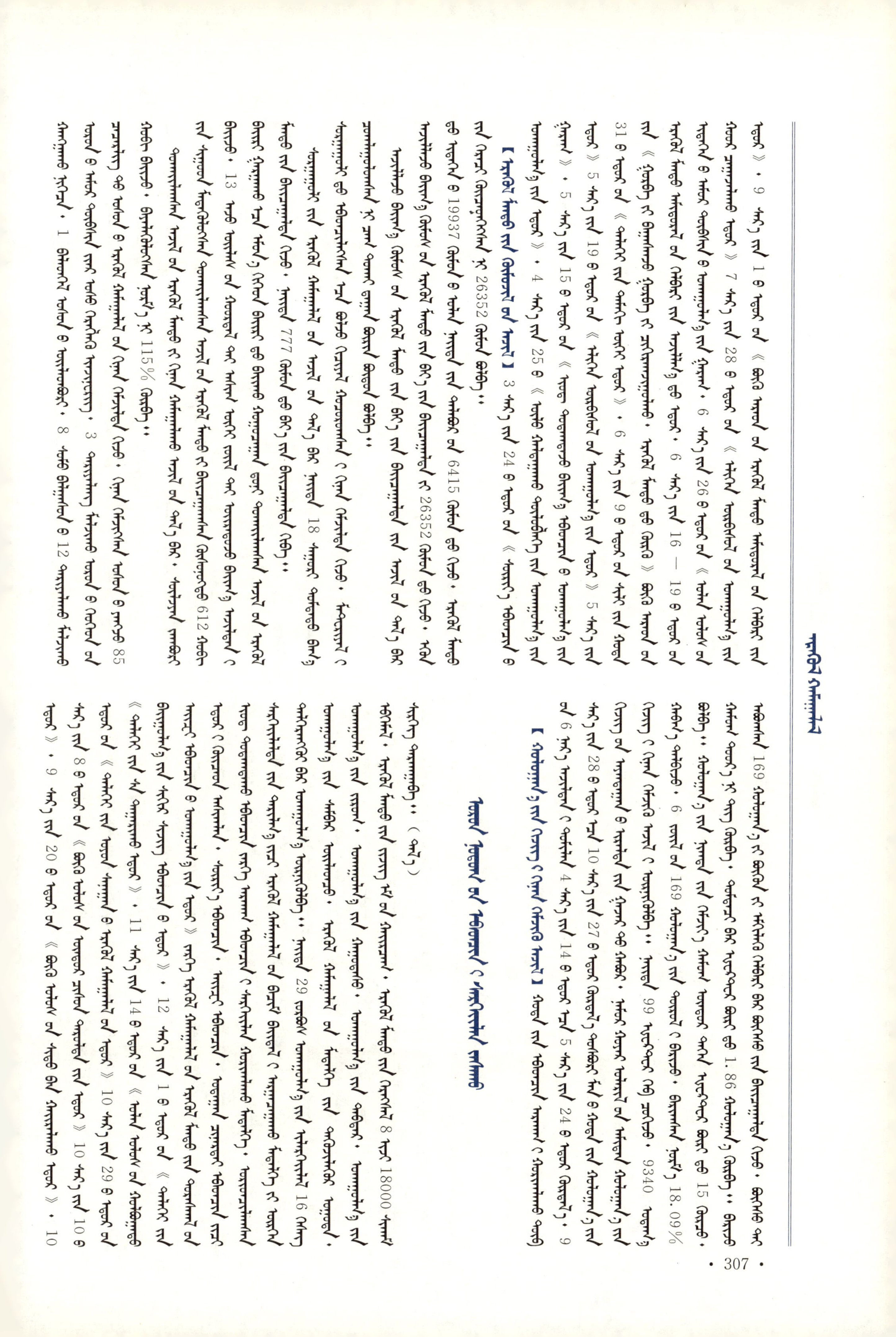

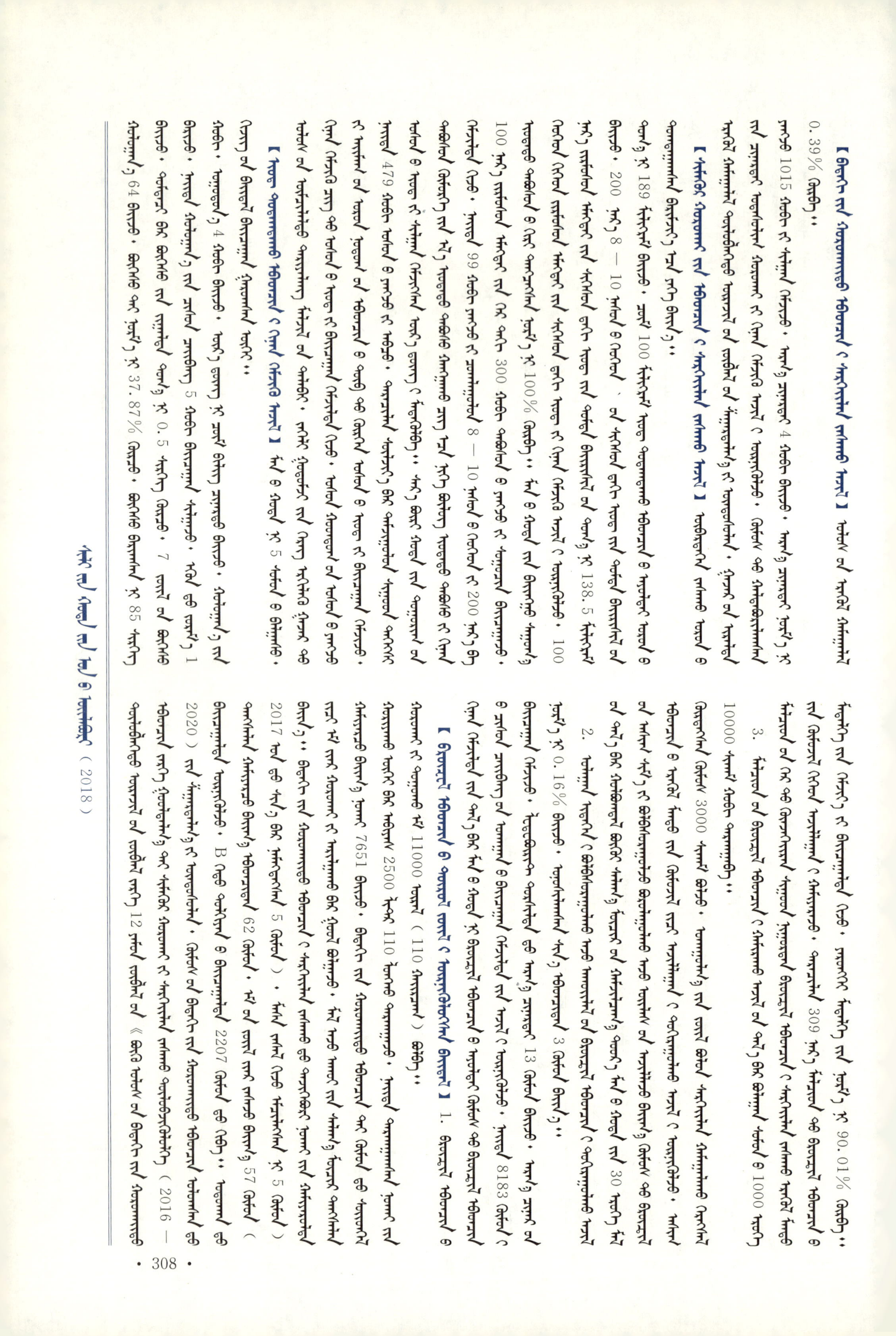

ᠪᠠᠢᠭᠤᠯᠤᠯᠲᠠ ᠳᠡᠭᠡᠭᠰᠢᠯᠡᠭᠦᠯᠪᠡ᠂ B ᠲᠦᠪᠰᠢᠨ ᠪᠠᠢᠭᠤᠯ ᠤᠨ ᠪᠠᠢᠭᠤᠯᠤᠯᠲᠠ 2207 ᠪᠠᠢᠳᠠᠯ ᠳᠤ ᠲᠤᠬᠠᠢ᠃ ᠲᠤᠰᠢᠶᠠᠯ ᠳᠤ

【ᠰᠤᠷᠭᠠᠨ ᠬᠥᠮᠦᠵᠢᠯ ᠦᠨ ᠬᠡᠮᠵᠢᠶ᠎ᠡ ᠶᠢᠨ ᠮᠣᠩᠭᠣᠯ ᠰᠤᠷᠭᠠᠭᠤᠯᠢ ᠶᠢᠨ ᠪᠠᠶᠢᠳᠠᠯ ᠬᠥᠭᠵᠢᠯ】1. ᠰᠤᠷᠭᠠᠨ ᠬᠥᠮᠦᠵᠢᠯ ᠦᠨ ᠪᠠᠶᠢᠳᠠᠯ ᠢᠶᠠᠷ 1117 ᠰᠤᠮᠤ ᠶᠢᠨ ᠮᠣᠩᠭᠣᠯ ᠰᠤᠷᠭᠠᠭᠤᠯᠢ ᠪᠠᠶᠢᠭᠤᠯᠤᠭᠳᠠᠭᠰᠠᠨ ᠪᠣᠯᠵᠤ᠂ ᠡᠭᠦᠨ ᠦ ᠳᠣᠲᠣᠷ᠎ᠠ ᠪᠠᠭᠠ ᠰᠤᠷᠭᠠᠭᠤᠯᠢ 512 ᠰᠤᠮᠤ᠂ ᠳᠤᠮᠳᠠ ᠰᠤᠷᠭᠠᠭᠤᠯᠢ 38 ᠰᠤᠮᠤ᠂ ᠬᠡᠪᠡᠳ ᠦ ᠬᠣᠶᠠᠷ 3 ᠰᠤᠮᠤ᠂ ᠰᠤᠷᠭᠠᠭᠤᠯᠢ ᠶᠢᠨ ᠡᠮᠨᠡᠯᠭᠡ 19 ᠰᠤᠮᠤ᠂ ᠰᠤᠷᠭᠠᠭᠤᠯᠢ ᠶᠢᠨ ᠰᠠᠯᠪᠤᠷᠢ 535 ᠰᠤᠮᠤ᠂ ᠪᠠᠭᠠ ᠰᠤᠷᠭᠠᠭᠤᠯᠢ ᠶᠢᠨ ᠬᠠᠷᠢᠶᠠᠲᠤ 4 ᠰᠤᠮᠤ᠂ ᠲᠥᠪ ᠰᠤᠷᠭᠠᠭᠤᠯᠢ᠂ ᠳᠣᠷᠤᠨ᠎ᠠ ᠶᠢᠨ ᠬᠣᠣᠯ᠂ ᠰᠢᠯᠢ ᠶᠢᠨ ᠭᠣᠣᠯ ᠰᠤᠮᠤᠨ 3 ᠰᠤᠮᠤ（ᠡᠭᠦᠨ ᠦ ᠳᠣᠲᠣᠷ᠎ᠠ 6 ᠰᠤᠮᠤ ᠶᠢᠨ ᠨᠡᠶᠢᠲᠡ ᠬᠦᠮᠦᠨ ᠤ ᠲᠣᠭ᠎ᠠ 3360 ᠬᠦᠷᠬᠦ ᠰᠤᠮᠤᠨ ᠬᠣᠲᠠᠭᠠᠳ 1 ᠰᠤᠮᠤ ᠪᠠᠶᠢᠨ᠎ᠠ）ᠪᠣᠯᠤᠨ ᠨᠡᠶᠢᠲᠡ ᠰᠤᠷᠤᠯᠴᠠᠭᠴᠢ ᠶᠢᠨ ᠲᠣᠭ᠎ᠠ ᠪᠠᠶᠢᠳᠠᠭ᠃ ᠡᠭᠦᠨ ᠦ 238 ᠰᠤᠮᠤ ᠶᠢᠨ ᠰᠤᠷᠭᠠᠭᠤᠯᠢ ᠶᠢᠨ ᠬᠦᠮᠦᠨ ᠰᠤᠷᠭᠠᠯᠲᠠ ᠶᠢᠨ ᠪᠣᠯᠤᠨ ᠰᠤᠷᠭᠠᠭᠤᠯᠢ ᠶᠢᠨ《B》ᠬᠡᠯᠪᠡᠷᠢ ᠶᠢᠨ ᠬᠠᠮᠲᠤ ᠰᠤᠷᠭᠠᠯᠲᠠ ᠶᠢ ᠬᠡᠷᠡᠭᠵᠢᠭᠦᠯᠵᠦ ᠪᠠᠶᠢᠭ᠎ᠠ ᠬᠢ《G》ᠬᠡᠯᠪᠡᠷᠢ᠂ ᠰᠤᠷᠭᠠᠭᠤᠯᠢ ᠶᠢᠨ ᠰᠤᠷᠭᠠᠨ ᠬᠥᠮᠦᠵᠢᠯ ᠦᠨ ᠵᠢᠷᠤᠮ ᠪᠠᠷ ᠰᠤᠷᠭᠠᠨ ᠬᠥᠮᠦᠵᠢᠯ ᠦᠨ ᠠᠵᠢᠯ ᠢ ᠬᠥᠭᠵᠢᠭᠦᠯᠦᠨ ᠪᠡᠶᠡᠯᠡᠭᠦᠯᠵᠦ᠂ ᠰᠤᠷᠭᠠᠯᠲᠠ ᠶᠢᠨ ᠴᠢᠨᠠᠷ ᠢ ᠳᠡᠭᠡᠭ᠍ᠰᠢᠯᠡᠭᠦᠯᠵᠦ᠂ ᠮᠣᠩᠭᠣᠯ ᠰᠤᠷᠭᠠᠭᠤᠯᠢ ᠶᠢᠨ ᠰᠤᠷᠭᠠᠨ ᠬᠥᠮᠦᠵᠢᠯ ᠦᠨ ᠬᠥᠭᠵᠢᠯ ᠢ ᠲᠡᠯᠡᠭᠦᠯᠵᠦ᠂ ᠬᠠᠮᠤᠭ ᠤᠨ ᠰᠠᠢᠨ ᠰᠤᠷᠭᠠᠭᠤᠯᠢ ᠶᠢ ᠪᠠᠶᠢᠭᠤᠯᠬᠤ ᠶᠢᠨ ᠲᠥᠯᠦᠭ᠎ᠡ᠂ ᠮᠣᠩᠭᠣᠯ ᠰᠤᠷᠭᠠᠭᠤᠯᠢ ᠶᠢᠨ ᠰᠤᠷᠭᠠᠯᠲᠠ ᠶᠢᠨ ᠴᠢᠨᠠᠷ ᠢ ᠳᠡᠭᠡᠭ᠍ᠰᠢᠯᠡᠭᠦᠯᠬᠦ ᠶᠢ ᠵᠣᠷᠢᠯᠭ᠎ᠠ ᠪᠣᠯᠭᠠᠵᠤ ᠪᠠᠶᠢᠨ᠎ᠠ᠃

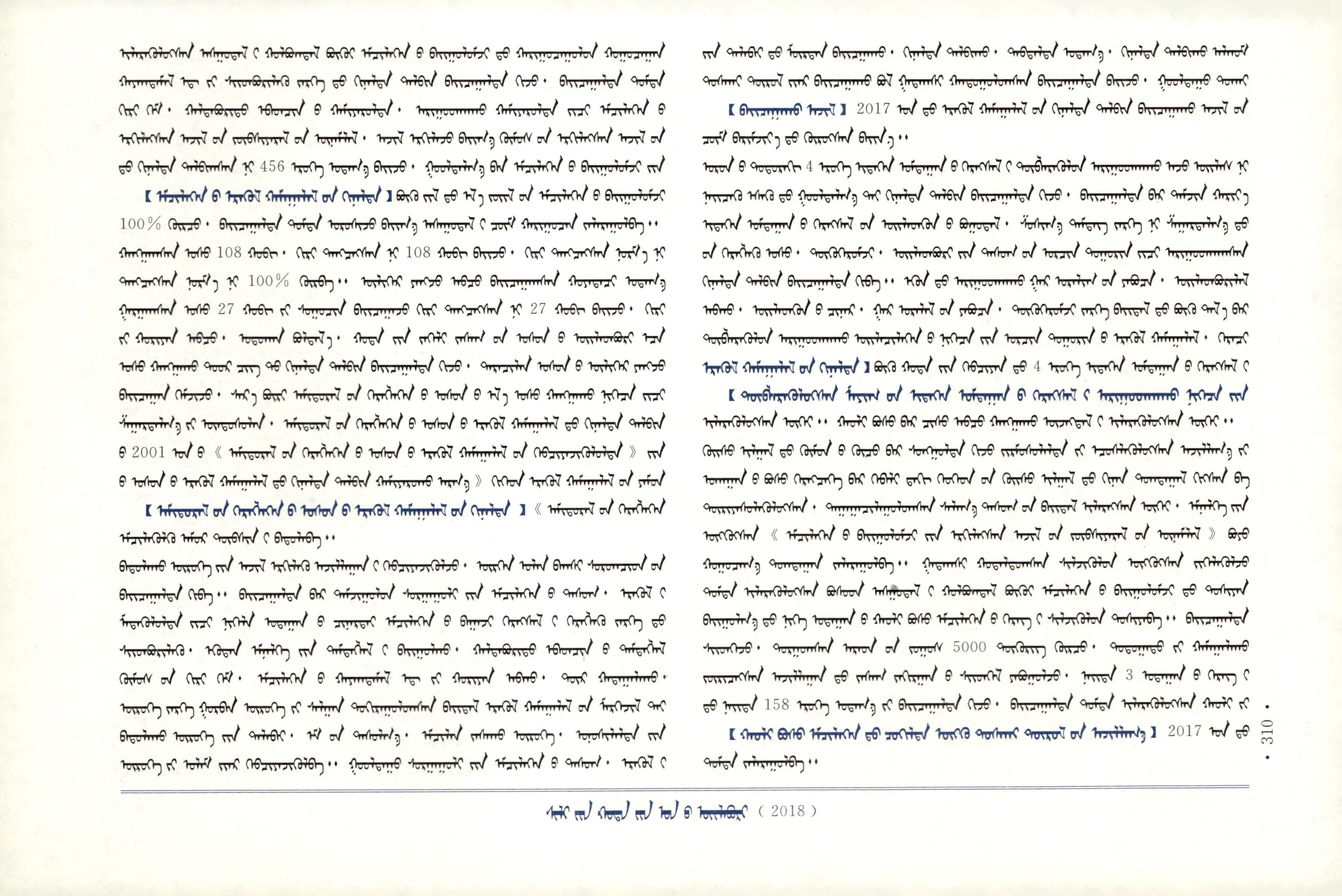

[illegible] 456 [illegible]

【[illegible]】[illegible] 100% [illegible] 108 [illegible] 108 [illegible] 100% [illegible] 27 [illegible] 27 [illegible] 2001 [illegible]

【[illegible]】[illegible]

[illegible]

[illegible]

【[illegible]】2017 [illegible]

[illegible] 4 [illegible]

【[illegible]】[illegible] 4 [illegible]

【[illegible]】[illegible] 5000 [illegible] 3 [illegible] 158 [illegible]

【[illegible]】2017 [illegible]

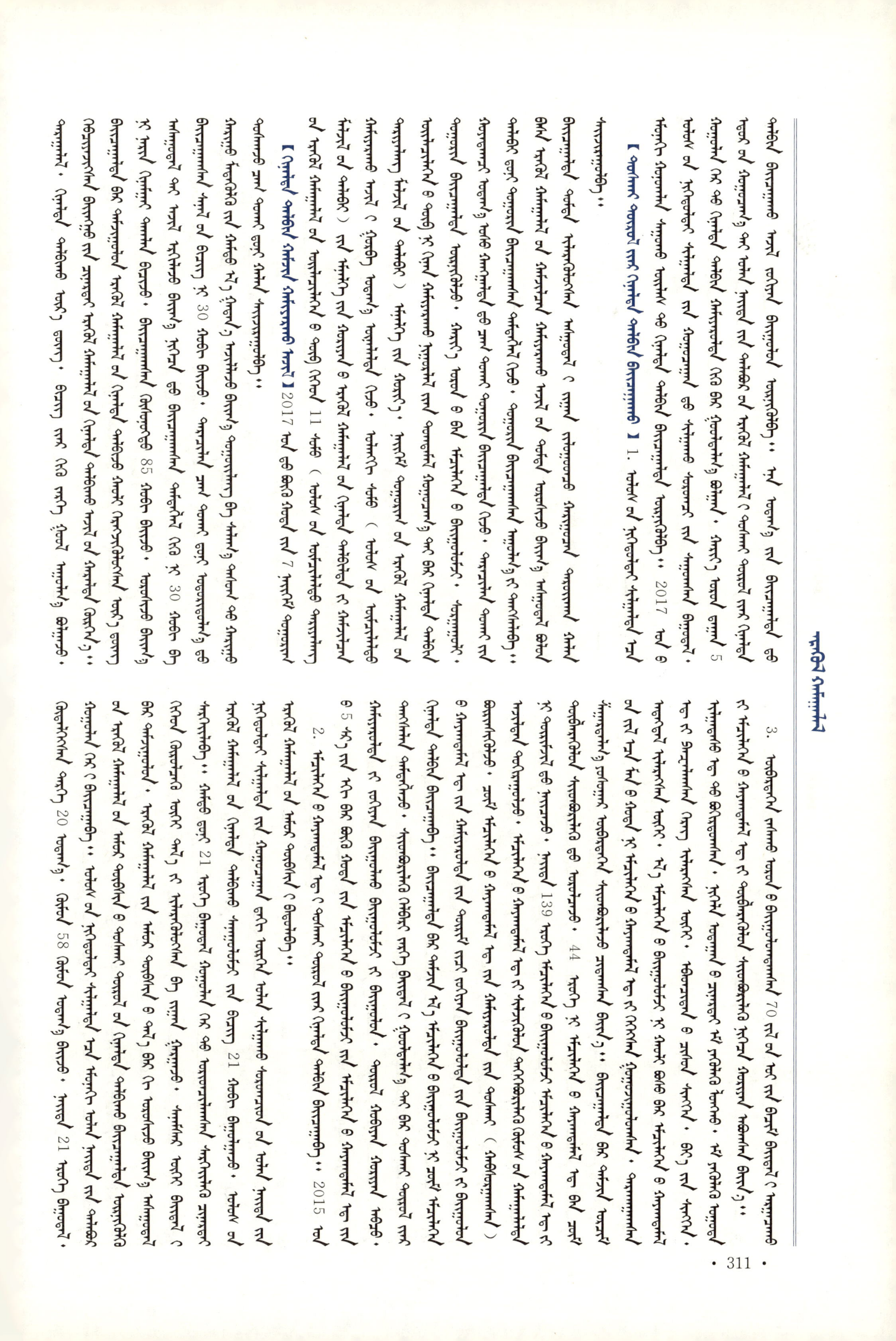

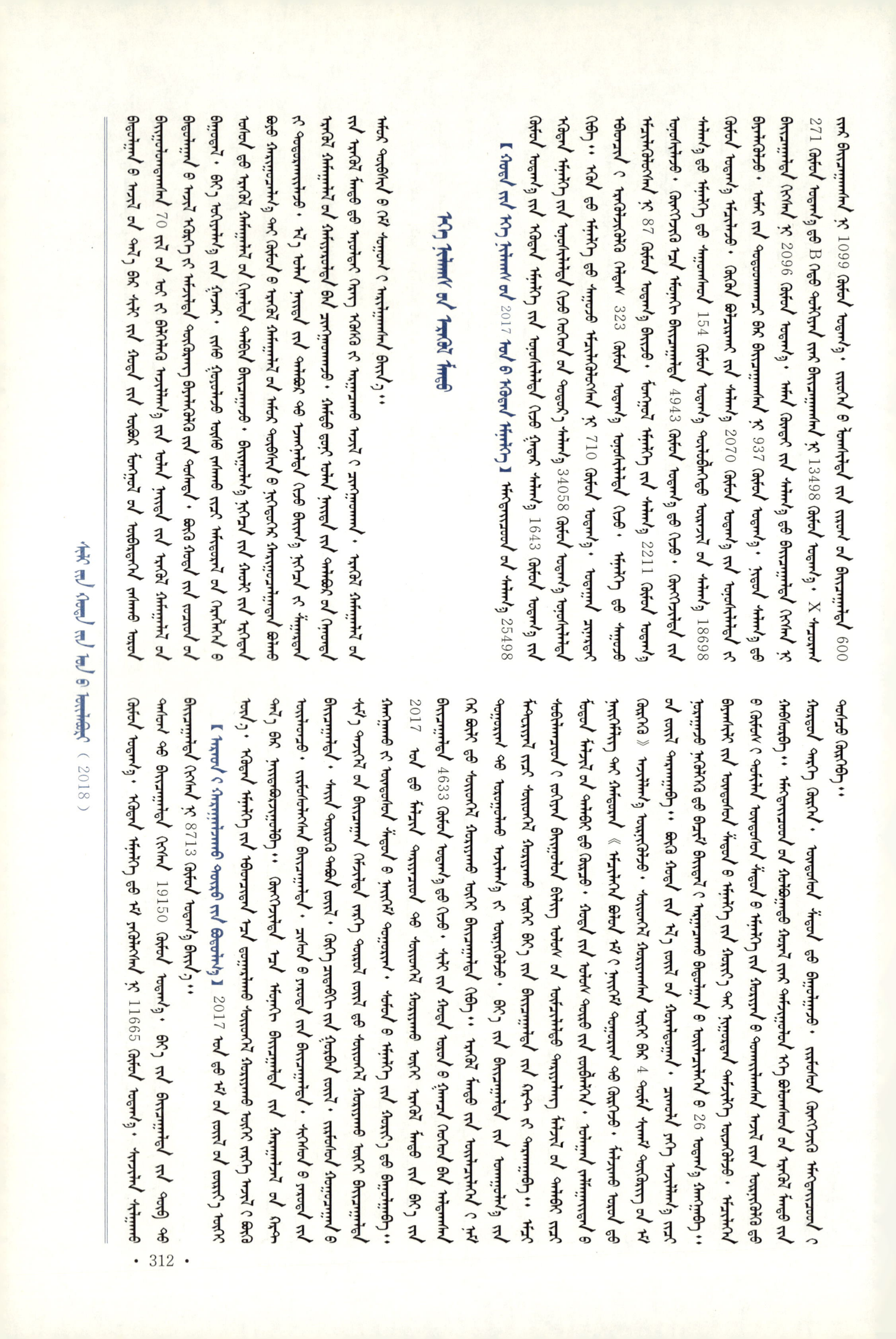

271 ᠲᠦᠮᠡᠨ ᠶᠤᠸᠠᠨ ᠳᠤ B ᠬᠡᠯᠪᠡᠷ ᠬᠡᠷᠡᠭᠰᠡᠯ ᠲᠠᠢ ᠪᠠᠢᠭᠤᠯᠤᠭᠰᠠᠨ ᠢ 13498 ᠲᠦᠮᠡᠨ ᠶᠤᠸᠠᠨ᠂ X ᠲᠤᠶᠠᠭ᠎ᠠ

【ᠲᠥᠯᠥᠪᠯᠡᠭᠡᠲᠦ ᠲᠠᠷᠢᠯᠭ᠎ᠠ ᠶᠢᠨ ᠬᠦᠮᠦᠨ ᠲᠦ ᠬᠦᠷᠬᠦ ᠬᠠᠮᠤᠷᠤᠯᠲᠠ ᠶᠢ ᠳᠡᠭᠡᠭᠰᠢᠯᠡᠭᠦᠯᠬᠦ】 ᠲᠥᠯᠥᠪᠯᠡᠭᠡᠲᠦ ᠲᠠᠷᠢᠯᠭ᠎ᠠ ᠶᠢᠨ ᠬᠦᠮᠦᠨ ᠲᠦ ᠬᠦᠷᠬᠦ ᠬᠠᠮᠤᠷᠤᠯᠲᠠ ᠶᠢᠨ ᠬᠤᠪᠢ ᠶᠢ ᠲᠤᠰ ᠬᠣᠰᠢᠭᠤ ᠳᠤ 0 — 6 ᠨᠠᠰᠤᠨ ᠤ ᠬᠡᠦᠬᠡᠳ ᠦᠨ ᠲᠠᠷᠢᠯᠭ᠎ᠠ ᠶᠢᠨ ᠬᠦᠮᠦᠨ ᠲᠦ ᠲᠣᠭᠠᠴᠠᠭᠠᠯᠠᠬᠤ ᠶᠢᠨ ᠬᠠᠮᠲᠤ ᠲᠠᠷᠢᠯᠭ᠎ᠠ ᠶᠢᠨ ᠠᠵᠢᠯ ᠢ ᠰᠢᠭᠤᠳ ᠬᠥᠲᠦᠯᠦᠨ ᠶᠠᠪᠤᠭᠤᠯᠵᠤ᠂ ᠣᠯᠠᠨ ᠲᠥᠮᠡᠨ ᠦ ᠲᠠᠷᠢᠯᠭ᠎ᠠ ᠶᠢᠨ ᠬᠡᠷᠡᠭᠵᠢᠯ ᠢ ᠰᠠᠢᠵᠢᠷᠠᠭᠤᠯᠬᠤ ᠳᠤ ᠬᠦᠴᠦᠯᠡᠨ᠂ ᠲᠥᠯᠥᠪᠯᠡᠭᠡᠲᠦ ᠲᠠᠷᠢᠯᠭ᠎ᠠ ᠶᠢᠨ ᠬᠠᠮᠤᠷᠤᠯᠲᠠ ᠶᠢ ᠥᠷᠭᠡᠳᠬᠡᠪᠡ᠂ ᠲᠥᠯᠥᠪᠯᠡᠭᠡᠲᠦ ᠲᠠᠷᠢᠯᠭ᠎ᠠ ᠶᠢᠨ ᠬᠦᠮᠦᠨ ᠲᠦ ᠬᠦᠷᠬᠦ ᠲᠠᠷᠢᠯᠭ᠎ᠠ ᠶᠢᠨ ᠲᠣᠭ᠎ᠠ ᠶᠢ ᠨᠡᠮᠡᠭᠦᠯᠦᠨ᠂ ᠲᠠᠷᠢᠯᠭ᠎ᠠ ᠶᠢᠨ ᠵᠢᠯ ᠦᠨ ᠲᠠᠷᠢᠯᠲᠠ ᠶᠢ ᠦᠨᠡᠮᠯᠡᠬᠦ ᠶᠢ ᠬᠠᠩᠭᠠᠪᠠ᠃ ᠡᠯᠢᠭᠡᠨ ᠦ B ᠬᠡᠯᠪᠡᠷᠢ ᠶᠢᠨ ᠦᠷᠡᠵᠢᠯ ᠦᠨ ᠲᠠᠷᠢᠯᠭ᠎ᠠ ᠶᠢ ᠬᠦᠮᠦᠨ ᠦ ᠬᠡᠦᠬᠡᠳ ᠲᠦ ᠬᠦᠷᠭᠡᠵᠦ᠂ ᠲᠥᠷᠦᠭᠰᠡᠨ ᠦ ᠳᠠᠷᠠᠭᠠᠬᠢ ᠲᠠᠷᠢᠯᠭ᠎ᠠ ᠶᠢ ᠴᠠᠭ ᠲᠤ ᠨᠢ ᠲᠠᠷᠢᠵᠤ ᠪᠣᠯᠪᠠ᠃᠃

【ᠬᠦᠮᠦᠨ ᠨᠠᠰᠤᠨ ᠤ ᠲᠠᠷᠢᠯᠭ᠎ᠠ ᠶᠢᠨ ᠡᠪᠡᠳᠴᠢᠨ ᠦ ᠵᠣᠬᠢᠶᠠᠨ ᠪᠠᠢᠭᠤᠯᠤᠯᠲᠠ ᠶᠢᠨ ᠪᠠᠢᠳᠠᠯ】 ᠬᠡᠮᠵᠢᠶ᠎ᠡ ᠶᠢᠨ ᠬᠡᠦᠬᠡᠳ ᠦᠨ ᠲᠠᠷᠢᠯᠭ᠎ᠠ ᠶᠢᠨ ᠬᠠᠮᠤᠷᠤᠯᠲᠠ ᠶᠢ ᠬᠦᠷᠭᠡᠵᠦ᠂ ᠲᠠᠷᠢᠯᠭ᠎ᠠ ᠶᠢᠨ ᠡᠪᠡᠳᠴᠢᠨ ᠦ ᠭᠠᠵᠠᠷ ᠤᠨ ᠲᠣᠭ᠎ᠠ 157 ᠪᠠᠢᠨ᠎ᠠ᠃ 2017 ᠣᠨ ᠳᠤ ᠲᠤᠰ ᠬᠣᠰᠢᠭᠤ ᠳᠤ ᠮᠡᠳᠡᠭᠳᠡᠭᠰᠡᠨ ᠬᠠᠯᠳᠠᠪᠤᠷ ᠡᠪᠡᠳᠴᠢᠨ ᠦ 785 ᠪᠠᠢᠨ᠎ᠠ ᠳᠤ ᠬᠦᠷᠴᠦ᠂ 2017 ᠣᠨ ᠤ ᠡᠪᠡᠳᠴᠢᠨ ᠦ ᠲᠣᠭ᠎ᠠ 62800 ᠬᠦᠷᠦᠭᠡᠳ ᠪᠣᠯᠪᠠ᠃᠃ 2017 ᠣᠨ ᠤ ᠬᠠᠯᠳᠠᠪᠤᠷ ᠡᠪᠡᠳᠴᠢᠨ ᠦ ᠲᠣᠭ᠎ᠠ 3500 ᠪᠠᠢᠨ᠎ᠠ 3265 ᠬᠦᠮᠦᠨ ᠢ ᠡᠮᠨᠡᠯᠡᠪᠡ᠃᠃ ᠡᠪᠡᠳᠴᠢᠨ ᠦ ᠲᠣᠭ᠎ᠠ 21 ᠪᠠᠢᠨ᠎ᠠ ᠬᠦᠮᠦᠨ ᠦ ᠡᠪᠡᠳᠴᠢᠨ ᠢ ᠬᠦᠷᠭᠡᠨ᠂ ᠡᠪᠡᠳᠴᠢᠨ ᠦ ᠲᠣᠭ᠎ᠠ 4 ᠪᠠᠢᠨ᠎ᠠ ᠪᠣᠯᠵᠠᠢ᠂ ᠲᠠᠷᠢᠯᠭ᠎ᠠ ᠶᠢᠨ ᠡᠪᠡᠳᠴᠢᠨ ᠦ ᠪᠠᠢᠳᠠᠯ ᠢ ᠮᠡᠳᠡᠭᠳᠡᠭᠦᠯᠵᠡᠢ᠃᠃ ᠲᠤᠰ ᠣᠨ ᠳᠤ ᠬᠠᠯᠳᠠᠪᠤᠷ ᠡᠪᠡᠳᠴᠢᠨ ᠦ ᠲᠣᠭ᠎ᠠ ᠶᠢ ᠬᠡᠮᠵᠢᠬᠦ ᠪᠠᠷ 623 ᠰᠠᠶ᠎ᠠ ᠶᠤᠸᠠᠨ ᠪᠣᠯᠪᠠ᠃᠃ 2017 ᠣᠨ ᠳᠤ ᠡᠯᠢᠭᠡᠨ ᠦ B ᠬᠡᠯᠪᠡᠷᠢ ᠶᠢᠨ ᠦᠷᠡᠵᠢᠯ ᠦᠨ ᠡᠪᠡᠳᠴᠢᠨ ᠢ ᠬᠦᠷᠭᠡᠨ ᠲᠠᠷᠢᠯᠭ᠎ᠠ ᠶᠢᠨ ᠲᠣᠭ᠎ᠠ 0 ᠪᠠᠢᠨ᠎ᠠ ᠬᠡᠦᠬᠡᠳ ᠦᠨ 3039 ᠪᠠᠢᠨ᠎ᠠ ᠡᠪᠡᠳᠴᠢᠨ ᠦ ᠲᠣᠭ᠎ᠠ 19 ᠪᠠᠢᠨ᠎ᠠ᠂ ᠲᠠᠷᠢᠯᠭ᠎ᠠ ᠶᠢᠨ ᠲᠣᠭ᠎ᠠ 30 ᠪᠠᠢᠨ᠎ᠠ ᠪᠣᠯᠵᠠᠢ᠂ ᠡᠯᠢᠭᠡᠨ ᠦ ᠡᠪᠡᠳᠴᠢᠨ ᠦ ᠲᠠᠷᠢᠯᠭ᠎ᠠ ᠶᠢᠨ ᠲᠣᠭ᠎ᠠ ᠪᠣᠯᠤᠨ ᠡᠪᠡᠳᠴᠢᠨ ᠦ ᠬᠤᠪᠢ ᠶᠢ ᠬᠦᠷᠭᠡᠪᠡ᠃᠃ ᠡᠯᠢᠭᠡᠨ ᠦ B ᠬᠡᠯᠪᠡᠷᠢ ᠶᠢᠨ ᠦᠷᠡᠵᠢᠯ ᠢ ᠪᠠᠭᠤᠷᠠᠭᠤᠯᠬᠤ ᠲᠠᠷᠢᠯᠭ᠎ᠠ ᠶᠢᠨ ᠲᠣᠭ᠎ᠠ 55 ᠪᠠᠢᠨ᠎ᠠ ᠪᠣᠯᠵᠠᠢ᠂ ᠡᠯᠢᠭᠡᠨ ᠦ B ᠬᠡᠯᠪᠡᠷᠢ ᠶᠢᠨ ᠦᠷᠡᠵᠢᠯ ᠦᠨ ᠡᠪᠡᠳᠴᠢᠨ ᠦ ᠲᠠᠷᠢᠯᠭ᠎ᠠ ᠶᠢᠨ ᠲᠣᠭ᠎ᠠ ᠶᠢ ᠬᠡᠮᠵᠢᠬᠦ ᠲᠠᠷᠢᠯᠭ᠎ᠠ ᠶᠢᠨ ᠬᠤᠪᠢ ᠶᠢ 84 ᠪᠠᠢᠨ᠎ᠠ ᠭᠡᠵᠡᠢ᠃᠃ （ᠬᠦᠰᠦᠨᠦᠭ ᠢ ᠦᠵᠡ）

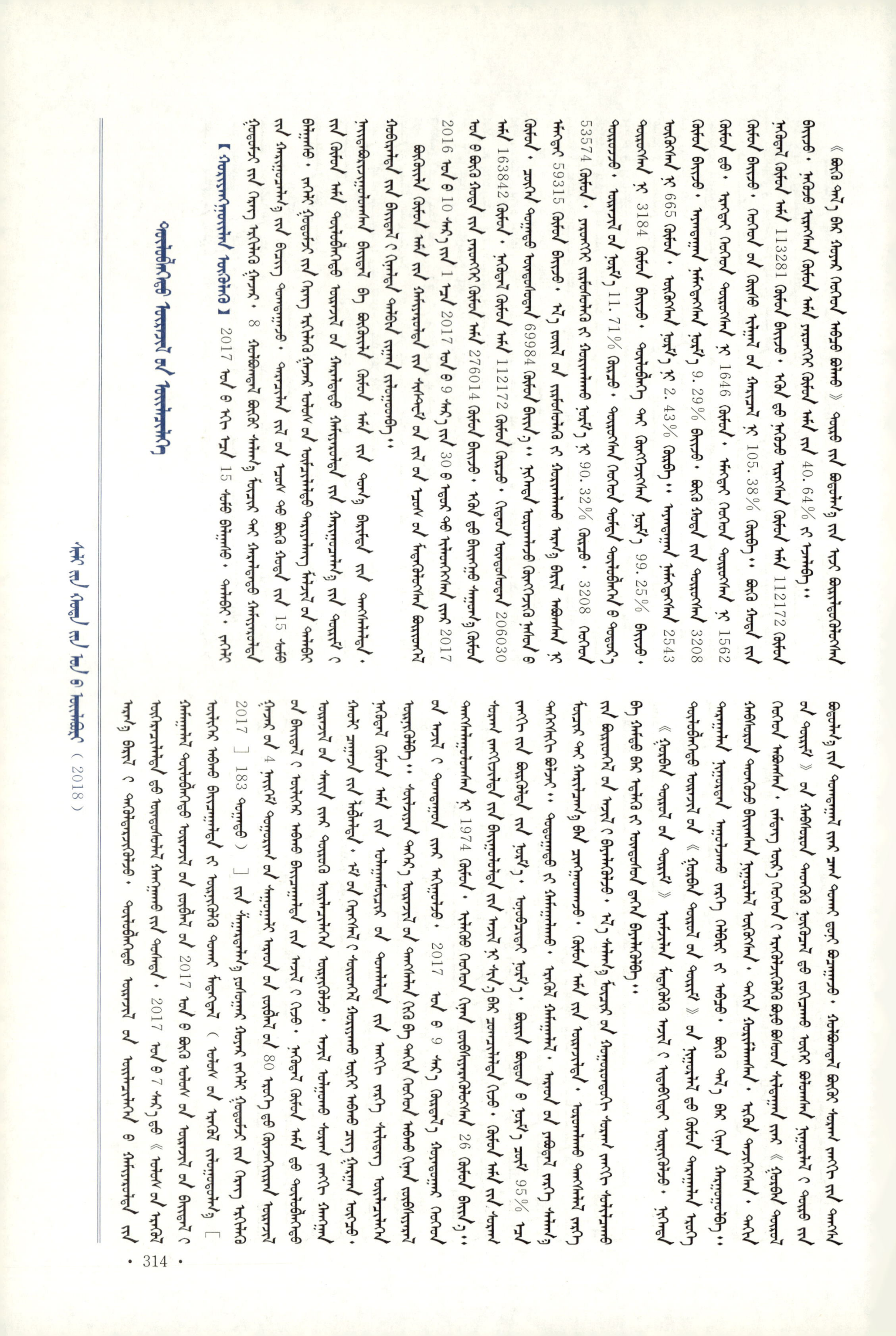

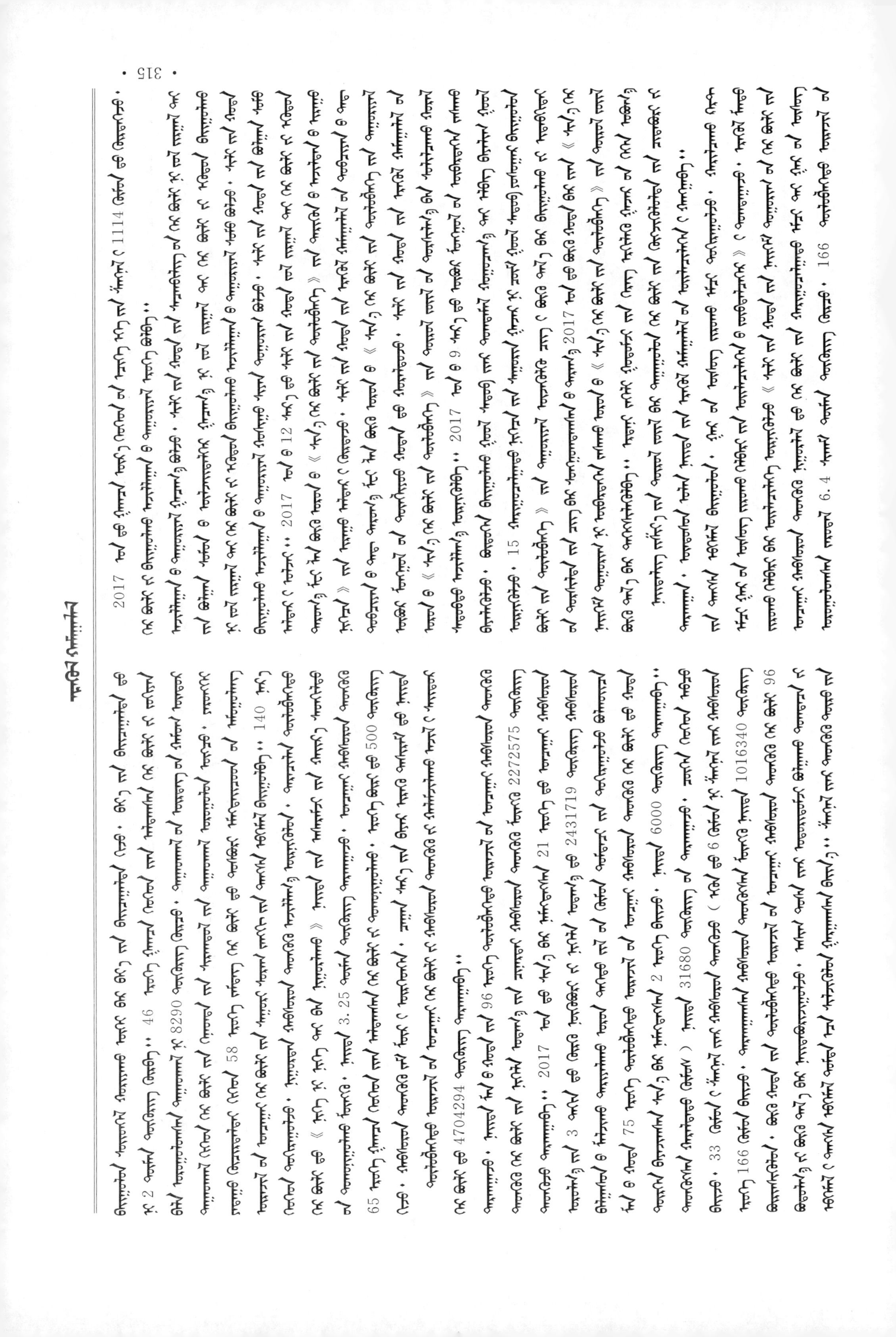

2017 [illegible] 1114 [illegible] 2017 [illegible] 12 [illegible] 2017 [illegible] 9 [illegible] 15 [illegible] 2017 [illegible]

[illegible] 6.4 [illegible] 166 [illegible] 2 [illegible] 46 [illegible] 8290 [illegible] 58 [illegible] 140 [illegible] 3.25 [illegible] 65 [illegible] 500 [illegible]

[illegible] 4704294 [illegible]

[illegible] 96 [illegible] 2272575 [illegible] 2017 [illegible] 21 [illegible] 3 [illegible] 2431719 [illegible] 75 [illegible] 2 [illegible] 6000 [illegible] 31680 [illegible] 33 [illegible] 6 [illegible] 166 [illegible] 1016340 [illegible] 96 [illegible]

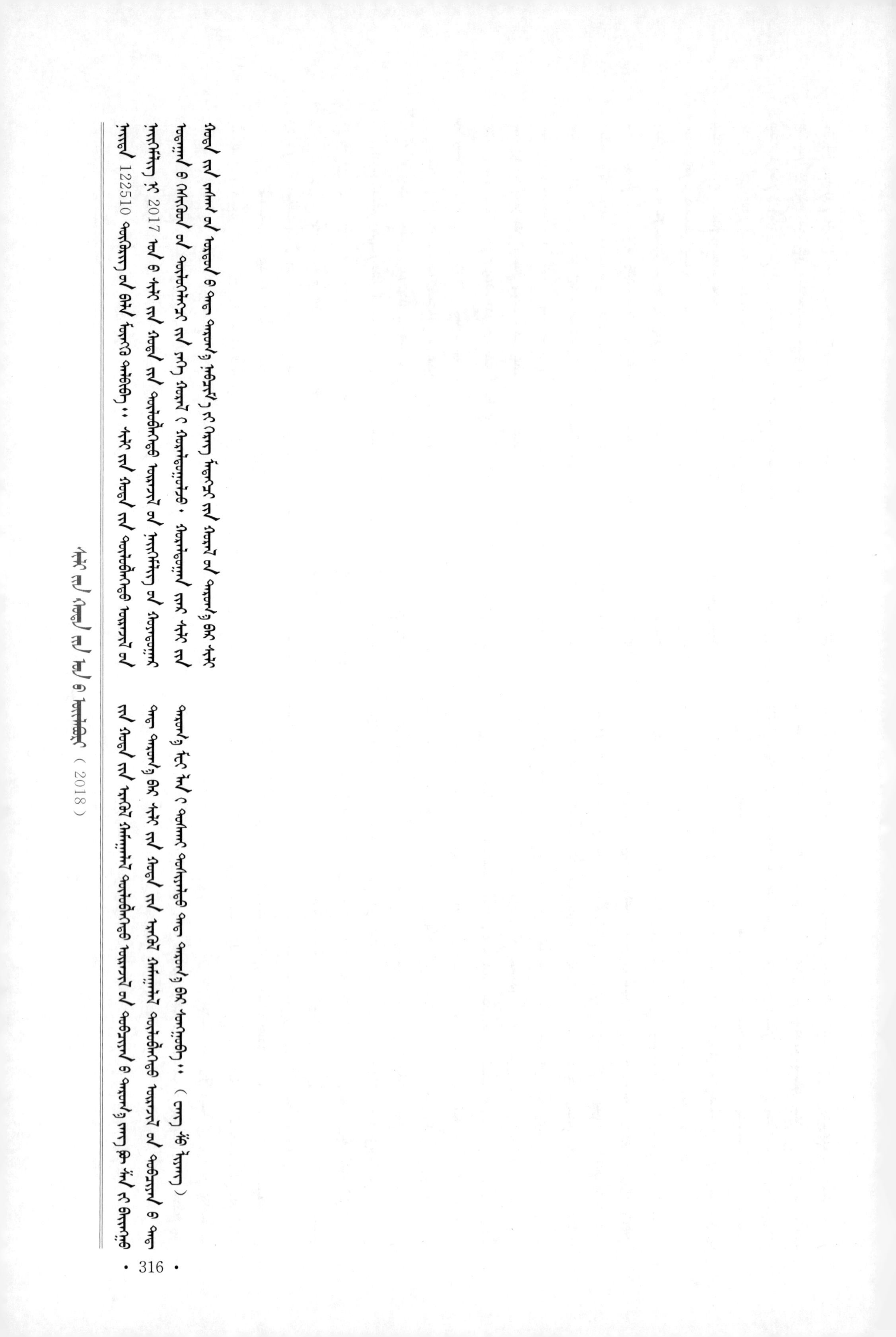

[illegible] ([illegible])

[illegible] 2017 [illegible] 122510 [illegible]

ᠵᠠᠷᠤᠯᠭ᠎ᠠ ᠤᠨ ᠣᠷᠣᠯᠲᠠ ᠨᠢ 21427 ᠶᠤᠸᠠᠨ · 7.4% ᠪᠡᠷ ᠨᠡᠮᠡᠭᠳᠡᠪᠡ·· ᠬᠣᠲᠠ ᠪᠠᠯᠭᠠᠰᠤ ᠶᠢᠨ ᠢᠷᠭᠡᠳ ᠦᠨ ᠠᠮᠢᠳᠤᠷᠠᠯ · 6% ᠪᠡᠷ ᠨᠡᠮᠡᠭᠳᠡᠪᠡ·· ᠣᠷᠣᠯᠲᠠ ᠶᠢᠨ ᠬᠤᠪᠢ ᠳᠤ ᠬᠣᠲᠠ ᠪᠠᠯᠭᠠᠰᠤ ᠶᠢᠨ ᠢᠷᠭᠡᠳ ᠦᠨ ᠵᠠᠷᠤᠳᠠᠭ ᠬᠣᠶᠠᠷ ᠣᠷᠣᠯᠲᠠ ᠨᠢ 41753 ᠶᠤᠸᠠᠨ · ᠤᠷᠢᠳᠠᠬᠢ ᠣᠨ ᠡᠴᠡ 2363 ᠶᠤᠸᠠᠨ ᠨᠡᠮᠡᠭᠳᠡᠵᠦ ᠬᠤᠪᠢ ᠨᠢ 6.1% ᠪᠣᠯᠪᠠ·· ᠬᠥᠳᠡᠭ᠎ᠡ ᠮᠠᠯᠴᠢᠨ ᠤ ᠠᠷᠠᠳ ᠤᠨ ᠨᠢᠭᠡ ᠬᠦᠮᠦᠨ ᠤ ᠬᠣᠲᠠ ᠪᠠᠯᠭᠠᠰᠤ ᠶᠢᠨ ᠵᠠᠷᠤᠳᠠᠭ ᠬᠣᠶᠠᠷ ᠣᠷᠣᠯᠲᠠ ᠨᠢ 39773 ᠶᠤᠸᠠᠨ · ᠤᠷᠢᠳᠠᠬᠢ ᠣᠨ ᠡᠴᠡ 2303 ᠶᠤᠸᠠᠨ ᠠᠷᠪᠢᠳᠴᠠᠭᠠ · ᠳᠤᠨᠳᠠ ᠬᠣᠯᠠ ᠬᠡᠮᠵᠢᠶ᠎ᠡ ᠠᠷᠪᠢᠳᠬᠠᠪᠠ·· 2017 ᠣᠨ ᠳᠤ ᠪᠦᠬᠦ ᠨᠢᠭᠡ ᠬᠦᠮᠦᠨ ᠤ ᠬᠣᠲᠠ ᠪᠠᠯᠭᠠᠰᠤ ᠶᠢᠨ ᠢᠷᠭᠡᠳ
ᠬᠥᠳᠡᠭ᠎ᠡ ᠪᠠᠭᠠᠰ ᠶᠢᠨ ᠨᠢᠭᠡ ᠬᠦᠮᠦᠨ ᠤ ᠣᠷᠣᠯᠲᠠ ᠶᠢᠨ ᠵᠥᠷᠢᠶᠡᠨ ᠨᠢ ᠨᠡᠮᠡᠭᠳᠡᠵᠦ · ᠬᠠᠷᠢᠴᠠᠭ᠎ᠠ ᠪᠡᠨ ᠵᠥᠪᠯᠡᠪᠡ
··

ᠲᠥᠷᠦᠯᠲᠡ ᠶᠢᠨ ᠬᠤᠪᠢ 6.21‰ · ᠨᠡᠮᠡᠭᠳᠡᠯᠲᠡ ᠪᠠᠭᠠ ᠪᠣᠯᠤᠨ ᠵᠥᠷᠢᠶᠡᠨ 1353 · ᠨᠡᠮᠡᠭᠳᠡᠯᠲᠡ ᠶᠢᠨ ᠬᠤᠪᠢ 7.8‰ ᠵᠥᠷᠢᠶᠡᠯᠲᠡ ᠪᠠᠭᠠ ᠬᠦᠮᠦᠨ 2523 · ᠵᠥᠷᠢᠶᠡᠯᠲᠡ ᠶᠢᠨ ᠬᠤᠪᠢ 13.39‰ · ᠲᠥᠷᠦᠯᠲᠡ ᠪᠠᠭᠠ ᠬᠦᠮᠦᠨ 1170 · 1.43% ᠪᠡᠷ ᠨᠡᠮᠡᠭᠳᠡᠵᠦ · ᠲᠥᠷᠦᠯ ᠲᠥᠷᠦᠯᠬᠡᠳ 3.3 ᠲᠦᠮᠡᠨ ᠪᠣᠯᠵᠤ · 1.92% ᠪᠡᠷ ᠨᠡᠮᠡᠭᠳᠡᠪᠡ·· 18.99 ᠲᠦᠮᠡᠨ ᠪᠣᠯᠵᠤ · 1.61% ᠪᠡᠷ ᠨᠡᠮᠡᠭᠳᠡᠪᠡ·· ᠡᠮᠡᠰ ᠦᠨ ᠬᠦᠮᠦᠨ ᠲᠥᠷᠦᠯᠬᠡᠳ 12.75 ᠲᠦᠮᠡᠨ · 2.3 ᠲᠦᠮᠡᠨ ᠪᠣᠯᠵᠤ · 8% ᠪᠡᠷ ᠪᠠᠭᠤᠷᠠᠭᠰᠠᠨ·· ᠣᠨ ᠤ ᠡᠴᠦᠰ ᠲᠦ ᠬᠥᠳᠡᠭ᠎ᠡ ᠶᠢᠨ ᠲᠣᠭᠠᠨ ᠳᠤ ᠪᠠᠭᠠ ᠬᠦᠮᠦᠨ ᠮᠠᠯᠴᠢᠨ ᠤ ᠪᠠᠭᠠ ᠬᠦᠮᠦᠨ 24.4 ᠲᠦᠮᠡᠨ ᠪᠣᠯᠵᠤ · 1.58% ᠪᠡᠷ ᠨᠡᠮᠡᠭᠳᠡᠪᠡ·· ᠪᠠᠭᠰᠢ ᠶᠢᠨ ᠪᠠᠭᠠ ᠬᠦᠮᠦᠨ ᠡᠴᠦᠰ ᠲᠦ ᠠᠷᠠᠳ ᠤᠨ ᠪᠠᠭᠠ ᠬᠦᠮᠦᠨ 26.7 ᠲᠦᠮᠡᠨ ᠪᠣᠯᠵᠤ · 0.68% ᠪᠡᠷ ᠨᠡᠮᠡᠭᠳᠡᠪᠡ·· ᠡᠮᠡᠰ ᠦᠨ ᠬᠥᠳᠡᠭ᠎ᠡ
【ᠮᠡᠳᠡᠭᠡᠯᠡᠯ ᠦᠨ ᠡᠬᠢ ᠰᠤᠷᠪᠤᠯᠵᠢ】 ᠪᠠᠭᠠ ᠬᠦᠮᠦᠨ ᠲᠣᠭᠠᠴᠠᠭᠠᠨ ᠤ ᠨᠡᠮᠡᠭᠳᠡᠪᠡ·· 2017 ᠣᠨ ᠤ ᠡᠴᠦᠰ ᠲᠦ

ᠠᠮᠢᠳᠤᠷᠠᠯ ᠤᠨ ᠬᠡᠷᠡᠭᠯᠡᠭᠡ

ᠢᠷᠭᠡᠳ ᠦᠨ ᠣᠷᠣᠯᠭ᠎ᠠ ᠠᠮᠢᠳᠤᠷᠠᠯ ᠤᠨ ᠬᠡᠷᠡᠭᠯᠡᠭᠡ

ᠬᠦᠮᠦᠨ ᠦ ᠠᠮᠢᠳᠤᠷᠠᠯ ᠤᠨ ᠬᠠᠮᠤᠭ ᠤᠨ ᠳᠤᠮᠳᠠ ᠬᠢᠵᠦ ᠪᠠᠢᠭᠤᠯᠭᠠᠬᠤ ᠪᠠᠷᠢᠯᠭ᠎ᠠ ᠶᠢᠨ ᠪᠠᠶᠢᠳᠠᠯ ᠪᠦᠲᠦᠭᠡᠬᠦ ᠶᠢᠨ ᠬᠦᠷᠲᠡᠯ · ᠣᠷᠣᠯᠲᠠ ᠨᠡᠮᠡᠭᠳᠡᠭᠰᠡᠨ ᠪᠡᠷ ᠣᠷᠣᠯᠲᠠ ᠶᠢᠨ ᠪᠠᠶᠢᠳᠠᠯ ᠶᠢᠨ ᠪᠠᠶᠢ · ᠬᠦᠮᠦᠨ ᠦ ᠠᠵᠢᠯ ᠤᠨ ᠪᠠᠶᠢᠳᠠᠯ · ᠪᠠᠶᠢᠳᠠᠯ ᠢ ᠰᠠᠶᠢᠵᠢᠷᠠᠭᠤᠯᠵᠤ · ᠣᠷᠣᠯᠲᠠ ᠶᠢ ᠨᠡᠮᠡᠭᠳᠡᠭᠦᠯᠦᠯ ᠪᠡᠷ ᠰᠠᠶᠢᠵᠢᠷᠠᠭᠤᠯᠬᠤ ᠳᠤ ᠬᠦᠴᠦᠯᠡᠨ ·· ᠠᠮᠢᠳᠤᠷᠠᠯ ᠤᠨ ᠨᠦᠬᠦᠴᠡᠯ ᠦᠨ ᠵᠢᠷᠭᠠᠯᠠᠩ ᠳᠤ ᠬᠦᠷᠴᠡᠢ · ᠣᠷᠣᠨ ᠰᠠᠭᠤᠴᠠ · ᠪᠠᠶᠢᠷᠢᠰᠢᠯ ᠪᠠ ᠪᠠᠶᠢᠭᠤᠯᠤᠯᠲᠠ ᠶᠢᠨ ᠰᠠᠶᠢᠵᠢᠷᠠᠭᠤᠯᠤᠯᠲᠠ · ᠠᠮᠢᠳᠤᠷᠠᠯ ᠤᠨ ᠨᠦᠬᠦᠴᠡᠯ ᠦᠨ ᠳᠡᠭᠡᠷᠡ ᠶᠢᠨ ᠳᠠᠪᠬᠤᠷᠴᠠᠭ᠎ᠠ ᠲᠠᠢ ᠪᠠᠶᠢᠳᠠᠯ ᠢ ᠰᠠᠶᠢᠵᠢᠷᠠᠭᠤᠯᠵᠤ · ᠣᠳᠣ ᠬᠦᠮᠦᠨ ᠦ ᠠᠮᠢᠳᠤᠷᠠᠯ ᠤᠨ ᠨᠦᠬᠦᠴᠡᠯ ᠦᠨ ᠰᠠᠶᠢᠨ ᠳᠠᠬᠢᠨ ᠪᠠᠶᠢᠳᠠᠯ ᠢᠶᠠᠷ ᠢ ᠳᠡᠭᠡᠭᠰᠢᠯᠡᠭᠦᠯᠵᠦ · ᠣᠳᠣ ᠲᠥᠷᠥ ᠶᠢᠨ ᠠᠮᠢᠳᠤᠷᠠᠯ ᠤᠨ ᠨᠦᠬᠦᠴᠡᠯ ᠦᠨ ᠰᠠᠶᠢᠨ ᠪᠠᠶᠢᠳᠠᠯ · ᠪᠠᠶᠢᠳᠠᠯ ᠪᠠᠶᠢᠭᠤᠯᠤᠯᠲᠠ · ᠪᠠᠶᠢᠬᠤ ᠶᠢᠨ ᠳᠡᠭᠡᠷᠡ ᠬᠦᠷᠬᠦ
【ᠮᠡᠳᠡᠭᠡᠯᠡᠯ ᠦᠨ ᠡᠬᠢ ᠰᠤᠷᠪᠤᠯᠵᠢ】 ᠠᠮᠢᠳᠤᠷᠠᠯ ᠤᠨ ᠨᠦᠬᠦᠴᠡᠯ ᠦᠨ ᠵᠢᠷᠭᠠᠯᠠᠩ ᠤᠨ ᠰᠠᠶᠢᠨ ᠬᠡᠮᠵᠢᠶ᠎ᠡ ᠰᠠᠶᠢᠵᠢᠷᠠᠭᠤᠯᠬᠤ

ᠠᠮᠢᠳᠤᠷᠠᠯ ᠤᠨ ᠨᠦᠬᠦᠴᠡᠯ

ᠤᠷᠢᠳᠠᠬᠢ ᠣᠨ ᠡᠴᠡ 0.4 ᠨᠤᠭᠤᠳ ᠤᠨ ᠬᠡᠮᠵᠢᠶ᠎ᠡ ᠠᠷᠪᠢᠳᠬᠠᠪᠠ·· （ᠶᠠᠭ ᠶᠠᠭ ᠬᠦᠯᠢᠶᠡᠨ）
ᠨᠡᠶᠢᠲᠡ ᠣᠷᠣᠯᠲᠠ ᠶᠢᠨ ᠪᠦᠭᠦᠳᠡ ᠶᠢᠨ ᠬᠣᠲᠠ ᠪᠠᠯᠭᠠᠰᠤ ᠶᠢᠨ ᠬᠡᠷᠡᠭ ᠤᠨ ᠬᠡᠷᠡᠭᠯᠡᠭᠡ ᠲᠣᠭ᠎ᠠ ᠨᠢ 39.9% · ᠤᠷᠢᠳᠠᠬᠢ ᠪᠠᠭᠠ ᠶᠢᠨ ᠠᠵᠢᠯᠯᠠᠭ᠎ᠠ ᠬᠣᠯᠪᠣᠭᠠ ᠳᠤ ᠣᠷᠣᠯᠲᠠ ᠶᠢᠨ ᠵᠠᠷᠤᠳᠠᠯ ᠤᠨ ᠣᠷᠣᠯᠲᠠ ᠨᠢ 5755 ᠶᠤᠸᠠᠨ · 7.8% ᠪᠡᠷ ᠨᠡᠮᠡᠭᠳᠡᠪᠡ·· ᠪᠠᠭᠠ ᠪᠣᠯᠤᠨ ᠶᠢᠨ ᠣᠷᠣᠯᠲᠠ ᠶᠢᠨ ᠵᠠᠷᠤᠳᠠᠯ ᠤᠨ ᠣᠷᠣᠯᠲᠠ ᠨᠢ 1413 ᠶᠤᠸᠠᠨ · 4.5% ᠪᠡᠷ ᠨᠡᠮᠡᠭᠳᠡᠪᠡ·· ᠪᠠᠭᠠ ᠪᠣᠯᠤᠨ ᠶᠢᠨ ᠣᠷᠣᠯᠲᠠ ᠶᠢᠨ ᠵᠠᠷᠤᠳᠠᠯ ᠶᠢᠨ ᠣᠷᠣᠯᠲᠠ ᠨᠢ 14636 ᠶᠤᠸᠠᠨ · 8.86% ᠪᠡᠷ ᠨᠡᠮᠡᠭᠳᠡᠪᠡ·· ᠪᠠᠭᠠ ᠪᠣᠯᠤᠨ ᠶᠢᠨ ᠠᠵᠢᠯᠯᠠᠭ᠎ᠠ ᠵᠠᠷᠤᠯᠭ᠎ᠠ ᠶᠢᠨ ᠣᠷᠣᠯᠲᠠ ᠨᠢ 2265.6 ᠶᠤᠸᠠᠨ · 7.44% ᠪᠡᠷ ᠨᠡᠮᠡᠭᠳᠡᠪᠡ·· 1824 ᠶᠤᠸᠠᠨ ᠠᠷᠪᠢᠳᠴᠠᠭᠠ · 8.2% ᠪᠡᠷ ᠨᠡᠮᠡᠭᠳᠡᠪᠡ·· ᠣᠷᠣᠯᠲᠠ ᠶᠢᠨ ᠬᠤᠪᠢ ᠳᠤ ᠪᠠᠭᠠ ᠪᠣᠯᠤᠨ ᠬᠥᠳᠡᠭ᠎ᠡ ᠶᠢᠨ ᠬᠣᠲᠠ ᠪᠠᠯᠭᠠᠰᠤ ᠶᠢᠨ ᠵᠠᠷᠤᠳᠠᠭ ᠬᠣᠶᠠᠷ ᠣᠷᠣᠯᠲᠠ ᠨᠢ 24069 ᠶᠤᠸᠠᠨ · ᠤᠷᠢᠳᠠᠬᠢ ᠣᠨ ᠡᠴᠡ 38.6% · ᠵᠥᠷᠢᠶᠡᠨ ᠨᠢ ᠤᠨ ᠣᠨ ᠡᠴᠡ 0.6 ᠨᠤᠭᠤᠳ ᠤᠨ ᠬᠡᠮᠵᠢᠶ᠎ᠡ ᠪᠡᠷ ᠪᠠᠭᠤᠷᠠᠭᠰᠠᠨ·· ᠨᠡᠶᠢᠲᠡ ᠣᠷᠣᠯᠲᠠ ᠶᠢᠨ ᠠᠷᠪᠢᠳᠬᠠᠪᠠ·· ᠬᠥᠳᠡᠭ᠎ᠡ ᠮᠠᠯᠴᠢᠨ ᠤ ᠠᠷᠠᠳ ᠤᠨ ᠨᠢᠭᠡ ᠬᠦᠮᠦᠨ ᠤ ᠬᠡᠷᠡᠭ ᠤᠨ ᠬᠡᠷᠡᠭᠯᠡᠭᠡ ᠲᠣᠭ᠎ᠠ ᠨᠢ ᠮᠠᠯᠴᠢᠨ ᠤ ᠠᠷᠠᠳ ᠤᠨ ᠨᠢᠭᠡ ᠬᠦᠮᠦᠨ ᠤ ᠠᠵᠢᠯᠯᠠᠭ᠎ᠠ ᠣᠷᠣᠯᠲᠠ ᠨᠢ 30685 ᠶᠤᠸᠠᠨ · 4.3% ᠪᠡᠷ ᠠᠵᠢᠯᠯᠠᠭ᠎ᠠ ᠣᠷᠣᠯᠲᠠ ᠶᠢᠨ ᠬᠥᠳᠡᠯᠮᠦᠷᠢ ᠶᠢᠨ ᠣᠷᠣᠯᠲᠠ ᠨᠢ 9584 ᠶᠤᠸᠠᠨ · 6.3% ᠪᠡᠷ ᠨᠡᠮᠡᠭᠳᠡᠪᠡ·· ᠬᠥᠳᠡᠭ᠎ᠡ ᠣᠷᠣᠯᠲᠠ ᠶᠢᠨ ᠣᠷᠣᠯᠲᠠ ᠨᠢ 2361 ᠶᠤᠸᠠᠨ · 0.82% ᠪᠡᠷ ᠪᠠᠭᠤᠷᠠᠭᠰᠠᠨ·· ᠪᠠᠭᠠ ᠪᠣᠯᠤᠨ ᠶᠢᠨ ᠲᠣᠭᠲᠠᠮᠠᠯ ᠶᠢᠨ ᠣᠷᠣᠯᠲᠠ ᠨᠢ 8382 ᠶᠤᠸᠠᠨ · 4.2% ᠪᠡᠷ ᠨᠡᠮᠡᠭᠳᠡᠪᠡ·· ᠪᠠᠭᠠ ᠪᠣᠯᠤᠨ ᠶᠢᠨ ᠠᠵᠢᠯᠯᠠᠭ᠎ᠠ

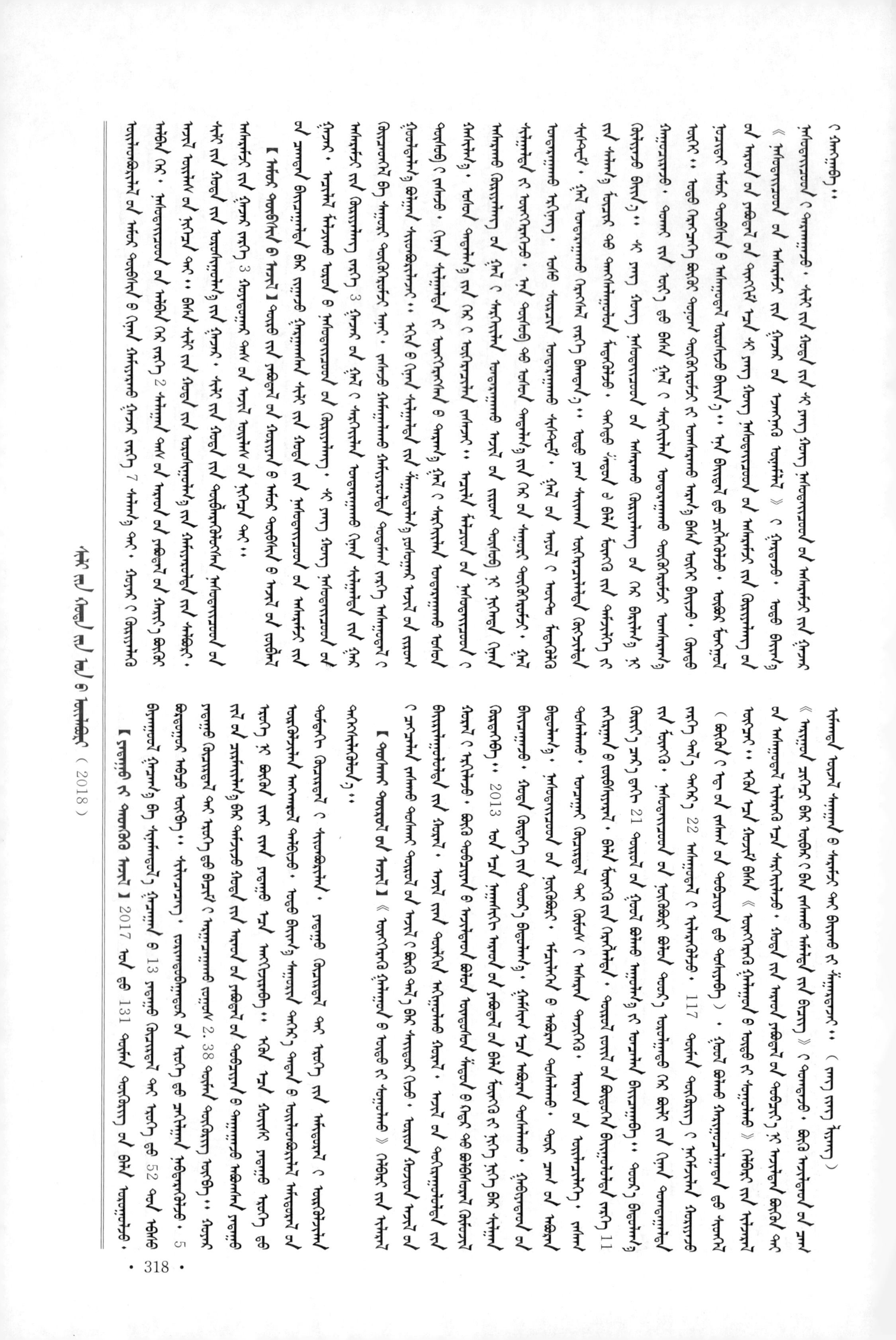

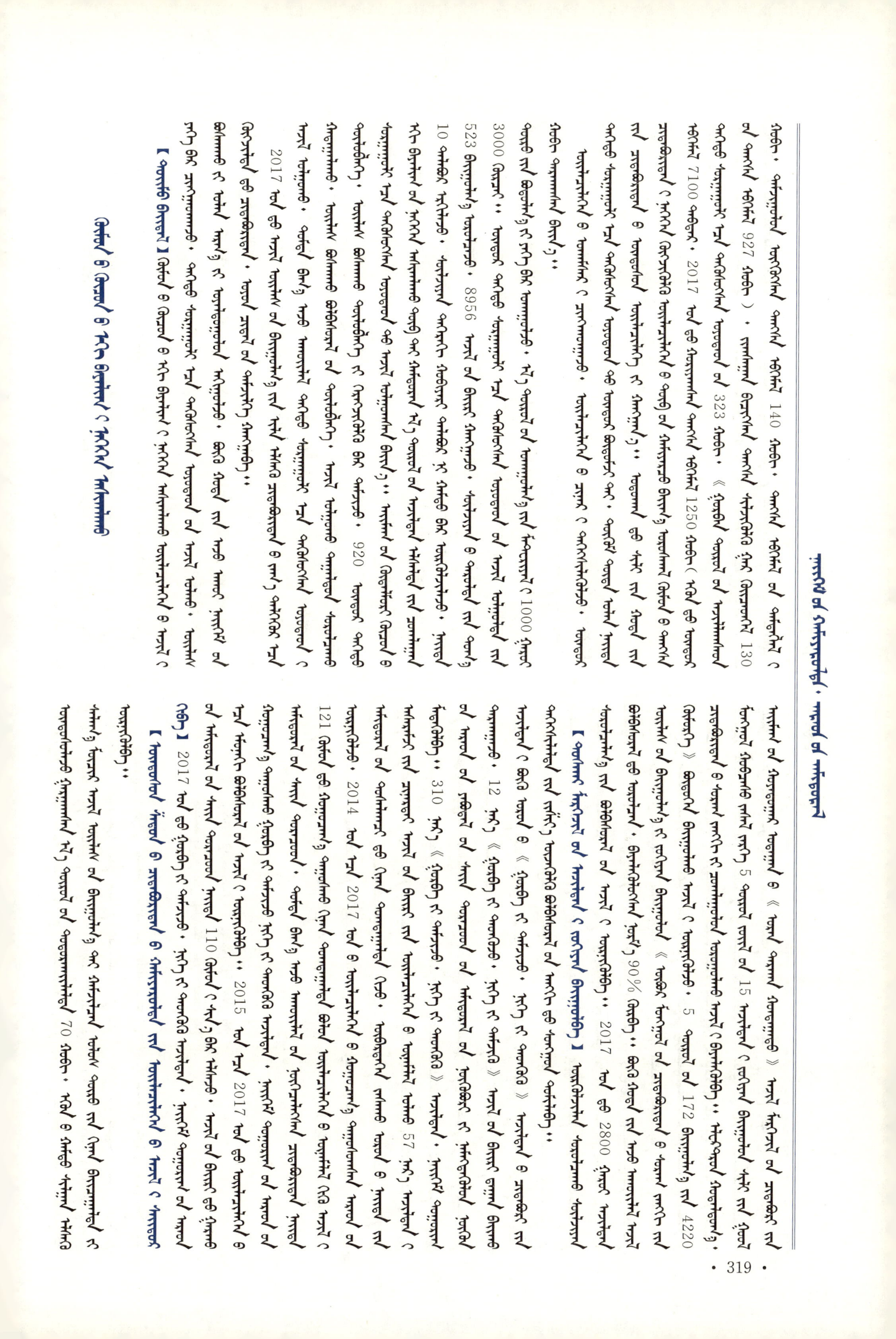

[illegible] ᠃᠃

[illegible] ᠃᠃ ([illegible]

[illegible])

[illegible]

【[illegible]】 [illegible] 18980 [illegible] ᠃

[illegible] 3230 [illegible] 587 [illegible] ᠂

658 [illegible] 2147 [illegible] ᠂

[illegible] 1035 [illegible] ᠂

[illegible] 3.3% [illegible] ᠃᠃ [illegible] ᠂

[illegible]

[illegible]

[illegible]

[illegible]

[illegible]

[illegible] 49 [illegible] 2324 [illegible]

[illegible] ᠃᠃ [illegible]

[illegible] 《 [illegible] 》 [illegible]

[illegible] 》 [illegible]

[illegible] 311 [illegible] 472 [illegible]

[illegible]

[illegible] 《 [illegible] 》 [illegible]

[illegible] 》 [illegible] ᠃᠃ [illegible] 《 [illegible] 》 [illegible]

[illegible] 50 [illegible]

[illegible] 《 [illegible] 》

[illegible]

[illegible]

[illegible]

4.2 [illegible] 500 [illegible]

[illegible] 3000 [illegible] ᠃᠃ [illegible]

[illegible] 2017 [illegible] 72.33

[illegible] 2324 [illegible]

[illegible] 591 [illegible] 300 [illegible]

[illegible] 30 [illegible] 2100 [illegible]

1491 [illegible] 323 [illegible] 1997 [illegible]

[illegible]

[illegible] 672.4 [illegible] 29 [illegible]

[illegible]

95.7 [illegible] 157 [illegible]

[illegible] 658.5 [illegible] 558.1

[illegible] ᠃᠃

([illegible])

[illegible]

【[illegible]】 [illegible]

[illegible] 100% [illegible] ᠃᠃ [illegible]

[illegible] 6449 [illegible]

[illegible] 2184 [illegible] ᠃᠃ [illegible]

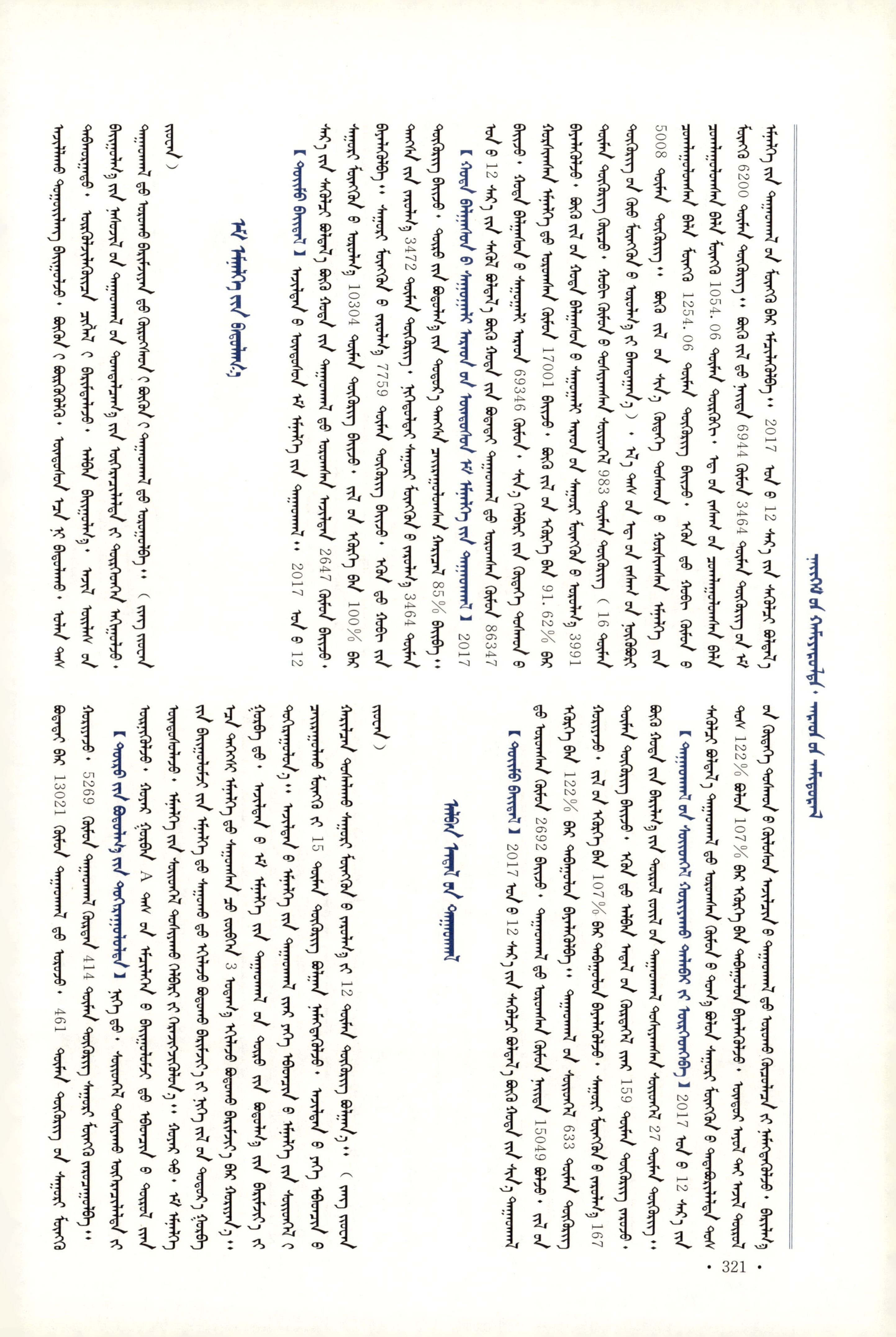

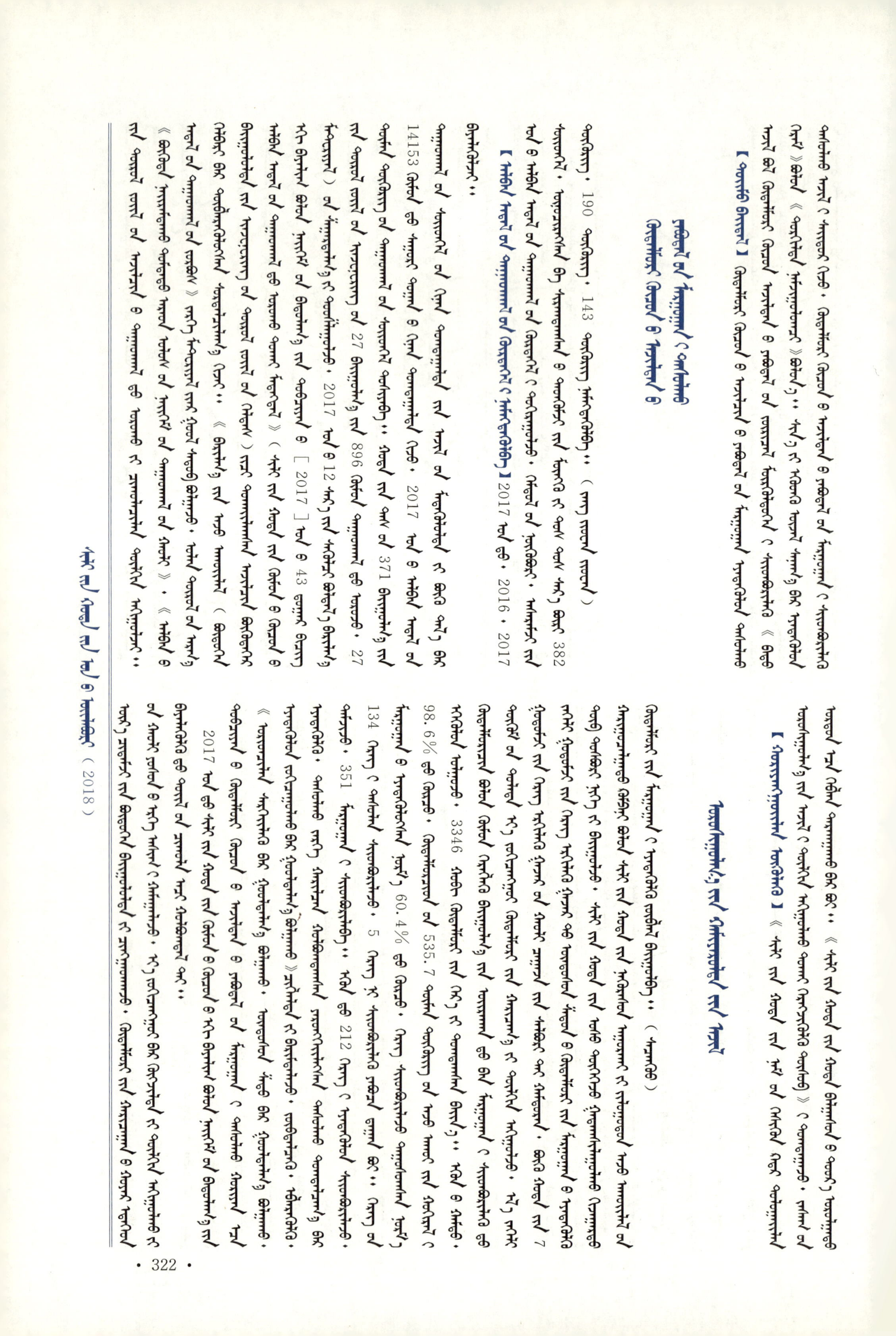

[illegible] 190 [illegible] 143 [illegible] 382 [illegible]

[illegible] 2017 [illegible] 2016 · 2017 [illegible]

[illegible] 14153 [illegible] 2017 [illegible] 371 [illegible] 27 [illegible] 896 [illegible] 27 [illegible] 2017 [illegible] 12 [illegible] [2017] [illegible] 43 [illegible]

[illegible] 3346 [illegible] 98.6% [illegible] 535.7 [illegible] 60.4% [illegible] 134 [illegible] 5 [illegible] 351 [illegible] 212 [illegible]

[illegible] 2017 [illegible]

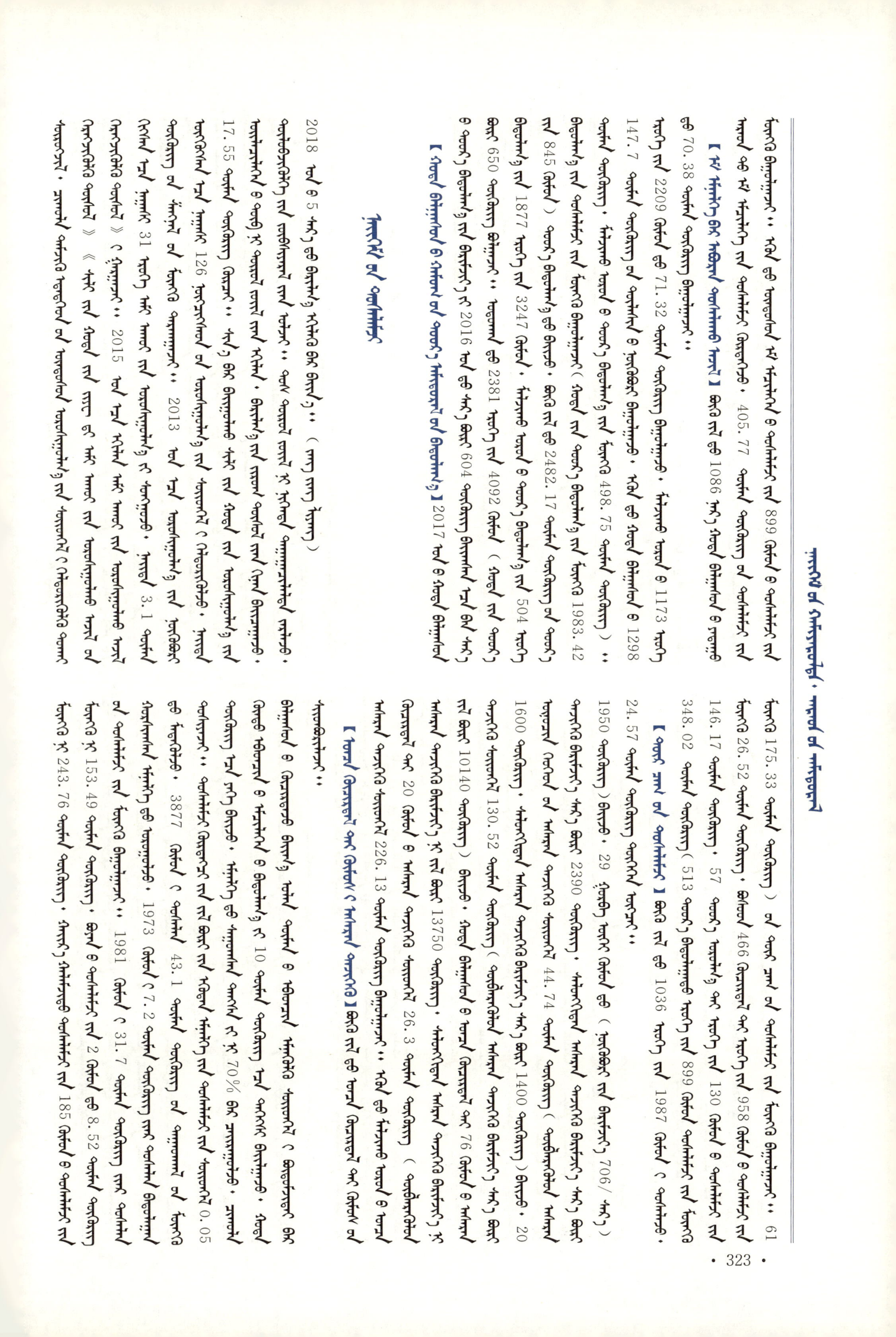

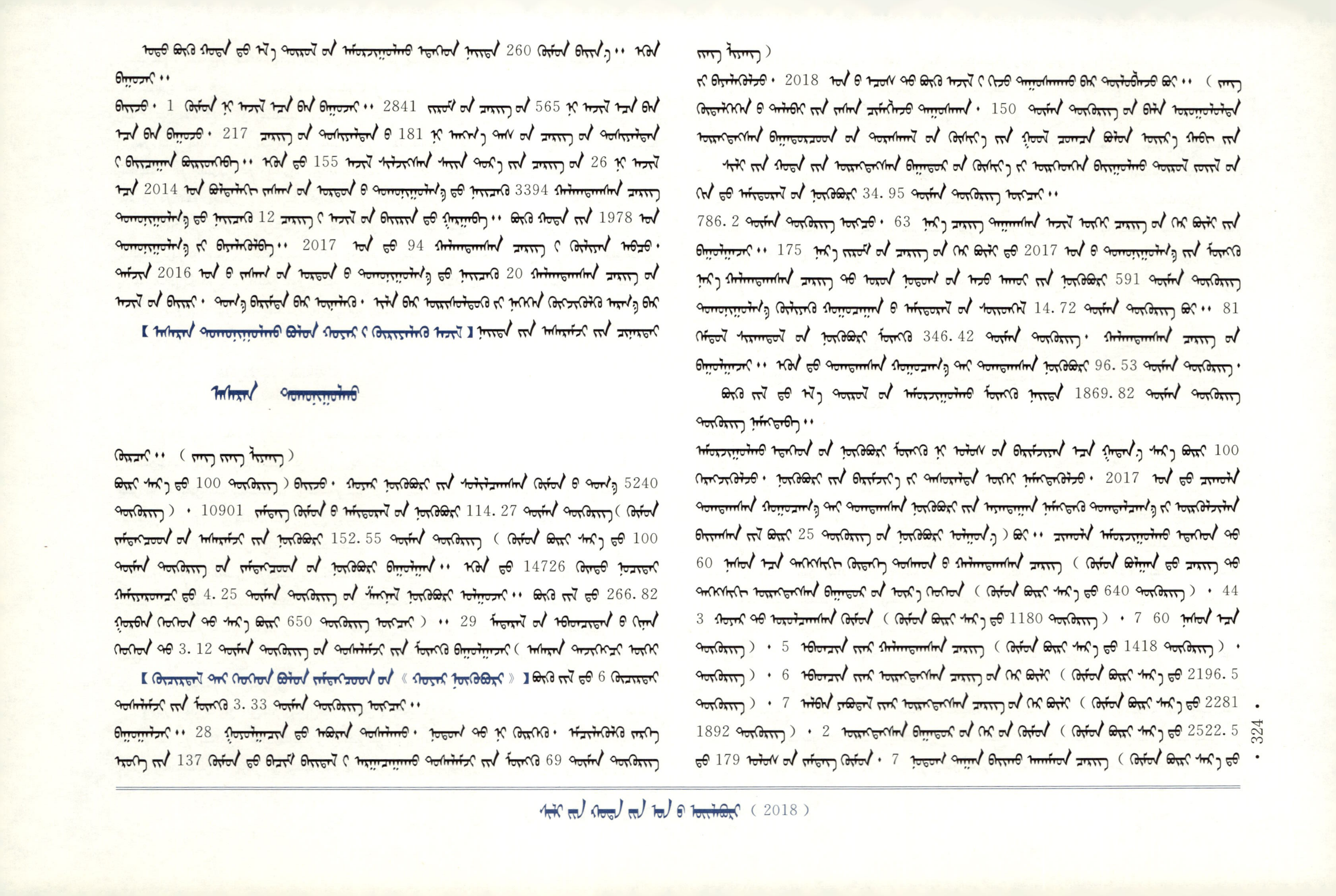

[illegible] 260 [illegible] :: [illegible] ::

[illegible] • 1 [illegible] :: 2841 [illegible] 565 [illegible] • 217 [illegible] 181 [illegible] 26 [illegible] :: [illegible] 155 [illegible] 26 [illegible] 2014 [illegible] 3394 [illegible] 12 [illegible] :: [illegible] 1978 [illegible] :: 2017 [illegible] 94 [illegible] • [illegible] 2016 [illegible] 20 [illegible] • [illegible] • [illegible]

【[illegible]】[illegible]

[illegible]

[illegible] :: ([illegible])

[illegible] 100 [illegible]) [illegible] • [illegible] 5240 [illegible]) • 10901 [illegible] 114.27 [illegible] ([illegible] 152.55 [illegible] ([illegible] 100 [illegible] :: [illegible] 14726 [illegible] 4.25 [illegible] :: [illegible] 266.82 [illegible] 650 [illegible]) :: 29 [illegible] 3.12 [illegible] ([illegible]

【[illegible] 《[illegible]》】[illegible] 6 [illegible] 3.33 [illegible] ::

[illegible] :: 28 [illegible] • [illegible] • [illegible] 137 [illegible] 69 [illegible] ([illegible])

[illegible] • 2018 [illegible] :: ([illegible] • 150 [illegible]

[illegible] 34.95 [illegible] ::

786.2 [illegible] • 63 [illegible] :: 175 [illegible] 2017 [illegible] 591 [illegible] 14.72 [illegible] :: 81 [illegible] 346.42 [illegible] • [illegible] :: [illegible] 96.53 [illegible] •

[illegible] 1869.82 [illegible] ::

[illegible] 100 [illegible] • [illegible] • 2017 [illegible] 25 [illegible]) [illegible] :: [illegible] 60 [illegible] ([illegible] 640 [illegible]) • 443 [illegible] ([illegible] 1180 [illegible]) • 7 60 [illegible]) • 5 [illegible] ([illegible] 1418 [illegible]) • [illegible]) • 6 [illegible] ([illegible] 2196.5 [illegible]) • 7 [illegible] ([illegible] 2281 1892 [illegible]) • 2 [illegible] ([illegible] 2522.5 [illegible] 179 [illegible] • 7 [illegible] ([illegible]

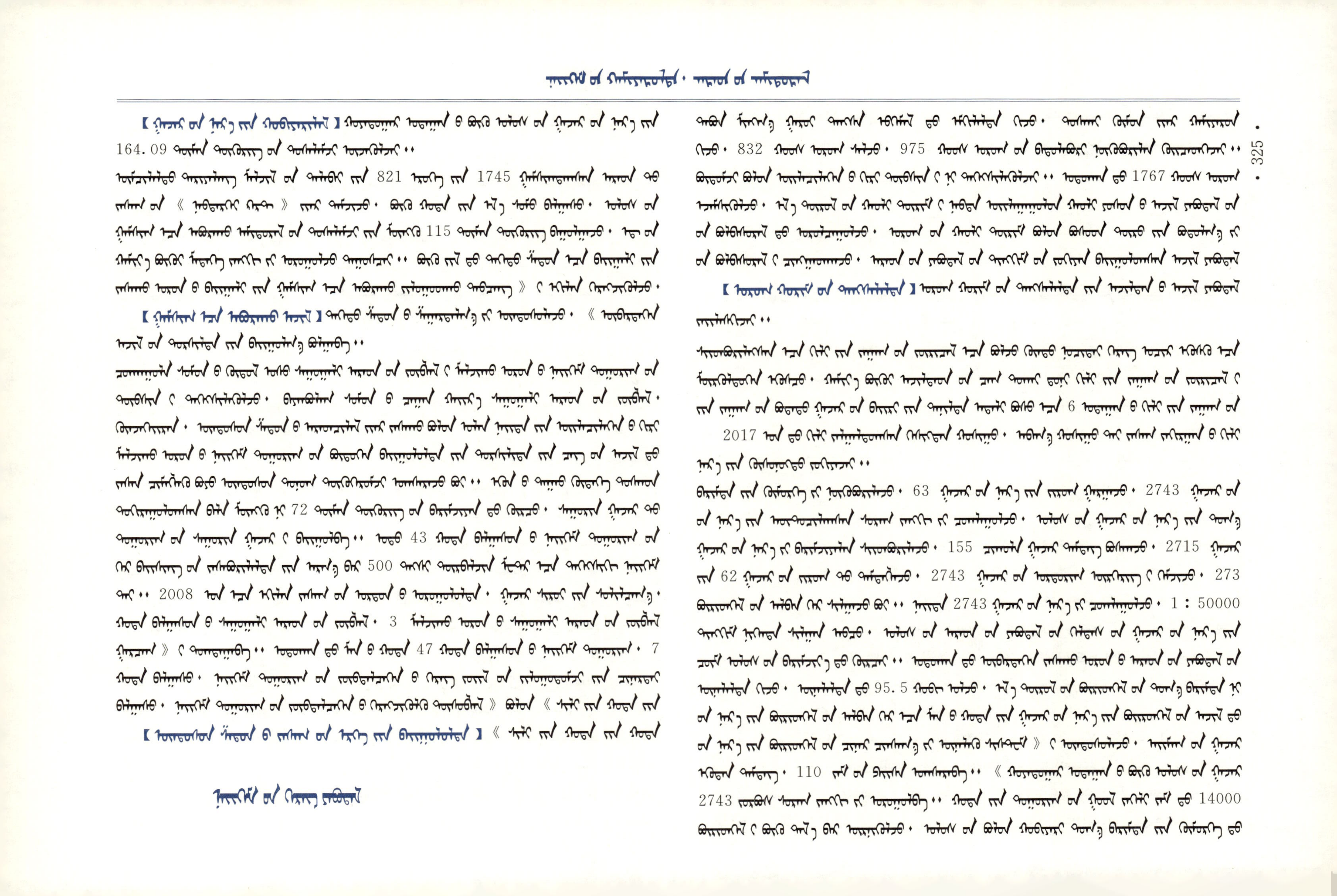

【[illegible]】[illegible] 164.09 [illegible] ᠄

[illegible] 821 [illegible] 1745 [illegible] 《[illegible]》[illegible] 115 [illegible] ᠄ [illegible] 》[illegible] ᠂

【[illegible]】[illegible] 《[illegible] ᠄

[illegible] 72 [illegible] 43 [illegible] 500 [illegible] ᠄ 2008 [illegible] 3 [illegible] 》[illegible] ᠄ [illegible] 47 [illegible] 7 [illegible] 》[illegible] 《[illegible]

【[illegible]】《[illegible]

[illegible]

[illegible] 832 [illegible] 975 [illegible] ᠄ [illegible] 1767 [illegible]

【[illegible]】[illegible] ᠄

[illegible] 6 [illegible]

2017 [illegible] ᠄

[illegible] 63 [illegible] 2743 [illegible] 155 [illegible] 2715 [illegible] 62 [illegible] 2743 [illegible] 273 [illegible] ᠄ [illegible] 2743 [illegible] 1 : 50000 [illegible] ᠄ [illegible] 95.5 [illegible] 》[illegible] 110 [illegible] ᠄ 《[illegible] 2743 [illegible] ᠄ [illegible] 14000 [illegible]

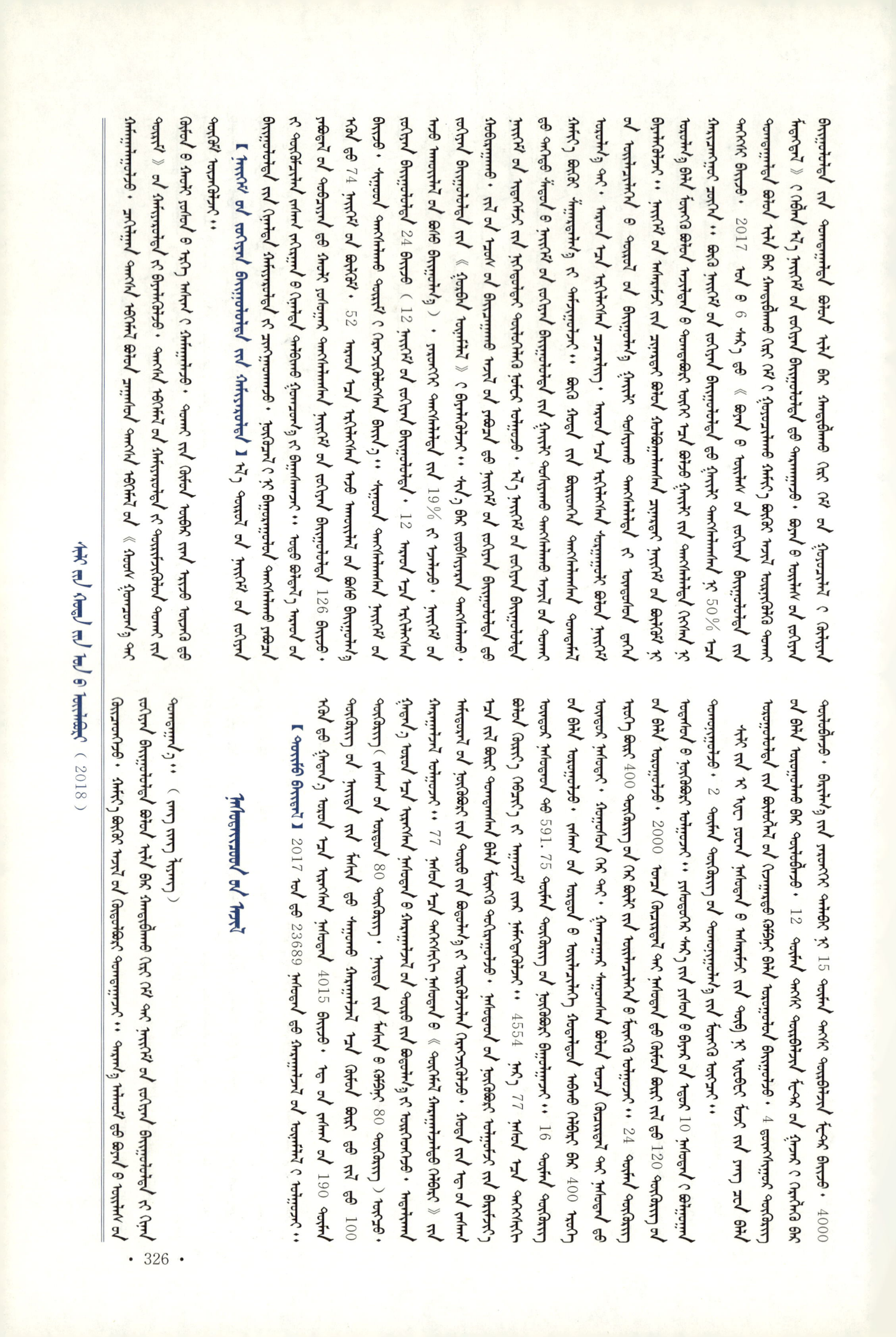

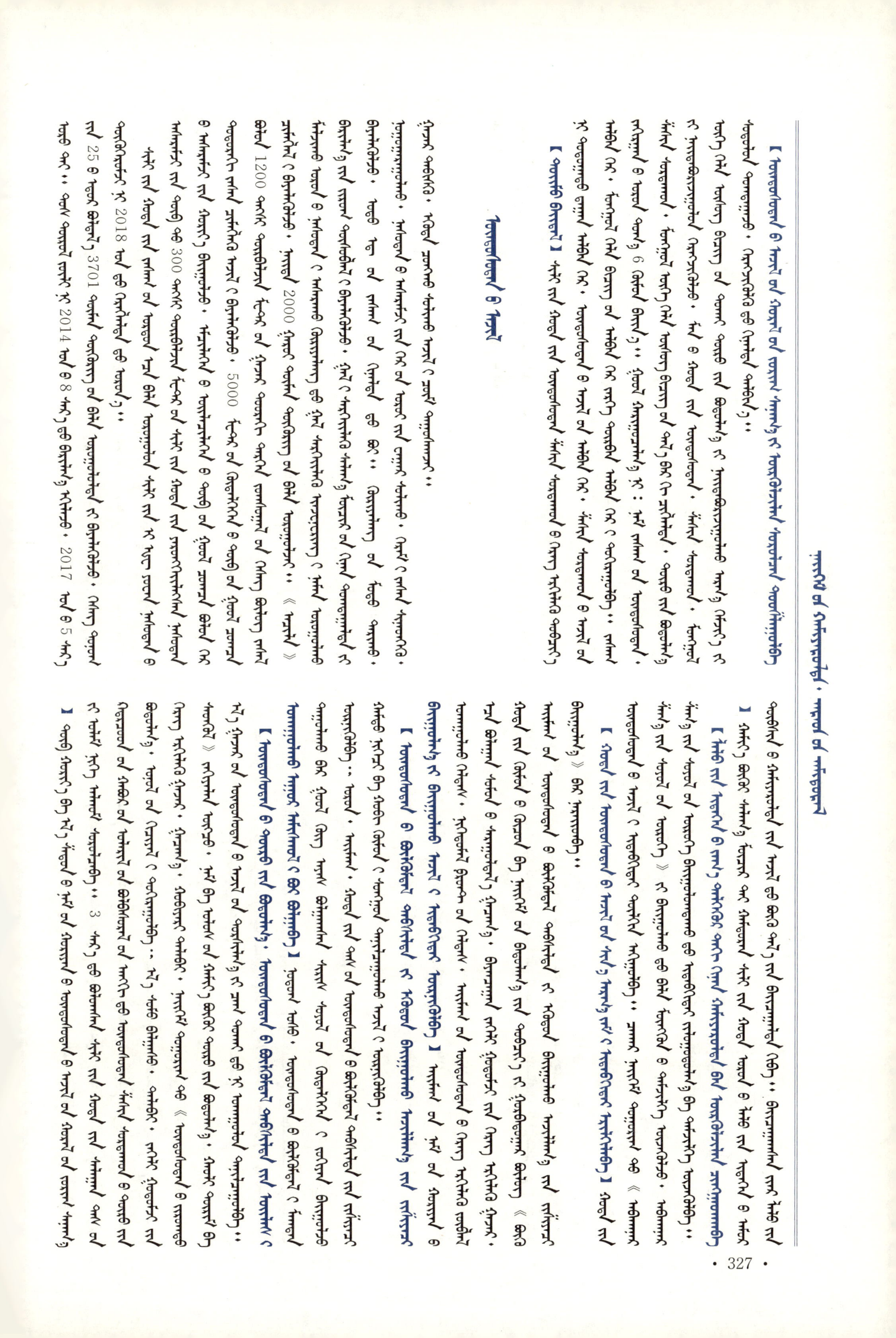

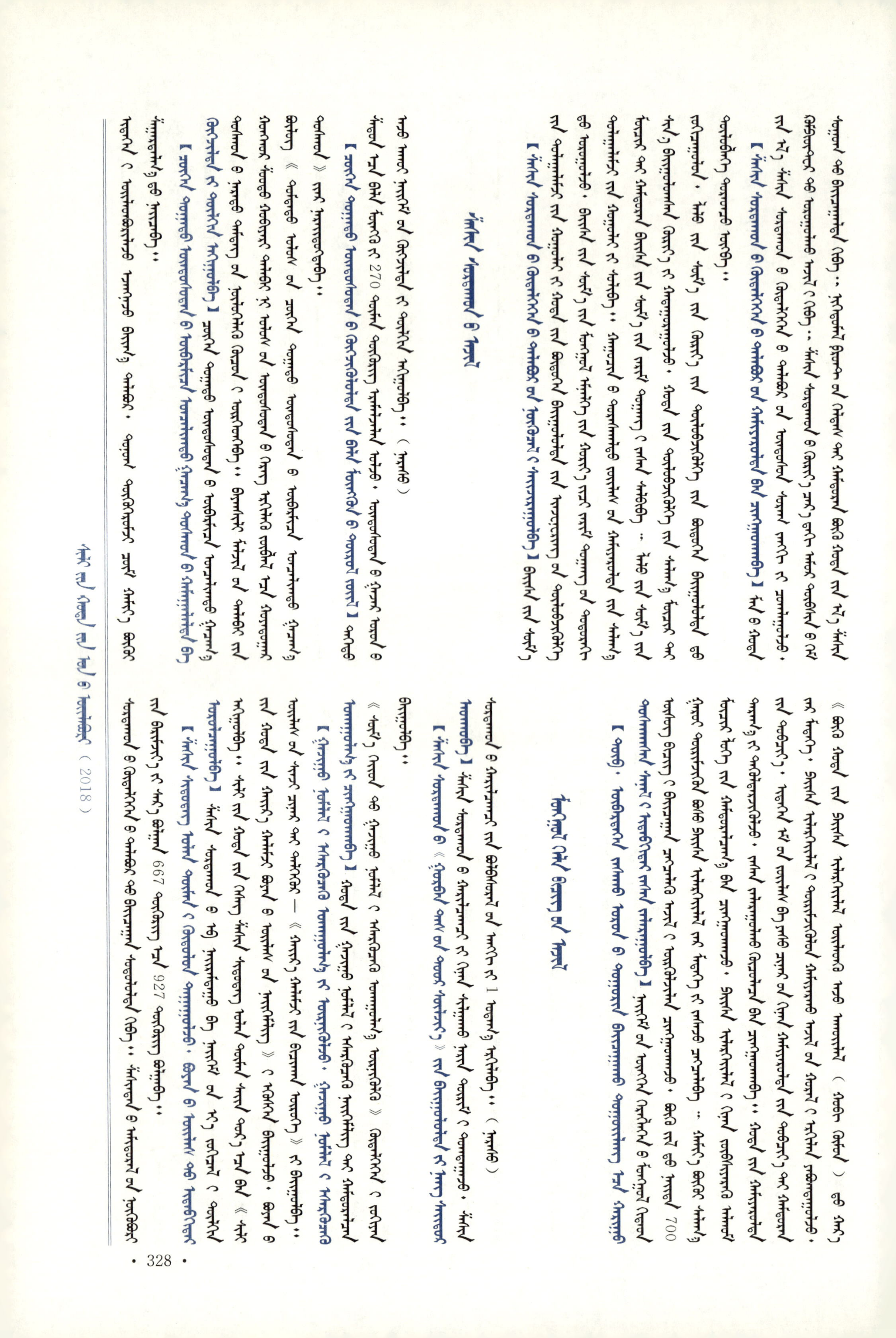

[illegible] ::

【[illegible]】 [illegible] 《[illegible]》 [illegible] ::

【[illegible]】 [illegible] 270 [illegible] :: ([illegible])

[illegible]

【[illegible]】 [illegible] ::

【[illegible]】 [illegible]

[illegible] 667 [illegible] 927 [illegible] ::

【[illegible]】 [illegible] 《[illegible]》 [illegible] ::

【[illegible]】 [illegible] 《[illegible]》 [illegible] ::

【[illegible] 《[illegible]》 [illegible]】 [illegible] 1 [illegible] :: ([illegible])

[illegible]

【[illegible]】 [illegible] 700 [illegible] ([illegible]) [illegible]

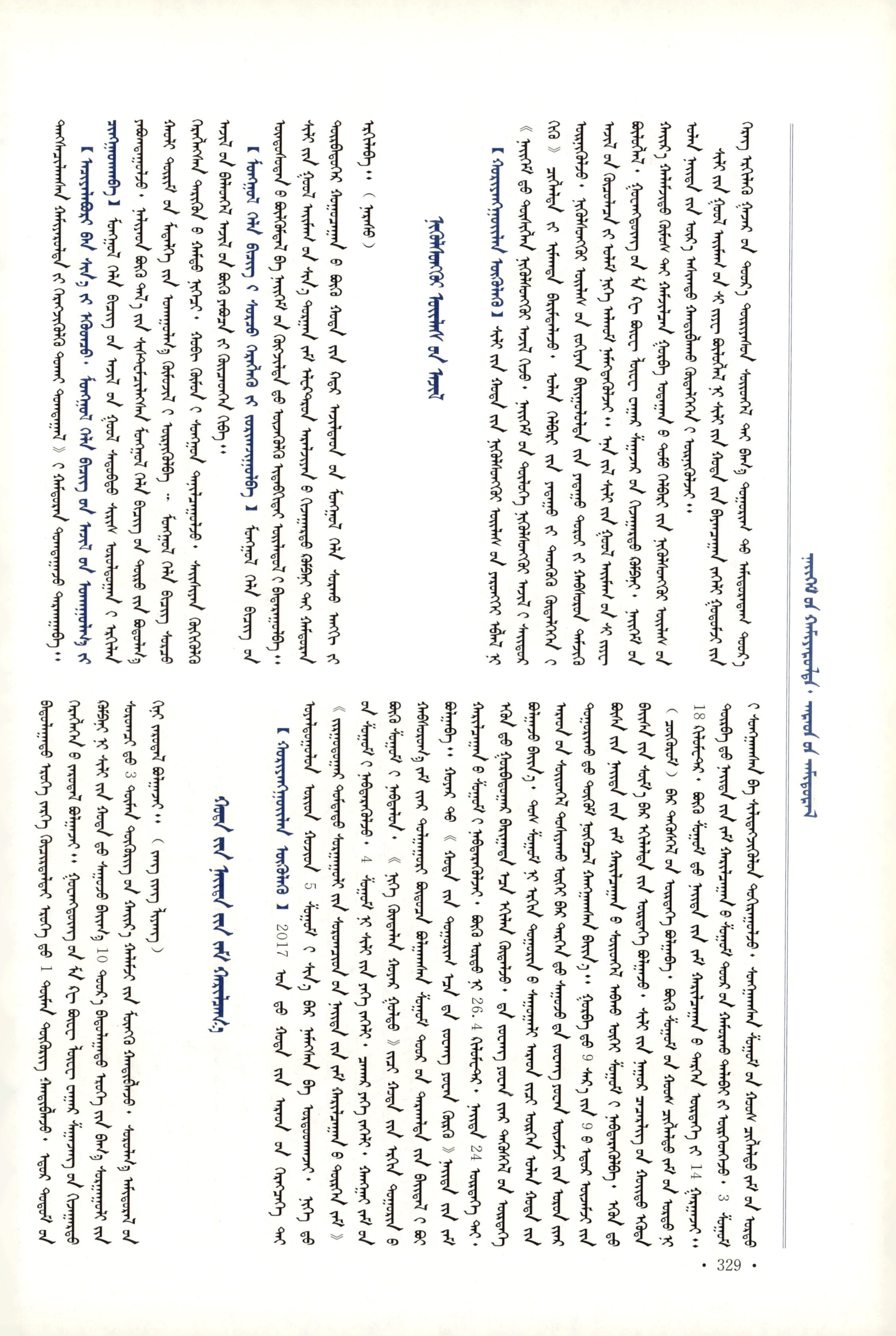

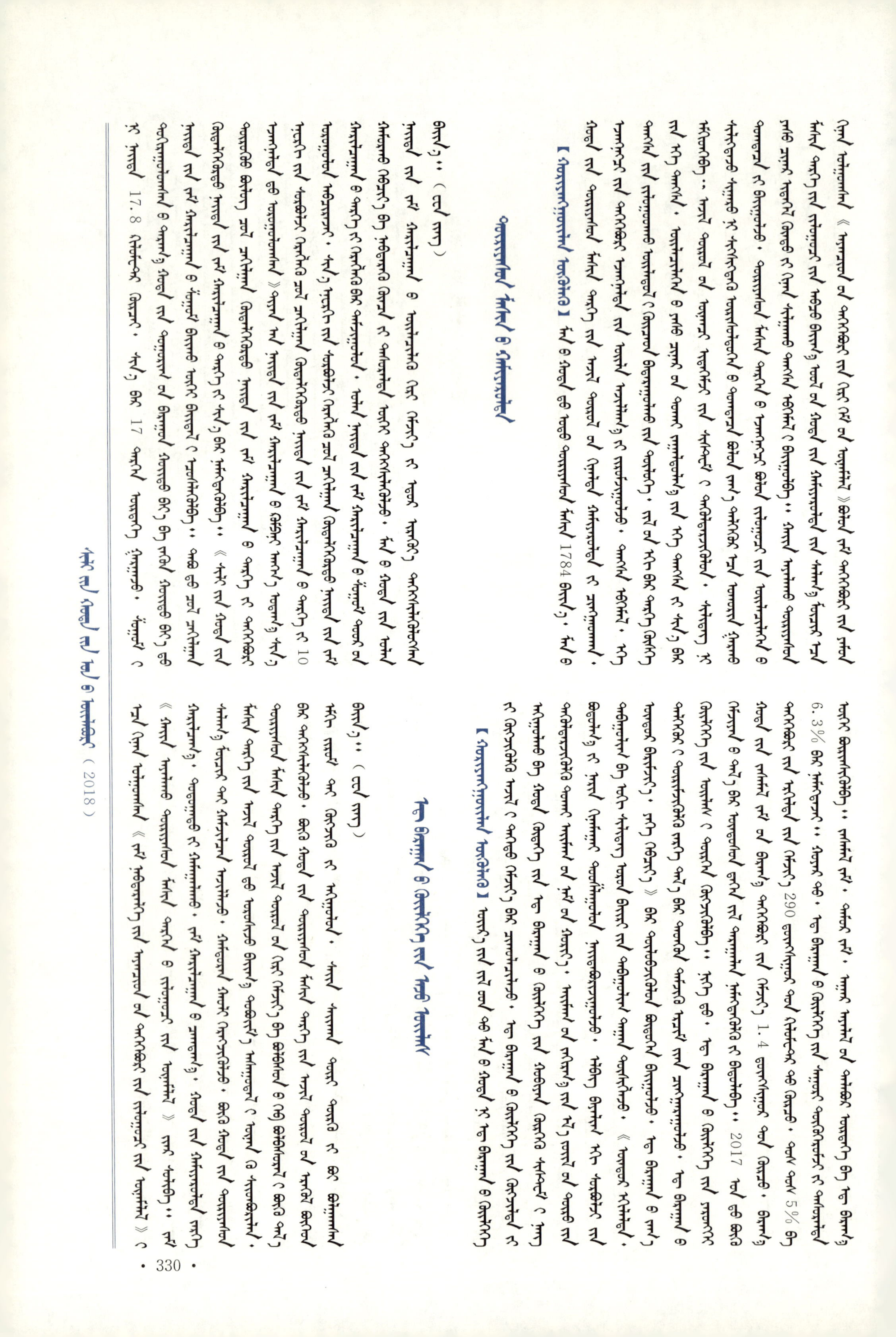

ᠪᠣᠯᠤᠨ᠎ᠠ᠃ 2017 ᠣᠨ ᠳᠤ ᠡᠨᠡ ᠪᠠᠢᠭᠤᠯᠤᠯᠭ᠎ᠠ ᠶᠢᠨ ᠬᠥᠷᠥᠩᠭᠡ ᠣᠷᠣᠭᠤᠯᠤᠯᠲᠠ 5000 ᠲᠦᠮᠡᠨ ᠪᠣᠯᠵᠠᠢ᠃ ᠡᠭᠦᠨ ᠳᠦ᠂ ᠳᠠᠮᠵᠢᠭᠤᠯᠬᠤ ᠠᠷᠭ᠎ᠠ ᠵᠠᠮ 1500 ᠲᠡᠷᠪᠤᠮ᠂ ᠭᠠᠵᠠᠷ ᠤᠨ ᠲᠣᠰᠣ ᠳᠠᠮᠵᠢᠭᠤᠯᠬᠤ ᠲᠣᠪ ᠨᠡᠶᠢᠲᠡ 37 ᠪᠠᠢᠭᠤᠯᠤᠯᠭ᠎ᠠ ᠶᠢᠨ ᠲᠣᠪ ᠨᠡᠶᠢᠲᠡ 36 ᠲᠡᠷᠪᠤᠮ᠂ ᠪᠠᠢᠭᠤᠯᠤᠯᠭ᠎ᠠ ᠶᠢᠨ ᠬᠥᠷᠥᠩᠭᠡ ᠣᠷᠣᠭᠤᠯᠤᠯᠲᠠ ᠶᠢᠨ ᠨᠡᠶᠢᠲᠡ 198 ᠪᠣᠯᠤᠨ᠎ᠠ᠃ ᠡᠨᠡ ᠪᠣ ᠪᠠᠢᠭᠤᠯᠤᠯᠭ᠎ᠠ ᠶᠢᠨ ᠲᠣᠪ ᠨᠡᠶᠢᠲᠡ ᠶᠢ ᠬᠡᠷᠡᠭᠵᠢᠭᠦᠯᠵᠡᠢ᠃ ᠲᠣᠰ ᠪᠣᠯ ᠵᠠᠮ ᠪᠠᠷ ᠪᠡᠷ ᠪᠣᠯᠪᠠᠰᠤ ᠰᠢᠯᠢᠭᠳᠡᠭᠰᠡᠨ ᠢᠯᠡᠷᠡᠭᠰᠡᠨ ᠬᠣᠶᠠᠷ ᠤᠨ ᠬᠡᠮᠵᠢᠶ᠎ᠡ ᠲᠣᠶᠠᠨ 6 ᠲᠣᠭᠠᠴᠠᠭ᠎ᠠ ᠬᠣᠶᠠᠷ ᠤᠨ ᠪᠠᠭᠤᠯᠠᠭ ᠤᠨ ᠬᠡᠷᠡᠭᠵᠢᠭᠦᠯᠦᠯᠲᠡ ᠶᠢᠨ ᠪᠣᠯᠤᠨ᠎ᠠ᠃ ᠲᠣᠪᠯᠠᠪᠠ ᠪᠠ᠂ 4C ᠠᠨᠭᠢ ᠶᠢᠨ ᠳᠡᠭᠡᠳᠦ ᠶᠢᠨ ᠲᠡᠭᠦᠰᠦᠭᠰᠡᠨ ᠪᠠ 767 ᠲᠡᠭᠦᠯᠡᠬᠦ ᠶᠢᠨ ᠬᠦᠷᠲᠡᠯᠡ ᠶᠢᠨ ᠳᠡᠭᠡᠳᠦ ᠨᠢᠰᠬᠦ ᠪᠣᠯᠬᠤ ᠪᠣᠯᠤᠨ᠎ᠠ᠂ ᠶᠢᠨ ᠬᠡᠮᠵᠢᠶ᠎ᠡ ᠵᠢᠯᠦᠭᠡᠳᠦᠯ ᠭᠠᠵᠠᠷ ᠨᠢ ᠶᠢᠨ ᠬᠣᠶᠠᠷ ᠤᠨ 1500 ᠬᠢᠯᠣᠮᠧᠲ᠋ᠷ᠂ ᠠᠵᠢᠯ ᠨᠢ ᠶᠢᠨ ᠬᠣᠶᠠᠷ ᠤᠨ 375 ᠬᠢᠯᠣᠮᠧᠲ᠋ᠷ ᠶᠢᠨ ᠳᠠᠮᠵᠢᠭᠤᠯᠬᠤ ᠶᠢᠨ ᠬᠣᠶᠠᠷ ᠤᠨ ᠲᠠᠭᠤᠯᠠᠢ ᠭᠠᠵᠠᠷ ᠲᠤ ᠠᠰᠢᠭᠯᠠᠬᠤ ᠠᠵᠢᠯᠯᠠᠭᠤᠯᠬᠤ ᠬᠡᠮᠵᠢᠶᠡᠨ ᠬᠦᠷᠲᠡᠯᠡ᠂ ᠬᠦᠷᠲᠡᠯ

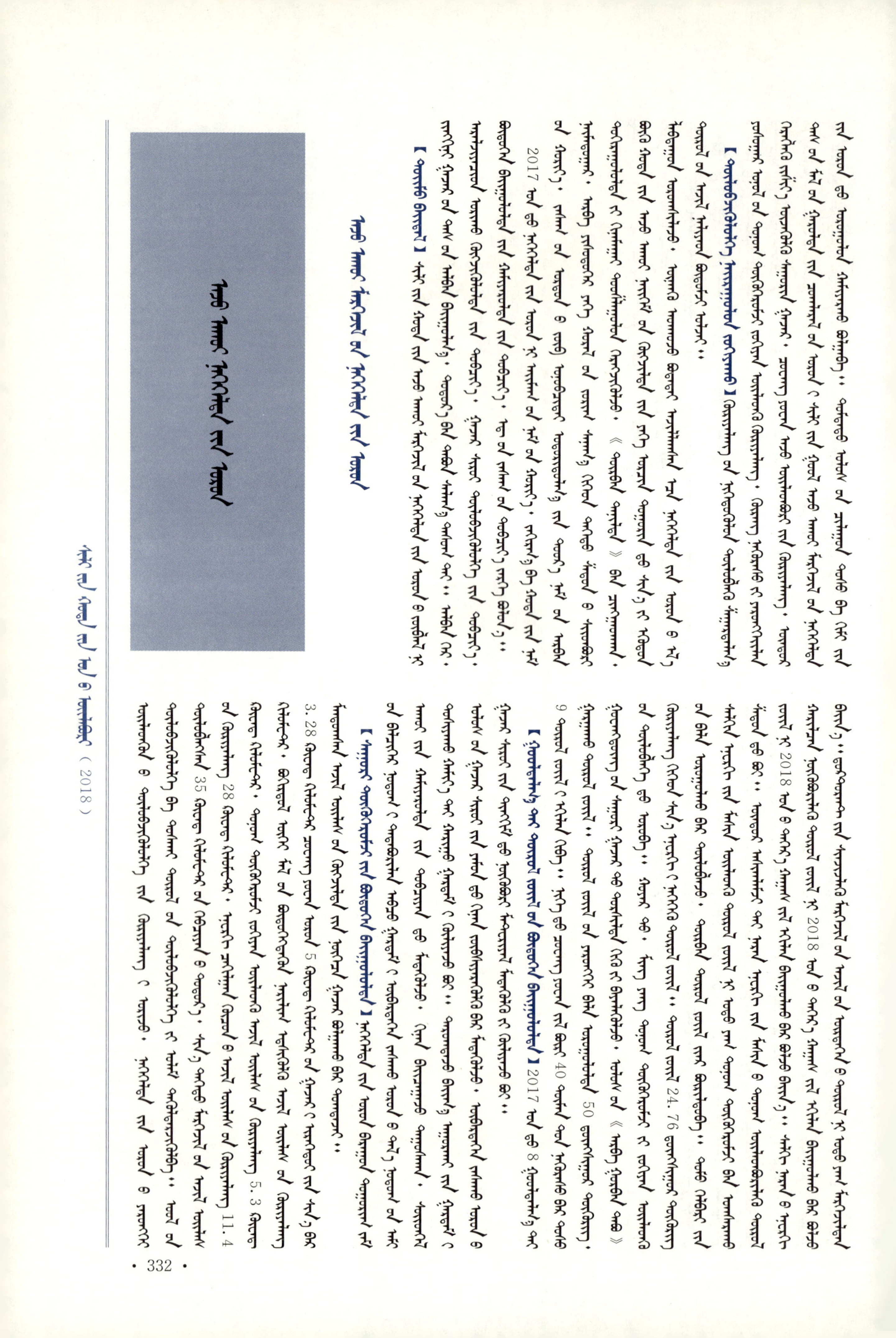

[illegible]

[illegible]

【[illegible]】[illegible]

2017 [illegible]

【[illegible]】[illegible] 2018 [illegible] 2018 [illegible]

[illegible] 24.76 [illegible] 50 [illegible]

【[illegible]】2017 [illegible] 8 [illegible] 9 [illegible] 40 [illegible]

【[illegible]】[illegible] 3.28 [illegible] 5 [illegible] 5.3 [illegible] 28 [illegible] 11.4 [illegible] 35 [illegible]

ᠬᠠᠮᠠᠭᠠᠯᠠᠭᠳᠠᠨ ᠠᠷᠢᠯᠭᠠᠬᠤ ᠪᠣᠯᠤᠨ᠎ᠠ᠃

ᠭᠣᠣᠯᠴᠠᠢ ᠮᠣᠳᠤ ᠰᠤᠷᠪᠤᠯᠵᠢᠲᠤ ᠭᠠᠵᠠᠷ ᠤᠨ ᠤᠭᠤᠯᠵᠠᠪᠤᠷ ᠲᠠᠢ᠂ ᠲᠣᠭᠠᠨ ᠳᠤ ᠨᠢ ᠬᠢᠷᠢ ᠶᠢᠨ ᠲᠣᠭ᠎ᠠ 20 ᠬᠦᠷᠴᠦ᠂ ... ᠪᠠᠢᠭᠤᠯᠤᠯᠭ᠎ᠠ ᠶᠢᠨ ᠲᠣᠭ᠎ᠠ 45 ... ᠬᠦᠷᠦᠭᠰᠡᠨ ᠪᠣᠯᠤᠨ᠎ᠠ᠃

【 ᠬᠠᠳᠠᠭᠠᠯᠠᠮᠵᠢ ᠪᠣᠯᠪᠠᠰᠤᠷᠠᠯ ᠪᠦᠲᠦᠭᠡᠯ ᠦᠨ ᠬᠦᠷᠢᠶᠡᠯᠡᠩ 】 ᠬᠦᠷᠢᠶᠡᠯᠡᠩ ᠳᠦ ... ᠪᠣᠯᠤᠨ᠎ᠠ᠃

... 2018 ᠣᠨ ᠤ ᠪᠠᠢᠳᠠᠯ ᠢᠶᠠᠷ ... 2018 ᠣᠨ ᠤ ᠪᠠᠢᠳᠠᠯ ᠢᠶᠠᠷ ... ᠪᠣᠯᠤᠨ᠎ᠠ᠃ ... 2018 ᠣᠨ ᠤ ᠪᠠᠢᠳᠠᠯ ᠢᠶᠠᠷ ... ᠪᠣᠯᠤᠨ᠎ᠠ᠃ ... 2000 ... 4170 ... ᠪᠣᠯᠤᠨ᠎ᠠ᠃ ... 3 ...

... ᠬᠠᠳᠠᠭᠠᠯᠠᠭᠳᠠᠵᠤ ᠪᠠᠢᠨ᠎ᠠ᠃ （ᠵᠢᠷᠤᠭ ᠢ ᠦᠵᠡ）

... 《 ... 》 ... 2018 ...

【 ... 】 ...

... 《 ... 》 70 ... 《 ... 》 11 ... 《 ... 》 4 ... 100 ... 26 ...

【 ... 】 《 ... 》 ...

ᠪᠦᠬᠦ ᠵᠢᠯ ᠦᠨ ᠳᠤᠮᠳᠠ ᠳᠤ ᠳᠡᠭᠡᠳᠦ ᠬᠡᠮ ᠦᠨ 34.5 ᠬᠡᠮ᠂ ᠳᠣᠣᠷ ᠠ ᠵᠢᠯ ᠦᠨ ᠳᠣᠣᠷ ᠠᠳᠤ 17 ᠬᠡᠮ ᠬᠡᠮ ᠦᠨ ᠬᠦᠢᠲᠡᠨ ᠬᠡᠮ ᠦᠨ 37 ᠬᠡᠮ ᠬᠡᠮ ᠦᠨ ᠬᠦᠢᠲᠡᠨ ᠳᠦ ᠪᠠᠶᠢᠨ᠎ᠠ᠃ ᠬᠤᠷ᠎ᠠ ᠳᠦ ᠪᠣᠯ ᠵᠢᠯ ᠦᠨ ᠬᠡᠮ ᠦᠨ ᠬᠦᠢᠲᠡᠨ 2.4 ᠬᠡᠮ᠂ ᠰᠠᠷ᠎ᠠ᠂ ᠲᠠᠷᠢᠶᠠᠨ ᠤᠷᠭᠤᠭᠤᠯᠬᠤ ᠬᠤᠭᠤᠴᠠᠭ᠎ᠠ 2 ᠰᠠᠷ᠎ᠠ ᠪᠣᠯᠬᠤ ᠪᠣᠯᠤᠨ᠎ᠠ᠃ 2016 ᠣᠨ ᠤ ᠣᠨ ᠤ ᠵᠢᠯ ᠦᠨ ᠬᠠᠷᠢᠶᠠᠯᠠᠯ ᠲᠠᠷᠢᠶᠠᠯᠠᠩ ᠤᠨ ᠰᠢᠯᠵᠢᠯᠲᠡ ᠳᠤ 20 ᠰᠠᠷ᠎ᠠ ᠲᠠᠷᠢᠯᠲᠠ 3 ᠰᠠᠷ᠎ᠠ ᠤᠷᠭᠤᠭᠤᠯᠬᠤ ᠬᠤᠭᠤᠴᠠᠭ᠎ᠠ ᠳᠤ ᠬᠤᠷᠢᠶᠠᠯᠠᠭᠠᠳ᠂ 7 ᠰᠠᠷ᠎ᠠ 026000᠂ ᠪᠦᠬᠦ ᠨᠢᠭᠡ ᠲᠠᠷᠢᠶᠠᠯᠠᠩ ᠲᠠᠷᠢᠶᠠᠨ 65 ᠰᠠᠷ᠎ᠠ᠂ ᠬᠤᠷ᠎ᠠ ᠳᠦ ᠬᠣᠶᠠᠷ ᠳᠤ ᠰᠠᠷᠠᠯ 27 ᠰᠠᠷ᠎ᠠ᠂ ᠳᠤ ᠰᠢᠯᠢ ᠳᠤ ᠰᠠᠯᠬᠢᠯᠠᠯ ᠳᠤ ᠬᠤᠭᠤᠴᠠᠭ᠎ᠠ ᠶᠢᠨ ᠭᠠᠷᠤᠭ ᠲᠡᠶ ᠶᠢᠨ ᠳᠤᠮᠳᠠ ᠬᠣᠶᠠᠷ ᠳᠦ ᠪᠦᠷᠢᠯᠳᠦᠭᠰᠡᠨ ᠪᠠᠶᠢᠨ᠎ᠠ᠃ ᠲᠤᠰ ᠬᠣᠲᠠ ᠬᠣᠰᠢᠭᠤ ᠶᠢᠨ ᠬᠣᠷᠢᠶ᠎ᠠ 28 ᠰᠠᠷ᠎ᠠ ᠪᠠᠶᠢᠨ᠎ᠠ᠃ ᠪᠦᠬᠦ ᠲᠤᠰ ᠤ ᠬᠣᠲᠠ ᠶᠢᠨ ᠬᠣᠰᠢᠭᠤ ᠶᠢᠨ ᠲᠣᠭ᠎ᠠ ᠶᠢ ᠲᠤᠰ ᠪᠠᠶᠢᠨ᠎ᠠ᠃ ᠬᠣᠰᠢᠭᠤ ᠶᠢᠨ ᠬᠣᠷᠢᠶ᠎ᠠ ᠶᠢᠨ ᠤᠷᠲᠤᠯᠭᠤ ᠲᠣᠭ᠎ᠠ 29᠂ ᠬᠣᠰᠢᠭᠤ ᠶᠢᠨ ᠬᠣᠷᠢᠶ᠎ᠠ 277 ᠰᠠᠷ᠎ᠠ ᠳᠦ 60 ᠰᠠᠷᠠᠯ ᠲᠠᠯ᠎ᠠ ᠲᠣᠭ᠎ᠠ 296᠂《ᠬᠣᠷ᠎ᠠ ᠪᠠᠶᠢᠭᠤᠯᠤᠭᠳᠠᠬᠤ ᠲᠣᠭ᠎ᠠ》4（ᠪᠣᠯᠤᠨ ᠰᠢᠨ᠎ᠡ）᠂ ᠬᠤᠳᠠᠯᠳᠤ ᠪᠣᠯᠤᠨ ᠰᠢᠨ᠎ᠡ 110 ᠰᠠᠷ᠎ᠠ ᠪᠣᠯᠤᠨ ᠰᠢᠨ᠎ᠡ ᠪᠠᠶᠢᠬᠤ᠂ ᠬᠠᠷᠢᠶᠠᠯᠠᠯ ᠪᠣᠯᠤᠨ ᠰᠢᠨ᠎ᠡ ᠳᠤ 74% ᠢ ᠡᠵᠡᠯᠡᠨ᠎ᠡ᠃ ᠲᠠᠷᠢᠶᠠᠨ ᠳᠦ ᠬᠤᠪᠢ ᠪᠠᠶᠢᠭᠤᠯᠤᠭᠳᠠᠬᠤ ᠪᠣᠯᠤᠨ᠎ᠠ᠃ ᠲᠠᠷᠢᠶᠠᠨ 1675 ᠲᠣᠭ᠎ᠠ᠂ 4693 ᠪᠣᠯᠤᠨ ᠰᠢᠨ᠎ᠡ ᠬᠡᠰᠡᠭ᠂ ᠬᠤᠷ᠎ᠠ ᠳᠦ 987 ᠮᠠᠯᠴᠢᠨ ᠲᠣᠭ᠎ᠠ᠂ 3469 ᠲᠠᠷᠢᠶᠠᠯᠠᠩ ᠤᠨ ᠨᠢᠭᠡ ᠵᠠᠰᠠᠯ ᠪᠠᠶᠢᠭᠤᠯᠬᠤ᠂ ᠬᠢᠷ᠎ᠡ ᠲᠡᠭᠡ ᠲᠠᠯ᠎ᠠ ᠪᠠᠷ ᠭᠠᠵᠠᠷ ᠲᠡᠭᠡ ᠲᠠᠷᠢᠶᠠᠨ ᠪᠠᠶᠢᠭᠤᠯᠤᠯ ᠲᠤᠰ ᠲᠠᠷᠢᠶᠠᠨ ᠬᠡᠮᠵᠢᠶ᠎ᠡ ᠶᠢᠨ ᠬᠠᠷᠢᠶᠠᠯᠠᠯ ᠬᠡᠮᠵᠢᠶ᠎ᠡ 3199.93km2᠂ 2 ᠭᠠᠵᠠᠷ ᠬᠠᠮᠢᠶ᠎ᠠ ᠬᠡᠰᠡᠭ᠂ ᠲᠠᠷᠢᠶᠠᠨ

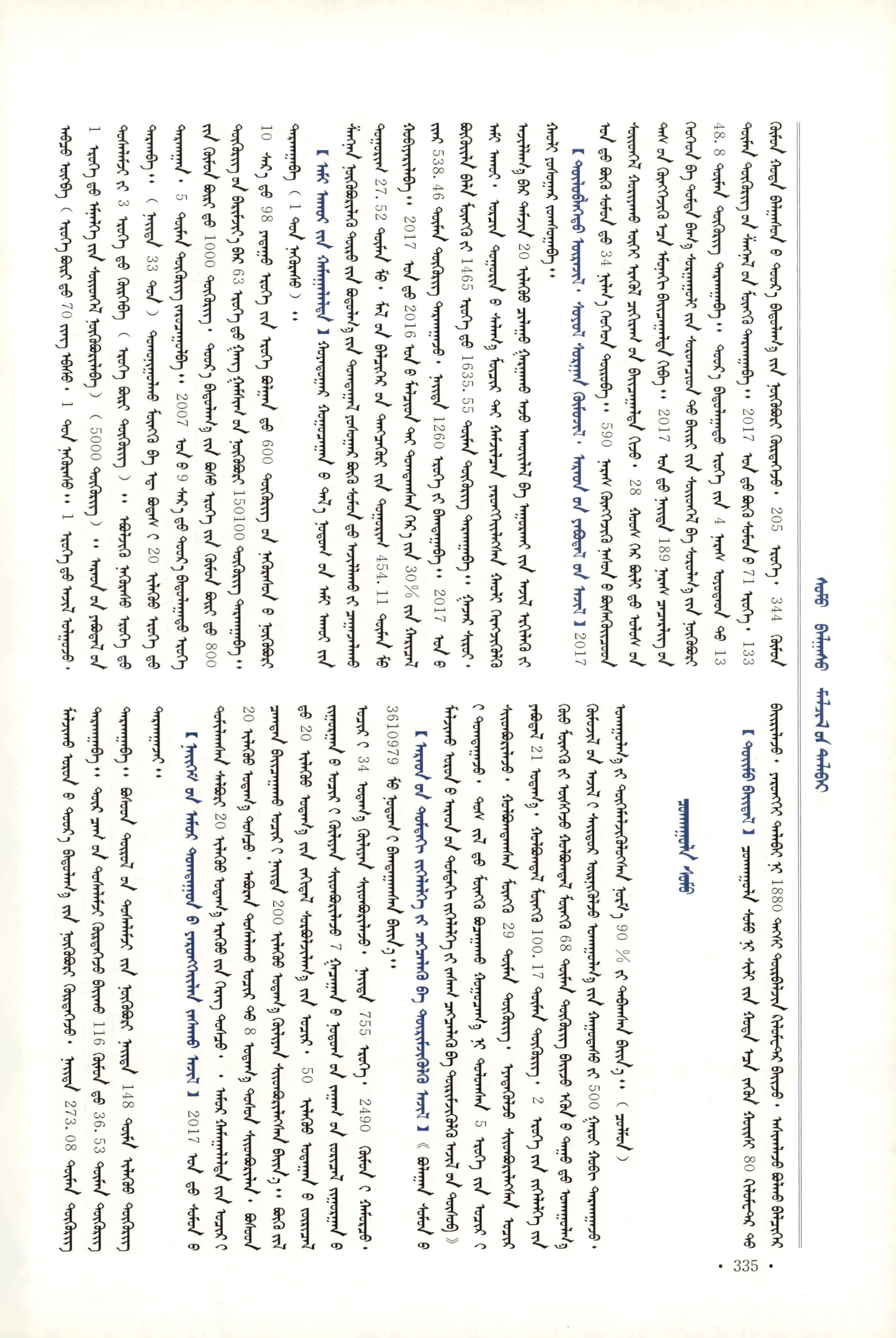

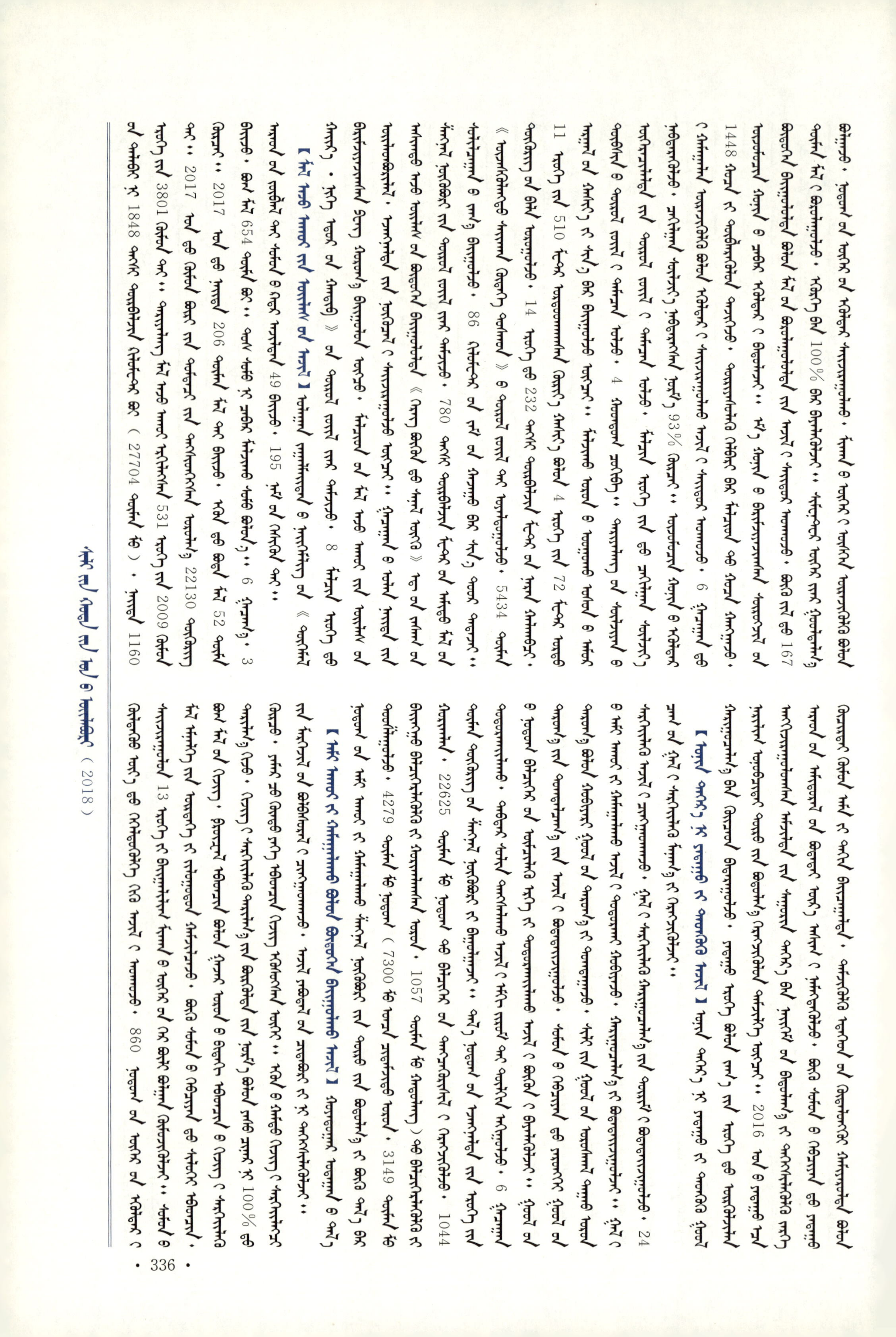

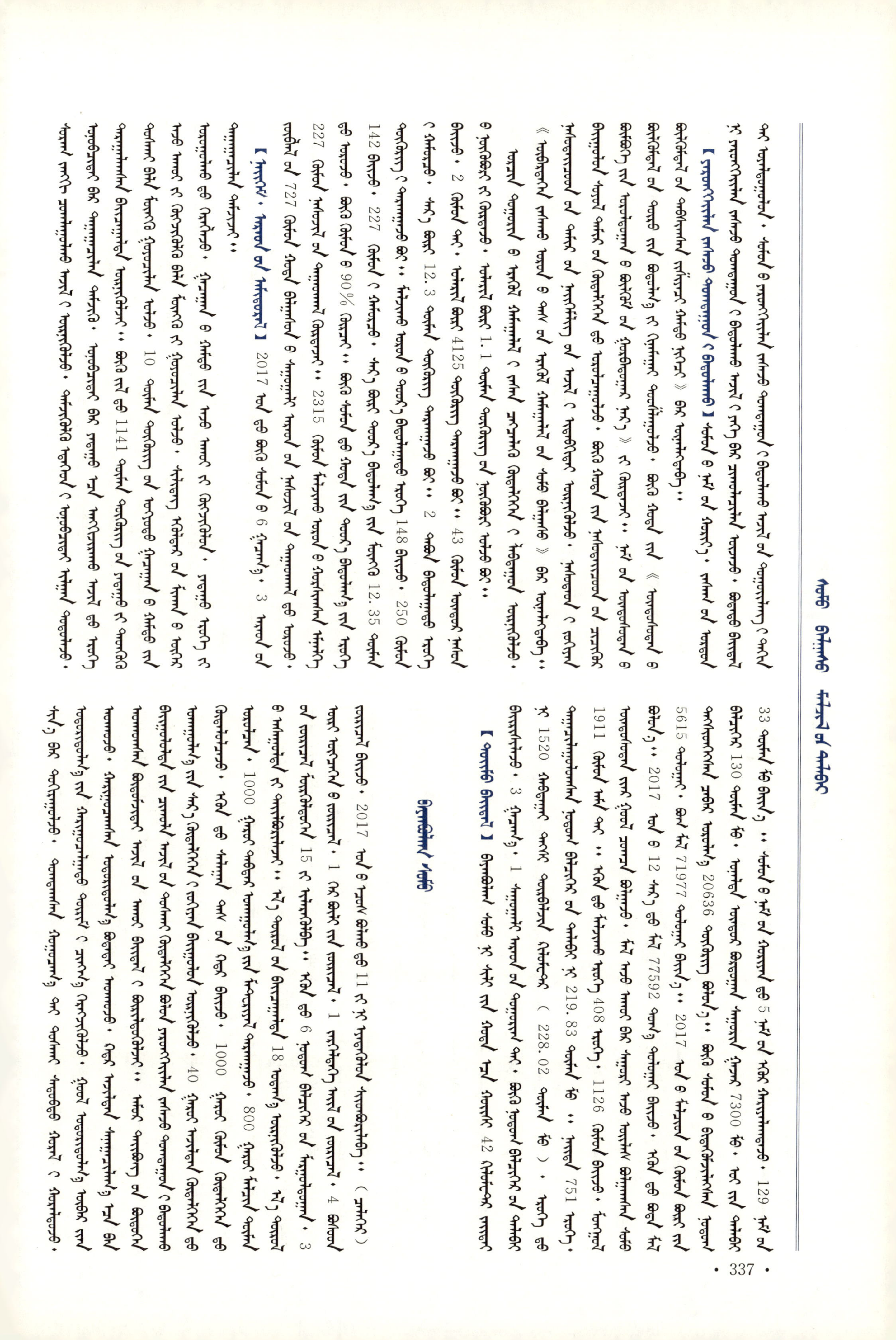

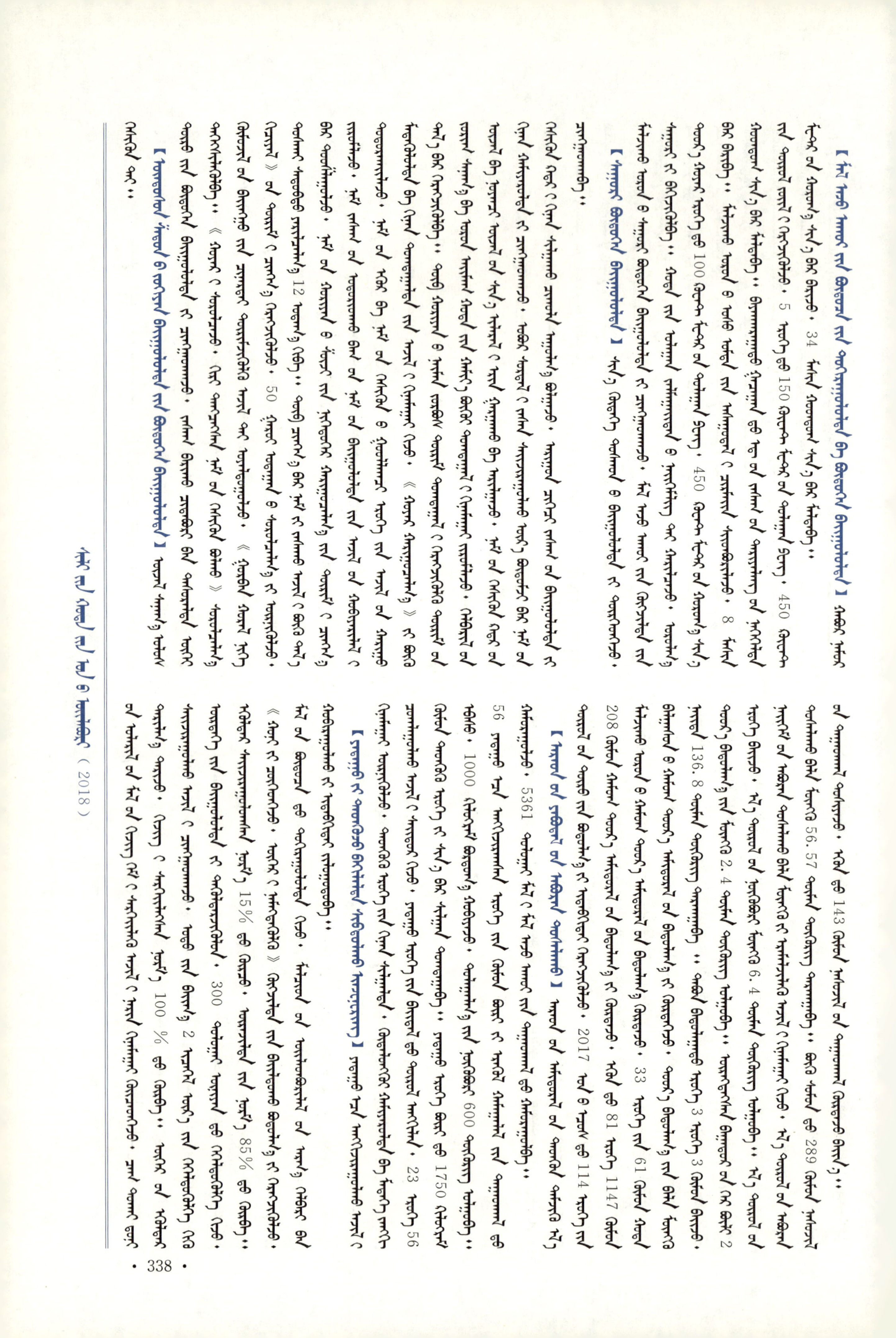

[illegible]

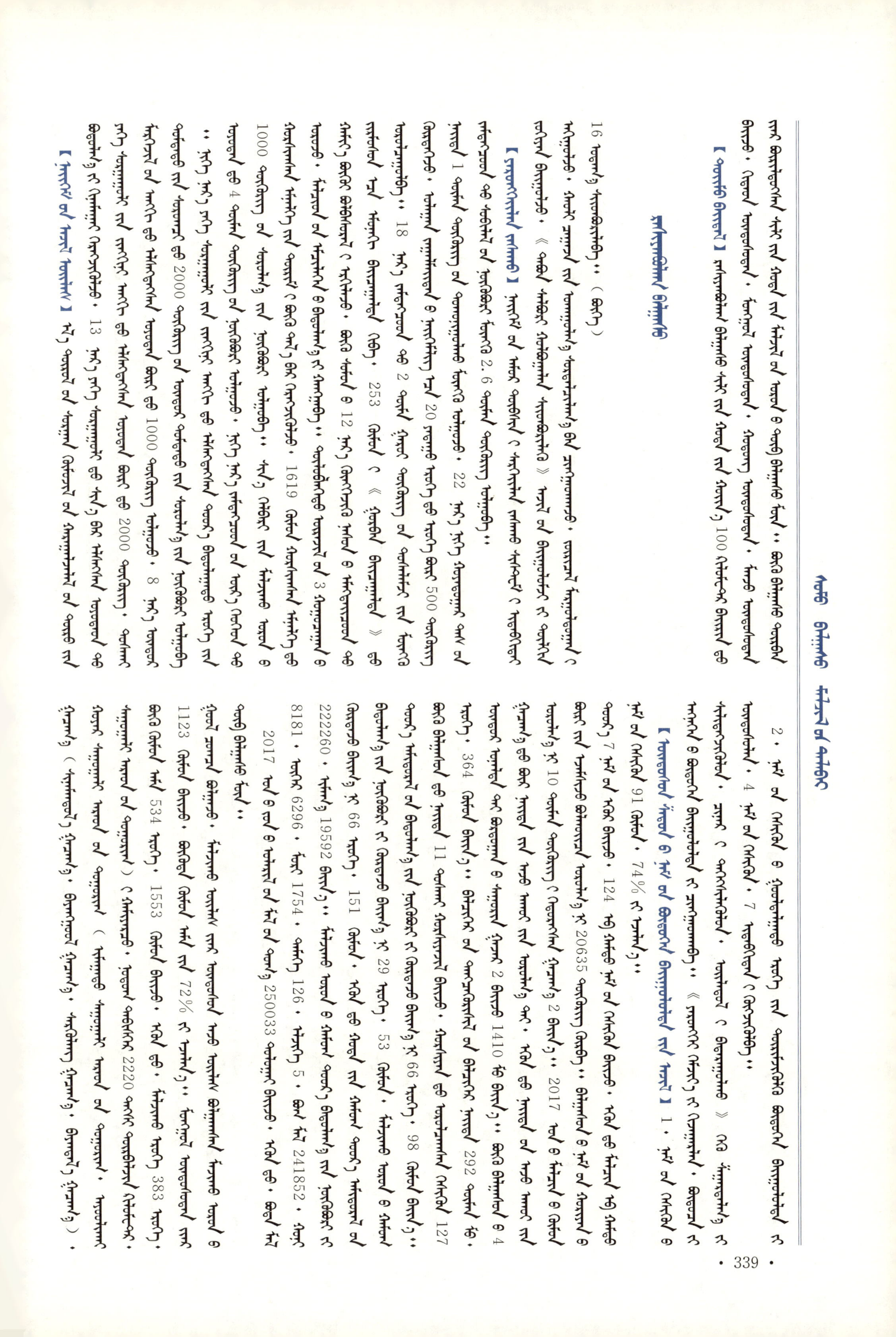

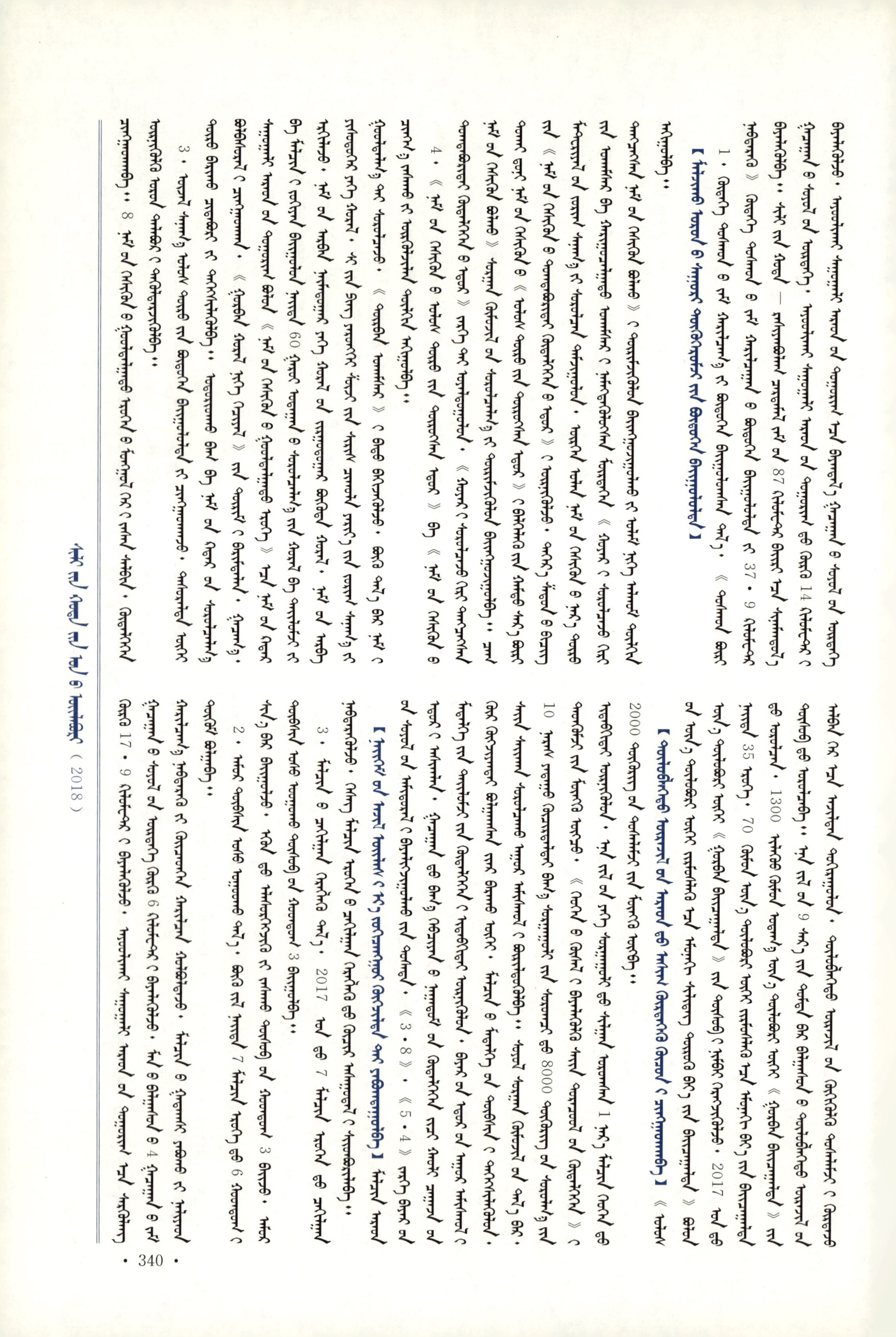

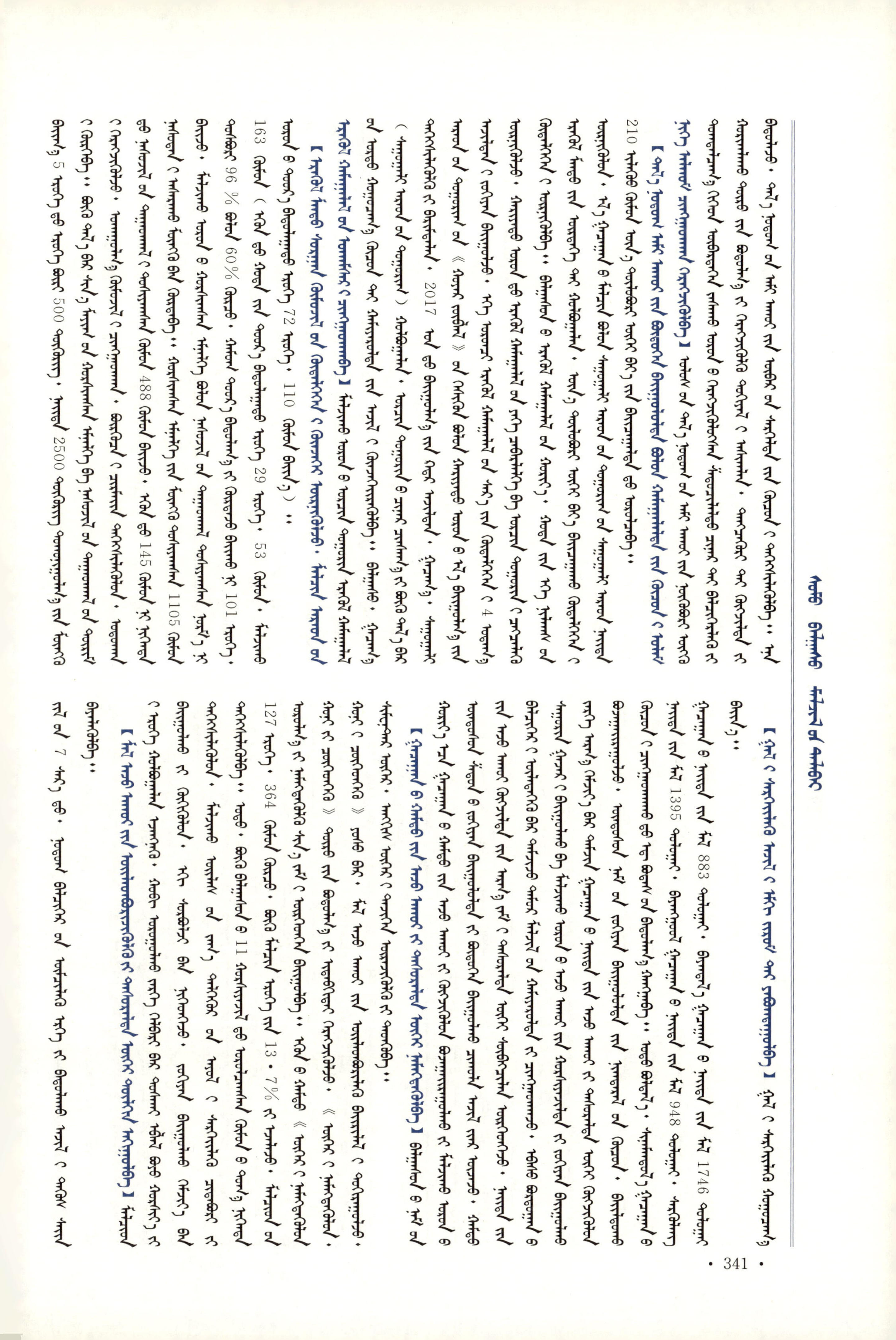

ᠬᠦᠷᠭᠡᠭᠳᠡᠵᠡᠢ᠃ 2005 ᠣᠨ ᠤ ᠡᠴᠡ ᠪᠡᠷ ᠰᠢᠨ᠎ᠡ ᠪᠠᠷᠭᠤ ᠵᠡᠭᠦᠨ ᠬᠣᠰᠢᠭᠤ ᠳᠤ ᠮᠠᠯ ᠠᠵᠤ ᠠᠬᠤᠢ ᠶᠢᠨ ᠰᠢᠨᠵᠢᠯᠡᠬᠦ ᠤᠬᠠᠭᠠᠨ ᠤ ᠠᠵᠢᠯ ᠢ ᠬᠦᠷᠭᠡᠭᠳᠡᠵᠡᠢ᠃ 2005 ᠣᠨ ᠤ ᠡᠴᠡ ᠪᠡᠷ ᠰᠢᠨ᠎ᠡ ᠪᠠᠷᠭᠤ ᠵᠡᠭᠦᠨ ᠬᠣᠰᠢᠭᠤ ᠳᠤ ᠮᠠᠯ ᠠᠵᠤ ᠠᠬᠤᠢ ᠶᠢᠨ ᠰᠢᠨᠵᠢᠯᠡᠬᠦ ᠤᠬᠠᠭᠠᠨ ᠤ ᠠᠵᠢᠯ ᠢ ᠬᠦᠷᠭᠡᠭᠳᠡᠵᠡᠢ᠃

【ᠮᠠᠯ ᠤᠨ ᠡᠮᠴᠢᠯᠡᠭᠡ】 ᠮᠠᠯ ᠠᠵᠤ ᠠᠬᠤᠢ ᠶᠢᠨ 1950 ᠣᠨ ᠳᠤ ᠮᠠᠯ ᠤᠨ ᠡᠮᠴᠢᠯᠡᠭᠡ ᠶᠢᠨ ᠠᠵᠢᠯ ᠢ ᠡᠬᠢᠯᠡᠭᠦᠯᠦᠭᠰᠡᠨ᠃ 52 ᠮᠠᠯ ᠤᠨ ᠡᠮᠴᠢ ᠪᠠᠢᠭᠤᠯᠤᠭᠳᠠᠵᠠᠢ᠃ 70 ᠣᠨ ᠤ ᠳᠤᠮᠳᠠ ᠦᠶ᠎ᠡ ᠳᠦ……

ᠮᠠᠯ ᠠᠵᠤ ᠠᠬᠤᠢ ᠶᠢᠨ ᠪᠠᠢᠳᠠᠯ

ᠬᠦᠭᠵᠢᠯᠲᠡ ᠶᠢᠨ ᠪᠠᠢᠳᠠᠯ ᠢ ᠲᠣᠭᠠᠴᠠᠪᠠ᠃ (ᠲᠣᠪᠴᠢᠯᠠᠪᠠ)

…… 24 ……

【ᠮᠠᠯ ᠤᠨ ᠲᠣᠭ᠎ᠠ ᠶᠢᠨ ᠪᠠᠢᠳᠠᠯ】 …… 1.5 ᠰᠠᠶ᠎ᠠ …… 38.02% …… 608 ᠮᠢᠩᠭ᠎ᠠ …… 25.3%…… 4780 ᠮᠢᠩᠭ᠎ᠠ …… 19.5%…… 8340 ᠮᠢᠩᠭ᠎ᠠ …… 17.5%……

【ᠮᠠᠯ ᠤᠨ ᠲᠣᠭ᠎ᠠ ᠲᠣᠯᠣᠭᠠᠢ】 2017 ᠣᠨ ᠳᠤ᠂ ᠮᠠᠯ ᠠᠵᠤ ᠠᠬᠤᠢ ᠶᠢᠨ …… 3.45 ᠰᠠᠶ᠎ᠠ ᠬᠦᠷᠦᠯᠴᠡᠭᠡ᠃

…… 1.2 ᠰᠠᠶ᠎ᠠ …… 21.7 ᠰᠠᠶ᠎ᠠ …… 4.2 ᠰᠠᠶ᠎ᠠ …… (…… 519·6 ᠰᠠᠶ᠎ᠠ) …… 485 ᠰᠠᠶ᠎ᠠ …… 1158 …… 3464 …… (…… 2482 …… 1947 ……

…… 1.2 ᠰᠠᠶ᠎ᠠ ……

…… 303 ……

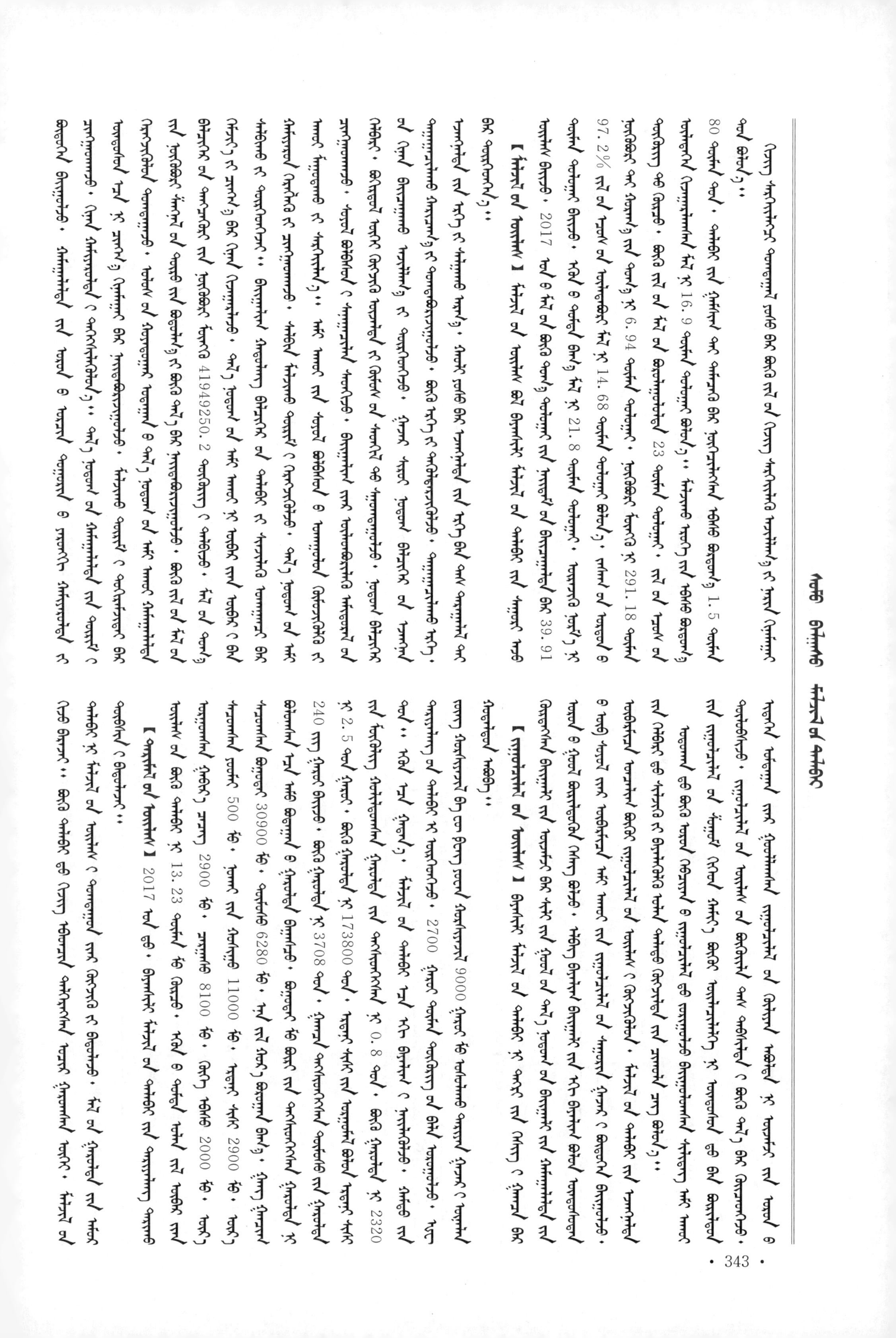

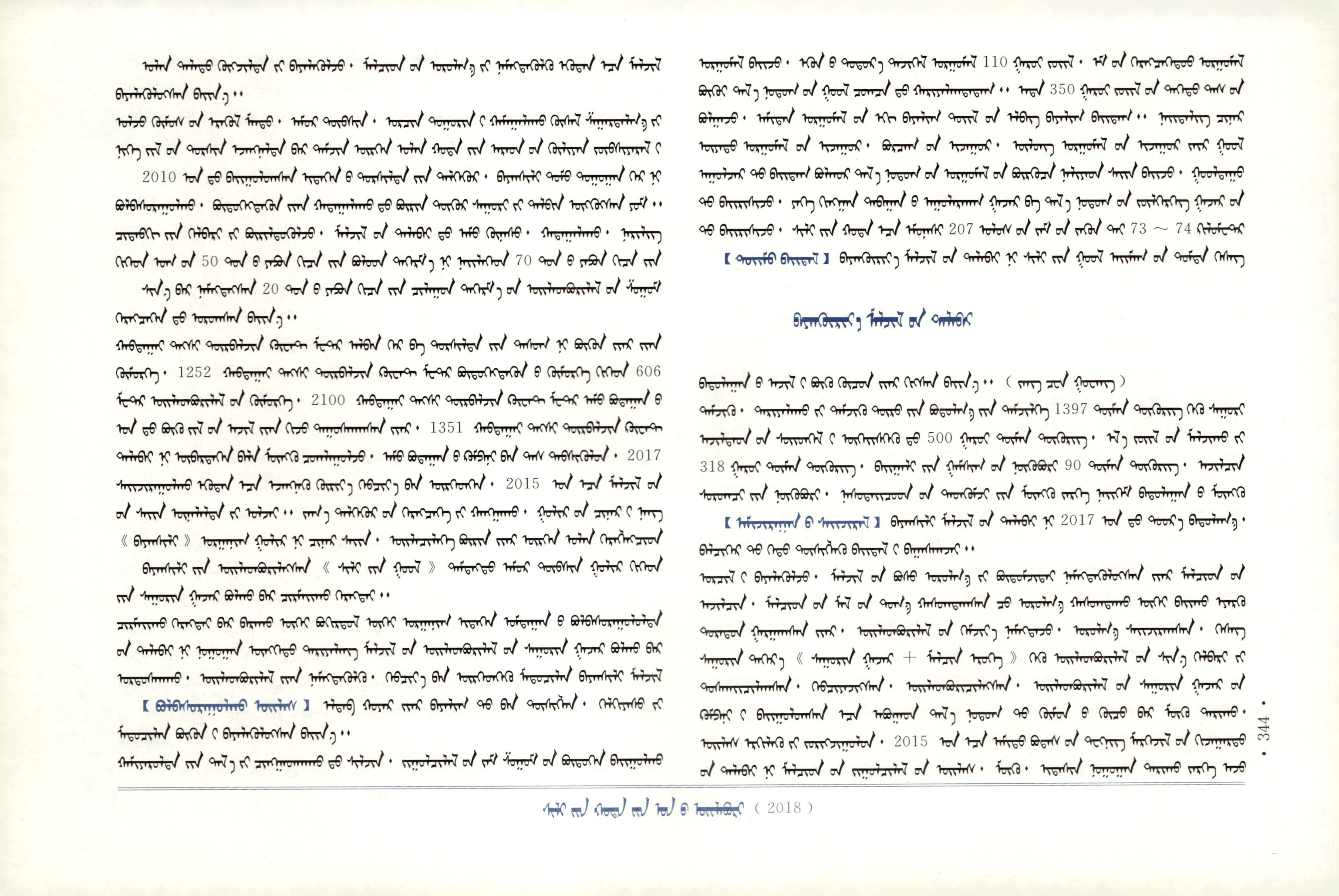

[illegible]

[illegible] 2010 [illegible] 50 [illegible] 70 [illegible] 20 [illegible]

[illegible] 1252 [illegible] 606 [illegible] 2100 [illegible] 1351 [illegible] 2017 [illegible] 2015 [illegible] 《[illegible]》 [illegible]

[illegible] 《[illegible]》 [illegible]

[illegible]

【[illegible]】 [illegible]

[illegible] 110 [illegible] 350 [illegible] 207 [illegible] 73 ~ 74 [illegible]

【[illegible]】 [illegible]

[illegible]

[illegible] ([illegible]) [illegible] 1397 [illegible] 500 [illegible] 318 [illegible] 90 [illegible]

【[illegible]】 [illegible] 2017 [illegible]

[illegible] 《[illegible] + [illegible]》 [illegible] 2015 [illegible]

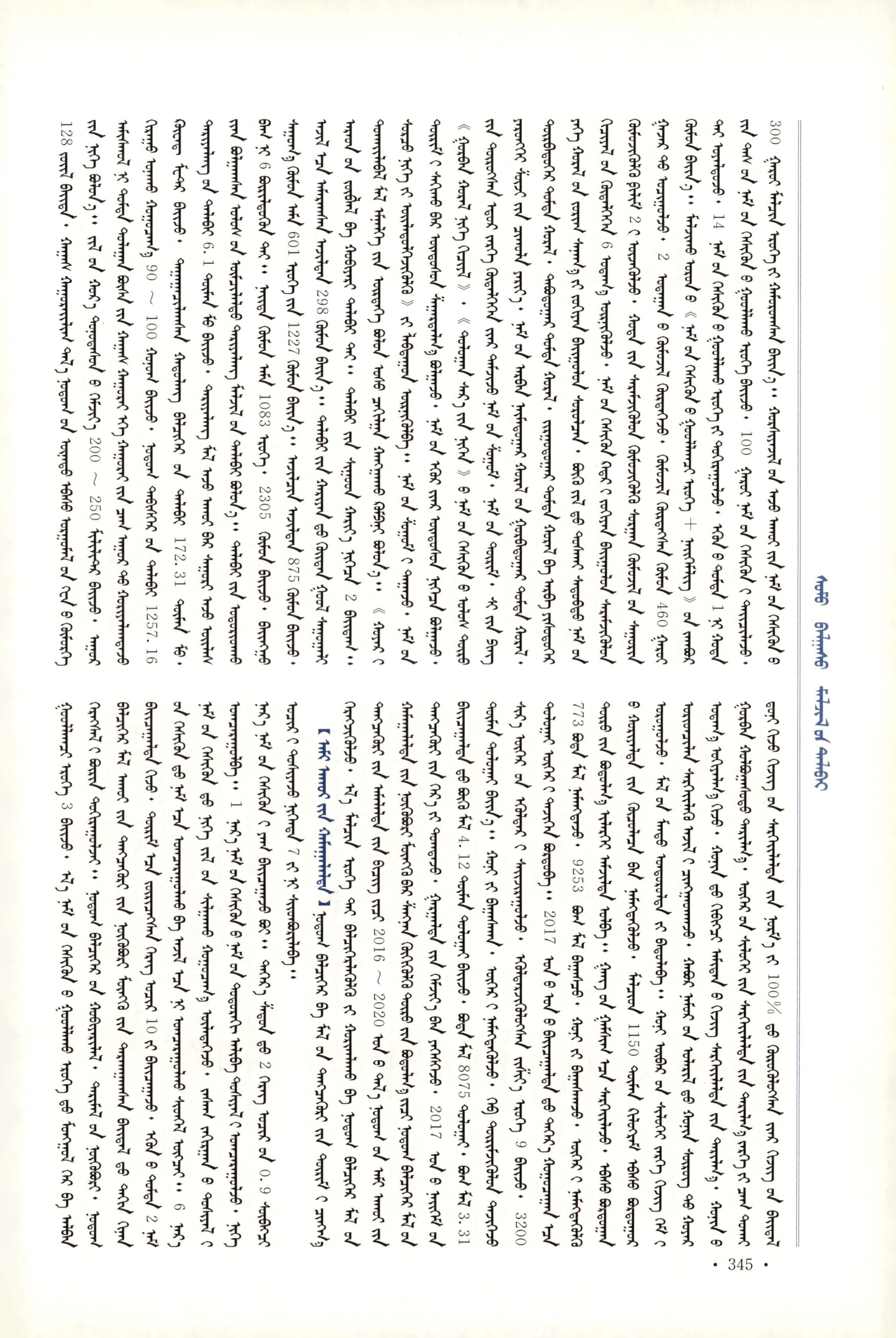

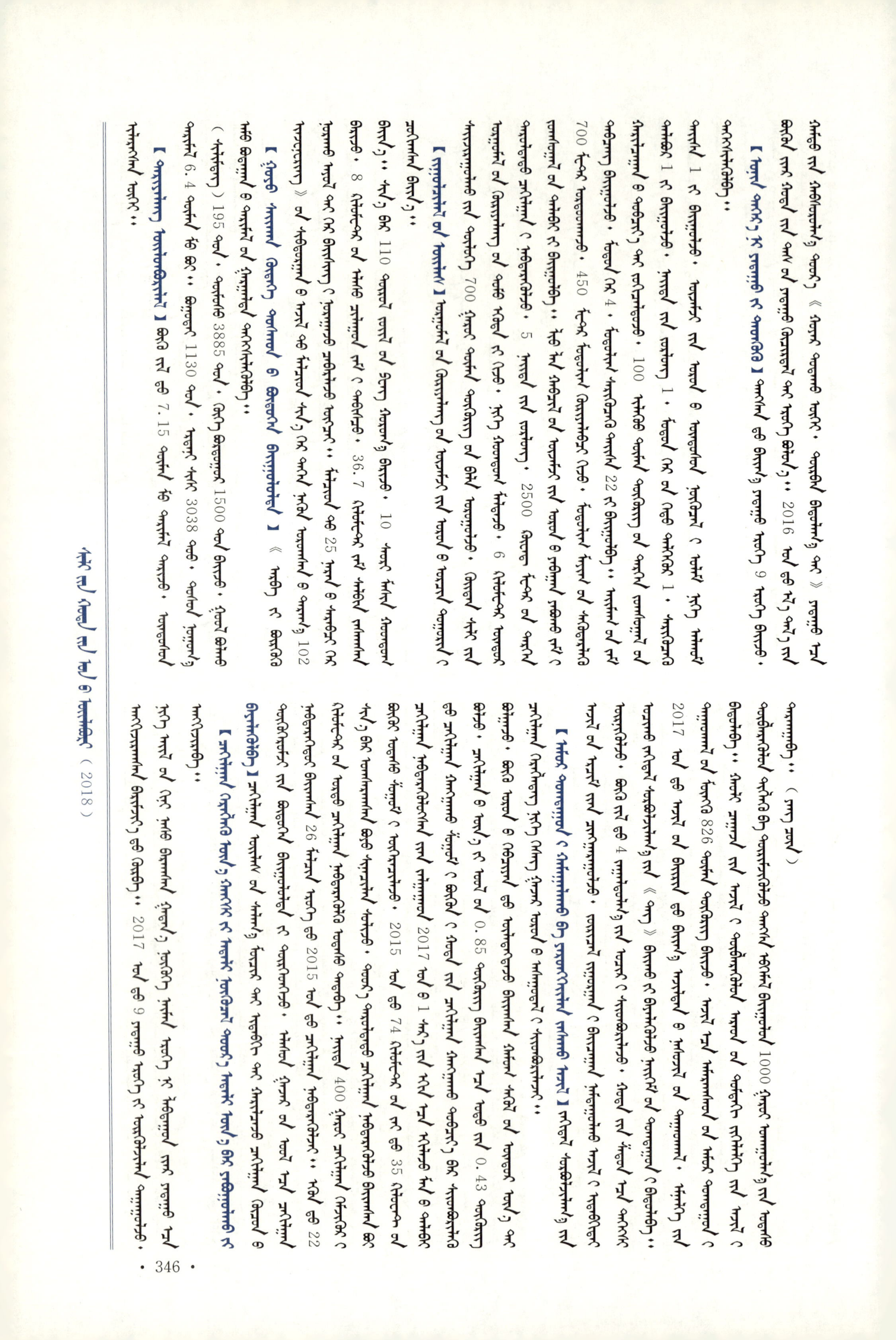

ᠰᠤᠷᠭᠠᠯᠲᠠ ᠲᠣᠭᠠᠴᠠ ᠮᠣᠩᠭᠣᠯ ᠢ ᠰᠤᠷᠭᠠᠭᠤᠯᠤᠯ ᠳᠤ ᠬᠠᠮᠤᠷᠤᠭᠳᠠᠵᠤ ᠂ ᠬᠠᠮᠤᠭ ᠪᠠᠭᠰᠢ ᠬᠣᠷᠢᠶᠠᠬᠤ ᠰᠤᠷᠤᠯᠴᠠᠭᠰᠠᠨ ᠂ ᠪᠠᠭᠠᠴᠤᠯᠠᠩᠬᠠᠢ ᠰᠤᠷᠭᠠᠯᠲᠠ ᠶᠢᠨ ᠰᠤᠷᠤᠯᠴᠠᠭᠴᠢ 100% ᠳᠤ ᠬᠦᠷᠴᠦ ᠂ ᠡᠳᠦᠭᠡ ᠪᠡᠷ ᠰᠤᠷᠤᠭ ᠰᠤᠷᠤᠯᠴᠠᠭᠴᠢ ᠶᠢᠨ ᠮᠡᠳᠡᠭᠡ ᠪᠡᠷ W ᠮᠡᠳᠡᠭᠡᠯᠡᠯ ᠢ ᠮᠡᠳᠡᠭᠡᠯᠡᠯ ᠂ ᠰᠤᠷᠤᠯ ᠪᠡᠷ ᠬᠠᠷᠢᠯᠴᠠᠬᠤ ᠰᠤᠷᠭᠠᠭᠤᠯᠢ ᠶᠢᠨ ᠪᠠᠷ ᠪᠠᠶᠢᠭᠤᠯᠤᠯ ᠮᠡᠳᠡᠭᠡᠯᠡᠯ ᠰᠤᠷᠭᠠᠯᠲᠠ ᠬᠢᠷᠢ ᠶᠢᠨ ᠬᠡᠷᠡᠭᠵᠢᠭᠦᠯᠪᠡ ᠂ ᠪᠠᠭᠠᠴᠤᠯᠠᠩᠬᠠᠢ ᠰᠤᠷᠭᠠᠯᠲᠠ ᠮᠣᠩᠭᠣᠯ ᠢ ᠮᠡᠳᠡᠭᠡᠯᠡᠯ ᠂ ᠪᠦᠬᠦ ᠰᠤᠷᠭᠠᠨ ᠬᠦᠮᠦᠵᠢᠯ ᠦᠨ ᠮᠡᠳᠡᠭᠡᠯᠡᠯ ᠳᠤ W ᠮᠡᠳᠡᠭᠡᠯᠡᠯ ᠂ ᠲᠠᠨᠢᠯᠴᠠ

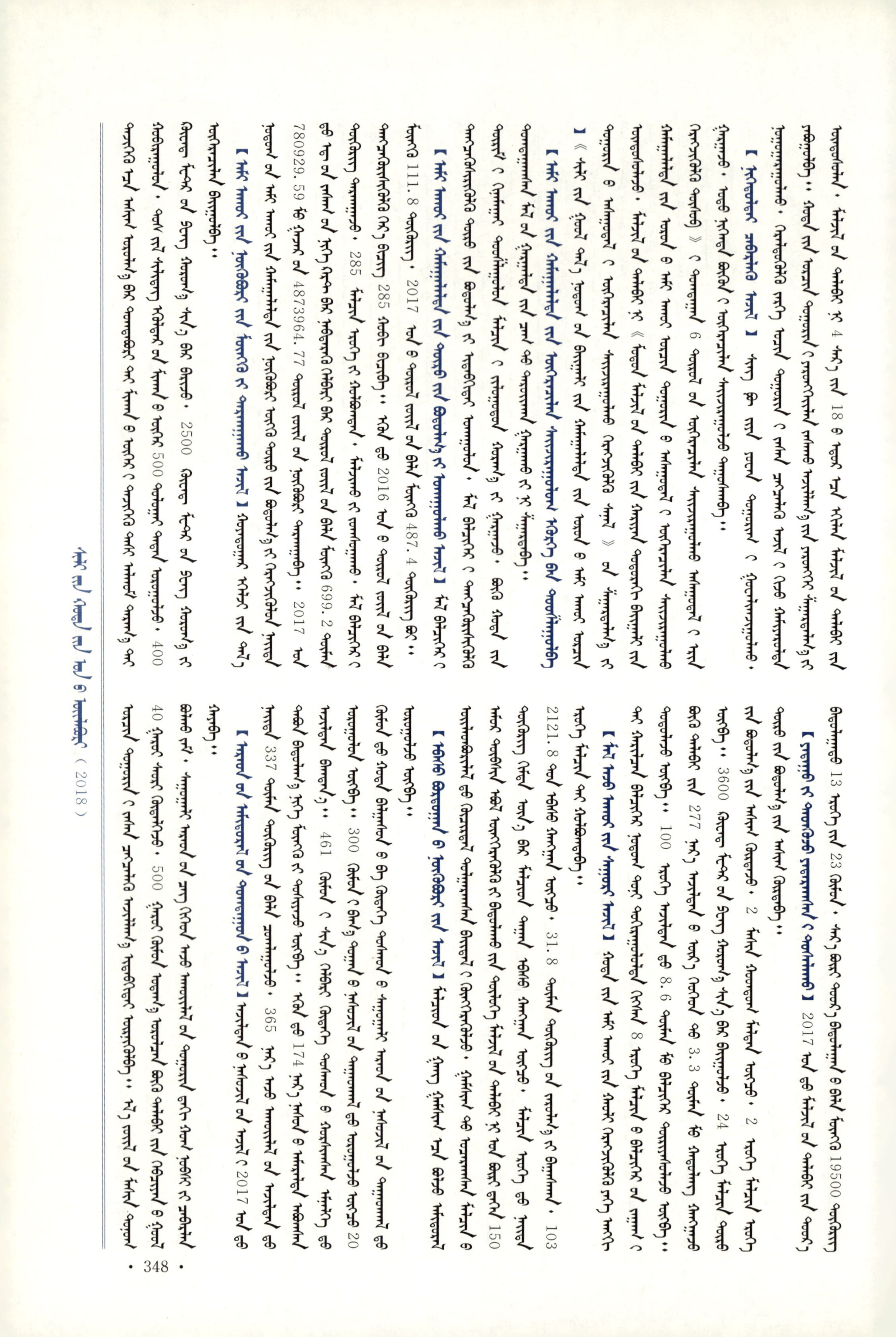

[illegible] · [illegible] 4 [illegible] 18 [illegible] ·· [illegible] · [illegible]

【[illegible]】 [illegible] · [illegible] ··

[illegible] 》[illegible] 6 [illegible] · [illegible] 《[illegible]》 [illegible]

】《[illegible]

【[illegible]】 [illegible] ··

[illegible] · [illegible] · [illegible]

【[illegible]】 [illegible] 111.8 [illegible] · 2017 [illegible] 487.4 [illegible] ··

[illegible] 285 [illegible] ·· [illegible] 2016 [illegible] · 285 [illegible] · [illegible] · [illegible] 699.2 [illegible] 780929.59 [illegible] 4873964.77 [illegible] ·· 2017 [illegible]

【[illegible]】 [illegible] ··

[illegible] · 2500 [illegible] · [illegible] 500 [illegible] · 400 [illegible]

[illegible] 13 [illegible] 23 [illegible] · [illegible] 19500 [illegible]

【[illegible]】 2017 [illegible] ··

[illegible] · 2 [illegible] · 2 [illegible] ·· 3600 [illegible] · 24 [illegible] 277 [illegible] 3.3 [illegible] ·· 100 [illegible] 8.6 [illegible] ·· [illegible] 8 [illegible]

【[illegible]】 [illegible] ··

2121.8 [illegible] · 31.8 [illegible] · 103 [illegible] · [illegible] 150 [illegible] · [illegible]

【[illegible]】 [illegible] ··

[illegible] ·· 300 [illegible] 20 [illegible] ·· 461 [illegible] ·· [illegible] 174 [illegible] 337 [illegible] · 365 [illegible]

【[illegible]】 [illegible] 2017 [illegible] ··

[illegible] · [illegible] 40 [illegible] · 500 [illegible] ·· [illegible]

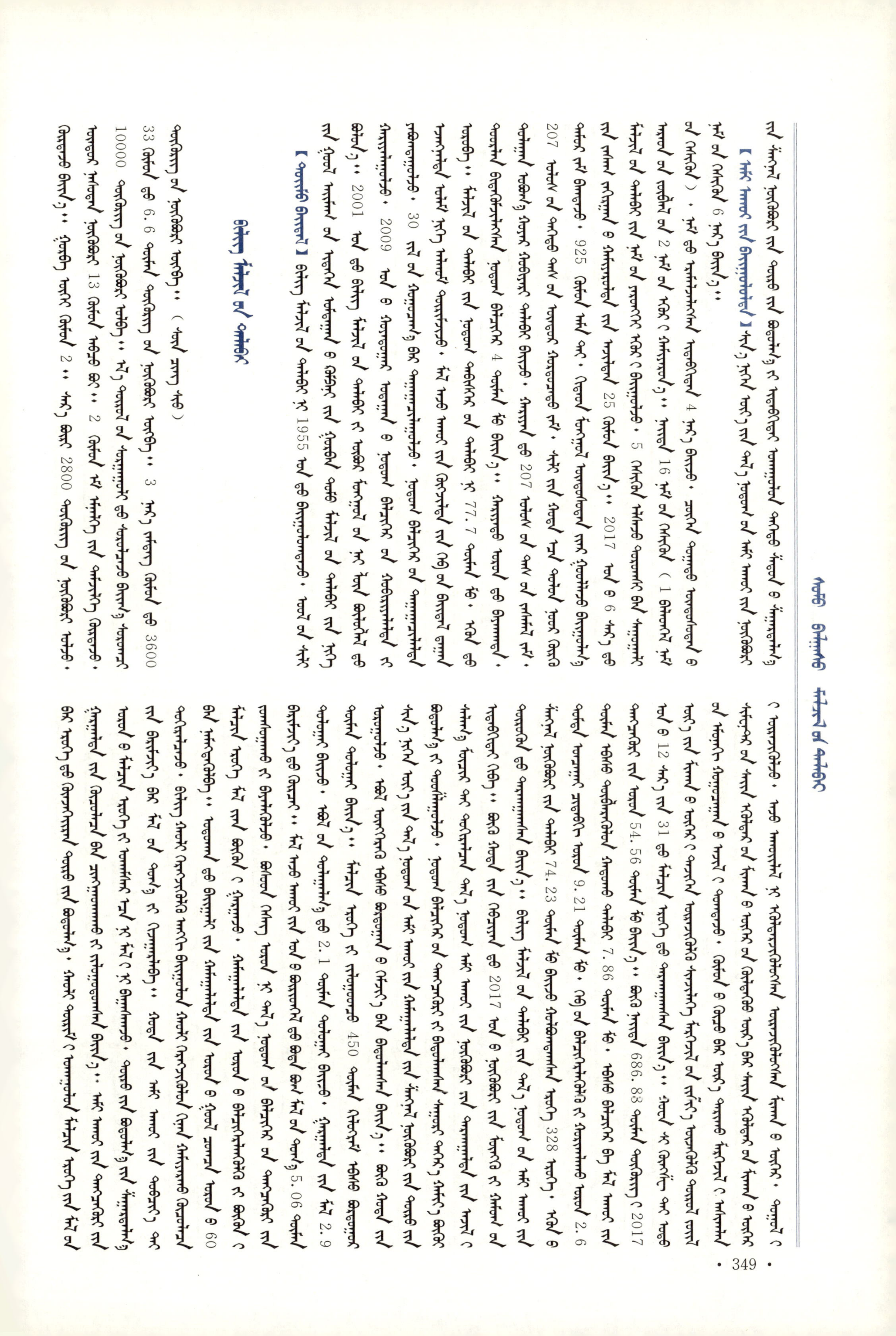

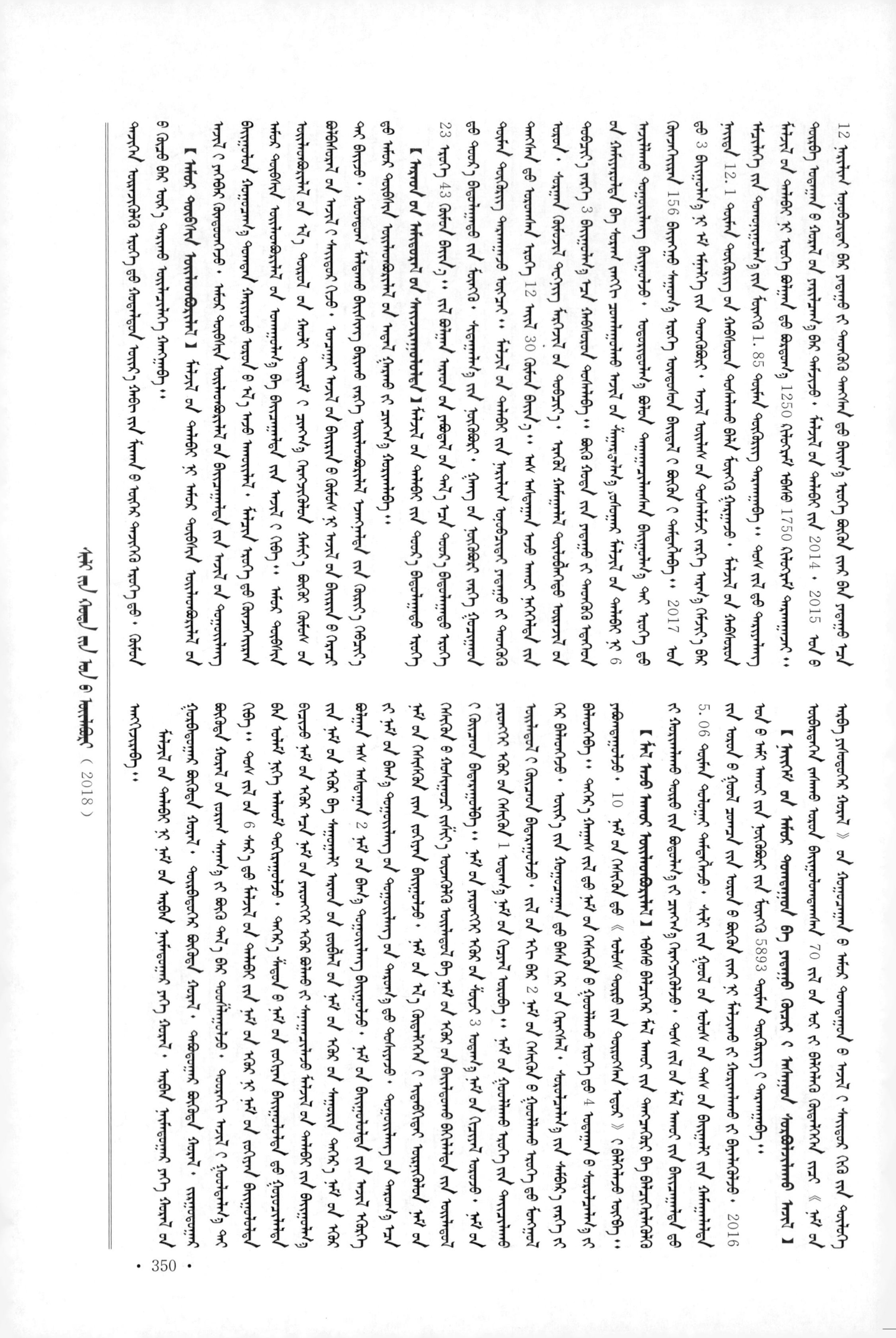

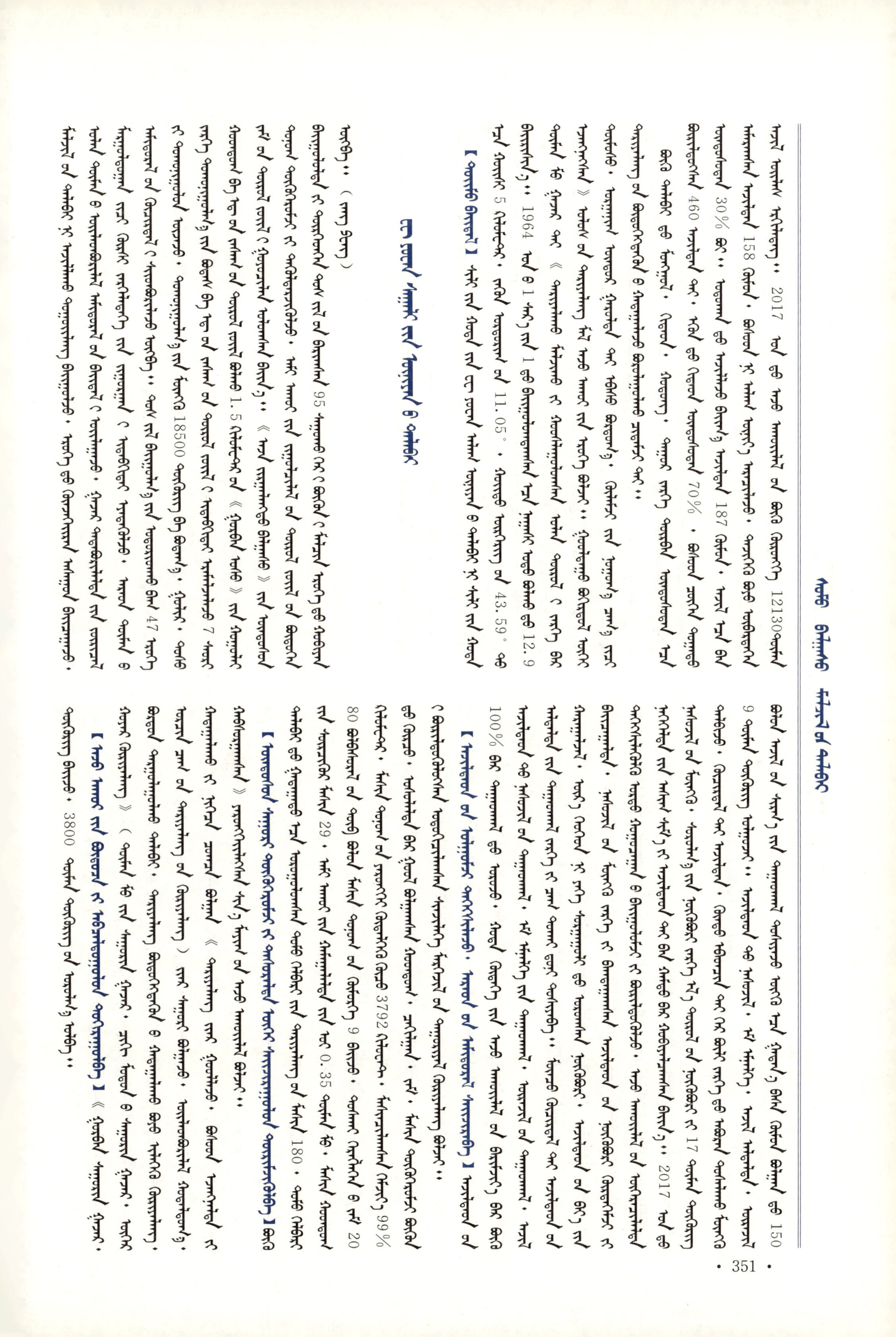

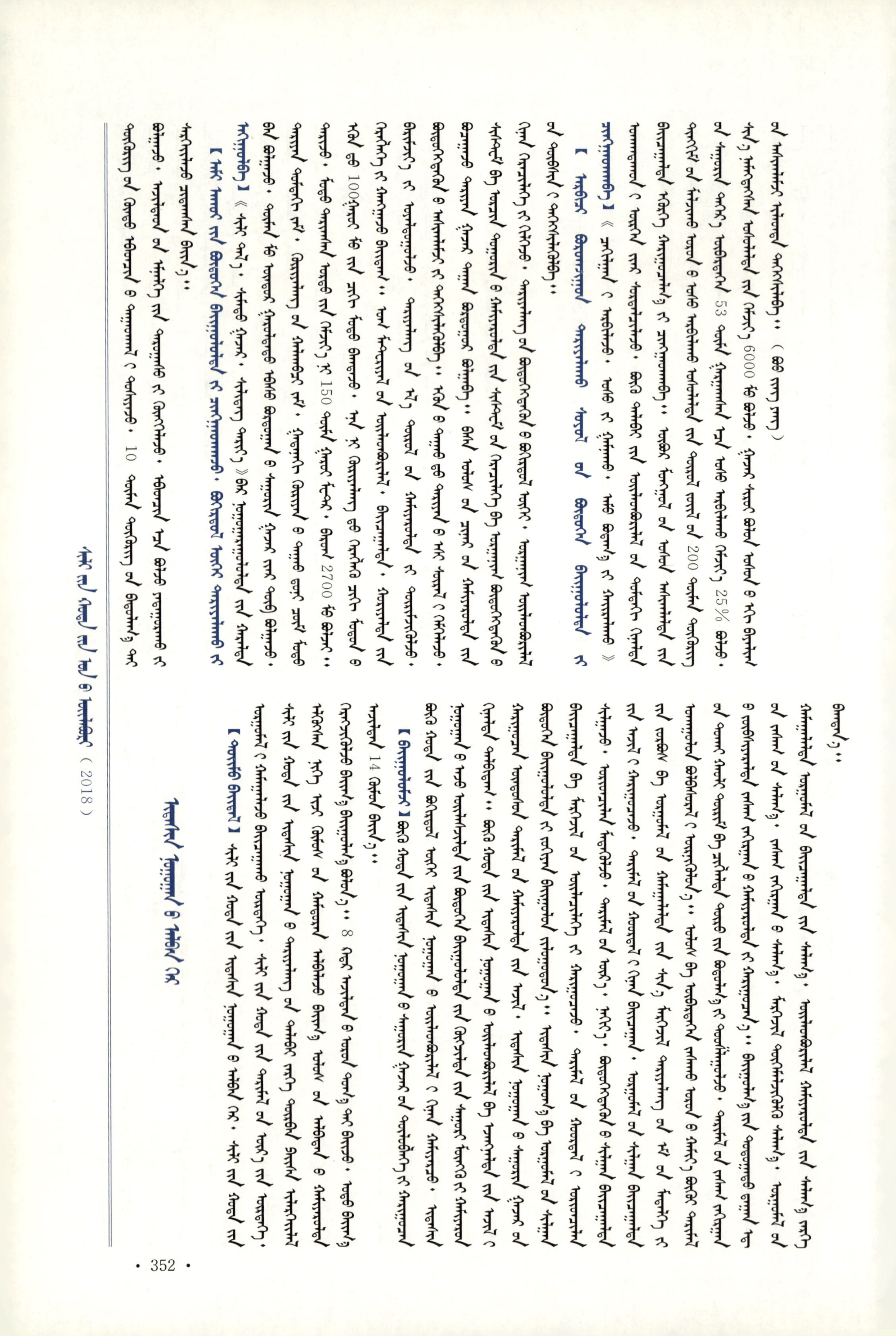

[illegible]

[illegible] 14 [illegible]

[illegible] 8 [illegible]

[illegible] ([illegible])

[illegible] 6000 [illegible] 25% [illegible] 53 [illegible] 200 [illegible]

[illegible]

[illegible] 100 [illegible] 150 [illegible] 2700 [illegible]

[illegible]

[illegible] 10 [illegible]

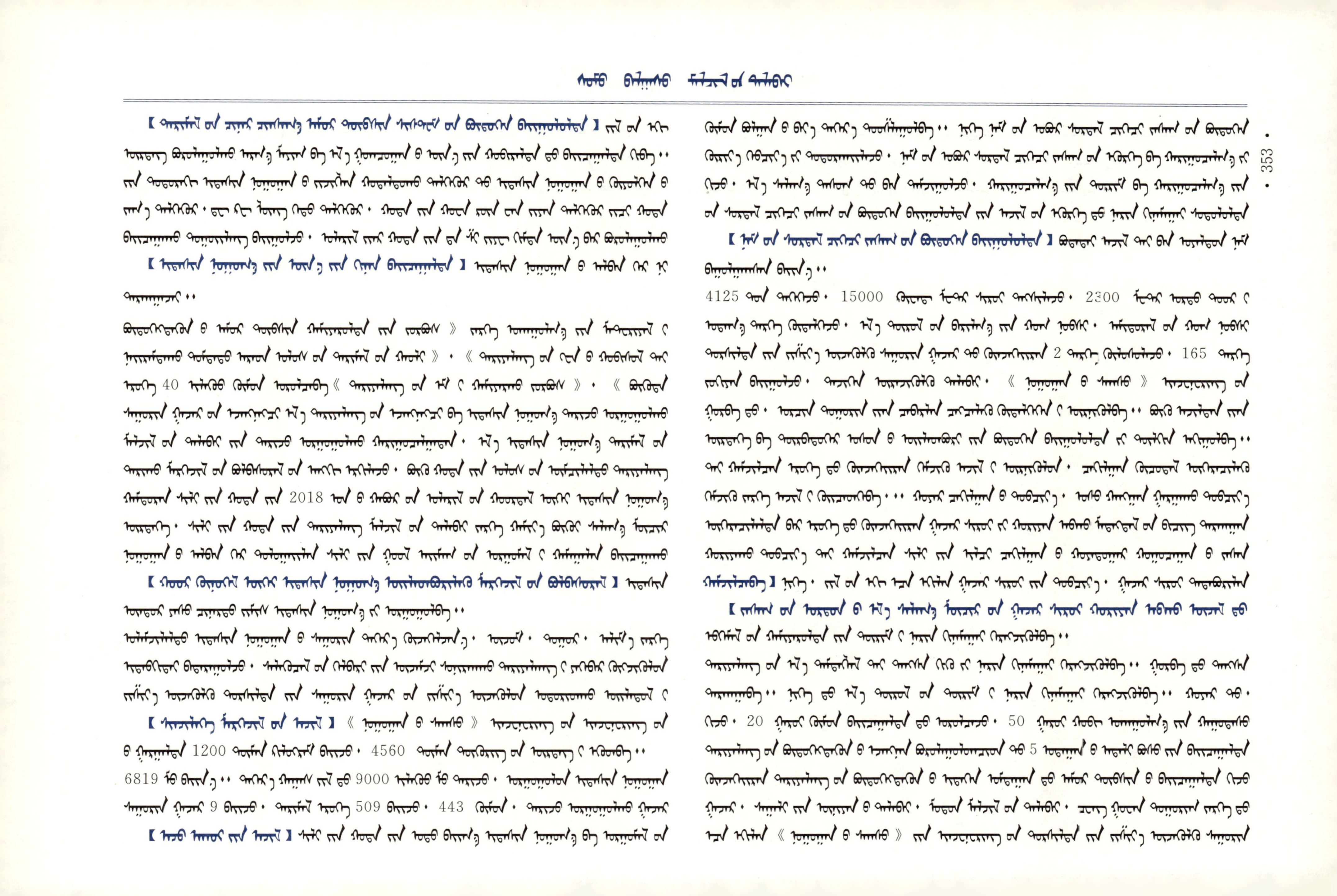

【[illegible]】 [illegible] ‥ [illegible]

【[illegible]】 [illegible] ‥

[illegible] 》 [illegible] 《 [illegible] 》 · 《 [illegible] 40 [illegible] 《 [illegible] 》 · 《 [illegible] · [illegible] 2018 [illegible] · [illegible]

【[illegible]】 [illegible] ‥

[illegible] · [illegible] · [illegible] · [illegible] · [illegible]

【[illegible]】 《 [illegible] 》 [illegible] 1200 [illegible] · 4560 [illegible] ‥ 6819 [illegible] ‥ [illegible] 9000 [illegible] · [illegible] 9 [illegible] · [illegible] 509 [illegible] · 443 [illegible] · [illegible]

【[illegible]】 [illegible] ‥ [illegible] · [illegible] · [illegible] · [illegible]

【[illegible]】 [illegible] ‥

4125 [illegible] · 15000 [illegible] · 2300 [illegible] · [illegible] 2 [illegible] · 165 [illegible] · [illegible] · 《 [illegible] 》 [illegible] · [illegible] ‥ [illegible] ‥ [illegible] · [illegible] ‥ [illegible] · [illegible] · [illegible] 【[illegible]】 [illegible] · [illegible] · [illegible]

【[illegible]】 [illegible] ‥

[illegible] ‥ [illegible] ‥ [illegible] · [illegible] · 20 [illegible] · 50 [illegible] 5 [illegible] · [illegible] · [illegible] · [illegible] 《 [illegible] 》 [illegible]

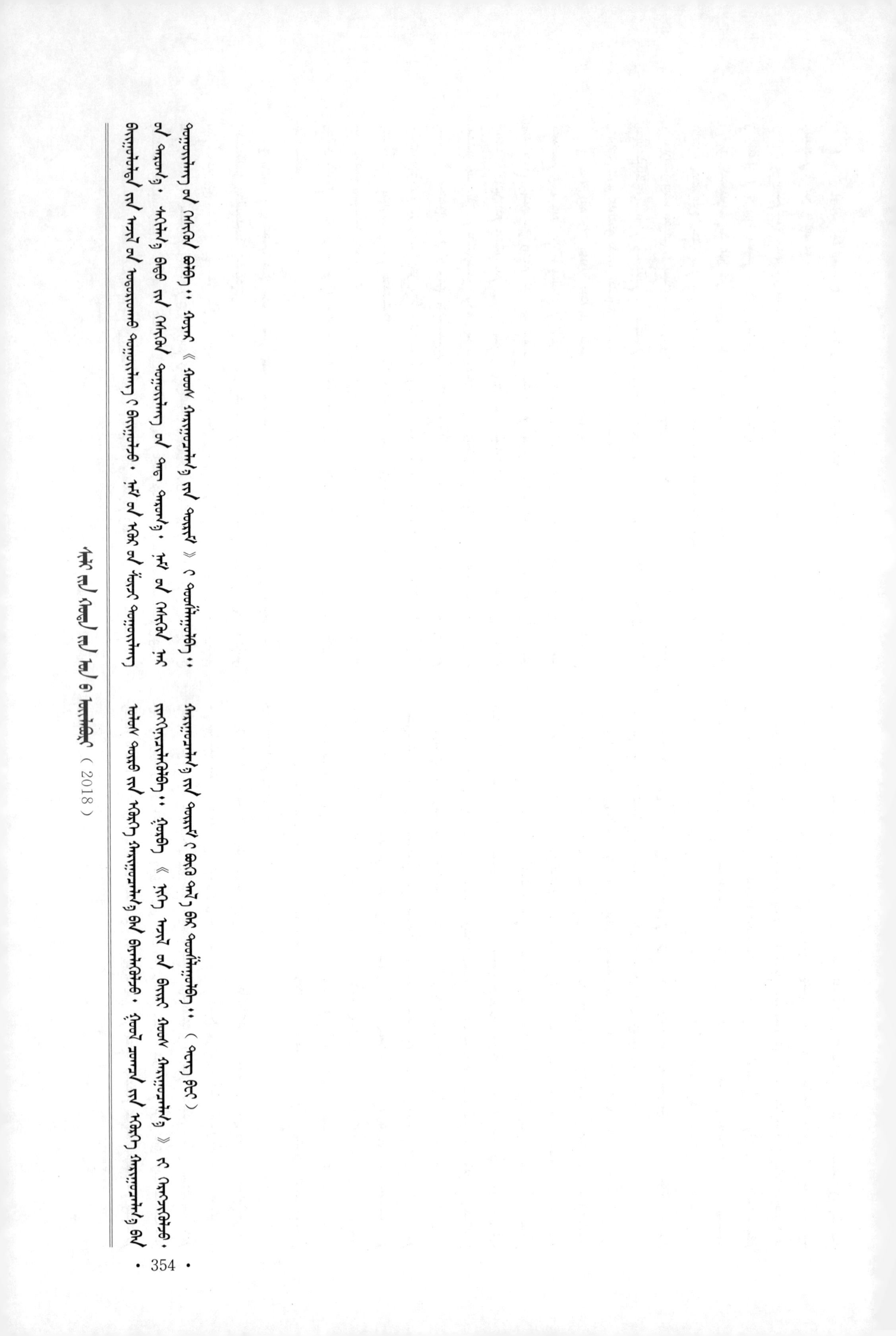

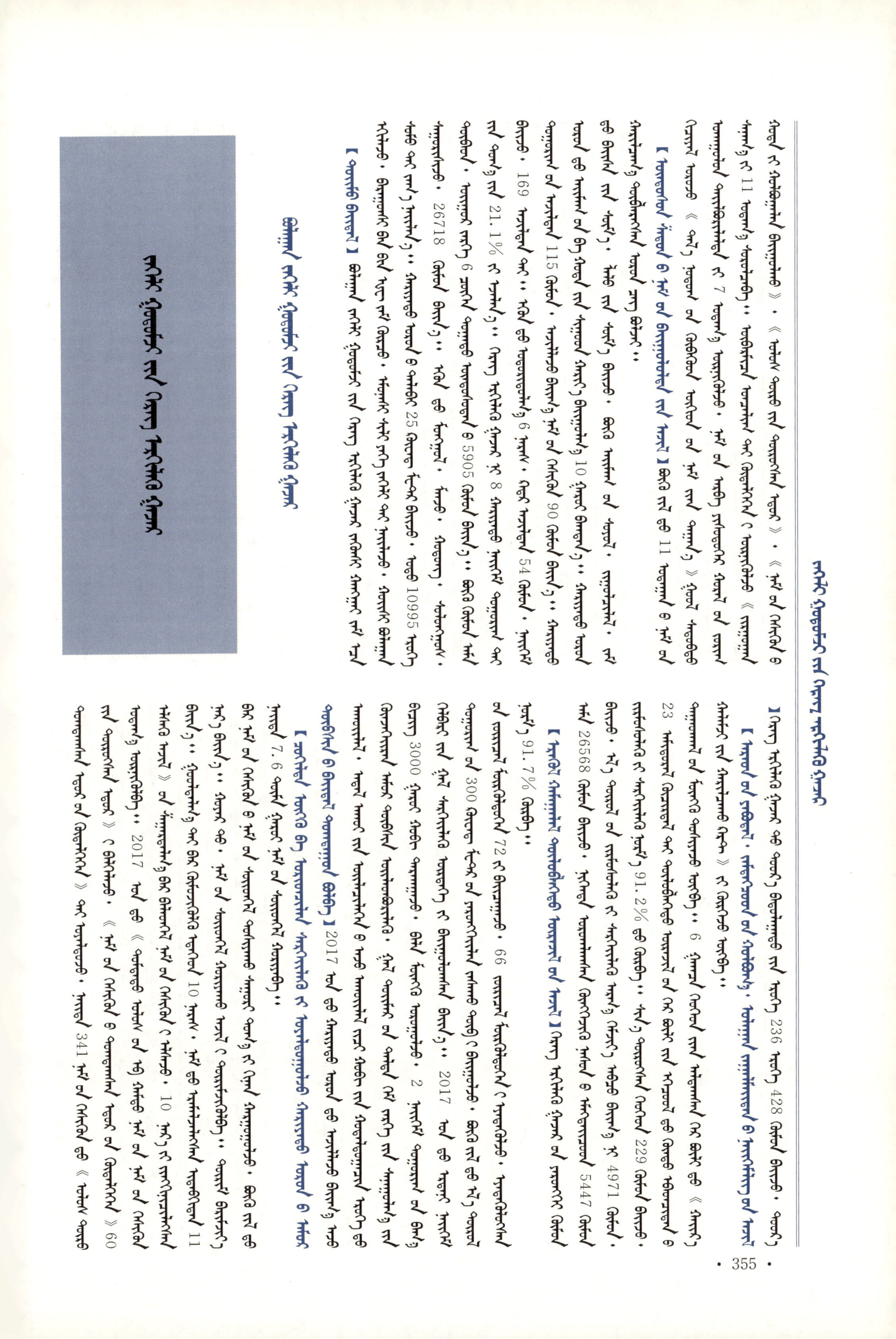

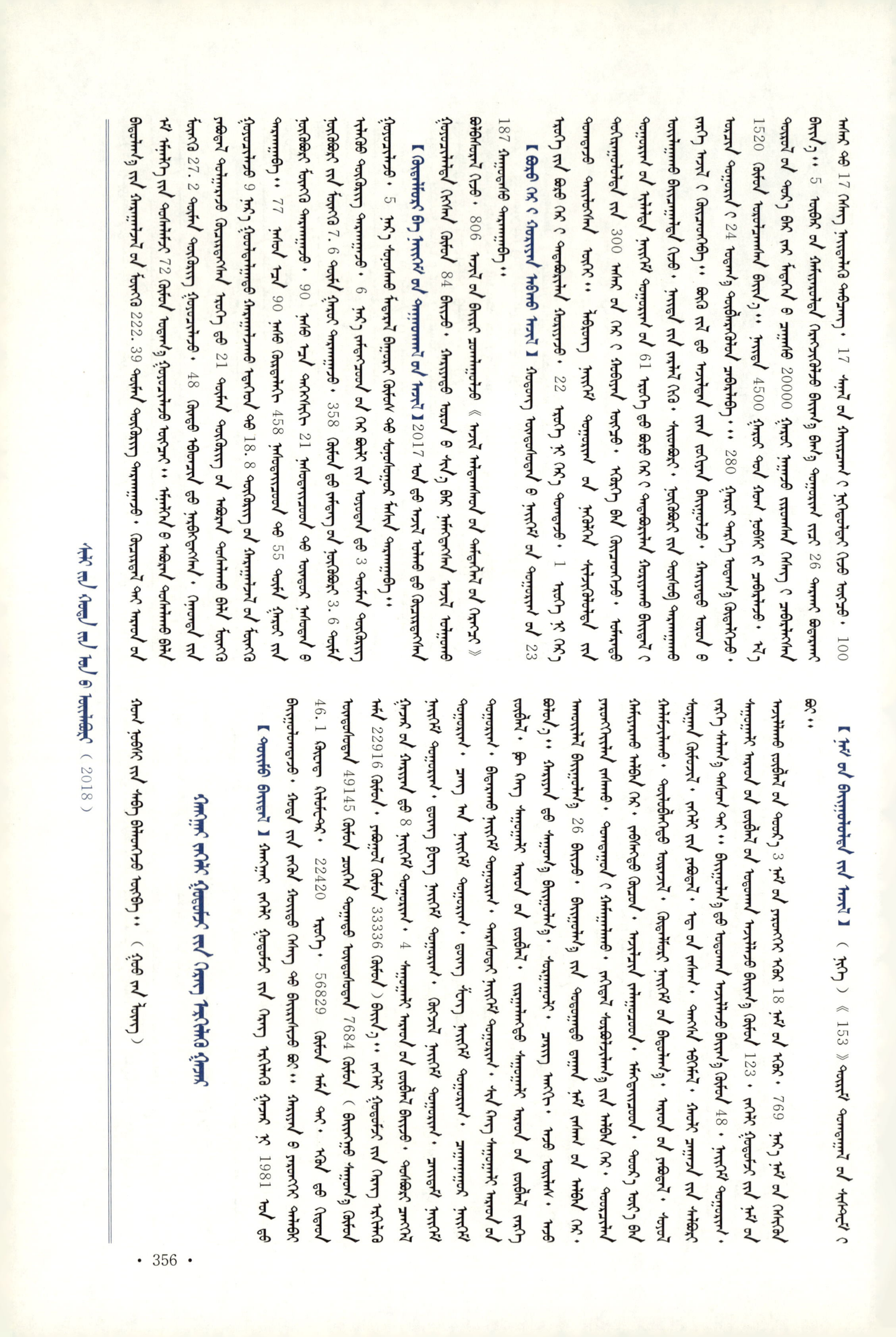

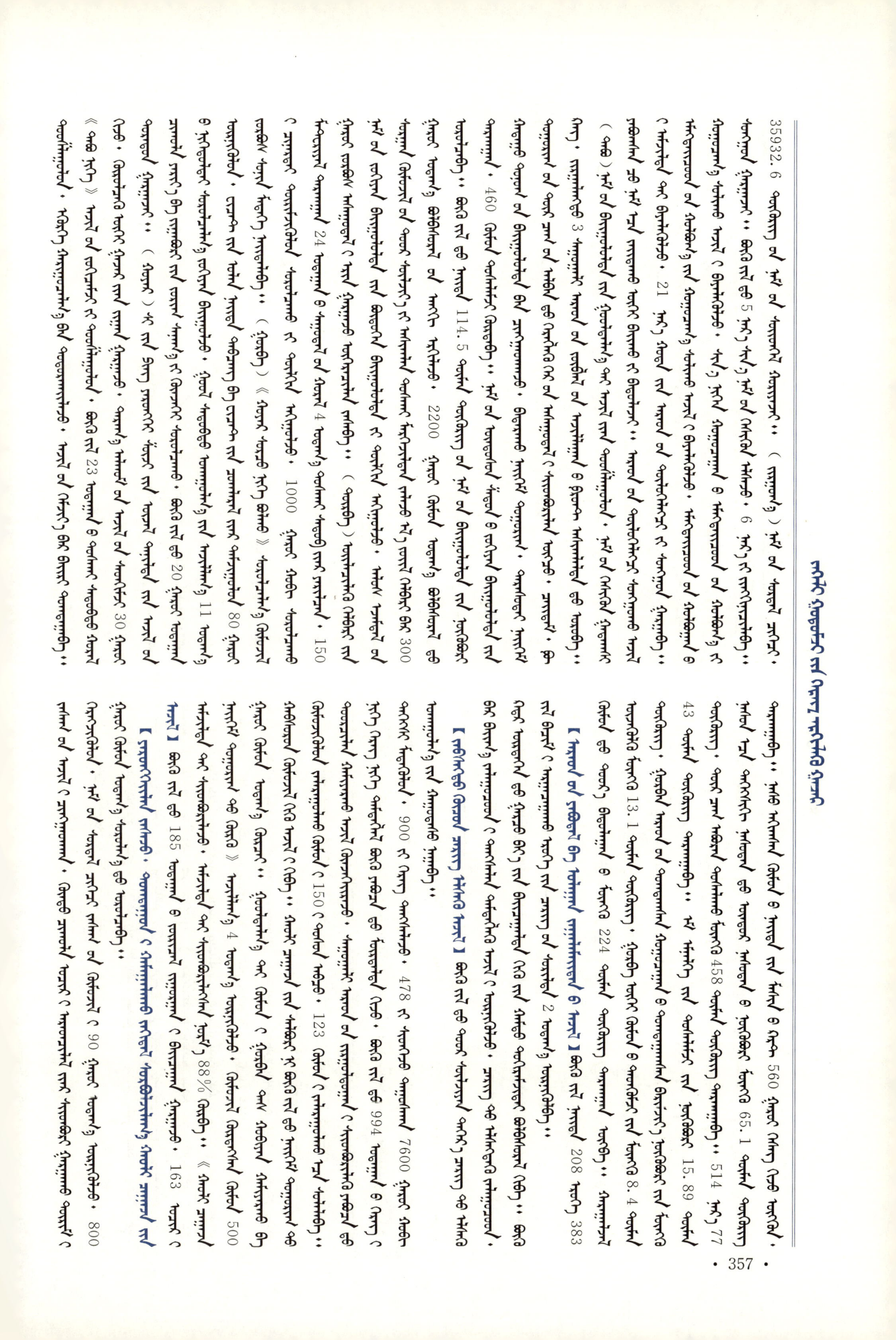

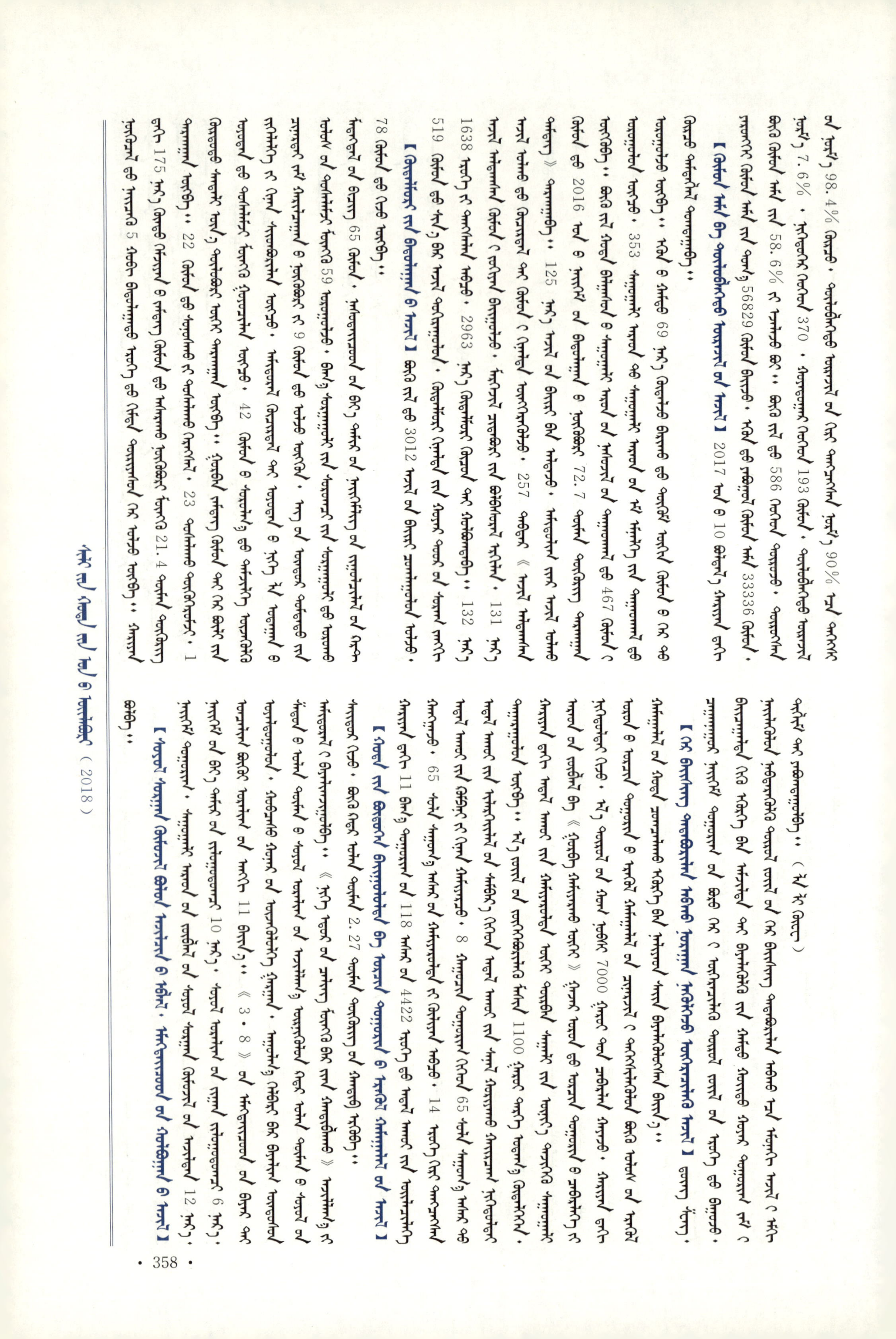

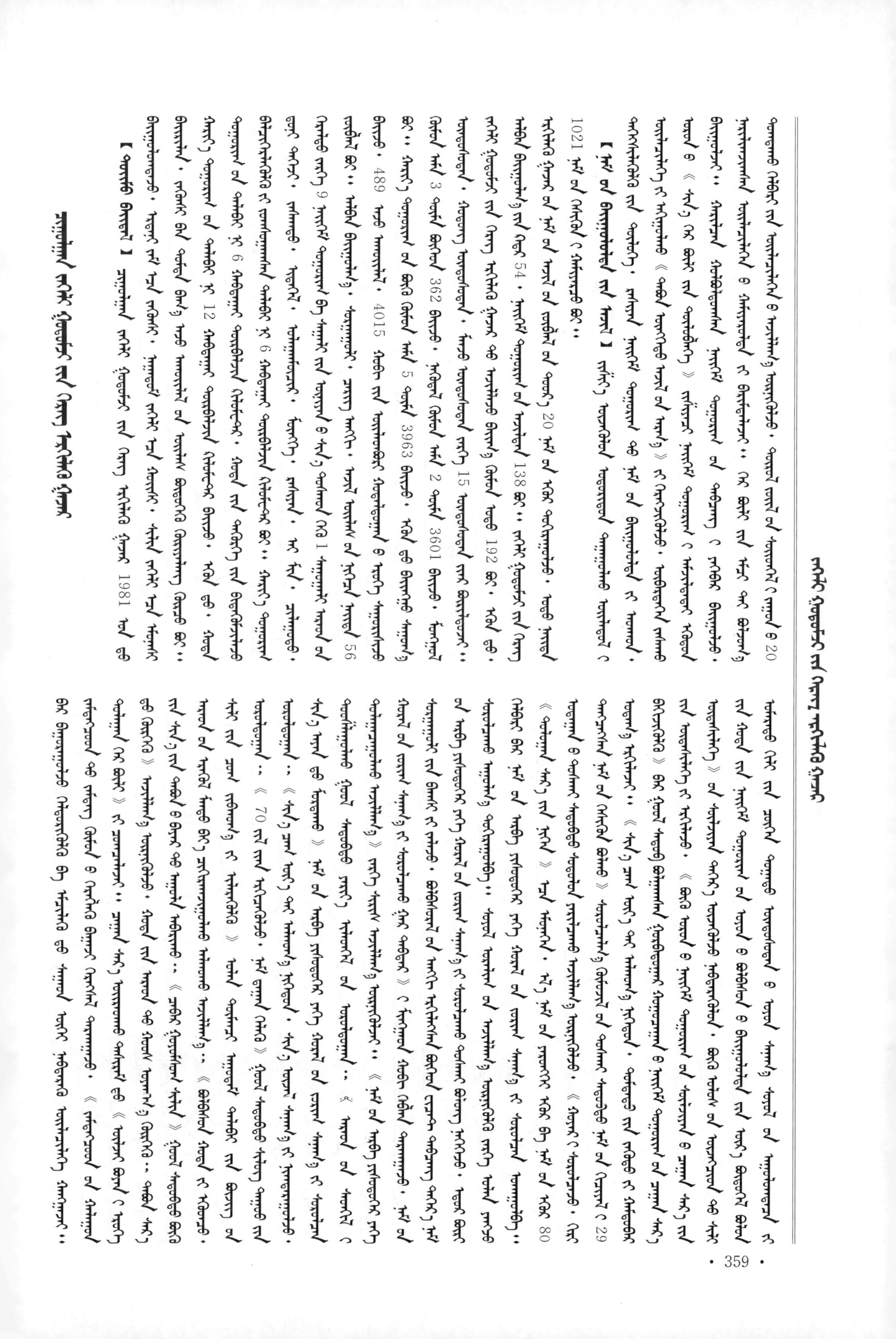

[illegible] 20 [illegible]

【[illegible]】 [illegible] 1021 [illegible] ᠃᠃

[illegible] 20 [illegible] 54 ᠂ [illegible] 138 [illegible] ᠃᠃ [illegible] 192 [illegible] 15 [illegible] ᠃᠃ [illegible] 3 [illegible] 362 [illegible] 2 [illegible] 3601 [illegible] 5 [illegible] 3963 [illegible] ᠂ 489 [illegible] ᠂ 4015 [illegible] 56 [illegible] ᠃᠃ [illegible] 9 [illegible] 1 [illegible] 6 [illegible] ᠃᠃ [illegible] 6 [illegible] 12 [illegible] ᠃᠃

【[illegible]】 [illegible] 1981 [illegible] ᠃᠃ [illegible] 29 [illegible] 80 [illegible] 70 [illegible] ᠃᠃

[illegible]

[illegible]

【[illegible]】 [illegible] 52 [illegible]᠃᠃ [illegible]᠃᠃

[illegible]᠃᠃ 3071 [illegible] 253 [illegible] 191 [illegible] 111 [illegible] 6321 [illegible]᠃᠃ 2017 [illegible] 8 [illegible] 161 [illegible]᠃᠃ 2016 [illegible]

【[illegible]】 [illegible] 4 [illegible] 》 [illegible]᠃᠃

548 [illegible]᠃᠃ 2017 [illegible] 《 [illegible] 5 [illegible] 4030 [illegible]᠃᠃ 2017 [illegible] 13 [illegible] 《 [illegible] 》 [illegible]

【[illegible]】 [illegible]᠃᠃

[illegible] 48 [illegible]᠃᠃ [illegible] 89 [illegible]

【[illegible]】 [illegible]᠃᠃

[illegible]᠃᠃ [illegible]᠃᠃

[illegible] 1 [illegible] 5800 [illegible]᠃᠃ 102 [illegible]᠃᠃ 20 [illegible] 35 [illegible] 25 [illegible] 46 [illegible] 2 [illegible] 2200 [illegible]᠃᠃ 2017 [illegible] 1 [illegible] 12 [illegible] 193 [illegible] 7862 [illegible]

【[illegible]】 [illegible]: [illegible] 201 [illegible] 347 [illegible]᠃᠃

[illegible] 81 [illegible] 56 [illegible] 137 [illegible]᠃᠃ [illegible] 40 [illegible]᠃᠃ [illegible] 210 [illegible] 4300 [illegible]

【[illegible]】 [illegible] 》 [illegible]᠃᠃

[illegible] 》 《 [illegible]᠃᠃ [illegible] 《 [illegible] 1000 [illegible] 98 [illegible]

【[illegible]】 1270 [illegible]᠃᠃

1981 ᠣᠨ ᠤ 10 ᠰᠠᠷ᠎ᠠ ᠳᠤ ᠪᠠᠶᠢᠭᠤᠯᠤᠭᠳᠠᠭᠰᠠᠨ ᠃ ... 【 ... 】 ...

ᠲᠠᠷᠢᠶᠠᠯᠠᠩ ᠤᠨ ᠰᠢᠨᠵᠢᠯᠡᠬᠦ ᠤᠬᠠᠭᠠᠨ ᠤ ᠬᠡᠪᠯᠡᠯ ᠦᠨ ᠬᠣᠷᠢᠶ᠎ᠠ

... 32 ... 13 ... (...) ... 32 ...

【 ... 】 ... 9 ...

2 ...

... 【 ... 】 ...

... 446 ... 93 · 75 ...

【 ... 】 ... 8337 ...

... 2016 ... 16 · 4 ... 96 · 1 ...

... 12 ... (12 ...) · 12 ...

... 298 ... 310 ...

【 ... 】 ...

... 37 ... 6670 ... 1138 ...

... 75 ...

... 3000 ...

... 16 ... 1700 ... 2 ...

... 20 ... 10000 ...

【 ... 】 ...

... 25 ... 558 ...

【 ... 】 ...

... 4484 ... 574 ... 140 ... 9300 ... 4 ...

【 ... 】 ... 77 ... 983 ... 28 ... 6765 ...

... 43 ... 1916 ... 86 ...

ᠮᠠᠲ᠋ᠧᠷᠢᠶᠠᠯ ᠤᠨ ᠬᠠᠷᠢᠭᠤᠴᠠᠯ ᠵᠢᠨ ᠲᠣᠭ᠎ᠠ ᠃ ᠨᠢᠭᠡ ᠂ 35 ᠰᠤᠷᠭᠠᠭᠤᠯᠢ ᠵᠢᠯ ᠦᠨ ᠪᠣᠯᠤᠨ ᠰᠤᠷᠤᠯᠴᠠᠭᠰᠠᠳ ᠪᠣᠯᠪᠠ ᠂ ᠮᠥᠩᠭᠦ 222 ᠲᠦᠮᠡᠨ ᠶᠤᠸᠠᠨ ᠂ 7 ᠮᠣᠩᠭᠣᠯ ᠪᠠᠶ᠎ᠠ 7 ᠰᠤᠷᠭᠠᠭᠤᠯᠢ ᠵᠢᠯ ᠦᠨ ᠨᠢᠭᠡ ᠂ 7 ᠮᠣᠩᠭᠣᠯ ᠰᠤᠷᠭᠠᠭᠤᠯᠢ ᠵᠢᠨ ᠵᠢᠯ ᠦᠨ ᠬᠣᠶᠠᠷ ᠨᠢᠭᠡ ᠂ 16 ᠵᠢᠯ ᠦᠨ ᠨᠢᠭᠡ ᠂ 35 ᠰᠤᠷᠭᠠᠭᠤᠯᠢ ᠵᠢᠯ ᠦᠨ ᠪᠣᠯᠤᠨ ᠬᠦᠷᠭᠡᠭᠰᠡᠨ ᠪᠣᠯᠪᠠ ᠂ ᠮᠥᠩᠭᠦ 222 ᠲᠦᠮᠡᠨ ᠶᠤᠸᠠᠨ ᠂ 7 ᠮᠣᠩᠭᠣᠯ ᠲᠦᠷᠦ ᠶᠢᠨ ᠬᠡᠯᠡ ᠪᠢᠴᠢᠭ ᠦᠨ 7 ᠰᠤᠷᠭᠠᠭᠤᠯᠢ ᠶᠢᠨ ᠵᠢᠯ ᠦᠨ ᠬᠠᠮᠤᠷᠤᠯᠲᠠ ᠶᠢ ᠪᠠᠶ᠎ᠠ ᠮᠣᠩᠭᠣᠯ ᠬᠡᠯᠡ ᠰᠤᠷᠭᠠᠯᠲᠠ 7 ᠮᠣᠩᠭᠣᠯ ᠰᠤᠷᠭᠠᠭᠤᠯᠢ ᠂ 1 ᠰᠤᠷᠭᠠᠭᠤᠯᠢ ᠳᠤᠮᠳᠠ ᠶᠢᠨ ᠬᠠᠮᠤᠷᠤᠯᠲᠠ ᠶᠢᠨ ᠰᠤᠷᠭᠠᠭᠤᠯᠢ ᠲᠠᠢ ᠃᠃ ᠰᠤᠷᠤᠯᠴᠠᠭᠴᠢ ᠪᠠᠭᠰᠢ ᠨᠠᠷ ᠤᠨ ᠪᠠᠶᠢᠭᠤᠯᠤᠯᠲᠠ 75 ᠪᠣᠯᠪᠠ ᠂ ᠨᠢᠭᠡ ᠡᠴᠡ ᠵᠢᠷᠭᠤᠭ᠎ᠠ ᠨᠠᠰᠤ ᠶᠢᠨ ᠬᠡᠦᠬᠡᠳ ᠮᠣᠩᠭᠣᠯ 60 ᠬᠤᠪᠢ ᠃᠃ ᠵᠢᠯ 42847 ᠬᠦᠮᠦᠨ ᠬᠤᠪᠢ ᠃᠃ ᠰᠤᠷᠭᠠᠭᠤᠯᠢ ᠪᠠᠭᠰᠢ ᠨᠠᠷ ᠤᠨ ᠪᠠᠶᠢᠭᠤᠯᠤᠯᠲᠠ ᠂ ᠰᠤᠷᠭᠠᠭᠤᠯᠢ ᠂ ᠭᠠᠵᠠᠷ ᠤᠷᠤᠨ ᠂ ᠰᠤᠷᠭᠠᠯᠲᠠ ᠶᠢᠨ ᠪᠠᠶᠢᠭᠤᠯᠤᠯᠲᠠ ᠶᠢᠨ ᠬᠥᠷᠥᠩᠭᠡ 6.8 ᠲᠦᠮᠡᠨ ᠰᠠᠢᠰᠢᠶᠠᠯ ᠬᠦᠷᠴᠡ ᠂ ᠮᠥᠩᠭᠦ 21761 ᠮᠢᠩᠭ᠎ᠠ ᠂ ᠲᠣᠭ᠎ᠠ ᠵᠦᠢᠯ ᠮᠣᠩᠭᠣᠯ ᠬᠡᠯᠡ ᠂ ᠪᠢᠴᠢᠭ ᠦᠨ ᠬᠡᠯᠡ ᠂ ᠰᠤᠷᠤᠯᠴᠠᠭᠰᠠᠨ ᠪᠠᠭᠰᠢ ᠂ ᠰᠤᠷᠭᠠᠯᠲᠠ ᠬᠦᠮᠦᠨ ᠬᠡᠯᠡ ᠪᠠᠷ ᠬᠦᠷᠴᠡ ᠂

【ᠰᠤᠷᠭᠠᠭᠤᠯᠢ ᠬᠥᠭᠵᠢᠯ ᠦᠨ ᠵᠢᠯ ᠦᠨ ᠪᠠᠶᠢᠭᠤᠯᠤᠯᠲᠠ】 ᠬᠣᠲᠠ ᠶᠢᠨ ᠵᠢᠯ ᠦᠨ ᠪᠠᠶᠢᠭᠤᠯᠤᠯᠲᠠ ᠶᠢᠨ ᠰᠤᠷᠭᠠᠭᠤᠯᠢ 21 ᠪᠠᠭᠰᠢ ᠨᠠᠷ ᠤᠨ ᠲᠣᠭ᠎ᠠ 35 ᠮᠢᠩᠭ᠎ᠠ ᠬᠦᠷᠴᠡ ᠪᠣᠯᠵᠠᠢ ᠃᠃ ᠮᠣᠩᠭᠣᠯ ᠬᠡᠯᠡ ᠂ 16 ᠨᠢᠭᠡ ᠦᠨ 871 ᠵᠢᠯ ᠦᠨ ᠬᠢᠴᠢᠶᠡᠯ ᠂ ᠮᠣᠩᠭᠣᠯ ᠪᠠᠭᠰᠢ ᠶᠢᠨ ᠰᠤᠷᠭᠠᠯᠲᠠ ᠮᠣᠩᠭᠣᠯ ᠶᠢᠨ ᠪᠠᠶᠢᠭᠤᠯᠤᠯᠲᠠ ᠃᠃ ᠮᠣᠩᠭᠣᠯ ᠤᠨ ᠬᠡᠯᠡ ᠶᠢᠨ ᠪᠠᠶᠢᠭᠤᠯᠤᠯᠲᠠ 60 ᠮᠣᠩᠭᠣᠯ ᠰᠤᠷᠭᠠᠭᠤᠯᠢ ᠂ 4 ᠵᠢᠯ ᠦᠨ ᠬᠢᠴᠢᠶᠡᠯ ᠨᠢᠭᠡᠳᠦᠭᠡᠷ ᠃᠃ 1259 ᠬᠦᠮᠦᠨ ᠵᠢᠯ ᠦᠨ ᠬᠢᠴᠢᠶᠡᠯ ᠦ ᠰᠤᠷᠭᠠᠯᠲᠠ ᠶᠢᠨ ᠰᠤᠷᠤᠯᠴᠠᠭᠰᠠᠨ ᠪᠠᠶᠢᠭᠤᠯᠤᠯᠲᠠ ᠨᠢᠭᠡᠳᠦᠭᠡᠷ ᠃᠃ ᠬᠢᠴᠢᠶᠡᠯ ᠦᠨ ᠭᠠᠵᠠᠷ ᠲᠠᠶᠢᠯᠤᠨ ᠪᠠᠶᠢᠭᠤᠯᠤᠯᠲᠠ ᠶᠢᠨ ᠪᠢᠯᠢᠭ ᠦᠨ ᠰᠤᠷᠭᠠᠯᠲᠠ ᠶᠢᠨ 70 ᠬᠤᠪᠢ ᠮᠣᠩᠭᠣᠯ ᠰᠤᠷᠭᠠᠭᠤᠯᠢ ᠶᠢᠨ ᠪᠠᠶᠢᠭᠤᠯᠤᠯᠲᠠ ᠶᠢᠨ ᠮᠣᠩᠭᠣᠯ ᠬᠡᠯᠡ ᠶᠢᠨ ᠰᠤᠷᠭᠠᠯᠲᠠ ᠪᠠᠭᠰᠢ 468 ᠬᠦᠮᠦᠨ ᠃᠃ ᠮᠣᠩᠭᠣᠯ ᠬᠡᠯᠡ ᠪᠢᠴᠢᠭ ᠦᠨ ᠰᠤᠷᠭᠠᠯᠲᠠ ᠶᠢᠨ ᠲᠥᠪ ᠦᠨ ᠰᠤᠷᠭᠠᠭᠤᠯᠢ ᠶᠢᠨ ᠬᠤᠪᠢ 84.6 ᠬᠤᠪᠢ ᠬᠦᠷᠴᠡ ᠪᠣᠯᠪᠠ ᠃᠃ ᠰᠤᠷᠭᠠᠯᠲᠠ ᠶᠢᠨ ᠪᠠᠶᠢᠭᠤᠯᠤᠯᠲᠠ ᠪᠣᠯᠪᠠ ᠂ 11 ᠰᠤᠷᠭᠠᠭᠤᠯᠢ ᠶᠢᠨ ᠮᠣᠩᠭᠣᠯ ᠲᠠᠯ᠎ᠠ 20 ᠬᠦᠮᠦᠨ ᠰᠤᠷᠭᠠᠯᠲᠠ ᠶᠢ ᠰᠤᠷᠭᠠᠭᠤᠯᠢ ᠰᠢᠯᠭᠠᠵᠠᠢ ᠃᠃

【ᠵᠢᠯ ᠦᠨ ᠮᠥᠩᠭᠦᠨ ᠪᠠᠶᠢᠭᠤᠯᠤᠯᠲᠠ ᠪᠠ ᠰᠤᠷᠭᠠᠭᠤᠯᠢ ᠮᠣᠩᠭᠣᠯ ᠬᠡᠯᠡᠨ ᠦ ᠪᠠᠶᠢᠭᠤᠯᠤᠯᠲᠠ ᠶᠢ ᠪᠠᠲᠤᠯᠠᠪᠠ】 ᠮᠣᠩᠭᠣᠯ ᠬᠡᠯᠡ ᠶᠢᠨ ᠰᠤᠷᠭᠠᠯᠲᠠ ᠶᠢᠨ ᠰᠢᠯᠭᠠᠯᠲᠠ ᠶᠢᠨ ᠰᠤᠷᠭᠠᠭᠤᠯᠢ ᠶᠢᠨ ᠮᠣᠩᠭᠣᠯ ᠲᠠᠯ᠎ᠠ ᠶᠢ ᠪᠠᠶᠢᠭᠤᠯᠪᠠ ᠃᠃ ᠮᠣᠩᠭᠣᠯ ᠶᠢᠨ ᠨᠢᠭᠡ ᠦᠨ ᠬᠢᠴᠢᠶᠡᠯ ᠦ ᠰᠤᠷᠭᠠᠯᠲᠠ ᠂ ᠬᠢᠴᠢᠶᠡᠯ ᠦ ᠲᠣᠭ᠎ᠠ 4434 ᠬᠦᠮᠦᠨ ᠳᠦ ᠮᠣᠩᠭᠣᠯ ᠬᠡᠯᠡ ᠶᠢᠨ ᠮᠣᠩᠭᠣᠯ ᠶᠢᠨ ᠰᠤᠷᠭᠠᠯᠲᠠ ᠶᠢᠨ ᠪᠠᠭᠰᠢ 15 ᠬᠦᠮᠦᠨ ᠢ ᠪᠠᠶᠢᠭᠤᠯᠪᠠ ᠂ ᠰᠤᠷᠭᠠᠭᠤᠯᠢ ᠪᠠᠶᠢᠭᠤᠯᠤᠯᠲᠠ ᠶᠢᠨ ᠰᠤᠷᠤᠯᠴᠠᠭᠰᠠᠨ ᠳᠦ 19 ᠬᠦᠮᠦᠨ ᠢ

【ᠪᠣᠯᠪᠠᠰᠤᠷᠠᠯ ᠤᠨ ᠮᠡᠷᠭᠡᠵᠢᠯ ᠪᠠᠶᠢᠭᠤᠯᠤᠯᠲᠠ】 ᠮᠣᠩᠭᠣᠯ ᠰᠤᠷᠭᠠᠯᠲᠠ ᠶᠢᠨ ᠬᠡᠯᠡ ᠮᠣᠩᠭᠣᠯ ᠬᠡᠯᠡ ᠂ ᠮᠣᠩᠭᠣᠯ ᠮᠣᠩᠭᠣᠯ ᠪᠠᠶᠢᠭᠤᠯᠤᠯ ᠬᠤᠷᠠᠵᠤ ᠃᠃ ᠰᠤᠷᠭᠠᠯᠲᠠ ᠂ ᠮᠣᠩᠭᠣᠯ ᠪᠠᠭᠰᠢ ᠶᠢᠨ ᠪᠠᠶᠢᠭᠤᠯᠤᠯᠲᠠ ᠶᠢ 《 ᠰᠤᠷᠭᠠᠭᠤᠯᠢ ᠶᠢᠨ ᠬᠢᠴᠢᠶᠡᠯ ᠦᠨ ᠬᠥᠲᠦᠯᠪᠦᠷᠢ 》 ᠦᠨ ᠮᠣᠩᠭᠣᠯ ᠪᠠᠭᠰᠢ ᠶᠢ ᠰᠤᠷᠭᠠᠨ ᠲᠡᠭᠦᠯᠳᠦᠷ ᠂ ᠰᠤᠷᠭᠠᠭᠤᠯᠢ ᠳᠤᠮᠳᠠ ᠶᠢᠨ ᠵᠢᠯ ᠦᠨ ᠪᠠᠶᠢᠭᠤᠯᠤᠯᠲᠠ ᠶᠢᠨ

ᠲᠡᠭᠦᠨ ᠰᠤᠷᠭᠠᠯ ᠤᠨ ᠮᠣᠩᠭᠣᠯ ᠤᠨ ᠬᠡᠯᠡ ᠶᠢᠨ ᠪᠠᠭᠰᠢ ᠮᠡᠷᠭᠡᠵᠢᠯ ᠬᠤᠷᠠᠯ ᠬᠢᠪᠡ ᠃᠃ ᠰᠤᠷᠭᠠᠭᠤᠯᠢ ᠮᠣᠩᠭᠣᠯ ᠬᠡᠯᠡ ᠶᠢ ᠮᠣᠩᠭᠣᠯ ᠬᠡᠯᠡ ᠶᠢᠨ ᠪᠠᠶᠢᠭᠤᠯᠤᠯᠲᠠ ᠂ ᠰᠤᠷᠭᠠᠭᠤᠯᠢ ᠶᠢᠨ ᠪᠠᠶᠢᠭᠤᠯᠤᠯᠲᠠ ᠶᠢᠨ ᠮᠣᠩᠭᠣᠯ ᠬᠡᠯᠡ ᠶᠢᠨ ᠪᠢᠴᠢᠭ ᠦᠨ ᠨᠢᠭᠡᠳᠦᠭᠡᠷ ᠃᠃ ᠮᠣᠩᠭᠣᠯ ᠰᠤᠷᠭᠠᠭᠤᠯᠢ ᠮᠣᠩᠭᠣᠯ ᠬᠡᠯᠡ ᠶᠢᠨ ᠪᠠᠶᠢᠭᠤᠯᠤᠯᠲᠠ ᠶᠢᠨ ᠪᠢᠴᠢᠭ ᠦᠨ ᠪᠠᠶᠢᠭᠤᠯᠤᠯᠲᠠ ᠳᠦ ᠪᠠᠶᠢᠨ᠎ᠠ ᠃᠃ ᠮᠣᠩᠭᠣᠯ ᠬᠡᠯᠡ ᠶᠢᠨ ᠪᠢᠴᠢᠭ ᠦᠨ 《 ᠮᠣᠩᠭᠣᠯ ᠬᠡᠯᠡ ᠮᠣᠩᠭᠣᠯ ᠪᠢᠴᠢᠭ ᠦᠨ ᠰᠤᠷᠭᠠᠯᠲᠠ ᠶᠢᠨ ᠰᠤᠷᠭᠠᠭᠤᠯᠢ ᠶᠢᠨ ᠪᠠᠶᠢᠭᠤᠯᠤᠯᠲᠠ ᠶᠢᠨ ᠪᠢᠴᠢᠭ ᠦᠨ ᠭᠠᠷᠴᠠᠭ 》 ᠢ ᠪᠠᠶᠢᠭᠤᠯᠪᠠ ᠂ 7 ᠮᠣᠩᠭᠣᠯ ᠰᠤᠷᠭᠠᠭᠤᠯᠢ ᠳᠤ ᠮᠣᠩᠭᠣᠯ ᠰᠤᠷᠭᠠᠭᠤᠯᠢ ᠶᠢᠨ LOGO ᠢ ᠪᠠᠶᠢᠭᠤᠯᠪᠠ ᠂ ᠮᠣᠩᠭᠣᠯ ᠬᠡᠯᠡ ᠮᠣᠩᠭᠣᠯ ᠰᠤᠷᠭᠠᠭᠤᠯᠢ ᠶᠢᠨ ᠪᠠᠶᠢᠭᠤᠯᠤᠯᠲᠠ ᠪᠣᠯᠵᠠᠢ ᠃᠃

【ᠮᠣᠩᠭᠣᠯ ᠤᠨ ᠰᠤᠷᠭᠠᠯ ᠤᠨ ᠮᠡᠷᠭᠡᠵᠢᠯ ᠪᠠᠶᠢᠭᠤᠯᠤᠯ】 ᠪᠠᠶᠢᠭᠤᠯᠬᠤ ᠰᠤᠷᠭᠠᠯᠲᠠ ᠶᠢᠨ ᠪᠠᠶᠢᠭᠤᠯᠤᠯᠲᠠ ᠶᠢᠨ ᠬᠤᠪᠢ 128 ᠬᠦᠮᠦᠨ ᠂ 32 ᠬᠦᠮᠦᠨ ᠦ ᠰᠤᠷᠭᠠᠯᠲᠠ ᠶᠢᠨ ᠪᠠᠶᠢᠭᠤᠯᠤᠯᠲᠠ ᠂ 13.7 ᠲᠦᠮᠡᠨ ᠶᠤᠸᠠᠨ ᠂ ᠮᠣᠩᠭᠣᠯ ᠬᠦᠮᠦᠨ ᠪᠣᠯᠪᠠ ᠂ 175 ᠬᠦᠮᠦᠨ ᠪᠠᠶᠢᠭᠤᠯᠤᠯᠲᠠ ᠶᠢᠨ ᠪᠠᠶᠢᠭᠤᠯᠤᠯᠲᠠ 64.6 ᠲᠦᠮᠡᠨ ᠶᠤᠸᠠᠨ ᠂ ᠰᠤᠷᠭᠠᠯᠲᠠ ᠶᠢᠨ ᠮᠣᠩᠭᠣᠯ ᠰᠤᠷᠭᠠᠯᠲᠠ 917 ᠬᠦᠮᠦᠨ ᠳᠦ 121.9 ᠲᠦᠮᠡᠨ ᠶᠤᠸᠠᠨ ᠬᠥᠷᠥᠩᠭᠡ ᠪᠣᠯᠪᠠ ᠃᠃ ᠰᠤᠷᠭᠠᠯᠲᠠ 3 ᠬᠦᠮᠦᠨ ᠳᠦ ᠨᠢᠭᠡ ᠬᠦᠮᠦᠨ 5895.5 ᠶᠤᠸᠠᠨ ᠂ ᠰᠤᠷᠭᠠᠭᠤᠯᠢ ᠮᠣᠩᠭᠣᠯ 3 ᠬᠦᠮᠦᠨ ᠳᠦ ᠨᠢᠭᠡ ᠬᠦᠮᠦᠨ 2118 ᠶᠤᠸᠠᠨ ᠂ ᠰᠤᠷᠭᠠᠯᠲᠠ ᠶᠢᠨ 1 ᠬᠦᠮᠦᠨ ᠳᠦ ᠨᠢᠭᠡ ᠬᠦᠮᠦᠨ 1950 ᠶᠤᠸᠠᠨ ᠬᠥᠷᠥᠩᠭᠡ ᠪᠣᠯᠪᠠ ᠃᠃

【ᠪᠠᠶᠢᠭᠤᠯᠤᠯᠲᠠ ᠶᠢᠨ ᠪᠠᠶᠢᠭᠤᠯᠤᠯ】 522 ᠬᠦᠮᠦᠨ ᠮᠣᠩᠭᠣᠯ ᠰᠤᠷᠭᠠᠯᠲᠠ ᠪᠠᠶᠢᠭᠤᠯᠪᠠ ᠂ ᠰᠤᠷᠭᠠᠭᠤᠯᠢ ᠶᠢᠨ ᠪᠠᠶᠢᠭᠤᠯᠤᠯᠲᠠ ᠶᠢ ᠰᠤᠷᠭᠠᠯᠲᠠ ᠂ 62 ᠰᠤᠷᠭᠠᠭᠤᠯᠢ ᠮᠣᠩᠭᠣᠯ ᠪᠠᠶᠢᠭᠤᠯᠤᠯᠲᠠ ᠮᠥᠩᠭᠦ 3260 ᠮᠢᠩᠭ᠎ᠠ ᠰᠤᠷᠭᠠᠯᠲᠠ ᠶᠢᠨ ᠮᠣᠩᠭᠣᠯ ᠰᠤᠷᠭᠠᠯᠲᠠ 420 ᠬᠦᠮᠦᠨ ᠮᠣᠩᠭᠣᠯ ᠶᠢᠨ ᠰᠤᠷᠭᠠᠯᠲᠠ ᠶᠢᠨ ᠪᠠᠶᠢᠭᠤᠯᠤᠯᠲᠠ ᠶᠢᠨ ᠰᠤᠷᠭᠠᠭᠤᠯᠢ ᠮᠣᠩᠭᠣᠯ ᠳᠦ ᠰᠤᠷᠭᠠᠯᠲᠠ ᠂ 262 ᠮᠣᠩᠭᠣᠯ ᠤᠨ ᠪᠠᠶᠢᠭᠤᠯᠤᠯᠲᠠ ᠶᠢ ᠰᠤᠷᠭᠠᠯᠲᠠ ᠃᠃ 5 ᠮᠣᠩᠭᠣᠯ ᠤᠨ ᠰᠤᠷᠭᠠᠯᠲᠠ ᠶᠢᠨ ᠪᠠᠶᠢᠭᠤᠯᠤᠯᠲᠠ ᠰᠤᠷᠭᠠᠯᠲᠠ ᠂ 32 ᠬᠦᠮᠦᠨ ᠦ ᠮᠣᠩᠭᠣᠯ ᠤᠨ ᠪᠠᠶᠢᠭᠤᠯᠤᠯᠲᠠ ᠶᠢᠨ ᠰᠤᠷᠭᠠᠭᠤᠯᠢ ᠂ 7 ᠬᠦᠮᠦᠨ ᠮᠣᠩᠭᠣᠯ ᠪᠠᠶᠢᠭᠤᠯᠤᠯᠲᠠ ᠶᠢ ᠪᠠᠶᠢᠭᠤᠯᠪᠠ ᠂ 36 ᠮᠣᠩᠭᠣᠯ ᠰᠤᠷᠭᠠᠯᠲᠠ ᠰᠤᠷᠭᠠᠭᠤᠯᠢ ᠂ 60 ᠬᠦᠮᠦᠨ ᠰᠤᠷᠭᠠᠭᠤᠯᠢ ᠶᠢᠨ ᠮᠣᠩᠭᠣᠯ ᠪᠠᠶᠢᠭᠤᠯᠤᠯᠲᠠ ᠶᠢᠨ ᠰᠤᠷᠭᠠᠯᠲᠠ ᠬᠦᠮᠦᠨ ᠂ 4 ᠮᠣᠩᠭᠣᠯ ᠬᠦᠮᠦᠨ ᠦ ᠮᠣᠩᠭᠣᠯ ᠬᠡᠯᠡ ᠶᠢᠨ ᠮᠣᠩᠭᠣᠯ ᠰᠤᠷᠭᠠᠭᠤᠯᠢ ᠶᠢᠨ ᠪᠠᠶᠢᠭᠤᠯᠤᠯᠲᠠ ᠂ 32 ᠬᠦᠮᠦᠨ ᠮᠣᠩᠭᠣᠯ ᠰᠤᠷᠭᠠᠯᠲᠠ ᠪᠣᠯᠪᠠ ᠃᠃ 477 ᠬᠦᠮᠦᠨ ᠮᠣᠩᠭᠣᠯ ᠪᠠᠶᠢᠭᠤᠯᠤᠯᠲᠠ ᠶᠢᠨ ᠰᠤᠷᠭᠠᠯᠲᠠ ᠶᠢᠨ 198723 ᠶᠤᠸᠠᠨ ᠬᠥᠷᠥᠩᠭᠡ ᠮᠣᠩᠭᠣᠯ ᠰᠤᠷᠭᠠᠯᠲᠠ ᠶᠢᠨ ᠮᠣᠩᠭᠣᠯ ᠤᠨ ᠮᠣᠩᠭᠣᠯ ᠶᠢᠨ ᠪᠠᠶᠢᠭᠤᠯᠤᠯᠲᠠ ᠪᠣᠯᠪᠠ ᠃᠃ ᠶᠢᠨ ᠬᠦᠮᠦᠨ ᠳᠦ ᠮᠣᠩᠭᠣᠯ ᠤᠨ ᠰᠤᠷᠭᠠᠯᠲᠠ ᠶᠢᠨ ᠲᠥᠰᠥᠪ 2812107 ᠶᠤᠸᠠᠨ ᠬᠥᠷᠥᠩᠭᠡ ᠪᠣᠯᠪᠠ ᠃᠃

【ᠮᠣᠩᠭᠣᠯ ᠰᠤᠷᠭᠠᠭᠤᠯᠢ ᠶᠢᠨ ᠪᠠᠶᠢᠭᠤᠯᠤᠯᠲᠠ ᠶᠢᠨ ᠰᠤᠷᠭᠠᠯᠲᠠ ᠶᠢᠨ ᠬᠡᠷᠡᠭ】 ᠮᠣᠩᠭᠣᠯ ᠰᠤᠷᠭᠠᠯᠲᠠ ᠶᠢᠨ ᠬᠦᠮᠦᠨ ᠵᠢᠯ ᠦᠨ ᠰᠤᠷᠭᠠᠯᠲᠠ ᠶᠢᠨ ᠪᠠᠶᠢᠭᠤᠯᠤᠯᠲᠠ ᠶᠢᠨ ᠨᠢᠭᠡᠳᠦᠭᠡᠷ ᠪᠠᠶᠢᠭᠤᠯᠪᠠ ᠂ 1 ᠬᠤᠪᠢ ᠬᠦᠮᠦᠨ ᠮᠣᠩᠭᠣᠯ ᠰᠤᠷᠭᠠᠯᠲᠠ ᠶᠢᠨ

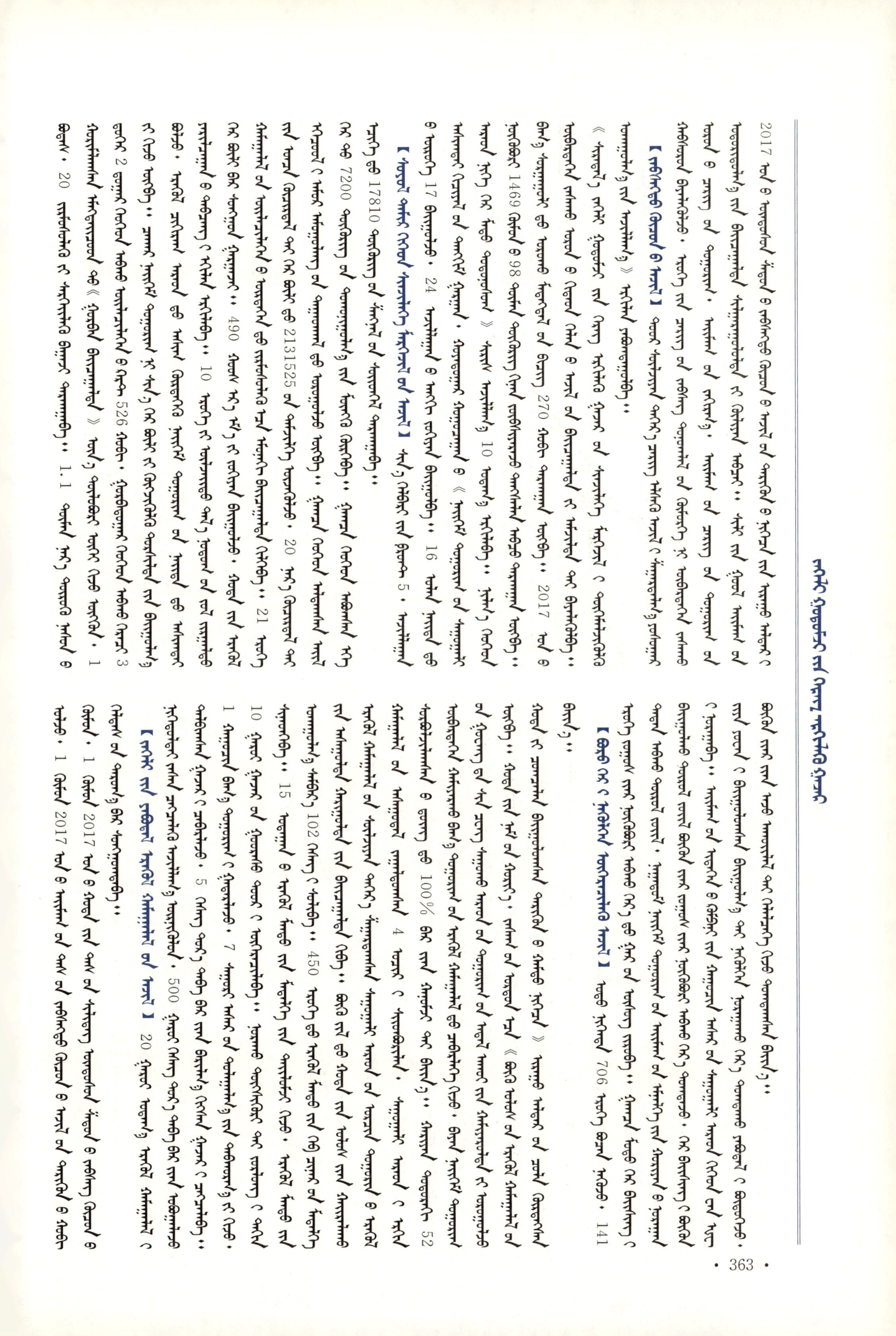

22 [illegible] ᠃
[illegible]) ᠃ [illegible] 1331[illegible] ᠂ [illegible]
[illegible] ᠂ [illegible]
[illegible] 8 [illegible] ᠂ 23 [illegible] ([illegible] 2
[illegible] ᠂ [illegible] 8 [illegible] ᠂ 1 [illegible] ᠃ [illegible]
[illegible] ᠃ [illegible] 1986 [illegible]
[illegible] ᠃ [illegible] 154 [illegible] ᠂ 420 [illegible] ᠂ 2203 [illegible]
([illegible]) ᠂ 44012 [illegible]
[illegible] ᠃ [illegible] 7.98 [illegible] ᠂ [illegible] 18896 [illegible]
[illegible] ᠂ [illegible] 303 [illegible]
[illegible] ᠂ [illegible] ᠂ [illegible]
【 [illegible] 】 [illegible]

[illegible]

[illegible] ᠃ ([illegible])
[illegible] ᠃ [illegible] ᠂ 5 [illegible]
[illegible] 20 [illegible] 500 [illegible]
[illegible] ᠃ [illegible]
[illegible] ᠂ 7 [illegible] 3.5 [illegible]
【 [illegible] 】 31 [illegible] ᠂
[illegible] ᠃
[illegible] 66 [illegible]
[illegible] ᠃ [illegible] ᠂ [illegible]
【 [illegible] 】 [illegible]
[illegible] 6745 [illegible] ᠂ 12343 [illegible] ᠃
[illegible] ᠂ 37310 [illegible] ᠂ [illegible] 95% [illegible] ᠃
[illegible] 11791 [illegible] ᠂ 15089
[illegible] 224 [illegible] ᠂ [illegible] 571 [illegible] ᠃
[illegible] ᠃ [illegible] 2301 [illegible] ᠂ [illegible]
468 [illegible] 3096 [illegible]
【 [illegible] 】 [illegible] 3224 [illegible] ᠃ [illegible]
[illegible] ᠃
[illegible]
[illegible] 》 [illegible] ᠂ 《 [illegible] 》
[illegible] 《 [illegible] ᠂ [illegible] ᠂
[illegible] ᠃ 《 [illegible] 》 [illegible]
[illegible] ᠂ [illegible]
[illegible] 》 [illegible] ᠂ [illegible]
【 [illegible] 】 《 [illegible]
[illegible] ᠂ 2000 [illegible] ᠃
[illegible] ᠂ [illegible] 46 [illegible]
[illegible] 8 [illegible] ᠃
[illegible] 18 [illegible] ᠃ [illegible]
[illegible] ᠃ [illegible]
[illegible] ᠂ [illegible] ᠂ [illegible] 100 [illegible]
[illegible] 》 [illegible] ᠂ [illegible]
[illegible] 《 [illegible]
[illegible] ᠂ [illegible]
[illegible]
【 [illegible] 】 [illegible]

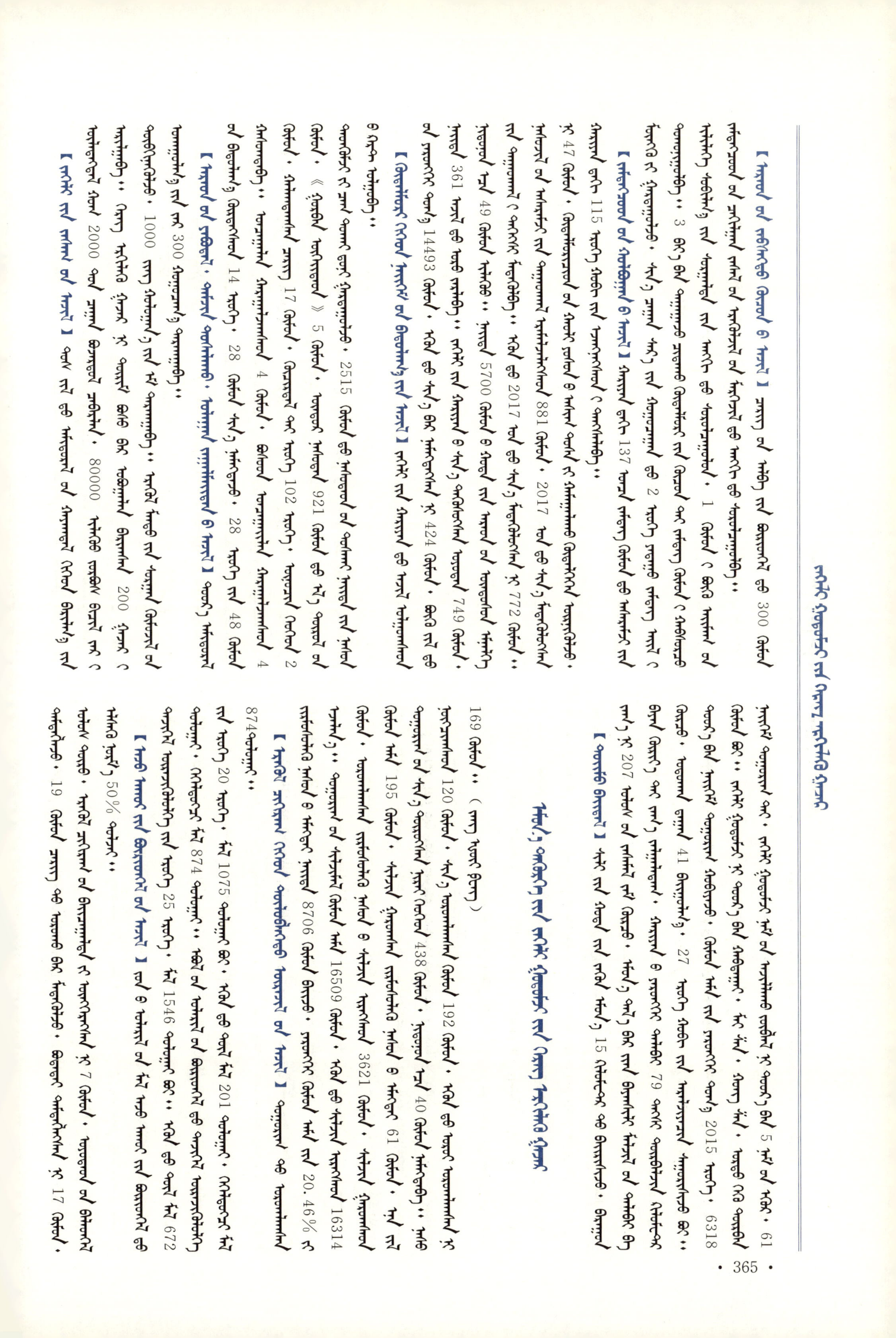

ᠵᠠᠰᠠᠪᠠᠯ ᠪᠠᠢᠭ᠎ᠠ ᠪᠣᠯᠪᠠᠰᠤᠷᠠᠯ ᠤᠨ ᠬᠡᠰᠡᠭ ᠲᠦ 《ᠬᠠᠷᠢ ᠬᠠᠯᠠᠮᠵᠢᠯᠠᠭᠠ》 ᠬᠡᠮᠡᠬᠦ ᠶᠢ ᠨᠡᠮᠡᠨ ᠬᠠᠪᠰᠤᠷᠤᠭᠰᠠᠨ᠂ ᠰᠤᠷᠤᠭᠴᠢ ᠶᠢᠨ ᠬᠡᠯᠡ ᠶᠢᠨ ᠪᠢᠴᠢᠭ ᠦᠨ ᠰᠤᠷᠭᠠᠯᠲᠠ ᠶᠢᠨ ᠬᠡᠷᠡᠭᠴᠡᠭᠡ ᠶᠢ ᠬᠠᠩᠭᠠᠪᠠ᠃ ᠰᠤᠷᠭᠠᠯᠲᠠ ᠶᠢᠨ ᠨᠣᠮ ᠤᠨ ᠳᠡᠭᠡᠵᠢ ᠬᠡᠪᠯᠡᠯ ᠦᠨ ᠪᠡᠯᠡᠳᠬᠡᠯ ᠢ 6 ᠬᠡᠰᠡᠭ ᠲᠦ ᠬᠤᠪᠢᠶᠠᠨ ᠬᠡᠪᠯᠡᠪᠡ᠃ ᠪᠠᠭᠠ ᠰᠤᠷᠭᠠᠭᠤᠯᠢ ᠶᠢᠨ 13 ᠬᠡᠪᠯᠡᠯ ᠦᠨ ᠨᠣᠮ ᠢ ᠬᠡᠪᠯᠡᠨ ᠨᠡᠢᠲᠡᠯᠡᠭᠦᠯᠵᠦ᠂ ᠰᠤᠷᠤᠭᠴᠢ ᠳᠤ ᠬᠦᠷᠭᠡᠭᠰᠡᠨ ᠬᠤᠪᠢ ᠨᠢ 100% ᠳᠤ ᠬᠦᠷᠪᠡ᠃ 2017 ᠣᠨ ᠳᠤ ᠪᠠᠢᠭᠤᠯᠤᠯᠲᠠ ᠶᠢᠨ ᠪᠠᠷᠢᠮᠲᠠ ᠵᠢᠷᠤᠭ ᠤᠨ ᠨᠣᠮ 4 ᠬᠡᠪᠯᠡᠯ ᠦᠨ ᠪᠠᠭᠠᠵᠢ ᠪᠡᠯᠡᠳᠬᠡᠵᠦ᠂ 100 ᠬᠡᠰᠡᠭ 7 ᠬᠡᠪᠯᠡᠯ ᠦᠨ ᠨᠣᠮ᠃ ᠪᠠᠭᠠ 100 ᠬᠡᠪᠯᠡᠯ᠂ 56 ᠬᠡᠪᠯᠡᠯ ᠦᠨ ᠰᠤᠷᠭᠠᠯᠲᠠ ᠶᠢᠨ ᠪᠠᠷᠢᠮᠲᠠ ᠮᠠᠲ᠋ᠧᠷᠢᠶᠠᠯ ᠢ ᠬᠡᠪᠯᠡᠵᠦ᠂ 8 ᠬᠡᠪᠯᠡᠯ ᠦᠨ ᠬᠡᠷᠡᠭᠰᠡᠯ ᠦᠨ ᠨᠣᠮ ᠢ ᠬᠡᠪᠯᠡᠪᠡ᠃ ᠨᠢᠭᠡ ᠤ ᠳᠠᠭᠤᠰᠬᠠᠭᠰᠠᠨ ᠨᠣᠮ ᠤᠨ ᠬᠡᠪᠯᠡᠯ ᠢ ᠬᠡᠷᠡᠭᠵᠢᠭᠦᠯᠦᠭᠰᠡᠨ᠂ ᠰᠤᠷᠭᠠᠯᠢ ᠶᠢᠨ ᠬᠡᠷᠡᠭᠰᠡᠯ ᠦᠨ ᠨᠣᠮ ᠤᠨ ᠬᠡᠪᠯᠡᠯ ᠢ ᠬᠠᠩᠭᠠᠪᠠ᠃

【ᠰᠣᠨᠢᠨ ᠰᠤᠷᠭᠠᠭᠤᠯᠢ ᠶᠢᠨ ᠨᠣᠮ】 2017 ᠣᠨ ᠤ 1～12 ᠰᠠᠷ᠎ᠠ ᠳᠤ ᠨᠡᠢᠲᠡ 185 ᠬᠡᠪᠯᠡᠯ ᠦᠨ ᠰᠣᠨᠢᠨ ᠶᠢᠨ ᠨᠣᠮ ᠢ ᠬᠡᠪᠯᠡᠨ ᠨᠡᠢᠲᠡᠯᠡᠭᠦᠯᠦᠭᠰᠡᠨ ᠪᠠᠢᠨ᠎ᠠ᠃ ᠲᠡᠳᠡᠭᠡᠷ ᠨᠢ ᠮᠣᠩᠭᠣᠯ ᠬᠡᠯᠡ ᠪᠢᠴᠢᠭ ᠤᠨ ᠰᠤᠷᠭᠠᠯᠲᠠ ᠳᠤ ᠬᠡᠷᠡᠭᠯᠡᠬᠦ ᠨᠣᠮ ᠤᠨ ᠬᠡᠷᠡᠭᠴᠡᠭᠡ ᠶᠢ ᠬᠠᠩᠭᠠᠵᠤ᠂ ᠰᠤᠷᠤᠭᠴᠢ ᠶᠢᠨ ᠤᠩᠰᠢᠯᠭ᠎ᠠ ᠶᠢᠨ ᠲᠠᠯ᠎ᠠ ᠪᠠᠷ ᠤᠨ ᠬᠡᠷᠡᠭᠴᠡᠭᠡ ᠶᠢ ᠬᠠᠩᠭᠠᠪᠠ᠃ ᠡᠳᠡᠭᠡᠷ ᠦᠨ ᠳᠣᠲᠣᠷ᠎ᠠ᠂ ᠤᠯᠤᠰ ᠤᠨ ᠮᠡᠳᠡᠯᠭᠡ ᠶᠢᠨ ᠨᠣᠮ᠂ ᠤᠷᠠᠨ ᠵᠣᠬᠢᠶᠠᠯ ᠤᠨ ᠨᠣᠮ᠂ ᠲᠡᠦᠬᠡ ᠶᠢᠨ ᠨᠣᠮ᠂ ᠡᠷᠳᠡᠮ ᠰᠢᠨᠵᠢᠯᠡᠬᠦ ᠶᠢᠨ ᠨᠣᠮ ᠵᠡᠷᠭᠡ ᠪᠠᠭᠳᠠᠨ᠎ᠠ᠃ ᠮᠣᠩᠭᠣᠯ ᠬᠡᠯᠡ ᠪᠢᠴᠢᠭ ᠤᠨ ᠪᠣᠯᠪᠠᠰᠤᠷᠠᠯ ᠤᠨ 70 ᠭᠠᠷᠤᠢ ᠵᠢᠯ ᠦᠨ ᠣᠶ ᠶᠢ ᠲᠡᠮᠳᠡᠭᠯᠡᠬᠦ ᠶᠢᠨ ᠲᠤᠯᠠᠳᠠ ᠬᠡᠪᠯᠡᠭᠰᠡᠨ ᠰᠣᠨᠢᠨ ᠤ ᠨᠣᠮ ᠲᠤᠰᠬᠠᠢ ᠬᠡᠪᠯᠡᠯ ᠢ ᠬᠡᠪᠯᠡᠨ ᠨᠡᠢᠲᠡᠯᠡᠭᠦᠯᠦᠭᠰᠡᠨ᠂ ᠥᠪᠥᠷ ᠮᠣᠩᠭᠣᠯ ᠤᠨ ᠰᠤᠷᠭᠠᠭᠤᠯᠢ ᠶᠢᠨ ᠠᠵᠢᠯ ᠤᠨ ᠲᠤᠰ ᠰᠤᠷᠭᠠᠭᠤᠯᠢ ᠳᠤ ᠬᠦᠷᠭᠡᠪᠡ᠃ 《ᠮᠣᠩᠭᠣᠯ ᠬᠡᠯᠡ ᠶᠢᠨ ᠰᠤᠷᠭᠠᠯᠲᠠ》᠂ 《ᠮᠣᠩᠭᠣᠯ ᠬᠡᠯᠡ ᠪᠢᠴᠢᠭ ᠤᠨ ᠪᠣᠯᠪᠠᠰᠤᠷᠠᠯ ᠤᠨ ᠰᠤᠳᠤᠯᠤᠯ》 ᠵᠡᠷᠭᠡ ᠨᠣᠮ ᠤᠳ ᠢ ᠬᠡᠪᠯᠡᠪᠡ᠃

【ᠪᠠᠭᠰᠢ ᠶᠢᠨ ᠰᠤᠷᠭᠠᠯᠲᠠ ᠶᠢᠨ ᠨᠣᠮ】 《ᠪᠠᠭᠰᠢ ᠶᠢᠨ ᠰᠤᠷᠭᠠᠯᠲᠠ》 ᠬᠡᠮᠡᠬᠦ ᠴᠤᠪᠷᠠᠯ ᠨᠣᠮ ᠢ ᠬᠡᠪᠯᠡᠨ ᠨᠡᠢᠲᠡᠯᠡᠭᠦᠯᠵᠦ᠂ ᠨᠡᠢᠲᠡ ᠳᠦ ᠪᠠᠭᠰᠢ ᠶᠢᠨ 450 ᠬᠡᠪᠯᠡᠯ ᠦᠨ ᠨᠣᠮ ᠢ ᠬᠠᠩᠭᠠᠪᠠ᠃ ᠡᠨᠡ ᠣᠨ ᠳᠤ 42 ᠬᠡᠪᠯᠡᠯ ᠦᠨ ᠰᠢᠨ᠎ᠡ ᠨᠣᠮ ᠢ ᠬᠡᠪᠯᠡᠵᠦ᠂ 56 ᠬᠡᠪᠯᠡᠯ ᠦᠨ ᠨᠣᠮ ᠢ ᠳᠠᠬᠢᠨ ᠬᠡᠪᠯᠡᠪᠡ᠃ 《ᠬᠡᠯᠡ ᠶᠢᠨ ᠰᠤᠳᠤᠯᠤᠯ ᠤᠨ ᠴᠤᠪᠷᠠᠯ》 ᠢ 6 ᠬᠡᠪᠯᠡᠯ᠂ ᠪᠠᠭᠰᠢ ᠶᠢᠨ ᠰᠤᠷᠭᠠᠯᠲᠠ ᠶᠢᠨ ᠨᠣᠮ ᠢ 22 ᠬᠡᠪᠯᠡᠯ᠂ 470 ᠮᠢᠩᠭ᠎ᠠ ᠬᠤᠪᠢ ᠶᠢ ᠬᠡᠪᠯᠡᠪᠡ᠃ ᠡᠨᠡ ᠣᠨ ᠳᠤ ᠬᠡᠯᠡ ᠶᠢᠨ ᠰᠤᠳᠤᠯᠤᠯ ᠤᠨ 12 ᠬᠡᠪᠯᠡᠯ ᠦᠨ ᠨᠣᠮ ᠢ ᠬᠡᠪᠯᠡᠪᠡ᠃

【ᠬᠠᠮᠲᠤ ᠶᠢᠨ ᠰᠤᠷᠭᠠᠯᠲᠠ ᠶᠢᠨ ᠨᠣᠮ】 2017 ᠣᠨ ᠳᠤ ᠨᠡᠢᠲᠡ ᠳᠦ ᠬᠡᠯᠡ ᠶᠢᠨ ᠰᠤᠳᠤᠯᠤᠯ ᠤᠨ ᠨᠣᠮ ᠢ ᠬᠡᠪᠯᠡᠪᠡ᠃

【ᠬᠡᠪᠯᠡᠯ ᠦᠨ ᠪᠡᠯᠡᠳᠬᠡᠨ ᠨᠡᠢᠲᠡᠯᠡᠭᠦᠯᠬᠦ ᠬᠡᠷᠡᠭ】 ᠵᠢᠯ ᠦᠨ ᠳᠤᠮᠳᠠ ᠳᠤ ᠬᠡᠪᠯᠡᠯ ᠦᠨ ᠪᠡᠯᠡᠳᠬᠡᠯ ᠢ ᠬᠡᠷᠡᠭᠵᠢᠭᠦᠯᠵᠦ᠂ ᠨᠡᠢᠲᠡ 993 ᠲᠥᠷᠥᠯ ᠪᠣᠳᠠᠲᠤ ᠨᠣᠮ ᠬᠡᠪᠯᠡᠵᠦ᠂ 300 ᠮᠢᠩᠭ᠎ᠠ ᠭᠠᠷᠤᠢ ᠬᠤᠪᠢ ᠬᠡᠪᠯᠡᠪᠡ᠃ ᠬᠡᠪᠯᠡᠭᠰᠡᠨ ᠨᠣᠮ ᠤᠨ ᠪᠠᠲᠤᠯᠠᠭᠰᠠᠨ ᠬᠡᠪᠯᠡᠯ ᠢ ᠨᠡᠢᠲᠡ 13.9 ᠰᠠᠶ᠎ᠠ ᠬᠤᠪᠢ ᠶᠢ ᠬᠡᠪᠯᠡᠨ ᠨᠡᠢᠲᠡᠯᠡᠭᠦᠯᠦᠭᠰᠡᠨ ᠪᠠᠢᠨ᠎ᠠ᠃ ᠰᠤᠷᠭᠠᠭᠤᠯᠢ ᠶᠢᠨ ᠰᠤᠷᠭᠠᠯᠲᠠ ᠶᠢᠨ ᠨᠣᠮ 2000 ᠭᠠᠷᠤᠢ ᠬᠡᠪᠯᠡᠯ᠃ 27 ᠲᠥᠷᠥᠯ ᠦᠨ ᠨᠣᠮ ᠢ ᠳᠠᠬᠢᠨ ᠬᠡᠪᠯᠡᠪᠡ᠃ 2 ᠬᠡᠪᠯᠡᠯ ᠦᠨ ᠰᠣᠨᠢᠨ ᠤ ᠨᠣᠮ᠂ 16 ᠬᠡᠪᠯᠡᠯ ᠦᠨ ᠬᠡᠷᠡᠭᠰᠡᠯ ᠦᠨ ᠨᠣᠮ᠂ ᠡᠳᠡᠭᠡᠷ ᠦᠨ ᠳᠣᠲᠣᠷ᠎ᠠ ᠬᠡᠪᠯᠡᠯ ᠦᠨ ᠨᠣᠮ 70 ᠭᠠᠷᠤᠢ ᠲᠥᠷᠥᠯ᠂ 39 ᠬᠡᠪᠯᠡᠯ ᠦᠨ ᠨᠣᠮ᠂ 12 ᠰᠠᠷ᠎ᠠ ᠶᠢᠨ ᠬᠡᠪᠯᠡᠯ ᠦᠨ ᠨᠣᠮ ᠢ ᠬᠡᠪᠯᠡᠪᠡ᠃ ᠲᠠᠪᠤᠨ ᠵᠢᠯ ᠦᠨ ᠲᠥᠯᠦᠪᠯᠡᠭᠡᠨ ᠦ ᠬᠡᠪᠯᠡᠯ 11 ᠬᠡᠪᠯᠡᠪᠡ᠃

【ᠪᠢᠴᠢᠭ ᠬᠡᠪᠯᠡᠯ ᠦᠨ ᠪᠠᠢᠭᠤᠯᠤᠯᠲᠠ ᠶᠢᠨ ᠬᠡᠷᠡᠭ】 994 ᠬᠡᠪᠯᠡᠯ ᠦᠨ ᠨᠣᠮ ᠤᠨ ᠪᠢᠴᠢᠭ ᠬᠡᠪᠯᠡᠯ ᠢ ᠬᠡᠷᠡᠭᠵᠢᠭᠦᠯᠦᠭᠰᠡᠨ ᠪᠠᠢᠨ᠎ᠠ᠃ ᠬᠡᠪᠯᠡᠯ ᠦᠨ ᠪᠠᠢᠭᠤᠯᠤᠯᠲᠠ ᠶᠢᠨ ᠠᠵᠢᠯ ᠤᠨ ᠠᠮᠵᠢᠯᠲᠠ ᠶᠢ ᠳᠡᠭᠡᠭᠰᠢᠯᠡᠭᠦᠯᠦᠭᠰᠡᠨ ᠦ ᠬᠠᠮᠲᠤ᠂ ᠬᠡᠪᠯᠡᠯ ᠦᠨ ᠴᠢᠨᠠᠷ ᠢ ᠰᠠᠢᠵᠢᠷᠠᠭᠤᠯᠵᠤ᠂ 《ᠮᠣᠩᠭᠣᠯ ᠬᠡᠯᠡ ᠪᠢᠴᠢᠭ》 ᠰᠡᠳᠬᠦᠯ ᠦᠨ ᠬᠡᠪᠯᠡᠯ ᠦᠨ ᠴᠢᠨᠠᠷ ᠢ ᠳᠡᠭᠡᠭᠰᠢᠯᠡᠭᠦᠯᠪᠡ᠃ ᠬᠡᠪᠯᠡᠯ ᠦᠨ ᠨᠣᠮ ᠤᠨ ᠴᠢᠨᠠᠷ ᠤᠨ ᠬᠢᠨᠠᠯᠲᠠ ᠶᠢ ᠴᠢᠩᠭᠠᠳᠬᠠᠨ ᠬᠡᠪᠯᠡᠯ ᠦᠨ ᠠᠵᠢᠯ ᠢ ᠰᠠᠢᠵᠢᠷᠠᠭᠤᠯᠪᠠ᠃

【ᠬᠡᠪᠯᠡᠯ ᠦᠨ ᠬᠢᠷᠢ ᠭᠡ ᠰᠢᠯᠭᠠᠨ ᠪᠠᠢᠴᠠᠭᠠᠬᠤ ᠬᠡᠷᠡᠭ】 ᠨᠡᠢᠲᠡ ᠳᠦ 《ᠬᠡᠪᠯᠡᠯ ᠦᠨ ᠴᠢᠨᠠᠷ》 ᠤᠨ ᠬᠢᠨᠠᠯᠲᠠ ᠶᠢ 6 ᠤᠳᠠᠭ᠎ᠠ ᠬᠢᠵᠦ ᠭᠦᠢᠴᠡᠳᠬᠡᠪᠡ᠃ 8 ᠰᠠᠷ᠎ᠠ ᠳᠤ ᠰᠢᠯᠭᠠᠨ ᠪᠠᠢᠴᠠᠭᠠᠬᠤ ᠠᠵᠢᠯ ᠢ ᠬᠢᠭᠰᠡᠨ᠂ ᠨᠢᠭᠡ ᠰᠢᠯᠭᠠᠨ ᠪᠠᠢᠴᠠᠭᠠᠯᠲᠠ ᠪᠠᠷ ᠬᠡᠪᠯᠡᠯ ᠦᠨ ᠨᠣᠮ ᠢ ᠰᠢᠯᠭᠠᠵᠤ᠂ 80 ᠮᠢᠩᠭ᠎ᠠ ᠬᠤᠪᠢ ᠨᠣᠮ ᠢ ᠰᠢᠯᠭᠠᠨ ᠪᠠᠢᠴᠠᠭᠠᠪᠠ᠂ 2 ᠰᠤᠷᠭᠠᠭᠤᠯᠢ ᠶᠢᠨ ᠬᠡᠪᠯᠡᠯ ᠦᠨ ᠨᠣᠮ ᠢ ᠰᠢᠯᠭᠠᠵᠤ᠂ 2000 ᠮᠢᠩᠭ᠎ᠠ ᠬᠤᠪᠢ ᠨᠣᠮ ᠢ 30 ᠮᠢᠩᠭ᠎ᠠ ᠬᠡᠪᠯᠡᠯ ᠦᠨ ᠰᠢᠯᠭᠠᠯᠲᠠ᠂ ᠬᠡᠪᠯᠡᠯ ᠦᠨ ᠨᠣᠮ ᠤᠨ ᠳᠡᠭᠡᠵᠢ ᠶᠢᠨ ᠰᠢᠯᠭᠠᠯᠲᠠ ᠶᠢ ᠬᠢᠵᠦ᠂ ᠬᠡᠪᠯᠡᠯ ᠦᠨ ᠨᠣᠮ ᠢ 3 ᠬᠡᠪᠯᠡᠯ ᠦᠨ ᠮᠢᠩᠭ᠎ᠠ ᠬᠤᠪᠢ ᠪᠠᠷ ᠰᠢᠯᠭᠠᠪᠠ᠃ ᠬᠡᠪᠯᠡᠯ ᠦᠨ ᠨᠣᠮ ᠤᠨ 303 ᠬᠡᠪᠯᠡᠯ ᠦᠨ ᠳᠠᠷᠤᠭᠠᠯᠠᠯ᠂ 3000 ᠮᠢᠩᠭ᠎ᠠ ᠬᠤᠪᠢ ᠨᠣᠮ ᠢ ᠰᠢᠯᠭᠠᠨ ᠪᠠᠢᠴᠠᠭᠠᠪᠠ᠃ ᠬᠡᠪᠯᠡᠯ ᠦᠨ ᠨᠣᠮ ᠤᠨ 200 ᠬᠡᠪᠯᠡᠯ ᠦᠨ ᠮᠢᠩᠭ᠎ᠠ ᠬᠤᠪᠢ᠂ 80 ᠬᠡᠪᠯᠡᠯ ᠦᠨ ᠮᠢᠩᠭ᠎ᠠ ᠬᠤᠪᠢ ᠶᠢ ᠰᠢᠯᠭᠠᠨ ᠪᠠᠢᠴᠠᠭᠠᠭᠰᠠᠨ ᠪᠠᠢᠨ᠎ᠠ᠃ ᠡᠨᠡ ᠬᠡᠪᠯᠡᠯ ᠦᠨ ᠪᠠᠢᠴᠠᠭᠠᠯᠲᠠ ᠶᠢᠨ ᠳᠦᠩ ᠳᠦ ᠬᠡᠪᠯᠡᠯ ᠦᠨ 3 ᠬᠡᠪᠯᠡᠯ ᠦᠨ ᠨᠣᠮ᠂ 240 ᠬᠡᠪᠯᠡᠯ ᠦᠨ ᠨᠣᠮ ᠢ ᠰᠢᠯᠭᠠᠵᠤ᠂ ᠰᠢᠯᠭᠠᠯᠲᠠ ᠳᠤ ᠲᠡᠨᠴᠡᠬᠦ ᠳᠦᠩ 303᠂ 207 ᠪᠣᠯᠵᠤ᠂ ᠲᠡᠨᠴᠡᠭᠦᠯᠦᠯ ᠦᠨ ᠬᠤᠪᠢ ᠨᠢ ᠰᠢᠯᠭᠠᠯᠲᠠ ᠶᠢᠨ ᠵᠢᠷᠤᠮ ᠳᠤ ᠨᠡᠢᠴᠡᠪᠡ᠃

【ᠮᠡᠷᠭᠡᠵᠢᠯ ᠦᠨ ᠬᠡᠪᠯᠡᠯ ᠦᠨ ᠪᠠᠢᠭᠤᠯᠤᠯᠲᠠ ᠶᠢᠨ ᠰᠤᠷᠭᠠᠭᠤᠯᠢ ᠶᠢᠨ ᠠᠵᠢᠯ】 ᠮᠡᠷᠭᠡᠵᠢᠯ ᠦᠨ ᠬᠡᠪᠯᠡᠯ ᠦᠨ ᠠᠵᠢᠯᠲᠠᠨ ᠤ ᠮᠡᠷᠭᠡᠵᠢᠯ ᠦᠨ ᠴᠢᠳᠠᠪᠤᠷᠢ ᠶᠢ ᠳᠡᠭᠡᠭᠰᠢᠯᠡᠭᠦᠯᠬᠦ ᠶᠢᠨ ᠲᠥᠯᠦᠭᠡ ᠨᠡᠢᠲᠡ ᠳᠦ ᠬᠡᠪᠯᠡᠯ ᠦᠨ ᠪᠠᠢᠭᠤᠯᠤᠯᠲᠠ ᠶᠢᠨ ᠰᠤᠷᠭᠠᠯᠲᠠ ᠶᠢ ᠭᠦᠢᠴᠡᠳᠬᠡᠪᠡ᠃

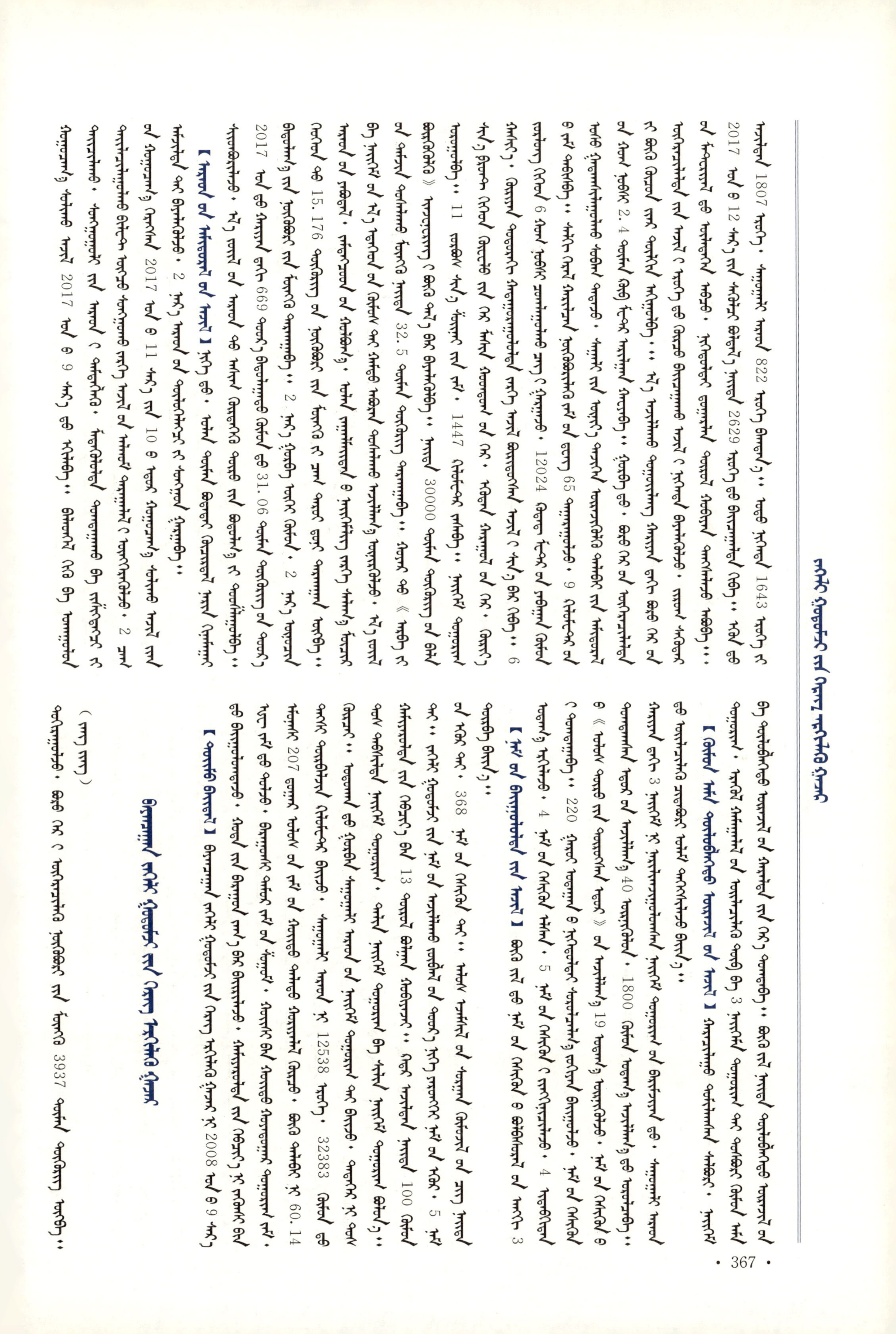

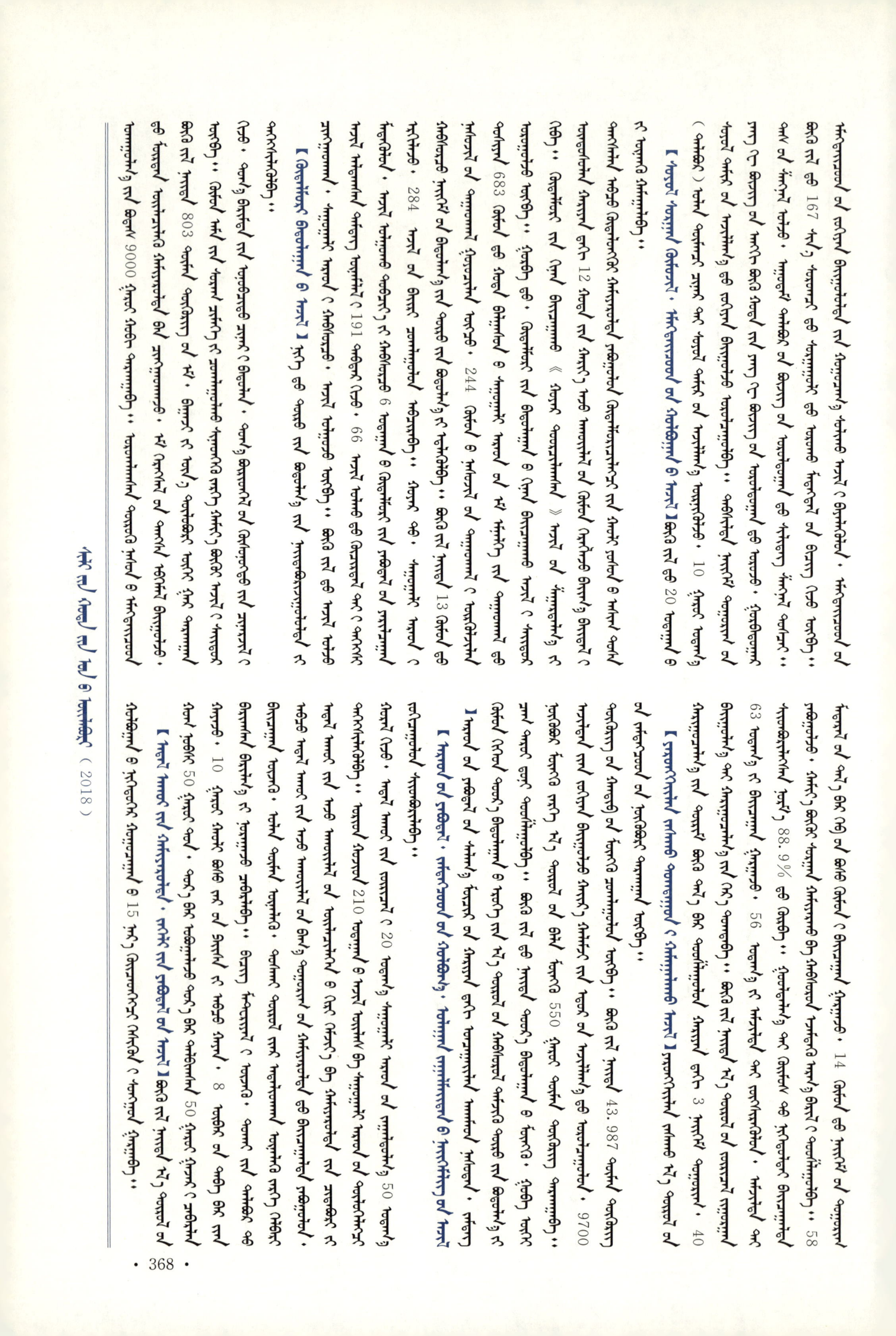

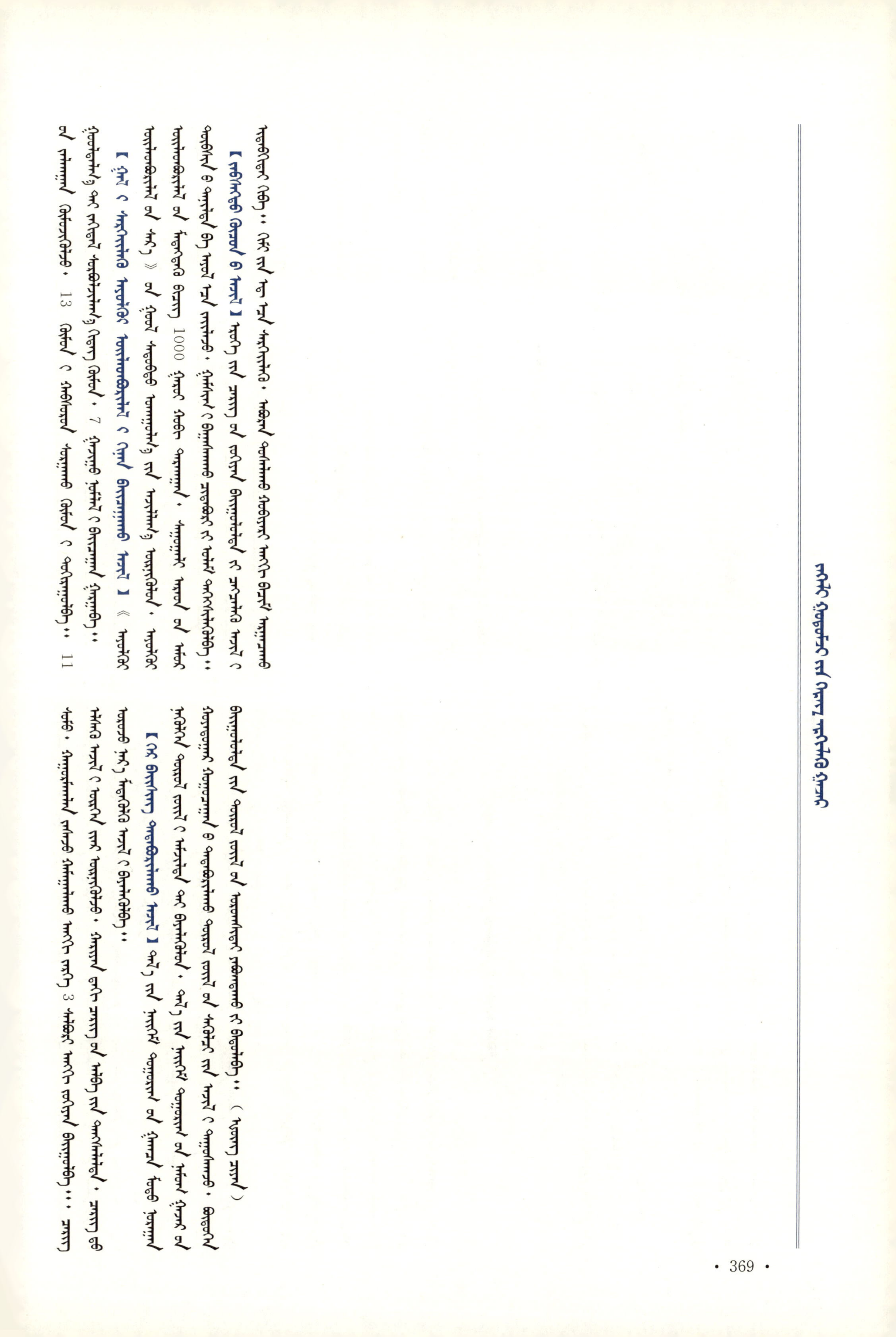

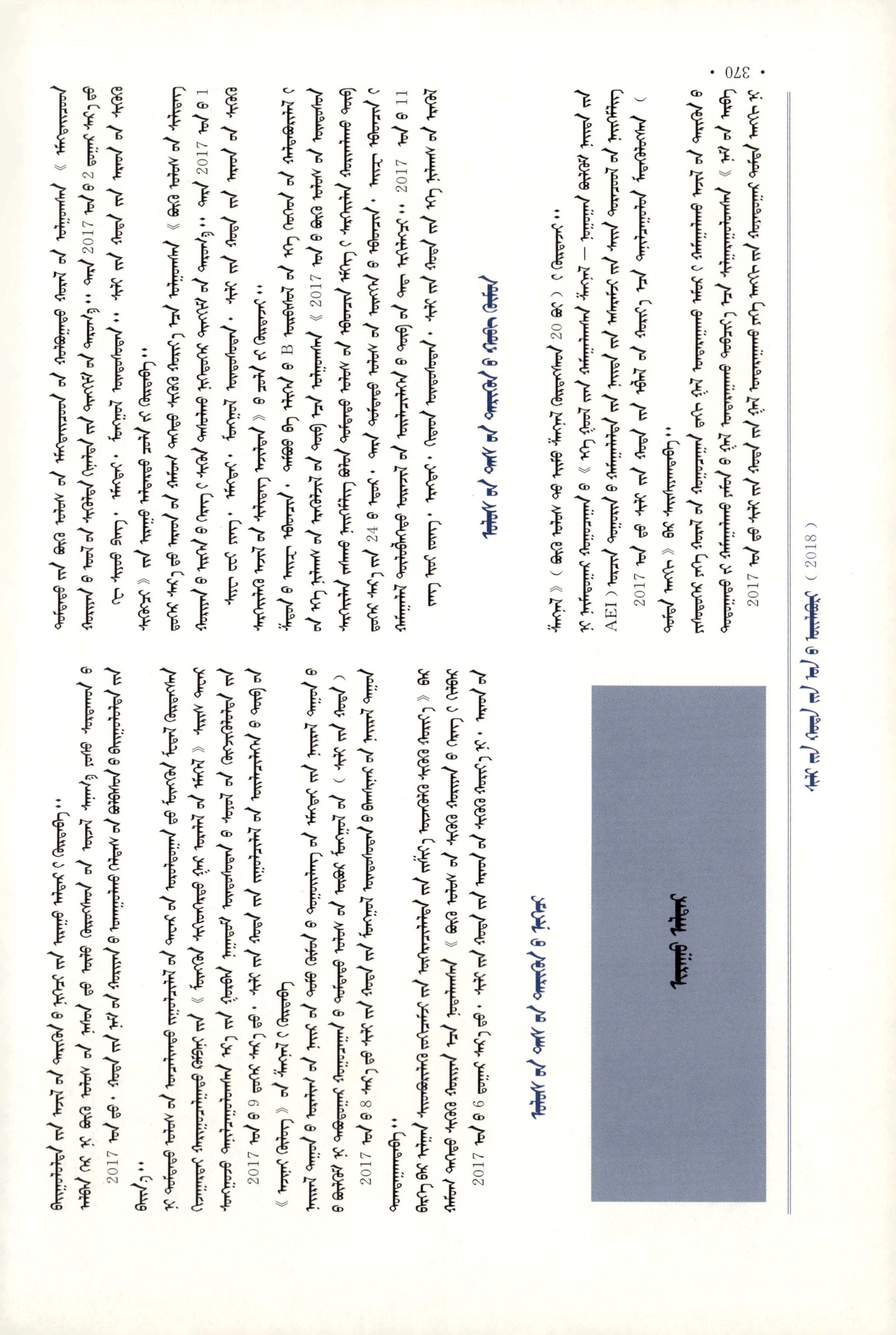

ᠲᠣᠭᠲᠠᠭᠠᠯ ᠤᠨ ᠬᠡᠷᠡᠭ ᠢ ᠰᠢᠢᠳᠪᠦᠷᠢᠯᠡᠬᠦ ᠬᠤᠷᠠᠯ ᠤᠨ ᠮᠣᠩᠭᠣᠯ ᠬᠡᠯᠡ ᠪᠢᠴᠢᠭ ᠦᠨ ᠰᠤᠷᠭᠠᠨ ᠬᠦᠮᠦᠵᠢᠯ ᠦᠨ ᠨᠣᠮ 》 ᠤ ᠬᠤᠷᠢᠶᠠᠩᠭᠤᠢ ᠪᠢᠴᠢᠭ ᠢ ᠪᠣᠯᠪᠠᠰᠤᠷᠠᠭᠤᠯᠵᠤ ᠬᠡᠪᠯᠡᠭᠦᠯᠪᠡ᠃᠃

ᠨᠡᠷ᠎ᠡ ᠳᠦ ᠳᠠᠭᠠᠨ ᠬᠡᠪᠯᠡᠭᠰᠡᠨ ᠰᠤᠷᠭᠠᠨ ᠬᠦᠮᠦᠵᠢᠯ ᠦᠨ ᠨᠣᠮ ᠤᠨ ᠵᠢᠭᠠᠬᠤ ᠠᠷᠭ᠎ᠠ ᠶᠢᠨ ᠬᠡᠯᠡᠯᠴᠡᠭᠡᠨ ᠦ ᠬᠤᠷᠠᠯ ᠢ ᠬᠡᠪᠯᠡᠯ ᠦᠨ ᠭᠠᠵᠠᠷ ᠲᠤ ᠵᠣᠬᠢᠶᠠᠨ ᠪᠠᠶᠢᠭᠤᠯᠪᠠ᠃᠃ ᠬᠤᠷᠠᠯ ᠳᠤ 2017 ᠣᠨ ᠤ 5 ᠳᠤᠭᠠᠷ ᠰᠠᠷ᠎ᠠ ᠳᠤ ᠬᠡᠪᠯᠡᠭᠳᠡᠭᠰᠡᠨ ᠰᠤᠷᠭᠠᠨ ᠬᠦᠮᠦᠵᠢᠯ ᠦᠨ ᠨᠣᠮ ᠤᠨ ᠵᠢᠭᠠᠬᠤ ᠠᠷᠭ᠎ᠠ ᠶᠢ ᠨᠡᠷᠢᠳᠡᠯ᠂ ᠪᠠᠭ᠂ ᠰᠤᠷᠭᠠᠭᠤᠯᠢ ᠶᠢᠨ ᠮᠣᠩᠭᠣᠯ ᠬᠡᠯᠡ ᠪᠢᠴᠢᠭ ᠦᠨ ᠪᠠᠭᠰᠢ ᠨᠠᠷ ᠬᠠᠮᠲᠤ ᠰᠤᠳᠤᠯᠤᠨ ᠶᠠᠷᠢᠯᠴᠠᠪᠠ᠃᠃ ᠬᠤᠷᠠᠯ 2017 ᠣᠨ ᠤ 5 ᠳᠤᠭᠠᠷ ᠰᠠᠷ᠎ᠠ ᠶᠢᠨ ᠬᠤᠷᠠᠯ ᠢ ᠪᠠᠶᠢᠭᠤᠯᠪᠠ᠃᠃

ᠬᠤᠷᠠᠯ ᠤᠨ ᠰᠤᠳᠤᠯᠤᠯᠭ᠎ᠠ ᠶᠢᠨ ᠪᠠᠶᠢᠳᠠᠯ 》 ᠢ ᠨᠡᠢᠲᠡᠯᠡᠨ ᠪᠣᠯᠭᠠᠪᠠ᠃᠃

ᠦᠨᠳᠦᠰᠦᠲᠡᠨ ᠦ ᠬᠡᠪᠯᠡᠯ ᠦᠨ ᠬᠣᠷᠢᠶ᠎ᠠ ᠶᠢᠨ ᠮᠣᠩᠭᠣᠯ ᠬᠡᠪᠯᠡᠯ ᠦᠨ ᠨᠠᠶᠢᠷᠠᠭᠤᠯᠬᠤ ᠲᠠᠰᠤᠭ

2017 ᠣᠨ ᠤ 1 ᠳᠦᠭᠡᠷ ᠰᠠᠷ᠎ᠠ ᠳᠤ ᠥᠪᠦᠷ ᠮᠣᠩᠭᠣᠯ ᠤᠨ ᠰᠤᠷᠭᠠᠨ ᠬᠦᠮᠦᠵᠢᠯ ᠦᠨ ᠬᠡᠪᠯᠡᠯ ᠦᠨ ᠬᠣᠷᠢᠶ᠎ᠠ ᠶᠢᠨ ᠮᠣᠩᠭᠣᠯ ᠬᠡᠯᠡ ᠪᠢᠴᠢᠭ ᠦᠨ ᠨᠣᠮ ᠤᠨ ᠬᠡᠪᠯᠡᠯ ᠦᠨ ᠬᠤᠷᠢᠶᠠᠩᠭᠤᠢ ᠶᠢ ᠲᠡᠭᠦᠰᠬᠡᠵᠦ ᠦᠨᠳᠦᠰᠦᠲᠡᠨ ᠦ ᠬᠡᠪᠯᠡᠯ ᠦᠨ ᠬᠣᠷᠢᠶ᠎ᠠ ᠶᠢᠨ
ᠬᠣᠷᠢᠶ᠎ᠠ ᠶᠢᠨ ᠬᠡᠪᠯᠡᠯ ᠪᠠ ᠲᠠᠷᠬᠠᠭᠠᠯᠲᠠ ᠶᠢᠨ 《 2016 ᠣᠨ ᠤ ᠰᠢᠯᠢᠳᠡᠭ ᠰᠤᠷᠭᠠᠨ ᠬᠦᠮᠦᠵᠢᠯ ᠦᠨ ᠨᠣᠮ ᠤᠨ
ᠬᠡᠯᠡᠯᠴᠡᠭᠡᠨ ᠦ ᠬᠤᠷᠠᠯ ᠤᠨ ᠪᠠᠷᠢᠮᠲᠠ ᠪᠢᠴᠢᠭ 》 ᠢ ᠨᠡᠢᠲᠡᠯᠡᠨ ᠬᠡᠪᠯᠡᠭᠦᠯᠪᠡ᠃᠃

2017 ᠣᠨ ᠤ 1 ᠳᠦᠭᠡᠷ ᠰᠠᠷ᠎ᠠ ᠳᠤ᠂ ᠥᠪᠦᠷ ᠮᠣᠩᠭᠣᠯ ᠤᠨ ᠬᠡᠪᠯᠡᠯ ᠪᠠ ᠬᠡᠪᠯᠡᠯ ᠦᠨ ᠠᠵᠢᠯ ᠤᠨ ᠦᠢᠯᠡᠳᠪᠦᠷᠢ ᠶᠢᠨ ᠡᠷᠬᠡ ᠪᠦᠬᠦᠢ ᠮᠣᠩᠭᠣᠯ ᠬᠡᠯᠡ ᠪᠢᠴᠢᠭ ᠦᠨ ᠰᠤᠷᠭᠠᠨ ᠬᠦᠮᠦᠵᠢᠯ ᠦᠨ ᠨᠣᠮ ᠤᠨ ᠬᠡᠪᠯᠡᠯ ᠦᠨ ᠠᠵᠢᠯ ᠢ ᠰᠢᠯᠭᠠᠨ ᠪᠠᠢᠴᠠᠭᠠᠵᠤ᠂ ᠪᠦᠬᠦ ᠣᠷᠤᠨ ᠤ ᠮᠣᠩᠭᠣᠯ ᠬᠡᠯᠡ ᠪᠢᠴᠢᠭ ᠦᠨ ᠰᠤᠷᠭᠠᠨ ᠬᠦᠮᠦᠵᠢᠯ ᠦᠨ ᠨᠣᠮ ᠤᠨ ᠰᠣᠷᠢᠯ ᠢ ᠰᠠᠢᠵᠢᠷᠠᠭᠤᠯᠬᠤ ᠳᠤ ᠬᠦᠴᠦᠨ ᠣᠷᠣᠭᠤᠯᠪᠠ᠂ ᠥᠪᠦᠷ ᠮᠣᠩᠭᠣᠯ ᠤᠨ 《 ᠨᠣᠮ 》 ᠰᠣᠳᠤᠯᠭᠠᠨ ᠬᠡᠪᠯᠡᠯ ᠦᠨ ᠠᠵᠢᠯ ᠤᠨ ᠰᠤᠷᠭᠠᠭᠤᠯᠢ ᠶᠢᠨ ᠰᠤᠷᠤᠭᠴᠢᠳ ᠤᠨ ᠬᠡᠷᠡᠭᠯᠡᠭᠡᠨ ᠦ ᠬᠡᠪᠯᠡᠯ ᠦᠨ ᠠᠵᠢᠯ ᠢ ᠰᠢᠯᠭᠠᠨ ᠪᠠᠢᠴᠠᠭᠠᠵᠤ᠂ ᠥᠪᠦᠷ ᠮᠣᠩᠭᠣᠯ ᠤᠨ ᠬᠡᠪᠯᠡᠯ ᠦᠨ ᠠᠵᠢᠯ ᠤᠨ ᠬᠤᠷᠠᠯ ᠢᠶᠠᠷ ᠬᠡᠪᠯᠡᠯ ᠦᠨ ᠠᠵᠢᠯ ᠤᠨ ᠦᠢᠯᠡᠳᠪᠦᠷᠢ ᠶᠢᠨ ᠰᠠᠶᠢᠨ ᠬᠡᠪᠯᠡᠯ ᠢ ᠦᠨᠡᠯᠡᠨ᠂ ᠨᠡᠶᠢᠲᠡ ᠶᠢᠨ ᠰᠤᠷᠭᠠᠨ ᠬᠦᠮᠦᠵᠢᠯ ᠦᠨ ᠨᠣᠮ ᠤᠨ ᠬᠡᠪᠯᠡᠯ ᠦᠨ ᠠᠵᠢᠯ ᠢ ᠰᠠᠢᠵᠢᠷᠠᠭᠤᠯᠬᠤ ᠳᠤ ᠰᠠᠶᠢᠨ ᠨᠥᠯᠦᠭᠡ ᠦᠵᠡᠭᠦᠯᠦᠭᠰᠡᠨ ᠮᠣᠩᠭᠣᠯ ᠬᠡᠯᠡ ᠪᠢᠴᠢᠭ ᠦᠨ ᠰᠤᠷᠭᠠᠨ ᠬᠦᠮᠦᠵᠢᠯ ᠦᠨ ᠨᠣᠮ ᠤᠨ ᠬᠡᠪᠯᠡᠯ ᠦᠨ ᠠᠵᠢᠯ ᠢ ᠡᠷᠬᠡᠯᠡᠬᠦ ᠪᠠᠢᠭᠤᠯᠤᠯᠭ᠎ᠠ ᠶᠢᠨ ᠭᠠᠵᠠᠷ ᠤᠨ ᠬᠡᠪᠯᠡᠯ ᠦᠨ ᠬᠣᠷᠢᠶ᠎ᠠ ᠶᠢᠨ ᠰᠤᠷᠭᠠᠨ ᠬᠦᠮᠦᠵᠢᠯ ᠦᠨ ᠨᠣᠮ ᠤᠨ ᠬᠡᠪᠯᠡᠯ ᠦᠨ ᠰᠤᠷᠭᠠᠭᠤᠯᠢ ᠶᠢᠨ ᠰᠤᠷᠤᠭᠴᠢᠳ ᠤᠨ ᠨᠣᠮ ᠤᠨ ᠮᠣᠩᠭᠣᠯ ᠬᠡᠯᠡ ᠪᠢᠴᠢᠭ ᠦᠨ ᠰᠤᠷᠭᠠᠨ ᠬᠦᠮᠦᠵᠢᠯ ᠦᠨ ᠠᠵᠢᠯ ᠢ ᠪᠠᠷᠢᠮᠲᠠᠯᠠᠵᠤ ᠬᠡᠪᠯᠡᠭᠦᠯᠪᠡ᠃᠃

2017 ᠣᠨ ᠤ 2 ᠳᠤᠭᠠᠷ ᠰᠠᠷ᠎ᠠ ᠶᠢᠨ 4 ᠦ ᠡᠳᠦᠷ᠂ ᠥᠪᠦᠷ ᠮᠣᠩᠭᠣᠯ ᠤᠨ ᠰᠤᠷᠭᠠᠨ ᠬᠦᠮᠦᠵᠢᠯ ᠦᠨ ᠬᠡᠪᠯᠡᠯ ᠦᠨ ᠬᠣᠷᠢᠶ᠎ᠠ ᠶᠢᠨ ᠰᠤᠷᠭᠠᠭᠤᠯᠢ ᠶᠢᠨ ᠮᠣᠩᠭᠣᠯ ᠬᠡᠯᠡ ᠪᠢᠴᠢᠭ ᠦᠨ ᠨᠣᠮ ᠨᠣᠮ ᠪᠣᠯᠪᠠᠰᠤᠷᠠᠯ ᠤᠨ ᠬᠡᠪᠯᠡᠯ ᠢ ᠪᠣᠯᠪᠠᠰᠤᠷᠠᠭᠤᠯᠤᠨ ᠬᠡᠪᠯᠡᠭᠦᠯᠪᠡ᠃᠃

2017 ᠣᠨ ᠤ 2 ᠳᠤᠭᠠᠷ ᠰᠠᠷ᠎ᠠ ᠳᠤ ᠥᠪᠦᠷ ᠮᠣᠩᠭᠣᠯ ᠤᠨ ᠬᠡᠪᠯᠡᠯ ᠪᠠ ᠬᠡᠪᠯᠡᠯ ᠦᠨ ᠠᠵᠢᠯ ᠤᠨ ᠬᠣᠷᠢᠶ᠎ᠠ ᠨᠢ ᠰᠤᠷᠭᠠᠨ ᠬᠦᠮᠦᠵᠢᠯ ᠦᠨ ᠨᠣᠮ ᠤᠨ ᠬᠡᠪᠯᠡᠯ ᠦᠨ ᠰᠤᠷᠭᠠᠭᠤᠯᠢ ᠶᠢᠨ ᠰᠤᠷᠤᠭᠴᠢᠳ ᠤᠨ ᠨᠣᠮ ᠤᠨ ᠭᠠᠵᠠᠷ ᠤᠨ ᠬᠡᠪᠯᠡᠯ ᠦᠨ ᠬᠣᠷᠢᠶ᠎ᠠ ᠶᠢᠨ 《 ᠰᠤᠷᠭᠠᠨ ᠬᠦᠮᠦᠵᠢᠯ ᠦᠨ ᠨᠣᠮ ᠤᠨ 〈 ᠪᠠᠷᠢᠮᠲᠠ ᠶᠢᠨ ᠨᠣᠮ 〉 ᠤᠨ ᠬᠡᠪᠯᠡᠯ ᠦᠨ ᠠᠵᠢᠯ ᠤᠨ ᠬᠡᠷᠡᠭᠯᠡᠭᠡᠨ ᠦ ᠰᠢᠯᠢᠳᠡᠭ 》 ᠪᠡᠷ ᠬᠡᠪᠯᠡᠭᠦᠯᠪᠡ᠃᠃

ᠰᠤᠷᠤᠭᠴᠢᠳ ᠤᠨ ᠬᠡᠷᠡᠭᠯᠡᠭᠡᠨ ᠦ 2014 ～ 2016 ᠣᠨ ᠤ 〈 ᠮᠣᠩᠭᠣᠯ ᠬᠡᠪᠯᠡᠯ ᠦᠨ ᠨᠠᠶᠢᠷᠠᠭᠤᠯᠬᠤ ᠲᠠᠰᠤᠭ 〉 》 ᠢ ᠬᠡᠪᠯᠡᠯ ᠦᠨ ᠠᠵᠢᠯ ᠤᠨ ᠬᠡᠷᠡᠭᠯᠡᠭᠡᠨ ᠦ ᠬᠡᠪᠯᠡᠯ ᠪᠠ ᠲᠠᠷᠬᠠᠭᠠᠯᠲᠠ ᠶᠢᠨ 《 ᠰᠤᠷᠭᠠᠨ ᠬᠦᠮᠦᠵᠢᠯ ᠦᠨ ᠪᠠᠭ᠎ᠠ ᠶᠢᠨ ᠪᠠᠭᠰᠢ ᠶᠢᠨ ᠨᠣᠮ ᠪᠢᠴᠢᠭ ᠦᠨ ᠮᠣᠩᠭᠣᠯ ᠤᠨ ᠰᠤᠷᠭᠠᠨ ᠬᠦᠮᠦᠵᠢᠯ ᠦᠨ ᠬᠡᠪᠯᠡᠯ ᠦᠨ ᠠᠵᠢᠯ ᠢ ᠬᠡᠷᠡᠭᠵᠢᠭᠦᠯᠬᠦ ᠳᠤ ᠪᠠᠭ᠎ᠠ ᠶᠢᠨ ᠪᠠᠭᠰᠢ ᠶᠢᠨ ᠨᠣᠮ ᠪᠢᠴᠢᠭ ᠦᠨ ᠮᠣᠩᠭᠣᠯ ᠤᠨ ᠬᠡᠪᠯᠡᠯ ᠢ ᠪᠠᠷᠢᠮᠲᠠᠯᠠᠪᠠ᠃᠃

2017 ᠣᠨ ᠤ 4 ᠳᠦᠭᠡᠷ ᠰᠠᠷ᠎ᠠ ᠳᠤ᠂ ᠥᠪᠦᠷ ᠮᠣᠩᠭᠣᠯ ᠤᠨ ᠰᠤᠷᠭᠠᠨ ᠬᠦᠮᠦᠵᠢᠯ ᠦᠨ ᠬᠡᠪᠯᠡᠯ ᠦᠨ ᠨᠣᠮ ᠢ ᠬᠡᠪᠯᠡᠭᠦᠯᠪᠡ᠃᠃
ᠰᠤᠷᠭᠠᠨ ᠬᠦᠮᠦᠵᠢᠯ ᠦᠨ ᠮᠣᠩᠭᠣᠯ ᠬᠡᠯᠡ ᠪᠢᠴᠢᠭ ᠦᠨ ᠬᠡᠪᠯᠡᠯ ᠪᠠ ᠲᠠᠷᠬᠠᠭᠠᠯᠲᠠ ᠶᠢᠨ 《 ᠰᠢᠯᠢᠳᠡᠭ ᠰᠤᠷᠭᠠᠨ ᠬᠦᠮᠦᠵᠢᠯ ᠦᠨ ᠨᠣᠮ ᠤᠨ ᠬᠣᠷᠢᠶᠠᠩᠭᠤᠢ ᠪᠢᠴᠢᠭ 》 ᠢ ᠨᠡᠢᠲᠡᠯᠡᠨ ᠪᠣᠯᠭᠠᠪᠠ᠃᠃

2017 ᠣᠨ ᠤ 5 ᠳᠤᠭᠠᠷ ᠰᠠᠷ᠎ᠠ ᠳᠤ᠂ ᠥᠪᠦᠷ ᠮᠣᠩᠭᠣᠯ ᠤᠨ ᠬᠡᠪᠯᠡᠯ ᠤᠨ ᠰᠤᠷᠭᠠᠨ ᠬᠦᠮᠦᠵᠢᠯ ᠦᠨ ᠬᠡᠪᠯᠡᠯ ᠢ᠂ ᠬᠡᠪᠯᠡᠯ ᠦᠨ ᠬᠣᠷᠢᠶ᠎ᠠ ᠶᠢᠨ ᠰᠤᠷᠭᠠᠨ ᠬᠦᠮᠦᠵᠢᠯ ᠦᠨ ᠨᠣᠮ ᠤᠨ ᠬᠡᠪᠯᠡᠯ ᠦᠨ ᠰᠤᠷᠭᠠᠭᠤᠯᠢ ᠶᠢᠨ ᠬᠡᠪᠯᠡᠯ ᠪᠠ ᠲᠠᠷᠬᠠᠭᠠᠯᠲᠠ ᠶᠢᠨ
《 ᠰᠤᠷᠭᠠᠨ ᠬᠦᠮᠦᠵᠢᠯ ᠦᠨ ᠨᠣᠮ ᠤᠨ ᠬᠡᠪᠯᠡᠯ ᠦᠨ 2015～ 2016 ᠣᠨ ᠤ ᠰᠣᠳᠤᠯ ᠤᠨ ᠬᠤᠷᠠᠯ ᠤᠨ ᠬᠣᠷᠢᠶᠠᠩᠭᠤᠢ
ᠶᠢᠨ ᠬᠤᠷᠠᠯ ᠲᠠᠢ 2017 ᠣᠨ ᠤ 〈 ᠰᠤᠷᠭᠠᠨ ᠬᠦᠮᠦᠵᠢᠯ ᠦᠨ ᠪᠠᠢᠭᠤᠯᠤᠯᠭ᠎ᠠ ᠶᠢᠨ ᠬᠡᠪᠯᠡᠯ 〉 ᠤᠨ ᠰᠤᠷᠭᠠᠯᠲᠠ ᠶᠢᠨ ᠬᠤᠷᠢᠶᠠᠩᠭᠤᠢ ᠶᠢᠨ ᠪᠢᠴᠢᠭ ᠢ ᠨᠡᠢᠲᠡᠯᠡᠪᠡ᠃᠃

2017 ᠣᠨ ᠤ 6 ᠳᠤᠭᠠᠷ ᠰᠠᠷ᠎ᠠ ᠳᠤ ᠰᠤᠷᠭᠠᠨ ᠬᠦᠮᠦᠵᠢᠯ ᠦᠨ ᠬᠡᠪᠯᠡᠯ 《 ᠪᠠᠷᠢᠮᠲᠠ ᠶᠢᠨ 》 ᠢ᠂ ᠥᠪᠦᠷ ᠮᠣᠩᠭᠣᠯ ᠤᠨ ᠰᠤᠷᠭᠠᠨ ᠬᠦᠮᠦᠵᠢᠯ ᠦᠨ ᠬᠤᠷᠠᠯ ᠤᠨ ᠰᠢᠯᠢᠳᠡᠭ 》 ᠪᠡᠷ ᠨᠡᠢᠲᠡᠯᠡᠪᠡ᠃᠃

ᠮᠣᠩᠭᠣᠯ᠂ ᠬᠡᠪᠯᠡᠭᠰᠡᠨ ᠰᠤᠷᠭᠠᠭᠤᠯᠢ ᠶᠢᠨ ᠮᠣᠩᠭᠣᠯ ᠬᠡᠯᠡ ᠪᠠ ᠰᠤᠷᠭᠠᠭᠤᠯᠢ ᠶᠢᠨ ᠮᠣᠩᠭᠣᠯ ᠤ ᠨᠣᠮ ᠨᠣᠮ ᠪᠣᠯᠪᠠᠰᠤᠷᠠᠯ ᠪᠣᠯᠪᠠ᠃᠃

2017 ᠣᠨ ᠤ 9 ᠰᠠᠷ᠎ᠠ ᠳᠤ ᠥᠪᠥᠷ ᠮᠣᠩᠭᠣᠯ ᠤᠨ ᠠᠷᠠᠳ ᠤᠨ ᠬᠡᠪᠯᠡᠯ ᠦᠨ ᠬᠣᠷᠢᠶ᠎ᠠ ᠪᠡᠷ · ᠮᠣᠩᠭᠣᠯ ᠬᠡᠯᠡᠨ ᠦ
ᠪᠠᠶᠢᠭᠤᠯᠤᠯ ᠪᠠᠷᠢᠮᠳᠠ ᠶᠢᠨ ᠮᠠᠰᠢᠨ ᠲᠣᠭᠠᠴᠠᠭᠠᠯ ᠤᠨ ᠬᠡᠮᠵᠢᠭᠡ 》 ᠶᠢ ᠬᠡᠪᠯᠡᠨ ᠨᠡᠶᠢᠲᠡᠯᠡᠪᠡ ᠃
《 ᠰᠤᠷᠭᠠᠭᠤᠯᠢ ᠰᠤᠷᠭᠠᠯᠲᠠ ᠶᠢᠨ ᠬᠥᠭᠵᠢᠯᠲᠡ ᠶᠢᠨ ᠬᠠᠷᠢᠴᠠᠯᠲᠠ ᠶᠢᠨ ᠪᠠᠶᠢᠳᠠᠯ ᠢ ᠪᠠᠶᠢᠭᠤᠯᠬᠤ ᠶᠢᠨ ᠬᠡᠷᠡᠭᠴᠡᠭᠡ ᠶᠢᠨ
ᠮᠣᠩᠭᠣᠯ ᠬᠡᠯᠡ ᠪᠢᠴᠢᠭ ᠦᠨ ᠰᠤᠷᠭᠠᠯ ᠤᠨ ᠶᠢᠨ ᠪᠣᠳᠣᠯᠭ᠎ᠠ ᠶᠢ ᠰᠤᠷᠭᠠᠭᠤᠯᠢ ᠶᠢᠨ ᠬᠡᠮᠵᠢᠶ᠎ᠡ ᠪᠠᠷ ᠰᠢᠨᠵᠢᠯᠡᠬᠦ
ᠮᠣᠩᠭᠣᠯ ᠤᠨ ᠬᠡᠯᠡᠨ ᠦ ᠰᠤᠷᠭᠠᠯᠲᠠ ᠶᠢᠨ ᠬᠥᠲᠦᠯᠪᠦᠷᠢ ᠶᠢᠨ ᠰᠤᠷᠤᠯᠴᠠᠭ᠎ᠠ ᠪᠣᠯᠤᠨ ᠮᠣᠩᠭᠣᠯ ᠬᠡᠯᠡᠨ ᠦ
ᠤᠨ ᠮᠣᠩᠭᠣᠯ ᠬᠡᠯᠡ ᠪᠢᠴᠢᠭ ᠦᠨ ᠰᠤᠷᠭᠠᠯᠲᠠ ᠶᠢᠨ ᠰᠤᠳᠤᠯᠤᠯ · ᠮᠣᠩᠭᠣᠯ ᠬᠡᠯᠡᠨ ᠦ ᠮᠣᠩᠭᠣᠯ ᠬᠡᠯᠡ ᠪᠢᠴᠢᠭ
2017 ᠣᠨ ᠤ 9 ᠰᠠᠷ᠎ᠠ ᠳᠤ · ᠥᠪᠥᠷ ᠮᠣᠩᠭᠣᠯ ᠤᠨ ᠠᠷᠠᠳ ᠤᠨ ᠬᠡᠪᠯᠡᠯ ᠦᠨ ᠬᠣᠷᠢᠶ᠎ᠠ ᠪᠡᠷ ᠮᠣᠩᠭᠣᠯ ᠬᠡᠯᠡᠨ ᠦ
ᠤ ᠰᠤᠳᠤᠯᠤᠯ 》 ᠢᠶᠠᠷ ᠨᠡᠶᠢᠲᠡᠯᠡᠭᠳᠡᠪᠡ ᠃
ᠮᠣᠩᠭᠣᠯ ᠬᠡᠯᠡ ᠪᠢᠴᠢᠭ ᠦᠨ ᠠᠵᠢᠯ ᠤᠨ ᠬᠣᠷᠢᠶ᠎ᠠ ᠪᠠᠶᠢᠭᠤᠯᠤᠭᠳᠠᠭᠰᠠᠨ ᠤ 65 ᠵᠢᠯ ᠦᠨ ᠣᠢ ᠶᠢᠨ ᠪᠠᠶᠢᠷ
2017 ᠣᠨ ᠤ 9 ᠰᠠᠷ᠎ᠠ ᠳᠤ · ᠦᠨᠳᠦᠰᠦᠲᠡᠨ ᠦ ᠬᠡᠪᠯᠡᠯ ᠦᠨ ᠬᠣᠷᠢᠶ᠎ᠠ ᠪᠡᠷ 《 ᠮᠣᠩᠭᠣᠯ ᠬᠡᠯᠡᠨ ᠦ
ᠬᠡᠯᠡ ᠰᠢᠨᠵᠢᠯᠡᠯ 》 ᠦᠨ ᠨᠡᠶᠢᠲᠡᠯᠡᠭᠳᠡᠪᠡ ᠃
ᠠᠵᠢᠯ ᠤᠨ ᠬᠣᠷᠢᠶ᠎ᠠ ᠰᠤᠷᠭᠠᠭᠤᠯᠢ ᠶᠢᠨ ᠠᠵᠢᠯ ᠤᠨ ᠪᠠᠶᠢᠭᠤᠯᠤᠯᠲᠠ ᠶᠢᠨ ᠲᠦᠦᠬᠡ ᠶᠢᠨ ᠨᠣᠮ 《 ᠪᠠᠶᠢᠷ
ᠰᠤᠷᠭᠠᠯ ᠤᠨ ᠠᠵᠢᠯ ᠤᠨ ᠬᠠᠮᠲᠤᠷᠠᠯᠴᠠᠭ᠎ᠠ ᠶᠢᠨ ᠰᠤᠷᠭᠠᠯ ᠤᠨ ᠲᠡᠦᠬᠡᠨ ᠦ ᠲᠡᠮᠳᠡᠭᠯᠡᠯ ᠪᠣᠯᠤᠨ · ᠮᠣᠩᠭᠣᠯ ᠬᠡᠯᠡᠨ ᠦ ᠮᠣᠩᠭᠣᠯ ᠬᠡᠯᠡ ᠰᠤᠷᠭᠠᠯ
ᠮᠣᠩᠭᠣᠯ ᠬᠡᠯᠡᠨ ᠦ ᠮᠣᠩᠭᠣᠯ ᠬᠡᠯᠡ ᠰᠤᠷᠭᠠᠯ ᠤᠨ ᠠᠵᠢᠯ ᠤᠨ ᠲᠡᠦᠬᠡᠨ ᠦ ᠪᠠᠶᠢᠷ ᠪᠠ ᠮᠣᠩᠭᠣᠯ ᠬᠡᠯᠡᠨ ᠦ ᠮᠣᠩᠭᠣᠯ ᠬᠡᠯᠡ
2017 ᠣᠨ ᠤ 9 ᠰᠠᠷ᠎ᠠ ᠳᠤ · 《 ᠰᠤᠷᠭᠠᠭᠤᠯᠢ ᠪᠠᠶᠢᠭᠤᠯᠬᠤ ᠨᠢ · ᠲᠠᠯᠠᠭᠠᠨ ᠪᠠᠶᠢᠭᠤᠯᠬᠤ 》 ᠪᠢᠴᠢᠭ ᠪᠦᠲᠦᠭᠡᠯ ᠢ ·
ᠤ ᠰᠤᠳᠤᠯᠤᠯ 》 ᠶᠢ ᠬᠡᠪᠯᠡᠨ ᠳᠦ ᠪᠣᠯᠪᠠ ᠃
ᠮᠣᠩᠭᠣᠯ ᠬᠡᠯᠡ ᠪᠢᠴᠢᠭ ᠦᠨ ᠠᠵᠢᠯ ᠤᠨ ᠬᠣᠷᠢᠶ᠎ᠠ ᠪᠠᠶᠢᠭᠤᠯᠤᠭᠳᠠᠭᠰᠠᠨ ᠤ 65 ᠵᠢᠯ ᠦᠨ ᠣᠢ ᠶᠢᠨ ᠪᠠᠶᠢᠷ
ᠪᠠᠶᠢᠷ ᠤ ᠬᠤᠷᠠᠯ ᠪᠣᠯᠪᠠ ᠮᠣᠩᠭᠣᠯ ᠬᠡᠯᠡ ᠪᠢᠴᠢᠭ ᠦᠨ ᠬᠡᠷᠡᠭ ᠦᠨ ᠬᠥᠭᠵᠢᠯ ᠲᠦ 《 ᠮᠣᠩᠭᠣᠯ ᠬᠡᠯᠡᠨ ᠦ
ᠪᠠᠶᠢᠭᠤᠯᠤᠯ ᠤᠨ ᠪᠠᠷᠢᠮᠳᠠ ᠶᠢᠨ ᠰᠤᠷᠭᠠᠯ ᠪᠠᠶᠢᠷ ᠮᠣᠩᠭᠣᠯ ᠬᠡᠯᠡᠨ ᠦ ᠮᠣᠩᠭᠣᠯ ᠬᠡᠯᠡ ᠪᠢᠴᠢᠭ ᠦᠨ ᠪᠠᠶᠢᠷ ᠤ
ᠬᠤᠷᠠᠯ ᠤᠨ ᠬᠡᠷᠡᠭᠵᠢᠯ ᠢ · ᠮᠣᠩᠭᠣᠯ ᠬᠡᠯᠡᠨ ᠦ ᠮᠣᠩᠭᠣᠯ ᠬᠡᠯᠡ ᠪᠢᠴᠢᠭ ᠦᠨ ᠠᠵᠢᠯ ᠤᠨ ᠬᠣᠷᠢᠶ᠎ᠠ ᠮᠣᠩᠭᠣᠯ
2017 ᠣᠨ ᠤ 9 ᠰᠠᠷ᠎ᠠ ᠶᠢᠨ 20 ᠤ ᠡᠳᠦᠷ · ᠥᠪᠥᠷ ᠮᠣᠩᠭᠣᠯ ᠤᠨ ᠮᠣᠩᠭᠣᠯ ᠪᠠᠶᠢᠭᠤᠯᠤᠯ ᠬᠤᠷᠠᠯᠳᠠᠭᠠᠨ
ᠢ ᠪᠣᠯᠪᠠ ᠃
ᠬᠠᠷᠢ ᠶᠢᠨ ᠰᠤᠷᠭᠠᠭᠤᠯᠢ ᠶᠢᠨ ᠬᠥᠭᠵᠢᠭᠦᠯᠦᠯᠲᠡ ᠶᠢᠨ ᠲᠥᠯᠥᠪᠯᠡᠭᠡ ᠶᠢᠨ ᠲᠥᠰᠦᠯ ᠤᠨ ᠰᠤᠷᠭᠠᠯᠲᠠ ᠶᠢᠨ ᠬᠠᠮᠲᠤ ᠶᠢᠨ ᠬᠡᠪᠯᠡᠯ
ᠮᠣᠩᠭᠣᠯ ᠪᠢᠴᠢᠭ ᠤᠨ ᠠᠷᠠᠳ ᠤᠨ ᠰᠤᠷᠭᠠᠯ ᠢ ᠮᠣᠩᠭᠣᠯ ᠪᠠᠷ ᠰᠠᠶᠢᠵᠢᠷᠠᠭᠤᠯᠬᠤ ᠨᠤᠲᠤᠭ ᠤᠨ ᠮᠣᠩᠭᠣᠯ ᠬᠡᠯᠡ ᠬᠢᠭᠡᠳ
《 ᠮᠣᠩᠭᠣᠯ ᠪᠢᠴᠢᠭ ᠪᠠᠶᠢᠭᠤᠯᠬᠤ ᠬᠠᠷᠢ 》 ᠢ ᠬᠠᠷᠢ ᠬᠠᠷᠢ ᠮᠣᠩᠭᠣᠯ ᠬᠡᠯᠡ ᠪᠢᠴᠢᠭ ᠦᠨ ᠠᠵᠢᠯ ᠤᠨ ᠲᠡᠦᠬᠡᠨ ᠦ ᠪᠠᠶᠢᠷ ᠢ
2017 ᠣᠨ ᠤ 7 ᠰᠠᠷ᠎ᠠ ᠳᠤ ᠪᠠᠨ ᠪᠣᠯᠪᠠᠰᠤᠷᠠᠯᠴᠠᠭᠰᠠᠨ ᠬᠠᠷᠢ (ᠪᠠᠭᠰᠢ) 《 ᠰᠤᠷᠭᠠᠭᠤᠯᠢ 》 ᠪᠣᠯᠤᠨ
ᠪᠠᠭ᠎ᠠ ᠰᠤᠷᠭᠠᠭᠤᠯᠢ ᠬᠠᠷᠢᠶᠠᠯᠠᠯ ᠮᠡᠷᠭᠡᠨ ᠢ ᠮᠣᠩᠭᠣᠯ ᠬᠡᠯᠡ ᠪᠢᠴᠢᠭ ᠦᠨ ᠰᠤᠷᠭᠠᠯ ᠤᠨ ᠰᠤᠷᠭᠠᠭᠤᠯᠢ ᠶᠢᠨ ᠲᠥᠯᠥᠪᠯᠡᠭᠡ ᠶᠢᠨ ᠪᠠᠭ᠎ᠠ
ᠰᠤᠷᠭᠠᠯ ᠤᠨ ᠪᠠᠶᠢᠭᠤᠯᠤᠭᠰᠠᠨ ᠪᠣᠯᠣᠪᠠᠰᠤᠷᠠᠯᠴᠠᠭᠰᠠᠨ ᠮᠣᠩᠭᠣᠯ ᠪᠢᠴᠢᠭ ᠦᠨ ᠰᠤᠷᠭᠠᠯ 《 ᠨᠢ ᠬᠠᠮᠤᠭ ᠨᠢᠭᠡᠨ ᠨᠡᠶᠢᠲᠡᠯᠡᠭᠳᠡᠪᠡ ·
ᠰᠤᠷᠭᠠᠭᠤᠯᠢ ᠶᠢᠨ ᠰᠤᠷᠭᠠᠯᠲᠠ ᠶᠢᠨ ᠬᠠᠮᠤᠭ ᠪᠠᠭ᠎ᠠ ᠰᠤᠷᠭᠠᠭᠤᠯᠢ ᠶᠢᠨ ᠪᠠᠶᠢᠭᠤᠯᠤᠯᠲᠠ 《 ᠮᠣᠩᠭᠣᠯ ᠬᠡᠯᠡᠨ ᠦ ᠰᠤᠷᠭᠠᠯ ᠤᠨ ᠪᠠᠭᠰᠢ ᠶᠢᠨ
2017 ᠣᠨ ᠳᠤ ᠥᠪᠥᠷ ᠮᠣᠩᠭᠣᠯ ᠤᠨ ᠰᠤᠷᠭᠠᠭᠤᠯᠢ ᠶᠢᠨ ᠬᠠᠷᠢᠶᠠᠯᠠᠯ ᠪᠠᠭ᠎ᠠ ᠰᠤᠷᠭᠠᠭᠤᠯᠢ ᠶᠢ ᠮᠣᠩᠭᠣᠯ ᠬᠡᠯᠡ ᠪᠢᠴᠢᠭ ᠦᠨ ᠠᠵᠢᠯ ᠤᠨ
ᠬᠦᠯᠢᠶᠡᠨ ᠢ ᠪᠣᠯᠪᠠ ᠃
2017 ᠣᠨ ᠳᠤ ᠪᠠᠭᠰᠢ ᠨᠠᠷ ᠰᠤᠷᠭᠠᠯ ᠢ 《 ᠮᠣᠩᠭᠣᠯ ᠬᠡᠯᠡᠨ ᠦ ᠰᠤᠷᠭᠠᠯᠲᠠ ᠶᠢᠨ ᠪᠠᠷᠢᠮᠳᠠ ᠶᠢᠨ ᠰᠢᠯᠭᠠᠯᠲᠠ 》 ᠶᠢ ᠬᠡᠪᠯᠡᠨ
ᠨᠡᠶᠢᠲᠡᠯᠡᠭᠰᠡᠨ ᠬᠡᠮᠵᠢᠶ᠎ᠡ ᠶᠢᠨ ᠬᠡᠪᠯᠡᠯ ᠢ ᠬᠦᠯᠢᠶᠡᠨ ᠪᠣᠯᠪᠠ ᠃
2017 ᠣᠨ ᠳᠤ · ᠰᠤᠷᠭᠠᠯ ᠤᠨ ᠬᠡᠪᠯᠡᠯ ᠦᠨ ᠬᠣᠷᠢᠶ᠎ᠠ ᠪᠡᠷ ᠮᠣᠩᠭᠣᠯ ᠬᠡᠯᠡᠨ ᠦ ᠰᠤᠷᠭᠠᠯ ᠤᠨ ᠪᠢᠴᠢᠭ ᠦᠨ ᠬᠡᠪᠯᠡᠯ ᠦᠨ
ᠨᠣᠮ ᠤᠨ ᠪᠠᠭ᠎ᠠ ᠰᠤᠷᠭᠠᠭᠤᠯᠢ ᠶᠢᠨ ᠬᠡᠷᠡᠭᠯᠡᠭᠡᠨ ᠳᠦ ᠲᠣᠬᠢᠷᠠᠭᠤᠯᠤᠨ ᠬᠦᠷᠭᠡᠭᠳᠡᠪᠡ ᠃
2017 ᠣᠨ ᠳᠤ ᠥᠪᠥᠷ ᠮᠣᠩᠭᠣᠯ ᠢ · ᠮᠣᠩᠭᠣᠯ ᠬᠡᠯᠡᠨ ᠦ ᠬᠡᠪᠯᠡᠯ ᠦᠨ ᠰᠤᠷᠭᠠᠯᠲᠠ ᠶᠢᠨ ᠪᠠᠭ᠎ᠠ
ᠪᠠᠭᠰᠢ ᠨᠠᠷ ᠤᠨ ᠰᠤᠷᠭᠠᠯᠲᠠ ᠶᠢᠨ ᠲᠣᠬᠢᠷᠠᠭᠤᠯᠤᠯ ᠤᠨ ᠪᠠᠶᠢᠷ ᠤᠨ ᠪᠠᠷᠢᠮᠳᠠ ᠶᠢᠨ ᠬᠡᠪᠯᠡᠯ 》 ᠢᠶᠠᠷ ᠨᠡᠶᠢᠲᠡᠯᠡᠭᠳᠡᠪᠡ ᠃
ᠨᠡᠶᠢᠲᠡᠯᠡᠭᠰᠡᠨ ᠳᠦ 《 ᠮᠣᠩᠭᠣᠯ ᠬᠡᠯᠡᠨ ᠦ ᠰᠤᠷᠭᠠᠭᠤᠯᠢ ᠶᠢᠨ ᠬᠡᠷᠡᠭᠯᠡᠭᠡᠨ ᠤ ᠪᠠᠶᠢᠳᠠᠯ ᠢ ᠰᠤᠷᠭᠠᠭᠤᠯᠢ ᠶᠢᠨ ᠪᠢᠴᠢᠭ
ᠰᠤᠷᠭᠠᠯ ᠢ ᠪᠠᠶᠢᠭᠤᠯᠵᠤ ᠪᠠ ᠮᠣᠩᠭᠣᠯ ᠬᠡᠯᠡ ᠪᠢᠴᠢᠭ ᠦᠨ ᠪᠠᠶᠢᠳᠠᠯ ᠢ ᠪᠠᠶᠢᠭᠤᠯᠵᠤ ᠪᠠᠶᠢᠨ᠎ᠠ
2017 ᠣᠨ ᠤ 12 ᠰᠠᠷ᠎ᠠ ᠳᠤ · ᠥᠪᠥᠷ ᠮᠣᠩᠭᠣᠯ ᠤᠨ ᠰᠤᠷᠭᠠᠯ ᠤᠨ ᠬᠡᠪᠯᠡᠯ ᠦᠨ ᠬᠣᠷᠢᠶ᠎ᠠ
ᠨᠡᠶᠢᠲᠡᠯᠡᠭᠳᠡᠪᠡ ᠃
ᠮᠣᠩᠭᠣᠯ ᠪᠠᠷ ᠪᠣᠯᠤᠨ ᠲᠦᠷᠦ ᠶᠢᠨ ᠪᠠᠶᠢᠭᠤᠯᠤᠯ ᠤᠨ ᠬᠡᠮᠵᠢᠶ᠎ᠡ ᠪᠠᠷ ᠬᠡᠪᠯᠡᠨ ᠨᠡᠶᠢᠲᠡᠯᠡᠭᠰᠡᠨ 《 ᠶᠢ
ᠮᠣᠩᠭᠣᠯ ᠬᠡᠯᠡ ᠪᠢᠴᠢᠭ ᠦᠨ ᠠᠵᠢᠯ ᠤᠨ ᠮᠣᠩᠭᠣᠯ ᠪᠠᠶᠢᠭᠤᠯᠤᠯ ᠤᠨ ᠪᠠᠶᠢᠷ ᠤᠨ ᠰᠢᠨᠵᠢᠯᠡᠬᠦ ᠬᠡᠮᠵᠢᠶ᠎ᠡ ᠪᠠᠷ 《 ᠶᠢ
2017 ᠣᠨ ᠤ 12 ᠰᠠᠷ᠎ᠠ ᠶᠢᠨ 22 ᠤ ᠡᠳᠦᠷ · ᠥᠪᠥᠷ ᠮᠣᠩᠭᠣᠯ ᠢ · ᠮᠣᠩᠭᠣᠯ ᠬᠡᠯᠡᠨ ᠦ
ᠬᠡᠪᠯᠡᠯ 》 ᠶᠢ ᠨᠡᠶᠢᠲᠡᠯᠡᠭᠳᠡᠪᠡ ᠃
ᠤ ᠮᠡᠷᠭᠡᠵᠢᠯ ᠦᠨ ᠪᠠᠶᠢᠭᠤᠯᠤᠯ ᠤᠨ ᠪᠠᠶᠢᠷ ᠤ ᠰᠤᠷᠭᠠᠯ ᠤᠨ ᠬᠡᠪᠯᠡᠯ ᠦᠨ ᠬᠠᠮᠲᠤᠷᠠᠯᠴᠠᠭ᠎ᠠ ᠬᠡᠪᠯᠡᠯ ᠦᠨ ᠰᠤᠷᠭᠠᠯ
2017 ᠣᠨ ᠤ 10 ᠰᠠᠷ᠎ᠠ ᠳᠤ · ᠦᠨᠳᠦᠰᠦᠲᠡᠨ ᠦ ᠬᠡᠪᠯᠡᠯ ᠦᠨ ᠬᠣᠷᠢᠶ᠎ᠠ ᠪᠡᠷ 《 ᠮᠣᠩᠭᠣᠯ ᠬᠡᠯᠡᠨ ᠦ ᠮᠣᠩᠭᠣᠯᠴᠤᠳ
ᠬᠡᠪᠯᠡᠨ ᠨᠡᠶᠢᠲᠡᠯᠡᠭᠳᠡᠪᠡ ᠃
ᠮᠣᠩᠭᠣᠯᠴᠤᠳ ᠤᠨ ᠪᠠᠷ ᠬᠠᠷᠢ ᠬᠡᠯᠡᠨ ᠦ ᠰᠤᠷᠭᠠᠭᠤᠯᠢ ᠶᠢᠨ ᠬᠥᠭᠵᠢᠯ ᠦᠨ ᠪᠠᠶᠢᠷ ᠤᠨ ᠰᠤᠳᠤᠯᠤᠯ 》 ᠶᠢ ᠬᠡᠪᠯᠡᠨ
ᠬᠣᠷᠢᠶᠠᠯᠠᠯ ᠪᠠᠶᠢᠭᠤᠯᠤᠯ ᠤᠨ ᠪᠠᠶᠢᠭᠤᠯᠤᠭᠰᠠᠨ ᠪᠠᠶᠢᠷ ᠬᠡᠮᠵᠢᠶ᠎ᠡ 《 ᠮᠣᠩᠭᠣᠯᠴᠤᠳ ᠤᠨ ᠪᠠᠶᠢᠭᠤᠯᠤᠯ ᠤᠨ ᠮᠣᠩᠭᠣᠯ ᠬᠡᠯᠡᠨ ᠦ
ᠰᠤᠷᠭᠠᠯ ᠤᠨ ᠮᠣᠩᠭᠣᠯᠴᠤᠳ ᠤᠨ ᠪᠠᠷ ᠬᠠᠷᠢ ᠬᠡᠯᠡᠨ ᠦ ᠪᠠ ᠬᠠᠷᠢᠶᠠᠯᠠᠭᠳᠠᠬᠤ ᠬᠡᠮᠵᠢᠶ᠎ᠡ ᠶᠢ
ᠤᠨ ᠮᠣᠩᠭᠣᠯ ᠬᠡᠯᠡ ᠪᠢᠴᠢᠭ ᠦᠨ ᠮᠣᠩᠭᠣᠯᠴᠤᠳ ᠤᠨ ᠰᠤᠷᠭᠠᠯᠲᠠ ᠪᠠᠶᠢᠯᠭ᠎ᠠ · ᠮᠣᠩᠭᠣᠯ ᠬᠡᠯᠡᠨ ᠦ ᠮᠣᠩᠭᠣᠯ

ᠬᠡᠪᠯᠡᠯ 》 ᠳᠦ ᠨᠡᠢᠲᠡᠯᠡᠭᠳᠡᠵᠦ ᠮᠡᠳᠡᠭᠡ ᠶᠢᠨ ᠰᠤᠷᠠᠭ ᠢ ᠪᠣᠯᠪᠠ᠃᠃
ᠰᠤᠷᠭᠠᠭᠤᠯᠢ ᠶᠢᠨ ᠬᠡᠯᠡ ᠶᠢᠨ ᠮᠣᠩᠭᠣᠯ ᠤ ᠬᠡᠪᠯᠡᠯ 》 · 《 ᠮᠣᠩᠭᠣᠯ ᠤᠨ ᠰᠤᠷᠭᠠᠭᠤᠯᠢ ᠶᠢᠨ ᠪᠣᠯᠪᠠᠰᠤᠷᠠᠯ ᠤᠨ ᠮᠣᠩᠭᠣᠯ ᠤ
ᠮᠣᠩᠭᠣᠯ ᠤ ᠬᠡᠪᠯᠡᠯ 》 · 《 ᠮᠣᠩᠭᠣᠯ ᠪᠢᠴᠢᠭ ᠬᠡᠯᠡ ᠶᠢᠨ ᠮᠣᠩᠭᠣᠯ ᠤ ᠬᠡᠪᠯᠡᠯ 》 · 《 ᠬᠡᠪᠯᠡᠯ ᠮᠣᠩᠭᠣᠯ ᠤ
ᠮᠣᠩᠭᠣᠯ ᠤᠨ ᠮᠡᠳᠡᠭᠡ ᠵᠢᠴᠢ ᠨᠡᠢᠲᠡᠯᠡᠭᠳᠡᠬᠦᠨ 《 ᠰᠤᠷᠭᠠᠨ ᠬᠦᠮᠦᠵᠢᠯ ᠪᠣᠯᠪᠠᠰᠤᠷᠠᠯ ᠤᠨ ᠰᠤᠳᠤᠯᠭ᠎ᠠ ᠬᠦᠮᠦᠵᠢᠯ ᠤ
2017 ᠣᠨ ᠳᠤ ᠰᠢᠨᠬᠤᠸᠠ ᠶᠢᠨ ᠰᠣᠨᠢᠨ ᠤ ᠬᠣᠷᠢᠶ᠎ᠠ ᠶᠢᠨ ᠳᠡᠯᠭᠡᠷᠡᠩᠭᠦᠢ ᠪᠠᠶᠢᠳᠠᠯ ᠤ ᠲᠣᠭᠠᠨ ᠢ ᠦᠨᠳᠦᠰᠦᠲᠡᠨ ᠰᠣᠶᠣᠯ ᠤᠨ
ᠨᠡᠢᠲᠡᠯᠡᠯ ᠪᠠᠶᠢᠭᠤᠯᠤᠯ ᠶᠢᠨ ᠮᠡᠳᠡᠭᠡᠯᠡᠯ ᠬᠡᠪᠯᠡᠯ 》 ᠳᠦ ᠨᠡᠢᠲᠡᠯᠡᠪᠡ᠃᠃
《 ᠰᠤᠷᠭᠠᠭᠤᠯᠢ ᠰᠤᠷᠭᠠᠯᠲᠠ ᠶᠢᠨ ᠦᠨᠳᠦᠰᠦᠲᠡᠨ ᠰᠣᠶᠣᠯ ᠤᠨ ᠰᠤᠷᠭᠠᠨ ᠬᠦᠮᠦᠵᠢᠯ ᠤᠨ ᠬᠦᠮᠦᠨ ᠪᠠᠶᠢᠭᠤᠯᠤᠯ ᠬᠡᠷᠡᠭ ᠪᠡᠶᠡᠯᠡᠭᠦᠯᠬᠦ ᠶᠢᠨ
ᠬᠦᠮᠦᠨ ᠮᠣᠩᠭᠣᠯ ᠤ ᠰᠤᠷᠭᠠᠭᠤᠯᠢ ᠶᠢᠨ ᠬᠡᠯᠡᠨ ᠶᠢᠨ ᠮᠡᠳᠡᠭᠡ ᠵᠢᠯ ᠮᠡᠳᠡᠭᠡᠯᠡᠯ ᠤᠨ ᠬᠡᠷᠡᠭᠵᠢᠭᠦᠯᠬᠦ ᠶᠢ
2017 ᠣᠨ ᠳᠤ · ᠰᠢᠨᠬᠤᠸᠠ ᠶᠢᠨ ᠰᠣᠨᠢᠨ ᠤ ᠬᠣᠷᠢᠶ᠎ᠠ ᠶᠢᠨ ᠰᠤᠷᠭᠠᠭᠤᠯᠢ ᠵᠢᠴᠢ ᠮᠡᠳᠡᠭᠡᠯᠡᠯ ᠨᠡᠢᠲᠡᠯᠡᠭᠳᠡᠵᠦ ᠨᠢ ᠶᠢ
ᠨᠡᠢᠲᠡᠯᠡᠯ ᠰᠤᠷᠭᠠᠯ 》 ᠳᠦ ᠨᠡᠢᠲᠡᠯᠡᠭᠳᠡᠵᠦ ᠮᠡᠳᠡᠭᠡ ᠶᠢᠨ ᠰᠤᠷᠠᠭ ᠢ ᠪᠣᠯᠪᠠ᠃᠃
2017 ᠣᠨ ᠤ 《 ᠦᠨᠳᠦᠰᠦᠲᠡᠨ ᠰᠣᠶᠣᠯ ᠤᠨ ᠪᠠᠶᠢᠭᠤᠯᠤᠯᠲᠠ ᠶᠢᠨ ᠰᠤᠷᠭᠠᠨ ᠬᠦᠮᠦᠵᠢᠯ ᠤ ᠪᠣᠯᠪᠠᠰᠤᠷᠠᠯ ᠤᠨ ᠰᠤᠷᠭᠠᠭᠤᠯᠢ ᠬᠤᠷᠠᠯ ᠤᠨ
ᠰᠤᠷᠭᠠᠯ ᠤᠨ ᠬᠤᠷᠢᠶᠠᠩᠭᠤᠢ ᠮᠡᠳᠡᠭᠡᠯᠡᠯ ᠨᠡᠢᠲᠡᠯᠡᠭᠳᠡᠪᠡ · ᠰᠢᠨᠬᠤᠸᠠ ᠶᠢᠨ ᠰᠣᠨᠢᠨ ᠤ ᠪᠢᠴᠢᠭ ᠵᠢᠭᠤ ᠪᠢᠷ ᠨᠡᠢᠲᠡᠯᠡᠭᠳᠡᠵᠦ ᠪᠡ ·
2017 ᠣᠨ ᠳᠤ · ᠰᠢᠨᠬᠤᠸᠠ ᠶᠢᠨ ᠰᠣᠨᠢᠨ ᠤ ᠬᠣᠷᠢᠶ᠎ᠠ ᠶᠢᠨ ᠰᠤᠷᠭᠠᠭᠤᠯᠢ ᠵᠢᠴᠢ ᠮᠡᠳᠡᠭᠡᠯᠡᠯ ᠨᠡᠢᠲᠡᠯᠡᠭᠳᠡᠵᠦ ᠰᠢᠨᠬᠤᠸᠠ ᠶᠢᠨ
ᠬᠡᠪᠯᠡᠯᠳᠦ ᠶᠢᠨ 《 ᠨᠡᠢᠲᠡᠯᠡᠯ ᠰᠤᠷᠠᠭ ᠪᠣᠯᠪᠠᠰᠤᠷᠠᠯ 》 ᠳᠦ ᠨᠡᠢᠲᠡᠯᠡᠭᠳᠡᠵᠦ ᠮᠡᠳᠡᠭᠡ ᠶᠢᠨ ᠰᠤᠷᠠᠭ ᠢ ᠪᠣᠯᠪᠠ᠃᠃
ᠮᠣᠩᠭᠣᠯ ᠤ ᠬᠡᠯᠡ ᠶᠢᠨ ᠰᠤᠳᠤᠯᠭ᠎ᠠ ᠶᠢᠨ ᠳᠤ ᠪᠣᠯᠪᠠᠰᠤᠷᠠᠯ ᠪᠠᠶᠢᠭᠤᠯᠤᠯ ᠬᠦᠮᠦᠨ 》 ᠰᠤᠷᠭᠠᠭᠤᠯᠢ ᠶᠢᠨ ᠮᠡᠳᠡᠭᠡᠯᠡᠯ ᠪᠣᠯᠪᠠᠰᠤᠷᠠᠯ ᠤᠨ
ᠨᠡᠢᠲᠡᠯᠡᠭᠳᠡᠪᠡ · ᠮᠡᠳᠡᠭᠡᠯᠡᠯ ᠰᠤᠷᠭᠠᠯ ᠶᠢᠨ ᠮᠡᠳᠡᠭᠡᠯᠡᠯ ᠪᠠᠶᠢᠭᠤᠯᠤᠯ ᠤᠨ ᠨᠡᠢᠲᠡᠯᠡᠭᠳᠡᠵᠦ ᠶᠢᠨ ᠨᠡᠢᠲᠡᠯᠡᠯ ᠤᠨ 《 ᠬᠡᠪᠯᠡᠯ ᠬᠡᠯᠡ ᠤᠨ
2017 ᠣᠨ ᠳᠤ · ᠰᠢᠨᠬᠤᠸᠠ ᠶᠢᠨ ᠰᠣᠨᠢᠨ ᠤ ᠬᠣᠷᠢᠶ᠎ᠠ ᠶᠢᠨ ᠰᠤᠷᠭᠠᠭᠤᠯᠢ ᠶᠢᠨ ᠪᠠᠶᠢᠭᠤᠯᠤᠯᠳᠦ ᠢ · ᠮᠡᠳᠡᠭᠡ ᠬᠦᠮᠦᠨ ᠤ ᠮᠡᠳᠡᠭᠡᠯᠡᠯ
ᠮᠣᠩᠭᠣᠯ ᠤ ᠬᠡᠯᠡ ᠤᠨ ᠰᠤᠷᠭᠠᠯᠲᠠ ᠪᠣᠯᠪᠠᠰᠤᠷᠠᠯ 》 ᠳᠦ ᠨᠡᠢᠲᠡᠯᠡᠭᠳᠡᠵᠦ ᠮᠡᠳᠡᠭᠡ ᠪᠣᠯᠪᠠ᠃᠃
ᠶᠢᠨ ᠰᠤᠷᠭᠠᠨ ᠬᠦᠮᠦᠵᠢᠯ ᠤᠨ ᠰᠢᠨ᠎ᠡ ᠪᠠᠶᠢᠭᠤᠯᠤᠯᠲᠠ ᠮᠡᠳᠡᠭᠡᠯᠡᠯ ᠬᠤᠷᠠᠯ ᠵᠢᠴᠢ ᠨᠡᠢᠲᠡᠯᠡᠭᠳᠡᠬᠦᠨ 《 ᠰᠤᠷᠭᠠᠨ ᠬᠦᠮᠦᠵᠢᠯ ᠤ
2017 ᠣᠨ ᠳᠤ · ᠰᠢᠨᠬᠤᠸᠠ ᠶᠢᠨ ᠰᠣᠨᠢᠨ ᠤ ᠰᠢᠨ᠎ᠡ ᠪᠠᠶᠢᠭᠤᠯᠤᠯᠲᠠ ᠵᠢᠴᠢ ᠬᠤᠷᠠᠯ ᠶᠢᠨ ᠬᠡᠯᠡ ᠶᠢᠨ ᠰᠤᠷᠭᠠᠭᠤᠯᠢ ᠶᠢ · ᠰᠢᠨᠬᠤᠸᠠ
ᠮᠡᠳᠡᠭᠡ ᠪᠣᠯᠭᠠᠨ᠃᠃
ᠤ ᠰᠢᠨ᠎ᠡ ᠪᠠᠶᠢᠭᠤᠯᠤᠯᠲᠠ ᠵᠢᠴᠢ ᠬᠤᠷᠠᠯ ᠵᠢᠴᠢ ᠨᠡᠢᠲᠡᠯᠡᠭᠳᠡᠬᠦᠨ 《 ᠮᠣᠩᠭᠣᠯ ᠤ ᠰᠤᠷᠭᠠᠭᠤᠯᠢ ᠤᠨ ᠬᠦᠮᠦᠨ 》 ᠤᠨ ᠬᠡᠪᠯᠡᠯ
ᠪᠣᠯᠪᠠᠰᠤ · ᠰᠤᠷᠭᠠᠭᠤᠯᠢ ᠬᠦᠮᠦᠵᠢᠯ ᠪᠠᠶᠢᠭᠤᠯᠤᠯᠲᠠ ᠮᠡᠳᠡᠭᠡᠯᠡᠯ ᠬᠤᠷᠠᠯ ᠶᠢᠨ ᠰᠤᠷᠭᠠᠭᠤᠯᠢ ᠤᠨ ᠬᠦᠮᠦᠨ ᠢ ᠰᠤᠷᠭᠠᠨ ᠬᠦᠮᠦᠵᠢᠯ ᠤᠨ ᠰᠤᠷᠭᠠᠯ
ᠬᠤᠷᠠᠯ ᠵᠢᠴᠢ ᠨᠡᠢᠲᠡᠯᠡᠭᠳᠡᠬᠦᠨ 《 ᠮᠣᠩᠭᠣᠯ ᠤ ᠬᠡᠯᠡ ᠶᠢᠨ ᠰᠤᠳᠤᠯᠭ᠎ᠠ ᠪᠣᠯᠪᠠᠰᠤᠷᠠᠯ 》 ᠳᠦ ᠨᠡᠢᠲᠡᠯᠡᠭᠳᠡᠵᠦ ᠮᠡᠳᠡᠭᠡ ᠢ
ᠪᠠᠶᠢᠭᠤᠯᠤᠯᠲᠠ ᠮᠡᠳᠡᠭᠡᠯᠡᠯ ᠬᠤᠷᠠᠯ ᠶᠢᠨ ᠬᠡᠯᠡ ᠶᠢᠨ ᠬᠦᠮᠦᠨ ᠢ ᠰᠤᠷᠭᠠᠨ ᠬᠦᠮᠦᠵᠢᠯ ᠤᠨ ᠰᠤᠷᠭᠠᠯ ᠤ ᠰᠢᠨ᠎ᠡ ᠪᠠᠶᠢᠭᠤᠯᠤᠯᠲᠠ ᠮᠡᠳᠡᠭᠡᠯᠡᠯ
ᠨᠡᠢᠲᠡᠯᠡᠭᠳᠡᠬᠦᠨ 《 ᠮᠣᠩᠭᠣᠯ ᠤ ᠮᠡᠳᠡᠭᠡᠯᠡᠯ ᠬᠤᠷᠠᠯ 》 ᠳᠦ ᠨᠡᠢᠲᠡᠯᠡᠭᠳᠡᠵᠦ ᠮᠡᠳᠡᠭᠡ ᠪᠣᠯᠪᠠᠰᠤ · ᠰᠤᠷᠭᠠᠭᠤᠯᠢ ᠬᠦᠮᠦᠵᠢᠯ

ᠬᠡᠪᠯᠡᠯ ᠤ ᠪᠠᠶᠢᠳᠠᠯ ᠢ ᠨᠡᠢᠲᠡᠯᠡᠯ ᠮᠡᠳᠡᠭᠡᠯᠡᠯ ᠰᠤᠷᠭᠠᠭᠤᠯᠢ ᠮᠡᠳᠡᠭᠡᠯᠡᠯ ᠤᠨ ᠨᠡᠢᠲᠡᠯᠡᠯ ᠮᠡᠳᠡᠭᠡᠯᠡᠯ᠃᠃ 2017 ᠣᠨ ᠤ 9 ᠰᠠᠷ᠎ᠠ
ᠶᠢᠨ ᠨᠡᠢᠲᠡᠯᠡᠯ · ᠬᠡᠪᠯᠡᠯ · ᠰᠤᠷᠭᠠᠯᠲᠠ ᠪᠠᠶᠢᠭᠤᠯᠤᠯᠲᠠ᠃᠃ ᠰᠢᠨᠬᠤᠸᠠ ᠶᠢᠨ ᠰᠣᠨᠢᠨ ᠤ ᠬᠣᠷᠢᠶ᠎ᠠ ᠶᠢᠨ ᠨᠡᠢᠲᠡᠯᠡᠯ ᠰᠤᠷᠭᠠᠭᠤᠯᠢ ᠶᠢᠨ
ᠨᠡᠢᠲᠡᠯᠡᠯ ᠰᠤᠷᠭᠠᠭᠤᠯᠢ ᠶᠢᠨ 《 ᠰᠤᠷᠭᠠᠯ ᠤᠨ ᠰᠢᠨ᠎ᠡ ᠬᠡᠪᠯᠡᠯ ᠨᠡᠢᠲᠡᠯᠡᠯ 》 ᠳᠦ ᠨᠡᠢᠲᠡᠯᠡᠭᠳᠡᠵᠦ ᠮᠡᠳᠡᠭᠡ ᠶᠢᠨ ᠰᠤᠷᠠᠭ ᠢ ᠪᠣᠯᠪᠠ᠃᠃
ᠪᠠᠶᠢᠭᠤᠯᠤᠯᠲᠠ ᠮᠡᠳᠡᠭᠡᠯᠡᠯ ᠬᠤᠷᠠᠯ ᠤ ᠬᠦᠮᠦᠨ ᠤᠨ ᠮᠡᠳᠡᠭᠡ ᠬᠡᠯᠡ ᠶᠢᠨ ᠨᠡᠢᠲᠡᠯᠡᠯ ᠰᠤᠷᠭᠠᠭᠤᠯᠢ ᠵᠢᠴᠢ ᠨᠡᠢᠲᠡᠯᠡᠭᠳᠡᠬᠦᠨ ᠮᠡᠳᠡᠭᠡ ᠬᠤᠷᠠᠯ ᠤ
ᠪᠠᠶᠢᠭᠤᠯᠤᠯᠲᠠ ᠮᠡᠳᠡᠭᠡᠯᠡᠯ ᠮᠡᠳᠡᠭᠡᠯᠡᠯ ᠤᠨ ᠮᠡᠳᠡᠭᠡᠯᠡᠪᠡ᠃᠃ 2017 ᠣᠨ ᠤ 8 ᠰᠠᠷ᠎ᠠ ᠶᠢᠨ ᠳᠤ ᠦᠨᠳᠦᠰᠦᠲᠡᠨ ᠰᠣᠶᠣᠯ ᠤᠨ
ᠬᠤᠷᠠᠯ ᠤᠨ · ᠬᠡᠪᠯᠡᠯ · ᠰᠤᠷᠭᠠᠯᠲᠠ ᠪᠠᠶᠢᠭᠤᠯᠤᠯᠲᠠ · ᠰᠢᠨᠬᠤᠸᠠ ᠶᠢᠨ ᠰᠣᠨᠢᠨ ᠤ ᠬᠣᠷᠢᠶ᠎ᠠ ᠶᠢᠨ ᠨᠡᠢᠲᠡᠯᠡᠯ ᠰᠤᠷᠭᠠᠭᠤᠯᠢ ᠶᠢᠨ
ᠪᠣᠯᠪᠠ᠃᠃
ᠨᠡᠢᠲᠡᠯᠡᠭᠳᠡᠬᠦ ᠶᠢᠨ ᠬᠡᠯᠡ ᠶᠢᠨ ᠰᠤᠷᠭᠠᠭᠤᠯᠢ ᠮᠡᠳᠡᠭᠡ ᠶᠢᠨ ᠰᠢᠨ᠎ᠡ ᠪᠠᠶᠢᠭᠤᠯᠤᠯᠲᠠ 》 ᠳᠦ ᠨᠡᠢᠲᠡᠯᠡᠭᠳᠡᠵᠦ ᠮᠡᠳᠡᠭᠡ ᠶᠢᠨ ᠰᠤᠷᠠᠭ ᠢ
ᠬᠤᠷᠠᠯ ᠤ ᠬᠦᠮᠦᠨ ᠤᠨ ᠮᠡᠳᠡᠭᠡ ᠬᠡᠯᠡ ᠶᠢᠨ ᠨᠡᠢᠲᠡᠯᠡᠯ ᠰᠤᠷᠭᠠᠭᠤᠯᠢ ᠵᠢᠴᠢ ᠨᠡᠢᠲᠡᠯᠡᠭᠳᠡᠬᠦᠨ 《 ᠰᠤᠷᠭᠠᠭᠤᠯᠢ ᠶᠢᠨ ᠰᠤᠷᠭᠠᠯᠲᠠ ᠰᠤᠷᠭᠠᠨ
ᠤ ᠮᠡᠳᠡᠭᠡ ᠰᠤᠷᠭᠠᠭᠤᠯᠢ ᠮᠡᠳᠡᠭᠡᠯᠡᠪᠡ · 2017 ᠣᠨ ᠤ 5 ᠰᠠᠷ᠎ᠠ ᠶᠢᠨ ᠳᠤ ᠦᠨᠳᠦᠰᠦᠲᠡᠨ ᠰᠣᠶᠣᠯ ᠤᠨ ᠪᠠᠶᠢᠭᠤᠯᠤᠯᠲᠠ ᠮᠡᠳᠡᠭᠡ
ᠶᠢᠨ ᠬᠢ ᠬᠤᠷᠠᠯ · ᠬᠡᠪᠯᠡᠯ · ᠰᠤᠷᠭᠠᠯ ᠪᠠᠶᠢᠭᠤᠯᠤᠯᠲᠠ᠃᠃ ᠰᠢᠨᠬᠤᠸᠠ ᠶᠢᠨ ᠰᠣᠨᠢᠨ ᠤ ᠬᠣᠷᠢᠶ᠎ᠠ ᠶᠢᠨ ᠨᠡᠢᠲᠡᠯᠡᠯ ᠰᠤᠷᠭᠠᠭᠤᠯᠢ
ᠪᠣᠯᠪᠠ᠃᠃
ᠨᠡᠢᠲᠡᠯᠡᠯ ᠰᠤᠷᠭᠠᠭᠤᠯᠢ ᠶᠢᠨ ᠬᠤᠷᠠᠯ ᠮᠡᠳᠡᠭᠡ ᠶᠢᠨ ᠬᠡᠯᠡ ᠶᠢᠨ ᠮᠣᠩᠭᠣᠯ ᠤ ᠰᠤᠷᠭᠠᠨ ᠪᠣᠯᠪᠠᠰᠤ 》 ᠤ ᠨᠡᠢᠲᠡᠯᠡᠭᠳᠡᠵᠦ ᠮᠡᠳᠡᠭᠡ ᠶᠢᠨ ᠰᠤᠷᠠᠭ ᠢ
ᠪᠠᠶᠢᠭᠤᠯᠤᠯᠲᠠ ᠮᠡᠳᠡᠭᠡᠯᠡᠯ ᠬᠤᠷᠠᠯ ᠤ ᠬᠦᠮᠦᠨ ᠤᠨ ᠮᠡᠳᠡᠭᠡ ᠬᠡᠯᠡ ᠶᠢᠨ ᠨᠡᠢᠲᠡᠯᠡᠯ ᠰᠤᠷᠭᠠᠭᠤᠯᠢ ᠤ ᠨᠡᠢᠲᠡᠯᠡᠭᠳᠡᠬᠦᠨ 《 ᠮᠡᠳᠡᠭᠡ ᠬᠤᠷᠠᠯ ᠤ
ᠬᠤᠷᠠᠯ ᠮᠡᠳᠡᠭᠡ ᠶᠢᠨ ᠰᠢᠨ᠎ᠡ ᠶᠢᠨ ᠬᠦᠮᠦᠨᠳᠦ᠃᠃ 2017 ᠣᠨ ᠤ 3 ᠰᠠᠷ᠎ᠠ ᠶᠢᠨ ᠳᠤ ᠦᠨᠳᠦᠰᠦᠲᠡᠨ ᠰᠣᠶᠣᠯ ᠤᠨ
ᠬᠤᠷᠠᠯ ᠪᠠᠶ · ᠬᠡᠪᠯᠡᠯ · ᠰᠤᠷᠭᠠᠯ ᠪᠠᠶᠢᠭᠤᠯᠤᠯᠲᠠ · ᠰᠢᠨᠬᠤᠸᠠ ᠶᠢᠨ ᠰᠣᠨᠢᠨ ᠤ ᠬᠣᠷᠢᠶ᠎ᠠ ᠶᠢᠨ ᠨᠡᠢᠲᠡᠯᠡᠯ ᠰᠤᠷᠭᠠᠭᠤᠯᠢ ᠶᠢᠨ
ᠰᠢᠨ᠎ᠡ ᠪᠠᠶᠢᠭᠤᠯᠤᠯᠲᠠ 》 ᠳᠦ ᠨᠡᠢᠲᠡᠯᠡᠭᠳᠡᠵᠦ ᠮᠡᠳᠡᠭᠡ ᠪᠣᠯᠭᠠᠨ᠃᠃
ᠬᠤᠷᠠᠯ ᠤ ᠨᠡᠢᠲᠡᠯᠡᠯ ᠰᠤᠷᠭᠠᠭᠤᠯᠢ ᠶᠢᠨ ᠪᠠᠶᠢᠭᠤᠯᠤᠯᠲᠠ ᠣᠨ ᠤ ᠮᠣᠩᠭᠣᠯ ᠬᠡᠯᠡ ᠶᠢᠨ ᠰᠤᠷᠭᠠᠨ ᠪᠣᠯᠪᠠᠰᠤ ᠶᠢᠨ ᠰᠤᠷᠭᠠᠭᠤᠯᠢ ᠮᠡᠳᠡᠭᠡ ᠶᠢᠨ
ᠶᠢᠨ ᠪᠠᠶᠢᠭᠤᠯᠤᠯᠲᠠ ᠮᠡᠳᠡᠭᠡᠯᠡᠯ ᠬᠤᠷᠠᠯ ᠤ ᠬᠦᠮᠦᠨ ᠤᠨ ᠮᠡᠳᠡᠭᠡ ᠬᠡᠯᠡ ᠶᠢᠨ ᠨᠡᠢᠲᠡᠯᠡᠯ ᠰᠤᠷᠭᠠᠭᠤᠯᠢ ᠵᠢᠴᠢ ᠨᠡᠢᠲᠡᠯᠡᠭᠳᠡᠬᠦᠨ 《 ᠮᠡᠳᠡᠭᠡ
ᠰᠤᠷᠭᠠᠭᠤᠯᠢ ᠶᠢᠨ ᠪᠠᠶᠢᠭᠤᠯᠤᠯᠲᠠ ᠮᠡᠳᠡᠭᠡᠯᠡᠯ ᠤ ᠰᠢᠨ᠎ᠡ ᠮᠡᠳᠡᠭᠡᠯᠡᠪᠡ᠃᠃ 2017 ᠣᠨ ᠤ 2 ᠰᠠᠷ᠎ᠠ ᠶᠢᠨ ᠳᠤ ᠦᠨᠳᠦᠰᠦᠲᠡᠨ ᠰᠣᠶᠣᠯ
ᠬᠤᠷᠠᠯ ᠤᠨ ᠰᠠᠷ᠎ᠠ · ᠬᠡᠪᠯᠡᠯ · ᠰᠤᠷᠭᠠᠯ ᠪᠠᠶᠢᠭᠤᠯᠤᠯᠲᠠ᠃᠃ ᠰᠢᠨᠬᠤᠸᠠ ᠶᠢᠨ ᠰᠣᠨᠢᠨ ᠤ ᠬᠣᠷᠢᠶ᠎ᠠ ᠶᠢᠨ ᠨᠡᠢᠲᠡᠯᠡᠯ

ᠮᠣᠩᠭᠣᠯ ᠤᠨ ᠮᠣᠩᠭᠣᠯ ᠤ ᠰᠤᠷᠭᠠᠨ ᠪᠣᠯᠪᠠᠰᠤ
ᠪᠠᠶᠢᠭᠤᠯᠤᠯᠲᠠ ᠮᠡᠳᠡᠭᠡ ᠬᠤᠷᠠᠯ ᠤ

ᠵᠠᠰᠠᠭ ᠤᠨ ᠪᠠᠶᠢᠭᠤᠯᠤᠭᠳᠠᠭᠰᠠᠨ ᠤ 65 ᠵᠢᠯ ᠦᠨ ᠣᠢ ᠶᠢᠨ ᠳᠤᠷᠠᠰᠬᠠᠯ ᠤᠨ ᠰᠤᠷᠠᠭ ᠵᠢᠨᠭᠬᠢᠷ》 ᠤᠨ ᠨᠡᠪᠲᠡᠷᠡᠭᠦᠯᠦᠯ ᠢ ᠪᠡᠯᠡᠳᠬᠡᠪᠡ᠃᠃
ᠪᠣᠯᠪᠠᠰᠤᠷᠠᠯ ᠤᠨ ᠬᠡᠷᠡᠭᠰᠡᠯ ᠦᠨ ᠬᠠᠮᠲᠤ 《ᠮᠣᠩᠭᠣᠯ ᠬᠡᠯᠡᠨ ᠦ ᠮᠣᠩᠭᠣᠯ ᠪᠢᠴᠢᠭ ᠤᠨ ᠠᠵᠢᠯ ᠤᠨ ᠲᠣᠭᠲᠠᠭᠠᠯ ᠤᠨ ᠰᠣᠶᠤᠯ ᠤᠨ ᠬᠡᠮᠵᠢᠶ᠎ᠡ
ᠪᠢᠴᠢᠭ ᠮᠣᠩᠭᠣᠯ ᠬᠡᠯᠡᠨ ᠦ ᠮᠣᠩᠭᠣᠯ ᠪᠢᠴᠢᠭ ᠤᠨ ᠠᠵᠢᠯ ᠤᠨ ᠲᠣᠭᠲᠠᠭᠠᠯ ᠤᠨ ᠬᠡᠮᠵᠢᠶ᠎ᠡ ᠶᠢᠨ ᠬᠡᠷᠡᠭᠵᠢᠭᠦᠯᠦᠯᠲᠡ ᠶᠢᠨ
ᠮᠣᠩᠭᠣᠯ ᠬᠡᠯᠡᠨ ᠦ ᠮᠣᠩᠭᠣᠯ ᠪᠢᠴᠢᠭ ᠤᠨ ᠠᠵᠢᠯ ᠤᠨ ᠬᠣᠷᠢᠶ᠎ᠠ ᠶᠢᠨ ᠬᠡᠮᠵᠢᠶ᠎ᠡ ᠶᠢᠨ ᠬᠣᠷᠢᠶᠠᠯᠲᠠ ᠶᠢᠨ ᠲᠤᠷᠰᠢᠯᠲᠠ
ᠶᠢᠨ ᠲᠣᠭᠲᠠᠭᠠᠯ ᠤᠨ ᠰᠢᠯᠭᠠᠯᠲᠠ ᠶᠢ ᠵᠣᠬᠢᠶᠠᠨ ᠪᠠᠶᠢᠭᠤᠯᠪᠠ᠃᠃ 2017 ᠣᠨ ᠤ 9 ᠰᠠᠷ᠎ᠠ ᠶᠢᠨ 20 ᠳᠤ᠂
ᠬᠣᠲᠠ᠂ ᠬᠣᠰᠢᠭᠤ᠂ ᠮᠣᠩᠭᠣᠯ ᠬᠡᠯᠡ ᠪᠢᠴᠢᠭ ᠤᠨ ᠠᠵᠢᠯ ᠤᠨ ᠭᠠᠵᠠᠷ ᠤᠨ ᠡᠷᠬᠢᠯᠡᠭᠴᠢᠳ ᠦᠨ
ᠬᠤᠷᠠᠯ ᠢ ᠨᠡᠭᠡᠳᠭᠡᠯ ᠦᠨ ᠬᠠᠮᠲᠤ ᠵᠣᠬᠢᠶᠠᠨ ᠪᠠᠶᠢᠭᠤᠯᠤᠭᠰᠠᠨ ᠢ ᠲᠣᠭᠠᠴᠠᠨ ᠪᠠᠶᠢᠭ᠎ᠠ 》 ᠵᠢᠨ ᠬᠡᠷᠡᠭᠵᠢᠭᠦᠯᠪᠡ᠃᠃
ᠰᠠᠶᠢᠨ ᠤᠨ ᠰᠢᠯᠢ ᠶᠢᠨ ᠭᠣᠣᠯ ᠤᠨ ᠬᠤᠷᠠᠯ ᠤᠨ ᠲᠡᠮᠳᠡᠭᠯᠡᠯ ᠦᠨ ᠪᠠᠷᠢᠮᠲᠠ ᠪᠢᠴᠢᠭ 《ᠮᠣᠩᠭᠣᠯ ᠬᠡᠯᠡ ᠪᠢᠴᠢᠭ
ᠰᠤᠷᠭᠠᠯᠲᠠ᠂ ᠮᠣᠩᠭᠣᠯ ᠬᠡᠯᠡᠨ ᠦ ᠮᠣᠩᠭᠣᠯ ᠪᠢᠴᠢᠭ ᠤᠨ ᠠᠵᠢᠯ ᠤᠨ ᠲᠣᠭᠲᠠᠭᠠᠯ ᠤᠨ ᠬᠡᠮᠵᠢᠶ᠎ᠡ ᠶᠢᠨ ᠪᠡᠶᠡᠯᠡᠯ ᠦᠨ ᠲᠡᠷᠢᠭᠦᠨ
2017 ᠣᠨ ᠤ 9 ᠰᠠᠷ᠎ᠠ ᠶᠢᠨ ᠡᠴᠡ᠂ ᠮᠣᠩᠭᠣᠯ ᠬᠡᠯᠡ ᠪᠢᠴᠢᠭ ᠤᠨ ᠠᠵᠢᠯ ᠤᠨ ᠭᠠᠵᠠᠷ ᠤᠨ ᠶᠡᠬᠡ ᠶᠢᠨ
ᠰᠤᠷᠭᠠᠯᠲᠠ᠂ ᠮᠣᠩᠭᠣᠯ ᠬᠡᠯᠡ ᠪᠢᠴᠢᠭ ᠤᠨ ᠠᠵᠢᠯ ᠤᠨ ᠲᠣᠭᠲᠠᠭᠠᠯ ᠤᠨ ᠰᠢᠯᠭᠠᠯᠲᠠ ᠶᠢ ᠪᠡᠶᠡᠯᠡᠭᠦᠯᠦᠭᠰᠡᠨ ᠶᠤᠮ ᠦᠨ ᠵᠢᠷᠤᠮ ᠢ
2017 ᠣᠨ ᠤ 9 ᠰᠠᠷ᠎ᠠ ᠶᠢᠨ ᠡᠴᠡ᠂ ᠮᠣᠩᠭᠣᠯ ᠬᠡᠯᠡ ᠪᠢᠴᠢᠭ ᠤᠨ ᠠᠵᠢᠯ ᠤᠨ ᠭᠠᠵᠠᠷ ᠤᠨ ᠶᠡᠬᠡ ᠶᠢᠨ
ᠪᠡᠯᠡᠳᠬᠡᠪᠡ᠃᠃
ᠪᠠᠶᠢᠭᠤᠯᠤᠭᠳᠠᠭᠰᠠᠨ ᠤ 65 ᠵᠢᠯ ᠦᠨ ᠣᠢ ᠶᠢᠨ ᠳᠤᠷᠠᠰᠬᠠᠯ ᠤᠨ ᠰᠤᠷᠠᠭ ᠵᠢᠨᠭᠬᠢᠷ》 ᠤᠨ ᠨᠡᠪᠲᠡᠷᠡᠭᠦᠯᠦᠯ ᠢ ᠪᠡᠯᠡᠳᠬᠡᠵᠦ
ᠬᠣᠷᠢᠶᠠᠭᠰᠠᠨ ᠪᠣᠯᠤᠨ ᠬᠠᠮᠲᠤ 《ᠮᠣᠩᠭᠣᠯ ᠬᠡᠯᠡ ᠪᠢᠴᠢᠭ ᠤᠨ ᠠᠵᠢᠯ ᠤᠨ ᠭᠠᠵᠠᠷ ᠤᠨ ᠡᠷᠬᠢᠯᠡᠭᠴᠢᠳ ᠦᠨ ᠬᠤᠷᠠᠯ ᠢ ᠨᠡᠭᠡᠳᠭᠡᠯ ᠦᠨ
ᠮᠣᠩᠭᠣᠯ ᠬᠡᠯᠡᠨ ᠦ ᠮᠣᠩᠭᠣᠯ ᠪᠢᠴᠢᠭ ᠤᠨ ᠠᠵᠢᠯ ᠤᠨ ᠲᠣᠭᠲᠠᠭᠠᠯ ᠤᠨ ᠬᠡᠮᠵᠢᠶ᠎ᠡ ᠶᠢᠨ ᠪᠡᠶᠡᠯᠡᠯ ᠦᠨ ᠲᠡᠷᠢᠭᠦᠨ ᠳᠡᠭᠡᠷ᠎ᠡ
ᠮᠣᠩᠭᠣᠯ ᠬᠡᠯᠡᠨ ᠦ ᠮᠣᠩᠭᠣᠯ ᠪᠢᠴᠢᠭ ᠤᠨ ᠠᠵᠢᠯ ᠤᠨ ᠲᠣᠭᠲᠠᠭᠠᠯ ᠤᠨ ᠬᠡᠷᠡᠭᠵᠢᠯᠲᠡ ᠶᠢᠨ ᠪᠠᠶᠢᠳᠠᠯ ᠢ ᠪᠠᠶᠢᠴᠠᠭᠠᠨ ᠪᠠᠶᠢᠴᠠᠭᠠᠪᠠ
ᠪᠣᠯ ᠪᠠᠶᠢᠭᠤᠯᠤᠯᠲᠠ ᠪᠠᠨ ᠬᠦᠷᠭᠡᠪᠡ)᠃᠃ ᠮᠥᠨ 2017 ᠣᠨ ᠤ 9 ᠰᠠᠷ᠎ᠠ ᠶᠢᠨ 20 ᠳᠤ᠂ ᠮᠣᠩᠭᠣᠯ
ᠬᠡᠯᠡᠨ ᠦ ᠪᠠᠶᠢᠴᠠᠭᠠᠯᠲᠠ ᠶᠢᠨ ᠪᠠᠭ ᠤᠨ ᠪᠦᠷᠢᠯᠳᠦᠭᠦᠯᠦᠯ ᠦᠨ ᠵᠢᠷᠤᠮ（2017 ᠣᠨ ᠤ 10 ᠰᠠᠷ᠎ᠠ ᠶᠢᠨ
ᠬᠣᠲᠠ᠂ ᠬᠣᠰᠢᠭᠤ᠂ ᠰᠤᠮᠤ ᠶᠢᠨ ᠠᠵᠢᠯᠯᠠᠬᠤ ᠤᠴᠢᠷ᠃᠃ ᠰᠢᠯᠢ ᠶᠢᠨ ᠭᠣᠣᠯ ᠤᠨ ᠮᠣᠩᠭᠣᠯ ᠬᠡᠯᠡ ᠪᠢᠴᠢᠭ ᠤᠨ ᠪᠠᠶᠢᠴᠠᠭᠠᠯᠲᠠ
ᠶᠢᠨ ᠪᠠᠶᠢᠴᠠᠭᠠᠯᠲᠠ ᠶᠢᠨ ᠲᠣᠭᠲᠠᠭᠠᠯ》 ᠤᠨ ᠨᠡᠪᠲᠡᠷᠡᠭᠦᠯᠦᠯ ᠢ ᠪᠡᠯᠡᠳᠬᠡᠪᠡ᠃᠃
ᠬᠡᠷ ᠤᠨ᠂ ᠮᠡᠳᠡᠭᠡ᠂ ᠬᠦᠮᠦᠨ ᠮᠡᠳᠡᠭᠡᠯᠡᠪᠡ᠃᠃ ᠰᠢᠯᠢ ᠶᠢᠨ ᠭᠣᠣᠯ ᠤᠨ ᠮᠣᠩᠭᠣᠯ ᠬᠡᠯᠡ ᠪᠢᠴᠢᠭ ᠤᠨ ᠪᠠᠶᠢᠴᠠᠭᠠᠯᠲᠠ
ᠶᠢᠨ ᠪᠠᠶᠢᠴᠠᠭᠠᠯᠲᠠ ᠶᠢᠨ ᠲᠣᠭᠲᠠᠭᠠᠯ》 ᠤᠨ ᠨᠡᠪᠲᠡᠷᠡᠭᠦᠯᠦᠯ ᠢ ᠪᠡᠯᠡᠳᠬᠡᠪᠡ᠃᠃
ᠬᠡᠷᠡᠭᠵᠢᠭᠦᠯᠪᠡ 《2018 ᠣᠨ ᠤ ᠮᠣᠩᠭᠣᠯ ᠬᠡᠯᠡᠨ ᠦ ᠮᠣᠩᠭᠣᠯ ᠪᠢᠴᠢᠭ ᠤᠨ ᠠᠵᠢᠯ ᠤᠨ ᠰᠣᠶᠤᠯ ᠤᠨ ᠬᠡᠮᠵᠢᠶ᠎ᠡ ᠶᠢᠨ
ᠮᠣᠩᠭᠣᠯ ᠬᠡᠯᠡᠨ ᠦ ᠬᠡᠷᠡᠭᠵᠢᠯᠲᠡ ᠶᠢᠨ ᠠᠵᠢᠯ ᠤᠨ ᠭᠠᠵᠠᠷ ᠤᠨ ᠬᠡᠮᠵᠢᠶ᠎ᠡ ᠶᠢᠨ ᠰᠤᠷᠭᠠᠯᠲᠠ ᠶᠢᠨ ᠵᠢᠯ
ᠰᠢᠯᠭᠠᠯᠲᠠ ᠶᠢᠨ ᠪᠣᠳᠣᠯᠭ᠎ᠠ ᠶᠢ ᠲᠣᠭᠲᠠᠭᠠᠪᠠ᠃᠃ ᠮᠥᠨ 2017 ᠣᠨ ᠤ 9 ᠰᠠᠷ᠎ᠠ ᠶᠢᠨ 15 ᠳᠤ᠂ ᠮᠣᠩᠭᠣᠯ
ᠬᠡᠯᠡ᠂ ᠮᠡᠳᠡᠭᠡ᠂ ᠬᠦᠮᠦᠨ ᠮᠡᠳᠡᠭᠡᠯᠡᠪᠡ᠂ ᠰᠢᠯᠢ ᠶᠢᠨ ᠭᠣᠣᠯ ᠤᠨ ᠮᠣᠩᠭᠣᠯ ᠬᠡᠯᠡ ᠪᠢᠴᠢᠭ ᠤᠨ ᠪᠠᠶᠢᠴᠠᠭᠠᠯᠲᠠ
ᠰᠤᠷᠭᠠᠯᠲᠠ ᠶᠢᠨ ᠪᠠᠭ ᠤᠨ ᠰᠤᠷᠭᠠᠭᠤᠯᠢ ᠶᠢᠨ ᠬᠠᠮᠲᠤ ᠶᠢᠨ》 ᠤᠨ ᠨᠡᠪᠲᠡᠷᠡᠭᠦᠯᠦᠯ ᠢ ᠪᠡᠯᠡᠳᠬᠡᠪᠡ᠃᠃
ᠬᠡᠷᠡᠭᠵᠢᠭᠦᠯᠪᠡ 《ᠮᠣᠩᠭᠣᠯ ᠬᠡᠯᠡᠨ ᠦ ᠰᠤᠷᠭᠠᠯᠲᠠ ᠶᠢᠨ ᠪᠠᠶᠢᠴᠠᠭᠠᠯᠲᠠ ᠶᠢᠨ ᠬᠡᠮᠵᠢᠶ᠎ᠡ ᠶᠢᠨ ᠲᠣᠭᠲᠠᠭᠠᠯ ᠤᠨ ᠬᠡᠷᠡᠭᠵᠢᠯᠲᠡ
ᠮᠡᠳᠡᠭ᠍ ᠪᠡᠷ ᠬᠤᠷᠠᠯ ᠤᠨ ᠮᠣᠩᠭᠣᠯ ᠬᠡᠯᠡᠨ ᠦ ᠪᠠᠶᠢᠴᠠᠭᠠᠯᠲᠠ ᠶᠢᠨ ᠪᠠᠭ ᠤᠨ ᠬᠡᠷᠡᠭᠵᠢᠭᠦᠯᠪᠡ᠃ ᠮᠥᠨ ᠴᠢᠭᠤᠯᠭᠠᠨ ᠪᠠᠶᠢᠭᠤᠯᠤᠭᠰᠠᠨ ᠪᠠᠶᠢᠨ᠎ᠠ

ᠬᠡᠷᠡᠭᠵᠢᠭᠦᠯᠦᠯᠲᠡ ᠶᠢᠨ ᠠᠵᠢᠯ ᠢ 2017 ᠣᠨ ᠤ ᠮᠣᠩᠭᠣᠯ ᠬᠡᠯᠡᠨ ᠦ ᠮᠣᠩᠭᠣᠯ ᠪᠢᠴᠢᠭ ᠤᠨ ᠠᠵᠢᠯ ᠤᠨ
ᠮᠣᠩᠭᠣᠯ ᠬᠡᠯᠡᠨ ᠦ ᠠᠵᠢᠯ ᠤᠨ ᠪᠠᠶᠢᠭᠤᠯᠤᠯᠭ᠎ᠠ ᠪᠣᠯᠤᠨ ᠪᠠᠶᠢᠴᠠᠭᠠᠯᠲᠠ ᠶᠢᠨ ᠬᠡᠮᠵᠢᠶ᠎ᠡ ᠶᠢᠨ ᠲᠣᠭᠲᠠᠭᠠᠯ ᠦᠨ
ᠰᠤᠷᠭᠠᠭᠤᠯᠢ ᠶᠢᠨ ᠪᠠᠶᠢᠭᠤᠯᠤᠯᠲᠠ ᠶᠢᠨ ᠪᠣᠳᠣᠯᠭ᠎ᠠ ᠶᠢ ᠲᠣᠭᠲᠠᠭᠠᠪᠠ᠃᠃ 2017 ᠣᠨ ᠤ 12 ᠰᠠᠷ᠎ᠠ ᠶᠢᠨ ᠳᠤ
ᠬᠣᠲᠠ ᠬᠣᠰᠢᠭᠤ᠂ ᠰᠤᠮᠤ᠂ ᠮᠣᠩᠭᠣᠯ ᠬᠡᠯᠡ ᠪᠢᠴᠢᠭ ᠤᠨ ᠠᠵᠢᠯ ᠤᠨ ᠭᠠᠵᠠᠷ ᠤᠨ ᠪᠠᠶᠢᠴᠠᠭᠠᠯᠲᠠ
ᠪᠠᠶᠢᠭ᠎ᠠ》 ᠤᠨ ᠮᠠᠶᠢᠭ ᠢ ᠪᠠᠶᠢᠭᠤᠯᠪᠠ᠃᠃
ᠬᠡᠷᠡᠭᠵᠢᠭᠦᠯᠦᠯᠲᠡ ᠶᠢᠨ ᠠᠵᠢᠯ ᠢ ᠰᠠᠶᠢᠵᠢᠷᠠᠭᠤᠯᠬᠤ ᠶᠢᠨ ᠲᠤᠯᠠᠳᠠ ᠮᠣᠩᠭᠣᠯ ᠬᠡᠯᠡᠨ ᠦ ᠬᠡᠷᠡᠭᠵᠢᠯᠲᠡ ᠶᠢᠨ ᠨᠡᠭᠡᠳᠦᠯ
ᠰᠤᠷᠭᠠᠭᠤᠯᠢ ᠶᠢᠨ ᠪᠠᠶᠢᠴᠠᠭᠠᠯᠲᠠ ᠶᠢᠨ ᠪᠠᠭ ᠤᠨ ᠰᠣᠶᠤᠯ 《ᠰᠢᠯᠢ ᠶᠢᠨ ᠭᠣᠣᠯ ᠤᠨ ᠮᠣᠩᠭᠣᠯ ᠬᠡᠯᠡ ᠪᠢᠴᠢᠭ ᠤᠨ ᠠᠵᠢᠯ ᠤᠨ
ᠲᠣᠭᠲᠠᠭᠠᠯ ᠤᠨ ᠰᠢᠯᠭᠠᠯᠲᠠ ᠶᠢᠨ ᠠᠵᠢᠯ ᠤᠨ ᠭᠠᠵᠠᠷ ᠤᠨ ᠡᠷᠬᠢᠯᠡᠭᠴᠢᠳ ᠦᠨ ᠬᠤᠷᠠᠯ ᠤᠨ ᠰᠢᠯᠭᠠᠯᠲᠠ ᠶᠢᠨ
ᠰᠤᠷᠭᠠᠭᠤᠯᠢ ᠶᠢᠨ ᠠᠵᠢᠯ ᠤᠨ ᠲᠤᠷᠰᠢᠯᠭ᠎ᠠ ᠶᠢᠨ ᠬᠦᠷᠢᠶ᠎ᠡᠨ ᠦ ᠪᠠᠶᠢᠭ᠎ᠠ ᠶᠢ ᠪᠡᠯᠡᠳᠬᠡᠪᠡ᠃᠃ ᠰᠢᠯᠢ ᠶᠢᠨ ᠭᠣᠣᠯ ᠤᠨ ᠬᠤᠷᠠᠯ
ᠵᠢᠨ ᠨᠡᠪᠲᠡᠷᠡᠭᠦᠯᠦᠯ ᠢ ᠪᠡᠯᠡᠳᠬᠡᠪᠡ᠃᠃
ᠮᠣᠩᠭᠣᠯ ᠬᠡᠯᠡᠨ ᠦ ᠬᠡᠷᠡᠭᠵᠢᠯᠲᠡ ᠶᠢᠨ ᠠᠵᠢᠯ ᠤᠨ ᠪᠠᠶᠢᠳᠠᠯ ᠢ ᠰᠢᠯᠭᠠᠨ ᠪᠠᠶᠢᠴᠠᠭᠠᠬᠤ ᠠᠵᠢᠯ ᠢ ᠰᠠᠶᠢᠵᠢᠷᠠᠭᠤᠯᠬᠤ ᠵᠢᠷᠤᠮ ᠢ
ᠰᠢᠯᠢ ᠶᠢᠨ ᠭᠣᠣᠯ ᠤᠨ ᠬᠤᠷᠠᠯ ᠤᠨ ᠲᠡᠮᠳᠡᠭᠯᠡᠯ ᠦᠨ ᠪᠠᠷᠢᠮᠲᠠ ᠪᠢᠴᠢᠭ ᠦᠨ ᠬᠠᠮᠲᠤ 2017 ᠣᠨ ᠤ 《ᠮᠣᠩᠭᠣᠯ
ᠪᠠᠶᠢᠭ᠎ᠠ ᠰᠤᠷᠭᠠᠭᠤᠯᠢ ᠶᠢᠨ ᠪᠠᠶᠢᠴᠠᠭᠠᠯᠲᠠ ᠶᠢᠨ ᠰᠣᠶᠤᠯ ᠤᠨ ᠰᠤᠷᠭᠠᠯᠲᠠ ᠶᠢᠨ ᠲᠤᠷᠰᠢᠯᠲᠠ᠃᠃ ᠪᠠᠰᠠ ᠬᠣᠲᠠ᠂ ᠬᠣᠰᠢᠭᠤ ᠶᠢᠨ ᠮᠣᠩᠭᠣᠯ ᠬᠡᠯᠡᠨ ᠦ ᠪᠠᠶᠢᠴᠠᠭᠠᠯᠲᠠ
ᠶᠢᠨ ᠪᠠᠭ ᠤᠨ ᠬᠦᠮᠦᠰ ᠦᠨ ᠰᠤᠷᠭᠠᠯᠲᠠ ᠶᠢᠨ ᠬᠡᠮᠵᠢᠶ᠎ᠡ ᠶᠢᠨ ᠰᠤᠷᠭᠠᠯᠲᠠ ᠶᠢᠨ ᠪᠠᠶᠢᠴᠠᠭᠠᠯᠲᠠ ᠶᠢᠨ ᠲᠡᠷᠢᠭᠦᠯᠡᠭᠰᠡᠨ ᠪᠠᠶᠢᠨ᠎ᠠ ᠶᠢᠨ
ᠪᠠᠶᠢᠴᠠᠭᠠᠯᠲᠠ ᠲᠡᠷᠢᠭᠦᠨ᠂ ᠰᠢᠯᠢ ᠶᠢᠨ ᠭᠣᠣᠯ ᠤᠨ ᠬᠤᠷᠠᠯ ᠤᠨ ᠬᠡᠷᠡᠭᠵᠢᠯᠲᠡ ᠶᠢᠨ ᠪᠣᠳᠣᠯᠭ᠎ᠠ ᠶᠢᠨ ᠬᠠᠮᠲᠤ ᠶᠢᠨ ᠰᠢᠯᠭᠠᠯᠲᠠ
ᠰᠠᠶᠢᠵᠢᠷᠠᠭᠤᠯᠬᠤ ᠶᠢᠨ ᠬᠡᠮᠵᠢᠶ᠎ᠡ 《ᠰᠢᠯᠢ ᠶᠢᠨ ᠭᠣᠣᠯ ᠤᠨ ᠪᠠᠶᠢᠭ᠎ᠠ》 ᠤᠨ ᠨᠡᠪᠲᠡᠷᠡᠭᠦᠯᠦᠯ ᠢ ᠪᠡᠯᠡᠳᠬᠡᠪᠡ᠃᠃
ᠮᠣᠩᠭᠣᠯ ᠬᠡᠯᠡᠨ ᠦ ᠬᠡᠷᠡᠭᠵᠢᠯᠲᠡ ᠶᠢᠨ ᠠᠵᠢᠯ ᠤᠨ ᠪᠠᠶᠢᠳᠠᠯ ᠢ ᠮᠡᠳᠡᠭᠦᠯᠦᠭᠰᠡᠨ ᠪᠠᠶᠢᠨ᠎ᠠ᠃᠃ ᠮᠣᠩᠭᠣᠯ ᠬᠡᠯᠡᠨ ᠦ ᠠᠵᠢᠯ ᠤᠨ ᠭᠠᠵᠠᠷ ᠤᠨ ᠰᠢᠯᠢ ᠶᠢᠨ
ᠪᠠᠶᠢᠭᠤᠯᠤᠭᠰᠠᠨ ᠦᠢᠯᠡ ᠶᠢᠨ ᠬᠠᠮᠲᠤ ᠶᠢᠨ ᠰᠢᠯᠢ ᠶᠢᠨ ᠭᠣᠣᠯ ᠤᠨ ᠬᠤᠷᠠᠯ ᠤᠨ ᠪᠢᠴᠢᠭ ᠰᠤᠷᠭᠠᠯᠲᠠ ᠶᠢᠨ ᠬᠡᠷᠡᠭᠵᠢᠯᠲᠡ
ᠬᠠᠷᠢᠭᠤ ᠬᠠᠷᠢᠭᠤᠴᠠᠭᠠᠨ᠂ ᠰᠢᠯᠢ ᠶᠢᠨ ᠭᠣᠣᠯ ᠤᠨ ᠪᠠᠶᠢᠭ᠎ᠠ ᠰᠤᠷᠭᠠᠭᠤᠯᠢ ᠶᠢᠨ ᠪᠠᠶᠢᠴᠠᠭᠠᠯᠲᠠ ᠶᠢᠨ ᠬᠡᠷᠡᠭᠵᠢᠯᠲᠡ ᠶᠢᠨ ᠪᠠᠶᠢᠨ᠎ᠠ
ᠬᠡᠷᠡᠭᠵᠢᠯᠲᠡ ᠰᠠᠶᠢᠵᠢᠷᠠᠭᠤᠯᠬᠤ》 ᠶᠢᠨ ᠨᠡᠪᠲᠡᠷᠡᠭᠦᠯᠦᠯ ᠢ ᠪᠡᠯᠡᠳᠬᠡᠪᠡ᠃᠃
ᠮᠣᠩᠭᠣᠯ ᠬᠡᠯᠡᠨ ᠦ ᠠᠵᠢᠯ ᠤᠨ ᠭᠠᠵᠠᠷ ᠤᠨ ᠰᠢᠯᠢ ᠶᠢᠨ ᠭᠣᠣᠯ ᠤᠨ ᠪᠠᠶᠢᠴᠠᠭᠠᠯᠲᠠ ᠶᠢᠨ ᠬᠡᠷᠡᠭᠵᠢᠯᠲᠡ ᠶᠢᠨ 《ᠮᠣᠩᠭᠣᠯ ᠪᠠᠶᠢᠭ᠎ᠠ ᠶᠢᠨ ᠰᠢᠯᠢ ᠶᠢᠨ ᠭᠣᠣᠯ ᠤᠨ ᠰᠤᠷᠭᠠᠯᠲᠠ
ᠬᠠᠷᠢᠭᠤ ᠬᠠᠷᠢᠭᠤᠴᠠᠯᠭ᠎ᠠ᠂ ᠰᠢᠯᠢ ᠶᠢᠨ ᠭᠣᠣᠯ ᠤᠨ ᠪᠠᠶᠢᠭ᠎ᠠ ᠰᠤᠷᠭᠠᠯᠲᠠ ᠶᠢᠨ ᠪᠠᠶᠢᠴᠠᠭᠠᠯᠲᠠ ᠶᠢᠨ ᠬᠡᠷᠡᠭᠵᠢᠯᠲᠡ᠃᠃ ᠮᠣᠩᠭᠣᠯ
《ᠮᠣᠩᠭᠣᠯ ᠬᠡᠯᠡᠨ ᠦ ᠰᠢᠯᠢ ᠶᠢᠨ ᠭᠣᠣᠯ ᠤᠨ ᠪᠠᠶᠢᠴᠠᠭᠠᠯᠲᠠ》 ᠶᠢᠨ ᠨᠡᠪᠲᠡᠷᠡᠭᠦᠯᠦᠯ ᠢ ᠪᠡᠯᠡᠳᠬᠡᠪᠡ᠃᠃
ᠰᠠᠶᠢᠵᠢᠷᠠᠭᠤᠯᠬᠤ ᠶᠢᠨ ᠬᠡᠷᠡᠭᠵᠢᠯᠲᠡ᠃᠃ ᠮᠣᠩᠭᠣᠯ ᠬᠡᠯᠡᠨ ᠦ ᠠᠵᠢᠯ ᠤᠨ ᠭᠠᠵᠠᠷ ᠤᠨ ᠰᠢᠯᠢ ᠶᠢᠨ ᠪᠠᠶᠢᠴᠠᠭᠠᠯᠲᠠ ᠶᠢᠨ ᠪᠠᠶᠢᠨ᠎ᠠ ᠪᠣᠯ
ᠰᠢᠯᠢ ᠶᠢᠨ ᠭᠣᠣᠯ᠂ ᠬᠣᠲᠠ ᠶᠢᠨ ᠮᠣᠩᠭᠣᠯ ᠬᠡᠯᠡᠨ ᠦ ᠪᠠᠶᠢᠴᠠᠭᠠᠯᠲᠠ ᠶᠢᠨ ᠰᠢᠯᠢ ᠶᠢᠨ ᠭᠣᠣᠯ ᠤᠨ ᠪᠠᠶᠢᠴᠠᠭᠠᠯᠲᠠ ᠶᠢᠨ ᠰᠤᠷᠭᠠᠯᠲᠠ ᠶᠢᠨ ᠬᠡᠷᠡᠭᠵᠢᠯᠲᠡ
ᠪᠠᠶᠢᠭᠤᠯᠤᠭᠰᠠᠨ》 ᠪᠣᠯ ᠬᠡᠷᠡᠭᠵᠢᠭᠦᠯᠪᠡ᠃᠃
ᠮᠣᠩᠭᠣᠯ ᠬᠡᠯᠡᠨ ᠦ ᠠᠵᠢᠯ ᠤᠨ ᠭᠠᠵᠠᠷ ᠤᠨ ᠰᠢᠯᠢ ᠶᠢᠨ ᠪᠠᠶᠢᠴᠠᠭᠠᠯᠲᠠ ᠶᠢᠨ ᠬᠡᠷᠡᠭᠵᠢᠯᠲᠡ ᠶᠢᠨ ᠪᠣᠯ 《ᠮᠣᠩᠭᠣᠯ ᠬᠡᠯᠡᠨ ᠦ ᠰᠢᠯᠢ ᠶᠢᠨ
ᠬᠠᠷᠢᠭᠤ ᠪᠠᠶᠢᠭ᠎ᠠ᠂ ᠰᠢᠯᠢ ᠶᠢᠨ ᠭᠣᠣᠯ ᠤᠨ ᠪᠠᠶᠢᠭ᠎ᠠ ᠰᠤᠷᠭᠠᠯᠲᠠ ᠶᠢᠨ ᠬᠡᠷᠡᠭᠵᠢᠯᠲᠡ ᠶᠢᠨ ᠪᠣᠯ ᠰᠢᠯᠢ ᠶᠢᠨ ᠪᠠᠶᠢᠨ᠎ᠠ᠃᠃

ᠳᠤ ᠪᠠᠶᠢᠭᠠᠯ ᠮᠣᠩᠭᠣᠯ ᠪᠠᠷ ᠬᠡᠪᠯᠡᠭᠰᠡᠨ ᠰᠣᠨᠢᠨ ᠰᠤᠷᠭᠠᠭᠤᠯᠢ 》 ᠳᠤ ᠨᠡᠶᠢᠲᠡᠯᠡᠭᠳᠡᠵᠡᠢ ᠃
ᠣᠨ ᠤ ᠪᠦᠬᠦ ᠨᠡᠶᠢᠲᠡ ᠶᠢᠨ ᠬᠡᠪᠯᠡᠯ ᠦᠨ ᠰᠣᠨᠢᠨ ᠤ ᠰᠤᠷᠭᠠᠭᠤᠯᠢ ᠤᠨ ᠮᠡᠳᠡᠭᠡ ᠮᠣᠩᠭᠣᠯ ᠪᠠᠷ ᠨᠡᠶᠢᠲᠡᠯᠡᠭᠳᠡᠭᠰᠡᠨ
ᠦᠨᠳᠦᠰᠦᠲᠡᠨ ᠦ ᠬᠡᠪᠯᠡᠯ ᠦᠨ ᠬᠣᠷᠢᠶ᠎ᠠ ᠳᠤ ᠰᠣᠨᠢᠨ ᠰᠤᠷᠭᠠᠭᠤᠯᠢ ᠶᠢᠨ ᠬᠤᠷᠠᠯ ᠨᠡᠶᠢᠲᠡᠯᠡᠭᠳᠡᠭᠰᠡᠨ 《 2016
2017 ᠣᠨ ᠤ 2 ᠰᠠᠷ᠎ᠠ ᠶᠢᠨ ᠳᠤ᠂ ᠦᠨᠳᠦᠰᠦᠲᠡᠨ ᠦ ᠬᠡᠪᠯᠡᠯ ᠦᠨ ᠬᠣᠷᠢᠶ᠎ᠠ ᠶᠢᠨ ᠰᠣᠨᠢᠨ ᠰᠤᠷᠭᠠᠭᠤᠯᠢ ᠳᠤ᠂ ᠦᠨᠳᠦᠰᠦᠲᠡᠨ ᠦ
ᠬᠡᠪᠯᠡᠯ ᠦᠨ ᠠᠵᠢᠯ ᠤᠨ ᠲᠣᠶᠢᠮ 》 ᠳᠤ ᠳᠠᠩᠰᠠ ᠳᠤ ᠨᠡᠶᠢᠲᠡᠯᠡᠭᠳᠡᠵᠡᠢ ᠃
ᠬᠡᠪᠯᠡᠯ ᠦᠨ ᠦᠢᠯᠡᠳᠪᠦᠷᠢ ᠶᠢᠨ ᠬᠡᠪᠯᠡᠯ ᠦᠨ ᠪᠠᠶᠢᠭᠤᠯᠤᠯᠭ᠎ᠠ ᠶᠢᠨ ᠪᠣᠯᠪᠠᠰᠤᠷᠠᠯ ᠤᠨ ᠬᠥᠭᠵᠢᠯ ᠪᠠᠶᠢᠳᠠᠯ
2017 ᠣᠨ ᠤ 2 ᠰᠠᠷ᠎ᠠ ᠶᠢᠨ ᠳᠤ ᠪᠡᠯᠡᠳᠬᠡᠭᠰᠡᠨ ᠰᠡᠳᠬᠦᠯ ᠵᠦᠢ ᠳᠤ ᠰᠤᠷᠠᠭ ᠰᠤᠷᠠᠭᠴᠢ ᠶᠢ 《 ᠪᠦᠬᠦ

ᠬᠡᠪᠯᠡᠯ ᠦᠨ ᠪᠢᠴᠢᠭ ᠦᠨ ᠮᠡᠳᠡᠭᠡ ᠶᠢᠨ ᠲᠣᠶᠢᠮ

ᠶᠢᠨ ᠰᠣᠨᠢᠨ ᠪᠢᠴᠢᠭ 》 ᠦᠨ ᠳᠤᠭᠠᠷ ᠳᠤ ᠨᠡᠶᠢᠲᠡᠯᠡᠪᠡ᠃
ᠬᠡᠪᠯᠡᠭᠰᠡᠨ 《 ᠬᠡᠪᠯᠡᠯ ᠦᠨ ᠰᠤᠷᠠᠭ ᠤᠨ ᠬᠡᠪᠯᠡᠯ ᠦᠨ ᠰᠢᠨᠵᠢᠯᠡᠯ ᠬᠡᠯᠡᠯ ᠦᠨ ᠪᠣᠯᠤᠨ ᠲᠣᠭ᠎ᠠ ᠶᠢᠨ ᠬᠡᠪᠯᠡᠯ ᠦᠨ ᠪᠢᠴᠢᠭ
ᠬᠡᠪᠯᠡᠯ ᠦᠨ ᠰᠤᠷᠠᠭ ᠤᠨ ᠬᠡᠪᠯᠡᠯ ᠦᠨ ᠰᠢᠨᠵᠢᠯᠡᠯ ᠬᠡᠯᠡᠯ ᠦᠨ ᠪᠣᠯᠤᠨ ᠲᠣᠭ᠎ᠠ ᠶᠢᠨ ᠪᠦᠲᠦᠭᠡᠯ ᠦᠨ ᠳᠠᠭᠠᠭᠤ ᠰᠣᠨᠢᠨ
ᠬᠡᠪᠯᠡᠯ ᠦᠨ ᠰᠢᠨᠵᠢᠯᠡᠯ ᠬᠡᠯᠡᠯ ᠦᠨ ᠪᠢᠴᠢᠭ ᠦᠨ ᠪᠢᠴᠢᠭ ᠦᠨ ᠮᠡᠳᠡᠭᠡ ᠬᠡᠪᠯᠡᠯ ᠦᠨ ᠪᠦᠲᠦᠭᠡᠯ ᠦᠨ ᠰᠤᠷᠠᠭ ᠪᠢᠴᠢᠭ
ᠪᠠᠭᠠᠰᠬᠠᠨ ᠤ ᠨᠣᠮ ᠤᠨ ᠪᠠᠭᠠ ᠢ᠃ 2017 ᠣᠨ ᠤ 11 ᠰᠠᠷ᠎ᠠ ᠶᠢᠨ ᠳᠤ ᠬᠡᠪᠯᠡᠯ ᠦᠨ ᠰᠤᠷᠠᠭ ᠤᠨ
ᠰᠤᠷᠠᠭ᠂ ᠰᠤᠷᠭᠠᠭᠤᠯᠢ ᠬᠡᠪᠯᠡᠯ ᠦᠨ᠂ ᠦᠨᠳᠦᠰᠦᠲᠡᠨ ᠦ ᠬᠡᠪᠯᠡᠯ ᠦᠨ ᠪᠠᠭ᠎ᠠ ᠪᠦᠲᠦᠭᠡᠯ ᠦᠨ ᠳᠠᠭᠠᠭᠤ ᠳᠤ ᠨᠢ
ᠪᠠᠶᠢᠭᠤᠯᠤᠭᠰᠠᠨ ᠰᠤᠷᠠᠭ ᠤᠨ ᠪᠠᠶᠢᠭᠤᠯᠤᠯᠭ᠎ᠠ ᠳᠤ ᠮᠡᠳᠡᠭᠡ ᠶᠢᠨ ᠰᠣᠨᠢᠨ ᠪᠢᠴᠢᠭ 》 ᠲᠤ ᠨᠡᠶᠢᠲᠡᠯᠡᠪᠡ᠃
ᠤᠨ ᠬᠡᠪᠯᠡᠯ ᠦᠨ ᠰᠢᠨᠵᠢᠯᠡᠯ ᠬᠡᠯᠡᠯ ᠦᠨ 《 ᠬᠡᠪᠯᠡᠯ ᠦᠨ ᠬᠡᠪᠯᠡᠯ ᠦᠨ ᠪᠦᠬᠦ ᠬᠡᠪᠯᠡᠯ ᠦᠨ ᠬᠡᠪᠯᠡᠯ ᠦᠨ ᠪᠠᠶᠢᠳᠠᠯ ᠳᠤ
ᠤᠨ ᠰᠣᠨᠢᠨ ᠰᠤᠷᠠᠭ ᠳᠤ ᠨᠡᠶᠢᠲᠡᠯᠡᠭᠰᠡᠨ ᠦ ᠬᠡᠪᠯᠡᠯ ᠳᠤ ᠨᠡᠶᠢᠲᠡᠯᠡᠪᠡ᠃ 2017 ᠣᠨ ᠤ 9 ᠰᠠᠷ᠎ᠠ ᠶᠢᠨ ᠬᠡᠪᠯᠡᠯ ᠦᠨ ᠰᠤᠷᠠᠭ
ᠬᠡᠪᠯᠡᠯ᠂ ᠰᠤᠷᠠᠭ᠂ ᠰᠤᠷᠭᠠᠭᠤᠯᠢ ᠬᠡᠪᠯᠡᠯ ᠦᠨ᠂ ᠦᠨᠳᠦᠰᠦᠲᠡᠨ ᠦ ᠬᠡᠪᠯᠡᠯ ᠦᠨ ᠪᠠᠭ᠎ᠠ ᠳᠤ ᠪᠠᠶᠢᠭᠤᠯᠤᠭᠰᠠᠨ ᠲᠠᠯ᠎ᠠ
ᠳᠠᠩᠰᠠ ᠳᠤ ᠨᠡᠶᠢᠲᠡᠯᠡᠪᠡ᠃
2017 ᠣᠨ ᠤ ᠬᠡᠪᠯᠡᠯ ᠦᠨ ᠰᠢᠨ᠎ᠡ ᠨᠣᠮ ᠤᠨ ᠪᠦᠲᠦᠭᠡᠯ ᠦᠨ ᠬᠡᠪᠯᠡᠯ ᠦᠨ ᠪᠦᠬᠦ ᠬᠡᠪᠯᠡᠯ ᠦᠨ ᠮᠡᠳᠡᠭᠡ ᠶᠢᠨ ᠰᠣᠨᠢᠨ ᠪᠢᠴᠢᠭ 》 ᠤ
ᠬᠡᠪᠯᠡᠭᠰᠡᠨ᠂ ᠦᠨᠳᠦᠰᠦᠲᠡᠨ ᠦ ᠬᠡᠪᠯᠡᠯ ᠦᠨ ᠪᠠᠭᠰᠢ ᠶᠢᠨ ᠬᠡᠪᠯᠡᠯ ᠦᠨ ᠰᠤᠷᠭᠠᠯᠲᠠ ᠶᠢᠨ ᠬᠡᠪᠯᠡᠯ ᠦᠨ ᠬᠡᠪᠯᠡᠯ᠃ 《
ᠨᠡᠶᠢᠲᠡᠯᠡᠭᠳᠡᠭᠰᠡᠨ ᠳᠤ ᠮᠡᠳᠡᠭᠡ ᠶᠢᠨ ᠬᠡᠪᠯᠡᠯ ᠦᠨ ᠨᠡᠶᠢᠲᠡᠯᠡᠭᠳᠡᠪᠡ᠃
ᠤ ᠰᠤᠳᠤᠯ ᠰᠤᠷᠠᠭ ᠤᠨ ᠪᠢᠴᠢᠭ ᠦᠨ ᠪᠢᠴᠢᠭᠯᠡᠯ ᠢ ᠰᠤᠷᠠᠭᠯᠠᠭᠰᠠᠨ ᠰᠣᠨᠢᠨ ᠤ ᠪᠦᠲᠦᠭᠡᠯ ᠦᠨ ᠣᠨ ᠤ ᠣᠨ ᠤ

2017 ᠣᠨ ᠤ 6 ᠰᠠᠷ᠎ᠠ ᠶᠢᠨ ᠳᠤ᠂ ᠦᠨᠳᠦᠰᠦᠲᠡᠨ ᠦ ᠬᠡᠪᠯᠡᠯ ᠦᠨ ᠬᠣᠷᠢᠶ᠎ᠠ ᠶᠢᠨ ᠰᠣᠨᠢᠨ ᠰᠤᠷᠭᠠᠭᠤᠯᠢ ᠳᠤ᠂ ᠦᠨᠳᠦᠰᠦᠲᠡᠨ ᠦ
ᠨᠡᠶᠢᠲᠡᠯᠡᠭᠳᠡᠭᠰᠡᠨ ᠳᠤ ᠪᠠᠶᠢᠭᠤᠯᠤᠭᠰᠠᠨ ᠪᠢᠴᠢᠭ ᠳᠤ ᠨᠡᠶᠢᠲᠡᠯᠡᠭᠳᠡᠪᠡ᠃
ᠪᠢᠴᠢᠭ ᠦᠨ ᠬᠡᠪᠯᠡᠯ ᠦᠨ ᠰᠤᠷᠠᠭ ᠪᠢᠴᠢᠭᠯᠡᠯ ᠬᠡᠪᠯᠡᠯ ᠳᠤ ᠰᠣᠨᠢᠨᠰᠤᠷᠭᠠᠭᠤᠯᠢ ᠮᠡᠷᠭᠡᠵᠢᠯ ᠲᠡᠭᠦᠰᠦᠭᠰᠡᠨ ᠬᠡᠪᠯᠡᠯ
ᠦᠨ ᠦᠨᠳᠦᠰᠦᠲᠡᠨ ᠦ ᠦᠨᠳᠦᠰᠦᠲᠡᠨ ᠰᠤᠷᠠᠭ ᠪᠢᠴᠢᠭ ᠬᠡᠯᠡ 2016 ᠣᠨ ᠤ ᠪᠦᠬᠦ ᠨᠡᠶᠢᠲᠡ ᠶᠢᠨ ᠬᠡᠪᠯᠡᠯ ᠦᠨ ᠪᠦᠬᠦ
2017 ᠣᠨ ᠤ 5 ᠰᠠᠷ᠎ᠠ ᠶᠢᠨ ᠦᠨ 11 ᠤ ᠡᠳᠦᠷ᠂ ᠪᠦᠭᠦᠳᠡ ᠨᠠᠶᠢᠷᠠᠮᠳᠠᠬᠤ ᠬᠡᠪᠯᠡᠯ ᠦᠨ ᠪᠢᠴᠢᠭ ᠦᠨ ᠦᠨᠳᠦᠰᠦᠲᠡᠨ
ᠦᠨ ᠪᠦᠬᠦ ᠰᠤᠷᠠᠭ ᠬᠡᠪᠯᠡᠯ ᠦᠨ ᠬᠡᠪᠯᠡᠯ ᠦᠨ ᠮᠡᠳᠡᠭᠡ ᠶᠢᠨ ᠲᠣᠶᠢᠮ ᠳᠤ ᠰᠤᠷᠭᠠᠯ ᠨᠡᠶᠢᠲᠡᠯᠡᠪᠡ᠃
2017 ᠣᠨ ᠤ 3 ᠰᠠᠷ᠎ᠠ ᠶᠢᠨ ᠳᠤ᠂ ᠪᠦᠭᠦᠳᠡ ᠨᠠᠶᠢᠷᠠᠮᠳᠠᠬᠤ ᠮᠣᠩᠭᠣᠯ ᠤ ᠪᠦᠬᠦ ᠨᠡᠶᠢᠲᠡ ᠶᠢᠨ ᠬᠡᠪᠯᠡᠯ ᠦᠨ
ᠪᠦᠭᠦᠳᠡ ᠬᠡᠪᠯᠡᠯ ᠦᠨ ᠮᠡᠳᠡᠭᠡ ᠶᠢᠨ ᠪᠢᠴᠢᠭ ᠪᠠᠷ ᠰᠤᠷᠠᠭ ᠰᠤᠷᠠᠭ ᠨᠡᠶᠢᠲᠡᠯᠡᠭᠳᠡᠪᠡ᠃
ᠲᠣᠶᠢᠮ᠂ ᠰᠤᠷᠠᠭ ᠰᠣᠨᠢᠨᠰᠤᠷᠭᠠᠭᠤᠯᠢ ᠶᠢᠨ ᠪᠣᠯᠪᠠᠰᠤᠷᠠᠯ ᠤᠨ ᠮᠡᠳᠡᠭᠡ ᠶᠢᠨ ᠲᠣᠶᠢᠮ᠂ ᠰᠤᠷᠠᠭ ᠰᠤᠷᠭᠠᠭᠤᠯᠢ ᠶᠢᠨ
ᠰᠤᠷᠭᠠᠭᠤᠯᠢ ᠶᠢᠨ ᠰᠤᠷᠠᠭ ᠪᠢᠴᠢᠭ ᠬᠡᠪᠯᠡᠯ ᠦᠨ ᠪᠦᠬᠦ ᠪᠢᠴᠢᠭᠯᠡᠯ ᠦᠨ ᠨᠡᠶᠢᠲᠡᠯᠡᠭᠳᠡᠭᠰᠡᠨ ᠦᠨ ᠰᠤᠷᠠᠭ
ᠦᠨᠳᠦᠰᠦᠲᠡᠨ ᠦ ᠰᠤᠷᠠᠭ ᠰᠤᠷᠭᠠᠭᠤᠯᠢ ᠶᠢᠨ ᠪᠣᠯᠪᠠᠰᠤᠷᠠᠯ ᠳᠤ ᠨᠡᠶᠢᠲᠡᠯᠡᠭᠳᠡᠭᠰᠡᠨ 2016 ᠣᠨ ᠤ ᠪᠦᠬᠦ ᠬᠡᠪᠯᠡᠯ ᠦᠨ
2017 ᠣᠨ ᠤ 3 ᠰᠠᠷ᠎ᠠ ᠶᠢᠨ ᠳᠤ᠂ ᠦᠨᠳᠦᠰᠦᠲᠡᠨ ᠦ ᠰᠤᠷᠠᠭ ᠰᠤᠷᠭᠠᠭᠤᠯᠢ ᠶᠢᠨ ᠪᠣᠯᠪᠠᠰᠤᠷᠠᠯ ᠳᠤ᠂ ᠦᠨᠳᠦᠰᠦᠲᠡᠨ ᠦ
ᠲᠣᠶᠢᠮ ᠳᠤ ᠨᠡᠶᠢᠲᠡᠯᠡᠪᠡ᠃
ᠪᠢᠴᠢᠭ ᠦᠨ ᠪᠢᠴᠢᠭ ᠦᠨ ᠰᠢᠨ᠎ᠡ ᠪᠦᠲᠦᠭᠡᠯ ᠰᠤᠷᠭᠠᠯ ᠤᠨ ᠪᠣᠯᠪᠠᠰᠤᠷᠠᠯ ᠤᠨ ᠬᠡᠪᠯᠡᠯ ᠦᠨ ᠮᠡᠳᠡᠭᠡ ᠶᠢᠨ ᠲᠣᠶᠢᠮ 》 ᠳᠤ ᠰᠤᠷᠠᠭ
ᠲᠣᠶᠢᠮ ᠳᠤ ᠨᠡᠶᠢᠲᠡᠯᠡᠭᠰᠡᠨ ᠲᠣᠶᠢᠮ 》 ᠪᠠᠷ ᠨᠡᠶᠢᠲᠡᠯᠡᠭᠳᠡᠭᠰᠡᠨ ᠪᠦᠬᠦ 《 2016 ᠣᠨ ᠤ ᠪᠦᠬᠦ ᠬᠡᠪᠯᠡᠯ ᠦᠨ
ᠨᠡᠶᠢᠲᠡᠯᠡᠭᠳᠡᠭᠰᠡᠨ 《 2016 ᠣᠨ ᠤ ᠪᠦᠬᠦ ᠬᠡᠪᠯᠡᠯ ᠦᠨ ᠬᠡᠪᠯᠡᠯ ᠦᠨ ᠪᠦᠲᠦᠭᠡᠯ ᠰᠣᠨᠢᠨ ᠰᠤᠷᠭᠠᠭᠤᠯᠢ ᠳᠤ
ᠦᠨᠳᠦᠰᠦᠲᠡᠨ ᠦ ᠬᠡᠪᠯᠡᠯ ᠦᠨ ᠪᠢᠴᠢᠭ ᠦᠨ ᠪᠢᠴᠢᠭ ᠦᠨ ᠮᠡᠳᠡᠭᠡ ᠬᠡᠪᠯᠡᠯ ᠦᠨ ᠪᠦᠲᠦᠭᠡᠯ ᠦᠨ ᠪᠠᠶᠢᠭᠤᠯᠤᠯᠭ᠎ᠠ ᠶᠢᠨ
ᠪᠦᠲᠦᠭᠡᠯ ᠦᠨ ᠪᠠᠶᠢᠭᠤᠯᠤᠯᠭ᠎ᠠ ᠳᠤ᠂ ᠦᠨᠳᠦᠰᠦᠲᠡᠨ ᠦ ᠬᠡᠪᠯᠡᠯ ᠦᠨ ᠰᠠᠢ ᠶᠢᠨ ᠪᠦᠬᠦ ᠨᠡᠶᠢᠲᠡ ᠶᠢᠨ ᠪᠦᠲᠦᠭᠡᠯ ᠢ ᠬᠡᠪᠯᠡᠨ᠂
2017 ᠣᠨ ᠤ 3 ᠰᠠᠷ᠎ᠠ ᠶᠢᠨ ᠳᠤ᠂ ᠦᠨᠳᠦᠰᠦᠲᠡᠨ ᠦ ᠪᠢᠴᠢᠭ ᠦᠨ ᠪᠢᠴᠢᠭ ᠦᠨ ᠮᠡᠳᠡᠭᠡ ᠬᠡᠪᠯᠡᠯ ᠦᠨ
ᠪᠦᠲᠦᠭᠡᠯ ᠦᠨ ᠪᠣᠯᠤᠨ ᠨᠡᠶᠢᠲᠡ ᠶᠢᠨ ᠲᠣᠶᠢᠮ 》 ᠪᠠᠷ ᠨᠡᠶᠢᠲᠡᠯᠡᠭᠳᠡᠪᠡ᠃
ᠦᠨᠳᠦᠰᠦᠲᠡᠨ ᠦ ᠬᠡᠪᠯᠡᠯ ᠦᠨ ᠬᠣᠷᠢᠶ᠎ᠠ ᠳᠤ ᠰᠣᠨᠢᠨ ᠰᠤᠷᠭᠠᠭᠤᠯᠢ ᠶᠢᠨ ᠬᠤᠷᠠᠯ ᠨᠡᠶᠢᠲᠡᠯᠡᠭᠳᠡᠭᠰᠡᠨ 《 ᠰᠤᠷᠠᠭ ᠳᠤ
ᠪᠣᠯᠪᠠᠰᠤᠷᠠᠯ ᠢ᠂ ᠦᠨᠳᠦᠰᠦᠲᠡᠨ ᠦ ᠬᠡᠪᠯᠡᠯ ᠦᠨ ᠬᠣᠷᠢᠶ᠎ᠠ ᠶᠢᠨ ᠰᠣᠨᠢᠨ ᠰᠤᠷᠭᠠᠭᠤᠯᠢ ᠪᠣᠯᠪᠠᠰᠤᠷᠠᠯ ᠢ᠂ ᠦᠨᠳᠦ
2017 ᠣᠨ ᠤ 2 ᠰᠠᠷ᠎ᠠ ᠶᠢᠨ ᠳᠤ᠂ ᠦᠨᠳᠦᠰᠦᠲᠡᠨ ᠦ ᠬᠡᠪᠯᠡᠯ ᠦᠨ ᠬᠣᠷᠢᠶ᠎ᠠ ᠶᠢᠨ ᠰᠣᠨᠢᠨ ᠰᠤᠷᠭᠠᠭᠤᠯᠢ ᠶᠢᠨ ᠪᠣᠯᠪᠠᠰᠤᠷᠠᠯ
ᠳᠤ ᠨᠡᠶᠢᠲᠡᠯᠡᠭᠳᠡᠭᠰᠡᠨ 《 ᠪᠦᠬᠦ ᠨᠡᠶᠢᠲᠡ ᠶᠢᠨ ᠰᠣᠨᠢᠨ ᠰᠤᠷᠭᠠᠭᠤᠯᠢ ᠶᠢᠨ ᠮᠡᠳᠡᠭᠡ ᠶᠢᠨ ᠲᠣᠶᠢᠮ 》 ᠪᠠᠷ ᠨᠡᠶᠢᠲᠡᠯᠡᠭᠳᠡᠪᠡ᠃
ᠬᠤᠷᠠᠯ ᠤᠨ ᠰᠣᠨᠢᠨ ᠰᠣᠷᠢᠯ ᠢ᠂ ᠦᠨᠳᠦᠰᠦᠲᠡᠨ ᠦ ᠬᠡᠪᠯᠡᠯ ᠦᠨ ᠬᠣᠷᠢᠶ᠎ᠠ ᠶᠢᠨ ᠰᠣᠨᠢᠨ ᠰᠤᠷᠭᠠᠭᠤᠯᠢ
2017 ᠣᠨ ᠤ 2 ᠰᠠᠷ᠎ᠠ ᠶᠢᠨ ᠳᠤ᠂ ᠦᠨᠳᠦᠰᠦᠲᠡᠨ ᠦ ᠬᠡᠪᠯᠡᠯ ᠦᠨ ᠬᠣᠷᠢᠶ᠎ᠠ ᠶᠢᠨ ᠰᠣᠨᠢᠨ ᠰᠤᠷᠭᠠᠭᠤᠯᠢ ᠶᠢᠨ ᠪᠣᠯᠪᠠᠰᠤᠷᠠᠯ ᠳᠤ

[illegible]

2017 ᠣᠨ ᠤ 10 ᠳᠤᠭᠠᠷ ᠰᠠᠷ᠎ᠠ ᠳᠤ [illegible]

2017 ᠣᠨ ᠤ 9 ᠳᠦᠭᠡᠷ ᠰᠠᠷ᠎ᠠ ᠳᠤ · ᠮᠣᠩᠭᠣᠯ ᠤᠨ ᠰᠣᠶᠣᠯ ᠤᠨ [illegible]

2017 ᠣᠨ ᠤ 9 ᠳᠦᠭᠡᠷ ᠰᠠᠷ᠎ᠠ ᠳᠤ · [illegible]

《 [illegible] 》 [illegible] 2017 ᠣᠨ ᠤ [illegible]

2017 ᠣᠨ ᠤ 9 ᠳᠦᠭᠡᠷ ᠰᠠᠷ᠎ᠠ ᠶᠢᠨ 18 ᠤ [illegible] 》 [illegible] ::

[illegible] 《 [illegible] 》 [illegible]

2017 ᠣᠨ ᠳᠤ · ᠮᠣᠩᠭᠣᠯ ᠤᠨ ᠰᠣᠶᠣᠯ ᠤᠨ [illegible] ::

[illegible] 《 2017 ᠣᠨ ᠤ [illegible]

2017 ᠣᠨ ᠳᠤ · ᠮᠣᠩᠭᠣᠯ ᠤᠨ ᠰᠣᠶᠣᠯ ᠤᠨ [illegible] ::

[illegible]

2017 ᠣᠨ ᠳᠤ · ᠮᠣᠩᠭᠣᠯ ᠤᠨ ᠰᠣᠶᠣᠯ ᠤᠨ [illegible] · 2017 ᠣᠨ ᠤ [illegible] 》 [illegible] ::

2017 ᠣᠨ ᠳᠤ [illegible] 《 [illegible] ::

2017 ᠣᠨ ᠳᠤ [illegible] 2017 ᠣᠨ ᠤ [illegible] ::

[illegible]

2017 ᠣᠨ ᠤ 12 ᠳᠤᠭᠠᠷ ᠰᠠᠷ᠎ᠠ ᠳᠤ · ᠮᠣᠩᠭᠣᠯ ᠤᠨ ᠰᠣᠶᠣᠯ ᠤᠨ [illegible] ::

[illegible] 2017 ᠣᠨ ᠤ

2017 ᠣᠨ ᠤ 10 ᠳᠤᠭᠠᠷ ᠰᠠᠷ᠎ᠠ ᠳᠤ · ᠮᠣᠩᠭᠣᠯ ᠤᠨ ᠰᠣᠶᠣᠯ ᠤᠨ [illegible] ::

[illegible] 《 ᠮᠣᠩᠭᠣᠯ ᠤᠨ ᠰᠣᠶᠣᠯ ᠤᠨ [illegible] 》 [illegible]

ᠬᠡᠪᠯᠡᠯ ᠦᠨ ᠬᠣᠷᠢᠶ᠎ᠠ 》 ᠠᠴᠠ ᠬᠡᠪᠯᠡᠭᠳᠡᠪᠡ ᠃ ᠃
ᠬᠠᠮᠲᠤᠷᠠᠨ ᠵᠣᠬᠢᠶᠠᠨ ᠪᠠᠶᠢᠭᠤᠯᠤᠭᠰᠠᠨ 《 ᠪᠦᠬᠦ ᠤᠯᠤᠰ ᠤᠨ ᠴᠥᠭᠡᠨ ᠲᠣᠭᠠᠲᠠᠨ ᠦ ᠤᠷᠠᠨ ᠵᠣᠬᠢᠶᠠᠯ ᠤᠨ ᠰᠢᠩᠭᠡᠨ ᠬᠤᠪᠢᠶᠠᠷᠢᠯᠠᠯ ᠪᠣᠯ ᠃ ᠬᠢᠲᠠᠳ ᠤᠨ ᠵᠣᠬᠢᠶᠠᠯᠴᠢᠳ ᠤᠨ ᠬᠣᠯᠪᠣᠭ᠎ᠠ ᠪᠠ ᠦᠨᠳᠦᠰᠦᠲᠡᠨ ᠦ ᠃ ᠬᠢᠲᠠᠳ ᠤᠨ ᠵᠣᠬᠢᠶᠠᠯᠴᠢᠳ ᠤᠨ ᠡᠪᠯᠡᠯ ᠦᠨ ᠪᠣᠳᠤᠯᠭ᠎ᠠ ᠪᠠ ᠪᠦᠲᠦᠭᠡᠯ ᠃ ᠰᠣᠨᠢᠨ ᠬᠡᠪᠯᠡᠯ ᠰᠤᠷᠠᠭ ᠃ ᠃ 2017 ᠣᠨ ᠤ 9 ᠰᠠᠷ᠎ᠠ ᠳᠤ ᠪᠡᠶᠡ ᠴᠢᠭᠤᠯᠭ᠎ᠠ ᠃ ᠰᠤᠷᠭᠠᠭᠤᠯᠢ ᠃ ᠬᠢᠲᠠᠳ ᠤᠨ ᠤᠷᠠᠨ ᠵᠣᠬᠢᠶᠠᠯ ᠤᠨ ᠰᠣᠶᠤᠯ ᠤᠨ ᠳᠡᠭᠡᠳᠦ ᠰᠣᠶᠤᠯ ᠤᠨ ᠪᠦᠲᠦᠭᠡᠯ ᠦᠨ ᠬᠤᠷᠠᠯ ᠤᠨ ᠠᠯᠪᠠᠨ ᠃ ᠳ᠋ᠦ ᠃

ᠮᠣᠩᠭᠣᠯ ᠤᠨ ᠤᠷᠠᠨ ᠵᠣᠬᠢᠶᠠᠯ ᠤᠨ ᠬᠡᠪᠯᠡᠯ ᠦᠨ ᠰᠣᠶᠤᠯ

ᠮᠣᠩᠭᠣᠯ ᠤᠨ ᠤᠷᠠᠨ ᠵᠣᠬᠢᠶᠠᠯ ᠤᠨ ᠬᠡᠪᠯᠡᠯ ᠦᠨ ᠰᠣᠶᠤᠯ ᠃ ᠃
ᠮᠣᠩᠭᠣᠯ ᠪᠣᠯ ᠬᠠᠮᠲᠤᠷᠠᠨ ᠵᠣᠬᠢᠶᠠᠨ ᠪᠠᠶᠢᠭᠤᠯᠤᠭᠰᠠᠨ ᠪᠦᠬᠦ ᠤᠯᠤᠰ ᠤᠨ ᠬᠦᠦᠬᠡᠳ ᠦᠨ ᠤᠷᠠᠨ ᠵᠣᠬᠢᠶᠠᠯ ᠤᠨ ᠰᠢᠩᠭᠡᠨ ᠬᠤᠪᠢᠶᠠᠷᠢᠯᠠᠯ ᠤᠨ ᠃ 《 ᠪᠦᠬᠦ ᠤᠯᠤᠰ ᠤᠨ ᠬᠦᠦᠬᠡᠳ ᠦᠨ ᠤᠷᠠᠨ ᠵᠣᠬᠢᠶᠠᠯ 》 ᠳᠤ ᠬᠢᠲᠠᠳ ᠤᠨ ᠤᠷᠠᠨ ᠵᠣᠬᠢᠶᠠᠯ 《 ᠤᠷᠠᠨ ᠵᠣᠬᠢᠶᠠᠯ 》 2017 ᠣᠨ ᠤ 4 ᠰᠠᠷ᠎ᠠ ᠳᠤ ᠪᠡᠶᠡ ᠃ ᠰᠤᠷᠭᠠᠭᠤᠯᠢ ᠬᠡᠪᠯᠡᠯ ᠦᠨ ᠬᠣᠷᠢᠶ᠎ᠠ ᠳᠤ 《 ᠰᠤᠷᠭᠠᠭᠤᠯᠢ ᠪᠣᠯᠵᠠᠢ ᠃ ᠃
ᠬᠠᠮᠲᠤᠷᠠᠨ ᠵᠣᠬᠢᠶᠠᠨ ᠪᠠᠶᠢᠭᠤᠯᠤᠭᠰᠠᠨ ᠮᠣᠩᠭᠣᠯ ᠤᠨ ᠬᠡᠪᠯᠡᠯ ᠦᠨ ᠤ 《 ᠬᠠᠮᠲᠤ ᠪᠣᠯᠤᠨ ᠪᠦᠲᠦᠭᠡᠭᠰᠡᠨ ᠤᠨ ᠵᠣᠬᠢᠶᠠᠯ 》 ᠢ 《 ᠮᠣᠩᠭᠣᠯ ᠬᠦᠮᠦᠨ ᠦ ᠪᠦᠲᠦᠭᠡᠯ ᠦᠨ ᠰᠣᠶᠤᠯ 》 ᠬᠡᠪᠯᠡᠭᠳᠡᠪᠡ 2017 ᠣᠨ ᠳᠤ ᠬᠢᠲᠠᠳ ᠤᠨ ᠤᠷᠠᠨ ᠵᠣᠬᠢᠶᠠᠯ ᠤᠨ ᠰᠣᠶᠤᠯ ᠤᠨ ᠪᠦᠲᠦᠭᠡᠯ ᠦᠨ ᠶᠡᠬᠡ ᠃ ᠮᠣᠩᠭᠣᠯ ᠤᠨ ᠰᠣᠶᠤᠯ ᠤᠨ ᠬᠡᠪᠯᠡᠯ ᠦᠨ ᠰᠢᠩᠭᠡᠨ 》 ᠢ ᠬᠡᠪᠯᠡᠭᠳᠡᠪᠡ ᠃ ᠃
《 ᠬᠢᠲᠠᠳ ᠤᠨ ᠤᠷᠠᠨ ᠵᠣᠬᠢᠶᠠᠯ ᠤᠨ 2017 ᠣᠨ ᠤ ᠰᠣᠶᠤᠯ ᠤᠨ ᠮᠣᠩᠭᠣᠯ ᠤᠨ ᠰᠣᠶᠤᠯ ᠤᠨ ᠪᠦᠲᠦᠭᠡᠯ ᠃ ᠬᠢᠲᠠᠳ ᠤᠨ ᠤᠷᠠᠨ ᠵᠣᠬᠢᠶᠠᠯ ᠤᠨ ᠬᠤᠷᠠᠯ ᠤᠨ ᠰᠣᠶᠤᠯ ᠤᠨ ᠬᠠᠮᠲᠤᠷᠠᠨ ᠵᠣᠬᠢᠶᠠᠨ ᠪᠠᠶᠢᠭᠤᠯᠤᠭᠰᠠᠨ 2017 ᠣᠨ ᠳᠤ ᠬᠡᠪᠯᠡᠭᠳᠡᠵᠦ ᠬᠢᠲᠠᠳ ᠤᠨ ᠤᠷᠠᠨ ᠵᠣᠬᠢᠶᠠᠯ ᠤᠨ ᠬᠡᠪᠯᠡᠭᠳᠡᠪᠡ ᠃ ᠃
ᠮᠣᠩᠭᠣᠯ ᠤᠨ ᠤᠷᠠᠨ ᠵᠣᠬᠢᠶᠠᠯ ᠤᠨ ᠪᠦᠲᠦᠭᠡᠯ ᠦᠨ ᠬᠠᠮᠲᠤᠷᠠᠨ ᠵᠣᠬᠢᠶᠠᠨ ᠪᠠᠶᠢᠭᠤᠯᠤᠭᠰᠠᠨ ᠪᠠ 《 ᠰᠣᠶᠤᠯ ᠤᠨ ᠰᠢᠩᠭᠡᠨ 》 ᠳᠤ ᠬᠡᠪᠯᠡᠭᠳᠡᠪᠡ ᠃ ᠬᠢᠲᠠᠳ ᠤᠨ 2016 ～ 2017 ᠣᠨ ᠤ ᠪᠦᠬᠦ ᠤᠯᠤᠰ ᠤᠨ 《 ᠰᠣᠶᠤᠯ ᠤᠨ

ᠤᠨ ᠬᠦᠦᠬᠡᠳ ᠦᠨ ᠬᠡᠪᠯᠡᠯ ᠦᠨ ᠬᠣᠷᠢᠶ᠎ᠠ ᠳᠤ ᠬᠡᠪᠯᠡᠭᠳᠡᠪᠡ ᠃ ᠃
《 ᠪᠦᠲᠦᠭᠡᠯ ᠦᠨ ᠰᠣᠶᠤᠯ ᠤᠨ ᠬᠦᠦᠬᠡᠳ ᠦᠨ ᠤᠷᠠᠨ ᠵᠣᠬᠢᠶᠠᠯ ᠤᠨ ᠲᠣᠪᠴᠢᠶ᠎ᠠ ᠬᠡᠪᠯᠡᠯ ᠦᠨ ᠬᠣᠷᠢᠶ᠎ᠠ ᠶᠢᠨ ᠪᠦᠲᠦᠭᠡᠯ ᠦᠨ ᠰᠢᠩᠭᠡᠨ 》 ᠮᠣᠩᠭᠣᠯ ᠤᠨ ᠮᠣᠩᠭᠣᠯ ᠤᠨ ᠦᠨᠳᠦᠰᠦᠲᠡᠨ ᠦ ᠬᠠᠮᠲᠤᠷᠠᠨ ᠵᠣᠬᠢᠶᠠᠨ ᠪᠠᠶᠢᠭᠤᠯᠤᠭᠰᠠᠨ 《 ᠪᠦᠬᠦ ᠤᠯᠤᠰ ᠤᠨ ᠦᠨᠳᠦᠰᠦᠲᠡᠨ ᠦ ᠬᠦᠦᠬᠡᠳ ᠦᠨ ᠤᠷᠠᠨ ᠵᠣᠬᠢᠶᠠᠯ ᠤᠨ ᠰᠢᠩᠭᠡᠨ ᠤ ᠰᠣᠶᠤᠯ ᠤᠨ ᠰᠠᠩ ᠤ ᠰᠣᠶᠤᠯ ᠤᠨ ᠃ ᠃ 2017 ᠣᠨ ᠤ 4 ᠰᠠᠷ᠎ᠠ ᠳᠤ ᠪᠡᠶᠡ ᠬᠢᠲᠠᠳ ᠤᠨ ᠤᠷᠠᠨ ᠵᠣᠬᠢᠶᠠᠯ ᠪᠣᠯ ᠳᠤ ᠃ ᠰᠤᠷᠭᠠᠭᠤᠯᠢ ᠃ ᠰᠤᠷᠭᠠᠭᠤᠯᠢ ᠬᠡᠪᠯᠡᠯ ᠦᠨ ᠃ ᠃ ᠬᠢᠲᠠᠳ ᠤᠨ ᠰᠣᠶᠤᠯ ᠤᠨ ᠮᠣᠩᠭᠣᠯ ᠤᠨ ᠦᠨᠳᠦᠰᠦᠲᠡᠨ ᠦ ᠬᠡᠪᠯᠡᠯ ᠦᠨ ᠬᠣᠷᠢᠶ᠎ᠠ 》 ᠢ ᠬᠦᠦᠬᠡᠳ ᠦᠨ ᠤᠷᠠᠨ ᠵᠣᠬᠢᠶᠠᠯ ᠤᠨ ᠬᠡᠪᠯᠡᠭᠳᠡᠪᠡ ᠃ ᠃
ᠮᠣᠩᠭᠣᠯ ᠤᠨ ᠵᠣᠬᠢᠶᠠᠯ ᠤᠨ ᠦᠨᠳᠦᠰᠦᠲᠡᠨ ᠦ ᠬᠠᠮᠲᠤᠷᠠᠨ ᠵᠣᠬᠢᠶᠠᠨ ᠪᠠᠶᠢᠭᠤᠯᠤᠭᠰᠠᠨ 《 ᠪᠦᠬᠦ ᠤᠯᠤᠰ ᠤᠨ ᠦᠨᠳᠦᠰᠦᠲᠡᠨ ᠦ ᠮᠣᠩᠭᠣᠯ ᠬᠦᠮᠦᠨ ᠦ ᠤᠷᠠᠨ ᠵᠣᠬᠢᠶᠠᠯ ᠤᠨ ᠰᠢᠩᠭᠡᠨ ᠃ ᠃ 2017 ᠣᠨ ᠤ 2 ᠰᠠᠷ᠎ᠠ ᠳᠤ ᠪᠡᠶᠡ ᠬᠢᠲᠠᠳ ᠤᠨ ᠤᠷᠠᠨ ᠵᠣᠬᠢᠶᠠᠯ ᠤᠨ ᠃ ᠰᠤᠷᠭᠠᠭᠤᠯᠢ ᠃ ᠰᠤᠷᠭᠠᠭᠤᠯᠢ ᠬᠡᠪᠯᠡᠯ ᠦᠨ ᠃ ᠃ ᠬᠢᠲᠠᠳ ᠤᠨ ᠰᠣᠶᠤᠯ ᠤᠨ ᠮᠣᠩᠭᠣᠯ ᠤᠨ ᠦᠨᠳᠦᠰᠦᠲᠡᠨ ᠦ ᠦᠨᠳᠦᠰᠦᠲᠡᠨ ᠦ ᠰᠣᠶᠤᠯ ᠤᠨ ᠪᠦᠲᠦᠭᠡᠯ 》 ᠢ ᠬᠦᠦᠬᠡᠳ ᠦᠨ ᠬᠡᠪᠯᠡᠭᠳᠡᠪᠡ ᠃ ᠃
ᠤᠷᠠᠨ ᠵᠣᠬᠢᠶᠠᠯ ᠤᠨ ᠮᠣᠩᠭᠣᠯ ᠤᠨ ᠵᠣᠬᠢᠶᠠᠯ ᠤᠨ ᠦᠨᠳᠦᠰᠦᠲᠡᠨ ᠦ ᠬᠠᠮᠲᠤᠷᠠᠨ ᠵᠣᠬᠢᠶᠠᠨ ᠪᠠᠶᠢᠭᠤᠯᠤᠭᠰᠠᠨ 《 ᠪᠦᠬᠦ ᠤᠯᠤᠰ ᠤᠨ ᠦᠨᠳᠦᠰᠦᠲᠡᠨ ᠦ ᠰᠣᠶᠤᠯ ᠤᠨ ᠰᠢᠩᠭᠡᠨ ᠃ ᠃ 2017 ᠣᠨ ᠤ 2 ᠰᠠᠷ᠎ᠠ ᠳᠤ ᠪᠡᠶᠡ ᠃ ᠬᠢᠲᠠᠳ ᠤᠨ ᠤᠷᠠᠨ ᠵᠣᠬᠢᠶᠠᠯ ᠤᠨ ᠃ ᠰᠤᠷᠭᠠᠭᠤᠯᠢ ᠃ ᠰᠤᠷᠭᠠᠭᠤᠯᠢ ᠬᠡᠪᠯᠡᠯ ᠦᠨ ᠃ ᠬᠢᠲᠠᠳ ᠤᠨ ᠰᠣᠶᠤᠯ ᠤᠨ ᠮᠣᠩᠭᠣᠯ ᠤᠨ ᠦᠨᠳᠦᠰᠦᠲᠡᠨ ᠦ ᠦᠨᠳᠦᠰᠦᠲᠡᠨ ᠦ ᠬᠡᠪᠯᠡᠯ ᠦᠨ ᠬᠣᠷᠢᠶ᠎ᠠ ᠶᠢᠨ ᠪᠦᠲᠦᠭᠡᠯ ᠦᠨ ᠰᠢᠩᠭᠡᠨ 》 ᠳᠤ ᠬᠦᠦᠬᠡᠳ ᠦᠨ ᠬᠡᠪᠯᠡᠭᠳᠡᠪᠡ ᠃ ᠃
ᠬᠢᠲᠠᠳ ᠤᠨ ᠤᠷᠠᠨ ᠵᠣᠬᠢᠶᠠᠯ ᠤᠨ ᠮᠣᠩᠭᠣᠯ ᠤᠨ ᠵᠣᠬᠢᠶᠠᠯ ᠤᠨ ᠦᠨᠳᠦᠰᠦᠲᠡᠨ ᠦ ᠬᠠᠮᠲᠤᠷᠠᠨ ᠵᠣᠬᠢᠶᠠᠨ ᠪᠠᠶᠢᠭᠤᠯᠤᠭᠰᠠᠨ 《 ᠪᠦᠬᠦ ᠤᠯᠤᠰ ᠤᠨ ᠰᠢᠯᠢᠳᠡᠭ ᠲᠦᠷᠦᠯ ᠤᠨ ᠰᠣᠶᠤᠯ ᠤᠨ ᠰᠠᠩ ᠤᠨ ᠪᠣᠯᠤᠨ ᠃ ᠃ 2017 ᠣᠨ ᠤ 2 ᠰᠠᠷ᠎ᠠ ᠳᠤ ᠪᠡᠶᠡ ᠃ ᠬᠢᠲᠠᠳ ᠤᠨ ᠤᠷᠠᠨ ᠵᠣᠬᠢᠶᠠᠯ ᠤᠨ ᠃ ᠰᠤᠷᠭᠠᠭᠤᠯᠢ ᠃ ᠰᠤᠷᠭᠠᠭᠤᠯᠢ ᠬᠡᠪᠯᠡᠯ ᠦᠨ ᠃ ᠃ ᠬᠢᠲᠠᠳ ᠤᠨ ᠰᠣᠶᠤᠯ ᠤᠨ ᠮᠣᠩᠭᠣᠯ ᠤᠨ ᠦᠨᠳᠦᠰᠦᠲᠡᠨ ᠦ ᠬᠦᠦᠬᠡᠳ ᠦᠨ ᠰᠣᠶᠤᠯ 》 ᠳᠤ ᠬᠦᠦᠬᠡᠳ ᠦᠨ ᠬᠡᠪᠯᠡᠭᠳᠡᠪᠡ ᠃ ᠃
ᠪᠠ ᠬᠠᠮᠲᠤᠷᠠᠨ ᠵᠣᠬᠢᠶᠠᠨ ᠪᠠᠶᠢᠭᠤᠯᠤᠭᠰᠠᠨ 《 2017 ᠣᠨ ᠤ ᠰᠢᠨ᠎ᠡ ᠵᠢᠯ ᠦᠨ ᠮᠣᠩᠭᠣᠯ ᠤᠨ ᠰᠣᠶᠤᠯ 》 ᠤ ᠰᠢᠩᠭᠡᠨ ᠳᠤ ᠪᠡᠶᠡ ᠬᠢᠲᠠᠳ ᠤᠨ ᠤᠷᠠᠨ ᠵᠣᠬᠢᠶᠠᠯ ᠤᠨ ᠰᠣᠶᠤᠯ ᠤᠨ ᠤᠷᠠᠨ ᠰᠢᠨ᠎ᠡ ᠵᠢᠯ ᠦᠨ ᠰᠣᠶᠤᠯ ᠤᠨ ᠰᠢᠯᠢᠳᠡᠭ ᠤ ᠪᠦᠲᠦᠭᠡᠯ ᠦᠨ ᠮᠣᠩᠭᠣᠯ ᠤᠨ ᠠᠮᠢᠳᠤᠷᠠᠯ ᠤᠨ ᠪᠣᠯᠤᠨ ᠰᠢᠯᠭᠠᠭᠳᠠᠪᠠ ᠃ ᠃ 2017 ᠣᠨ ᠤ 12 ᠰᠠᠷ᠎ᠠ ᠳᠤ ᠰᠤᠷᠭᠠᠭᠤᠯᠢ ᠃ ᠰᠤᠷᠭᠠᠭᠤᠯᠢ ᠃ ᠰᠤᠷᠭᠠᠭᠤᠯᠢ ᠬᠡᠪᠯᠡᠯ ᠦᠨ ᠃ ᠃ ᠪᠦᠲᠦᠭᠡᠯ ᠦᠨ ᠪᠠᠶᠠᠷ ᠤᠨ ᠬᠠᠮᠲᠤ ᠪᠣᠯᠤᠨ ᠤᠷᠠᠨ ᠤᠨ

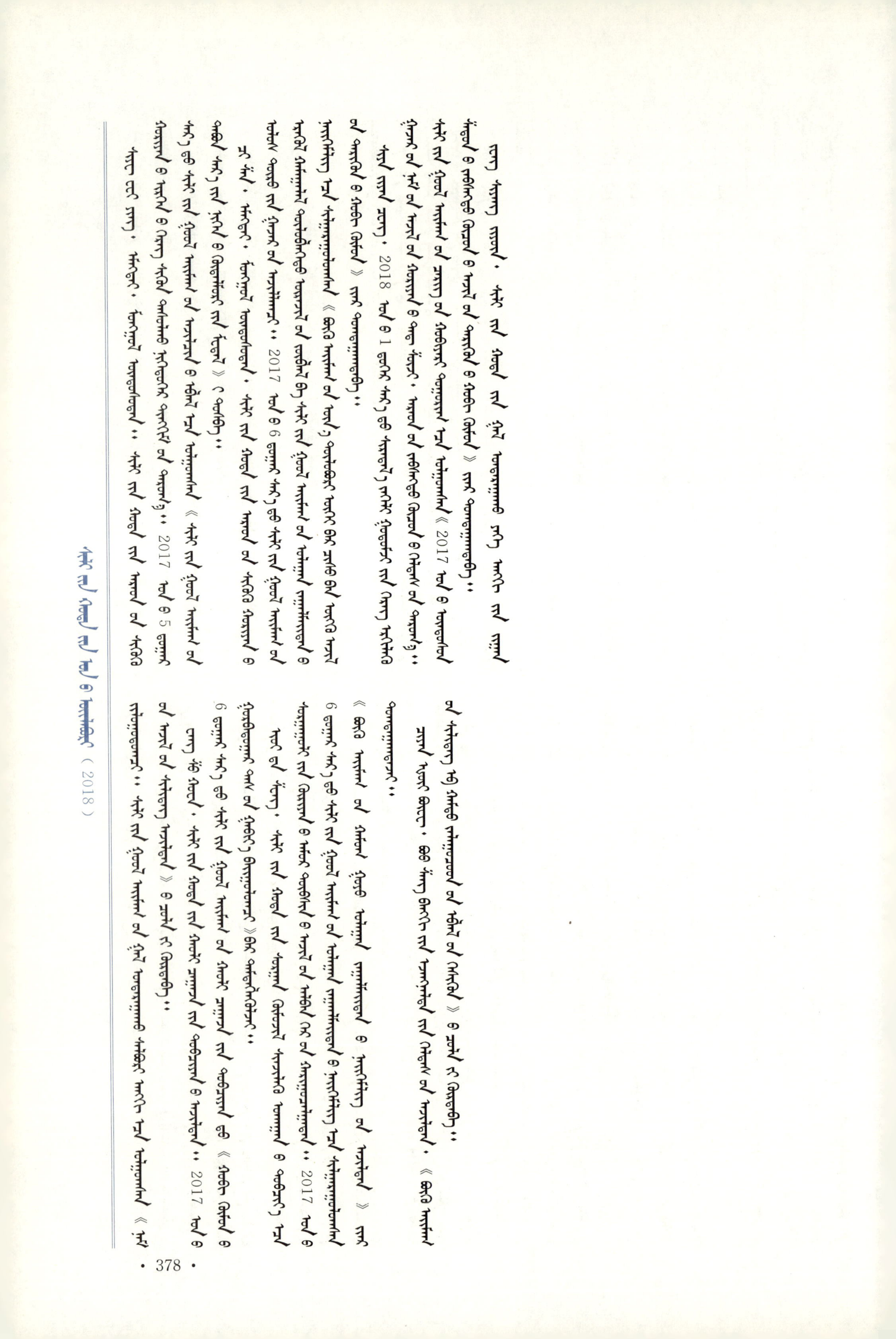

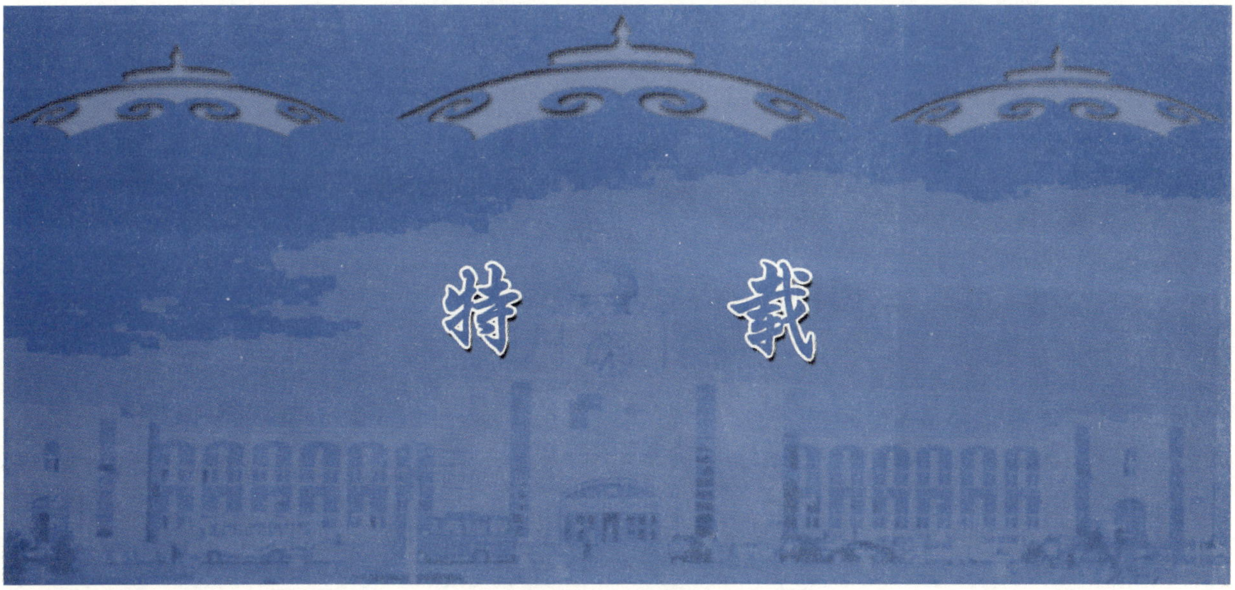

中共锡林浩特市十二届四次全委(扩大)会议暨全市经济工作会议上的讲话

中共锡林浩特市委书记　张锦明

(2018 年 2 月 9 日)

这次会议的主要任务是,以习近平新时代中国特色社会主义思想为指导,深入学习贯彻党的十九大精神、中央经济工作会议精神、自治区党委十届五次全会暨全区经济工作会议精神、盟委 2018 年第 1 次(扩大)会议暨全盟经济工作会议精神,报告市委常委会过去一年的工作,部署 2017 年经济工作。

首先,我代表市委常委会报告工作。

2017 年,全市上下深入学习贯彻党的十九大精神,以习近平新时代中国特色社会主义思想为指导,全面贯彻落实中央、自治区党委和盟委各项决策部署,牢固树立盟府意识、标杆意识、引领意识,围绕年初确定的各项目标任务,统筹推进"五位一体"总体布局,协调推进"四个全面"战略布局,攻坚克难、扎实工作,推动各方面工作都取得新进展新成效。

一年来,市委常委会加强工作统筹,注重研究新情况、解决新问题,主要做以下工作。

(一)深入学习宣传贯彻党的十九大精神。把学习宣传贯彻党的十九大精神作为首要政治任务,及时部署、统筹推进。一年来,我们深入开展迎接十九大宣传报道和系列活动,扎实做好各项保障工作,营造喜迎十九大胜利召开的浓厚氛围。十九大闭幕后,及时组织做好各层面学习宣传贯彻工作,多形式多手段做好党员干部轮训和面向基层群众宣传宣讲;坚持理论联系实际,制定贯彻落实十九大实施意见,根据新的形势和任务专题部署产业发展、项目建设、脱贫攻坚、深化改革、化解政府债务和党的建设、意识形态等领域重点工作,推动党的十九大精神在锡林浩特落地生根。

(二)全力保持经济平稳健康发展。坚定不移抓好发展第一要务,全面贯彻新发展理念,推动经济转型升级、提质增效。一年来,我们以供给侧结构性改革为主线,深入分析研判经济形势,采取有效政策措施,保持经济总体平稳、稳中有进。全市地区生产总值在主动核减虚增数据的情况下,增长 6.3%,一般公共预算收入剔除虚增空转因素完成年度目标任务。先行指标和效益指标持续向好,全社会用电量增长 3%,公路货运量增长 5%,规模以上工业企业主营业务收入增长 21.5%、利润总额增长

78.1%。调结构促转型成效明显,第三产业比重稳步提高,成为自治区一二三产业融合发展示范市。“减羊增牛”战略取得积极进展,特高压输电工程建成完工,电源点、重点装备制造、农牧业产业化、文化旅游和基础设施项目稳步推进,中国马都核心区文化生态旅游景区成功创建国家4A级旅游景区。

(三)积极发展社会主义民主政治。坚持党的领导、人民当家作主、依法治国有机统一,推进社会主义民主政治制度化、规范化、程序化,巩固和发展生动活泼、安定团结的政治局面。一年来,我们专题听取和研究人大、政府、政协、法院、检察院和各群团组织工作,支持和保证他们依法依章独立负责、协调一致地开展工作。推动人大工作与时俱进、完善发展,市人大常委会听取审议专项工作报告13项,组织开展执法检查、执法调研、专项调研和视察,做出决定决议5项,办理议案建议53件。推进协商民主广泛开展,市政协围绕新农村新牧区建设、推动非公经济发展等议题开展调研协商,围绕精准扶贫、畜牧业发展、生态建设、就业创业等事项开展视察考察,办理提案71件。加快推进依法治市进程,成立市委法规工作机构,基层法律顾问实现全覆盖,法治政府建设深入推进,司法体制改革进一步深化,法治改革重点举措、成果有效落实。统战工作扎实推进,宗教领域和谐稳定,工商联换届工作圆满完成。开展自治区成立70周年庆祝活动,深入学习宣传贯彻习近平总书记题词和中央贺电精神,召开全市民族团结进步和学习使用蒙古语文表彰大会,举办全市综合成就展,开展系列文体活动,深化民族团结进步教育工作,唱响共产党好、社会主义好、改革开放好、伟大祖国好、民族团结好的主旋律。

(四)切实加强宣传思想文化工作。坚持把满足人民群众精神文化需求作为主要着力点,大力弘扬主旋律、传播正能量,进一步加强宣传思想文化工作。一年来,我们强化理想信念教育,不断加强党委(党组)中心组理论学习,开展“砥砺奋进的五年”等主题宣传,把中国特色社会主义和中国梦宣传教育不断引向深入。加强对意识形态工作领导,建立意识形态责任清单,加强理论阵地、舆论阵地、文化阵地、互联网阵地的管理,推动媒体融合发展,推进“六位一体”外宣阵地建设,牢牢掌握意识形态工作主动权。培育和践行社会主义核心价值观,结合全国文明城市和全国未成年人思想道德建设工作先进城市创建工作,开展“我的价值观”公益宣传等活动,实施公民道德建设工程,深化群众性精神文明创建,全社会明礼诚信、崇德向善的氛围日渐浓厚。深入学习贯彻习近平总书记对乌兰牧骑事业发展的重要指示精神,不断提高乌兰牧骑事业发展水平,推动文化事业和文化产业改革发展,加快文化惠民工程建设,加强文物保护利用和文化遗产保护传承,推进文化与旅游等产业融合发展,群众精神文化生活不断丰富。

(五)稳步推进城乡建设。以“六城联创”为抓手,进一步加强城乡建设管理,城市功能日趋完善,牧区面貌明显改善,创建成为国家卫生城市。一年来,我们整合投入资金24亿元,实施街路打通、小街巷改造、三水管网改造、人行道铺装、棚户区改造、亮化绿化等工程,城市基础设施进一步改善。健全网格化管理工作机制,常态化开展“六个专项整治”行动,完善物业管理“四级联动”管理体系,启动城市管理综合执法体制试点改革,城市精细化管理进一步加强。推进美丽乡村建设,统筹抓好牧区道路、安全饮水、卫生室、文化活动室等基础设施和公共服务设施建设,建立健全后期管护机制,推进贝力克吉祥小镇、朝克乌拉休闲养生旅游小镇、白银库伦灰腾河生态小镇等特色旅游生态小镇建设,扎实开展牧区民间借贷整顿和规范工作,牧区生产生活条件不断改善,牧民利益得到切实维护。加大路网电网建设力度,进京铁路客运通道取得积极进展,丹锡高速建成通车,国道303别力古台至锡林浩特段、农村300公里公路加快建设,城乡电网布局不断优化,发展支撑能力进一步增强。

(六)着力增进各族群众福祉。深入贯彻以人民为中心的发展思想,着力解决民生短板,加强和创新社会治理,让各族群众有更加充实、更有保障、更可持续的获得感、幸福感和安全感。一年来,我们坚持尽力而为、量力而行,集中近八成的财力用于民生社会领域支出,不断满足人民日益增长的美好生活需要。全年城乡居民人均可支配收入分别增长6%、8.2%。脱贫攻坚精准识别率大幅提高,扶贫对象实现动态管理,已脱贫人口增收致富能力进一步增强。教育事业不断发展,基本完成基础教育质量三年行动目标任务；养老事业创新发展，爱祺乐牧民养老园区成为全国牧区养老服务典范。创业带动就业成效明显，城镇登记失业率控制在3.3%以内，新丝路电子商务创业园成为首批“内蒙古青年创业孵化器”。圆满完成医疗质量和服务能力三年行动计划。困难群众保障水平稳步提升，社会保障覆盖面进一步扩大。科技、体育、文化事业健康发展。深化平安锡市建设，开展社会矛盾排查化解、信访积案化解、安全生产大检查、缉枪治爆和打击“黄赌毒”等专项行动，加强食药安全监管，全市信访批次和治安案件、刑事案件、安全生产事故数量都不同程度下降，实现十九大期间“零非访”目标，未发生重大安全生产和食品药品安全事故，军民融合发展稳步推进，和谐稳定社会大局进一步巩固。

（七）持续抓好生态文明建设。坚持绿色发展，加大草原生态修复建设力度，狠抓环境整治、严格环境执法，生态环境不断改善。一年来，我们扎实推进重点生态工程建设，认真落实草原生态保护补助奖励政策和草畜平衡制度，生态保护红线划定工作取得阶段性成效，重点区域绿化、京津风沙源治理、生态水系治理二期、地质生态环境综合治理和露天矿排土场绿化工程持续推进，草牧场确权工作全面完成，中央、自治区环保督察反馈问题整改取得积极进展，绿色安全屏障进一步筑牢。加强大气、水、土壤污染防治和总量减排工作，全面淘汰城区燃煤锅炉，完成新绿源污水处理厂提标改造，42家畜产品企业配套污水处理设施，启动土壤污染防治工作，圆满完成主要污染物总量消减目标任务，全年空气质量优良率达96%，污水处理率达87.5%。

（八）持续全面深化改革开放。充分发挥改革牵引作用和开放带动作用，持续向改革要红利、向开放要效益，最大限度地激发发展动力活力。一年来，我们扎实抓好六大领域改革工作，制定重要改革举措实施规划、重点改革任务台账，明确推进改革的主要方向和重点内容，“放管服”、商事制度、草牧场制度、医药卫生等175项改革任务有序落地落实。不动产登记、行政权力清单改革成效初显。积极融入国家“一带一路”战略，组织企业参加“第十三届中俄蒙工商论坛”和中国食品（阿布扎比）品牌展，对外贸易进出口额完成1116万美元、增长497%。招商引资取得较好成效，全年引进资金103亿元。

（九）坚定不移全面从严治党。始终高度重视加强和改进党的建设工作，认真贯彻落实新时代党建工作总要求，推动全面从严治党向纵深发展。一年来，我们加强学习型党组织建设，扎实推进“两学一做”学习教育常态化制度化，率先在全盟开展党员“政治生日”主题活动，党员干部党性修养和能力素质不断提升。严格规范干部选拔任用和管理监督工作，创新完善考核评价和正向激励机制，“三超两乱”整改任务全面完成。加强基层党组织建设，嘎查社区活动阵地全部达标，“富民党建”“暖心党建”“活力党建”“树人党建”“聚力党建”“连心党建”深入推进，党员发展教育管理服务工作进一步加强，各领域党建全面进步。顺利完成人大、政府、政协、残联、基层妇联换届工作，群团组织改革取得初步成效。做好巡视巡察工作，中央、自治区党委巡视反馈意见整改取得阶段性成果，十二届市委完成两轮巡察。制定“两个责任”权责清单，开展专项督查，推动“两个责任”有效落实。强化监督执纪问责，开展扶贫领域和“雁过拔毛”式腐败专项整治行动，查处群众身边的不正之风和腐败问题，坚决防止“四风”反弹回潮。市监察委员会挂牌成立。全年处置问题线索120件，立案63件，党政纪处分60人，保持正风肃纪、惩治腐败高压态势。

以上是市委常委会一年来的工作。这些成绩的取得是习近平新时代中国特色社会主义思想科学指导的结果，是中央、自治区党委、盟委坚强领导的结果，是全市各族干部群众共同团结奋斗的结果。市委委员、候补委员和市各大班子、各级各部门，对常委会给予充分信任和大力支持。我代表市委常委会向同志们表示衷心的感谢。

发展的过程就是解决困难问题、捕捉机遇的过程。成绩固然值得肯定，但我们也要看到困难和挑战，更要看到优势和机遇，做最充分的准备，朝最好的方向努力，争取最好的结果。

立足当前，要深刻认识加快发展、转型发展的现实紧迫性。从自身看，我们仍然面临着发展不足、发展不优的双重压力，面临着加快发展、转型发展的双重任务。产业发展后劲不足，传统产业转型升级难度较大，战略性新兴产业基础薄弱,新的经济增长点没有形成规模;项目落地进展不快,一些项目久拖不建、久建不成的现象依然存在;开放经济体量不大,对外开放程度低,对外经贸总量小,对经济发展的拉动作用还很弱;基础设施建设滞后,铁路、公路、市政、信息通信等基础设施较为薄弱,仍是制约经济社会发展的突出短板;草原生态脆弱的总体情况尚未根本扭转,保护建设的任务十分繁重;财政增收渠道不多,刚性支出增多增大,中央、自治区环保督查后续整改投入巨大,收支矛盾突出、债务化解任务困难重重;教育、卫生、文化等基本公共服务水平不高,与群众的期待还有较大差距。经济发展环境不优,部分单位办事拖延的问题还不同程度存在,少数环节干部公权私用、吃拿卡要、雁过拔毛的问题还没有彻底解决;个别干部缺乏责任意识和担当精神,奉行只要不出事,宁可不干事,对工作敷衍应付,“做一天和尚撞一天钟”,遇到矛盾绕道走、碰到困难往后退,该抓的不抓、该管的不管,矛盾上交,四平八稳当“太平官”。从发展态势看,锡林浩特市正处在不进则退、慢进也是退的紧要关头。与区内其他盟府、市府中心城市在综合经济实力方面相比,有的已经将我们远远甩开,有的已经迫近、大有超越之势,一些不是中心城市的旗县也已经超越我们,就连盟内的兄弟旗县也正在逼近我们,特别是西乌旗2017年的一般公共预算收入计划超过我们4.5亿元,西苏旗、多伦县、蓝旗、太旗在资源、区位等优势并不突出情况下,现代农牧业、新型材料、大数据、文化旅游等产业甚至已经走在锡林浩特市前列。面对转型升级、补齐短板的艰巨任务,面对各地争先恐后、竞相发展的逼人态势,如果我们不能及时主动跟上加快发展、转型发展步伐,不能有效破解发展的瓶颈制约,还是夜郎自大、坐井观天,就会原地打转、裹足不前,就会在新一轮发展竞争中落伍掉队。我们必须进一步增强紧迫感和责任感,因应形势、思变谋变,全力拓展新空间、打造新支撑,抢占发展制高点,努力实现转型发展、跨越发展。

着眼长远,要敏锐捕捉加快发展的历史机遇。锡林浩特市拥有良好的资源禀赋,拥有优质的天然牧场,拥有天蓝、地绿、水清、气爽的生态环境,拥有历史悠久、特色鲜明的民族文化,拥有区位的比较优势,发展潜力还很大,特别是在发展清洁能源、现代畜牧业、文化旅游、大数据云计算、健康养老等产业上具有突出优势。党的十九大提出,要大力支持民族地区、边疆地区加快发展,支持资源型地区经济转型发展,继续实施“一带一路”、西部大开发、新一轮东北振兴、京津冀协同发展等战略;自治区明确要继续加快重点产业、重大项目建设,积极支持东部盟市加快发展、培育锡赤通经济区;盟委、行署还将持续加大对盟府中心城市支持力度;这些都为我们改造传统产业、发展新兴产业、补齐发展短板、激发市场活力带来宝贵机遇。随着供给侧结构性改革的深入实施,一些地方落后产能的淘汰退出,部分工业产品的市场价格回升,煤炭企业效益提高,经济形势向好。再加上近年来锡林浩特市新型工业化、信息化、城镇化、农牧业现代化和绿色化加速推进,一批重大产业项目投资效应陆续释放,一系列重大改革举措陆续落实,一项项重点基础设施工程陆续投用,为未来发展积蓄巨大动能。更为重要的是,在中央和自治区党委和盟委的坚强领导下,经过历届班子的共同努力,我们形成较为系统完善的发展思路,积累许多驾驭复杂局势、应对风险挑战的实践经验,各族干部群众心往一处想、劲儿往一处,凝心聚力谋发展、渡难关的氛围越来越浓厚,所有这些都是我们战胜困难、加快发展的重大机遇、不竭动能和重要保障。

综合分析研判,当前和今后一个时期,尽管我们发展面临的形势比较复杂,但仍处于可以大有作为的重要战略机遇期。只要我们化挑战为机遇、变压力为动力,进一步坚定加快发展的信心和决心,措施得当、应对得力,就一定能够推动全市经济社会各项工作继续走在全盟前列,发挥示范引领作用。

下面,我就做好2017年全市经济工作,讲几点意见。

一、深刻领会习近平新时代中国特色社会主义经济思想,切实增强贯彻中央大政方针和自治区党委、盟委各项决策部署的自觉性。

去年12月,中央召开经济工作会议,全面总结党的十八大以来我国经济发展取得的历史性成就、发生的历史性变革,深刻阐述习近平新时代中国特色社会主义经济思想,深入分析当前经济形势,明确提出2017年经济工作的总体要求、主要目标、重点任务,为我们做好经济工作提供根本遵循、指明前进方向。自治区党委召开十届五次全会暨全区经济工作会议和盟委2018年第1次(扩大)会议暨全盟经济工作会议,对2017年全区、全盟的重点任务作出全面部署,为我们科学谋划和推进各项工作提供有力指导。深刻理解、准确把握习近平新时代中国特色社会主义经济思想的科学内涵和精神实质,深入贯彻党中央的大政方针和自治区党委、盟委部署要求,是做好2017年经济工作的首要前提。

第一,要牢牢把握习近平新时代中国特色社会主义经济思想的科学内涵。中央经济工作会议首次提出以新发展理念为主要内容的习近平新时代中国特色社会主义经济思想,主要内涵是"七个坚持",即坚持加强党对经济工作的集中统一领导、坚持以人民为中心的发展思想、坚持适应把握引领经济发展新常态、坚持使市场在资源配置中起决定性作用、坚持适应我国经济发展主要矛盾变化完善宏观调控、坚持问题导向部署经济发展新战略、坚持正确工作策略和方法。这一重要思想,是习近平新时代中国特色社会主义思想的重要组成部分,科学回答"经济形势怎么看、经济工作怎么干"的问题,有力引导全党全社会对经济形势的判断,为做好新时代经济工作提供行动指南。我们一定要准确把握习近平新时代中国特色社会主义经济思想的科学内涵和精神实质,学懂理论依据,弄通主要内容,做实根本要求,更好地分析经济形势、把握经济规律、引领经济发展。

第二,要牢牢把握稳中求进工作总基调。稳中求进工作总基调是治国理政的重要原则,也是做好经济工作的方法论。中央经济工作会议指出,稳和进是辩证统一的关系,只有"稳""进"才可持续,只有"进""稳"才能不断得到巩固。"稳"就是经济运行保持在合理区间,居民消费价格涨幅平稳,城乡居民收入增长和经济增长基本同步,完成城镇新增就业和调查失业率既定目标,国际收支保持基本平衡;"进"就是深化改革开放和调整结构,推动供给侧结构性改革取得实质性进展,宏观杠杆率保持基本稳定,金融财政风险有序有效防控。自治区党委十届五次全会和盟委2018年第1次(扩大)会议都再次强调"稳"和"进"的重要性。我们一定要准确把握稳中求进的基本内容和辩证关系,着力巩固"稳"的基础,切实增强"进"的动力,有所为有所不为,把握好工作节奏和力度,做到稳得坚决、稳得牢靠,进得积极、进得有力。

第三,要牢牢把握推动高质量发展的根本要求。推动高质量发展,是保持经济持续健康发展的必然要求,是适应我国社会主要矛盾变化和全面建成小康社会、全面建设社会主义现代化国家的必然要求,也是遵循经济规律发展的必然要求。中央经济工作会议指出,推动高质量发展,要深刻理解和贯彻落实习近平新时代中国特色社会主义经济思想,牢牢把握"七个坚持";要坚持稳中求进工作总基调,统筹好"五大政策支柱";要重点打好决胜全面建成小康社会"三大攻坚战",落实好八项重点工作,推动我国经济在实现高质量发展上不断取得新进展。自治区党委十届五次全会和盟委2018年第1次(扩大)会议都再次要求,要主动适应我国社会主要矛盾变化,推动实现高质量发展。我们一定要准确把握高质量发展的内在要求和重点任务,克服对传统发展要素的依赖,坚持供给侧结构性改革方向,加快转变经济发展方式,推动经济向更高层次、更高水平迈进。

第四,要牢牢把握以人民为中心的发展思想。促进人的全面发展、全体人民共同富裕,是党的根本宗旨和执政理念的集中体现,也是习近平新时代中国特色社会主义经济思想的精髓要义。习近平总书记在十九大报告中强调,"要把人民对美好生活的向往作为奋斗目标,依靠人民创造历史伟业";在2018年新年贺词中指出,"伟大的发展成就由人民创造,应该由人民共享"。中央经济工作会议指出,做好民生工作,要突出问题导向,针对人民群众关心的问题精准施策,尽力而为、量力而行,周密谋划、用心操作。自治区党委十届五次全会和盟委2018年第1次(扩大)会议都高度重视民生突出问题,强调要从群众普遍关心的问题入手,尽力而为、量力而行,在发展中补齐民生短板、促进社会公平正义。我们一定要准确把握以人民为中心的发展思想的核心要义和重要要求,始终把人民利益摆在至高无上的地位,坚持在发展中保障和改善民生,多谋惠民之策,多办利民之事,让各族群众有更多获得感、幸福感、安全感。

二、准确把握新目标、新要求,全力以赴做好2017年经济工作

2018年是贯彻党的十九大精神的开局之年,是改革开放40周年,是决胜全面建成小康社会、实施“十三五”规划承上启下的关键一年。做好2017年经济工作,要全面贯彻党的十九大精神和中央经济工作会议、自治区党委十届五次全会暨全区经济工作会议、盟委2018年第1次(扩大)会议暨全盟经济工作会议精神,以习近平新时代中国特色社会主义思想为指导,深入贯彻习近平总书记考察内蒙古重要讲话精神,加强党对经济工作的领导,坚持稳中求进工作总基调,坚持新发展理念,紧扣我国社会主要矛盾变化,全面落实高质量发展要求,统筹推进“五位一体”总体布局和协调推进“四个全面”战略布局,坚持以供给侧结构性改革为主线,统筹推进稳增长、促改革、调结构、惠民生、防风险各项工作,深化改革开放,加快转型升级,大力推动质量变革、效率变革、动力变革,坚决打好防范化解重大风险、精准脱贫、污染防治三大攻坚战,坚决守好发展、民生、生态三条底线,促进全市经济社会持续健康发展。

主要预期目标是:地区生产总值增长6.7%左右;城乡居民人均可支配收入分别增长7.6%、7.8%左右;城镇调查失业率和城镇登记失业率分别控制在4.6%左右和3.5%以内;全面完成节能减排的目标任务;供给侧结构性改革取得实质性进展,财政金融风险有效防控,化解政府债务完成年度任务。

2017年的目标,是综合考虑当前和长远、需要和可能、速度和质量等诸多因素后确定的,是积极的也是稳妥的,也是经过努力可以实现的。

做好2017年经济工作,要在加强统筹、全面推进的同时,着力抓好以下六个方面工作。

(一)坚决打好三大攻坚战。打好防范化解重大风险、精准脱贫、污染防治三大攻坚战,直接关系全面建成小康社会质量,是今后3年必须完成的重点任务,是我们必须跨越的重大关口,必须采取有力举措,稳扎稳打落实到位。

一要坚决打好防范化解重大风险攻坚战。打好防范化解重大风险攻坚战,重点是防控金融和债务风险。要加强政府债务管理,通过精打细算预算安排、债权置换、资产重组、闲置资源和国有资产盘活等办法,积极稳妥有序化解存量债务;要强化财政约束,量入为出,严格规范政府投资项目、举债融资、基金运作和购买公共服务行为,坚决防止盲目过度举债,从严控制政府债务增量;要彻底摸清政府债务底数,为下一步化解债务提供准确依据。要有效防控金融风险,加快市场化法治化债转股,降低企业杠杆率。要严厉打击非法集资、牧区高利贷等违法违规金融活动,防止引发社会矛盾。全市上下要增强风险意识和责任意识,树立化债也是政绩的观念,坚决守住不发生系统性区域性风险的底线。要加大税源征管力度,进一步加大域内施工、经营但不在域内注册企业的税源管理,避免税源流失。

二要坚决打好精准脱贫攻坚战。2016年,锡林浩特市已实现基本消除绝对贫困现象的目标。2017年,我们要坚持“两不愁三保障”脱贫标准,按照“扶上马、送一程”的原则,实行攻坚期内脱贫不脱联系、不脱政策,继续实行四大班子分块包联苏木镇场机制,发挥“第一书记”作用,持续推进产业扶贫、金融扶贫、保险扶贫、健康扶贫、教育扶贫、互助资金扶贫工程,拓宽社会扶贫渠道,加强民生保障力度,做好正常脱贫和贫困边缘人口帮扶工作,确保脱贫路上不漏一户、不落一人。要扎实推进扶贫动态管理,确保精准扶贫对象应纳尽纳,确保贫困人口动态调整,使真正的贫困户享受到国家政策实惠。要注重扶贫同扶志、扶智相结合,教育贫困户和贫困边缘户克服依赖心理和懒汉思想,树立借助帮扶政策努力脱贫的骨气和志气,靠自己勤劳致富。要加强扶贫领域腐败和作风问题专项治理,防止产生识别不准、工作不力、作风不实、弄虚作假等问题。

三要坚决打好污染防治攻坚战。这些年,人民群众对生态环境的要求越来越高,对美好环境的渴望也越来越强烈。我们要坚持以人民为中心的发展思想,着力解决群众反映强烈的突出环境问题,抓好中央、自治区环保督察反馈问题整改落实,严格落实“大气十条”“水十条”“土十条”,深入实施大气、水、土壤污染防治专项行动,做好重点企业环保达标改造、矿区粉尘防治和排土场绿化工作,深入推进锡林河流域治理和重点水源水体整治,开展土壤污染治理与修复,倡导绿色生产生活方式,守

护好锡林浩特这片蓝天、碧水、净土。

（二）深化供给侧结构性改革。推进供给侧结构性改革，是经济工作的主线，也是解决经济领域矛盾和问题的治本良药。要抓住要素配置扭曲这个结构性矛盾根源，加大生产、流通、分配、消费各环节结构性改革力度，深化要素市场化配置改革，不断提高供给体系质量和效率。

一要加快推进产业转型升级。要依托锡林浩特市资源优势和现有产业基础，支持能源、建材、装备制造、农畜产品加工等传统产业改造升级，坚持在做优做强存量、以存量引增量上下功夫，挖掘内涵发展潜力，发挥好传统产业的基础支撑作用，进一步提升产业、产品的层次和质量。要狠抓新兴动能培育，大力发展新能源、新材料、节能环保、高端装备、云计算、生物科技、蒙中医药等战略性新兴产业，加快发展先进制造业，在智能电网、电子商务、石墨烯、多晶硅下游产品开发、军民融合等领域培育更多新的增长点。要坚持把文化旅游业作为战略性支柱产业来抓，按照“一区、一线、两都、四片区、四环线”发展布局，以创建国家全域旅游示范区为引领，推进重点景区景点建设和后期运营管理服务，继续打造精品文艺演出剧目，加强文化旅游商品开发和市场营销，将景点、看点和卖点串联成线，打造更多4A、5A级旅游景区和精品旅游线路；要充分发挥“旅游+”的融合功能，以市场化、常态化为目标推进四季旅游，深挖历史遗迹、民间传说等文化内涵，继续举办好各类文体赛事、传统活动，推动民俗游、冰雪游、农牧游、工业游、养生游火起来；要加大旅游基础设施建设力度，推进旅游公路建设和“旅游厕所革命”，加强与周边地区在旅游资源要素整合、基础设施互联互通等方面的协调与合作，加快实施旅游服务中心项目建设，提高“智慧旅游”应用水平，强化旅游基础保障能力。要始终坚持以游客为中心的发展思路，加大对外宣传营销力度，通过形式多样的旅游市场推广活动，将锡林浩特形象和旅游品牌推向全国。

二要全面提高供给体系质量效益。平衡供需结构，提高供给体系质量效益，要着力在破除无效供给、培育新动能、降低企业成本上下功夫。一是切实破除无效供给。把处置“僵尸企业”作为化解过剩产能的“牛鼻子”来抓，对全市各类企业进行摸底排查，严格执行质量、环保、能耗、安全等法规标准，“一企一策”分类处置，倒逼圈地不建、建而不投、建而不用、“僵尸企业”平稳有序退出。二是大力培育新动能。深化要素市场化配置改革，深入挖掘市场需求潜力，加快形成生产要素从低质低效领域向优质高效领域流动机制，着力优化存量资源配置，扩大优质增量供给。2017年重点要采取市场化办法淘汰不达标屠宰加工企业和小加工作坊，引导畜产品加工企业逐步进驻绿色畜产品加工园区，改变企业户户都屠宰、各自为政、恶性竞争的运营状况。三是切实降低实体企业成本。继续落实减税政策，清理涉企收费，多措并举降低企业用能、用地、用工等要素成本以及融资、物流和制度性交易成本，加快构筑低成本竞争优势。

三要全面加强基础设施建设。认真落实习近平总书记考察内蒙古时提出的“全面加强基础设施体系建设，增强基础设施对经济发展的支撑能力和对城乡居民生活的保障能力”重要要求，抓住国家公路铁路正在加速成网、公共运输航空和通用航空快速发展的有利时机，围绕自治区加强铁路、公路、航空、电网、管道、市政、水利、信息、物流等基础设施网络建设的重要部署，按照适应发展、适度超前的原则，加快推进锡林浩特市公路、铁路和机场建设，促进锡林浩特市更好融入国家区域经济发展战略。要按照经济社会发展和项目建设需要，实施好城乡电网改造、供电工程建设和光纤宽带提速工程。要认真贯彻落实习近平总书记关于“四好农村路”建设的重要指示精神，加强牧区公路建设管护，为牧业和牧区现代化提供更好保障。

（三）着力壮大实体经济。实体经济是国民经济的根基。我们要始终把发展经济的着力点放在实体经济上，进一步夯实发展基础，增强经济质量优势。

一要继续扩大有效投资。投资是供给侧和需求侧两端发力的最佳结合点，锡林浩特市又是欠发达地区。我们之所以大会小会都强调增加投资，主要是锡林浩特市历史欠账较多，需要投入的地方很多。在抓投资问题上，我们都不能动摇、不能松劲，该抓的高质量项目要继续抓，该上的高质量项目还要上，切实发挥好投资在补短板、调结构、转换动能中的作用。一方面,要抓好既有项目投资。今天的投资就是明天的生产力。2017年,锡林浩特市计划实施重点项目77项、投资136.5亿元,要继续实行领导干部联系重点项目制度,强化项目要素保障,牵头领导和相关部门要亲力亲为,提供“保姆式”服务,确保项目快落地快建设快见效。要实行项目动态管理,将难以实施的项目果断调整出去,将具备实施条件的项目及时纳入进来。要完成西二、西三露天矿手续办理,采取转让股权、兼并重组等方式盘活锡凌煤矿煤炭资源。要继续推进电力外送通道配套电源点项目建设及下游产业延伸配套,推动风电项目尽早并网发电,做强装备制造全产业链条,积极培育壮大畜牧业产业化龙头企业,尽快形成新的经济增长动能。另一方面,要强化新项目引进。要把握国家产业政策导向,调动企业投资积极性,抓紧谋划项目,以项目建设带动社会投资、牵引结构调整,形成全市上下抓项目扩投资促转型的良好局面。要围绕产业前沿和发展趋势,着力引进新兴产业项目;围绕基础设施和公共服务的短板,积极争取上级支持,加强交通、水利、信息网建设和民生改善投资;围绕锡林浩特市富余的电能资源、优惠的用电价格,着力引进高技术、高效益的绿色高载能、新能源电动项目,鼓励多上用电项目。要不断深化投融资体制改革,优化投资环境,用好多层次资本市场,理性运用好PPP投融资模式,充分调动市场主体投资积极性。这里要强调的是,投资的主体必须多元,凡是市场化的项目通过市场投资解决,不能只靠政府买单,更不能盲目过度举债,投出去的每一分钱都要发挥出最大效益。

二要激发各类市场主体活力。大力发展民营经济,强化产权激励,使民营企业树立发展恒心。认真落实支持中小微企业各项政策措施,多渠道破解融资难融资贵问题。积极构建亲清新型政商关系,更好发挥各类市场主体的积极性、主动性和创造性。要大力弘扬优秀企业家精神,依法保护企业家财产权、创新权益、自主经营权,营造企业家健康成长环境。要加强营商环境建设,继续抓好“放管服”各项工作,全面实施并不断完善市场准入负面清单制度,用政府权力的“减法”换取市场活力的“乘法”。要以铁的纪律、铁的手腕查处影响营商环境的人和事,决不允许出现“开门招商、关门宰客”的问题。要进一步完善工作规程、细化职责任务、加强考核问责,着力整治占着位子不想事、拿着工资不干事、带着笑脸不办事的庸政、懒政、怠政行为。

三要实施园区振兴计划。近些年锡林浩特市园区发展取得一些成效。但要看到,锡林浩特市园区还存在规划不完善,四至范围、产业功能不明确;管理机制不顺畅,服务相对滞后,基础设施非常薄弱;园区内规模以上企业较少、拉动能力不强,企业小、散、乱,闲置土地和停产半停产企业较多的问题。要按照《锡林郭勒盟工业园区统筹整合方案》精神,优化园区布局和产业定位。要坚持规划先行,统筹长远发展和近期目标,围绕锡林浩特市发展空间、资源禀赋,瞄准产业前沿,抓紧做好锡林郭勒经济技术开发区规划修编和园区位移手续办理,科学规划各特色园区的规模,集中力量打造绿色畜产品精深加工、高新技术、能源电力、装备制造等产业,鼓励特色产业向特色园区布局,形成具有较强影响力的开发区产业品牌。要理顺园区管理体制和工作机制,配齐园区管理办公室人员,与开发区共同派员入驻园区办公,解决管理好园区所涉事务。要循序渐进补齐园区基础设施“短板”,坚持用市场和法律的办法清理“僵尸企业”、停产半停产企业和闲置土地,盘活园区内土地、厂房等闲置资产,矫正要素配置扭曲问题,扩大有效供给。要采取市场化运作机制破解资金筹措难题,运用专业化招商破解项目引进难题,注重引入社会资本参与园区的设计、投资、建设、招商、运营和维护,加快推进园区建设,培育龙头企业,尽早形成竞争力。自治区将要制定园区振兴计划,出台相关政策,开发区和市直相关部门要尽早对接,争取支持,把各项工作做到前头。

(四)加快推动城乡协调发展。推动城乡统筹协调、缩小城乡发展差距,是落实协调发展理念的内在要求,也是实现全面建成小康社会目标的重要内容。要坚持以城带乡、城乡共建,改善基础设施条件,构建城乡一体化发展新格局。

城市规划建设管理方面。继续以“六城联创”为统领,不断完善城市服务功能,提升城市品位。启动新一轮城市总体规划修编,完成详规和各类专项规划编制,推动城市规划与产业、生态红线、土地利用、园区建设等规划有序衔接、“多规合一”，增强规划的科学性和引领性。要以民生需求为导向，树牢补“短板”意识，根据财力情况适时启动城市建设项目。要优化城市路网结构，贯通断头路，继续实施小街巷改造，做好道路铺设罩面、人行道铺装，提升道路通达率；要启动实施锡林热电厂供热管网输出及配套工程，加快推进老旧小区“三水”管网改造，推进第二水源地建设和水质提升工程，有效提升居民用热用水质量；要稳步推进棚户区和老旧小区改造工程，逐步改善居民居住条件；要加快垃圾处理设施、垃圾发电、有机肥项目建设，推动生活、医疗垃圾、牛羊粪便、骨血脏器集中处理和资源化利用；要做好城市出入口等重点区域绿化工作，启动国家园林城市创建工作。要以绣花的功夫抓好城市管理，深入推进城市管理综合执法体制试点改革，启动智慧城管项目，常态化推进市容环境整治，开展规范整顿建材、农贸、二手车、汽车修理、再生资源回收等市场环境专项行动，完善环卫设施设备，强化物业标准化管理，不断提高城市管理的精细化、标准化、规范化水平。

乡村振兴战略方面。按照中央经济工作会议和中央农村工作会议的决策部署，围绕产业兴旺、生态宜居、乡风文明、治理有效、生活富裕的总要求，实施乡村振兴战略，让牧区焕发新的生机与活力。要大力发展现代农牧业。认真落实“一条主线、两条底线、三大战略、四项改革”要求，因地制宜推进“减羊增牛”发展战略，推进优质良种肉牛、肉羊繁育基地建设，增加优质肉牛肉羊的有效供给。要加强“乌珠穆沁羊肉”地理标志和“锡林郭勒羊肉”中国驰名商标品牌使用管理，推进牛羊肉全产业链追溯体系建设，积极培育知名肉食品牌，推动畜产品实现优质优价。要扩大牧企利益联结机制覆盖范围，促进牧民增收。要加快推进一二三产业深度融合发展，积极培育发展观光畜牧业、高档次“牧人之家”、原生态草原民俗旅游，推动畜牧业与生态环保、健康养生、电子商务等深度融合，促进畜牧业生产全产业链条升值。要扎实推进美丽乡村建设。深化草牧场制度改革，落实“三权”分置办法，加快草牧场确权颁证工作，稳步推进土地草牧场有序流转。深化牧区集体产权制度改革，探索集体产权权能多种实现形式，盘活牧区沉睡的资源。继续推进特色小镇建设，增强综合承载力、凝聚力和辐射力，拓展牧民转移就业空间。要巩固牧区基础设施建设和人居环境整治成果，推进新牧区示范点建设，让广大牧民长期受益。要抓好牧区教育、卫生、文化、社保等各项社会事业，提高牧区精神文明建设水平，逐步提高牧民群众的幸福指数和文明程度。要加强草原生态保护。牢固树立“绿水青山就是金山银山”理念，严格执行主体功能区规划和生态红线制度，实施京津风沙源治理、重点区域绿化、矿山环境治理等重点生态建设工程，配合做好浑善达克规模化林场建设，继续推进中央、自治区环保督察后续整改工作，严格落实新一轮草原生态保护补助奖励政策和草畜平衡制度，抓好禁牧和春季休牧工作，为牧区可持续发展奠定基础。

（五）坚定不移深化改革开放。深化改革开放是落实新发展理念的关键之举，对促进经济持续健康发展至关重要。要积极稳妥落实各项改革任务。逐项研究细化锡林浩特市改革各项任务和具体落实措施，稳步推进一批事关全市发展大局的关键性、基础性改革，完成各项改革试点任务，为经济社会发展增添活力。要积极稳妥推进国有农牧场改革，承接好“放管服”改革工作，推行“互联网 + 政务服务”，更好发挥市场主体的创新活力和创造动力。要坚持“房子是用来住的、不是用来炒的”定位，加快建立多主体供应、多渠道保障、租购并举的住房制度，突出抓好棚改货币化安置和停缓建房地产项目专项整治，促进房地产市场平稳健康发展。深入推进不动产权属登记改革，强化数据资源整合，让信息多跑路，群众少跑腿。要深化对外交流合作。积极参与丝绸之路经济带和中蒙俄经济走廊建设，加强与蒙古国在产能、旅游贸易等领域的合作，深入推进文化、教育、科技、医疗卫生等领域的交流，积极推进航空口岸临时开放和“一关两检”入驻工作，不断提升开放发展的层次和水平。要坚持内外联动、双向发力，在国家实施京津冀协同发展、振兴东北等战略中把握政策机遇，高起点高水平承接产业转移，有效提升发展活力、内生动力和整体竞争力。要深入落实东部盟市加快发展战略，主动融入锡赤通经济区，推动产业互融、基础设施互通，在自治区打造新的经济增长极中发挥更大作用。

（六）着力保障改善民生，增进各族群众福

祉。坚持以人民为中心的发展思想与实事求是的思想路线相统一,紧贴群众需求,按照轻重缓急,尽力而为、量力而行,有力有序推进民生和社会事业,真正把好事办实、实事办好。

一要坚持教育优先发展战略。启动新一轮提升基础教育质量三年行动计划,实施好各项教育工程,推进标准化学校建设,深化教育教学改革,突出抓好教师队伍建设,提升教育内涵发展水平。学前教育要坚持公办民办并举,有效解决入园难问题。义务教育要巩固均衡发展成果,高中教育要努力扩大优质教育资源,进一步提升双一流大学上线率。要优先重点发展民族教育,协调推进职业教育、特殊教育发展。要全面落实教育补助各项政策,规范办学行为,加强教育系统作风建设。

二要切实做好创业就业工作。要多渠道开发就业岗位,扶持民营企业、中小微企业发展,挖掘企业吸纳就业的潜力。要加强职业培训和就业服务,统筹做好城镇就业困难人员、转移进城牧民、高校毕业生的就业工作,推动实现稳定就业。要以创业带动就业,完善创业扶持政策和激励机制,发挥创业园区、创客空间等平台作用,有效提高就业质量。

三要努力提高社会保障水平。要落实好养老保险参保缴费和转移接续政策措施,加快整合城乡居民医保政策和经办机制,鼓励发展补充医疗保险和商业健康保险,继续推进全民参保计划,形成高水平、多层次的社会保障体系。要完善城乡社会救助、法律援助体系,继续做好"救急难"工作,加大对低保户、低保边缘户、五保户、城镇"三无"人员等特殊困难群体的帮扶力度,统筹推进扶老、助残、优抚等福利事业发展,做好困境儿童生活保障和关爱服务工作。要加快推进锡林颐和园养老中心和新区综合老年养护院项目,推进医养结合,逐步建成以居家为基础、社区为依托、机构为支撑的养老服务体系。

四要大力发展医疗卫生事业。深入推进"健康锡林浩特"建设,深化拓展三级医联体建设,推进分级诊疗制度,提升家庭医生签约率,促进医疗服务下沉。巩固国家卫生城市创建成果,推进健康城市、健康村镇创建工作,提升全民健康水平。配合做好盟医院医技综合楼建设,完成市妇幼保健院、市疾控中心项目建设,提升医疗服务水平和疾病防控能力。

五要着力加强文化体育事业发展。围绕落实习近平总书记回信重要指示精神,大力弘扬乌兰牧骑精神,配合做好乌兰牧骑艺术宫建设,推动社会主义文化事业繁荣发展。要做好"潮尔道"为主的非物质文化艺术传承,开展好"锡林河之夏"、文化下乡等群众性文化活动,加强民族特色文艺精品创作力度,不断提升文化软实力。要以齐·宝力高国际马头琴学院为依托,推广先进的马头琴制作技术,推动马头琴区域生产加工基地建设,打造特色民族文化旅游产业品牌。要进一步提高体育场馆利用率,构建城区"15分钟健身圈"。

三、加强党对经济工作的领导,推动各项工作任务有效落实

做好全年经济工作,关键是要加强党的领导,为全市经济社会发展定好向、掌好舵。各级各部门要把思想和行动统一到党的十九大精神上来,统一到中央、自治区党委、盟委和市委对2017年经济工作的决策部署上来,切实提高把握方向、谋划全局、精准施策的能力,牢牢把握经济工作的主动权。

一要看齐对标抓落实。要进一步增强"四个意识"、坚定"四个自信",坚持不懈用习近平新时代中国特色社会主义经济思想教育党员干部,确保锡林浩特市经济发展始终沿着正确方向前进。要切实强化政治意识和政治规矩,坚决反对经济工作中的分散主义、自由主义、本位主义、山头主义、地方保护主义,善于算大账、总账、长远账,对于中央的决策部署,必须不折不扣执行,防止不切实际地定目标、喊口号、编新词,决不能让政策悬在半空中变形走样,确保中央、自治区党委、盟委各项决策部署落地生根。

二要提升本领抓落实。面对新形势、新任务,各级领导干部都要有能力不足、本领不够的危机感,加强学习和实践,培养专业能力,弘扬专业精神,既要当好领导,又要成为专家,注重加强对新技术、新产业、新业态、新模式的学习,善于出实招、出硬招、出新招,不断增强推动高质量发展和建设现代化经济体系的本领,努力成为推动新时代经济发展的行家里手。

三要转变作风抓落实。认真贯彻习近平总书记关于进一步纠正"四风"、加强作风建设的重要指示精神,持之以恒落实中央八项规定精神,紧盯"四风"十种新表现,切实解决"表态多调门高、行动少落实差”等形式主义突出问题，全力促进作风转变。各级各部门的“一把手”是抓落实的关键，要切实增强真抓的实劲、敢抓的狠劲、善抓的巧劲、常抓的韧劲，勇于挑最重的担子、敢于啃最硬的骨头，对于大事要事要“一竿子到底”，以担当和实干展示新作为、推动新发展、创造新业绩。

做好2017年各项工作，任务艰巨、责任重大。让我们更加紧密团结在以习近平同志为核心的党中央周围，坚决贯彻落实中央、自治区党委和盟委各项决策部署，锐意进取，埋头苦干，确保完成全年各项目标任务，奋力开创新时代锡林浩特经济社会发展新局面。

（张　勇）

中共锡林浩特市十二届四次全委(扩大)会议暨全市经济工作会议上的讲话

锡林浩特市人民政府市长　郭铁杰

(2018年2月9日)

刚才,张书记就贯彻落实党的十九大精神和中央、自治区党委、盟委经济工作会议精神,做好2017年全市经济工作做安排部署,我们要认真学习领会,抓好贯彻落实。下面,我讲三点意见。

一、理性看待发展成绩和存在问题

刚刚过去的2017年,全市上下深入学习贯彻党的十九大精神,以习近平新时代中国特色社会主义思想为指导,全面落实上级党委、政府和市委的各项决策部署,牢牢把握稳中求进工作总基调,扎实推进稳增长、促改革、调结构、惠民生、防风险各项工作,全市经济保持总体平稳、稳中有进的发展势头。

综合实力稳步提升。地区生产总值在主动核减虚增因素后,预计增长6.3%。规模以上工业企业税收增长50%以上,全社会用电量、公路货运量等先行指标实现较快增长。产业结构不断优化,第三产业占比提高5.4个百分点。"减羊增牛"战略稳步实施,优质良种肉牛数、牧业年度牛存栏数分别增长48.6%和2.4%;畜种改良工作扎实推进,良改比重、繁成率分别达到99.44%和110.8%。两条特高压外送通道建成,蒙能电厂基本建成,神华、大唐、华能电厂顺利推进。战略性新兴产业积极推进,明阳电气项目完成设备安装,上海电气项目试运行,中蕴马产业、首放食品加工等项目落地建设。中国马都核心区文化生态旅游景区成功创建国家4A级旅游景区,锡林河生态景观带等旅游重点项目顺利实施,锡林浩特市成功创建自治区级全域旅游示范区。

生态环境不断改善。新一轮草原生态补奖政策有效落实,牧业年度牲畜头数同比减少2.7万头只,草原植被盖度达到53%,较2016年提高7个百分点。锡林郭勒草原国家级自然保护区规范管理工作积极推进,关停工矿企业67家。"河长制"严格落实,两级河长体系和规章制度不断完善。中央、自治区环保督查反馈问题整改工作扎实推进,整改完成率达到77%。大气、水、土壤污染防治工作成效明显,空气质量优良率持续保持在96%以上。

城乡建设成效明显。街路打通、小街巷改造、人行道铺装、罩面道路、老旧管网改造、棚户区改造、老旧小区改造等一批民生城建工程有序实施,城市管理综合执法体制改革稳步推进,城市建设管理水平有效提升。基础设施进一步完善,丹锡高速建成通车,国道303别力古台至锡林浩特段全力推进,300公里牧区公路加快建设,锡林浩特至二连浩特航线开通。

改革开放扎实推进。"放管服"改革不断深化,市场主体增长12.4%。财税金融体制改革有序推进,实施PPP项目8个,新增"新三板"挂牌企业1家。草原登记确权工作全面完成,草场"三权"分置工作稳步推进。对外开放力度不断扩大,外贸进出口总额同比增长6倍,招商引资到位资金超过百亿元。供给侧结构性改革成效明显,房地产库存量下降50%;18户企业纳入电力多边交易市场,节约用电成本1300万元;重点项目完成投资118.5亿元,民生、生态、基础设施等方面"短板"得到加强。

民生保障持续加强。全年民生支出占一般公共预算支出的75%,高于去年5个百分点,城乡常住居民人均可支配收入分别增长6%和8.2%。脱贫攻坚、就业创业、社会保障、教育医疗、文化体育等一批群众关心的热点难点问题有效解决,人民群众的获得感、幸福感不断增强。防范化解政府债务扎实有序,整顿规范牧区民间借贷工作成效显著,民间借贷存量下降20.5%。拖欠农民工工资问题得到有效治理,政府投资项目欠薪实现动态清零。安全生产形式总体平稳,人民群众饮食用药安全有效保障。信访总量持续下降。平安建设不断加强,社会大局和谐稳定。

在肯定成绩的同时,我们必须清醒地认识到锡林浩特市经济社会发展面临的困难和问题。农牧业产业碎片化问题没有得到根本解决,产加销体系不健全,优质农畜产品资源优势没有转化为经济优势,农牧业现代化发展尚未真正破题;电价"洼地"效应没有显现,依托电价优势,培育和发展战略性新兴产业,构建"煤—电—冶"一体化产业链竞争新优势任重而道远;优质旅游资源开发利用不够,具有重大影响力、吸引力和竞争力的特色旅游项目较少,有效供给不足。草原生态系统依然脆弱,保护和治理工作任务繁重。财政收支矛盾突出,化解政府债务工作十分繁重,地方财力已经到入不敷出的境地。教育、医疗、养老、就业等优质公共服务供给水平有待提升,城市供热、供水、供气等保障不足,房屋产权证办理、回迁安置等问题十分突出,解决难度较大。

更为严重的是,面对全区、全盟各地竞相发展、比学赶超的竞争态势,我们相当一部分干部,甚至是部门、地区领导干部完全没有意识到形势任务的发展变化,仍然躺在过去的"功劳簿"上,不思进取、盲目乐观,没有清醒认识到锡林浩特市发展存在的不足和差距,没有理性察觉到周边地区、旗县已经悄然实现"弯道超车"。论财政收入,实际上2017年西乌旗已经超过我们,2018年将进一步拉大差距;论产业培育,我们除特高压基地项目可圈可点外,后续项目储备贫乏,已无其他优势可言,面对资源条件较差的太旗、多伦、西苏等地,他们通过积极努力,引进一系列优质中小企业项目,这种铺天盖地的发展势头,已经把我们远远抛在后面。逆水行舟、不进则退。可以说,锡林浩特已经到一个发展的重要节点,向左或者向右,我们面临着前所未有的压力和挑战。客观地讲,无论是盟府地位、资源总量,还是发展基础,我们在全盟甚至全区都有着压倒性的优势。几年前,锡林浩特的干部队伍也曾创造过一系列骄人的业绩,我们通过短短十多年的努力,把一个畜牧业为主体经济的小城镇变为基础较为完善、宜居宜业、魅力十足的现代化小城市,尤其是我们的城市建设管理一度走在全区旗县的前列。面对新形势、新要求,我们落伍。一些领导干部对上级政策分析研究不够,对自身状况解掌握不细,工作创新意识不强,思路谋划不清,措施办法不多,标准要求不高,狠抓落实不严,攻坚克难、锐意进取、开拓创新的担当不够;个别部门"门好进、脸好看、事不办",慢作为、不作为、推诿扯皮、雁过拔毛、吃拿卡要等问题长期存在,已经严重阻碍锡林浩特的发展。我们必须正确看待发展现状,直面问题、提振精神、强化担当、主动作为,拿出当年的干劲和闯劲,全力推动各项工作再创佳绩,重铸辉煌。

二、积极推动科学发展和高质量发展

2018年经济工作的总体要求和目标任务,张书记在讲话中已做全面安排部署。我们要围绕目标任务,坚持问题导向和精细管理,突出重点、抓住关键,全力提升发展的质量和效益。重点做好以下六方面工作:

(一)坚决打好"三大攻坚战"。一要坚决打好防范化解重大风险攻坚战。做好开源节流工作,加强税源管控,全方位推进国地税联合办税,确保应收尽收,防范税收流失;在保工资、保运转、保民生、保八项重点支出基础上,全面压减一般性预算支出,将综合财力的15%列入年度预算用于化解债务。要尽快详查各领域的政府闲置资产,积极盘活政府原二号楼、原九勘院学校旧址等闲置资产,提高财力保障能力;积极争取财力性转移支付,缓解债务偿还压力;加大审计力度,挤压债务水分,最大限度地核减核销虚报债务;加强与债权单位的沟通协调,探索推进债权转股权、债权资本化等工作,多渠道化解债务,确保完成年度化解任务。要严格控制债务增量,进一步瘦身政府投资项目,谨慎有序推进惠民生、补短板项目,务必将有限的资金用在刀刃上。要严厉打击非法集资、非法金融活动,加强牧区民间借贷综合治理,坚决制止高息贷款。

二要坚决打好精准脱贫攻坚战。整合投入各类扶贫资金1000万元,组织实施好就业扶贫、健康扶贫、金融扶贫、产业扶贫等扶贫项目,积极开展机关和企业定点帮扶工作,全力巩固脱贫攻坚成效。加强贫困边缘人口跟踪帮扶工作、动态管理、及时纳入,防止产生新的贫困人口。注重扶贫同扶志、扶智相结合,摒弃"等靠要"思想,避免把脱贫搞成"大锅饭"和"养懒汉"。

三要坚决打好污染防治攻坚战。加强环

境保护。扎实推进火电机组改造,全面淘汰城区燃煤锅炉。严格落实河长制,加强城市饮用水源地保护。加强锡林郭勒经济技术开发区、中小企业聚集区、畜产品加工集聚区污水集中处理在线监控,综合运用法律、政策手段淘汰一批落后污染企业。严厉打击偷采地下水行为,依法关闭未经审批的自备水源井,全面推行公共场所节水型水龙头改装工作。完善垃圾填埋场、医疗废物处置中心配套设施设备,增强废弃物处置能力。加快推进生活垃圾和餐厨废旧资源再生利用项目建设,科学控制园林绿化农药使用量,合理确定畜禽养殖布局和规模,坚决防止发生土壤污染事件。加强生态建设。严格落实补奖资金发放与禁牧、草畜平衡任务落实挂钩机制,积极开展春季牧草返青期休牧工作。组织实施京津风沙源治理、湿地保护和恢复、重点区域绿化等重点生态工程1.3万亩。采取多种形式,积极推进锡林郭勒草原国家级自然保护区工矿企业生态恢复治理工程。做好保护区核心区、重要水源地保护区、城市周边50.1万亩禁牧区和公路两侧500米范围绿色通道等重点区域围封禁牧工作,逐步实现核心区“零放牧”目标。推进蒙草生态草博物馆、农业部全国草原防火综合演练基地等项目建设。

(二)优化供给体系质量。一要提升农牧业质量效益。坚持以现代工业、服务业理念谋划现代农牧业,突出“质量兴农、绿色兴农”,重点在“四个方面发力”,推动农牧业发展导向由增产转向提质,着力打造国内重要的高端生态农畜产品生产加工基地。要在调整优化种养结构方面发力。因地制宜推进“减羊增牛”战略,在适宜区域发展良种肉牛产业,年内引进优质肉牛2000头,新增肉牛繁育核心群3处,良种牛存栏7万头,肉牛良改率提高到97.6%。积极推动乌珠穆沁、苏尼特等优质肉羊品种提纯复壮、选育扩繁工作,引导牧民少养精养、科学养殖,促进多季出栏、均衡上市,实现养殖效益最大化,全年出栏牲畜75万头只,加工活畜400万羊单位以上。坚持面向市场、突出特色,积极发展多种经济,扩大优质饲草、食用菌等种植比重。要在扩大适度规模经营方面发力。充分利用集中连片天然打草场、优质耕地等资源优势和比较优势,推动国有农牧场做强做优,加快剥离不良债务,积极整合优质资源,完善现代经营体系,推动符合条件的企业尽快上市融资,逐步培育现代农牧业产业化龙头企业。健全完善龙头企业与农牧户、专业合作社、地方金融机构的紧密利益联结机制,通过保底收购、股份分红、利润返还等方式,让农牧民充分享受产业发展带来的实惠。要在提升畜产品加工水平方面发力。下大力气推进畜产品加工业兼并整合、提升改造工作,坚决淘汰产能落后、环保不达标的小企业、小作坊,着力培育打造技术先进、实力雄厚、带动力强的龙头企业,全力提升畜产品加工水平。要在建立现代营销体系方面发力。培育壮大绿色优质农畜产品地域品牌,提升知名度和影响力,扩大市场占有率,实现优质优价。健全冷链物流体系,保障优质农畜产品市场流通。坚持市场导向,培育扶持生产、加工、餐饮一体化的大型龙头企业,积极引导电商企业与农畜产品生产、加工企业和农牧户建立紧密利益合作关系,建立完善产加销无缝对接的现代农牧业营销体系,不断增强二、三产反哺一产的能力和水平,促进三次产业深度融合发展,带动农牧民持续增收。

二要加快推动工业优化升级。要着力抓好“四个产业”,持续增强工业竞争力和可持续发展力。着力壮大能源产业。加快特高压配套电源点建设,确保蒙能电厂并网发电,力争大唐电厂年底建成,推动神华、北方2个电厂年内主体完工。加快风电基地建设,力争乌达莱、京运通等6个风电项目并网发电。全力争取西二号、西三号露天矿尽快核准,大力支持锡林浩特大唐矿业技改工作,积极采取股权转让、兼并重组等方式盘活锡凌煤矿煤炭资源,年内全市煤炭产量达到4000万吨。推进煤层气开发利用,力争年内实现供气。着力发展绿色畜产品加工产业。推动大庄园中央厨房和牛肉生产线、宏源冷冻薯条薯饼加工项目投产运行,开工建设伊利高端乳业项目。抓住自治区促进现代马产业发展的政策机遇,鼓励发展马产业,加快中蕴马产品综合开发项目建设进度,扶持培育马产品生产加工龙头企业,尽快将马资源优势转化为产业优势。着力发展新兴产业。有效发挥锡林浩特市电力资源富集和低电价优势,大力培育优质用电负荷,积极对接上游产业和科研机构,谋划一批云计算和高耗能、绿色环保的新材料项目,着力构建

"煤—电—冶"一体化产业链竞争新优势。加快推动蒙东锗业技改工作,积极研发下游产品,形成价格优势。完善装备制造产业链条,推动明阳电气、上海电气项目达产达效,积极引进风机塔筒、太阳能光伏组件等项目,配套发展设备维修综合服务产业。着力发展工业固废综合利用产业。围绕电厂产生的工业固废,积极发展工业固废综合利用项目,推动中电卓新粉煤灰、丰润脱硫脱硝石膏、国贸矿物油等项目开工建设。

三要大力发展文化旅游产业。围绕"中国马都·草原明珠"旅游品牌,充分挖掘自然风光、历史文化、民俗风情等要素资源,开发建设草原观光、民俗体验、休闲度假等特色旅游项目。打造精品景区。结合锡林郭勒千里草原风景大道项目,规划打造国际一星级越野耐力赛道,大力发展马术骑乘等马文化旅游产业。积极推进锡林大草原生态旅游区、锡林湖生态景观旅游区等精品景区建设,加快额尔敦敖包公园和中国马都核心区文化生态旅游景区创建国家5A级,锡林河旅游度假区和大庄园生态食品工业旅游区创建国家4A级景区工作。完善旅游配套设施,建成锡林郭勒旅游服务中心,新改建18座高标准旅游厕所。丰富旅游内涵。突出吃、住、行、看、听、玩等旅游要素保障,构建特色鲜明、功能完善的旅游服务体系。重点打造2—3处旅游营地驿站,开发房车、户外拓展、主题游乐、户外摄影、天文观测等休闲旅游项目。积极举办蒙古族服装展示、中蒙俄文化节、消夏美食节、草原音乐节等特色活动,继续办好国际游牧文化节、传统那达慕、马术大赛等文体旅游活动,包装打造《蒙古马》和《缘》等经典剧目,促进文化旅游融合发展。加强旅游宣传营销和市场开发工作,有针对性地吸引特定旅游人群,力争全年接待游客和旅游收入突破440万人次和90亿元。

四要积极扩大有效投资。充分发挥投资对稳定增长、调整结构的关键作用,毫不动摇地抓好项目建设。2018年初步计划实施重点项目77项,完成投资136.5亿元。要落实重点项目包联责任,紧盯手续办理和资金落实关键环节,千方百计破解项目推进难题,想方设法增加有效投资。要改善营商环境,构建亲商、安商、富商的新型政商关系。要认真梳理各项招商优惠政策,目前财力无法支撑的,就不要再提,已经落地的招商项目,该兑现的坚决兑现,无法兑现的做好解释说明,以政府诚信换取企业投资信心。加大招商引资力度,依托产业基础和比较优势,强化专业招商、精准招商、以商招商,大力引进高技术、高效益、高载能的绿色环保项目。

五要提升园区发展水平。树立全市一盘棋思想,统筹规划,科学布局,推动园区发展壮大。要尽快完善园区规划,进一步明确区域界限、功能定位、产业定位,通过整合归并,集中打造功能明确、产业清晰、重点突出、优势明显的特色园区。要有序推进园区基础设施建设,不断提升配套服务水平和承载能力。要加强园区招商工作,积极打造主导产业和龙头企业,培育发展配套产业,形成产业集聚效应。

六要依法清理"僵尸企业"和闲置土地。要全面摸清"僵尸"企业底数,建立台账,综合施策,对土地手续完善、未开工或未生产的"僵尸企业",税务部门启动土地使用税等税收征收工作,逾期未缴纳的依法处置;对停产、半停产、连年亏损、资不抵债的"僵尸企业",发改、经信、招商等部门要鼓励采取土地或厂房入股方式,嫁接新项目、新企业,盘活存量资产,优化资源配置。要加大闲置土地清理力度,研究制定清理工作方案,对未办理手续、未经任何部门审批的违法用地,坚决予以收回;对经相关部门批准、但土地手续不完善的项目,要及时提交政府研究解决。今后,要严格项目用地审批,坚决杜绝产生新闲置土地,提高土地利用率。

(三)推动城乡统筹发展。一要提升城市宜居宜业水平。继续以"六城联创"为契机,提升城市文明程度和宜居水平。坚持尽力而为、量力而行、有所为有所不为的原则,切实解决影响居民生产生活的最迫切、最急需的问题,真正做到"城市让生活更美好"。抓好规划引领。根据发展实际,科学编制城市规划,推进"多规融合、有序衔接"。强化城市设计,统筹协调城市空间秩序、建筑风格等内容,打造特色鲜明、和谐宜居的城市风格。加强历史文化街区保护建设,有效融入文化元素,提升城市文化内涵。抓好城市功能完善。科学安排、合理摆布建设项目,稳步推进重要断头路打通、居民区小街巷改造、破损道路罩面、人行路铺装等工程,加强交通软硬件改造和智能化管理,优化公交服务,切实解决交通拥堵问题,让城市高效运行、居民舒适生活。进一步完善给排水基础设施,积极推进供热厂网分离、互联互通、老旧管网智能改造、换热站改造等工程,不断增强给排水和供热保障能力。有序实施城区重点路段、重要节点绿化密植、补植工程,提升城市绿化水平,启动创建国家园林城市。深入推进"厕所革命",全面消除城区旱厕。抓好城市精细管理。城市"三分建七分管",抓好城市管理,务必在精益求精、精雕细琢上下功夫。要以智慧城管项目为抓手,深入推进城市综合行政执法,充分发挥网格员的职能作用,不断加大日常维护和专项整治工作力度,着力推动城市管理精准、智能,全面提升管理效能和水平。

二要实施乡村振兴战略。要按照党的十九大提出的"产业兴旺、生态宜居、乡风文明、治理有效、生活富裕"的总要求,结合党中央、国务院《关于实施乡村振兴战略的意见》,认真调查研究,科学制定方案,推动牧区牧业加快振兴,牧民增收致富。产业兴旺方面。要以农牧业供给侧结构性改革为主线,加快构建现代农牧业产业体系、生产体系、经营体系,推进一二三产融合发展。生态宜居方面。加强牧区突出环境问题综合治理,开展好农业面源污染防治工作,加大生活垃圾和污水综合治理力度,稳步推进牧区"厕所革命",逐步实现城乡公共服务均等化。乡风文明方面。加强牧区思想道德建设,传承发展牧区优秀传统文化,开展牧区移风易俗行动,提升牧民精神风貌,培育文明乡风、良好家风、淳朴民风,不断提高牧区社会文明程度。治理有效方面。将夯实基层基础作为固本之策,建立健全党委领导、政府负责、社会协同、公众参与、法治保障的现代牧区社会治理体制,坚持自治、法治、德治相结合,确保牧区社会充满活力、和谐有序。生活富裕方面。要坚持人人尽责、人人享有,按照抓重点、补短板、强弱项的要求,围绕牧民群众最关心最直接最现实的利益问题,一件事情接着一件事情办,一年接着一年干,不断提升牧民生活水平。

三要完善基础设施。配合推动国道303锡林浩特段建成通车,启动国道207锡林浩特至巴拉嘎尔段公路二期工程,建好、管好、护好、运营好牧区公路;尽快开通多丰进京客运列车,加快锡张快速铁路前期工作,争取早日获批开工建设,提升锡二、锡乌铁路的功能性和运载能力;配合推进锡林浩特机场改扩建工程。实施变电站、城乡电网新改建工程,提高供电能力。实施光纤宽带提速工程,提升网络服务能力。

(四)深化改革扩大开放。围绕更好地方便群众和企业办事,进一步深化"放管服"改革,全面推行"互联网+政务服务",积极推进投资项目在线并联审批工作,逐步实现网上受理、办理、监管"一条龙"服务。积极转变政府职能,全面落实2018年内全国统一的市场准入负面清单制度。成立中小企业小额担保贷款公司,全面承接"助保贷"业务,切实解决中小微企业贷款难和贷款贵问题。强化财政预算绩效目标管理,建立预算安排与绩效目标、资金使用效果挂钩的激励约束机制。协助盟里做大做实空港物流园区,配合推进锡林浩特机场临时开放、"一关两检"入驻、公用型保税库建设等前期工作,大力发展空港经济和国际物流。积极参加二洽会、中蒙俄国际区域产能合作论坛等活动,支持本土企业扩充在蒙古国的销售网点,扩大外贸出口。主动参与锡赤通协同发展,加大与京津冀、东北地区和环渤海经济圈合作力度,积极承接先进产业转移,提升对外开放水平。

(五)持续保障改善民生。认真落实为民承诺的民生实事,着力解决群众普遍关心的突出民生问题,使人民群众得到更多的获得感、幸福感和安全感。一要促进就业创业。加强就业公共服务,充分利用锡林浩特市"一区三园两平台"创业服务基地,重点扶持高校毕业生、转移进城牧民、退役军人等创业就业,全年征集就业岗位1.8万个,新增城镇就业3000人。加强职业技能培训尤其是高层次技能型人才培养,促进实现更高质量的就业。

二要完善社会保障体系。全面实施全民参保计划,力争年内五险参保人数达到22万以上,城乡基本养老、基本医疗参保率达到70%以上,建筑项目参保率达到100%。完善养老服务体系,建成运营锡林颐和苑养老中心,开工建设新区综合老年养护院,形成医养结合、覆盖周边的健康养老服务格局。加快推进新殡仪服务中心项目,合理确定收费标准,提升殡葬服务质量。

三要优先发展教育事业。认真落实全盟新一轮基础教育质量提升三年行动计划，着力抓好“三支”队伍建设，不断提高教育教学质量。推进一中教学楼、六中生态馆等10项教育工程建设，提升中小学标准化水平。推动3所公办幼儿园和1所民办注册幼儿园投入使用，基本实现城区适龄幼儿入园全覆盖。规范办学行为，着力解决中小学生课外负担重、“择校热”等突出问题。加强民族教育，促进职业教育、特殊教育协调发展。

四要提升医疗卫生水平。积极推进医药卫生体制改革，扩大家庭医生签约覆盖面，基层医疗卫生服务机构基本药物占比达到65%以上。深化拓展医联体，推进分级诊疗制度。加强健康城市健康村镇建设，完成3个苏木、3个嘎查、12个社区、54个单位的健康细胞建设任务，做好公共卫生和重大疾病防控，提升全民健康水平。完善计划生育服务管理，促进人口与经济社会协调发展。加快疾控中心、妇幼保健院等项目建设，争取年内投入使用。

五要促进文化体育繁荣发展。进一步加强乌兰牧骑建设，努力创作更多接地气、传得开、留得下的优秀作品，全年完成乌兰牧骑惠民演出、流动电影放映、锡林河之夏等群众性演出200场以上。充分利用已有文体场馆，积极争取企业冠名赞助，举办知名体育赛事活动。广泛开展全民健身活动，推动更多公共文体设施向社会免费开放。加强非物质文化遗产挖掘传承和文物保护工作。认真践行社会主义核心价值观，培育文明和谐的社会风尚。

六要推进百姓安居。推动老旧小区、零散楼栋的道路、管网、保温、亮化等综合改造工程，改造后实行标准化物业管理。抓好城市棚户区改造，全力推进回迁安置工作。适度增加土地供应，有序实施房地产开发；探索实施“房票”制度，推动停缓建项目复工建设，积极消化房地产前期库存。加大公租房保障力度，优先保障低保、低收入、环卫等困难群体，逐步将符合条件的青年医生、青年教师纳入保障范围。加快房屋产权证办理工作，力争年内历史遗留出证率达到30%以上。

七要抓好一季度工作。各部门、单位认真对照全年目标任务和重点工作，完善思路，强化措施，确保各项工作顺利启动、有序推进。加强经济运行调度，强化监测预警分析，及时研究解决存在的问题，为企业复工生产创造条件。抓紧办理完善项目手续，强化要素保障，确保项目按时开工。抓好春季农牧业生产，加强牲畜越冬、春耕备耕等工作，确保农牧业生产安全有序。

八要营造良好的发展环境。要严格落实安全生产责任，全面加强生产安全、食品药品安全、道路交通安全、消防安全等工作，深入开展重点行业和领域隐患排查整治，坚决防范各类安全事故发生。深入推进扫黑除恶专项斗争，营造安全稳定的社会环境。认真做好春节期间有关工作，加强节假日值班值守，保障好水、电、暖、气等供应。要用心用情用力关心困难群众生活，扎实开展扶贫救助、走访慰问等工作，解决好困难企业、困难群众的实际问题。要精心组织群众性节日文化活动，丰富群众文化生活。严格落实中央“八项规定”，确保廉洁过节。

三、不断提升推动发展和服务民生的能力和水平 步入新时代，落实新部署，实现新目标，必须加强政府自身建设，努力提升谋发展、抓落实的能力和水平，推动全市经济社会各项工作取得实效。

建设服务政府。要把政治建设放在首位，牢固树立“四个意识”，坚定“四个自信”，以习近平新时代中国特色社会主义思想武装头脑、指导实践、推动工作。要牢记全心全意为人民服务的根本宗旨，始终坚持以人民为中心的发展思想，不断满足人民日益增长的美好生活需要。

建设创新政府。要主动适应新时代发展要求，保持开拓创新、锐意进取的精神风貌。要围绕全市发展大局，加强政治理论和专业知识学习，全面提升驾驭全局、破解难题、推动发展的能力，不断增强学习本领、改革创新本领，努力成为新常态下推动经济社会发展的行家里手。

建设法治政府。要把政府工作纳入法治轨道，严格落实政府重大决策公众参与、专家咨询制度，完善政府法律顾问和公职律师制度，促进政府工作制度化、规范化。要大力推进政务公开，保障人民群众的知情权、参与权、监督权，增强政府工作的透明度，让权力在阳光下运行。

建设责任政府。要坚持诚信施政，言必

行、行必果,增强政府公信力。要大兴调查研究之风,了解社情民意,掌握真实情况,解决实际问题。要把狠抓落实作为政府工作的主旋律,坚持说实话、谋实事、出实招、求实效,把雷厉风行和久久为功结合起来,勇于攻坚克难,以钉钉子精神做实做细做好各项工作。

建设廉洁政府。要把廉洁从政作为政府工作的基本底线,严格履行"一岗双责",深入贯彻落实中央八项规定及实施细则和各级配套规定,持之以恒纠正"四风",切实加强重点领域和关键环节监管,大力整治不作为、慢作为、假作为等问题,着力营造风清气正、干事创业的发展环境。

做好 2018 年经济工作任务艰巨,责任重大。让我们紧密团结在以习近平同志为核心的党中央周围,以习近平新时代中国特色社会主义思想为指导,全面贯彻落实上级党委、政府和市委决策部署,攻坚克难,锐意进取,为决胜全面建成小康社会,建设新时代锡林浩特而努力奋斗!

(张　勇)

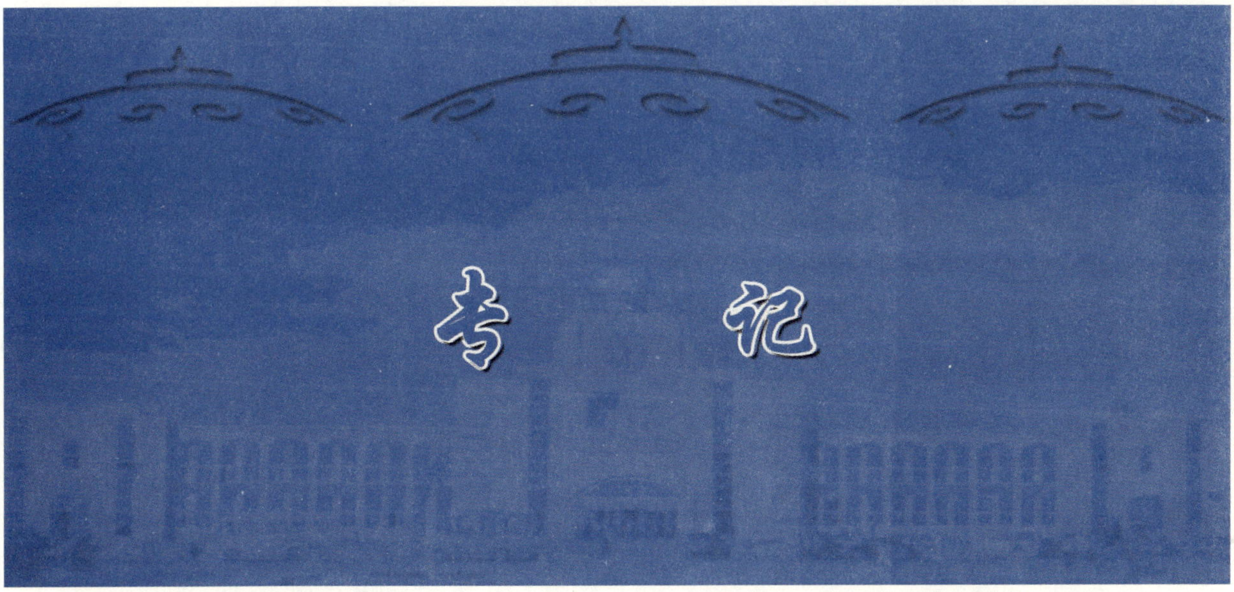

草原明珠锡林浩特授匾“国家卫生城市”

来源:宣传部　7月27日,全国卫生城镇和健康城市工作经验交流会在山东省威海市召开。全国各省自治区直辖市新疆建设兵团卫生计生负责同志、爱卫办主任以及荣获国家命名的2015—2017年国家卫生城市的党政领导参加会议。山东省副省长王随莲参加会议并致辞。共青团中央书记处书记徐晓,国家卫计委副主任、爱卫办主任王国强出席会议并讲话。锡林浩特市委书记张锦明及爱卫办负责同志参加本次会议。

会上,锡林浩特市作为全国荣获2015—2017年国家卫生城市(区)称号的城市之一,第一批上台接受表彰。锡林浩特市是全区唯一获得国家卫生城市殊荣的县级市。在全市人民迎接党的十九大胜利召开和自治区成立70周年之际,这项荣誉的获得更凝聚起全市各族干部群众一往无前的动力和干劲。

近年来,锡林浩特市认真贯彻落实习近平总书记在全国卫生与健康大会上的重要讲话精神,以“六城联创”为目标,全力推进爱国卫生工作全面深入开展,将创卫工作纳入全市经济社会发展大局来谋划,来推动,不断探索城市卫生长效管理机制,推动卫生城市与市民健康协调发展,扎实稳步推进健康锡林浩特建设。

锡林郭勒盟暨锡林浩特市2017年秋季重点项目集中开工仪式举行

来源:新闻中心　9月3日上午,锡林郭勒盟暨锡林浩特市2017年重点项目开工仪式在锡林浩特市举行。全盟共有20个“七网七业”重点项目集中开工,年内计划完成投资79亿元。其中锡林浩特市集中开工项目9项,年内计划完成投资20.7亿元。

开工仪式前,盟委书记罗虎在率队观摩锡林浩特市红缨博雅幼儿园、生活垃圾焚烧发电厂、小食品加工园、中蕴实业集团马产业等新开工项目,并出席项目集中开工仪式。盟委副书记,盟长霍照良代表盟委、行署致辞,锡林浩特市委书记张锦明主持开工仪式。盟委、人大工委、行署、政协主要领导,行署各副盟长,盟直各部门,锡林浩特市党政领导,各部门、单位负责人及各旗县市区党委书记,参加观摩和项目集中开工仪式。相关企业负责人参加项目开工仪式。

霍照良指出,当前,锡林郭勒盟正处于转型发展的关键时期,无论是稳增长、调结构、促转型,还是补短板、强支撑、惠民生,都需要扩大有效投资。各地各部门要切实增强紧迫感、责任感和使命感,牢固树立抓项目就是抓发展,抓发展必须抓项目的理念,认真贯彻自治区党委、政府和盟委、行署的部署要求,全面落

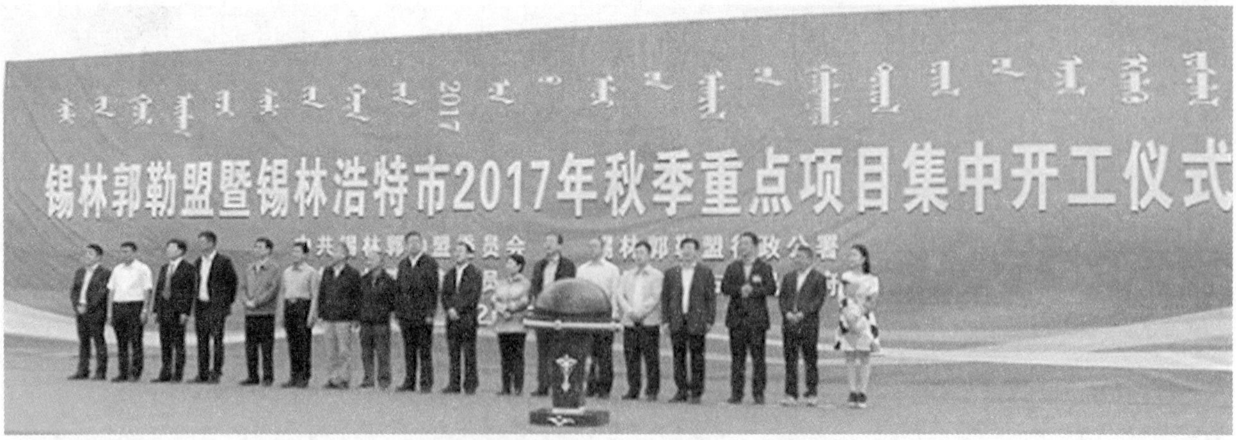

2017年秋季重点项目集中开工仪式举行

实全区、全盟投资工作会议精神,紧紧扭住项目落地和资金落实两个关键,勇于担当,主动作为,攻坚克难,狠抓落实,切实加大项目科学谋划、协调服务和工作推进的力度。要重点落实重点项目建设责任制,逐一落实项目开工要素保障,抓紧跟踪、对接服务开复工项目,着力扩大实物投资量。要进一步拓展投融资渠道,积极搭建政银企对接合作平台,大力推广 PPP 等投融资模式,切实解决好资金从哪里来的问题。要立足实际,谋划推进一批打基础、利长远的大项目、好项目,积极争取更多的项目纳入国家、自治区的大盘子。希望各大企业到锡林郭勒盟投资兴业,共谋发展,也希望各位投资业主,加快项目投资力度,加快工程建设进度,高标准、高质量、高效率打造一批安全环保、品质一流的示范工程,为地方经济发展作出新的更大的贡献。

锡林浩特市委书记张锦明在开工仪式上指出,锡林浩特作为盟府中心城市,要全面贯彻落实盟委、行署的部署要求,牢固树立"创新、协调、绿色、开放、共享"发展理念,坚持以供给侧结构性改革为主线,深入推进"七网"同建、"七业"同兴,确保在保持投资持续增长、推进项目建设上发挥示范引领作用,努力实现经济发展转型升级,以优异成绩迎接党的十九大胜利召开。

张锦明强调,各重点项目的包联领导要靠前指挥,深入现场听取项目进展情况,及时帮助解决困难和问题。各有关部门单位要进一步强化服务意识,提高行政效能,开辟手续办理"绿色通道",做到全过程跟踪、零距离帮办,为项目建设提供"保姆式"服务。各项目单位要加快推进建设进度,确保高标准建设、高效率推进、高质量施工,争取早建成、早投产、早见效。据了解,此次集中开工的 20 个"七网七业"重点项目中,七网项目 5 项,锡林浩特市涉及市政基础设施建设 1 项。七业项目 8 项,锡林浩特市涉及 5 项,即中蕴内蒙古马产业综合利用、再生资源回收市场、额尔敦肉食品加工、大庄园中央厨房、伊利高端奶生产项目。民生社会事业项目 5 项,锡林浩特市涉及红缨博雅幼儿园、首放食品加工、垃圾焚烧发电 3 项。随着这些重点项目集中开工,锡林浩特市集中开工项目 9 项,年内计划完成投资 20.7 亿元,有力拉动全社会固定资产投资。

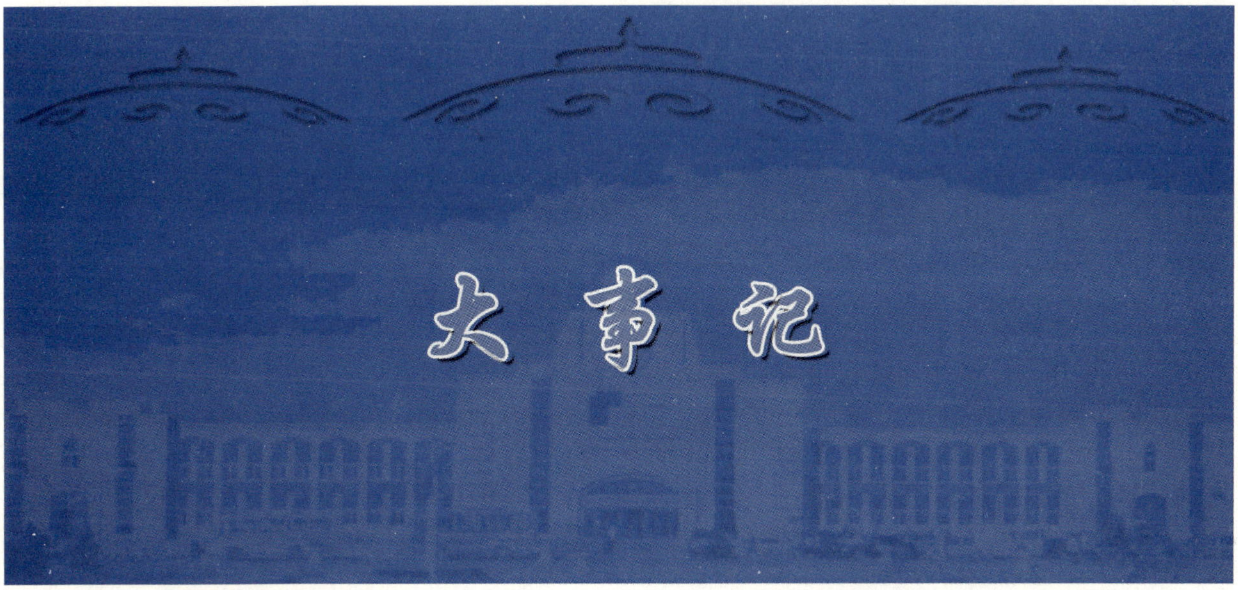

大事记

1 月

3 日　对全市各苏木镇、国有农牧场 1358 户 2744 名受灾的低保、五保户、残疾、贫困等困难群体实施救助，发放资金 114. 41 万元。

4 日　将 2017 年 1 至 2 月全市城乡低保金、五保供养金共 383. 6 万元一次性发放到困难群众手中。2016 年 12 月 31 日至 2017 年 1 月 4 日，全市各辖区每天派出工作人员 300 多人，走访困难群众 3639 户，发放慰问品折合成人民币 77. 3 万元，慰问金 38. 3 万元。

4 日—5 日　内蒙古自治区旅游局旅游合作处处长张燕茹一行到全市旅游安全生产工作进行督导检查。

5 日　锡林浩特市选送三家民族企业参加第十四届内蒙古冰雪那达慕暨第七届冬季蒙古族服装服饰艺术节服饰大赛，分别荣获蒙古族服装服饰表演二等奖、三等奖、三等奖。

6 日　锡林浩特市举办“中国马都 · 锡林郭勒”2017 冰雪那达慕暨首届“中蕴杯”马文化摄影大赛

9 日　锡林浩特市人民法院举行首批入额法官宪法宣誓仪式，37 名首批入额法官依次签署承诺书。

10 日　内蒙古自治区司法厅党委委员、副厅长尤俊成一行在锡林郭勒盟委副书记、政法委书记武国栋的陪同下，到锡林浩特市人民法院诉调对接中心和诉讼服务中心实地调研。

12 日　内蒙古自治区团委机关党委专职副书记、纪委书记贵曦之，自治区团委组织部主任科员樊瑞罕一行到锡林浩特市第六中学、振兴社区足球“青年爱里”、蔓莎舞蹈学校、红黄蓝幼儿园调研考核共青团工作。

17 日　内蒙古自治区工商局巡视员杨建平一行 2 人到锡林浩特市食药工商质监局额尔敦监督管理所，看望慰问基层工商工作人员。

是日　对全市 4 个苏木镇 452 户 971 名低保、分散供养五保户、贫困户等在牧区生产生活的受灾困难牧民再次发放救助资金共计 57. 92 万元。

19 日—20 日　锡林浩特市旅游部门组织开展春节前旅游市场安全检查。

是月　宝力根苏木开展关注民生，改善民生“送温暖”活动走访慰问贫困户、低保户 30 户，共计 18300 元，各嘎查居委会慰问低保户 138 户，困难户 101 户，共计 134600 元。

是月　锡林浩特市教科局成功举办“六城联创 · 我为创城添风采”锡林浩特市教科系统第二届教师合唱节。

2 月

6 日　在《内蒙古日报》、央视网刊登稿件《牧民苏亚拉其其格在锡林浩特市创办沙嘎文化室》，在内蒙古广播电台、人民网、央视网刊播稿件《阿巴嘎纳尔沙嘎文化室举办新春少年沙嘎比赛》。

是日　察哈尔社区举办丁酉鸡年春节青少年沙嘎比赛。

11日　锡林浩特市举办元宵节猜灯谜暨焰火燃放活动。

13日　政协领导班子成员参加锡林浩特市十二届三次全委(扩大)会议。

15日　鄂尔多斯市东胜区法院副院长敖日格勒一行36人,到锡林浩特市人民法院考察交流诉调对接工作。

17日　锡林浩特市人民法院召开“忠诚、干净、担当”整顿建设工作动员会。

18日　锡林浩特市旅游部门新建图书阅览室。

19日　锡林浩特市民政局社会组织联合党支部开展关爱留守儿童活动。

20日　锡林浩特市人民法院撰写的《内蒙古自治区锡林浩特市法院联合妇联组织共同化解婚姻家庭纠纷》被最高人民法院简报(信息专刊第52期)采用。

是日　锡林浩特市人民法院被锡林郭勒盟中级人民法院授予“2016年全盟基层法院目标实绩考核实绩突出法院”,绩效考核成绩跃居全盟第二名。

21日　在内蒙古自治区高级人民法院召开的全区法院执行工作会议上,锡林浩特市人民法院被授予“全区法院‘执行年’专项工作”先进集体,执行局张艳冬荣获“个人二等功”。

是日　政协主席董德福、副主席霍燕军、张务成参加政协锡林郭勒盟第十二届委员会第五次会议。

22日　中共锡林浩特市第十二届纪律检查委员会第二次全体(扩大)会议召开。

23日　政协主席董德福、副主席霍燕军、张务成参加全盟政协工作经验交流会。

是月　内蒙古自治区劳动监察总队队长王晓东一行到锡林浩特市劳动监察大队,针对众力如意园小区欠薪案件召开专题会议听取工作汇报。

3月

1日—10日　参加锡林郭勒盟政协组织的考察团,前往东北地区学习考察冬季冰雪旅游产业。

4日　锡林浩特市中心敬老院开展“传颂雷锋精神,构建幸福敬老院”的主题活动。

8日　政协主席董德福主持召开第24次主席会议;政协主席董德福主持召开第24次常委会议。

是日　邀请自治区旅游专家一行深入锡林浩特市就锡林河生态景观带、中国马都核心区和大庄园创建3A、4A级旅游景区实地开展调研指导工作

10日　河北省蔚县在锡林浩特市蒙古丽宫酒店举行蔚县全域旅游锡林浩特推介会。

14日　锡林浩特市绿色大地农贸综合市场冷藏建设项目通过验收。

15日　政协锡林浩特市第九届委员会第五次会议在上都苑会议中心开幕。

16日　锡林浩特市首届市长质量奖颁奖大会在锡盟蒙锡雅饭店顺利召开,元和建国大酒店获奖。

是日　自治区文明办未成年人处处长任丽华、未成年人处调研员李强在盟委宣传部副部长杨建忠,盟文明办调研员李先智陪同下到锡林浩特市蒙古族第二小学、第五小学、蒙古族第一小学、芳草小学就乡村学校少年宫建设情况进行督查、指导。

是日　首届市长质量奖颁奖大会召开,质量强市领导小组成员单位有关领导及全市各行业企业代表共230人参加颁奖大会。会上现场为锡林郭勒元和大酒店有限责任公司等3家获奖企业颁发奖杯和牌匾。

20日　自治区民政厅基层政权和社区建设处副处长杜润锁、调研员张慧林一行在锡林浩特市就乡镇政府工作进行专题调研。

22日　全市集中整治“雁过拔毛”式腐败问题工作动员部署会议召开,全面启动集中整治工作。

23日　锡林浩特市第一中学105名师生到锡林浩特市人民法院参加“公众开放日”活动。

27日　锡林浩特市人民法院到白音库伦牧场老场部,开展“送法下乡”活动。

29日　中共锡林浩特市委组织部与市民政局联合举办全市社区干部业务培训班。

30日—31日　锡林浩特市组织开展清明节前旅游市场安全隐患大检查。

30 日　锡林浩特市创建全国文明城市攻坚年活动动员会召开，安排部署有关工作。

是日　锡林郭勒盟边防支队在锡林浩特烈士陵园开展“缅怀革命先烈、传承红色基因”为主题的纪念活动。

31 日　锡林浩特市召开创建全国未成年人思想道德建设工作先进城市动员会。

31 日至 4 月 5 日　依据殡葬用品管理和环境卫生管理有关规定，市民政局、城管局和工商局开展联合执法，对全市非法销售冥纸冥币的摊位市场进行清理整顿。

是月　锡林浩特市联合总工会、工商联在全市范围内开展各类用人单位劳动用工和工资收入情况专项检查工作。

是月　在会展中心举办 2017 年“锡林春风行动启动仪式暨锡林浩特地区春季大型招聘会”。共有 141 家用工企业参会，提供各类用工岗位 2369 个，当日入场人数达 4300 余人次，533 人与企业达成用工意向。

是月　在锡林郭勒盟广播电视台一楼演播厅联合锡盟创客协会举办“锡林杯”创客创意大赛。

4 月

1—4 日　全市各中小学生代表、公安干警、各界群众代表到锡林浩特烈士陵园，向革命烈士敬献花圈。中小学生举行新队员入队仪式、共青团员重温入团誓词。

4 日　全市 3 个祭扫点祭扫人数达 3 万余人次，车辆 7700 余辆，没有发生失火等突发性事件。

5 日上午　锡林浩特市宝力根派出所在辖区内发现一名走失女性，在众多爱心人士转发和传播此信息，下午 2：00，其妇女的家属到敬老院，并将走失女士领回家。

是日　锡林浩特市人民法院邀请锡林浩特市第六中学 50 余名师生参加未成年人“模拟法庭”普法活动。

8 日　政协主席董德福参加“守望相助 靓丽北疆—锡林郭勒盟庆祝内蒙古自治区成立 70 周年群众性文化体育活动”启动仪式。

10 日　政协主席董德福主持召开《政协情缘》书籍编撰工作会议。

10 日至 20 日　盟民政局举办两期社区民政社工人才培训班。全市社区社会工作者、社区工作人员、苏木乡镇街道办事处民政助理等共有 90 人参加培训。

12 日至 15 日　《疯了！桂宝》作者超人气青年动漫家桂华政（笔名：阿桂）先生、北京磨铁图书有限公司销售总监黄娟女士受锡盟教育园丁书店及团委、教育、文体等部门邀请到锡林浩特市考察并开展青少年书友、画迷交流活动。

13 日　锡林郭勒盟行署主要领导及相关部门组成的调研组对贝子庙乌兰夫旧居进行调研，副市长赖向华向调研组汇报乌兰夫革命工作旧址修复工程的重要性及工作进展情况。

是日　希日塔拉街道办事处搬进新办公楼。

17 日　锡林浩特市民政局对 12 名不符合安置条件的退役士兵进行清退。

是日　全市组织纪检监察干部参观警示教育基地，并开展业务知识测试。

18 日　内蒙古自治区旅游研究课题组到锡林浩特市调研考察。

18 日—20 日　分别在北京、天津、济南举行 2017 年“中国马都 · 草原明珠”旅游宣传推介会。

19 日　内蒙古自治区政协副主席罗志虎一行，到锡林浩特市调研考察宗教事务管理工作。

20 日　《政协情缘》书籍编撰委员会召开工作会议。

是日　旅游局与就业局联合举办“锡林浩特地区 2017 年旅游从业人员培训班”。

21 日　中央电视台《焦点访谈》栏目组记者实地采访锡林浩特市宝力根苏木希日塔拉嘎查“牧民普法讲堂”。

是日　锡林浩特市人民法院组织开展以“忠诚、干净、担当”为主题的演讲比赛。

是日　中央电视台《焦点访谈》栏目组记者到宝力根苏木希日塔拉嘎查“党员中心户”巴雅斯古楞家，实地了解“党员中心户”发挥矛盾纠纷调解中心的作用。

24 日　第五届锡林浩特地区“劳动者杯”职工乒乓球赛开幕。

25 日—27 日　锡林浩特市组织旅游执法人员深入锡林郭勒草原国家级自然保护区就保护区内旅游问题进行督查整治。

是月　锡林浩特市举办高校毕业生专场招聘会暨贫困家庭人员专场招聘会。

是月　锡林浩特市人事局联合食品药品监督和工商行政管理局开展清理人力资源市场秩序专项行动。

是月　在锡林浩特市转移进城农牧民就业服务中心举办2017年“春季企业用工专场招聘会”,10家用工企业参会,提供各类用工岗位170个,当日入场人数260余人次,80人与企业达成用工意向。

5月

5日　锡林浩特市人民法院民事审判一庭庭长谢伟英被锡林郭勒盟总工会授予“全盟五一劳动奖章”,这也是全盟政法系统唯一一名干警获得此殊荣的法官。

10日　全市开展A级旅游景区专项集中检查。

是日　按照自治区宣传部安排,自治区文物局局长王大方带队,由相关部门组成的考察组对乌兰夫革命工作旧址开展考察工作。

是日　锡林郭勒草原岩画展暨岩画学术研讨会在锡林浩特市举行。

11日　政协主席董德福赴蒙能电厂送出线路、胜利1000千伏变电站、锡盟±800千伏换流站和五间房循环经济产业园区等项目现场进行实地调研。

12日　锡林浩特市民政局与盟民政局减灾中心工作人员、锡林威风锣鼓协会志愿者一同在贝子庙广场开展“5·12防灾减灾宣传”活动。

是日　由锡林浩特市委宣传部组织的新闻发言人培训班开班。

16日　锡林郭勒盟政协副主席高晓峰、额尔登孟克一行到锡林浩特市就“建立草原文化全域旅游示范区”进行专题调研。政协主席董德福陪同调研。

是日　全市召开意识形态工作调度会,传达学习意识形态相关文件精神,贯彻落实意识形态工作责任制,要求各部门单位按照“一岗双责”要求,抓好分管部门、单位的意识形态工作。

19日　锡林浩特市召开“六城联创”工作推进会。

是日　中共锡林浩市委召开第7次常务会,研究锡林浩特市创建国家全域旅游示范区相关事宜。

是日　举办2017年“中国旅游日”锡林郭勒(锡林浩特地区)旅游宣传活动在锡林浩特举行。

21日　锡林浩特市中国马都核心区旅游项目成功入选2017全国优选旅游项目名录。

30日　锡林郭勒盟旅游局旅游景区专项集中检查领导小组到锡林浩特市AAAA级景区贝子庙进行现场检查。

31日　向全市4106名高龄老人发放第二季度高龄津贴146.22万元。

是月　锡林浩特市组织“吃空饷”问题专项整治工作领导小组成员单位工作人员组成两个工作组,对全市行政事业单位“吃空饷”问题进行专项督查。

是月　针对“并轨”前非师范毕业生和技工学校毕业生就业问题召开专题会议,安排布置调查核实、身份界定、接访接待和促进就业等工作。

是月　新丝路电子商务创业孵化基地被锡盟人力资源和社会保障局认定为盟级示范性创业园和创业孵化基地。

是月　锡林浩特市爱祺乐牧民养老园区入选全国养老服务业典型案例,成为内蒙古自治区唯一入选养老机构。

6月

6日　为让老人的身心更加健康、舒适,提高生活质量,营造良好的生活环境,倡导健康、文明、积极向上的生活方式,锡林浩特市中心敬老院特开展“老人个人卫生评比”活动。

7日　锡林浩特市举办中国·锡林浩特第十四届国际游牧文化节开幕式暨额尔敦敖包祭祀大典,进行锡林河生态旅游摄影大赛颁奖仪式。

8日　政协主席董德福带领专项工作小组对鑫盛园小区返迁楼建设工作进行调研;政协组织部分委员对全域旅游示范区创建工作进行学习调研。

9日　包商银行设立安全保卫部,负责统一管理分行安全保卫工作。

10日　四川省甘孜州政协围绕基层社会

治理体制机制、基层社会管理及服务工作在锡林浩特市调研。

14日　在额尔敦街道办事处振兴社区举办2017锡林浩特市社会科学普及活动周专题讲座。

15日　按照内蒙古自治区高级人民法院的统一部署和指挥，锡林浩特市人民法院正式启动“草原雷霆”集中执行行动。本次集中执行行动自6月15日开始至6月24日结束，为期10天。

17日　全市开展旅游安全隐患“大排查、大整治”百日攻坚行动。

22日　锡林浩特市召开2017年第一轮巡察工作动员部署会。

25日—7月2日　在全市范围内开展大自然保护区内不规范旅游标志牌等设施专项整治行动。

27日—29日　央视科教频道《绿水青山看中国》栏目摄制组到锡林浩特市拍摄采风。

27日—29日　锡林浩特市政协赴太旗参加全盟第十届“政协杯”乒乓球锦标赛。市政协代表队荣获团体赛冠军，双打冠军，男子单打冠军、亚军。

27日　全市直属机关党员干部庆祝建党96周年“感恩党—党在我心中”主题演讲比赛开赛。

28日　为庆祝自治区成立70周年，白音高勒嘎查党支部、嘎查委员会、妇代会开展庆自治区成立70周年文体活动。

是日　在白音高勒嘎查“草原书屋”开展推广全民阅读活动，并开展“好家风好家训”巡讲活动。

30日　锡林浩特市举办“创文明城市舞锡林风采”群众广场舞大赛暨文明村镇、美德少年颁奖晚会。

是月　锡林浩特市文化局联合市编办对市计划生育协会等16个拟申报参公单位进行材料审核，初步确认8个单位符合申报参公条件，已报送至锡林郭勒盟人社局。

是月　在贝子庙广场开展“2017年锡林浩特市就业、社会保障政策”宣传活动，发放各类宣传材料2000余份，接受群众咨询答疑400余人次。

是月　在新丝路电子商务产业园区举办“创业锡盟·新丝绸之路的年轻颠覆力”创业企业交流活动。

是月　人社部社保中心到锡林浩特市调研，考察社保档案工作。

是月　城乡居民养老保险待遇调整，锡林浩特市连续第4年调增城乡居民养老保险基础养老金，2017年，每人月增资20元，基础养老金已由2012年的200元每月增长到目前的250元/月。

是月　香港卫视国际传媒集团组织的港澳各界参访团分两批赴锡林郭勒盟考察。

是月　锡林浩特市成功举办第二十一届中小学生田径运动会。

是月　锡林浩特市顺利通过自治区人民政府“民族教育发展水平提升工程”评估验收。

是月　锡林浩特市文物事业管理局配合自治区文物考古研究所对贝子庙新拉布仁殿（乌兰夫革命工作旧址）失存文物建筑基址进行考古发掘，探明新拉布仁殿原有建筑布局、形制。

7月

1日　全国中华民族大赛马·2017传统耐力赛锡林浩特站开幕。

2日　内蒙古自治区民政厅厅长邓月楼一行到锡林浩特市就民政重点工作及加强和完善城乡社区治理、加强苏木乡镇政府服务能力建设等方面进行专题督查调研。

是日　政协主席董德福参加锡林浩特市委中心组2017年第5次集中学习会。

3日　锡林浩特市政务服务中心国地税窗口在全盟率先启用“发票网络申领系统”，推行发票邮寄速递服务，办事者足不出户，就可办理发票领购手续，再由EMS快递在24小时内送上门，省去到政务服务中心排号等候时间和麻烦。

4日　“庆祝内蒙古自治区成立七十周年‘亮丽锡林郭勒摄影展’”开幕。

5日　锡盟政协副主席敖小孟一行到锡林浩特市就金融保险企业同农牧民利益联结机制的建立与完善情况进行调研。政协副主席徐桂英、张务成分别陪同调研、座谈。

10日　锡林浩特市召开整治和规范民间借贷工作动员会议，并完成宣传动员、调查摸底、汇报进展情况等工作。

11 日　围绕“迎接党的十九大、庆祝自治区 70 周年、共圆中国梦”主题,由中共锡林浩特市委宣传部牵头,宝力根苏木承办,盟气象局、市教科局、市卫计局、市科协、市公安局、市司法局、市林水局、市农牧业局、市文体局的乌兰牧骑和图书馆、市红会等十余单位共同参与的“锡林浩特市 2017 年文化科技卫生‘三下乡’活动”在宝力根苏木锡林敖包居委会文化站举行,宝力根苏木相关部门科室以及当地群众参加活动。

是日　锡林浩特市政务服务中心在全盟率先实施企业“十七证合一、一照一码”登记制度,实现“一口受理、一次审批、信息共享”,极大地简化审批手续,降低行政成本。

13 日　内蒙古自治区宣讲团深入达布希勒特社区、葛根敖包社区开展“草原儿女心向党”主题宣讲,围绕习近平总书记考察内蒙古重要讲话精神,结合自治区第十次党代会和自治区成立 70 周年成就展示,通过讲解“守望相助”“四个着力”等内容,详尽地阐述习近平总书记考察内蒙古重要讲话精神的深刻内涵。

是日　锡林浩特市慈善总会与锡林郭勒盟视杰集团首次携手合作,组织爱心人士与街道工作人员认真把关审核确定后,每个星期日早晨都有 35 名困难人员享受爱心早餐。

19 日　统一制作并向全市旅行社发放《旅行社诚信服务公约》21 块、《遵德守礼》文明警示牌 63 个、签订安全责任书 21 份。

20 日　“争创全国文明城市、争做锡林文明市民、共圆中国梦”大合唱比赛在锡林影剧院举行。

23 日至 29 日　由政协主席董德福带队,部分政协委员组成的调研组一行 7 人赴敖汉旗、科左后旗、科左中旗和科右中旗,考察学习新牧区建设和精准扶贫工作先进经验和做法。

27 日　内蒙古自治区高级人民法院党组书记、院长胡毅峰一行到锡林浩特市人民法院调研指导工作。

是月　协助锡林浩特市人民政府成功举办锡林郭勒盟第十八届中学生田径运动会暨第五届蒙古族传统体育项目比赛。

是月　为庆祝自治区成立 70 周年,宣传贯彻党的民族政策,弘扬党的民族工作优良传统的历史,锡林浩特市举办为期 2 个月的“锡林浩特市庆祝内蒙古自治区成立 70 周年展览”活动,共制作展板 74 块,以文字、照片、图表的形式充分展示锡林浩特市在各领域所取得的可喜成就,以及各族人民热爱党、热爱祖国、热爱内蒙古的良好精神风貌。

是月　自治区政府蒙古语文工作专项检查组,对锡林浩特市蒙古语文工作进行专项检查。检查组在重要交通路段和商业贸易区实地查看牌匾广告蒙古语文规范使用情况,听取锡林浩特市社会市面蒙汉两种文字三年(2014—2016)整治工作汇报,并查阅三年整治工作档案材料。

是月　锡林浩特地区 2017 年度养老保险待遇领取资格认证工作全面启动,需认证的盟市两级企业退休人员约 3 万人。

是月　简化医保报销流程,重大疾病患者在一个年度内,多次复查报销时无需重复提供诊断书;慢性病报销由审批制改为备案抽查制,缩短报销周期。

8 月

1 日　在全市安全生产第五督察组民政局、市教科局、市公安消防大队深入全市人员密集场所(养老院、学校)开展安全生产大检查。

1 日—9 日　在中央电视台新闻频道《新闻直播间》播出《美丽草原我的家 内蒙古:我在锡林郭勒等你》。

2 日　锡林浩特市政协组织部分医药卫生界、文化艺术界和经济企业界委员深入朝克乌拉苏木和毛登牧场,开展以“察民意、聚民心、送温暖、促和谐”为主题的委员走基层活动。

3 日　河北省怀安县政协副主席石彦珍一行就城市建筑文化工作到锡林浩特市考察。

10 日　锡林浩特市人民法院正式开通“12368”诉讼服务热线。

11 日　锡林浩特市召开《“中国马都·草原明珠”锡林浩特市导游词读本》征求意见会。

是日—13 日　锡林浩特市举办第六届中国马术大赛。

16 日　内蒙古自治区文物局文物安全督导组就全国文物安全大排查专项行动暨文物法人违法案件专项整治行动到锡林浩特市督察。

17 日　由政协主席董德福，副主席张务成，部分政协常委和政协机关干部组成的调研组到锡林浩特市档案局进行走访调研。

21 日　贵州省政协副主席谢晓尧一行就民族文化保护工作到锡林浩特市调研。

23 日　锡林浩特市召开全市集中整治“雁过拔毛”式腐败问题暨加强扶贫领域监督执纪问责工作第三次调度会。

25 日　锡林浩特市政协召开推进精准扶贫和新牧区建设专题民主协商会，围绕“推进美丽新牧区建设、探索新型扶贫工作对策”进行专题民主协商。市政协主席董德福主持会议，市政府副市长陶格敦巴雅尔，市政协副主席徐桂英、张务成出席会议。

是月　锡林浩特市全域旅游发展规划顺利完成招投标，北京合众艺美景观设计有限公司中标。

是月　锡林浩特市人社局党总支组织全体干部职工到锡林浩特市人民检察院反腐倡廉警示教育基地开展党风廉政警示教育活动。

是月　锡林浩特市正式启动跨省异地就医直接结算工作。

是月　锡林浩特市人社局组织全体干部职工集中观看自治区成立 70 周年盛况直播。

是月　全盟人力资源和社会保障系统年中形势分析会现场观摩团实地考察锡林浩特市察哈尔社区人力资源和社会保障综合服务中心、博苑艺术幼儿园、锡林小学建筑领域劳动用工规范化管理示范点、新丝路电子商务创业园。

9 月

1 日—4 日　锡林浩特市 11 家相关旅游企业参加中国首届特色旅游商品博览会，男儿三艺民族文化发展有限公司的“银镶嵌工艺马鞍”系列商品获得中国特色旅游商品大赛银奖。

4 日　锡林浩特市中心敬老院在锡林浩特市消防二中队指导下进行消防演练活动。

是日　市委书记张锦明主持召开锡林浩特市创建全国县级文明城市工作调度会。

8 日　锡林郭勒盟政协副主席任誉宁一行就煤炭开采企业同农牧民利益联结机制与完善情况到锡林浩特市调研。

是日　国家卫计委副主任马晓伟一行到锡林浩特市白音锡勒中心卫生院调研基层医疗卫生工作开展情况。重点对全市基层卫生单位的基础设施建设、基层医务人员待遇及公共卫生服务项目落实情况、流动服务车和牧民健康小药箱的运行情况进行详细了解。

13 日　按照以奖代补审批流程，经各相关责任区和部门单位层层把关，严格审核，29 名易肇事肇祸严重精。

15 日　锡林浩特市召开镇人大、政府换届工作动员会。

是日　锡林浩特市人民法院正式开通网上立案平台。

15—16 日　锡林浩特市举办社区“两委”负责人培训班。全市 67 个社区党组织书记、主任、副书记等 130 余人参加培训。

19 日—22 日　锡林浩特市开展“国庆节、中秋旅游市场”节前安全检查神障碍患者的监护人被列为以奖代补资金发放对象，奖补标准为每人每年 2500 元。

21 日　内蒙古自治区党委宣传部宣传思想文化工作综合调研组到锡林浩特市调研宣传思想文化及阵地建设情况。

22 日　内蒙古自治区政协农牧业委员会副主任贾付喜一行围绕“大东北无规定疫病区建设基本保障情况”到锡林浩特市调研。

23 日—24 日　内蒙古电视台《说法班会》栏目策划的喜迎十九大走进锡林郭勒大草原特别节目在锡林浩特市蒙古族第二小学、芳草小学拍摄。

27 日　市民政局通过财政“一卡通”为 1173 户（其中低保 1136 户，五保 20 户，三无 17 户）发放取暖用煤补贴 70.38 万元。

28 日　全区乡村学校少年宫项目建设骨干人员培训班在锡林浩特市召开。

29 日　最高人民法院执行局副局长赵晋山为组长的“基本解决执行难”第三专项巡查组到锡林浩特市人民法院就“基本解决执行难”工作进行专项巡查。

30 日　锡林浩特市烈士陵园新建烈士纪念碑及活动广场投入使用，第四个“烈士纪念日”在新建场地举行。

是月　锡林浩特市参加盟、市两级反邪教协会在锡林广场举办的“防范邪教宣传月”活动及反邪教签名活动。

是月　在新丝路电子商务创业园举办“锡林浩特地区大中专毕业生秋季专场招聘会”，有 45 家用工企业参会,为求职者提供用工岗位 1027 个,当日入场人数 760 余人次,186 人与企业达成用工意向。

是月　为享受伤残津贴、护理费、供养亲属抚恤金人员,调整 2016、2017 年度工伤保险待遇,调资后分别月增长 382 元/月、190 元/月、143 元/月。

10 月

3 日　晚 19: 30 在 CCTV10、10 月 5 日上午 10: 20 在 CCTV1 播出《绿水青山看中国》第四期“大美锡林浩特”。

17 日　盟委委员、盟纪委书记恩和特布沁一行到锡林浩特市调研指导工作。

是日　锡林浩特市市民刘世强向锡林浩特市文物事业管理局捐赠寺庙文物“万字连纹花卉动物纹铁锅”一件,为清代末至民国时期铸造。

17 日—18 日　在 2017 锡林郭勒盟蒙古族服装服饰大赛及 2017“唱响锡林郭勒”创作歌曲演唱大赛中,锡林浩特市的参赛队伍包揽五个大奖,获得两金三银,锡林浩特市文体广电局获最佳组织奖。

18 日　锡林浩特市人民法院组织全体干警集中收看党的十九大开幕盛况。

20 日　内蒙古自治区财政厅副厅长韩树清带领自治区财政厅、自治区高院、自治区人民检察院等相关部门人员组成的调研组,到锡林浩特市人民法院就统管后经费保障方面存在的问题进行专题调研。

是日　内蒙古自治区政协特别邀请界别部分委员就“加大交通基础设施投入,更好地推动旅游业发展”议题到锡林浩特市调研。

24 日　锡林浩特市召开全市新任科级领导干部集体廉政谈话会。

28 日　市委、市政府主要领导及民政局、老龄办工作人员到社区部分老人家中进行走访慰问,慰问共涉及 3 个苏木、1 个镇、7 个办事处及养老机构的 20 位老人,包括贫困户、低保户、三无人员、空巢老人、独居老人、残疾老人、高龄老人,共发放慰问金 2 万元。

是月　副市长张学军率领市统战部、人社局有关负责人,到宝力根苏木希日塔拉嘎查开展脱贫攻坚“回头看”工作。

是月　养老保险待遇调整,共对 10491 名企业退休人员的养老待遇进行调整,人均月增加养老金 125. 15 元,通过调整,全市人均月养老金增至 1929. 5 元。

是月　转移进城农牧民就业服务中心举办“就业扶贫行动专场招聘会”。有 20 家用工企业参会,为求职者提供用工岗位 430 个,当日入场人数 360 余人次,58 人与企业达成用工意向。

是月　锡林浩特市举办第十一届蒙授小学“教学能手”评选活动。

11 月

8 日　市老龄办开展 2017 年度老年卡充值工作,居住本市、符合充值条件的 60 周岁以上的老年人(包括外阜老年人)均可享受 100 元/年的乘坐公共汽车补贴。

是日　重度残疾人护理补贴累计发放 14726 人次,补贴资金 152. 55 万元;城镇牧区困难残疾人生活补贴累计发放 10901 人次,补贴资金 114. 27 万元,两项补贴交叉人数 5240 人次,全年发放两项补贴资金 266. 82 万元。

14 日　全盟“两学一做”学习教育常态化制度化工作第一调研指导组组长李玉成一行,到锡林浩特市人民法院调研指导“两学一做”学习教育制度化常态化、学习十九大精神活动和转作风提效能促发展活动开展情况。

15 日　“锡林浩特市马背道德讲堂”走进宝力根苏木乌力吉德力格尔嘎查党员中心户朝古拉家,举办“十九大精神宣讲活动走进蒙古包”主题活动。

是日　锡林浩特市印发《锡林浩特市困境儿童救助管理实施办法》(锡市政办发〔2017〕90 号)。

20 日　通过政府购买服务的方法,家庭经济核查自 2016 年 7 月开展工作以到,累计完成 3921 户 7716 人次的核查工作。

22 日　全市深化国家监察体制改革试点工作小组第一次会议召开。

23 日　锡林浩特市印发《关于对全市扶贫对象开展医疗救助临时救助的通知》(锡市民政字〔2017〕621 号),对 2014 年、2015 年脱贫的建档立卡户 72 户 200 人和盟、市级贫困户 311 户 895 人扶贫对象享受医疗救助和临时救助采取进一步的救助措施。

27 日　在第十四届蒙古族服装服饰艺术节上，锡林浩特市选送的蒙古金高娃行业服饰代表队荣获第十四届蒙古族服装服饰大赛蒙古族文化元素行业工装设计制作奖铜奖。

是日　内蒙古自治区汉语言工作检查小组到希日塔拉街道办事处指导汉语言工作。

31 日　新丝路电子商务创业园被评为首批“内蒙古青年创业孵化器”。

是月　锡林浩特市就业局联合盟创业指导服务中心举办两期网络创业培训班，培训学员 60 人。

是月　将职业学院 4526 名新生纳入城镇居民基本医疗保险范畴，共计收缴居民医疗保险金 82. 11 万元。

12 月

4 日　锡林浩特市人民法院召开案件繁简分流机制改革工作新闻通报会，向社会通报案件繁简分流机制改革工作情况。

6 日　锡林浩特市 AAAA 级景区产业运行监测与应急指挥平台数据对接工作完成

是日　由内蒙古自治区网信办组织的“我是家乡代言人网易直播内蒙古”栏目组到锡林浩特市，围绕蒙古族服饰进行直播，共二十余万人参与。

8 日　第二批旱灾救助资金以牧区养牧、放牧为基本生活来源的困难户为重点，共为 160 户 448 名困难户实施救助，发放救助金 35. 68 万元。

9 日　内蒙古自治区文明办副主任王晓平一行到锡林浩特市调研精神文明工作。

11 日—12 日　锡林浩特市参加全区旅行社诚信经营暨“全国旅游监管服务平台”上线培训班

12 日　锡林浩特市为全市各部门单位征订发放《习近平谈治国理政》（第二卷）《十九大代表风采录》等学习辅导读物 900 册，为部分中心组成员及苏木镇发放《十九大报告》《党章》（蒙文版），在全社会积极营造学习宣传贯彻习近平新时代中国特色社会主义思想和党的十九大精神的浓厚舆论氛围。

13 日—15 日　锡林浩特市开展旅游安全生产及旅游市场秩序检查，同时对前期检查中存在限期整改隐患的旅游企业开展“回头看”行动。

14 日　锡林浩特市老年体协、阿斯顿英语培训中心、爱祺乐牧民养老服务中心、安防中心 4 个社会组织被盟民政局分别被授予优秀基层党组织建设社会组织、创新引领型社会组织和突出贡献社会组织称号。

19 日　中共锡林浩特市委宣传部部长包荣智一行到锡林郭勒草原牧民传统那达慕景区，对景区爱国主义教育基地建设管理工作进行调研。

21 日　锡盟旅发委主任乌日图那顺到锡林浩特市凤凰马场就“银色锡林郭勒草原冬季那达慕—锡林浩特市凤凰杯蒙古马摄影那达慕活动”筹备开展情况进行实地调研指导。

12 月 25 日　全市召开基层纪检机构负责人 2017 年度述责述廉会议。

是日　内蒙古自治区党委政法委员会常务副书记武国瑞带领督导调研组到宝力根街道办事处额尔敦社区实地调研综治维稳工作。

27 日　锡林郭勒辉腾锡勒柳兰草原生态旅游区可行性研究报告顺利通过专家评审。

29 日　锡林浩特市政府提名副市长娜布其玛到凤凰马场、锡林郭勒草原牧民传统那达慕景区、中蕴马产业园区、红色记忆展博馆等景区景点，就冬季那达慕筹备及冬季旅游产品打造、线路包装等工作开展调研指导。

31 日　为全市 4554 名 77 周岁以上老年人发放高龄津贴 591. 75 万元。

12 月底　贝子庙 AAAA 级旅游景区视频信号已全部接入自治区旅游产业运行监测与应急指挥平台，满足接入自治区级平台实现对接所要求的主景观区、景区主要出入口、主要游客集散地和主停车场等处的监控需要，保证视频信号的稳定流畅，景区动态数据及时传送。

是月　锡林浩特市顺利通过自治区国家通用语言文字工作专项督导评估。

是月　中国马都核心区文化生态旅游景区成功创建国家 AAAA 级旅游景区。

是月　人力资源和社会保障部公布第四批“国家级充分就业社区”名单，锡林浩特市振兴社区获此殊荣。　（张　勇）

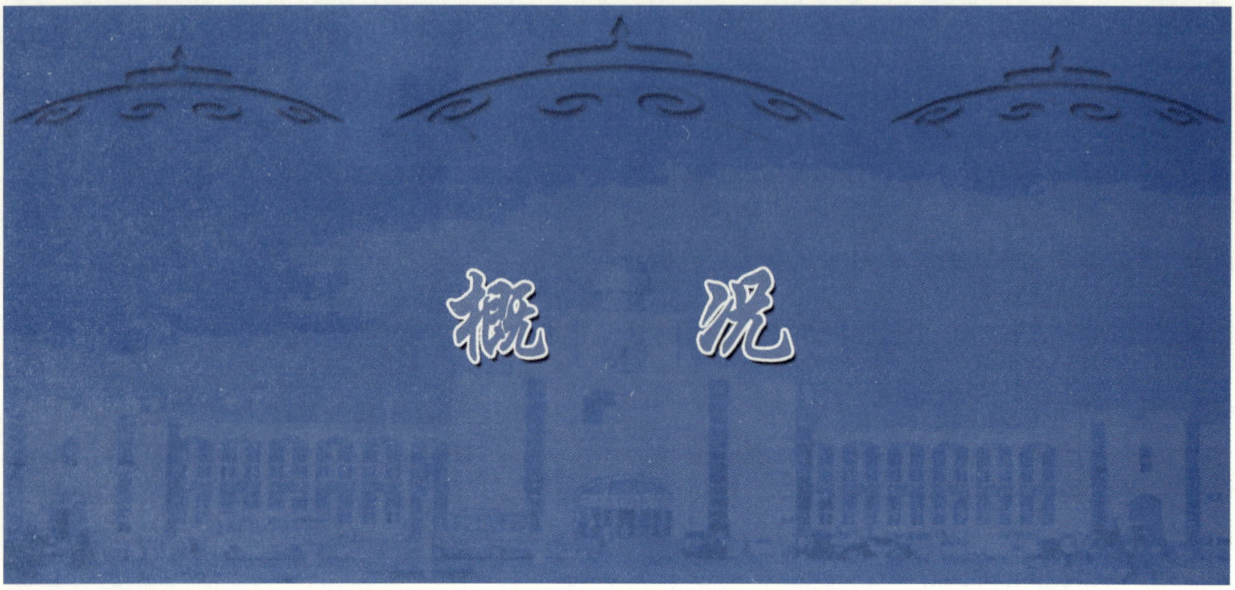

概 况

地理　人口

锡林浩特市位于内蒙古自治区中部,首都北京正北方,是锡林郭勒盟盟府所在地,是全盟政治、经济、文化、教育和交通中心。总面积14785平方公里,城市规划区面积49平方公里,建成区面积43平方公里,辖3个苏木、1个镇、7个街道办事处、6个国有农牧场。常住人口26.7万人,含蒙、汉、回、藏、布依、朝鲜、维吾尔、鄂温克等30个民族,其中蒙古族占28%,是一个以蒙古族为主体、汉族占多数、多民族聚居的边疆少数民族地区,素有“草原明珠”的美誉。　(赵振岩)

发展历史悠久

距今4000—6000年以前的新石器时代晚期这里已有人类繁衍生息,特别是辽金元明清时期,是北方游牧民族活动的中心。元朝达到历史辉煌的巅峰。康熙六年(1667年)正式建设阿巴哈纳尔左翼旗,清乾隆八年(1743年)建“贝子庙”,1953年改称为锡林浩特,1956年改称阿巴哈纳尔旗,1983年经国务院批准改设县级市锡林浩特。

(赵振岩)

自然条件独特

位于北纬43°02′—44°52′,东经115°18′—117°06′,处于内蒙古高原中部,地势南高北低,南部为低山丘陵,北部为平缓的波状平原,平均海拔高度988.5米。地处中纬度西风气流带内,属中温带半干旱大陆性气候,降水量309毫米,无霜期144天。全市有可利用草场面积2068万亩,动植物资源多样,草原类型齐全,地跨草甸草原、典型草原和沙丘沙地草原,具备得天独厚的畜牧业生产和发展条件。

(赵振岩)

发展势头强劲

锡林浩特市正处于经济社会快速发展期,具有得天独厚的后发优势,特别是近年到在自治区党委、政府,盟委、行署的坚强领导和社会各界的共同努力建设下,经济社会发展取得显著成绩。2017年,地区生产总值完成195.4亿元,增长6.3%,其中:第一产业增加值16.7亿元,增长5.5%;第二产业增加值82.6亿元,增长3.5%,工业增加值71.4亿元,增长5.7%;第三产业增加值96.1亿元,增长8.8%。公共财政预算收入19.6亿元。社会消费品零售总额67.4亿元,增长7.8%。全社会固定资产投资139.3亿元,下降23.2%。城乡居民收入41753元和24069元,增长6%和8.2%。　(赵振岩)

区位优势凸显

地处东北、华北、西北交

会处，距北京、呼和浩特、沈阳直线距离分别为460公里、470公里、620公里，能有效融入环渤海经济圈和东北经济圈。与二连浩特和东乌旗珠恩嘎达布其口岸距离分别为340公里、338公里，具备加强与蒙古国经贸、文化合作的良好基础。

锡林浩特市交通通信便捷。境内公路总里程1500公里，国道207、303和省道101、307贯穿市境，锡张高速、丹锡高速建成通车，锡阿公路加快建设，辐射北通二连浩特、珠恩嘎达布其两个对蒙一级陆路口岸，东连东北三省、西接呼包鄂地区、南达京津唐的高等级公路运输通道已经形成。铁路总里程375公里，已建成锡桑铁路、锡多铁路、锡乌铁路、锡二铁路、胜利西一号和西二号铁路专用线、胜利东二号铁路专用线等7条，多丰进京客运铁路、锡张快速铁路等工程有序推进。4C级机场可起降767型客机，开通飞往北京、呼和浩特等地航线6条，正在积极协调开通锡林浩特至乌兰巴托等地国际航线。电网横贯东西，连通蒙西，建有500千伏变电站2座、220千伏变电站1座、110千伏变电站12座、35千伏变电站17座、10千伏开闭站1座，输电线路总长1820公里，配电线路总长4821公里。锡盟至山东、至江苏两条特高压电力外送通道建成，神华、大唐、北方电力、蒙能4个坑口电厂加快建设，年内部分项目建成投产，届时将具备面向东北、华北和蒙西"三网"输出的优势。

（赵振岩）

自然资源富集

畜牧业资源得天独厚，可利用优质天然草场面积2054万亩，是国家重要的绿色畜产品生产加工输出基地。加快畜牧业结构调整，全力实施"减羊增牛"战略，2018年计划引进优质肉牛2000头，年内优质良种肉牛存栏达7万头以上。生物多样性保持完整，野生种子植物1248种，常见植物671种。矿产资源富集，主要矿产有石油、煤炭、锗、钼、铬等30余种。煤炭探明储量300亿吨，其中胜利煤田227亿吨，是目前全国煤层最厚、储量最大的褐煤煤田，也是内蒙古自治区3个200亿吨以上煤田之一，已列入国家大型煤电基地。石油探明储量2亿吨。锗探明储量3458吨，占全国储量的68%，占世界储量的38%。铬探明储量137万吨。钼探明金属量17.5万吨。锡探明金属量1.08万吨。铜探明金属量0.65万吨。萤石储量91.78万吨。

（赵振岩）

清洁资源丰沛

是太阳能资源一类地区，年发电有效时数达3000小时左右，年太阳辐射总量平均达到150千卡/平方厘米以上，适宜建设大型光伏产业基地。风能资源富集，总蕴藏量达2.5亿千瓦，年平均风速3.5米/秒，70米高度年平均风速8.9米/秒，年有效风能利用小时数达到3000小时左右，局部3300小时，规划装机容量300万千瓦，是内蒙古自治区规划的装机百万千瓦风电基地。

（赵振岩）

人文特色鲜明

锡林浩特市是蒙古族历史文化及民俗风情保留最为完整的地区之一，也是蒙古族人文特色最为鲜明的草原旅游胜地，是蒙古族民俗保留最为完整的地区之一。有内蒙古中西部四大藏传佛教寺庙之一、国家AAAA级旅游景区、第六批全国重点文物保护单位的贝子庙；有联合国教科文组织确定为人与生物圈保护网络成员单位、被国际植物界誉为欧亚大陆样板草原的国家级自然保护区白音锡勒自然保护区以及锡林河国家级湿地公园、白银库伦淖尔国家级遗鸥保护区、灰腾锡勒天然植物园和正在申报的锡林郭勒草原国家级火山地质公园；有极具文化内涵和民族特色的传统"祭敖包"和盛大的"那达慕"；有国际游牧文化节、马都大赛马等品牌活动，已成为锡林浩特市独特靓丽的名片，获得"最具魅力节庆城市"荣誉称号。2016年成功承办四国女篮对抗赛、中国马术大赛等10余项重大赛事活动。锡林浩特市是一代长调歌王哈扎布的故乡，被文化部、文化厅分别评为民间艺术之乡和民间文化"潮尔道"之乡，被中国马业协会授予以锡林浩特市为中心的锡林郭勒盟"中国马都"荣誉称号，先后荣获全国科技先进市、中国优秀旅游城市、全国双拥模范城、全国卫生城市、全区文明城市、全区园林城市、全区创业型城市等称号,目前正在全力推进全国文明城市、全国园林城市等“六城联创”工作。深入挖掘文化旅游资源,加快锡林河 30 公里生态景观带、锡林风景线、生态水系等重点景区建设,不断提升旅游业发展档次和水平。 (赵振岩)

国民经济和社会发展统计公报

2017 年,面对复杂严峻的经济形势,全市上下认真贯彻自治区、盟委行署和市委政府的决策部署,主动适应经济发展新常态,积极应对经济下行压力,各项工作扎实推进,全市经济保持平稳健康发展。

【综合】 国民经济持续稳定增长,产业结构调整步伐不断加快。2017 年全市地区生产总值同比增长 6.3%;其中第一产业增加值同比增长 5.5%;第二产业增加值同比增长 3.5%;第三产业增加值同比增长 8.8%。三次产业结构由上年的 10.2∶40.0∶49.8 转变为 8.5∶42.3∶49.2。人均生产总值同比增长 5.5%。截至年底,全市一般公共预算收入完成 19.6 亿元,同比下降 32.9%;一般公共预算支出完成 27.5 亿元,同比下降 17.9%。

2017 年年末,全社会从业人员 122 579 人,同比增长 2.8%;全部非私营城镇地域单位从业人员期末数 61 872 人,同比增长 1.7%。2017 年全部非私营城镇地域单位在岗职工工资总额 43.4 亿元,同比增长 12.9%。从业人员平均工资 69 981 元,同比增长 10.5%。在岗职工平均工资 70 468 元,同比增长 10.8%。

【农业】 随着养殖、种植结构的不断调整,农牧业生产平稳发展。全年粮油产量 3.3 万吨,同比增长 49.9%;其中:粮食产量 3.23 万吨,同比下降 9.5%。蔬菜产量 7.37 万吨,同比下降 19.6%。牧业年度牲畜总头数 166.4 万头(只),比上年同期减少 2.7 万头(只),其中大牲畜和羊总头数 165.5 万头(只),比上年同期减少 3.2 万头(只);大牲畜和羊的总增率为 43.96%。大牲畜和羊的良种及改良种牲畜 162.9 万头(只),良改比重为 98.45%。年末牲畜存栏 67.3 万头(只),较上年同期减少 16.5 万头(只);其中大牲畜和羊存栏 66.6 万头(只)。年内大牲畜和羊出栏 99.7 万头(只),比上年增加 1.7 万头(只)。牲畜出栏率 119.8%;商品率为 129.4%。肉类总产量 25319 吨,同比增长 1.6%;奶类产量 113297 吨,同比下降 5.2%;羊绒毛产量 1557 吨,同比下降 1.9%;

2017 年锡林浩特主要农畜产品产量和牲畜头数

表一

产品名称	计量单位	绝对值	比上年增长(%)
一、粮食	吨	32344	-9.5
(一)谷　物	吨	18912	29.3
1. 小　麦	吨	14568	31.4
2. 玉　米	吨	2493	76.8
3. 其他谷物	吨	1851	-13.5
(二)马 铃 薯	吨	13432	-36.3
二、油 料	吨	729	252.2
三、蔬 菜	吨	73 710	-19.6
四、肉 类 总 产 量	吨	25 319	1.6
其中:猪 肉	吨	561	7.5
牛 肉	吨	8853	3.3

续表

产品名称	计量单位	绝对值	比上年增长(%)
羊 肉	吨	14 651	1.7
五、奶 类 产 量	吨 113 297	-5.2	
其中:牛 奶 产 量	吨	110 907	-5.5
六、绵 羊 毛	吨	1535	-1.9
山 羊 绒	吨	18	0
七、牲 畜 头 数			
(一)牧业年度牲畜总头数	万头(只)	166.4	-1.6
1. 大牲畜	万头	10.7	1.7
2. 羊	万只	154.8	-2.2
3. 生猪	万口	0.9	154.4
(二)日历年度牲畜总头数	万头(只)	67.3	-19.6
1. 大牲畜	万头	6.1	-15.3
2. 羊	万只	60.5	-20.4
3. 生猪	万只	0.7	20.6

皮张产量 99.7 万张，同比增长 0.2%。

稳步推进生态环境建设，退耕还林还草工作取得新进展。全年造林面积 3.28 万亩，其中：当年新增封山育林项目面积 1.5 万亩，人工造林面积 1.78 万亩。零星植树 20 万株。

【工业和建筑业】工业生产保持平稳发展。

全年全部工业增加值同比增长 5.7%，其中：规模以上工业企业增加值同比增长 6.2%。全年规模以上工业企

2017 年锡林浩特市规模以上工业主要产品增长速度表

表二

指标	单位	增速(%)
原 煤	万吨	48.2
天然原油	万吨	-6.1
发电量	万千瓦时	9.9
供热量	万吉焦	-7.5
供电量	万千瓦时	18.1
锗锭	千克	-12.5
乳制品	吨	23.9
自来水	万立方米	9.5

业产品销售率 102.5%,同比增加 5.1 个百分点。

建筑业生产平稳,企业运行质量有所提高。全市建筑业增加值同比下降 7.7% 。

全市三全市三级及三级以上建筑业企业 26 个,竣工产值 7.5 亿元,同比增长 25.7%。全年各类房屋施工面积 32.6 万平方米,同比下降 8.7%。房屋竣工面积 23.0 万平方米,同比下降 28.9%。2017 年具有建筑业资质等级的建筑企业实现利润 2324.6 万元,同比下降 11.7%;实现税金 1.3 亿元,同比增长 79.8%。

【固定资产投资】1—12 月锡林浩特市全社会固定资产投资完成 139.34 亿元,同比下降 23.19%。按构成投资分:建筑工程完成 62.35 亿元,同比下降 45.31%;安装工程完成 27.22 亿元,同比下降 7.10%;设备工器具购置完成 36.48 亿元,同比增长 92%;其他费用完成 13.29 亿元,同比下降 30.42%。按经济类型投资分:国有投资完成 78.39 亿元,同比下降 23.52%;非国有投资完成 60.95 亿元,同比下降 22.76%。按产业投资分:第一产业完成 10.37 亿元,同比下降 23.02%;第二产业完成 87.69 亿元,同比下降 31.93%;第三产业完成 41.28 亿元,同比增长 5.55%。按行业投资分:农、林、牧、渔业投资累计完成投资 10.37 亿元,同比下降 23.02%;采矿业累计完成投资 10.40 亿元,同比下降 59.72%;制造业累计完成投资 7.65 亿元,同比增长 38.29%;电力、热力、燃气及水的生产业累计完成投资 69.64 亿元,同比下降 28.55%;批发和零售业累计完成投资 0.05 亿元,同比下降 94.90%;交通运输、仓储和邮政业累计完成投资 1.12 亿元,同比下降 84.95%;房地产业累计完成投资 7.09 亿元,同比下降 19.36%;水利、环境和公共设施管理业累计完成投资 30.89 亿元,同比增长 59.31%;教育累计完成投资 1.56 亿元,同比增长 127.57%;卫生和社会工作累计完成投资 0.38 亿元,同比下降 65.76%;科学研究、技术服务业累计完成投资 0.13 亿元;文化、体育和娱乐业累计完成投资 0.06 亿元。2017 年房地产开发投资完成 7.1 亿元,同比下降 19.32%;其中住宅投资 6.1 亿元,同比下降 14.08%;办公楼投资 0.05 亿元,同比下降 68.75%;商业营业用房投资 0.6 亿元,同比下降 48.71%;其他投资 0.35 亿元,同比下降 10.26%。商品房施工面积 287.1 万平方米,同比下降 28.62%。商品房销售面积为 41.7 万平方米,同比下降 10.9%。

【交通和邮电业】 2017 年交通运输、仓储和邮政业增加值同比增长 12.5%。交通客货需求平稳增长。2017 年公路货运量 13839.2 万吨,同比增长 5.0%;公路货运周转量 2900246.0 万吨公里,同比增长 6.3%;公路客运量 451.7 万人,同比增长 0.2%;公路客运周转量 28094.3 万人公里,同比增长 1.2%。

邮电通讯业保持平稳。2017 年末本地固定电话用户数达 4.2 万部,移动电话用户数达 38.2 万部,宽带在网用户数达 11.7 万户。

【国内贸易和旅游业】 消费品市场活跃,消费产品不断提升。2017 年批发和零售业增加值同比增长 7.2%;住宿和餐饮业增加值同比增长 5.0%。社会消费品零售总额 67.4 亿元,同比增长 7.8%。按销售单位所在地分:城镇消费品零售总额 59.6 亿元,同比增长 7.8%;农村牧区消费品零售总额 7.8 亿元,同比增长 8.2%;按行业分:批发零售业 58.5 亿元,同比增长 7.9%,住宿餐饮业 8.9 亿元,同比增长 7.3%。

招商引资工作迈出较大步伐。2017 年共引进国内(盟外)资金 103.4 亿元,同比下降 7.6%。外贸进出口总额 1116 万美元,同比增长 497%。草原旅游业发展势头良好。2017 年共接待游客 429.7 万人次,同比增长 3.0%;实现旅游收入 83.5 亿元,同比增长 14.5%。

【金融和保险业】 2017 年金融保险业增加值同比增长 8.5%。

金融运行良好。年末全市人民币存款余额 309 亿元,同比增长 8.1%,其中个人存款余额 172 亿元,占全市存款余额的 56%。全年全市人民币贷款余额 330 亿元,同比增长 15%;其中中长期贷款 272 亿元,短期贷款 58 亿元。

保险业平稳发展。2017 年全市 22 家保险公司实现保险费收入 10.7 亿元,同比增长 5.6%;其中财产保险保险费收入 3.4 亿元,同比增长 9.2%,人寿保险保险费收入 7.0 亿元,同比增长 4.1%。

【教育、卫生和文化】 教育事

业在改革调整中快速发展，民族教育进一步得到加强。有高等职业院校1所，在校生9198人，全年招生3610人，毕业生2662人；中等职业教育学校1所，在校生数1808人，当年新招生数677人，毕(结)业生数641人。特殊教育学校1所，在校生数161人，当年新招生数49人，毕业生数26人。高中2所，在校生数5280人，当年新招生数1773人，毕业生数2099人。初中6所，在校生数7822人，当年新招生数2729人，毕业生数2917人。小学13所，在校生数16 550人，当年新招生数2782人，毕业生数2762人。幼儿园22所，在校生数4943人，当年新招生数1411人，毕业生数1385人。全市适龄儿童入学率100%。卫生事业稳步发展。2017年年末全市拥有医院、卫生院、保健所、服务站等卫生机构31所；床位数1668床；从业人员数3337人；卫生技术人员2722人；执业医师843人；注册护士1221人。文化事业健康发展，艺术创作繁荣兴旺，各类文化活动普及城市和牧区。2017年全市拥有公共图书馆(室)77个，其中图书馆3个(锡林郭勒职业学院图书馆、锡林郭勒盟图书馆、锡林浩特市图书馆)，公共图书馆(室)共藏书144万余册(件)。2017年《锡林郭勒日报》汉文版日发行量17950份，增长0.2%，蒙文版日发行量11865份，增长0.04%。承担无线发射广播电视节目的台站1座；有线电视台1座。

【人口】 人口保持稳定增长。2017年年末全市常住人口26.7万人，增长0.68%；其中城镇常住人口24.4万人，增长1.58%，牧区常住人口2.3万人，下降8%。年末全市户籍总人口18.99万人，增长1.61%；其中汉族人口12.75万人，增长1.43%；蒙古族人口5.3万人，增长1.92%。全年出生人口2523人，出生率13.39‰；死亡1170人，死亡率6.21‰；自然增长1353人，自然增长率7.18‰。

(闫　明)

2017年城乡居民主要耐用品拥有量表

表三

增速(%)	单位	2015
城镇居民每百户耐用品拥有量		
彩色电视机	台	101
电冰箱	台	112
移动电话	部	228
家用电脑	台	85
家用汽车	辆	64
农牧民每百户耐用品拥有量		
彩色电视机	台	102.4
电冰箱	台	100.1
洗衣机	台	99.5
摩托车	辆	84.8
汽车(生活用)	辆	40.6

说明：

1.本公报数据为初步统计数，最终核实数据以统计年鉴为准。

2.公报中生产总值、各产业和各行业增加值绝对数均按现行价格计算，增长速度按可比价格计算。

3.恩格尔系数是指食品支出总额占生活消费支出总额的比重。

4.常住人口为2017年人口抽样调查变动数据。户籍人口数取之公安部门统计数。

市及市直单位副科级以上领导干部名录

市　委

书　记　代　钦(蒙古族 2017年1月离任)
张锦明(蒙古族 2017年1月任职)

副书记　张锦明(蒙古族 2017 年 1 月离任)
郭轶杰(2017 年 9 月任)
李博峰
常　委　刘　晋(2017 年 10 月任)
杜　杰(蒙古族)
郭静娟(女)
王占奇
罗志华
德力格尔朝克图(蒙古族 2017 年 10 月离职)
赵国柱
包荣智(蒙古族)

市委办

办公室主任　王占奇
办公室副主任　周亚楠(女)
穆　仁(蒙古族 2017 年 10 月离任)
姚　亮(2017 年 10 月任)
赛西亚拉图(蒙古族 2017 年 10 月任)
机要保密局局长
刘建霞(女 蒙古族 2017 年 10 月离任)
机要保密局副局长
娜日苏(女 蒙古族 2017 年 10 月 离任)
机要局局长
娜日苏(女 蒙古族 2017 年 10 月任)
防范办主任　周亚楠(女)
防范办副主任　达塔娜(女 蒙古族)
农村牧区工作部部长　包永前(蒙古族)
农村牧区工作部副部长　边丽琴(女)
改革办副主任　张超峰(2017 年 10 月离任)
姚　亮(2017 年 10 月离任)
姜　磊(2017 年 10 月任)
机关服务中心主任
姜　磊(2017 年 10 月离任)
韩小龙(蒙古族 2017 年 10 月任)
密钥管理中心主任　高　强
接待办主任　贾仍辉(女 蒙古族)
接待办副主任　田利军(蒙古族)

市人大常委会

主　任　齐振华(蒙古族)
副主任　斯琴巴特尔(蒙古族)
包桂华(女 蒙古族)
高海楼 (蒙古族)
李万国
常　委　白宝山(蒙古族)
姚建安
包瑞和(蒙古族)
康满玉
哈斯其木格(女 蒙古族)
包　静(女 蒙古族)
斯琴毕力格(蒙古族)
孟根都希(蒙古族)
钢苏和(蒙古族)
常　敏
任　昊
乌恩奇 (蒙古族)
李图雅(女 蒙古族)
高　飞
常　格(女 蒙古族)
王有宾
巴亚日图(蒙古族)
办公室主任　白宝山(蒙古族)
办公室副主任　宝音那米胡(蒙古族)
教科文卫民侨工作委员会主任　李图雅(女 蒙古族)
人事代表选举工作委员会主任　常　格(女 蒙古族)
财经工作委员会主任　包　静(女 蒙古族)
内务司法工作委员会主任　高　飞(蒙古族)
农牧业工作委员会主任　巴亚日图(蒙古族)

市政府

市　长　张锦明(蒙古族 2017 年 2 月离任)
郭轶杰(2017 年 9 月代市长)
副市长　郭轶杰(2017 年 9 月离任)
德力格尔朝克图(蒙古族 2017 年 12 月离任)
贾境文(2017 年 12 月离任)
张学军
陶格敦巴雅尔(蒙古族)
赖向华(女 蒙古族 2017 年 12 月离任)
郝俊峰(2017 年 10 月任)
锡林浩特市人民政府办公室

办公室主任　纳恩丁(蒙古族 2017 年 11 月离任)
副　主　任　王　平
　　　　　　赵琦峰
　　　　　　邹少华

市政协

党组书记、主席　董德福
副主席　霍燕军
　　　　徐桂英(女)
　　　　张务成
办公室主任　徐振福
副主任　白　剑(女)
社会法治委员会主任　王秀梅(女 2017 年 10 月任)
提案委员会主任　齐彩霞(女)
经济委员会主任　刘春刚(2017 年 10 月任)
科教文史委员会主任　邰和平(女 蒙古族 2017 年 10 月任)

市纪委

书　记　郭静娟(女)
副书记　满都拉(蒙古族 2017 年 10 月离职)
　　　　白音乌力吉(蒙古族 2017 年 10 月任职)
　　　　宋晓明
常　委　张　琥(2017 年 10 月离职)
　　　　阿拉塔 (2017 年 10 月任职)
　　　　任慧峰(女)
　　　　赵有超
　　　　德力格尔(蒙古族)

市监察局

局　长　满都拉(蒙古族 2017 年 10 月离职)
　　　　白音乌力吉(蒙古族 2017 年 10 月任职)
副局长　乌恩巴图(蒙古族 2017 年 10 月离职)
　　　　阿拉塔(蒙古族 2017 年 10 月任职)

市人民武装部

部　长　陈　明
政　委　罗志华
副　部　长　张　涛(2017 年 3 月离职)
　　　　　　王翼飞(2017 年 12 月任职)

市委组织部

部　长　杜　杰(蒙古族)
副部长、编办主任 王有宾
副部长、老干部局局长 崔洪寅
副部长、非公有制经济组织和社会组织党工委书记　呼和巴拉(蒙古族)
老干部局副局长　赵　云
市委党联办主任　齐金良(女 蒙古族)
信息中心主任　卢延杰(女 朝鲜族)
办公室主任　苏雅拉图(蒙古族)
干部室主任　乌宏坤(女 蒙古族)
组织三室主任　郭　颖(女)
考核监督室　张　蕊(女)
组织一室主任　呼格吉乐吐(蒙古族)
组织二室主任　阿布日古(蒙古族)

市委宣传部

部　长　包荣智(蒙古族)
副部长　刘东红(女)
　　　　刘武生
锡林浩特市精神文明建设委员会办公室
主　任　雅茹罕(女 蒙古族)
锡林浩特市对外宣传领导小组办公室
主　任　无

市委统战部

部　长　赵国柱(市委常委)
副部长　包　柱(蒙古族 2017 年 7 月离职)
　　　　常　敏
　　　　王　洪(蒙古族 2017 年 2 月免工商联党组书记、主席 7 月免副部长、待分配)
　　　　高　娃(女 蒙古族 2017 年 2 月任工商联党组书记)

市机构编制委员会办公室

主　任　王有宾
副主任　漫德海(女 蒙古族)
事业单位登记管理局领导
局　长　亢福德

市委巡察工作领导小组

组　长　郭静娟(女 2017 年 10 月任职)
副组长　杜　杰(蒙古族 2017 年 10 月任职)
成　员　白音乌力吉(蒙古族 2017 年 10 月任职)
王有宾(2017 年 10 月任职)
张　琥(2017 年 10 月任职)
市委巡察办
主　任　张　琥(2017 年 10 月任职)
副主任　吴秀芳(女 蒙古族 2017 年 10 月任职)

市委巡察组

市委第一巡察组组长　黄立疆(蒙古族 2017 年 10 月任职)
市委第二巡察组组长　刚宝力道(蒙古族 2017 年 10 月任职)
市委第一巡察组副组长　梁伟平(2017 年 10 月任职)
市委第二巡察组副组长　鲁梅花(女 蒙古族 2017 年 10 月任职)

市委机关党工委

书　记　王占奇(兼)
常务副书记　唐春花(女 蒙古族)

市委党校

党支部书记、常务副校长　巴图朝鲁(蒙古族)
副校长　白　丽(女 回族)
乌日乐格(女 蒙古族)

市档案局、史志办

局　长、主　任　钢苏和(蒙古族)
副局长、副主任　陈庆龙
副局长　王东军

市信访局

局　长　袁文星
副局长　孟凡龙(蒙古族)
樊小丽(女 2017 年 10 月离职)

市政务服务(公共资源交易)中心

主　任　杜美敏(女)
副主任　程　鑫
仝建功

市总工会

主　席　包桂华(女 蒙古族)
副主席　张　晶(女 蒙古族)
冯占卿(满族)

市团委

书　记　任　昊(蒙古族)
副书记　辛　颖(女)

市妇女联合会

主　席　陈淑梅(女 蒙古族)
副主席　刘淑萍(女)

市科学技术学会

主　席　苏亚拉图(蒙古族)
常务副主席　杨春彪(2017 年 6 月离任)
副主席　陈振发(回族)

市工商业联合会(总商会)

主　席　丁　虹(女)
副主席　喇利国

市残疾人联合会

理 事 长　刘跃东
副理事长　褚一磊

市红十字会

名誉会长　赖向华(女 蒙古族)
会长、执委会主任　姜久江(蒙古族)
专职副会长　王　楠(女 满族)

市委政法委

书　记　李博峰
副书记　杨文江
　　　　陶格涛(蒙古族)
综治办主任　王卫华
维稳办主任　张春雷

市公安局

党委书记、局长　贾境文(2017 年 12 月离职)
党委副书记、政委　锡林巴特尔(蒙古族 2017 年 12 月离职)
党委书记、局长　王建忠(2017 年 12 月任职)
党委副书记、政委　牧　仁(蒙古族 2017 年 12 任职月)
副政委　安立龙
副局长　武晓东
　　　　宗文广
　　　　聂俊龙
纪委书记　锡　林(蒙古族)
政治处主任　乌日娜(女 蒙古族)
指挥中心主任　钢巴特尔(蒙古族)
刑警大队大队长　包智勇(蒙古族)
消防大队大队长　孙　俊
消防大队教导员　郑香钧
哈日朝鲁派出所所长　逯海涛(满族)
哈日朝鲁派出所教导员　陈学文
宝力根派出所所长　丁学林
宝力根派出所教导员　肖　文
杭盖派出所所长　丁　屹(回族)
杭盖派出所教导员　杨　军
楚古兰派出所所长　张立鹏
楚古兰派出所教导员　祁世祥
希日塔拉派出所所长　祁红杰(蒙古族)
希日塔拉派出所教导员　安晓光(满族)
额尔敦派出所所长　苏　和(蒙古族)
额尔敦派出所教导员　高红红(女)
德日斯图派出所所长　宋双全
德日斯图派出所教导员　徐智慧
南郊派出所所长　王立东
南郊派出所教导员　冀宏伟
白音锡勒派出所所长　苏日塔拉图(蒙古族)
白音锡勒派出所教导员　海曙光(蒙古族)
宝力根苏木派出所所长　呼和牧仁(蒙古族)
宝力根苏木派出所教导员　陈少儒(蒙古族)
阿尔善派出所所长　韩　巍
阿尔善派出所教导员　冯　波
朝克派出所所长　包长海(蒙古族)
朝克派出所教导员　胡日查(蒙古族)
巴彦呼热派出所所长
　　呼日勒巴特尔(蒙古族)
巴彦呼热派出所教导员　王有祥
巴彦宝拉格苏木派出所所长
　　额尔敦达来(蒙古族)
巴彦宝拉格苏木派出所教导员　刘金义
交通管理大队大队长　查　干(蒙古族)
交通管理大队教导员　陈志杰

市人民检察院

检 察 长　赵　文
副检察长　孟雪山(蒙古族)
　　　　　白　秀(女 蒙古族 2017 年 10 月离职)
　　　　　裴庆祝
　　　　　陈晓军
　　　　　韩国庆

市人民法院

院　长　孟　海(蒙古族)
副院长　陶卫江
　　　　包启龙(蒙古族 党外副院长)
　　　　金利军
　　　　周玉峰
政治处主任　牛　蓓(女)
执行局局长　包文胜(蒙古族)
办公室主任　崔利国
纪检组组长　海　棠(女 蒙古族)

市司法局

党组书记、局　长　莫日根(蒙古族)

副局长　霍少春
　　　　鲍忠洁(女 满族)
政治部主任　郭　伟

市发展和改革局

局　长　张超峰(满)
副局长、重点办主任　万红娟(女)
副局长　白秀珍(女)
　　　　田永亮
重点办副主任　杨静峰
国债办主任　耿少红(女)

市审计局

党支部书记、局长　刘善刚(满族)
副局长　董锡林
　　　　吴志勇

市食品和工商质量技术监督局

党组书记　侯　伟
党组副书记、局长　刘佺杰(满族)
副局长　任晓珍(女)
　　　　安玉栋
　　　　白青松(蒙古族)
　　　　赵建平
纪委书记、副局长　梁伟平(2017年9月离职)
副局长　高国富
　　　　哈　斯(女 蒙古族)
　　　　斯琴高娃(女 蒙古族)
经济技术开发区质量技术监督分局
副局长　曹雅艳(女)
经济技术开发区工商行政管理分局
局　长　杨玉智
副局长　张　普
纪检员、副局长　高雁滨

市安全生产监督管理局

局　长　胡占宏
副局长　韩晓东(蒙古族)
　　　　孙向东(满族)
安全生产监察大队队长　孙玺文

市统计局

书记、局长　刘广宁(满族)
副局长　李建宾(蒙古族)
　　　　王玉凤(女 蒙古族)
社会经济调查队队长　牛艳丽(女)

市农牧业局

党组书记、局长　钢照日格(蒙古族)
副局长　乔振国(蒙古族)
　　　　宗天宇
　　　　乌力吉门德(蒙古族)
党组成员　斯日古楞花(女 蒙古族)
副局长　任殿玉(2017年10月任职)

市林业水利局

党组书记、局长　杜赞炯
纪委书记　阿拉塔乌拉(蒙古族)
副局长、湿地办主任　洪立国
副局长　刚宝力道(蒙古族)
　　　　王小红(女)

市扶贫办

党支部书记、主任　青格勒(蒙古族)
副主任　额尔敦通拉嘎(蒙古族)
　　　　莫德格(女 蒙古族)

市商务局

党组书记、局长　张国青(2017年10月离任)
党组书记　王　宏(蒙古族 2017年10月任职)
副局长　林彩琴(女)
　　　　巴图吉日嘎拉(蒙古族)
党组成员　李　莉(女 2017年5月任职)

市文体广电局

纪检书记　乌　云(女 蒙古族 2017年9月离任)
局　长　张福山(蒙古族 2017年9月离任)
　　　　马　雁(女 2017年9月任职)

副局长　包宏伟(女 蒙古族)

市交通运输局

总支书记、局长
门景岳（2017年10月离任）
陈　涛（蒙古族2017年10月任职）
副局长　陈　涛（蒙古族2017年10月离职）
乌恩巴图(蒙古族2017年10月任职)
王子明

市住房和城乡建设局

党委书记、局长　李海军(蒙古族)
副局长　王振涛
副局长、市政管理处主任　王维利
副局长　王　瑞

市建设工程质量监督站

住建局副局长、兼任市质监站站长
刘雪瑾（女2017年6月离职）
党支部书记、副站长　王拥军
副站长　盛宝安

市供热燃气管理办公室

主　任　乌日根(蒙古族)
副主任　王健康
仝建工(2017年6月任职)
白秀兰(女 蒙古族2017年6月离职)

市国有土地上房屋征收与补偿管理局

局　长　孙永文（2017年6月离职）
刘雪瑾（ 女2017年6月任职 ）
副局长　杜胜利
焦智勇

市政管理处

党支部书记、主任　王维利

副主任　闫万美
李　青（女）

市房地产管理局

党支部书记、局长　李　星
副局长　韩图娅（女 蒙古族）
党支部副书记、副局长　高玉柱

住房公积金管理部

主　任　葛韶瑜(2017年7月离任)
宫玉山(兼2017年7月任职)
副主任　任　敦
副主任　哈　娜

市政工程管理局

党支部书记、局长　史大宝
副局长　宋　伟
相久泉
薛瑞和

市给排水有限责任公司

党总支书记、经理　席晓东
副经理　张喜枝（女）
邸龙耀
陈善洪

市城市规划局

党组书记、党总支书记　何卫东(蒙古族2017年10月离任)
党组书记　苏　和(蒙古族2017年10月任职)
局　长　宋雪飞
副局长　祁雅琼(女 蒙古族2017年11月任党总支书记)
罗恩宝
设计院院长　史大金
展览馆馆长　巴特尔(蒙古族)

市旅游局

文体广电旅游局党组成员、旅游发展服务中心
主　任　托　娅(女 蒙古族)
副局长　李树娟(女)
　　　　李洪涛
旅游发展服务中心副主任　安耿泽
锡林浩特市文物事业管理局(锡林浩特市贝子庙管理委员会办公室)负责人
　　　　斯琴巴图(蒙古族 兼)
文物局副局长(贝子庙管理委员会办公室副主任)　浩毕斯嘎拉图(蒙古族)

市国土资源局

局　长　毕力格图(蒙古族)
纪检组组长　李新军(蒙古族)
副局长　马凯军(蒙古族)
　　　　布仁斯琴(蒙古族)
国土资源执法监察大队队长　李永计
土地收购储备办公室主任　梁永利

市环保局

党组书记、局长　尚怀国(蒙古族)
党支部书记、副局长　王秋菊(女)
副局长　刘　伟
环境监察大队队长　王海军

生态保护局

党支部书记、局长　杨　海
副局长　曼　丽(女 蒙古族)
　　　　赛音吉雅(蒙古族2017年10月离任)

市草原生态综合执法大队

队　长　曼　丽(女 蒙古族)
副队长　图格杰(蒙古族)
　　　　代　钦(蒙古族)

市园林绿化管理局

党支部书记、局长　张海舰
副局长　白少军(蒙古族)

市财政局

党组书记、局长　张国喜
党支部书记　米润喜
副局长　侯智国
　　　　张代全(蒙古族)
城市基金管理办公室主任、副局长
　　图　雅(女 蒙古族)
主任科员　原宏莉(女)
财政国库收付中心主任　赵　丽(女)
城市基金管理办公室副主任(兼锡林浩特市晨辉城市基础设施建设投资有限责任公司经理)
　　宝　音(蒙古族)
农业综合开发办公室主任
　　萨琪日勒图(蒙古族)
财政预算绩效管理和投资评审中心股长
　　陈煜峰
巴彦宝力格苏木财政所所长
　　国　斌(蒙古族)
阿尔善宝力格镇财政所所长
　　唐格斯(蒙古族)
朝克乌拉苏木财政所所长　宝　顺(蒙古族)
宝力根苏木财政所所长　新毕力格(蒙古族)

市国税局

党组书记、局长　王　彪
党组副书记、副局长　都　仁
副局长　邢爱萍(女)
　　　　郭亚龙
　　　　代钦夫(蒙古族)
　　　　肖常宏

市地方税务局

党组副书记、局长　苏乙拉(蒙古族)
副局长　太　平(蒙古族)
　　　　房红权
　　　　申茂林(2017年12月任职)
　　　　师　栋(2017年12月任职)
专职纪检员　孟繁昆(蒙古族)
总会计师　娜日娜(女 蒙古族)
社保分局局长　王秀明

市投资促进局(招商局)

党组书记、局长　李剑虹(女 蒙古族)
副局长　徐东生(2017年10月18日离任)
　　　　侯俊杰(2017年10月18日任职)

市供销合作联合社

主　任　郭　颖(女 达斡尔族)
副主任　贾树明

市教育科技局

教育工委书记、教科局党组副书记
　　白音乌力吉(蒙古族 2017年7月离职)
教育工委副书记、教科局党组书记、局长
　　文宝元,(2017年10月离职)
教育工委书记、教科局党组书记、局长
　　文宝元(2017年10月任职)
教科局党组成员、机关党委书记、副局长、教研中心主任　左占云
教科局党组成员、副局长
　　斯琴德力格尔(蒙古族)
教科局党组成员、机关党委副书记、副局长
　　邵雅娟(女)
教科局副局长　李国霞(女 蒙古族)
蒙古族小学党支部书记
　　苏伊拉其其格(女 蒙古族)
蒙古族小学校长　斯琴巴特尔(蒙古族)
实验第二小学党支部书记　杨宏刚
实验第二小学校长　陈红风(女)
第三小学党支部书记　芮贵晟
第三小学校长　尹艳雪(女 2017年3月离职)
　　　　　　　王瑞田(2017年3月任职)
第四小学党支部书记　张兰芝(女)
第四小学校长　王瑞春
第五小学党支部书记
　　王建美(女 2017年3月离职)
　　宋秀琴(女 2017年3月任职)
第五小学校长　杨志贤(女)
民族小学党支部书记、校长
　　额日和木(女 蒙古族 2017年3月离职)
民族小学党支部书记
　　许永河(2017年3月任职)
民族小学校长
　　额日和木(女 蒙古族 2017年3月任职)
第七小学党支部书记　张爱萍(女)
第七小学校长　张双涛
第八小学党支部书记
　　许永河(2017年3月离职)
第八小学党支部书记
　　锡林其木格(女 蒙古族 2017年3月任职)
第八小学校长　郭利民
第九小学党支部书记
　　杨智敏(女 2017年3月任职)
第九小学校长
　　徐淑荣(女 2017年3月离职)
　　杨 英(2017年3月任职)
第十小学党支部书记
　　宋秀琴(女 2017年3月离职)
第十小学党支部书记
　　王建美(女 2017年3月任职)
第十小学校长　杨雪峰
蒙古族第二小学党支部书记
　　胡日查(蒙古族)
蒙古族第二小学校长
　　苏德毕力格(蒙古族)
芳草小学党支部书记
　　胡玉成(2017年3月离职)
　　常琳(女 2017年3月任职)
芳草小学校长　张晓丽(女)
第一中学党支部书记
　　孟繁强(2017年3月离职)
　　郑祥东(2017年3月任职)
第一中学党支部书记
　　苏劲松(女 2017年10月任职)
第一中学校长　郑祥东(2017年10月离职)
　　　　　　　牛　明(2017年10月任职)
第三中学党支部书记
　　常　琳(女 2017年3月离职)
　　徐创华(2017年3月任职)
第三中学校长　曾德盛
第四中学党支部书记　梁淑琴(女)
第四中学校长　史丽强
第六中学党总支书记　朱学玲(女)
第六中学校长　霍燕军(2017年10月离职)
　　　　　　　郑祥东(2017年10月任职)
市蒙古中学党总支书记
　　哈斯高娃(女 蒙古族)

市蒙古中学校长　关其格(蒙古族)
职教中心党委书记　孙　艳(女)
职教中心主任　张洪明
油田学校党支部书记　王晨旭
油田学校校长　唐晓丽(女)
特殊教育学校党支部书记　王　志
特殊教育学校校长
　　杨　英(2017 年 3 月离职)
　　孟繁强(2017 年 3 月任职)
教师进修学校党支部书记　杨　军
教师进修学校校长　孟根其其格(女 蒙古族)
教学研究中心党支部书记
　　白金花(女 蒙古族)
教学研究中心主任　左占云
市幼儿园党支部书记
　　曙　光(女 蒙古族 2017 年 3 月任职)
市幼儿园园长　李桂琴(女 蒙古族)
民族幼儿园党支部书记　白　音(蒙古族)
民族幼儿园园长　金　花(女 蒙古族)
蒙古族幼儿园党支部书记
　　莲　花(女 蒙古族)
蒙古族幼儿园园长　斯琴花尔(女 蒙古族)
蒙古族第二幼儿园党支部书记
　　乌云花(女 蒙古族)
蒙古族第二幼儿园园长
　　阿拉腾图雅(女 蒙古族)
阿尔善幼儿园园长　白　音(蒙古族)

市卫计局领导名录

党 组 书 记　马　雁(女 2017 年 10 月离任)
局　长　刘春刚(2017 年 10 月离任)
党组书记、局长
　张福山(蒙古族 2017 年 10 月任)
纪委书记
　刚呼雅嘎(蒙古族 2017 年 10 月离任)
副局长　包晓东(蒙古族)
　　　　美　兰(女 蒙古族)
　　　　刘永清

市民政局

局　长　唐贵举
副局长　巧　光(女 蒙古族)
　　　　关卫华

市人力资源和社会保障局

党组书记、局长　师　前
党组成员、总支书记
　　李　彬(2017 年 7 月离职)
劳动就业服务局局长　包武山(蒙古族)
社会保险事业管理局局长　吕　峰(蒙古族)
劳动监察大队队长　英　君(蒙古族)

市民族宗教事务局

党组书记、局长　包　柱(蒙古族)
副局长　关　峰(蒙古族)
　　　　青　梅(女 蒙古族)

锡林郭勒盟经济技术开发区管委会

主　任　王晨光
书　记　张　奕(女)
副主任　宝田仓(蒙古族)
　　　　魏殿高
　　　　刘海隆

市宝力根苏木

党委书记、人大主席
　　乌日图那顺(蒙古族 2017 年 10 月免人大主席)
党委副书记、苏木长　浩斯巴雅尔(蒙古族)
党委委员、人大主席
　　金　荣(女 蒙古族 2017 年 10 月任职人大主席)
党委副书记、组织委员　颜　芳(女 蒙古族)
副苏木长
　　伊如格勒图(蒙古族 2017 年 10 月任职)
副苏木长、武装部部长　朝古拉(蒙古族)
副苏木长
　　赛西雅拉图(蒙古族 2017 年 10 月离职)
副苏木长　阿古拉(蒙古族 2017 年 10
党委书记　布　仁(蒙古族)
党委副书记、苏木长　青格乐图(蒙古族)
党委副书记
　　额尔登孟克(蒙古族 2017 年 11 月离任)
人大主席
　　额尔登孟克(蒙古族 2017 年 11 月任职)

人大副主席
巴特尔(蒙古族 2017 年 11 月离任)
党委副书记
巴特尔(蒙古族 2017 年 11 月任职)
党委委员、纪委书记、党委委员
巴德玛(蒙古族)

市朝克乌拉苏木

纪检委书记　海乙锋(蒙古族)
副苏木长、妇联主席　娜　拉(女 蒙古族)
副苏木长、人装部部长　图力古尔(蒙古族)
副苏木长　白乙拉、(蒙古族)

市巴彦宝拉格苏木

党委书记、人大主席　斯琴图(蒙古族 2017 年 11 月离任人大主席)
人大主席　王香兰(女 蒙古族 2017 年 10 月任职)
党委副书记、苏木长 德格吉日呼(蒙古族)
党委副书记　乌日根(蒙古族)
纪委书记　乌尔古木拉(女 蒙古族)
宣传委员　玉　荣(蒙古族)
副苏木长、巴彦宝力格嘎查党支部书记
朝克图(蒙古族)
副苏木长
丽　娜(女 蒙古族 2017 年 10 月任职)
额日登尼(蒙古族 2017 年 10 月任职)

市阿尔善宝力格镇

党委书记　托日巴图(蒙古族 2017 年 10 月免去镇长职务和人大主席)
党委副书记、镇长
布　仁(蒙古族 2017 年 10 月任职)
党委副书记、人大主席、武装部长
金　昌(蒙古族 2017 年 10 月任人大主席职务)
党委委员、纪委书记　维利斯(女蒙古族)
党委委员、副镇长　阿拉坦陶古思(女蒙古族)
副镇长　宝　音(蒙古族 2017 年 10 月任职)
陶　都(蒙古族)
党委委员、宣传委员
苏乙拉达来(蒙古族 2017 年 7 月任职)
党委委员、组织委员　伊　茹(女 蒙古族)

市白音锡勒牧场

党委书记　萨仁满都拉(蒙古族)
场　　长　田聪君
副 书 记　田聪君
布　仁(2017 年 10 月离职 蒙古族)
纪委书记　吉木斯高娃(女 蒙古族 2017 年 10 月任职)
副 场 长　李自平
王润元
郝　英
康云峰
王利勇(蒙古族)
苏日塔拉图(蒙古族)
委　　员　李自平
润　元
郝　英
康云峰
王利勇(蒙古族)
赵　忠
工会主席　赵　忠
公司总经理　田聪君

市白银库伦牧场

党委书记　达楞古日布(蒙古族)
党委副书记、场长　常　征
党委纪委书记　张福斌
党委副书记　韦　河
副场长、工会主席　王　成
副场长　王占春

市毛登牧场

党委书记　朝　鲁(蒙古族)
党委副书记、场长　孙永明(蒙古族)
党委委员、纪委书记　呼日乐(蒙古族)
党委委员、副场长　斯琴巴图(蒙古族)
宝力茹(蒙古族)
副场长、派出所所长　包长海(蒙古族)

市贝力克牧场

书记、场长　于中敏
副场长　额日登尼（蒙古族）
　　　　马文云
　　　　王俊文（蒙古族）
纪检组长　希吉尔（女 蒙古族）
工会主席　王桂林

市沃原奶牛场

党委书记　杨　富（2014年9月任职）
党委副书记、场长
　　乌恩奇(蒙古族2014年9月任职)
党委委员、副场长
　　阿拉塔(蒙古族1998年4月任职)
场党委委员、纪委书记
　　何　峰（蒙古族2015年5月任职）
场党委委员、副场长
　　白全喜（蒙古族2016年7月任职）

市蔬菜办公室

主　任　斯日古楞（女 蒙古族）
副主任　付长江

市宝力根街道办事处

书　记　俞力强(蒙古族2017年11月任职)
副书记、办事处主任　红　梅(女 蒙古族)
副书记　王　忠
纪委书记　额尔登(蒙古族)
副主任　盖亚军(蒙古族)
　　　　塔林巴特尔(蒙古族)

市杭盖街道办事处

书　记　李志宏
副书记　乌尼格日勒(女 蒙古族)
纪检书记　李　昕
主　任　姜玉湘(女)
副主任
　　玉　凤(女 蒙古族2017年10月离任)
　　彭建强
人武部部长　彭建强(兼)

市楚古兰街道办事处

书　记　贾永霞(女2017年10月任职)
副书记、主任　周玉清(2017年10月任职)
副书记　玉　桥(蒙古族)
纪委书记　吴志城
副主任　白玉荣(女 蒙古族)

市希日塔拉街道办事处

书　记　玉　花(女 蒙古族)
主　任　俞力强(蒙古族)2017年10月离任)
　　　　孙永文(2017年10月任职)
副书记　夏建成
纪委书记　孙　颉
副主任　包志祥(蒙古族)
　　　　张玉荣(女)

市额尔敦街道办事处

书　记　王　涛
副书记、主任　王雪静(女)
副书记　额尔敦巴特尔(蒙古族)
纪委书记　哈　斯(蒙古族)
副主任　苏文侠(女)
副主任、街道人民武装部长
　　胡俊红(2017年10月离任)
　　朱辰龙(2017年10月任职)

市南郊街道办事处

书　记
　　苏日嘎拉图(蒙古族2017年6月离职)
　　陈绍良(2017年6月任)
副书记、主任
　　王旭光(蒙古族2017年6月离职)
　　白贵军（2017年6月任职—10月离任)
副书记　吉日木图(蒙古族2015年3月任)
副主任　萨如拉其其格（女 蒙古族)
　　　　孙晓东(蒙古族)
人民武装部部长　乌日根(蒙古族)

市巴彦查干街道办事处

书　记　额尔德木图(蒙古族)
副书记、主任　李晓昱(女)
副书记　阿拉腾图雅(女 蒙古族)

驻锡单位领导名录

恒泰证券股份有限公司锡林浩特团结大街证券营业部

总经理　徐长锋

中国农业发展银行锡林浩特市支行

党支部书记、行长　王延明
党支部委员、副行长　李　卿
党支部委员、副行长 图勃隆

包商银行锡林郭勒分行

行　长　张晋忠
党委副书记、纪委书记、副行长、工会主席
　　王林枝
风险总监　张锦宏

纪委书记　张建林
副主任　陈　涛(2017 年 7 月离任)
　　解太荣(2016 年 7 月任职)
武装部部长　朱辰龙(2017 年 9 月离任)

行长助理　邬国强

中国邮政储蓄银行股份有限公司锡林郭勒盟分行

党委副书记、副行长
　　杜　兴 (2017 年 5 月任 职)
副行长、工会主席、总审计师
　　斯琴毕力 格(蒙古族)
副行长　刘永生
　　徐建敏 (女 满族)

中国工商银行股份有限公司锡林浩特支行

行　长　吴　超(女 蒙古族)
副行长　春　光(蒙古族)
　　李新燕(女)
纪检组长　于千里
三级经理　赵　彦(女 蒙古族)

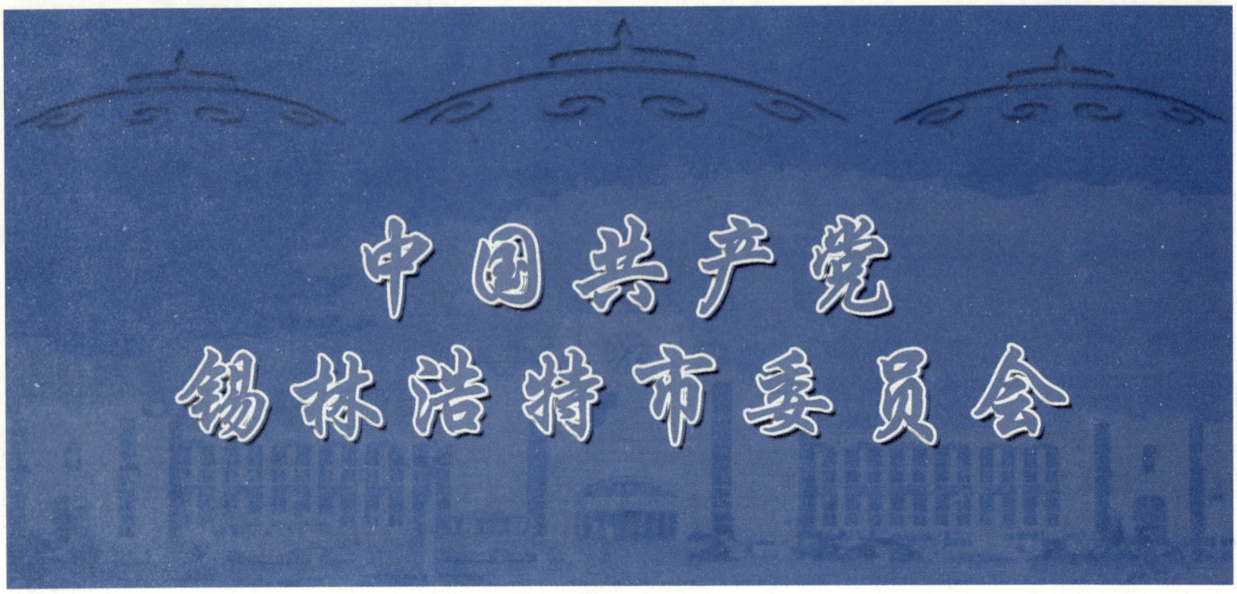

中国共产党锡林浩特市委员会

综 述

【概况】 2017年,地区生产总值增长6.3%,一般公共预算收入完成19.6亿元,完成年初任务。全年实施重点项目82项,完成投资118.5亿元,其中盟级重点项目32项,完成投资90.6亿元。社会消费品零售总额完成67.4亿元、增长7.8%。城乡常住居民人均可支配收入分别完成41753元、24069元,增长6%、8.2%。“六城联创”工作取得新突破,成功创建国家卫生城市,锡林浩特市国家级城市品牌达到5个、自治区级城市品牌3个。

【经济】 全年整合投入涉农涉牧资金3.6亿元,推进畜牧业结构调整、基础设施建设、农牧业科技创新,牧业年度牲畜稳定在165万头只左右,日历年度牲畜数压减至66.5万头只。围绕畜牧业供给侧结构性改革,因地制宜实施“减羊增牛”战略,肉牛规模化养殖场3处,认定肉牛生态家庭牧场107户、合作社3个、企业1家,培育盟级良种肉牛核心群8群,引进优质良种肉牛600头,良种肉牛扩繁至2140头、增长48.6%,牧业年度牛存栏8.7万头,增长2.4%。升级种公羊集中管理基地2处、肉羊标准化规模化养殖场2处,巩固良种肉羊标准化畜群1200群,黄牛改良4.3万头,良改比重、繁成率分别达到99.44%、110.8%。全年新增各类合作社10家,牧民入会率达66%。畜产品抽检合格率保持100%。新建暖棚3万平方米、储草棚1.02万平方米,打储草0.78亿公斤,集中储备抗灾饲草0.1亿公斤,建设科技示范基地8处,推广主导品种和主推技术15项,培育科技示范户1100户,优良品种覆盖率、先进实用技术入户率和到位率均达95%以上。种植业稳步发展,全年粮食产量13.51万吨,上市鲜菜3400万公斤,实现产值1.7亿元、增长62%。全市72户规模以上工业企业开复工70户,实现产值131.9亿元、增长14.6%。能源行业实现产值90.4亿元、增长37.3%,拉动规模以上工业增长21.3个百分点;畜产品加工业、装备制造业、非煤矿产品开采加工业、高新技术产业占规模以上工业总产值比重达28.6%。锡盟至江苏泰州±800千伏特高压直流输电工程具备送电条件,锡盟2×300兆发调相机工程稳步推进。新能源发电总装机容量达到79万千瓦。中蕴马产业、宏源冷冻薯条薯饼、首放食品加工等项目落地建设,锡林郭勒大数据产业园开工建设。大庄园集团精深加工项目羊线车间投入运营,全市畜产品加工企业共加工活畜320万只羊单位。招商引资取得实效,全年引进资金115亿元。新签约项目19个,签约总金额141亿元。锡林河生态景观带、“锡林风景线”、锡林大草原生态旅游区、锡林郭勒旅游服务中心等6个项目建设稳步推进,中国马都核心区文化生态旅游景区成功创建国家AAAA级旅游景区,锡林河生态景观旅游区、大庄园生态食品工业旅游区创建AAAA级景区工作进展顺利，打造《蒙古马》精品剧目，锡林郭勒草原牧民传统那达慕景区项目提档升级，新建旅游厕所17个，贝力克吉祥小镇、朝克乌拉休闲养生旅游小镇、白银库伦灰腾河生态小镇等特色旅游生态小镇建设全面推进，旅游品质大幅提升。先后举办承办四国女篮对抗赛、国际游牧文化节、全国百城自行车赛、锡林浩特中蒙俄拳击争霸赛、中国马术大赛马、中国马都大赛马、全国青少年足球邀请赛等国际国内赛事。全年接待游客数、旅游收入分别达到430万人次、83.5亿元，增长3%、14.5%。完成二中、大世界、那达慕市场升级改造，规模档次明显提升。航线增加至6条、旅客吞吐量达65万人次，公路货运量达1.38亿吨、增长5%。金融机构存贷款余额分别为320亿元、326亿元。内蒙古皓滕牧业科技公司成功挂牌“新三板”，全市“新三板”挂牌企业达到3家。

【民生和社会事业】全年用于民生和社会事业支出20.9亿元，占公共预算支出76%。全年征集就业岗位1.9万个，城镇新增就业3230人，实现牧民转移就业2147人，高校毕业生就业920人，安置失业和就业困难人员658人，城镇登记失业率控制在3.3%以内。发放创业担保贷款223万元。新丝路电子商务创业园创建为首批“内蒙古青年创业孵化器”，“一区三园两平台”创新创业新格局初步形成，已入驻创业企业350户、带动就业1700人。整合投入各类扶贫资金1.6亿元，完善教育、金融、保险、社会、健康、行业扶贫措施，稳定脱贫241户、688人，正常脱贫70户、207人。开展“回头看”、“再核查”精准识别、动态管理工作，做好正常脱贫和贫困边缘人口187户516人帮扶工作，确保实现“真扶贫”“扶真贫”目标。五险参保20.13万人。牧区合作医疗参合牧民1.7万人，参合率达98.53%。全年累计发放各类保障、补贴资金0.67亿元。爱祺乐牧民养老园区成为全国牧区养老服务典范，锡林颐和苑养老中心、综合老年养护院及配套设施建设项目稳步推。全年追发被拖欠工资1508万元。建成城乡幼儿园11所，完成市蒙古中学封闭式足球训练馆、六中图书馆、生态馆主体建设；蒙授和汉授高考本科上线率达80%、85%，适龄幼儿入园超过90%。市疾控中心综合楼项目、妇幼保健综合楼项目主体完工，盟市医疗联合体建设持续推进，城乡居民规范化电子健康档案建档率达82.5%；家庭医生普通签约人群、重点签约人群分别达7.9万人、3.5万人，签约率30.1%、60.2%。建成社区笼式足球场11处，创建国家级足球特色学校5所、自治区级足球特色学校14所。举办“草原儿女心向党”主题创作、“书香草原、阅读城镇”群众摄影展、举办“文之豪”蒙文诗比赛等活动，连续第20年举办锡林河之夏群众文化活动。

【城市建设】 投资24亿元强化盟府主中心城市服务功能。《锡林浩特市城市总体规划(2009—2020)》实施评估报告专家评审工作、《锡林浩特市城市总体规划(2017—2030)》编制前期工作完成；《海绵城市专项规划》《城市综合管廊建设规划》编制完成。完成希日塔拉、那达慕、长城、天津、马都5条街路打通工程和12条小街巷改造工程，铺装人行道21万平方米，道路罩面22.7万平方米，实施绿化147公顷，征收房屋479户，改造老旧小区16.8万平方米，完成棚户区改造1481户，续建返迁楼5255套，建设管网62.5公里。大数据产业智慧城管项目已入自治区PPP项目库，完善物业管理“四级联动”管理体系，推动智慧社区建设，完善网格化管理工。推进生活垃圾焚烧发电、压缩式生活垃圾转运站项目建设，城市卫生环境大幅改观。制定《锡林浩特市2017－2019年美丽乡村建设规划》《锡林浩特市新农村新牧区建设规划》，继续完善牧区道路、安全饮水、卫生室、文化活动室等基础设施和公共服务设施。开展牧区民间借贷整顿和规范工作，牧区民间借贷压减104户、1026万元，压减率29.6%、28.9%；登记在册的高利借贷户化解47户，化解率82%。锡张快速进京铁路可研通过初审，丹锡高速建成通车，国道303别力古台至锡林浩特段、农村300公里公路加快推进。锡林浩特机场改扩建项目获批，锡林浩特至二连浩特航线开通。新改建电力线路319公里。

【生态环境保护】重点区域绿化、京津风沙源治理、生态水系治理二期、地质生态环境综合治理和露天矿排土场绿化工程持续推进。落实新一轮草原生态补助奖励机制,发放资金 1.1 亿元,补奖面积 2086.89 万亩,完成草牧场确权工作,草原植被盖度达 53%。扎实推进“河长制”改革,建立完善两级河长体系和规章制度,开展巡河工作。关停锡林郭勒草原国家级自然保护区内工矿企业 67 家,共完成整改 23 件,完成率 77%。全年空气质量优良率达 96%。完成新绿源污水处理厂提标改造,42 家畜产品企业配套污水处理设施,污水处理率达 87.5%。启动土壤污染防治工作。

【维护社会和谐稳定】 健全完善矛盾纠纷排查化解“四级网络”“五所联调”“诉调对接”和稳定风险评估等工作机制,排查、化解矛盾纠纷 3873 起;开展社会矛盾积案化解“百日攻坚”专项行动,排查重点矛盾积案 73 起、销案 39 起。扎实开展自治区成立 70 周年庆祝活动、党的十九大期间社会矛盾纠纷大排查大整治专项行动。全年信访总量批次 992 批次,下降 11.1%。集中开展“三打击一整治”“震慑”“盗抢骗”“黄赌毒”等十个平安创建专项行动,完善城区打防控工作勤务机制,推进城市技防建设和牧区草原 110 联防联网报警系统建设,4 起命案全部告破,刑事案件立案数、治安案件受理数分别下降 28.71%、7.12%。在全市范围内开展安全生产大检查行动 3 次,专项监督检查 13 次,发现整改问题 699 个,全年未发生重大安全生产事故,连续五次荣获全区“安全生产月”先进单位荣誉称号。加强食品药品安全监管工作,开展食品药品安全领域专项检查行动,全年未发生重大食品药品安全事故。开展“五融合四促进”活动,国防动员和后备力量建设进一步加强。积极推进乌兰牧骑事业和文艺事业繁荣发展,开展文明村镇、文明单位、文明家庭、文明校园、先进典型评选表彰等精神文明创建工作;发挥“理论学府”宣讲机制作用,将宣讲党的十九大精神、培育和践行社会主义核心价值观落细、落小、落实。全面推进依法治市,成立市委法规工作机构,推进“七五”普法教育,开展“法律六进”活动,提档升级法治文化广场,新建法治文化长廊 4 处。强化基层综治中心建设,落实员额制法官、检察官履职评价机制和退出机制,实行领导干部任职前法律资格考试制度,完成全市 4957 名公职人员参加网络在线学法和普法考试工作。加强基层法治建设,基层法律顾问实现全覆盖。

【改革】 扎实抓好经济和生态、民主法治、文化体制、社会体制、党的建设制度、纪律检查各项领域改革工作,制定《贯彻党的十八届五中全会重要改革举措实施规划》《全面深化改革重点任务台账(2017—2020 年)》《关于全面加强改革落实工作的实施意见》,推动六大领域出台改革成果 42 项,134 项任务有效落地。新发“十七证合一”营业执照 4384 本。行政权力清单全部向社会公开,审批事项有效精简。司法体制、文化体制、社会管理服务、纪律检查体制等改革有序推进、成效明显。持续扩大对外开放,积极开拓俄蒙、中东市场,组织企业参加“第十三届中俄蒙工商论坛”和中国食品(阿布扎比)品牌展等展洽会 4 次,积极推进“一关两检”总部机构设置工作,对外贸易进出口额完成 1116 万美元、增长 497%。

【党组织建设】 开展“三级联述联评联考”工作,党建工作赋分比重提高到 55%。采取专题报告、辅导讲座、研讨交流、巡回宣讲、处级领导讲党课等方式,举办培训班 8 期、宣讲 120 余场、专题学习 2000 余次。组织召开中心组集中学习会 15 次。创建“理论学府”创新宣讲机制,举办宣讲 600 余场,理论学府创新宣讲模式写入新华社《内部参考》。在中央电视台播出新闻 5 条,在中央、自治区、盟级媒体刊登稿件 581 篇。新打造 1 处爱国主义教育基地康盛基业红色文化展览馆,全市爱国主义教育基地达到 14 处。执行常委会专题研究意识形态工作制度,强化对意识形态内容学习,配齐苏木镇(街道)宣传委员,印发党委(党组)落实意识形态工作责任制实施意见。成立推进学习教育常态化制度化协调小组,设立常设机构负责日常工作,推动学习教育取得实效。严格落实“三会一课”制度和“六个一”学习机制,在全盟率先开展党员“政治生日”主题活动,全市 395 个党支部全部开展主题活动,万名党员过政治生日、受到教育。基层党建经费保障到位,嘎查、社区办公经费均走在全盟前列。投入 965 万元,加强阵地建设,全市 22 个嘎查、67 个社区、117 个党员中心户活动阵地全部达标,市级党员中心户示范户达47户、全盟百佳示范户8户。打造基层党建示范点44个。抓好后进党组织转化升级。实现2个三类嘎查党组织、3个后进社区党组织晋位升级。发展党员148人。把国有农牧场党建工作纳入党建总体布局中，印发《关于进一步加强和改进国营农牧场党建工作实施方案》，将办公经费和党组织经费纳入财政预算，选树党建示范点14个。机关党建工作。“第一书记”服务进一步延伸，中小学校领导班子建设得到加强，专职党组织书记全部配齐。国有企业党建工作。明确国企党组织在公司治理结构中的地位，合理设置9个党员活动室，为党员提供活动阵地。严格执行《干部选拔任用工作条例》，在干部调整任免工作中，着力把好“三关”，上好“五把锁”。制定《股级干部任免管理办法》。全面完成“三超两乱”整改任务。举办各类培训班17期，培训干部3621人次。对23名领导干部进行经济责任审计。完善考核评价机制，制定《年度考核实施办法》《年度绩效考核实施办法》。新建基层“廉政大讲堂”1处，改造升级自治区廉政文化示范点1处，廉政受教育达2.6万余人次。查处违反中央八项规定精神案件3起，给予党政纪处分3人，通报典型案例1起，约谈相关负责人2人次。巡察机构配齐配强，年内开展2轮巡察，共发现6个方面75项问题，移交问题线索31条。做好监察体制改革试点工作，市监察委员会挂牌成立。全年受理信访举报150件，处置问题线索120件，立案63件，结案49件，处分违纪人员60人，挽回经济损失253万元。将统战工作纳入市委的重要议事日程，市党政领导带头学习宣传和贯彻落实统一战线政策法规，带头参加统一战线重要活动，带头广交深交党外朋友。开展自治区成立70周年庆祝活动。（王文龙、克尔伦）

纪检监察

【概况】 制定《党风廉政建设和反腐败工作任务分解意见》《进一步深化落实“两个责任”推进全面从严治党实施意见》《“两个责任”常态化督导机制实施方案》，细化36项主体责任和26项监督责任核心内容清单。市委常委会12次研究党风廉政建设和反腐败工作。市纪委对全市70余个部门单位“两个责任”落实情况进行专项督导，向各级党组织反馈467项具体问题。开展苏木镇人大、政府、政协换届纪律监督工作。对4个落实主体责任不力的基层党组织全市通报，对4名落实主体责任不到位的部门负责人给予纪律处分。

【执纪审查】 探索实践监督执纪“四种形态”，提升监督执纪问责实效。采取诫勉谈话、提醒谈话、警示谈话、函询等措施处置143人次，占处置总人数的70%。全年，共受理信访举报150件，处置问题线索120件，立案63件，同比上升75%，结案51件，同比上升60%，给予纪律处分62人，挽回经济损失253万元。

【作风建设】 围绕落实中央“八项规定”精神，积极开展专项活动，督促全市各部门单位切实抓好机关作风建设，有效遏制大操大办婚丧喜庆事宜、借机敛财等歪风陋习。2017年，开展监督检查11批26次，查处违反中央八项规定精神案件3起，给予党政纪处分3人，通报典型案例3起。

【整治基层腐败和不正之风】 深入苏木镇、场、街道办事处和嘎查、养老园区开展专项监督检查3批78次，走访牧户248户。共发现问题线索269个，追缴清退违纪违规款140.4万元，立案22件，给予党政纪处分22人，在全市范围内通报曝光典型案例3批9起12人。

【巡察】 成立巡察机构，配齐配强工作人员，制定完善工作制度。对全市10个市直部门和2个街道办事处开展2轮巡察，发现6个方面75项问题，移交问题线索36条。将巡视反馈意见细化为11项具体任务。办结中央巡视组“回头看”、中共内蒙古自治区党委第七巡视组移交问题线索22件。

【纪律检查体制改革】 推进完成14项改革任务。重新调整派驻纪检组和基层纪检机构负责人，保留单独派驻组3个，增加6个综合派驻纪检组，基层纪检机构负责人全部专职化。推进改革试点各项重点任务，顺利完成人员转隶、固定资产划转和案件线索交接等工作。监察委员会挂牌成立。

【纪检监察干部队伍】 开展“纪检监察干部队伍建设年”活动，通过举办知识竞赛、专题培训、实战演练等多种方式，着力提升纪检监察干部业务能力和理论水平。设立“执纪审查工作大讲堂”，组织全市纪检监察干部认真开展、谈话、笔录、取证“三项技能”大练兵比赛活动。选送的一篇文章在全区“三项技能”大练兵征文比赛活动中获得三等奖。制定《锡林浩特市纪委监察局领导班子成员及机关各室联系基层纪检监察机构工作制度(试行)》《纪律审查工作联系制度》，由市纪委常委分片负责，采取集中约谈、专项会议推进、实地督导等方式加大对基层纪(工)委的指导力度，基层纪(工)委的监督执纪能力较往年有大幅提升。

(呼布沁)

系列廉政文化活动

【概况】 通过“每月一主题”学习、警示教育、党内法规专题学习、廉政讲堂、道德讲座、好家风·好家训、廉政演讲等形式，全年开展反腐倡廉宣传教育活动300余批次，受教育2.6万余人次。开展警示教育活动40余批次，受教育1500余人次，印发警示教育案例71个。新建1处基层“廉政大讲堂”，对1处自治区级廉政文化示范点进行改造升级，开展廉政文化“六进”活动100余次。

【专项宣传教育活动】 将11、12月定为“党的十九大精神集中学习月”，充分利用新媒体和传统媒体，开辟学习专栏。开展“以十九大精神为引领、切实解决‘四个意识’不强问题”专项活动，并召开专题会议对活动进行动员部署，57个党组织启动相关活动，教育引导基层党组织和广大党员干部进一步增强“四个意识”。

【新媒体宣传】 利用“一网两平台”传播速度快、覆盖面广的特点，2017年以来，共发布网站信息100余篇、图片新闻60余张，发布微信150余次、500余条，重大节假日向全市副科级以上领导干部发送廉政提醒短信400余条，积极引导社会舆论导向。“锡市清风”微信公众号全年图文阅读量超过10万次，盟级以上各类媒体采用130篇，其中国家级37篇、自治区级64篇，自治区纪委《时代风纪》杂志刊文2篇，《中国纪检监察报》刊发图片新闻1篇。(呼布沁)

市委办公室

【概况】 2017年，市委办公室深入学习宣传贯彻党的十九大精神，以习近平新时代中国特色社会主义思想为指引，紧紧围绕全市中心工作，扎实推进“两学一做”学习教育常态化制度化，不断提升“三服务”水平，全面履行参谋助手、综合协调、督促检查、后勤保障职能，圆满完成全年各项工作任务。

【综合法规】 全年起草全市大型会议文稿32篇、24余万字；起草会议纪要、通知、小型会议讲话、致辞、汇报70余篇20余万字；在《内蒙古日报》《内蒙古工作》《锡林郭勒日报》《草原先锋》等报刊，刊发各类文章10篇8万余字；起草中共锡林浩特市委关于贯彻落实党的十九大的实施意见、中共锡林浩特市委员会工作规则、中共锡林浩特市委员会常务委员会议事决策规则、十二届三次全委会工作报告等文件181件、90余万字。成立法规室，认真做好公文审核工作，全年共审核文稿350余件，完成党委系统规范性文件报备试点任务，向自治区党委、盟委报备25件备案文件，备案率和合法合规率都100%，是全区县级直报点中唯一取得“双百”成绩的单位，3个文件入选自治区法规工作典型案例。梳理完成市情、产业发展情况、重点工作、重点项目等综合性基础材料，为市委及时掌握情况、科学决策、指导工作提供综合全面的信息服务。

【秘书事务】 全年承办全委(扩大)会议、党建工作会议等一系列大型会议31次，常委会会议34次，党政联席会议5次，电视电话会议20次，其他座谈会、调度会等82次，圆满完成自治区成立70周年中央代表团到访慰问、上级党委政府主要领导在锡林浩特市期间的调研活动各项工作任务，全年安排各级领导考察调研活动39次，以耐心细致的服务工作向上对外展示锡林浩特市的良好形象。及时编撰《领导每日工作安排》《中共锡市委大事记》。

【信息督查】 全年编发信息刊物418期，信息2524条，上级采用473条，其中自治区党委信息处采用96条，盟委信息处采用377条，采用率保持25%，信息工作在全区直报点中排名第25位，在全盟连续12年位列第一名。形成多篇有深度有分量的调研报告并完成10余次上级约稿任务。2017年,围绕解决抗旱救灾、草原生态补奖政策落实、全域旅游发展等工作中存在的突出问题,为上级党委和市委领导提供决策参考,为基层切实解决难题。及时高效处置重大紧急信息,全年处理重大紧急信息57条次,未发生迟报、漏报和倒流情况。修订《全市党委系统信息调研工作综合考评办法》,轮训基层信息员22人次,通过市委办公室微信平台推送部门工作动态、信息写作知识文章246篇。

全年发布重点工作进展情况督查通报10期。强化督查工作措施,聚焦破解督查反馈效率低、"中梗阻"的问题,建立"市委督查工作微信群",群内催报提醒部门主要领导,减少督查反馈环节,督查工作的时效性、权威性大大增强。全年组织开展督查活动86次,形成督查专报119篇,80%的督查专报获市委主要领导批示,针对解决社区网格化管理、锡林河生态景观带建设等工作中存在的困难问题提出的对策建议,进入领导决策视野,有效促进工作落实和项目推进。切实将督查工作纳入年度考核内容,在考核中体现督查成果,140项年度重点工作中的90%以上按计划完成或取得积极进展。认真做好专项督办工作,完成上级党委和市委主要领导批示交办事项及自治区成立70周年庆祝活动筹备保障工作、社会矛盾积案化解"百日攻坚"、城市建设和物业管理等工作的专项督查督办工作;认真严谨办理人民网网民留言,办理留言15件,回复率和满意率100%。

【机要保密】 通过报务系统收发处理上级文件1269件,全年未发生失泄密和错漏办、压误等事故,保证政令安全畅通。换装核心密码通信网络密码机,向中央办公厅机要局申请指纹取保系统已得到批准。全市安全文件传输系统用户达到89个,完成系统的升级改造工作并举办专题培训班。全年收发文5153件。做好文件日常传阅,全年共传阅办理到文来电4857件,立卷归档773件,印发涉密文件447份,提供档案查阅1257次,连续五年被自治区党委机要局评为基层密码工作先进单位。稳步推进电子政务内网建设和服务保障能力,为中心机房装配机房环境监测系统(智慧机房)、更新计算机防护产品(视频干扰仪、"三合一"、红黑电源)并对接入电子政务内网的4家单位进行整改,协助市维稳办完成接入内网平台工作,按要求正确配置核心交换机、楼层交换机的访问控制规则策略,修补高风险漏洞。全年共承办视频会议调试工作134次,确保会议顺利召开。加强日常管理,制定《锡林浩特市党政专用电视电话会议系统维护制度》《视频会议系统调试日志》,进一步提升视频会议管理能力。

将保密教育纳入市委中心组学习内容,组织全市单位干部职工观看保密宣传教育片,开展保密专题党课,结合保密法宣传月活动,通过多种媒体加大宣传力度,将保密工作纳入全市科级领导班子年度考核内容,签订保密责任状74份。对全市各部门单位开展保密安全大检查,开展6次督查,抽查62家部门单位,开展网络保密检查2次,检查政务内网1个,专网5个,涉密计算机30台次,及时消除涉密隐患10余处,发整改通知书10余份。为规范涉密专用信息设备采购行为,市保密局批准市委组织部、市纪委涉密专用信息设备单一来源采购。圆满完成2017年高考的保密督导工作,对市教育招生考试试卷保密室进行年度审查。对旧货市场和电脑复印、打印商铺开展监督检查并签订保密承诺书。

【改革】 协调推进六大领域的175项改革任务得到较好落实,各领域改革惠民成效日益凸显。严格履行改革督察职能,制定《全面加强改革落实工作的实施意见》和《改革督察工作实施方案》"三督三察"机制更加健全完善;全年开展全面督察、专项督察、调研督察10批次,一批改革关节得以打通、一些民生工作堵点得以疏通。向上级党委改革办报送高质量改革信息120篇。借助新媒体平台,大力宣传改革经验做法,凝聚改革共识,形成改革合力。

【防范】 开展市委中心组学习、科级干部培训4期,开展群众性宣传活动12批次。反邪教警示教育展厅被认定为"市级爱国主义教育基地",1000余名党员在展厅过党日、受教育,阵地宣传作用明显加强。做好教育转化,对重点人员重新签订管控责任状,严格落实人户分离管控责任,有关重点人员实现成功转化。严格把握已转化人员解脱政策关、质量关,帮助相关人员回归社会。开展专项行动4次,在“打头目、摧体系、端窝点、缴资金”方面战果斐然,给邪教组织以有力震慑。做实安保防控,十九大、自治区成立70周年庆祝活动期间全天候备勤备战,加强情报分析研判、加强重点人员动态监控,做到重点人员不离视线,强化社会面整体防控。壮大工作队伍,明确16个责任区领导主体责任,在城区建立7支巡查队伍,69个防范邪教工作站建成、履责。

(王文龙　克尔伦)

组　织

【“两学一做”学习教育常态化制度化】 认真落实“六个一”学习机制,征订发放蒙文版《中国共产党章程》《习近平总书记重要讲话文章选编》等书目,在远程教育、互联社区等平台开设专栏,定期推送学习教育内容,满足学习需求。全面推行“党员固定活动日”制度,创新开展党员“政治生日”活动,全市395个党支部全部开展主题活动,10 400名党员过政治生日,全体党员受教育。开展基层党建示范点创建工作,打造社区党建示范点14个、机关企事业示范点14个、非公党建示范点5个。以落实基层党建7项重点任务为抓手,开展“基层党组织规范化建设年”活动,制定《基层党建工作文件汇编》,梳理汇总各领域基层党组织规范化文件,提升工作水平。

【落实党建工作责任制】 印发《组织工作要点》《重点任务推进表》,将责任细化到人、量化到岗。落实“五个一”工作机制,召开党建工作推进会、“两学一做”学习教育常态化制度化调度会等,压紧压实党建责任。

【市、苏木镇人大政府和市政协换届情况】 成立领导小组和办公室,多次组织召开常委会、领导小组会议专题研究换届事宜。选派4名市委常委联系苏木镇,成立4个督导组,全程督导代表选举工作。9月7日召开全市换届工作会议,人大代表、政协委员均已按照程序产生,市级人大代表145名,政协委员109名。强化换届纪律监督,切实将纪律挺在前面。

【干部管理】 从严干部选拔任用,严格执行《干部选拔任用工作条例》,全年集中调整干部2次,调整130余人。开展党组清理规范工作,设立5个党组,10个分党组,全市38个符合条件的部门单位全部设立党组,配备党组成员。制定印发《股级干部任免管理办法》,进一步规范股级、环节干部选任管理。完成超职数配备干部整改消化任务。加强干部教育培训,围绕学习贯彻十八届六中全会、十九大精神等内容举办培训班17期,培训干部3621人次。分级分层抓好学习宣传贯彻十九大精神系列培训,举办6期专题培训班,科级干部、基层党组织书记全覆盖。从严干部管理监督,充分发挥“三个监督”作用,受理办结到信来访举报7件。实行经济责任审计两个“必须”制度,委托审计局对23名领导干部进行经济责任审计。完善考核评价机制,制定《年度考核实施办法》《年度绩效考核实施办法》,按照“五位一体”总体布局和“四个全面”战略布局设置下达年度绩效考核指标,全面考核领导班子和领导干部贯彻落实上级和市委、市政府年度重大决策部署落实情况,发挥考核的指挥棒和风向标作用。

【基层党建】 在牧区,加大党员中心户阵地建设力度,为105户配齐蒙古包及办公设备,选树8户评选全盟百佳党员中心户。加强活动阵地规范化管理,改扩建嘎查活动阵地2处,开展活动130余次。推进“互联网+党建”工作,为具备条件的嘎查、党员中心户安装移动CPE,无线WiFi,建立党建信息化平台,提升联系服务群众水平。在街道社区,召开街道社区党建工作观摩会,实地观摩6个示范社区,总结交流经验。加强互联社区平台建设,整合网上购物、住宿餐饮等50余项服务功能,方便驻区单位和居民享受服务。在机关,对“第一书记”进行调整,对3名先进事迹进行宣传报道。组织全市机关党组织书记、党务干部赴河北石家庄开展红色传承教育培训班,提高党性修养。在国企,将国有农牧场党建工作纳入全市党建总体规划,市委书记与国有农牧场党组织签订责任状,明确党建工作目标任务。制定《推动国有企业党建工作要求写入公司章程的实施方案》,明确国企党组织在公司法人治理结构中的法定地位。在非公经济组织和社会组织,实体运行的非公企业385家、社会组织134家,党组织组建率分别为49.6%、67.9%。深化“两个覆盖”专项行动，年内成立3个党支部。创新工作载体，开展"亮身份、亮职责、亮承诺"活动，为20家悬挂共产党员经营户牌匾，签订公开承诺书。

【党员教育管理和发展党员】按要求发展党员148人。落实远教"五进蒙古包"工程，印发方案，制定考核细则，明确远程教育成员单位和终端站点工作职责。做好全市"党建直通车"平台建设，为具备条件的16个嘎查和党员中心户示范站点安装移动cpe无线网。参加自治区党员电视教育片观摩评比活动，动画短片《你的政治生日过了吗》荣获微视频类三等奖。

【人才工作推进】落实人才工作"一意见三方案"，出台《市委常委会听取人才工作专项报告制度》，健全人才工作制度体系。设立人才开发专项资金100万元，提供资金保障。积极申报"草原英才"，共有2个团队，2个高层次人才创新创业基地和4人入选"草原英才"。（海永坤）

宣　传

【概况】市委宣传部，内设机构有市精神文明建设委员会办公室、市对外宣传领导小组办公室；职能科室有办公室、市委讲师团、文化艺术科；下属公益一类事业单位有互联网信息办公室、新闻中心，代管理文联。机关行政编制12名，工勤编制2名；干部职工总数14人，其中部长1名，副部长2名，精神文明建设委员会办公室主任1名；少数民族4人，妇女9人，研究生学历5人、大学文化学历8人、大专及以下文化学历2人。文联为参照公务员法管理单位，事业编制2人。互联网信息办公室为事业单位，事业编制4人，其中主任1人（副科级）。新闻中心为事业单位，事业编制15人，其中主任1人（副科级）。

【意识形态和网信】制定《中共锡林浩特市委员会关于落实党委（党组）意识形态工作责任制的实施意见》，6次提交市委常委会专题研究意识形态工作。整改完成中央、自治区巡视整改反馈的31个问题。出台突发事件舆情应对和舆论引导应急预案。印发意识形态阵地管理相关文件，对各类阵地进行专项检查。及时分析研判、通报全市意识形态领域情况。完善网络意识形态工作制度，印发网络安全专项执法、突发事件舆情应对和网络意识形态工作管理责任等7个重要文件。完善备案登记制度，加强网站公众号管理，开展网上舆论环境专项整治活动。强化舆情分析研判，健全网络意识形态线上线下联动机制。累计编发舆情信息304期，形成舆情分析报告4篇，发布辟谣信息27条，清查各类有害信息800余条。持续开展"社科普及周"活动。

【理论宣传和企业思政】组织开展市委中心组学习会15次，参学人数3000余人次，编印学习材料200余册，征订书籍3600册。创建"理论学府"创新宣讲机制，举办各类主题宣讲600余场。"理论学府"创新宣讲模式写入新华社《内部参考》。建立30所规范化"职工大讲堂"；开展专业职务评定、主题宣讲、推送诚信企业等系列活动。

【新闻对外宣传】共接待外界媒体采访50余次。累计派出采访800余次，在中央电视台《新闻联播》播出新闻3条、《焦点访谈》播出2条，在盟广播电台发稿760条，在《锡林浩特新闻联播》播出新闻805条。在中央级媒体刊登稿件61篇，在自治区级媒体刊登稿件141篇，在盟级媒体刊登稿件379篇。草原明珠锡林浩特微信平台5次进入内蒙古微信影响力排行榜，获锡林浩特地区最具影响力微信平台称号。依托三大微博完成国际女篮竞标赛、第六届中国马术大赛等重要赛事的现场直播。印发《锡林浩特市新媒体作品奖励办法（试行）》，建立完善"三审"制度。锡林浩特新闻网累计发稿1618篇，图片1456幅，访问量突破520万人次。

【精神文明创建】召开创城工作例会70次，对测评体系进行任务分解，根据行业类别设计制作54类实地督查卡，形成督查通报74期，督查专报3期。常态化利用各类媒介宣传社会主义核心价值观24字及八大类公益广告。利用锡林浩特文明网、"文明锡林"微信微博公众平台深入开展网上精神文明建设工作。持续开展"好家风好家训"征集和牧区精神文明建设"三个美起来"活动。对近50家文明单位、文明社区、文明小区进行指导、验收。锡林热电厂荣获全国文明单位荣誉称号。组织全市308家文明单位与67个社区、30个嘎查开展结对共建帮扶活动,投入资金近百万元。开展文体活动20余场,宣讲活动20余场次,卢广凡家庭荣获“全区文明家庭”称号,王秀花等三个家庭荣获“全盟文明家庭”称号。锡林浩特市第六中学获“全国文明校园”称号,锡林浩特市第一中学、蒙古族小学等5所中小学校获“全盟文明校园”称号。开展弘扬时代新风行动。文明牧民、最美志愿者等典型人物166人,十星级文明牧户12户、市级文明村镇5个、市级文明社区居委会3个和文明单位5家、文明单位标兵3家以及最佳志愿服务项目9个、最佳志愿服务组织14个、最佳志愿服务社区3个,全年共评选锡林浩特好人131名。深入推进志愿服务制度化工作。注册志愿团体153个,注册志愿者41938人,开展志愿服务时间7216小时。开展诚信主题教育活动近80场,公布失信企业19家、自然人136人。

【文化工作】开展“草原儿女心向党”主题创作采风暨文艺下基层志愿服务活动。出版诗集《时光的掌纹》《天籁之音—潮尔道》、文学期刊《锡林浩特》(1—2期合刊)。梳理文化体制改革任务的落实情况进行,台账中涉及文化体制改革任务需制定出台12项,现已出台政策并组织实施的9项,台账中文化体制改革领域需推进落实3项,均已落实。

【队伍建设】进一步巩固健全基层组织,选优配强苏木镇(街道)宣传委员,对69名讲师团专兼职讲师、65名通讯员、60名网络舆情评论员等队伍建档备案、规范管理。强化宣传队伍建设,召开全市骨干通讯员新闻宣传工作专题会议。举办各类培训班6次。招录11名记者,强化媒体队伍建设。（庞　颖）

统一战线

【概况】2017年,中共锡林浩特市委统战部核定编制数为6人(行政编5人、工勤编1人),实际人数为12人(行政编7人,工勤2人,事业编1人、公益性岗位2人)。主要负责政治协商、民族、宗教、经济统战、党外干部及侨台海外联谊工作。组织全市各领域成员和统战干部观看内蒙古统一战线学习贯彻十九大会议精神专题报告视频会,110余人听宣讲报告。落实党委统战工作“四纳入”:统战工作纳入党委的重要议事日程,市委召开党政联席会,研究统战工作中重大问题;统战工作纳入苏木(镇、场、街道办事处)党政领导班子考核内容(统一战线理论政策纳入党校教学内容,加强对党政干部的教育培训;纳入市委宣传工作计划),通过征订统战刊物,宣传统战理论政策和重要活动。2017年被自治区党委统战部评为信息直报点二等奖。

【民族事务】开展书法比赛、知识竞赛等形式歌颂故乡,唱响民族团结为主旋律的文化活动。召开全市民族团结进步暨学习使用蒙古语文表彰大会,表彰20个民族团结模范集体和35名模范个人。将达布希勒特社区推荐为第五批县级及以下全国民族团结进步创建活动示范单位。宝力根苏木萨如拉塔拉嘎查、巴彦查干街道办事处、市人力资源和社会保障局被中共锡林郭勒盟委宣传部、统战部、盟民族事务委员会命名为第三批“全盟民族团结进步创建活动示范单位”。

【宗教事务】部分信教群众自发成立“锡林浩特市爱心公益协会”,设立纯公益性质实体店——“爱心小屋”,为居民免费提供需要的物品,同时接受市民捐赠家里闲置的物品,有需要的居民可以免费领取、置换。与市反邪教协会联合开展“反邪教宣传进寺庙”活动。分别在贝子庙、基督教堂摆放12块反邪教宣传展板,发放《反邪教警示宣传》等民族宗教宣传资料共800余份,教职人员及信教群众签订《宗教界人士拒绝邪教承诺卡》200余份。制定宗教联络员考核细则。提高教职人员生活补贴标准,从每人每月667元提高为每人每月927元。

【经济统战】通过座谈会、培训班等方式,组织广大非公经济人士深入学习贯彻党的十九大精神。并根据年轻一代非公有制经济人士的特点和成长规律,加强国情党情教育,引导他们致富思源、富而思进。通过网络、微信等多种媒体,宣传党的方针政策和市委、市政府的战略部署以及非公企业在创新发展理念、转变发展方式、履行社会责任等方面的先进典型,充分展示非公企业积极作为、奋发向上的精神风貌。

【民主党派、党外干部及政治协商】9月18日至24日组织全市40名党外科级干部赴延安泽训干部培训中心进行为期7天的红色教育。10月17日至19日，在市党校举办为期三天的党外副科级后备干部培训班，全市98名党外副科级后备干部参加培训，期间还组织观看的中共十九大开幕式。12月12日，在楚古兰办事处孟柯社区开展“同心扶贫行动”进社区活动，为10户贫困家庭捐赠价值5000元的棉被等物品。6月5日，农工党锡林浩特支社开展以“空气质量与健康”为主题的第十届中国环境与健康宣传周的感召下，农工党锡林浩特市支部委员会组织28名党员深入锡林九曲湾义务开展环境整治支援服务活动。制定《中国人民政治协商会议锡林浩特市第十届委员会换届工作方案》，严格落实非公有制经济人士推荐使用“凡进必评”的原则要求，由组织部、等15个部门单位，对全市非公有制经济代表人士进行综合评价和考察，并推荐盟政协委员7人。

【侨、台、海外联谊】自治区党委统战部、自治区教育厅、自治区扶贫办共同组织实施“泛海助学行动”，由中国泛海控股集团出资，资助2017年参加高考并被高校录取的贫困家庭大学新生1人、残疾学生和残疾家庭新生29人，每人5000元，共计15万元。印发《关于开展新侨调研工作的通知》，经统计，三年以上出国留学人员26人、华侨1人。全市共有侨台胞眷属48名（其中台属11人）。（李建英）

机构编制

【概况】锡林浩特市机构编制委员会办公室是锡林浩特市机构编制委员会的常设办事机构，下设事业单位登记管理局（参公）、机构编制电子政务中心。机关行政编制3名，其中：主任1名，副主任1名，非领导职数1名；事业单位登记管理局，全额拨款事业单位。推进“两学一做”学习教育常态化、制度化，开展以政治合格、执行纪律合格、品德合格、发挥作用合格为主题的四次专题讨论，切实解决“四个意识”不强问题。

【综合行政执法改革试点推进】完成《锡林浩特市综合行政执法改革试点工作实施方案》，行署办审核批复。将城市管理执法体制改革与全市综合执法改革工作统筹考虑，会同城管部门完成城市管理综合改革方案。

【行政审批制度改革】2017年9月，印发《关于编制公布行政许可证明事项清单的通知》要求，梳理行政许可证明事项，“减证全民”取消证明事项29项。

【认真落实巡视反馈意见整改落实】根据上级巡视反馈的涉及机构编制问题，采取措施，推进整改落实，全面完成整改任务。通过采取统筹调剂市直部门行政空编和及时办理应减未减人员出编手续等多项措施，截至2017年12月10日，行政机关超编问题已全部消化；机构设置不规范问题，自行核定的7个副科级以上事业机构，已调整为股级；事业单位未经公开招聘进人问题，按照上级要求和指导意见经常委会研究已经完成整改任务。

【严控总量创新机构编制管理】对2013年以后形成的超编事业单位和超编人员，超编原因进行深入细致的摸排核查，建立消化超编工作台账，制定操作可行的消化超编方案，于2017年3月底，消化整改完成全市事业单位超编任务。。根据盟编委《关于核减全盟党政群机关工勤空编的通知》要求，及时核减现有工勤空编；统筹全市工勤空编，消化工勤超编问题。凡按规定需报上级批准的重大改革方案和机构编制事项，均按管理权限上报盟编委或盟编办审批；涉及职能调整，机构、编制和领导职数的增减等机构编制事项，由机构编制部门按程序办理。由组织、编办、人社、财政四家联审，加强相互间的监督约束。

【规范事业单位登记管理】全市应年度报告公示事业单位共132家，截至2017年3月30日，完成年度报告公示单位共132家，报告公示率100%，并在锡林浩特市机构编制网上进行公示。

【梳理完成统一社会信用代码】机关群团、事业单位统一社会信用代码赋码工作。截至6月底，全市55个机关、8个群团机构、2个垂直管理部门和132个事业单位已经完成统一社会信用代码赋码工作，完成率达到100%，比上级部署完成时限提前6个月完成。

【网上名称域名交费和网站管理】2017年6月底，完成全市党政群机关和事业单位应续费240家,已续费240家,续费率达到100%。已完成网络标志挂标单位23个,实现自建网站挂标"全覆盖"。10月底完成对不规范的自建网站进行清理规范规范纠正网站20个,保留自建网站23个、红页网站2个。

【稳步推进"双随机、一公开"】2017年4月底,建立事业单位名录库和执法人员名录库,7月中旬,印发《事业单位法人监管"双随机、一公开"抽查工作实施方案》和《事业单位法人公示信息抽查实施细则》,10月中旬,对随机抽到的宝力根苏木卫生院、巴彦宝拉格苏木卫生院和草原生态综合执法大队开展"双随机、一公开"专项检查,并对检查结果进行公示。

【机构编制云平台】制定《机构编制云平台建设方案》《机构编制云平台基础数据录入工作的通知》,按时启动机构编制云平台建设工作。加强与部门之间的对接沟通,严格按照扫描归档、数据录入、部门审核等步骤,完成部门单位"三定"规定、"五定"方案、历史变革文件等基础信息录入工作。于11月底,基础数据录入工作已基本完成。

(亢福德)

巡视巡察

【综述】2017年4月14日,中共锡林浩特市委办公室印发《中共锡市委办公室关于成立市委巡察工作领导小组的通知,市委决定成立巡察工作领导小组,市委巡察工作领导小组向市委负责并报告工作。领导小组组长为组织实施巡察工作的主要责任人。领导小组下设办公室作为日常办事机构,为市委工作部门,设在市纪委。2017年12月16日召开机构编制委员会2017年第二次编委会议,会议研究关于设立市委巡察工作领导小组办公室和2个市委巡察组事宜。会议议定,一是设立市委巡察工作领导小组办公室,设在市纪委,机构规格为正科级,核定科级领导职数2名(1正1副),核定编制5名,其中领导职数编制2名、工作人员编制3名,所需编制原则上连人带编划转,无法划转的,统筹全市空编调剂解决。二是设立2个市委巡察组,每个巡察组各核定科级领导职数2名(1正1副),核定编制2名,2名编制为领导职数编制,所需编制原则上连人带编划转,无法划转的,统筹全市空编调剂解决。2017年12月16日,机构编制委员会印发《关于设立市委巡察机构等事宜的通知》(锡市机编发〔2017〕153号)文件,正式明确设立市委巡察工作领导小组办公室和巡察组的机构规格、领导职数、核定编制数等相关事宜。以"提高政治站位,把握政治要求,坚持政治标准,考量政治担当"为目标,制作阵地建设标语。将市委巡察工作领导小组职责、巡察办工作职责、巡察组工作职责、巡察机构工作人员十不准、巡察工作人员应具备的基本素质能力等内容。

【巡察组长库、人才库建设】遴选24名政策理论水平较高、基层工作经验丰富、有专业特长的正科级干部组建组长库。从纪检、组织、财政、审计、扶贫等部门单位挑选25名熟悉本部门政策法规和工作业务,或具备党建工作、案件查办、组织人事、审计会计等方面专业背景、知识的党员干部纳入巡察工作人才库,为开展巡察工作奠定坚实基础。组建临时巡察组。抽调工作经验丰富、业务水平高的人员担任临时巡察组组长、副组长,在人才库中选配干部为巡察专员,开展巡察工作。

【党支部建设】巡察办及时成立党支部,将巡察组党员全部纳入支部管理,在开展巡察工作的同时严肃组织生活,充分发挥党支部的战斗堡垒作用和党员的先锋模范作用,实现党建、巡察两手抓,两促进。年内共开展两轮巡察工作,共完成对12个市直部门单位及街道办事处的巡察,取得初步效果,巡察工作的反腐利剑和震慑、遏制作用得到初步显现。

【制度建设】印发《中共锡市委巡察工作实施办法(试行)》《中共锡市委2017年巡察工作方案》《中共锡市委2017年第二轮巡察工作方案》和《中共锡市委巡察工作流程》。巡察领导小组先后印发《关于印发〈关于规范锡市委巡察发现问题线索受理和移交工作的处理意见〉的通知》和巡察报告、反馈意见、行文格式、移交表格等,并装订成制度和工作资料汇编,形成相互衔接、系统配套的巡察工作制度体系,确保重要工作和重要事项有章可循。巡察工作领导小组和巡察办、组从巡察准备、巡察了解、巡察报告、巡察反馈、巡察移交、巡察整改等关键环节入手，逐条梳理、归纳、提炼、总结，制定领导小组、巡察办、巡察组工作规则。同时，制定相配套的巡察人员管理制度，如《巡察工作人员守则（试行）》、巡察组组长负责制、保密规定等制度，从制度上保证巡察干部政治过硬、思想过硬、作风过硬，提高巡察干部严格依纪依规监督，自觉遵守纪律规矩的意识。

【巡察培训】 每轮巡察前，举办巡察工作业务培训班，邀请盟纪委相关领导以及市委宣传部意识形态领域负责人分别围绕巡察工作流程、巡察工作方式方法以及关于意识形态工作决策情况、落实意识形态工作领域领导责任情况等内容进行专题辅导。积极组织抽调巡察的全体干部参加盟委巡察办举办的培训学习，培训结束后，各巡察组采取集中与分散学习相结合等方式，组织本组人员认真学习自治区、盟委巡视巡察工作动员会精神，学习巡视条例、廉洁自律准则、纪律处分条例、党内监督条例和党内生活若干准则，以及巡察工作文件汇编、巡察工作资料汇编，保证新进组的同志及时进入工作角色，有效开展巡察工作。组织巡察干部观看《巡视利剑》专题片。

【第一轮巡察】 2017 年 6 月 24 日至 2017 年 7 月 15 日开展首轮巡察，共派出 3 个巡察组对教科局、文体广电旅游局、审计局、生态局、统计局党组和红十字会领导班子进行巡察。各巡察组进驻后，及时召开动员会，听取被巡察单位的党组领导班子工作汇报、调阅近三年来年度工作总结，党组（领导班子）会议、领导班子民主生活会等会议记录和有关文件、档案、资料共 970 余份，个别谈话 388 人次，其中科级干部 38 人次、一般干部 276 人次，退休及党员代表 9 人，对个别谈话和信访举报问题线索进行明察暗访。共发现问题 59 个，提出意见建议 21 条，对部分反映的问题进行核实，拟按规定向有关部门移交线索 18 件。同时，对个别问题与被巡察部门单位主要领导进行沟通，做到边巡察边整改。巡察期间，巡察领导小组先后 2 次召开领导小组会议，研究解决巡察中发现的问题和困难。深入到各巡察点进行实地指导调度、检查督促，要求各巡察组严格遵守工作纪律，准确把握巡察定位，提高发现问题能力，圆满完成首轮巡察工作。

【第二轮巡察】 2017 年 11 月 21 日至 12 月 13 日开展第二轮巡察，共派出 3 个巡察组对经信局、工商联、商务局、民宗局党组以及希日塔拉街道、额尔敦街道党工委进行巡察。各巡察组进驻后，及时召开动员会，听取被巡察单位的党组领导班子工作汇报、调阅近三年来年度工作总结，党组（领导班子）会议、领导班子民主生活会等会议记录和有关文件、档案、资料共 1191 余份，个别谈话 133 人次，其中科级干部 25 人次、一般干部 106 人次，对个别谈话和信访举报问题线索进行明察暗访。共发现六个方面的问题 40 个，提出意见建议 38 条，对部分反映的问题进行核实，拟按规定向有关部门移交线索 15 件。同时，对个别问题与被巡察部门单位主要领导进行沟通，做到边巡察边整改。巡察期间，巡察领导小组先后 2 次召开领导小组会议，研究解决巡察中发现的问题和困难。

（静　静）

市直机关党建

【综述】 学习贯彻落实党的十九大精神、习近平总书记系列重要讲话精神，围绕全市中心工作，深入推进“两学一做”学习教育常态化制度化，发挥党建服务中心职能作用，强化从严治党新常态，充分发挥基层党组织的战斗堡垒作用和党员的先锋模范作用。直属机关党工委下属机关党委 7 个，机关党总支 12 个，机关支部 53 个，2017 年，党组织共 198 个，党员 3445 名。为适应机关党建工作需要，进一步加强市直机关党组织的建设和管理，推进市直机关党建工作科学化、规范化发展，设立组织股、宣传股、办公室 3 个股室。

【落实党建工作责任】 印发《全市机关和国有企业党建工作要点》《市直机关党建工作责任目标》，召开全市机关党建工作会议、国有企业党建工作座谈会，明确年度党建工作的目标任务、重点内容和责任要求，压实机关党建工作责任。

【严格评议考核】 2017 年 12 月 20 日，组织召开全市机关党组织书记抓基层党建述职评议会，40 个机关党组织书记、24 个机关党组织书记分别进行现场和书面述职。

【党员教育管理】 全市 198 个机关基层党组织共开展“党员

固定活动日”活动1190次,“党员政治生日”613次,3274名党员过政治生日,进一步夯实“学”的基础。抓实理想信念、管理监督、行为塑造、干事导向四个环节,各机关党组织共开展“四个合格”研讨586场次,抓实“做”的关键。聚焦理想信念、干事作风、服务群众、组织建设等方面存在的突出问题,抓好整改落实。各机关党组织召开组织生活会268次,机关工委开展实地督导4次,书面督导6次。

【学习贯彻党的十九大精神】各机关党组织通过邀请讲师团宣讲、知识竞赛等形式学习党的十九大精神。共开展集中学习2000余次、宣讲318次,3500余名党员干部参加学习。

【教育培训】承办全市入党积极分子培训班,举办2期党务工作者培训班,其中9月在西柏坡举办市直机关党组织书记红色传承教育培训。组织全市162个机关单位党员干部先后参观锡林郭勒盟和锡林浩特市庆祝内蒙古自治区成立70周年综合成就展。

【规范化建设】各机关共设189个党小组,实现党的组织生活全覆盖。实行按期换届“预警”机制,年内督促23个机关党组织完成换届或改选。发展党员54名,预备党员转正44名。编印指导手册,强化工作规范。编制《锡林浩特市直属机关党组织规范化建设指导手册》,为推动全市机关党建规范化建设提供参考。打造15个机关党建规范化建设示范点,带动各机关党支部主动找差距,提升机关党建整体水平。举办规范化建设观摩学习会2期。

【创建“活力党建”】举办端午节登山、建党96周年主题演讲比赛,争创全国文明城市、共圆中国梦大合唱比赛等活动,丰富干部职工文化生活。各机关党组织开展各类文体活动201次,9000余名干部群众参加。打造微信公众平台,扩大党建工作覆盖面,增强党建工作活力,微信平台关注对象3000多人,推送党建知识400余条,累计阅读转发量21万余次。

【群团建设】坚持党建统领,按照“资源共享、共同合作、组团服务”的思路,各群团组织开展传播正能量的活动48次。

【联系服务群众】在学校、医院等党组织加强师风师德、医风医德建设,在窗口单位落实首问负责、限时办结等制度,通过争创群众满意窗口、优秀服务标兵等提升服务发展、服务民生、服务群众的能力。宣传“第一书记”工作中的经验做法,营造“第一书记”浓厚工作氛围。在微信公众平台开展“心中最满意的‘第一书记’”网络评选活动,宣传推广“第一书记”工作成果。78名“第一书记”在联系点讲党课121次,参加活动377次。各市直机关主动对接嘎查、分场基层党组织,落实精准扶贫攻坚任务,311名科级以上党员干部共联系311户895名贫困人员,以补贴的方式解决住房、畜棚、就业、助学等问题,所有贫困户已脱贫,帮扶资金、物资合计132万余元。走访慰问困难党员。走访慰问12名机关困难党员,发放慰问金12000元。（焦燕宇）

老干部工作

【综述】锡林浩特市委老干部局成立于1984年5月,由市委组织部管理。截至2017年12月,服务管理离休干部35人,离休干部最大97岁,最小85岁,平均年龄89岁;中共党员26人,非党9人;男29人,女6人;享受副厅级待遇3人、处级待遇16人、正科级待遇16人;市区居住28人,异地居住7人。离休干部遗属62人,“文化大革命”时期全残退休干部1人,处级退休干部23人,科级及以下退休干部2062人(中共党员771人)。落实老干部政治、生活待遇这条主线,建立家庭、单位、社区、老干部门“四位一体”的老干部服务管理体系,引导老干部发挥政治、经验、威望“三个优势”,做实做细离退休干部就近学习、就近活动、就近得到关心照顾和就近发挥作用“四就近”服务,全面推动新形势下老干部工作创新发展。

【创新文化养老】建立家庭、单位、社区、老干部门“四位一体”的老干部管理服务体系。利用社区资源,组织老干部积极参加社区文体活动。依托老年大学,组织有特长的老干部开展技艺交流学习活动。结合团委、关工委开展青少年教育活动,组织老干部讲解革命战争事迹。发挥老干部活动中心的作用,满足老干部“老有所乐”需求。组织市老干部代表参加全盟门球、台球比赛。加强部门协作,联系街道办事处、老体协、老科协等涉老部门,搭建老干部献策献

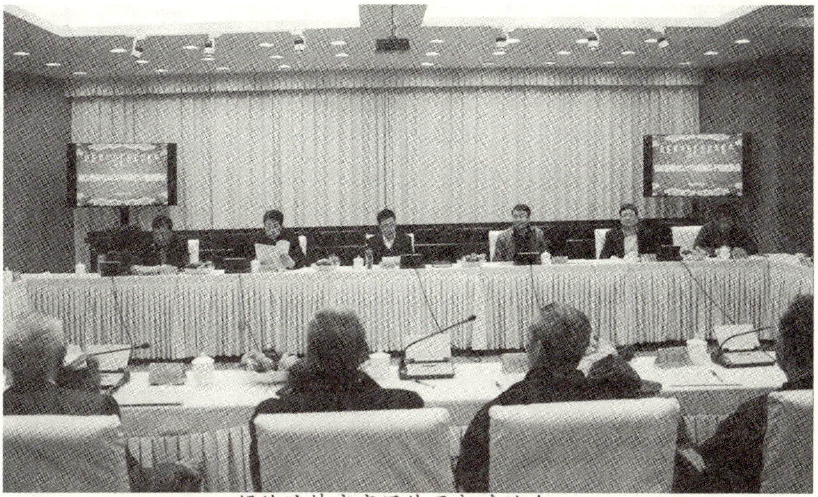

锡林浩特市离退休干部座谈会

力平台，创新文化养老新局面。

【日常服务管理】坚持老干部每季度必访、生病住院必访、有困难必访、重要节日必访、重大变故必访的“五必访”制度。对困难的离休干部给予特殊关怀，主动为异地居住和行动不便的离休干部报销医药费，对生活困难的离休干部进行经常性走访慰问，做好释疑解惑工作。

【自身建设】2017 年，组织干部职工集中学习 40 余次；1 月老干部局与市委组织部赴市检察院廉政教育基地开展廉政教育活动；9 月观看保密文献纪录片《胜利之盾》；深化落实意识形态工作责任制，制定老干部局意识形态实施方案；新建一处离退休干部活动中心。活动中心前期施工各项手续已经基本办理完成。

（徐　畅）

离退休干部管理与服务

【政治待遇】2017 年春节前，四大班子领导走访慰问离退休老干部达到全覆盖，并送去慰问金和慰问品；8 月，组织老干部喜迎自治区成立 70 周年，开展全覆盖走访，送去慰问信、慰问金和自治区专门制作的纪念章、纪念品；对新纳入老干部局管理的白音锡勒牧场和白银库伦牧场的离休干部进行走访慰问；对异地居住的 6 名离休干部进行实地走访慰问并为他们过“政治生日”；为老干部征订《人民日报》《内蒙古日报》《锡林郭勒日报》《老年世界》等报纸杂志；以“两学一做”学习教育常态化为契机，开展送学上门活动，将盟、市领导的重要讲话及离退休老干部的相关政策印刷成册，送至老干部家中，方便老干部居家学习；邀请离退休干部代表参加离退休干部座谈会、市委全委扩大会议、全市领导干部会议、党建工作会议、内蒙古自治区传达贯彻十九大精神干部大会和全盟传达贯彻十九大精神干部大会、召开学习贯彻十九大精神暨市情通报会。

【生活待遇】每月及时发放离休干部离休费，2017 年离休干部医药费由半年报销一次变为季度报销；主动为 2 名异地居住和行动不便的离休干部邮寄和报销医药费。2017 年共看望生病住院离休干部 14 人次，并送去慰问金；2 名离休干部去世时，局专门派人走访慰问家属并及时协助落实各种政策待遇；8 月在卫生局的配合下组织全市 21 名处级退休干部进行一年一度的体检。

【文化待遇】以社区离退休干部党支部为单位，修订《为党的事业增添正能量活动实施方案》，在达布希勒特社区离退休干部党支部开展“畅谈内蒙古 70 年新变化 为锡林浩特发展传达正能量”座谈会、“展示阳光心态 体验美好生活 畅谈锡林浩特市发展变化”座谈会；在创建全国文明城市及环境卫生大整治活动中，离退休干部党员积极示范，发挥引领作用，为共建文明城市贡献力量；利用社区老年大学资源，专门聘请教师任教，为老干部搭建一个知识再学习、技能再锻炼、情感再交流、才艺再展示的有效平台；开展丰富多彩的文体活动，5 月，在达布希勒特社区离退休干部党支部开展学习贯彻十八届六中全会精神暨市情通报会、8 月组织离退休干部观看自治区成立 70 周年庆祝大会，重视老干部的思想政治建设；9 月组织离退休干部观看由锡林郭勒职业学院匠心打造的大型室内实景剧《蒙古马》，向老干部们全面展示蒙古马文化、蒙古族文化、草原文化的内涵；10 月，组织离退休干部通过电视直播、网络、广播等形式收听收看党的十九大全程盛况，聆听习近平总书记的报告；10 月老干部局联合振兴社区开展“迎重阳 敬老爱老”敬老周活动。

【社会待遇】探索社区在离退

休干部就近学习、就近活动、就近得到照顾、就近发挥作用的方法和途径。健全完善老干部数据库制度。利用街道、社区资源,以社区小广场和各类活动室为载体,开展老干部喜闻乐见的活动,提高老干部晚年生活质量。根据老干部的优势和特长,发挥老干部在社区建设、关心下一代成长、创建全国文明城市等方面的示范引领作用,帮智出力、做出贡献。 (徐 畅)

市委党校

【概况】中共锡林浩特市委员会党校成立于1960年2月,1997年经市委批准,市党校增挂行政干部学校的牌子,属一套人马两块牌子,编制为18人。截至2017年年底,在职教职工18人,其中教师(专业技术人员)13人、行政管理人员(参照公务员)3人、工勤人员2人。专业技术人员中有高级职称8人、中级职称3人,初级职称2人。教职工中蒙古族10人、回族2人。内设机构分为办公室、蒙文教研室、汉文教研室。

【培训和宣讲工作】 制定《2017年全市干部教育培训计划》,确保培训任务的圆满完成。配合有关部门举办全市科级领导干部春季培训班1期、全市科级领导干部秋季培训班1期、全市科级领导干部深入学习贯彻党的十九大精神专题培训班2期、全市社区党组织书记、副书记培训班1期、非公经济党组织负责人培训班2期、嘎查"两委"负责人培训班1、全市入党积极分子培训班1期、全市党外副科级后备干部理论知识培训班1期,抓全市社区"两委"负责人培训班1期、全市国有农牧场党务干部培训班1期、全市宣讲员培训班1期、全市公务员在职培训班2期、全市学习宣传贯彻十九大精神培训班2期。共举办16期培训班,培训轮训学员2000多人次。按照市委宣传部的要求组织开展党的十八大精神宣讲、马克思主义民族理论和形势任务的宣讲、深入学习贯彻党的十九大精神宣讲、深入学习习近平总书记系列讲话精神宣讲等宣讲活动,利用"百姓大讲堂"等平台,深入牧区、社区和各部门、单位、各厂矿企业、学校进行宣讲65场次,培训基层领导干部和党员群众5000多人次。

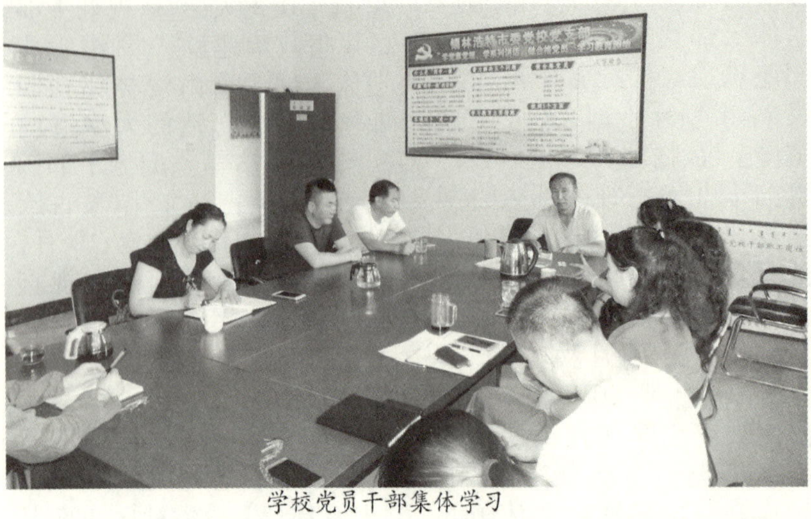
学校党员干部集体学习

【科研工作】坚持"以教学为中心、以科研为基础"的办学理念,狠抓科研工作,在各类报纸杂志上发表调研报告和理论文章3篇。

【教师队伍建设】 2017年,选派6名骨干教师分别到人民大学、内蒙古党校、乌兰察布市委党校、锡盟委党校学习提高先后请10多位专家、教授进行宣讲或讲座。全年组织教职工参加自治区领导干部双休日讲座和各类讲座30多场,全体教师按时完成专业技术人员在线继续教育培训。

【文明市民学校工作】 配合基层文明市民学校举办"大讲堂""文化活动"30多场,受教育市民达到5000多人次,同时加强基层文明市民学校的指导工作。

【学校机关基础建设】 2017年,财政投入16万元,购置办公办学设施设备,改善办公办学条件。

【帮扶工作】 协助居委会新建一处办公活动阵地,向居委会图书阅览室捐赠500册图书。组织党员教师开展送学活动2次,组织党员到困难户进行调研,送温暖活动2次,筹集资金5000元帮助解决困难户生产生活困难。同时组织全体教职工向"博爱一日捐"活动捐款5300元。

(额日很巴雅尔)

政务接待

【综述】积极适应接待工作新形势，从实际情况出发，坚持把制度摆在首位，把服务作为第一职责，充分发挥公务接待在全市经济社会发展中的辅政作用。2017 年，日常接待来宾 643 批、共计 5724 人。其中，政务接待 184 批、1924 人，商务接待 459 批、3800 人。大型活动接待任务 5 次，共计 265 人。全年接待来宾共计 648 批、5989 人，同比 2016 年的 803 批 8939 人减少 33%。同时注重开创“内强素质、外树形象、弘扬文化、助推发展”接待新格局，较好地完成庆祝自治区成立 70 周年系列活动、中国·锡林浩特第十四届国际游牧文化节、四国女篮锦标赛、第六届中国马术大赛、创建国家卫生城市技术评估等重大活动赛事、检查验收的接待服务工作。秉承“热情、节俭、细致、周到”的原则，不断优化细节，提升服务水平，全力做好新形势下的公务接待工作。坚持俭约接待。注重将八项规定精神实质贯穿于工作始终，着力打造廉洁高效的接待环境。

（王文龙　克尔伦）

档案　史志

【概况】以创新服务为重点，加大档案信息化建设，档案资源建设、档案干部队伍建设的力度。全年党支部组织学习 47 次，组织开展党员“政治生日”活动；党员固定活动日；7·1 前期讲党课活动；“以党的十九大为引领，切实解决“四个意识”不强问题专项活动”和“转作风、提效能、促发展”百日攻坚行动。全年召开 2 次党员大会，每个季度召开 1 次支委会议，召开 3 次支委会议；领导干部上党课 8 次。认真履行“一岗双责”严格执行民主集中制、党内组织生活制度、请示报告制度等党的组织制度，定期召开专题民主生活会和组织生活会。

【档案业务建设】年初，局业务科举办一期专兼职档案员培训班，各部门单位 100 多人参加培训，培训内容为文件归档规则、文书立卷、档案信息化和档案接收。对市属各行政、事业、社区、民生单位的跟踪指导和复查工作。对市老干局、组织部、创卫办、公共资源交易中、财政局、宣传部、“两学一做”办等单位进行业务指导。卫生监督的档案工作已达到自治区二级，准备测评。在草场土地确权和十个全覆盖重点项目工作中，局业务人员先后多次下到相关单位进行现场指导，取得明显效果。

【档案馆建设】2017 年 3 月 15 日至 4 月 30 日历时 45 天将馆藏档案资料目录等近 7 万卷档案全部安全完整进馆，并及时上架。全方位搞好档案整理与接收，丰富档案馆藏。全年共接受档案 171 卷 6825 件。共接待社会各界档案利用者 350 人次，查阅档案 3500 多卷（册）。编写 2011 年—2017 年大事记共 77 条、效益实例 21 条、信息 15 条，开放档案 15 个全宗 336 条、征集人物档案 3 个、销毁档案 1311 卷。编纂出版《锡林浩特市政府工作报告汇编 1956－2015》。

【党史研究】为完成锡林浩特市党史馆、地方志馆初步设计，共收集中央及自治区部分图片 875 张，自治区各时期图片 210 张，锡盟社会主义建设蛙鞋图片 19 张；初步设计分为党史馆、地方志馆和音像采编三个部分，项目 2017 年年初经市政府批复，经费已全部到位，已收编 900 多幅图片，形成文稿 2 万余字，2017 年年底进入招投标实施阶段。8 月，完成自治区党史办对锡盟专项调研工作，调研会议听取局党史工作汇报，并圆满完成调研。12 月，完成对党史工作未来三年财政预算的编制，并编制 2018 年度财政绩效项目

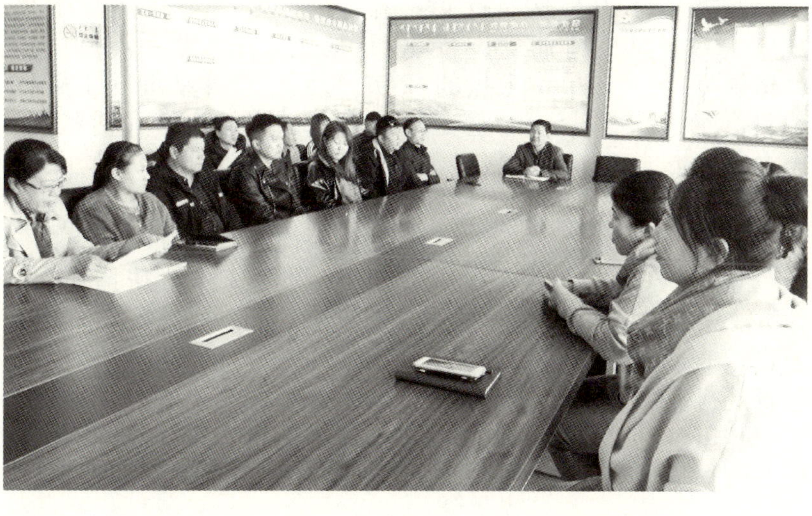

编制。

【地方志工作】2017 年年初,对《锡林浩特市志》稿件经过精心编撰、资料考证、条目修改、部门审核等程序,完成全部稿件编排,整理稿件 90 多万字。11 月通过自治区评审组评审,根据评审意见进行最后的修改,部分篇及大事记已修改结束,为终审作最后准备。12 月,完成对地方志工作未来三年财政预算的编制,并编制 2018 年度财政绩效项目编制。

【年鉴编纂】 3 月,入编《内蒙古自治区年鉴》及《锡林郭勒盟年鉴》的稿件编撰工作,报送稿件 2 篇,共计 2.5 万字。《锡林浩特年鉴》2017 卷出版工作,年初下发年度编纂方案,对来稿进行前期校对删减,共校对稿件进 70 万字,删减稿件进 8 万字;6 月,依据全国精品年鉴工程要求,对《锡林浩特年鉴》内容进行调整,增加索引检索工具,并新加入图文混排,提高年鉴可读性。经校对删减后进行蒙文翻译,翻译近 20 余万字。同月完成《锡林浩特年鉴》2015 卷申报全国地方志优秀成果(年鉴类)评审工作,并荣获提名奖。

【行业志编撰】从体例及行文规则上对各部门行业志进行严格规范,收到各单位上报的编目大纲进 30 份;5 月,盟史志办对地方志工作进行督查,并与市领导签订责任状,从地方志发展规划纲要、全区"三全"目标任务及"一纳入、八到位"等方面进行全面汇报,并通过检查。6 月,组织人员结教育局行业志进入审校;9 月,汇总校审意见,14 日召开评审会,通过《教育志》稿的评审。目前全市行成初稿 5 部,达到评审的 2 部;业务指导近 20 个单位,下达指导意见近千条,并为市机关党工委,供销社、交通局、旅游局、红会等单位拟定编目大纲及编写重点。根据全国地方志发展规划纲要及全区"三全"目标要求,年初完成《锡林浩特市档案史志局信息平台建设方案》,并与内蒙古自治区地方志办公室信息处进行业务对接,规划设计锡林浩特市地情网站,已完成网站项目预算。

【档案信息化】依照《数字档案馆建设指南》,年初即编制完成《锡林浩特市档案局馆藏档案数字信息化方案》《锡林浩特市档案局数字档案馆硬件设备方案》《锡林浩特市数字档案馆项目总体设计方案》,并编制完成硬件设备及机房建设采购方案。12 月,完成对档案信息化、档案库恒温恒湿设备及档案查阅室工作未来三年财政预算的编制,并编制 2018 年度财政绩效项目编制。

【精准扶贫】 立足岗位实际积极做好结对帮扶工作。带领班子坚持深入基层,切切实实立足本职岗位为群众谋利益,办实事、做好事。7 月 13 日,局领导深入联系点调研走访,每到一户详细询问了解牧户和贫困户的生产生活状况、家庭收入来源、医疗保险及实际需要解决的困难等。通过面对面沟通和交谈,掌握基本情况,制订具体帮扶措施,为下一步精准扶贫打下坚实基础。局工作组积极与林水局联系分别完成水源井两眼,补贴资金 14000 元,并连续三年慰问贫困户,送去慰问金 6000 元。10 月 18 日,深入宝力根苏木三个贫困户,全面开展巩固工作。并填写《精准扶贫工作手册》,分析致贫原因,同宝力根苏木共商脱贫后巩固计策,对宝力根苏木巴彦德力格尔嘎查的扶贫工作起到一定积极作用。 (张 勇)

农村牧区

【综述】组织开展牧区基础设施工程建设的验收审计工作。2017 年农工部组织各苏木镇场办事处、各相关主管部门、各工程设计单位、监理单位及施工企业对近年实施的牧区基础设施建设工程,集中开展验收审计工作。

【规范牧区民间借贷】2017 年农工部组织各苏木镇场及司法局、农牧业局、财政局金融办等相关部门开展牧区民间借贷整顿和规范工作,经过各部门通力协作,将牧区 57 户民间高利借贷户全部化解为正常借贷,力促牧区民间借贷实现稳步下降趋势,牧民对远离高利借贷、合法规范借贷的认识全面提高,算账理财、合理消费的观念进一步深入人心,确保牧区民间借贷环境稳定健康发展。

【美丽乡村建设】编制《锡林浩特市新农村新牧区建设规划》《锡林浩特市 2017—2019 年美丽乡村建设规划》。组织协调相关部门全力实施 2017 年度自治区新农村新牧区建设示范点建设,进一步强化新农村新牧区示范点的引领作用,以点带面,促进新农村新牧区工作再上新台阶。成功申报宝力根苏木希日塔拉嘎查为2018年度自治区新农村新牧区建设示范嘎查。制定《关于建立牧区人居环境治理长效机制的实施意见》《牧区生产生活环境整治办法》《牧区集中点环境卫生管护保洁工作绩效管理办法》等各项制度，督促各苏木镇场按照办法规定贯彻执行，实现全市牧区环境卫生常态化管理。

（王文龙　克尔伦）

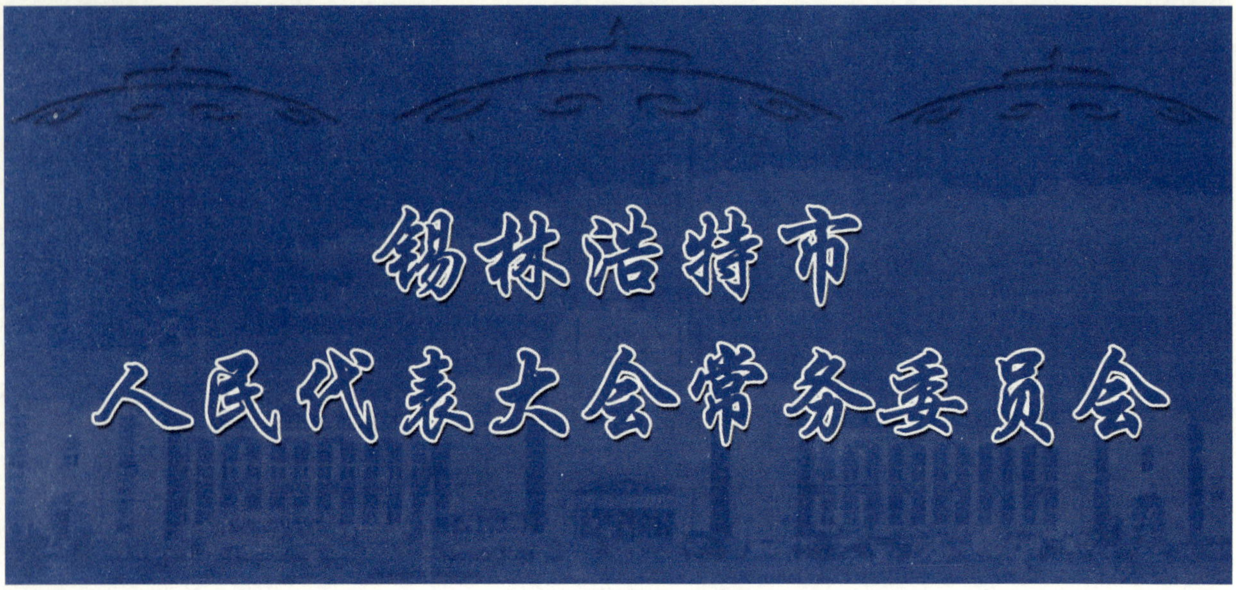

锡林浩特市人民代表大会常务委员会

综 述

【概况】2017年,锡林浩特市人大常委会党组在市委的领导下,围绕市委中心工作和人大常委会工作重点,深入推进"两学一做"学习教育常态化制度化,按照要求,制定学习计划,落实民主生活会、支部"三会一课"制度、"周三"集中学习制度,开展"党员政治生日"主题活动、"党员固定活动日"等活动,将学习教育与精准扶贫、"第一书记"等中心工作相结合,组织党员干部深入基层走访服务群众,深入实际开展调查研究,不断转变工作作风。

【工作监督】全年共听取审议17项工作报告,包括市人民政府工作报告、市人大常委会工作报告、市人民法院工作报告、市人民检察院工作报告、2016年国民经济和社会发展计划执行情况的报告与2017年国民经济和社会发展计划、2016年财政预算执行情况的报告与2017年财政预算、市人民法院关于司法体制改革工作情况的报告、市人民检察院关于司法体制改革工作开展情况的报告、市人民政府关于安全生产工作情况的报告、市人民政府关于物业管理工作情况的报告、市人民政府关于教师队伍建设和管理情况的报告、市人民政府关于农民工工资保障工作情况的报告、市人民政府关于办理市十四届人大第五次会议代表建议意见批评工作情况的报告、市人民政府关于培育发展农牧业新型经营主体和实施"减羊增牛"工作情况的报告、市人民政府关于2016年市本级决算报告、市人民政府关于2016年市本级预算执行情况和其他财政收支审计及上一年度审计整改工作落实情况的报告、市人民政府关于2017年上半年国民经济和社会发展计划执行情况的报告和关于2017年上半年财政预算执行情况的报告。监督工作始终围绕广泛关注的热点难点问题,推动民生工作的落实,推进程序性监督向实质性监督的转变。

【人大换届选举工作】制定《锡林浩特市2017年人大换届选举工作实施方案》,成立市、苏木镇人大换届选举委员会,严格依照法律程序和时间要求。11月10日,各苏木镇选举产生乡级人大代表166名;选举产生市第十五届人民代表大会代表144名,12月18日补选1名市人大代表。

【代表工作】常委会坚持常委会组成人员分片联系代表制度,通过走访、座谈等形式,广泛征求代表对人大常委会和"一府两院"的建议、批评和意见,提高代表建议意见办理质量。市第十四届人大5次会议期间,共收到代表建议、批评、意见53件。在办理过程中层层落实办理责任,明确办理部门、办理时限和办理质量,答复率达到90%以上,办理质量代表也较为满意。为充分发挥人大代表的桥梁纽带作用,在已建成的10个"人大代表之家"和1个"人大代表活动室",全年开展各类代表小组活动6次。

【信访工作】2017年,坚持常委会主任轮流接访制度,共受理群众来信来访8件,按照分级负责和归口办理的原则,做好信访案件的登记、转办、交办和督办工作,向来访人员宣传党的政策和国家法律法规,维护当事人的合法权益。

【人事任免】在全年8次常委会上先后依法任免“一府两院”及人大常委会办事机构人员43人,补选市人大代表1名;针对代表在职务犯罪方面的问题,及时对1名代表作出暂停代表资格的决定。

(赵　亮)

人大常委会办公室

【人大机构情况】锡林浩特市人大常委会工作机构设置为6个(1个办事机构和5个工作委员会均为正科级机构)即:办公室,内务司法工作委员会、财经工作委员会、农牧业工作委员会、教科文卫民侨工作委员会、人事代表选举工作委员会。

【办会情况】办公室全年共服务人民代表大会会议1次、常务委员会会议8次、主任会议17次;在换届选举期间,办公室共组织16次换届选举筹备会,12月22日,组织召开第十五届人大代表培训班,会期一天;全年围绕市委和人大常委会工作重点,召开部署脱贫攻坚、环境保护、返迁楼建设、人大志编撰等方面协调会共30余次。

【翻译工作情况】办公室负责翻译市十四届人大五次会议、人大常委会会议和十五届人大换届选举所有会议材料,共翻译文件累计约28万字,其中:十四届人大五次会议及常委会会议翻译文件约24万字,十五届人大换届选举翻译文件约4万字。

【日常事务工作情况】2017年,办公室以人大常委会(含办公室)名义发文56件,其中:人大常委会发文20件,人大办发文36件;编印《锡林浩特市人民代表大会常务委员会会刊》2017年度1期;负责常务委员会文书处理、档案资料管理和保密工作;承办常委会任免国家工作人员43人(次);承办执法检查工作4次、代表视察和调研12次,接待来访调研组和检查组10余次;承办代表建议、批评、意见53件,受理群众来信来访8件;承办145名人大代表资格审查的具体工作。(赵　亮)

重要会议

【人民代表大会】市十四届人大五次会议于2017年3月15日至17日举行,会期两天半。会议应出席代表140人,出席会议的代表116人,请假24人,符合法定开会人数。会议议程有6项,听取和审议锡林浩特市人民政府工作报告;审查和批准锡林浩特市2016年国民经济和社会发展计划执行情况的报告与2017年国民经济和社会发展计划的报告;审查和批准锡林浩特市2016年财政预算执行情况的报告与2017年财政预算的报告;听取和审议锡林浩特市人民代表大会常务委员会工作报告;听取和审议锡林浩特市人民法院工作报告;听取和审议锡林浩特市人民检察院工作报告。会议期间,共收到代表建议、批评、意见53件。会议作出关于市政府工作报告的决议、关于市2016年国民经济和社会发展计划执行情况与2017年国民经济和社会发展计划的决议、关于市2016年财政预算执行情况和2017年财政预算的决议、关于市人民代表大会常务委员会工作报告的决议、市人民法院工作报告的决议、市人民检察院工作报告的决议。

【市人大常委会会议】2017年全年市十四届人大常委会举行8次会议。

第25次会议 2017年3月6日举行。会议听取和审议市人大常委会工作报告、关于召开市第十四届人民代表大会第五次会议的决定、市第十四届人民代表大会第五次会议议程、市第十四届人民代表大会第五次会议日程、市第十四届人民代表大会第五次会议主席团和秘书长名单、市第十四届人民代表大会第五次会议主席团常务主席名单、市第十四届人民代表大会第五次会议计划和预算审查委员会组成人员名单、市第十四届人民代表大会第五次会议议案审查委员会组成人员名单、市第十四届人民代表大会第五次会议各代表团团长副团长名单、市第十四届人民代表大会第五次会议代表提出议案截至日期的决定、市第十四届人民代表大会第五次会议表决方式的决定、市第十四届人民代表大会第五次会议议案审查处理办法、市第十四届人民代表大会第五次会议执行主席分组名单、市第十四届人民代表大会第五次会议副秘书长名单、市第十四届人民代表大会第五次会议列席人员名单、市第十四届人民代表大会第五次会议选举办法,依法通过人事任免事项(市长辞去职务)。

第26次会议 2017年4月13日举行。会议听取和审议市人大常委会2017年监督工作计划。

第27次会议 2017年7月4日举行。会议听取和审议市人民政府关于物业管理工作情况的报告、市人民政府关于教师队伍建设和管理情况的报告、市人民政府关于贯彻实施《中国人民共和国安全生产法》情况的报告、市人民政府关于贯彻实施《中华人民共和国消防法》情况的报告,依法通过人事任免事项(免去人民法院和人民检察院工作人员8人、任命人民法院和人民检察院工作人员5名)。

第28次会议 2017年7月20日举行。会议审议通过许可对1名人大代表采取强制措施的决定。

第29次会议 2017年9月19日举行。会议听取和审议市人民政府关于2017年上半年锡林浩特市国民经济和社会发展计划执行情况的报告、市人民政府关于2016年市本级决算及2017年上半年市财政预算执行情况的报告,审查和批准2016年市本级决算,听取和审议2016年市本级预算执行情况和其他财政收支情况的审计和上一年度整改工作情况的报告,审议通过市政府关于锡林湖、湿地生态水系治理工程(PPP)项目财政支出责任列入同期年度财政预算的议案,听取和审议市人大常委会关于对《内蒙古自治区预防和制止家庭暴力条例》贯彻实施情况进行执法检查的报告、市人大常委会关于对全市绿化工作及锡林河生态景观带建设工程管护工作情况的视察报告,审议通过锡林浩特市2017年人大换届选举工作实施方案、锡林浩特市人大换届选举委员会组成人员名单。

第30次会议 2017年10月11日举行。会议依法通过人事任免事项(任命市人民政府代理市长)

第31次会议 2017年12月13日举行。会议审议通过代表资格审查委员会组成人员名单,听取和审议市人民政府关于农民工工资保障工作情况的报告、市人民政府关于培育发展农牧业新型经营主体和实施“减羊增牛”工作情况的报告、市人民政府关于办理市十四届人大第五次会议代表建议意见批评工作情况的报告、市人民法院关于司法体制改革工作情况的报告、市人民检察院关于司法体制改革工作开展情况的报告,审议通过代表资格审查报告。

第32次会议 2017年12月29日举行。会议听取和审议市人民政府关于调整2017年市本级财政预算的议案、市人大常委会工作报告,审议通过关于召开市第十五届人民代表大会第一次会议的决定、关于市第十五届人民代表大会第一次会议议程、市第十五届人民代表大会第一次会议日程、市第十五届人民代表大会第一次会议主席团和秘书长名单、市第十五届人民代表大会第一次会议主席团常务主席名单、市第十五届人民代表大会第一次会议议案审查委员会组成人员名单、市第十五届人民代表大会第一次会议计划和预算审查委员会组成人员名单、市第十五届人民代表大会第一次会议各代表团团长副团长名单、市第十五届人民代表大会第一次会议代表提出议案截至日期的决定、市第十五届人民代表大会第一次会议表决方式的决定、市第十五届人民代表大会第一次会议执行主席分组名单、市第十五届人民代表大会第一次会议副秘书长名单、市第十五届人民代表大会代表联合提出各职候选人截至日期的决定、市第十五届人民代表大会第一次会议列席人员名单、市第十五届人民代表大会第一次会议议案审查处理办法、市第十五届人民代表大会第一次会议选举办法,会议依法通过人事任免事项(免去3名政府副市长职务,免去4名市人大常委会工作委员会主任职务,免去8名政府部门负责人职务,任命1名政府副市长职务,任命4名市人大常委会工作委员会主任职务,任命8名政府部门负责人职务)。

【主任会议】 召开主任会议17次,就如何确定全年工作要点,开好人代会及常委会会议,搞好“三查(察)”活动,以及对机关日常重要工作做详细的安排部署,充分发挥主任会议的职能作用。(赵　亮)

内务司法

组织人大代表对《中华人民共和国消防法》《中华人民共和国动物防疫法》等法律法

规贯彻实施情况进行执法检查;加强对民生工作监督,负责组织对社区网格化建设工作情况进行视察和调研;做好人民政府关于物业管理工作情况、人民法院关于司法体制改革工作情况和人民检察院关于司法体制改革工作开展情况等报告的前期准备和跟踪监督等相关工作,承担有关内务司法方面监督工作的具体事项;承办群众来信来访8件(次);督促检查普法工作和社会治安综合治理工作;负责审查报请备案的内务司法方面的政府规章。（赵　亮）

财经经济

在市十四届人大五次会议召开前,为大会审查和批准锡林浩特市2016年国民经济和社会发展计划执行情况与2017年国民经济和社会发展计划(草案)、锡林浩特市2016年财政预算执行情况的报告与2017年财政预算(草案)做前期准备工作;组织人大代表对《中华人民共和国安全生产法》贯彻实施情况进行执法检查;做好人民政府关于安全生产工作情况、农民工工资保障工作情况、2016年市本级决算报告、2016年市本级预算执行情况和其他财政收支审计及上一年度审计整改工作落实情况、2017年上半年锡林浩特市国民经济和社会发展计划执行情况、2017年上半年锡林浩特市财政预算执行情况等报告的前期准备和跟踪监督等相关工作。

（赵　亮）

农牧业

加强对民生工作的监督,负责组织对牧区脱贫攻坚工作情况进行视察和调研;加强对生态环境保护工作的监督,组织调研锡林河生态景观带建设工程、城市及周边绿化工程的管护工作,组织视察城市污染处理和大自然保护区管理工作。做好人民政府关于培育发展农牧业新型经营主体和实施“减羊增牛”工作情况报告的前期准备和跟踪监督等相关工作。（赵　亮）

教科文卫民侨外事

组织人大代表对《自治区预防和制止家庭暴力条例》贯彻实施情况进行执法检查;加强对旅游工作的监督,组织视察和调研全域旅游、四季旅游、文化与旅游融合的发展情况;做好人民政府关于教师队伍建设和管理情况报告的前期准备和跟踪监督等相关工作。（赵　亮）

人事代表选举

做好人民政府关于办理市十四届人大第五次会议代表建议意见批评工作情况报告的前期准备和跟踪监督等相关工作;承担本级人大常委会人事任免工作;承办本级人民代表大会选举人大代表、国家机关领导人员的工作,以及本级人大代表的代表资格审查工作;负责本级人大代表大会闭会期间的代表工作,本地区内全国、自治区人大代表的联络工作,以及指导苏木乡镇人大的代表工作;办理本地区内全国、自治区人大代表的辞职、罢免、补选和本级人大代表的补选等工作。（赵　亮）

法律监督

组织人大代表对《中华人民共和国安全生产法》《中华人民共和国消防法》《中华人民共和国动物防疫法》《自治区预防和制止家庭暴力条例》等法律法规贯彻实施情况进行执法检查,针对执法中存在的问题,及时提出建议和意见,并进行督促纠正,有效防止有法不依、执法不严、违法不究现象,保障相关法律法规在锡林浩特市的深入贯彻实施。（赵　亮）

视察活动

全年开展视察、调研活动共12次,包括调研锡林河生态景观带建设工程和城市及周边绿化工程的管护工作、视察城市污染处理和白音锡勒大自然保护区管理工作、调研全域旅游、四季旅游、文化与旅游融合发展情况、调研社区网格化建设和牧区脱贫攻坚工作情况等。（赵　亮）

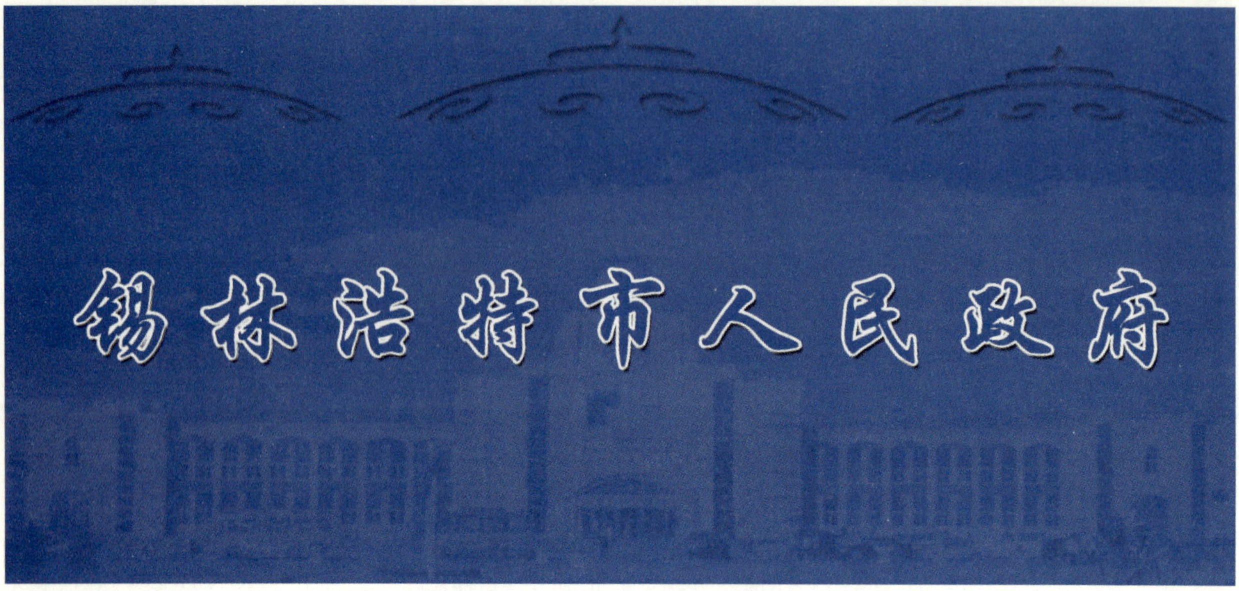

锡林浩特市人民政府

综　述

【概况】2017 年锡林浩特市经济社会正处于快速发展期，具有得天独厚的后发优势，特别是近年来在盟委、行署和市委的坚强领导，在社会各界的共同努力建设下，经济社会发展取得显著成绩。地区生产总值完成 195.4 亿元，增长 6.3%，其中：第一产业增加值 16.7 亿元，增长 5.5%；第二产业增加值 82.6 亿元，增长 3.5%，工业增加值 71.4 亿元，增长 5.7%；第三产业增加值 96.1 亿元，增长 8.8%。公共财政预算收入 19.6 亿元。全社会固定资产投资 139.3 亿元。社会消费品零售总额 67.4 亿元，增长 7.8%。城乡居民收入 41753 元和 24069 元，增长 6% 和 8.2%。

【党建工作】持续推进“两学一做”学习教育常态化制度化工作，组织党员讲党课 24 次，开展“四讲四有”合格党员专题讨论 4 次，撰写讨论稿 160 余份。全年召开党组会、党建工作会、局长办公会、工作例会和调度会 60 余次；制定严格学习制度，组织集中学习 30 余次，新转入正式党员 2 名，发展预备党员 1 名，培养入党积极分子 7 名，全系统党员人数达到 63 人。

【综治维稳信访】2017 年，召开信访维稳工作会议 30 余次，接待信访群众 2000 余人次，按照信访工作程序，答复信访件 76 件，涉及人数 90 余人。办理市长信箱答复 23 件，办理政协提案 5 件，人大建议 3 件。

【现代畜牧业提质增效】第一产业增加值完成 19 亿元，稳步实施“减羊增牛”战略，畜种结构进一步优化，打造肉牛规模化养殖场 3 处，引进优质良种肉牛 600 头，改良黄牛 4.3 万头。加快推进畜种改良工作，巩固完善地方良种肉羊标准化畜群 1200 群、种公羊 2 万只，牲畜改良率、繁成率分别达到 99.44% 和 110.8%，不断提升产业化水平，新培育盟级产业化龙头企业 13 家，进一步优化种植业结构，优质饲草种植面积提高 7 个百分点。新增优质良种肉牛 1.4 万头，增长 19%。优质畜产品供给稳定增加，牧业年度牲畜头数 165.4 万头只，其中全产业链可追溯羊 32 万只，年均加工活畜 320 万羊单位，精深加工率达到 55%，基本实现不加工不出市的目标。产业化成效明显，产业化龙头企业达到 40 家。

【工业结构持续优化】积极调整产业结构，原煤产业占工业比重由 29% 下降至 25.6%，非煤产业占比由 29% 上升至 32%，战略性新兴产业产值增长 1.5 倍，“一煤独大”的局面正在逐步扭转。清洁能源输出基地建设加快，锡盟至山东、江苏两条特高压外送通道建成，神华、大唐等 4 个坑口电厂全面推进，风电、光伏发电装机并网总量 79 万千瓦，累计发电 17.5 亿千瓦时。装备制造业快速发展，风机装备制造形成整套产业链，年生产能力 900 套，实现产值 18.7 亿元。锡林郭勒大数据产业园开工建设，大数据产业实现零突破。上海电气、明阳电气、大庄园、中蕴马产业等一批大型企业集团相继落地，工业发展基础进一步夯实。非公经济发展迅速，增加值占GDP的比重达到35%。

【服务业层次水平不断提升】传统服务业提质增效，维多利、银座等5个商业综合体建成运营，国美、红星美凯龙等10余个知名品牌相继入驻，商品销售额年均增长10.8%。现代服务业快速发展，成为推动服务业发展的新引擎，电商交易额突破4亿元，年均增长11%；金融机构存贷款余额分别达到321亿元、326亿元，年均增长12%和10%。打造旅游精品工程，实施锡林河生态景观带、柳兰草原生态旅游区等旅游重点项目6个，中国马都核心区文化生态旅游景区成功创建国家AAAA级旅游景区，锡林浩特市被列为自治区级全域旅游示范区。推进文化旅游深度融合，打造大型马文化实景剧《蒙古马》，举办中国马术大赛、“中国·锡林浩特国际游牧文化节”等品牌文体旅游活动10余项，牧民传统那达慕、锡林风景线等一批旅游项目相继实施，核心引领、精品支撑的旅游发展格局正在形成，旅游人数和旅游收入年均增长10.6%、18%。

【生态环境持续改善】累计投资28.8亿元，完成生态治理129万亩；严格落实禁牧和草畜平衡制度，累计发放奖补资金3.8亿元，草原生态持续好转，植被盖度提高5个百分点。加快城市防护林建设，推进锡林湖湿地生态水系治理工程，30公里绿色景观长廊、40公里环城生态防护林带全面建成，初步形成“城中有绿、绿色环城”的景观防护体系。锡林郭勒草原国家级自然保护区集中整治工作成效明显，关停工矿企业64家。空气质量优良率持续保持在96%以上，位居全国各地前列。“河长制”得以有效落实，污水处理改造达标，水源地保护、关停自备井等工作全面展开，从源头到末端的水污染防治体系日渐完善。土壤污染防治全面启动。单位生产总值能耗下降16.8%，超额完成节能减排目标任务。

【城乡面貌焕然一新】坚持民生城建理念，基础设施加快推进，城市品位不断提升，城乡环境明显改善。累计投资164亿元，统筹推进新旧区建设，建成区面积扩大到43平方公里，城镇化率提高到90.6%。中心城区控规实现全覆盖，规划引领作用显著增强。新改建城市道路122公里、小街巷20.5公里、地下管网131公里，硬化铺装167万平方米，新增供热能力500万平方米，水质提标、污水改造等一批民生城建工程投入使用，城市道路、集中供水、供热普及、垃圾污水处理等指标达到或超过自治区平均水平。新增绿化面积747万平方米，建成区绿化覆盖率、人均公园绿地面积分别达到36.1%和17.9平方米，高于自治区平均水平。城市管理综合执法体制改革稳步推进，精细化管理水平不断提升，市容市貌明显改观。累计投资15.2亿元，全面实施牧区基础设施完善、环境卫生整治、公共服务能力提升工程，牧民生产生活条件实现重大提升，美丽牧区建设成效显著，成功打造自治区级新农村新牧区示范嘎查4个。锡二、锡乌铁路和锡张、丹锡高速公路建成通车，铁路、公路里程分别新增153公里、614公里，航空旅客吞吐量达到65万人次。新增35千伏及以上变电站4座、输配电线路2138公里，电力保障水平不断提升。完成锡林河河道疏浚、生态水系治理工程，水资源保障能力明显改善。建成4G网络基站242个，在全盟率先实现城区公共场所免费WIFI覆盖。

【发展活力竞相迸发】积极推进各领域改革，体制机制活力不断释放。三去一降一补成效明显，消化房地产库存1.9万套，帮助中小企业融资96亿元，减免税费14.8亿元，竣工投产重点项目138项，完成投资741亿元，实现税收33亿元。重点领域改革深入实施，习近平总书记要求先行先试的三项重点改革初见成效，新一轮草原生态奖补面积扩大至2087万亩，牧企利益联结比例达到65%，对俄蒙合作不断深化。政府机构改革如期完成。“放管服”改革有序推进，行政权责清单全部向社会公开，审批事项精简45%，审批时限压缩52%。商事制度改革不断深化，市场主体增长10.1%。财税金融体制改革有序实施，新《中华人民共和国预算法》全面落实；列入国家级PPP示范项目1个，自治区级PPP推介项目4个；“新三板”挂牌企业3家，金融服务实体经济能力显著增强。党政机关公务用车、不动产登记、草原确权等改革顺利完成。机关事业单位养老保险、公务员职务与职级并行等改革启动实施。创新能力有效提升,引进转化科技成果33项,获得专利授权177项,以毛登牧场为核心的农业科技园区被评为国家农业科技园区,科技引领支撑作用进一步增强。对外开放成效显著,外贸进出口总额同比增长5.9倍。积极推进招商引资,引进项目64个,到位资金579亿元。

【民生福祉持续改善】坚持民生优先导向,投入民生领域资金82.6亿元,人民群众的获得感、幸福感不断增强。脱贫攻坚成效显著,扎实推进项目扶贫、产业扶贫、金融扶贫、定点帮扶等工作,自治区建档立卡72户200人和市级311户895人全部实现稳定脱贫,率先在全盟实现基本消除绝对贫困现象。就业创业扎实推进,大众创业、万众创新成效明显,建设创业园区4个,银座大学生文化创意创业园成为"自治区级示范性创业园",振兴社区被评为"国家级充分就业社区"。城镇新增就业2万人,城镇登记失业率连续五年控制在3.3%以内,被评为首批"自治区级创业型旗县"。社会保障不断加强,社会保险各类参保总人数达20.5万人,新农合参合率始终保持在97%以上,报销封顶线由10万元提高到29.5万元。累计发放各类保障、救助资金2亿元,惠及2.9万人。养老服务体系逐步完善,锡林颐和苑养老中心加快建设,爱祺乐牧民养老园区成为全国牧区养老服务典范,全市70%的苏木镇老年人实现进城养老。建成返迁楼3万套,安置群众9万余人,改造老旧小区35个、牧区危旧房7215户,城乡居民住房条件明显改善。公共服务持续提升,投入13亿元,新改建中小学及幼儿园28所,顺利通过国家义务教育基本均衡发展验收。适龄幼儿入园率超过90%,入园难问题有效缓解。公开招录661名本科以上高校毕业生充实到教学一线,蒙汉授高考本科上线率实现"五连增"。全市51所基层医疗卫生服务机构全部实现标准化建设,70所公立医疗机构药品全部零差率销售。计划生育服务水平不断提升,"二孩"政策全面落实。新改建文体活动场馆9个,文体活动阵地总面积达到65万平方米,"15分钟健身圈"初步形成。先后推出《千古马颂》《蒙古马》等大型马文化实景剧,在区内外引起强烈反响。乌兰牧骑惠民演出560余场,群众文化生活丰富多彩。建成笼式足球场11座,打造国家级校园足球特色学校6所。社会治理水平显著提高,新建社区阵地20个,全面推行社区网格化管理,社区服务群众、化解矛盾、管理社会能力不断提升。食品药品安全监管体系和能力不断强化,信访总量逐年下降,安全生产形势稳定,社会治安持续向好,人民群众安全感稳步提升。深入开展民族团结进步创建活动,阿尔善宝力格镇被授予"全国民族团结进步创建活动示范单位"。第五次荣获"全国双拥模范城"称号。工会互联网+和普惠服务取得实效,共青团、妇联、科协、残联、红十字等事业长足发展。

【政府建设全面加强】自觉接受人大法律监督、政协民主监督,258件人大代表建议、323件政协委员提案全部办结。健全政府法律顾问制度,建立重大决策合法性审查机制,审核把关合同文件1341件,依法行政水平明显提升。"六五"普法全面完成,"七五"普法顺利启动,荣获"全国法治县(市区)创建活动先进单位"称号。扎实开展党的群众路线教育实践活动、"三严三实"专题教育和"两学一做"学习教育,干群关系进一步密切。认真落实中央"八项规定"和国务院"约法三章",超标办公用房全部腾退,"三公"经费下降84.5%。财政评审、审计监督成效明显,累计核减政府投资项目资金23.1亿元。廉政建设不断加强,风清气正、干事创业的发展环境持续巩固。

(赵振岩)

政府办公室

【概况】 2017年,在市委、市政府的正确领导下,全面落实上级党委、政府重要会议精神和重大决策部署,以党的十九大精神为指导,紧紧围绕全市中心工作,在服务大局上精准发力,在服务基层上狠下功夫,在服务群众上尽心尽力,不断创新服务方式,较好完成全年目标任务。

【扎实开展党建工作】召开学习宣传贯彻党的十九大精神主题党员大会和"以十九大精神为引领,切实解决'四个意识'不强问题"专项活动动员会议,推动学习贯彻活动深入开展。坚持"两学一做"学习教育常态化制度化,每周五下午定为集中学习活动日,召开

"转作风、提效能、促发展"百日攻坚行动动员部署党员大会,不断巩固提升学习教育效果。积极主动联系嘎查基层党组织,与机关党组、基层党组织合力推动精准扶贫工作,累计投入13.5万元改善贫困户基本生产条件,为贫困户每户承包母畜20只,所帮扶贫困户全部脱贫。严格落实"三会一课"制度,组织召开党员大会5次,党小组会和支委会12次,民主生活会2次。认真落实党员领导干部参加双重组织生活制度。开展领导班子和支委成员批评与自我批评,严格执行"责任清单"、述廉述责和"签字背书"等制度,确保党建工作落实落细。深入落实党风廉政建设"两个责任",配合纪委派驻纪检第一组开展谈话谈心、参与"三重一大"议事等活动。同时,把整改工作纳入班子成员民主生活会对照检查、领导干部"一岗双责"述职及年度综合目标考核,并加以跟踪督促落实。

【全力推进依法行政】 参加市委、市政府重大事项决策,撰写涉法调查报告4篇。加强行政执法监督,抓好规范性文件审查备案,审查市直部门报送的各类文件77件,其中规范性文件10件,出具审查意见56件次。审查市政府及市直部门单位各类合同231件。抓好行政调解、复议、应诉工作,受理市本级行政复议21件,其中做出复议决定10件。指导市直行政执法工作45件次,评查相关执法文书83件次,提出评查意见162件次。完成全市1325名执法人员新版执法证件的换发工作。参加安全生产事故调查5起,参与信访案件协调19件,接待群众法律需咨询164人次。在全市范围内选聘100名行政执法义务监督员。成功举办"依法行政共建和谐锡盟"法律知识竞赛锡林浩特市赛区选拔赛。聘请3名律师继续担任市政府法律顾问,充分发挥法律顾问的作用,为市政府决策提供法律参考。

【提升办文办会和档案管理质量】 组织召开政府常务会议19次,市长办公会241次,规委会4次,土地领导小组会3次,编委会2次,安全生产例会14次,各级电视电话会议84次,办理盟委、行署来电批办单78次,全市领导干部讲座20多期。努力提升办会质量,投入13万余元,升级改造会议室设施设备。做好机要文件转办和档案管理工作,共收文4100余件,较上年增长约22%,发放各类文件1000余份,全年共立卷110卷,1319件,切实做到应存尽存。

【做好综合协调服务】 充分发挥政府办公室切实履行参谋、助手、协调、保障职能作用,组织协调全国人大,自治区党委、政府,盟委、行署等上级领导视察调研活动。全力推动市政基础设施建设、"锡林风景线"、锡林颐和苑国际养老中心、污水处理厂提标改造、中国马都核心区等重点项目。承担中国·锡林浩特第十四届国际游牧文化节、第六届中国马术大赛、四国女篮对抗赛、第22届国际奥委会主席杯全国百城市自行车赛等一系列重大赛事活动的综合协调、服务保障工作。各项综合协调服务工作做到热情周到、服务全面,展示政府办良好形象和精神风貌,提高干部职工工作能力和整体素质。

【加大信息督查力度】 严格落实盟委、行署和市委、市政府工作部署,累计上报行署督查专报287期。重点对政府常务会、市长办公会、协调调度会决定事项和领导交办工作进行跟踪督办,梳理并汇总81项领导批示件办理落实的情况。加强重大事项办理情况的跟踪反馈,实地走访督查城市建设、安全生产、民间借贷等重点工作,编发督查专报42期。按时高效办理盟政协提案25件,市人大建议49件、市政协提案71件。积极开展"微督查"工作,利用微信平台发布信息168条。上报行署信息890篇,采用228篇,编发政务信息50期、每周要情48期。政务系统督查和信息工作均列全盟第一。

【持续加强信息化建设】 加大政务网站、政务微信平台建设。全年累计发布各类信息4127条。办理并答复网民留言629条,办结率100%。推进全市政务网的接入及维护工作,全市已有52个部门单位和24个社区通过百兆光纤接入政务外网,共维护网络问题210余件。政府门户网站全新改版,新版网站还增设移动端,同步提供PC端页面信息和服务功能,实现政务微信平台、城区免费wifi门户等多个终端互联互通。政务门户网微信公众平台关注人数达7295人,发布政府会议、通知公告、宣传旅游等图文消息1515条。

【稳步推进公务用车改革】 做好党政机关公车改革收尾

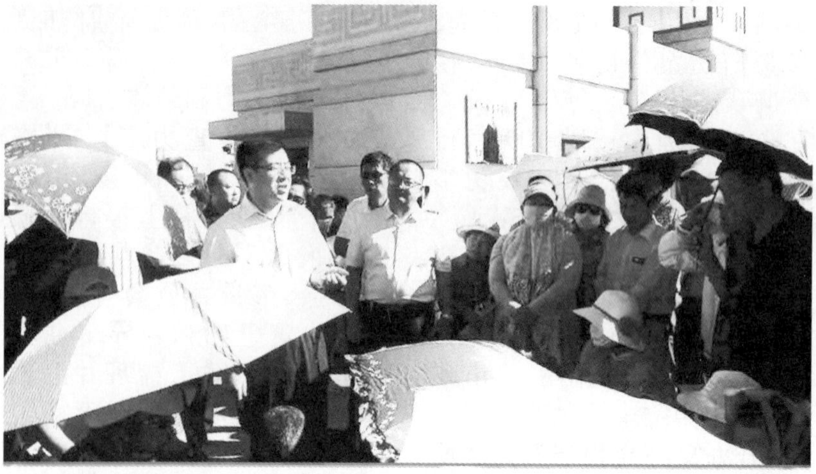

工作,重点抓好公务用车调剂调换、取消车辆处置、车辆使用管理等工作,保证各项工作的有序运转。协调办理 84 辆编制内保留公务用车的固定资产调拨、车辆过户等相关手续。106 辆公务用车移交租赁公司固定资产调拨、车辆过户工作,有力保障工作需要。为税务系统保留公务用车 5 辆,完成车辆权属关系划转。报废公务用车 59 辆已全部完成注销手续。强化常态化监督管理,公务用车实施标志化管理,张贴统一标志及监督举报电话,共为 113 辆公务用车张贴标志。实行节假日车辆使用备案制度,完成备案 141 辆次,公务用车使用管理规范化水平不断提升。

【切实提高应急管理水平】加强应急体系建设,健全突发公共事件总体预案和自然灾害类、事故灾难类等各类预案。结合“5·12”防灾减灾日和消防安全宣传教育日,开展宣传活动 2 次。加强应急演练,会同各部门单位积极开展校园安全、消防火灾、安全生产、食品安全等方面的应急演练,全年开展各类应急演练 23 次。法定节假日按时向盟委、行署上报市委、市政府值班安排,并严格执行法定节假日值班“零报告”制度。做好市长热线接听工作,全年共接听受理市长热线电话 673 件,第一时间将任务派送到相关部门,强化突发事件的协调处置机制,并加大协调督办力度,确保群众反映的问题件件有回音。

【扎实做好机关服务工作】合力推进集中办公区域维修改造工程,积极对接住建、房产、市政、供热等工程管理专业部门,完成政府 1 号楼地下采暖及消防管道更换、楼体亮化改造等维修工程。政府原 3 号楼维修工程接近尾声。完成东区 2 号楼排水及采暖管道维修、监控维修、门卫室防水和建设配电箱房等工程。推动办理办公用房工程手续,协调完成历史遗留建设工程资料完善归档,化解债务和固定资产入账等工作。推动物业服务社会化工作,进一步改善硬件设备条件,保洁、保安服务质量逐步提升。

(赵振岩)

信访接待

【概况】 锡林浩特市信访局核定编制 6 名,其中行政编制 5 名,工勤编制 1 名,联合接访中心核定事业编制 4 名。共有工作人员 24 人(其中:行政编 4 人、事业编 12 人、三支一扶 2 人、退伍兵 3 人、社区民生 3 人),配备领导职数一正一副,副主任科员一名。设立接访、综合、财务劳资 3 个科室。

【工作数据】全市信访总量为 992 批次 11645 人次,信访总量同比上年同期批次下降 11.1%、人次上升 0.7%。(其中:来市上访 798 批 7831 人次;到盟上访 145 批 3687 人次;赴区上访 43 批 108 人次;进京上访 6 批 19 人次)。市级领导接待来访群众 160 批次 1109 人次;协调责任部门出具答复意见 213 个、政府出具复查意见 72 个、盟行署出具复核意见 29 个;办理信访信息系统网上交办案 6 件、督办案 3 件、直转案 550 件;累计协调处理群众信函 46 件。

【工作机制】履行信访工作职责,形成上下贯通的信访网络体系和领导干部牵头、责任部门负责、协办单位配合、信访协调督办的工作机制。信访机构充分发挥组织、协调和监督作用,组织动员各方力量积极参与信访案件调处化解工作;各责任部门立足实际,主动作为,处理群众诉求坚持事实清楚、定性准确、程序合法、处理妥当,推动大量信访问题得到妥善化解。

【加强重点时期信访维稳工作】 在党的十九大、全国“两会”“一带一路”国际合作高峰论坛、自治区“两会”、自治区成立70周年庆祝活动等重大会议召开前夕，分析研判信访形势，制定应急预案，强化源头预防，从信访、公安、住建、人社等部门抽调人员组成驻京、驻呼工作组，加强重点时期接劝返工作。

【推进领导干部接访下访工作】依据强化责任、公开便民、解决问题的原则，进一步加强党政领导接访工作，由市委、市政府主要领导带头接访，充分发挥党政领导在推动信访工作、解决信访问题中的重要作用，依法、及时、就地解决好群众诉求。落实“1328”工作制度，积极把群众上访转变为领导下访，畅通党政领导与群众交流渠道，切实帮助群众解决实际困难，提高市委、市政府的公信度。

【提升信访信息系统效率】加强自治区信访信息系统交办、转办信访事项的协调处理和督办力度，按照程序将信访答复意见及处理结果录入系统，使系统交办、转办信访事项可跟踪、可查询，实现信访数据互联互通和资源共享，通过畅通“网上信访”反映诉求渠道，方便群众足不出户解决问题，逐步减少走访量。（呼日查）

蒙汉双语翻译

积极推进蒙汉文并用并行，严格规范文件翻译和双语下发流程。全年翻译市委、市政府规范性文件48份15万余字，讲话材料12份4万余字。圆满完成人代会换届选举工作会等大型会议材料翻译任务，做好市委政府所属部门承办的各类大型活动标语、材料的翻译、审核、规范工作。全年总翻译量达到19余万字。加大政务公开力度，创办蒙汉双语《锡林浩特市人民政府公报》，对政府重大决策公开发布、解读，推动建设阳光政府。（赵振岩）

政务服务

【综述】锡林浩特市政务服务（公共资源交易）中心成立于2014年5月22日，由原锡林浩特市行政审批服务中心更名为锡林浩特市政务服务中心。同时，对原政府采购中心、国土局招拍挂办公室进行职能、编制、人员整合，成立锡林浩特市公共资源交易中心。政务服务中心与公共资源交易中心（以下简称中心）实行“一个机构、两块牌子、两种职能”。中心内设办公室，督查协调股，综合监督管理股，工程交易股，政府采购股，产权和土地、矿产交易股6个股室。核定参公事业编制21名，科级领导职数3名（1正2副）。目前，实有人员26名（在编人员19名、人才储备1名、民生志愿者3名和临时工作人员2名）。中心深入开展集中整治“雁过拔毛”式腐败问题专项整治活动和“转作风、提效能、促发展”百日攻坚行动，落实中央、自治区和盟市关于纪律作风建设各项部署；参观反腐教育基地和红色教育基地。观看《密战》《胜利之盾》等专题教育片，不断提高工作人员纪律意识。

2017年年底，入驻林郭勒盟政务服务中心的市直部门有23个，工作人员共计161人，入厅项目274项。市社保、市国税、国税开发区分局、市地税、公安办证中心、新农合等6个部门整建制入厅，部门，入厅部门均做到公开办事指南、申请条件、办理程序、承诺时限、审批结果、收费依据和监督渠道，实现“一个窗口受理、一条龙服务”的运行模式，日均接待办事群众1000人左右。2017年，累计受理各类行政许可、行政服务事项72.4万件，办结72.4万件，按时办结率100%，平均每日受理3532件，当日办结率达90.7%。

【政务公开】对市直进厅274项行政审批、服务类项目的《服务指南》《流程图》等全部在中心网站、大屏屏上公开，并印制纸质《办事指南》向办事者和社会公开承诺。利用“虚拟环境”办事大厅标注各个办事窗口，窗口直观显示办事人员信息和联系方式、并定义该部门负责的业务内容和流程，公众可以选择相应的事项进行预先了解。推行“九公开和八项服务制”。对所有服务窗口的审批机关、审批内容、审批依据、审批条件、审批程序、审批时限、审批收费标准、审批材料和投诉举报电话在中心网站及触摸屏全部公开。建立健全窗口服务制、审批事项分类办理制、代办服务制、政务公开制、首席代表制、服务承诺制、责任追究制、定期考核制，主动接受群众监督。加强办件的网上申报和信息共享力度。全面实施先实施企业“十七证合一、一照一码”和个体工商户“三证整合”登记制度,实现“一口受理、一次审批、信息共享”;推行并联审批制度,遵循“一家牵头、一口受理、同时办理、联动审批、限时办结、统一发证”的原则和程序进行办理,由主办窗口受理录入电子政务平后基本信息共享,并联单位同时审核。严格落实集中审签制度。各部门(单位)无法进驻盟政务服务中心的分管领导、环节干部、外业人员,通过接收中心的短信告知,在规定时限内及时到中心“审签室”进行相关签批意见。加大办件事中监管力度。中心建立电子监察综合系统,对各项事务办理的全过程进行实时监督。将办件流程的每一个环节、每个环节负责人的签批情况都置于网络的监督之下。完善举报受理、处理和反馈制度,及时解决群众反映的问题。推行并联审批制度。规划、人防、安全、气象等部门对申请事项实行并联审批,遵循“一家牵头、一口受理、同时办理、联动审批、限时办结、统一发证”的原则和程序进行办理。由规划局受理录入电子政务平后基本信息共享,4家单位同时审核。推行网上申报运行模式。文化类经营许可、餐饮经营许可、企业年检、个体户年检,报税等业务已实现网上申报。

【优化办事流程】对市法制办公布的符合进厅条件的行政执法主体和对应各类项目进行梳理并进行流程再造,固化和细化审批流程,压缩审批时限、减少审批环节。2017年年底,审批环节由原来的6.2个减少到3.7个,减少比列为40%;申报材料由10.3份减少到6.8份,减少比列为34%;承诺办结时限由原来的13.8个工作日压缩到6.7个工作日,压缩比列为52%。

【大厅管理】2017年8月2日开始盟、市中心实行分开管理,市中心负责市直入厅部门级窗口工作人员的管理。市中心制定《锡林浩特市政务服务大厅日常巡查制度》《锡林浩特市政务服务大厅进驻部门窗口及窗口工作人员考核办法》《锡林浩特市政务服务大厅进驻服务窗口工作人员精细化管理考核目标》《锡林浩特市政务服务大厅进驻部门窗口精细化管理考核目标》《锡林浩特市政务服务中心政务服务大厅窗口工作人员请销假管理办法》《锡林浩特市政务服务中心政务服务大厅窗口工作人员服务规范》《锡林浩特市政务服务中心服务大厅窗口及工作人员管理办法》等制度和管理办法,进一步加强政务服务中心的规范化管理,切实转变工作作风,明确工作职责,提高服务效率和质量强化对入厅部门及窗口工作人员管理。大厅每层设置值班长,负责对大厅的日常巡查,每半年进行轮岗。实行周例会、月考勤、季通报、年考核,发现问题及时向中心汇报。

【公共资源交易监督】进一步完善各项交易制度,优化交易环境,落实监管责任。加强对公共资源交易的审批核准备案、专家抽取、评标现场、交易过程、履约实施等环节的监管,实现公共资源“阳光交易”。

【公共资源交易】2017年,中心累计完成政府采购和工程交易项目209项,采购金额6.04亿元,为财政节约资金0.16亿元,节约率2.7%;土地挂牌出让成交28宗,成交总出让金达0.72亿元。

【电子招投标】依托盟中心构建的“四库双平台一网站”信息化服务体系,锡林浩特市在全盟各旗县中率先开展网上投标报名、缴退保证金和下载招标文件及上传投标文件等电子招投标业务,实现公共资源交易电子化“零”的突破,提高工作效率,降低交易成本。推进电子招投标工作。中心于2017年10月16日在全盟各旗县市中率先成功完成首个工程建设领域项目全程电子化开评标。

(闫　冰　刘英俊)

人力资源和社会保障

【综述】锡林浩特市人力资源和社会保障局是综合管理全市人事人才、创业就业、社会保障和劳动关系协调工作的行政部门。内设规划财务股、办公室、公务员管理股、工资福利股、事业单位管理股、劳动和社会保障股、就业促进股、信息中心和档案室等股室,局机关下辖社会保险事业管理局、劳动就业服务局、劳动监察大队、劳动争议仲裁院和人才发展服务中心5个二级单位。2017年,在市委、市政府的正确领导和上级业务部门的指导支持下,市人社局紧紧围绕中心任务,全面深化改革,坚持依法行政,扎实推进各项工作。　(陆　亮)

【党建工作】持续推进“两学一做”学习教育常态化制度化

工作,组织党员讲党课24次,开展“四讲四有”合格党员专题讨论4次,撰写讨论稿160余份。全年召开党组会、党建工作会、局长办公会、工作例会和调度会60余次;制定严格学习制度,组织集中学习30余次,参学干部职工达到全覆盖;坚持“三会一课”、民主评议党员和党员领导干部参加双重组织生活会等制度,党组织工作规范化、科学化水平不断提高;精心组织“党员固定活动日”,融入党员“政治生日”、观看专题宣传教育影片、保护草原生态环境、打扫机关卫生等一系列创新动作。新转入正式党员2名,发展预备党员1名,培养入党积极分子7名,全系统党员人数达到63人。（陆 亮）

【党风廉政建设情况】将党风廉政建设和惩防体系建设进行细化分解,与业务工作同布置、同开展、同检查、同考核。结合“两学一做”学习教育常态化制度化工作,深入开展集中整治“雁过拔毛”式腐败问题工作,围绕就业创业、社会保障、人事人才和劳动关系等重点工作,梳理完成权力清单、责任清单,排查建立廉政风险点,确定风险等级,制定有效的防范措施。健全完善“三重一大”事项决策制度和“末位表态”等制度,在日常工作中抓好制度落实。持续加强窗口单位作风建设,规范服务行为,改进服务方式,创新服务手段,队伍素质明显增强,服务质量明显提升,群众满意度不断提高。（陆 亮）

【综治维稳信访】2017年,召开信访维稳工作会议30余次,接待信访群众2000余人次,按照信访工作程序,答复信访件76件,涉及人数90余人。办理市长信箱答复23件,办理政协提案5件,人大建议3件,做到件件有落实、事事有回音。积极配合有关部门做好邪教防范、打击“善心会”等工作,努力排除各类维稳隐患。（陆 亮）

【促进就业】全年共征集就业岗位18980个,完成年度任务的105.44%;举办各类招聘会12场,入场单位685家,提供就业岗位9958个,达成就业意向3123人。城镇新增就业人数3230人,完成119.63%;城镇登记失业率控制在3.3%以内。城乡就业技能培训2324人,培训后就业2087人,就业率达到89.8%。创业培训304人,培训后创业成功205人,创业带动就业679人。为26户创业者发放创业担保贷款223万元。回收到期创业担保贷款3402.2万元。加大电商培训,组织举办“创业锡盟·新丝绸之路的年轻颠覆力”、大学生创业沙龙等系列电商培训、交流活动15场。（王桔林）

【社会保险事业】全市养老、医疗、工伤、生育和失业保险参保20.13万人。征缴各类社保基金41437万元,支出38736.35万元。连续13年调增企业退休人员养老金,2017年人均月增资125元;连续4年调增城乡居民养老保险基础养老金,2017年人均月增资20元;工伤保险遗属生活费月提高77元,3级伤残津贴月提高205元,护理费月提高102元。行政事业单位退休人员月增退休金200元。加强“两定”协议管理和异地就医大额票据复核。正式启动跨省异地就医直接结算工作,已办理跨省异地就医直接结算20人。在社会化管理退休人员领取养老金资格认证方面创新服务模式,启用“互联网+可信身份认证”技术。（张娟娟）

【人事人才】更新完善公务员和事业单位工作人员信息数据库。落实公务员职务与职级并行制度。加强公务员网络在线学习。落实事业单位职称制度改革和岗位设置管理工作。深化“吃空饷”问题专项整治工作,每年不定期开展两次督查,形成长效机制。推进人才强市,加强少数民族专业技术人才队伍、高层次人才队伍等人才队伍建设。完成全市机关事业单位工资晋升、岗位补贴等各项工资审批业务工作建成人力资源和社会保障基层综合服务中心24个,建立“社会保障卡综合服务点”试点36个,推出“掌上人社”微官网。（陆 亮）

【和谐劳动关系】全年开展主动监察、专项监察共17次,检查用人单位1350户、建筑工地65户,涉及劳动者5200余人,补签劳动合同1280人,共为776名劳动者追回被拖欠工资1498万元。设立农民工工资“三方监管账户”8个,监督企业存入监管资金1050万元,已用于发放农牧民工工资665万元;落实农牧民工欠薪应急周转金900万元。建立完善劳动监察基础工作管理网格。做好劳动人事争议仲裁调解工作,受理劳动人事争议仲裁案件351起,结案率100%。（潘 涛）

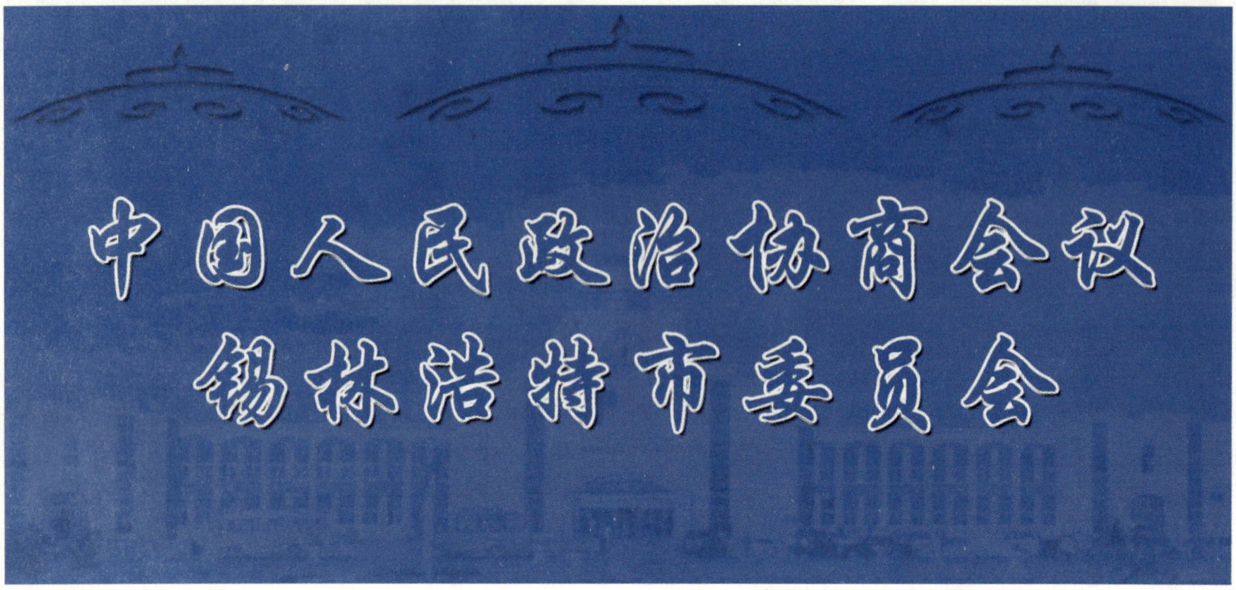

中国人民政治协商会议锡林浩特市委员会

综　述

【概况】政协锡林浩特市第九届委员会委员131人,常务委员25人、主席1人,副主席4人,界别设置11个。内设一办三委,即办公室、经济科教文卫委员会、提案委员会、民族宗教文史委员会。

在政协党组,主席会议领导下,紧密结合“两学一做”学习教育,通过党组会议、主席会议、常委会议和举办培训班、讲座等多种形式,深入学习贯彻中共十八大、十八届三中、四中、五中、六中全会和中共十九大精神,深入学习贯彻习近平新时代中国特色社会主义思想和考察内蒙古重要讲话精神,坚决同以习近平为核心的党中央保持高度一致;认真贯彻市委决策部署,坚持与市委同心同向、同力同行,重大事项及时向市委请示、重要工作及时向市委汇报、重大活动及时向市委报告,坚定不移把政协工作置于市委坚强领导之下。

按照市委批准的《政协锡林浩特市委员会2017年度协商工作计划》,围绕6项协商议题组织开展协商活动,形成一批重要协商成果。按照年度协商计划要求,派出调研组赴鄂尔多斯市康巴什区和宁夏回族自治区等区县,就发展旅游业和创建国家全域旅游示范区进行专项考察学习,召开专题议政性常委会议开展协商讨论,形成调研报告报送市委、市政府,得到高度重视与支持,并批转相关部门办理;围绕“新农村新牧区建设”“推动非公经济发展”等重点议题,召开专题协商会和协商座谈会,广泛协商、出谋划策,提出许多切合实际、富有建设性的意见和建议,为市委、市政府民主、科学决策提供参考依据和重要意见;着力抓好提案办理协商,九届五次会议以来委员提案71件,其中社会发展与管理类37件、城市建设与管理类20件、经济类7件、畜牧业与牧区工作类7件,截至2017年9月底,已全部办结。一批群众普遍关心的热点、难点问题得到及时回应和有效解决。　（徐振福）

政协办公室

【概况】主要负责政协主席会、常委会、全会等各类会议和委员视察、考察等各类活动的安排组织;承办以政协名义发出的公文,做好机要、保密、档案等工作;负责机关日常行政管理、党建党务、纪检监察、干部考核、机关学习等工作;组织、制订和监督执行机关各项规章制度、工作目标和计划,做好后勤保障、经费管理、生活服务;负责与上级政协、同级党委、人大、政府、外地政协及市直有关部门的联络对接工作等工作。2017年政协办公室以“两学一做”学习教育常态化制度化为契机,着力加强办公室思想、组织、作风、制度等方面的建设,完善《财务管理制度》《机关工作廉政制度》等制度,不断提高办公室工作的科学化水平。严格执行日常工作相关制度规定，着力规范工作程序、落实各环节责任，进一步提高办文、办会、办事等各项常规工作成效，并于2017年印刷出版《政协委员风采录》。积极开展扶贫攻坚工作，开展《改变观念 强化措施 扎实推进创建国家全域旅游示范区》《关于推进精准扶贫精准脱贫工作的调研报告》等专题调研工作，形成调研报告报送市委、市政府，对于报告中的意见建议对意见建议给予充分肯定和高度重视并做出重要批示。

【视察调研】 围绕全市中心工作组织调研，先后形成《改变观念 强化措施 扎实推进创建国家全域旅游示范区》《巩固扩大扶贫攻坚成果 确保如期实现全面建成小康社会目标》等调研报告，部分调研报告得到市委、市政府主要领导的高度重视，并作出重要批示；围绕精准扶贫、畜牧业发展、生态建设、就业创业等工作开展视察调研15次，以视察监督推动相关工作开展；配合协助全国、自治区、盟政协和四川、宁夏等地方政协就新牧区建设、草原生态保护奖补政策落实、草原文化建设等方面进行联合调研和视察，并形成调研报告和社情民意信息。

【文史工作】 编辑出版《政协情缘—锡林浩特市第九届政协委员风采录》，通过本部纪实作品全面反映锡林浩特市第九届政协委员在本职岗位上争创一流、竭心尽力参政议政的事迹，同时也为研究政协工作规律，促进政协事业发展提供宝贵的文献资料；发挥集文史资料室、图书阅览室、书画室、委员活动室等多功能于一体的“委员之家”作用，为广大委员学习、交流、创作、研究和参政议政提供有效平台和便利条件；加大文史资料征集力度，已完成《巴彦查干敖包史记》《锡林浩特市各苏木简志》等共10册约16万字的样本书，征集近十万字的“三亲”口述史资料，以后做好文史资料编印工作奠定基础。认真完成《锡林浩特政协》年度专刊的编印工作。

【精准扶贫】 积极参与新牧区建设、“精准扶贫”等民生工程，深入一线调研督导，多次组织召开苏木嘎查、帮联单位、企业精准扶贫三方对接座谈会，协调帮联企业筹集资金14万元，帮助牧户解决住房、棚圈建设自筹资金面临的实际困难；组织机关干部深入牧区开展结对帮扶活动，为包联贫困户协调落实帮扶资金5万元，帮助牧区群众解决生产生活中的实际困难和问题。连续几年为宝力格苏木巴彦淖尔嘎查牧民毕西格玛家购置蒙古包，新建住房、暖棚和水窖，并打机井、接长电，生产生活条件得到彻底改善，使毕西格玛家走出困境，如期实现脱贫致富。

【委员活动】 通过继续组织开展以“撰写一份提案、反映一条社情民意、参加一次调研、办一件实事、献一份爱心、联系一个基层单位”为内容的“六个一”活动，加强委员与群众的联系和沟通；发挥委员界

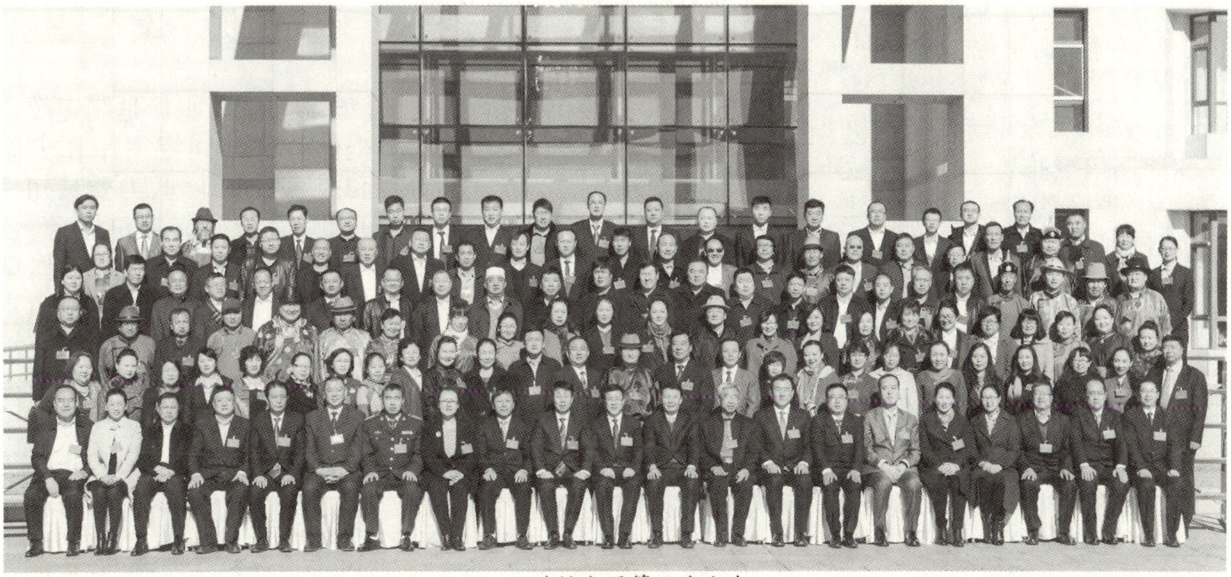

政协九届第五次全会

别、专业优势,组织卫生、文艺、新闻、经济等界别委员,开展以“下牧区、送温暖”为主题的“政协委员走基层”活动,深入牧区、贴近群众,与广大牧民面对面了解生产生活情况,并慰问演出文艺节目,开展义诊、免费发放药品,向特困牧户捐款捐物,树立新时期政协委员关注民生、奉献社会的良好形象。

【自身建设】 举办各类培训班、研讨会、学习会、专题讲座来强化委员主体意识、责任意识,提高委员政治修养、理论水平和履职能力;邀请委员列席常委会会议,听取市政府经济社会运行情况和提案办理情况通报,为委员知情明政创造条件;制定《政协委员届期履行职能实施办法》《政协委员履职量化综合评价办法》,建立完善委员履职档案,对委员履职情况进行量化考核,开展优秀委员、优秀提案评比表彰活动,激发广大委员履职主动性和创造性;加强政协党组织建设,认真落实从严治党主体责任。深入开展“两学一做”学习教育,严格执行中央八项规定和自治区党委、盟委、市委相关配套规定,坚决反对“四风”,推进干作风持续好转。严格落实党风廉政建设责任制,推动机关干部牢固树立宗旨观念和廉政意识,保持廉洁从政、奋发有为的精神状态。 (徐振福)

政协主席会议

【23 次主席会议】 3 月 2 日召开。会议议程为:研究决定锡林浩特市 2017 年度政协协商计划工作。

【24 次主席会议】 3 月 8 日召开。会议议程为:研究决定九届五次全体会议相关事宜、研究决定九届 24 次常委会议程和召开时间,研究其他事宜。

【25 次主席会议】 4 月 7 日召开。会议议程为:听取政协锡林浩特市九届五次会议委员提案情况汇报,遴选、确定重点提案;听取 2016 年度协商计划完成情况汇报,安排、分解 2017 年度协商工作任务。

【26 次主席会议】 5 月 10 日召开。会议议程为:对《政协情缘》终审工作进行安排部署。

【27 次主席会议】 6 月 2 日召开。会议议程为:安排部署锡林浩特市政协 2017 年度协商计划。

【28 次主席会议】 7 月 10 日召开。会议议程为:研究、讨论《改变观念 强化措施 扎实推进创建国家全域旅游示范区》调研报告(征求意见稿);研究召开政协锡林浩特市第九届委员会常务委员会第 27 次会议暨推进创建国家全域旅游示范区专题民主协商会有关事项。

【29 次主席会议】 7 月 31 日召开。会议议程为:研究讨论《委员走基层活动方案》,研究部署“政协委员走基层”相关事宜。

【30 次主席会议】 9 月 25 日召开。会议议程为:研究召开政协锡林浩特市第九届委员会常务委员会第 28 次会议暨九届五次会议以来提案办理情况通报会有关事项。

(徐振福)

政协常务委员会会议

【第 24 次会议】 3 月 2 日召开。会议议程为:研究决定锡林浩特市政协 2017 年度协商计划工作。

【会第 25 次会议】 3 月 15 日召开。会议议程为:听取各小组讨论常委会工作报告情况报告。

【第 26 次会议】 3 月 16 日召开。会议议程为:听取各小组讨论情况报告。

【第 27 次会议】 7 月 10 日召开。会议议程为:围绕“推进创建国家全域旅游示范区”进行民主协商、建言献策。

【第 28 次会议】 9 月 26 日召开。会议议程为:听取市政府关于政协锡林浩特市九届五次会议以来委员提案办理情况的通报。

【第 29 次会议】

11 月 27 日召开。会议议程为:协商通过新一届市政协委员名单。 (徐振福)

提　案

【概况】 主要职责是制定政协全体会议期间提案工作方案和提案工作计划,为委员知情明政、履行职能提供服务;依照《政协章程》《提案工作条例》规定,组织征集提案,负责对提案进行审查立案,确定承办单位,交办提案,对提案办理进行检查和督促。对提案进行综合分析,反映重要信息;推荐重点提案、优秀提案、先进提案承办单位和提案工作先进个人;组织提案工作的宣传报道,围绕全市中心工作，调查研究，建言献策。九届五次会议以来立案提案71件，其中社会发展与管理类37件、城市建设与管理类20件、经济类7件、畜牧业与牧区工作类7件，2017年9月全部办结。（徐振福）

经 济

【概况】主要职责是围绕经济工作结合全市实际，突出政协特点，履行职能。负责组织委员深入实际，了解经济发展形势和发展中出现的新情况、新问题，为委员知情建言、履行职能创造条件；组织委员围绕经济建设，深入开展调研活动，负责调报告收集、整理、修改、编辑工作，形成调研成果科学、民主决策服务。积极参与“十个全覆盖”“下基层办实事转作风”“精准扶贫”等民生工作，深入一线调研督导，去各自包扶联系点进行走访，摸清底数，了解贫困户基本情况和致贫原因、理清帮扶思路，结合实际制定切实可行的帮扶规划。（徐振福）

教科文史

【概况】根据锡林浩特市机构编制委员会《关于规范锡林浩特市政协专门委员会机构设置的通知》要求，2017年10月，将科教文卫委员会更名为教科文史委员会。其主要职责是组织委员学习宣传贯彻党和政府有关教育、科技、文化、体育方面的重大政策，为委员履行职能提供服务。围绕本地区教育、科技、文化、体育等工作组织委员开展学习考察、调研视察等活动，并就实际工作中出现的新情况、新问题向有关部门提出意见和建议。根据政协工作特点，负责组织地方近、现代重大历史事件、历史人物会议资料和史料的征集、整理、研究、编撰、出版发行工作。会同政协办公室负责《锡林浩特政协》期刊编辑、出版、发行工作。

（徐振福）

社会法制

【概况】根据锡林浩特市机构编制委员会《关于规范锡林浩特市政协专门委员会机构设置的通知》要求，于2017年10月成立社会法制委员会。其主要职责是组织委员学习宣传贯彻民族政策、宗教政策和侨务政策，为委员履职提供服务，组织委员围绕法制建设，对地方贯彻执行宪法和各项法律法规情况开展调查研究活动，并对各项法律法规执行当中出现的新情况、新问题提出意见和建议。组织委员对地方民族政策、宗教政策、侨务政策落实情况开展调查研究活动，并对具体执行当中出现的问题提出意见和建议。

（徐振福）

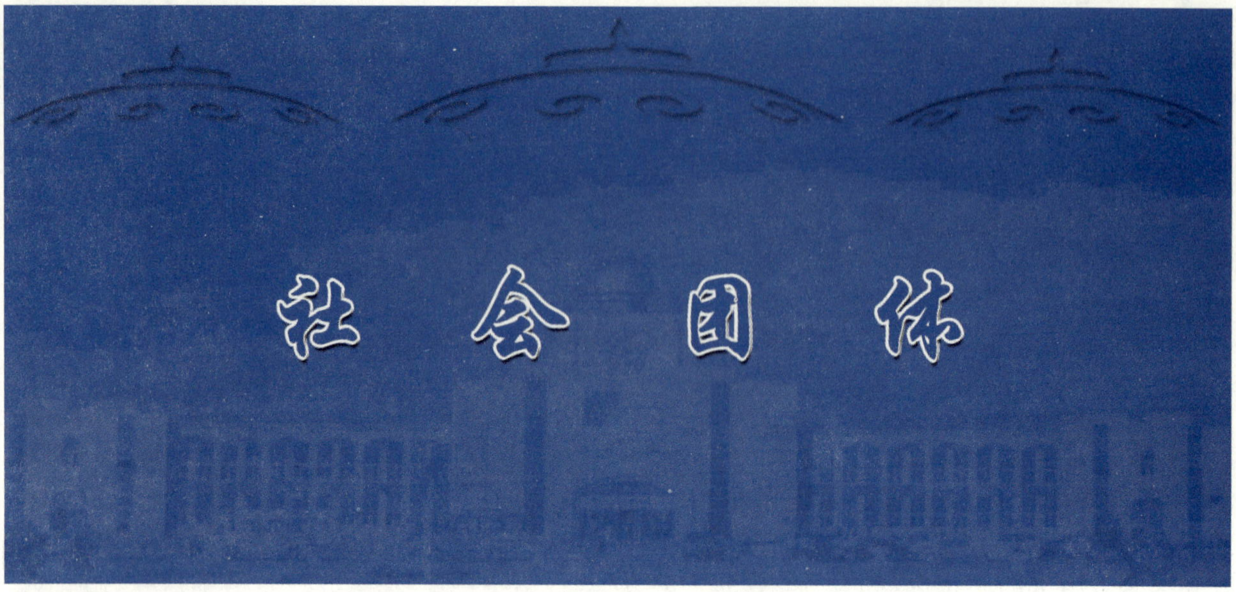

总工会

【概况】锡林浩特市总工会现有工作人员72名,其中:主席1人,副主席2人,科员4人,工勤1人,事业编2人,人才储备1人,社会化工会工作者61人;中共党员17人;研究生2人,大学学历69人;工会工作人员由蒙、汉、回、满四个民族构成。工会内设财务部、综合部、基层部、法工部、保障部、经济部、女工部、宣传部和办公室。

【工会组织规范化建设】全市25人以上企业建会率达到90%,356家基层工会组织中有235家达到“六有”标准;持续推进工会会员实名制工作,动员职工特别是农牧民工加入工会。2017年,新建物业行业工会等基层工会21家,发展会员1695人。截至2017年年底,全市共有工会会员34060人,办理会员证2.6万张,制发工会会员卡1.5万张,完成实名制会员档案登记17793人。

【开展劳动竞赛活动】组织和动员全市各基层工会开展应急技能竞赛、班组大比拼、社区网格员技能大赛、女职工综合技能大赛等形式多样的劳动技能竞赛活动;组织蒙锡雅酒店、天安公交公司、卫计局参加自治区餐饮行业职工职业技能大赛、全区公共交通行业职工职业技能大赛以及全盟卫生应急技能大赛等活动,2017年新建职工创新工作室2家、实现职工技术革新项目80项、发明创造30项、职工合理化建议800件、推广先进操作法5项。

【深化劳模关爱工作】通过工会网站、微博、微信平台、等媒介大力宣传弘扬劳模精神、劳动精神和工匠精神;及时了解劳模们的生活、工作情况,先后开展鲜花送劳模、劳模体检、劳模疗休养、困难劳模帮扶救助等活动,联合肽好公司为全市242名各级劳模每人送去价值1380元的慰问品;协助市委、市政府推荐表彰劳动模范和先进工作者70名。

【实施“安康杯”竞赛活动】将每年的6月定为“安康杯”竞赛活动月,通过开展安全知识宣传月、“双十”活动、班组“安康杯”竞赛、“网上安康课堂”“我身边的安全隐患”随手拍等多种形式的活动,提高广大职工的安全意识和安全事故应急处理能力;年内选树全区“五一劳动”奖状1家,“全区工人先锋号”一家,选树“全盟五一劳动奖状”1家,“工人先锋号”2家,“五一劳动奖章”10人,“金牌工人”3人。

【夯实维权工作基础】研究并通过机关事业单位工会经费财政全额划拨事项,维护机关事业单位职工的权益;召开协调劳动关系三方协商会议,依法主动组织企业工会开展集体协商,从源头上维护职工权益;通过来访、电话、微信等方式共接待职工法律咨询220余起,其中:移送司法局提供法律援助2起、移送劳动监察部门2起、自行协调解决职工投诉和劳动纠纷事件7起,涉及职工100余人。

【推行平等协商集体合同制度】工资集体协商要约季行动期间共发出要约企业145

家,回应要约企业140家,回应率达96.5%以上;共签订工资集体协议184家,覆盖职工14412人;确定石盾防盗门窗厂、伊利乳品有限公司、中小企业园区3个单位为工资集体协商提质增效示范单位。

【深化厂务公开】调整锡林浩特市厂务公开领导小组,印发《关于印发2017年厂务公开民主管理工作要点的通知》,指导基层工会完善职代会制度,已建工会的非公企业职代会制度建制率稳定在90%以上,全区厂务公开民主管理工作有效覆盖面持续扩大。

【大力开展帮扶救助】继续开展"两节"送温暖、"金秋助学"、困难教师、农牧民工、环卫工人等帮扶活动,全年累计共救助各类困难职工2144户(含环卫工人),发放帮扶资金257.1万元;推进和深化职工大病保险工作,新增住院险、意外险、女职工特病保险等,2017年,参保单位240个,参保人数7567人,参保金额130.95万元,保险理赔15例,共理赔133.78万元;2017年,帮扶环卫职工1452人次,发放帮扶资金72.6万元,为750名一线环卫工人进行爱心体检。

【积极开展创业就业服务】通过订单、定向、定岗式等培训方式,重点对困难职工、农牧民工、失业待岗人员等400名困难人员进行培训,超半数人走上工作岗位,实现就业。

【深化工会会员普惠性服务】普惠会员日、会员普惠专场、"指尖上的普惠"活动等活动持续深入开展。锡林浩特市总工会共有115家普惠商家,2017年举办17场会员日特惠专项活动,受惠会员达3.5万人。

【做好女工维权工作】举办"健康女性、幸福家庭"女职工健康知识讲座、"关爱女性健康·冬病夏治"公益讲座等活动;落实《女职工劳动保护特别规定》,推动女职工"四期"保护工作,"爱心妈咪小屋"建设已向大众化、人性化的贴心服务转变,已建立包括汽车站、飞机场、民盛商城等"爱心妈咪小屋"3家;联合妇联、婚姻家庭协会等组织开展相亲联谊会、庆"三八"文体活动、"培育文明家庭—女职工在行动"主题实践活动以及免费为部分困难女职工办理团体特病保险。2017年市总工会荣获全市"三八"红旗集体荣誉。

【强化宣传教育】2017年,累计上报信息简报215条,其中126条被中工网、内蒙古新闻网等媒体采纳;2017年职工文体活动中心举办和承办各类文体活动40余场次,职工书法夜校开展期间深受职工群众欢迎;先后举办"书香三八""书香锡林""读书打卡"等主题活动,推进全民阅读。

【深化"互联网+工会"工作】2017年,锡林浩特市总工会"互联网+工会"创新工作室被命名为"内蒙古自治区职工创新工作室"和"锡林郭勒盟职工创新工作室";工会微信通过朋友圈推广5天之内曝光量为113 141人;成功入驻今日头条、企鹅媒体平台,主动占领职工网上阵地;累计发布微信图文信息2436条,微博更新消息405条,原创视频72个,录制职工音频44个,工会直播35次,相关信息月平均流量达到7万人次;在锡林浩特市"砥砺奋进·争做锡林好网民"活动中工会微信平台荣获"最具影响力微信平台";启动工会大数据网络平台暨智慧工会服务平台项目,"有声工会""微帮扶"微直播、惠课厅等创新服务,受到群众的普遍欢迎。2017年,锡林浩特市总工会的作品《五年发展,点滴印记:小编身边的90后,用这样的方式表达自己!》《基层工会主席——周文玲》分别获得"网聚职工正能量 争做中国好网民"主题活动分享展示项目一等奖和科技创新·劳模展示微视频征集项目优秀奖,锡林浩特市总工会获得"网聚职工正能量 争做中国好网民"主题活动"网络好职工"读书征文项目优秀组织奖(以上三个奖项为全国级)。（孙　璐）

共青团

【概况】2017年,贯彻落实市委、市政府和上级团委的决策部署,准确把握党政要求和青年需求,全力参与实践,积极融入全市工作大局,以共青团改革为主线,以引导团员青年就业创业、公益扶贫、志愿服务、思想道德建设等为重点,着力解决"机关化、行政化、贵族化、娱乐化"问题,不断提升"政治性、先进性、群众性",使锡林浩特市共青团始终作为党联系青年的得力助手。

【推进从严治团】在盟团委和市委全面深化改革领导小组的具体指导下,锡林浩特市团委顺利完成《共青团锡林浩特市委员会改革方案(送审稿)》,具体涉及15处新提法和新举措。落实“三会两制一课”,加强基层团组织组织规范化建设。推进“1+100”联系青年、“4+1”工作机制、向基层服务对象报到、机关开放日等制度。健全调查研究制度,深化“走进青年、转变作风、改进工作”大宣传大调研、“三级示范抓引领·常态化联系服务青年在基层”行动。改进团员发展和教育管理工作,严格控制初、高中毕业班团青比例。推动学校共青团“驻校蹲班”工作。

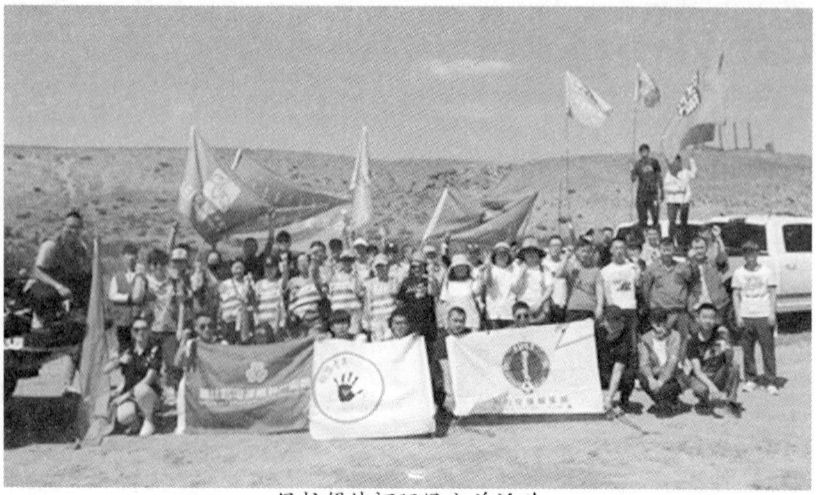
保护锡林河环保公益活动

【主题实践·坚定理想信念】分层分类开展团员青年思想文化宣传活动,引领团员青年思想道德建设。开展“一学一做”“我的中国梦”“喜迎十九大”等主题教育活动。组织开展“喜迎十九大 红领巾心向党”主题队日活动。10月26日,组织各基层团组织参加“青春瞩目十九大”线上知识竞赛并荣获“优秀组织奖”(全盟2个)。带领机关、苏木镇(嘎查)、街道(社区)三级团干参加上级团委学习宣传贯彻党的十九大精神培训班,在红色教育基地举行青年党员重温入党誓词仪式,全年所辖共青团组织共举办十九大开幕集中学习会37场次,覆盖各行业团员青年800人。12月8日,锡林浩特市团委、市委党校联合举办“全市共青团学习宣传贯彻党的十九大精神培训班”。

【打造青字品牌】“学雷锋月”发起“清扫一条街·共创文明城”活动,带动各企事业单位、团青组织、公益社团开展爱国卫生运动;“五四青年节”举行锡林浩特地区“不忘初心跟党走”——纪念建团95周年集中入团宣誓仪式,表彰全市“优秀共青团员(团干部)”“五四红旗团委(总支、支部)”;成立“锡林浩特市非公经济组织团工委”,选派知名青年企业家为委员或成员单位负责人。成立“全市共青团防震减灾志愿服务队”,吸纳盟电业局蒙电彩虹志愿者团队、大唐新能源锡盟公司团委等7个成员单位。夏季公益社团百名青年志愿者赴锡林河水库沿线开展清理白色垃圾活动。圆满完成“锡林浩特市庆祝内蒙古自治区成立70周年综合成就展”志愿服务讲解任务,为各单位和各族群众进行讲解113场次、服务3000余人。7月20日,由锡林郭勒职业学院、“梦想杯”筹办组(学生为主)主办,锡林浩特市团委、锡林浩特市足协协办的“梦想杯”足球赛在锡林郭勒职业学院中俄蒙足球训练基地隆重开幕。

【助力精准扶贫】11月14日起抽调骨干力量深入阿尔善宝力格镇白音高勒嘎查开展2017年扶贫对象动态管理和信息采集工作。12月21日,锡林浩特市团委拨付帮扶嘎查1万元专项资金切实解决帮扶户生产生活问题。截至2017年年底,锡林浩特市团委精准扶贫工作已为2户帮扶户投入资金共计67400元。协调蔓莎舞蹈学校团支部等社会组织深入下岗困难职工家庭、特困环卫工人家庭、留守儿童家庭、车祸重伤致残家庭等进行摸底调研、慰问捐款6000余元。锡林浩特市认真开展“挑战八小时”公益助学金发放工作,为刘天蕊等6名同学发放助学金共计5400元。（辛　颖）

妇女联合会

【综述】锡林浩特市妇女联合会是在中共锡林浩特市委员会的领导下组织开展妇女工作。内部机构设置:办公室、组宣部、发展部、权益部、儿童部、市政府妇女儿童工作委员会办公室。2017年干部职工11人,其中正式职工7人,社区志愿者1人,民生协理员1人,借调1人,临时工1人。其中:少数民族6人,汉族5人,党员7人。走访宝力根苏木额尔敦塔拉嘎查定点2户贫困户家中开展走访调研帮扶，为额布乐格牧户解决过冬饲草386捆，为吉木斯牧户解决房屋租金6000元。双节期间，送上米面油等生活慰问品。发挥“第一书记”作用，联系希日塔拉街道一棵树居委会，与居委会联合上党课2次，共同开展党日活动3次，帮扶居委会党建活动资金3000元，为居委会投入资金100000元清理居民区积存建筑生活垃圾，定期到居委会2个帮扶户家中开展慰问工作。解决多年未解决的基层妇联工作经费和妇代会工作性补贴问题，不断提高服务基层妇女工作水平。2017年度在全盟各旗县妇联业务工作考核评定中获突出等次。

【组织工作】 举办“关爱女性健康”和“幸福婚姻家庭”知识讲座，100余人参加。举办锡林浩特地区广场舞交流赛，300余名群众参与。举办纪念“三八”国际劳动妇女节107周年联谊会，200余名优秀女性参加联谊会纪念自己的节日。组织开展“好家风、好家训”巡讲活动，开展“好家风、好家训”活动11场，300余人参加；举办“勤俭持家·致富圆梦”系列主题宣传活动。持家理财经验交流座谈会”14场，300余人参加，2017年底，全市4个苏木镇、5个国营农牧场、7个街道办事处，按程序完成妇联区域化改革换届工作任务，换届率达100%。举办非公经济组织和社会组织培训班，72家参加。

【宣传工作】 强化新媒体平台，完善妇联微信三级矩阵，年内上报信息102条，市委、市政府采用14条，盟妇联采用16条，自治区妇联采用5条，有效提高妇联宣传工作效率。

【发展工作】 搭建服务平台，推动妇女创业就业。一是联合多部门举办送岗位“春风行动”“送岗位送政策送服务”专场招聘会3次，提供就业岗位1806个，1500余人参加，达成意向442人，促进妇女创业就业。二是锡林浩特市工会联合举办锡林浩特地区“建功‘十三五’巾帼展风采”女职工综合技能大赛。加大培训力度，促进创业就业。组织锡林浩特市16名妇女参加自治区妇联举办的月嫂和面点师技能培训。

【维权工作】 盟、市妇联联合继续在市法院、市民政局婚姻登记中心推进“温馨驿站”调解室工作，针对婚姻家庭矛盾纠纷调解需求开展调解服务，2017年全年受理婚姻调解案件776件，成功化解253件，转交诉讼大厅200件，其中法院室受理436件，化解236件；民政室受理340件，化解17件。年内接待来信来访18件，办结率100%。在长安社区开展“说事拉理、我爱我家”婚姻家庭矛盾纠纷调解咨询活动和“提升心里正能量，快乐适应新环境”心理健康讲座，共120余人参加。开展法律宣传活动9次，1120余人次参加，发放宣传手册1560余份。

【儿童工作】 举办全市苏木镇、场、街道社区家长学校培训班，70余人参加。组织基层妇联工作人员30余人，深入2个学校和6个家长学校示范点开展现场观摩交流学习活动。同时走进芳草小学，举办未成年人心理健康咨询讲座，进一步促进未成年人健康成长。开展呵护“花蕾”行动之“保护儿童隐私部位”教育进校园活动。

【妇儿工委工作】 为2名患乳腺癌的贫困妇女每人发放“贫困母亲两癌救助金”各1万元。市妇儿工委办召开全市妇女儿童状况综合统计监测年报工作会议，涉及统计监测指标的各成员单位分管领导及联络员50余人参加会议。与爱心企业人士，为盟福利院儿童提供19万元的室内硅藻泥公益环保装修，为他们提供健康居住环境。妇联与瑞浩体检中心给贫困妇女开展免费体检活动，为32名贫困妇女每人提供价值695元的健康体检卡。在市六中为高三年级举办“创新家长观念、培养优秀人才”专题讲座，600余名家长及学生参加，有效更新家长教育理念，帮助学生缓解应考压力。（王　娟）

科学技术协会

【概况】 锡林浩特市科学技术学会成立于1959年1月12日，内设：综合办公室、科普部、学会部、青少中心等4个部室，核定机关参公编制4名。所属注册各类协会38个，其中农技协5个，协会会员2280人。已创建国家级科普示范社区3家、自治区级科普示范社区2家，盟级科普示范社区5家，市级科普示范社区12家，112户科普示范家庭，1000户科技示范户。培育自治区级科普示范苏木镇2个、自治区级科普示范街道1

个、自治区级科普示范学校1个、自治区级科普示范基地2个。建成社区青少年科普活动室2处、科普馆1处。

【科普平台】实施“互联网+科普”行动,促进科普向居民区的延伸覆盖。同中国知网签订合同,供让社区居民登录“科普网络书屋”免费浏览学习。在宝办额尔敦社区、希办新华社区、额办葛根敖包社区等国家级和自治区级科普社区提升建设青少年科普活动室2处、科普馆1处。打造额尔敦社区等4个社区科普e站。

【科普队伍】提升建设原有的国家级等12个各级科普示范社区,6个科普示范基地的基础上,建成农牧业、医疗卫生等领域专家组成的专家智库;广泛吸纳科技人才和热衷于科普事业的年轻队员,充实科普志愿者队伍,现有智库专家10名,注册科普志愿者82名。

【科普惠农项目】2017年,市科协申报的“锡林浩特市科协科普信息化宣传平台建设项目”“额尔敦社区青少年亲子科普创意课堂项目”“菜篮子生态农业科普教育示范基地项目”“察哈尔社区科普中国乡村建设项目”“葛根敖包社区科普场馆建设项目”等5个项目顺利通过全盟科普项目评审,入围自治区“基层科普行动计划重点项目”项目库。年内争取到自治区科协科普项目补助资金10万元,盟科协专项科普经费5万元。

【科普资源共享】更新建设草原公园、植物园、社区等地科普宣传栏7处,75块,编印发放各类科普宣传手册、图书、折页、光盘18种5万余册,承办社区科普报3处。充分利用各类科普体验场馆、大篷车流动科技体验产品巡回展览常态化。

【全民科学素质工作】组织开展2017年科技活动周、科普日、三下乡、食品安全周、科普大篷车进社区、进校园、进牧区等大型主题活动及经常性宣传普及活动。活动围绕“创新、协调、绿色、开放、共享”的发展理念,多部门联合,全社会动员,共开展56场活动,公众参与人数达26000余人次。

【精准扶贫工作】认真履行“第一书记”职责,结合精准扶贫工作,定期走访宝力根街道办事处乌兰图嘎社区和宝力根苏木伊利勒特嘎查,在每个重大节假日慰问贫困户并送去慰问金;为帮扶对象修建棚圈300平米一处,解决用电,为一户帮扶对象解决就业,为一户解决廉租房。切合科协“四服务一加强”工作职责,深入基层调研、走访、座谈交流,切实解决基层群众科普工作中的事实、难事。

【特色亮点工作】创新和优化锡林浩特市科协蒙文科普网站,展现“科技动态、政策法规、科普知识、实用技术”等8个栏目,方便于农牧民用手机登录浏览,网站点击率达164120人次;创办社区锡林浩特市宝办额尔敦社区、乌兰图嘎社区两处科普月报和乌兰图嘎社区微视新闻。2017年3月,创办“锡林浩特市科协农牧民实用技术微信服务平台”,聘请锡林郭勒职业学院热衷于科普工作、经验丰富的畜牧、草原、生态、饲养管理方面的专家,为锡林浩特市地区农牧民在线解答生产中遇到的牛羊疾病、饲养管理等问题以及季节性养牧的注意事项。针对牧民实际需求不定期的举办实用技术培训班,至开通以来已纳入锡林浩特市地区牧民495人。（包金花）

工商业联合会

【概况】2017年,锡林浩特市工商业联合会(总商会)有在职职工5人。其中:主席1人、副主席1人、主任科员1名、科员2人。市工商业围绕市委、市政府中心工作,细化任务,强化落实,着力协调,认真履职,多措并举引导全市非公经济代表人士健康成长,推动非公经济健康发展。

【思想建设】以“守法诚信、坚定信心”为重点,持续深化理想信念教育实践活动。组织广大非公经济人士参加井冈山培训、理想信念报告会、十九大精神宣讲报告会,开展“我和我的祖国——升挂国旗、唱响国歌”主题活动。召开全市非公经济形势通报会和非公经济政策解读会等,向非公经济人士通报、解读相关扶持政策和措施。组织召开非公经济座谈会,推动市委、市政府相关部门和非公有制经济人士经常性联系,增进政企互信,促进建立健康的政商关系。建立非公企业人才库,采取“请进来”与“走出去”方式,组织新生代、新社会阶层非公经济代表人士参加企业经营管理素质能力提升培训班、“企业家成功论坛—《指数型组织》主题阅读分享会”等活动。在上海交通大学举办2017年非公有制经济代表人

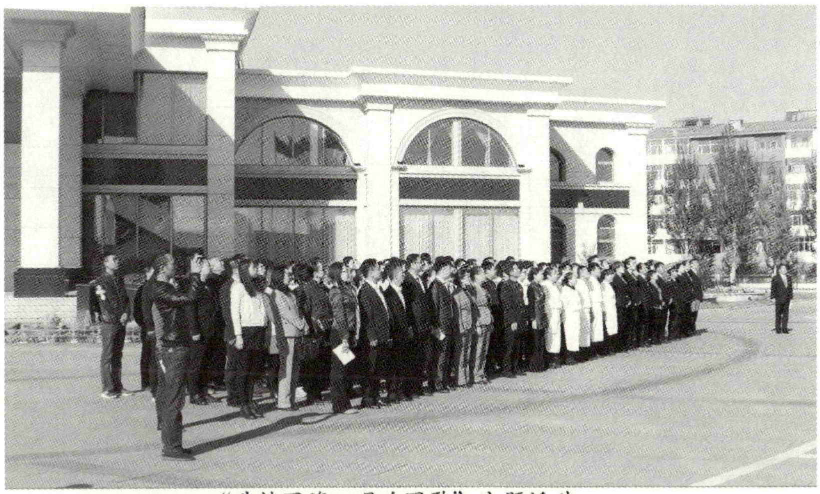
“升挂国旗，唱响国歌”主题活动

士培训班，组织锡林浩特市非公经济人士和市非公经济发展领导小组成员单位相关领导参加培训。2017年共组织各类培训6期，培训人员270余人次。

【经济服务】 搭建银企沟通平台。举办银企对接会，帮助非公企业破解融资难问题，2017年共组织20余家会员企业参加银企对接会，成功帮助企业获得贷款3000余万元。利用非公经济网站、微信公众平台等多种途径，广泛发布人才资源供求信息，便于应聘者掌握第一手资料。会同相关部门和单位，举办春季大型招聘会、“送岗位进社区”专场招聘会，达成用工意向280余人。按照《锡林郭勒盟促进非公有制经济发展专项工程实施方案》相关要求，协调督促各职能部门把鼓励、支持和引导非公经济发展有关的优惠政策落实到位，优化非公经济发展环境，促进中小微企业实现提档升级。2017年，为33家企业争取到147.3万元非公有制经济专项资金扶持。共有9家非公企业以产业帮扶和公益帮扶的方式帮扶建档立卡贫困村贫困户，共帮扶20户73人，投入帮扶资金50.7万元。

【自身建设】 以“五好工商联”（领导班子好、会员发展好、商会建设好、作用发挥好、工作保障好）建设为标准，扎实开各项工作，得到社会充分认可，在全区工商联基层组织建设经验交流会上，荣获全区“五好”县级工商联荣誉称号同时，2017年度再次被确认为全国“五好”县级工商联。

（常鹏博）

残疾人联合会

【概况】 1989年经政府批准建立锡林浩特市残疾人联合会，至2017年开六次代表大会共计产生6任理事长。残联是“半官半民”的社会中介组织，是集“代表残疾人，为残疾人服务，管理残疾人事业”三种职能于一身的事业团体。以弘扬人道主义，发展残疾人事业，保障残疾人平等地充分参与社会生活，共享社会物质文化成果为宗旨，认真履行其代表、服务、管理职能，为残疾人事业做大量卓有成效的工作。全市残疾人的地位逐步提高，劳动就业、受教育机会、医疗卫生条件、精神文化生活等方面有明显改善。理解、管理、尊重、关心、帮助残疾人，维护他们的合法权益是全社会共同的责任。

【机关建设】 在盟残联及市委、市政府的各项任务下达后，从部室到个人，进行层层分解，做到人人头上有“指标”。2017年共争取上级资金826.7万元，用于全市残疾人事业建设。于12月底完成残联2017年档案整理工作。建立健全《保密工作守则》《综合档案管理制度》《股级干部任免管理办法（试行）》等20条制度。成立15个基层残联和90个基层残协。

【残疾人康复】 争取上级资金30万余元进行无障碍改造工作，惠及100余户残疾人家庭，投入5万元为残疾人发放无障碍辅助器具400余个，惠及400余户残疾人家庭。及时按相关要求筛选发放居家托养补贴，共计投入3.6万元，惠及80余户重度、精神、智力残疾人家庭。配合盟残联实施假肢免费制作适配，认真筛查符合条件的残疾人，上报10余人到盟残联康复部和辅具中心，由辅具中心实地筛查确定适配对象。积极开展全市首个“全国残疾预防日”宣传活动，发放宣传页100余份。

【教就工作】 对2017年考入的贫困残疾人大学生和贫困残疾人家庭大学生进行上报，“泛海助学”项目和“残疾人大学生及残疾人家庭大学生补贴”项目资助残疾人及残疾人家庭大学生41人，共资助

15.7 万元。组织残疾人参加蒙古帽子制作、体电通诊疗技术、自主创业等培训,全年累计培训残疾人 110 余名。联合有关部门举办残疾人专场招聘会两场,积极联系市里各类企业征集残疾人岗位 100 余个;新增就业残疾人 60 余人。累计投入资金 150 余万元对全市 10 个残疾人自主创业基地、就业基地、残疾人辅助性就业基地、文化产业基地、残疾人福利企业进行资助帮扶。争取上级资金 45 万,对新增的"温馨家园"和综合社区项目各 1 处进行建设。与相关部门积极配合,全年征收残疾人就业保障金 70 余万元。

【组织建设和残疾人维权】 开展全国残疾人基本服务状况和需求调查,于 7 月开始进行入户调查,在 9 月底完成涉及 4000 余名持证残疾人、2 万余户残疾人家庭的数据动态更新工作。为加强对残疾人证办理工作的严格管理,成立由残联、卫计、定点机构等部门组成的残疾人残疾类别、等级鉴定工作领导小组,为便捷重度残疾人办理残疾人证,成立直观认定小组,让更多残疾人享受到便民服务。在全区范围内实现无界别、无次数持证疾人免费乘坐市内公交车事宜。全年累计接待残疾人 300 多人次,办结率达 95% 以上。顺利召开"锡林浩特市残疾人联合会第七次代表大会",产生新一届领导集体和主席,参加全盟残联代表大会正式代表和主席团委员。

【残疾人精神文化生活】 为满足残疾人日益增长的精神文化需求,分别以"文化进社区"的形式和"关爱工程进校园"公益活动,捐赠 4300 余册图书共计 46.5 万元。

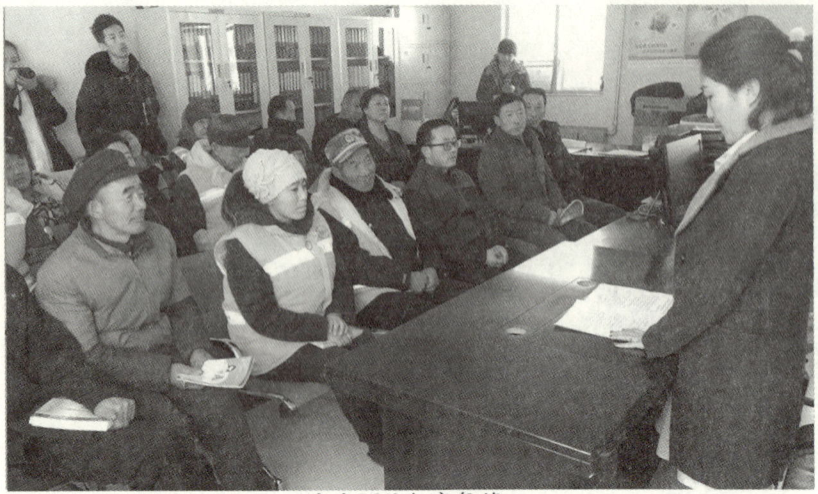

残疾预防与康复篇

(褚一磊)

红十字会

【概况】 核定编制 3 人(正科级领导职数 1 人),预借事业编制 3 名(用于消化超编人员,随空随收),2017 年年底共有工作人员 9 人,其中正式人员 5 人,民生志愿者 1 人,专职志愿者 2 人,聘请会计 1 人。党支部共有党员 4 名,为书记负责制,支部书记姜久江。2017 年,推进"三救""三献"等各项工作,积极发挥政府人道领域助手作用,不断加强能力建设、提高服务水平,各项业务取得新发展、新成绩。

【组织建设】 全市有"博爱超市"9 个,"博爱家园"项目 4 个,基层组织 127 个,团体会员 43 个,成人会员 2484 名,青少年会员 2106 名,社区志愿服务队 12 支,志愿者 275 名。全市 4 个苏木镇、7 个街道和教育系统建会率均达 100%,基层组织体系和救助网络日益健全。实施内蒙古自治区"5 个 500"和"2 个 100"项目,共同推进组织建设和项目建设工作,在人员配备齐整、基层组织建设达标、资源优势突出的社区、学校投资开展项目建设,广泛宣传红十字"人道、博爱、奉献"精神。

【筹资与募捐】 全市"博爱一日捐"和"爱心双助"募捐活动募集捐款 180.5 万元。其中:市属机关、社会团体、事业单位捐款 177.4 万元,企业国有农牧场捐款 3.05 万元;市红十字会工作人员和专职志愿者走街入店开展商户春季换季积压物资劝募活动,募集各类衣物 304 件,价值 5.59 万元。款物价值共计 186.07 万元,截至 2017 年年底储备备灾基金 158 万元、爱心回报基金 122 万元;储备物资价值 45.46 万元(其中帐篷 12 顶价值 3.57 万元,毛毯 160 条价值 4.56 万元)。

【救灾与救助】 开展各类救灾救助活动发放款物价值 169 万元,受灾群众和特困大病患者、贫困学生和残疾人等困难群众 6208 人次受益。开展 2017 年度"红十字博爱送万家"活动共投入款物价值115.65万元,受益人数3700余人〔其中:投入32.85万元救助、慰问475户生活困难群众、团体会员单位帮扶群众和101名在校特困学生;投入28.1万元纳入政府统一慰问下岗职工、低保户(边缘户)、特困牧民和特困残疾人;争取上级红十字会奶粉3100盒,价值54.7万元,慰问市属环卫工1400人、社区基层工作人员160余人〕。开展定向(项)救助活动,共计投入51000元。扶困助医项目为13名特困大病患者发放医疗救助金51000元。"爱心回报"基金救助4名市属特困职工共计38000元。博爱助学活动救助2名贫困大学生4000元。联合农工党,农工党锡盟医药卫生第一、二支部委员会在白银库伦牧场开展"送医送药进牧区"义诊活动,义诊当地牧民100人次,捐赠价值10000元药品。

【学校红十字会工作与红十字青少年活动】 开展自治区级"红十字示范校"活动,在第六中学、民族小学建立"人道文化传播点"和"应急救护角",组建"学生红十字知识宣传志愿服务队";开展内容丰富、形式多样的旨在弘扬人道精神的红十字青少年活动,如:开展应急救护知识进校园讲座活动;组织全市中小学开展应急救护知识进校园讲座和青少年自救互救知识竞赛活动,发放试卷3000份;开展"捐出一天零花钱、献出一份同学爱"中小学生募捐活动;开展"校园博爱基金"救助特困学生活动,救助第三中学、第五小学、第三小学大病学生各1名,共计投入51000元。

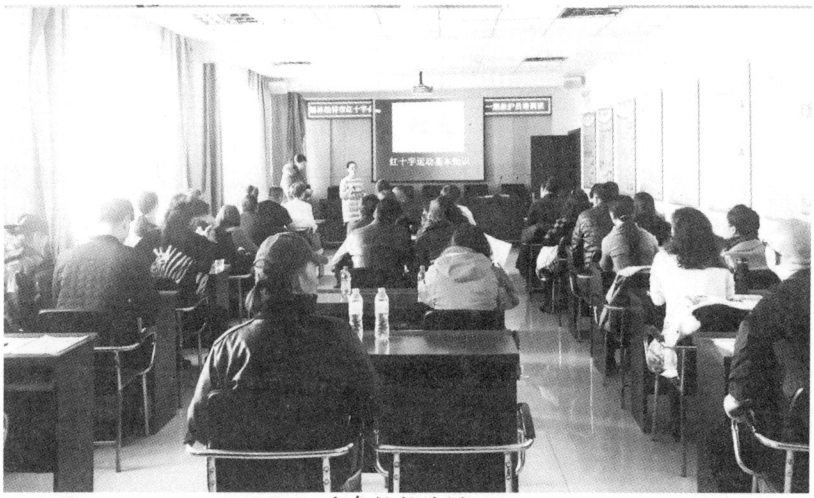

应急救护培训

【红十字志愿服务活动】 积极发挥学校红十字会志愿者和社会志愿者队伍的作用,参与"六城联创"活动,多次组织志愿者参与社会各界组织的环境卫生清理活动。

【宣传与培训】 围绕纪念世界红十字日、防灾减灾日、世界艾滋病日积极组织开展形式多样的宣传;在第九个"防灾减灾日",盟市两级红十字会联合盟民政局、地震局等部门在额尔敦街道办事处华油社区、华油学校开展以"减少灾害风险"为主题的宣传、演练等活动和地震应急疏散演练活动;12月1日市红十字会联合盟、市疾控中心等单位,在贝子庙广场开展"世界艾滋病日"宣传和预防咨询服务活动;积极拓展其他社团和企业开展初级救护员培训,开展应急救护班9期,培训合格应急救护员273人;推进救护知识进企业、进机关、进学校、进社区、进牧区,全年开展普及性培训7期,培训515人;新选派9名志愿者参加"师资培训班"。

【捐献造血干细胞与无偿献血】 加强无偿献血、造血干细胞和人体器官(遗体、组织)捐献工作。新登记志愿者70人,造血干细胞志愿者已发展至228人。

【博爱家园项目】 联合宝力根街道额尔敦社区在瑞浩体检中心打造集"博爱大讲堂""社区康复基地""远程医疗咨询"和"博爱超市"为一体"健康社区"实现红十字志愿服务、家庭急救技能培训、心理健康活动、健康体检和医疗咨询咨询远程服务一体,为贫困家庭提供小额创业资金等模式发放生计基金10万元。

【光明行社会公益活动】 凝聚社会公益力量,使更多贫困白内障患者重见光明,累计筛查人数2200人,成功实施手术95人,成功率100%,回访率100%。文化科技卫生"三下乡"活动中,联合红十字志愿服务队朝聚眼科医护人员为牧民免费进行眼疾检查,现场为26名牧民检查眼疾,发放眼药水价值457元。

【精准扶贫】 利用元旦、春节等节日为贫困户送去1000元的慰问金和价值780元的米、面、油等生活物资,"因地制宜”投入 38 万元开展新一轮棚圈建设救助项目,10 户牧民受益;新一轮流动畜群项目为 3 户特困牧民发放母畜 210 只,每年每只母羊能产 1 只羔羊,成活率 98% 以上,直接带动增收 3 万元/户。

【监督机制与廉政建设】 2017 年年初及时召开党员大会,研究部署全年党建工作,明确党员干部各自职责;开展“转作风、提效能、促发展”和“切实解决‘四个意识’专项”活动,将思想建党和制度治党紧密结合,以制度建设为抓手,全面推进从严治党责任;推进“两学一做”学习教育常态化制度化。建立和完善法律、政府、社会和自我监督相结合的“四位一体”综合监督体系。

(王晓敏)

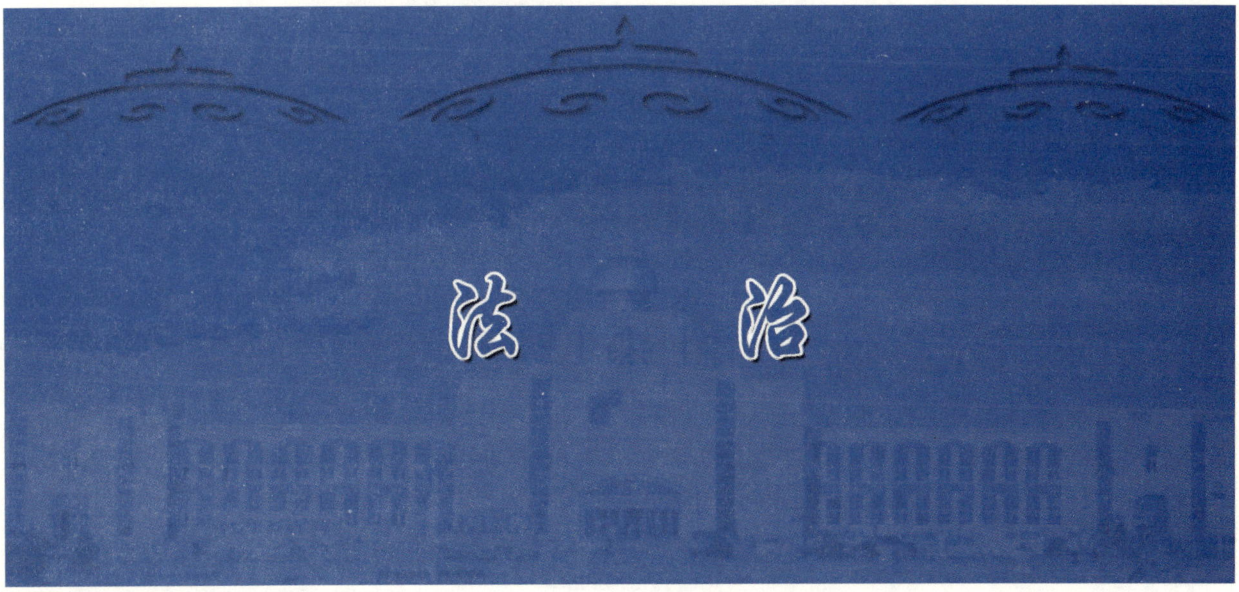

法 治

政法与综治

【概况】 中共锡林浩特市委政法委是市委领导和管理政法工作的职能部门，内设政治处、维稳办、执法督查室、办公室。市社会治安综合治理委员会办公室（简称综治办）与市政法委合署办公。共有人员21名，其中，书记1名，副书记2名，主任2名，科员9名，工勤人员1名，混岗1名，事业2名，社区民生志愿者3名。

【政法队伍建设】 按照《锡林浩特市2017年度政法干警教育培训计划》，在全市政法系统开展“忠诚、干净、担当”主题整顿行动。分别在活动第一阶段、第四阶段对市政法各部门开展督查。在建党96周年前夕，组织全市政法系统“迎十九大、庆70周年暨‘忠诚、干净、担当’政法系统第二届知识竞赛”活动。11月，邀请中共中央党校教授曹立为全市400名政法干警做学习十九大会议精神专题讲座。制定完成《锡林浩特市社会体制改革专项小组2017年工作台账》，涉及任务16项30条。要求制定出台17条、推进落实12条、健全台账1条。为政法干警缴纳政法干警意外险。

【综治工作】 对2017年的综治重点工作逐条逐项进行细致的分类梳理和任务分解，列出工作清单，逐一明确责任单位和责任人。从排查防控化解社会矛盾、加强社会治安整治、维护社会公共安全、规范基层基础工作等方面提出2017年的综治及平安建设工作要点。全市健全落实综治领导责任制的实施细则，经市委、市政府审定后印发，并向上级报备。与15个苏木镇（场）街道和49个综治委成员单位进行集中签状。

【排查化解社会矛盾】 共排查并化解城乡建设、草场权属、房产物业、劳动社保、经济合同、交通事故、邻里纠纷、婚姻家庭等方面的一般性矛盾纠纷421起；共排查涉及劳动社保、土地征用、房屋拆迁等领域的重点矛盾积案73起，逐一明确包案领导和责任部门，通过多措并举现已销案39起；6月5日，进一步明确12个重点返迁楼建设项目的责任领导和督办领导。1至9月，共调处各类矛盾纠纷3025起，其中各苏木镇（场）街道调解133起，司法所调解1833起（口头调解1483起），法院诉调对接中心调解1059起，全部矛盾中市区占70%左右，牧区接近30%，主要涉及物业服务、婚姻家庭、邻里纠纷、经济合同、宅基地、劳动争议、道路交通等方面。

【整治治安突出问题】 市综治委（办）组织、协调相关职能部门开展为期2个月的以整治生产安全、交通安全、消防安全等为主要内容的平安创建重点工作十个专项行动。共检查涉及安全生产的单位、场所、部位292家，查出安全生产隐患1077条，整改502条，对145家企业限期整改，对75家企业停产整顿；检查食品生产、食品流通、餐饮服务等单位935家，签订食品经营承诺书、责任书100余份,下达监督意见书和责令改正通知书95份,关停饭店3家;检查药品经营单位、医疗机构及医疗器械兼营店134家,下达责令改正通知书和行政处罚决定书48份,签订药品使用安全责任书5份;检查涉及群众日常所需生产生活用品及家电、农资、建材、机电、汽车配件等相关单位56家,立案查处违法案件8起,查获、没收假冒伪劣商品1000余件;检查各类车辆15000台次,查处各类交通违法行为7462起;检查消防重点单位、社会单位等277家次,发现并整改火灾隐患及违法行为423处,行政处罚单位10家,受理查处火灾隐患举报投诉13起,整治网上违法信息1条,发现并消除网上有害信息3条,发现网上舆情13条,经核实后通报政府和相关部门;检查出租房屋119家,核对暂住人口260人,录入流动人口信息7989条,出租房屋信息2030条,寄住人口信息30条,从业人口信息352条;清查宾馆旅店、洗浴、娱乐场所、商业网点、网吧、企事业单位、金融网点、加油站、加气站、矿山等2177家,检查重点单位、场所511家,缴获子弹84发,组织应急疏散演练4次,消防安全演练4次,查处治安案件38起19人;抓获"盗抢骗"犯罪嫌疑人15人,破获"盗抢骗"案件22起,打掉犯罪团伙3个;排查化解各类矛盾纠纷46起,包括3起民间借贷纠纷,排查处置一起因交通肇事案件造成人员死亡可能引发个人极端事件的信访问题。

市综治办会同公安局、民政局、卫计局、人社局、残联等部门联合下发《关于建立精神卫生工作协调机制的通知》,并根据《锡林浩特市关于对严重精神障碍患者监护人落实以奖代补措施的实施办法》,协调市民政局下发《办理易肇事肇祸严重精神障碍患者监护人"以奖代补"资金的补充通知》,明确享受奖补的有关事项、认定程序、监护协议、资金申请流程等。9月中旬,为29名符合奖补条件的监护人发放奖补资金。新筛查精神障碍患者543名,2017年年底,全市累计筛查精神障碍患者979名,已完成总人口4‰的任务指标。

【校园周边环境治理】4月开始,市综治办牵头组织公安、教科、城管、卫计等部门开展校园周边治安、交通、商业及摊点经营、文化娱乐、医疗卫生等环境综合整治专项行动,协调推进工作的落实,净化校园周边环境。共开展集中行动10余次,整治车辆乱停乱放行为1600余起,清理校园周边流动摊点100余处,清理店外经营和占道经营80余处,查处乱堆乱放行为20处,劝离游商小贩150余人次,查扣处罚流动摊贩10个,检查整治校园周边超市、餐饮、小饭桌、食品经营户、学习用品店、便利店、医疗机构及学校食堂等585家次,对无证经营和无健康证从业人员的小饭桌下达整改通知书,清理校园周边200米内的游戏厅、台球厅、音像店、棋牌室、洗浴场所17家,校园周边200米内无网吧。同时,公安机关深入全市25所学校周边的65家经营商户、超市及各类店铺,针对是否存在销售"牙签弩"等危险玩具及危险物品情况进行检查,未发现有售卖情况。

【专项行动】4月中旬开始,组织推动基层综治委(办)积极配合公安机关开展缉枪治爆和打击"黄赌毒"违法犯罪专项行动,各苏木镇(场)街道配合公安机关开展宣传教育活动20余次,制作宣传条幅20条,张贴宣传通告1400份,并通过出租车LED屏、行业场所电子显示屏、微信短信平台等进行广泛宣传。专项行动以来,公安机关收缴子弹2065发、猎枪4支、管制刀具4把、雷管10个;查处卖淫嫖娼和介绍、容留他人卖淫嫖娼等案件5起,行政拘留12人,取保候审1人;破获聚众赌博案件1起,行政拘留7人;破获贩卖毒品、非法持有毒品、非法买卖制毒物品等案件5起,抓获犯罪嫌疑人6人,缴获毒品冰毒133克;查处吸毒案件34起,行政拘留35人,强制隔离戒毒1人。6月中旬,按照上级的统一部署,组织推进整治"村霸"专项行动,成立专项行动领导小组,会同组织部、公安局联合下发《关于开展整治"村霸"专项行动方案》,召集各苏木镇、国有农牧场、街道办事处相关领导对专项行动做动员部署。6月20日,召开专项行动领导小组会议,对排查出的2个问题进行分析研判,不符合"村霸"情形。

【依法治市】制定印发2017年度推进依法治市工作要点和任务台账,在基层综治中心建设中,提前规划基层依法治理工作,设立专门功能室。实行领导干部任职前法律资格考试制度。以"七五"普法为契机，强化机关和企事业单位普法宣传教育，建立健全管理制度，依法解决热点、难点问题。推行基层法律顾问制度，为全市22个嘎查、45个社区、16个居委会、4个国有农牧场配备40名律师身份的法律顾问，协助开展法律服务等工作。对城市法治文化广场进行亮化、绿化并新建雕塑，在贝力克牧场、朝克乌拉苏木、额办振兴社区和新兴居委会建立4处法治文化长廊。

【宣传活动】3月和9月先后印发《关于开展2017年社会治安综合治理（平安建设）宣传月活动的通知》和《关于开展2017年社会治安综合治理（平安建设）和民族团结进步宣传月活动实施方案》。3月，市综治办、司法局牵头，联合法院、检察院、公安局、国土局、妇联等部门，在法治文化广场开展以"落实综治领导责任制，筑牢祖国北疆安全稳定屏障"为主题的集中宣传活动，共发放各类宣传资料8000余册，面对面解答群众法律咨询20余人次。9月15日市食药和工商质监局、卫计局、教科局、烟草局、公安消防大队、消费者协会及联通、电信、移动等20个部门结合"3·15"国际消费者权益日，在民盛购物广场采取现场咨询、投诉、假冒伪劣商品展示、识假辨假、保健食品消费防欺诈专题讲座等形式，共受理投诉7起，接受咨询360余人次，展示假冒伪劣商品15种，没收并销毁价值23万元的假冒伪劣商品，发放宣传资料2000余份。市教科局会同政法各部门，利用3月中小学校开学和"3·28"全国中小学生安全教育日举办法制讲座5次，发放普法书籍1200册，受教育学生10000多名。

围绕"七五"普法工作，组织各基层司法所、法律援助中心，会同各街道办事处综治办、工会、社区等开展普法、法援宣传活动，并深入到神华风电、大地保险、百货大楼等50余家企业及个体经营户，组织"送法进企业"活动，共发放《实用法律知识读本》《工会法》《人民调解法》《法律援助条例》等普法书籍10余种1000余册。

【社会稳定风险评估】 按照《内蒙古自治区重大事项社会稳定风险评估工作操作规程（试行）》等四个规范性文件的要求，5月26日，市维稳办召集已备案的和正在申请备案的"第三方"稳评机构负责人进行座谈于9月11—15日在锡林浩特市政务门户网和锡林浩特市政法委网站予以公示后，最终确定6家稳评机构。

【重大项目社会稳定风险评估】根据《内蒙古自治区重大事项社会稳定风险评估工作操作规程（试行）》等四个规范性文件精神，2017年市维稳办对《锡林郭勒盟医院门急诊医技综合楼建设项目》《大唐锡林浩特电厂、华能北方胜利电厂、神华胜利电厂110千伏启备电源线路工程》《锡林郭勒盟空天科技有限公司临近空间飞行器试验场项目》《锡林浩特市生活垃圾焚烧发电项目》和《内蒙古中蕴马产业发展有限公司马系列产品开发项目》《神华北电胜利能源有限公司胜利一号露天煤矿项目建设用地》《调整锡林浩特市污水处理收费标准》《京运通宝力格特高压外送30万千瓦风电项目》等8个重大项目稳定风险评估工作进行备案。

【重大不稳定问题清单】 3月1日至20日，在全市范围内集中开展影响社会稳定矛盾问题摸排调研工作。全市共排查梳理出影响社会稳定矛盾问题69件，主要涉及房屋拆迁、复转军人和97年未分配大中专毕业生。为落实中央维稳办《关于集中开展新一轮影响社会稳定矛盾问题摸排调研工作的通知》（中稳办发电〔2017〕33号）部署安排，6月—9月，在全市范围内集中开展新一轮影响社会稳定问题摸排调研工作。锡林浩特市共排查梳理出影响社会稳定矛盾问题73件，已化解39件。其中，自治区领导包联市带案督查的3件信访积案中，已化解2件，正在推进化解1件；盟级领导包联锡林浩特市带案督查信访积案4件，其中已化解2件，正在推动化解2件。近期梳理出53件影响社会稳定矛盾问题进展缓慢，对12件返迁楼问题信访案件，市委、市政府研究确定处级领导包案，并已制定化解方案。

【重点人员、重点案件摸排化解】在锡林浩特市新疆维吾尔族人员共69人，其中锡林郭勒盟职业学院新疆籍维族学生55人，杭盖派出所管区5人，楚兰派出所管区1人、额尔敦派出所管区2人、白音锡勒派出所管区1人、流动人口5人，密切关注新疆维吾尔族人员的动态。全市宗教形势发展良好，现有5个宗教，分别为藏传佛教（喇嘛教）、伊斯兰教、天主教、基督教、汉传佛教。有贝子庙、清真寺、天主教堂、基督教堂、菩提净院(汉传佛教)等5个宗教活动场所,其中汉传佛教菩提净院没有固定活动场所。基督教堂结合信教群众老弱实际,在市区分设7个聚会点。全市共有教职人员39名,其中佛教26人(喇嘛25人、和尚1人)、阿訇7人、基督教传道员5人、天主教神父1人。目前,锡林浩特市共有军转干部17名,其中,行政事业单位4名,企业3名,现已全部安置。2003年以来退役士兵367名,其中328名已安置(14名安置后辞职或被辞退、或未签订劳动合同)。

【国安工作】4月15日活动中,共发放宣传册500余本、展出展板10余块、现场解答咨询30余人。

【信息报送】市维稳办从1月开始,在各个重大节日等特殊敏感期施行24小时值班制度,确保有情况能够及时报告。2017年,共报送维稳信息44期,维稳专报5期,国安专报17期。

【涉法涉诉信访】2017年度向自治区高院上报诉访分离案件21件,同时落实包案领导、责任单位及责任人、稳控单位及责任人。在做好上访人员的思想工作和法制教育工作同时,进一步积极引导上访群众理性合法地通过正当渠道依法提起诉求。截至2017年年底,累计接待登记来信来访39批次。共排查出涉法涉诉信访案件15件,全部落实责任单位责任人、稳控单位责任人和包案领导,现已化解6件,其他9件正在积极化解中。对积案化解、教育稳控工作作出具体安排,确保各项维稳措施落到实处,收到良好的社会效果。共接到中央巡视组受理案件两批次8件、自治区巡视组受理案件4批次9件、盟政法委转办4件。

【司法救助】根据《内蒙古自治区国家司法救助实施的意见(试行)》文件精神,市将20万元国家司法救助专项资金列入财政预算。2017年度救助19件27人共计52万元,充分体现党和政府的关怀,从而对涉法涉诉当事人进行感化教育,促使其息诉罢访。

(孙丽华)

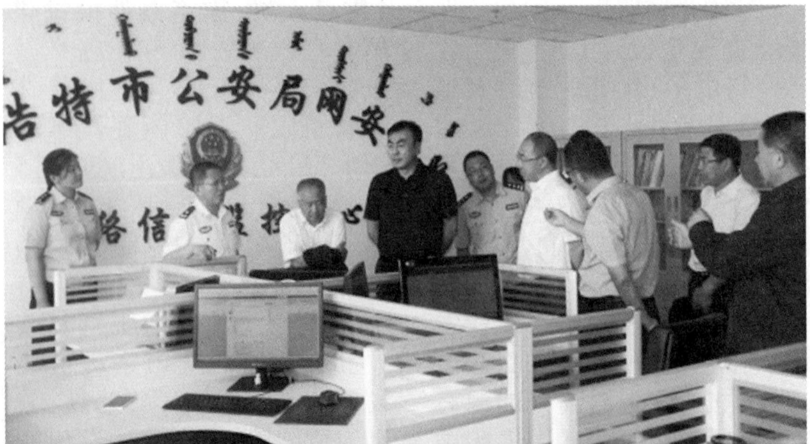

盟委书记罗虎在一行深入锡市公安局亲切慰问一线公安民警

公　安

【综述】锡林浩特市公安局位于锡林浩特市南府花园小区西侧。内设机构由42个科室所队构成,紧贴为十九大召开创造安全稳定社会环境的主题,紧扣做好十九大和自治成立70周年庆祝活动安保维稳工作的主线,结合"迎接十九大、忠诚保平安"主题活动,密切关注新形势下各领域新动向,着力提升预测预警预防能力。综合运用预防、打击、管理、控制等多种手段,建立全方位动态防控的社会治安管理体系,加强对社会治安更加有效的管控。

【打击犯罪工作】2017年,立刑事案件837起,同比下降28.71%,破案384起,同比下降31.31%,打击处理刑事违法犯罪人员257人;打掉团伙11个55人;抓获网上在逃人员78名。全市发生命案4起全部侦破,侦破率100%。破获攀爬阳台入室盗窃和盗窃商铺等涉及民生的侵财案件79起,抓获犯罪嫌疑人5人,挽回经济损失37万余元。特别是在十九大召开期间分别抓获潜逃16年和20年并已漂白身份的故意杀人案件在逃人员2人。

【社会治安防控体系建设】破获聚众赌博案件4起,行政拘留13人,罚款9人,缴获赌资3007元;查处出售淫秽物品案件1起、行政拘留1人,介绍、容留他人卖淫嫖娼及卖淫嫖娼案件6起、行政拘留15人、取保候审1人;破获涉毒刑事案件12起、刑事拘留14人、缴获毒品冰毒157.7克,查处吸毒案件61起、行政拘留74人、强制隔离戒毒6人、社区戒毒6人；破获涉枪刑事案件2起、刑事拘留1人、缴获改装枪支2支、钢珠弹2盒294颗、金属空爆弹150发，收到群众主动上交子弹2285发、收缴各类枪支6支、雷管10个、管制刀具4把。二是扎实推进社会治安巡防工作。重点加强对城市主要干道、繁华街区、公交枢纽、校园周边、宾馆饭店、车站广场、城乡接合部等人员密集场所和其他治安复杂地区以及党政机关、水电气热等要害部位的实行24小时备勤巡防机制；共出动巡逻警力7000余人次，每天出动车辆30台，在武装巡逻执勤过程中，现场处置警情200起。全局受理治安案件2232起，同比下降4.2%，查处治安案件1849起，同比下降1.86%，打击处理违法人员868人。

【保卫安全措施】圆满完成全国两会、"一带一路"国际合作高峰论坛、中国·锡林浩特第十四届国际游牧文化节开幕式暨额尔敦敖包祭祀大典和四国女篮锦标赛、全国公路自行车少年锦标赛、自治区成立70周年庆祝活动和党的十九大等各类重大赛事活动及自治区领导到锡视察等40余次安全保卫任务。

【科技建设】为确保现场勘察率、刑事案件现场录机率、物证提取率达到100%；强化痕迹物证利用，依托指纹库、"Y—STR"DNA库等，进一步加强指纹、足迹、工具痕迹、生物检材等信息比对串并和综合研判，有效提高勘验信息深度利用水平。在完成牧区"Y—STR"数据采集的基础上，"Y—STR"DNA数据库建设族谱家系排查工作在城区全面铺开，已摸清市区户籍男性人口总数93609人，排查男性人口69785人，绘制家系图谱数量17568份，采集血卡20482份，系统录入家系图谱数量14847个。重点加强出租房屋、暂住人口、人口社会关系和单位、场所从业人员等源头性信息采集，及时进行增删改，共整合各类社会信息296万余条。

【队伍管理】组织全局22个党支部书记赴锡林浩特市人民检察院参观学习，借鉴先进单位的优秀经验和做法。在局主页开辟党建工作专栏，创建党建交流微信群，实时推送党章党规、领导讲话、会议精神以及各单位开展学习教育和党建活动。修订《锡林浩特市公安局督察记分管理细则》，从民警的上下班、着装、值班备勤、内务管理、接处警和接待群众等97个方面进行规范和约束。年内督察92次，记分51次，涉及14个部门和25名个人，行政处分2人、函询3人，通报批评5人。2017年内慰问民警31人，发放慰问金6.4万元。全年共刊载各类宣传稿件531篇，其中国家级11篇、自治区级136篇、盟市级282篇。与内蒙古电视台合作，制作《法制专线》专题节目29期，公安厅《北疆警务》栏目专题节目13期。加强新媒体阵地建设，注重发挥"平安锡市"微信平台等警民沟通新平台作用，实现舆论引导由传统媒体向新兴媒体的主动转变，全年发布各类信息1100条，受理咨询、建议和投诉360余次，接受群众举报30余起，发布辟谣信息21条，累计被阅读、转发近20余万次。"平安锡市"公众平台成为全区"最具影响力微信公众平台"之一。（沈宇坤）

检 察

【概况】锡林浩特市人民检察院内设反贪污贿赂局、反渎职侵权局、公诉检察科、侦查监督检察科等22个办公办案部门。担负着查办职务犯罪、审查批准逮捕、审查起诉、监所检察、民事审判监督、行政诉讼监督、检察技术鉴定等多项法律职责。

【打击刑事犯罪】全年受理公安机关提请批准逮捕案件159件241人，批准逮捕110件164人。受理移送审查起诉各类刑事案件279件369人，经审查向锡林浩特市人民法院提起公诉257件350人。探索完善对轻微刑事犯罪从宽处理的工作机制，对涉嫌犯罪但社会危害性较小的，决定不批捕49件77人。对犯罪情节轻微，依法不需要判处刑罚的，决定不起诉14件18人。做好释法说理工作，促成刑事和解32件。

【维护社会稳定】全年控申科共接待群众来信来访40件100人。积极开展刑事被害人救助工作，对王某某等3名符合条件的司法救助申请人发放救助资金共计9万元。协助锡林浩特市拆迁办对植物园以东滨河路拆迁户进行释法说理和耐心劝解，成功帮助推进拆迁工作顺利开展。

【提高服务意识】派驻白音锡

勒牧场检察室联合白音锡勒牧场派出所和司法所,摸排发现涉及110余牧户、涉案金额达2200万余元的涉嫌借贷款诈骗案件,切实维护牧民权益。同时借助22名受聘检察联络员,广泛收集案件线索,征求各界对检察工作的意见建议。两个派驻检察室通过走访农牧户,针对辖区内涉嫌借贷款诈骗线索进行摸排和综合研判,为农牧户提供法律援助和心理疏导,增加农牧户的法律意识和风险防范意识,对今后开展针对性工作奠定基础。组织干警开展献爱心,送温暖活动,以组织募捐和开展“博爱一日捐”活动等方式,为困难学生、贫困户群众捐款12万元。

【查办和预防职务犯罪】2017年自侦部门共立案侦查职务犯罪案件13件14人,其中反贪局立案侦查案件10件11人;反渎局立案3件3人,案件数量较上年同期持平,大要案率100%。强化职务犯罪预防工作,2017年以来,盟、市党校、扶贫办、金融系统等50家单位1400余人次到院参观警示教育基地;加强行贿档案查询工作,要求工程单位在招投标过程中必须开具无行贿犯罪证明,为投资环境提供安全保障,全年提供无偿查询服务600余次。

【检察监督】重视监督有罪不究、执法不严的问题,2017年监督公安机关立案3件3人,撤案5件5人,依法追捕追诉漏犯5人,追诉漏罪3人,向公安机关发《纠正违法通知书》19份,有效的规范侦查行为,重大刑事案件提前介入率100%。运用抗诉手段纠正错误裁判,向法院提起抗诉1件1人。建议行政执法机关移送涉嫌破坏环境资源、危害食品药品安全犯罪案件2件。对锡林浩特市消防大队处置2起较大火灾的案件进行全程监督。监所科办理的“侯某某交付执行案件”被自治区人民检察院评为“2016年判处实刑罪犯未交付执行刑罚专项清理活动精品案件”,被最高人民检察院评为“刑罚交付执行法律监督优秀案件”,为内蒙古自治区唯一获此殊荣的优秀案件。成功召开全盟首例羁押必要性审查听证会,并邀请公安机关侦查人员、监管人员、被害人家属、锡林浩特市人大代表、政协委员、律师代表等开展听证会。

【全面推进司法体制改革】开展首批员额内检察官选任工作,通过审查、考试、考核等程序确定28名首批员额制检察官,同期组织员额制检察官举行宪法宣誓仪式,签署岗位承诺书,颁发入额检察官任命书。有效落实司法责任制,制定内设机构整合及检察人员分类定岗实施方案,完成检察官、检察辅助人员、司法行政人员分类管理及办案组组建工作。检察官在职责范围内对办案质量终身负责,迈出将优秀检察官资源集中到办案一线的关键性一步。坚持院领导轮案制度,入额以来,院领导、专委直接办理案件221件,起到良好的示范引领作用。

【队伍建设】沟通协调国家检察官学院、上海复旦大学等高等教育机构,进行全员素能培训。2017年共派出80余名干警参加各级各类培训。积极弘扬检察好声音,与最高人民检察院影视中心联合拍摄的微电影《心律》先后斩获第五届亚洲电影艺术节金海棠奖“好作品奖”、全国检察机关第二届微电影专题片展播最高荣誉特别奖、首届平安中国微电影微视频比赛三等奖和中宣部社会主义核心价值观主题微电影二等奖及内蒙古自治区党员教育系统微视频创作大赛一等奖。

【纪律作风建设】结合工作实际,制定《锡林浩特市人民检察院纪检监察接待来访人员工作制度》《锡林浩特市人民检察院关于反映检察人员问题线索的管理办法》《锡市检察院约谈制度》《锡市检察院问责制度》等制度,进一步完善查办案件程序。在院检务接待大厅设立“服务群众意见箱”和检察人员廉政监督平台,并设有监督电话,自觉接受社会团体、群众对院干警违规违纪问题的举报和监督。

(郭　杨)

法　　院

【概况】锡林浩特市人民法院始建于1959年9月,共有干警100人,其中政法专项编90人,工勤编10人。另有事业、退伍军人安置、自聘人员等104人。具有法官资格56人,入额法官37人,法官助理29人,书记员56人。内设机构18个,分别为政治处、纪检组、办公室、立案庭、民事一庭、民事二庭、执行局、刑事庭、未成年人审判庭、司法技术辅助办公室、法警队、审监庭、行政庭、巡回法庭、白音锡勒法庭、审管办、研究室、监察室。2017年,共受理各类审判、执行案件10755件,审(执)结9082件,结案率85%。

【刑事审判】受理刑事案件301件,审结283件,判处被告人389名。持续保持对严重危害人民群众生命财产安全犯罪的高压态势,审结故意伤害、盗窃、抢夺等案件63件79人。加大对危害公共安全犯罪的惩治力度,审结危险驾驶案件77件77人。惩处职务犯罪,审结贪污贿赂、渎职侵权等职务犯罪15件24人,做到量刑准确、罚当其罪。重视未成年人犯罪审判工作,通过“圆桌审判”、适用非监禁刑、犯罪记录封存、回访帮教等方式,帮助失足未成年人改过自新。

【民商事审判】 受理各类民商事案件6900件,审结5987件,其中调解、撤诉案件3525件,大量的社会矛盾被化解。妥善处理民生领域矛盾纠纷,特别是针对农民工追讨劳动报酬案件,实行快立、快审、快执,共审结此类案件662件,追索劳动报酬1565万元。交通法庭不断创新工作方式,对机动车交通事故案件在交警队现场立案、就地开庭、即时保全,极大地方便群众诉讼,共受理交通事故案件1114件,审结1047件,依法确认人民调解协议896件,调撤率86%,调解案件全部自动履行。充分发挥巡回审判便捷高效的优势,采取“就地立案、就地审判”的方式,努力减轻广大牧民群众的诉累,巡回审理案件412件,审结376件,调撤率63%。

【行政审判】受理行政诉讼案件45件,审结33件;受理行政非诉执行案件31件,审结31件。及时慎重处理土地征收、拆迁补偿等敏感涉众案件,依法支持保障重点工作、重点项目有序推进。加强司法与行政良性互动,与相关执法部门围绕执法规范开展座谈,针对共性和突出问题提出司法建议,有效促进行政执法人员规范执法。推动落实行政机关负责人出庭应诉制度,行政机关负责人出庭应诉28件。

【执行工作】受理执行案件3477件,执结2748件,结案率79%。按照司法改革要求,对执行局和法警队的42名干警重新整合,采取“1+1+1+3”模式组建执行团队7个,并将25名法警充实到每个团队协助执行,全面提高执行效率。开展“草原雷霆”“冬季会战”“节假日执行”“夜间执行”等集中执行行动21次,以涉嫌拒不执行判决裁定罪移送公安机关2人,司法拘留203人,由公安机关协助临时控制84人,公开曝光企业103家、自然人385名,限制出境3人,设置“失信彩铃”2人,取得显著成效。

【信访接待】开展矛盾纠纷大排查大化解、涉诉信访积案化解“百日攻坚”和“两坚持、两确保”专项活动,对自治区高院和市委交办涉诉信访案件,实行包案责任制,分案到庭、责任到人、限时办结,共依法办理信访积案42件、上级督办信访案件22件、来信来访56件。建立健全沟通、协调机制,向市信访局报送信访风险预警信息11期共涉及200余人,有效的预防越级访、群体访、极端访的产生。

【司法改革】按照司法责任制改革的要求,选任首批员额法官37名,组建各类审判执行团队33个,完成人员分类定岗、法官职业保障、人财物自治区统管等改革任务。深入推进院、庭长办案制度,院长、庭长审理案件2741件,占全院结案总数的43%。减少院、庭长审签环节,由员额法官直接签署裁判文书2459份,案件效率大幅提升。推进以审判为中心的诉讼制度改革,刑事案件证人、鉴定人出庭作证4人,对1名被告人宣告无罪,有效防范冤假错案,加强人权司法保障。

【诉调对接】深入推进多元化纠纷解决机制改革工作,成立全盟首个诉调对接中心、“温馨驿站”品牌调解室,与33个政府职能部门选派的专业人员和司法局2名专职人民调解员共同工作,合力化解矛盾。诉调对接中心成立以来,共受理各类纠纷5184件,调撤2328件,转入诉讼程序1411件,正在调解1445件;“温馨驿站”受理婚姻家庭矛盾纠纷756件,调解成功456件,心理咨询69件;律师接待申诉信访工作站化解矛盾纠纷5件,提供法律咨询和信访咨询370件。

【司法为民】深入开展精准扶贫工作,按照“两不愁三保障”标准对贫困户进行动态信息识别,经市扶贫办确认,结对帮扶的7个精准扶贫户已全部脱贫,未出现返贫现象。加大司法救助力度,设立农民工、妇女儿童、军人和残疾人立案“绿色通道”,依法为634件弱势群体案件减缓免诉讼费 91 万元,同时帮助符合救助条件的 4 名困难当事人发放司法救助资金 7 万元。积极开展涉民生案件集中执行行动,累计为涉民生案件申请执行人 416 人发放执行款 589 万元。

【队伍建设】 开展"基层党建示范点"和"盟级文明单位标兵"创建活动,设立党风廉政和精神文明建设"法院文化"长廊,建设"法官书屋"和"温馨小屋",机关党建和精神文明建设取得显著成果。大力加强教育培训工作,采取业务培训、岗位练兵、技能比武等方式,对全体干警分层、分级、分类培训,着力提升综合素质。全年共组织干警参加盟级以上各类培训 43 期 69 人次,举办各类业务培训班 58 期 2943 余人次。

【党风廉政】 落实"两个责任",狠抓"一岗双责",通过层层签订《党风廉政责任状》、召开党风廉政会议、廉政党课、警示教育、审务督察、案件回访等形式,不断增强干警廉洁自律意识。加强庭审规范、科技法庭开庭等纪律方面的督查,对发现的问题及时通报、及时纠正。高度重视违法违纪案件的举报和查处,对 22 件上级批转件和当事人举报案件进行核查,未发现干警违法违纪现象。

【基层基础】 注重诉讼服务提档升级,配备诉讼服务自助终端系统、便携式巡回审判一体机、立案叫号系统、大厅扩声系统等信息化设备,开通"12368"诉讼服务热线、网上立案平台,实现立案功能的信息化、便捷化。推进审判流程公开、裁判文书公开、执行信息公开三大平台建设,裁判文书上网 4965 件,录入执行案件 3137 件,满足当事人随时查询案件的需求。加强执行指挥中心建设,配备执法记录仪、单兵作战系统、执行指挥车、存储采集站等信息化装备,实现执行行动远程指挥、全程录像。新增 9 个标准化数字法庭,与上级法院并机联网,全程网络直播庭审活动。完成法院内部监控报警系统与公安局 110 报警系统的联网建设。

【司法公开】 不断深化代表委员定向联络机制,走访各级人大代表、政协委员 84 人次,邀请视察法院工作 12 人次,旁听庭审 23 人次,寄送材料 84 份。加强与新闻媒体的沟通对接,组织召开新闻发布会、新闻通报会 5 场,在各级媒体刊发稿件 395 篇,内蒙古电视台《庭审看法》栏目播出庭审现场 3 期,制作宣传片 2 部。开展公众开放日、观摩庭审等活动,邀请学校师生走进法院,零距离感受司法活动,增强法院工作的透明度。

(王　伟)

司法行政

【综述】 司法局机关现有职能股室 10 个(政治部、办公室、宣教股、基层股、律师公证股、社区矫正执法大队和 4 个国有牧场司法所);派出机构 11 个(宝力根街道司法所、杭盖街道司法所、楚古兰街道司法所、额尔敦街道司法所、希日塔拉街道司法所、南郊街道司法所、巴彦查干街道司法所、宝力根苏木司法所、朝克乌拉苏木司法所、巴彦宝拉格苏木司法所、阿尔善宝力格镇司法所);二级单位 3 个(法律援助中心、市公证处、经远律师所);业务监管单位 7 个(内蒙古合志律师事务所、内蒙古睿骐律师事务所、内蒙古蒙中律师事务所、内蒙古建中律师事务所锡林浩特市分所,锡林浩特市 148 协调指挥中心法律服务所、锡林郭勒盟额尔敦法律服务所、锡林浩特正大法律服务所)。

司法专项编制(行政)46 名(市编办预留 1 名),其中:机关 15 名,司法所 30 名,工勤 2 名;事业编制 35 名,其中:法律援助中心 18 名、公证处 10 名,律师所 7 名。全系统现有人员 184 人,其中:局机关 19 人(含法援中心 3 人)、司法所 36 人,律师所 92 人、法律服务所工作人员 17 人。对阿尔善宝力格镇巴彦塔拉嘎查 3 户扶贫户进行走访慰问,与帮扶企业共同筹措资金 10 万元帮助扶贫户解决生产生活难题,帮助 2 名年龄较大的扶贫户从巴彦塔拉嘎查搬至阿尤勒海居委会居住,帮助 1 户扶贫户新建羊圈、水窖、住房等。

【党建工作】 党组中心组学习 10 次,集中学习 32 次,邀请宣讲员宣讲 2 次。党支部书记讲党课 12 次、科级领导干部讲党课 35 次;开展党员固定日活动 8 次、为 20 名党员过政治生日;组织大讨论 4 次,开展读书笔记展评 2 次;参加各级教育培训活动 25 次。

【党风廉政建设】 成立党风廉政建设工作领导小组,将党风廉政建设工作同全局的各项工作紧密结合,统一研究,统一部署,统一落实,完善"三重一大"决策制度,决策事项通过党组会议集体讨论决定,每季度对党务、政务进行公开公示,主动接受监督。全局干部职工未发生违纪违法情况。

【普法依法治理】 启动"七五"普法工作,推进公职人员学法,全市144家单位5497名在编公职人员参加网络在线学法和普法考试,邀请专家在科级领导干部春季培训班讲解法律知识。举办普法骨干、普法志愿者、中小学校法制副校长培训班,115人参加。开展"法律六进"活动,在两会及人大代表、政协委员培训期间赠阅法律书籍1500余册;在社区、牧区开展宣传活动105次,法律进校园34次,举办嘎查、社区"两委"法律知识培训班24期。落实"谁执法谁普法"责任制,市普法工作专项组与39个部门单位签订"谁执法谁普法"责任书,各部门单位制定年度普法计划和责任清单,在重要节点开展咨询、宣传活动26次,解答法律咨询180余人次,发放宣传资料4万余册。开展新媒体普法宣传,开通"锡市司法"微信公众账号和今日头条账号,各级媒体采用稿件、信息400余篇。

【基层司法建设】 重点对楚古兰等10个司法所和额尔敦社区等30个人民调解委员会的基础设施进行改造维修。全市11个司法所中10个司法所的办公用房已达到规范化司法所不低于120平方米的要求。在统一规范档案材料的基础上又组织人员到呼和浩特市、乌兰察布市、二连浩特市、西乌旗、阿巴嘎旗等地进行参观学习。

【人民调解】 全年组织业务培训10次,开展人民调解卷宗展评1次,集中选送一批人民调解典型案例;落实由司法所牵头协调派出所、草监所、土地所、社保所、民政等部门参与的"五所联调"工作机制,围绕全市重点工作,开展民间借贷、草场确权等社会矛盾纠纷排查调处工作,维护社会安全稳定;发挥专业性、行业性人民调解委员会的专业优势,化解道路交通事故赔偿、物业、医疗等专业矛盾纠纷。全年受理调处各类矛盾纠纷3906起,调处3906起,调处成功率100%。

【社区矫正】 为5个基层司法所购置宣告室桌椅、心理疏导治疗椅及心理治疗沙盘,将指纹签到系统升级改造成云指纹签到系统,对32名社区服刑人员实施电子手环监管。春节前,对10名"三无"社区服刑人员进行慰问。对156名犯罪嫌疑人进行审前评估,其中对5名犯罪嫌疑人做出不适合社区服刑的评估材料。全年共接收社区服刑人员102名,解除社区矫正74名,现在册社区服刑人员185名,实现无脱管、无漏管、无失控的"三无"目标。

【安置帮教】 以管控有违法犯罪倾向人员为重点,不断创新帮教机制,在贝力克国有农牧场建立过渡性帮教劳动基地。把安置帮教工作列入考核内容,层层签订目标管理责任书,全市共建立安置帮教工作机构76个,专兼职帮教人员884人。2017年新增帮教对象89人,解除帮教33人,现纳入帮教视线的刑满释放人员206人,帮教率98%,重新犯罪率低于1%。

【法律援助】 广泛宣传法律援助工作,为农民工、未成年人开通"绿色通道",全年开展"法律援助+嘎查(社区)服务"活动5次,发放宣传资料15000余份。在3个国有农牧场和法院成立援助工作站。目前,全市设立法律援助工作站23个、法律援助工作联络点78个。全年,办理法律援助案件1008件,结案570件,为当事人挽回经济损失557万元。

【公证律师】 办理涉及棚户区改造、城市拆迁工程等公证事项全年受理公证业务4376件。在锡林浩特市看守所成立律师会见室,设立绿色通道,依法保障律师权益。在法院立案大厅、市信访局设立律师值班台,方便群众咨询。深化"双百工程",全市5家律师所在职律师75名、实习律师12名,律师担任各级政府法律顾问11家,担任企业(含私营企业)法律顾问51家,为企业出具法律意见书524份,参与企业案件调处63件,开展社会公益活动8次。全年律师代理案件1274件。2017年诉调中心受理纠纷3588件,调解成功1297件,转入诉讼程序846件,正在调解1445件。

(梁 敏)

交 警

【概况】 锡林浩特市公安局交通管理大队位于锡林浩特市广州路。锡林浩特市公安局交通管理大队领导班子由7名成员组成:大队长1名,教导员1名,副大队长5名。内设机构由办公室、宣传科、车管分所、违法信息室、事故处理中队、客运安全管理中队、2个国道中队、3个省道中队,市区由12个巡逻分队组成。

【道路交通管理】2017年,共受理道路交通事故9309起,与上年同期相比上升9.42%;受理交通事故1116起,与上年同期相比下降17.58%。其中死亡事故53起,与上年同期相比上升8.16%,死亡63人,与上年同期相比上升12.50%,财损事故34起,与去年同期相比下降6.47%,伤人事故318起,与上年同期相比下降6.47%,受伤319人,与上年同期相比下降6.73%,直接经济损失437000元,比上年同期相比上升9.72%。采取快处快赔模式处理道路交通事故320起。

【交通综合治理】 与企业签订责任状13份、承诺书500余份,排查客运、危化品企业56次。继续做好“护学岗”工作,维护校园周边道路交通环境,确保广大师生安全。积极开展农牧区道路交通“两站”“两员”建设工作,已全部完成8个交管站、36个劝导站的建设任务,发展交通安全协管员8人、劝导员72人。2017年,查处醉酒驾驶11起,因醉酒驾驶造成道路交通事故34起、饮酒驾驶122起、无证驾驶35起,因无证驾驶造成道路交通事故21起、套牌4起、假牌3起、使用假驾驶证2起、驾驶报废车3起、驾驶拼装车1起、货车超载25起、超员23起、疲劳驾驶580起、电子抓拍18768起、违法停车29653起、其他交通违法行为24927起。

【基础交通安全设施】 对锡林大街、南二环道路、水库道路、那达慕大街、二连路、多伦路、乌拉盖路、杭盖路、宝昌路、阿巴嘎街、大庄园、马都、新区职业学院等多条街路进行道路标线的施划。对城区主要街路、外环、国省道、湿地公园设置限行、禁行、限速、指示等交通标牌共计95块。分别在六校南丁字路口、重庆路与贝子庙大街十字路口、希日塔拉街与乌云腾路十字路口、南二环与北京路丁字路口、南二环与上海路丁字路口、水库十字路口安装交通信号灯。

【创新服务】 2017年,淘汰黄标车和老旧车1870辆;查找重点车辆手续4690辆。办理驾驶人业务共计10300人,其中初办证46人、增驾83人,补换证1552人,注销47人,驾驶证转出5人、恢复驾驶证资格16人,驾驶证审验101人,满分学习9人、互联网面签8441人。办理机动车业务共计15601辆,其中注册小型汽车398辆,二、三轮摩托车411辆,检验五小车辆1355辆,补换牌283个、转移登记329个、办理临时牌照3309个、申领免检标志9516个。

【交通安全宣传教育意识】紧紧围绕“尊法守规明礼、安全文明出行”主题,全年宣传工作进学校、进企业、进部队、进社区开展交通安全法律法规宣讲活动28次,开展开学季交通安全宣传、夏季出行道路交通安全宣传、礼让斑马线、拉草车道路安全、“122全国道路交通安全日”等各类宣传资料16000份,报纸国家级刊稿3篇,自治区级16篇,盟级37篇;电视自治区采纳9篇,盟级31篇;全年发送两微一信共计100余条,发送道路安全和恶劣天气预警提示40余条。 (张婷婷)

特 警

【概况】锡林浩特市公安局特警大队位于锡林浩特市南府花园小区西侧。锡林浩特市公安局特警大队领导班子由3名成员组成,内设机构由4个中队构成。2017年,结合《2017年锡林浩特市公安工作要点》,提高队伍的政治业务素质,推动特警队伍正规化建设,加大巡逻力度和健全接处警快速反应措施,抓技能体能训练,发挥巡逻防控、反恐处突等方面的职能作用,圆满完成全年各项工作任务。

【队伍正规化建设】 完善内务、训练、勤务、政治教育等方面的正规化管理工作,开展训练、演练工作和政治理论学习,完善队内装备管理制度、枪支领用程序,交接班制度,保障大队各项事务有条不紊的进行。对公共区卫生、室内卫生、车辆卫生及执勤岗亭卫生实行定人定责制,值班室实行部队化内务管理,装备定期进行维护保养,巡逻车辆实行每日定责清理制度,要求出车前和收车后,及时打扫车内卫生,注意车辆的维护。

【反恐、维稳、处突预案演练】协同交通、医疗、消防、武警等职能部门进行预案演练,提高快速反应和合成作战处置突发事件的综合能力。模拟现场环境和模拟犯罪对象训练。针对群体性突发事件、暴力恐怖事件的特点，对民警进行全过程、全时域、全建制和多课题训练，着重训练指挥、分工和协同；模拟犯罪对象，找准与犯罪分子对抗中的弱点。

【紧急拉动演练】 在不定时间、不定地点的情况下，进行紧急拉动应急演练；目的通过演练，检验全体民警执行各项命令是否坚决、是否能够做到快速反应、快速集结，是否能够做到召之即来、来之能战、战之必胜。

【枪械训练】 组织民警学习《中华人民共和国人民警察使用警械和武器条例》《公安机关公务用枪管理使用规定》等相关法律、法规。开展单目标快速射击、双目标快速射击、快速推进射击、快速退防射击等多种形式的实弹射击训练。判明高危、低危，依次射击，对危险目标进行快速推进射击，对危险目标突然逼近，快速退防过程中连续射击。在有效处置各类突发情况的同时，确保自身安全。

【战术训练】 主要开展战术基础动作、盘查嫌疑人的方法、查控嫌疑车辆的方法、搜索建筑物的方法、抓捕犯罪嫌疑人的方法等训练内容。熟悉单警、小组作战战术的基本方法和动作要领，掌握协同作战技巧的配合方法。了解小组推进、搜索、突入、掩护等战术动作的基本方法；增强作战过程中，自我安全防护意识；提高全体民警实战能力。

【治安巡逻防控效能】 实行24小时备勤机制，以车巡为主，徒步巡逻为辅。截至2017年12月30日，共出动巡逻警力3016余人次，出动车辆1484台次。在武装巡逻执勤期间，共接处警173起，其中协助交警处理交通事故13起，抓获酒驾人员7人，协助派出所出警84起，纠纷调解案件32起，救助群众19人，协助消防大队处理1起火灾事故，协助禁毒大队抓获吸毒人员3人。

【维护社会稳定】 圆满完成2017年高等院校统一招生、额尔敦敖包祭祀大典、震慑行动、自治区成立七十周年大庆、“迎接十九大、忠诚保平安”等各项大型活动安全保卫工作。全年共执行群体性上访事件25起，完成安全保卫任务6次、大型活动保卫任务10次，警卫勤务3次，处理医患纠纷2起，共计出动警力1272人次，出动车辆136台次。　（额尔敦）

拘留所

【概况】 锡林浩特市拘留所位于锡林郭勒盟精神病院北侧，锡林浩特市拘留所领导班子由5名成员组成，所长1名，教导员1名。完成948人次的年度拘押工作任务，其中吸毒违法人员94人次（统计至12月26日），实现监所零事故、队伍零违纪的“双安全”目标，全年向局内发表简报256篇，全年共发表对外宣传稿件13篇。

【监督员试点建设】 9月，4名志愿者监督员入所开展工作4次，撰写监督调查报告4份，优化和完善拘留所执法监督机制。

【各项安防措施落实】 管教做好入所24小时谈话，每日对在拘人员开展一次集体教育，“国际禁毒日”组织民警为被拘留人员讲解毒品的危害，引导被拘留人员远离毒品危害。落实在拘人员一日生活制度规范在拘人员行为。每周组织召开一次所情分析会，对新入所被拘留人员进行等级风险评估，梳理需要矛盾化解的在拘人员，确保在拘人员人身健康。每周五组织民警对监区进行消毒。做好监区食堂卫生和在拘人员饮食卫生，严格食品留样制度，合理调配在拘人员饮食。自筹资金3万余元建设700平方米蔬菜大棚，加强拘留所后勤保障工作，确保在拘人员健康权益。投入2500元聘请专业人员对监区拘室墙壁进行粉刷、修补。为美化监所环境，在拘留所院里种植50余株树苗。并投资300余元改造监所电路。

【矛盾化解】 全年化解各类社会矛盾90起，成功化解矛盾32起，履行纠纷款项数额100余万元，收到锦旗3面。使矛盾化解工作作为教育管理新模式和社会化管理工作的延伸不断得到提升。

【硬件设施改造】 锡林浩特市拘留所视频监控系统升级改造工程于9月底完工，并正式投入使用。更新88台高清摄像头、12台高清大屏监视器、3台大容量硬盘录像机，改造后的监控系统全部接入公安部监管网络视频监控平台。

【协外抓逃】 为提高网上破案率和抓逃率，公安部监管局开发“三所”人员在逃集中比对系统，锡林浩特市拘留所坚持每日对入所人员进行网上比对和信息查询，认真开展网上违法犯罪人员信息库和在逃犯罪人员信息库的比对工作。

自开展以来,协外抓逃2人。

(白　静)

看守所

【概况】锡林浩特市看守所始建于1963年,2008年针对锡林浩特市看守所基础设施落后的状况,政府投入2300万元资金,在市区东南方向选址新建看守所,总占地面积56000平方米,建筑面积15000平方米,使用面积5800平方米,2009年6月竣工投入使用。设计容量250人,现月均羁押量180人。监区为工字型建筑,共四个监区,监室23间,其中男子监区共21个监室,女子监区2个监室。所内现有民警35人,工勤4人,文职7人,治安志愿者6人。锡林浩特市看守所科学设岗,合理配置警力。带班领导5人,管教设置9人(含女民警4人),巡视监控设置21人,收押接待2人。民警平均年龄39岁,设所长、教导员各1名,副所长3名。

截至2017年年底,已为20名表现良好的外地在押人员启用远程视频会见系统。按照公安部、卫生部《关于切实加强和改进公安监管场所医疗卫生工作的通知》要求,与锡林郭勒盟蒙医医院建立协作机制,在所内建立取得医疗机构职业资格许可证的医疗诊室,由蒙医医院派2名医生、1名护士进驻看守所医疗诊室,驻所医务室人员实行24小时值班制度并进行每日巡诊。全所已有一名管教民警获得国家二级心理咨询师,两名民警获得国家三级心理咨询师执业资格,邀请内蒙古师范大学心理学教授宝彩云为在押人员进行心理咨询讲座。

锡林浩特市看守所建立网上预约平台,制作执法公开宣传栏、印制会见须知、公布会见预约联络电话(0479—8808118)。锡盟司法局与锡林浩特市公安局共同研究,在全所正式成立法律援助工作站。工作站成立后,看守所通过在日常工作中运用电教设备、入所告知、口头宣传,集体教育等方式,积极向全体在押人员宣传法律援助的基本知识。2017年,为六名困难在押人员申请法律援助。

【"五化建设"】坚持所领导24小时带班,主、协管民警搭配,监控、巡视二岗合一,分开设置收押、提讯岗位;1名医生、3名注册护士每天24小时轮流在所值班,每日巡诊;完善过渡监室、未成年人监室教育,做到分类管控,分押分管。建立在押人员安全风险等级评估、分类管控和在押人员心理干预三大机制,分别对一、二、三等级风险在押人员实行单独和集中关押管理,规范三个风险等级在押人员的"红、橙、黄、绿"分色预警识别服装信息,便于跟踪管理。

【基础信息化建设】提升各类公安信息化科技装备水平,已完成智能化监控设备的改造,更新所内音视频会见系统等科技设施。在盟公安局监管支队支持下,完成管理信息系统的升级、指纹仪软件的安装,并对全所民警开展信息技术应用培训,使广大民警的信息技术应用水平得到大幅提高,在押人员信息采集录入工作得到全面规范。为驻所检察室接入安装看守所管理信息系统,在看守所、驻所检察室之间实现监管信息联网。

【执法规范化建设】聘请特邀监督员一年两次巡查监督看守所工作,维护在押人员合法权益,保障刑事诉讼活动顺利进行。加强与驻所检察室和驻所武警中队的联系,每月召开一次联席会议,共同商讨监所安全管理工作。(钱　颖)

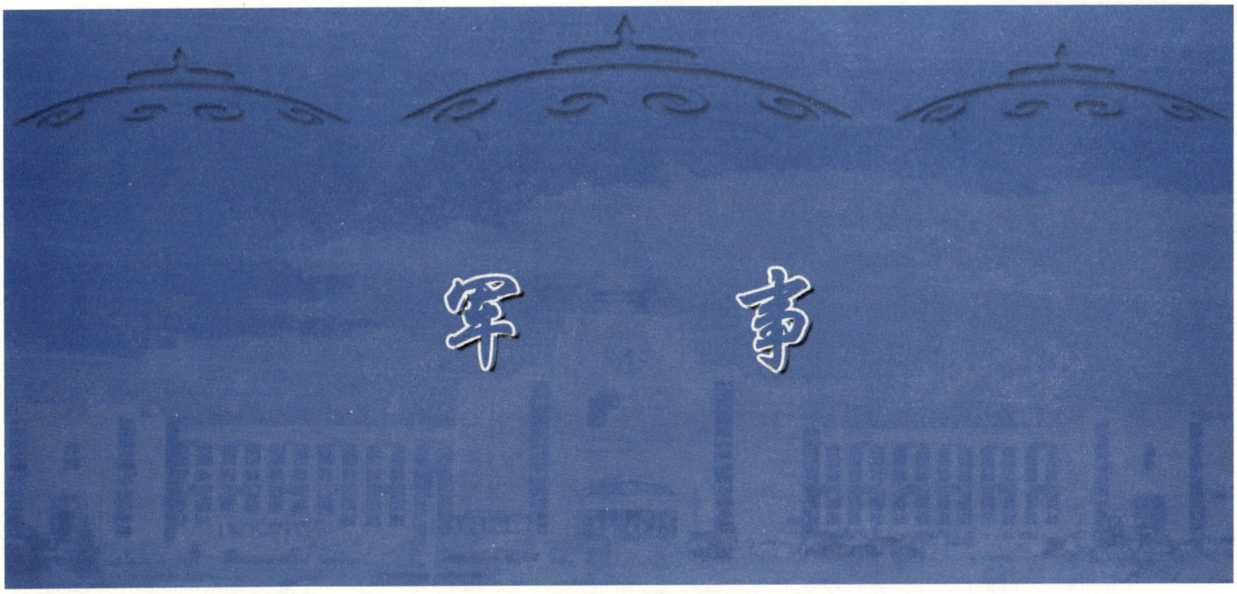

人民武装

【综述】“两学一做”学习教育是加强党的思想政治建设的一项重大部署，是协调推进“四个全面”战略布局的有力抓手，部党委严格贯彻“两学一做”常态化制度化要求，抓关键、强措施、重实效，把推行“两学一做”常态化制度化要求落实到班子建设的各个方面，为推动单位全面建设科学发展提供坚强有力的思想和组织保证。按照“学会、弄懂、做实”的要求，全面领会习主席系列讲话精神，原文抄写《十九大报告》，制作宣传展板、撰写心得体会，浓厚“艰苦奋斗、求真务实、敬业奉献”的氛围。

【思想政治教育工作】 结合单位实际，按照计划要求和时间节点，组织以艰苦奋斗、爱国奉献、爱岗敬业、遵纪守法为主要内容的经常性思想教育，广泛开展谈心谈话活动，坚定干部职工爱国爱党的政治信念，增强“强军兴军”的使命担当；严格贯彻《民兵政治教育大纲》要求，扎实开展思想政治教育，明确民兵工作的历史地位和使命作用，提升民兵队伍的责任心和荣誉感。

【民兵工作】 1月，严格按照《战备工作规定》要求，相继完成各类方案计划的修订，并组织民兵进行以应急处突和防爆维稳为重点的集中训练。4月，召开全市国防动员工作会议，更新市国防动员潜力数据。5月，按照有关要求落实基干民兵的整组工作。6月初，组织民兵行集结点验。9月中旬对应急分队人员进行应急处突训练。积极协调市委、市政府，投入资金为各基层编兵单位配套防火服、灭火毯、吹风式灭火器、战备铁搞及班用帐篷等应急器材。一定程度地提升民兵队伍“双应”建设水平。

【安全管理】 认真贯彻落实习近平主席对安全稳定工作的重要批示，开展“严制度、严责任、严纪律、严作风”四严活动，同时开展“百日安全”活动和隐患排查治理，紧盯安全防范的末端，升级改造营房基础设施，巩固安全“硬件”，实现对营房营院的全天候无死角监控，形成动态监控和静态预防相结合的防御体系，确保单位自身的基本安全。日常管理以安全大检查为契机，突出查纠整改、突出抓细抓小、突出兜底保稳，持续保持安全发展的良好态势。

【组织兵员征集】成立征兵工作宣传组，协调电视台工作人员制作征兵视频，录制宣传音频，发放征兵宣传资料，并悬挂征兵宣传条幅。同时，借助电视广播、联通、电信、农牧业局信息平台发送兵役登记、兵役报名信息。在锡林广场、贝子庙广场和各重要街道路口利用 LED 电子屏幕滚动播放征兵宣传片。结合时代特点，以社区为单位，组建以征兵工作为主题的 QQ 群、贴吧和微博及微信平台，传播具有鲜明时代特色的网络时尚征兵用语，形成全方位、立体式的宣传网络。为确保兵员质量，协调市政府投入资金组建网络版征兵体检信息系统，组织征兵体检信息系统和政治考核业务培训,在定兵前组织双合格人员进行封闭式役前训练,并严格按照《自治区男兵审定办法》确定预定兵员。

【双拥及国防后备力量建设】先后3次邀请专家、教授在政府、职业学院、第七小学开展国防知识大讲堂活动,全面推进全市国防后备力量建设,极大地推动军地、军民融合发展。成立军队、军人、军属维权中心,建起运用法律解决涉军警权益问题的中枢和快车道,配合法院组建维护军人权益领导小组,为减少涉军案件发生和快速处理涉军案件打下良好基础。积极参与"打赢脱贫攻坚战"活动,帮扶的贫困户已全部实现脱贫目标。根据盟国教办部署,9至10月,组织职业学院师生代表锡盟参加全国"爱我国防"大学生主题演讲比赛,进一步提高广大师生的国防意识。

(牛晓晨)

公安消防大队

【概况】锡林郭勒盟公安消防支队锡林浩特市大队编制为副团级单位,隶属盟公安消防支队和市公安局双重管理,下设三个公安现役中队和一个政府专职消防中队,现有人员126人(其中现役官兵77人,政府专职消防人员39人,合同制消防文员10人),各类消防灭火执勤车辆23辆,执法监督车6辆,主要担负着全市火灾扑救、抢险救援和消防监督执法任务。

【接处警情况】2017年,全市共发生火灾276起,抢险救援52起,社会救助20起,共出动车辆404辆次、人员2508人次,抢救被困人员35人,疏散被困人员211人,抢救财产价值862万元。

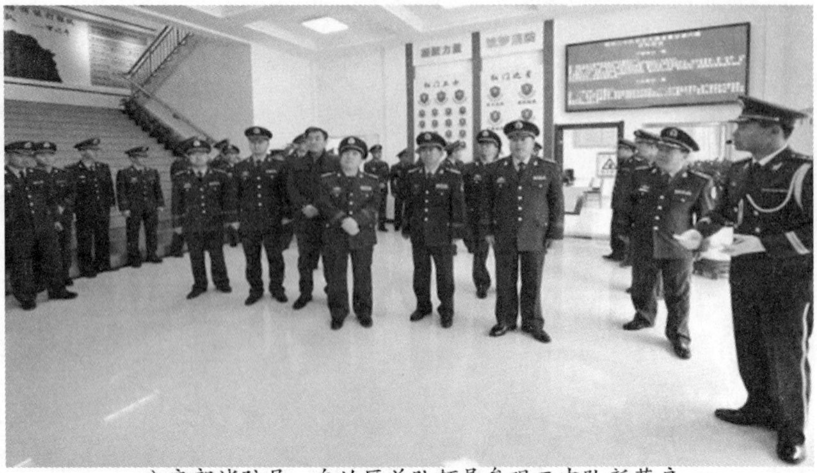

公安部消防局、自治区总队领导参观二中队新营房

【正规化创建工作】大队以消防二中队新营房建成投入使用为契机,全力打造正规化建设示范点。2017年10月7日举行锡林浩特市消防二中队新营房落成揭牌仪式,市委副书记、代市长郭轶杰同志出席会议,并全程观摩部队正规化科目展示,参观营房基础设施建设成果。大队以打造"执法行为规范、执法程序严密、审批流程公开、监督机制完善、社会群众满意"的执法队伍为着力点,筹备召开全盟消防部队执法规范化建设现场会,并聘请专业人士将大队日常消防监督检查工作拍摄成《消防执法规范化建设》示范片,供全盟消防部队学习使用。大队再次荣获2017年全市民主评议政风行风基层站队类第一名。

【消防基础设施建设工作】市政府同意匹配240万元为大队购置1辆重型超高压高层供水灭火消防车,解决锡林浩特市半干旱地区高层灭火作战需求问题。消防三中队新营房建设项目于2017年9月开工建设,预计2018年8月投入执勤使用,届时全市消防安全布局更加合理化。

【社会面火灾防控工作】2017年,完成高层建筑、易燃易爆场所、电气火灾防范、文物古建筑、养老机构等7个专项的"规定动作",并积极组织开展汗蒸、足疗、洗浴行业、施工人员住宿场所等11个消防安全专项整治的"自选动作";参加社会治安集中排查整治行动11次,联合行业主管部门对商场市场、学校幼儿园、涉氨企业开展专项检查。共检查社会单位3966家(次),发现火灾隐患及违法行为5983处,实施行政处罚186起,责令"三停"单位23家,实施临时查封61起,行政拘留9起,受理查处火灾隐患举报投诉51起。

2017年4月,市综治办、市公安局联合印发《全市创建消防安全社区活动实施方案》,并将巴彦查干街道办事处塔林社区和希日塔拉街道办事处察哈尔社区确定为旗县级示范社区。大队对全市60余家物业服务企业进行集中教育，并通过其张贴《关于加强居民小区消防安全管理的通告》和《居民区消防安全提示》，覆盖全市60个居民小区、1000余栋居民楼、4000余个单元、受众达8万余人。同时还聘请20名社区消防宣传大使，借助社区工作人员"点多面广"的工作触角，将消防宣传落到细节处。

【深化社会消防宣传教育】 利用"消防安全进军训"活动为中小学生发放消防安全教材29213册；在全国中小学生消防知识网络大赛中，锡林浩特市共有9名初中生、5名小学生入围全国比赛；与市委组织部、人社局、党校联合举办两期、共200余人次的2017年度公务员在职培训班，通过解读《消防安全责任制实施办法》，进一步推动社会化消防安全责任体系的建立；联合盟邮政管理局对顺丰、"四通一达"等12个快递服务企业负责人及网点负责人进行消防安全培训，并印制3万余份消防宣传提示贴，将消防安全常识随包裹送进千家万户。

（包婷婷）

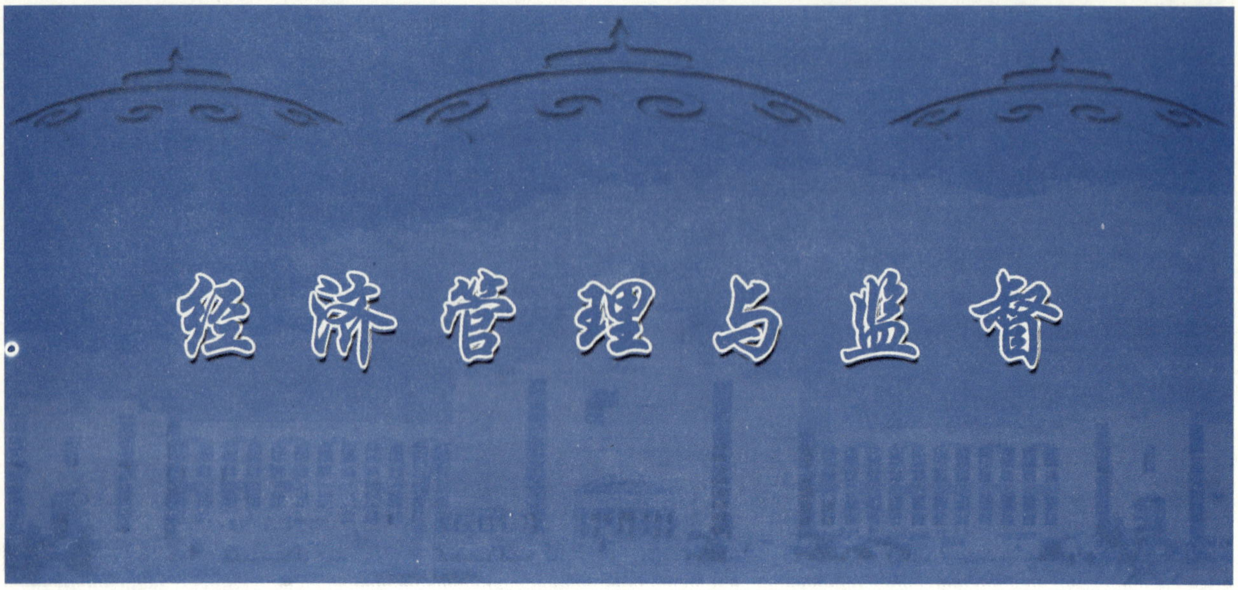

发展与改革

【概况】锡林浩特市发展和改革局行政编制36人,事业编制13人。内设19个职能股(室)。现有职工46人,蒙古族18人,汉族24人,其他少数民族4人,党员26人。主要负责研究提出全市经济和社会发展战略、规划、总量平衡、结构调整和组织拟定综合性改革方案,是指导、推进总体经济体制改革的综合经济部门,为市政府的组成部门。

【主要经济指标】2017年,全市地区生产总值同比增长6.3%。第一产业增加值同比增长5.5%。第二产业增加值同比增长3.5%,其中工业增加值增长5.7%;建筑业增加值下降7.7%。第三产业增加值同比增长8.8%。三次产业结构由8.84∶7.5∶43.7演进为8.5∶42.3∶49.2。全社会固定资产投资完成139.3亿元。一般公共预算收入完成19.6亿元,完成年初目标任务。社会消费品零售总额完成67.4亿元,增长7.8%。城镇常住居民人均可支配收入完成41753元,增长6%。农牧区常住居民人均可支配收入完成24069元,增长8.2%。

【固定资产投资完成情况】2017年,锡林浩特市全社会固定资产投资完成139.3亿元,其中农牧林水业完成投资9.1亿元;工业完成投资85.7亿元;交通运输业完成投资1.1亿元;城市基础设施完成投资33.8亿元;房地产业完成投资7.1亿元;社会事业完成投资2.5亿元。

【项目稽查】争取中央、自治区预算内资金项目20个,到位资金0.7亿元。重点对棚户区改造、饮水安全、社区卫生服务中心等涉及民生社会事业领域使用上级资金的项目进行专项稽查,对违规项目提出整改意见,督促项目单位、项目责任人及时落实整改措施,保证项目规范实施。

【物价工作】积极开展调整完善居民阶梯水价、集中供热出厂价格、污水处理费、出租车客运价格等工作,取消非刑事案件财物价格鉴定费、环境监测服务费、房屋转让手续费、卫生检测费、预防性体检费等5项涉企行政事业收费,停征锡林浩特市党校培训费、婚姻登记费、收养登记费等3项费用。多次对各大经营场所、殡葬业、旅游市场、汽车销售维修等行业进行专项检查,对检查中发现的不当价格行为,依法依规进行处理,全年共检查各类经济实体382户,办结一般价格违法案件1件。

【行政审批】所有审批、核准、备案项目和相关办事人员入驻政务审批大厅,为服务对象提供"一站式"服务。2017年共批复各类项目144项,其中审批61项,核准1项,备案82项。

【节能工作】严格执行节能评估审查备案制度,坚决把节能评估作为项目审批前置条件,确保新建项目节能评估审查率达到100%,2017年,上报盟发改委审查节能报告4份,市本级审查节能报告1份。按照国家发改委《关于2017

年全国节能宣传周和全国低碳日活动的通知》的要求，围绕2017年“节能有我，绿色共享”这一主题开展节能宣传活动，在全市各单位明显位置张贴宣传画，以节约能源资源日常常识为主线，到年底，全市单位GDP能耗下降2.5%，顺利完成全年节能减排任务。

【重点项目】2017年，全市计划实施重点项目98项，开复工82项，开复工率83.7%，完成投资118.5亿元，其中亿元以上项目开复工43项，开复工率84.3%，完成投资112.4亿元。锡盟至江苏、山东两条特高压输电工程锡林浩特市境内线路已具备送电条件，神华、大唐、华能、蒙能等电源点项目稳步推进。大庄园精深加工项目全力推进，羊线车间已投产运营。明阳电气新能源设备制造项目已基本建成，宏源优质良种肉牛繁育基地、草原和牛繁育基地项目进展顺利，市政基础设施、垃圾焚烧发电、供热管网综合改造、工业园区基础设施等城市建设项目稳步推进。

【编写工作】全年完成经济运行分析8篇，半年及全年执行计划2篇，全年共上报发改信息437篇。

【粮食储备管理工作】完成5000吨储备粮玉米轮换工作，切实加强储备粮、政策性粮食和军粮供应的保障力度。与隆达粮油有限责任公司、军粮供应站、白音锡勒面粉厂、苏木(镇)等19户粮食应急保障供应企业、网点签订粮油应急保障协议。粮油批发市场成品粮应急低温库已建成并投入使用。7月，局与盟粮食局联合主办“2017放心粮油宣传日”活动，共计发放宣传册1200余份，对科学膳食、安全健康进行广泛细致的宣传，使广大市民进一步提高粮油食品安全意识。

【党建工作】制定《锡市发改局关于推进“两学一做”学习教育常态化制度化的实施方案》。截至2017年年底，全年共集中学习36次，开展书记讲党课6次。完成1名预备党员转为中共正式党员的工作任务。强化党员日常管理，有效开展党员“政治生日”主题活动。

【脱贫攻坚工作】2017年协调企业为帮扶户打机井1眼、解决项目自筹款1万元、解决过冬草料费1万元，确保脱贫户不再返贫。

【亮点工作】随着《锡盟新能源基地规划建设方案》的批复，积极协调国土、林水、生态、文物等相关部门多次进行现场踏勘，对锡林风电厂内压覆矿、生态红线、文物和林地占用等情况进行梳理，同时抓紧开展风电项目的上报审批工作。下半年，神华、乌达莱、京运通等6家风电项目相继取得盟发改委核准。全年实施计划内盟级重点项目25项，率先在全盟实施项目跟踪周调度制度。为努力扩大有效投资，上报计划外盟级重点项目13项，2017年，盟级重点项目开复工32项，竣工10项，开复工率和竣工投产项目数均列全盟第一位。

（敖雨童）

经济信息

【概况】锡林浩特市经济和信息化局隶属于锡林浩特市人民政府，正科级行政单位，业务上接受锡林郭勒盟经济和信息化委员会的指导。现有行政编制13个，工勤编制2个，事业编制6个。实有36人，其中人才储备3人，自聘人员6个。全局共有党员18人，少数民族12人。正科级领导职数1个，实配领导1人，副科级领导职数4个，实配领导3人。单位内设办公室、中小企业股、经济运行股、投资规划股、电力股、(原材料、消费品和装备工业股)、节能与综合利用股、信息化股、煤炭行业管理和煤矿安全生产监管股9个股室。下辖市煤炭安全生产执法监察大队、市节能监察检测中心、中小企业管理办公室三个事业单位。

【两化融合工作进展顺利】锡林浩特市积极推进两化融合工作，探索有效途径和模式，对锡林浩特市重点行业重点领域额开展两化融合评估和对标引导，坚持政府引导、企业主体、示范先行的发展原则，有效推进两化融合工作开展，并通过宣传推广工作，进一步创造良好的社会氛围，为两化融合深入推进提供基本条件，锡林浩特市在两化融合工作排名全盟前列。

【经济管理与监督】全市有3户光伏发电企业纳入规模以上工业企业统计，全市规模以上新能源发电企业累计发电15.3亿千瓦时，同比增长25.4%。锡林浩特市能源工业稳中有升。全市规模以上工业中能源工业实现正增长，完成产值90.4亿元，同比增长37.3%，拉动锡林浩特市规模以上工业产值增长21.3个百分点。主要工业品产量实现正增长。发电量51.4亿千瓦时,同比增长10.1%;供电量58.9亿千瓦时,同比增长18%;液体乳7.3万吨,同比增长23.7%;风机机组244套,同比增长35.6%;原煤3397.6万吨,同比增长48.2%。积极促成三电、北方、中广核,华油等18户企业纳入自治区电力多边交易市场,其中发电企业8户,用电企业10户(华油、华东铬矿和八户冷库),为用电企业共计节约成本1300万元左右。

2017年,锡林浩特市地区固定电话用户数4.2万部;手机在网用户数38.2万部;宽带在网用户数11.7万户。

(钱虹云)

审 计

【综述】2017年完成审计项目共计37个,审计涉及资金总额约221.91亿元。其中:完成上级审计机关下达统审项目5个;完成组织部委托的领导干部经济责任审计项目22个,其中:任中审计8个、离任审计14个。完成财政财务收支情况审计项目6个;完成专项资金审计项目5个;完成2016年度市级预算执行和其他财政收支情况审计;审计中,共提出审计建议114条,下达审计决定3份,审计决定落实率100%。

【全面从严治党】严格执行"三重一大"决策机制,年内多次召开党组会议,专题研究基层党建、党组成员分工、巡查整改落实情况工作和党风廉政建设等工作;签订《党风廉政建设责任状》,带头并督促全体干部职工认真履行党风廉政建设责任,实行领导干部个人重大事项报告制度。主要领导和班子成员谈话7次,班子成员和分管股室负责人谈话10余次。对审计业务人员进行审前廉政谈话,要求严格遵守审计"八不准"纪律。同时,对被审计单位进行定期回访,了解审计人员工作作风和遵守纪律情况。

【脱贫攻坚】2017年,共计走访居民10户,34人,送去慰问金和慰问品共计6,000元。为两家定点扶贫联系户新打机井2眼,有效解决周边贫困牧民生产生活饮水困难问题。11月15日,根据全市扶贫对象信息采集工作要求,对16户扶贫对象进行摸底调查和信息采集工作。经调查核实,扶贫对象均已脱贫,并于2017年11月23日经嘎查两委班子成员签字确认脱贫工作。

【政府投资项目审计】完成2017年锡林浩特市园林绿化项目、锡林湖、湿地生态水系治理工程等重点项目跟踪审计工作,同时对已报审的建设项目进行结算审计,共计完成95个建设项目的结算审计工作,项目累计送审金额约26.4亿元,共计核减约7.6亿元,核减率达28.4%,其中锡林郭勒盟体育中心项目作为重点项目之一,在一审审定金额11.49亿元的基础上,又进一步核减金额5408万元,确保固定资产投资资金的安全和有效,促进投资项目的规范管理。

对全市"十个全覆盖"工程项目进行结算审计工作,截至2017年年底,锡林浩特市"十个全覆盖"工程送审项目共计66个,总送审金额4.05亿元。其中,已完成结算审计项目27个,已完成项目送审额2.1亿元,审减金额0.16亿元,审定金额1.94亿元;

【经济责任审计】受市委组织部委托,根据经济责任审计工作计划安排,对财政局、经信局、阿尔善镇等22个部门单位的领导干部经济责任情况进行审计,对被审计领导干部所在部门的财政收支、重大经济决策等情况进行综合分析。查处违规资金857.01万元,管理不规范资金3,647.98万元,发现主要问题包括内控制度不健全、资产不真实、收入支出不合规、自行采购、违规发放津补贴、发票不合规和挤占挪用专项资金等。审计局针对这些问题提出整改意见、建议和措施,并进行处理和处罚,同时将审计结果报送至组织部和纪检委,为干部考核和任免提供依据。

【财政审计】按照盟审计局工作要求和市委、市政府工作部署,对锡林浩特市2016年度预算执行和其他财政收支情况进行审计,主要审计财政部门具体组织市级预算执行、市地税系统税收征管情况,对锡林浩特市商务局等10个部门的财政收支情况进行延伸审计。审计涉及资金78.97亿元,查处违规资金5.57亿元,管理不规范资金24.64亿元。审计发现市级预算执行情况存在预算管理制度落实不到位、超调上级财政资金、向非预算单位拨款、滞留专项资金拨付不及时等十二项问题,审计局从加强和改进财政管理的角度提出六项整改建议和措施，并监督落实。监督检查2015年本级预算执行审计中发现问题的整改情况，各部门单位对审计整改工作的认识和重视程度逐年提高，整改效果良好。

【专项资金审计】 完成2017年度国家重大政策落实情况跟踪审计。按照审计厅下发审计要点，对锡林浩特市财政存量资金、旅游+战略相关政策落实情况、城市基础设施建设情况进行审计，审计涉及资金98.38亿元，查处违规资金525.1万元，管理不规范资金3.95亿元。通过审计发现部分单位在政策落实及财政资金管理使用等方面存在问题，并提出合理化处理建议，要求被审计单位整改后及时反馈整改情况。重点完成对2014年、2015年、2016年的中央、自治区及盟市苏木地方政府预算安排的扶贫资金及地方各级财政配套资金的拨付、管理、使用及效益情况进行审计；按照市委重点工作安排，对锡林浩特市3家房地产开发企业、3个棚改小区、52栋返迁楼的棚改专项贷款进行跟踪审计，涉及资金总额3.63亿。受教育局委托，对全市7所小学及特殊教育学校进行财政财务收支审计。

【队伍建设】 在人员结构配置上形成以审计财务专业为主，兼有经济、工程、金融等专业的人才格局，组织年轻审计干部参加各项业务技能培训，不断提升专业技术人才含金量。

（阿拉木沙）

食品药品监督

【综述】 2017年锡林浩特市食药工商质监局围绕市委、市政府的总体部署，认真贯彻落实全市经济工作会议精神，持续推进商事制度改革，加强事中事后监管，推动实施质量强市战略，保障产品质量安全、食品药品安全、特种设备安全，妥善处理改革与稳定，服务与监管，主线与底线的关系，各项工作进展顺利。

【党组织建设】 全面落实从严治党的政治责任，扎实推进“两学一做”学习教育常态化制度化，组织党员过好“政治生日”主题活动，进一步增强广大党员的身份意识和责任意识。加强工青团妇建设，通过开展新年茶话会活动、组织参加职工技能大赛、走访慰问困难干部职工、为患病职工募捐等形式凝聚队伍向心力。

【廉政建设】 开展检查50余次，对不在岗人员进行通报和追责措施。开展集中整治“雁过拔毛”式腐败问题工作为契机，对党风廉政、作风纪律等进行全面督查，召开工作调度会5次，案件回访215起；实地抽查走访监管服务对象148家；电话回访核查2017年新设立登记服务对象80家；发放问卷调查共计220份，100%收回。

【精准扶贫】 多次深入帮扶户家中进行调查走访，为贫困户送去价值19300元的慰问品和慰问金。协助白音锡勒牧场乌拉苏太分场开展摸底清查信息采集工作，走访牧户156户，回访贫困户18户。目前帮扶的贫困户人均可支配年收入提高到3100元以上，均已脱贫。

【学习培训】 组织多名业务骨干外出参加各类业务培训，“一专多能”的业务骨干队伍不断扩大。积极推动普法教育宣传工作，组织130名干部职工进行网上普法学习，抓住“3·15”食品安全宣传周、安全用药月、世界标准日等宣传时机，采取多种形式加大对市场监管领域法律法规的宣传力度，进一步增强广大消费者的法律意识，提高依法维权的能力。

（贺商羽）

工商行政管理

【概况】 落实“多证合一”“先照后证”“企业简易注销机制”

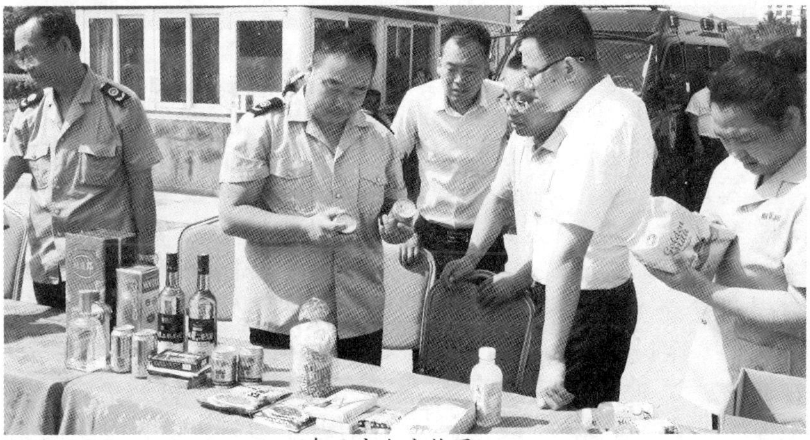

食品安全宣传周

等一系列商事制度改革措施,推进企业登记全程电子化进程,推动“放管服”上水平。实施“十七证合一”登记制度改革,新发“十七证合一”营业执照4384户,变更721户。与市场主体签订承诺书1737份,同时通过企业信用信息系统将市场主体登记相关信息推送至相关审批部门及行业主管部门。启动名称外网查询和预核准事项,办理名称网上预核准704户,实行市场主体退出便利化,60家企业通过简易注销登记实现注销。2017年全市新登记市场主体7810户,新增注册资本32.71亿,市场主体总量达35951户、注册资本230.23亿元,同比增长10.97%、2.32%。全市非公经济党组织目前已发展到26个、党员78人。

【事中事后监管】 2016年度企业年报率达86.12%;农牧民专业合作社年报率达75.92%;个体工商户年报率达93.37%。清理长期停业未经营“僵尸企业”,吊销处理连续三年未年报企业420户。全面启动“双随机一公开”抽查工作,梳理公示随机抽查清单539项、执法人员名录库107人、检查对象名录库34356户,组织开展企业年报信息抽查、经营机动车配件行业定向抽查、旅游行业定向抽查,累计抽查企业193户,进一步实现市场监管由巡查制向抽查制的转变。强化部门协同监管,与34个市直部门协同建立企业信息共享与联合惩戒工作机制,通过协同监管平台与其他部门共享市场主体信息34370条、行政处罚信息1007件、行政许可信息1342条。

【重点领域市场监管】 2017年累计监测广告786条次,促进广告市场健康有序发展。不断优化监管手段,采取以会代训、集中约谈相结合的方式,组织召开汽车销售企业行政约谈会,督促企业开展自查自纠,引导企业诚信守法经营。

【消费维权】 在商场超市增设消费维权投诉站至28个,在贝子庙景区(AAAAA)和锡林湾景区(AAA)建立消费维权投诉站,进一步提高维权效率。2017年以来累计解决消费纠纷872件,处理消费类投诉举报93起,挽回消费者经济损失74.5万元。积极开展消费维权“五进”工作,深入社区举办会销消费风险提示主题讲座。开展“3·15”主题宣传活动,销毁假冒伪劣商品货值23万元,配合盟工商局对锡林浩特地区流通领域商品进行监督抽检,共抽取电线电缆、通信器材、电动车、小家电、汽车配件、日化用品、防盗门等七大类121批次样品进行送检。组织召开网络经营者约谈会,对全市电子商务平台及旗下的实体体验店开展专项检查。（贺商羽）

质量技术监督

【质量强市建设】 履行质量强市活动领导小组办公室职责,认真对各成员单位提交的考核材料进行审核汇总,对疏漏内容及时联系有关单位进行补充,做到各项材料齐备、有序、规范。进一步完善各项工作制度,明确成员单位工作职责,落实成员单位工作目标和责任清单,部门协作能力得到明显增强。建立质量发展服务机制,加强对全市重点产业、重点产品质量状况统计分析,组织开展质量状况调查,每季度撰写一篇质量分析报告,为锡林浩特市委、市政府决策提供依据。

【品牌建设】 组织30家企业70余人参加国家、自治区、盟各级举办的企业质量管理、卓越绩效评价准则、主席质量奖评审员等培训班,及时召开专题会议向企业讲解申报条件及注意事项等内容。全市共有2家复评企业和4家参评企业申报2017年内蒙古名牌产品,3家企业申报锡林郭勒盟盟长质量奖,其中1家企业进入现场评审,组织3家企业申报品牌价值评价。通过对全市企业进行摸底调查,制定《2017—2020年度品牌发展培育计划》,引导企业建立健全质量管理体系等,推动企业争创名牌。

【市长质量奖】 组织召开2016年首届市长质量奖颁奖大会,共230人参加颁奖大会。会上为3家获奖企业颁发奖杯和牌匾,获奖企业奖励人民币20万元。继续开展2017年度市长质量评定工作,组织指导企业申报市长质量奖。

【特种设备监管】
检查特种设备使用单位137家,检查各类特种设备1775台及压力管道500余千米,发现安全隐患357项,下达《特种设备安全监察指令书》51份,完成整改338项。与全市所有特种设备使用单位签订《特种设备使用单位安全使用承诺书》,组织特种设备使用单位开展安全隐患自查自纠,下发《特种设备使用单位安全管理自查自纠情况表》206份,组织开展在用特种设备现场应急救援演练3次,有效提高使用单位应急救援处置能力。组织开展全市液化石油气钢瓶充装单位专项整治工作,加大对气瓶充装单位的监管力度,严禁非法充装、超期充装及未经检验充装等违法行为。通过充装站加大对市民安全使用瓶装液化石油气的宣传力度,提高市民安全意识和抵制非法倒装气体行为,组织气瓶充装单位召开特种设备安全主体责任工作会,努力从源头遏制非法充装等违法违规行为。重点排查整治公共场所在用自动扶梯和自动人行道、在建电厂项目特种设备、游乐设施、压力容器、涉氨制冷企业等领域存在的安全隐患,对排查出安全隐患及时责令整改落实,对存在严重安全隐患的及时封停,着力降低发生重大事故和重大影响事件的风险。

【质量监管】 制定《2017年度重点工业产品监管目录》。强化专项抽检,组织抽检25家加油站的国V标准车用燃油33批次,合格率达93.94%;抽检8家食品相关产品经营单位的密胺餐具、纸杯、纸巾纸、保鲜膜、保鲜袋等产品52批次,合格率达98%。抽检13家经营单位销售的钢筋、角钢等产品23批次,合格率达70%;8家企业的生产的保温材料15批次,合格率达到73.3%;2家矿区内加油站销售的国V标准车用燃油2批次。充分发挥"认证认可业务综合监管平台"作用,及时查阅全市认证认可活动动态,加强认证认可活动监督管理,累计检查53家获证及预获证企业的113个认证活动。与锡林浩特市教育科技局联合召开学生服质量工作专题座谈会,成品进行发放前必须送检,留存学生服样品备检。全市22家中小学校中已有部分学校签订学生服数量合同,其余部分学校正在统计学生服数量。深入开展质检利剑行动,对市面上销售的儿童用品、食品相关产品、絮用纤维制品等进行检查,均未发现违法违规问题。春耕时节组织对全市销售等农资产品的7家经营单位进行专项检查。重点检查蔬菜种子、花卉种子、化肥、复合肥、有机肥、农药是、农机配件等产品是否存在质量违法问题,及时查处违法行为,对坑农害农行为及时移送司法机关处理。

【标准计量管理】 指导企业将《乌珠穆沁种公羊养殖管理规范》上报自治区标准化院申请转为地方标准。推动"乌珠穆沁羊肉"国家地理标志保护产品标志申请、使用的工作进程,32家肉食品协会会员申报使用"地理标志保护产品"标志并将相关产品送检。推荐锡林郭勒元和大酒店为第一批盟级标准化试点示范项目单位。继续推广企业产品自我声明公开,落实企业产品标准和服务标准自我声明公开和监督,做好企业标准监督检查工作,鼓励企业制定高于国家标准、行业标准和地方标准的企业标准共有34家企业在用的77个标准进行网上自我声明公开;抓好标准实施的事中、事后跟踪监督工作,保证强制性标准的严格执行,促进推荐性标准有效实施,对45家相关单位的标准执行、认证情况进行监督检查。加大"地理标志保护产品"保护力度,对锡林浩特市地区肉食品直销店和各大超市在售的预包装冷冻肉食品标注的标签、商品条码及"地理标志保护产品"标志等情况开展专项检查。对全市142家企事业单位的强制检定计量器具进行摸底调查对各加油站在用计量器具检定使用情况进行检查,重点检查在用加油机计量检定证书、各部位铅封等内容,严厉打击计量作弊违法行为。结合市场规律特点组织开展民族特色旅游产品、中秋国庆"双节"期间定量包装产品及商品包装计量、肉食品加工企业计量器具等一系列专项检查,累计抽查7类332批次产品,检查32家肉食品加工企业在用32台轨道秤及132台台秤及实验室设备。

(贺商羽)

安全生产监督管理

【综述】 锡林浩特市安监局内设综合办公室、法制培训股、安监一股、安监二股、综合监管一股、综合监管二股、应急救援股与职业卫生股8个股室,下设二级单位锡林浩特市安全生产监察大队。机关行政编制6名,其中领导职数3名(1正2副),安全生产监察大队核定事业编制10人。召开"以十九大精神为引领、切实解决'四个意识'不强问题"专项活动动员大会,及"转作风、提效能、促发展”百日攻坚行动动员大会，修改完善财务制度及机关用车用油制度，制定印发《市安监局“三重一大”决策制度实施办法》《“三重一大”事项公示公开制度》《“三重一大”事项决策制度》《锡林浩特市安全生产监督管理局党组工作规则》《锡林浩特市安监局贯彻落实〈中国共产党工作条例〉(试行)实施细则》及《锡林浩特市安监局党组议事规则》严格按照党员发展程序转正预备党员1名，吸收积极分子3名。

【监督管理】参与政府关闭矿山54户，截至2017年年底，未给任何非煤矿山企业进行开复工复产验收，其中有2户金属非金属矿山企业全年不停工生产，通过日常监察确保其有效执行国家安全生产法律法规及相关产业政策；通过督促企业开展自查自纠和开展专项检查等方式，对企业进行检查督查，认真做好检查中发现的隐患整改工作。截至2017年12月，共检查企业32次，出动检查人员96人次，查出一般隐患9条。

【危险化学品和烟花爆竹】严格烟花爆竹零售经营许可证审查，合理布设经营网点，督促5家批发企业及时清理烟花爆竹临时销售点剩余的烟花爆竹产品4000余箱；做好危险化学品许可证和换(发)证工作及企业安全标准化建设工作；开展危险化学品领域各项安全生产专项整治工作，对重点企业继续开展专家查隐患及示范性执法活动，加强“两重点一重大”企业安全管理，组织辖区内加油站开展企业互查互检活动。全年共对辖区内的企业进行检查426次，查出各类安全隐患262条。11月20日锡林浩特市安监局对全市辖区内的两家烟花爆竹批发企业和两家烟花爆竹零售店进行安全生产检查，严禁零售点销售超标、违禁、专业燃放类产品或从非法渠道购进的产品。

【冶金等工贸行业安全监管】开展粉尘防爆安全整治和验收工作，针对涉氨企业下发文件，要求企业在开工前全面落实企业主体责任，确保安全生产；开展安全生产与职业健康一体化执法，建材行业专项检查，示范性执法等各类检查，配合鄂尔多斯安监局互检组对锡林浩特市4户企业进行专项检查。全年检查企业49家，累计检查90余次，发现一般隐患341项。从6月7日起，锡林浩特市安委办牵头组织部门机构深入冶金企业厂内开展安全生产教育培训学习活动。期间，聘请锡林郭勒盟职教中心高级讲师通过事故警示案例，生动鲜明讲解安全生产基础知识、安全操作规程、应急救援及安全防护等内容。开展安全生产知识普及、安全生产知识竞赛、安全生产演讲比赛等活动，以此共同营造浓厚的安全生产氛围。

【职业卫生及应急救援】截至2017年年底，查出一般隐患15条，汇总整理108份《职业病危害用人单位状况调查表》；有38家企业完成建设项目职业病防护设施“三同时”工作；14家企业职业卫生基础建设验收合格；职业卫生申报并备案的企业共计93家，接触职业病危害人数2815人。督促并监督辖区内的企业编制《生产安全事故应急救援预案》；对39户符合评审程序的企业应急预案进行备案；组织开展锡林浩特市2017年政企联动综合应急演练，并督促辖区内14户全盟重点演练单位及其他生产经营单位的应急演练工作，共计演练22次。认真做好应急管理执法检查工作，共查出隐患53条。对3家风机叶片制造企业进行监督检查，检查中发现企业存在职业病危害因素日常监测记录不全；未按照规定组织劳动者进行职业卫生培训等一般隐患共9项。共下发《责令限期整改指令书》2份，《现场处理措施决定书》1份，查出存在未制定粉尘治理方案、未制定工作场所职业病危害因素日常检测记录表、未按照规定组织劳动者在岗期间的职业健康检查隐患3条。锡林浩特大陆特种水泥有限公司一直处于停工状态，锡林浩特市建新水泥有限公司和锡林浩特中联金河水泥有限公司于11月初停工。

【事故统计】按照计划认真开展安全生产日常检查，努力消除各类安全生产隐患，配合相关部门及科室进行安全检查，开展企业安全生产费用提取和使用等专项检查。参与生产安全事故调查3起，及时完成国家安监局直报系统和安全生产行政执法统计报表录入工作。

【宣传培训】以宣贯新《中华人民共和国安全生产法》《内蒙古自治区安全生产条例》等安全生产相关法律法规为主线，春节期间通过“锡市安监局微信公众号”向全市发布《锡市安监局关于购买燃放烟花爆竹的公告》、举办"安全生产月"、知识竞赛、安全生产专题文艺晚会、微信公众号等一系列贴近生活、贴近实际、贴近群众的活动，使安全生产方针政策家喻户晓、人人皆知。由盟安委会主办，锡林浩特市安委会承办的锡林浩特地区安全生产宣传咨询日暨"安全生产月"启动仪式在贝子庙广场举行。安全月期间，锡林浩特市安委办继续牵头组织部门及企业开展丰富多彩的安全生产知识普及、安全生产知识竞赛、安全生产演讲比赛等活动。（张　娜）

统　计

【概况】 2017 年，锡林浩特市统计局严格按照统计方法制度的要求，认真做好常规性统计工作，完成各类定报的上报任务。圆满完成农牧业、工业、能源、固定资产投资、房地产、劳动工资、商贸流通和重点服务业等常规性统计工作以及牧业普查等常规性普查工作；认真开展社情民意、文化产业、工业产品投入产出、农畜产品加工、农作物产量抽样、旅游、规模以下企业、小康监测、小微企业调查等调查工作。

【数据质量】2017 年，锡林浩特市统计局完善各专业统计数据质量管理制度，完善联网直报平台数据监管机制措施，强化统计数据审核评估，确保统计数据的真实可靠。加强基层统计队伍建设，把好数据质量关，对新增规模以上企业加强审查。深入基层，对全市各统计起报单位或个人实地勘察，并对其统计、财务基础工作进行检查指导，确保源头数据质量关。加强与各部门以及基础统计单位的沟通协调，确保各项统计数据不错统、不漏统；提高统计数据的真实性和科学性。

【咨询服务】 做好锡林浩特市经济运行分析，按月发布各专业统计进度分析，做好月度统计资料的编辑、审查和发布，及时提供和发布盟统计局统计数据的反馈数，为领导和有关部门宏观决策、指导工作提供参考依据。根据市委、市政府领导和社会公共普遍关心关注的"热点、难点"问题，确定研究课题，开展专题调研，深入分析研究、撰写调研文章和决策信息，全年撰写统计信息、分析和调研等 400 余篇。

【法制建设】着力推进依法统计，强化法治统计建设。加强统计执法检查，规范统计执法行为，加强对工业、投资、贸易、服务业等重点专业、重点指标的执法检查。统计法宣传日联合锡林郭勒盟统计局开展统计法宣传活动。

（闫　明）

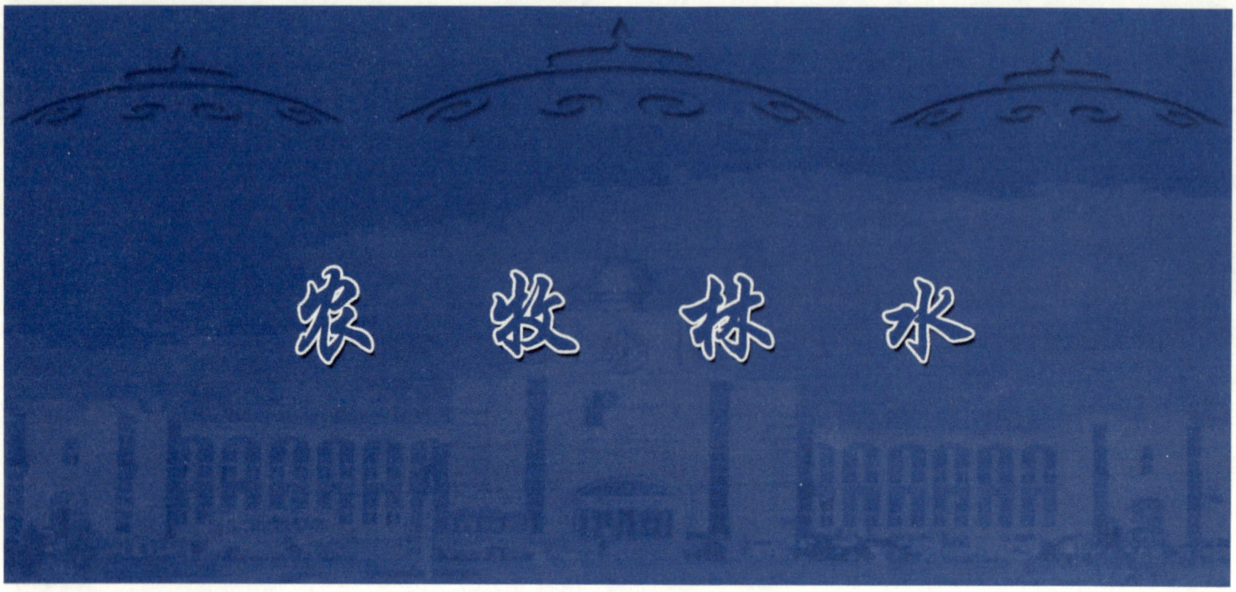

农牧林水

农牧业

【综述】农牧业局下设9个二级单位,分别是:兽医局、蔬菜办公室(并挂植保植检站牌子)、牧业机械安全监理站(并挂农牧业技术推广站、农牧机械产品质量监督投诉站、安全生产监督管理办公室牌子)、草原工作站、牧区经营管理站、畜牧工作站、农牧业综合行政执法大队、奶业管理办公室、农畜产品安全检测中心。实有人员131人。农牧业局领导职数1正5副,实有1正4副。农牧业局党总支下设5个党支部,分别是局机关党支部、蔬菜办党支部、兽医局党支部、三站一办党支部、草原站党支部,共有党员60名。

【农牧业生产】全年完成一产增加值19亿元,同比增长5.6%;牧区常住居民人均可支配收入达到24136元,增长8.5%。落实肉羊良种补贴、良种基础母牛饲料补贴、农业支持保护补贴等九项补贴4101.83万元。接活仔畜71万头只,成活率99.8%。牧业年度牲畜165.4万头只,出栏牲畜119.6万头只。开工肉食品加工企业38家,加工活畜291.8万只。建成10家活畜交易市场,交易活畜15.6万头只。

【推进"减羊增牛"战略】引进优质良种肉牛600头。牧业年度牛存栏8.7万头,黄牛改良4.3万头,重新验收认定盟级肉牛核心群8群。认定肉牛生态家庭牧场107户、合作社3个、企业1个。争取肉牛标准化、规模化养殖场项目资金60万元,为2家肉牛养殖专业户完善基础设施建设。打造肉牛规模化养殖场3个,从国内外引进的1440头优质良种肉牛已扩繁至2140头。

【肉羊良种繁育体系】引导牧民两季或多季出栏,制定出台《锡林浩特市冬羔早春羔提前出栏补贴工作实施方案》,出栏加工冬羔早春羔18.3万只,发放补贴741.3万元,受益牧户1585户。鉴定育成种公羊5000只;年检种公羊1.8万只;选留后备公羔6000只。为13个种公羊集中管理合作社和专业户发放良种周岁种公羊3275只。争取项目资金110万元提档升级种公羊集中管理基地2处,完善2家肉羊标准化、规模化养殖场的基础设施建设,提升标准化生产和经营管理水平。

【调整种植业结构】全市播种面积33.77万亩,"粮经饲"比由2016年的34∶13∶53调整为30∶10∶60,2017年落实农业补贴共计1614.83万元。实施农机深松整地作业5.3万亩。全年上市鲜菜3400万公斤,产值1.7亿元。

【农牧业产业化经营】认定盟级农牧业产业化重点龙头企业13家、取缔4家,为5家企业争取自治区产业化项目资金640万元。成为全盟唯一的一二三产业融合发展自治区级示范旗县,为8家企业、合作社争取扶持资金770万元。2017年选择30户建设标准较高、示范带动作用明显的家庭牧场列入生态家庭示范牧场,颁发认定证书。组织生态家庭牧场、合作社、企业集

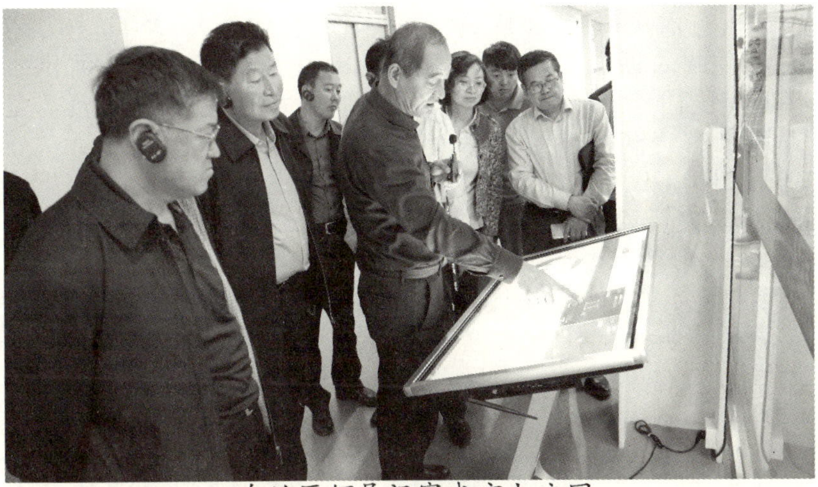

自治区领导视察我市大庄园

中培训和参观交流500人次以上。

【防灾减灾】2017年共发放补贴饲草料11694吨,惠及牧户2612户,共计补贴301万元。为全市36个嘎查分场拨付农牧业生产救灾资金共计540万元。为全市311户贫困户每户免费发放1750公斤青干草、1000公斤玉米饲料,共发放饲草544.25吨、饲料311吨。全市集中储备抗灾饲草7000吨,确保为受灾牧户提供廉价饲草。草原鼠虫害防治面积248万亩,完成计划的275%。种植业保险承保面积18万亩,签单总保费388万元。

【农畜产品安全】继续保持重大动物疫病零疫情和重大农畜产品质量安全事件"零发生"。春秋两季集中免疫牲畜691万头(只),驱治家畜体内外寄生虫218万头(只),免疫密度100%。设立10处犬免疫注射点,免疫犬5610余条。完成蔬菜、畜产品、饲料抽样检测1186批次,畜产品抽检合格率保持100%。开展打击私屠滥宰、规范畜禽屠宰和肉食品市场秩序专项整治行动,取缔私屠滥宰点20处、整顿临街肉铺60家。加强农药、种子、兽药、饲料等农牧业投入品检查,查处违法案件11起,没收处理高毒鼠药30余袋,劝返非法运输生鲜乳车辆20余辆。

【农牧业技术推广】加快肉羊、肉牛、饲草、小麦四大产业发展,建设科技示范基地8个,推广主导品种和主推技术15项,培育科技示范户1100户。开展三期新型职业农牧民培训班,共培训169人。落实农机购置补贴资金327万元,补贴各类农机具299台(套),惠及牧户185户。

(高　娃)

林业　水利

【概况】2017年,林业水利项目总投资16.3813亿元,其中林业项目总投资13.13亿元,水利投资3.2525亿元。完成投资13.8125亿元,其中林业完成投资13.13亿元,水利完成投资6825万元。林业工作重点区域绿化工程(30公里景观带建设)完成绿化面积1.7万亩。京津风沙源治理工程林业项目完成绿化面积2.3万亩。农业综合开发林业生态示范项目完成人工造林0.4万亩。水利工作饮水安全巩固提升一、二期工程新建水源井42眼。京津风沙源治理工程水利水保项目新建水源井24眼,小流域治理4平方公里。生态水系治理(湿地公园)二期工程完成一枢纽850米的水泥路、2.5公里的木栈道、停车场3500平方米的混凝土浇筑。锡林河供水公司新水厂建设总投资2亿元,已完成投资0.8亿元,配水管线工程铺设管道1公里。加大自备井的查封力度,封闭自备井335眼,责令停止非法打井15起,足额征收水资源费、水土保持补偿费4206万元。全面推行"河长制"工作,出台《锡林浩特市全面推行"河长制"工作方案》和六项工作制度。

【林业工作】生态建设重点区域绿化工程(30公里景观带建设)投资13亿元,结合30公里景观带建设完成绿化面积1.7万亩,种植树木294万株(含灌木)。包括城镇绿化、厂矿园区绿化、村屯绿化(白音锡勒牧场、阿尔善镇、白音库伦牧场)、公路绿化(机场高速、丹锡高速)、锡林河水库绿化、南山森林公园绿化、湿地公园绿化、园林绿化。京津风沙源治理工程林业项目投资550万元(国家投资),绿化面积2.3万亩。其中人工造林0.3万亩、封山育林1.5万亩,工程固沙0.5万亩。农业综合开发林业生态示范项目投资448万元,地点安排在水库周边,完成人工造林0.4万亩。完成森林抚育工程任务1万亩,其中补植面积9781亩,综合抚育浇水、修枝3216亩,补贴金额98万元。森林生态效益补偿工作,国家级公益林面积71.5万亩,地方公益林面积2.16万亩,补偿基金803.93万元,通过"一卡通"发放。

【城防林养护】 建成约10万亩环城市周边生态防护林屏障,将林地划分为18个区域,分区域进行技术承包,对中标企业进行检查监督,形成三级监督管理模式,确保造林保存率。对管护不尽责的企业责令其整改,并且扣除部分养护费。管护工作已从过去大田造林粗放式管理模式转化为园林精细化管理模式,取得较好的管护效果。

【林政资源、执法】 受理占地项目11个,林业厅已审批项目8个,其他3个项目正在审核中,上缴森林植被恢复费653.15万元。全年办理林业行政案件285起,出动警力942人次,警车458台次,收缴罚没款13.84万元,包括在封禁期放牧案和违反防火期管理案、违规用火案、违法出售野生动物案等。按照公益林管护合同,对公益林管护不到位的护林人员,扣回管护费55万元。严格参照《项目办验收办法》及《作业设计》,对南山森林公园、锡林湖、湿地公园、城防林等区域进行逐地块、逐株核查验收,完成核查验收面积4.93万亩,树木313万株,花草地植被55.6万平方米。

【森林病虫害检验检疫】 经森防检疫、林木种苗检疫执法人员、森林公安干警、林业技术人员严格把关,共检疫苗木1500批次,200余万株,退回10车苗木,其中从美国白蛾疫区调入苗木9车,从赤峰杨干象疫区调入糖槭1车。烧毁带有美国白蛾蛹的旱柳1车,深埋带有美国白蛾蛹的紫叶稠李1300株。

【森林防火】 2017年,干旱少雨,防火形势严峻,制定印发《森林防火应急预案》和《2017年清明节防火工作方案》,加大城市周边林区巡护力度,8:00—18:00不间断巡护,与林区内施工单位签订防火责任状71份;采取发放防火宣传单、走访牧户宣讲防扑火安全知识,使广大群众充分认识到防火的重要性,掌握防火安全措施。防火期,在锡林浩特市主要干道出入口、重点林区悬挂防火条幅4条;宣传防火讲座9场次,树立防火宣传旗500余面,发放防火宣传单1200余份,取得明显的效果,没有发生较大的火情,森林火灾率同比下降30%。

【林业宣传】 以"一定要生态保护优先,扎扎实实推进生态环境保护,像保护眼睛一样保护生态环境,像对待生命一样对待生态环境"为主题,悬挂标语,散发宣传单1500余份,大力宣传《中华人民共和国森林法》《内蒙古自治区森林草原防火条例》等有关的法律法规和政策。

【水利工作】 饮水安全巩固提升一、二期工程 新建水源井42眼,投资385万元。京津风沙源治理工程水利水保项目投资560万元(其中国家336万元,本级配套224万元)。新建水源井24眼,完成小流域治理4平方公里。生态水系治理(湿地公园)二期工程投资1000万元,完成一枢纽850米的水泥路、2.5公里的木栈道、停车场3500平方米的混凝土浇筑。锡林河供水公司新水厂建设 总投资2亿元,已完成投资0.8亿元。建设内容主要包括净水厂、配水管线、输水管线、加压泵站、高位水池等。配水管线工程铺设管道10公里,投资2700万元,已铺设管道1公里。

【水政监察】 加大自备井的查封力度,封闭自备井335眼(华油6眼),责令停止非法打井15起,有力地保护锡林浩特市地下水资源。查处挖沙案件2起,没收违法所得款5.3万元,偷挖沙坑恢复原状。严格执行自治区水资源费、水土保持补偿费征收有关规定,不断加大征费力度,应征尽征。足额征收水资源费、水土保持补偿费4206万元。同比增长114%。

【水政水资源管理】 完成城镇饮用水水源地安全达标评估工作,等级为优秀。对锡林浩特区域内生产建设项目水土保持方案建设情况进行督察,确保生产建设项目按方案进行恢复。对锡林浩特市违规用水工业企业进行检查,限期完善取水许可手续。全面推行"河长制"出台《锡林浩特市全面推行河长制工作方案》和六项工作制度,组建河长制办公机构,设置总河长、副总河长及12条河流、五个湖泊的河(湖)长,设立24块河长公示牌,制定发放宣传手册500册,完成"一河一策"方案编制。水法律法规宣传 以"落实绿色发展理念,全面推行'河长制'"为主题,制定切实可行的宣传方案,在全市1784辆出租车车顶LED屏滚动播放水法律法规宣传口号,在锡盟电视台黄金时段播放宣传字幕，在主要街道悬挂宣传横幅。组织开展节水科普宣传走进机关、校园、社区、走进大型超市，对《中华人民共和国水法》《中华人民共和国水土保持法》《防洪法》等水法律法规知识及有关最严格水资源管理制度、建设节水型社会、水资源保护知识进行大力宣传，共发放宣传单5000余份、山洪防御知识宣传册2000余份，发放印有宣传口号的纸杯和餐巾纸500余份，锡林郭勒盟电视台、报社，锡林浩特市新闻中心对宣传活动进行报道。（吴建峰）

扶贫开发

【概况】 2017年，在市委、市政府的领导下，在盟扶贫办的指导下，按照“扶上马、送一程”的原则，巩固提高自治区建档立卡72户200人、2016年脱贫的311户895人贫困人口的脱贫成果，开展“进一步打牢”和“回头看”“再核查”工作，打牢精准识别工作基础，对符合条件的贫困人口和返贫人口及时纳入到帮扶范围内，实施动态管理机制。

【专项扶贫】 “三到村三到户”项目。在朝克乌拉苏木乌优特嘎查和阿尔善宝力格镇斯日古楞嘎查组织实施“三到村三到户”项目，投入引导资金100万元，购入西门塔尔母牛43头、基础母羊500只，扶持脱贫户和边缘户53户150人，提高贫困户生产发展能力，增加脱贫户收入。

金融扶贫富民工程项目。累计发放金融扶贫富民贷款6496.5万元，贷款牧户1131户，2017年发放贷款2604万元，贷款牧户404户，有效解决牧民生产资金短缺问题。目前，运行效果良好。

保险扶贫项目。制定“锡林浩特市保险扶贫工作实施方案”，投入本级扶贫资金200万元，与中华财险公司合作，实施脱贫人员意外保险和养殖业保险项目，杜绝因人身意外、灾害等原因造成的返贫现象的发生。脱贫人员意外死亡、残疾保险每人保费80元，保额10万元；意外医疗每人保费20元，保额2万元；肉牛每头保费210元，保额6000元；肉羊每只保费25元，保额500元。

牧民培训工作。在盟内三所重点院校（职业学院、技工学校、职教中心）开展职业技能培训，共培训牧民子女110人，涉及会计、计算机、民族服饰、装载机、挖掘机等专业。结合牧民实际，自行举办现代牧业机械操作、抓党建促脱贫、电子商务+畜牧业培训、电子商务+畜牧业培训之牧民创业新思维、牧民“算账理财奔小康、算账经营促增收”、牧民汽车维修等14期培训班，培训563人，提高牧民的专业技能和自我发展能力。

互助资金项目。目前，入社牧户达927户，扶贫互助资金滚动发展到1022万元。其中：国家级资金160万元，盟级资金70万元、市级资金420万元，嘎查投入248万元，牧民入社费59万元，互助社效益资金45万元，共借出资金921万元。

学习宣传工作。学习宣传习近平总书记扶贫开发战略思想、全区脱贫攻坚等会议精神，利用擎天柱、建筑围挡、公交车候车亭、大型LED显示屏、社区宣传栏、校园围墙、广场宣传栏、市直各单位门户网以及微信公众平台进行刊载播放精准扶贫标语，全年报送扶贫动态136期，在报刊、电视、广播、网站、微信平台宣传258条，其中：自治区和盟级65条、市级193条。

【行业扶贫】 围绕牧业增效、牧民增收、牧区稳定的主题，积极协调有关部门在交通、电力、农牧、水利、教育、卫生、社会保障等方面加大扶贫开发投入力度，行业扶贫资金达1.57亿元，大力改善牧区水利、卫生、教育以及社会保障等公共事业的发展。水利建设扶贫总投资281万元，其中，帮扶白音锡勒牧场建果园投入200万元，帮扶白音锡勒牧场和朝克乌拉苏木建9眼井，投入81万元；交通运输扶贫投入资金1.1亿元，续建228公里公路里程；健康扶贫投入32.11万元；教育扶贫补助资金28.118万元；农牧产业扶贫投入115万元；社会保障扶贫投入7.86万元；电业扶贫投入4403万元，解决牧区人口用电问题。

【社会扶贫】 定点帮扶工作。继续组织市直各部门单位和副科级以上领导干部对33个嘎查分场贫困人口实行“一对一”定点扶贫。选派各嘎查分场第一书记，助推精准扶贫工作。各帮扶单位和干部投入帮扶资金100多万元。2017年各帮扶单位把帮扶重点放在扶智、扶志上，侧重于提高贫困户思想认识，以及饲养管理等方面的指导，帮助贫困人口提高自我发展能力。

企业扶贫工作。继续把企业助推精准扶贫纳入扶贫开发工作体系中,组织驻锡林浩特市96家各类企业开展帮扶工作,共投入帮扶资金20余万元。

【健康扶贫】 制定《锡林浩特市健康扶贫工程实施方案》,全面核实因病致贫情况,确立健康扶贫人员895人,建立贫困户健康扶贫档案,实现参合率100%、贫困人口免费体检率100%。享受新农合报销77人次,医疗总费用共计48.42万元,补偿金额共计32.11万元。县域内就诊率98.7%,政策内报销比75.32%,实际报销比66.32%。制定《锡林浩特市健康扶贫医疗保障基金实施方案》,申请盟级扶贫专项资金30万元,建立健康扶贫医疗保障专项基金。

【教育扶贫】 召开全市教育扶贫工作会,制定出台相关政策,摸清贫困学生底数,做好申请、认定、审核工作,审核通过贫困户、低保户、遭遇自然灾害或突发事件等特殊困难家庭学生共300余人。认真落实国家、自治区义务教育阶段的助学资金,高中教育阶段的“两免”和家庭经济困难学生国家助学金资金,高等教育阶段的贫困家庭子女升入普通高校补助资金,大学生交通补助等政策,保障教育经费投入。明确各类资金拨付节点,资金拨付足额及时,确保各类教育助学政策不折不扣地落到实处。 (珠　拉)

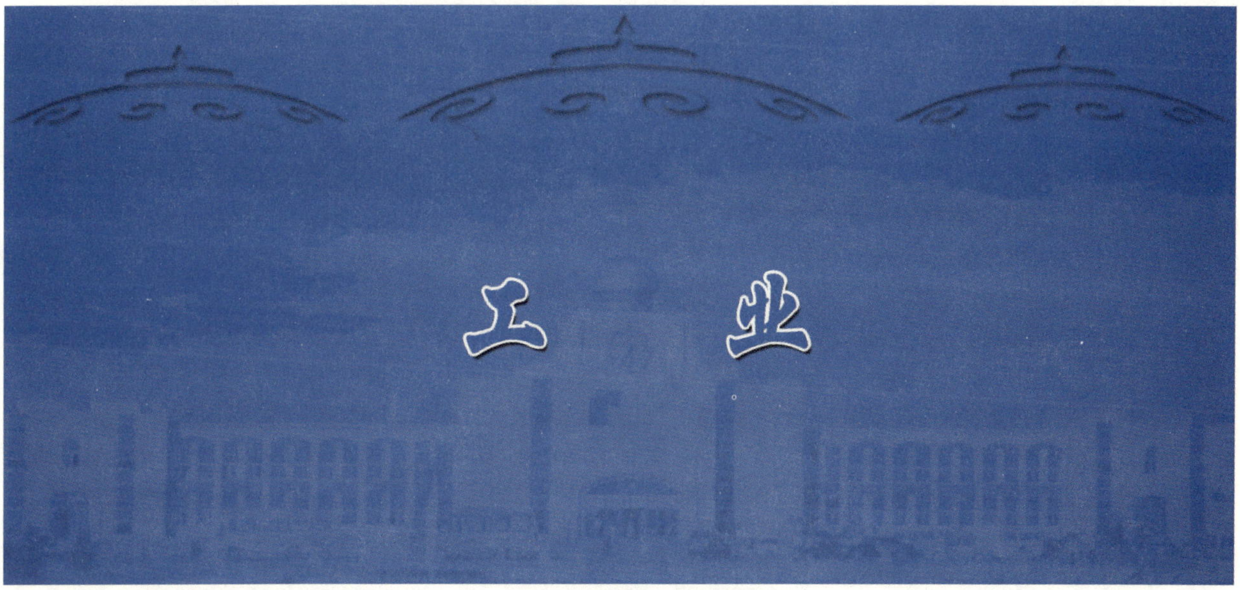

综　述

【概况】2017年,72户规模以上工业企业开复工70户,开复工率97.2%,实现产值131.9亿元,同比增长14.6%。七大行业实现二升五降趋势,能源行业实现产值90.4亿元,同比增长37.3%。畜产品加工业实现产值25亿元,同比下降14.2%。装备制造业实现产值11.4亿元,同比下降16.6%。建材业实现产值2.3亿元,同比下降32.9%。非煤矿产品开采加工业实现产值0.7亿元,同比下降23.7%。高新技术产业实现产值0.7亿元,同比下降21.1%。其他行业实现产值1.3亿元,同比增长15.7%。2017年锡林浩特市提限6户:提限1户大庄园(9月已提限),新增产值2.9亿元。壮大提限5户,预计新增产值1亿元,中广核晨辉风厂、蒙强冷库、蒙东锗业、盛源冷库和威远冷库。锡林浩特市计划实施工业重点项目17项(不包括前期推进),开复工10项,开复工率达到58.8%。2017年全年锡林浩特市二产固定资产投资累计完成87.7亿元,同比下降31.9%。全力推进神华、大唐、华能、蒙能等续建项目,确保项目尽快建成运行。四个电源点2017年累计投入37.6亿元。督促中蕴马产业综合利用、宏源冷冻薯类加工、明阳2MWp风光同场光伏发电、锡林浩特市放心食品加工、中电卓新粉煤灰综合利用及丰润脱硫石膏综合利用等新建项目,加快建设进度,实现早日投产,进一步做大重点项目经济总量。

【园区建设及企业管理】2017年工业中小企业达315户,全年完成产值95亿元,实现就业6300人。其中规模以上工业中小企业实现产值84.3亿元,产值超亿元工业中小企业达15户,累计完成产值65.9亿元。中小企业聚集区内主要包括建材企业、绒毛企业和其他中小企业,共计259户,其中建材企业134户,绒毛企业29户,中小企业96户,年内完成产值10.2亿元,安置就业770人。锡林浩特地区全社会用电量12亿千瓦时,同比下降0.25%。其中,工业用电量6.3亿千瓦时,同比下降8.56%。2017年底电力装机并网147.89万千瓦,累计发电52亿千瓦时,同比增长8.35%锡林浩特市通信业计划投资7984.76万元,实际完成投资6980.84万元,完成全年计划投资的87.43%。其中锡盟电信分公司完成投资1675.65万元;锡盟联通分公司完成投资574.84万元;锡盟移动分公司完成投资3757.52万元;锡盟铁塔分公司完成投资972.83万元。

【煤炭民爆行管和安全监管】全年组织开展煤矿安全生产检查51次,发现各类安全隐患92项,开展民爆行业日常及专项安全生产检查27次,发现各类安全隐患37条,通过开展各类安全检查,及时发现整改安全隐患,进一步巩固锡林浩特市煤矿、民爆安全生产良好形势,全年未发生安全生产事故。

【节能和综合利用】加大节能

减排工作力度,加强对重点用能企业监管,从源头控制能耗不合理增长,年内6户企业完成清洁生产工作,5户企业完成节能评估审查。

【扶贫工作】年内走访联系户20余次,走访慰问贫困户2次,为10户贫困家庭送去米、面、油、牛奶等慰问品,积极协调落实精准扶贫帮扶建设项目。协助额尔敦塔拉嘎查成立额尔登塔拉畜牧业发展有限公司活畜交易市场,谋划促进发展的长效机制。开展"党员固定活动日"活动,围绕"庆祝内蒙古自治区成立70周年""深入学习领会党的十九大精神"等主题开展"党员固定活动日"活动8次;为15名党员同志过"政治生日"4次。扎实推进党务公开工作,认真组织开展党组织分类定级,对党费收交公开公示,自觉接受群众监督。

【食品工业】中小企业聚集区共计入驻食品加工企业41户,主要以畜产品精深加工、奶食品牛肉干加工为主。目前生产企业17户,2017年完成产值1.2亿元,解决就业岗位310人左右。

【战略型新兴产业】 锡林浩特市战略性新型产业主要包括风力发电和光伏发电。依托丰沛的风光资源,根据国家、自治区打造清洁能源输出基地的总体部署,适时发展清洁能源产业,经过几年间的努力,全市清洁能源的比重已经超过传统火电的装机容量,光伏发电和风力发电的装机容量分别达到9万千瓦和70万千瓦。新能源企业累计发电17.18亿千瓦时,同比增长26.19%,占锡林浩特市发电总量的32.26%,较去年同期提高4.01个百分点。其中,风力累计发电15.84亿千瓦时,同比增长25.76%;光伏累计发电1.34亿千瓦时,同比增长31.56%。

【高新技术产业】 锡林浩特市高新技术产业主要是锗产业,包括两家企业,即通力锗业和蒙东锗业。锡林浩特市高新技术产业经过这些年的发展,已具备年产锗锭20000公斤,可实现产值1.5亿元左右。2017年生产锗锭17767公斤,同比增加1869公斤,实现产值1.1亿元,同比增长30.6%。 (闫海文)

能源工业

【概况】2017年,锡林浩特市经信局以落实"十三五"规划为牵引,以"创新、协调、绿色、开放、共享"理念为指导,重抓煤矿建设和安全生产工作,大力规范煤炭行业秩序,促进煤炭工业转型升级,全面构建安全、稳定、经济、高效、清洁的现代煤炭工业体系。

【煤矿资源】锡林浩特市煤矿资源丰富,主要分布在胜利煤田和巴彦宝力格煤田,煤炭探明储量330亿吨。其中胜利煤田含煤面积342平方公里,探明储量224亿吨,单层煤可采厚度244米,是全世界煤层最厚、储量最大的褐煤煤田,已被列入国家13个大型煤炭基地之一,并伴生有益矿产锗和石油;巴彦宝力格煤田含煤面积508平方公里,探明储量103亿吨。

【煤炭种类】锡林浩特市煤炭主要为褐煤和长焰煤为主,褐煤煤质为低—中灰、低磷、低硫、富油煤;长焰煤煤质为中—富灰、低磷、低硫、富油煤。

【产值产量】受国家化解煤炭产能政策影响,2017年锡林浩特市煤炭市场回暖,产量及价格均明显上升。2017年,全市规模以上煤炭工业企业原煤生产2293.1万吨,同比增加1104.5万吨,同比增长193%。全市规模以上煤炭工业企业原煤产值19.48亿元,同比增加15.3亿元,同比增长78.6%。

【行业建设】 2017年,锡林浩特市经信局以建设安全、高效、绿色矿山为己任,规范煤炭行业秩序为重点,立足源头治理,全方位立体把关,全面推动煤炭行业建设发展。利用"大体检"专项行动,对煤矿生产各个环节排查问题,梳理隐患,督查整改,促进煤矿完善各项规章制度,提升管理水平,高效运转。联合公安、运管、安监等部门,开展联合执法行动,以煤矿治理为源头,并延伸对产、运、销多环节进行综合整治,全方位规范煤炭行业秩序,促进煤炭行业合法合规发展,营造良好的行业环境。

【安全生产】锡林浩特市经信局认真贯彻落实《中共中央国务院关于推进安全生产领域改革发展的意见》以及《自治区党委 自治区人民政府关于进一步加强安全生产工作的决定》,通过组织学习培训、现场督导、安全检查、强化治理等多种工作方式履行安全监管职责,确保煤矿安全稳定。全年开展节前检查、"两会"专项检查,百日攻坚专项行动、安全生产大检查、"十

九大”期间安全检查以及日常检查40余次，发现隐患92条。（闫海文）

机械制造业

【概况】截至2017年年底，已投产装备制造企业7户，其中规模以上5户，装备制造行业总产值完成产值11.44亿元。锡林郭勒盟明阳新能源有限公司、上海电气集团股份有限公司均已完成建设，近期可以投产，他们的运行将大大促进以新能源带动锡林浩特市装备制造业和高新技术服务业发展。在锡林浩特市装备制造基地，现有装备制造企业8户。其中已投产装备制造企业6户，分别为锡林浩特冀东专用车有限公司、中材科技（锡林郭勒）风电叶片有限公司、锡林浩特市神工制造有限公司、晨飞风电设备公司、鑫源盛科技公司、鑫科新能源公司，另有锡林郭勒盟明阳新能源有限公司年产600兆瓦风机200MWP光伏组件制造项目、上海电气能源装备（内蒙古）有限公司风力发电制造项目也在锡林浩特市装备制造基地。全市已投产装备制造企业除上述6户，装备制造基地外还有1户内蒙古海装风电设备有限公司。

【产业项目】锡林郭勒大庄园肉业有限公司牛羊肉精深加工项目：黑龙江大庄园集团成立于1982年，总部位于哈尔滨，是一家年产值30多亿元的国家农业产业化重点龙头企业，被认定为国家食品安全示范单位、中国牛羊肉协会会长单位、中国牛羊肉行业唯一功勋企业家单位、“中国驰名商标”，也是全国唯一一家“双驰名商标”单位。项目采用国际一流标准加工工艺，将锡盟打造成牛羊肉国际化标准养殖、精深加工、精品高端食材于一体的全国羊肉产业示范基地以及国内顶级、国际知名品牌，形成以锡盟为中心，带动整个内蒙古地区及全国的牛羊肉行业在食品安全、加工标准、行业规范、生态养殖、高科技引领及品牌营销与消费理念的跨越式发展，推动产业升级，带动地方就业，促进牧民增收致富，树立锡盟“高新牧业、富民强区”的新形象。项目在锡林浩特市计划投资10亿元，建设全国规模最大的“国际标准化牛羊肉精深加工基地、中西餐配送及中央厨房”项目，选址位于锡林浩特市区东南二环0.3公里处。项目已于2016年9月19日试生产，累计完成投资5.15亿元，屠宰加工5.6万只羊，实现产值2615万元，纳税144.3万元。2017年完成投资2000万元，截至2017年年底，屠宰加工36万只羊，实现产值2.7亿元。（闫海文）

农畜品加工业

【概况】2017年，全市正常生产屠宰加工企业39户（包括1户肠衣加工企业），累计加工285.2万羊单位，同比下降15%。实现产值24.3亿元，同比下降21%。其中规模以上26户（包括1户肠衣加工企业），累计加工187.9万羊单位。实现产值16.3亿元。

【畜产品品牌快速发展】锡林浩特市农畜产品加工企业有龙头企业31家，其中国家级2家、自治区级20家、盟级9家。畜产品加工企业有中国驰名商标2家，内蒙古著名商标14家，锡盟知名商标3家。农畜产品“三品一标”认证企业10家，认证率达100%，其中无公害企业2家、有机企业8家、绿色企业3家、地理标志企业1家。“锡林郭勒羊肉”地理标志已经成功申请成为中国驰名商标品牌，锡林浩特市多家畜产品加工企业目前正在积极申请中。“中国好羊肉十强品牌”内蒙古额尔敦羊业股份有限公司、锡林郭勒盟锡林之星畜牧发展有限公司分别位居第五名和第九名。“2017肉类水产·行业百强精英评选活动”，锡林浩特市企业锡林郭勒盟伊顺清真肉类有限责任公司取得第三名。在第二届“中国好羊肉”十强品牌评比中锡林郭勒大庄园肉业有限公司获得第一名，内蒙古额尔敦羊业股份有限公司获得季军，锡林郭勒盟草原峰煌食品有限责任公司获得第四名。额尔敦食品有限公司产品被评为2017（第五届）内蒙古“名优特”农畜产品。锡林郭勒盟牧人奶娃娃工贸有限公司荣获“内蒙古名片百强品牌”、锡林郭勒盟草原峰煌食品有限责任公司荣获“内蒙古名片优秀品牌”称号。“第二届内蒙古自治区诚信企业、诚信品牌”组委会严格评审，共评出内蒙古自治区诚信企业40家，锡林浩特市内蒙古额尔敦羊业股份有限公司、锡林郭勒大庄园肉业有限公司被评为“内蒙古自治区诚信

企业”。（闫海文）

电 业

【概况】锡林浩特供电分局地处美丽富饶的锡林郭勒大草原,是内蒙古电网在锡林郭勒盟行署所在地的直供局。它的前身为锡林浩特发电厂收费室,组建于1954年,后称营业所、供电所。1987年8月1日划归锡林郭勒电业局管理,更名为锡林郭勒电业局供电所,1994年4月成立锡林浩特供电局,2005年机构改革改为锡林浩特供电分局。担负着锡林浩特地区7个城镇街道办事处、3个苏木、1个镇及6个国营农牧场共26万人的生产生活供电任务,辖区营业户数20.9万户,营业面积1.48万平方公里。全局现有正式职工163人,中共党员51人,35周岁及以下青工占比71%。运行管理维护10千伏配电线路83条,全长3361公里(其中城镇线路47条,全长560公里;农网线路36条,全长2801公里),低压线路1068条,全长1986公里,配电变压器3673台,容量907.6兆伏安(其中公用变压器1068台,总容量114.9兆伏安)。

【党组织和精神文明建设】以“基层支部建设年”活动为指导,推动“两学一做”学习教育常态化制度化,坚持把党建工作融入到生产经营管理之中,有力推进全面从严治党向纵深发展。深入贯彻党的十九大精神,利用多媒体、基层讲堂、微宣讲等多角度进行宣贯。圆满完成“自治区企业思想政治和文化建设现场经验交流”亮点展示工作,创建党员先锋岗、党员责任区、党员服务队。按照盟局下发的创建目标与方案,对全局15名党员设立党员先锋岗,对三个具有代表性的班组设立集体党员先锋岗,并划分出12个党员责任区,调整党员志愿服务队人员,做到“关键岗位有党员、处理问题有党员,志愿服务有党员”。

【优质服务】2017年,计选派志愿者56人次参加盟局组织的重大会议和各类活动。并每年下社区走访;积极开展“优质服务日”“蒙电服务进万家”“供电开放日”等对外宣传活动,及时宣传局的便民举措;召开客户座谈会、行风恳谈会,征求群众意见建议,建立整改落实台账,实现与客户的良性互动;通过召开新闻发布会、参加《行风热线》《聚焦民生》栏目,加大优质服务工作的宣传推广工作,在各类报刊、网络媒体发表宣传文章,掌握“蒙电”品牌形象推广的主动权。着力推进局“客户服务调度中心建设”的落地实施。

【企业管理】开展全员绩效管理工作,细化绩效考核内容,实行班组承包线损管理办法,将线损率、线路跳闸率、班组建设、行风建设等工作纳入员工绩效考核中,极大地调动职工的积极性。加强标准化班组建设工作,进一步规范各班组基础档案。

【人力资源】全局工作人员有研究生4人、大学本科生111人,大专31人;高级及以上职称5人,中级职称11人;中共党员52人。

【主要指标】2017年,售电量完成11.27亿千瓦时,完成激励指标11.10亿的101.50%;综合线损率完成9.03%,同比升高0.68个百分点;实现销售收入4.638亿元;平均电价完成411.68元/千千瓦时,同比减少9.50元/千千瓦时;电费回收率完成99.99%;供电可靠性完成99.862%,比年计划99.86%上升0.002个百分点;综合电压合格率完成98.20%;发生客户一般投诉7起,低于年度考核指标20次/年;累计实现安全生产8716天。

【安全生产】与各部门签订安全生产责任状,细化目标任务;修订完善安全规章制度,规范安全管理和作业程序,严格执行“领导到岗到位”“三票三制”“班前班后”“安全晨会”等制度,推进安全生产标准化建设。开展线路缺陷处理,累计完成426处缺陷的消除工作,消缺率91.6%,结合生产管理信息系统、固定资产清查核资、新建改造扩建工程等工作,对可靠性基础数据及时进行更新;多策并用,大力压缩非计划停电,尽量缩小停电范围,严格控制重复停电。继续发挥带电作业不停电优势,指导西苏、二连供电分局开展带电作业,截至2017年底累计开展带电作业228次,减少停电228.93小时,少损电量129.11万千瓦时。圆满完成党的十九大、自治区成立70周年、全国大学生足球联赛、国际女篮锦标赛等重大活动、重要节日和重要赛事的保电维稳任务92次,出动保电车辆168台/次,出动保电人员977人/次。

【基本建设】2017年,配网工程投资1.713亿元,截至2017

年年底，已完成2015年两批农网工程、2016年农网工程，2016年城网结转工程、2016年老旧计量改造工程、2016年信息通信结转工程结算送审工作；完成2017年第一批配网建设改造工程、农网工程。完成第二批配网建设改造工程总投资8033万元的63.6%，已超额完成工程结转50%的工程量。大力开展青赔清障工作，有力协调市委、市政府，有效推进异常艰难的青赔工作，按照时间节点全面完成博日特工程青赔。三是积极主动对接市委、市政府，推进城市电力改造项目，完成市政重点改造工程和重点通电工程，为锡林浩特市提供可靠的电力保障。

【样板工程示范引领】 按照"三通一标"施工工艺标准筹建样板工程，多次组织施工单位到样板工程场地开展施工工艺培训，充分发挥样板工程作用，为配网工程施工质量、标准化作业提供强力保障。

【营销管理工作态势平稳】 通过开展客户走访、跟踪畜牧产品工业园区、大庄园等重大项目，扎实推进相关工作，增供扩销成效显著。全年新增用电负荷22130千伏安，超额完成售电量激励指标。加大电费回收力度，制定具体电费回收措施及目标，电费回收率完成99.99%。按照贝力克牧场"中心村"建设规划，积极配合锡林浩特市政府打造吉祥小镇的总体布局，开展《推进采暖电能替代 建设美丽幸福牧区》创先项目，新建的住房按照"以电代煤"清洁取暖方式进行设计建造，将贝力克牧场作为推广节能、高效电供暖新技术试点，深入推进电能替代工作，改变用户取暖方式，实现局增供扩销的任务。2017年对所辖供电设施进行升级改造，在贝里克牧场架设10千伏线路11公里，0.4千伏线路3.6公里，安装变压器4台，总容量为615千伏安，对客户的计量进行改造，通过农网建设和改造，全面满足贝里克牧场新增负荷的用电需求，为贝里克牧场能源替代转型打下坚实的基础。

【经营管理】 累计追补电量346.5万千瓦时，追补电费243.75万元，违约使用电费5.06万元；截至2017年年底，累计有损线损率完成12.94%，同比降低0.97个百分点，对学校、高载能用户、煤矿等重要客户进行专项检查，共计检查130户；完成供电辖区内符合"三供一业"分离条件企业的供电设施移交工作。

【信息化管理】 为解决集抄率低、终端使用低、远程参数下发水平普遍不理想等状况，分局营销人员全员联动，抓基础、补短板，以提高信息化实用水平，重点加强采控终端应用和运维管理，终端使用率由26.45%提升到85.23%，远程开通率由29.89%提升到73.37%，集抄率由年初的67%提升到现在的88%。使得营销智能化信息应用管理显著提升。 （王艳东）

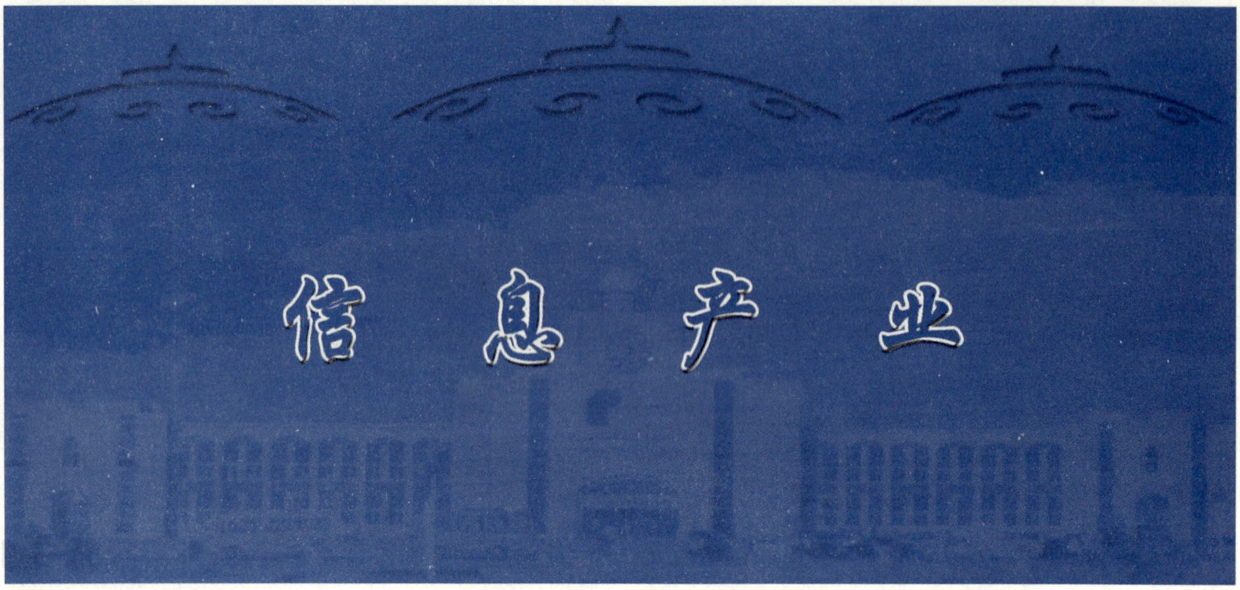

综　述

【信息化建设】完善统计网络信息化建设,加强统计"四级网络"和"视频会议"建设工作,推动统计全流程的电子化、网络化,加快统计信息化基础设施升级,大大提高统计工作效率,进一步夯实源头数据质量。

【大数据发展】2015年启动大数据建设前期工作,2017年基本完成"一个数据中心、两个平台、八大数据库和智慧系列应用工程"建设。

"一中心"建设方面。锡林郭勒大数据中心建成并具备服务能力,建成模块化整体服务器机房,安装标准服务器机柜238台。通过二级等保测评。可以为各地区各部门提供云资源服务。"两张网"建设方面。2017年5月,完成全盟电子政务外网升级改造工程招标采购工作。截至2017年底,电子政务外网升级改造基本完成,并通过初验。建成盟到旗县万兆骨干网、盟直部门城域网千兆链路的网络架构体系,有效提升全盟电子政务网络支撑保障能力。积极推进安全生产重点监控的183户企业的视频联网工作,近110户企业的视频接入盟大数据中心。全盟视联网建设方案编制完成,2017年将与"雪亮工程"同步推进。

"两平台"建设方面。基础支撑软件PaaS平台已部署完成。数据共享交换平台已部署数据采集交换、数据整合服务、政务信息资源动态管理、政务信息资源共享交换以及政务信息资源等5个子平台,主要功能已开发完成并通过内部测试,具备数据共享交换能力。互联网+政务服务平台已部署政务服务门户网、政务服务管理平台、综合电子监察、政务服务门户、电子证照、公共资源交易、协同办公、移动审批和服务APP等11个子平台,基本完成平台功能模块的开发建设。

"八大库"建设方面。完成全盟人口、法人、空间地理、宏观经济、文化、建筑物、信用体系、电子证照等八大基础数据库库结构建设和存量数据的清洗、比对、入库工作。启动信息资源整合工作,梳理46个部门单位业务系统261个、发布信息资源目录699类,整合信息资源364类、权力事项5435条,汇聚存量数据3.94亿条,实现29个部门单位增量数据对接,盟公安局人口信息数据、交通卡口信息数据、盟卫计委血站信息数据、住房公积金管理中心公积金登记信息、盟交通局货运车辆及公交车轨迹信息实现实时汇聚;同时社会信用基础库、企业法人基础库建库规范已与对应牵头单位完成确认工作。

"智慧系列"应用工程方面。重点启动智慧畜牧业、文旅、教育、医疗、精准扶贫、安全生产等6个示范应用工程。智慧文旅项目已完成招标工作,计划2018年7月建成。精准扶贫项目已完成与自治区扶贫系统的数据对接,开发建成精准扶贫人口甄别系统。智慧医疗项目与中国慈善总会合作投资建设,项目已启动

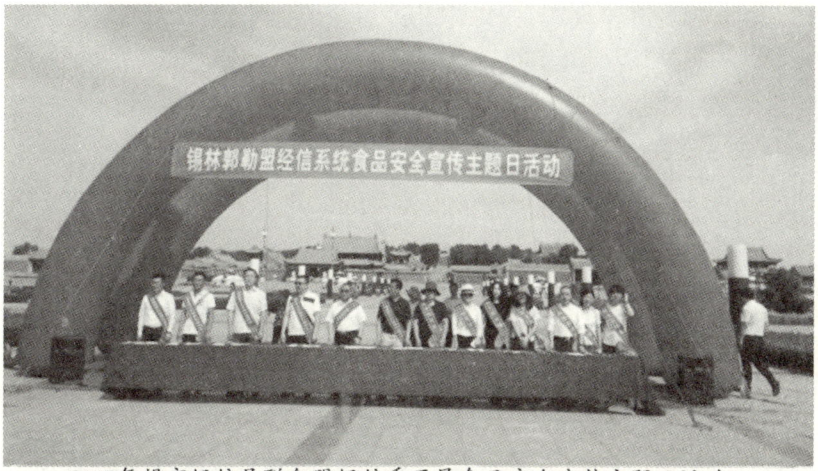

2017年锡市经信局联合盟经信委开展食品安全宣传主题日活动

实施。智慧畜牧业、教育、安全生产等应用工程正稳步推进。

创新创业重点工程方面。由锡林郭勒职业学院牵头，以大数据应用和创新为重点，推进双创中心、创新学院和产学研创新中心建设。去年学院开办大数据相关专业，实现秋季招生。积极与清华大学、科大讯飞等对接产学研合作项目，已达成初步合作意向。

（闫海文）

电子商务

【服务业工作】锡林浩特市商务局于2017年3月14日增设内设机构安全生产监督管理办公室，有办公室、内贸股、外贸股、安监办四个股室。

2017年，全市第三产业增加值完成110.1亿元，同比增长8.4%，社会消费品零售总额实现69.4亿元，同比增长11%。服务业工作主要有两方面：一是加强同限上企业沟通联系，督促企业如实上报数据，做到应统尽统。二是成功提限内蒙古丽宫草原文化旅游有限公司等7家商贸流通企业。

【重点项目】2017年，市商务局跟踪服务的重点项目有3项，目前，安快再生资源回收市场项目施工前期手续基本办理完，力争2018年建成一期工程年底投入使用；喜悦来酒店三、四、五楼已装修完毕，并投入使用，其他楼层正在装修，由于装修资金不足，装修进度缓慢，建设方正在加紧筹措资金；花卉市场项目正在办理开工前期手续，建设方暂未确定具体开工时间。

（陈　磊）

【重点工作】农贸市场改造升级稳步推进。二中市场完成交易大厅地面升级改造，大世界和那达慕市场通过改造，经营环境得到改善，绿色大地农贸综合批发市场升级改造方案已通过规委会，明年进行升级改造。（李　莉）

【行业监管工作】根据《成品油市场管理办法》，对全市35座加油站进行年检，35座加油站全部完成油气回收改造工程。加强日常监督检查，各成品油经营企业总体情况良好。按照自治区有关文件要求，已备案二手车经营主体42家。对报废汽车拆解回收、再生资源回收等行业实行动态管理，及时掌握行业发展情况。重点围绕大型商场超市、宾馆酒店，物流园区等重点监管行业开展联合检查5次，专项检查10次，日常检查90次，出动执法人员960人（次），执法车辆320台（次），检查企业640户，下达整改通知书78份，排查隐患1920项。（陈　磊）

通　信

2017年，锡林浩特市通信企业完成投资6980.84万元，进行4G网络建设、基站、铁塔、光缆、光纤改造等基础设施建设。全市现有移动电话基站总数2195个，其中2G基站594个，3G基站556个，4G基站1045个，农牧区通信基站数412个，信息好质量和网络速度得到持续提升。2017年全市宽带在网用户数为11.7万户，手机在网用户数为38.2万部。

【电信普遍服务】锡林浩特市所辖的7各苏木场镇的36个嘎查行政村全部纳入电信普遍服务试点范围，争取国家资金1888万元，2017年完成投资560.36万元，计划2018年完成全部投资，建设完成后，可实现乡镇网络全覆盖，缩小城乡数字鸿沟，用信息技术促进偏远困难地区群众分享信息技术发展红利。（闫海文）

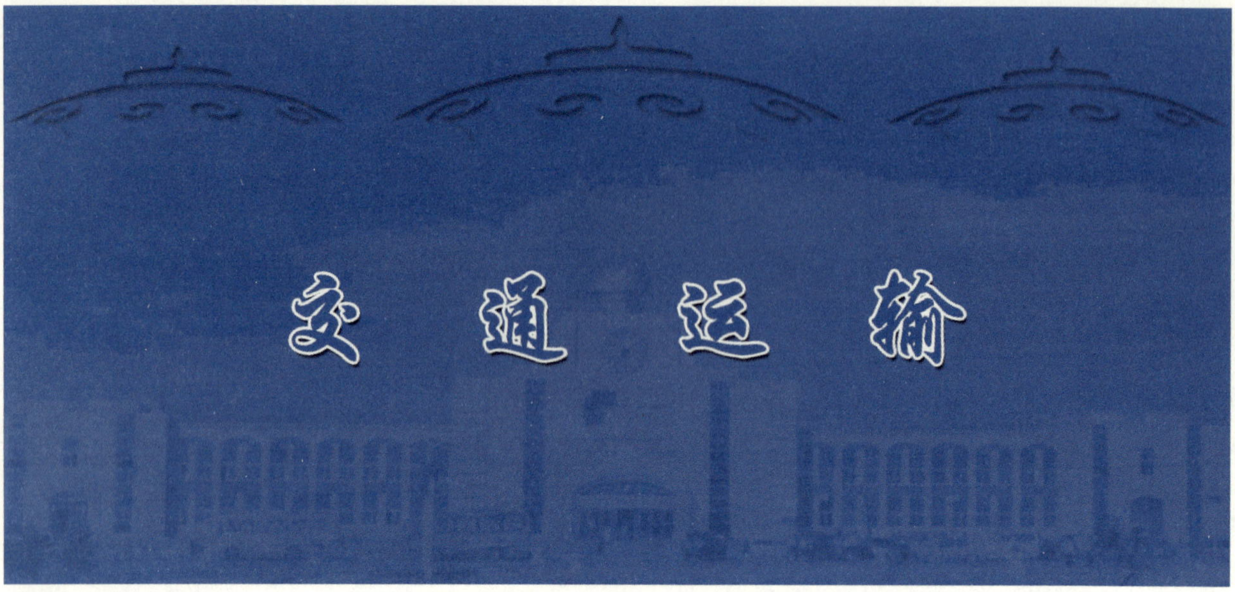

交通运输

综　述

【概况】锡林浩特市交通运输局是锡林浩特市政府交通主管部门,下辖市地方道路管理段1个二级单位,归口管理天安公交公司一家民营企业,内设办公室、政秘股、建设管理股、海事办、安监办、财务室、城客办7个股室,全系统在职职工84人。

【农村公路建设】2017年完成投资6572.51万元,续建公路120公里并通车,同时完成市委、市政府交付的新建道路任务,投入资金280万元,新建道路3.4公里。

【交通普法依法】6月上旬参加"坚守红线、严格执法"为主题的安全生产月活动,发放宣传资料300份,接受群众咨询85人次;切实做好"12·4"全国法治宣传日活动,利用LED显示屏播放宣传标语,组织全体干部职工进行法律知识考试,答卷率100%。

【交通战备】2017年,做好全市交通保障状况调查摸底工作,补充完善民用运力动员信息的动态管理,完善各类应急保障方案,建立交通战备军地联合应急交通保障指挥机构,新组建各类保障队伍。11月17日参加市人武部举办的民兵实地演练交通保障任务,提供客车三辆,圆满完成任务;12月开展交通保障任务实地拉动演习,此次演习动员参演单位4个共计241人,合计出动车辆23辆,机械设备13台,签订征用协议26份,预征用车辆机械设备108台,历时2天,圆满完成任务;12月20日对工程抢修分队、交通运输分队、安全警戒分队3支专业保障队伍进行应急拉动演练。

【行业安全生产】切实落实领导责任,年初分别与各二级单位、各科室签订安全生产责任状,配备专职安全生产宣传员。加大行业安全监管力度,加强行业安全生产制度的贯彻落实,确保运营车辆的维护保养,以及设施的检查,同时抓好节假日、冰雨雪天气状况下安全管理,确保辖区内无较大安全隐患。

【提升党建服务水平】组织党员干部学习共40余次,组织党组织书记讲党课6次。同时以开展党员"固定活动日"和"党员政治生日"主题活动为契机,组织所属3个党支部以学习、重温入党誓词、专题研讨、书记讲党课、谈心谈话、捡垃圾等不同形式开展活动,开展党员"政治生日"活动9次,累计参与党员数114人次;开展党员"固定活动日"活动7次,累计参加人数260人次。利用单位LED宣传、公交车候车厅和出租车顶灯加强学习宣传贯彻党的十九大精神社会氛围营造工作。利用交通党建学习群、交通微信群等及时转载党的十九大相关情况及交通重大项目及重点工作推进情况,着力营造正面舆论强势。四是通过邀请党校讲师为广大干部职工宣讲党的十九大精神。

【抓好精准扶贫工作】充分发挥"第一书记"职能,(班子成员分别担任巴彦希勒分场、洪格尔嘎查、新艾里社区"第一书记"),班子成员先后5次到巴彦希勒分场、洪格尔嘎查对精准扶贫户进行走访慰问，为帮扶对象送去共折合人民币3000余元生活用品，共计6000元的慰问金和价值13200元的煤，对3户贫困户连续两年的持续关注和帮助，两年间局出资近10万元，为贫困户购买基础母羊和增加牛的饲养数量、建设暖畜棚、接通常明电、购买饲料、打井，并经常为其送去生活必需品，通过切实的工作，3户贫困户全部达到脱贫，其中巴彦希勒分场帮扶对象巴雅尔图购买家用面包车和小四轮拖拉机。

（候　毅）

公路管理

【概况】为保障锡林浩特市农村公路正常通行，成立2个工作小组对锡林浩特市辖区农村公路进行不定期的巡查工作，形成日常巡查常态化机制，确保发现隐患及时处理、排查，对有些路段存在路肩水毁、大车碾压成沟状等问题，进行处理和修补；2017年投入资金100余万元做好安防工程，对11条农村公路203块警示标志、指路标志、标志标牌进行新增、更换和粉刷；同时不断加强公路养护力度，投入资金200余万元对10多条重点农村公路300多公里道路进行养护。从4月开始，不定期组织人员和车辆到农牧区公路对周边的环境卫生进行集中整治，清理农村公路沿线两侧可视范围内的白色露天垃圾，杂物，对掉色、损坏的隔离墩进行修补粉刷工作，确保路域环境美化，车辆出行安全，并调动机械对公路两侧的坑洼进行平整，对10余条道路路域环境发进行集中整治，从根本上改变农牧区公路周边的卫生环境。（候　毅）

道路运输

道路运输业继续保持良好的发展态势，锡林浩特市拥有营运货车1403台，营运客车195台，机动车维修户291户，（一二类55户、三类236户）。机动车驾驶员培训15户，等级客运站2户。2017年旅客运输，完成客运量452万人，比去年同期增长0.2%；客运周转量28094万人公里，比去年同期增长1.2%。货物运输完成货运量1384万吨，比去年同期增长5%；完成货运周转量2900246万吨公里，比上年同期增长6.3%。

（候　毅）

民用航空

【概况】1958年8月，锡林浩特机场正式组建，同年10月1日正式开航，是内蒙古民航机场集团公司全资子公司。1992年7月，锡林浩特机场迁建到锡林浩特市西南9.5公里处，海拔高度1015.74米，机场占地面积1971.75亩。2001年和2008年机场进行两次扩建，扩建后的机场飞行区等级达到4C级，消防保障等级为6级，可同时停放6架C类飞机和1架D类飞机，跑道可以满足波音737/800全重起降及波音767/300ER以下机型备降的需要。2009年7月，新航站楼通过验收，新建的航站楼建筑面积5800平方米，停车场面积5000平方米。

【安全服务】2017年，锡林浩特机场顺利完成机场使用许可证换证审定工作，全面巩固换证审定自查整改工作以来的基础管理工作成果；完成“一带一路”高峰论坛、自治区成立70周年及党的十九大等重大保障任务；完成各类安全教育培训工作，组织两轮次以“严守诚信红线，筑牢规章底线”为主题的全员安全宣传教育活动，筑牢安全基础，强化安全意识；通过开展安全生产月活动和“安康杯”竞赛活动，进一步加大安全生产宣教工作力度，推动落实安全生产主体责任；接受民航华北局“平安民航”考核验收。继续巩固2016年“服务质量提升”行动成果，制定《2017年“民航服务质量规范”专项行动工作方案》，在服务精品链条建设、航班正常管理、投诉管理等方面制定详尽的工作方案；推出特殊旅客服务视频，开通军人依法优先通道；接受民航局对锡林浩特机场服务质量评价工作。2017年旅客满意度平均得分4.49分，旅客投诉处理率100%，未发生机场责任原因造成的重大服务质量投诉事件和社会高关注度事件。

【运输生产】2017年，锡林浩特机场公司进一步解放思想，拓宽市场开发思路，多措并举加大空中网络，地面营销网络建设力度，成效显著。全年共运营航线10条，新增锡林＝呼和＝武汉航线，由国航、东航运营，每日2班；加密锡林＝呼和航线，由国航运营，每日1班；新增锡林＝青岛、锡林＝济南2条航线，由东航、北部湾航空运营，共有6家航空公司运营锡林浩特航空市场。

2017年共保障运输飞行7067架次,同比增长12.6%;完成旅客吞吐量648623人次,同比增长11.4%;货邮吞吐量1526.4吨,同比减少24.3%;平均出港客座率78.1%,较去年同期减少0.4个百分点。运输飞行架次和旅客吞吐量均创下历史新高。

【机场建设】2017年,锡林浩特机场启用候机楼入口身份证核验系统;完成候机楼监控设备的改造工作,并增加候机楼门禁系统;购置鸟网、鸟类驱避剂和新驱鸟车;完成机坪消防管网应急抢修工作;完成候机楼消防系统维修改造的可研编制工作。积极协调锡林郭勒盟行署、锡林浩特市政府推进候机楼资产移交事宜;积极推进候机楼国际流程改造事宜,已完成可研初审;完成机场改扩建项目可行性研究(代立项)报告报批工作;锡林浩特机场总体规划获批;镶黄旗通用机场完成初步设计评审,巴彦宝力格通用机场正在开展改扩建前期准备工作;锡林浩特机场通用航空飞行服务站建设工作稳步推进。

【通用航空】2017年,锡林浩特机场为充分发挥巴彦宝力格通用机场的功能效应,按照盟委行署和内蒙古机场集团公司要求,积极引进新疆通用航空公司,于2017年12月1日正式开通锡林浩特=二连浩特等短途通用航空运输航线,对于推动锡盟通用航空产业发展具有极为重要的意义。

(马玉斌)

海事管理

2007年成立海事办,2015年12月17日市编办正式成立海事管理办公室,为交通局内设机构,工作人员2名,并持有交通部和自治区交通厅颁发的执法证。工作范围主要负责锡林浩特市辖区管理水域的旅游船只,负责水上交通监管、船员培训及船员证的发放工作,并定期对船只进行检验,杜绝各类水上交通事故的发生。

(侯　毅)

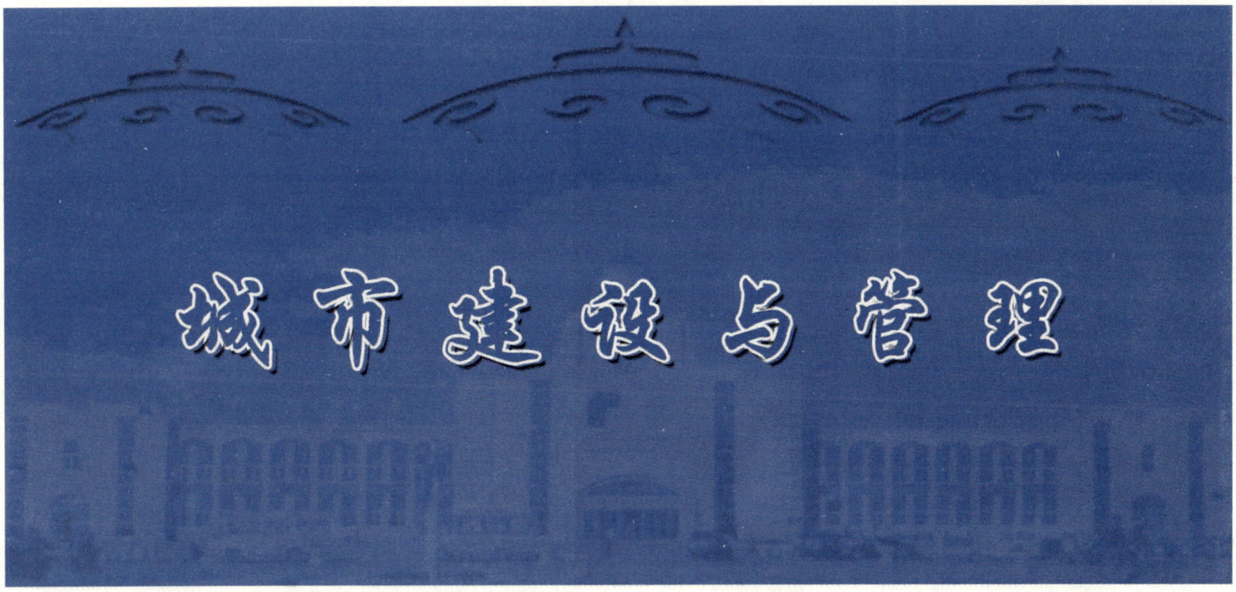

住房和城乡建设

【综述】 锡林浩特市住房和城乡规划建设局（简称：市住建局）成立于 1971 年 5 月，主要担负着全市城市基础设施建设、房地产管理、市政管理、集中供热燃气管理、建筑市场管理、工程质量监督、房屋拆迁管理等行政管理职责。市住建局机关设 10 个科室，分别是：办公室、住房保障科、建工科、城建科、规划科、招标办、财务科、安监办、农管办及监察室。

下设七个二级单位，分别是：房地产管理局（简称：房产局）、国有土地上房屋征收与补偿管理局（简称：征收局）、集中供热燃气管理办公室（简称：供热办）、市政工程管理局（简称：市政局）、市政管理处（简称：市政处）、给排水有限责任公司（简称：给排水公司）及建设工程质量监督站（简称：质监站）。

市住建局党组（下设：市住建局机关党委、市政处分党组、市政局分党组及征收局分党组）、市住建局机关党委（下设：住建局机关党支部、给排水党总支、供热办党支部、市政处党支部、市政局党支部、房产局党支部及质监站党支部）。

【建筑工程管理工作】 2017 年，管理工程项目共计 55 项，总建筑面积 128.6 万平方米，总造价 20.9 亿元。

【建筑执法情况】 对锡林浩特市地区在建工程项目开展建筑市场执法检查，对施工现场存在违法违规问题的建设单位、施工单位及监理单位下发《工程建设违法违规问题整改通知书》143 份。

【农民工工资保障金制度执行情况】 截至 2017 年年底，全市在建工程项目共收缴农民工工资保障金 1247.3764 万元。

【停缓建工程整治情况】 停缓建项目共计 18 个，其中五项工程已经复工建设，七项工程准备明年复工建设，剩余六项工程正进一步协调讨论解决办法。

【质监方面】 共监督在建工程 77 项，建筑面积为 124.77 万平米，全年共计开展工程质量、安全生产大检查 2 次；下发工程质量问题整改通知书 77 份、安全隐患整改通知书 44 份；回复率达 100%。

【安全生产工作】 2017 年共计开展安全生产大检查 2 次；下发安全隐患整改通知书 44 份；回复率达 100%。

（苏志忠）

规划建筑设计

【综述】 锡林浩特市城市规划局为参照公务员管理单位，有在职工作人员 79 人，主要承担锡林浩特市城乡规划编制和管理两大任务。局机关内设办公室、总工办、设计室、信访室、人教科、建筑装饰科、规划科、市政工程科、建设用地科、建筑工程科、村镇科、监察大队、测量大队 13 个科室，下设二级单位市政工程勘察设计院和城市展览馆。一年来，锡林浩特市城市规划局紧紧围绕市委、市政府对城乡规划管理工作的部署,充分发挥城乡规划的宏观调控和指导作用,精心组织完成各项规划编制工作,积极完善城乡规划体系,不断加大城市规划审批、管理力度,为引导锡林浩特市城市建设科学、健康、有序发展发挥积极作用。

【规划设计】 组织完成《锡林浩特市城市总体规划(2009—2020)》实施评估报告专家评审工作,并已着手开展《锡林浩特市城市总体规划规划(2017—2030)》编制的前期各项工作;组织编制完成锡林浩特市《海绵城市专项规划》及《城市综合管廊建设规划》,细化锡林湖生态景观带总体规划;完成人民公园、锡林河景观带新增垂钓节点规划设计;编制旧区共计 23.9 公里道路、3.4 公里“三水”管线、21.4 公里供热管网、0.5 公里输水管线及 0.5 公里新建电力线规划设计。

【规划管理】 完成中蕴马产业综合利用、乌兰牧骑宫及首放食品加工园区等多个重点项目的规划选址工作;向市规委会报批建设项目 190 项,通过 184 项,通过率达 96.8%;核发建设项目和景观绿化项目规划设计条件通知书 143 件;完成 95 个建设项目的施工图审查工作,建筑面积 96.3 万平方米;完成 5 个建设项目的景观绿化方案和 3 个建设项目的亮化方案审查工作;完成居住小区及个人产权共计 46 个项目的规划验收工作;共核发建设用地规划许可证 130 件,总面积约 1581 万平方米(其中,居住用地约 67 万平方米、公共管理与公共服务设施用地约 41 万平方米、商业服务业设施用地约 13 万平方米、工业用地约 173 万平方米、物流仓储用地约 0.4 万平方米、道路与交通设施用地约 524 万平方米、公用设施用地约 31 万平方米,公路用地约 266 万平方米,军事用地约 2 万平方米,机场用地约 170 万平方米,铁路用地约 258 万平方米,农林用地约 35 万平方米);共核发建筑工程规划许可证 194 件,建筑面积约 182 万平方米(其中,居住建筑约 65 万平方米、公共建筑约 40 万平方米、工业建筑约 44 万平方米、其他建筑约 33 万平方米);协助景观带编辑部较好的完成锡林湖生态景观带沿线建设成果航拍与整理工作。

【规划监察】 建立重点区域一日双查、违章预警、全程监控等长效机制,在管理责任上实施《过错责任追究制》《行政不作为责任追究制》等制度,在管理内容上加强建筑物后退道路红线、建筑物间距等监管,并很好的利用无人机先进技术,加大规划监察及规划批后管理工作力度,全年共拆除违法建筑 1300 余处,共计 62000 余平方米。完成 29.24 万平方米建筑工程设计,134.9 公里道路工程设计,103.5 万平方米人行道铺装工程设计,126 公里给排水工程设计。全年接待参观团体 51 余批次共计 1477 人,接待社会参观群众 4941 人。要求讲解员随时为参观者(参观人数不限)进行讲解,并观看多媒体视频及沙盘影片,全方位地满足群众的要求。开展“四型机关”建设及思想道德和廉洁自律教育活动,学习宣传贯彻十九大精神。党总支和下属监察大队支部进行委员补选;工青妇组织健全,组织开展庆“七一”文艺会演活动,举办庆祝党员“政治生日”主题活动和“党员固定活动日”活动;参与“关爱工程进校园,我为孩子捐套书”活动,捐出 4500 余元,为锡林浩特市五校三年七班购置 46 套、共计 230 本图书。 (巴特尔)

城市管理和创建

【综述】 锡林浩特市城管局 1993 年 3 月成立,科级建制,是锡林浩特市人民政府组成部门,依法行使城市管理综合性行政执法职能,主要承担市容市貌、户外广告管理、环境卫生、数字城市等多项管理职能。2017 年,推进综合执法体制改革,以六城联创为抓手,以三个“百日行动”贯彻全年工作,扎实推进街长制和城市管理综合整治各项工作,不断提升精细化管理水平。推进“两学一做”学习教育常态化制度化;推进“三会一课”制度执行,以“两学一做”学习教育活动为抓手,组织领导干部讲党课 3 次,支部书记讲党课 2 次,集体学习 40 余次。开展十九大精神理论学习,各支部深入学习习近平新时代中国特色社会主义思想和党的十九大报告 4 次,并邀请市委宣讲团成员、市党校高级讲师作专题宣讲。与市委宣传部签订《2017 年意识形态工作目标责任书》,与 4 个支部签订《意识形态工作目标责任书》。召开民主生活会 2 次;召开专题研讨4次;为125名党员过“政治生日”,参加党员人次总数400名;开展7期党员固定活动日活动,参加党员人次总数709名。组织学习5部党内法规并观看廉政教育片。制定《党组会议制度》《局务会议制度》《局长办公会议》等制度,促进城管局各项工作规范化、制度化。下发《加强作风建设,严肃工作纪律要求通知》,对公车管理、公款吃喝、工作纪律、请销假等方面强要求、强管理,强化执法监督。

【城市管理工作】 开展三个“百日行动”为抓手,按照季节、街区、人口,采取“分类管理、标本兼治”的管理思路将城市各区域、街道进行分类,全面展开区队+“街长制”的管理模式,将人员定岗定位定责,加强日常管理精细化。

【落实“门前四包”责任制】 为沿街6530家商铺、机关企事业单位安装“门前四包、门内达标”监督栏,实施制度上墙,并签订门前四包;全年巡查发现城市“六乱”问题,下达监督记录12540份,沿街商户逾期未整改实施教育处罚9957起,使沿街商户的自我管控意识明显加强。

【整治停车秩序】 利用多项措施加大宣传,并与交警联合对违停行为下达《道路交通安全违法行为告知书》11605张,教育处罚占道大型车辆、机械198辆次,同时加强停车场的管理力度,规范待货车辆机械入市经营,停车秩序得到进一步规范。

【规范户外广告】 下达《责令整改通知书》《行政处罚先行告知书》1352份,拆除各类违法广告、店面牌匾1110块,清理各类破损广告面1101处,累计拆除擎天柱广告塔41座,设置公益道旗广告1200块,公益道路指示牌150块、协调擎天柱广告塔设置企业发布公益广告45座;加大小广告乱贴乱画治理力度,利用追呼系统追呼号码883个,教育处罚464起,查扣传单14万余张,督促天一家政、双维家政清理张贴小广告5万张,粉刷墙体9100余平方米;严控商业宣传活动,查处违规户外宣传168个,清理条幅127条、拆除道旗95个、清理拱门168个、扣留拱门32个,没收音响69个。

【合理设置市场】 设立5处瓜果、蔬菜便民小市场,同时结合执法手段清理游散摊点374个,让散摊变成固定摊,纳入便民市场规范经营。

【管理施工现场】 24小时不间断地查处车辆运输遗撒行为,查处未按要求设置围档的沿街商铺341家,下达装修垃圾乱堆乱放《责改通知书》384份,发放《建筑垃圾置审批流程》85份宣传文明施工,同时查处违规清运30起。

【查处明火烧烤】 下达《关于集中整治户外烧烤的通知》取缔一批,规范一批,全年共清理沿街明火烧烤450起。

【巡查景观带】 拆除落地牌匾28块,拆除固体水泥店牌2处、网围栏200延长米、水泥立柱30根、破损铁艺大门一处,清理沿路道旗10个,同时,按照市旅游局提供的旅游行业标准,对景观带路标指引牌和商户牌匾进行设计。

【收容流浪犬】 自5月1日起,锡林浩特市城管局、公安局、爱犬协会联合行动,采取多项措施展开流浪犬收容工作,2017年共收容流浪犬152只。9月27日起城管局与农牧、食药工商等部门,对沿街私屠乱宰行为展开集中整治行动,印制《关于私屠乱宰进行整治的通告》500份,下发到沿街门店,并制作印有“坚决打击私屠乱宰行为”的条幅,挂于存在私屠乱宰现象比较严重的街区内,以示提醒。并及时清理市区内私屠滥宰,取缔私屠滥宰户,共查处87余家店外私自屠宰行为,给予警告并没收屠宰工具。

(张建平)

城市公共事业

【完善基础设施】 提高环卫运行能力。投入486余万元购置800台新型封闭式保洁三轮车、购置1辆压缩转运车,四座压缩箱体,进行一次全面彻底的维修维护;购置16个垃圾箱体、60个果皮箱体,同时组织技术人员对圾转运站进行一次全面彻底维修维护;投入250余万元购置高温蒸汽灭菌处置设备、医疗垃圾专用转运车辆、环保型锅炉等设施。

【整治停车秩序】 净化静态交通环境。在主次干道划设停车位18120个,划设方向箭头2151个,投放自行车架205组。

【大数据产业智慧城管项目】 已办理完成规划、国土、节能以及发改立项网上登记,并通过初审、复审,取得发改部门可研报告批复文件。内蒙古中实咨询公司已完成PPP实施方案、财政承受能力论证、物有所值分析,已上报市委、市政府进行审核。

【规范户外广告】 审批通过符合设置要求的牌匾1370块;完成6条街路店面牌匾的设计;对93个小区的100块广告宣传栏和便民信息栏进行提档升级,加大小广告乱贴乱画治理力度。 (张建平)

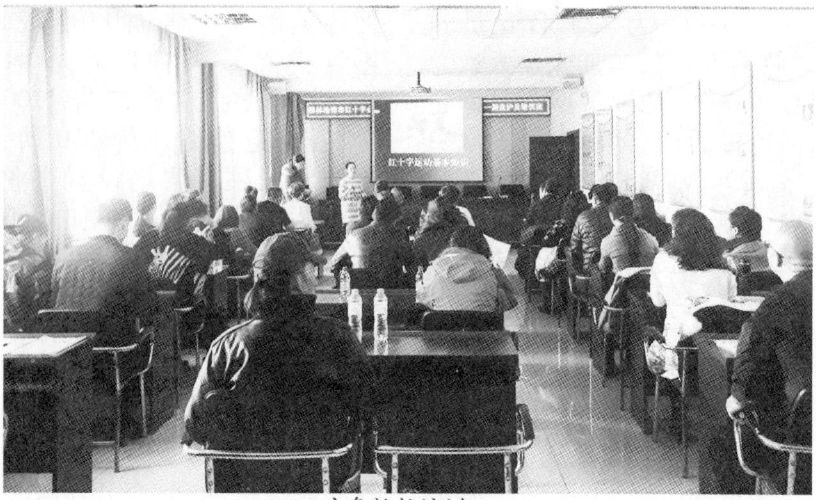

应急救护培训

城市环境卫生

【提升环境卫生整体水平】 巩固创建全国卫生城市成果、迎接内蒙古自治区成立70周年庆祝活动,对全市77条主次干道铺砖、75条区间路段、6个街道办事处平房区、城乡结合部以及10个畜牧养殖区的生产、生活垃圾、乱倒建筑垃圾、冬季积存冰包、卫生死角进行全面清理,锡林河生态景观带、马都、城区外环等路段在常态化保洁的同时对两侧白色垃圾的拾捡、垃圾清理和平整覆盖工作。全年累计出动大小型机械设备2.85万余车次,调配保洁人员2.4万余人次,清理各类垃圾27.8万余吨,拾捡白色垃圾4000余编织袋。环卫处及时处理城管数字指挥中心派遣的投诉件和居民诉求平台案件,全年共接收投诉件820件,处理率达到96.8%。开展对畜产品加工园区及老城区部分区域、生态景观带开展专项整治活动。累计调配大小型机械设备8200余台次,抽调保洁人员3900余人次,清理各类乱倒垃圾12.6万余吨。

【垃圾处理增速】 夏季在“机扫、人扫、洒水”三位一体作业模式的基础上,采用“清扫、洒水、压尘、高压冲洗路牙、路面”的作业模式;冬季出动大小型机械洗扫设备及除雪设备1360余台次,机械化清扫率达55.48%,冬季机械化除雪率达76%。根据垃圾转运站产量节变化,增加垃圾清运次数,延长垃圾清运时间,做到日产日清垃圾,累计清运生活垃圾90885余吨。对市区127家医疗机构的医用垃圾运输和处置工作,改善医疗垃圾处置车间卫生、安全防护设备,细化医疗废物的收集、运送、贮存转移联单,上门收集、日产日清,对运送垃圾后的车辆及时消毒、冲洗,全年处置医疗垃圾320余吨,无害化处理率为100%。

【厕所、污水井管理】 64座公共卫生间实行专人管理,统一标志,增加公益性广告、更换制度公示栏,设置指示牌,及时更换维修易损件,确保市民正常使用,安装防蝇设施,配置“消杀药品箱”及时消杀;平房区66座旱厕、110座污水收水井安排专人管理,粪便定期清掏,提取污水,不外溢、不泄露、密封运输,清掏粪便6250余吨,抽取污水收水井14800余吨,打捞坑下垃圾245余吨。

【垃圾填埋场及无害化处理】 按照《锡林浩特市垃圾卫生填埋场填埋作业手册》,本着提高填埋作业质量和效率、降低作业成本的原则,严格按照填埋作业、管理,现对C区分单元进行卫生填埋、压实、覆盖。日卫生填埋生活垃圾230余吨,无害化处理率达到95.04%。 (苏志忠)

城市建设

【续建工程】 对2016年未完工市政基础设施建设项目进行续建和改造。包括园区基础设施配套工程、断头路打通工程、人行道铺装改造工程以及景观改造工程。2017年完成投资1.21亿元。

【新建工程】 断头路贯通工程、小街巷改造工程、人行道铺装改造工程、地下综合管廊建设工程、道路罩面工程、园区基础设施建设工程、零星工程、牌匾改造及楼体美化工程、雕塑工程、路侧石更换工程、景观亮化工程、车道行驶方向标志工程、老旧小区改造

工程、供热管网改造工程、给排水工程、路灯安装、维修工程、道路维修工程2017年完成投资7.04亿元。（苏志忠）

城镇化建设

【棚户区改造】 2007年5月，正式启动棚户区改造，截至年底，完成拆迁、征收26500户，分配安置30165套，剩余5255套未安置。2017年继续加大棚户区改造力度，全部采取货币化安置，计划投资18亿元，实施棚户区改造项目15个，涉及4200套（自治区核准3500套）。

【棚改工作落实情况】 市委、市政府加强统筹调度，由17名处级领导和19名科级干部包联12个重点返迁楼建设，及时协调解决存在的困难和问题，取得积极进展。截至2017年底，分配安置1128套，在建4127套。全力推进棚户区改造工作。实行处级领导包干项目制度。根据项目实际情况，抽调55名副科级干部，110名一般干部充实到征收工作一线，采取“一名处级干部、一个工作组、一个棚改项目”工作模式，全力推进房屋征收工作。争取棚户区改造融资贷款，截至2017年底农发行贷款到位8亿元。加快实施棚户区改造项目。截至2017年底3个项目已全部完成，涉及1274套；5个项目已完成入户评估，涉及2505套。3、依法强制拆除历史遗留“钉子户”。加大部门联合执法力度，依法强制拆除影响公共利益的遗留户14户，确保重点民生项目顺利实施。

（苏志忠）

房地产管理与住房保障

【综述】 截至2017年年底，共接待办事人员近4万人，办理房屋初始登记5866宗，登记面积82万平方米；办理房屋转移登记7439宗，登记面积82.5万平方米。办理换证补证1555户，登记面积27.5平方米；办理房屋变更登记189户，登记面积2.8万平方米；办理房屋抵押登记3046户，抵押面积66.6万平方米，抵押金额35亿元；办理期房抵押登记3558户，抵押面积40万平方米，抵押金额125亿元；办理预告登记2417户，登记面积30万平方米。加强房屋权属档案管理，房屋权属档案建档9800宗，接待档案查询3.9万人次，对全市16万余份档案进行扫描归档。10月28日组织全系统党员学习宣传贯彻落实党的十九大精神动员部署会。11月召开以“十九大精神为引领、切实解决‘四个意识不强问题’”专项活动。落实党建工作责任制，履行好党建第一责任人职责。

【房地产市场监管】 开展全市房地产开发企业专项整治工作，严查无商品房预售许可证、虚假广告宣传、不实行一房一价、不明码标价和恶意抬高房价等违法行为。在醒目位置悬挂“五证”，并按统一格式制定“可购楼号一览表”，标明哪栋已取得商品房预售许可证可售，哪栋未取得不能销售，对于未取得商品房预售许可证的企业不得悬挂售楼部等字眼，对违法违规企业要下达整改通知限期整改，对于不配合企业要加大处罚力度，停办企业相关业务。

【去除库存】 2017年，全市完成房地产开发31万平方米，完成投资8.73亿元。要政治任务抓紧抓好，在控制2017年全市共计去库存13 541套，面积68万平米。其中，商业989套，面积3.48万平米；住宅4345套，面积47.8万平米；车库8207套，面积16.77万平米。把棚户区改造货币化安置作为房地产去库存的重要渠道，在一棵树社区、南煤矿棚户区改造等工作中积极采取货币化安置方式。开展房地产中介公司管理备案工作，截至目前，已备案公司共有39家，其中房地产评估机构备案的有12家，中介27家。

【推进住房保障】 截至2017年年底，已分配公租房317户，超额完成上级下达锡林浩特市2017年300套公租房分配任务；全年向119户低保、低收入住房困难家庭发放租赁补贴资金27.2万元。加强公租房后期管理工作。结合2016年年底自治区审计组反馈意见，进一步加强公租房日常监管力度，通过下发《通知书》《律师函》等有效措施，对因收入超标、死亡等原因不符合公租房实物配租条件的做出严肃处理，全年共清退27户，移交法院起诉处理11户。同时积极做好保障房小区日常维修、抢修近百次，排除水电暖等安全隐患30多项，及时保障小区居民的正常生活。加快推进公租房竣工验收工作。组织质检、设计、施工、监理等部门对2013年牧民新苑300套公租房项目，进行竣工验收工作,期间对发现的问题,督促施工企业进行有效整改。

【强化物业监管】 对 59 家物业企业接管的 129 个小区中广泛开展物业管理等级创建工作,组织开展服务竞赛评比,将物业管理行业引入市场化、专业化、规范化的良性轨道。推进物业诚信体系建设,建立企业信用档案,作为企业日常监管、资质升级、评先创优、参与招标的重要依据,组建物业协会,加强行业自律,严肃管理企业资质收紧准入关。建立物业服务抵押金制度,向开发建设单位及物业企业收取物业服务项目抵押金,为解决质量问题做足资金准备。按规定实行明码标价,统一收费,对服务等级及内容,收费科目、标准及依据进行公示。截至 2017 年年底,设置公示栏 141 个,意见箱 1793 个,调处物业纠纷 115 起,下达物业整改通知 212 份。支持企业做大做强。组织开展"物业管理宣传周"活动,专门制作的《物业管理宣传片》在锡林广场、额尔敦路及锡林大街西段 LED 电子屏连续滚动播放 630 余次。统筹推进住宅区综合整治和物业管理提升,完成 58 栋零散住宅楼的节能改造和环境整治工程,在改善老旧小区基础设施的条件上,通过政府引导、市场化运作相结合的方式,引进正规物业管理的办法。(欧瑞璞)

供热管理

【集中供热情况】 集中供热工程投资较大,市政府以 PPP 模式实施的供热管网综合改造工程,涵盖供热管网连通、解决管网老化、覆盖供热盲区、换热站智能化改造等方面,工程实施后可大幅提高供热管网覆盖率、提高供热安全保障。锡林热电厂实施供热管网输出及配套工程,总投资 6.6 亿元;锡林郭勒热电公司配套管网输出工程投资 1.5 亿元,2015 年开工,2017 年 8 月底全部完成。

【锡林浩特市供热管网综合改造项目】 8 月初启动改造项目,截至 2017 年年底共开工 50 项,已完工 42 项,包括紫藤花园小区供热管网改造、蒙古包楼 1#、3#住宅楼管网改造、元上塬小区 1#、2#、3#楼庭院管网改造、万嘉康城小区管网改造、贝子庙管网改造、源盛小区供热管网改造、牧民欣苑廉租房庭院管网、锡湖世家南区庭院管网、广达欣城供热管网改造等改造 32 项,改造管网长度大约 15 公里;唐舒格 9#、10#楼切换、学府楼、团结巷楼切换到新建旺业新居站、锦泰 1#、2#楼切换到锦泰集分水器、九堪馨园、骏景、国华能源、美源工贸切到新建地勘站、学府佳苑小区供热管网切改工程等 5 项,敷设供热主管网 2 公里、二次管网 1 公里;老牧机临街楼供热工程、森林公安供热工程、马都广场供热工程、东方佳苑回迁楼二次管网工程、医疗垃圾处理厂等新建供热工程 5 项,完成主管网敷设 3 公里、二次网敷设 4 公里。完成投资 6100 万元。针对 2017 年不具备开工条件的 18 项供热工程,计划列入 2018 年供热改造工程中。

【锡林郭勒热电公司配套管网输出工程】 由锡林郭勒热电公司于 2015 年 7 月开始施工历时两年于 2017 年 8 月 31 日全线贯通,管线沿那达慕大街敷设 DN1200—DN800 主管网 17.5 公里,总投资 1.5 亿元,其中 2017 年完成管网敷设 1.7 公里,完成投资 0.21 亿元。

【锡林热电厂供热管网输出及配套工程】 该工程包括敷设管道 19.8 公里,新建换热站 20 座,总投资 6.6 亿元。该项目的前置性文件及核准批复全部取得,施工图设计已开标,正在施工设计。准备进行设备材料、施工及监理招标工作挂网,完成投资 509 万元。

(李喜荣)

自来水供应

【自来水提质改造工程】 锡林浩特市饮用水水源为深层地下水,原水中的铁、锰含量及硬度偏高。为使自来水达到优质标准,按照盟委、行署统一部署和要求,2012 年至 2014 年,实施自来水提质改造工程,包括一、二水厂工艺升级改造工程、水质提标工程,采用纳滤工艺降低水的总硬度,新建三水厂工程及水质检测中心,累计投资 1.23 亿元。工程竣工后,三个水厂设计日供水能力由 5 万立方米提高到 6.5 万立方米,水质检测能力由原来的 35 项增加到 80 项,自来水水质达到同类地区优质标准。

【中水升级改造工程】 中水厂 2010 年建成,每年为城市园林绿化、道路喷洒提供中水 200 万 m3 左右。为达到电厂用水标准,2014 年实施中水升级改造工程,采用超滤 + 反渗透工艺处理中水,设计日处理能力 2 万立方米,投资概算 5946 万元。截至 2016 年底中水升级改造工程已全部完成。

【污水提标改造工程】 为提高污水处理厂出水水质,将污水排放标准由二级提升到一级 A 标准,2015 年 9 月 20 日开工实施污水处理厂提标改造工程,采用 MBBR(悬浮填料活性污泥法)工艺,工程由龙江环保集团股份有限公司以 PPP 模式建设,投资概算 1.3 亿元左右。截至 2016 年年底污水处理厂提标改造工程已全部完工,出水水质已稳定达到一级 A 排放标准。

(包建荣)

数字城市

【12319 数字平台】 12319 数字城市管理系统共接件 626 起,结案率为 89.13%。案件涉及 17 个职能单位,上报监督评价报告 9 次,督促职能部门处理案件;居民诉求平台共接件 3020 起,结案率 46.32%;运行居民诉求平台信息通报机制,印发网格工作周报 25 期、居民诉求平台月运行情况报告 9 期,及时向市领导、部门单位负责通报网格员上报情况、部门问题处理情况、存在问题及建议。为网格员重新配发社区 E 通手机 280 部,对使用手机处理案件流程进行为期 1 个月培训;对于职责不明、部件归属不清等疑难案件及部分推诿扯皮案件,中心采取现场核实、电话咨询、上门协调、形成情况专报等多种方式,及时界定权属,合理协调督办,推进问题解决,取得良好效果;建立社区网格员微信交流群,接收到的网格员反映的疑难问题 100 件已全部快捷、高效的解决。

【建基础设施】 指挥中心、联通公司及施工方召开三方碰头会,协商处理监控二期工程施工问题。拟定建设点位 385 个,已安装摄像头 360 个,25 个作为二环路沿线预留设备尚未安装。对 6 处监控点位进行更换,8 处监控点位进行修复,1 处点位新立杆,拆杆点位 1 处,对 267 监控点位进行故障排查,接入光缆个 100 点位,设备加电 144 处,联通公司核心传输写入数据 267 个点位,指挥中心正常观看点位 55 个,对锡林大街全线接通的城市监控摄像头进行擦拭清洁 20 个,对 310 个监控杆张贴号码标志,联通公司对所有监控点已全部立项,修复未接通或损坏的设备,预计年底全部修复完毕。

【城管开放日】 举办 7 期城管开放日活动,社区网格员、学校师生等群体参与其中,动员和凝聚社会各界力量,关注、了解、参与、支持城市管理工作。

(张建平)

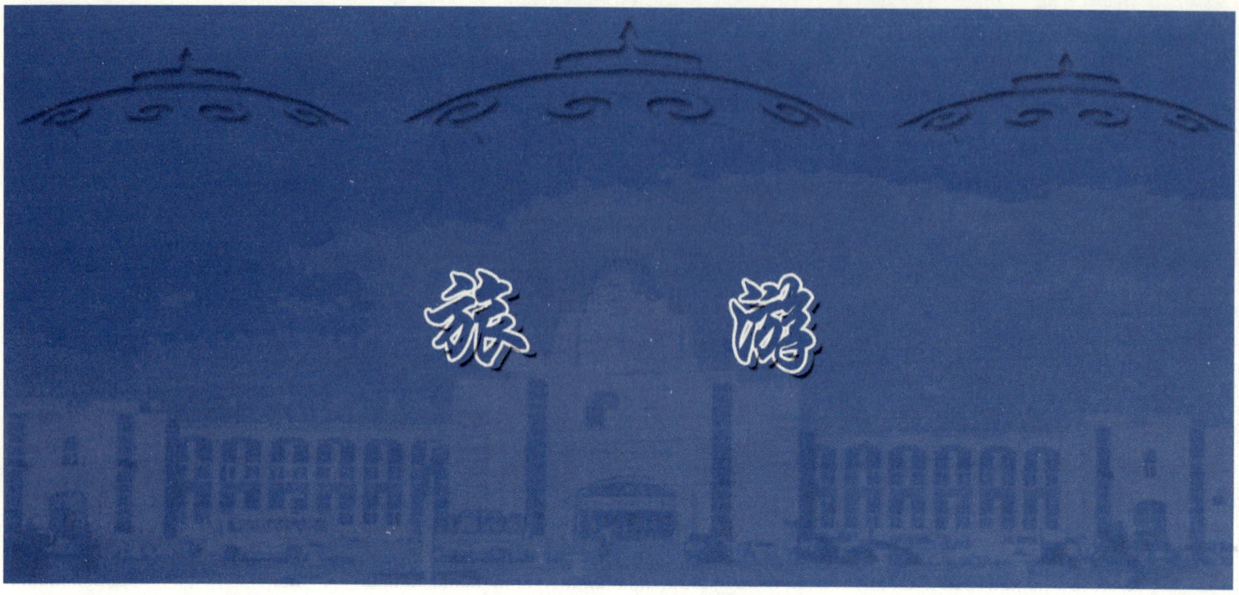

旅游

综　述

锡林浩特市旅游部门内设办公室、规划发展股、市场促进股、质量管理股、信息化办公室、旅游执法大队。2017年,全市共接待游客429.65万人次,同比增长3%;收入83.5亿元,同比增长14.5%。

【国家全域旅游示范区创建】 制定并印发《锡林浩特市创建国家全域旅游示范区实施方案》,成立创建工作领导小组,召开"全市'六城联创'工作动员会",将创建国家全域旅游示范区工作纳入其中安排部署,强力推进。坚持科学定位,规划引导,高标准编制《锡林浩特市全域旅游发展总体规划》,已完成初稿,正在广泛征求意见进行修订完善。2017年锡林浩特市已被批准为"自治区级国家全域旅游示范区"。

【旅游规划】 主导编制完成《锡林郭勒柳兰草原生态旅游区可行性研究报告》《锡林郭勒旅游服务中心可行性研究报告》支持帮助企业正在编制《柳兰草原生态旅游区总体规划及修建性详规》;督促指导企业编制《马文化博物馆设计方案》,协助相关部门进一步完善《锡林郭勒锡林河生态景观旅游区规划》;积极协助上级旅游部门认真做好《锡林郭勒千里草原风景大道总体规划》及《两都马道规划方案》的编制工作,以科学规划引领旅游业的健康发展。积极推进多规合一,加强旅游规划与城乡建设规划、土地利用规划、环境保护规划等的衔接和协调,年内协助盟局做好《锡林郭勒草原国家级自然保护区旅游发展总体规划》及《锡市草原火山地质公园申报国家级地质公园方案》的调研、摸底、材料搜集整理及具体编制工作,以规划融合促进产业融合、行业融合、事业融合。

【项目建设】 柳兰草原项目。在10月底确定项目业主之后,又协助企业进一步搜集整理资料,为尽快编制完成项目总规和修建性详规,确保项目稳步推进奠定扎实的基础。柳兰草原生态旅游区项目规划大纲已提交市委、市政府研究通过。

中国马都核心区项目。积极推动锡林郭勒职业学院入驻中国马都核心区项目,采取与投资企业合作的模式,整合资源,投入资金装修改造多功能看台客房、会议厅,维修马术学校、马厩等基础设施;实施景区绿化、亮化工程,完成绿化面积3万平方米,亮化工程已完工;按照A级景区标准完善内外部标志标牌30余块,新建380平方米游客中心一处,配备医疗室、游客休息室,邮政窗口,充电处、游客咨询处等,现已投入使用;政府投资2000余万元打通马都断头路、接通集中供热、给排水,完善消防工程;积极推动企业实施马文化商业广场招商运营及马文化博物馆展陈设计等工作;重新编排推出大型室内实景剧《蒙古马》,年内累计上演30余场;2017年累计投资3000余万元,中国马都核心区文化生态旅游景区成功创建为国家4A级旅游景区,成功入选2017全国优选旅游项目名录。

锡林河生态景观旅游区项目。采取政府与社会资本合作(PPP)模式,成功争取项目资金11.5亿元,已完成投资8.2亿元,新修额尔敦敖包公园、中国马都核心区、南山森林公园内部环线20余公里,提质升级锡林湖公园环线22公里;新建额尔敦敖包公园、动植物科技植物园、中国马都核心区、锡林湖公园游客中心4处;高标准建设星级厕所8座,配备可移动式厕所5座,提档升级景区室内厕所10处;新建生态停车场5000平方米,新建和维修游步道和木栈道16公里,较大型景观廊亭4座,休闲凉亭楼阁9座;建设内外部交通标志及景区全景图、导览图、景物介绍牌、温馨提示牌50余块;开通"旅游区"公交旅游专线,实现景点之间公交互通;高标准拍摄完成"锡林郭勒锡林河生态景观旅游区专题宣传片";编撰完成景区讲解词、宣传册、折页,发行景区明信片、纪念封并开通"旅游区"微信公众号。

大庄园生态食品工业旅游区改造提升。优化大庄园企业发展布局,健全产品体系,促进旅游多元发展,积极引导大庄园企业创建国家工业旅游品牌,延伸产业链条,促进产业融合发展。年内支持企业自主改造完善旅游基础服务,装修完成300平方米游客中心,配备影视播放系统、医疗室、游客休息室,影像室,游客咨询处等,为游客提供售票、咨询、讲解等服务;新增景区内部标志标牌60块、道路交通指示牌15块;新建生态停车场8700平方米;改造景区内部无障碍通道3处;新增生态绿化面积32万平方米;高标准改建AAA级厕所1座,AA级厕所2座;高标准拍摄完成景区专题宣传片,按照《旅游景区质量等级评定与划分标准》,整理完成创建国家AAAA级景区软件材料并顺利通过自治区专家组审核验收,为下一步成功创建A级景区奠定扎实的基础。

成立锡林浩特市旅游产业投资有限公司。为深化旅游体制改革,整活旅游资源,盘活旅游项目资产,积极牵头组建成立锡林浩特市骏驰旅游投资集团有限公司,按照相关法律法规,完善机构设置,拟定公司《章程》,进一步明确未来运营思路。2017年以"公司"为主体积极推进锡林郭勒旅游服务中心各项手续的办理,下一步将对全盟旅游集散中心进行统一的经营管理,实现旅游资源市场价值最大化和综合效益最大化。

锡林郭勒旅游服务中心项目。为打造盟府中心旅游城市形象,服务区内外旅游市场,促进区域旅游合作,拟启动建设锡林郭勒旅游服务中心。内部拟规划建设"两厅两中心",即一站式服务大厅,智慧旅游大厅、特色旅游商品购物中心、办公服务中心和旅游厕所、生态停车场、周边环境美化亮化等基础和配套服务设施。2017年锡林郭勒旅游服务中心的规划选址、项目立项、可研编制等工作已完成,林地征占等手续办理正在推进,拟投资4000余万元,于2018年4月开工,7月底投入使用。

锡林郭勒草原牧民传统那达慕景区项目。年内推动企业完善服务体系,加强基础设施,累计投资58万元,建设完成2座蒙古包、铺设景区区间路150米、修缮砂石路800多米,新建地下井房一座、20平方米服务中心一座。充分挖掘景区红色教育及文化内涵,举办冰雪那达慕、"中蕴杯"国际马文化摄影大赛等活动,打造具有民族团结教育意义的红色景区。2017年景区被评为市级爱国主义教育基地。

特色旅游村镇项目。2017年累计投资840万元。贝力克牧场吉祥小镇建设民宿旅游接待房屋9套,水冲式公厕1座;朝克乌拉苏木宝力格嘎查休闲养生小镇已经建设完成120平F方米多功能厨房;白音库伦生态小镇建设木屋4栋,蒙古包7座,木围栏300米(围柳兰花),50平米摄影台,正在建停车场1处2500平方米,射箭场2处,跑马场1处,制作设置垃圾桶100个。

推进旅游厕所革命。整合资源,抓住重点,实施A级景区厕所工程。2017年建设完成大庄园4座,锡林湖公园4座,中国马都核心区3座。贝子庙景区3座已完成主体,待明年开春实施内部装修;白银库伦牧场5座已组装完成,明年开春投入使用;锡林湖2号湖2座办理完成工程施工许可证,明年开工建设。争取项目资金135万元,拟采购8个AA—AAA级旅游厕所,拟于2018年开春进行公开招投标。

【旅游宣传推介】打造旅游活

动品牌。成功举办第六届中国马术大赛、“中国·第十四届锡林浩特国际游牧文化节”、中华民族大赛马·传统耐力赛、“义合杯”速度赛马会、元宵节猜灯谜活动暨焰火燃放活动、“马背上的歌声”锡林浩特冬季那达慕、“2018冰雪那达慕暨第二届‘中蕴杯’国际马文化摄影艺术大赛”“四季锡林”手机摄影大赛等主题突出、民俗风情浓郁的旅游节事活动,并在旅游旺季推出马文化实景剧《蒙古马》及《察哈尔婚礼》。

加大宣传推广力度。大力实施旅游宣传推广“六个一”工程。高标准制作“锡林浩特城市旅游形象宣传片”“锡林浩特冬季旅游形象宣传片”等5部宣传片,制作新版旅游宣传画册、折页、宣传邮册、中国马都画册等;启动《锡林浩特旅游读本》策划编撰工作。年内,免费投放旅游宣传资料约3万份;强化电视网络、新媒体的宣传。与CCTV科教频道、CCTV新闻频道、陕西电视台、内蒙古卫视、人民网旅游频道、中国草原旅游网、马术在线等合作,形成多角度、深层次、广覆盖的宣传促销模式;发挥智慧旅游“四大平台”宣传作用,展示全市旅游资源、特色旅游产品、精品旅游线路等,实现“旅游+新媒体”模式宣传推广方式的创新。

加强旅游区域合作。4月18日—21日,成功举办北京、天津、济南三地“中国马都·草原明珠”旅游宣传推介周活动,700多家旅行社、80多家企业给予高度关注,90多家媒体进行专题报道;签订10份合作协议。旅游旺季,引来山东旅游包机;组织本地旅游企业走出去参加各类旅博会、旅交会、宣传推介会等。旅游旺季,港澳各界参访团两次来访。

发挥智慧旅游“四大平台”宣传作用。2017年发布权威旅游资讯千余条,关注人数达数十万人,成为展示锡林浩特旅游发展和民族文化的重要窗口。“锡林浩特旅游”微信公众平台被市委宣传部授予锡林浩特市最具影响力的微信公众平台荣誉称号。

推进免费WIFI覆盖项目。实现机场、蒙元博物馆、马都广场等29个重要区域免费WIFI覆盖,并不断健全完善平台,保障广大用户信息安全,为“智慧锡林浩特”体系发展提供良好基础。

【旅游管理】 为推进民族旅游纪念品开发研制工作,打造具有地域特色的“锡林浩特博乐歌”,5月,结合实际,制定《锡市民族特色旅游纪念品开发研制实施方案》,本着政府指导,适应市场,企业开发生产的原则,鼓励扶持旅游商品生产企业和民间艺人积极研发生产,以点带面形成具有“中国马都·草原明珠”特色民族旅游纪念品品牌。1月,锡林浩特市选送的三家民族商品企业参加第十四届内蒙古冰雪那达慕暨第七届冬季蒙古族服装服饰艺术节服饰大赛,分别荣获蒙古族服装服饰表演二等奖1个,三等奖2个;9月,组织11家旅游企业参加中国特色旅游商品大赛,其中男儿三艺民族文化发展有限公司的“银镶嵌工艺马鞍”系列商品获得大赛银奖;10月,组织旅游企业和个人参加锡林郭勒盟蒙古族服装服饰大赛及2017“唱响锡林郭勒”创作歌曲演唱大赛,代表队荣获两金三银,获得最佳组织奖。

【旅游惠民】 联合市就业部门制定《锡市旅游业全员培训三年行动计划》,4月21日—5月20日举办锡林浩特地区2017年导游(讲解)员培训班,聘请6位旅游业资深专家老师对80余名参训学员进行为期8天的集中培训。印发《锡林浩特市旅游从业人员培训教材》《锡林浩特地区2017年导游员(讲解员)培训班学员手册》等培训资料,有效提升旅游从业人员业务能力及综合服务水平。

【提升旅游服务质量】 锡林浩特市在全盟首先出台《锡林浩特市“牧人之家”旅游接待户管理暂行办法(试行)》,2017年6月在试行一年的基础上根据实际进行修订完善,并由政府正式印发。《办法》从申请审批、经营规范、监督管理、法律责任四个方面,明确申办“牧人之家”旅游接待户应当具备的条件,应遵循的程序、基本原则和服务标准,明确对“牧人之家”实行联合检查和相关部门专项检查制度以及安全管理、法律责任等方面的内容,对规范“牧人之家”服务行为,提升“牧人之家”旅游经营管理水平和服务质量,促进“牧人之家”游健康、可持续发展起到重要的推进作用。

开展旅游安全执法工作。制定并印发《2017年旅游安全大检查专项整治工作方案》《锡林浩特市旅游部门旅游安全隐患“大排查、大整治”百日攻坚实施方案》,成立专项检查组，在落实责任、强化监管、治理隐患、完善制度等方面加大工作力度；开展锡林郭勒草原国家级自然保护区旅游问题整治工作，对大自然保护区核心区、缓冲区的牧人之家进行集中整治，开展大自然保护区内不规范旅游标志标牌专项整治行动，共拆除大自然保护区内破损及不规范标志标牌108块，拔除旗子1220面，更换景区主标志1处，清理垃圾和建筑废弃物约30车次；开展全市旅行社市场检查，对两家向不合格的供应商订购产品和服务的旅行社下发行政处罚告知书，并在检查中与全市旅行社企业签订《旅游安全责任书》，广泛开展安全生产知识及安全生产预防措施宣传指导；开展春节前、五一节、清明节、"十一黄金周"前旅游市场安全大检查7次，出动检查车辆26余辆次，检查人员48余人次，下发责令改正通知书4份；积极开展全市A级旅游景区专项集中检查，对存在问题不能立即整改的事项，现场下发责令改正通知书2份；联合食药工商质监局开展牧人之家旅游接待户服务经营行为大检查，按照《锡林浩特市牧人之家旅游接待户管理办法》相关规定，重点对白音锡勒大自然保护区实验区内牧人之家旅游接待户无证照经营，违规搭建经营设施等违规经营行为进行专项检查。对2户旅游接待户存在未按照审批程序依法取得营业执照、食品经营许可证等，擅自从事牧人之家旅游经营活动等问题现场下达责令改正通知书2份，责令立即停止旅游经营活动，对其进行查封；受理旅游投诉5件，办结5件，结案率100%；接受旅游咨询280余人次。截至2017年年底，共检查百余家旅游企业，出动检查人员200多人次，向涉旅企业发出书面整改40余条，发放旅游宣传资料2000余份。2017年全市未发生旅游安全事故。

【推进精准扶贫】采取多种方式帮助帮扶户脱贫致富。深入宝力根苏木萨如拉塔拉嘎查、楚古兰街道办事处格日乐图社区实施结对帮扶共建活动，关怀居民群众冷暖，解决基层日常实际。年内，深入格日乐图社区3户帮扶户及萨如拉塔拉嘎查3户帮扶户家中走访16次，积极为帮扶户陶德格日勒购买适龄基础母羊10只，折合人民币近1万元，帮助其在牲畜饲养方面脱贫；为帮扶户宝音陶格套投保养老保险2000元，为其解决后顾之忧；为帮扶户阿勒坦呼亚嘎购买5000元牲畜过冬草料，并为其在民政局申请临时救助；在元旦、中秋期间多次深入社区及牧区贫困户为其送去米面油、水果、牛奶等慰问品。（李树娟）

精品旅游线路

【"三都"核心线路】即元大都（北京）—元上都（正蓝旗）—中国马都（锡林浩特市），沿途可观赏世界文化遗产元上都遗址、灰腾锡勒天然植物园（柳兰草原）、锡林郭勒草原火山地质公园、锡林河九曲湾、中国马都核心区等重点旅游景区，综合展现草原景观、蒙元历史文化、马文化、民俗文化等特色优质资源。

【五条精品旅游线路】分别是游牧文化体验游，即锡林九曲→贝子庙→蒙古汗城→乌兰五台→乌拉盖天边草原等；马背文化体验游，即中国马都核心区文化生态旅游景区（蒙古马实景演出）→凤凰马术俱乐部→阿巴嘎部落（黑马文化）；生态休闲养生度假游，即锡林河生态景观旅游区→锡林郭勒草原牧民传统那达慕景区→毛登牧场→农牧风情园；边境文化体验游，即锡林浩特市→珠恩嘎达布其口岸→二连浩特市边境口岸；红色旅游、知青文化游，即锡林浩特市乌兰夫旧居→红色记忆展博馆→蒙元文化苑→白音锡勒兵团小镇→乌拉盖兵团小镇。

【锡林浩特市精品旅游线路一日游】A线：贝子庙（额尔敦敖包祭祀）→蒙元文化苑→城市展览馆→植物园→大庄园生态食品工业旅游区→草原牧民传统那达慕景区→中国马都核心区文化生态旅游景区观赏《蒙古马》实景剧。

B线：贝子庙（额尔敦敖包祭祀）→蒙元文化苑→马场及牧人之家→草原火山地质公园→灰腾锡勒天然植物园（柳兰草原）→荣华苑民族风情街→中国马都核心区文化生态旅游景区观赏《蒙古马》实景剧。

C线：锡林河生态景观旅游区→康盛基业红色记忆展博馆→成吉思汗文献博物馆→齐·宝力高国际马头琴学院→元和赛马场观看蒙古传统马术表演。锡林浩特市精品旅游线路二日游：

A线：

第一天：贝子庙（额尔敦敖包祭祀）→蒙元文化苑→城

市展览馆→植物园→大庄园生态食品工业旅游区→草原牧民传统那达慕景区→中国马都核心区文化生态旅游景区观赏《蒙古马》实景剧。第二天:马场及牧人之家→草原火山地质公园→灰腾希勒天然植物园(柳兰草原)→荣华苑民族风情街→元和赛马场观看蒙古传统马术表演。

B 线:第一天:锡林河生态景观旅游区→康盛基业红色记忆展博馆→成吉思汗文献博物馆→齐·宝力高国际马头琴学院→元和赛马场观看蒙古传统马术表演。第二天:马场及牧人之家→草原火山地质公园→灰腾希勒天然植物园(柳兰草原)→锡林河旅游度假村→荣华苑民族风情街→中国马都核心区文化生态旅游景区观赏《蒙古马》实景剧。(李树娟)

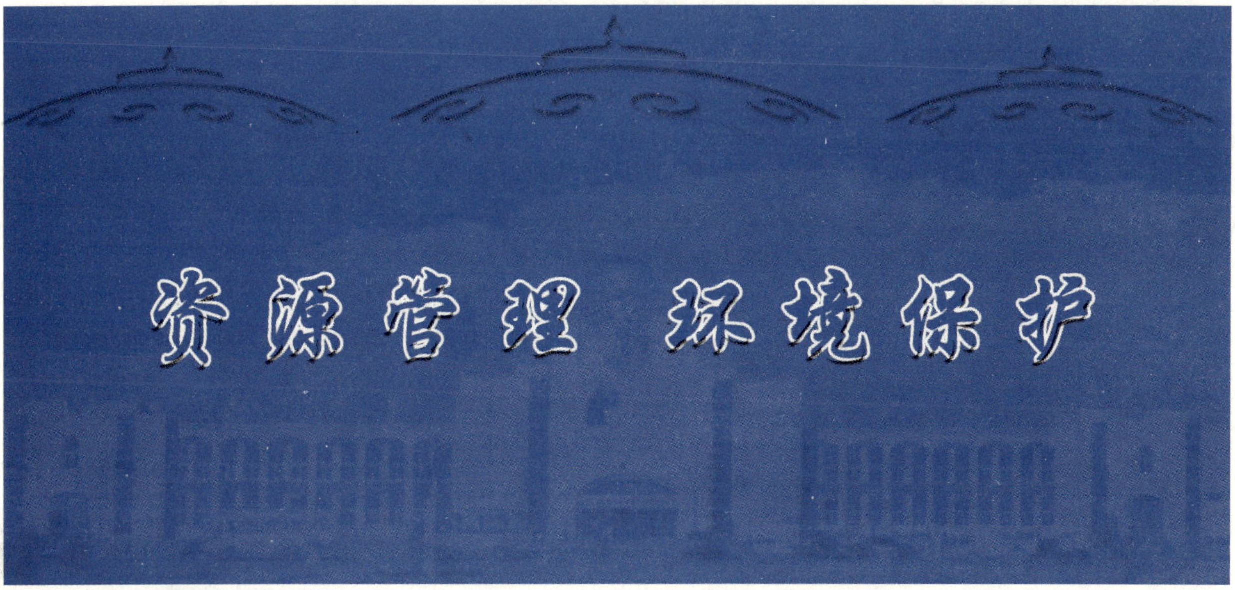

资源管理 环境保护

国土资源管理

【综 述】锡林浩特市国土资源局是锡林浩特市人民政府下设的职能部门。主要职责是对全市土地、矿产、测绘管理工作进行统一监督管理。局机关内设15个股室:办公室、财务室、人事股、项目办、档案室、信息中心、储量股、法制股、信访室、土地规划与利用股、建设用地股、地籍管理股、矿政管理股、地质勘察股、测绘管理股;下属事业单位8个:锡林郭勒草原火山地质公园管理局、不动产登记中心、土地收购储备办公室、国土资源执法监察大队、阿尔善宝力格镇国土所、巴彦宝拉格苏木国土所、宝力根苏木国土所、朝克乌拉苏木国土所。

【推进党建各项工作】严格党内政治生活。所属各支部定期召开党员大会、支委会、党小组会议,党支部书记带头讲党课,开展“党员固定活动日”活动。加强党员教育管理。开展党员佩戴党徽和设置党员先锋岗活动。在全体党员中开展“政治生日”主题活动,为党员赠送“政治生日”礼物,将1名入党积极分子转为入党重点培养对象。开展“第一书记”和“精准扶贫”工作。履行嘎查“第一书记”职责,积极参与嘎查事务。按照“扶上马、送一程”的要求,局领导班子对所有已签订《脱贫协议》帮扶户进行回访慰问,送去慰问金和慰问品,同时为以后的生产生活出谋划策,进一步巩固扶贫成效,确保不返贫。

【规划修编】《锡林浩特市土地利用总体规划(2009—2020年)》调整完善成果已履行市政府的听证和自治区专家论证。开展苏木(镇)土地利用总体规划修改工作,满足全市三十公里锡林河生态景观带建设、中蕴马产业生产项目以及乌兰牧骑艺术宫等盟、市重点项目用地需求,为锡林浩特市重点领域和重大项目及时落地提供用地保障。

【重点项目保障】全年共取得用地批复项目22个,面积达270.05公顷,为锡林浩特市特高压4个电厂、2个变电站以及大庄园二期、广东明阳、中蕴马产业、德克隆首放食品等项目及时落地,办理用地手续。

【土地整理】完成白银库伦和白音锡勒牧场两个土地整治项目,建设总规模479.43公顷,总投资795.51万元,2017年已通过锡林郭勒盟国土局验收。

【土地供应】2017年,全市国有建设用地供应共计113宗,土地总面积为808.73公顷,同比2016年增加597.09公顷。土地出让金共计29211.09万元,同比2016年增加7529.10万元。

【矿产资源管理】 大自然保护区共有67家采矿企业和15家探矿企业,其中3家已退出并恢复治理,剩余64家全部处于关闭状态,58家已拆除设备,其他6家因涉及国有资产、招商引资、招拍挂取得等原因未拆除设备。15家探矿企业已全面停止勘察作业,目前探矿权在期的5家、过期的10家。制定《锡林浩特市地质灾害防治应急预案》,及时处置内蒙古宝山宝马矿业有限责任公司煤矿西侧发生地面塌陷和裂缝的地灾险情,避免地质灾害给人民生命财产造成的损失。矿山企业投入地质环境治理资金734.97万元,完成治理面积14平方公里。组织实施207国道水库周边废弃采坑地质环境治理项目,完成治理面积1.3平方公里。组织实施大自然保护区关闭的宋盖石灰岩矿、盛源萤石矿、跃进砖厂治理项目,完成治理面积0.7平方公里。全市在期勘探项目共45个,其中完成勘探项目13个。本年度开工的勘探项目共4个,投资6754.16万元。

【矿山地质环境治理】 矿山企业投入地质环境治理资金734.97万元,治理面积14平方公里;组织实施的国道207水库周边废弃采坑地质环境治理项目,治理面积1.30平方公里,恢复国道207沿线及水库周边的地形地貌,为全盟重点打造的锡林河三十公里景观带建设;组织实施并完成保护区关闭的宋盖石灰岩矿、盛源萤石矿、跃进砖厂治理项目,共投入治理资金1200万元,项目实施后,减少对土地资源的破坏,遏制区域性沙化现象,有效的恢复锡林郭勒草原国家级自然保护区的草原生态环境。全力推进国道303、国道207(五角山)、省道101三个盟级治理项目,前期工作已完成。

【安全生产】 加大对超层越界开采的监测和处罚力度,对全市11个重点矿山企业超层越界情况进行测量,对发现问题的2个企业责令停止其违法行为并依法进行处罚。

【执法监察】2017年,开展动态巡查累计300余天,出动3000余人次、1000余车次,立案查处违法用地11宗,已结案11宗,罚没款98.54万元。土地利用动态巡查121宗,面积738.67公顷。

【地质灾害】制定《锡市地质灾害防治应急预案》,加强大型矿山企业地质灾害监控。及时处置内蒙古宝山宝马矿业有限责任公司煤矿西侧发生地面塌陷、地裂缝的地灾险情,避免地质灾害给人民生命财产造成的损失。

【卫片执法检查】2016年下发锡林浩特市211图斑,经审核判定后,卫片执法违法图斑31个,涉及违法用地20宗,面积2877.59亩,截至2017年年底,立案查处20宗,并已全部结案,共计罚款324.96万元。矿产卫片执法工作。矿产卫片涉及锡林浩特市疑似违法图斑34个,其中合法图斑1个、伪变化图斑30个、违法图斑3个,违法图斑涉及2家无证开采煤碳企业和1家越界开采煤碳企业,以上3家企业均已立案,共处罚款39997.91万元,已到位10690.58万元。

【测绘管理】完成19家测绘中介机构市场准入备案工作,加大测绘执法巡查力度,加强基础测绘建设,布设20个GPS控制点,弥补部分灭失的国家一、二、三等基准点。

【不动产登记工作】2017年,完成不动产登记审批手续19149件,发放不动产权证书11273本、不动产登记证明7801本,注销登记审批75件。

【地质公园管理工作】2017年10月26日,国土资源部授予锡林郭勒草原火山地质公园"国土资源科普基地"称号。按照国家地质公园申报审批工作要求,提前筹拍地质公园申报宣传片,编制地质公园申报书、宣传画册、综合考察报告,完善各项技术文件和资料。国家地质公园申报材料已顺利通过自治区评审,被自治区国土资源厅列为第八批国家地质公园重点推荐对象,上报国土资源部审批。

(布仁斯琴 尚 冲)

环保保护

【概况】锡林浩特市环境保护局成立于2002年4月。内设办公室、财务股、污染控制股、总量股、监督管理股、科技与辐射股、自然股、宣教中心、法制稽查股、环评股、监察大队、监测站等12个股室(站、队)。全局现有干部职工60人,其中公务员6人、工勤1人、参照公务员管理人员17人、事业机构人员19人、人才储备3人、公益性岗位14人。2017年,锡林浩特市环境保护局全面贯彻党的十八大、十九大精神,深入学习贯彻习近平总书记系列重要讲话精神,严格落实各项考核任务、持续推进大气、水、土壤污染综合防治,不断强化环境执法监管,着力解决突出环境问题,有效服务全市重点项目前期,保证各项工作任务有效落实。2017年锡林浩特市空气质量状况:二氧化硫平均浓度19毫米/立方米,达到国家年一级标准;二氧化氮平均浓度19毫米/立方米,达到国家年一级标准;可吸入颗粒物平均浓度46毫米/立方米，达到国家年二级标准。一氧化碳月均浓度值为0.556毫米/立方米，达到国家年一级标准；臭氧日最大8小时平均月均值90毫米/立方米，达到国家年一级标准；细颗粒物月均浓度值为14毫米/立方米，达到国家年一级标准。优良天数352天，其中优天数205天、良天数147天，三级以上天数13天。比例为96.4%，主要污染物为可吸入颗粒物。

【严格执法排除隐患】2017年双随机抽查40家次，其中重点排污企业8家次、一般排污企业32家次，并进行系统录入及上传工作。监察大队全年共出动执法车辆620次、执法人员1400余人次，对辖区内及重点排污企业共下达责令改正决定书133份，完成整改92家、行政处罚决定书44份、查封扣押1起、行政处罚金额共计：688.4万元。加大污染源环境监管信息公开工作力度，已在锡林浩特市政府门户网站上公开2017年度行政处罚案件相关信息及砖瓦行业环保专项执法检查情况信息。采取以管促收、以收促治的原则，积极拓展污染源征收面。截至2017年年底共征收入库排污费1330.7943万元，同时积极配合税务部门完成费改税排污费档案移交工作。

【环境宣传教育】开展环保知识进校园、进社区、进嘎查、进企业，环保有奖征文活动，全年累计30余次，与企业联合开展"帮扶救助齐发力、捐赠衣物暖人心"捐赠衣物公益活动。全年累计发放各类宣传单、宣传手册、宣传挂图、宣传折页8000余份，同时，充分利用LED显示屏，广告屏每天滚动播出十九大精神宣传标语、环保小知识、环保公益广告20余次。全年分别在内蒙古电视台《晚间报道》栏目播出新闻1条、全区《新闻联播》栏目播出新闻1条。在内蒙古晨报上稿4条。内蒙古自治区环保厅网站上稿5条，锡林郭勒盟门户网站上稿8条，锡林郭勒盟广播电视台《新闻联播》和《聚焦民生》栏目共播出新闻5条，在《锡林郭勒日报》刊登稿件3条，《锡林郭勒晚报》1条。同时利用"两微一网"积极宣传和报道党和国家、重大事件、重要理论、环保动态等讯息，截至2017年年底，通过官方微博、公众号发布信息200余条，门户网站发布信息128条。

【环境污染综合治理】2017年计划淘汰10蒸吨/小时及以下燃煤小锅炉141台，建成区内2家储油库、36家加油站和油罐车全部完成油气回收治理工作；全市黄标车淘汰1870辆。完成三电厂1台机组超低排放改造，完成二电厂5台机组除尘、脱硫和脱硝一体化改造验收工作，完成蒙东锗业脱硫改造，完成北车中铁新建脱硫项目，累计减排二氧化硫800吨、氮氧化物410吨、氨氮620吨、COD5840吨。圆满完成"一带一路"高峰论坛会议、朱日和阅兵、自治区成立70周年庆祝活动及党的十九大期间空气质量保障工作。

【水源地保护】列入考核的地表水西北诸河锡林河断面水质达到《地表水环境质量》Ⅲ类标准限值要求。完成2017年度考核目标要求。锡林浩特市一棵树水源地水质达到《地下水质量标准》Ⅴ类，完成保持现状的年度目标任务。安装水源井自动控制系统和视频监控设备，实现水厂的中控室远程控制和流量、抽水压力的实时监控。对水源井进行24小时巡视，巡视内容包括输水管线、电缆、阀门井、井盖及围栏，遇到突发情况及时处理并上报相关部门。

【核与辐射安全监管】目前全市危险废物产生单位10家，经营单位2家，产生的危险废物、废矿物油、废树脂、粘接胶均交由有资质单位进行处置。2017年对全市X射线装置使用单位2家、医疗废物处置单位1家进行监督检查，并提出整改内容，完成1项危险废物（收集）经营许可证的审批工作。加强对固体废物进行规范化处置，做好粉煤灰综合利用项目的审批工作，为重点项目的健康落地提供有利保障。全年共接到248件举报投诉，按时办结率100%、回复率、满意率达100%，投诉举报案件比上年降低10%。全年受理信访案件39件，办结39件，结案率为100%。

【行政审计】承接盟局下放19大类环评审批项目，对所有新上项目实行事前、事中、事后全程跟踪服务和监督管理。2017共审批环评项目59个。（其中审批报告书5个、报告表54个），完善网上备案登记表31个，环保设施竣工验收项目6个。对大气、水等各类污染物进行统一规范和约束，实施"一证式"管理，推行"一企一证"，促使企事业单位持证按证排污。（赵新民）

生态保护

【综述】 2015年1月经政府批准成立生态保护局,核定行政编制6名,其中科级领导职数3名。下设生态资源股,负责全市生态资源预审及征占用草原的审核审批;办公室负原草原监督管理局更名为锡林浩特市草原生态综合执法大队,隶属生态保护局二级单位,在职人员50人,科级领导职数3名(1正2副)。2017年上半年召开局党组会3次研究部署党风廉政建设工作,制定印发《生态保护局2018年党风廉政建设和反腐败工作计划》《2018年党风廉政建设"两个责任"工作任务分解方案》,进一步明确领导班子、成员个人在职责分工和"一岗双责"责任,层层分解落实目标任务。制定《党组理论学习中心组学习计划》,分别学习中央纪委二次全会精神和习总书记在全会上的讲话精神、"3·15"全市党建暨组织、宣传、统战工作会议讲话》、王占奇在市直机关2018党建工作会议上的讲话精神和锡林浩特市《关于建立容错纠错机制激励干部改革创新干事创业的实施办法》《中国共产党党务公开条例》等关于加强党风廉政建设的指示精神。将每月的第三个星期五作为党组集中学习时间,与党员集体学习相结合,经常性开展党风廉政教育。先后完善《机关日常监督管理制度》《生态保护局考勤制度》《2018年保密工作制度》等,更新领导班子议事规则和程序,认真落实"民主集中制""三重一大"事项集体决策等制度,坚持"三公经费"公开。

【草原生态资源征占用审核审批】 2017年内受理生态资源预审项目14项,盟生态保护领导小组联席会审核通过12项、未通过1项、正在办理1项;修建直接为草原保护和畜牧业生产服务项目2项;为永久征占用草原组件受理15项,其中:自治区审查通过,待农业部审核3项;自治区审核通过6项,收取草原植被恢复费251.38万元;生态委审查通过,待自治区审核4项;待生态委审查2项。临时占用草原审批30项,面积928.77亩,收取草原植被恢复费167.54万元。

【草原确权承包】 2015年6月确权工作全面启动,经近1年6个月的时间,于2017年12月20日,锡林浩特市草原确权承包工作全部完成。全市草原总面积2173万亩,基本草原面积2054万亩,其中打草场740万亩、高产饲草料地面积20万亩。该次确权工作确权草原面积2173万亩,涉及3个苏木、1个镇、4个国有农牧场,36个嘎查分场,5974户。规范确权档案管理,以基层队为单位,按照一户一档规范制作、齐全整理、落实专人严格管理,全面加强档案的保存,以备查阅;全力推进确权外业工作开展,全面展开外业打点测绘、外业指界、牧户签字确认等工作,完成12嘎查确权工作;按照面积误差控制在5%以内的标准,严格按照承包面积与实际使用面积一致的要求,对多占的、一人占多处的及该承包的没有承包到的等情况进行收回和重分,实际收回草场21.5万亩、涉及户139人;重新发包草场13.9万亩、涉及80人。

【草原"三权分置"】 积极推进"三权"分置试点工作,按照上级会议精神,积极制定《锡林浩特市草场所有权、承包权、经营权三权分置实施方案》,坚持试点先行,强化试点效应,进一步优化利用草原资源。白音锡勒牧场、白音库伦牧场、毛登牧场、贝力克牧场4个国有农牧场应发草原使用权证4个,实发1个(毛登牧场),其余3个国有农牧场因与赤峰市克什克腾旗存在0.3万亩边界争议、与正蓝旗存在0.22万亩边界争议、与西乌珠穆沁旗存在9.1万亩所有权和使用权分离问题,没有发放

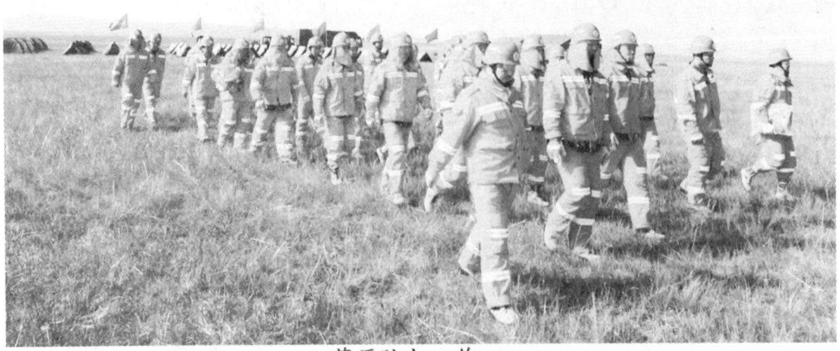

草原防火工作

草原使用权证。对落实经营权的570.78万亩、涉及3445户，由国有牧场自行组织开展证件发放工作；宝力根苏木、巴彦宝拉格苏木、朝克乌拉苏木、阿尔善镇4个苏木镇，应发草原所有权证22个，实发20个，其中朝克乌拉苏木乌优特嘎查、查干淖尔嘎查因与西乌珠穆沁旗存在所有权和承包权分离问题暂未发放草原所有权证；对4个苏木镇落实集体所有制草原1189.32万亩、涉及户数2983户，应发放承包权证2983户，目前实发2959户，其余24户因牧户之间矛盾纠纷调解未果及多年来征用草原面积分解到户资料不全等原因无法确定四至界线暂未发放。

【草原补助奖励】　全市补奖项目区面积2087万亩，每年应发放补助奖励资金1.1亿元。其中，禁牧区280万亩，每年补助资金为0.56亿元。(常规禁牧区补助标准9元/亩，每年补助资金为0.16亿元；特殊功能区共87万亩，补助标准50元/亩，每年资金0.4亿元)；草畜平衡区1807万亩，奖励标准3元/亩，每年应发放奖励资金0.54亿元，同时1807万亩的草畜平衡区实施春季休牧，按照0.75元/年。亩的进行补贴，应发放补贴资金0.13亿元，盟、市按照4：6的比例进行资金安排。截至2017年年底，全市8个苏木(场)，36个嘎查(分场)发放资金1.06亿元，其中：禁牧区发放0.53亿元、草畜平衡区发放资金0.53亿元。由于未完成禁牧，草畜平衡任务，对72户，215人进行停发补奖资金，扣发补奖资金0.04亿元，其中包括常规禁牧区28户，83人；特殊功能区41户，127人；即涉及特殊功能区又涉及草畜平衡区3户、5人。

【草原防火】全市范围内广泛开展防火宣传教育工作，增强防火意识。各收费站、207国道、303国道、101省道沿线等重点部位更新宣传标语和警示标志、悬挂条幅、大型标语牌，向过往车辆发放防火宣传材料，严格控制过往车辆向车外扔烟头或野外吸烟等行为。严格控制野外使用明火，严格审批野外用火。加强野外吸烟、野外弄火等主要火源的管理工作，野外打草作业严禁使用明火，全面做好火源管理工作。积极推进全国草原防火综合演练基地项目建设，进一步增强防扑火实战演练能力，全面提升全市草原防火综合水平。　（恒　提）

园林绿化

【综述】2017年，现有正式职工56人、人才储备人员1人、退伍士兵17人、公益性岗位人员32人。结合“三会一课”，认真落实“六个一”学习制度，组织学习《关于自治区党委学习贯彻党的十八届六中全会精神推进全面从严治党的决定》《中国共产党工作机关条例》《习近平总书记系列讲话精神》等政策法规和讲话精神64次。领导班子带头讲党课2次，支部委员讲党课4次，27名党员撰写学习心得81篇。组织干部职工参观内蒙古自治区成立70周年成果展。党的十九大召开后，立即组织全体干部职工学习宣传党的十九大精神，深刻领会十九大精神丰富内涵和精髓要义，积极推行“党员固定活动日”制度，通过“读书会”“端午节登山”“到社区献爱心”等形式组织召开“党员固定活动日”6次。充分发挥“第一书记”主体责任，先后2次到楚古兰办事处德吉社区讲党课，参加社区举办自治区成立70周年“回望70年，我想对党说”主题朗诵会。26名党员开展“党员干部志愿服务活动”，参观社区活动阵地，为辖区内光明小区捡拾白色垃圾，为万嘉康城小区树木进行修剪。

【园林绿化】2017年，锡林浩特市园林局按照“建管并重、品质提升”的思路，积极推行政府与社会资本合作(PPP)

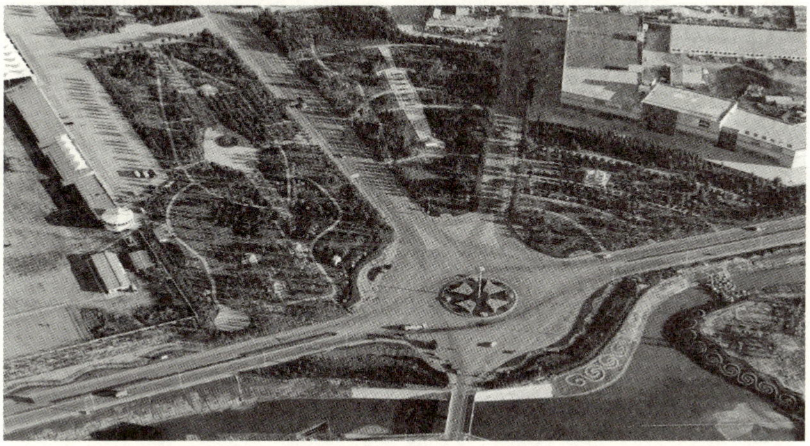

南出口带状公园鸟瞰图

模式,按照适地适树原则,重点实施道路绿化补植工程、道路绿化新建工程、道路节点新增绿化工程、提档升级工程、城市出入口绿化工程、立体花坛摆放等六项重点绿化工程内容。累计完成投资2.22亿元,共栽种乔木10.38万株,灌木丛17.5万丛,灌木篱9.25万平方米,草花地被105万平方米,摆放立体花坛5处,其中2处立体花坛在内蒙古自治区住房和城乡建设厅举办的内蒙古自治区成立70周年主题立体花坛评选活动中分别获得金奖和银奖,摆放盆花31.68万盆。按照“锡林浩特市锡林湖、湿地生态水系治理工程”总体规划要求,将敖包山公园绿化工程、滨河公园、动植物科技园南区二期工程、马都周边绿化工程四项工程作为重点亮点工程着力打造。工程累计完成投资1.288亿元,栽种乔木4.17万株、灌木5.23万平方米、灌木丛3.62万丛,草花地被14.2万平方米。

【景区建设】各景区景点设立便民利民志愿服务站,配备专职志愿服务人员,开展义务导游、文明劝导、景点介绍及城市文化宣传等活动。在滨河公园、植物园建立游客接待中心,配备轮椅、饮水机、雨伞、医疗应急药品、景区简介展示机等设备,有效提升锡林河生态景观带各项服务功能。同时在景区景点内安装垃圾箱20个,景观灯537盏,增设社会主义核心价值观、未成年人思想道德建设工艺广告牌和“尊德守礼”提示牌、健康宣传展板共计42块,引导市民提升文明意识,做文明市民,营造出浓厚的创城氛围。认真落实防火安全管理工作,与各景区负责人签订《景区景点防火责任状》,设立防火宣传栏4块,配备4公斤干粉灭火器60个,进一步提高景区火险防控能力。

【绿化成效】相继打造以东二环、南二环、北一环、锡林大街、额尔敦路、杭盖路、滨河路、多伦路、上都苑、机场周边、牧民养老院及廉租房小区等一批城市道路绿化精品,改造提升动植物科技园、草原公园、南出口带状公园、敖包山贝子庙景区、锡林湖景观带、锡林广场、蒙元文化广场等景区景点,初步形成以城市主次干道为基本框架,以公园、广场、游园为重要节点,以机关、小区、庭院绿化为组成单元,点、线、面有机结合,地被、灌木、乔木错落搭配的城市园林绿化体系。为提升城市绿化建设管理水平,找准工作的着力点和突破口,规范实施建设管理。年初与高资质的绿化设计单位对接城区绿化的设计规划方案,统筹考虑四季景观、色彩搭配和层次形态,采取“乔灌结合”方式,着力提升主次干道景观林带和隔离绿带色彩效果;定期组织企业召开调度会,明确工程内容和施工标准,倒排工期,确保工程在绿化建设“黄金期”内顺利完成。抽调园林专业人员成立技术指导小组,下派至各施工现场对种植的苗木规格、苗木检疫证审查备案,并现场督导严把工程质量。截至2017年年底,建成区绿化覆盖率达到36.1%,建成区绿地率达到35.3%,人均公园绿地面积17.9平方米。2013年荣获“自治区园林城市”称号,正积极创建国家园林城市。

【绿化养护】针对绿地点多、线长、面广的特点,不断加强绿化养护管理力度,通过制定“定员、定岗、定责”三定方案,全力做好绿地的浇灌施肥、修枝整形、病虫害防治等工作,确保新旧区道路绿化达到分片养护、分段管理要求。先后购置20台水车、1台专用消杀车、4台农用车、1台高空作业车辆和18台绿篱机等设备,机械化养护水平得到极大增强。（张　鹏）

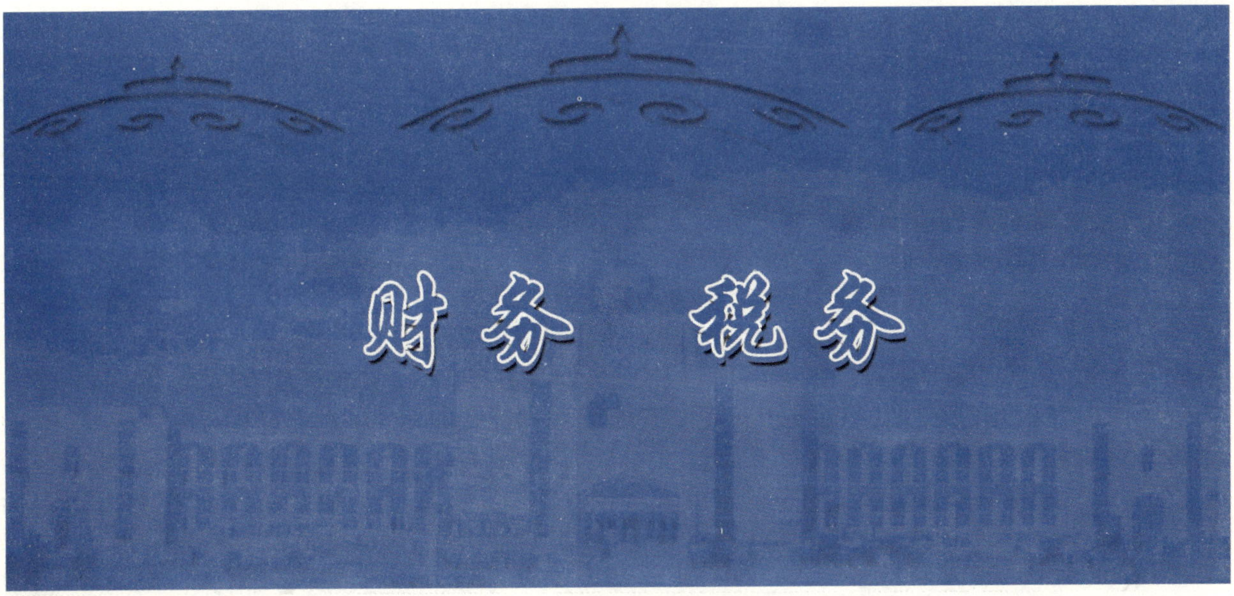

财 政

【概况】 锡林浩特市财政局内部机构设置16个:办公室、预算股、国库股、教科文、行政政法股、社保股、综合股、农财股、经济建设股、企财股、国资股、综改股、基层财政股、政府采购管理股、政府和社会资本合作中心(PPP)、金融工作服务中心。

【财政收支】 财政收入完成情况。在锡林浩特市经济处于下行态势下,局加大重点税源监控,加大力度清理历年欠税,努力完成财政收入任务。2017年一般公共财政预算收入完成196283万元,完成年度预算的63.32%,完成调整预算的94.82%。

财政支出完成情况。在"保工资、保运转、保基本民生"的基础上,局积极兑付上级专项指标,及时拨付社会保障民生等方面的资金。2017年一般公共财政预算支出完成275096万元,完成年度预算的82.29%,完成调整预算的100%。财政对以民生为主的社会事业投入209198万元,占财政预算支出的76%;对农牧业投入54109万元,占财政预算支出的19.67%。

【国库集中收付工作】 2017年,通过国库集中支付系统累计支付资金360066万元,比上年同期减少19.89%,其中办理财政直接支付业务11491笔,比上年同期增长5.87%,支付资金347059万元,比上年同期减少22.79%;办理财政授权支付业务8369笔,比上年同期减少1.02%,支付资金13006万元,比上年同期减少40.21%,全部通过零余额账户支付。

【金融工作】 2017年,全市各银行机构贷款余额330亿元,本年新增贷款54亿元。其中:中小企业贷款9亿元,涉农涉牧贷款为12亿元。通过改革促进、政策支持、强化服务等措施,鼓励有条件的企业进入资本市场运作,内蒙古皓滕牧业科技公司成功挂牌"新三板",全市"新三板"挂牌企业达到3家。帮助内蒙古草都公司和内蒙古皓滕牧业科技公司申请上级财政补贴资金各100万元,资金已全部到位。在全市范围内开展各类交易场所开展排查、企业非法集资排查、国有企业集资排查等工作,共计排查各类交易场所7家,企业230余家,农牧民专业合作社255家,排查广告资讯信息1000余条,出动执法人员400余次。

【政府和社会资本合作中心工作】 2017年,策划包装8个PPP项目,所属行业分别为:市政工程、科技、生态建设和环境保护、养老共四个大类,总投资34.85亿元。其中:国家级示范项目1个(锡林浩特市锡林湖、生态水系治理工程)已正式落地;自治区级示范项目4个(锡林浩特市大数据产业智慧城管项目,锡林浩特市新区综合老年养护院及综合老年养护院周边绿化、亮化、硬化等景观建设,2017年,锡林浩特市园林绿化工程,锡林浩特市污水处理厂提标改造工程)。

【国有资产管理工作】 完成全

市269辆公车改革封停车辆的评估工作,并按照锡林浩特市市长会议纪要要求进行报废、调拨等处置。转发制定《锡林浩特市驻地央企"三供一业"分离移交指导标准》,对驻地央企、区企"三供一业"情况进行摸底调查,协助指导企业签署"三供一业"分离框架协议并汇总上报。最大限度实现国有资产保值增值,2017年,处置国有资产256例,其中:按照锡林浩特市公务用车管理办法调拨公务用车171例,原公务用车报废处置批复62例,其他处置批复23例。

【财政监督与财务管理】 深入开展违规发放津贴补贴自查清理和缴库工作,全市清理清退并上缴国库违规发放津贴补贴资金1346.4万元。在全市范围内组织开展财经纪律执行情况自查自纠及重点抽查工作。贯彻落实《预算法》《政府信息公开条例》,切实推进锡林浩特市预决算公开工作,开展2017年度地方预决算公开情况专项检查工作,覆盖面达到100%。配合相关部门对12个嘎查600万元发展壮大嘎查集体经济扶持资金管理使用情况进行督查。

【城投公司工作】 2017年,经各主管部门和相关市领导审批后累计拨付棚改贷款资金46笔合计15 769万元,保障拆迁居民的正常生活和棚改项目的建设进度。棚改贷款抵押物收集情况:2017年,到位抵押物合计约为21.76亿元,其中:一期棚改贷款已到位抵押物约为11.94亿元,二期棚改贷款已到位抵押物约为9.82亿元。为适应锡林浩特市社会经济持续发展,保证各项社会事业顺利进行,城投公司作为融资主体或担保人承担多项融资担保任务,为锡林浩特市给排水公司、卫生局共计11个融资项目提供担保,涉及融资资金15.82亿元。

【涉农涉牧项目】 现代农牧业项目。2017年,现代肉羊产业化项目总投资2040万元,其中:优势特色绿色农畜产品发展资金1000万元,地方财政配套资金150万元,牧户自筹资金240万元,整合农业综合开发项目资金650万元。在锡林浩特市巴彦宝拉格苏木、宝力根苏木、朝克苏木、阿尔善镇新建40处家庭牧场,建设内容包括标准化羊舍、储草棚、机械库等工程。

"一事一议"财政奖补项目。2017年,实施"一事一议"财政奖补项目38个,项目投资1169万元,其中:上级财政资金571万元,地方配套资金354万元,牧民自筹资金244万元。建设内容包括砂石路、家畜药浴机、机井、移动公厕、停车场、太阳罩、院墙等工程。建设地点分布在宝力根苏木、朝克乌拉苏木、巴彦宝拉格苏木、阿尔善镇、贝力克牧场、白银库伦牧场。农业综合开发项目。2017年,锡林浩特市农业综合开发立项实施项目总投资5440万元,其中:财政资金3097万元、自筹资金2343万元。建设地点分布在宝力根苏木乌力吉德力格尔嘎查、巴彦宝拉格苏木巴彦哈日阿图嘎查和白音锡勒牧场,建设内容包括实施围封草场、新打机电井、标准化棚圈、青贮窖等内容。

【党风廉政建设和机关建设】 制定《锡市财政局2017年党风廉政建设工作实施方案》,安排部署全局党风廉政建设工作,共召开3次专题会议,分析研究职责范围内的党风廉政建设状况,安排部署年度党风廉政建设和反腐败工作。完成党员组织关系集中排查和党支部改选工作,全年召开9次支部委员会议,以党支部为单位集中学习47次,专题讲授党课4次,开展党员政治生日活动3次和党员固定活动日9次、召开专题讨论会2次、撰写心得体会184篇、观看教育片6次、廉政谈话2次,收集廉政谈话纪律表69份,订阅党建学习读本507册,共研究解决基层党建问题13个,局机关43名在职党员到社区报到,认领服务岗位,多次组织全体党员干部开展白色垃圾清理活动,发挥党员先锋模范作用。修订完善财政局"三重一大事项集体决策"、办事公开、廉政谈话等制度和20个股室(二级单位)工作运行规程,细化岗位责任,明确廉政风险。

(金　锡　叶　兰)

住房公积金管理

【概况】 锡林浩特管理部的前身是锡林浩特市住房资金管理中心,2007年7月机构上划,隶属锡盟住房公积金管理中心,负责锡林浩特市地区各单位住房公积金的缴存、提取、贷款等业务。在职在编职工10人、劳务派遣人员4人。为缓解业务量大、人员少的状况,积极探索新的工作方式,于2009年开始与金融企业合作,借助商业银行网点分布广、人力、技术、信息等各方面资源优势,在各受托行网点设立住房公积金业务代办机构,取得良好效果。在农业银行、中国银行、建设银行、内蒙古银行、工商银行等五家商业银行设立代办机构,网点基本履盖锡林浩特市市区。率先在全盟住房公积金系统建立和执行服务大厅标准化建设。

【主要业务指标完成】 归集业务:现有缴存单位 640 个(其中封存单位 13 个);归集人数 43012 人(其中封存人员 3374 人)。累计归集总额 40.29 亿元,累计内部转入 6289.74 万元,累计外部转入 1287.95 万元,累计归集余额 19.41 亿元。2017 年,归集总额 6.29 亿元(其中当年结息 2568.58 万元),完成全年计划的 103%,同比增长 6%;全年财政补贴资金到账 13994.41 万元,其中盟财政 7356.03 万元,市财政 6638.38 万元。当年新增单位 66 个、新增缴存职工 1332 人(其中个体工商户和自由职业者 294 人)。

【提取业务】 累计提取住房公积金 21.18 亿元。2017 年,办理提取住房公积金业务 25371 笔、提取金额 4.17 亿元(其中外部转出 56 人、186.24 万元),同比增长 3%。

【信贷业务】 累计发放住房公积金贷款 14940 户、30.88 亿元,累计回收贷款 11.69 亿元,委托贷款余额 19.18 亿元。2017 年发放住房公积金贷款 1,828 户、6.38 亿元,比上年度分别增加 210 户、1.09 亿元,同比上升 13%、21%,完成年度计划的 155.61%;回收贷款 2.25 亿元,同比增长 7%。

【增值收益】 2017 年,共实现增值收益 2417.93 万元,其中业务收入 5442.45 万元,业务支出 3024.52 万元。

【强化管理,提升服务】 2017 年 3 月,被盟妇联评为"三八红旗集体"荣举称号;2017 年 4 月,锡盟政务服务中心评选 2016 年度先进集体和先进个人,连续第三年被评为"2016 年度红旗窗口",杨凯伦等三名同志受到先进个人表彰。2017 年 3 月,在内蒙古银行设立住房公积金业务网点,缓解政务大厅工作压力,进一步方便缴存职工就近办理业务。

【加强贷款风险管理】 由专人负责逾期贷款的日常统计,针对三期及以上的逾期贷款,采取电话催收、上门催收、律师催收等方式,取得良好效果。保证全年的低逾期率,实现年末零逾期。由管理部指定人员每天对前台工作人员的行为规范、着装、文明用语、工作纪律等方面进行监督和检查,并与业务完成情况一同作为日常考核依据,按周通报、按月评比、年末综合评比。建立夕会制度,每日终业务岗和信贷岗分别召开夕会,总结当日的工作完成情况、学习政策、法规、制度。建立图书角,购置业务、专业、文明礼仪、计算机工具、政治理论等方面的书籍,既丰富职工的业余生活,又提高职工的文化修养和业务水平。 (哈 娜)

国家税务

【概况】 锡林浩特市国税局内设 14 个部门(包括分局),分别为办公室、政策法规科、税源管理一科、税源管理二科、税源管理三科、征收管理科、收入核算科、人事教育科、监察室、办税服务厅、信息中心、稽查局、城乡税务分局、阿尔善税务分局。截至 2017 年 12 月 31 日,锡林浩特市国家税务局实有在职人员 105 人,其中少数民族职工 42 人,女职工 63 人,中共党员 51 人,无党派人士 1 人,研究生学历 4 人,大学学历 82 人。退休职工 28 人。

【精神文明建设】 按照创建好和谐税务机关的要求,加强精神文明创建工作,积极开展全局创建国家级文明单位和办税服务厅创建国家级青年文明号工作。

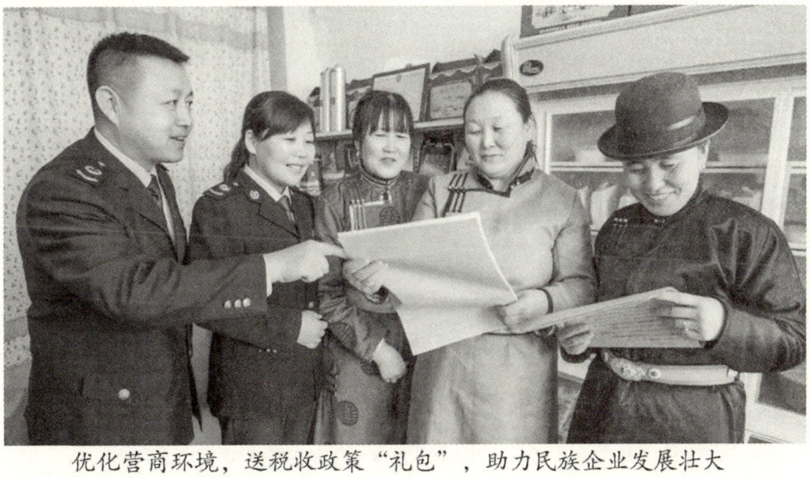

优化营商环境,送税收政策"礼包",助力民族企业发展壮大

【队伍建设】按月组织安排局内常态化政治、业务及党风廉政学习。“文明单位”创建取得成效,成功步入“自治区文明单位标兵”行列;被授予“内蒙古自治区地税系统法治基地”称号;无偿献血贡献突出,获得全盟先进集体荣誉称号;办税窗口服务优质高效,被授予全盟“建功立业标兵岗”称号;工会组织职能彰显,获得“先进基层组织”称号;承办全盟地税系统第九届职工运动会,取得优异成绩;充分发挥群团组织优势,开展“健康环保徒步行”等特色鲜明、富有成效的活动,促进职工身心健康;组织党员干部开展“义务献血”、参观反邪教警示教育基地等活动,增强党性意识,培育积极向上的组织文化;组织职工参加全盟地税系统庆祝建党96周年文艺演出,获得二等奖和最佳组织奖,参加锡林浩特市地区“杭盖杯”羽毛球比赛,获第三名,参加全市“创文明城市·做文明市民·共圆中国梦”演出获得第三名。利用青年志愿队,积极开展税收宣传、扶贫慰问、爱心救助等志愿活动,不断提升团队凝聚力和战斗力。

元,增收率95.22%,其中:增值税入库88 924万元(营改增增值税入库14 949万元),同比增收45 608万元,增收率105.29%;消费税入库41万元,同比增收11万元,增收率36.67%;企业所得税入库5465万元,同比增收1390万元,增收率34.11%,车购税入库9213万元。

【行政管理】每月按时召开税收分析会,预测各项税收收入,做到心中有数,全面掌握各种影响税收收入的因素,努力做到挖潜增收。根据季节情况,对进入生产销售旺季的企业加强征管和检查,清查征管漏洞,按照“抓大控中不放小”的原则,把握大户、控制中户、管好小户,全面掌握各种涉税信息,做到应收尽收。加强对重点项目的核实与税收预测分析,掌握实现税款的时点,为税收收入增长开辟新税源。积极搞好税务稽查和纳税评估,有效制止和纠正税收违法问题,努力增加收入。

【依法治税】对于纳税人减免税、资格认定等涉税申请,严格按照规定程序执行。努力提升纳税服务质量,促进征纳关系的和谐,先后推行“服务通过开展学习实践活动,认真贯彻落实民主集中制,不断提高执政能力和执政水平班子成员自觉带头贯彻执行民主集中制,充分发挥班子集体的智慧与力量,以身作则,凡属重大的人、财、物等一系列事项都经班子会议集体研究决定,充分听取班子各成员的意见,在集思广益的基础上进行决策,真正成为全局的领导核心。加强职工培训举办各种培训班10余次。（候利伟）

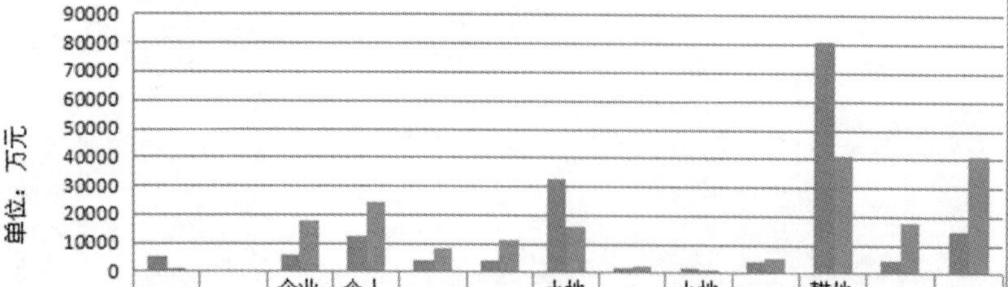

	营业税	增值税	企业所得税	个人所得税	城建税	房产税	土地使用税	印花税	土地增值税	车船税	耕地占用税	契税	资源税
2016年	5240	195	5780	12582	3939	4146	32809	1741	1454	3868	81029	4518	14734
2017年	562	126	17865	24570	8052	11329	16068	2429	1093	5091	41376	17893	40854

2017年组织收入分税种完成情况

地方税务

【综述】2017年,锡林浩特市地税局共有干部职工129人(不包括离退休25人),其中男68人、女61人,研究生2人、本科96人、大专25人,大专以下6人。党员51人(包括预备党员2人)积极分子2人。按照自治区规定,局内设8个股室外设7个税务所。入驻锡林郭勒盟政务服务(公共资源交易)中心综合办税服务大厅1个。

【组织收入】所辖7349户企事业行政单位和28928户个体工商户累计组织收入187999万元。其中:税收总收入组织入库181168万元(税收收入173933万元,其他收入7235万元);残疾人保障金658万元;水利建设基金2243万元;工会经费入库3930万元。全局地方级税收收入148107万元;公共财政预算收入123010万元。

【税收征管】圆满完成12万元以上个人所得税自行纳税申报工作,3055人纳税合计6259万元,同比增加1887万元;多处薪金累计申报4237人次,入库税款滞纳金383万元。完成2016年度2175企业所得税汇算清缴工作,947户企业申报企业所得税1520万元。引入第三方评估机构对辖区能源、电力、房地产及食品等16户企业进行实地核查,补缴税款2423万元。开展行业化、精细化管理,将3616户企业移交税务所进行日常管理,加强管理力度。规范企业注销、变更流程,全年注销298户,征缴税费及滞纳金182万元。组织企业开展纳税自查,特别是房地产建安企业,补缴税费1200万元。全面做好水资源税、环保税开征准备工作。按照阶段性工作安排,对取得水许可证的17户和未办理水许可证的52户企业及环保部门的16户企业基本信息进行核实。发挥信息管税优势,加强外部数据交换与分析,与国税定期交换征管数据,确保国地税管理无缝对接;与国土局、房产局交换土地买卖、房屋租赁数据,加强土地使用及"营改增"后房屋租赁税收征管。

【税收政策落实】积极落实各项税收优惠政策,重点做好支持和促进区域发展西部大开发、促进小微企业发展、支持三农、支持其他各项事业等政策的落实。通过在征收大厅摆放政策宣传册和组织专项培训等方式强化政策宣传,确保纳税人政策享受到位。全年减免企业所得税、房产税、城镇土地使用税等5708万元。全局170户小型微利企业中,65户盈利企业享受税收优惠。

【纳税服务】深入推进国地税联合办税大厅建设,与国税共建7个综合办税窗口,3个窗口实现一人一窗一机办税服务;全面落实全功能窗口、"一站式"等服务规定和各项服务制度、承诺,努力追求服务"零距离、零障碍、零差错"。设立"联合网厅"体验区、手机移动办税辅导区、自助办税终端服务区等,让纳税人感受到各项涉税业务的自助办理的快捷方便。加强对纳税人培训辅导力度,扩宽服务渠道。充分发挥"纳税人学堂"的作用,1000余人次6期针对性讲座,让纳税人明税法,知纳税。在第26个税宣月中,联合举办税宣活动。通过现场"零距离、面对面"税法辅导,解答纳税人关心的个人所得税自行申报、个人房屋租赁纳税及非公经济小微企业税收优惠等热点问题。 (侯利伟)

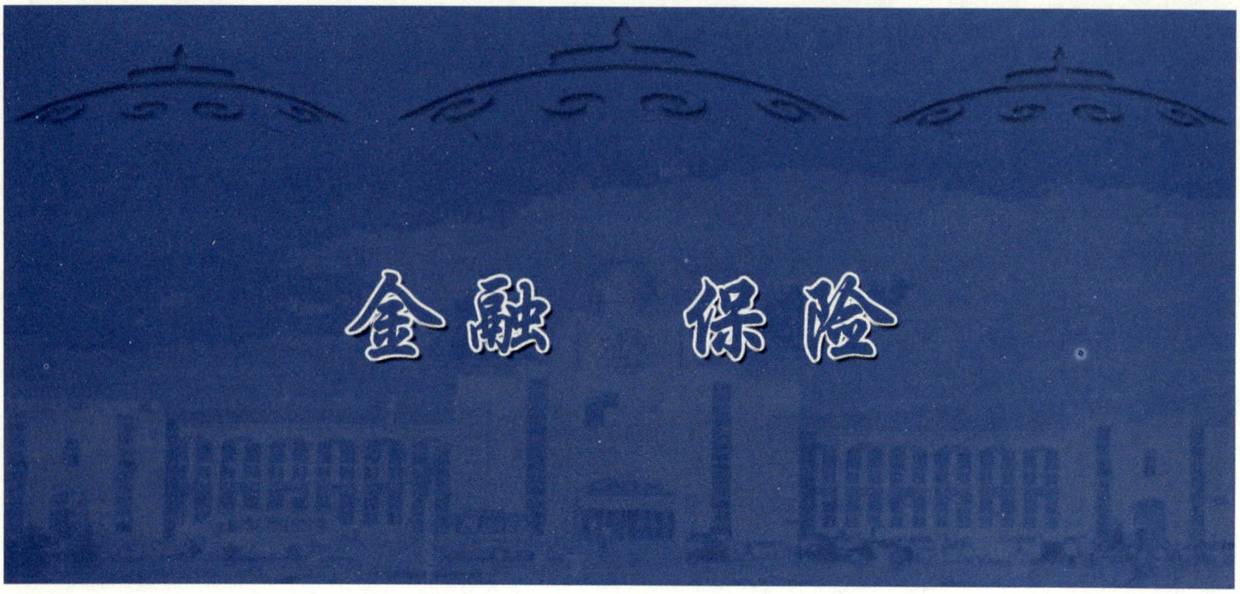

中国农业发展银行

【概　况】锡林浩特市支行成立于1996年12月,业务服务旗县为锡林浩特市、东乌旗、西乌旗、乌拉盖、阿巴嘎旗五个旗县市。支行内设两部一室,即信贷业务部、会计结算部和办公室。支行共计18人,其中女职工9人;支行党员14人(退休党员3人);少数民族7人。全面加强基层党组织建设。全年实现利润2949.42万元,人均利润196.62万元;资产利润率3.12%;成本收入比3.58%;日均存款79876万元;人均中间业务收入0.94万元;不良贷款余额下降率及不良贷款率均为零。明确以“内行党建+”的战略思维,从业务经营5个方面全面贯穿党建引领;全年组织学习十九大精神18次,领导班子讲党课6次,组织座谈交流2次;全年上报党建共建信息8篇;

【信贷业务】2017年年末,全行贷款客户12户,贷款余额140065万元。全年投放各类贷款116 810万元,累计收回贷款29502万元。净投放87308万元,贷款规模较2016年年末增长165%。全年发放收购、储备贷款3360万元;年内发放锡林浩特市、西乌珠穆沁旗两地棚户区改造项目贷款共计99600万元,已批未放乌拉盖管理区棚户区改造项目贷款14400万元,全年中长期贷款共计103300万元。2017年,实现业务服务辖区全覆盖,填补服务空白区;审慎发展自营性信贷业务,全年投放10150万元。

【存款业务】2017年年初制定“五向”存款管理措施,结合全盟存款“开门红”“红五月”等活动契机,进一步加大组织存款营销力度,努力保持存款高位运行。一是向贷款投放要存款。项目引存产生派生日均存款52659万元;二是向货款回笼要存款。严格杜绝企业回笼资金“体外循环”现象,全年5户自营性贷款客户日均存款5391万元。三是向支付管理要存款。严格农发重点建设基金支付关,强化审查、审批流程管理,全年基金派生日均存款9477万元。全年财政存款日均余额6520万。

【农发重点建设基金管理】截至2017年年末,上划基金收益58笔,金额360.01万元。开展农发重点建设基金自查工作。工商登记是否完成变更为重点,逐项目进行全面问题梳理。总行农发重点建设基金专项审计检查,对查出问题进行及时整改。

【风控措施】密切关注自营性企业资金流向,全面开展库存核查和押品检查,确保真实有效;严格按照贷后管理规定,全年向中长期贷款客户下达《贷款到期提示通知书》7份,《利息催收通知书》21份。积极与各地财政局沟通联系,及时掌握政策指导性中长期贷款还贷资金列入预算情况;按照第二批定向债券置换改造要求,年内对2家企业进行债券置换。

【提升经营效益】财政当年应到位补贴资金19732万元,

实际到位19732万元,综合财政补贴到位率100%。努力提高财补资金收息率,收回当年粮食政策性财务挂账利息132.91万元,收回率100%;全年收回4141.49万元,收回率100%。公用费用较上年减少8万元。

【夯实基础管理】认真落实银监局“内部控制、案件防控、金融服务基础工作建设年活动”要求,严格做好各环节工作。全面开展“市场乱象”等“四治”自查工作,切实落实整改措施。全年接受内外部各类检查17次,总体情况较好;对271户账户资料进行全面自查。按照2017年反洗钱专项整治要求,及时组织反洗钱学习月活动,认真开展反洗钱自查工作。认真落实财会工作规范化管理要求,年内通过考核验收;按照“信贷队伍建设年活动“要求,以修订后的资金支付管理办法、信贷全流程手册为重点开展多形式学习。

(张东海)

工商银行

【概况】 中国工商银行锡林浩特支行组建成立于1985年,现主要承担着锡林浩特市地区企、事业单位,机关团体和城市居民的人民币存贷款业务、同业拆借业务、国内外结算、票据承兑、贴现、转贴现;各类汇兑业务;开放式基金的注册登记、认购、申购和赎回业务及各类代理业务等。支行本部现内设三部一室,所辖二级支行4个。现有员工79人,男员工28人,女员工51人。知识结构为:大学本科18人,大学专科35人,中专19人,高中7人。支行设党支部1个,全行党员24人。支行员工年龄结构为:平均年龄45岁。

【党建和精神文明建设】 党支部书记、其他班子成员在全行党员干部中讲授党课,党支部“三会一课”重点学习党纪条规、重要讲话和反腐倡廉最新动态,从思想上做到防微杜渐、见微知著、警钟长鸣。定期组织召开案防分析会,对存在的问题逐一进行整改落实,避免屡查屡犯。抓好重点部位、重点环节、重点岗位的风险控制和防范。积极配合上级行和人民银行、银监局内外部监督检查,结合内外检查中发现的问题,做好问题的落实整改工作。定期对支行及基层网点进行安全保卫制度检查,定期组织员工开展防盗抢、防火和金融诈骗演练,坚持离行式自助银行每日两次巡查制度,树立全行员工安全保卫意识,有效防控刑事案件和安全事故的发生,为支行经营发展创造安全健康的环境。走访白音锡牧场巴彦希勒分场3户贫困户,深入了解牧民实际情况,帮助制定脱贫方案措施,尽快找到脱贫致富路径,提高帮扶资金3万元整。2017年年末,各项收入总额706万元,较上年增加70万元;实现拨备前利润7739万元,创建行以来最高水平。

【存款业务】 2016年,存款总额115826万元,2017年,存款总额142999万元,机构客户业务实现重大突破,代理锡林浩特市财政集中业务实现重大突破,代理财政集中业务从组织测试到系统投产再到成功落地实施全部由锡林浩特支行参与完成,填补锡林郭勒盟工商银行代理财政业务系统办理零突破;财政社保资金市场化竞标5000万元;与锡林郭勒盟住房公积金签署委托义务协议,填补工商银行锡林浩特市城区支行公积金委托贷款的空白,支行成功拓展锡林郭勒盟电力建设有限责任公司、锡林郭勒盟翔达建筑安装有限责任公司开立账户,公司企业客户,纷纷落户工商银行锡林浩特支行。

【贷款业务】 积极与自治区分行沟通做好前期准备,持续跟进华润电力、锡林热电、中铁建PPP项目、中材科技二期项目,华润电力(锡林郭勒)煤业有限公司5000万元,神话北电胜利能源有限公司1500万元、内蒙古北方龙源风力发电有限责任公司13845万元,内蒙古中广核风力发电有限公司12400万元,系统内联合贷款10000万元,锡林郭勒盟环宇羊绒制品有限责任公司2280万元,锡林郭勒盟宏源投资有限责任公司1974万元,锡林郭勒盟医院5000万元,锡林浩特伊利乳品有限责任公司5000万元、锡林郭勒大庄园肉业有限公司6750万元,锡林郭勒盟新远工贸有限责任公司900万元。等知名企业合作,为支持地方经济的发展做出贡献。2016年贷款余额152284万元,2017年贷款余额145607万元。

【内部管理】 锡林浩特支行制定并印发《关于做好员工异常行为排查工作的通知》,确定每年度员工异常行为排查工作的重点。签订《员工不参与违规担保不参与民间借贷和非法集资、经商办企业、赌博吸毒等活动承诺书》加大对员工涉赌吸毒,参与民间借贷、充当融资中介、违规为他人借款提供担保、员工信用卡透支等异常行为的排查力度。配合上级行内控合规部门开展“十大重点领域和关键环节”专项检查和“三违反”“三套利”“市场乱象”“信用卡透支治理”等专项整治工作,以基层机构负责人、部门负责人、客户经理、柜员及内退人员等关键岗位人员为重点领域开展专项排查。支行全行开展“学习监管规则强化制度执行”主题演讲比赛,全体员工的内控案防合规意识明显增强,实现“零案件”和未发生重大风险事件的目标和无事故发生的佳绩。 (许振湖)

邮政储蓄银行

【概况】中国邮政储蓄银行股份有限公司锡林郭勒盟分行(以下简称邮储银行锡盟分行)辖属服务机构共有32处,其中银行自营网点8处,代理网点24处。年末,共有在岗职工167人,大专及以上学历162人。男职工74人、女职工93人,中共党员63人。专业技术人员51人,其中初级职称41人、中级职称9人、高级职称1人。全年参加岗位资格考试达到355人次,初级岗位资格持证率达到100%,银行职业资格两科及以上持证上岗员工占比提升至53.8%。

2017年,在原有3个基层党支部的基础上,与邮政建立6个旗县联合支部,在3个支行成立党小组,保证支行党员的组织生活和学习。2017年转正党员2名,接纳党员3名,发展预备党员2名。

【工会建设】 中国邮政储蓄银行工会锡林郭勒盟分行委员会成立于2012年5月29日。工会下设13个工会小组。员工入会率达到100%。已建立职工之家1处、职工小家5处(二连支行、东乌旗支行、西乌支行、太旗支行、多伦支行),分行工会正在积极创建中国邮政储蓄银行“模范职工之家、职工小家”。

【文体活动】 开展“征文、书法、绘画、摄影”活动;迎新年文艺会演活动;参加银行业金融机构乒乓球、羽毛球、排球比赛活动;徒步健康行走活动;各种劳动竞赛活动;员工邮政金融知识业务练功比赛活动,有力地促进企业的文化建设。

【业务发展】截至2017年年末,全盟储蓄余额30.46亿元,其中银行自营储蓄余额5.5亿元,本年新增0.11亿元,同比增长2.08个百分点。全盟开立单位存款账户364户,公司存款余额1.61亿元。全行资产规模34.77亿元,负债规模34.67亿元,全年完成收入7180万元,同比增长0.95%,利润实现1667万元,同比增长602.93%,成本收入比56.20%,劳动生产率42.57元,人均创利11.09万元,经济资本回报率16.97%,拨备覆盖率137.06%。全行效益规模不断扩大,盈利能力持续提升。

【资产业务】 截至2017年年末,累计投放各类贷款46.9亿元,重点支持中小微企业和农牧户,累计发放涉农贷款10.63亿元,当年发放农户贷款1.1亿元,同比增加0.71亿元。累计授信大唐、京能、华润在锡盟电源点建设项目43亿元,服务地方经济的能力进一步加强。当地政府及相关部门多次肯定邮储银行锡盟分行“普惠金融”的实绩。

【中间业务】理财业务稳步增长,规模结构合理,业务收入增幅明显。截至2017年年末,全年累计销售个人理财类产品4.96亿元,累计销售基金1346万元;新增聚合支付3081户,新增POS机261部,结存POS机846部;信用卡全年累计发卡8114张,结存卡量21620张,结存激活卡量19107张;电子银行结存客户

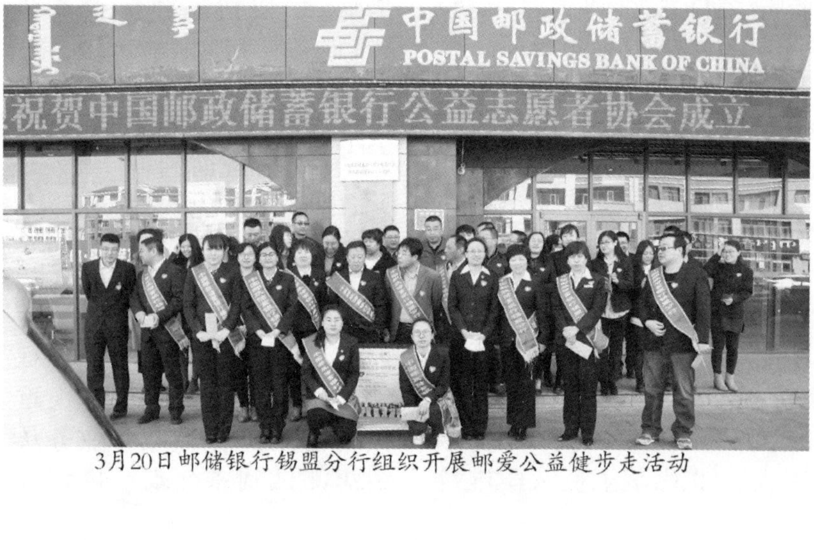

3月20日邮储银行锡盟分行组织开展邮爱公益健步走活动

21622户，电子银行替代率82.29%，中间业务能力稳步提升。（王一平）

包商银行

【概况】包商银行锡林郭勒分行成立于2009年8月10日，是锡林郭勒盟引进的首家股份制商业银行。分行内设小微与消费金融部、个金与财富管理部、风险管理部、运营与科技部、综合管理部、法律合规部。下辖1家营业部、5家支行、2家小微支行、1家社区支行。

【存贷款】截至2017年12月末，本行资产总额22.38亿元，各项存款余额17.19亿元，其中储蓄存款年日均余额10.51亿元，保证金存款余额2.84亿元；各项贷款余额21.31亿元，其中小企业类贷款余额3.79亿元，微小企业类贷款余额0.14亿元，个人贷款余额12.63亿元。

【资产业务】农牧贷规模增长明显，实现农贷业务旗县覆盖率为100%，乡镇覆盖率为82%，行政村覆盖率为42%，农户覆盖率为5%。2017年，肉羊专案贷款余额增长5000万元，转化存量业务247笔，到期转化率为46%，小微客户结算归行率为9.7%。累计投放贷款4133万元，涉及贫困户709户，覆盖全盟9个旗县的54个乡镇的212个嘎查村，贷款余额4956万元，其中已脱贫贷款3650万元，其余贫困人口贷款1306万元，贫困人口262户。

【社会公益】围绕锡盟特色产业、三农三牧、文化、教育、高新特和双创产业深耕细作，探索为产业链上的中小微企业提供全生命周期的金融解决方案。为东乌旗贫困户送温暖，积极协助总行建设"草原书屋"；与锡林浩特市文明办、创城办、希日塔拉街道巴彦社区、包商银行锡林郭勒分行共同组织举办"争创文明城市 建设幸福锡林"为主题的组团式志愿服务活动。

【内控合规】成立法律合规部门，开展合规文化建设，全员学习《包商银行锡林郭勒分行操作风险启示录》；邀请锡林郭勒检察分院人员进行预防职务犯罪讲座，加强警示教育；组织"以合规促发展，与包商共进步"合规演讲比赛；大力倡导"合规经营、有错必纠、有责必问"，提高员工风险合规意识。不断提升分行员工的合规意识和合规操作水平。（邬国强）

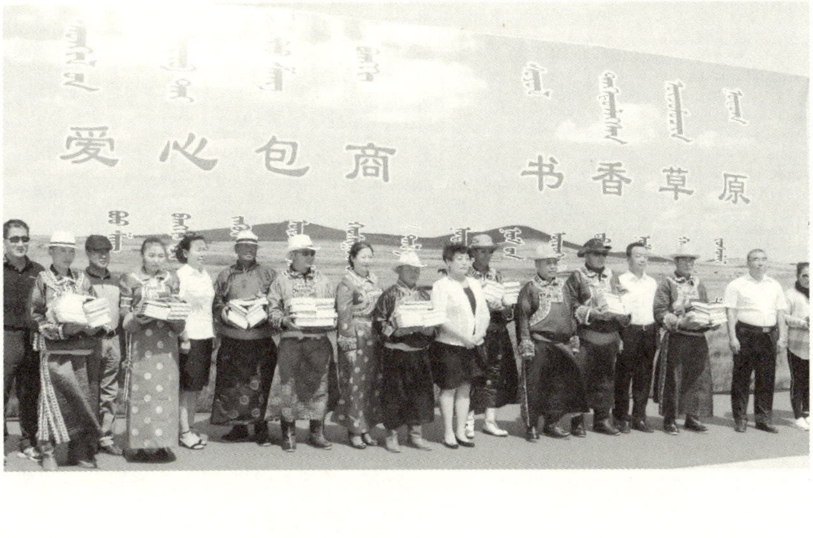

恒泰证券

【概况】恒泰证券锡林浩特营业部隶属于恒泰证券股份有限公司，恒泰证券成立于1992年，于2015年在香港交易所实现上市（股份代号：1476.HK）。公司在内蒙古自治区及北京、上海、深圳等国内主要城市设有证券营业部，目前在全国拥有140多家证券营业网点。锡林浩特营业部始建于2003年，是锡林浩特地区首家综合类证券经营机构，注册资本500万元，2012年搬迁至团结大街270号。截至2017年年底，营业部开户数达3.1万户，2017年开户数1069户，客户总资产10.24亿元，融资余额4169万元，2017年全年证券交易额89亿元。

【经纪业务】2017年，营业部还组织投资者调研神华北电胜利能源有限公司、中国石化锡盟分公司，开展"我是股东""理性投资从我做起"投资者教育系列活动。针对近年来非法集资和金融网络诈骗的不断增多，通过进社区、进厂矿、进企事业单位、面向弱势群体、老年群体开展形式多样的投资者保护教育、法制教育、防范非法集资、反恐融资、反洗钱宣传系列活动。以建立投资者理性投资的理念，防范非法金融诈骗提高金融投资风险管控能力和意识。

【机构业务】2013年12月，

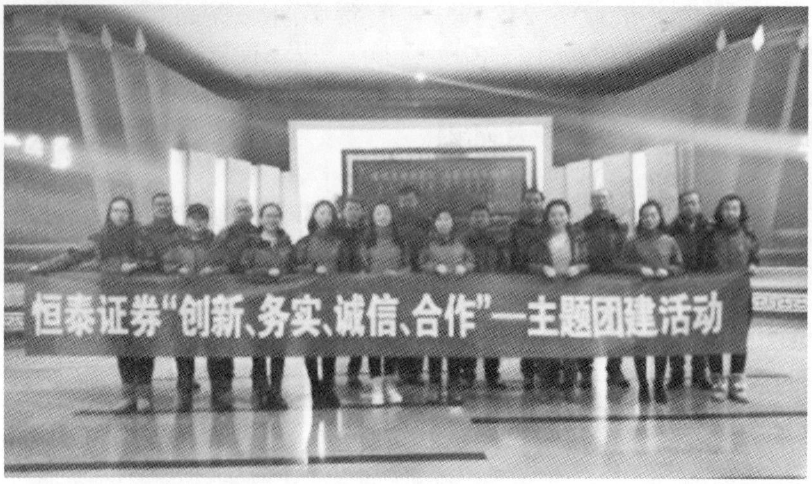

全国中小企业股份转让系统(新三板市场)的全国推行为锡盟地方中小企业的挂牌上市打开快速通道,为企业直接融资做大做强提供新的途径。在企业新三板挂牌上市宣传、培训、辅导等工作上,2017年营业部通过“走企事业单位、下社区、下矿区”深入企业调研走访,共调研走访锡盟11个旗县,调研企业22家,为锡盟企业在资本市场展开投融资提供业务支持和咨询服务平台。截至2017年年底,锡盟地区共实现挂牌“新三板”企业4家,实现融资3家,包括宏源农牧、草都牧草、皓腾牧业、羊羊牧业,在资本市场累计实现股权融资10 690余万元。针对锡盟国贫县太仆寺旗、正镶白旗、苏尼特右旗重点开展资本市场投融资交流会,有针对性开展一对一投融资交流服务,因地制宜,因企施策,进行辅导帮扶。

【金融支持脱贫工作】2017年,在与公司总部共同开展针对太仆寺旗“一司一县”脱贫工作。通实地考察,听取当地政府指导意见,确定具体脱贫项目。完成“太仆寺旗边墙村农家乐客栈改造升级”“边墙村湿地公园植被改造升级”“太仆寺旗第三小学学生电脑及教具购买”等三个精准脱贫项目,共计投入150万元扶贫资金,取得实质性的效果,为锡盟的脱贫攻坚战贡献一己之力。

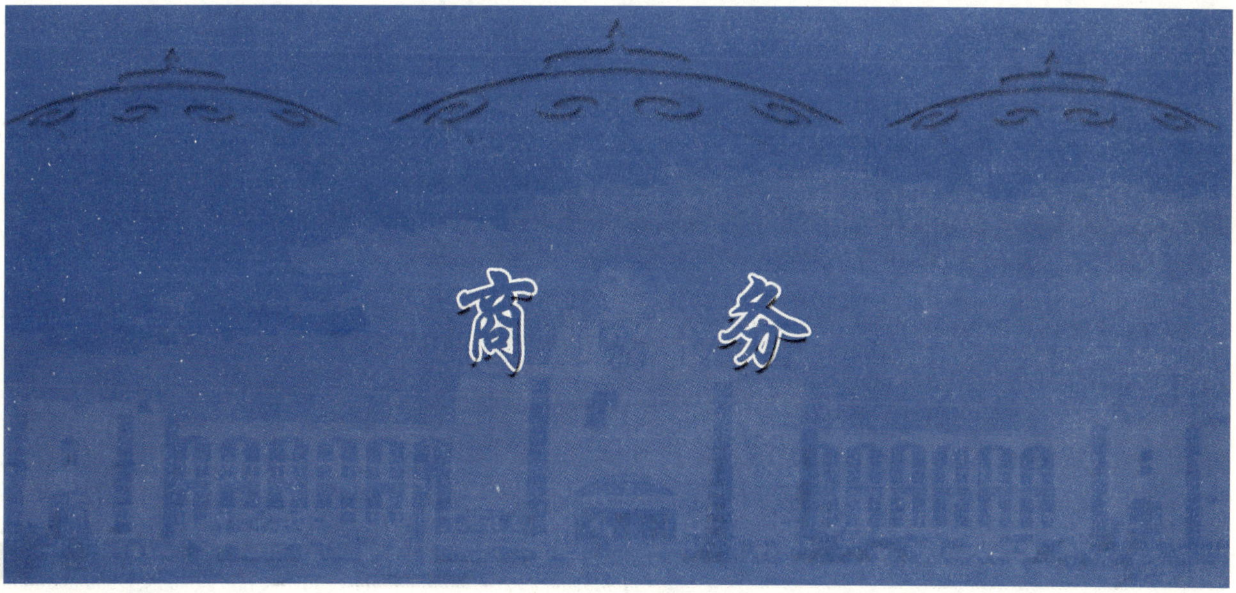

商　务

招商引资

【综述】锡林浩特市招商局组建于2012年7月,为锡林浩特市人民政府管理的正科级直属事业单位,2013年12月经市编委会研究决定加挂锡林浩特市投资促进局牌子,一个机构两块牌子。内设办公室和项目股两个股室,核定编制7人。每月底制定下月党员学习计划,认真学习。全年组织各种形式的党员教育学习共126次,其中交流心得体会5次,开展专题研讨6次,领导干部讲党课7次,开展党员“政治生日”和“党员固定活动日”分别是2次和8次、参观市人民检察院反腐倡廉警示教育基地等3次、在职党员到长安社区义务劳动1次。年内党员领导干部参加各类教育培训共计259学时。对沃村吐儒分场的30户贫困户进行实地摸底核查、采集信息。帮助沃村吐儒分场的2户贫困户实现稳定脱贫。慰问长安社区3户贫困户,给予慰问金共3000元。

2017年,重新设计制作“锡林浩特市重点招商项目投资手册”,并与网站同步更新H5电子投资指南。更新重点招商项目43个,涉及绿色畜产品精深加工、高端装备制造、战略性新兴产业、文化旅游等六大领域,进一步增强重点招商项目的针对性和可行性。先后赴北京、天津、石家庄、山东、杭州、上海等地开展招商引资活动7次,考察对接中蕴、中国网库、北京森旺安佛森、北京呷哺呷哺等企业、集团11家,与部分企业达成初步合作意向。对接洗涤用品协会、中海油天津化工研究设计院、浙江内蒙古商会等社会组织、专业机构7个,为本地对口企业入会、赴外召开经贸洽谈活动搭建友好合作平台。成功举办杭州·锡林浩特招商引资推介会,为锡林浩特和浙商以及有意到锡投资的企业家之间搭建起合作发展的桥梁和纽带。积极参加锡林郭勒盟(呼和浩特)招商洽谈会、中国互联网大会和中国·锡林郭勒草原新丝绸之路畜牧业创新品牌展示交易会—投资环境说明会共3次。完成招商引资到位资金103.4亿元。新签约中蕴马产业综合利用、内蒙古协鑫脱硫石膏综合利用、华港燃气天然气开发及综合利用项目3个,签约总金额16.4亿元。(宋　琳)

商业服务

【概况】锡林浩特市商务局2017年3月14日增设内设机构安全生产监督管理办公室,现有办公室、内贸股、外贸股、安监办四个股室。2017年,在市委、市政府的正确领导和上级业务部门的关心支持下,锡林浩特市商务局紧紧围绕促进内贸流通体系建设、加强行业监管、培育外贸增长点等内容,积极推进各项工作不断取得新进展。

【服务业工作】2017年,第三产业增加值完成110.1亿元,同比增长8.4%,社会消费品零售总额实现69.4亿元,同比增长11%。服务业工作主要有两方面:加强同限上企业沟通联系,督促企业如实上报数据,应统尽统。成功提限内蒙古丽宫草原文化旅游有限公司等7家商贸流通企业。

【重点项目】2017年,市商务局跟踪服务的重点项目有3项,安快再生资源回收市场项目施工前期手续基本办理完;喜悦来酒店三、四、五楼已装修完毕,并投入使用,其他楼层正在装修,由于装修资金不足,装修进度缓慢,建设方正在加紧筹措资金;花卉市场项目正在办理开工前期手续,建设方暂未确定具体开工时间。（陈　磊）

【重点工作】二中市场完成交易大厅地面升级改造,大世界和那达慕市场通过改造,经营环境得到改善,绿色大地农贸综合批发市场升级改造方案已通过规委会,明年进行升级改造。（李　莉）

【行业监管工作】对全市35座加油站进行年检,35座加油站全部完成油气回收改造工程。做好二手车备案登记,已备案二手车经营主体42家。对报废汽车拆解回收、再生资源回收等行业实行动态管理,及时掌握行业发展情况。重点围绕大型商场超市、宾馆酒店,物流园区等重点监管行业开展联合检查5次,专项检查10次,日常检查90次,出动执法人员960人次,执法车辆320台次,检查企业640户,下达整改通知书78份,排查隐患1920项。（陈　磊）

对外贸易

【综述】2017年全市对外贸易进出口总额累计完成1116万美元,比上年同期增加497%。其中出口预计完成1057万美元,同比增长466%;进口累计完成59万美元。为拓展深化锡林浩特市企业与"一带一路"沿线国家的经贸合作,锡林浩特市组织锡盟宏源利佳、锡盟草原峰煌等4家企业参加"2017年中国食品(阿布扎比)品牌展";组织锡盟鑫科新能源、锡林郭勒敖途商贸等企业参加"2017第二届乌兰巴托·中国内蒙古商品展览会""第四届中俄博览会"以及在呼和浩特举办的"第二届中蒙博览会"。2017年6月在蒙古国首都乌兰巴托举办的"第十三届中俄蒙工商论坛"上,锡林浩特市举办专场投资环境说明会,宣传锡林浩特市招商引资优惠政策、积极吸引外商企业投资,2017年新注册外商投资企业1户。（韩　靖）

现代物流

【综述】空港物流园区总体规划面积13.12平方公里,其中东区规划面积2.35平方公里、西区规划面积10.77平方公里,是内蒙古自治区物流园区和自治区服务业改革创新试点。园区按照"一园两区"的规划布局,确立重点培育航空物流、专业物流、综合保税三大核心产业,通用航空、大数据、生物科技三大新型产业,特色商业、汽车商贸两大辅助产业,打造集物流港、科技港、商贸港于一体,服务于东北、华北、西北,辐射蒙俄的国际内陆港和内蒙古中东部特色临空经济区。目前,园区东区基础设施和服务配套设施基本完善,现有四个企业入园企业建设项目上报,正在审核。（李　莉）

供销合作

【概况】锡林浩特市供销社成立于1954年7月,正科级财政全额拨款事业单位。2009年6月自治区人社厅审批列为参照公务员管理事业单位,编制6人,2人本科学历,其余为大专学历。锡林浩特市供销合作联合社机关设办公室、财务股、业务股。锡林浩特市供销社有16个专业合作社、1个社有企业、5个基层供销社、为牧服务中心1个。在牧区"精准扶贫"工作中,支部成员多次协调联系企业深入贫困户家,在生活上给予现金及米面油等物质帮助。供销社支部书记兼任葛根敖包社区"第一书记",在在卫生城市创建工作中,协调盟供销社给予葛根敖包社区五千元的环境卫生清理费用。接待原供销社职工信访人员80人次,同时配合办事处、征收局妥善处理供销社原职工房屋拆迁补偿事宜,将不稳定因素解决在基层。

【全面深化改革】制定出台《锡林浩特市深化供销合作社综合改革实施方案》,《方案》明确提出供销社综合改革指导思想、基本原则、目标任务和新形势下供销社的组织属性、职责定位、服务理念。同时,为建立适应市场经济需要的社有资产监督管理体制,更好地加强社有资产监督管理,防止社有资产流失,供销社成立社有资产管理委员会。

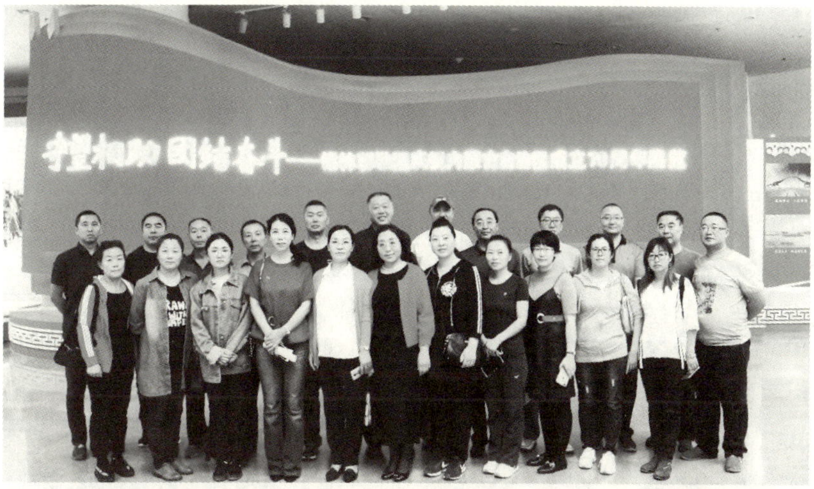

【加强基层组织建设】按照“改造自我、服务农牧民”的要求,以资本合作、技术合作等多种方式,吸纳牧民和合作社等经营主体融入供销社经营服务体系。加快新型基层供销合作社建设。针对牧区基层社“空白”现状,通过内挖潜力、外寻合作,吸纳合作社和能人大户等经营主体入社入股,强化基层社与牧民在组织上和经济上的联结,提升供销社在群众心目中的形象。组建基层供销社5个、为牧服务中心1个。制作供销社为牧服务中心标志牌,让农牧民群众看到标志牌,要服务找得到供销社,提升供销社在群众心目中的形象。

【综合服务功能】积极参与一、二、三产业融合发展和城乡社区综合服务。依托“新网工程”产销对接项目,建设冷链物流配送中心(装配式智能冷库)1处,工程已基本竣工,正在安装制冷、货架等设备,明年春季正式运营,将通过订单养殖收购、定点屠宰、品牌化销售,实现肉羊养殖、加工、销售一体化经营。【社有企业建设】社有企业是供销社经营服务体系的重要支撑,是自身经济实力和为农牧服务能力的重要体现。为发展壮大社有企业,实现社有资产积累。供销社认真找准定位,不等不靠,努力破解发展难题,有所作为,赢得各方支持。2017年依托上级供销社“新网工程”日用消费品现代经营服务网络建设资金,购置临街商铺1处,用于开办社区便民店,将牧民需要的质优价廉的日用消费品配送下乡,同时将特色农畜产品带进城,实现“适应城乡发展一体化需要”目标,拓展供销社为民服务功能。社有资产达到280万元,同比增长98%,实现社有资产积累壮大和保值增值。同时,供销社对社属企业重新进行股份变更,供销社由占股35%变更为全资,确保供销社的控制力、公共利益以及为基层服务的发展方向。　（郭　颖）

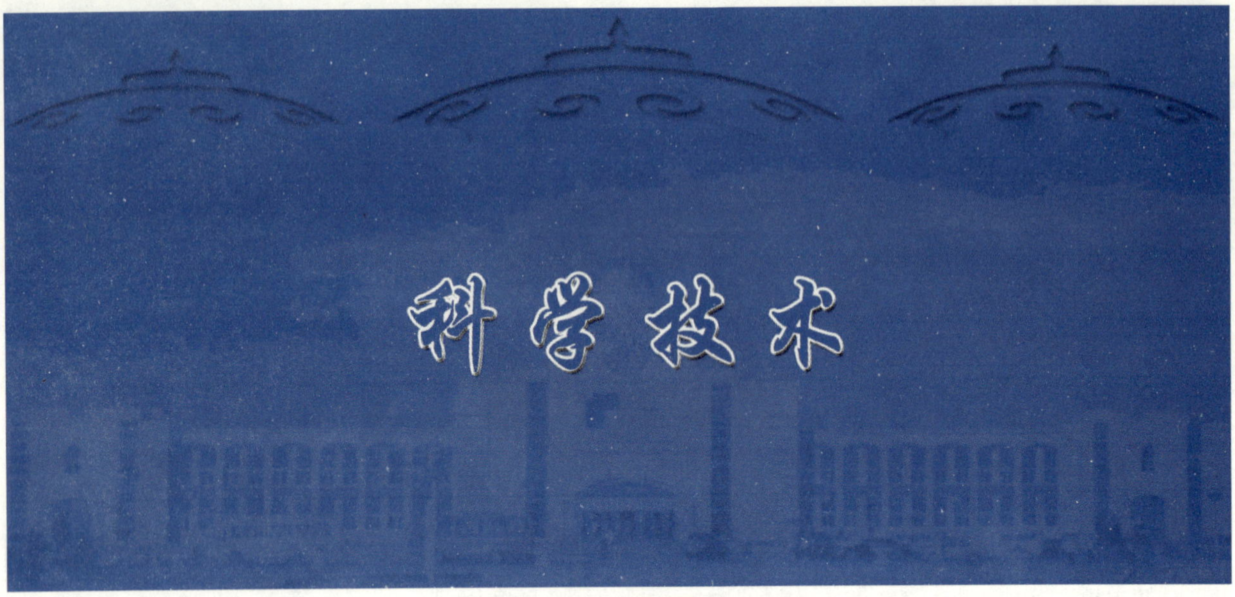

科学技术

综　述

【概况】锡林浩特市拥有自治区级以上研发机构4个，其中：草业院士工作站1个(内蒙古草都草牧业股份有限公司)，自治区工程技术研究中心2家(锡林郭勒盟通力锗业有限责任公司、内蒙古草都草牧业股份有限公司)，自治区新型科技研究机构1家(内蒙古草原生态畜牧产业研究院股份有限公司)；自治区级以上企业技术中心2家，即锡林郭勒盟通力锗业有限责任公司、锡林浩特神工制造有限公司；拥有自治区级以上企业研发中心2家，即内蒙古草都草牧业股份有限公司、锡林郭勒盟肽好生物制品有限责任公司。自治区科技名牌企业1家，即锡林浩特国能能源科技有限公司；自治区级创新型试点企业1家，即锡林郭勒盟肽好生物制品有限责任公司。自治区级企业孵化器1家(锡林郭勒盟新丝路电子商务有限公司)，自治区级众创空间2家(内蒙古亿度电子商务有限公司、锡林郭勒盟新丝路电子商务有限公司)。2017年，申报自治区级科技项目10项，涉及现代农牧业、电子商务、草业研究。牛羊肉加工等领域。

【科技工作】组织项目申报。组织企事业单位申报2017年度各级科技项目近40项。截至2017年年底，获批科技项目13项(自治区级5个、盟级8个)，争取到资金520万元。通过听取汇报、交流座谈和实地查看的形式对未验收项目进行督查，确保财政资金科学合理使用，目前已督查17个项目。

【科技体制改革】推进科技体制改革工作，起草《锡林浩特市科技体制改革方案(征求意见稿)》，根据反馈意见进行修改完善上报政府。结合锡林浩特市实际，确定2017年科技领域改革工作重点任务，并定期上报完成情况。

【科技交流与合作】组织内蒙古草原生态畜牧产业研究院、新丝路电子商务有限公司等10余家企业参加北京科技博览会、上海博览会、赤峰农博会和满洲里国际科博会。协助盟行署圆满举办2017中国新丝绸之路·锡林郭勒草原畜牧业创新品牌展示交易会，组织锡林浩特市近40家企业参展。积极组织企业申报国家级高新技术企业，通力锗业有限公司和内蒙古草原畜牧生态产业研究院已成功获批。

【知识产权工作】开展知识产权宣传“三进”活动7次；开展知识产权执法维权行动5次；对流通领域进行专利执法检查，在抽样取证的98种专利产品中，发现涉嫌假冒专利商品11种，对假冒专利产品进行登记和现场拍照取证，并上报盟知识产权局，同时要求商家限期进行整改。

【人才队伍建设】在科技领域开展第八批“草原英才”工程申报工作，共报送草原英才1人、产业创新创业人才团队1个、高层次人才创新创业基地1个。科技服务人员队伍建设。对科技特派员进行更新，并建档立卡，组织优秀科技特派员赴北京参加科特派专业知识培训班，不断提升科技服务人员综合素养。推荐2名资深科技特派员参加全盟科技成就展。

【防震减灾工作】 利用"5·12""7·28"防震减灾宣传日和科普宣传周等活动，面向社会开展防震减灾知识宣传"六进"活动10次，开展专家讲座3场，开展应急疏散演练和自救互救知识培训2场。推荐芳草小学申报国家级防震减灾科普示范学校，组织华油社区成功申报自治区级地震安全示范社区。通过市团委招募和社会组织，组建锡林浩特市防震减灾应急救援队伍2支，现两支地震应急志愿者队伍共105人。对宏观观测点进行合理布局，对"三网一员"进行更新统计，实行宏观异常情况零报告制度。与各苏木镇（场）防震减灾助理员签订防震减灾助理员责任书（共8份）。2017年，市级财政预算经费2.94万，用于地震工作的开展和"三网一员"通信补助，每人按600元/年标准发放。顺利通过全盟防震减灾工作检查。积极做好宝力根苏木地电观测点搬迁工作，现资金已足额到位，选址勘测工作正在有序推进。（李国霞）

科　技

【地震观测】 联合锡林浩特地震台、锡林浩特市规划局，将锡林浩特市境内五处地震观测台站（数字化测震观测站、地下流体综合观测站、地电阻率观测站、地磁观测站、地磁FHD观测站）标注于锡林浩特地形图，纳入城市总体规划布局。地震群测群防网络建设。对"三网一员"队伍进行动态管理，根据工作需要更新调整。目前，锡林浩特市拥有防震减灾助理员8人、地震宏观观测员43人，地震宏观观测点43个，覆盖8个苏木镇（场）、43个嘎查分场（居委会）。与防震减灾助理员签订防震减灾责任书，进一步明确工作职责和任务。为便于沟通联系，建立地震宏观观测人员微信群，每周定期在微信群里宣传普及地震科普知识和地震相关法律法规。

【防震减灾科普宣传】 利用"5·12防灾减灾日""科技活动周""7·28唐山大地震纪念日"、组团服务等宣传载体开展防灾减灾"六进"活动，并实现与社区合作宣传常态化。通过悬挂宣传横幅、摆放地震知识展板、发放宣传资料（册、袋、笔）、现场咨询、放映防震减灾科普电影等多种形式，向广大干部职工、群众居民、学生大力宣传相关的法律法规、地震科普、避灾自救等知识和技能。2017年共开展宣传12次，发放地震宣传材料3000余份。

【应急避难规划场所】 利用广场、学校操场等空旷场地，科学合理的设置应急避难场所，锡林浩特市有应急避难场所20个，17个设在中小学，3个设在广场。

【地震灾害救援队伍】 在已有公安消防、武警、森警等专业救援队伍基础上，组建2支地震应急志愿者队伍（锡林浩特市共青团防震减灾志愿服务队、锡林郭勒盟蓝天防震减灾应急救援队），共计105人。为志愿者队伍建立档案，并举行授旗仪式。在日常工作中，邀请志愿者参与防震减灾科普宣传和地震应急演练活动。

【开展示范单位创建】 以点带面，以评促建，扎实推进示范创建工作，严把示范创建质量关。截至目前，锡林浩特市成功申报2所自治区级防震减灾科普示范学校（锡林浩特市芳草小学、锡林浩特市第六中学）、3个自治区级地震安全示范社区（楚古兰街道办事处爱民社区、希日塔拉街道办事处巴彦社区、额尔敦街道办事处华油社区）。（李国霞）

高新技术

【综述】高新技术企业的数量与质量，是一座城市经济活力与竞争力的集中体现，也是认证企业实力的金字招牌。局结合地区企业实际情况，为企业搭建培训和交流的平台，鼓励和支持企业提高综合实力，挖掘经济增长点，使其成为科技创新的真正主体、地区经济转型发展的主力军。截至2017年年底，全盟共培育高新技术企业14家，其中锡林浩特市共培育国家高新技术企业6家（锡林郭勒通力锗业有限责任公司、内蒙古草原生态畜牧产业研究院股份有限公司、锡林郭勒盟金原农牧业科技有限公司、锡林郭勒盟新丝路电子商务有限公司、中材科技风电叶片有限公司、内蒙古亿度电子商务有限公司），占全盟高新企业总量的43％，比上一年度新增200%，主要涉及农牧业研究、有色金属冶炼、装备制造和电子商务等领域。

【科技项目】积极组织企、事

业单位申报科技计划项目,加强科技计划项目对经济发展方式转变的助推作用,在绿色农畜产品生产加工、马产业做强做大、清洁能源装备制造、生物科技发展等方面加大项目申报力度,多争取上级财政资金支持,加大对科技型中小企业的项目申报扶持力度,以科技项目的示范引导带动锡林浩特市经济主导产业健康发展。同时,对实施期内的项目进行"全过程"跟踪督查,激发企事业主体的创新潜力。2017年,获批盟级以上科技项目13项,争取资金520万元;

【科技企业】锡林浩特市现拥有自治区级企业孵化器1家(锡林郭勒盟新丝路电子商务有限公司),自治区级众创空间2家(内蒙古亿度电子商务有限公司、锡林郭勒盟新丝路电子商务有限公司)。目前,新丝路电子商务平台入驻企业38家,平台累计销售2486万元,带动大学生就业43人,新丝路电子商务产业园入驻创业企业(含大学生创业)478家,带动就业1150人,累计培训35次;内蒙古亿度电子商务有限公司平台入驻企业36家,平台累计销售额110万元,带动大学生创业就业人数100余人,全力推动"大众创业,万众创新"累计培训次数372次。

【知识产权】配合全盟"3·15"国际消费者权益日开展专利产品打假宣传咨询活动,开展"4·26世界知识产权日"宣传活动,全年开展知识产权宣传"三进"活动7次。积极开展知识产权执法维权行动5次。对流通领域进行专利执法检查,在抽样取证的98种专利产品中,发现涉嫌假冒专利商品11种,对假冒专利产品进行登记和现场拍照取证,并上报盟知识产权局,同时要求商家限期进行整改。扎实开展知识产权托管工作。积极为拥有专利的企业做好专利转化及专利代理服务,锡林浩特市拥有知识产权托管企业8家,同时为拟入托企业搭建与专业知识产权服务公司沟通交流的平台,做好企业入托服务。加强知识产权示范建设,获批国家级中小学知识产权教育试点学校1所、自治区级中小学知识产权试点学校2所、自治区级知识产权试点企业2家、国家级知识产权保护规范化市场1家、国家知识产权优势企业1家。

【科技成果】在为企业提供科技服务的过程中,着重发挥企业在创新决策中的重要作用,鼓励企业按照产学研协同创新、校企合作创新等模式,内引外联、借脑引智。采取企业与区内外高校、科研院所合作搭建各类创新科研平台的方式,加强创新人才团队建设,柔性引进高端科研人才,加快关键性技术研究和科技成果引进转化。锡林浩特市科技型企业立足发展实际,积极寻找科研合作伙伴,与中国工程院、内蒙古大学、内蒙古农业大学、兰州大学、青岛农业大学、天津中医药大学等高校开展合作,切实提高产学研活动的质量,增强自主创新和科研攻关的能力。2017年锡林浩特市科技企业研发投入达1024余万元,新技术、新品种、新成果研发引进转化共计19项。 (李国霞)

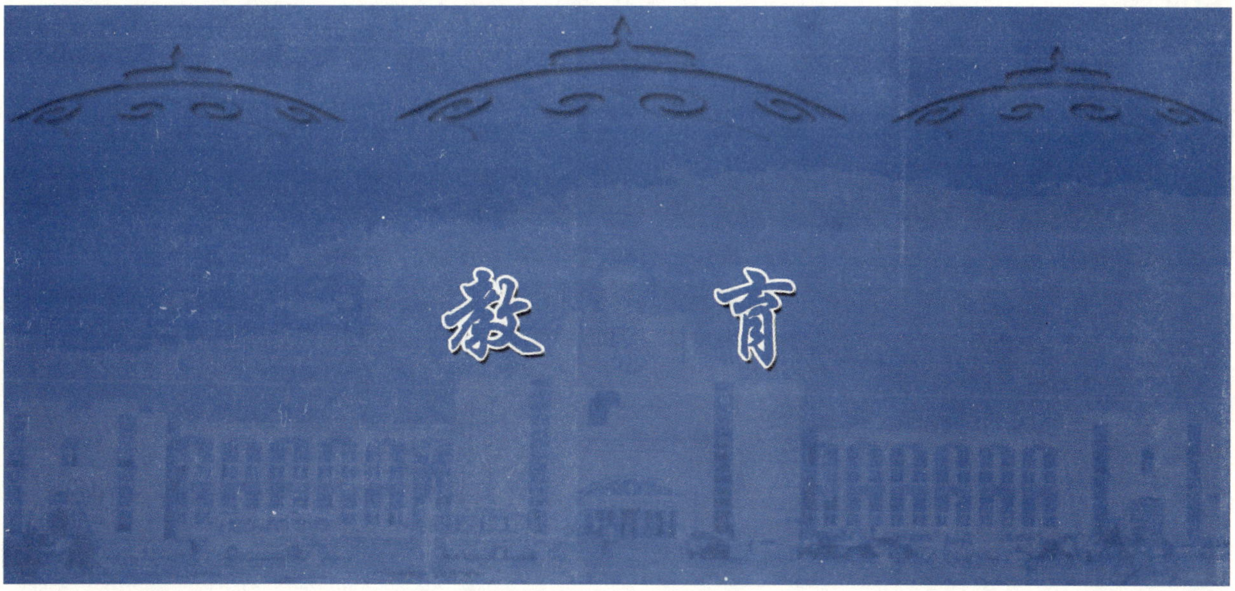

综 述

【概况】全市共有学校、幼儿园44所，其中：幼儿园23所（公办11所，民办注册12所），小学12所，初级中学3所，完全中学2所，九年一贯制学校1所，职业高中1所，特殊教育学校1所，教师进修学校1所。在校学生37731人（在园幼儿4943人，小学17678人，初中7811人，普高5328人，职高1784人，特殊教育学校187人）。现有教职工2943人，其中专任教师2594人。

【师资队伍建设】加大教师补充力度。针对锡林浩特市教师短缺的现象，经市委、市政府同意，于8月联合人社局行文《关于锡林浩特市申请预借编制招聘中小学教师的请示》并报盟教育局。盟教育和人社部门已经向社会公布招聘计划，锡林浩特市将招聘121名小学教师；已联合制定《锡林浩特市面向社会公开招募幼儿教育公益性岗位工作人员实施方案》，待政府常务会议通过后开展招聘工作。

加大教师培训。采取“走出去、请进来”的方式，通过集中学习、远程教育、脱产研修等多种途径，积极开展提升教师素质和能力的普及性培训，实现校长、教研员、教师“三支队伍”的全员培训，全面提升教师个人素质和教学水平。2017年共计完成各级各类教师培训2700人次，对150名赴东北师范大学学习的学科带头人人选进行考核

与先进地区学校的交流合作。学校采取“请进来、走出去”方式，与清华附中、中央民大附中、北京101中学、衡水一中、呼市二中等全国、全区名校结成合作关系，互派师生交流，提高教师专业素质，提升教育教学水平。

【改善办学条件】城区幼儿园续建项目：额尔敦、楚古兰幼儿园已完工。锡林浩特幼儿园已完成主体建设；义务教育标准化建设项目：锡林小学已完成招投标工作，第二小学风雨活动室已完成招投标工作，第三小学风雨活动室、综合楼已完成主体，第五小学风雨活动室正在进行招投标工作，市蒙古中学封闭式足球训练馆正在进行招投标工作，第六中学生态馆已完成相关手续，正在进行三通一平、图书馆正在办理前期手续；特殊教育建设项目：新建特殊教育学校高中部教学楼已完工投入使用。

【教育信息化建设】按照《锡林郭勒盟教育信息化建设实施方案》要求，市教科局加快推进“三通两平台”建设工作进程，于2016年12月拟定《锡林浩特市教育信息化建设实施方案》并经市政府审批（锡市政字〔2017〕128号）同意。教育信息化建设所需设备已完成财政预算评审，待政府审批后，进行政府采购公开招投标程序。

【维护教育系统安全稳定】认真贯彻落实年初国务院出台的《中共中央国务院关于推进安全生产领域改革发展的意见》和自治区党委、市政府《关于加强安全生产工作的决定》以及市委、市政府关于安全工作的重大部署，进一步强化

“党政同责、一岗双责、齐抓共管、失职追责”,严格落实领导责任制和责任追究制度,形成层层齐抓共管的工作机制和有效合力。

校园安全隐患排查整治。全年共开展4次安全大检查,分层次建立安全和矛盾隐患台账及重大安全隐患清单,限时整改销号,通过检查,共发现各类安全隐患23项,当场整改4项,其余19项建立限期整改台账,按时整改。

创建平安校园。成功举办全系统校园安全管理培训班,组织开展预防校园暴力、欺凌宣传教育和培训活动,加强学生日常心理危机干预,有效防范处置学生意外伤亡事故、校园安全事故和矛盾纠纷。2017年成功创建第一中学、芳草小学两学学校为盟级“平安校园”,其中芳草小学已申报自治区级“平安校园”。

【落实助学和招生政策】 2017年,共发放各级各类补助5177.45万元,惠顾及学生100702人次;精心组织完成高考、中考、会考等各级各类考试,取得考试无事故的可喜成绩。 (佟德伟)

基础教育

【综述】全市共有幼儿园23所(公办11所,民办注册12所),小学12所,初级中学3所,完全中学2所,九年一贯制学校1所。在校学生30432人(在园幼儿4943人,小学17678人,初中7811人)。已完成4所城区幼儿园和7所苏木镇场幼儿园的建设,并投入使用,开展新一轮学前教育三年行动计划(2017—2019)。大力建设公办幼儿园的同时,进一步加强对民办注册幼儿园的管理,将民办注册幼儿园统一纳入考核体系,奖补资金与考核结果挂钩。额尔敦、楚古兰幼儿园已完工。锡林浩特幼儿园已完成主体建设;继续巩固义务教育均衡发展成果。义务教育标准化建设项目:锡林小学已完成招投标工作,第二小学风雨活动室已完成招投标工作,第三小学风雨活动室、综合楼已完成主体,第五小学风雨活动室正在进行招投标工作,市蒙古中学封闭式足球训练馆正在进行招投标工作,第六中学生态馆已完成相关手续,正在进行三通一平、图书馆正在办理前期手续;进一步完善幼儿园招生和“幼升小”“小升初”招生办法,尽最大限度维护招生工作的公平、公正。

2017年,全盟中考人数共计9277人,锡林浩特市参加中考人数为3106人,占全盟考生的33.48%。其中:汉授考生2836人、蒙授考生270人。锡林浩特市汉授中考A等次考生占全盟58%(锡林浩特市汉授中考A等次考生418人,全盟721人)。全盟500分以上考生占全体考生的10.06%,锡林浩特市考生达到14.73%,超出全盟4.67个百分点。全盟560分以上考生共85人,锡林浩特市占55人,占全盟的65%。锡林浩特市蒙授中考A等次考生占全盟16%。(锡林浩特市蒙授中考A等次考生21人,全盟133人)。 (佟德伟))

特殊教育

【综述】 锡林浩特市特殊教育学校是锡林郭勒盟唯一一所承担全盟四类残障(听障、智障、视障、自闭症)儿童、少年的十五年一贯制教育及康复训练重任的特殊教育寄宿制学校,校园总面积24737平方米,总建筑面积10699平方米;学校办学模式为学前教育、义务教育、高中教育三个阶段,截至2017年10月,有教学班26个(学前语训班1个,听障班9个,智障班13个,视障班3个),在校生在籍生共计187人,其中听障学生33人,智障学生151人,视障学生3人。来自盟内各旗县及区外学生147人,市内学生40人,少数民族学生69人。学校有教职工64人,其中在编教职工60人(专任教师数41人,行政、后勤19人;少数民族12人,共产党员15人,特殊教育专业18人)。另有安置95年大中专毕业生公益性岗位3人,安置退伍兵公益性岗位人员1人。

【教学课程体系】 学校在实施教育教学过程中,针对广大教师对现行课程存在的困惑与困难,组织教师积极开展教研,实施教学改革,尤其对现有的课程结构不完整、课程设置不规范进行调整和整合,课程体系建设取得一定成果。启喑部的综合实践课增设串珠兴趣课,规范沙画的校本课程建设;启智部将上午的一般性课程与下午的选择性课程中课程功能相同的部分课程进行整合和细化,如阳光大课间与运动与保健课将进行整合,增加自闭症和培智生的运动康复；脑瘫运动康复课细化为粗大动作、精细动作和感觉统合训练。并且进一步地细化和整理个别化教育计划，全面落实“一生一案”的教育方案。

【开设康复课程，发展职业技能】 根据《特殊教育提升计划2014—2016》文件精神，结合学生实际，为打造有效的康复教育，做好两端延伸、学段衔接，学校积极开展相关工作。首先是甄选适合的教师赴北京、天津进行康复知识专业培训，并结合学生需要开设脑瘫运动康复、音乐康复、言语康复等课程，效果良好；第二是积极完善学段衔接，成立高中部，调整职业技能教育的课程分配，对现行职业技能课进行筛选，选择操作性比较强的课程如沙画、民族工艺、串珠等对动手能力强、学习能力弱的学生进行提前介入，帮助他们在学校真正掌握生存技能。已完成洗碗、洗衣、洗车等职业课程设备采购，使学生们可以学习到更多、更适合的职业技能。

【合作交流】 为进一步学习特殊教育先进地区、先进学校的办学理念、办学模式，切实打造真正适合全盟学生需求的特殊教育，学校通过不懈努力，在与天津市东丽区明强特校结成手拉手学校后，又与北京市健翔学校、山东省淄博市博山区特殊教育学校结成手拉手学校，在课程体系建设上、个别化教育计划实施上、教师专业发展上，达成共识，共同搭建学习、交流平台，共促特殊教育事业不断发展。

【加强专业化发展，打造双师型队伍】 为进一步提升教师专业化水平，学校围绕“炼、塑、养”来打造合格双师型队伍。首先是通过开展推门课、公开课的常规化听评课活动及优质课的评比来内炼课堂教学素质；积极组织教职工赴外参加各级别培训等活动来提升专业素养；积极为教职工搭建展示平台，鼓励教职工开展“以讲代培”活动，读书活动来提高教师个人业务水平；邀请国内一线的特殊教育专家、心理学教授到校培训来养师德、提素质。此外，积极参加教育系统组织的各类各项活动。通过以上活动的开展，争取打造一支素质高、专业强、思想过硬的教师队伍。

（佟德伟）

职业教育

【常规教学】 通过“四定六备”开展集体备课、说课比赛、教学能手比赛、公开课、以赛促教等活动，狠抓常规教学，改革课堂教学，向课堂要质量。2017 高考普通文科上本科线 2 人，普通理科上本科线 1 人，普通文科艺术类 9 人上本科线，普通文科美术 24 人参考，20 人上本科线，本科上线率 83%；职高本科上线 4 人，600 分以上 1 人，500 分以上 3 人，初步实现“低起点，高输出”，高考取得优异成绩。

【师资培训】 2017 年，选派教师参加国培 11 人次、区培 22 人次、盟级培训 17 人次、市级培训 25 人次、校本培训 585 人次，共计 660 人次。通过培训，使得广大教职工思想观念有极大的改善，新思想、新意识在教学和管理中不断被采纳，促进教学改革，使教学质量和管理水平得到很大提高。

【德 育】 面对中职学生的实际情况，教育学生珍惜生命，关爱他人生命，提高自我心理承受能力及耐挫力，以正确的心态融入社会，是学校德育教育的一项重要任务。一年来，通过新闻、广播、报纸、校讯通及微信平台全面宣传党的教育方针，法律法规，学校规章制度，从思想上帮助学生树立正确的三观。对高一新生开展法律法规、交通安全、防火安全、消防安全等系列教育活动，使学生在新环境下养成遵纪守法习惯，做一个合格的中职学生。通过“家长学校”，加强与家长的联系，做到家校互通，并通过班主任家访活动更好的了解学生在家的情况，做到有针对性的教育。

【招 生】 2017 年，在招生及其困难的前提下，学校采取更多切实可行的措施，招生人数达到 786 人，其中学历教育 528 人，非学历教育 258 人，在校生人数达到 2203 人。2017 年毕业生 440 人，就业率达到 93%，对口就业率 92.6%。

【举办自治区汽修专业技能大赛】 2017 年自治区中等职业学校职业技能大赛汽修专业由锡林郭勒职业教育中心承办，经过精心准备，4 月 8 日开赛，4 月 10 日顺利完成比赛项目，落下帷幕。取得一等奖 2 个，二等奖 4 人，三等奖 6 个，获得有史以来本专业最好的成绩。

【校园文化】 通过制作宣传展板、绘制文化墙，从多角度、全方位宣传党的教育方针，传递正能量，为广大师生创设一个良好的文明校园氛围，用科学的世界观、人生观、价值观引导学生积极向上,成为对社会、对国家有用人才。成功举办第十五届校园艺术节,为学生提供一个展现自我的平台,彰显中职学生的粉彩;成功举办第十九届中学生运动会,让全校师生在运动场上为运动健儿尽情的呼喊,增强学生的体质,推动全校体育运动的开展,并为参加盟市级体育比赛选出优秀选手,为校增光。

【校企合作】2017年,学校加强与企业合作力度,引企入校,锡林浩特市人诚车城汽车服务有限公司、锡林浩特市奥威汽车美容中心、锡林郭勒盟嘉朋商贸有限公司、德联人合汽车技术服务有限公司4家企业入驻学校,汽修职教园区初具规模,为今后的校企进一步合作打下基础。

【改善办学条件】申请基础能力建设资金410万元,主要用于供热管网的改造,校舍外墙保温,培训中心改造,校园硬化、亮化、美化等,极大的改善基础设施条件。投资202万元,采购汽修职业技能大赛设备,为区级职业技能大赛的顺利举办创造条件,同时,汽修专业实习实训条件达到进一步改善。投资50万元,增添计算机应用专业设备,使平面设计与制作实训条件提高,对参加职业技能大赛,培养学生发挥作用。

【开展社会服务】2017年,在服务社会方面,坚持以培训人才,回报社会为切入点,开展职业技能培训与鉴定工作。主要包括:安全生产培训、建筑行业培训、劳动部门培训、扶贫培训、残疾人培训、驾驶员及继续教育培训等,累计培训和职业技能鉴定6783人次,为培养技术技能型人才和提高劳动者的素质作出贡献。

(佟德伟)

民族教育

【概况】2017年,全市蒙古语授课中小学、幼儿园共14所,其中完全中学1所、小学3所(蒙汉合校1所),幼儿园10所(6所托管幼儿园)。蒙古语教学班级136个、在校生4512人,其中高中22个班836人,初中24个班773人,小学49个班1750,学前教育41个班1153人;全市蒙古语授课寄宿生1085人,其中小学60人,初中347人,高中678人;蒙古语授课专任教师436人,其中幼儿园71人、小学156人、初中107人、高中102人;蒙古语授课中小学入学率、巩固率、毕业率、升学率、教师学历合格率均为100%。市委、市政府高度重视民族教育领导班子队伍建设。2013年新一届教育局班子组建以后,专门配备一名班子成员分管民族教育,同时恢复民教股,配齐工作人员。2014年通过公开选聘中小学校长,为蒙古语授课学校选聘优秀校长4人。2015年印发《锡林浩特市中小学校副校长选拔聘任实施方案》,为系统内民族学校配齐配足班子成员。2016年制定印发《锡林浩特市教科局关于2016—2020年教育发展规划》,明确民族教育此后一个时期的发展方向、目标和任务。为锡林浩特市民族教育的发展提供强有力的政策和组织保障。2012年起,共投入近亿元,实施蒙古族小学改建、蒙古族第二小学改扩建、新建民族小学体育馆、新建市蒙中报告厅和足球训练馆等项目,建筑面积达11077平方米,较汉授学校率先完成中小学标准化建设。大力解决蒙古语授课幼儿"入园难"问题。2012年启动实施学前教育全覆盖工程。新建改建城区民族幼儿园2所,建设牧区幼儿园7所,累计投入近亿元,建筑面积达到16685平方米。

【推进民族中小学均衡发展】推进全市义务教育均衡发展过程中优先重点保证民族中小学办学条件标准化。优先配备仪器装备、设施、录播教室、信息化建设等进行新一轮的办学条件的改善。提高公用经费标准,设立民族教育专项资金。为全面贯彻党的教育发展和民族政策,提升民族教育发展水平,根据全盟《民族教育发展水平提升工程实施方案》要求,自2012年始,市提高民族学校公用保障标准,即在国家、自治区拨付的公共经费的基础上,将民族学校的生均公用经费补助标准再提高50%,小学生均公用经费达到750元,初中生均公用经费达到1050元,2014年小学生均公用经费达到900元,初中生均公用经费达到1200元。同时,为鼓励民族教育发展,市政府从民族教育的实际出发,率先在全盟设立民族教育发展专项经费,用于民族中小学校建设科学创新实验室和科学探究实验室、购买民族民俗教育教学设备设施、民族特色的校本教材编写。从2014年起设立100万元民族教育发展专项经费,2015年起提升至150万元,2017年提升至200万元。

【民族精品学校】按照全盟的统一部署，锡林浩特市教育系统从2013年开始，制定印发《锡林浩特市教育系统精细化管理方案》，从组织领导、教学管理、办学行为、教师管理、学生管理、后勤管理、安全管理、校园环境8个方面，全面推进系统精细化管理工作。截至2017年年底，锡林浩特市民族中小学均步入盟级精细化学校标准行列，2所学校晋升为全盟精细化管理先进学校。同时从2015年开始着手推进民族精品学校的创建工作。经过努力，市蒙古中学、蒙古族小学已顺利通过盟级验收。蒙古族第二小学和民族小学已经按着创建精品学校的标准进行建设，目前已具备精品学校的水平。

【全面提高教育】优先为蒙古语授课学校、幼儿园补充教师。从2012年开始，锡林浩特市民族中小学、幼儿园共招聘教师129人，其中通过院校招聘45人，社会公开考录38人，通过政府购买公益性岗位招聘幼儿教师46人。教师新鲜血液的有效、及时补充，使教师队伍年龄结构、专业知识结构更加合理，教师队伍整体素质得到极大的提高，也为教师队伍的专业化成长奠定坚定的基础。

【师资培训】自2012年，开展国家、自治区、盟、市四级培训，累计培训教师3000人次，蒙古语授课学校教师人均培训费达到2500元，较汉授学校多500元。涌现出自治区特级教师7名；自治区学科带头人、教学能手、骨干教师61名；盟及学科带头人、教学能手、骨干教师46人。盟级名师工作室1个，盟级名师9人，盟级名校长2人。市本级学科带头人、教学能手、骨干教师140人。谋划民族教育教学高水平发展。2015年，与自治区教研室签订《锡林浩特市蒙古语授课教师培训》战略合作协议，充分利用自治区蒙授先进的教育资源，对锡林浩特市蒙古语授课中小学教师进行一些列的教学研究和教学研讨以及教师培训，提升锡林浩特市蒙古语授课教育教学和教研水平。从2015年—2017年，利用三年时间计划对中小学所有蒙授教师整体轮训一遍。2017年，锡林浩特市代表锡盟以全区第一名的成绩通过自治区人民政府“民族教育发展水平提升工程”评估验收。2017年蒙授中考总成绩首次排名全盟第一，进入全区先进行列，实现历史性突破。2017年蒙授本科率为80.7%，较2012年提高40.7个百分点。

【蒙古族文化教育特色】锡林浩特市蒙古语授课学校，始终将民族文化传承教育作为学校办学特色之一，将博克、射箭、蒙古象棋、马头琴等纳入校本课程，并编写校本教材。先后向国内摔跤、射箭、艺术团输送40余名专业人才。2016、2017连续两年承办全盟全盟中小学生《阿拉腾者别》民族文化知识竞赛。2017年蒙古族小学被教育部认定为第二批全国中小学中华优秀文化艺术传承学校。

（佟德伟）

体育卫生艺术国防教育

【校园足球】组织“市长杯”校园足球联赛，中小学48支男女队参赛、组织并参加“盟长杯”校园足球联赛。锡林浩特市小学组女子获第三名、组织全市体育教师参加足球教练员培训。

【组织、承办市、盟级中小学生田径运动会】6月中旬举办全市第二十一届中小学生田径运动会。7月底，举办并参加全盟第十八届中学生田径运动会，锡林浩特市代表队包揽B组C组男子总分第一、女子总分第一，团体总分第一名。锡林浩特市第六中学获得A组男女第三及团体总分第三的好成绩。在该届盟运会上锡林浩特市代表队打破16项全盟记录和3项自治区中学生记录。

【组织承办锡林郭勒盟首届中小学生速度轮滑比赛】锡林浩特市代表队获得男、女组团体总分第一名。

【国家学生体质健康检测】继续准确、及时完成国家学生体质健康检测数据。2017年，体卫艺各项工作有条不紊，在此基础上，今以工作的开展会进一步贯彻《体卫工作条例》和《艺术规程》，不断探索和改进工作，丰富师生体育、艺术活动内容，增强学生体质和艺术修养，为学校整体工作再上新水平发挥更大的作用。

【国防教育及军事训练】锡林浩特市有各级各类学校19所，其中小学12所、初中3所、完全高中2所、九年一贯制学校1所、职业高中1所。截至2017年10月，锡林浩特市参加本学年度军事训练的高中学生2528名,训期7—14天。锡林浩特市高中学校均设有军事训练课。成立“锡林浩特市教育科技局军事训练活动领导小组”,每年下发通知,切实落实好学生军事训练的时间、内容和要求,全面推动学生军事训练强制度化和规范化发展。使军训工作在锡林浩特市安全、有序、高质量运行。

集中训练:科目一 国防法规;科目二 中国人民解放军的性质、宗旨和光荣传统;科目三 共同条令;科目四 单兵战术;科目五 识图用图。

知识讲座:科目一 军事思想 要求了解军事思想的形成与发展过程及对军事实践的指导作用,树立科学的战争观和方法论;科目二 军事科技 要求了解军事技术的分类、发展趋势及对现代战争的影响,树立“科学技术是第一生产力”的观念,激发学习科技技术的热情;科目三 中国周边军事情况。

做好教学考核和评估。学生军事训练与教学的成绩分为优、良、合格、不合格四个等级,考核方法如下:

(一)学校建立健全学生军事训练教学的各项规章制度,并把学生遵守规章制度的情况与参加训练时态度表现,作为对学生军事训练成绩进行评定的重要依据。

(二)学生军事训练成绩根据提问、笔试和观察学生的训练状况,以及参考学生子午评价和同学间互相评价的意见来综合评定学生军训成绩。学生军训成绩要记入本人学籍档案,作为报考高一级学校的重要依据。

(三)锡林浩特市教科局根据有关规定制定军事训练工作评估方案,将适时表彰和奖励有突出贡献的个人和成绩优秀的单位,充分发挥教育评估的导向和积极作用。

(佟德伟)

教育教学科研

【综述】为提高教研工作的针对性和实效性,健全《教研员学习制度》,开展集中学习和自学相结合的学习活动,每周五下午开展集中学习,进一步提高教研员思想政治素质和业务能力。健全完善《教研活动制度》《听课评课制度》《教学质量常规检查制度》《学情分析制度》等,坚持教研重心下移,有效指导学校开展教研活动,促进教研工作科学化、制度化。

【教研业务指导】组织教研员参加各级各类培训活动,培训教研员30余人次,学习和借鉴先进的教学理论,转变教研员教研理念。组织开展全市中小学教学质量分析会2次,系统科学地分析总结2016—2017年度上半年和下半年中小学学科质量检测。认真研究制定每学期教研工作计划,为各学校开展教学研究活动提供依据。认真贯彻落实中小学教学常规,深入学校开展教学常规检查2次。其中一次推门检查学校常规教学,重点检查老师们是否备课上讲台。集中开展教学研究活动,教研员深入学校跟校、跟班跟踪听课人均80节以上。加强教研工作指导,组织学校开展集体备课、校际间教研交流活动等,切实提高课堂教学的实效性。探索教研员蹲点包校制度,参与指导学校教研活动全过程,形成教研合力,促进学校教研工作规范化、长效化。

【各中小学教学常规管理】为确保各学校的常规工作正常运行,以“优化课堂教学,实施高效的课堂教学”为重点,实实在在抓课堂与课程的教学常规。各学科教研员对全市中小学进行教学常规突击检查,并进行听常态课对各中小学教导处及学校课堂教学进行赋分定档,使学校的教学常规的实施更为规范化和常态化。

【以活动为载体,提高教育教学质量】本学期各学科教研员制定一学期的大教研活动,通过组织举办公开课、示范课、交流课、观摩课、集体备课和网络培训,与阿旗的连片教育活动等形势切实强化教师教学行为,教育教研工作,为促进课堂教学质量的提高做出一定的努力。组织全市中小学教师与教研员参加新教材培训,促进教师专业化成长。启动锡林浩特市名师工作坊“以课代培,以研促教”活动,充分发挥对全盟教育引领、示范作用,并有效助推工作室成员的专业成长。加强对电化教学的指导,多次参加全区及全盟同频互动学习培训。组织实施第五次初中毕业生中考模拟考试,切实提高毕业生应试能力。组织实施锡林浩特市第四届中小学生汉字听写大赛,近万名学生参加预、复赛,300名中小学生参加决赛,中小学生热爱汉语、正确书写汉字的氛围进一步强化。

【完成教学改革试点学校检查与调研】2016年锡林浩特市启动课堂教学改革工作，锡林浩特市芳草小学和第六中学被拟定为课堂教学改革试点学校，教研员通过跟踪检查调研，坚持以科学规划、整体推进、突出阶段重点，做到边实验、边总结、边推广，并取得较好成绩。

【教学质量评价与管理】为及时掌握中小学学科教学质量。按照国家课程开设标准和新课程标准要求，科学合理命制期末检测试题，对试卷命题、印制、分发、密封等各环节进行严格保密，并实行对调监考和统一阅卷，保障检测工作客观、公正、公平。进一步完善教学质量评价体系，在定性和定量考评的基础上，进一步强化教学日常评价，各学科检测指标、分析能力均有很大的提高，逐步建立起"质量检测、分析反馈、行为改进"的科学机制，不断提高质量监控的针对性和实效性。

【学前教研】2017年3月18日，邀请武汉亿童有限公司的培训师，在局五楼会议室给全市150多名骨干教师作《家园共育》培训活动。教师不但要做好幼儿园 的工作，还要做好家长的工作。4月，组织全市幼儿园的副园长和骨干教师，分别到其他三所幼儿园，参观学习室内区域活动的活动，之后，并组织教师们一起研讨参观区域活动的情况，关于本园的优点和存在的一些不足作点评，对其他园也作详细的分析和研讨，幼儿园区域活动，是通过为幼儿提供适宜的活动环境和材料，促进幼儿主动活动，自主选择，相互交流，持续探究，游戏中学习和发展。5月，组织全市幼儿园的副园长和骨干教师，观摩学习其他幼儿园开展户外活动的情况，通过对"游戏活动环境"，"游戏活动材料"，"幼儿活动表现"，"教师活动表现"，进行对自主游戏活动和集体游戏活动的这两种活动形式的研讨，户外活动。1. 放手让幼儿自己选择材料，自己选择玩法，自己选择玩伴，都是幼儿自己决定。2. 教师组织幼儿玩同一种游戏，大家作相同动作。对这两种形式的活动，教师们都纷纷积极进行长时间的研讨，各自都发表不同的意见和看法。使教师们带着问题到实际工作寻找合理的答案。6月，组织全市各幼儿园根据各自园的环境条件，创设一个室内或室外的涂鸦区，并对各个幼儿园涂鸦区开展情况，进行调研活动，观摩幼儿自主自由选择颜料，大胆想象，创造出丰富的画面来。真正符合《指南》精神，并在教育建议提出，"幼儿绘画时，不宜提供范画，特别不应要求幼儿完全按照范画来画"的教育理念。对艺术领域开展活动有一个全新的思路。

【小学教研】按照小学部工作的安排，按要求组织各科老师参加盟、市教科中心组织的学科培训。组织二年级语文教师进行部编网络培训，道德与法治网络培训，参加盟教研室开展的语文新课标培训。开展"以课代培"小学语文、数学的教研活动。开展教学能手评比活动，教研员认真落实《教学能手评选细则》，定期召开会议，及时解决遇到的新情况和新问题；加强校级间交流，互相听课、评课，优势互补；推广先进经验，提高课堂质量。该学年深入第十小学、第五小学、第二小学、芳草小学、第八小学、民族小学、第四小学、开展语文、数学、英语、科学等教师听评课活动，共计听课三百余节。每个教研组、每个年级组都推出一堂教学公开课。采用"统计量表"进行科学的课堂观察与研究。用数据的方式来指导授课老师的课堂实效与引导听课老师的评课。按要求从备课、授课、说课、听课、评课进行细致而有效的工作。9月28日、29日举行"名师展示课"教研活动。通过15位老师的课堂可以看到，教师对"高效课堂"的探究有一些可喜地进步。该次教研活动给教师们提供一个展示教学才能的平台，营造相互学习、互动交流的良好教研氛围，促进青年教师的专业化成长。

【开展的课堂教学专题培训】围绕"新课程背景下应该有什么样的课堂、怎样让我们的课堂充满生机与活力、如何开展高效的课堂交流"等内容开展专题讲座，进一步提升教师专业水平。2017年6月参加第九小学开展的专项数学课题《小学生自主学习能力的培养》的研讨会及观摩课，课后进行听评课活动。11月深入芳草小学参加《以学促教》的课堂教学研讨会及参与盟教研中心课题调研活动。在肯定两所学校的优点的同时，提一些合理的建设性意见。进一步开阔教师视野，转变教师的教育理念，保障课改的健康运行。

【中学教研】为有效的提高课

堂效率,以学科为单位,中学教研员深入学校开展常规教学检查指导,同时开展视频培训、同频互动 20 余次。多次参与学校的集体备课,展示课等活动。9 月开始为提高教师的教育教学能力进一步提升,组织学校教师开展 5 次的交流教研活动。及时跟踪,指导年轻教师的教学和教研工作,使得青年教师得到较快成长和进步,同时担当起教学和管理工作。在七年级、八年级学期末进行各学科质量检测,及时掌握和发现教学中存在的问题和不足,为进一步开展教研工作提供依据。2017 年 4 月全市九年级举行中考模拟考试,为进一步复习提供目标和方向。举行第十三届中学教师教学能手大赛,使得部分教师脱颖而出,展示出非常高的教学水平和驾驭课堂能力,课程理念得到贯彻和实施。

【民族教研】 2017 年 3 月 9 日,召开教研中心与全市蒙古语授课中小学教研工作研讨会。3 月开始,锡林浩特市蒙授中小学教研员进行为期一个学期的听推门课活动,活动中通过听课、评课、查看教案等环节,了解各民族学校的常态课,并根据存在的问题给予改正建议;蒙古语文、数学、汉语、科学等四学科教研员按学期工作计划每周三下午轮流组织开展丰富多彩的、行之有效的"大教研活动"。如:组织各学科教学质量分析研讨会;数学"三步教学法"集体备课与同课异构展示课活动;蒙古语文和汉语学科开展习作指导研讨会;以学科为单位进行教师基本功比赛;组织开展一、二年级学生数学画图竞赛;中小学教师教学能手评比活动等等。11 月通辽、赤峰、东乌旗等地区的教师陆续到锡林浩特市蒙古族中小学进行交流活动,共同促进,共同成长。

2017 年 5 月、9 月、11 月,邀请全区知名专家 26 次培训锡林浩特市蒙古语授课中小学 5 学科全体教师,另外对中高考师生进行针对性的指导培训。

【科研工作】 有效参与指导校本教研工作。认真贯彻落实盟教育局《关于加强中小学校本教研工作的实施意见》精神,安排教研员与各学校建立长期业务联系,积极参与学校组织的各种教研活动,做到重心下移、深入学校、深入课堂,为校本教研活动提供专业指导和服务,切实解决学校开展校本研究的实际问题。积极推进盟、市级校本教研示范校创建活动,力求在"教与学"上找到结合点和突破口。

建立教研三级网络,形成教研合力。市教研中心把各学校教导处(教研室)与盟教研中心连接起来,通过教研员指导业务、引领前沿,促使各学校开展形式多样的教研活动,初步形成盟、市教研中心以及学校教导处(教研室)三级教研服务网络。

积极开展课题研究,促进教学质量的提高。锡林浩特市教研员承担国家、自治区、盟级课题 12 个,分别在 11 所学校开展研究活动。

(佟德伟)

校园安全

【综述】 局长亲自抓,分管副局长负责抓,分管科室具体抓,实行领导包片、干部包校制度。全市 24 所中小学校、幼儿园均有专职安全信息管理员共 24 人。教育局与市直 24 个法人主体学校校长、幼儿园园长以及注册民办幼儿园园长签订学校安全管理责任状,层层落实安全责任。进一步强化"校长第一责任人"的责任追究制。学校与学生及学生家长签订家长安全告知书和教育部致全国家长一封信。各校完善安全工作制度建设,及时修补和更新各项安全规章制度。继续坚持学生"一日安全常规"制度、安全信息上报制度、节假日安全告知制度、幼儿园坚持晨检和午检制度、继续实行和完善来客登记制度、领导带班 24 小时驻校制度、继续实施大型活动、校外集体活动申报审批制度等。

抓实安全宣传教育工作。全市中小学校幼儿园都做到安全教育逢会必讲,时时强调,天天教育,要求各中小学校幼儿园充分利用学校宣传栏每月出好安全教育宣传板报,根据不同季节,要充分利用班会、队会抓好和侧重宣传安全教育工作,利用校信通形式对学生以及学生家长进行安全告知。各学校聘请的法制副校长定期的到学校进行法制讲座;聘请辖区派出所所长进行禁毒宣传教育,组织学生到禁毒基地进行实地参观学习;聘请市消防队进学校进行消防安全讲座,同时学校组织学生到消防中队进行实地参观;联系公安交警部门进行交通安全教育讲座;联系职业学院的心理学教师到学校进行心理健康教育，对学生进行心理疏导，预防校园欺凌。

继续完善安全隐患排查治理工作。对各学校进行春夏季安全大检查、春夏季食品安全检查、秋季安全大检查、冬季安全大检查四个季度的大检查，对全市各中小学校、幼儿园和民办幼儿园进行每月不少于两次的常规检查，发现问题立即整改。

建立校园治安防控工作机制。各学校建立校园警务室，配备各类单警装备。校园监控设施完善，监控设备基本实现对校园的全覆盖。

建立健全安全工作档案。市教育局建立市直24所学校安全档案，将学校上报安全信息进行存档。要求各学校对安全工作档案进行分类建档。截至2017年大部分学校安全档案基本完善。

2017年3月，开学初，组织实施校际间对调检查“回头看”工作，新发现安全隐患共11项，全部要求各校园责任到人，限期整改。通过实行动态跟踪督办，不断提升校园安全管理水平。年底除消防隐患外，其他隐患已全部进行整改。

加强校园巡查工作。学校加强校园巡查及课间管理工作，校园内所有课外活动及上学、放学时间，凡是有学生活动的区域必须有专人值守，实现校园内人防无死角，特别是卫生间、楼道拐角、操场角落等隐蔽区域要重点巡查。宿管人员要加强宿舍管理和巡查，提高巡查频率。

展管制刀具及攻击型器械清查。要求学校对管制刀具及攻击型器械进行不定期清查，同时要对学生涉毒情况进行清查。

进一步加强门卫管理。上课时间校园一律实行封闭管理，学生无特殊情况不得擅自出校，离校必须需行相关手续后由家长接走。外来人员入校要严格履行登记手续，严格落实会客室制度。

2017年4月，制定《锡林浩特市校园欺凌专项整治工作方案》，各校集中对学生开展以校园欺凌治理为主题的专题教育，采取多种形式开展品德、心理健康教育，校规校纪教育，行为规范教育和安全防范知识教育。邀请公安、司法等相关部门到校开展法制教育。组织教职工集中学习对校园欺凌事件预防和处理的相关政策、措施和方法等。为促进学生身心健康，保障校园安全，维护校园稳定，为推进平安校园，和谐校园建设提供良好环境。

【校园周边环境治理】 2017年，由教科局牵头成立校园周边环境领导小组，加强对校园周边环境进行常态化专项整治工作，严格落实《开展校园周边环境整治的实施方案》，认真梳理校园周边存在的安全隐患问题。

学生上下学交通安全。协调交通、公安、运管综治等部门，将学生上下学包乘车情况与上述部门沟通，共同监管，严厉打击无牌无证、黑车、超载学生行为。

学校食堂卫生安全。严格执行新修订的《食品安全法》等有关法律规定，切实落实食品安全管理措施，确保学校食品采购、加工、出售、贮存等关键环节安全可控，坚决杜绝过期食品流入学校。近期将联合食药部门开展专项检查。

校园周边环境安全。协调相关部门对校园周边网吧、游艺、歌舞娱乐场所的清理整顿，严厉打击校园及周边违法犯罪行为，持续加大校园周边复杂地段的巡逻、管控和整治力度。

校园治安安全。做好学校安全防范工作，坚决防止发生社会人员进入校园伤害师生事件。针对恶劣天气提前落实防范措施，防止发生大风刮倒设施等安全事故。寄宿制校园专职保安员和生活管理教师24小时值班值守，确保寄宿制学生的安全不出问题。（佟德伟）

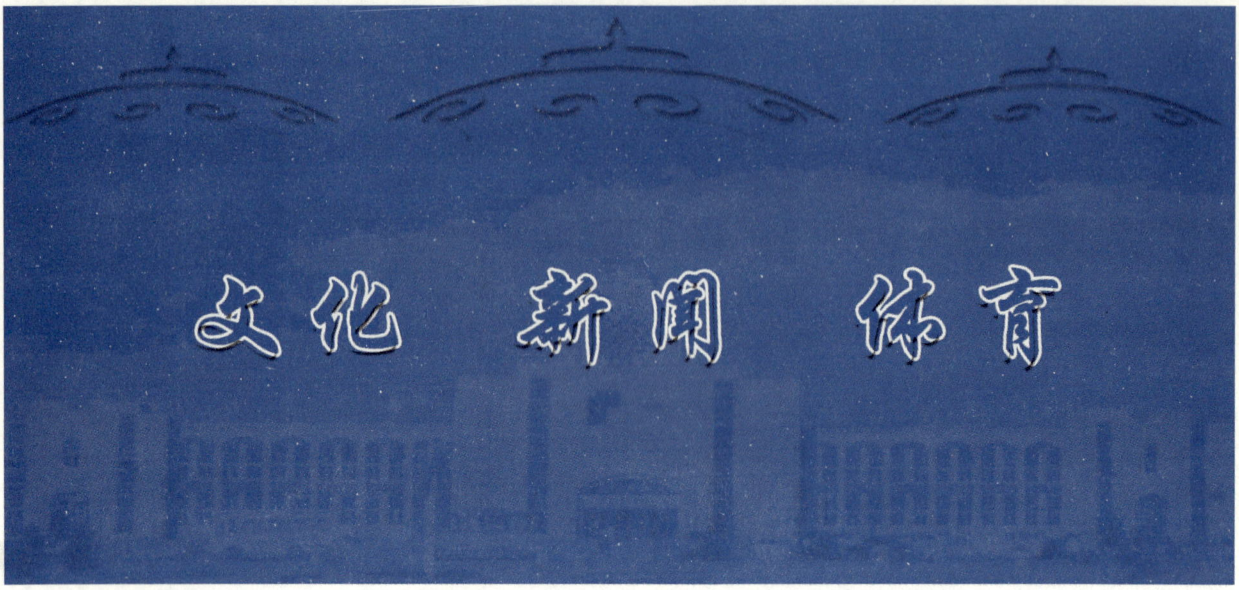

文体广电旅游

【综述】 锡林浩特市文化体育广播电影电视局主要职责是贯彻落实各级党委市政府关于文化体育广播电影电视工作的方针政策,组织领导协调全市文化体育广播电影电视工作,组织开展全市性文化体育活动。下设乌兰牧骑、体育活动中心、文化市场综合执法大队、文化馆、图书馆、牧区流动电影放映队、锡林影剧院、锡林郭勒盟红色旅游纪念馆8个二级单位。机关党支部有党员34人。配书记、组织委员、宣传委员、纪检委员和工青妇委员。2017年,党支部组织学习40次、自学30余次。

锡林浩特市相继建成和改造锡林郭勒盟体育中心、文体会展中心、锡林影剧院、文化中心、图书馆、锡林郭勒盟红色旅游纪念馆、老年体育文化中心等一批公共文化体育服务阵地;建成11个5人制笼式足球场,4个苏木镇文化站,22个嘎查综合性文体活动室,45个社区文体活动室,19个流动图书室。2017年,加强完善文体设施建设,积极开展文化体育服务工作。会展中心室外轮滑场地的铺装工程是体育惠民工程之一。举办全区青少年速度轮滑比赛,为轮滑运动爱好者提供崭新、舒适的运动场地。规划完成文体会展中心和文化中心消防、暖气、防水等维修维护工程。杭盖街道办事处青格勒社区建设一处笼式多功能足球场。为全市苏木、嘎查、社区共发放台球桌6台、乒乓球案子6台、全民健身路径4套、跤衣36件、蒙古象棋36副。

(张燕青)

文化及市场管理

【综述】 以红色精神为切入,深入开展爱国主义教育活动。发挥锡林郭勒盟红色旅游纪念馆意识形态阵地和爱国主义教育基地作用,接待锡林浩特地区内外各单位、学校、旅游团体50个单位共2万人次,免费讲解54次,观看教育短片54次,真正把革命史保护好、宣传好、展示好,得到社会各界及接待团体的关注与好评。5月18日国际博物馆日期间,围绕博物馆日主题开展各类宣传活动,宣传普及《文物保护法》《博物馆条例》等相关法律法规,进一步加深市民对历史民族文化的了解。

【图书管理】从年初开始,展出文学、艺术、少儿图书等5类新书400余种图书、9种报刊杂志、56种期刊,拉开全年全民阅读活动的序幕。开展"漫画激发想象力,幽默开启创造力"漫画大赛、"阅读与人生相伴、文明与城市同行"本地作家作品展活动、第四届"创文明校园"普特融合趣味运动会""未来之星"亲子环保手工制作大赛、第二届社区居民一家亲—赛罕社区"绿色家园"青少年书画比赛、"护苗行动·绿书签"进校园等系列活动近10余场,参与人数近3000人次。每月通过黑板报、专栏、张贴宣传标语、举办新书展览等方式，展示新书好书，受到广大读者的欢迎。设立党史宣传教育专柜，加强意识形态工作。展出《党的十八届六中全会学习辅导百问》《习近平总书记系列重要讲话读本》《正能量党员读本》《从严管党治党》等宣传教育读本160余本，以及《人民日报》《内蒙古日报》《光明日报》《锡林郭勒日报》等8种党报党刊、设立党的十九大学习专柜供广大读者阅览。为鄂尔多斯银行建立流动图书室，赠送图书300余册。锡林浩特市数字文化蒙古包工程52套设备已全部到位。开展图书馆分馆试点建设工作，完成后将实现图书通借通还，使群众更方便借阅，图书馆也能及时掌握群众需求。图书馆新增图书、报刊3000余册，免费办理读书借阅证1484张，图书外借3.3万册，接待读者量2.1万人次。

【文化市场管理】局权力清单和责任清单共224项，其中：行政许可7项、行政处罚212项、行政强制1项、其他行政权力4项。2017年，共受理审批事项127件，办结125件，办结率98.4%。严格执行《互联网上网服务营业场所管理条例》，落实未成年人不得进入营业性网吧的规定，加大对网吧经营业主接纳未成年人的处罚力度。查堵政治性非法出版物、坚决扫除淫秽、色情文化垃圾、打击侵权盗版行为，切实维护文化安全，加大图书、音像市场的监管力度。根据《违法音像制品查缴目录》相关要求进行重点查处，会同盟文化、新闻出版、工商、公安部门联合开展集中销毁盗版音像制品及非法出版物”活动，集中销毁收缴的盗版、低俗音像制品1100余盘、盗版软件制品440余盘、非法出版物1830余册。对全市所有街道商铺非法安装使用卫星广播电视接收设施进行集中排查，并进行入户宣传，全方位宣传卫星广播电视地面接收设施管理的有关法律、法规和政策。重点对影院是否亮证经营，是否严格按照相关许可证件设置放映厅，是否播放未取得电影公映许可证的电影，是否做好相关控烟工作等。2017年，各类检查1200余次；没收非法安装并使用地面卫星接收设施160余套；集中销毁各类非法出版物等3370余册(盘)；安全生产检查950余次，对20家存在安全隐患的文化娱乐场所下达限期责令整改通知书并进行行政处罚；对3家接纳未成年人网吧分别给给予停业整顿15天并给予罚款的行政处罚。

【群众文化活动】精心组织迎新年群众文艺晚会、元宵节首届秧歌大赛、庆“三八、五一”群众文艺演出、重阳节群众文艺演出等演出活动近10余场，以“锡林河之夏”广场大型群众文化活动为架构，树立群众文化活动品牌。2017年“锡林河之夏”以庆祝内蒙古自治区成立70周年，喜迎党的十九大召开为主题，群众的精神文化生活，既展现各项经济社会事业取得的成就及各族各界群众精神风貌为主线，历时一个多月，演出近40场。开办民族舞、健身舞、安代舞、柔力球、健身球、韵律球、筷子舞、广场舞、毽球等培训近10余场，培训人群达2600余人次，辅导编排广场舞《民族健身舞》并积极参加各级各类比赛活动。参加自治区原创广场舞大赛、内蒙古自治区科学健身草原行活动、锡林郭勒盟第二届原创广场舞大赛、锡林浩特地区“创文明城市 舞锡林风采”群众广场舞大赛、锡林浩特地区第二届广场舞大赛、锡林郭勒盟电力系统运动会开幕式、锡林浩特地区首届毽球大赛等近10余场。发挥职能优势，开展业务辅导。文化馆编排的《咱们工人有力量》《洪古瑞》，分别荣获全区社会体育辅导员技能大赛三等奖和全盟社会体育指导员大赛二等奖。

【文化遗产】配合完成对中央媒体、自治区媒体潮尔道采访；开展非遗进校园、进牧区、走牧户系列活动；举办第三届哈扎布杯·蒙古族长调歌曲大赛；筹划完成自治区级传承人道尔吉的潮尔道音乐专辑；成功申报区级代表性传承人1人，盟市两级级非遗项目7项。 (张燕青)

广播电视

【概况】 为解决广大农牧区群众长期无法收听收看广播电视的问题，锡林浩特市共发放安装“户户通”设备7900套，已覆盖锡林浩特市全部苏木镇场。“村村响”工程已建设完成市级播控平台1套，嘎查级终端36个，以无线微波发射形式覆盖全市苏木镇场，共涉及20个居委会、1个嘎查、15个分场。播控平台能够对辖区内村村响终端完成日常广播和应急广播信息发布设备运行状态较好。经自查验收大部分设备运行良好，接收运转正常，终端验收合格率98%。

【电影】 实施电影“2131”工程，采取统一定片、制定放映计划、执行放映制度等措施，加强群众观看电影的组织联系，确保锡林浩特市牧区电影公益放映工作做到“有组织、有计划、有管理、有调控”。完成牧区电影公益性放映100场任务，有20多部影片被搬上荧幕，观众累计达3万余人次，丰富和活跃牧民群众的文化娱乐生活。锡林影剧院电影运营实现平稳过渡，观影人次稳中有增。年内，共放映312部影片、放映10288场次、接待观众17万余人。同时结合节假日开展影迷互动，深受群众喜爱。 (张燕青)

乌兰牧骑

【概况】 举办锡林浩特市2017年春节联欢晚会、庆祝内蒙古自治区成立70周年音乐会、中国·锡林浩特国际游牧文化节敖包相会晚会和敖包歌敖包舞、庆祝内蒙古自治区成立70周年“锡林河之夏”大型专场演出、2017年第六届中国马术大赛开幕式等文艺演出。加强对外文化交流，选派4名乌兰牧骑演员在北京、天津、济南举办的“中国马都·草原明珠”锡林浩特市旅游推介会。以作品质量为首要，参加各级各类比赛并获奖。乌兰牧骑自创蒙古剧《缘》参加第十九届乌兰牧骑会演荣获“优秀剧目奖”，参加首届内蒙古自治区蒙古语戏剧节荣获“剧目入围奖”“最佳音乐奖”、表演二等、三等奖，乌兰牧骑编曲歌曲《亲人，您好》荣获内蒙古自治区第十三届精神文明建设“五个一工程”奖。以队伍建设为抓手，加强文艺节目编排和创作培训。为提升乌兰牧骑队员的基本功底，聘请自治区级一级编导王艳军进行舞蹈基本功集训；聘请国家级潮尔道传承人芒来进行培训；选派2名队员参加内蒙古自治区舞台艺术编创人员培训；选派1名队员参加内蒙古大学第八期文学创作研究班暨戏剧影视编剧高级研修班。 (张燕青)

群众体育

【概况】 圆满完成四国女篮对抗赛、“新丝路电子商务”2017第二十二届国际奥委会主席杯全国百城自行车赛、第六届中国马术大赛、锡林浩特中蒙俄拳击争霸赛、全国青少年足球邀请赛等五大国内外赛事的组织、场地布置和开幕式相关工作，举办迎自治区成立70周年春季体育系列赛事、锡林浩特“额尔敦祭祀”那达慕、第六届“体彩杯”锡林浩特地区端午节登山活动、2017年锡林浩特市第三届足球联赛等活动9场；承办2017年全盟体育大会开幕式、全国“全民健身日”、全盟篮球锦标赛、全盟乒乓球比赛等4项赛事活动。参加2017年锡林郭勒搏克锦标赛暨锡林郭勒第十二届搏克排位赛等赛事、内蒙古足球乙级联赛、全区百县健身气功交流比赛。全市机关、企事业单位、苏木镇场、学校等部门，利用现有的场馆优势，积极开展全民健身活动，推进健康城市建设，引导健康有益生活。全年全市共举办足球、篮球、门球、乒乓球、羽毛球、排球、台球等项目近220余场次，参加人数达3万多人次，其中锡林郭勒体育中心160余场次、老年体育文化活动中心20余场次、工会职工文体活动中心40余场次。唱响“每天锻炼一小时，健康生活一辈子”主旋律，全民健身全民参与的格局基本呈现。社会活力充分激发，带动健身培训等产业不断发展壮大。全市共有25个体育单项协会、14个健身气功站点和60多个健身团队分布在30多个晨晚练点，同时全市共有各级社会体育指导员655人，初步形成横向到边、纵向到底的全民健身组织网络体系，为全民健身运动发展发挥积极的组织推动作用。其中一些社会团体开展健身培训，带动参与型消费全面开花。

(张燕青)

文物考古

【概况】 锡林浩特市现有不可移动文物84处，其中：全国重点文物保护单位2处，自治区级重点文物保护单位4处，锡林浩特市(县)级文物保护单位8处，普通文物点70处。经“第一次全国可移动文物普查”，锡林浩特地区国有收藏单位5个，登记馆藏可移动1571件(套)。现有国有纪念馆1处，民办博物馆2处。

【文物保护】 2017年，新公布6处不可移动文物为第四批锡林浩特市级文物保护单位。划定并公布包日胡吉尔岩画群等4处自治区级重点文物保护单位的保护范围及建设控制地带。为锡林浩特市4

处自治区级重点文物保护单位树立蒙汉两种文字的保护标志碑，共设立8块，蒙汉文各4块。完成各级文物保护单位“四有”档案的补充完善工作。2017年度，实施全国重点文物保护单位保护工程、文物安全防护工程共3项，总投资3013万元，全部由中央财政拨付。贝子庙防雷工程于8月2日全面竣工，已投入使用。锡林浩特市“马背（长城）文物保护队”日益壮大，在田野文物保护工作中积极进行日常田野巡查工作，及时反馈工作信息，成为田野文物安全保护的重要力量。

【考古发掘与调查】2017年，按照《贝子庙文物保护规划》对贝子庙失存重要文物建筑进行修复的规定，锡林浩特市文物事业管理局向自治区文物局呈报《贝子庙新拉布仁殿失存建筑基址进行考古发掘的请示》，2017年5月获得国家文物局批准，6月，配合内蒙古自治区考古研究所对贝子庙新拉布仁殿失存建筑基址实施考古发掘，原有院落形制清晰可见，为今后修复修缮申报工作提供可靠依据。为配合基本建设项目，有效避免田野文物流失与破坏。对新建和拟建的15个大型基本建设项目进行实地文物调查及数据系统调查，专业技术人员田野工作累计达28天，56人次。

【安全检查】2017年，锡林浩特市文物事业管理局开展全国重点文物保护单位安全检查、日常巡查276次，自治区级重点文物保护单位安全检查16次，市级文物保护单位安全检查2次，对一般文物点进行全面巡查2次，总计294

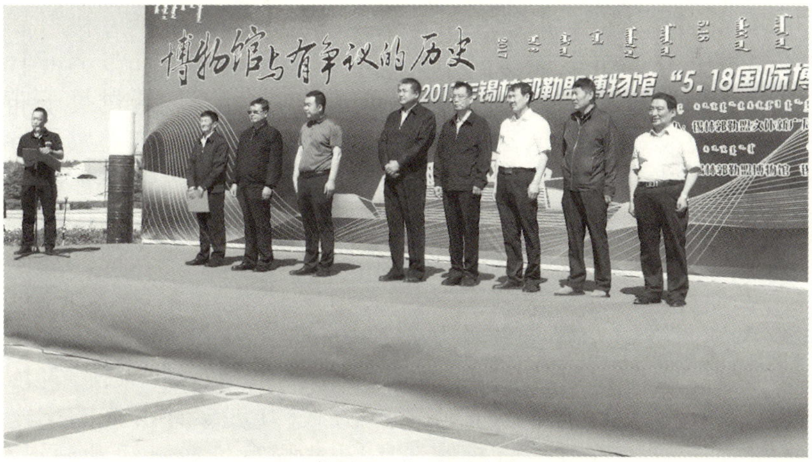

“5·18国际博物馆日”系列宣传活动

次。为贯彻国务院《关于进一步加强文物保护工作指导意见》，成立由政府主管领导任组长的文物工作协调组，综合协调全市文物工作，强化各职能部门的沟通配合，积极开展文物安全联合执法整治行动。文物保护工作与经济社会领域工作同部署、同推进、同督查，文物工作实现制度化、常态化。先后开展全市“三馆”设施自查工作和博物馆意识形态问题大检查、法人违法案件专项整治行动、全国文物安全状况大排查整改行动及长城执法专项督察“回头看”自查工作，均收到良好的效果。在全国文物安全状况排查行动中发现文物安全隐患2处，立即整改1处，限期整改1处，未发生挂牌督办及重大文物案件。

【第一次全国可移动文物普查】第一次全国可移动文物普查成果丰硕，自2012年10月第一次全国可移动文物普查工作开始，截至2016年12月，已完成全部馆藏文物信息采集、平台录入等工作。按照属地管理普查办法，同步完成锡林浩特市文物事业管理局、盟档案局、盟图书馆、市双拥办、贝子庙管委会等单位文物普查录入工作，锡林浩特地区共登记录入可移动文物1571件（套）。2017年4月7日，国务院召开“第一次全国可移动文物普查”总结电视电话会议，全面总结普查工作，发布普查成果，表彰普查先进集体和先进个人。锡林浩特市文物事业管理局被自治区第一次全国可移动文物普查领导小组、自治区人力资源和社会保障厅、自治区文化厅、自治区文物局、自治区公务员局评为“第一次全国可移动文物普查”先进集体，乌兰同志被评为“第一次全国可移动文物普查”先进个人。

【博物馆管理】 锡林浩特市文物事业管理局以博物馆、纪念馆意识形态问题大检查为契机，对全市既有、新建博物馆、纪念馆展陈大纲、版文、解说词及蒙汉文规范使用等进行全面检查，检查发现问题2处，提出整改意见，要求限期整改落实，将整改落实情况及时上报盟文体新广局。根据国家文物局博物馆理事会建设要求，制定《锡林浩特市博物馆理事会建设方案》，按照方案要求，各博物馆、纪念馆相继成立博物馆理事会,并正在逐步完善。根据盟文体新广局2017年11月9日《关于转发〈关于进一步推动非国有博物馆发展的意见〉的通知》(〔2017〕142号)精神以及《博物馆条例》,依照相关规定,就加快现代博物馆制度建设、提高博物馆办馆质量等方面履行主管部门管理和引导职能,对现有已注册非国有博物馆办馆条件进行检查核实及整改落实,对正在申办的几家非国有博物馆办馆条件、展陈内容、制度建设等方面进行严格把关和正确引导工作,协调相关部门落实扶持政策。

【宣传教育】 2017年,利用“5·18”国际博物馆日,9月6日草原文化遗产日,通过贝子庙广场主场宣传、与各类媒体特别是网络、微信等新媒体的合作,悬挂宣传横幅,向社会公众免费发放《中华人民共和国文物保护法》《博物馆条例》《中华人民共和国非物质文化遗产法》《长城保护条例》宣传等方式,开展多种形式的文物法律法规宣传教育活动,受教育群众约1.5万余人次。通过举办教育宣传活动,不仅让群众深入了解文化遗产,更是提高人民群众思想道德和科学文化素养,珍惜文化遗产,提高全民文化遗产保护意识。2017年6月7日,中国·锡林浩特第十四届国际游牧文化节开幕式暨额尔敦敖包祭祀大典在贝子庙广场隆重开幕。祭祀当天,贝子庙各殿免费向社会免费开放,以供广大市民前来参观、祈福。为确保贝子庙古建筑及参观人员的安全,结合实际,制定《贝子庙安全应急预案》,强化安全措施,落实安全责任制,积极做好免费开放工作,使一年一度的敖包祭祀大典圆满举办。

(乌　兰)

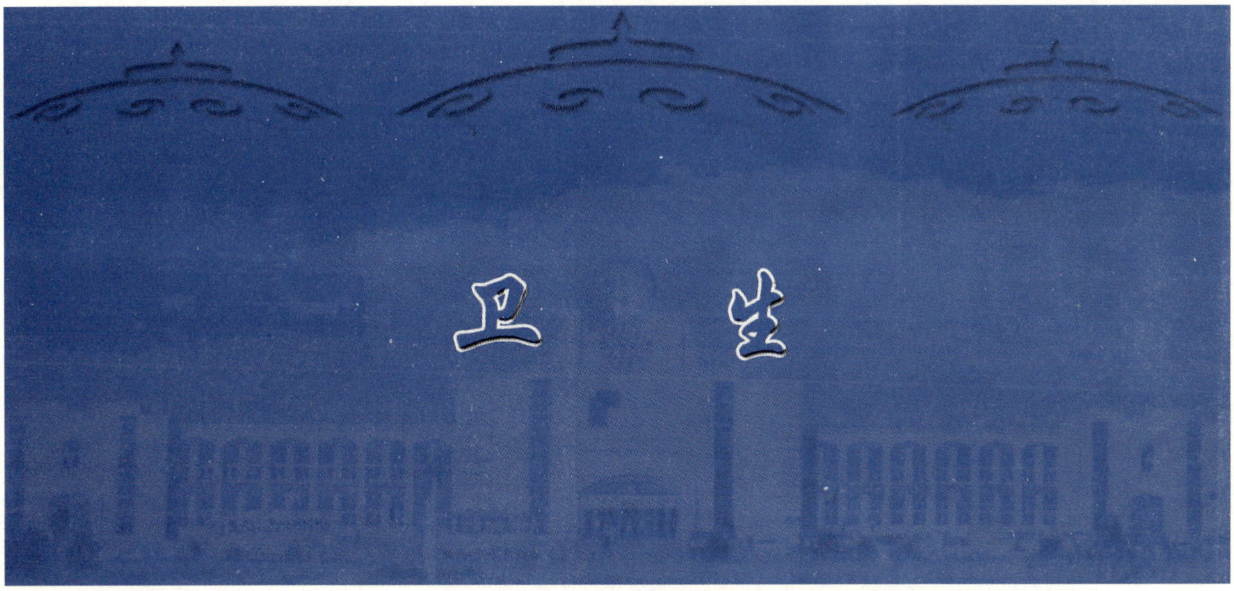

卫 生

综 述

【概况】2017 年度全市卫生计生工作在市委、市政府和上级业务部门的正确领导下，全面贯彻落实党的十八届三中、四中、五中、六中全会及十九大精神，紧紧围绕年度工作目标，以“狠抓医疗机构管理，提升医疗质量安全水平”为抓手，进一步整合卫生计生资源，稳步推进卫生计生各项改革，持续加强公共卫生服务，不断提升卫生计生保障能力，为服务全市发展大局做出积极贡献。

【党建工作】 2017 年 3 月 21 日，召开全市卫生计生系统党建会议暨党风廉政建设工作会，对党风廉政建设工作进行安排部署，明确目标任务和责任。与 5 个基层党支部、18 个医疗卫生单位签订《2017 年落实党风廉政建设责任状》，全年共发展 3 名预备党员，各党支部合计开展集中学习 240 多次；细化全年学习教育工作计划，落实规定的学习内容；分别于 6 月、8 月、10 月、12 月围绕“四个合格”开展专题讨论。成立市妇幼保健计划生育服务中心、市卫生监督所分党组，选优配强分党组班子；对各党支部书记进行 1 次培训，帮助各党支部书记提高党务工作能力；全面推行党员固定活动日，将每月的第三个星期五定为党员固定活动日。

【新农合工作】 全市农牧区人口总计 27356 人，符合参合人数 17255 人，参合人数 17001 人，较 2015 年增长 321 人，参合率达 98.53%。2017 年，新农合筹资标准由每人每年 560 元提高到每人每年 620 元，基金累计筹资 1054.1 万元。加大转外患者核查力度，截至 2017 年 11 月，全市补偿住院患者 2100 人次，补偿金额共计 1011.32 万元，门诊患者补偿 2348 人次，补偿金额共计 19.1 万元。全市 895 名贫困人口全部参加新农合，2016 年年底已经全部脱贫，继续坚持脱贫不脱策，防止出现因病致贫、因病返贫，2017 年为贫困人口进行免费健康体检，累计体检 725 人次，覆盖率达 81%。

【基层卫生服务】 2017 年，城乡居民规范化电子健康档案建档率达 82.5%；新生儿访视率 92.56%，儿童健康管理率为 95.87%；辖区内孕 13 周之前建册并进行第一次产前检查的产妇人数 2072 人，早孕建册率 92.87%，辖区内产妇出院后 28 天内接受过产后访视的产妇人数 2055 人，产后访视率 92.11%。辖区内 65 岁及以上常住居民数 19569 人，接受健康管理人数 13999 人，老年人健康管理率 71.54%；高血压和糖尿病病人规范化管理率分别达 84.03% 和 85.06%。组建以锡林郭勒盟医院和锡林郭勒盟蒙医医院为主体，带动区域内基层医疗机构的两个医联体。依托医联体，各基层医疗机构设置“专家门诊”和“名医工作室”，由锡盟医院和锡盟蒙医医院定期派遣专家医生到基层医疗机构坐诊；与锡盟蒙医医院搭建远程会诊系统和远程培训系统，全年流动服务车累计行驶184900公里,接诊、转诊病人81次,参与紧急医疗救援13次,家庭医生签约式服务累计签约居民55062人,签约率21%。

【医疗机构】 截至2017年12月,全市共有医疗卫生单位296个医政医管工作,其中新发证的医疗机构有15个,医师注册34人,医师变更注册91人,护士注册10人。为216家医疗机构发放医师电子化注册账号,医师电子化注册工作已完成70%,护士电子化注册工作完成35%,共计518名医护人员参加2017年度继续医学教育学习。6月与市武装部共同开展锡林浩特市征兵体检工作,为锡盟蒙医医院(市人民医院)购进和租赁35万元的相关设备,派出工作人员全程参与体检过程,确保征兵体检工作的公平公正。9月开展全市副处级以上领导干部体检工作,共体检21名退休领导干部。

【爱国卫生工作】2017年,经过三年的努力,锡林浩特市成功创建成国家卫生城市。落实长效机制,深入开展"城市牧区环境卫生综合治理""城市出入口综合整治""五小行业整治""校园周边环境整治"等专业整治活动。开展3次大型的由锡林浩特地区盟市机关单位、企事业单位、部队参加的清理白色污染、露天垃圾活动,约有8000人次参加,清捡白色垃圾100余吨。开展爱国卫生运动65周年纪念活动"为人民健康—65周年的历史与展望"。并结合第29个爱国卫生月活动,制定环境卫生整顿清理活动方案,市区内将冰包垃圾清理任务分配到锡林浩特地区各机关单位,由辖区街道办事处协调各机关单位落实任务。据统计,活动月期间,锡林浩特地区113个单位参加义务劳动,共清理清运垃圾4700余吨;清理乱贴乱画及小区楼道内小广告2万条;拆除私搭乱建100多处;清理乱堆乱放120余车。

【宣传教育工作】以卫生计生各大主题宣传日为契机,紧紧围绕活动主题通过开展义诊、开展各类健康知识讲座、咨询服务、派发健康知识宣传资料、设置卫生计生宣传栏等,广泛开展控烟和艾滋病、结核病、流行病、手足口病、鼠疫防治、碘缺乏病防治、狂犬病处置、健康素养66条等重点疾病预防教育。并针对不同人群,大力开展避孕节育、生殖健康、性病防治、优生优育和青春健康等宣传,全面普及卫生计生科普知识、宣传"全面二孩"政策,"孕前优生""科学育儿"等方面的知识。累计开展服务活动60余场,举办健康讲座185次,受健康教育5400余人;举办咨询活动160场次,文艺演出活动20余场,共设置宣传栏458块,宣传栏更新300余次,发放宣传计生、健康知识宣传品5万余份,免费避孕药具5000多盒。与《锡林郭勒日报》签订战略协作伙伴关系,开设卫生计生健康专栏,在《中国人口报》刊登1篇,内蒙古头条刊登14篇,自治区、盟、市各类新闻媒体刊登稿件70余篇。进一步加强局机关微信公众平台的维护与管理工作,全年编发工作信息150余期,启动编《卫生计生志》工作。

【蒙中医药工作】全面拓展基础蒙中医科室服务能力,开展蒙中医预防保健服务体系框架,积极探索蒙中医预防保健服务方法、途径、机制和模式,为3个基层卫生院配置9台医疗设备,29个嘎查卫生室配备29套治未病设备,进一步提升基层蒙中医服务水平能力。对全市公立医疗机构开展蒙中医情况进行摸底调查,有公立医疗机构67家(包括市妇幼、社区卫生服务中心、服务站、卫生院、嘎查卫生室),能开展蒙中医26家医疗机构,蒙中医从业人员48名。为3088名65岁以上的老年人做蒙医体质辨识和蒙医药健康保健指导。2017年0—36个月儿童蒙中医健康指导9450人次。 (王树良)

疾病预防控制

【传染病网络直报工作】市疾控中心疫情专报人员每日浏览审核疾病监测信息管理系统4次以上,保障全市疫情网络24小时畅通,2017年未发生甲类传染病,共报告发生法定乙、丙类传染病15种1316例,其他传染4种126例,与上年同期相比上升13.29%。报告突发公共卫生事件1起,锡林浩特市蒙古中学流行性腮腺炎疫情。

【手足口病防治】对全市报告的348例手足口病病例进行流行病学调查,并采集其中97份粪便进行病原学检测,检测结果为EV71 80例,COXA16 7例,其他肠道病毒2例,非肠道病毒8例。对12所手足口病例较集中的幼儿园采取停园10天的防控措施,并指导幼儿园进行终末消毒。共举

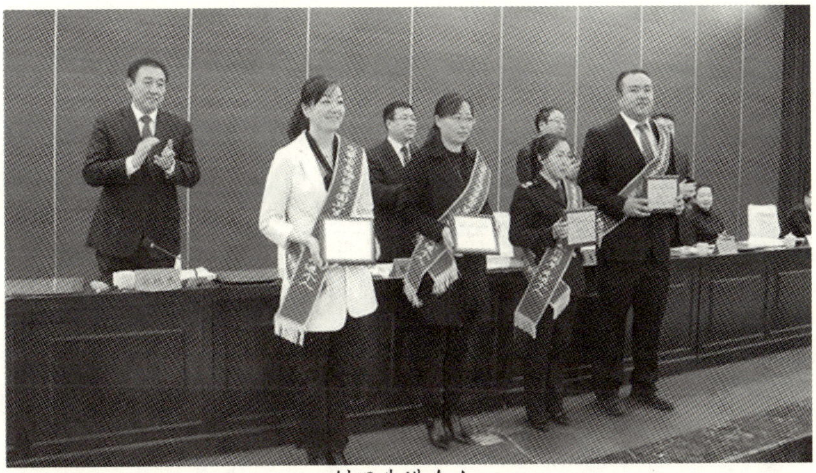

创卫先进个人

办各类宣传活动23次,发放艾滋病宣传台架、手提袋、抽纸盒、雨伞共5600份,宣传材料5600份。对男性性病门诊就诊者、孕产妇和暗娼人群共912人进行艾滋病、梅毒和丙肝抗体检测。在公安司法部门的协助和配合下,每半个月对拘留所和看守所的羁押人员进行一次艾滋病防治知识宣传教育,对719人进行艾滋病抗体检测,结果均为阴性。对445人进行免费自愿咨询检测,检出HIV阳性6例,流调完成率100%。截至年底按现住址报告感染者与病人共70例,失访8例,现住址管理感染者与病人62例,2017年新增8例,病人与感染者管理率88.57%。按照示范区工作要求开展人群基线调查,完成对大众人群和青年学生健康调查问卷各400份,艾滋病防治知识知晓率分别为78.50%和98.50%。

【结核病防治工作】 以结核病新型防治服务体系工作文件精神为指导,积极构建"领导重视、疾控机构规划协调、医疗机构初筛转诊、定点医院确诊收治、社区卫生服务中心及乡镇卫生院对患者全程管理"的结核病防治服务体系,加大病人发现、治疗及管理力度。蒙医院结核病门诊共接诊疑似结核患者208人,全部进行查痰,确诊结核患者92人,其中初治涂阳患者13人,初治涂阴患者71人,结核性胸膜炎患者8人。对发现的结核患者全部进行治疗管理,管理率为100%,实验室对27例耐多药可疑者进行快速培养,耐多药肺结核高危人群耐药筛查率为100%。

【慢性病防控工作】2017年4月10日,市政府召开全市慢性病防控工作会议,重新调整慢病综合防控示范区领导小组。市慢病防治领导小组26个成员单位主要负责人参加此次会议,政府与成员单位现场签订责任书,进一步明确各成员部门职责分工。在街道办事处、民政和公安部门协同合作下,定期对殡仪馆、清真寺及交通意外死亡人员情况进行信息交换,本年度按现住址共报告例死亡病1050例,其中男性665人,女性385人,全市居民报告死亡率为4.67‰。5月,自治区慢性病综合防控示范区工作交流会在锡林浩特市召开,自治区及各盟市的专家领导100多人,现场考察锡林浩特市慢病管理、全民健康生活方式行动工作开展情况。锡盟蒙医医院、锡林浩特市第六中学、伊利乳品有限责任公司和植物园,作为健康示范创建的亮点单位进行参观展示,得到各级专家领导的认可和好评。锡林浩特地区4家医疗机构(锡盟医院、锡盟蒙医医院、锡盟妇幼保健所、锡林浩特市妇幼保健所)开展肿瘤登记报告工作,共发现恶性肿瘤新发病例538例,其中男性300人,女性238人,报告发病率为2.39‰,肿瘤死亡人口数为341人。2017年由市卫计局牵头,联合锡盟精神病院、市公安局、市民政局、各街道办事处、各苏木镇、国有农牧场等部门开展疑似严重精神障碍患者筛查、同时对确诊的严重精神障碍患者进行危险性评估工作。锡林浩特市重性精神疾病患者累计为985人,在管694人,管理率70.46%;规范化管理551人,规范化管理率55.94%;服药人数591人,服药率60%;规律服药人数351人,规律服药率35.63%;报告患病率4.39‰。

儿童口腔疾病综合干预项目,对锡林浩特市第二小学1—3年级儿童完成608人次口腔健康检查,窝沟封闭人数534人,共对2106颗牙齿实施窝沟封闭术,顺利完成项目要求的任务数。此次项目儿童口腔窝沟封闭率为87.83%、人牙比为25.36%、龋坏率为3.5%、完好率为89.07%。

【免疫规划工作】切实抓好预防接种单位规范化建设,推行主动服务模式,提高预防接种服务质量。严格实施预防接种安全注射,一次性注射器使用率达到 100%;无预防接种安全事故发生。一类疫苗均由锡盟疾控中心调拨配送,全年共配送疫苗 14 次。二类疫苗均从《内蒙古自治区医药采购平台》集中采购,全年采购相关疫苗 6 类,共采购 24 次。市疾控、各疫苗接种单位均配备备用电源,统一安装疫苗冷链设备监测监控系统,对每个储存设备每 5 分钟监测一次温度。疫苗运输车安装温度监控设备保证疫苗储存、运输的过程处于规定的温度环境和可追随。开展常规免疫接种,为全市适龄儿童接种相关疫苗,卡介苗应种 3492 针次,实种 3468 针次,接种率 99.31%;乙肝疫苗及时应种 3512 针次,实种 3463 针次,及时率 98.60%;脊髓灰质炎疫苗基础免疫应种 10546 针次,实种 10497 针次,接种率 99.53%;百白破疫苗基础免疫应种 10684 针次,实种 10636 针次,接种率 99.57%;A 群流脑第一针应种 3750 针次,实种 3730 针次,接种率 99.47%,乙脑疫苗第一针应种 3297 针次,实种 3276 针次针接种率 99.36%;减毒甲肝疫苗应种 2884 针次,实种 2866 针次,接种率 99.38%。根据《内蒙古自治区 2017 年麻风疫苗查漏补种活动实施方案》的要求,在全市范围内开展儿童麻风疫苗查漏补种工作,应种人数共计 288 人,实际接种 225 人次,接种率 98.68%。预防接种异常反应监测,疑似预防接种异常反应共报告 33 例,其中一般反应 30 例,异常反应 3 例,均在接到报告后 48 小时内组织开展调查和处置。

【公共卫生工作】 共检测各类公共场所 437 户,其中空气质量及微小气候 778 份,合格样品 649 份,合格率 83.4%。用品用具监测 1848 份合格样品 1824 份,合格率 98.7%。对全市 1 个市政供水公司的 3 个供水厂、一个二次供水单位、一个自备水厂、8 个乡镇的 12 个农牧区安全饮用水工程、3 个农牧区非安全饮用水工程、4 所农牧区幼儿园进行水质卫生监测,监测水样 85 份,完成率 115%。网络直报职业健康检查个案表 621 份,对 13 家企业的接触有毒有害职工进行上岗前及在岗期间的职业健康检查。共体检 777 人。学校卫生工作,共对 18 所中小学校进行因病缺课的监测,资料搜集及时完整。从业人员健康体检 26352 人,其中食品 19937 人,公共场 6415 人,办理健康证 26352 个。

【健康教育工作】 利用 3 月 24 日"结核病宣传日"、4 月 25 日"计划免疫宣传周"、5 月 15 日"碘缺乏病宣传日"、5 月 19 日"肝炎宣传日"、5 月 31 日"世界无烟日"、6 月 9 日锡林浩特市"三减三健 迈向健康"全民健康生活方式行动日、6 月 16 日—19 日食品安全宣传周、6 月 26 日"国际禁毒日"、7 月 28 日"肝炎宣传日"、9 月 1 日"全民健康生活方式日"、9 月 20 日"全国爱牙日"、10 月 8 日"全国高血压日"、10 月 10 日"世界精神卫生日"、10 月 29 日"世界卒中日"、11 月 14 日"联合国糖尿病日"、12 月 1 日"世界艾滋病宣传日"等卫生健康节日,对结核病、艾滋病、慢性病及碘缺乏病等疾病防控知识、预防接种及卫生应急知识开展广泛宣传。累计制作宣传条幅 29 条,宣传板 16 块,发放卫生知识手提袋、宣传画、宣传单、宣传册、宣传折页、健康小药盒、健康工具 8 件(套)等 18000 余张(个)。 (塔 拉)

地方病防治

【鼠疫监测工作】 派出市疾控中心六名工作人员分别于 4 月 14 日至 5 月 24 日,9 月 28 日至 10 月 27 日,在锡林浩特市鼠疫自然疫源地内开展春、秋两季动物鼠疫监测工作。共打公顷样方 99 个,布夹 934 夹次,捕获鼠类 6 种 169 只,捕获率为 18.09%,最高鼠密度为 15 只/公顷,最低为零,平均鼠密度 1.86 只/公顷。对捕获的 169 只鼠,全部进行梳理式检蚤,染蚤鼠 64 只,染蚤率为 37.87%,获蚤 85 匹,平均蚤指数 0.50 匹,获蚤 7 种,共检验鼠类血清 5 份,其中达乌尔黄鼠 1 份,长爪沙鼠 4 份,结果均为阴性,未检出鼠疫疫情。

【碘缺乏病监测工作】 对全市 5 个苏木(镇、国有农牧场、街道办事处)监测点进行水碘检测,采集水井水样送盟地病中心进行水碘检测,共采水样 479 份,并通过网络直报系统上报水碘检测结果。按月对市区盐库各碘盐供应点采取监测碘盐 1 个批次,共采集 99 份样品,经检验全部为合格碘盐,合格率为 100%。开展居民户碘盐监测工作,共抽检 8—10 岁儿童 200 名和 100 名孕妇家中 300 份盐样,碘盐合格率为100%。开展对锡林浩特市常住儿童和孕妇尿碘监测工作,对100名孕妇的尿碘进行检测,孕妇尿碘中位数为138.5微克/升;对200名8—10岁儿童尿碘进行检测,儿童尿碘中位数为189微克/升,全部大于100微克/升的碘缺乏病高危地区判定标准。

【寄生虫病防治工作】 根据自治区卫计委要求,开展土源性线虫病监测点工作,检测人群感染样品1015份,阳性4份,阳性率0.39%。

【包虫病防治工作】 根据国家卫计委等十二部委《全国包虫病等重点寄生虫防治规划2016—2020》的要求,开展人群包虫病患病调查,进行B超检查2207人。登记管理病人62人,药物治疗57人(2017年新增病人5人,手术治疗5人)。包虫病防治以家犬管理及药物驱虫为主,畜牧部门登记管理犬数7651只,为包虫病病人免费发放阿苯达唑乳剂25000毫米(100瓶),累计发放犬驱虫药阿苯达唑片剂11000片(110盒)。

【布病项目开展情况】 对全市布病高危人群开展布病血清学检测工作,共检测8183人,莱特氏实验阳性13人,阳性率0.16%,确认新发病人3人。肉食品加工企业布病干预工作,在有关部门配合下,对全市30家畜产品加工销售企业从业人员开展布病健康教育及行为干预工作,受益人群3000余人,发放宣传品和防护用品10000余份。牧民群众布病干预工作,深入到宝力根苏木1000户牧民家中面对面开展布病防治健康教育和行为干预,并对309名牧民进行布病知晓率调查,总知晓率为90.01%。干预调查同时发放消毒液3000瓶,橡胶手套3000副,围裙1500个,手提袋1500个,宣传手册8000册。全年共报告布病新发病例45例,治疗41例,治疗率91.11%,规范治疗36例,规范治疗率87.8%。(塔　拉)

卫生监督

【卫生行政许可发放】 截至到2017年11月30日,新发、换发从业单位卫生许可证182户(美容美发业102户、住宿业67户、洗浴业7户、文化馆2户、电影城2户、商场2户)。验发从业单位卫生许可证116户(其中:美容美发业57户;住宿业50户;洗浴业5户;商场2户;生活饮用水1户,书店1户)。注销、变更共34户。

【公共场所卫生监督】 全年监督从业单位1117户,其中洗浴38户、美容美发512户、住宿业535户、商场19家、书店3家、餐饮具消毒企业4家,其他行业6家(其中包括电影院3家,机场、火车站、汽车站各一家),下达监督意见书3360份。对其中238家达到量化分级管理标准"C"级的从业单位进行提档升为"B"级,并做好已评审单位的回头看工作,动员指导这些单位主动提高软硬件卫生条件,同时通过开展复评工作,对于不重视自身管理,卫生条件滑坡严重的单位要进行降级处理。

【学校卫生监督】 2017年,共检查中学10所、小学12所。2017年锡林浩特市的学校卫生管理及监督工作呈现以下三个特点:传染病的防治工作明显得到规范。

【生活饮用水卫生监督】 根据《生活饮用水卫生监督管理办法》和卫生部2001《生活饮用水卫生规范》地要求,开展生活饮用水卫生监督检测,对3家市政供水单位、11家二次供水单位进行监督监测,每月对生活饮用水各供水单位及其供水网点进行监督检查并采集水样,截至2017年年底,抽检市政水厂出厂水27份,合格27份,合格率100%;抽样检测二次供水108份,合格108份,合格率100%,对检查中存在问题均责令改正。

【医疗卫生监督】 全年对各类医疗机构监督456户次,重点对医疗机构执业许可证、从业人员执业资质、传染病管理、消毒管理及医疗废物处置等进行监督检查,对检查中发现的问题责令相关医疗机构限期改正。

【打击非法行医专项行动】 开展打击非法行医专项检查158户次,对检查中发现的违法行为进行行政处罚,共处罚三起案件,罚款人民币伍仟元整,向公安机关移交一起非法行医案件。对检查中发现的其他问题责令相关医疗机构限期改正。未发现有出卖、转让、出借"医疗机构执业许可证"或出租、承包科室情况;未发现有开展非医学需要的胎儿性别鉴定和选择性别的人工终止妊娠行为;未发现非法采供血现象。

【餐饮具消毒】 对全市范围内4家餐饮具集中消毒服务单位的环境卫生、索证情况、产品质量、工艺流程、设施设备等情况进行全面监督检查。

其中对消毒工艺流程、生产用水、设备、厂房环境,以及消毒餐饮具的产品包装、标签等是否符合要求等进行重点监督检查,经查,辖区内的4家餐饮具集中消毒企业均已达标。

【稽查工作】 2017年,针对卫生监督检查工作的专项稽查是对外稽查,主要以现场跟踪稽查,以监督频次、监督程序、监督效果、文书制作等为主要内容,以达到规范经常性卫生监督工作的目的。经稽查认真详细填写卫生监督执法效果稽查表85份 ,对存在问题的从业单位制作稽查笔录30份和稽查意见书30份,并及时向领导汇报的同时反馈各外勤组和科室要求及时改正。

【监督协管】 2017年,对全市7个社区卫生服务中心和11个苏木(国营农牧场)卫生院卫生监督协管工作进行三次考核,大部分苏木(国营农牧场)卫生院、社区卫生服务中心对监管对象定期开展监督巡查,对辖区医疗机构、学校、二次供水进行及时巡查,并现场制作巡查笔录,登记巡查内容,但也有卫生监督协管工作存在问题,对检查中发现的问题进行指导责令立即改正。

【专项监督检查】 2017年高考期间,以考生入住的宾馆、酒店的监督管理为重点,在辖区内组织开展为期5天的公共场所卫生安全专项监督检查工作。此次检查出动车次20次、人次58人次,共查宾馆、酒店21家。通过开展高考前公共场所卫生安全专项监督检查,及时发现和指出在卫生安全方面存在的问题和不足,防范于未然。同时对21家宾馆、酒店下达预防性卫生监督意见书21份,确保高考期间广大考生的公共卫生安全。医疗废弃物专项监督检查,2017年5月初开展以全市医疗机构医疗废物管理组织机构的设置、分类收集、登记记录、处理方式等情况为重点的专项监督检查。经检查,各医疗机构都能建立健全医疗废物管理制度及组织机构,都设有医疗废物管理的专(兼)职人员,医疗废物转运人员防护基本符合规范,共有139家医疗机构参加医疗废物集中处置,44家自行处置医疗废物均能按要求处置。经查,锡林浩特市未发现医疗废物流失、泄漏、扩散事故,各医疗机构未发生非法倒卖医疗废物事件,未经病人血液、体液、排泄物污染的一次性输液瓶、输液袋交由医疗废物集中处置单位收集。自治区成立70周年应急保障工作,为圆满完成锡林浩特市庆祝内蒙古自治区成立70周年活动公共卫生保障工作任务,对全市宾馆、旅店、洗浴、美容美发及生活饮用水进行卫生监督检查。

(王树良)

妇幼保健

【市妇幼门诊量】 妇科完成门诊量25498人次,外科完成门诊量1643人次,内儿科完成门诊量34058人次,其中住院治疗70人次,慢病康复部完成门诊量323人次,住院治疗87人次,蒙医科完成门诊量2211人次,门诊产前检查4943人次,产科住院154人次,计生科完成门诊量18698人次,乳腺科完成门诊量2070人次,阴道镜检查937人次,眼科检查2096人次,口腔科检查271人次,B超检查13498人次,X光检查1099人次,心电图检查600人次,门诊输液11665人次,化验室检查19150人次,体检中心完成体检8713人次。

【惠民政策】 2017年,全面落实药品零差价,门诊患者免收挂号费等工作。制作产前检查优惠卡,提供孕检、血常规、尿常规、优生五项、甲功三项、孕期营养检测等项目的免费检查,发放到基层社区、苏木卫生院。为农牧民进行免费健康体检4633人次,为锡林浩特地区失独家庭免费体检。开展健康服务进社区,发放体检宣传资料及免费体检卡。组织医护人员到贝力克国营农牧场及毛登牧场,与市政协、红十字会联合开展“送医送药进社区、进牧区”活动,免费发放4万余元药品。为全市各类会议、重大活动以及拆迁提供应急保障服务26次。对口支援白音锡勒基层卫生院,派驻医务人员帮扶基层卫生院开展业务。通过妇联赠送的母亲健康快车下基层接送孕产妇。

【基本公共卫生服务】 对基层医疗机构开展孕产妇健康管理及0—6岁儿童健康管理的培训、业务指导、质量控制等工作;开展重大公共卫生服务项目包括免费孕前优生健康检查,免费叶酸发放预防出生缺陷检查,预防艾滋病、梅毒、乙肝母婴传播,妇女宫颈癌免费筛查等;开展辖区内免费婚前医学检查工作。针对妇幼工作对7个社区卫生服务中心、11个苏木镇场卫生院的工作人员开展各类培训10期。

【孕产妇、儿童保健管理】 全市2017年常住活产数2708人,流动活产数515人,常住产妇数2680人,常住产妇建卡数2520人,建卡率94.03%,孕产妇系统管理人数2233人,系统管理率82.46%,住院分娩活产数2706人,住院分娩率99.93%,常住孕产妇死亡1人,常住5岁以下儿童死亡数1人,死亡率0.37‰?,婴儿死亡数1人,死亡率0.37‰,0—6岁儿童数16752人,保健覆盖14950人,健康管理率89.24%,三岁儿童数8630人,3岁以下儿童系统管理数7520人,系统管理率87.14%。

【群体保健】 2017年,开展托幼机构儿童体检680人,开展育龄妇女体检23775人,开展免费婚前医学检查1600对。开展计划生育服务:上环1402人,取环1750人,人流1739人,绝育33例,药流3199人。2017年孕产妇、儿童死亡评审工作开展情况,对辖区内1例孕产妇死亡进行死亡评审工作。

【重大公共卫生项目】 2017年,全年发放补助157人,合计62800元。2017年叶酸免费发放785人,3265瓶。宫颈癌筛查完成3500人次,检出阳性患者21人次,其中病理活检阳性4人,并全部开展随访工作。开展国家免费孕前优生健康检查共623对。预防艾梅乙母婴检测3039人,发现艾滋病阳性孕妇0人,梅毒阳性孕妇30人,产妇19人,并对全部阳性孕产妇进行随访工作;乙肝表面抗原阳性孕妇55人,为乙肝表面抗原阳性产妇所生儿童注射乙肝免疫球蛋白84人。(王立峰)

计生服务

【综述】 2017年年初,与15个苏木镇、场、街道办事处,8个相关部门签订目标管理责任书,并在年终、年底分别对全市15个苏木(镇)、街道办事处、国营农牧场人口计生目标管理责任制落实情况和全员人口数据录入、变更情况进行督促指导。

全员人口管理系统年终报表统计显示(2016.10.1—2017.9.30),2017年全市总人口276014人,其中:常住人口163842人、流入人口112172人,汉族206030人、少数民族69984人;已婚育龄妇女59315人,累计采取各种节育措施53574人,综合节育率90.32%;出生3208人,出生率11.71‰,在出生的3208人中,计划内出生3184人,计划生育率99.25%;死亡665人,死亡率2.43‰,;自然增长2543人,自然增长率9.29‰;全市出生3208人中,男婴出生1646人,女婴出生1562人,婴儿性别比105.38;全市流动人口113281人,其中流入人口112172人,流入人口占总人口的40.64%。

为完善全面两孩政策配套措施,深化计划生育服务管理改革提供依据,2017年7月按照《国家卫生计生委关于开展2017年全国生育状况抽样调查的通知》(国卫指导函〔2017〕183号)要求,对两个街道办事处四个社区居委会80户进行入户进行生育状况抽样调查工作;为流动人口开展计生优质服务、就业信息提供、法律咨询、药具免费领取点设立、流动人口乌兰牧骑演出队等优质服务;实施网上办理生育登记和再生育审批工作稳步推进,截至2017年9月,一二孩累计登记1974人,多孩审批26人;信息化建设工作以建立健全在线全员人口信息动态采集长效机制,确保信息及时更新,人口信息覆盖率、准确率、完整率均达95%以上。加强与公安、卫生、民政等部门的联系,完成出生人口、婚姻登记等统计工作,基本实现部门间的信息交流与共享。

积极开展"三项制度"申报工作,对已享受计划生育"三项制度"的对象采取逐人、逐户见面等方式,全面进行审核。对扶助对象发生死亡、再婚、收养、再生育、伤残子女康复或其他原因已不符合"三项制度"扶助条件的对象,按政策规定及时清退,将相关信息档案从档案卷中移出。全面落实奖扶政策,健全利益导向机制,全市计划生育特别扶助家庭96户166人,共计发放扶助金1016340元;奖励扶助33人(其中6人为奖励扶助扩面目标人群),共计发放31680元,;少生快富新增2户,共计发放6000元。为锡林浩特市75户计划生育特别扶助家庭补发相当于城镇(农牧区)上一年度人均可支配收入三倍的一次性扶助金2431719元。为2017年新增的21户特别扶助家庭发放一次性扶助金2272575元,共计为锡林浩特市96户计划生育特别扶助家庭发放4704294元。

做好计划生育特殊家庭

扶助关怀工作。拓展帮扶渠道,春节来临之际共走访慰问65户失独家庭,为每户发放500元慰问金,共计3.25万元;为特别扶助家庭安排"一对一"公益爱心孩子,开展结对帮扶活动,并建立计划生育特殊家庭基本信息档案;为140名贫困母亲和58户伤残家庭分别购买女性安康保险和家庭意外伤害保险,投保总额8290元,保额最高可达2万元;组织46户失独家庭在免费体检,投入体检经费6.4余万元;为166位计生特别扶助对象开展家庭责任医生签约式服务,签订《锡林浩特市社区家庭医生签约式服务协议》,建立健康档案,配备签约医生,发放联系卡,提供基本的公共卫生医疗服务。

典型项目引领,全面提升家庭发展能力。额办葛根敖包社区被选为自治区"新家庭计划"项目试点后,2017年在全市积极开展"新家庭计划"示范点的全面建设,15个责任单位阵地均按照主题打造完成,按照建设主题定期开展丰富多彩的主题活动。2017年9月,内蒙古自治区"新家庭计划"项目经验交流会在内蒙古通辽市召开,楚古兰街道办事处阿尔山社区荣获"全区新家庭计划示范单位"荣誉称号,卫计局副局长美兰荣获全区新家庭计划先进工作者荣誉称号。2017年12月,锡林浩特市荣获创建幸福家庭活动示范旗县区;锡林浩特市宝力根苏木荣获创建幸福家庭活动示范苏木;锡林浩特市宝力根苏木乌力吉德力格尔嘎查荣获创建幸福家庭活动示范嘎查;锡林浩特市斯琴毕力格家庭创建幸福家庭活动示范户。

2017年独生子女父母奖励费惠及1114人,共计发放资金122510元。计划生育协会召开2017年锡林浩特市计划生育协会第二次会员代表大会,会议选举锡林浩特市政府副市长娜布其玛为理事会会长,锡林浩特市卫计局局长张福山为常务副会长,锡林浩特市卫计局副局长美兰为专职副会长。　　(王树良)

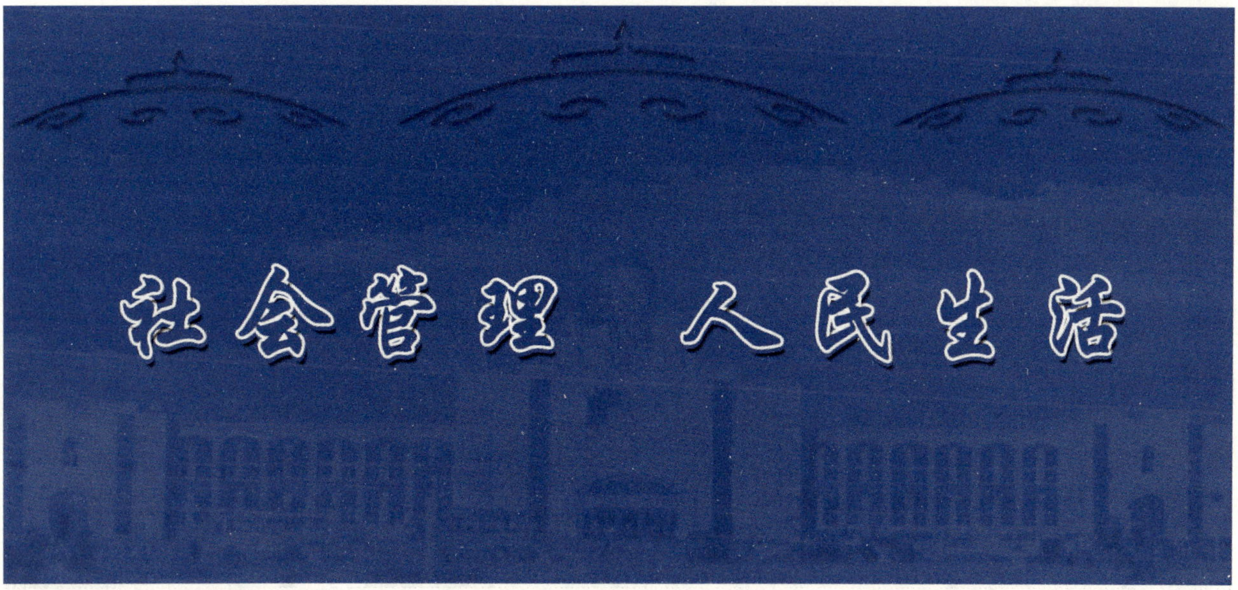

社会管理 人民生活

人民生活

【综述】城乡居民收入持续平稳增长，消费水平进一步提高。2017年，全体居民人均可支配收入39773元，比上年增加2303元，增长6.1%。城镇常住居民人均可支配收入41753元，比上年增加2363元，增长6.0%；从收入构成看，人均工资性收入为21427元，增长7.4%；人均经营净收入8382元，增长4.2%；人均财产净收入2361元，下降0.82%；人均转移净收入9584元，增长6.3 %。城镇常住居民人均消费性支出30685元，增长4.3%。城镇常住居民家庭恩格尔系数为38.6%，比上年下降0.6个百分点。牧区常住居民人均可支配收入24069元，比上年增加1824元，增长8.2%；从收入构成看，人均工资性收入为2265.6元，增长7.44%；人均经营净收入14636元，增长8.86%；人均财产净收入1413元，增长4.5%；人均转移净收入5755元，增长7.8%。牧区常住居民人均消费性支出18571元，增长5.01%。牧区常住居民家庭恩格尔系数为39.9%，比上年增长0.4个百分点。

（闫　明）

民政事务

【综述】民政局主要工作职责是宣传贯彻国家关于民政工作的法律、法规、政策，制定并组织落实全市民政工作的有关政策规定，编制锡林浩特市民政事业发展规划，并负责组织实施和监督检查，指导民政工作的改革与发展。局机关内设办公室、区划地名股、社会事务股、救灾救济股、基层政权和社区建设股、婚姻登记处、安全生产监督管理办公室等7个股室及双拥办、老龄办两个准科级挂靠民政局全额事业单位。民政局下设锡林浩特市殡葬管理所、锡林浩特市殡仪馆、锡林浩特市中心敬老院等三个二级单位。

【安全工作】重点解决国务院安委会巡查指出的锡林浩特市中心敬老院、爱祺乐牧民养老园区、夕阳红养老院3家正在经营的养老服务机构未取得消防验收手续及设施配备不足、维护管理有待完善等共性问题。锡林浩特市中心敬老院施工图纸消防部门已初审，按照初审要求进行施工图纸修改，待审查通过后实施消防水池、泵房的改造。爱祺乐牧民养老园区消防图纸已经消防部门审查通过，工程包括消防泵房设施、消防栓系统、喷淋系统、火灾自动报警系统及干粉灭火器等。正在发改部门办理立项，争取上级资金支持。夕阳红养老院因房屋年限较长，建成时房屋没有消防设施，现在也不具备条件增加消防设施，存在严重的安全隐患。经请示盟民政局，建议自治区民政厅取缔夕阳红养老院持有的“养老服务机构设立许可证”。逐步分散现有老人，待现有老人分散后，关闭锡林郭勒盟夕阳红养老院。

【扶贫工作】2017年，投入资金13.1万元，为白音高勒嘎查和新满都拉嘎查13户扶贫户购饲草52吨。为锡力其其格、照日格图巴特接通长电,为5户帮扶户给予临时救助2.38万元。通过近两年的帮扶,市民政局负责具体帮扶户全部达到脱贫目标,在今后的工作中,将会继续关注帮扶户,在现有的基础上,不断解决帮扶贫的生产、生活中的实际问题,真正做到让帮扶户彻底脱贫。

【专项工作】对2013年以来民政资金逐项开展清理核查,并着重对城乡低保、救灾救济、优抚保障、高龄补贴、医疗救助、临时救助、特困人员供养、为民服务、经费使用、行政审批、项目建设等11个领域21项重点内容进行自查。发现涉及低保金、高龄津贴发放和低收入家庭认定共22条问题,共追缴资金11.7万元(全部上交至财政局),对相关责任人进行处理。为杜绝今后的工作中出现“雁过拔毛”式腐败问题,市民政局将与全体工作人员以及各民政助理签订《廉洁自律承诺书》,使全体人员时刻绷紧思想这根弦,时刻做到警钟长鸣。(张金良)

人力资源开发

【概况】2017年通过实施事业单位公开招聘、人才市场就业、中小企业储备高校毕业生、创业培训计划、就业见习计划、创业计划实现高校毕业生就业920人。联合盟人力资源开发中心举办各类招聘会10场,网络分会场同步进行,累计参会单位523家,提供岗位8956个,网络点击达3000余人次。大力宣传高校毕业生就业政策,发放各类就业宣传材料材料1000余份。

强化服务意识,提高服务质量,为高校毕业生提供高效、便捷的公共人才基本服务。2017年年底锡林浩特市人才发展服务中心管理流动人员档案7100册,2017年接收档案1250份(其中高校毕业生323份,“三类人员”档案927份),开具调档手续130份,转递档案140份,根据档案记载出具各类证明70份,并协助考录机关事业单位开展政审工作。

【基层人才管理服务】2017年度,接收新招募三支一扶人员、社区民生志愿者110人,并开展岗前培训工作。开展2015至2017年度服务期满三支一扶人员、社区民生志愿者、中小企业储备人才121人期满考核及服务证书办理工作,对2014年至2017年服务期满民生协理员进行期满考核,并为57名符合自治区基层公益性岗位服务证书人员进行申报。提高并补发310名“三支一扶”、社区民生志愿者生活补贴,选派12名“三支一扶”在岗人员参加全区“三支一扶”人员能力提升示范培训班。

【专业技术人员管理服务】2017年参训人数为2800余人,完成率达90%。组织全市企事业单位开展“内蒙古人才信息库”建设,完成5类人才172个单位4220人信息采集录入工作;组织电子商务师、蒙古服饰等5个项目15人参加锡林郭勒盟第二届“工匠杯”职业技能大赛,锡林浩特市荣获优秀组织奖。推荐申报自治区青年创业人才1人。(张凤梅)

就业服务

【概况】认真落实各项积极就业政策,千方百计拓宽就业渠道,以培训推进就业,创业带动就业、援助推动就业,实现就业规模逐步扩大,就业结构不断优化,解决高校毕业生等重点人群的就业,拓宽就业渠道,全年征集就业岗位18980个,城镇新增就业人数3230人;失业人员实现再就业人数587人,就业困难人员实现就业658人;农牧民转移就业2147人,该年转移就业1035人;城镇登记失业率控制在3.3%。开展家政服务、民族手工艺制作、民族服饰加工、育婴员、导游员、养老护理、中式烹调、保健按摩、汽修、医药商品购销员等具有较强竞争力的技能培训班49期,培训城乡劳动力2324人。开展就业扶贫,围绕“就业一人,脱贫一户”的目标,对全市贫困家庭劳动力进行调查摸底,为311户472名贫困劳动力建立就业创业精准扶贫台账,确保“精准识别、精准帮扶、精准管理”。同时,推动“双创”与就业扶贫相结合,建立就业扶贫基地1处,吸纳贫困劳动力、就业困难人员、残疾人就业50余人。巩固完善“九位一体”创业服务体系,全力打造创业孵化基地示范工程,全市创业园区总面积4.2万平方米,可容纳创业企业500余户,可带动就业3000余人。2017年度落实创业房屋补贴72.33万元;为2324人落实技能培训鉴定补贴591万元;为300人落实创业培训补贴30万元；为2100人落实社会保险补贴1491万元；为323名97年大中专毕业生、技工学校毕业生公益性岗位工作人员落实生活补贴672.4万元；为29名随军家属及质监站公益性岗位工作人员落实生活补贴95.7万元；为157名幼儿教师公益性岗位工作人员落实生活补贴658.5万元；为公益性岗位工作人员落实保险费558.1万元。　（王桔林）

机关事业单位养老保险

【概况】已全面完成信息采集入库工作，信息采集率达到100%。行政事业单位实际参保6449人，行政事业退休人员2184人。特成立专项工作小组，坚持全覆盖、保基本、多层次、可持续的方针，加快推进机关事业单位养老保险制度改革，使符合参保条件的人员应保尽保，应收尽收。

（张娟娟）

医疗保障

【概况】职工基本医疗保险。截至2017年12月底，全市参保职工26417人，基金收入10304万元，完成全年任务的100%。基金支出7759万元，其中个人账户支出3472万元，统筹基金支出4287万元。全年参保患者出院6944人次，发生住院医疗费3464万元，政策内报销比例85%。

【城乡居民基本医疗保险】截至2017年12月底，全市实际参保86347人，其中：城镇居民实际参保69346人，新农合实际参保17001人，完成全年任务的91.62%；全年城镇居民基金收入3991万元，其中个人缴费983万元（其中包括利息收入16万元），各级财政补助3008万元；全年新农合筹资1254.06万元，其中个人筹资1054.06万元，财政财政筹资200万元。全年享受待遇6944人次，支付医疗保险金3464万元。生育保险。截至2017年12月底，实际参保13021人，基金收缴461万元；529人次享受待遇，基金支出414万元。

【政策调整】开展付费改革，两家三甲定点医疗机构实行医疗费用结算按病种付费方式。将医疗机构住院起付标准调整为一个自然年度内住院超过三次，只扣取三次的起付线。调整职工医保政策，将职工医保大病报销提高至15万元，职工大病互助基金支出12万元。　（张娟娟）

工伤保险

【概况】截至2017年12月底，全市新增参保人数2692人，累计参保人数达到15049人，完成年度任务122%；征缴工伤保险费633万元，完成年度任务107%，基金总支出167万元，其中工伤保险待遇支出159万元，全市建筑施工项目参保征缴工伤保险费27万元。

【征缴扩面】截至2017年12底，参保人数和基金征缴分别完成年度任务122%和107%，加大高危行业农牧民工参保力度，重点推进建筑施工项目务工人员参保工作。以《中华人民共和国社会保险法》《工伤保险条例》文件为主题，采用多种开式集中宣传。落实《关于建筑施工企业（建设工程项目部）及从业人员全员参保工伤保险的通知》（锡市人社发〔2017〕43号）文件要求，截至2017年12底，全市建筑施工项目参保27家，参保人数896人，征缴工伤保险费27万元。对市本级371家参保单位、14153人进行基数核定，全面完成2017年度工伤保险缴费基数申报核定工作。

【提高工伤保险待遇】2017年度，分别为享受伤残津贴、护理费、供养亲属抚恤金人员，调整2016、2017年度工伤保险待遇，调资后分别月增长382元/月、190元/月、143元/月。　（张娟娟）

劳动人事争议仲裁

【概况】劳动人事争议调解仲裁工作是处理劳动人事争议和矛盾冲突的“防火墙”和“减震器”。2017年，锡林浩特市人社局劳动人事争议仲裁院坚持“预防为主、基层为主、调解为主”的方针，通过协商、和解、调解、仲裁等相衔接的裁调综合机制处理争议案件351起，其中调解处理案件212起、裁决处理案件134起、处理当中5起，案件调解率达到60.4%，结案率达到98.6%，为劳动者挽回经济损失535.7万元，鉴定劳动合同3346份。同时，为方便劳动者和用人单位就近解决劳动争议，推动劳动关系和谐工作，联合各街道办事处司法所在全市7个街道办事处各成立一个基层劳动争议调解中心，指导锡林浩特市给排水有限责任公司、锡林浩特市煤矿分别成立企业劳动争议调解委员会。

（斯琴夫）

殡葬管理工作

【概述】制定《锡林浩特市关于党员干部带头推动殡葬工作实施方案》，待政府印发。出台《锡林浩特市免除城乡低收入群体、重点优抚对象基本殡葬服务费用实施方案》《锡林浩特市节地生态安葬工作实施方案》。自2015年开展生态安葬工作以来，有31户丧属选择生态安葬，共发放奖励资金3.1万元；自2013年开展惠民殡葬工作以来，有126名逝者的丧葬费得到减免，减免金额17.55万元。新建锡林浩特市殡仪服务中心已完成项目立项，施工图纸审查、工程规划许可已完成。殡仪服务中心建设项目已完成招标工作，计划2018年5月开工。（张金良）

社会救助

【城乡最低生活保障】2017年，城乡低保标准由2016年的604元/月提标至650元/月。2017年年底有低保对象2381户4092人（城市低保户1877户3247人，牧区低保户504户845人），全年发放低保救助资金2482.17万元（城镇低保资金1983.42万元；牧区低保资金498.75万元）。发放燃煤补贴147.7万元，其中城镇1298户2209人，发放燃煤补贴77.32万元，牧区1173户，发放燃煤补贴70.38万元。

【医疗救助工作】全年为1086名城乡医疗救助对象发放救助金405.77万元。其中基础医疗救助899人，发放救助金243.76万元；爱心工程救助185人，发放救助金153.49万元；慈善救助2人，发放救助金8.52万元。资助参合1981人，资助金额31.7万元；资助参保1973人，资助金额7.2万元；资助参险人员3877人，资助金额43.1万元。对救助对象的门诊救助每年不低于0.05万元；住院报销比列是合规费用的70%以上；重特大疾病医疗保障不低于10万元，有效解决城乡困难群众就医看病的费用问题。

【特困人员供养】全年发放特困人员供养资金226.13万元。其中牧区特困人员供养20人，发放供养资金26.3万元（集中供养标准13750元/年，分散供养标准10140元/年）；城镇特困供养人员76人，发放供养资金130.52万元（集中供养标准1600元/月，分散供养标准1400/月）；孤儿20人，发放供养资金44.74万元（集中供养标准2390元/月，分散供养标准1950元/月）；三民29人（补助标准706元/月），发放资金24.57万元。

【临时救助】全年救助1036户1987人，发放临时救助金348.02万元（低保家庭513户899人，发放救助金146.17万元；低收入家庭57户130人，发放救助金26.52万元；其他困难家庭466户958人，发放救助金175.33万元）。为61户137人，发放救急难助资金69万元。为28名流浪乞讨人员发放救助金、护送返乡、医疗费用等合计3.33万元。

【困境儿童和残疾人“两项补贴”】全年为6名困境儿童发放救助资金3.12万元（事实无人抚养3名，1950元/月；困境儿童3名，650元/月）。为29名精神病患者发放易肇事肇祸严重精神障碍患者监护人以奖代补资金7.25万元。全年发放残疾人补贴资金266.82万元，其中重度残疾人护理补贴累计发放14726人次，补贴资金152.55万元（每人每月100元）；困难残疾人生活补贴累计发放10901人次，补贴资金114.27万元（每人每月100元），两项补贴交叉人数5240人次。（张金良）

优抚安置

【优抚安置及双拥】通过开发公益性岗位、量化评分、公开竞聘的方式完成2016年度符合政府安置工作的20名退役士兵的安置工作。2017年度接收退役士兵94人，符合安置工作的12人全部安置上岗。对全市1978年至2014年符合政府安置条件的退役士兵进行摸底登记，共登记3394人。其中，转业志愿兵155人，下岗26人；转业士官217人；初级士官181人，下岗1人；义务兵2841人，下岗565人。

全市2017年年底有各类优抚对象共计260人。其中，国家伤残人员179人，在乡老复员军人7人（每人1892元/月），烈士家属2人（每人2522.5元/月），因公牺牲军属7人（每人2281元/月），病故军属6人（每人2196.5元/

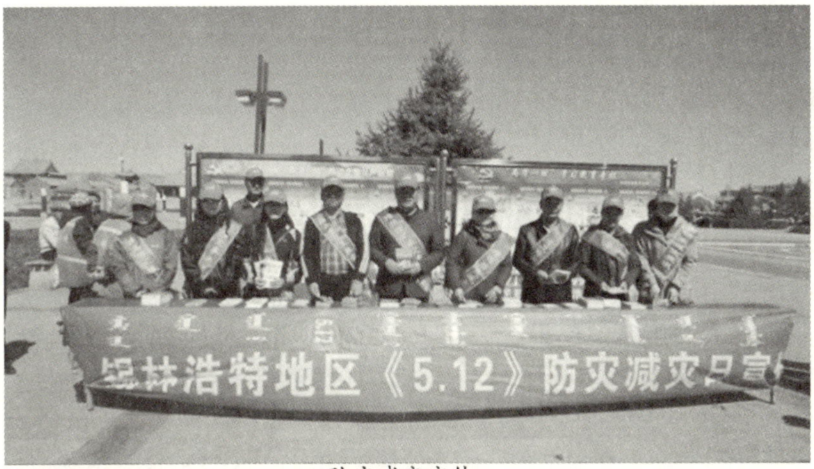

防灾减灾宣传

月)，带病回乡退伍军人5人(每人1418元/月)，两参人员3人(每人1180元/月)，60周岁烈士子女7人(每人640元/月)，60周岁农村籍退伍老兵44人(每人每当兵一年补助25元)。继续执行对重点优抚对象定期定量补助自然增长机制，不断提高优抚对象补助标准，除国家提高的标准外，2017年重点优抚对象补助金自然增长100元/月。

全年发放各类优抚资金1869.82元，其中优抚对象定期定量补助资金共计96.53元；发放伤残抚恤金346.42万元；为待分配退役士兵发放待分配期间生活费14.72万元。为81名退役士兵发放地方经济补偿金591万元；为175名义务兵家属发放2017年优待金786.2万元；为63名随军未就业家属发放生活补贴金34.95万元。锡林浩特市烈士陵园改扩建项目已完成烈士纪念碑主体及周边活动广场铺装，累计完成投资150万元，计划2018年年底全完全部工程。　(张金良)

社会事务

【基层政权建设】制定《锡林浩特市城乡社区协商的实施方案》及《锡林浩特市城乡社区协商事项指导性目录》。市辖47个城镇社区、7个城镇居委会、13个牧区居委会。从2008年开始，通过政府投入、土地置换、平房区改造配套工程建设等方式建设社区阵地，每处不低于500平方米。2017年年底43处城镇社区全部达标并匹配资金72万元，对社区阵地进行装修或配备设施设备。同时，为深入推进农村牧区社区建设试点工作，提高基层民主治理和公共服务水平，将巴彦宝拉格苏木查干海日居委会、朝克乌拉苏木呼特勒乌苏居委会列为牧区社区工作试点单位。

【救灾救济】按照上级要求，启动《自治区自然灾害应急救助指挥平台》，相关信息已录入完成。全年上级拨付自然灾害生活救助资金115万元，通过财政"一卡通"对全市各苏木镇、国有农牧场821户1745名受灾的困难群体实施救助。共发放资金164.09万元。

【区划地名】全面开展第二次全国地名普查，已在国家和区划数据库录入信息2743条。对市区主要街路安装门牌14000块，安装街路牌110块。根据《第二次全国地名普查质量评价体系》，盟地名普查办对锡林浩特市地名普查工作进行认真测评，评价总分98.5分，各项普查指标均符合国家验收标准。目前，已通过自治区民政厅验收，正在接受国家民政部地名普查办验收。共采集2743条地名，标绘1∶5万纸质地图62幅，测量地名经纬度2743条，地名标准化处理273个，设置重要地名标志155块，制作地名标志登记表155份，采集地名多媒体信息2715条，修改整饰国家地名数据库矢量地图，生成地名成果图63幅，生成地名成果表2743份。

2017年与相邻交界的克什克腾旗、阿巴嘎旗因行政区域界线实地位置认定不一致引发的边界争议共6次，相关工作人员及时化解边界矛盾、妥善解决边界纠纷，避免因边界纠纷而引发恶性事件的发生。

【婚姻登记】安排婚姻登记员参加民政厅组织的业务培训，让登记员熟悉婚姻法律、法规以及其他相关政策，做到将各种法律法规融会贯通，从而提高登记员依法办理业务的效率和服务质量。2017年年底共办理结婚1767对，离婚832对，补办结(离)婚证件975对。及时对档案进行归类整理，共整理档案五千多卷，并安排专人管理和维护，实现电子档案和纸质档案"双套制"保管，规范档案的管理，维护当事人的合法权益,也方便婚姻当事人及时查阅。

【社会组织管理】 加强各类社会组织的监督管理工作,降低准入条件,简化登记流程,减少行政审批环节。截至2017年年底,在民政局依法登记的社会组织有126个,其中,社会团体74个、民办非企业单位52个;落实直接登记制度。直接登记社会组织24个(其中,社会团体12家、民办非企业单位12家),占总登记的19%;有序完成社会组织“三证合一”工作。在新批准登记、办理变更、年度检查等工作过程中,逐步为社会组织进行统一社会信用代码赋码工作;向各社会组织传达上级关于社会组织办理税务登记工作的相关要求。全市登记注册的有固定收益的民办幼儿园、民办学校和社会服务类机构等已基本办理税务登记。公益性、联合性社会团体由于收入、资金和人员相对不固定,办理税务登记的相对较少。办理税务登记的占全部登记社会组织的50%以上;2017年6月,印发《关于开展慈善组织认定和公开募捐资格申请相关工作的通知》。

(张金良)

老龄工作

【概述】 2017年,为23689名老年人办理优待证,其中外阜老年人4015名,财政补贴优待乘坐公交车补贴资金190万元,每人每年补贴100元(政府80元,公交公司20元),同时把优待政策扩大到外阜老年人,享受同等待遇。继续实施77周岁以上高龄老人“普惠型”生活补贴政策,市财政每年安排一定比例的补贴资金,逐步提高和扩大高龄老人津贴补贴标准和范围。为4554名77周岁以上老人发放高龄津贴591.75万元。通过政府购买服务方式,为400户高龄、空巢、独居及特困难老年人给予每户400元的家政服务,投入资金16万元。为2000名特困老年人每人每年补贴120元话费,共计24万元。重阳节期间,看望慰问养老机构及居家家庭老年人10名,送去慰问金2万元。

锡林颐和苑养老中心由河北洋辰投资集团有限公司投资建设,计划总投资4亿元,规划用地面积12万平方米,总建筑面积15万平方米,设计床位4000张。该项目于2014年8月开工建设,自2017年5月25日复工以来累计完成投资3701万元,部分设施在2018年将投入使用。

锡林浩特市政府出资在锡林颐和苑养老中心项目区内配建的锡林浩特市综合老年养护院3000平方米医疗服务中心主体及室内装修已完成,5000平方米活动中心主体及12000平方米地下车库部分装修已完成,全年累计完成投资2000余万元。

爱祺乐牧区养老园区内增加消防工程的施工图纸已设计完成并由消防部门审核完毕,现财政评审中;园区内植树、绿化、养老用房屋顶防水及换瓦,墙体改造、铺装、门窗户更换等工程已经完成。

(张金良)

民族事务

【概况】 锡林浩特市民族宗教事务局内设4个办公室:综合办公室、民族工作办公室、宗教工作办公室、蒙古语文办公室。行政编制6人。主要职责:贯彻执行党和国家有关民族、宗教、蒙古语言文字方面的方针政策,负责研究制定锡林浩特市有关民族、宗教、蒙古语言文字政策的落实措施,并监督实施。

【贯彻民族工作会议精神】3月,举办的锡林浩特市科级干部春季培训班安排民族宗教政策理论课;给各苏木镇场、街道办事处、嘎查分厂、社区订购《民族画报》,及时宣传党和国家的相关政策法规和各地民族工作经验做法。

【民族政策、民族团结进步事业宣传氛围】开展以歌颂故乡,唱响民族团结为主旋律的系列文化活动;开展自治区、盟、市级民族团结进步模范集体和个人的评选推荐工作。

【开展民族团结进步创建活动示范单位创建活动】 宝力根苏木萨如拉塔拉嘎查、巴彦查干街道办事处、市人力资源和社会保障局被锡盟委宣传部、统战部、盟民族事务委员会命名为第三批“全盟民族团结进步创建活动示范单位”。

【城市民族工作】在察哈尔社区资助创立“阿巴哈纳尔沙嘎文化室”,并对阿巴哈纳尔沙嘎协会的成立给予积极指导和扶持。

【清真食品市场的监管】会同相关部门对锡林浩特地区清真食品安全管理工作进行全面自查。经自查,生产经营清真食品的场所、设备、设施均符合相关规定要求。

【少数民族特色村寨保护与发展】 白音锡勒牧场黄花树特分场被国家民委命名为第二批“中国少数民族特色村寨”。

【少数民族发展资金项目】 根据上级民委的相关精神，争取上级少数民族发展资金项目11个，项目资金270万元。

（娜日苏）

宗教事务

【改善宗教活动场所条件】 申请将贝子庙供热管道纳入市政工程计划，对贝子庙蒙医医院及部分殿内的供热管道进行更换；会同文物部门对贝子庙部分殿进行修缮；硬化清真寺新增院落。协调规划部门对清真寺院落的规划建设提出计划。

【宗教活动场所的管理】 开展对全市各宗教活动场所基础信息采集录入工作；对宗教领域安全隐患进行排查；会同统战部对全市各宗教场所进行调研；提高教职人员生活补贴标准，从每人每月667元提高为927元。

【引导信教群众积极参与公益事业】 锡林浩特市部分信教群众自发成立“锡林浩特市爱心公益协会”，设立纯公益性质实体店“爱心小屋”。

【开展反邪教宣传】 与市反邪教协会联合开展“反邪教宣传进寺庙”活动。

【宗教“三级网络”建设】 制定宗教联络员考核细则，举办1期宗教联络员培训班。

（娜日苏）

蒙古语文事务

【整改落实中央、自治区巡视组反馈意见】 继续加强社会市面蒙汉文用文检查整改工作，全年整改不规范牌匾、广告700余个；加强与相关部门的业务联系，完善牌匾审核流程，加大源头治理力度。与城管局、食药工商质监局联合召开广告牌匾规范管理工作会议，联合制定印发《关于对全市牌匾制作企业（个人）实行黑名单制管理的规定》。

【蒙古语文工作】 举办以蒙古语文工作为主题的系列比赛，开展一次较全面系统的蒙古语文政策法规和知识的宣传教育；开展学习使用蒙古语文先进集体、先进个人推荐表彰工作。

【鼓励学习使用蒙古语文】 与锡盟新丝路电子商务有限公司联合举办第四期全市干部职工蒙古语文学习班。

（娜日苏）

慈善事业

【概述】 锡林浩特市慈善总会始终坚持“依靠社会办慈善，办好慈善为社会”的方针，开展多种形式的扶贫救济活动，进一步加大慈善组织的扶危济困的救助工作力度。年内与锡盟视杰集团、广东马可波罗陶瓷有限公司、社会爱心人士共同携手合作，举办三次大型的慈善公益捐赠活动。

锡盟视杰集团为生活在锡林浩特市巴彦查干街道办事处廉租房小区低保户等困难家庭捐赠1万元善款，用于解决每周日爱心早餐所需的费用。

广东马可波罗陶瓷有限责任公司为居住在锡林浩特市的10名低保困难家庭小学生捐赠助学爱心善款3万元，用于解决低保困难家庭小学生购买学习资料等相关费用。

社会爱心人士捐赠5万元善款用于开展为老爱心服务活动。

所有捐赠款已由锡林浩特市慈善总会通过转账方式转至锡林浩特市财政局非税收入储存专户。（张金良）

城市公交

【概述】 2017年年底结合市民需要先后新增和延伸5条线路。一是开通“六中学生快

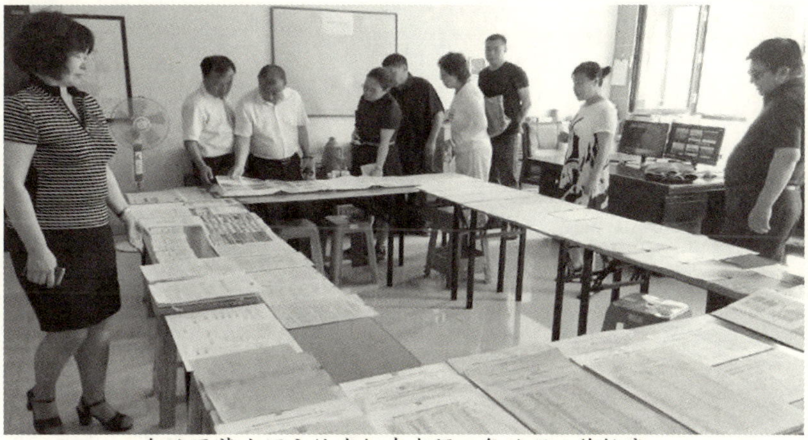

自治区蒙古语文检查组在查阅三年治理工作档案

速公交”线路,4 条线网贯穿锡林大街、察哈尔大街、杭盖路全线,形成“一横两纵”及与市周边辅路为骨干结构的线网分布形态。二是开通“市区至大庄园”公交线路,全长 26.4 公里,共 24 站,起点三队,终点大庄园,为周边居民及广大市民免费乘车游览大庄园景区提供便利。三是于 9 月 9 日开通景观带公交免费线路,起点设置为贝子庙,终点为锡林湖公园北门(水库),全程双程里程 18 公里,全程共设置公交乘降站点 14 站。四是扩大公交线网覆盖面积,延伸优化调整 3 条线路,累计延伸线路里程双程 17.8 公里,增设站点 17 站,线路调整后填补市区西北和东北区域公交线网空白。五是新增纯电动公交车辆。“锡市首批纯电动公交车上线运营”天安公交公司首次引入 10 辆新能源纯电动公交车辆,通过新能源纯电动公交车的使用,不断提高公共交通线网覆盖面和通达深度,日益提高锡林浩特市公共交通的服务水平。

(温　静)

出租车管理

【概述】 锡林浩特市现有出租车辆 1784 辆,为加强锡林浩特市出租汽车行业的监督管理,规范经营者运营行为,充分发挥档案、台账指导的作用,年初重新整理车辆台账、服务质量投拆台账;完善行业诚信体系,建立优胜劣汰的竞争机制和市场退出机制,建立出租汽车经营者和驾驶员服务质量信誉考核档案。将巡游出租汽车驾驶员持有原城管部门核发的《客运资格证》和交通运输部核发的《道路旅客运输驾驶员证》换发成《巡游出租汽车驾驶员证》。联合交通、公安、交警、城管等部门协作配合,开展联合执法,切实解决全市出租车行业中存在的突出问题,全面提高出租车行业水平和文明素养,促进全市出租车行业健康有序发展,营造良好的城市形象。

(温　静)

物流产业

【概述】 随着锡林浩特市高度重视物流业发展工作,贯彻落实盟委、行署关于促进物流业发展和进一步完善城乡物流配送体系的各项政策,依托丰富的资源优势和优越的区位优势,“高起点、高标准、高规模”进行规划建设,从配署物流资源、培育物流企业、规范物流市场等方面,加大扶持力度,实现物流业的快速发展。2017 年,全市公路货运量达到 1.4 亿吨,货运周转量达 290 亿吨公里,分别增长 5% 和 6.3%;公路、铁路、航空场站和货物运输枢纽等设施明显改善,境内公路总里程 1500 公里,铁路总里程 375 公里,4C 级机场可起降 767 型客机,开通飞往北京、烀和浩特等地航线 6 条。全市共有物流企业 36 家,个体配货站 198 户。共有运输车辆 1500 台,道路运输企业 37 家。2017 年,物流从业人员 5000 余人。煤炭、建材、原油、钢材、矿石等工业品和建筑原材料物流量不断加大,铁路、公路、民航等重要交通项目建设的力度进一步加大,锡林浩特市将成为全盟重要的交通枢纽中心,为物流业营造巨大的发展空间。

(李　莉)

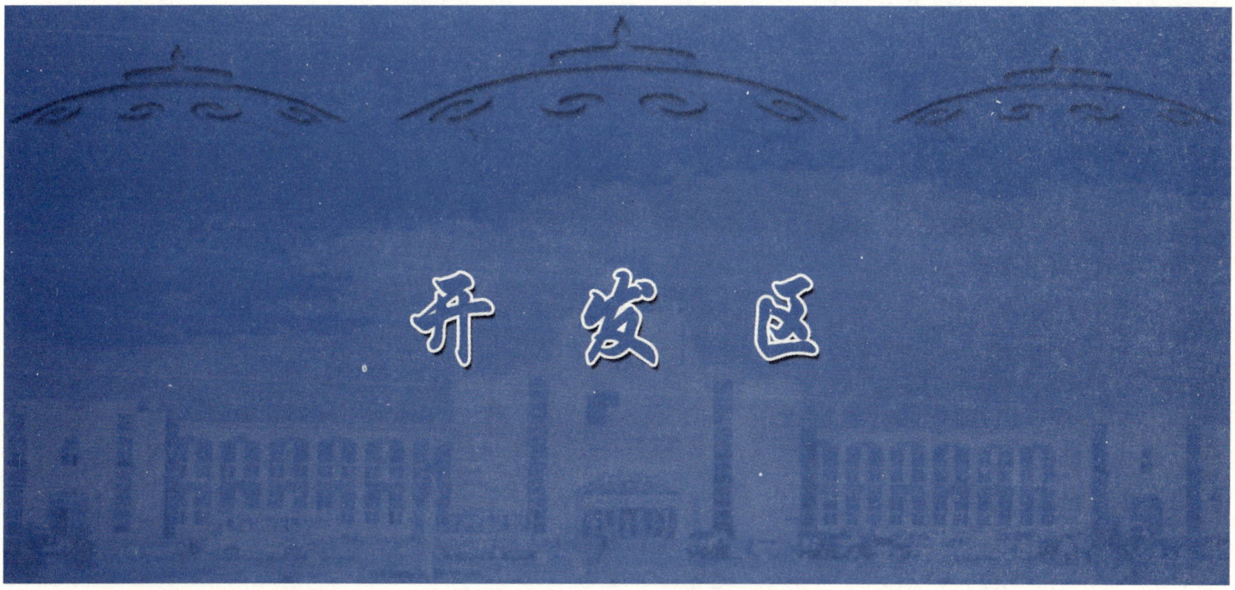

经济技术开发区

【概况】锡林郭勒经济技术开发区管委会为正处级单位，内设五个科室：办公室、招商发展局、土地规划局、建设管理局、财政局。2017年，开发区在盟委、行署和市委、市政府的正确领导下，认真贯彻党的十八大、十九大精神以及上级的决策部署，强化“四个意识”，紧紧围绕全市经济社会发展大局，开拓创新、真抓实干，开发区各项工作取得一定成效。

【规划编制】 按照园区整合的要求，将原有的装备制造园区、褐煤综合利用示范基地、创源工业园区、高端畜产品聚集区统一整合到锡林郭勒经济技术开发区进行管理。聘请中国石油和化学工业规划院，进一步完善开发区总体规划及专项规划。先期规划约35平方公里区域，其中高新技术产业园2.8平方公里，能源电力产业园11.4平方公里，装备制造产业园5.3平方公里，绿色畜产品精深加工产业园3.28平方公里，北工业园6.55平方公里，创源区域5平方公里用地作为未来新兴产业发展储备用地。目前，正协调设计单位对规划内容作进一步修改完善。

【基础设施建设】开发区西环路的草牧场征地报建手续已上报自治区草原生态管理局审核完成，等待缴费办理相关批复手续；土地压覆矿手续已报国土部审核，现等待自治区国土厅报送补充材料。

【重点项目建设】2017年推进重点项目开工及落地8项。创源年产40万吨煤制油项目，项目总投资50亿元，广东基地已完成试验，列入国家“十三五”规划中。明阳装备制造园及新能源开发项目，项目计划总投资24.76亿元，分为四个项目：大型风机制造项目。年产3兆瓦半直驱超紧凑SCD风力发电机组400台及叶片总容量600兆瓦，12000平方米车间及配套办公楼建设已完成，正在进行设备安装；高效太阳能组件生产项目。投资建设碲化镉薄膜光伏组件生产线，总投资7亿元，年生产太阳能组件100万

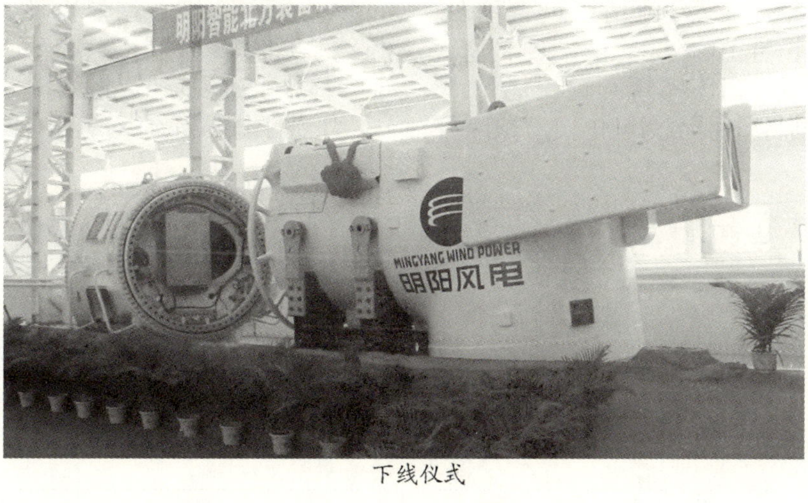

下线仪式

千瓦,2017年8月10日与盟行署签订协议,中山总部试验生产已完成,正在向锡盟明阳基地逐步迁移;风光互补建设项目,6.2万千瓦风光互补试验风场项目已获得盟发改委核准,其中风电项目5万千瓦、碲化镉光伏发电项目1.2万千瓦。该项目与工业旅游项目相结合,打造智能化风光储能试验风场,目前正在进行开工前的准备工作,计划2018年上半年开工建设;博士后科研工作站项目。明阳智慧博士后科研工作站北方风能研究中心项目于2017年8月10日正式揭牌,为锡盟清洁能源输出基地(2000万千瓦)提供强有力的技术支撑,目前正在选调博士后技术人员。三是华电3万千瓦太阳能发电项目全部投入运行,全年累计发电量4170万千瓦时,实现年利润2000万元。四是宁夏鸿亚制造汽车零部件产业园项目。项目一期计划投资25亿元,分四个项目,即年产6000万套汽车电机轴承项目、6万吨锻造退火线项目、4.6万吨淬火件和4.8亿粒钢球项目、600万套精密车件项目,力争2018年上半年开工建设;二期年产15万吨精密钢管项目,投资10亿元。两期项目全部投产后年实现利税3亿元,增加就业岗位1500人。2017年年底该项目已签署合作框架协议,正在开展前期准备工作。五是东旭蓝天特种玻璃钢制造压力容器项目。该项目利用FRP高新技术材料制造压力容器,总投资5亿元,目前已完成项目选址,可研正在编制,计划2018年上半年开工建设。六是粤电、泰胜塔筒制造及新能源项目。项目计划投资35.95亿元,建设5万平方米标准化厂房、年产600套风电塔筒制造项目、40万千瓦风光同场项目。该项目三方协议已经签订,2017年年底正在开展前期工作,计划2018年上半年开工建设。七是内蒙古丰润环保脱硫石膏综合利用项目。项目年产50万吨石灰石粉末、40万吨石膏粉末和1.2亿平方米纸面石膏板,计划总投资6.7亿元。正做开工前的审批工作,计划2018年上半年开工建设。八是陕西环保脱硝催化剂再生项目。计划总投资1.5亿元,可研已编制完成,正在开展其他前期准备工作。

【招商引资】围绕开发区产业定位,创新工作方法,分片包干负责,加大对珠三角、长三角、环渤海、东北等发达地区的招商引资力度。通过电话、网络、以商招商等渠道联络企业45余户,多次赴北京、宁夏、江苏、山西等地对接企业20余户,有的项目已签约,有的正在进一步梳理洽谈中。

【党的建设】全年组织集中学习26次,领导干部参加市委中心组集中学习会达100余人次,开展讲党课4次,为党员过“政治生日”11人,参加“党员固定活动日”达70人次,开展“四个合格”讨论活动4次。加强党风廉政建设。开展反腐倡廉宣传教育,完善制度,抓好源头预防工作;领导带头遵守廉洁自律各项规定,廉洁从政;严格执行党内监督条例,加强对领导干部行使权力和机关规章制度执行情况的监督;认真落实党风廉政建设责任制,加强对反腐倡廉工作的研究部署和督促落实。

【机关建设】修订完善开发区规章制度,从党风廉政、学习培训、请销假、公务接待、财务管理等方面强化制度约束,加强机关作风建设。加强队伍建设。按照民主集中制的原则加强班子建设,完善集体领导和个人分工负责相结合的制度,逐步建立容错纠错机制,营造干事创业氛围。加强干部学习培训。积极参加市委中心组集中学习会、专题培训和双休日讲座,结合“两学一做”学习教育常态化制度化,利用周五学习日开展学习教育活动。 (乔丽荣)

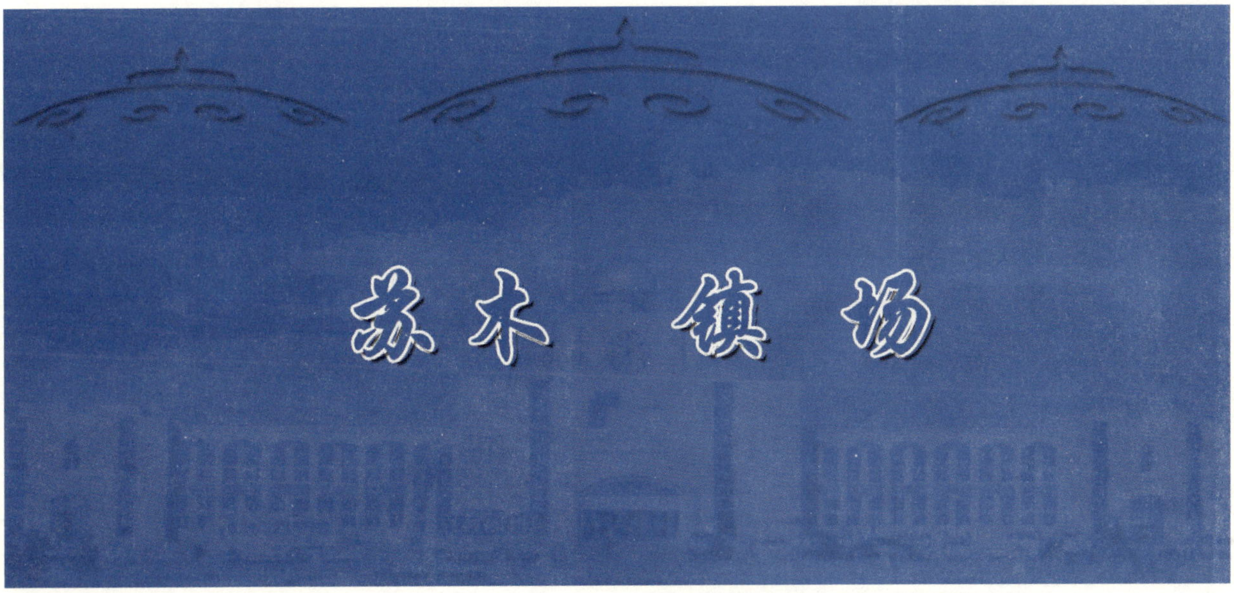

宝力根苏木

【概况】宝力根苏木环绕锡林浩特市城区，土地总面积3199.93平方公里，辖9个嘎查、2个居委会，是一个以蒙古族为主体，以畜牧业为基础产业的苏木。户籍人口1675户、4693人，其中牧业户987户、3469人，占总人口的74%。现有低保户296户、“五保”户4(人)户，残疾人110名。党员中心户29户、党员277名(其中60岁以上党员28名)。宝力根苏木人民政府驻锡林浩特市开发区上海路东，邮政编码026000。宝力根苏木政府共有干部职工65人，其中：公务员27人、事业20人、工勤3人、嘎查长助理7人、大学生村干部2人。2016年牧业年度牲畜总头数为37万头只，其中大畜2.4万头、小畜34.5万只；共出栏17万头只牲畜。

【党风廉政建设】苏木举办大型学习会5次，专家辅导讲课2次，各嘎查开展学习教育宣讲活动20余次，500余人次，不断用习近平新时代中国特色社会主义思想武装头脑，推动工作；扎实开展“两学一做”学习教育常态化制度化工作，先后开展集体学习教育118次、2400余人次，召开专题组织生活会12次、民主生活会1次，党委书记讲党课3次，支部书记讲党课24次，送出“政治生日”礼物288份，开展志愿活动46次，走访慰问老弱困难党员20名；抓实意识形态工作，开展专题会议13次、培训3次，举办群众性文化活动11次，应对网络舆情2起，制作宣传展板和宣传标语70个，建立村规民约11个，树立宣传报道先进典型13个，接受新华网、《人民日报》等重点采访20余次。年内通报2期，7人；结合集中整治“雁过拔毛”式腐败问题专项整治活动，排查项目244个，涉及金额2000万元。共收到举报案件2件、查找出存在问题6件，已完结4件、上报市纪委2件，整改落实2件。

【扶贫工作】2017年，新建棚圈6处；打井10眼；建设太阳罩与院墙6户；新建房屋1户；购买饲草料8户(每户70

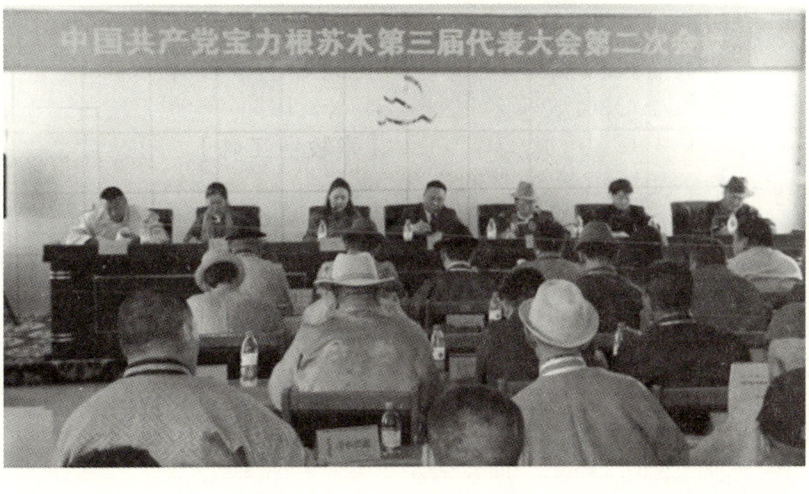

斤草、1吨煤);联系就业1户;医疗补贴1户(5000元);民政救助3户(每户500元);发放过冬煤11户(共计33吨);发放慰问金及慰问品20余户、5万元。2017年9月按照低保户每人1000元、非低保贫困户每人800元的标准为63户贫困户发放旱灾补助,共计150100.00元;10月为98户贫困户每户发放600元燃煤补贴(一吨煤)。

【生态保护】 按照第二期草原生态保护补奖政策规定,苏木划分为禁牧区的有27.52万亩,划分为草蓄平衡区的有454.11万亩。2017年发放2016年签订承诺书牧户奖补资金的30%,共计538.46万元,涉及牧户1260户。2017年全部资金共发放1636.55万元,涉及牧户1465户。配合国土、生态、环保等部门开展综合执法工作依法责令20余家采石企业以及工矿企业停产停业。

【计生、文教、民政工作】 2017年,全苏木共出生新生儿34人;为590名已婚育龄妇女进行免费生殖健康检查;为28对夫妇"国家免费孕前优生健康检查";2017年共189名幼儿、中小学生享受48.8万元住宿和助学补贴;奖励17名新入学的牧区户籍本科大专生共2.7万元;奖励4名低保户大学生共13万元。2017年全苏木享受城镇低保户达71户,123人;享受牧区低保户达205户,344人,共发放273.08万元;临时救助116人,救助资金36.53万元;其他各类补助补贴达到148万余元。

【社会治安综合治理】 2017年,苏木派出所接警刑事案件20余起、行政(治安)案件20余起、民事纠纷150余起、救助8起、其他警情200余起;全年共接处信访案件20余起、矛盾纠纷50余起,解决7个嘎查草原确权承包工作边界矛盾纠纷34起,共计755户,2490人涉及草场面积3610979亩。

【整顿和规范民间借贷】 制定《宝力根苏木整顿和规范农村牧区民间借贷工作实施方案》,年内已削减(到期还款)5户,涉及金额29万;阳光调处21起,涉及金额100.17万;免除利息2户涉及金额68万并开展宣传教育工作发放宣传资料500余份,宣传覆盖率达90%。（朝鲁门）

朝克乌拉苏木

【概况】 苏木位于锡林浩特市东北部80公里处,总面积1880平方公里,其中可利用草场面积1848平方公里(277.04万亩),总人口1100户3801人,农牧业人口531户2009人,2017年人均可支配收入达到22130元。2017年日历年度牲畜总头数7.06万头(只),其中:大畜0.52万头、小畜6.54万只,是一个纯牧业苏木。辖区6个嘎查、3个居委会。苏木干部职工共49名,195名党员。

【畜牧业工作】 通过红会"博爱一日捐"项目,为8户牧户新建标准化棚圈、改善牧民畜牧业生产经营条件。通过嘎查公益事业建设"一事一议"财政奖补项目,打造活畜交易市场780平方米、沿路新建网围栏86公里。结合"美丽乡村"项目,投入54.34万元,新建太阳罩14户232平方米、院墙11户510延长米和4户72延长米羊粪圈。争取牧区安全饮水项目,新建水源井4眼。争取农网改造项目,为27户牧户通网电,通网电率分别达到93%。抓好乌珠穆沁羊保种繁育和提纯复壮工作,在6个嘎查集中饲养种公羊1448只,以租赁形式为牧户提供种公羊,确保乌珠穆沁羊纯种。抓好基础母羊标准化畜群建设和牲畜出栏工作,全年已出栏16.7万头只,100%完成出栏任务。以西门塔尔牛为重点,抓黄牛改良和肉牛繁育和冷配工作,改良黄牛860头,培育生态肉牛家庭牧户13户。指导和协调苏木兽医站,全苏木范围内开展口蹄疫、小反刍兽疫苗、布病和地区包虫病防疫疫苗,防疫疫苗覆盖率和质量达到100%,没未发生重大疫病。

【生态保护和建设工作】 全面落实第二轮草原生态保护补助奖励政策,42.79万亩草场(特殊功能区7300亩,常规禁牧区31.49万亩,集中连片打草场10.57万亩)实施禁牧,226.25万亩草场实施草畜平衡,共发放奖补资金1044万元。有序推进草原确权承包换证登记工作,6个嘎查草牧场确权工作全部完成。贯彻落实河长制工作,在全苏木范围内,确立总河长及分段河长,为锡林河流域生态保护工作做到分工明确,责任落实到位。加强防火工作,严格落实防火责任制,实行24小时防火值班。

【精准扶贫工作】 苏木充分发挥精准扶贫主体责任,继续对脱贫户和边缘户进行精准施策、精准帮扶。在2016年精准脱贫成果的基础上,提高社会保障等民生工程实效,在全苏木范围内开展贫困人口识别再核查、扶贫对象动态管理和信息采集工作,对扶贫对象精准识别、精准帮扶和精准退出工作开展逐户核查。全年共申请到扶贫专项资金114.1万元,并为乌优特嘎查申请到发展壮大嘎查集体经济资金10万元,用于购买良种肉牛,发展壮大嘎查集体经济,帮扶贫困对象。

【社会民生】2017年,全苏木6个嘎查、3个居委会参加城乡居民养老保险共727人,享受养老保险227人。参加牧区合作医疗2315人,参保率达到90%以上。全苏木城市低保户142户264人、每月发放低保资金12.35万元;牧区低保户148户250人、每月发放资金12.3万元;五保户2户2人、每季度发放资金4125元。享受高龄补贴43人,每季度发放补贴1.1万元。开展老年体协工作,组织老年人参加文体娱乐活动,被评为全市"老年人台球赛团体第三名",认真贯彻党的民族团结政策,被评为全市"民族团结进步模范集体"。

【综治维稳】组织开展平安建设重点工作专项行动和综治维稳宣传月活动,活动期间共计出动人员40余人次,其中科级干部19人次,参加人员1000余人次,发放法律宣传材料1000余册,解答牧民群众咨询800余次。开展各类排查行动18次,排查出各类矛盾纠纷15起,其中草场划分6起、债务纠纷3起、家庭矛盾1起、邻里之间矛盾1起、其他4起,2017年年底已经调解11起。 （其乐格尔）

巴彦宝拉格苏木

【概况】巴彦宝拉格苏木位于锡林浩特市北42公里处。苏木辖3个嘎查、1个居委会,土地总面积1520平方公里(228.02万亩),承包到户草场面积219.83万亩。户籍人口751户、1911人,其中牧业户408户、1126人,是一个以蒙古族为主体,以畜牧业为基础产业的苏木。2017年12月,牲畜头数77592头(只),大畜5615头,其中:牛4350头、马1176匹、骆驼89峰;小畜71977只,其中:绵羊67394只、山羊4583只。2017年度牧民人均纯收入为20636元。全苏木现有围栏草场130万亩,高产饲料基地7300亩、林地33万亩。苏木党委下属5个党支部,党员129名。

【基层组织建设】结合"两学一做"学习教育常态化制度化工作,严格落实"三会一课"制度,年内开展集中学习50余次,专题研讨12次。

【基础设施建设】联系市红十字会为2户低收入牧户扶持建设暖棚100平方米、圈150平方米;实施饮水安全、抗旱、沙源治理水源井项目新建水源井8眼。在巴彦哈日阿图嘎查实施财政农业综合开发项目,为5户新建暖棚150平方米、圈450平方米,机井34眼。

【畜牧业产业结构调整与建设】开展疫苗接种,防疫率达到100%。加强黄牛改良专项推进工作,完善现有的2处黄牛改良冷配站建设,完成冷配300头,良改比重15%,繁成率85%。实施"减羊增牛"发展战略,优化畜种结构,积极指导牧民转变生产生活方式。

【扶贫攻坚】核查和扶贫对象动态管理及信息采集工作,进行信息采集,对各类贫困户进行分类研判,新识别贫困户23户59人,进一步巩固脱贫攻坚成果。为贫困户发放抗灾饲草每户1750公斤、饲料1000公斤,冬季燃煤补贴每户600元,保障贫困户顺利过冬。为59户脱贫户5361头牲畜(170头牛、3981只羊)缴纳人身意外险和肉牛肉羊险。

【民政救助】2017年年底,低保户114户208人,其中牧区低保81户147人、城镇低保33户61人,共发放低保金额136.8万元;五保户3户3人,共发放五保金2.4万元;优抚对象2名,共发放优抚金、医疗救助、慰问金共6.4万元。认真做好各类社会救助的申请工作,全年共发放社会救助资金56.57万元。社会保障方面,289人参加牧区新型养老保险,143名牧民享受养老保险待遇。

【社会公共事业】为13名新考入大学发放补贴本科生每人2000元、专科生每人1000元,为6名幼龄儿童发放幼儿补助每人1000元,为8名高中生发放高中补助每人2000元;为一名考入大学本科的低保户子女申请发放补助4万元,为一名残疾家庭子女申请发放补助5000元,对5名计划生育家庭子女发放每人1000元补助资金。全面落实新型农村牧区合作医疗制度,参加合作医疗1619人,使牧区就医得到保障。举办计划生育知识培训班3次100余人次,免费孕前检查12对夫妇,“三查”253人。为18名困难残疾人发放残疾人生活困难补助金2万元,为22名一二级重度残疾人发放重度残疾人护理补贴2.6万元。

【综合治理】 积极构建社会治安防控体系,推进“五所联调”工作机制,加强法制宣传教育,成功调解矛盾纠纷16起。

(佈 和)

阿尔善宝力格镇

【概况】 阿尔善宝力格镇位于锡林浩特市北100公里处,以汉族、蒙古族、回族、满族组成的锡林浩特市牧区中心镇。全镇辖4个嘎查(新满都拉嘎查、白音高勒嘎查、斯日古楞嘎查、巴音塔拉嘎查),2个居委会(伊玛图居委会、阿尤勒海居委会),土地面积2220平方公里,总人口为534户、1553人,其中:牧业户383户、1123人,牧业户占总人口的72%。是一个以蒙古族为主体,以畜牧业为基础产业的牧区中心镇。2017年夏季牲畜头数250033头只,其中:大畜8181头,牛6296头、马1754匹、骆驼126峰、驴5头;小畜241852只,绵羊222260只、山羊19592只。享受最低保障的95户、151人,其中,享受城市最低生活保障的29户、53人,享受牧区最低生活保障的66户、98人。全镇共有11个专业合作社,入社会员127户、364人。草畜平衡草场共计292万亩。高产饲料基地2处1410亩。全镇4个嘎查均有集体经济收入,其中集体经济收入超过10万元的嘎查有2个。2017年牧民人均可支配收入达20635元。镇党委下属7个党支部,124名党员,牧民党员91名,占74%。

【基层党建工作】 发展党员4名,积极分子7名。为8个党员中心户修缮蒙古包,进一步完善党员中心户开展活动的场所。组织党员干部和牧民党员共举办60余次学习会和讲座,重点学习党的十八届六中全会、党的十九大会议精神、习近平总书记系列重要讲话等,牢固树立“四个意识”,继续推进全面从严治党。进一步推进“两学一做”制度化、常态化工作。

【牧区基础设施建设】 完成“村村通”乡村道路建设37.9公里。锡—阿公路87公里处到新满都拉嘎查文化站到阿尤勒海居委会14公里、阿尤勒海居委会到巴音塔拉嘎查文化站17.9公里、阿尤勒海居委会到斯日古楞嘎查文化站6公里,至此镇4个嘎查村村通道路完成相互连接,极大地方便牧民出行;安全饮水方面。全年共新建机井6眼,其中沙源治理项目机井3眼、安全饮水项目机井3眼;牧户用电方面。2017年为7个牧户拉通常电,解决部分牧户用电困难问题。

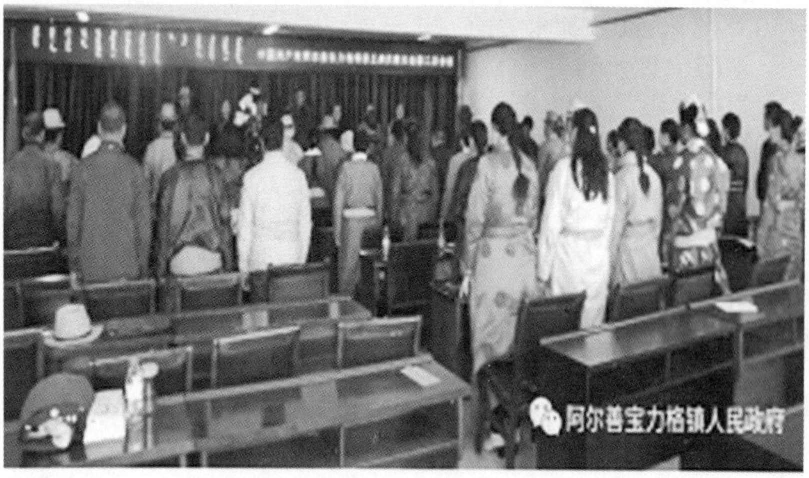

【牧民群众文化生活】 利用“3·8”“5·4”等节日,积极组织嘎查举办小型那达慕和法律知识讲座等活动,即活跃节日气氛,也提高牧民知识水平,营造良好的学习气氛。文化教育方面,为10名贫困小学生发放助学金8000元。积极落实《圆梦女孩志愿行动》,为2017年考上大学的1名牧民女孩予以捐助,捐助金额为2000元。

【惠民指施】 落实“国家免费孕前优生健康检查”和免费“三查”项目,2017年共有35户、70人参加免费孕前体检,有1300余人次参加免费“三查”项目,镇计生办在9月中旬安排工作人员对5户已享受计划生育奖励辅助家庭送去慰问金每户500元,共2500元。全面执行新型牧区医疗合作制度与养老保险制度,加强宣传教育,努力提高覆盖率,目前,缴纳养老保险的488人,其中145人已领取养老金;缴纳合作医疗的1105人,牧区医疗合作和养老保险参保率分别达到96%和60%;享受最低保障的有101户、

163 人(其中城镇低保户 29 户,53 人;牧区低保户 72 户,110 人)。

【健康教育】增强牧民群众的卫生意识,深化牧区环境卫生长效管理工作。为创造良好的生产生活环境,坚持镇、嘎查(居委会)联动,全面提高环境质量,2017 共组织机关干部职工、嘎查、居委会"两委"干部和驻辖各单位职工开展爱国卫生月活动 4 次,对辖区进行卫生大扫除和环境整治活动。联合镇卫生院、市妇幼保健院,开展免费体检活动,2017 年,各嘎查牧民以及居委会居民累计共有 210 余人参加牧民免费体检。

【加强草原生态建设和保护力度】利用国家草原生态补助奖励机制和自治区实施阶段性禁牧政策的机遇,推行限量养殖,确保均衡发展,提高草原生态的自我修复能力。2017 年 7 月,圆满完成草原确权工作。

【推进畜牧业产业化】鼓励和引导牧民以联户经营、股份入股等形式,成立专业协会或合作社,整合资源,提高组织化程度来应对激烈的市场竞争,提高牧民生产经营组织化程度和牧业抵御市场风险能力。2017 年年底,全镇 11 个合作社入社会员已达到 127 户、364 人,占总牧户的 23.7%。合作社为牧民增收致富拓宽新的渠道。同时,积极落实"减羊增牛"政策,按照"减羊增牛"的发展思路,着力调整优化畜牧业产业布局,扶持西门塔尔牛、安格斯牛养殖。

【壮大嘎查集体经济】镇党委始终把发展壮大嘎查集体经济作为牧区基层组织建设一项重要工作来抓,不断探索和拓宽集体经济发展渠道,通过采取保留集体牧场、加强"铁畜"管理,开辟饲草料基地和创办合作牧区经济组织等措施,使嘎查集体经济得到不断发展和壮大,为基层党组织增强凝聚力、战斗力提供坚实的物质保障。截至目前,新满都拉嘎查现有集体牲畜 1395 只,白音高勒嘎查集体牲畜共 948 只,斯日古楞嘎查集体畜群 883 只,巴音塔拉嘎查集体畜群 1746 只。

【防火工作】防火期开始前,全镇防火设备进行大检查,对全体干部职工进行防火技能培训的同时,和各责任单位签订防火责任状。在春秋季防火期内,没有出现重大火灾险情。督促各嘎查、居委会防火队伍建设,落实春、秋季防火责任制,防火宣传工作,制定 24 小时值班和领导带班制度,做到信息畅通,指挥高效。

(苏乙拉达来)

白音锡勒牧场

【概况】白音锡勒牧场始建于 1950 年,是内蒙古自治区农垦系统建场最早的国有农牧场,经过将近 70 年的发展建设,现已成为内蒙古自治区畜牧业经营规模最大的国有农牧场。牧场位于锡林浩特市郊南,距市区 52 公里,东、北与毛登牧场、西乌旗为邻,南与克旗、白银库伦牧场接壤。境内水草丰美、植被茂盛、野生植物较为丰富,是国内外著名的天然草场,绝大部分处于锡林郭勒盟草原国家级自然保护区域内,是锡林郭勒草原自然保护区的主要保护区域。原隶属于锡盟农牧场管理局,2005 年划归锡林浩特市属地管理。现辖六个分场、两个居委会、五个直属单位及六个种植基地,303 国道和"丹锡"高速贯穿牧场南北,电信光缆实现全覆盖,交通及通信便利。主要经营项目有畜牧业、种植业、旅游业、面粉加工等。牧场总人口 1.2 万人;总面积 3464 平方公里(519.6 万亩),其中可利用草场 485 万亩,耕地 21.7 万亩,林地 4.2 万亩,水面(包括河流、湖泊)约 1.2 万亩,道路、居住区及其他 3.45 万亩。

【经济总量】2017 年,白音锡勒牧场总收入已达到 8340 万元、同比增长 17.5%,经营总收入完成 4780 万元、同比增长 19.5%,国有固定资产重点项目投资较上年增加 608 万元、同比增长 25.3%,人均纯收入达到 1.5 万元、同比下降 38.02%。

【生态建设】全面落实国家第二轮草原生态保护补助奖励政策,全年发放草畜平衡补贴 41949250.2 元,严格核定载畜量,促进草原生态自我修复。加强天然打草场科学管理和利用,推行轮刈制度,避免草原退化。加强生态文明宣传教育,倡导文明、绿色的生产生活方式,让绿色发展理念深入人心。加快草牧场核查工作,稳定土地草牧场承包关系,完善所有权、承包权、经营权分置办法,依法推进经营权有序流转。

【畜牧业】2017 年,牧业普查总头数为 39.91 万头只,其中仔畜 21.8 万只,繁成率 97.2%,年末牲畜存栏 14.68 万(头只)。政策补贴加工羔

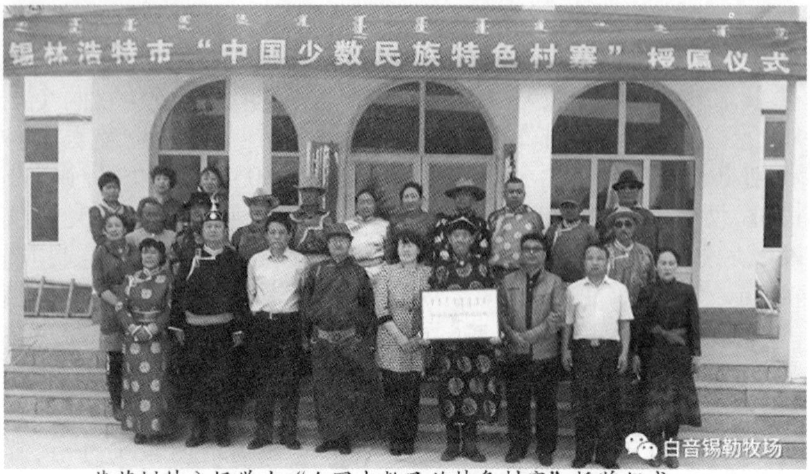

黄花树特分场举办"全国少数民族特色村寨"授牌仪式。

羊 6.94 万只，补贴金额 291.18 万元。全年牲畜出栏 23 万头只，年末牲畜存栏控制在 16.9 万头(只)。牧户储备饲草 80 万吨，牧场储备抗灾饲草 1.5 万吨。兽医人员按照防疫要求逐项完成全年的防疫工作，全场未发生疫情，确保牧场畜牧业稳定发展和畜产品的安全。

【种植业】2017 年，白音锡勒牧场农业种植总面积达 13.23 万亩，其中多年生牧草草木樨 2900 亩、苜蓿 8100 亩、羊草 2000 亩，播种青莜麦 5000 亩，燕麦草 11000 亩，玉米 2900 亩；播种粮食小麦 30900 亩，马铃薯 6280 亩。由于 2017 年干旱少雨，粮食产量下降，小麦每亩平均单产 240 年斤左右，总产量为 3708 吨，马铃薯单产平均为 2.5 吨左右，总产量为 173800 吨，玉米植株和籽粒混合收割单产平均 0.8 吨，总产量为 2320 吨。另外，牧场为整合资源，扩大集体种植面积，投资 2700 多万元，评估收购合众合作社和沃丰源合作社 9000 余亩水浇地。

【旅游业】依托丰富多样的自然资源和民族文化资源打造特色生态旅游业观光休闲基地，发展特色旅游业，围绕全域旅游而打造的精品生态旅游线路和相关服务已基本成形，旅游业整体提档升级工作已全面展开，以餐饮为主的旅游接待向加强景区管理方面转变，旅游环线建设已全部完成。

【加工业】白音锡勒生产的"锡林河"牌放心面和"白音锡勒"系列有机面粉因质量可靠、服务周到而得到广大消费者的一致好评，为满足市场需求，进一步提高面粉质量，扩大经营范围，自 2015 年起，牧场自筹资金对粮油公司升级改造，2017 年工程已全部竣工，新建成 1351 平方米生产车间、2100 平方米原粮库、1252 平方米成品库和 606 平方米办公室及实验室已全部投入使用。新增的日产 20 吨的石磨加工生产线，加之日产 50 吨钢磨加工，形成日产 70 吨的能力规模，为牧场积储原粮、精细加工、备存成品打下完善的基础。2017 年推出"基地 + 牧户"的生产运行新模式，产量大幅增加，创收效益明显，使部分职工群众实现减畜不减收的良性循环，有效增加非牧收入及缓解对草场的过度依赖。

【民生改善】2017 年争取低保、学生补助、老年补助等社会保障资金 318 余万元；自然灾害争取补贴 90 万元；帮助职工群众减免费用 500 余万元；落实各种惠农惠牧政策资金 1397 万元。　　(张晨光)

白音库伦牧场

【概况】白银库伦牧场位于锡盟中部，距锡林浩特市南 207 国道路东 73—74 公里处，地处草原与大兴安岭山地草甸过渡地带，草原植被较好主要以禾本科、豆科、沙草科为主，动植物资源丰富，是典型的草原主体。有 350 多种高等植物，其中饲用植物 110 多种，药用植物 128 种以及其他类群，是半干旱草原宝贵植物基因库。年降水量 200—250 毫米，气温属中温带半干旱大陆性气候，无霜期 90—100 天，土地面积 1257.16 平方公里，承包草场 172.31 万亩，有耕地 6.1 万亩，是以农牧业为基础产业的国有农牧场，领导班子 6 人，户籍人口 1083 户、2305 人，常住人口 601 户、1227 人，职工 875 人、其中离退休职工 298 人。下设灰腾河居委会和 5 个分场，场直单位 2 个，兽医站和水利服务站。全年开展专题党课活动 6 次，组织党员干部观看警示教育片 2 部，赴市警示教育基地学习警示教育案例 2 次，受教育人数 460 多人。通过学习党员的素质明显提高，党员干部表率作用得到加强。结合牧区"党员中心户 + 协会"模式，设置党员中心户 14 户，其中市级党员中心户 1 个。共辐射带动100多名党员，覆盖牧民300户。创办合作经济组织党员中心户3户，各党员中心户均配备蒙古包、办公用品等，并积极传达各项惠农惠牧政策，带领牧户增收；通过入户宣传、定期开展党的相关理论知识等活动，学习党的政策方针，党员中心户的先锋模范作用得到发挥。查处违法违纪行为10起，其中2名违法违纪的党员给予开除党籍和开除公职，给予6名违法违纪党员留党察看一年的党纪处分并免去行政职务，给予1名违法违纪党员免去党内外一切职务，另有1名违法违纪党员正在立案调查。对上级转办2件9个内容线索，已办结7件。

【生态保护】2017年日历年度普查头数为4.12万头只，其中大畜8075头、小畜3.31万只，所有牧户全部达到草畜平衡标准，共发放奖励资金926.8万元。通过实施减羊增牛、规模化养殖、黄牛改良政策，建冷配点四处、冷配示范点9户，完成繁育牛3200头。在2017年日历年度普查头数较上年同期减少近万头只的情况下，大畜较上年同期增加773头，小畜较上年同期减少9253只，减羊增牛效果开始显现。牧民储备过冬草料1150万公斤，保证牲畜过冬。春秋两季洗羊，羊小反刍兽疫苗注射、牛羊口蹄疫注射、羊三联免疫等疫苗注射，防疫率达100%，无疫情发生。对大自然保护区核心区内牧户全部搬迁禁牧，15840亩草场实施围封管理。遗鸥保护区范围内的砖厂、旅游点全部停产、停业。耕地严格执行保护性轮作休耕制度。加强对81516亩公益林的保护，为充分发挥牧户的积极性，涉及牧户的公益林管护费直接发放给牧户。2017年通过各方面的整治，牧场生态文明建设成效明显。

【粮食生产】通过引进河北弘基公司，同时加大土地整理项目的实施，2017年粮食饲草种植面积达7.15万亩，其中基本农田6.4万亩，全年产小麦1130吨、玉米3038吨、油菜195吨、马铃薯3885吨、青饲料1500吨，主要粮食产量有所上升。

【美丽乡村建设】结合“十个全覆盖”收尾工作，牧户搬入新房后拆除危旧房102处，为牧户安装太阳罩25处。砂石路新建8公里，维修36.7公里，新建项目棚圈110处，打井10眼，牧区生产生活条件明显改善。新建灰腾河社区，安排工作人员7名，对灰腾河地区进行统一管理。同时雇佣6名保洁员并购买机械设备，对集中点公共区域的垃圾进行清扫保洁，统一清运并填埋，做到日清日洁，场区环境明显改观。

【旅游产业】2017年投入700多万元新建灰腾锡勒植物园大门，打深井一眼，通6公里高压电，建设5处水冲式公厕，建2500平方米停车场，柳兰沟景区新建游步行道700延长米，安装木质围栏450延长米，新建木质摄影平台，木屋4处，木质凉亭22顶。盟交通局结合道路驿站建设，投入100多万元新建停车场一处、公厕一处、木屋超市一座、凉亭一处，景区基础条件进一步提升。2017年11月，经市委、市政府联席会议研究同意，引进博雅文化旅游公司计划投资2亿元对灰腾锡勒植物园景区进行旅游开发，为牧场下一步发展全域旅游奠定基础。

【精准扶贫】2017年对9户贫困户继续跟踪服务，通过一年的跟踪了解，除一户1人死亡外，其余八户均已稳定脱贫，没有返贫现象。2017年11月，根据市扶组发〔2017〕8号文件精神对全场常住牧户开展摸底调查和信息采集，没有新增贫困户。

【实现电价的同网同价】2016年给沙地多年未通电的26户牧民架设22公里线路、安装更换400多块电表、对所有低压线路进行改造，2017年1月1日所有供电线路全部由市供电局接收，实现同网同价，电价从0.85元变成0.43元。解决全区最后一处高价电的地区。

【维稳和综治工作】2017年缴纳在职职工养老、医疗保险金826万元，确保退休人员的稳定。联合司法部门，开展集中整顿和规范民间借贷工作，并为牧户建立相应的档案，发放1000余份宣传材料，整顿和规范牧场民间借贷工作顺利完成。加强安全生产大检查工作，消除安全隐患，全年无安全生产事故发生。

（杨　春）

毛登牧场

【概况】 毛登牧场位于锡林浩特市区东36公里处，地理坐标为，北纬43°02′—44°52′，东经115°16′—117°13′，始建于1958年，1991年隶属属锡林浩特市管理。称之为锡林浩特市毛登牧场,科级机构,苏木建制,企业运作。牧场生产经营以草业为主,农牧业为辅,发展乡镇企业多种经营模式。全场面积 585 平方公里(87.75 万亩),其中可利用草场面积 500 平方公里(74 万亩)。辖 2 个分场、1 个居委会、1 个园区;户籍人口 473 户、982 人,外来常住人口 36 户,116 人。居民区分布在 S307 道路南北两侧,主要以汉族和蒙古族为主,少量满族和回族构成,少数民族所占比例 10%;原牧场职工总数 402 人(其中:退休职工 211 人);现机关工作人员 42 人,全部按城镇标准纳入养老保险和医疗保险;2017 年牧场收入 1312 万元,同比增长 1.9%;人均收入达到 2.25 万元。

【企业深化改革工作】 根据全市推进企业深化改革工作的总体要求,制定《毛登牧场深化企业改革实施方案》,成立“深化企业改革领导小组”,完成土地确权及牧场资产、人员、承担社会职能等情况进行摸底调查工作。

【牧业普查工作】牧业年度牧场畜总数 34763 头(只),其中小畜 24706 只,大畜 10057 头(良种及良种乳用牛 1749 头、黑白花乳用牛 8061 头),马 164 匹,驴 70 头,骆驼 13 峰。截至 2017 年 12 月 1 日,牧场累计出栏 12800 头(只),其中小畜 12310 只、大畜 490 头,存栏 21963 头(只)。

【牲畜改良工作】提高牧场牲畜良改比重,从市牲畜改良站引进二岁种公羊 171 只,涉及牧户 16 户,补贴到户价格为 400 元/只。

【牲畜防疫工作】牧场开展春季和秋季两次防疫工作,为全场牲畜进行牛羊 W 病、羊四联、羊痘和布病疫苗注射,防疫密度达 100%。同时,重点加强对奶牛 W 号病防治工作,指定专人负责,严格按照防疫要求办理。

【秋季打贮草】 9 月 1 日开始组织全场秋季打贮草工作,9 月 30 日完成全部打草工作,打草总面积 50 万亩,打贮草总量 8000 吨,其中牧场生态保护区产草 5700 吨。

【畜牧产业结构调整】引导牧场现有养殖企业、合作社及牧户调整畜牧业结构,积极推进和落实“减羊增牛”政策,逐步从养殖效益低的奶牛、肉羊养殖向养殖效益稳定的肉牛养殖转变,2017 年现引进优质肉牛 500 头,新建棚圈 400 平方米,改造棚圈 2500 平方米。

【生态奖补资金发放工作】实施第二轮草原生态保护奖励政策,共实施 780929.59 亩,项目资金 4873964.77 元。2017 年以财政一卡通形式发放项目资金 599.2 元,涉及牧户 285 户,签订禁牧、草畜平衡合同书 285 份,其中 2016 年项目资金 111.8 元,2017 年项目资金 487.4 元。

【生态保护政策宣传工作】积极宣传草畜平衡政策,严格草畜生态平衡制度落实,引导牧民加快羔羊出栏工作,按照全市制定的出栏节点,及时出栏。

【落实生态保护整改任务】按照《锡林郭勒草原国家级自然保护区生态环境问题整改实施意见》要求,牧场制定《毛登牧场境内自然保护区生态环境问题整改实施方案》,梳理出 6 类整改问题,现已全部整改完成。

【集中清理工作】根据全市环境综合整治的具体要求,牧场从 4 月 18 日开始,牧场积极开展环境整治活动。期间共出动大型铲车 2 台、大翻斗车 8 台、小型车辆 30 多辆、500 多人次,全场境内主要道路、居住点及企业周边的各类垃圾进行清理。

【职工养老工作】2017 年牧场共筹集资金 337 万元,为 365 名企业职工缴纳五险一金(其中包含退休职工 174 名);为 461 人办理新型农村合作医疗;为 300 人办理小额人身保险;为 20 人办理城镇和农村牧区居民社会养老保险。

【饲草补贴工作】 为缓解牧户因旱灾导致的生产生活困难,确保受灾牧户安全越冬,牧场以每吨青干草低于本地区市场价 150 元的价格,优先供应给本场牧户,累计为牧户提供青干草 2121.8 吨,减少资金支出 31.8 万元,涉及牧户 103 户。

【畜牧业基础工作】协调市生态执法大队对调整草场的 8 户牧民进行草场指界;为 100 户职工返租草场 8.6 万亩;为全场 277 名职工子女,提供 3.3 万亩打草场。新建项目棚圈 3600 平方米,享受政策牧户 24 户;申请新建机电井 2 眼,享受政策牧户 2 户。

【扶贫帮困】2017 年,牧场低保户 13 户 23 人,月享受低保资金 19500 元;三无人员 2 人,月补贴 2800 元;高龄津贴 13 人;受理医疗救助 2 人,补贴资金 10000 元;各类在校生 33 人,补贴资金 6.6 万元;残疾人 3 人,补贴资金 3600 元。

(孙清秀)

贝力克牧场

【概况】 贝力克牧场成立于1955年，是原内蒙古锡林郭勒盟食品公司三大繁殖牧场（蓝旗黑城子、东乌旗胡硕庙、锡林浩特市贝力克牧场）之一。2001年，锡林郭勒盟行署将贝力克牧场划归内蒙古奈伦集团，2007年3月，归属锡林浩特市管辖。2009年进行第二轮草场划分，与全盟草牧场承包30年期限一致，使草牧场承包经营进一步规范，牧场畜牧业发展步入正轨。牧场土地面积为77.7万亩，其中围封禁牧草场14万亩。牧场下设白音哈达和都兰敖包两个分场。207国道、27高速、锡多铁路贯穿全境。户籍人口925人，主要以汉族和蒙古族为主，单位行政管理人员25人。2017年6月8日牧场成立党总支，总支委员5人。总支下设机关、居委会2个党支部。牧场有党员16人（预备党员1人），有入党积极分子4人。其中少数民族党员6人。

【生态建设】 大自然保护区核心区60户牧户已全部出栏，牧场境内自然保护区核心区实现全部禁牧，其他区域草畜平衡达标。牧业年度大小牲畜5.06万头只，过冬牲畜2.1万头只，出栏牲畜2.9万头只。指导牧户储备饲草料450万公斤，保证过冬畜的饲草需求。完成年度出栏、储草任务。在全市率先完成2017年度奖补资金的发放。贝力克牧场享受草原生态补奖面积共74.23万亩，涉及牧户328户，其中特殊功能区9.21万亩，常规禁牧区2.6万亩，集中连片打草场7.86万亩，草畜平衡区54.56万亩。本次发放的是2017年奖补资金，共计686.88万元，已于2017年12月13日通过“一卡通”发放到户。与华锡公司目前正进行现代肉牛标准化养殖科技示范项目的前期启动，项目采用人工授精技术，通过引进西门塔尔良种肉牛冻精细管进行良种肉牛繁育，企业将繁育的优质肉牛牛犊出售给养殖户，并为周边肉牛养殖户提供人工授精服务，帮助养殖户调整产业结构和品种结构。项目的建设在促进项目区肉牛繁育标准化建设的同时，可带动饲料加工业、肉食品加工业、运输、服务业等多行业联动发展，增加项目区的就业机会。为支持项目建设，牧场将6800亩公有草场租赁给企业，作为项目配套打草场。

【安全生产】牧场高度重视安全生产工作，成立安全生产检查工作组，定期深入辖区各企业、牧户开展安全生产宣传和检查工作。严格执行安全生产各项法规制度，做好相关人员培训工作，特殊岗位人员都持证上岗，严防在打井、建房等生产经营领域发生安全生产事故。为做好“70周年迎庆”“党的十九大”期间社会维稳和防范工作，牧场成立专项工作组，定期入户走访排查，了解掌握群众生产生活、社会舆论情况，积极化解邻里纠纷、征占地矛盾，解决群众生产生活困难，营造稳定的社会环境。

【民生改善】 牧场低保户共23户43人，每年民政部门为低保户发放低保金、燃煤补贴、旱灾补贴等资金近30万元。牧场精准扶贫户12户30人，分别由开发区、教科局、卫计局3个单位帮扶。牧场成立6个工作组，与联系领导和承包部门逐户走访，深入156户常住户登记基本信息，做到入户走访全覆盖。2017年3个单位通过医疗救助、产业扶持、政策兜底等措施共帮扶资金12.1万元，牧场发放帮扶慰问金1.85万元。农牧局为每户发放饲料1250公斤、饲草1750公斤。经过四次会议研判，牧场2014、2015年12户精准扶贫户全部脱贫，且没有符合扶贫标准的新增家庭。

6月，向上级党组织提出申请，将党支部升格为党总支，并在成立机关支部和居委会支部的基础上，每个支部又分别成立2个党小组，将党建工作任务分散到多个党小组组长身上，由党小组组长带领和组织每名党员扎实开展各项党务活动，发挥好党员的先锋模范作用和党支部的战斗堡垒作用。党总支书记讲党课3次，总支委员讲党课1次，支部委员讲党课1次。发挥党员中心户辐射带动作用。年初组织部门为2户党员中心户配备蒙古包，牧场配备简要的学习、活动设备，近期组织部门又配齐家具、通用设备和学习展板等。上半年党员中心户组织开展学习活动4次。为10名党员过“政治生日”。

【畜牧业生产】严格执行草畜平衡和禁休牧政策，牧业年度牲畜存栏5.06万头只，锡林郭勒国家级自然保护区核心区内实现全部禁牧，完成2016年度生态补奖资金发放589.3

万元。

【社会稳定和访贫问苦工作】为做好自治区成立70周年庆祝活动和十九大期间维稳工作,牧场成立工作组,及时入户走访排查,了解掌握群众生产生活情况,积极化解征占地矛盾和邻里纠纷,解决群众生产生活困难。单位领导班子走访慰问群众47户,发放慰问金18500元以及米、面、油等慰问物品,其中2名党代表走访慰问5户。积极争取农牧项目。申请到水源井7眼,申请财政"一事一议"项目建设"三水"管道1.5公里。不断完善"吉祥小镇"基础设施,加快生态旅游小镇项目建设,建成的95套住房全部分配到牧户。 (张 鹏)

沃原奶牛场

【综述】锡林浩特市沃原奶牛场位于锡林浩特市以北5公里城乡接合部,北纬43.59°、东经116.05°,于1964年1月1日正式建场;现有土地面积12.9万亩,是以"种植养殖业为主,多种经营为辅"的国有农牧企业。主要以脱毒专用马铃薯、有机高产饲草种植、反季节温室蔬菜种植和农产品储藏销售为主。职工460人,由蒙、汉、回、达翰尔4个民族构成,其中:汉族人口占70%,其他少数民族占30%;其中在岗职工187人、退休职工158人,其余人从事奶牛养殖或自谋职业。2017年,企业总资产12130万元,收入3800多万元。

【产业结构有明显调整,形成衔接】基本经形成"三个基地、两个园区"(即:万亩基地、苗圃基地、育肥牛场,农产品储藏物流园区、现代设施农业园区)为载体,产、销、储一体发展为格局的"种植业为主、多种经营为辅"的综合性农垦现代企业。

【基础配套设施建设】场拥有进口大型全套农机具180台(套)、大型时针式喷灌机29套,生态防护林0.35万亩,机电井80眼,培训中心及机械库9座,园区专用道路20千米,机械总动力3792千瓦,机械化程度达99%,已基本形成以水为中心,乔灌草相结合,井、电、路、机械相配套的现代化科技示范推广园区。

【民生保障显著增强】坚持强企富民共享发展,职工参保率达100%。按城镇企业标准为全场职工如期缴纳养老保险、医疗保险、生育保险、失业保险等费用。二是提高职工福利待遇。坚持职工福利长效机制,包括困难职工慰问、子女考上大学补贴奖励、职工体检、长寿金等常态化工作,让职工真正享受到企业改革发展的成果;2017年发放长寿金、助学金等职工各项福利达17万元;为困难职工、大病人员和家庭争取各项救助款9万多元。三是解决职工返岗就业。采取立项目扩生产保就业措施,2017年解决4名职工的返岗就业问题。四是为职工办理重大疾病保险。除给职工上养老、医疗、失业、生育和工伤五险外,还给职工协调办理重大疾病保险,单位为每人每年缴纳150元,保10万元。

【"绿色农垦"建设】基地建设上"绿草、沃野、良田"的园林化园区建设为目标,在万亩节水灌溉高产饲草料基地为中心的大田区域的田间作业道、园区隔离道、外围围栏线,挖沟植树基本形成林成格、田成圆的美妆,林带长达150多万延长米,2700多亩。育各种树苗100多亩,保障园区绿化用苗需求。每年进行一次国家质量管理体系和环境管理体系认证和有机产品认证验收,提高农产品绿色、无害、有机化生产水平。

【强化节能建设推进"勤俭"农垦文化建设】强化节约"一度电、一点水、一粒肥"创更多效益理念的树立和贯穿,加大对全场生产经营日常管理中的跟踪监督督查和问责追责。在争取到自治区水利厅牧区

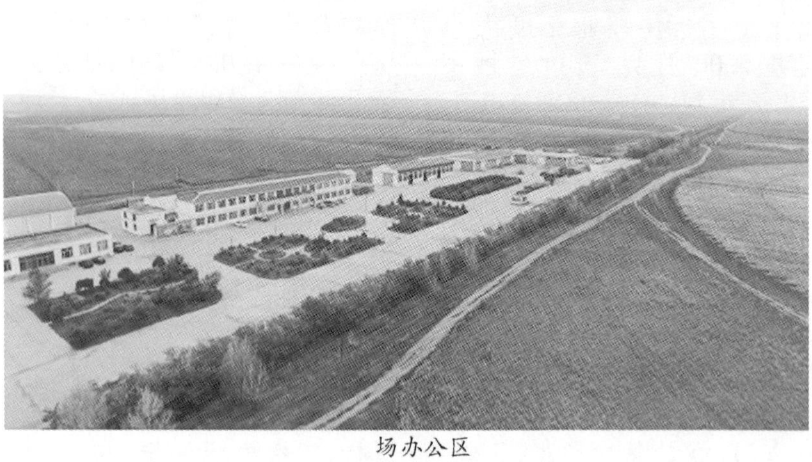

场办公区

水科所节水灌溉项目资金700万元基础上，场内配套53万元。项目实施后，节水率达25%，新增水浇地1000多亩，明显提高土地和水资源的有效节约利用率。 （包金洋）

蔬菜办公室

【概况】锡林浩特市蔬菜办公室、锡林浩特市植保植检站、锡林浩特市种子站、锡林浩特市蔬菜农场四块牌子一套人马合署办公参照公务员管理，编制8人，2017年年底工作人员14人。

【机构】负责全市蔬菜基地的规划、建设管理；按产业化要求，制定蔬菜发展中、长期规划；指导全市无公害蔬菜的生产、监控工作；管理蔬菜产业建设发展基金，并监督使用；负责对全市蔬菜生产和经营的管理工作；指导基本菜田保护、管理工作；组织指导蔬菜基地建设；组织蔬菜跨地区间的衔接、协作。负责蔬菜种植业检测检疫和技术服务、组织指导农作物有害生物预测预报；组织指导农作物种子、苗木、产品的检疫工作；植保新技术、新农药的试验、示范、推广工作；组织指导开展农作物有害生物的监测普查；组织开展植物检疫条例和植保新技术、新农药知识宣传培训。贯彻执行国家和自治区有关种子法律法规和方针政策；负责种子行政许可、行政处罚、行政管理，负责种子市场、质量和品种管理；负责新品种引种、试验、审定、示范、推广和保护。蔬菜农场现有耕地、承包户的管理工作及国营农牧场日常经营发展。单位内设财会科、行政科、技术推广科、植保植检科、生产管理科。

【经济工作】锡林浩特市现有集中连片的蔬菜种植基地9处，种植户509户、1443人，种植地6819亩。上半年播种面积9000多亩，蔬菜产量1200万公斤，实现产值4560万元。

【科技工作】积极发挥"菜篮子"工程试验示范基地的示范引领作用，大力发展休闲观光农业，在种植传统蔬菜的基础上，先后引进草莓、葡萄、油桃、火龙果、桑葚等高品质水果进行试种，吸引大量市民前往参观、采摘。

【无公害蔬菜生产技术培训】由蔬菜办牵头，锡盟植保植检站、锡林浩特市农牧业局等相关部门共同组织举办的锡林浩特市2018年春季无公害蔬菜实用技术培训班在市农牧业局会议室召开，全市国营农牧场种植业负责人、各蔬菜种植基地经营者、各农资经营户及蔬菜种植户共计40余人参加。发放《农药管理条例》《中华人民共和国种子法》《农业转基因生物安全管理条例》等宣传材料。与蔬菜种植户和农资经营户分别签订《农业生产种植者严禁非法研发、引进、生产、种植、营销、转让和串换各种农用转基因种子的承诺书》《种子生产经营者严禁非法引进、研发、生产、经营、转让各种农用转基因种子的承诺书》、与各基地负责人签订《消防安全责任状》。

【蔬菜价格监测】专门成立调查组，按季度对锡林浩特市大世界批发市场、德克隆超市、华润万家超市以及市内多个蔬菜零售点的蔬菜流通成本、销售方式及各环节的价格变化进行调查摸底。

【农业质量安全体系建设】从年初开始，陆续深入"菜篮子"工程试验示范基地、奶牛场、毛登、城关、循环经济园区的种植企业，进行农产品食品安全检查。并对农资经销商，进行不同层次检查5次。检查共出动人数20余人次，发放宣传册50于份。辖区内农产品经营业户必须严格按照《农药管理条例》《农药安全管理制度》《农药合理使用准则》来规范农事活动，严禁使用国家规定的禁止使用的各类农药，明确农药安全使用间隔期。严格确保实时记录。辖区内农产品经营业户，必须实时登记农事操作记录、农产品销售记录、种子化肥农药采购台账，确保农产品从生产到销售安全透明。严格实行档案管理制度。辖区内农产品经营业户，必须建立农产品经营档案，按要求的规范格式，分作物种类、品种、产地、农药使用、质量逐一登记，并签订《农产品质量安全承诺书》，注明负责人。

【协助政府各部门项目土地回收】从年初开始，协助国土、征收局对锡林热电二期热网管道改造项目进行入户、发放土地回收通知书、测量等工作。协助电业局、给排水公司，进行走访入户、测量面积工作，推进变电站、四水厂项目建设。开展环境集中整治行动，组织全体工作人员深入繁殖场、锡林浩特市"菜篮子"试验示范基地等地，雇用2辆铲车累计工作136个小时，出动装载车165车次，清理各类建筑垃圾、生活垃圾4125吨，平整土地15000平方米，拆除围栏2300米。

【党风廉政建设】 成立党风廉政建设工作领导小组。组长由支部书记担任,纪委委员为副组长,其他党员为小组成员。落实“两个责任”。强化政治使命担当,切实履行主体责任。通过落实党支部主体责任发挥党组领导核心作用,切实履行党支部书记第一责任人职责,以及强化纪检组党风廉政建设监督责任等方面科学推进,确保党风廉政建设责任制落到实处。实行一岗双责,全面落实责任制。建立完善主体责任和监督责任签字背书报告制度,所有党员签订《党风廉政建设责任书》,与领导干部签订《“一岗双责”责任书》。 (滕 飞)

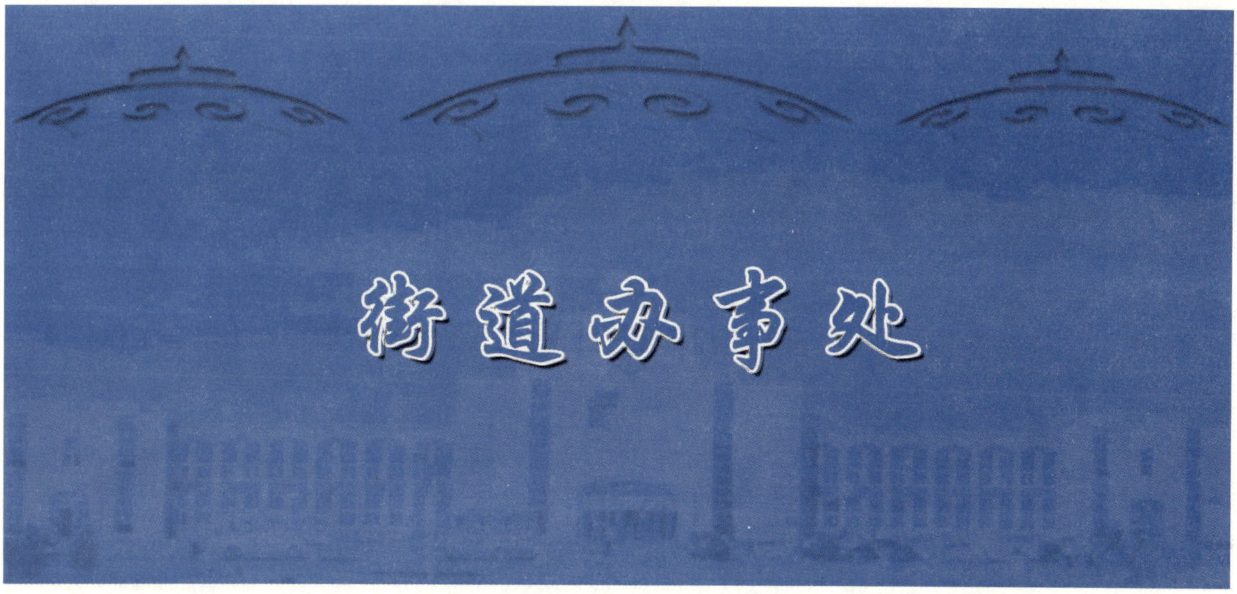

宝力根街道办事处

【概况】 宝力根街道办事处东起杭盖路，西至滨河路，南临锡林大街，北与宝力根苏木相邻，辖区面积25平方公里，现住户10995户，26718人，其中有蒙、满、回、朝鲜、藏族和维吾尔族6种少数民族共5905人，占总人数22.1%。街道下辖8个社区，共有工作人员169人，其中：领导职数6人，机关职工54人，社区工作人员115人。在职党员90人。驻街有盟直和市属单位10余家，辖内有贝子庙、清真寺，是全盟文化、旅游、交通较集中的区域。

【基层党建工作】 全年讲党课11次，开展"草原儿女心向党"主题宣讲7次，专题学习十九大精神11次。开展特色活动。结合"六城联创""政治生日""党员固定活动日"的开展，共计为341名党员过"政治生日""党员固定活动日"60次。2017年，按照《中国共产党发展党员工作细则》的要求，吸纳预备党员3名，转正10名，发展重点培养对象10名，入党积极分子11名。进一步规范党费收缴工作。按规定按标准核清党员党费收缴基数，全年共收缴党费7.6万余元。

【突出"打防结合"，辖区安全稳定】 安全生产及消防工作。2017年，深入辖区施工企业、物业服务企业及个体商户发放安全生产、消防隐患等告知书3000余份，投入资金建设完成2个社区微型消防站设立工作。2017年，打造额尔敦社区300平方米的综治中心。全年排查出各类矛盾纠纷72起，化解矛盾66起，调解成功率91.7%。

【卫计工作】 街道总人口26568人，已婚育龄妇女5447人，采用各种综合避孕节育措施4971人，综合节育率91.2%。新生儿出生229人。为23户困难计划生育家庭母亲交纳重大疾病保险。为6户失独家庭送去"爱心联系卡"。

【民政残联红十字会工作】 全街共有低保户236户428人，发放低保资金222.39万元，为困难群众申请医疗救助72人次，申请医疗救助资金27.2万元，对48户因重病、突发事件困难家庭申请救助资金21万元，为9名重点优抚对象发放优抚金18.8万元，为77周岁至90岁老年人458人发放补贴资金55万余元，为90岁以上老年人21人发放长寿金7.6万余元。为358人发放重残补贴3.6万余元，为6名残疾人家庭高考大学生家庭申请"泛海助学金"3万元，为5名听力残疾人发放助听器。开展"博爱送万家、博爱助残、助孤、助老、助学"等系列的活动。

【劳动和社会保障工作】 2017年，办理申请就业困难人员84人，辖区劳动力新增就业人数530人，就业培训156人，岗位征集806个，发放"就业失业登记证"187本。

【棚户区房屋征收作】 回民社区棚户区房屋征收23户，达成协议货币补偿22户，未达成协议1户。完成拉布仁社区返迁安置楼300套的分配任务。完成北二环伊利勒特社区61户房屋征收摸底、公告、决定、补偿方案的发放任务。环境综合治理及物业管理工作。全年共组织人员对辖区环境卫生集中清理24余次,出动车辆280余辆次,1520余人次,共清理垃圾4500余吨,清除各类乱贴、乱画小广告20000余处。对5个自管小区及26个零散楼栋统一制作公示栏17块,意见箱17个,自管小区配备垃圾箱100个。(高占龙)

杭盖街道办事处

【概况】杭盖街道办事处成立于1981年,位于市区东北部,辖区总面积46.1平方公里,辖区总户数22420户,总人口56829人,其中汉族49145人,少数民族7684人,(常住人口22916人,流动人口33336人)街道办事处管辖8个社区、4个居委会,分别为:青格勒社区、东风社区、呼格吉勒社区、长安社区、东胜社区、查干淖尔社区、巴达日呼社区、德尔斯图社区、柴达木居委会、欣康居委会、富康居委会、吉日嘎朗图居委会。驻区机关、学校、部队、企事业单位26个,机关内设党政办;综治、维稳、信访办;网格办;武装;工青妇;关工委;计生办;劳动社会保障;民政;文教;街政;财务;档案、司法所等科室,机关现有工作人员48人,社区、居委会现有工作人员123人,街道党工委下设3个党总支18个党支部,党员总数769名。

【党建工作】落实"1+3"制度体系,明确责任,量化到岗。落实"五个一"工作机制,全年召开专题会议23次,指出不足和下一步工作思路30余条。全年组织集中学习20余次,开展主题宣讲活动11场,利用微信公众平台和微信群组发布信息、新闻动态80余条。扎实推进"两学一做"学习教育常态化,制度化,发放学习材料1000余份,开展座谈会24次,专题研讨4次,整改查摆问题150余条。推进基层服务型党组织建设,利用远程教育网络、邀请专家讲座等多种方式组织各类学习培训300余次,参训2200余人次。全年累计发放党建救助经费114.5万余元,640人受助。解决巴达日呼社区、德尔斯图社区临时安置过渡办公用房,投入使用柴达木、富康、吉尔嘎朗图3个居委会活动阵地。落实基层党建重点工作任务,确保外出党员"离"家不"离"党。圆满完成人大代表选举工作,选举产生21名市人大代表。圆满完成妇联换届工作,选举产生新一届妇联组织。全年发展新党员5名,按期转正6名,收缴党费35932.6元。开展党风廉政教育90余次,参学800余人次。

【综治维稳信访司法工作】全年排查各类矛盾纠纷185件,成功解决163件,成功率88%。开展"法律进社区"活动4次,受教育人数500余人次。对重点人员实施"街道—社区—网格"三级管理与帮教工作。街道司法所全年共接收社区矫正人员150名,解除矫正人员123名。深入推进网格化管理工作,在居民诉求案件解决的过程中,实现一案一记全程跟踪,全年上报案件994起,立案900起,结案478起,张贴发放宣传类7600余份。

【武装征兵工作】开展全年网上登记预征青年,应征报名青年,干部上站体检,并参加适应性训练。全年开展应急民兵拉练2次。

【民政和红十字会工作】全年为208户、383人累计发放低保金224万余元。发放优抚金13.1万元,发放三无人员补助金8.4万元、三民定期定量补助4.3万元。发放医疗救助金15.89万元,临时救助金45.8万元。为514名77周岁以上老年人发放长寿金65.1万元。办理老年人公交卡560余张,为符合条件的5户低保户办理廉租房。为辖区175名重度残疾人发放护理补贴21.4万元。免费发放助听器23人,辅助器具23人,轮椅1辆。为3户残疾人家庭大学生申请"泛海助学"救助金,审核办理大学助学贷款42人,困难大学生一次性交通补助9人,普通高中国家助学金59人,办理小学生入学通知65人,办理老年体协旅游卡78人。

【劳动保障工作】年内征集岗位3012个,新安置人员519名,采集录入劳动监察两网化信息1638户,涉及劳动者2963名。组织失业人员参加技能培训132名,审核并通过就业困难人员131名,发放"就业失业登记证"257本。为125名"下岗职工灵活就业人员"发放2016年社会保险补贴72.7万元。全年办理城乡居民养老保险1467名,办理城镇居民医疗保险353名。并为69名行动不便人员上门进行生存认证。

【人口和计划生育工作】截至2017年10月辖区总人口56829人，其中流动人口33336人，占总人口的58.6%。全年新生儿586人，出生率为7.6‰，一胎370人、二胎193人，计划生育率为98.4%；计划生育社区居委会自治合格村比例达90%以上。

【文教和工青妇工作】 社区居委会文教工作人员12名，社会体育指导员10名，文体辅导员6名，特色文艺队11支。举办“展巾帼职业风采·秀女性靓丽人生“三八”妇女节主题服装秀活动、“劳动托起职工梦·法制烛照职工心”法律知识竞赛”活动丰富基层群众的文化生活。为200余名干部职工办理工会会员证，为100余名干部职工办理重大疾病保险。做好“博爱一日捐”活动，全体干部职工捐款2.27万元。

【城市建设和环境卫生工作】为辖区11个成型小区118栋楼4422户业主提供物业服务，接管65栋零散楼栋，监督管理14家有管理资质的物业公司，为8个老旧小区及65栋零散楼栋统一安装物业服务公示栏及物业服务意见箱。出动各类清运车辆1100余台次，对辖区无物业管理、四个奶牛养殖居委会和“三不管”地带进行环境卫生集中整治，清理各类垃圾7000余吨，提升辖区环境卫生质量，较好地完成创建全国卫生城市任务。

【房屋征收拆迁改造工作】圆满完成东胜、查干淖尔社区棚改项目入户摸底工作，同时有序开展北二环路贯通项目房屋征收前期工作。（喇利国）

楚古兰街道办事处

【概况】楚古兰街道办事处成立于1981年，位于额尔敦路以东，那达慕大街以北，锡林大街以南，东至中小企业创业园区。辖区面积12平方公里，其中城区面积6平方公里，城郊围封禁牧区6平方公里。辖德吉、扎斯嘎图、伊特格勒、乌兰牧骑、孟柯、阿尔山、爱民、楚鲁图、格日勒图9个社区，奶牛新村1个居委会。有机关、学校、部队、事业单位56家，企业489家、个体工商户4015户。辖区总人口53963人，其中常住人口30362人，流动人口23601人，有蒙古族、回族、满族等15个民族组成。街道现有工作人员192名，机关干部54名，社区工作人员138名。街道党工委下设20个党支部，2017年年底管理党员1021名。

【党建工作】 在阿尔山社区推行抓暖心党建促服务的“五色工作法”，成功创建为自治区“新家庭计划”示范社区。开展签约家庭医生式服务活动，提供项目收费减免20%和就医绿色通道服务；为残疾人发放残疾器具，打造“残疾人温馨家园”。开展“福送百家”迎新春写春联送春联、端午节登山活动、“洁美锡林”主题全民健康健步行、“创文明城市、舞锡林风采”群众广场舞大赛、“回望70年 我想对党说”主题诗歌朗诵会、“走进新时代、凝聚新思想、踏上新征程”学习贯彻十九大精神主题演讲比赛及“七个一”“暖冬行”等系列活动。制发《党的十九大精神学习手册》1000余册，“七一”前夕，各党（总）支部专题研讨80次，“两学一做”学习教育专题党课29次。举办以“走进新时代、共筑中国梦”为主题的第三届社区春晚。全面配齐配强街道宣传工作力量，切实加强意识形态领域工作。

【拆迁改造工作】那达慕大街道路贯通拆迁工作圆满完成，共完成拆迁89户；二校东侧棚户区改造项目完成拆迁48户、奶牛新村棚户区改造项目完成摸底和评估工作、电力新村棚户区改造项目完成前期摸底工作。

【人口计划生育工作】 广泛宣传计划生育法律法规及全面放开两孩政策，对13户“失独家庭”开展一对一爱心志愿服务工作，2017年辖区总人口为54030人，新出生548人。

【劳动保障工作】 全年参与4次招聘会共征集8家企业的161个就业岗位。发放2016年度第二批下岗人员及就业困难人员社会保险返补贴191人共计1116321元，申报2017年度企业下岗人员及就业困难人员社会保险返补贴253人；对3071退休人员进行养老保险待遇资格认证。

【经济工作】 普查登记52个新增企业；完成1%人口抽样整理工作及夏、冬季牧业普查工作。

【文教工作】发放春季、秋季幼儿学前教育补贴1270人，每人1000元，发放入学通知书共计98份。结合各类传统节日开展“迎新春——包饺子 凝真情”“浓情端午 艾叶飘香”等系列文化活动。

【街政工作】 开展环境卫生集中整治，共清理生活、建筑垃圾4300余吨、清理乱搭乱建、乱堆乱放210余处,为社区代管物业的老旧小区安装40个公示栏和意见箱。协调相关部门为万嘉康城小区、热电小区、广润小区、乌兰牧骑小区进行管改造和路面硬化。在重要时间节点开展安全隐患排查,共排查隐患137处。督促完成整改81处,剩余56处已上报相关部门。

【民政工作】 全年为201户、347人累计发放低保金1937862元,2017年1—12月因迁入廉租房、超标、死亡等原因取消:25户、46人、金额22200元;新增低保家庭20户,35人,金额15800元。临时救助102人,431916元;医疗救助86人,286765元。

【老龄工作】 为辖区983名77周岁以上老年人发放长寿金1409300元。分四批办理574张老龄公交卡,并为4484张公交卡充值。

【残疾人工作】全年动态更新管理登记录入残疾人558人,为辖区25户残疾家庭发放残疾器具。

【红十字会、工会、各项救助慰问工作】 红会、工会工作:开展博爱送万家、金秋助学活动,救助辖区贫困家庭20户,总计10000元整;组织单位职工参加“博爱一日捐”活动,捐款21700元;金秋助学救助贫困大学生16人,每人发放3000元慰问金。

救助慰问工作:春节、中秋及七一前夕共慰问75岁以上老党员、困难党员、贫困家庭、保洁员、三无人员、低保户、低保边缘户等共计1138人次,共发放价值慰问金376670元。

【综治维稳工作】 全年共排查矛盾纠纷隐患310起,已化解矛盾298起,未调解成功12起(其中包括重点案件12起),正在调解中12起,已调解纠纷占总量的96.1%,较上年调解成功率提高16.4%。

【网格工作】 为群众代办事项8337件,上传、上报各类信息446起,网格员入户率达到93.75%。

【纪检监察、反腐倡廉工作】制定完善楚古兰街道纪工委执纪审查安全相关制度,并对纪检谈话室进行改造升级。2017年共处置问题线索11件,已全部办结。其中上级转办2件,自查9件。

【武装工作】 开展民兵整组、国防教育、民兵训练、预备役登记和征兵工作。完成兵源登记及预起对象工作,并确定入伍兵源工作。 (李春江)

希日塔拉街道办事处

【概况】希日塔拉街道办事处成立于1981年10月,位于市区西南部,东至额尔敦路,西至滨河路,南至南二环,北至锡林大街。辖区建成区面积6.8平方公里,辖区共19813户,49470人。驻区机关、学校、部队、企事业单位75个,其中各级文明单位60个。下辖7个社区、1个居委会。街道党工委下设7个联合党委,7个社区党总支,16个党支部,35个网格党小组,党员1256名。共有职工196人。7个社区设35个网格。

【基层党组织建设】全年召开党建工作会议21次,16个支部为871名党员庆祝政治生日;理论课堂共开展活动60次。发展党员4名。完成1259名党员信息采集录入。开展组团式服务活动和志愿服务活动70余次。结合重要节日集中慰问特殊群体468人84.6万元。协助完成第十五届人大代表选举工作,辖区11个选区选举产生代表20人。

【党建带群建】完成街道妇联组织换届工作。办理工会会员证、会员卡4434人,金秋助学15人,两节慰问19人。

【阵地建设】 街道办事处、察哈尔社区搬进新办公楼。察哈尔社区打造“智慧平安型”社区,成为全市党建工作现场会观摩点。赛罕社区搬至原办事处楼,初步完成功能室的设置。花园社区新阵地已进入内部装修阶段。一棵树居委会阵地已经完成选址;巴彦社区打造“廉政社区”;7个社区均确定社区Logo,打造主题型社区。

【民政救助】救助低保户128人,申请医疗救助32人13.7万元,临时救助175人64.6万元,发放高龄津贴917人121.9万元。优抚3人5895.5元/月,三民3人2118元/月,三无1人1400元/月,孤儿1人1950元/月。

【劳动保障】组织政策宣传522人次,出动车辆62余辆次,共发放宣传材料3260余份,为群众提供政策咨询服务420余人次。协调组织开展招聘会5次,征集岗位262个,推荐使用单位7个,为32人提供就业平台,为60位居民达成求职意向。对企业36户特困户和困难家庭送去慰问金等共计4万余元。为32名盟直集体企业人员返还灵活就业补贴198723元。为477

名国有企业下岗职工和就业困难人员，返还社会保险补贴2812107元。

【卫生与计划生育】举办四期人口学校培训，发放宣传品1万余册，避孕药具20万只。已婚育龄妇女免费“三查”服务1.1万人，办理一胎、二胎服务卡526个，三孩生育证3个。察哈尔社区为新家庭发展计划试点单位，开办健康惠民社区公益讲堂。评选出10户吉祥草原幸福家庭。发放宣传品10000余册，免费发放避孕药具20万只；组织引导490对夫妇到市计生服务站做孕前检查；为21户特别扶助家庭申请特别扶助金2131525元；为20位贫困母亲办理安康保险；发放失独家庭慰问金7200元。发放独生子女父母奖励费17810元。

【文体与科教】打造成型阵地5个，活动室17个，组建24个活动队。开设16个公益课堂，举办第二届“社区居民一家亲”系列活动10余场。审核、录入、发放幼儿补贴1469人98万余元，发放小学入学通知书270份。圆满完成2017自治区汉语言工作检查。成功举办“希日塔拉街道科普宣传活动”。

【人民武装】按要求协助完成网上征兵工作，民兵备装库迎接内蒙古军区、行署、盟军分区领导的检查验收。荣获锡盟2017年度基层武装工作先进单位，1人被评为2017年度盟级基层武装工作先进个人，1人被评为2017年度市级优秀基层武装部长。

【街政卫生】开展卫生集中整治20余次，清理乱堆乱放500余处，整治私搭乱建5处。硬化老旧小区1处，完成楼体外墙保温7栋，管网改造10余处。翻修改造2个危厕。举办健康教育知识讲座15次，更换健康教育宣传图版102块。组织完成450户家庭健康素养问卷调查。全年解决处理市爱卫办网上平台督办居民环境卫生问题投诉4件，事后回访居民满意率100%。对辖区内52处自管小区卫生进行清理，协助巴彦社区广达欣城小区居民引进物业。被市委、市政府授予“创建国家卫生城市先进集体”荣誉称号。

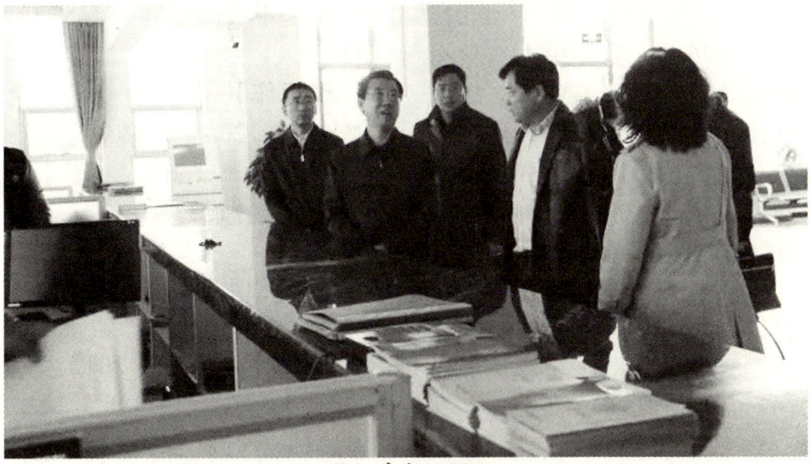

盟纪委书记调研

【平房拆改】已返迁706户，签订货币化补偿协议的141户。一棵树房屋征收项目、那达慕社区盟医院拆建项目全部签订货币补偿化协议，房屋已全部拆除。促成盟食品公司老旧楼居民与万和家园承建单位的拆迁协议签订工作并已全部与企业达成协议。

【经济】组织社区对辖区个体工商户和企业进行摸底登记工作。按时完成对住宿企业和个体工商户的季度、年度报表上报工作。新采集商户247户。

【社会管理】召开工作专题会议，与社区、居委会、辖区责任单位签订综治维稳责任书，开展社会矛盾积案化解“百日攻坚”工作，辖区原有14件积案，已销案7起。开展社会矛盾纠纷大排查大化解专项行动，调解纠纷180起。社区矫正人员39人，逐一建档。开展法制宣传10余次，提供咨询40人次。上报各类事件2700余条，自主解决700余条。清理并上报邪教宣传品20余处。协调开展消防安全工作，消防培训4次，发放知识宣传册1000余册。全年排查上报安监、食药等方面各类安全隐患问题66条。

【残联与红十字会】为31名残疾人发放轮椅、助听器等辅助器具，为残疾学生发放助学金7人3.5万元。红十字会慰问20户贫困户，每户500元慰问金。对小儿先心病进行摸底调查，为5名先心病患儿申报爱心活动。（张珏琦）

额尔敦街道办事处

【概况】额尔敦街道办事处位于锡林浩特市东南部，额尔敦路以东，那达慕大街以南，303国道以北，东三环以西，面积

7.98平方公里,居民44012人、18896户(第三次人口普查数据)。辖区共有行政、事业单位156家,企业单位420家,个体工商户2203家。办事处成立于1986年,现下设8个社区、1个居委会。街道党政组织机构设立党工委和办事处。党工委下设8个联合党委,8个社区党总支,23个党支部(包括办事处、新兴居委会2个直属党支部),党员1333名。办事处机关设有22个科室(所、站、办),8个社区下设35个网格。

以推进"两学一做"学习教育常态化制度化工作为抓手,自觉撰写心得体会、摘抄读书笔记,开展各类主题党课活动100余场,利用基层大讲堂宣讲党的十九大精神18场。围绕学习贯彻十九大精神、合格党员标准专题,开展学习研讨活动8次;开展向廖俊波、谷文昌等同志学习活动46次,受教育干部群众2000余人次。

【党风廉政建设】 出台"三重一大"事项民主决策制度、对党政正职监督实施细则、机关考勤管理规定等规章制度。结合集中整治"雁过拔毛"式腐败问题、"转作风、提效能、促发展"百日攻坚、解决"四个意识"不强等专项活动,将转变作风、为民服务转化为广大党员干部的自觉行动。

【网格化管理工作】 发现问题3224件,上报居民诉求平台468件,共处置3096件,其中自我处置2301件,城市指挥中心224件,其他处置571件。为民办代办服务事项11791件,已采集信息15089户、37310人,信息采集率达95%,更新信息6745户、12343人。

【街政工作】 清理生活垃圾和建筑垃圾2000余吨,清理白色垃圾50吨左右,清理小广告80000余条,清理小区乱堆乱放和私搭乱建200处左右。全年发放鼠药1000斤,制作健教板报300余期。

【民政、优抚、红十字和博爱助残工作】 全年新增低保14户28人,取消28户48人。为4名优抚对象、4名其他优抚对象、17名退役士兵、102户困难居民、2名孤儿、5名"三无"人员、921名老年人及时发放各类补助,累计办理老年公交卡2515张。

【劳动和社会保障工作】 辖区就业人员总数14493人,其中,新增就业人数424人,全年累计征集岗位361个。辖区高校毕业生共计749人,比上年新增96人。城镇居民医疗保险缴纳工作累计上报5700人,其中,2017年上报772人。城乡居民养老保险累计上报881人,其中,2017年上报47人。开展维护劳动者合法权益专项行动,对辖区企业及个体户进行用工备案登记115家。

【残联工作】 为137名残疾人发放重残护理补贴,"两节前"慰问2户贫困残疾人。选送3名生活能够自理、由劳动能力、有创业愿望的残疾人参加保健按摩培训班,1名残疾人参加全盟残疾人体电通诊疗技术技能培训班。

【人民武装工作】 参加兵役登记人数300名,应征报名19人,实际登记17名,体检政审合格7人,大学生预征比例达到50%。

【经济统计工作】 开展夏季牧业普查工作,辖区共有养殖户25户,牲畜1546头(只),其中仔畜672头(只),能繁殖母畜874头(只)。开展冬季牧业普查工作,辖区共有养殖户20户,牲畜1075头(只),其中仔畜201头(只),能繁殖母畜874头(只)。

【卫生计生工作】 辖区已婚育龄妇女共计8706人,占总人口的20.46%,辖区流动人口共计16509人,其中流入人口16314人,流入已婚育龄妇女3621人;流出人口195人,流出已婚育龄妇女61人。现居住地共计出生438人,较上年增加40人。死亡120人,女性新婚192人,其中晚婚169人。 (张慧丰)

南郊街道办事处

【概况】 南郊街道办事处成立于2000年10月,位于锡林浩特市东南15公里处(南煤矿矿区),西至207国道东南,北起303国道,南与白银锡勒牧场和白音库伦接壤,辖区总面积79平方公里。有驻区单位45家,个体工商户35家。下设4个社区,未划分网格,户籍人口2248户,6094人;现居住人口392户,827人。街道下设哈布塔盖、麦山、红山、乌日图4个社区;街道党工委下设5个党支部,现有党员60人。

【理论政策学习】 2017年,共组织十九大专题学习12次。全年坚持开展"党员固定活动日"活动22次,参加人数470余人次;开展"党员政治生日"活动6次,参加人数56人次。全年组织学习42次,学习人

数450余人次。（张　静）

【队伍管理】 结合“第一书记”、干部下基层等活动，充分发挥“三走进三服务”帮扶单位作用，落实帮困助学、临时救助等政策。2017年拨放各类救助金、慰问金32.5万余元。紧紧围绕庆祝自治区成立70周年活动契机，进一步加强志愿服务队伍，围绕群众关心的热难点问题，开展文体指导、健康保健、扶贫解困等便民服务。通过开办讲座、捡垃圾、棋牌赛等活动，进一步丰富居民日常文体生活。

【综合治理工作】 综治维稳工作。2017年1—12月共接警185起，立刑事案件8起，治安案件7起，其他100起。调解各类纠纷56件，调处成功率100%。开展培训4次，听课人数达100余人。2017年，排查大化解专项行动开展以来办理网上信访13起，答复信访局转办件6件，全部是关于锡林浩特煤矿棚户区改造问题。认真执行重大节日“零”报告制度，确保特殊时期不出现群体上访和越级上访事件。

【辖区环境卫生综合整治工作】 积极组织干部职工拾捡辖区及303、207国道、丹锡高速周边垃圾3次，共出动工作人员240余人次，垃圾清运车200余台次，调用装载机80台次，清运垃圾3000余吨；在矿区、303国道主街两侧拾捡白色垃圾3次，环保园区30余次，2000余公斤，填埋废弃矿井巷道两个，用土80余车。新增保洁员8名，配备垃圾电动清运三轮车6辆。

【人口与计划生育工作】 对居民群众开展“婚育新风进万家”宣传教育活动，注重提高宣传教育的针对性和实效性。积极开展对育龄妇女的各项检查等服务工作，进一步提高计生技术服务工作水平。

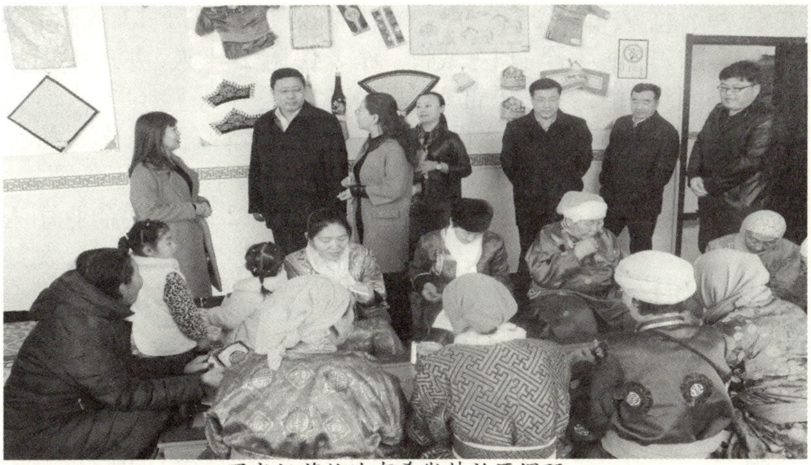

罗书记莅临达布希勒特社区调研

【劳动保障工作】 为994人办理资格认证工作。为符合条件的70名居民、12名低保户和11名重残人员办理居民养老保险，39人办理医疗保险。组织培训2次，培训16人次，发放各类宣传资料2000余份。为27人办理就业困难人员养老保险返还，共返还养老补贴13.9万余元。做好全民参保入户登记调查，共查询993人，登记300余人。

【圆满完成锡林浩特市第十五届人民代表大会大表选举工作】 锡林浩特市人大代表换届选举工作于2017年9月正式启动。经过准备和宣传动员、选民登记、推荐确定和介绍候选人、投票选举等工作程序，历时2个多月，于2017年11月10日圆满完成换届选举工作，选举产生2名人大代表。

【民生工作】 2017年辖区共发放低保救助金31.06万元，669人次；对2名三无人员、4名孤儿及时发放补助资金15.176万元。积极协调民政、残联、红十字会等部门和社会各界人士开展救助活动，共发放各类帮扶资金32.5万元。全面完成“十个全覆盖”工程。共完成投资3000万元。新修11条水泥路，总长14.47公里；新建社区阵地（二层，建筑面积705平方米，占地面积3000平方米）及锅炉房、机井房、门卫室、院落围挡、院内硬化等配套工程；完成6个公厕（旱厕）工程及6处垃圾收集点；铺装人行道12024平方米；安装风光互补路灯65盏；修建排水渠9公里；清理奶牛养殖生活垃圾2.4万平方米。全力推进棚户区改造，各工作组已完成对辖区内棚改房屋开展全面入户调查、留取影像资料、统一编号、分类登记造册等工作。截至2017年12月底，共入户调查2629户，其中职工户1807户、居民户822户。已安置1643户，发放棚改补贴资金3937万元。

（张　静）

巴彦查干街道办事处

【概况】 巴彦查干街道办事处成立于2008年9月，位于市区西部，总面积为60.14平方公里,总人口 12538 户,32383 人。现辖 3 个社区,划分为 13 个网格,共有干部职工 100 人。街道党工委下设 1 个党总支和 5 个党支部,党员 368 人。设有远程教育站点 4 个。

【党建工作】全年举办党员培训班 3 次,发展党员 4 名,转正 5 名,确定积极分子 4 名。共组织集中学习 220 余次,开展党员“政治生日”活动 19 次,“党员固定活动日”活动 40 次,累计参加活动 1800 余人次。辖区 3 个社区达到精品化社区标准,服务居民水平进一步提升。

【人口计划生育工作】与哈日朝鲁派出所、社区卫生服务中心和 3 个社区分别签订《2017 年度人口与计划生育目标管理责任状》。全年共发放计划生育宣传品 9000 余份。加强已婚育龄妇女跟踪管理,建立药具管理档案,全年免费发放药具 8.3 万支。加强人口统计工作。做好全员人口信息的收集、更新等相关工作,确保数据准确可靠,提高统计报表质量。

【劳动保障工作】全年办理就业失业登记证 191 本,申报就业困难人员 66 人,协助就业局举办劳务洽谈会 6 次,征集就业岗位 284 个。帮助居民享受社保政策。全年共申报新参保养老保险 13 人,续交养老保险 244 人,办理城镇居民基本医疗保险 683 人。做好劳动保障监察工作。按照劳动监察“两网化”工作要求,对辖区内 12 家市直企业用人基本情况进行登记备案,实施动态监控,切实维护劳动者合法权益。

【文教、妇联工作】全年举办群众性文体活动 20 余场次,组织参加各类文体活动 10 余次。达布希勒特社区秧歌队参加全市秧歌大赛获得三等奖,参加广场舞蹈比赛获得优秀奖。全年为 167 名新生办理入学通知书,完成对幼儿补助的申请和发放,共发放幼儿补贴 68.9 万元。完成妇联组织的换届选举工作,共选举产生妇联第一届执委 15 名。

【物业管理、街政工作】全年共清理各类垃圾 50 余吨、乱堆乱放 50 余处,拆除非法广告牌匾 10 余块,清理私搭乱建 8 处。采取查阅资料、实地查看、群众测评、专项检查评比等方式对物业企业小区管理情况进行督查,提升物业企业服务水平和管理能力。先后组织召开物业企业和业主代表座谈会 20 余次,协调解决物业矛盾纠纷 20 起,居民投诉 50 起。

【民政、残联、红十字会工作】及时落实民政部门对辖区居民特别是老年人、残疾人及低保户的各项帮扶政策。全年共发放低保金、三无补助金等各类资金 550 余万元。组织职工参与博爱一日捐活动,筹集善款 9700 元。全年共发放残疾人补贴 43.98 万元。

【综治维稳工作】全面落实综治各项责任制,与辖区 3 个社区、40 个辖区单位进行签状。全年共排查出各类矛盾纠纷 63 起,调解成功 56 起,调处成功率 88.9%。对重点人员进行集中排查,落实相关教育管理和帮扶稳控措施。共排查出精神异常人员 58 人、社区矫正人员 14 人、安置帮教人员 13 人、重点信访人员 11 人、邪教人员 7 人。

【消防安监工作】开展“安全生产月”主题宣传活动,印发安全生产告知书 1000 余份发放至居民手中,进一步提高居民安全意识和避险减灾技能。

【武装工作】积极开展民兵整组工作。组建防化救援分队、应急排、伪装防护队等 3 支分队。广泛开展武装征兵工作,全年辖区兵役登记,完成应征报名。

【房屋征收工作】圆满完成塔林社区一棵树拆迁项目、塔林社区湿地二期征收项目征收收尾工作,确保建设项目的顺利实施。　(洪　乾)

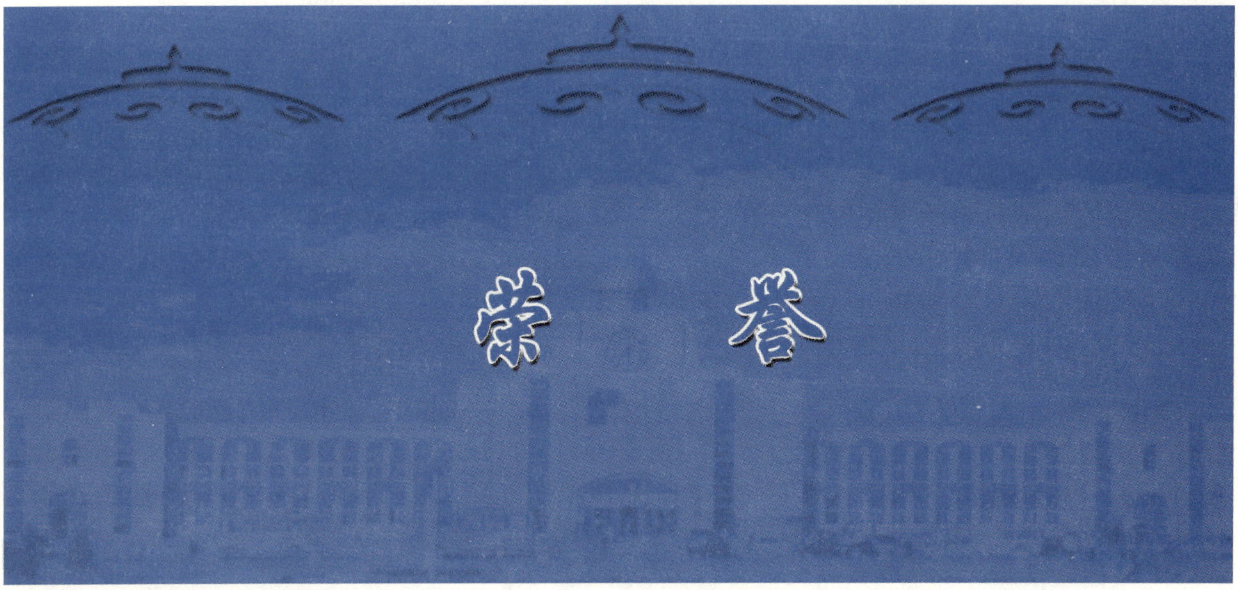

国家级先进单位

2017 年 6 月，锡林浩特市人民法院被最高人民法院确定为“全国法院案件繁简分流机制改革示范法院”。

2017 年 8 月，锡林浩特市蒙古族教师合唱团获第五届中国·内蒙古（锡林浩特）合唱艺术节成人组女声合唱骏马奖。

2017 年 9 月，由锡林浩特市旅游服务中心选送的男儿三艺民族文化发展有限公司的“银镶嵌工艺马鞍”系列商品喜获中国特色旅游商品大赛银奖。

2017 年，市委宣传部文明办获得全国未成年人思想道德建设工作先进单位。

2017 年，锡林浩特市消防大队被二中队被公安部消防局评为“党的十九大消防安保工作先进中队”。

2017 年，锡林浩特市团委推报锕锣铱（AEI）环保公益志愿者协会荣获第八届“保护母亲河奖—绿色团队奖”（全国 20 个）。

国家级先进个人

张玉忠　男，汉族，锡林浩特市妇幼保健计划生育服务中心副主任，于 2017 年 11 月 24 日，获得由中国性病艾滋病防治协会和中国疾病预防控制中心妇幼保健中心授予的“2017 年度全国基层预防艾滋病、梅毒和乙肝母婴传播工作优秀工作者”称号。

谢伟英　女，蒙古族，锡林浩特市人民法院民事审判一庭庭长，2017 年 1 月被最高人民法院授予“全国优秀法官”荣誉称号。

葛小平　女，蒙古族，锡林浩特市人民法院原审监庭庭长，2017 年 2 月被中华全国妇女联合会授予“全国维护妇女儿童权益先进个人”荣誉称号。

谢伟英　女，蒙古族，锡林浩特市人民法院民事审判一庭庭长，2017 年 5 月被最高人民法院通报表扬。

张那日苏，锡林浩特市司法局工作人员，2017 年 5 月，被司法部表彰为全国模范人民调解员。

自治区级先进单位

2017 年 1 月，锡林浩特市人民法院司法警察大队被内蒙古自治区高级人民法院评为“2016 年度集体二等功”。

2017 年 1 月，由锡林浩特市选送的锡盟云华民族文化服饰发展有限公司、锡林浩特市哈妮品牌蒙古民族服装服饰、锡林浩特市嘎斯乌嘎勒吉名族服饰有限公司三家民族企业参加第十四届内蒙古冰雪那达慕暨第七届冬季蒙古族服装服饰艺术节服饰大赛，分别荣获蒙古族服装服饰表演二等奖、三等奖、三等奖。

2017 年 2 月 4 日，锡林浩特市社保局荣获内蒙古自治区人力资源和社会保障厅颁发的“全区人力资源和社会保障系统 2014 – 2016 年度‘优质服务窗口’”荣誉称号。

2017 年 2 月，锡林浩特市人民法院被内蒙古自治区高级人民法院评为“全区法院‘执行年’专项工作先进集体”。

2017年4月,锡林浩特市司法局被自治区司法厅记集体二等功。

2017年5月,锡林浩特市人民法院被内蒙古自治区高级人民法院评为“全区法院2015—2016年度涉诉信访工作暨2017年度“百日攻坚”专项行动先进集体”。

2017年6月,蒙古剧《缘》被锡盟委宣传部、锡盟文体新广局评为第十九届乌兰牧骑会演优秀剧目奖、作曲一等奖、表演一、二、三等奖,2017年9月,被自治区文化厅、自治区宣传部评为首届内蒙古自治区蒙古语戏剧节剧目入围奖、最佳音乐奖、表演二、三等奖;

2017年7月,健身操(舞)《洪古瑞》《咱们工人有力量》被自治区文化厅、鄂尔多斯市人民政府评为全区社会体育辅导员技能大赛三等奖;

2017年9月20日,锡林浩特市卫生和计划生育局获得由内蒙古自治区爱国卫生运动委员会和内蒙古自治区人力资源和社会保障厅授予的“内蒙古自治区爱国卫生运动65周年先进集体”称号。

2017年9月,歌曲《亲人,您好》被自治区文化厅、自治区宣传部评为内蒙古自治区第十三届精神文明建设“五个一工程”奖。

2017年9月,达布希勒特社区荣获内蒙古自治区爱国卫生活动65周年先进集体。

2017年9月,中共内蒙古自治区委员会、内蒙古自治区人民政府授予巴彦查干街道党工委书记额尔德木图同志全区民族团结进步模范个人称号。

2017年9月,锡林浩特市人民法院被内蒙古自治区残疾人联合会、内蒙古自治区残疾人福利基金会、内蒙古自治区关心下一代工作委员会评为“关爱工程进校园公益捐赠活动踊跃参与奖”。

2017年9月,锡林浩特市人民法院被内蒙古自治区妇女联合会、内蒙古自治区维护妇女儿童权益和平安家庭创建专项组评为“第四届全区维护妇女儿童权益先进集体”。

2017年10月,达布希勒特社区荣获全区民族团结进步创建活动示范社区。

2017年12月22日,锡林浩特市获得内蒙古自治区卫计委授予的“创建幸福家庭活动示范旗县区”称号。

2017年12月,锡林浩特市教科局被自治区地震局评为自治区旗县级防震减灾工作综合考核先进单位。

2017年,锡林浩特市在全区社会主义核心价值观考核中排名第五位。

2017年,阿尔善社区获得全区新家庭计划示范单位称号。

2017年,巴彦宝拉格苏木荣获《全区文明苏木村镇》。

2017年,锡林浩特市消防大队被自治区消防总队评为“全区执法质量达标基层单位”;二中队被自治区消防总队评为“先进中队”;特勤中队党支部被自治区消防总队评为“先进党组织”;特勤中队团支部被自治区消防总队评为“先进团支部”。

2017年,锡林浩特市消防大队党委被盟消防支队评为“先进基层党组织”。

2017年,锡林浩特市团委机关获得全区中学中职学生“三年跑完长征路”红色实践教育活动“优秀组织奖”荣誉称号。

2017年,锡林浩特市团委推报锡林浩特市第六中学、锡林浩特市芳草小学荣获2017年度“内蒙古自治区优秀少先队集体”荣誉称号。

2017年,锡林浩特市团委推报锕锷铱(AEI)环保公益志愿者协会荣获“第二届内蒙古青年创新创业创优标兵”集体奖。

2017年,锡林浩特市人民武装部被内蒙古军区评为“基层建设先进团级单位”“征兵工作先进单位”“安全管理工作先进单位”“军事训练先进单位”荣誉称号。

自治区级先进个人

马　雁　女,汉族,锡林浩特市卫生和计划生育局党组书记(2017年10月离任),于2017年9月20日,获得由内蒙古自治区爱国卫生运动委员会和内蒙古自治区人力资源和社会保障厅授予的“内蒙古自治区爱国卫生运动65周年先进个人”称号。

美　兰　女,蒙古族,锡林浩特市卫生和计划生育局副局长,于2017年9月15日,获得内蒙古自治区卫计委授予的“2017年度内蒙古自治区新家庭计划先进工作者”称号。

伊力其　男,蒙古族,锡林浩特市爱国卫生运动委员会办公室主任,于2017年9月20日,获得由内蒙古自治区爱国卫生运动委员会和内蒙古自治区人力资源和社会保障厅授予的“内蒙古自治区爱国卫生运动65周年先进个人”称号。

张艳冬　男，汉族，锡林浩特市人民法院执行局副局长，2017年2月被内蒙古自治区高级人民法院授予“全区法院执行年专项工作个人二等功”荣誉称号。

牛　蓓　女，汉族，锡林浩特市人民法院政治处主任，2017年3月被内蒙古自治区高级人民法院授予“全区法院政治工作先进个人”荣誉称号。

金利军　男，汉族，锡林浩特市人民法院副院长，2017年5月被内蒙古自治区高级人民法院授予“涉诉信访工作二等功”荣誉称号。

陈　杰　女，蒙古族，锡林浩特市人民法院立案庭庭长，2017年8月被内蒙古自治区高级人民法院授予全区法院“最美女法官”荣誉称号。

包斯琴　女，蒙古族，锡林浩特市人民法院民事审判一庭审判员，2017年9月被内蒙古自治区妇女联合会授予“第四届全区维护妇女儿童权益先进个人”荣誉称号。

贾洪波，锡林浩特市消防大队副大队长，被自治区消防总队荣记三等功。

刘亚鑫，锡林浩特市消防大队二中队指导员，被自治区消防总队荣记三等功。

王云峰，锡林浩特市消防大队参谋，荣获自治区消防总队“全区优秀消防监督员”称号

张彩龙，锡林浩特市消防大队特勤中队副班长，荣获自治区消防总队“优秀团员”称号郭磊锡林浩特市十校大队辅导员、包金花，锡林浩特市民族小学大队辅导员，锡林浩特市团委推报荣获2017年度“内蒙古自治区优秀少先队辅导员”荣誉称号。

王丽伟，蔓莎舞蹈学校校长，锡林浩特市团委推报荣获“第二届内蒙古青年创新创业创优标兵”个人奖。

李国霞，女，蒙古族，锡林浩特市教育科技局副局长，2017年12月被自治区防震减灾工作领导小组评为2017年度内蒙古自治区市县防震减灾工作年度考核先进工作者。

阿拉腾其其格，锡林浩特市发展与改革局职工，荣获“2017年全区价格监测工作先进个人”称号；

王淑华，锡林浩特市司法局工作人员，2017年6月，被锡盟司法局记个人三等功。

乌　兰，女，蒙古族，锡林浩特市文物事业管理局文物保护办公室主任，2017年9月被自治区第一次全国可移动文物普查领导小组、自治区人力资源和社会保障厅、自治区文化厅、自治区文物局、自治区公务员局评为“第一次全国可移动文物普查先进个人”

盟级先进单位

2017年2月，巴彦查干街道办事处荣获全盟第三批民族团结进步创建活动示范单。

2017年2月，锡林浩特市人民法院被锡林郭勒盟中级人民法院评为“2016年度全盟基层法院目标实绩考核实绩突出法院”。

2017年2月，锡林浩特市人民法院白音锡勒人民法庭被锡林郭勒盟中级人民法院评为“全盟法院先进集体”。

2017年2月，锡林浩特市人民法院执行局被锡林郭勒盟中级人民法院评为“集体三等功”。

2017年3月，锡林浩特市人力资源和社会保障局被锡盟党委组织部、锡盟人力资源和社会保障局评为“2016年度全盟公务员网络在线学习表现突出单位”；获得2016年度全盟人力资源和社会保障工作先进集体荣誉 。

2017年3月，锡林浩特市司法局被锡盟司法局评为2016年度全盟司法行政工作绩效考评优胜单位、信息化建设先进单位、法律援助先进集体。

2017年3月，达布希勒特社区荣获全盟老年体育文化工作先进单位。

2017年5月11日 在中国人民银行锡林郭勒盟中心支行对2016年度辖区所有银行业分支机构开展的综合评价中，排名第二。

2017年6月，锡林浩特市人民法院被锡林郭勒盟卫生和计划生育委员会、锡林郭勒盟红十字会评为“无偿献血工作先进集体”。

2017年9月18日，锡林浩特市人力资源和社会保障局获得锡林郭勒盟人力资源和社会保障局2017年内蒙古技能大赛锡林郭勒盟第二届“工匠杯”职业技能竞赛优秀组织奖荣誉。

2017年9月，巴彦查干街道办事处荣获全盟学习使用蒙古语文先进集体。

2017年9月，锡林浩特市

人力资源和社会保障局被中共锡林郭勒盟委宣传部、中共锡林郭勒盟委统战部、锡林郭勒盟民族事务委员会评为“锡林郭勒盟民族团结进步示范单位”。

2017 年 10 月,锡林郭勒盟蒙古族服装服饰大赛及 2017“唱响锡林郭勒”创作歌曲演唱大赛中,由锡林浩特市旅游部门选送的锡林浩特市“蒙古金高娃”行业服饰代表队获得蒙古族服饰元素行业工装设计制作金奖,锡林浩特市“嘎斯乌嘎勒吉”冬季传统民族服饰代表队获得传统蒙古族服装服饰设计制作银奖,“蒙古金高娃”现代民族服饰代表队获得现代蒙古族服装服饰设计制作银奖;锡林浩特市选送的歌手苏德青格乐和恩克巴图分别荣获“唱响锡林郭勒”创作歌曲演唱大赛一等奖和二等奖;锡林浩特市旅游部门获得最佳组织奖。

2017 年 10 月,锡林浩特市教育科技局被锡林郭勒盟工会评为 2017 年度全盟劳动和技能竞赛优秀组织单位。

2017 年 12 月,锡林浩特市教育系统工会联合会荣获学习宣传党的十九大精神全盟职工文艺汇演一等奖。

2017 年,市委宣传部获得 2017 年度全盟宣传思想文化工作先进地区二等奖

2017 年,巴彦宝拉格苏木被评为《全盟老年体协先进单位》。

2017 年,锡林浩特市红十字会在 2017 年度全盟红会系统考核中被评为综合实绩突出奖。

2017 年,锡林浩特市民族宗教局被盟民族事务委员会评为“2017 年度全盟民族宗教系统信息工作先进集体”。

2017 年,锡林浩特市食品药品工商质量技术监督管理局经济开发区监管所荣获 2016—2017 年度全盟“青少年维权岗”单位称号;获盟质监局业务考核优秀等次。

2017 年,希日塔拉街道办事处被锡林郭勒盟委员会、锡林郭勒盟军分区授予锡林郭勒盟 2017 年度基层武装工作先进单位。2

017 年,锡林浩特市团委机关被盟团委授予“青春瞩目十九大”线上知识竞赛“优秀组织奖”。

2017 年 4 月,蒙古族健身操《锡林布斯贵》、按摩操《韵律按摩操》被锡盟文体新广局、太仆寺旗人民政府评为全盟社会体育指导员大赛二等奖;

盟级先进个人

青　梅　女,蒙古族,锡林浩特市民族宗教局党组成员、副局长,2017 年 9 月被中共锡林郭勒盟委员会、锡林郭勒盟行政公署评为“全盟第三次学习使用蒙古语文先进个人”。

戴　英　男,蒙古族,人社局信息中心负责人,2017 年 12 月,被锡林郭勒盟青年艺术摄影研究会评为 2017 年度摄影先进工作者称号。

王琦源　男,汉族,锡林浩特市人民法院刑事庭庭长,2017 年 2 月被锡林郭勒盟中级人民法院授予“全盟优秀法官”荣誉称号。

海　江　男,蒙古族,锡林浩特市人民法院司法警察大队队长,2017 年 2 月被锡林郭勒盟中级人民法院授予“全盟法院个人三等功”荣誉称号。

齐　峰　男,蒙古族,锡林浩特市人民法院执行局审判员,2017 年 2 月被锡林郭勒盟中级人民法院授予“全盟法院办案标兵”荣誉称号。

齐　珊　女,蒙古族,锡林浩特市人民法院政治处干事,2017 年 2 月被锡林郭勒盟中级人民法院授予“全盟法院先进工作者”荣誉称号。

包文胜　男,蒙古族,锡林浩特市人民法院执行局局长,2017 年 4 月被锡林郭勒盟中级人民法院授予“全盟法院执行年专项活动个人三等功”荣誉称号。

吕炎　男,蒙古族,锡林浩特市人民法院执行局法官助理,2017 年 4 月被锡林郭勒盟中级人民法院授予“全盟法院执行年专项活动个人三等功”荣誉称号。

谢伟英　女,蒙古族,锡林浩特市人民法院民事审判一庭庭长,2017 年 5 月被锡林郭勒盟工会授予“锡林郭勒盟五一劳动奖章”。

齐　珊　女,蒙古族,锡林浩特市人民法院政治处干事,2017 年 6 月被锡林郭勒盟卫生和计划生育委员会、锡林郭勒盟红十字会评为“全盟无偿献血工作先进个人”。

夏建成　2018 年 1 月希日塔拉街道党工委副书记、人武部部长被锡林郭勒盟分区授予 2017 年度基层武装工作先进个人。

郑香钧　锡林浩特市消防大队教导员,荣获盟消防支队“优秀党务工作者”称号。

胡日查　蒙古族，锡林浩特市统计局农牧业股股长，2017 年 11 月获得由自治区人社厅和自治区统计局联合颁发的内蒙古自治区统计系统先进个人荣誉称号。

于大胜　锡林浩特市教育科技局校园安全办公室负责人，2017 年 6 月，被锡林郭勒盟红十字会评为“全盟最美红十字会工作者”。

钱慧博　包商银行营业部柜员，荣获“全盟优秀共青团员”称号。

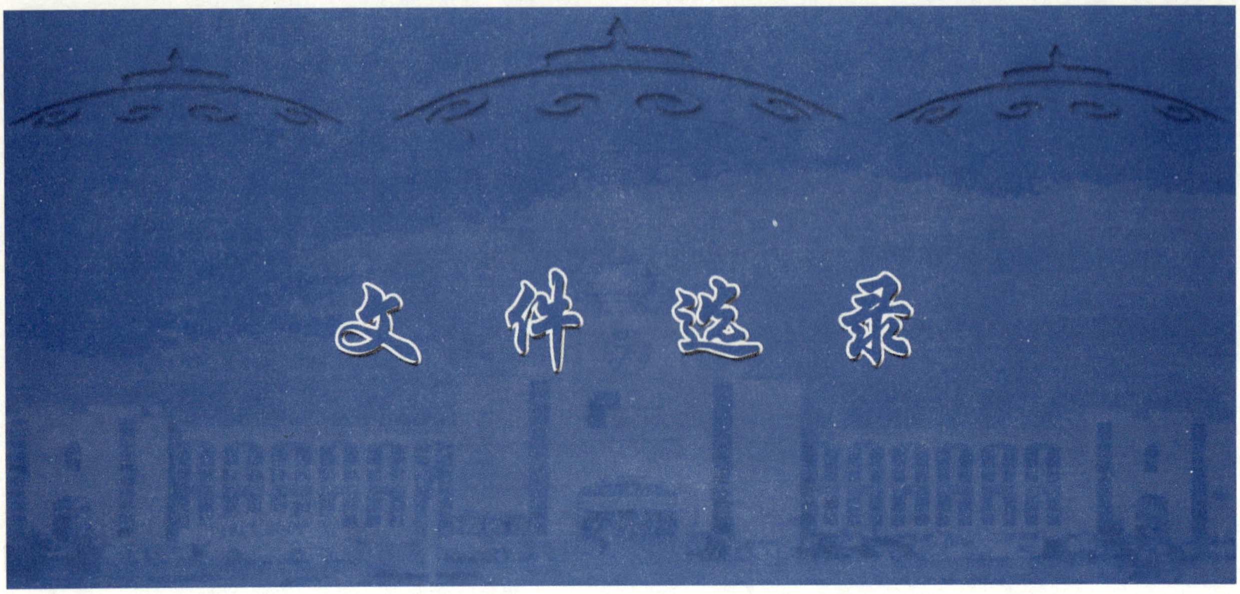

锡林浩特市打击非法从事道路旅客 运输和客运出租汽车经营专项整治行动方案

各苏木镇场人民政府、国有农牧场、街道办事处、市直各有关部门单位：

经市政府同意，现将《锡林浩特市打击非法从事道路旅客运输和客运出租汽车经营专项整治行动方案》印发给你们，请各部门单位结合工作实际，认真贯彻执行。

2017年5月3日

锡林浩特市打击非法从事道路旅客运输和客运出租汽车经营专项整治行动方案

根据锡林郭勒盟行政公署办公室关于印发《锡林郭勒盟打击非法从事道路旅客运输和客运出租汽车经营专项整治行动方案》的通知”(锡署办发电〔2017〕15号)精神，为规范锡林浩特市道路旅客运输和客运出租汽车市场秩序，打击非法从事道路旅客运输和客运出租汽车经营行为，维护经营者和人民群众合法权益，促进锡林浩特市道路旅客运输和客运出租汽车行业健康稳定发展，特制定本方案。

一、指导思想

坚持政府主导，综合治理、疏堵结合、依法行政原则，加大对非法从事道路旅客运输和客运出租汽车经营行为的打击力度，维护经营者和群众合法权益，保障出行安全，促进锡林浩特市道路旅客运输和客运出租汽车行业健康稳定发展。

二、组织机构

为确保打击非法从事道路旅客运输和客运出租汽车经营专项整治行动取得实效，成立全市打击非法道路旅客运输和客运出租汽车经营专项整治行动工作领导小组：

组　长　张学军　市政府副市长

副组长　胡占宏　市政府办副主任

　　　　门景岳　市交通局局长

成　员　刘武生　市委宣传部副部长、外宣办主任

　　　　红　光　市法制办主任

　　　　郝　权　市运输管理所所长

　　　　查　干　市公安局交警大队大队长

　　　　安玉栋　市食药工商质监局副局长

　　　　青格勒　市人社局副局长

　　　　樊晓丽　市信访局副局长

　　　　杨湧涛　市残联组维部主任

全市打击非法从事道路旅客运输和客运出租汽车经营专项整治行动工作领导小组办公室设在锡林浩特市运输管理所，办公室主任：郝权（兼）。

三、工作目标和主要任务

（一）工作目标

加大综合执法力度，通过专项整治行动，严厉打击非法从事道路旅客运输和客运出租汽车经营行为，依法查处一批非法从事道路旅客运输和客运出租汽车经营的“黑车”车主，取缔一批“黑车”车辆，挖出一批“黑车”团伙，震慑一批非法从事“黑车”经营的人员，使非法从事道路旅客运输和客运出租汽车经营行为得到有效遏制，确保专项整治工作落到实处、取得实效。

（二）主要任务

1. 依法打击和查处有组织的“黑车”团伙。重点打击“黑车”非法经营的组织者或牵头者，特别是霸占市场、强占客源、带有一定组织性的非法经营、扰乱市场经营秩序的“黑车”团伙。

2. 依法查处未经许可从事长途旅客运输的“黑车”，针对锡林浩特市从事道路旅客运输“黑车”较多，严重侵犯运输经营者合法权益这一现状，以开展此次专项整治行动为契机，组织各成员单位按要求制定实施方案，部署相关工作，有针对性的开展联合执法，打击从事长途旅客运输的“黑车”。重点打击锡林浩特至北京、锡林浩特至周边旗县等从事长途旅客运输的“黑车”，依法保护道路运输经营者合法权益。

3. 开展查处从事锡林浩特市内的出租“黑车”。坚决取缔小区、车站、机场、商场、医院等人流密集区的“黑车”非法经营聚集点。重点查处未经许可擅自从事出租汽车经营的车辆，特别是套用出租汽车牌照和克隆、假冒出租汽车的车辆。

四、实施步骤

（一）宣传动员阶段（5 月 10 日前）。各成员单位要加大相关法规、规章和政策的宣传教育力度，充分利用当地新闻媒体，通过报刊、广播、电视、微信、出租汽车 LED 屏等多种宣传方式，广泛

宣传乘坐“黑车”的危害性及打击“黑车”非法经营行为的目的和重要意义，揭示乘坐“黑车”的安全隐患，引导乘客自觉抵制乘坐“黑车”，提高广大乘客维护自身合法权益意识，敢于抵制、勇于举报非法经营行为，形成政府主导、行业监管、社会监督的长效机制，营造全社会自觉抵制“黑车”的良好舆论氛围。

（二）摸底调查阶段（5月11日至5月20日）。各成员单位要成立联合摸底调查组，对车站、机场、城乡接合部等“黑车”集聚重点区域，采取明察暗访的方式，对本行政区域内非法从事道路旅客运输和客运出租汽车经营情况进行全面摸底，掌握非法经营的车辆号牌和人员载客时间、地点、主要去向等情况，列出涉嫌非法营运车辆名单，掌握其活动区域和规律，特别是具有一定组织性的非法经营团伙的基本情况，明确重点打击对象、区域、时段等，为实施专项整治行动提供准确基础资料。

（三）联合整治阶段（5月21日至6月20日）

1. 建立联合执法机制。一是结合锡林浩特市实际，建立行之有效、实际操作性强的联合执法机制。二是要求各专项治理成员单位抽调素质高、业务精、作风硬的执法人员组成专项治理联合执法队，按照各部门的工作职责组织开展联合执法，采取定点检查与流动巡查相结合、工作时间检查与非工作时间检查相结合、明察与暗查相结合、部门检查与联合检查相结合的方法，严厉打击各类从事道路旅客运输和客运出租汽车经营的违法行为。三是建立专项治理例会制度，市政府每月定期组织成员单位召开打击非法从事道路旅客运输和客运出租汽车经营专项行动会议，通报最新工作情况，对在专项治理工作中发现的重点难点问题进行分析研究，总结有效工作经验，推进部署下一步工作，确保专项整治行动取得实效。

2. 加大联合执法力度。锡林浩特市专项治理行动成员单位组建联合执法检查组，在城镇主要出入口路段及收费站设立联合执法检查站点，严厉查处非法从事道路旅客运输和客运出租汽车经营违法行为。一是在车站、机场、医院、城乡结合部等重点区域严查非法经营及其相关业务，开展对改装三轮车、非法电动观光车等不具备道路行驶资格的车辆非法从事经营行为的专项整治行动，依法取缔生产、销售、改装不具备道路行驶资格的车辆销售企业。二是开展对涉牌涉证的非法、违法行为的专项整治行动，依法查处套牌、假冒出租汽车等违法行为中的涉牌涉证问题。三是开展社会车辆和已退出出租汽车营运车辆非法喷涂、非法改装和非法安装、销售计价器等营运设施等行为的专项整治行动，依法查处、取缔有关非法经营的“黑窝点”。四是开展对社会车辆长期非法从事道路旅客运输和客运出租汽车经营行为的专项整治行动，依法加大对非法从事异地营运客运出租汽车业务行为的查处力度。五是对残疾人非法从事道路旅客运输和客运出租汽车经营的行为，由政府牵头组织公安、人力资源社会保障、民政和残联等部门综合施策，在禁止残疾人非法从事经营的同时，要依据有关规定妥善处理好其生活、就业等问题。

3. 公示执法情况。联合执法机构要及时向社会公布每台查扣车辆的违法内容、处理依据、处理结果。锡林浩特市要通过各种媒体宣传报道专项治理工作的最新动态，正面引导社会舆论，形成政府主导、行业监管、舆论监督的治理机制。

4. 建立有奖举报制度。广泛动员社会力量参与，鼓励群众通过各种方式对非法从事道路旅客运输和客运出租汽车经营行为进行举报，经查证属实以及协助管理部门取证或提供直接证据者给予奖励。投诉举报受理部门要对投诉举报人信息严格保密。

（四）总结巩固阶段（6月21日至6月30日）

市政府对专项整治行动进行全面检查验收，总结取得的工作成效和经验，建立打击非法从事

“黑车”经营的长效机制及联合执法工作制度，巩固专项整治行动工作成果，防止非法从事道路旅客运输和客运出租汽车的违法行为反弹，确保专项整治工作落到实处，取得实效。

五、工作要求

（一）加强组织领导。一是建立以分管领导为组长，宣传、公安、人力资源社会保障、交通运输、工商、质监、法制、信访、残联等部门负责人为成员的打击非法从道路旅客运输和客运出租汽车专项整治行动工作领导小组，统一领导本地区打击非法从事道路旅客运输和客运出租汽车经营专项整治行动。二是政府定期组织各成员单位召开打击非法从事道路旅客运输和客运出租汽车经营专项整治联席例会，及时研究解决工作中出现的新问题、新情况，部署下一阶段工作重点，互通信息、共享信息、研究措施、随时督促、检查、指导。三是分管领导要靠前指挥，遇有重大情况要及时上报，并采取有效措施进行果断处置。四是各成员单位要认真履职、密切配合、依法依规做好专项整治行动各项工作。五是领导小组办公室组织协调与各成员单位联合开展路面稽查，依法依规对“黑车”非法经营行为进行处理。六是检查依法行政、规范执法、文明执法、杜绝乱罚款、乱扣车、粗暴执法等违法行为。

（二）各成员单位职责分工

1. 交通局：一是负责做好对从事道路旅客运输和客运出租汽车非法经营行为的摸底调查。二是组织力量与公安部门联合开展路面稽查，依法依规对从事道路旅客运输和客运出租汽车非法经营行为进行查处。三是做好相关组织、协调工作，整理上报专项整治行动的信息、开展情况、工作成果、经验等。

2. 公安局：一是负责利用路面交通管理监控系统和监控摄像设备对出入城区的“黑车”加强监控。二是与交通运输部门联合开展路面稽查“黑车”工作，抽调素质高、业务精、作风硬的执法人员组成专项治理联合执法队，按照各部门的工作职责联合行动，确保专项治理工作顺利进行。三是组织力量对从事“黑车”非法经营的团伙、黑恶势力进行侦查和打击，对涉嫌犯罪的移交司法机关依法追究其刑事责任。四是对无上路资质的车辆加大检查处置力度，防止其非法从事经营。五是通过公安信息查询系统对从事包车客运和旅游客运车辆的相关信息进行核实，从源头上查处非法违法经营行为。六是对不听劝阻、妨碍、阻挠、围攻、报复执法人员执行公务的，依法追究刑事责任，确保专项整治行动顺利实施。

3. 法制办：负责依法受理，及时审理专项行动整治行动中提起的行政复议案件，规范行政处罚裁量权基准。

4. 信访局：负责协调打击“黑车”专项行动中出现的信访事项，及时向各成员单位通报信访动态。

5. 宣传部：负责组织电台、电视台、网络、报纸等新闻媒体加大宣传力度，及时报道专项整治行动工作动态，曝光“黑车”非法经营行为，加大宣传“黑车”的危害性和打击“黑车”非法经营行为的重要意义，提醒教育广大人民群众自觉抵制“黑车”。

6. 工商食药质检局：负责依法查处违反工商行政管理法规的经营行为，取缔无照经营，查处二手车市场非法经营和非法销售计价器等营运设施的行为；配合其他成员单位依法查处非法安装使用计价器的行为，对出租车计价器进行依法强制检定。

7. 人社局：配合相关部门做好在法定劳动年龄内、有劳动能力并有就业愿望的残疾人群体，在退出非法经营后的相关就业创业服务工作。

8. 残联:协调相关部门做好专项治理行动中涉及残疾人非法从事经营的疏导工作,协助相关部门逐步做好残疾人创业、就业工作。

(三)规范执法行为。严查“黑车”非法经营行为,特别是在早晚交通流量高峰、午间、夜间19:00至23:00时以及节假日等客流高峰期,对“黑车”非法经营行为的查处要重程序、重证据、重事实,利用好执法记录仪等设备收集证据,杜绝乱罚款、乱扣车等行为的发生。要加强对执法人员业务培训、纪律教育和监督检查,提高执法能力和水平。各有关管理部门工作人员不得参与“黑车”非法经营,不得充当“保护伞”,一经发现,将依法依规坚决查处。

(四)加大运力供给,提升服务水平。各有关部门要以此次专项整治行动为契机,在严厉打击“黑车”非法经营行为的同时,加快道路旅客运输和出租汽车行业转型升级步伐,加大运力供给,提高服务质量,从源头遏制“黑车”生存空间。

(五)及时化解矛盾。要进一步强化对出租汽车行业维稳工作的组织领导,建立健全政府、经营者和驾驶员沟通机制,完善信访接待以及经营者、驾驶员的联络制度,全面掌握驾驶员思想动态,经常听取经营者和驾驶员意见,充分保障经营者和驾驶员合法权益,解决好经营者和驾驶员实际困难和合理诉求,及时处理经营中遇到的问题和困难,引导经营者和驾驶员通过合法方式和正常渠道反映问题、表达诉求,将问题解决在萌芽状态。发现不稳定因素苗头后要在第一时间进行稳妥处置,阻止事态扩大蔓延,并立即上报相关部门。

(六)加强信息报送。各成员单位制定工作联络员,专人负责信息报道工作,专项整治行动期间的每月3日前报送2期工作信息(包括动员大会召开、工作成果和经验、图片影像资料等),并于7月3日前将专项整治行动工作总结报市政府。

锡林浩特市公共信用信息管理实施方案

各苏木镇人民政府、国有农牧场、街道办事处，市直各部门、企事业单位：

经市政府研究决定，现将《锡林浩特市公共信用信息管理实施方案》印发给你们，请结合实际，认真贯彻执行。

2017 年 6 月 9 日

锡林浩特市公共信用信息管理实施方案

为深入推进社会信用体系建设，规范社会法人和个人公共信用信息的征集、披露、使用和管理活动，为经济社会发展营造良好的信用环境，按照《自治区公共信用信息管理办法》（内政发〔2014〕108 号）、《2016 年锡林郭勒盟公共信用信息管理实施方案》（锡署办发〔2016〕19 号）及有关法律法规要求，结合锡林浩特市实际，制定本方案。

一、重要意义

规范公共信用信息管理工作是改进各级政府行政管理方式的重要手段，是满足使用部门在社会管理、公共服务和经济交易等方面的需求，也是有效强化市场主体信用意识，培育发展信用服务市场，建立健全失信联合惩戒机制的迫切要求，同时有利于政府资源整合，共建共享，推动社会信用体系建设，有利于加强社会监督，发挥全社会广泛参与。

二、主要原则和总体要求

（一）主要原则。公共信用信息的征集、披露和使用，应当遵循合法、客观、公正、准确、及时的原则，保守国家秘密，保护商业秘密和个人隐私。

（二）总体要求。成立本地公共信用信息工作机构，负责公共信用信息的征集、管理、保存、上报、使用及相关工作。各有关部门和组织是本行业、本系统公共信用信息征集、披露、使用的责任主体，负责分管领域内信用信息管理工作，要明确本单位信用信息工作的责任部门或者机构，责任落实到人，要建立健全本行业、本系统信用信息系统，做好社会法人和个人信用信息的采集、整合、保存和披露等相关工作。

三、工作任务

（一）公共信用信息征集

1. 社会法人基本信息。由相关部门和组织依据有关标准提供，主要包括以下信息：社会法人注册登记信息、税务登记信息、组织机构代码登记信息；股权结构信息，董事、监事、经理及其他负责人信息，分支机构信息，进出口信息；专项许可和资质信息；认证认可信息和商标注册信息；年检（年报）、年审、检验、检疫及备案情况；主营业务、主要产品、资产负债、销售（营业）收入、纳税等经营和财务情况；其他基本信息。

2. 社会法人信用信息。由有关部门和组织依据有关标准提供，主要包括以下信息：

(1)社会法人荣誉信息。盟级以上行政机关的表彰、奖励;被盟级以上工商行政管理部门评定为重合同、守信用社会法人的荣誉;驰名、著名和重点保护的商标;通过国际质量标准认证;被税务机关认定为A级信用纳税人;被海关评为A类以上高资信企业;被认定的和谐劳动关系企业;法定代表人受到的表彰和荣誉。

(2)社会法人不良信用信息。发布虚假广告,制售假冒伪劣商品,侵犯知识产权的记录;拖欠社会保险费、行政事业性收费和政府性基金的记录;拖欠、逃废债务,拖欠、逃避缴纳税款的记录;生效的行政处罚记录;发生重大质量、食品药品安全、安全生产、环境污染等事故的记录;不依法与劳动者签订劳动合同且不进行劳动用工备案,违法用工,克扣、拖欠劳动报酬等劳动保障违法记录;司法机关生效的裁决、裁定、调解和执行信息,仲裁机构的仲裁裁决信息,生效的行政强制信息;社会法人法定代表人、董事、经理以及其他负责人受到刑罚、行政处罚、行业禁入处理的信息;社会法人被监管部门在监督检查过程中确定的不良信息;法律、法规等规定可以记入的其他信用记录。

3. 个人信用信息。由有关部门和组织依据有关标准提供,包括下列信息:据以识别个人身份以及反映个人家庭、职业、学历、职称、从业资格等情况的个人基本信息;个人与住房公积金管理机构形成的信用信息;个人与商业机构、公用事业单位形成的赊购、缴费信用信息;个人受表彰、奖励等荣誉信息;行政机关、司法机关、行使公共管理职能的组织,在行使职责过程中形成的与个人信用相关的信息;其他与个人信用有关的信息。

公共征信机构不得征集个人的宗教信仰、基因、指纹、血型、疾病和病史以及法律、法规禁止采集的个人信息;未经本人书面同意,公共征信机构不得征集个人收入、存款、有价证券、商业保险、不动产的信息和纳税额信息。公共征信机构除按照本办法从有关部门和组织征集信用信息外,可以按照双方约定,向社会法人征集信用信息,作为公共信用信息的补充。

(二)信用信息披露和使用

社会法人公共信用信息通过公开、共享和查询三种方式予以披露公共信用信息。个人公共信用信息不予公开和共享,只通过查询方式披露。

1. 个人提示信息中的不良记录查询期限为5年,自不良行为或者事件终止之日起计算,超过5年的予以删除。

2. 通过本级政务门户网站、新闻媒体向社会公开社会法人信用信息。

3. 公开社会法人信用信息主要内容:社会法人工商登记信息中的社会法人名称、住所、法定代表人姓名、经营范围;组织机构代码;专项许可和资质信息;认证许可信息和商标注册信息;逾期未履行法院生效的民事裁决、裁定、调解等的信息;受到行政处罚、刑罚的信息;获得荣誉的信息;其他应当公开的信息。

4. 有关部门和组织可以通过公共信用信息交换平台查询共享的信用信息,因履行职责需要查询社会法人股权结构信息、主要经营管理者信息、资产负债信息、损益信息等非公开、非共享的信息,应当经查询单位负责人批准并加盖公章后,按照公共征信机构规定的程序查询。

5. 公民、法人和其他组织可以通过相关官方网站、电话、手机短信平台等方式查询公开的社会法人信用信息,也可在公共征信机构查询。

6. 公民、法人和其他组织查询非公开的社会法人信用信息的,应当经被查询社会法人书面同意后,在公共征信机构查询。

7. 个人查询本人信用信息的,应当出具本人有效身份证,按照公共征信机构规定的程序查询。

8. 有关部门和组织因公务需要查询个人信用信息的，应当提供有效证明文件，按照公共征信机构规定的程序查询。

9. 对需经授权或者批准方可查询的公共信用信息，公共征信机构应当如实记录查询情况，并自该记录生成之日起保存3年。

10. 共征信机构的工作人员不得擅自查询或者越权查询拥有的信用信息。

11. 公共征信机构等有关部门和组织及其工作人员不得披露或者泄露涉及国家秘密、商业秘密、个人隐私以及《内蒙古自治区公共信用信息管理办法》第十九条规定以外的公共信用信息。

12. 有关部门和组织不得披露从公共征信机构获取的非本单位或者本行业提供共享的社会法人信用信息。

13. 有关部门和组织在日常监管以及政府采购、招标投标、项目审批、专项资金安排、政府资金补贴、招商引资等涉及公共利益的领域和重点工作中，应当将社会法人信用信息作为行政决策的重要依据。推行社会法人信用评价制度，拓展社会法人信用评价信息的应用范围，提高社会管理和公共服务水平。

14. 有关部门和组织对信用信息中有不良记录的社会法人，视其情节可以采取下列措施：作为日常监督检查的重点；3年内不授予荣誉称号，已经授予的荣誉称号予以撤销；2年内限制或者取消其参与政府采购、政府投资项目的资格。

（三）异议信息处理

个人和法人认为公共征信机构披露的公共信用信息与事实不符，或者依照有关法律、法规规定不得披露的，可以向公共征信机构提出书面异议申请，并提交证据。

1. 公共征信机构收到异议申请后应当在3个工作日内进行核查，因自身原因造成错误的立即更正，并将更正结果在2个工作日内告知申请人。

2. 对非自身原因造成的异议信息，公共征信机构应当通知提供该信息的有关部门和组织核查，有关部门和组织自收到核查通知之日起20个工作日内回复是否更正的核查结果，公共征信机构应当在2个工作日内将核查结果告知申请人。

3. 公共征信机构处理异议申请期间，应当暂停披露该异议信息。对无法核实真实性的异议信息，公共征信机构应当予以删除并记录删除原因。

4. 信用信息提供人发现提供的信用信息变更、失效或者错误的，应当及时修改并在修改之日起7个工作日内向公共征信机构报送修改后的信用信息，征信机构应当在接到通知后7个工作日内对相关信息予以更正或者删除。

四、工作措施

（一）建立健全信用信息安全管理制度，采取必要的技术措施，确保公共信用信息的安全，并对其提供信用信息的真实性负责；由社会法人依照双方约定提供的信用信息，且法定条件和程序未要求相关部门和组织对其申报信息的真实性进行核实的，其真实性由提供信用信息的社会法人负责。

（二）明确本单位公共信用信息工作的责任部门或机构，负责采集、整理、保存、加工履行职责过程中形成的公共信用信息，对提供的公共信用信息数据实行动态管理，保证及时更新和录入信息的完整性。

（三）指定专门岗位人员，根据单位自身性质、特点和工作职能，制定具有本行业特点的公共信用信息管理制度,完善本行业信用信息管理系统,加强行业公共信用信息记录、存储和整合工作,及时按规定提供公共信用信息。

五、责任追究

(一)本级行政机关未按本办法规定向上级行政机关提供公共信用信息的,由上级行政机关负责催报,经催报仍不提供的,给予通报批评。

(二)法律、法规授权的具有管理公共事务职能的组织未按本办法规定提供公共信用信息的,由其行政主管机关负责催报,经催报仍不提供的,给予通报批评。

(三)行政机关和法律、法规授权的具有管理公共事务职能的组织披露公共信用信息时违反本办法规定的,由本级人民政府通报批评;情节严重的,由行政监察部门对直接负责的主管人员和其他直接责任人员给予行政处分。

(四)行政机关、公共征信机构和法律、法规授权的具有管理公共事务职能的组织及其工作人员,在公共信用信息管理工作中有下列情形之一的,由主管部门或者行政监察部门责令改正;情节严重的,对直接负责的主管人员和其他直接责任人员给予行政处分;构成犯罪的,依法追究刑事责任:以不正当手段采集公共信用信息的;篡改、虚构公共信用信息的;违反规定披露或者泄露公共信用信息的;未按规定处理和答复异议信息的。

(五)各部门单位要高度重视社会信用体系建设工作,统筹安排人力、物力、财力,协调解决工作中遇到的困难和问题。各部门单位要研究制订本部门单位工作方案和工作措施,按计划推进相关工作,及时报送工作进展情况,确保按时高质量完成工作任务。

锡林浩特市人民政府关于开展农村牧区宅基地使用权、集体建设用地使用权进行确权发证工作的通告

为全面贯彻《不动产登记暂行条例》《不动产登记暂行条例实施细则》，决定对农村牧区宅基地使用权、集体建设用地使用权进行确权发证工作，现将有关事项通告如下：

一、登记区域及内容

宝力根苏木、朝克乌拉苏木、巴彦宝拉格苏木、阿尔善宝力格镇辖区内的农村牧区宅基地使用权和集体建设用地使用权。

二、不动产统一登记时间

即日起到2018年底开展农村牧区宅基地使用权、集体建设用地使用权进行确权发证工作。

为确保在2018年12月底前完成此项工作，锡林浩特市国土资源局（不动产登记局）会同有关苏木镇场、嘎查于2017年12月31日前将进行不动产权籍修补测工作，届时请宅基地和集体建设用地使用权权利人配合参与现场指界工作，不配合指界工作的，视同放弃权利。

三、联系方式

宝力根苏木联系人：宝音德力格尔；联系电话：18004799033

朝克乌拉苏木联系人：毕力格；联系电话：13354796085

巴彦宝拉格苏木联系人：毕力格；联系电话：13354796085

阿尔善宝力格镇联系人：斯琴毕力格；联系电话：13947926683

2017年11月1日

锡林浩特市人民政府办公室 关于印发《2017年“锡林河之夏”暨群众系列文化活动实施方案》的通知

各苏木镇人民政府、国有农牧场、街道办事处,市直各部门、企事业单位:

经市政府同意,现将《2017年“锡林河之夏”暨群众系列文化活动实施方案》印发给你们,请结合实际,认真贯彻执行。

2017年5月24日

2017年“锡林河之夏”暨群众系列文体活动实施方案

为庆祝自治区成立70周年,喜迎党的十九大召开,践行社会主义核心价值观,丰富人民群众的精神文化生活,促进锡林浩特市群众文体事业 繁荣有序发展,创造浓厚的群众文化氛围,更好的构建现代公共文化服务体系,展现锡林浩特市各项经济社会事业取得的成就及各族各界群众精神风貌,延续“锡林河之夏”群众文化品牌,开展2017年“锡林河之夏”暨群众系列消夏文体活动,具体内容如下:

一、指导思想

通过组织开展面向广大群众的文体活动,全面展示群众文化成果,丰富群众文化生活,壮大群众文化队伍,培养群众文化人才,提升群众文化素质,引导群众在公共文化建设中自我表现、自我教育、自我服务,充分发挥文化“引领风尚、教育人民、服务社会、推动发展”的作用,进一步提升锡林浩特市文化内涵,推动锡林浩特市群众文体事业的繁荣与发展,更好的为经济建设及社会事业发展服务。

二、主办、承办及参与单位

1. 主办单位　中共锡林浩特市委员会
锡林浩特市人民政府
锡盟文化体育新闻出版广电局
2. 承办单位　锡盟群众艺术馆
锡林浩特市文化体育广播电影电视旅游局
3. 参与单位　市直各部门、机关事业单位、驻锡部队、街道办事处、社区、苏木镇场嘎查等。

三、活动时间及地点

1. 时间:2017 年 6 月 20 日至 8 月 12 日

2. 地点:锡林广场

四、组织机构

为切实加强领导,确保活动顺利进行,特成立“锡林河之夏”暨群众消夏系列文体活动领导小组,具体组成人员如下:

组　长　赖向华(锡林浩特市人民政府副市长)
副组长　琴巴特尔(锡盟文体新广局副局长)
　　　　杨晓峰(锡盟群艺馆馆长)
　　　　张福山(锡林浩特市文体广电旅游局局长)
成　员　鲍格日勒图(锡盟文体新广局艺术科科长)
　　　　红　梅(宝力根街道办事处党工委副书记、主任)
　　　　姜玉湘(杭盖街道办事处党工委副书记、主任)
　　　　贾永霞(楚古兰街道办事处党工委副书记、主任)
　　　　俞力强(希日塔拉街道办事处党工委副书记、主任)
　　　　王雪静(额尔敦街道办事处党工委副书记、主任)
　　　　王旭光(南郊街道办事处党工委副书记、主任)
　　　　李晓昱(巴彦查干街道办事处党工委副书记、主任)
　　　　赛西亚拉图(宝力根苏木副苏木长)
　　　　娜　拉(朝克乌拉苏木副苏木长)
　　　　王香兰(巴彦宝拉格苏木副苏木长)
　　　　阿拉坦陶古思(阿尔善宝力格镇副镇长)
　　　　康云峰(白音锡勒牧场副场长)
　　　　韦　河(白银库伦牧场党委副书记)
　　　　斯琴巴图(毛登牧场副场长)
　　　　额日登尼(贝力克牧场副场长)
　　　　周　祥(沃原奶牛场工会主席)
　　　　牧　仁(锡林浩特市公安局副局长)
　　　　白少军(锡林浩特市园林局副局长)
　　　　包宏伟(锡林浩特市文体广电旅游局副局长)
　　　　萨仁格日勒(锡林浩特市文化馆馆长)
　　　　包永明(锡盟文体新广局艺术科科员)
　　　　苏　登(锡盟文体新广局艺术科科员)

领导小组下设办公室,办公室设在锡林浩特市文体广电旅游局,办公室主任:包宏伟(兼),成员由锡林浩特市文体广电局工作人员组成。

五、活动内容

为确保群众消夏系列活动的内容丰富多彩,提升文化品味,提高节目质量,以庆祝自治区成立70周年,迎接党的十九大召开,展现锡林浩特市各族各界群众的精神风貌和锡林浩特市经济社会事业取得的长足进步,弘扬积极向上的文明风气,鼓舞广大干部群众鼓足干劲,再创佳绩为主题,举办以下活动:

(一)“锡林河之夏”广场消夏文艺晚会。将依次组织街道办事处、社区,苏木镇场、嘎查(分场)、市直机关事业单位、驻锡部队等进行专场演出,市直各机关事业单位、文明单位要以创建全国县级文明城市为契机,积极参加此次活动,锡林浩特市各街道办事处要组织2到3场演出(一场以街道办事处为主,一场或两场由本街道在群众文化方面有代表性的社区为主),各苏木镇场要组织一场以体现牧民群众幸福生活为主题的具有民族特色的群众文化演出。各参演单位要结合本部门实际,编排一台时长90分钟、节目在14个以内的形式多样的综合性文艺晚会,各单位自行制作演出LED屏背景图及伴奏音乐(CD格式)等。请各参演单位由专人负责与市文体广电局联络相关事宜。

(二)周末电影大放送广场消夏电影展。本活动由市文体广电局流动电影放映队利用流动数字电影放映设备,以“锡林河之夏”广场消夏活动为契机,为广大群众放映优秀影片,从不同层面满足群众的精神文化需求,丰富群众业余文化生活。

(三)专业文艺团体文化惠民演出。锡林浩特市乌兰牧骑在“锡林河之夏”期间以多种形式弘扬优秀的民族文化,开展各类惠民演出。同时,参加全盟第十九届乌兰牧骑会演的各旗县乌兰牧骑将在盟文体新广局的安排下参与“锡林河之夏”演出。

(四)赛事精彩,特色突出。以比赛的形式来带动文艺活动的开展。将举办第四届哈扎布蒙古族长调大赛、锡林浩特地区中老年交谊舞大赛、“我爱内蒙古”群众歌唱比赛、群众广场舞大赛等,做到文化成果惠民,文化成果共享。

(五)利用节庆节点,举办相应的文化活动。将利用节庆,如“七一”中国共产党成立96周年、7月11日“世界人口日”“八一”建军节、8月8日“全民健身日”等,由相关部门牵头组织,开展相应的文体活动。

(六)利用有利时机,吸纳各类适宜的文体活动。将盟里及市里组织的适合在“锡林河之夏”舞台上进行演出的各类文体活动吸纳进来,提升整个系列活动的品质。

(七)参演单位及参演节目征集。参演单位必须紧紧围绕自治区成立70周年,喜迎党的十九大召开,弘扬社会主义核心价值观,社会正能量为主题,时长在90分钟以内,最多不超过14个节目,单个节目也可报名参演;参演单位及节目要配合活动主办单位的安排,认真组织,保证演出的质量;活动主办单位将采取“以奖代补”的形式对积极组织参加活动的街道社区、机关事业单位及优秀节目进行奖励,颁发证书、奖金;参演单位及参演节目填写报名表(附后),并于6月15日前报锡林浩特市文化馆,经锡林浩特市文化馆节目审核方可参加演出。联系人:萨仁格日勒,联系电话:8269778,13664796866,邮箱:929096116@qq.com。

六、经费预算

(一)租赁舞台费用

政府采购“锡林河之夏”文艺演出所需的舞台(含LED大屏、音响、灯光及其他周边设备),租赁舞台经费预算总额为55万元。

(二)文化奖励资金

为切实提升“锡林河之夏”整体演出水平,发挥其品牌作用,2017年,将对参加演出的街道社

区、苏木镇(场)、嘎查及机关事业 单位进行奖励,具体形式如下:

1. 街道办事处社区

对参演的7个街道办事处和社区主要从组织、节目质量等方面进行奖励,设定以下奖项:

(1)优秀组织奖

以街道办事处为主颁发优秀组织奖3个,每个奖励奖金3000元。

(2)优秀晚会奖

①街道办事处为一组,设优秀晚会一等奖1个,二等奖2个,三等奖2个,优秀奖3个,奖金分别为一等奖5000元,二等奖每个3000元,三等奖每个2000元,优秀奖1000元。

②社区为一组,设优秀晚会一等奖1个,二等奖2个,三等奖3个,优秀奖5个,奖金分别为一等奖每个3000元,二等奖2000元,三等奖1500元,优秀奖1000元。

2. 苏木镇场

对参演的苏木镇场主要从组织、节目质量等方面进行奖励,设定以下奖项:

(1)优秀组织奖

设优秀组织奖4个(按参演单位比例可少于4个,但最多不超过4个),每个奖金为3000元。

(2)优秀晚会奖

设一等奖1个,二等奖2个,三等奖3个,优秀奖3个,奖金分别为一等奖5000元,二等奖3000元,三等奖2000元,优秀奖1000元。

3. 机关事业单位

为促进机关事业单位"文化进机关"建设,鼓励机关事业单位积极参加,也将进行评奖,其中优秀组织奖3个,奖金为3000元。

七、工作要求

(一)提高认识,加强领导。各有关单位要高度重视,把"锡林河之夏"群众消夏广场系列文体活动作为一项指导性活动,提到建设文化强市、促进文化大发展、大繁荣的高度,并将此次活动与庆祝自治区成立70周年、迎接党的十九大召开和全市重点工作等结合起来,作为展现本单位的风采与风貌的有利时机,通过周密部署、广泛发动、精心组织,确保活动顺利进行并取得良好效果。

(二)精心组织,确保质量。在活动组织中要充分体现群众性、公益性、普惠性,把普及与提高结合起来,把活跃演出与促进创作结合起来,结合实际发挥优势、体现特色、力求创新,努力推出一批传承民族文化、具有鲜明时代特点和地域特色的群众文艺精品节目。

(三)以奖代补,巩固成果。2017年的"锡林河之夏"将从构建公共文化体系建设出发,巩固历年来群众文化建设成果及所取得的成绩,提高群众参与公共文化建设的积极性,将采取以奖代补的形式对积极组织参与"锡林河之夏"的机关事业单位、街道、社区、苏木镇(场)、嘎查(分场)等进行表彰奖励。

(四)注重实际,有序推进。要认真贯彻《党政机关厉行节约反对浪费条例》和市委、市政府相关文件精神,结合本地本单位实际组织活动,力戒形式主义和铺张浪费,确保活动有序推进。

(五)加强宣传,营造氛围。要加大活动宣传力度,充分运用各种新闻网络等媒体,广泛深入宣传开展活动的好做法、好经验、好效果,增强影响力,扩大辐射面,提高知名度,为活动的有效开展营造良好舆论氛围。

(六)周密筹备,务求实效。各部门要对节目内容、节目形式精心策划。节目内容要健康向上,节目形式可以灵活多样、不拘一格,既可以自编自演,也可以邀请社会各界文艺爱好者积极参与。如报名单位多于演出天数,将根据报名情况进行筛选,同时,组织专人对参演单位的节目进行审查指导,加强协调服务工作,对活动的每一个细节都要认真研究,力争达到最高水平、最佳效果。

锡林浩特市人民政府办公室
关于印发《锡林浩特市牧人之家旅游接待户管理办法》的通知

各苏木镇人民政府、国有农牧场、街道办事处，市直各部门、企事业单位：

现将《锡林浩特市牧人之家旅游接待户管理办法》印发给你们，请结合工作实际，认真贯彻落实。

2017 年 6 月 20 日

锡林浩特市牧人之家旅游接待户管理办法

第一章　总　则

第一条　为加强对牧人之家旅游接待户的规范管理，不断提升牧人之家旅游接待的质量和服务水平，促进全市牧人之家旅游接待户健康有序发展，根据《中华人民共和国旅游法》《内蒙古自治区乡村旅游接待户等级划分与评定标准》《锡林郭勒盟牧人之家经营管理办法（试行）》及相关法律法规，结合实际，制定本办法。

第二条　本办法所称牧人之家是指：以单个或多个牧民家庭为接待单位，利用家庭草场、居住设施等生产生活资源，依托草原生态风光、民俗文化、生产生活等要素，为旅游者提供具有民族特色的观光、娱乐、休闲、体验、住宿、餐饮、购物等旅游服务的经营实体。

第三条　在本市行政区域内，新开办和已开办的牧人之家旅游接待户，均遵守本办法。

第四条　牧人之家的建设与经营，应坚持节约利用、生态环保、注重特色、科学管理和可持续发展的原则，实现生态效益、经济效益和社会效益的统一。

第二章　申请审批

第五条　市旅游部门是牧人之家旅游接待户经营活动的行业主管部门，负责全市牧人之家发展的指导、认定、服务培训和监督管理；发改物价、食药和工商质监、生态、农牧、卫计等行政主管部门按照各自职责，完善相关监督管理制度和服务措施，依法、高效、优质地为经营者办理相关证照，并与旅游部门共同做好对牧人之家的服务和管理工作；各苏木镇（场）按照属地管理的原则，做好日常监管工作。

第六条　申请牧人之家旅游接待户应当具备以下条件：

（一）选址应遵守并执行《中华人民共和国草原法》《内蒙古自治区草原管理条例》《中华人民共和国自然保护区条例》《内蒙古锡林郭勒草原国家级自然保护区管理条例》等法律法规和各类保护区管理条例，应符合《全市城乡发展总体规划》《旅游发展总体规划》及《锡林郭勒草原国家级自然保护区生态保护与旅游发展总体规划》等，选址不得进入自然保护区核心区、缓冲区，在

自然保护区实验区规划牧人之家旅游接待户,应尽可能集中规划牧人之家片区,以便于加强管理,保护生态环境;

(二)经营业主可使用自有草场,也可采取租赁合作的方式开办牧人之家。在自有草场开办的,专供游客食宿的蒙古包不少于6顶,其中10米蒙古包不少于2顶,7米蒙古包不少于4顶,能同时容纳100人以上就餐,厨房使用面积不小于76平方米;租赁草场、以合作社形式或合资开办的,专供游客食宿的蒙古包不少于12顶,其中10米蒙古包不少于4顶,7米蒙古包不少于8顶,厨房使用面积不小于108平方米,旅游接待处面积不少于10平米,厕所至少达到国家2A级标准,能同时容纳300人以上就餐,具备良好的卫生条件;

(三)合理设置,自行制作由旅游部门统一规范设计的牧人之家标志牌;设有旅游水冲或环保厕所并至少达到国家A级标准,厕所外观与周围环境相协调,做到设置合理、干净无味;根据自身规模,设置造型美观、数量合理的垃圾箱,做到日产日清,保持卫生清洁,环境美观;污水处理池建设必须做好防渗工作,定期清运、维护;设有原生态停车场,停车场面积要与接待游客量相适应;道路通达条件较好,服务区半径不占用水利红线,无地质灾害和其他影响公共安全的隐患。涉及自然保护区实验区的牧人之家要遵守《中华人民共和国自然保护区条例》,配合自然保护区管理机构切实履行生态环境保护和环境宣传教育职能,并按自然保护区规范要求,自行安装设置足够数量的生态保护宣传牌、警示牌;

(四)为游客提供不少于3项的娱乐项目,如骑马、射箭、民族歌舞表演以及乘勒勒车、挤奶、牧羊等传统民俗民风活动体验;

(五)生活饮用水水源清洁,符合国家《生活饮用水卫生标准》(GB5749—2006),开办地点远离居民生活用水水源地;旅游服务设施、安全设施以及就餐环境、垃圾处理、污水及油烟排放等应当符合食药工商质监、农牧、卫生、环保等方面的规定和要求;

(六)遵守国家的法律法规,切实保护消费者的合法权益,经营相关证照手续必须齐全。

第七条　申办牧人之家旅游接待户应遵循以下程序:

(一)申办人向市旅游部门提出书面申请,并领取牧人之家旅游接待户审批表;

(二)申办人就牧人之家开办及选址等征求所在苏木(镇、场)、嘎查(分场、居委会)意见,征得同意后签字盖章;

(三)到市生态部门办理临时占用草原许可证;

(四)根据牧人之家大小规模到市环保部门备案或按照规定程序办理环保相关手续。涉及自然保护区实验区的牧人之家旅游接待户开展旅游经营活动,应严格符合《锡林郭勒国家级自然保护区生态保护与旅游发展总体规划》,超出《锡林郭勒国家级自然保护区生态保护与旅游发展总体规划》范围,在保护区实验区内新建、改建、扩建的牧人之家项目,应履行环境影响评价手续,报自治区环境保护厅审批;

(五)市旅游部门对照牧人之家旅游接待户申办条件,进行正式初审,初审通过后,到食药工商质监、卫计、税务等部门办理相关证照;

(六)市旅游部门对经营牧人之家的旅游接待户场地卫生、环境、建设等基本情况实地勘验,出具复审意见,对证照齐全、勘验合格的颁发统一的锡林浩特市牧人之家旅游接待户牌匾。

第三章　经营规范

第八条　牧人之家旅游接待户在经营活动中,应当依法经营、公平竞争、诚信服务,自觉遵守文明服务公约及经营管理、安全管理、环境保护、食品卫生等各项规章制度，为游客提供安全、卫生、方便的旅游环境。

第九条　牧人之家旅游接待户应加强文明旅游宣传，引导游客文明旅游，禁止游客进行破坏草原植被、乱丢垃圾等不文明行为。

第十条　牧人之家旅游接待户应加强经营区域内草原生态保护，定期进行维护，在不经营时应对草场植被进行恢复。

第十一条　牧人之家旅游接待户接待服务应遵循以下基本规范：

（一）接待游客一视同仁，不分性别、职业、民族、地域；

（二）尊重游客的民族习俗，不损害游客尊严，保护游客隐私。

（三）遵守职业道德，文明待客、热情友好；

（四）遵守国家法律法规和行业管理规章制度，严禁提供 黄、赌、毒等违法服务项目，切实保护游客的合法权益。

第十二条　牧人之家旅游接待户应遵守以下服务标准：

（一）服务人员身体健康，无传染性疾病；仪表端庄、大方，着装整洁，凸显蒙古族特色；态度温和、文明用语、礼貌待客。服务热情、诚实守信、宾客至上。规范使用服务用语；

（二）服务人员不得有敲诈勒索欺客宰客的行为；

（三）服务人员对游客提出的问题耐心解释，不推诿和应付；

（四）能提供必要的旅游信息咨询，简单介绍当地民俗民情及历史文化；

（五）提供住宿的牧人之家旅游接待户应确保通风好，照明好，客房宽敞明亮、整洁干净，应建立住宿游客登记制度，游客凭有效身份证件登记住宿，杜绝卖淫、嫖宿、赌博、贩毒、吸毒等违法活动；

（六）厨房干净，布局合理，餐具卫生。生、熟食品、食品和非食品分开存放；设立与经营规模相匹配的生态污水处理池，防蝇防鼠措施好，并提供6种以上具有民族风味或农家特色的菜点；

（七）设立旅游服务急救小药箱，配备简单必要的急救药品，工作人员可做一些应急处理；

（八）注意防火防盗，并配备灭火器材，保证游客的人身安全和财产安全。

第十三条　牧人之家旅游接待户须设立旅游接待服务处，接待处应提供旅游宣传资料、雨伞、小件和贵重物品寄存等服务项目，设立旅游商品展示台，设立食药工商质监、农牧、卫生、旅游、物价等投（申）诉（咨询）电话，设置与环境相符的文明旅游、文明经营等温馨提示牌。并在醒目位置处悬挂相关证照，在醒目的位置明码标价，自觉接受游客的监督。

第十四条　牧人之家旅游接待户开展骑马、乘驼娱乐项目的，必须符合《内蒙古自治区骑马（乘驼）旅游活动经营项目备案管理办法》（试行）规定，应持有马、驼等动物检疫许可证，配有安全员，为游客上保险。

第十五条　牧人之家旅游接待户对活动中可能出现危险的区域和项目，应当设置警示标志，采取必要的安全防护措施，并制定出切实可行的突发安全公共事件处置应急预案。当牧人之家旅游接待户发生突发安全公共事件时，经营户应当迅速采取有效措施，实施应急处置，并按照国家有关规定，立即如实报告相关部门。

第十六条　牧人之家旅游接待户临时占用草原不得修建永久性建筑物或构筑物，不得搭建永久性蒙古包基座。

第十七条　牧人之家旅游接待户服务经营应自觉遵守食品卫生、消防安全、环境保护、价格监督、统计报送等相关法律法规规定。

第四章 监督管理

第十八条 建立牧人之家旅游接待户经营管理联动机制。牧人之家旅游接待户日常监管纳入各苏木镇(场)长效管理考核体系,苏木镇(场)负责日常巡查监管,与经营户签订环境卫生责任状,发现违法行为报各相关部门依法查处;建立牧人之家旅游接待户旅游服务经营联合检查和各有关部门定期专项检查制度。联合检查由市旅游部门牵头,相关部门配合开展;专项检查由各有关部门依据各自职责开展,涉及自然保护区实验区的牧人之家要接受自然保护区管理机构监督管理。

第十九条 单项娱乐项目,如骑马乘驼、漂流、滑雪、低空飞行等,不在牧人之家旅游接待户管理范围,从事这些项目必须到相关部门办理相关证照后方可经营。

第二十条 鼓励牧人之家经营户申请牧人之家等级评定。按照《内蒙古自治区乡村旅游接待户等级划分与评定标准》,被评为星级牧人之家旅游接待户的,经营者可以在经营活动和宣传促销中使用相应的等级标志,并可享受政府出台的有关优惠政策。

牧人之家星级评定实行动态管理,星级复核由市旅游部门组织实施,对不予执行管理标准的牧人之家旅游接待户给予限期整改,限期整改仍不合格的给予降星、摘星处理。

第二十一条 市旅游部门应根据旅游行业服务质量要求,组织开展对牧人之家经营户和从业人员的业务培训,牧人之家必须接受开展经营活动所必须的知识和技能培训。

第二十二条 市旅游部门应加强对牧人之家的宣传力度,充分利用微信公众平台、电脑PC网站、手机触屏版、手机APP客户端等旅游网络平台,全方位宣传牧人之家旅游,拓展牧人之家旅游接待户客源市场,打造牧人之家旅游品牌。

第二十三条 市旅游部门应健全旅游服务质量投诉制度,设立并公开投诉电话,受理游客的投诉;对游客的投诉应及时调查核实,并将处理情况反馈投诉者。对不属于本部门职责范围内的投诉,应当在3个工作日内转交有关部门,有关部门应调查核实,并将处理情况告知投诉者。

第二十四条 加强行业自律。牧人之家数量较多、规模较大的苏木镇(场)可成立牧人之家协会等行业组织,发挥行业自律作用。牧人之家行业协会的成立应经市旅游部门及锡林浩特旅游协会审核后报民政部门登记备案。

第五章 法律责任

第二十五条 未经依法审批或者未取得营业执照、餐饮服务许可证等,擅自从事牧人之家经营活动的,由相关部门依照相关法律、法规予以取缔或处罚。

第二十六条 牧人之家旅游接待户在经营活动中有下列情形之一的,由相关部门按照有关法律、法规予以处罚:

(一)纠缠消费者并向其销售商品、提供服务,强行向消费者销售商品、提供服务;

(二)销售商品不明码标价或提供服务不明示价格;

(三)侵害消费者的人格尊严或侵犯消费者的人身自由;

(四)出售不符合卫生标准、有害人体健康的食品;

(五)出售国家保护的野生动物或其产品;

(六)出售假冒伪劣商品;

（七）经营国家明令禁止个人经营的物品；

（八）发布虚假或引人误解的广告；

（九）损害竞争对手的商业信誉或商品声誉；

（十）污染环境及乱搭乱建、乱堆乱放、乱贴乱画、乱拉乱挂、乱泼乱倒、乱扔乱吐、乱设摊点、乱丢弃固体废物、乱采乱挖等行为；

（十一）未经草原行政管理部门审批，驾驶非抢险救灾和牧民搬迁的机动车辆在草原行驶或以其他方式破坏草原植被的；

（十二）涉及自然保护区的牧人之家旅游接待户，在开展旅游经营活动中，违反《中华人民共和国自然保护区条例》，不服从自然保护区管理机构管理的；

（十三）开展对自然保护区自然资源、生态环境有破坏的服务项目；

（十四）从事法律、法规和政策禁止的其他经营活动。

第二十七条　对牧人之家的经营活动建立档案，实施动态管理，实行服务质量监督，每年市旅游部门会同有关部门对牧人之家进行年审复核。对不符合标准的，限期整改，对整改后仍不达标的，依照相关法律法规予以停业整顿或取消经营资格。

第二十八条　行政管理部门工作人员违反法律法规、滥用职权、徇私舞弊，依法追究责任。

第六章　附　则

第二十九条　本办法由市旅游行政主管部门负责解释。

第三十条　本办法自发布之日起正式实施。

锡林浩特市人民政府办公室
关于印发《锡林浩特市行政执法人员管理办法》的通知

各行政执法单位:

为进一步规范行政执法行为,加强行政执法人员管理,现将《锡林浩特市行政执法人员管理办法》印发给你们,请认真遵照执行。

2017年12月7日

锡林浩特市行政执法人员管理办法

第一条　为加强对行政执法人员和行政执法监督人员的理,保障和监督行政执法和行政执法监督人员依法行使职权,根据《中华人民共和国行政处罚法》《内蒙古自治区行政执法监督条例》和《内蒙古自治区行政执法证件管理办法》的规定,制定本办法。

第二条　本办法适用于本市各法定行政执法机关和法律法规授权的具有管理公共事务的组织(以下统称行政执法机关)、依法受委托的组织所属行政执法人员资格管理和持证上岗的监督管理。法律、法规、规章另有规定的除外。本办法所称管理,是指对行政执法人员行政执法资格认定和取消、行政执法证件核发和使用等监督管理活动。

第三条　市政府法制办公室(以下简称市政府法制办)负责全市行政执法人员资格管理工作。行政执法机关负责本部门和受委托组织的行政执法人员持证上岗的监督管理工作,并配合市政府法制办做好本部门和受委托组织的行政执法人员执法资格管理工作。

第四条　行政执法人员应当具备下列条件。

(一)能够坚定执行党的路线、方针、政策、遵纪守法;

(二)有相应的文化水平和行政执法基础知识;

(三)熟悉本部门、本岗位业务和相关的法律、法规、规章;

(四)行政执法机关的在编在职人员;

(五)忠于职守,尽职尽责,清正廉洁,不谋私利,秉公执法具备前款条件的行政执法人员应当参加由自治区人民政府法制机构统一组织的行政执法人员资格认证考试,市政府法制办负责培训、考试的具体工作。

第五条　行政执法机关的下列人员不得申领行政执法证件

(一)行政执法机关中的党务、行政、后勤、工程技术等非行政执法岗位的人员;

(二)有不良从业记录的人员;

(三)其他不宜核发行政执法证的情形。

第六条　行政执法人员申领证件,必须填写《行政执法证件申领表》,经本人所在单位同意并加盖公章后,统一送交市政府法制办。

第七条　行政执法机关应当对本机关行政执法人员进行教育培训,组织本机关行政执法人员参加市政府法制办和上级行政执法机关组织的教育培训。

第八条　行政执法人员教育培训和测试的内容为:通用法律知识、专门法律知识、执法技能、执法职业道德和纪律。

通用法律知识的教育培训和测试,由市政府法制办组织实施;专门法律知识、执法技能、执法职业道德和纪律的教育培训和测试,由行政执法人员所在的行政执法机关或者上级行政执法机关组织实施。

第九条　行政执法人员教育培训时间每年不少于10天。可以采用集中培训的形式,也可以采用网上考试、巡回培训、专题培训或者以会代训、案例研讨、自学等形式。各执法部门应于每年的2月底前制定本单位执法人员培训计划,按计划组织开展培训工作,并报市政府法制办备案。

第十条　行政执法人员的培训、考核情况,应当作为行政执法人员年度考核的内容和依据。

第十一条　行政执法机关应当于每年的第一季度向市政府法制办报送上一年度本部门行政执法人员岗位调整、执法培训和违法违纪等情况。

第十二条　行政执法人员实施行政执法时,应当主动出示行政执法证件。不出示有效行政执法证件的,行政管理相对人有权拒绝配合执法。

第十三条　行政执法证件实行3年一审注册制度。审核注册的具体工作,由自治区人民政府法制机构统一组织,市政府法制办负责本市的审核工作,并逐级汇总上报自治区人民政府法制机构。行政执法证件实行定期审核换证制度,每6年换发一次

第十四条　行政执法人员有下列情形之一的,行政执法机关向市政府法制办申请更换行政执法证件后,收回原执法证件。

(一)所在部门的执法职能调整,需要更改执法类别的;

(二)执法岗位变动,需更改执法区域或者执法类别的;

(三)依职权执法、依授权执法或者受委托执法等执法性质发生变化的;

(四)行政执法人员的单位名称、职务有变动的

(五)行政执法证件破损无法使用的;

(六)其他需要更换行政执法证件的情形。第十五条行政执法人员因调动、辞职、辞退、退休或者其他原因离开执法岗位的,所在行政执法机关在办理有关手续时应当收回其行政执法证件并上交市政府法制办注销。

第十六条　行政执法人员应当妥善保管执法证件,如有遗失,由其所在行政执法机关及时向市政府法制办报告,并在登报声明作废后,按规定重新办理。

第十七条　各行政执法机关应当通过政府网站或其他方式及时公布行政执法证件的持有(更换)、吊销(注销)、遗失作废等情况。

第十八条　根据法律、法规、规章规定,已由国家、自治区行政主管部门统一核发行政执法证件的,可以不再向市政府法制办申领行政执法证件,但行政执法机关应当将持证依据、持证范围、人员名册和编号及证件式样等报送市政府法制办备案。

第十九条　行政执法人员应当依法履行行政执法职责。不得滥用职权、超越职权执法,不得不履行、拖延履行行政执法职责。

第二十条　行政执法人员从事行政执法,应当向行政相对人出示行政执法证;除适用简易程

序外,必须2人以上共同进行;与所办案件有利害关系,可能影响公正处理的,应当回避。

第二十一条　行政执法人员调查取证,应当全面、客观、公正。不得以利诱、欺诈、胁迫、暴力等不正当手段收集证据,不得伪造、隐匿证据。行政执法人员实施行政检查,应当告知行政相对人检查的理由和内容,依法制作检查笔录。

第二十二条　行政执法人员从事行政执法,应当仪表整洁方式得当、举止得体。有执法制式服装的,应当着制式服装;没有执法制式服装的,着装应当整洁、庄重。不得使用粗俗、歧视、侮辱、威胁性语言,或者作出其他有损行政执法人员形象的行为。

第二十三条　行政执法结案后,行政执法人员应当收集整理相关材料,制作行政执法案卷并归档。

第二十四条　行政执法人员不得泄露在行政执法中知悉的国家秘密、商业秘密和个人隐私。

第二十五条　行政执法机关应当制定本机关行政执法人员行为规范,监督行政执法人员遵守行为规范。

第二十六条　行政执法机关应当建立行政执法人员考核制度,对行政执法人员进行日常考核和年度考核。考核结果作为行政执法人员职务级别调整、交流轮岗、奖励惩戒的重要依据。

第二十七条　市政府法制办代表市政府对全市行政执法人员的执法情况进行监督检查。各执法部门的负责人和法制机构的工作人员有权对本部门的行政执法人员的执法情况进行监督检查。对行使监督检查权的人员,应持有自治区人民政府法制机构颁发的"行政执法监督证"。

第二十八条　行政执法人员持证执法应当严格依法行使职权,自觉接受市监察机关、市政府法制办或上级行政执法机构依法实施的监督,不得拒绝、妨碍、阻挠监督检查。

第二十九条　行政执法机关应当设立监督电话,并向社会公布,接受公民、法人或其他组织对行政执法人员的监督。

第三十条　行政执法人员在执法活动中有下列行为之一的,市政府法制办应当暂扣行政执法证,暂扣的期限为3个月至6个月。

(一)被公安机关处以行政拘留的;

(二)不接受行政执法监督检查的;

(三)转借行政执法证件或者用于行政执法以外用途的;

(四)未经审核注册的;

(五)有其他违法失职行为的。

第三十一条　市政府法制办和特邀行政执法监督员发现行政执法人员在执法活动中有本办法第三十条规定行为的,可以由市政府法制办责令有关行政执法机关进行处理,有关行政执法机关应当将处理情况及时通报市政府法制办。

第三十二条　暂扣和吊销行政执法证,必须作出书面处理决定。所在单位应当及时报告市政府法制办,由市政府法制办逐级报自治区人民政府法制机构吊销其行政执法证件,取消其行政执法资格。

(一)被暂扣行政执法证件2次以上的;

(二)审核注册未通过的;

(三)其他不宜再从事行政执法工作的情形。对受到暂扣或者吊销行政执法证件的行政执法人员,其所在的行政执法机关还应视情节给予批评教育或行政处分。

第三十三条　公民、法人和其他组织发现行政执法人员实施行政执法违反本办法规定的,可以向持证人所在行政执法机关或市政府法制办投诉。受理投诉的机关应当在三十日内作出处理决定并答复投诉人。

第三十四条　行政执法人员在执法活动中,有违法或违纪行为的,由有关部门依法给予处分;涉嫌犯罪的,移交司法机关处理

第三十五条　本办法由市政府法制办负责解释。

第三十六条　本办法自印发之日起施行。

锡林浩特市人民政府办公室
关于印发《锡林浩特市困境儿童救助管理实施办法》的通知

各苏木镇人民政府、国有农牧场、街道办事处,市直各部门,企事业单位:

经市政府同意,现将《锡林浩特市困境儿童救助管理实施办法》印发给你们,请结合实际,认真贯彻落实。

2017 年 7 月 26 日

锡林浩特市困境儿童救助管理实施办法

第一章　总　则

第一条　为进一步加强锡林浩特市困境儿童保障工作,健全和完善锡林浩特市社会救助体系,维护和促进社会和谐稳定,根据《中华人民共和国未成年人保护法》《国务院关于加强困境儿童保障工作的意见》(国发〔2016〕136 号),《内蒙古自治区人民政府关于加强困境儿童分类保障制度的实施意见》(内政发〔2016〕132 号)要求,结合锡林浩特市实际,制定本办法。

第二条　构建市、苏木镇(街道)、嘎查,分场,社区(居委会)三级工作网络,形成上下联动,协同配合的困境儿童保障救助体系。民政局、教科局、人力资源和社会保障局、卫计局、公安局等部门和残联组织要根据各自职责,制定具体落实措施,使困境儿童保障工作落到实处。

第三条　民政局发挥牵头作用,进行综合协调,会同教科局、卫计局、人力资源和社会保障局、公安局等部门以及残联,共同建立部门协作联动机制,切实履行各自职能。

第二章　救助对象、范围及标准

第四条　困境儿童生活救助对象为具有锡林浩特市户籍,年龄在 18 周岁以下,因自身或家庭原因陷入困境的未成年人,符合困境儿童分类条件之一的纳入困境儿童保障范围。

(一)困境儿童的分类

1. 孤儿:指失去父母或者查找不到生父母的未满 18 周岁的未成年人。

2. 艾滋病病毒感染儿童事实无人扶养儿童。父母一方死亡,另一方失踪或患精神病、服刑、被强制戒毒的事实上无人扶养的儿童;双方父母失踪、重残(2 级及以上残疾)、重病(恶性肿瘤、白血病、尿毒症、先天性心脏病等重大疾病)或患精神病、服刑、被强制戒毒的事实上无人扶养的儿童。

3. 无劳动能力、无生活来源、法定扶养人无抚养能力的未满 16 周岁的儿童。

4. 法定扶养人有扶养能力但家庭经济困难符合最低生活保障条件的儿童。

5. 遭遇突发性、紧迫性、临时性基本生活困难家庭的儿童。

6. 受侵害和虐待的儿童、生活困难的单亲家庭、失足未成年人、家庭生活困难的留守儿童等其他困境儿童。

(二)困境儿童对象实行动态管理。有下列情形之一的,应退出保障范围。

1. 年满 18 周岁的孤儿(18 周岁前已纳入保障范围,18 周岁后仍在高中、高职、中专、大专及本科在校就读的孤儿、困境儿童,继续享受相关政策直至毕业)。

2. 年满 16 周岁的特困儿童(16 周岁前纳入保障范围,16 周后仍在接受义务教育或在普通高中、中等职业院校就读的可继续享有救助供养待遇)。

3. 依法被收养的。

4. 父(母)重新履行抚养义务的。

5. 父(母)一方刑满释放或强制戒毒结束的。

6. 家庭生活状况改善有扶养能力的。

7. 儿童自身疾病或其父(母)疾病治愈的。

8. 其他应退出的情形。

第五条　救助标准根据困境状况,合理确定救助标准,发放困境儿童生活补贴,进行分类施救。

(一)孤儿。机构抚养孤儿养育标准应高于散居孤儿养育标准。2017 年锡林浩特市孤儿集中供养救助标准为每人 2390 元/月,分散供养救助标准为每人 1950 元/月,发放标准严格按照锡林浩特市现行的孤儿保障制度执行,并逐年提标递增。

(二)事实无人扶养儿童和艾滋病病毒感染儿童。按照分散供养孤儿救助标准 1950 元/月发放基本生活费,按照(内政办发〔2011〕35 号)和(内民政社福〔2015〕19 号)规定执行。

(三)无劳动能力、无生活来源、法定扶养人无抚养能力的未满 16 周岁的儿童。救助标准为 650 元/月(分散供养孤儿救助标准的三分之一)。

(四)受侵害和虐待的儿童、生活困难的单亲家庭、失足未成年人、家庭生活困难的留守儿童等其他困境儿童。救助标准为 650 元/月(分散供养孤儿救助标准的三分之一)。

(五)流浪儿童。委托锡林郭勒盟儿童福利院、锡林浩特市中心敬老院未成年人救助中心、有抚养能力的社会组织代为养育。

(六)法定扶养人有扶养能力但家庭经济困难符合最低生活保障条件的儿童。给予办理享受最低生活保障待遇。

(七)遭遇突发性、紧迫性、临时性基本生活困难家庭的儿童。给予办理临时性救助。若同时存在以上几种情形的儿童,只享受一种救助。困境儿童救助实施动态管理。苏木镇场、街道办事处,要建立救助跟踪制,对受救助的困境儿童要经常或定时走访,其接受救助情况发生变化后,不再符合困境儿童条件的要及时上报市民政局,终止其困境儿童的救助。

第三章　保障措施

第六条　保障措施。

(一)建立困境儿童主动发现机制。由于自身情况的特殊性,困境儿童往往难以自主表达困难和需求。各苏木镇场、街道办事处要建立困境儿童主动发现机制,依托嘎查(社区)党组织、社会组织、社区网格员、志愿者等,及时了解、掌握、核实辖区内困境儿童的基本情况和救助需求,主动帮助其提出救助申请并协助落实,做到早发现、早救助、早干预。

(二)实施困境儿童救助。符合孤儿条件的,要纳入孤儿基本生活保障范围;符合最低生活保障条件的要及时纳入最低生活保障,给予持续、稳定的生活保障;符合生活无着流浪、乞讨人员救助条件的,按规定程序报送市民政局,市民政局按规定提供临时食宿、急病救治、协助返回等救助。

(三)实施困境儿童托养。

1. 机构养育。对没有亲属和其他监护人抚养的孤儿,经依法公告后由民政部门设立的儿童福利机构收留抚养。有条件的儿童福利机构可在社区购买、租赁房屋,或在机构内部建造单元式居所,为孤儿提供家庭式养育。公安部门应及时为孤儿办理儿童福利机构集体户口。

2. 家庭寄养。由孤儿父母生前所在单位或者困境儿童住所地的嘎查、分场、社区(居委会)工作人员担任监护人的,可由监护人对有抚养意愿和抚养能力的家庭进行评估,选择抚育条件较好的家庭开展委托监护或者家庭寄养。

3. 依法收养。鼓励收养孤儿,收养孤儿按照《中华人民共和国收养法》的规定办理。对中国公民依法收养的孤儿,需要为其办理户口登记或者迁移手续的,户口登记机关应及时予以办理,并在登记与户主关系时注明子女关系。对寄养的孤儿,寄养家庭有收养意愿的,应优先为其办理收养手续。

(四)实施困境儿童医疗保障。为困境儿童购买城乡居民基本医疗保险和大病医疗补充保险,新型农村合作医疗,优先将困境儿童纳入重特大疾病医疗救助范围,确保困境儿童能得到及时救治。

(五)加大困境儿童临时救助力度。当困境儿童遭遇突发事件、意外伤害、突发重大疾病或其他特殊困难,苏木镇场、街道民政办应及时给予临时救助。

第四章　申请、审核和审批、发放

第七条　申请享受困境儿童救助,要以户为单位向户籍所在地的苏木镇场、街道提出申请,并提交以下材料

(一)由监护人或困境儿童本人提供书面申请。

(二)居民户口本(居民身份证)、残疾家庭及残疾儿童应提供残疾证复印件、患重病或罕见病家庭及儿童应提供诊断书(病历)等复印件、监护人身份证明、对公民出具的居民户口本(居民身份证)存在疑异、无法核实可向公安机关申请核实。

(三)市民政局要求提供的其他相关证明材料。申请人提交申请材料并填写《困境儿童救助申请审批表》,苏木镇场、街道工作人员根据申请人申报的有关材料进行审核。对初审情况有疑义的要入户调查,对材料不齐全的应及时退回补充材料,对符合困境儿童救助条件的,经办人和主管领导要在《困境儿童救助申请审批表》上签署审核意见,并报市民政局批准。

第八条　审核和审批程序。市民政局接到苏木镇场、街道办事处上报的困境儿童救助申请材料后在15个工作日内作出审查意见,对不符合救助条件的,应书面通知申请人(监护人)并说明理由。第九条救助金发放批准享受的困境儿童生活补贴通过财政“一卡通”形式进行发放。

第五章　监督与处罚

第十条　苏木镇场、街道办事处要严格执行困境儿童救助申请、受理、审核、审批、发放程序,完善手续,规范管理。要及时公布困境儿童救助对象及享受情况,并公开监督举报电话,接受社

会监督。对提供虚假证明,采取虚报、隐瞒等手段骗取救助款的,要追回冒领的救助款。对监护人不履行义务的、违反协议的取消监护人资格。

第十一条　对因失职或徇私舞弊、滥用职权违规办理困境儿童救助的经办机构和人员,按照谁签字谁负责的原则,要依法追究其责任;对截留、侵占、挪用困境儿童救助资金的责任人,由所在单位或主管机关严肃处理,造成损失的,应当赔偿;情节严重构成犯罪的责任人,依法追究相应法律责任。

第六章　各部门职责

第十二条　各部门职责

(一)市民政局:加强对困境儿童工作的指导,发挥困境儿童保障工作的牵头作用,对苏木镇场、街道办事处上报的困境儿童进行筛选、甄别、分类;

(二)市财政局:优化和调整支出结构,将困境儿童保障工作所需资金纳入财政预算,为困境儿童保障工作提供有力支撑;

(三)市公安局:指导本辖区内派出所配合民政部门做好流浪乞讨人员救助工作,协助救助管理机构做好安全防范工作,对工作中发现的或报警求助的未成年人及时护送到救助管理机构接受救助,对发现的危重要病人、传染病人、疑似精神病人及时通报救助管理机构并护送至定点医疗机构接受救治或通知卫生急救部门予以救治;

(四)市教科局:做好困境儿童入学教育工作,完善控辍保学工作协调机制,制定和完善困境儿童教育资助制度,将困境儿童教育保障工作列入教育督导评估的重要内容;

(五)市人社局:将困境儿童纳入贫困人口医疗保障救助范围,对困难的重病、重残儿童,城乡居民基本医疗保险和大病保险给予适当倾斜,参保费用由城乡医疗救助资金予以资助;

(六)市卫计局:逐步推进基本公共卫生服务均等化,加强对儿童疾病的防治,提高医疗救治水平,减少儿童患病比例;

(七)市残联:加快建立儿童康复救助制度,提高对残疾儿童康复保障水平和服务能力;

(八)苏木镇场、街道办事处:负责为困境儿童建立档案台账和联系卡,及时掌握困境儿童的情况,实行动态管理,为困境儿童精准帮扶工作提供信息支持。依法监督家庭落实监护责任,对困境儿童及时报告,落实救助措施;

(九)嘎查、分场,社区(居委会):对发现的困境儿童及其家庭,属于家庭经济贫困、儿童自身残疾等困难情形的,要告知或协助其申请相关社会救助、社会福利保障;属于家庭监护缺失或监护不当导致儿童人身安全受到威胁或侵害的,要落实强制报告责任,积极协助各部门开展困境儿童保障工作。

第七章　附　则

第十三条　本办法由锡林浩特市民政局负责解释。

第十四条　本办法自印发之日起施行。

锡林浩特市人民政府
关于印发《锡林浩特市巡游出租汽车行风专项整治方案》的通知

各苏木镇人民政府、国有农牧场、街道办事处,市直各有关部门单位:

经市政府同意,现将《锡林浩特市巡游出租汽车行风专项整治方案》印发给你们,请结合实际,认真组织实施。

2017年11月25日

锡林浩特市巡游出租汽车行风专项整治方案

为切实加强巡游出租汽车行业管理,提高出租车服务质量,促进全市出租汽车行业健康发展,提升城市形象,根据《巡游出租汽车经营服务管理规定》《出租汽车驾驶员从业资格管理规定》及《锡林浩特市出租车管理办法》《锡林浩特市出租汽车服务质量信誉考核办法(试行)》《关于开展规范出租车经营秩序专项整治行动的通知》等法律法规文件,结合实际,制订本专项整治方案。

一、指导思想

按照“标本兼治、综合治理、依法监管、注重长效”的原则交通、公安、交警、城管、运管等部门协作配合,开展联合执法切实解决全市出租车行业中存在的突出问题,全面提高出租车行业水平和文明素养,促进全市出租车行业健康有序发展,营造良好的城市形象

二、整治目标

通过专项治理,当前全市出租汽车行业存在的突出问题得到有效解决,出租汽车行业整体服务水平显著提升,交通违法行业违规现象明显下降,从业人员文明驾车、遵章守法意识得到加强,服务质量、职业道德、卫生状况明显提高,广大群众满意度明显提升。

三、组织机构

成立全市巡游出租汽车行风专项整治工作领导小组(以下简称领导小组),负责全市巡游出租汽车行风专项整治工作。组成人员如下:

组　长　贾境文　市政府副市长、公安局局长

副组长　张学军　市政府副市长

成　员　陈　涛　市交通运输局局长

王子明　市交通运输局副局长
亦　文　市城管局副局长
查　干　市交警大队大队长
郝　权　市运输管理所所长
包文平　锡林浩特机场公安分局局长
邓全平　锡林浩特火车站派出所所长
张彩虹　市新闻中心主任

领导小组办公室设在市运输管理所办公室,办公室主任由市运输管理所所长郝权兼任,副主任由市运输管理所副所长呼日勒兼任,负责整治工作的组织协调、信息收集和统计上报等工作,联系电话:0479—8262880。

四、重点整治内容

1. 依法打击无巡游出租汽车经营许可和从业资格非法从事巡游出租汽车经营活动,未经允许擅自将车辆转包经营等违法违规行为。

2. 依法查处出租汽车不使用计价器、空车待租拒载、未经乘客同意搭载其他乘客、途中甩客、故意绕道行驶、乱调头、节假日及恶劣天气乱涨价等违法违规行为。

3. 整治在机场、火车站、汽车客运站等客流集散地不服从调度私自乱停、揽客等违规行为。

4. 依法查处运营时闯红灯、强行超车、争道抢行、随意变道超速行驶、故意遮挡号牌、违章停靠等交通违法行为。

5. 整治运营中出租车司机不系安全带、不使用文明用语、衣着不整、接打电话、吸烟、吃东西、向车外抛撒废弃物等不文明行为。

6. 整治车容车貌不整洁,擅自在车身内外张贴车标、广告标语、挂悬挂物,车内卫生不整洁、内饰有污垢,出租车顶灯破损、夜间标志灯不亮等违规行为。

五、工作步骤

此次专项行动从2017年11月27日开始至2018年2月28日结束,共分3个阶段。

(一)宣传动员阶段(2017年11月27日—2017年11月30日)。通过发放传单、张贴标语、发布公告、媒体报道等方式,大力宣传专项整治行动的意义和违法经营行为的危害性,引导群众自觉抵制乘坐和及时举报违规、违法的营运车辆,在全市营造浓厚的活动氛围。

(二)集中整治阶段(2017年12月1日—2018年2月25日)。市交通局、公安局、运管所、交警大队抽调素质高、业务精、作风硬的执法人员组成联合执法队伍,采取定点检查与流动检查、定时检查与不定时检查、交叉检查与联动检查、明察与暗访相结合的方法,对重点区域、重点路段、重点问题进行集中查处、综合整治,严厉打击各类出租车违章违法经营行为,对现场查实和投诉查实的交通违法和营运违章行为,严格按照相关法律法规进行处罚。同时,设立举报电话和奖励资金,引导广大群众参与到规范出租车运营管理专项行动中来,确保治理整顿不留盲区、不留死角,取得实效。

(三)总结巩固阶段(2018年2月26日—2018年2月28日)。专项行动结束后,认真梳理总结整治过程中取得的成绩经验、好的做法以及存在的问题,巩固专项整治成果,提出具体解决问题的办法和措施,建立长效机制,确保整治行动不走过场,营造良好的运营环境。

六、职责分工

1. 市交通局．负责此次治理行动的安排部署、协调联系和督促检查工作。

2. 市运管所．依法严厉查处未经许可擅自非法从事出租汽车经营行为;依法查处合法出租汽车各种违法违规行为,加强出租汽车行业监管力度,规范出租汽车经营行为;严厉查处无出租汽车从业资格证驾驶出租汽车的违规行为,加强对出租汽车从业人员的监管,对违法违规从业人员从重处罚。

3. 市公安局。参与联合执法行动,安排执勤警力,对此次专项整治行动可能引发的群体性案件、事件进行现场处置;对妨碍、阻挠、围攻执法人员执行公务或者围堵国家机关,干扰国家机关正常工作秩序的人员,依法进行严厉打击,构成犯罪的,依法追究刑事责任;做好此次专项整治工作舆情信息的收集、预警、介入化解、查控工作,对涉嫌造谣、煽动等违法犯罪行为,依法依规严厉查处。

4. 市交警大队。参与联合执法行动,负责依法查处出租汽车超速行驶、乱停乱放、违反交通标志标线信号灯行驶、不按规定掉头、行经人行横道不避让行人、违法超车等突出交通违法行为。

5. 火车站派出所、机场公安分局。维持站场内治安秩序,协助运输管理部门维护好站场内出租车秩序。

6. 城管局。按照工作职责,依法治理出租汽车乱停乱占行为。

7. 新闻中心。负责出租车专项整治行动的氛围营造及舆论宣传,对非法营运行为及时曝光,营造良好的舆论氛围。

七、工作要求

(一)提高认识,加强领导。各部门、单位要充分认识此次整治工作的重要性,增强责任感和紧迫感,从讲政治和维护稳定的高度,抓好专项整治工作,切实加强领导,明确工作任务,切实把整治工作抓好、抓实、抓出成效。

(二)密切配合,夯实责任。各部门、单位要按照市政府的统一部署和各部门的职能分工,各司其职,密切配合,认真履行职责,形成工作合力,营造治理工作的高压态势,形成上下联动、齐抓共管的良好局面。

(三)依法行政,文明执法。整治工作中,要注重工作方式方法,讲究规范执法、文明执法,做到教育与处罚相结合。对执法人员推诿扯皮、执法不公等违法、违纪行为一经发现,严肃处理。

(四)巩固成果,长效治理。在做好此次整治工作的基础上要积极探索建立长效机制,逐步形成政府统一领导、部门相互协作、群众积极参与的良好局面。整治工作结束以后,要继续加大日常监管力度,结合客运市场出现的新问题,适时组织开展不同形式、不同内容的专项治理活动,为全市出租车行业健康发展树立城市文明形象创造良好的条件。

锡林浩特市人民政府办公室
关于印发《锡林浩特市特困救助供养实施细则》的通知

各苏木镇人民政府、国有农牧场、街道办事处，市直各部门，企事业单位：

经市政府同意，现将《锡林浩特市特困救助供养实施细则》印发给你们，请结合实际，认真贯彻落实

2017 年 7 月 26 日

锡林浩特市特困救助供养实施细则

第一章　总　则

第一条　为贯彻落实《国务院关于进一步健全特困人员救助供养制度的意见》（国发〔2016〕14 号）和《内蒙古自治区人民政府关于进一步健全特困人员救助供养制度的实施意见》（内政发〔2016〕106 号）以及《锡林郭勒盟特困救助供养实施意见》（锡署办发〔2017〕17 号）精神，进一步完善社会救助体系健全城乡统一的特困人员救助供养制度，结合锡林浩特市实际，制定本实施细则。

第二章　对象范围

第二条　具有锡林浩特市户籍的老年人、残疾人、未满 16 周岁的未成年人，同时具备以下条件的，应当依法纳入特困人员救助供养范围。

无劳动能力、无生活来源、无法定赡养抚养扶养义务人或者其法定义务人无履行义务能力。年龄在 60 周岁及以上的，残疾等级被评为二级及以上（不含听力、语言残疾）的，年满 16 周岁仍在接受义务教育或高中教育（含中等职业教育）就学的，可视为无劳动能力。个人或家庭可支配收入低于当地最低生活保障标准且财产状况符合规定条件的，或因罹患重病、丧失生活自理能力等情况导致长期医疗护理费用刚性支出超过个人或家庭经济承受能力的，可视为无生活来源。查找不到法定赡养、抚养、扶养义务人的，可视为无法定义务人；法定义务人及其配偶是最低生活保障对象且无劳动能力的，可视为无履行义务能力。

第三条　下列情况不属于特困人员救助供养范围：

（一）危害国家公共秩序和社会公共安全以及参与政府明令禁止的非法组织活动导致家庭生活困难的；

（二）因打架斗殴、交通肇事、酗酒、赌博、吸毒等原因导致家庭生活困难的；

（三）家庭有就业能力的人员，但无正当理由拒绝就业，不自食其力的；

(四)法定赡(扶、抚)养人有赡(扶、抚)养能力,未履行赡(扶、抚)养义务的;

(五)拒绝工作人员调查核实,隐瞒或不提供家庭真实收入出具虚假证明的;

(六)无理取闹或谩骂、侮辱、威胁工作人员的;

(七)锡林浩特市人民政府规定不予救助供养范围的人员。

第三章 办理程序

第四条 申请程序

(一)依申请受理。申请特困人员救助供养,由本人向户籍所在地的苏木镇场、街道办事处提出书面申请,按规定提交相关材料,书面说明劳动能力、生活来源以及赡养、抚养、扶养情况。本人申请有困难的,可以委托嘎查、分场、社区(居委会)或者他人代为提出申请。苏木镇场、街道办事处接到申请人救助供养申请后,对申请事项属本行政机关职权范围、申请材料齐全、符合规定的,应当立即受理;申请材料不齐全的,应当一次性告知申请人需要补充的全部内容;对明显不符合条件或不属本行政机关职权范围的,不予受理,并书面告知不予受理的理由。

(二)主动发现受理。苏木镇场、街道办事处以及嘎查、分场、社区(居委会)应当及时了解掌握辖区内居民的生活情况发现符合特困人员救助供养条件的人员,应当告知其救助供养政策,对无民事行为能力等无法自主申请的,应当主动帮助其申请。

第五条 审核程序。苏木镇场、街道办事处受理申请人申请后,应当通过入户调查、邻里访问、信函索证、民主评议、经济状况核对等方式,对申请人的收入状况、财产状况以及其他证明材料等进行调查核实,在嘎查、分场、社区(居委会)配合下组织对申请人声明的法定赡养、抚养、扶着义务人情况,家庭收入、财产状况及调查结果的真实性进行民主评议,于20个工作日内提出初审意见,在申请人所在嘎查、分场、社区(居委会)公示,公示期不少于7日。经公示无异议的报锡林浩特市民政局审批;对不符合条件的,书面告知理由。申请人及有关单位、组织或者个人应当配合调查,如实提供有关情况。

第六条 审批程序。锡林浩特市民政局应当全面审查苏木镇场、街道办事处上报的调查材料和审核意见,并10%0户核实,于20个工作日内作出审批决定。对符合条件的申请予以批准并在申请人所在嘎查、场、社区(居委会)公布;对不符合条件的申请不予批准,并书面向申请人说明理由。锡林浩特市民政局、苏木镇场、街道办事处应加强对特困人员的动态管理,每季度与公安、殡葬等系统进行一次核对,每半年进行一次家庭经济状况信息核对,每年进行一次入户核查,及时将符合条件的纳入救助供养,对不再符合条件的终止救助供养,做到应养尽养,应退尽退。

第七条 发放程序。特困人员的救助供养资金由锡林浩特市财政局按时足额拨付。集中供养对象的救助供养金,直接拨付到供养服务机构。分散供养对象的救助供养金,通过社会化发放的方式于每月(每季度首月)10日前发放到供养对象银行“一卡通”账户。

第八条 终止程序。特困人员不再符合救助供养条件的,其本人、嘎查、分场、社区(居委会)或者供养服务机构应当及时告知苏木镇场、街道办事处,由苏木镇场、街道办事处审核并报锡林浩特市民政局核准后,终止救助供养并予以公示。锡林浩特市民政局、苏木镇场、街道办事处在工作中发现特困人员不再符合救助供养条件的,应当及时办理终止救助供养手续。特困人员中的未成年人,满16周岁后仍在接受义务教育或在普通高中、中等职业院校就读的,可继续享有救助供养待遇。

第九条 特困人员对象认定时,其享受的城乡居民基本养老保险、基本医疗保险等社会保险和高龄津贴等社会福利待遇，不计入收入。纳入特困人员救助供养范围的，不适用最低生活保障困难残疾人生活补贴和重度残疾人护理补贴政策。纳入孤儿基本生活保障范围的，不再适用特困人员救助供养政策。

第四章　救助供养内容

第十条　特困人员救助供养主要包括以下内容。

（一）提供基本生活条件。包括供给粮油、副食品、生活用燃料、服装、被褥等日常生活用品和零用钱。可以通过实物或现金的方式予以保障。

（二）对生活不能自理的给予照料。包括日常生活、住院期间的必要照料等基本服务。

特困人员生活自理能力分为完全具备生活自理能力、部分丧失生活自理能力、完全丧失生活自理能力。自理能力划分标准具体参照国际通行标准和《老年人能力评估（MZ/T039—2013）》等有关标准，运用是否具备自主吃饭、穿衣、上下床、如厕、室内行走、洗澡等6项指标评估特困人员生活自理能力。6项都能自主完成的，认定为完全具备生活自理能力；有1至3项不能自主完成的，认定为部分丧失生活自理能力；4项以上（含4项）不能自主完成的，认定为完全丧失生活自理能力。特困人员年龄在80周岁及以上的，或残疾等级被评定为二级及以上的，原则上认定为部分丧失或完全丧失生活自理能力特困人员生活自理能力发生变化的，应及时予以重新评估认定。可由锡林浩特市民政局委托医疗卫生机构或者其他专业机构开展特困人员生活自理能力评估。锡林浩特市民政局要统筹购买特困人员照料护理服务，规范委托服务行为，明确服务项目、受托机构、费用标准、责任追究等内容，对服务协议履行情况进行监督。集中供养对象照料护理费用应拨付给供养服务机构；分散供养对象照料护理费用由锡林浩特市民政局依托中心敬老院、社会组织、社区日间照料中心等机构，用于政府购买服务，并签订照料护理服务协议。

（三）提供疾病治疗。全额资助特困人员参加城乡居民基本医疗保险和商业补充医疗保险的个人缴费部分。医疗费用经基本医疗保险、大病保险和商业补充医疗保险支付后剩余部分由锡林浩特市民政局给予100%医疗救助，经费不足的由救助供养经费予以支持。

（四）办理丧葬事宜。特困人员死亡后的丧葬事宜，集中供养的由供养服务机构办理，分散供养的由苏木镇场、街道办事处委托嘎查、分场、社区（居委会）或者其亲属办理。丧葬费用由市民政局、财政局按照惠民殡葬政策和标准执行。

（五）提供住房救助。对符合规定标准的住房困难分散供养特困人员，由锡林浩特市住建局通过配租公共租赁住房、发放住房租赁补贴、农村危房改造等方式优先给予住房救助。特困人员住房为危房或者因灾倒塌的，可根据本人意愿，安排入住供养服务机构集中供养，其住房救助补助资金按照国家和自治区专项资金管理规定统一使用，主要用于供养服务机构建房或维修改造支出。

（六）提供教育救助。对在学前教育、高中教育（含中等职业教育）、普通高等教育（含高职高专）阶段就学的特困人员按照现行的各级各类教育助学政策享受相应的教育资助。第五章救助供养形式

第十一条　特困人员救助供养形式分为在家分散供养和在当地的供养服务机构集中供养。具备生活自理能力的，鼓励其在家分散供养；完全或者部分丧失生活自理能力的，优先为其提供集中供养服务。

（一）分散供养。对分散供养的特困人员，经本人同意，苏木镇场、街道办事处可委托其亲友

或嘎查、分场、社区(居委会)供养服务机构、社会组织、社会工作服务机构等提供日常看护、生活照料、住院陪护等服务,确保其“平时有人照应,生病有人看护”。优先为分散供养的特困人员提供社区居家养老服务,鼓励有条件的地方为其提供社区日间照料服务,支持基层医疗卫生机构为其提供上门诊疗服务。

(二)集中供养。对需要集中供养的特困人员,由锡林浩特市民政局按照便于管理的原则,安排到相应的供养服务机构;未满16周岁的,安置到儿童福利机构。锡林浩特市民政局应加强协调,充分利用资源,统筹安排锡林浩特市集中供养计划,原则上应当为所有完全或部分丧失生活自理能力且有意愿的特困人员提供集中供养服务。除因患有传染病、精神障碍等疾病不宜集中供养外,有供养条件的公办供养服务机构不得拒收。对患有精神病、传染病等疾病不宜集中供养的特困人员,苏木镇场、街道办事处和锡林浩特市综治办、民政局、卫计局应当妥善安排其供养和医疗服务,必要时送往专门的医疗机构治疗和托管。

第六章　救助供养标准

第十二条　特困人员救助供养标准包括基本生活标准和照料护理标准。

(一)基本生活标准。集中和分散救助供养对象执行同一基本生活标准,基本生活标准应当满足特困人员基本生活所需。锡林浩特市城镇“三无”人员集中供养标准为1600元/月,分散供养标准为1400元/月;牧区“五保”人员集中供养标准为12730元/年,分散供养标准为8250元/年,为实现城乡统筹,根据就高不就低原则,特困人员救助供养对象基本生活标准为1600元/月,并根据经济社会发展水平逐年提高。

(二)照料护理标准。照料护理标准依据特困人员生活自理能力和服务需求实行差异化服务。部分丧失生活自理能力对象,照料护理标准为460元/月(按照2017年全市最低工资标准1540元的30%确定);完全丧失生活自理能力对象,照料护理标准为1080元/月(按照2017年全市最低工资标准1540元的70%确定),并根据全市最低工资标准的提高而逐年提高。

第七章　供养服务机构管理

第十三条　在满足特困人员集中供养需求前提下,逐步增强供养服务机构的区域辐射功能,为分散供养的特困人员和低收入、失能、失独、高龄等老年人提供服务。

第十四条　继续加强供养服务机构建设改造,重点推进现有供养机构特别是中心敬老院设施达标,使生活用房、消防设备、无障碍设施、应急呼叫系统、安全监控系统、护理床位建设符合相关规范和技术标准,满足生活不能自理特困人员的照料护理需求。

第十五条　要依法为供养服务机构办理法人登记,对以政府投入为主,利用国有资产举办的供养服务机构,按照《事业单位登记管理暂行条例》有关规定,进行事业单位法人登记管理。督促鼓励各类供养服务机构进行设施设备改造,推进供养服务机构设立许可工作和消防许可工作。第十六条规范供养服务机构日常运营管理,通过与食品药品监督管理、卫生计生等行政主管部门签订责任书的形式,建立健全内部管理、安全管理和服务管理等制度,为特困人员提供日常生活照料、送医治疗等基本救助供养服务。

第十七条　经锡林浩特市卫计局批准,有条件的供养服务机构可设立医务室或者护理站。鼓励通过设置护理专区、提供护理床位等方式,完善护理服务功能,为供养对象提供多种形式的照料护理服务。到2020年全市护理型床位占供养服务机构床位总数比例达到50%以上,市财政局要安排专项经费确保供养服务机构正常运转。

第十八条　按照与完全具备生活自理能力、部分丧失生活自理能力、完全丧失生活自理能力集中供养对象不低于1∶10、1∶6、1∶3的比例配置护理人员。创办供养服务机构按规定比例配置的护理人员，由市财政补贴单位承担部分的社会保险，按实际人数列入预算予以保障。第十九条锡林浩特市民政局要加强特困人员救助供养对象档案管理，全面建立特困人员分类管理档案，实行特困人员人一档，纸质档案要与电子档案一致。

第八章　工作机制

第二十条　市财政要将政府设立的供养服务机构运转经费特困人员的基本生活费、照料护理费、医疗救治费、丧葬费，护理人员社会保险等支出列入财政预算，足额拨付。

第二十一条　鼓励社会组织、社会工作服务机构、企事业单位和志愿者等社会力量通过捐赠、创办供养服务机构、结对帮扶提供志愿者服务等方式，参与特困人员救助供养工作，为特困人员提供专业化、个性化服务。

第二十二条　通过委托、承包、采购等方式，加大政府购买服务和项目支持力度。鼓励运用政府和社会资本合作（PP）模式，采取公建民营、民办公助等方式，支持供养服务机构建设。在保障特困人员集中供养需求的前提下，公建民营等形式的供养服务机构向社会开放的床位可享受社会办养老机构的运营补贴。

第九章　保障措施

第二十三条　苏木镇场（街道办事处）要切实履行特困人员救助供养申请受理、审核、委托照料等职责。民政部门要切实履行行政主管部门职责，加强与相关部门的沟通协调；财政部门要做好相关资金管理、发放工作；发展改革部门要将特困人员救助供养机构纳入相关专项规划，支持供养服务设施建设；卫生计生、教育、住房城乡建设、人力资源社会保障、公安，食品药品监督管理等其他社会救助管理部门要依据职责分工，积极配合民政部门做好特困人员救助供养相关工作。

第二十四条　其他相关救助管理部门要依据职责分工，积极配合民政部门做好特困人员救助供养相关工作，实现社会救助信息互联互通、资源共享，形成齐抓共管、整体推进的工作格局。

第二十五条　要组织好特困人员救助供养政策宣传，充分利用各种新闻媒体和手段，大力宣传特困人员救助供养政策，不断提高社会知晓度，积极营造全社会关心关爱特困人员的良好氛围。

第十章　监　督

第二十六条　锡林浩特市财政、审计、监察部门要加强对特困人员救助供养资金管理使用情况的监督检查，防止挤占、挪用、虚报、冒领等违纪违法行为发生。完善特困人员救助供养责任追究制度，加强行政问责力度，对责任不落实、互相推诿、处置不及时等造成严重后果的单位和个人，要依纪依法追究责任。

第十一章　附　则

第二十七条　本细则自印发之日起施行。

第二十八条　本细则由锡林浩特市民政局负责解释。

锡林浩特市人民政府
关于印发《锡林浩特地区环境综合整治工作方案》的通知

各苏木镇人民政府、国有农牧场、街道办事处,市直各部门、企事业单位:

经市政府同意,现将《锡林浩特地区环境综合整治工作方案》印发给你们,请结合实际,认真贯彻执行。

锡林浩特市人民政府
2017年3月23日

锡林浩特地区环境综合整治工作方案

为进一步加强城市管理,提升城市形象与品位,市政府决定开展锡林浩特地区环境综合整治行动,为确保整治行动顺利进行,结合城市实际,制定本工作方案。

一、指导思想

以全面提升城市品位与形象为出发点,坚持"统一领导,分口负责、协调配合、标本兼治"的原则,按照依法治理、强化监管、规范引导、巩固提升的思路,针对城市管理中存在的突出问题和薄弱环节,开展城市环境11项综合整治,强化城市管理规范化、精细化,建立完善长效巩固保持机制,实现城市管理水平全面提升

二、组织机构

为保证环境综合整治顺利开展,成立锡林浩特地区环境综合治理领导小组,成员如下:

组　长　郭铁杰　市委常委、政府常务副市长
副组长　贾境文　政府副市长,公安局局长
　　　　张学军　政府副市长
　　　　陶格敦巴雅尔　政府副市长
　　　　赖向华　政府副市长
成　员　纳恩丁政府办公室主任
　　　　满都拉　纪委副书记、监察局局长
　　　　邹少华　政府办公室副主任
　　　　毕力格图　国土局局长
　　　　李海军　住建局局长
　　　　尚怀国　环保局局长
　　　　张国青　商务局局长

刘佺杰　食药工商质监局局长
项存明　城管局局长
张海舰　园林局局长
宋雪飞　规划局局长
李　星　房产局局长
牧　仁　公安局副局长
查　干　交警大队大队长
李　勇　环卫处主任
红　梅　宝力根街道办事处主任
姜玉湘　杭盖街道办事处主任
贾永霞　楚古兰街道办事处主任
俞力强　希日塔拉街道办事处主任
王雪静　额尔敦街道办事处主任
李晓昱　巴彦查干街道办事处主任
王旭光　南郊街道办事处主任

领导小组下设综合协调办公室和日常工作办公室，综合协调办公室设在政府办，主任：邹少华（兼），负责环境整治综合协调工作；日常工作办公室设在城管局，主任：项存明（兼），负责领导小组日常工作，定期报送信息和工作进展情况

三、工作任务及分工

（一）环境卫生治理

1. 切实做好城市主次干道、出入口、平房区常态化保洁，做到生活垃圾日产日清。严格落实沿街机关企事业单位、个体商铺“门前四包”责任制。（责任单位：城管局牵头、爱卫办、各街道办事处配合）

2. 强化小区环境卫生整治，对于已经建成小区，要加大对物业公司的监管力度，提升社区自管小区物业服务水平，严厉打击小区内私搭乱建、乱养宠物、破环绿地、死拉乱接各种线路等行为，彻底清理卫生死角，杜绝出现垃圾堆积问题。对于在建小区，强化小区各种强弱电线路的规划设计和建设，督促开发企业搞好前期物业，改善提升小区环境。（责任单位：房产局牵头，规划局各街道办事处配合）

（二）市容环境治理

从严查处乱涂乱画、“小广告”、店外经营、占道经营、车辆乱停乱放等影响市容环境的行为。严厉打击二手车市场、汽车维修商户，店外排放废旧车辆、维修车辆，乱扔乱倒废旧垃圾污物。加强便民市场建设，引导流动摊点进社区、进门店、进市场；严格集贸市场监管，督促集贸市场投资经营主体规范化经营（责任单位：城管局、食药工商质监局牵头，商务局、各街道办事处配合）

（三）停缓建项目及围挡整治。对全市停缓建 2 年以上，严重影响市容市貌的建筑项目进行集中治理，对全市建筑工地围挡进行统一规范提升，打造成宣传文化展示墙。

1. 未开工建设项目，拆除围挡、回填基坑、平整土地，对土地使用性质进行重新确定。主要包括：中恒一期二期商业楼、金库福商业楼、宜居佳园小区、峰峰能源小区、腾图商业小区、康裕小区、明黄御苑小区等 8 个项目。（责任单位：国土局牵头，住建局、城管局、规划局配合）

2. 部分未开工建设项目,对已建成区域督促建设单位进行配套设施建设完善,按照《内蒙古自治区施工安全标准化图集》提升围挡标准;对未开工区域拆除围挡,重新进行规划性质和功能调整。主要包括:集通小区二期、海龙新城小区、方悦名都小区、德吉花园小区、鑫泰苑小区、冠亚国际商业楼、丽都香林小区、新世界花园小区、旺业欣居小区、鑫院小区、锡林颐和苑养老中心、东方国际小区、宽城国际小区等 13 个项目。(责任单位:规划局牵头,国土局、住建局、城管局配合)

3. 已基本建成未完工项目,督促建设单位尽快完成外立面装修、亮化,按照《内蒙古自治区施工安全标准化图集》提升围挡标准。主要包括:大悦城小区、东方巴黎小区、丽景花园小区、尚城生活小区、众力如意园小区、佳域帝都商业楼、馨园小区等 7 个项目。(责任单位:住建局牵头,国土局、城管局、规划局配合)

(四)违章建筑治理。以主干街道两侧为重点,依法拆除清理市区内现有违章建筑,坚决遏制新增违章建筑。加大检查力度,责令违建业主限期进行拆除,拒不配合的,依法进行强制拆除。(责任单位:规划局牵头,城管局配合)

(五)建筑工地治理。与施工企业签订文明施工责任状,对工地出入口进行硬化,设置洗车槽和冲洗设备,严格执行有关要求,渣土车辆必须密封遮盖,工地车辆冲洗干净后,才能进入市区,严禁使用和租用车容不整洁、车厢密闭不严、余泥洒漏污染道路的车辆。加强建筑垃圾和生活垃圾的管理,对乱倒垃圾现象进行严厉打击。(责任单位:住建局牵头,国土局、城管局配合)

(六)户外广告牌匾治理。重点整治未经审批、长期空白闲置、设施陈旧破损、严重影响市容和安全的大型广告设施,集中清理乱涂乱画、乱张贴,清除墙体、桥体、交通护栏、灯杆、树木等部位的非法广告,严厉打击违法广告。(责任单位:城管局牵头,公安局配合)

(七)废品收购秩序治理。重点解决废品收购站污染物乱排放、废品乱倒、二次污染等脏乱差现象。对废品收购站点,以及从事废品收购的人员进行排查登记。取缔和关闭违建、无照经营的废品收购等站点,打击违法收购销赃行为,严惩非法收购、销售公共设施,整顿废品收购市场秩序。主要道路两侧和铁路沿线 200 米以内,禁止设置废品收购、加工维修等站点。废品收购、加工维修等站点要建设围墙,要求门面整洁,院内场地平整,大门视线不能通透。废旧物资必须分类存放,高度不得超过围墙消防设施配备齐全,办公区、仓储区环境清洁、卫生达标。(责任单位:商务局牵头,环保局、食药工商质监局、城管局公安局、各街道办事处配合)

(八)交通秩序治理。严厉查处无证驾车、酒后驾车、无牌假牌、套牌等严重交通违法行为,严查机动车随意调头、违法变道、占用非机动车道行驶等常见交通违法行为。加大交通违法行为查处力度,对行人违反交通信号灯、横过道路不走斑马线、翻越护栏和非机动车闯灯越线、占用机动车道行驶等交通违法行为依法予以处罚。加强停车秩序整顿,规范市区停车秩序,对无序停车进行处罚。加强市区待货车辆管理,引导入场经营,严厉打击查处乱停乱放、占道经营。(责任单位:公安局牵头,城管局配合)

(九)重要节点及空地绿化治理。对市区内建筑施工、单位庭院、街路两侧及重要节点的闲置土地进行统一绿化,确保城市无裸土、绿化无死角。整修街头绿地,对道路两侧土地,宜硬则硬、宜绿则绿,做到地表无裸露。对已批准但暂未实施建设的用地、已拆除围挡但暂不具备建设条件的临时闲置建筑用地,种植草皮或植物覆盖进行过渡性绿化。对长期闲置土地,按照整体绿化设计进行树木种植和景观打造。(责任单位:园林局牵头,国土住建、规划等部门配合)

(十)市政公共设施建设治理。加快推进市政基础设施建设,制定出台市政工程质量管理办法,保证工程进度和质量。加强对市政基础设施日常巡查维护,及时维修维护破损路面、井盖、人

行道面、路灯等设施，严厉打击私设护坡、私占破坏公共设施行为。（责任单位：住建局牵头，规划局、质监站、市政管理处）

（十一）规范养犬行为。建立由公安、工商、畜牧兽医、卫生、城管组成的养犬管理协调工作机制，严格按照《锡林浩特市养犬暂行管理办法》（锡市政发〔2014〕8号）要求做好养犬登记、免疫、检疫、狂犬疫苗注射、狂犬病人诊治等各项工作，严厉查处无证养犬、违法携犬外出、无照售犬、破坏市容环境等行为，加强对烈性犬、大型犬和犬类经营活动的管理。（责任单位：公安局牵头，食药工商质监局、卫生计生局、城管局、农牧业局、各街道办事处配合）

四、实施步骤

（一）调查摸底（2017年3月25日前）。深入开展摸底调查，对环境综合整治工作实施区域，逐街道、逐项目、逐楼宇进行排查并登记造册，做到底数清、情况明、数据准。根据工作分工和实际情况编制专项工作实施方和设计规划，推动各项工作有序开展。

（二）制定方案（2017年3月25日至3月31日）。各牵头部门要根据前期摸底情况，制度具体实施方案。

（三）集中整治（2017年4月1日至6月15日）。根据摸底调查情况和工作方案，按照“牵头部门具体负责、责任部门积极配合”的原则，认真开展专项工作，着力解决城市管理重点难点问题，确保环境综合整治工作取得实效。

（四）巩固提高（2017月6月15日至6月30日）。对已完成整治的区域进行“回头看”、查漏补缺，针对整治中存在的突出问题和薄弱环节出台规章制度，进一步落实监管责任，巩固工作成果。

（五）长效机制（2017年6月30日）。巩固集中整治和重点整治的成果，加快推进智慧城管系统建设，加强重点部位和薄弱环节日常监管力度，始终保持执法高压态势。发挥市长热线、市长信箱、城管12319作用，邀请本级人大代表、政协委员、退休老干部监督，并请新闻媒体参与，曝光各类破坏环境整治成果的违法违规行为，形成全社会共同参与、齐抓共管的长效机制。

五、保障措施

（一）加强组织领导。环境综合整治工作领导小组办公室要积极开展工作，切实履行好牵头、抓总、指导、协调、督办等职责，推动各项工作有序开展。领导小组各成员单位要立即成立由主要领导为总负责的工作机构，围绕承担的各项工作任务，抓紧制定工作方案，细化分解工作任务，具体工作必须落实到人，严格标准要求，迅速开展工作。各单位之间要主动协调，密切配合，坚决杜绝推诿扯皮，确保各类问题能够得到及时有效的解决。

（二）严格标准要求。各成员单位要强化时效意识，倒排时间工期，统筹安排各项整治工作，严格执行“周汇报”制度，每周向领导小组工作办公室报送工作进展情况。执法检查要执行相关法律法规，严格执法、文明执法，坚持执法和教育相结合，促进建设单位和广大市民养成自觉遵守城市管理规范的良好习惯。

（三）强化督促检查。市委、市政府督查室和监察局要对各成员单位工作进行督查，定期通报工作进展情况，并将检查结果与部门单位年度考评成绩挂钩。要推行领导责任制、责任追究制、整改问题销号制等制度，对落实力、督促不动、违规执法的要严肃追究领导及相关人员责任。

锡林浩特市人民政府
关于印发《锡林浩特市自然保护区内
违法工矿企业专项整治工作方案》的通知

各苏木镇人民政府、国有农牧场、街道办事处,市直各有关部门单位:

经市政府同意,现将《锡林浩特市自然保护区内违法工矿企业专项整治工作方案》印发给你们,请结合实际,认真组织实施。

2017年10月15日

锡林浩特市自然保护区内违法工矿企业
专项整治工作方案

按照内蒙古自治区人民政府《关于印发自然保护区内工矿企业退出方案的通知》(内政发电〔2017〕228号、盟国土局《关于印发〈锡林郭勒盟自然保护区内违法工矿企业专项整治工作方案〉的通知》(锡国土资发〔2017〕489号)有关要求,为全面清理整顿锡林浩特市自然保护区内工矿企业的生产作业及勘察开采活动,严厉打击保护区内工矿企业各类违法行为,结合锡林浩特市实际,制定本方案。

一、工作目标和任务

紧紧围绕中央巡视组"回头看"反馈意见整改和中央环保督察组反馈意见整改工作要求,在去年对大自然保护工矿企业专项整治行动的基础上,再次进行逐一排查,完善台账,找准问题,分类解决。要确保自然保护区内的所有工矿企业停止生产作业及勘察开采活动;对发现的违法行为全面查处整改到位。通过强有力的措施,圆满完成中央巡视组"回头看"反馈意见整改工作和中央环保督察组反馈意见整改工作。

二、专项整治工作时间

即日起至12月31日。

三、实施步骤

(一)制定方案,部署落实。制定实施方案,由国土局牵头生态局、环保局、安监局、经信局等部门单位联合开展专项整治行动。(时间安排:2017年10月20日前完成)

(二)拉网排查,建立台账。在去年专项整治行动的基础上,国土局牵头生态局、环保局、安监局、经信局再次对辖区自然保护区内所有工矿企业进行拉网式排章,不留死角盲区,做到逐核实,逐一登记,不漏不减,真实可靠。在此基础上,完善工作台账,客观、详实反映各工矿企业的真实情况,由国土局汇总后报市政府,经政府审定后上报盟自然保护区工矿企业退出工作领导小组办公室。(时间安排:2017 年 11 月 10 日前完成)

(三)强化措施,防止复工。采取有力措施,有效防止自然保护区内所有关停工矿企业复工生产以及其他开采作业活动;对拒不执行停止生产作业及勘察开采活动的工矿企业,由国土局组织相关部门单位开展联合执法,坚决关停。(时间安排:2017 年 11 月 20 日前完成)

(四)依法依规,查处到位。国土局组织相关部门单位对发现的违法行为,从快、从严、从重处理。对应追究行政或刑事责任的,要及时移送纪检监察或司法机关,确保部查处整改到位。(时间安排:2017 年 11 月 30 日前完成)

(五)强化巡查,履职到位。专项整治行动期间,各部门单位要严格按照《关于印发〈锡林浩特市砂石资源管理办法〉的通知》(锡市政发〔2016〕7 号)及《关于印发〈锡林郭勒国家级自然保护区内工矿企业整改工作具体实施方案〉的通知》(锡市政发〔2016〕(254 号)要求以及责任分工,对自然保护区内工矿企业每 15 天巡查一次,切实做到“履职到位、程序合法、建立台账、全程留痕”。(时间安排:2017 年 12 月 31 日前完成)

(六)建章立制,有序退出。各部门单位要结合工作实际,进一步完善日常监管及巡查制度,建立联合执法长效机制,坚决遏制自然保护区内新的违法行为发生,推动自然保护区内工矿企业有序退出。(时间安排:2017 年 12 月 31 日前完成)

(七)强化督查,落到实处。政府督查室加强督促检查,确保工作有序推进。同时,接受盟自然保护区工矿企业退出工作领导小组对锡林浩特市综合执法工作开展情况督查。(时间安排:2017 年 10 月 30 日开始)

四、工作要求

(一)加强组织领导。本次专项整治行动是贯彻落实中央巡视组“回头看”反馈意见整改工作和中央环保督察组反馈意见整改工作要求的重要举措,按照工作要求,国土局要做好各项任务的牵头实施,相关部门单位要密切合作联合开展专项整治行动确保整治工作任务取得实效。

(二)严格落实责任。国土局要在去年整治的基础上查漏补缺,针对存在的问题倒排时间表、细化任务、落实责任、明确整改时限,确保相关问题整改到位。同时,完善自然保护区内违法工矿企业台账,随时动态监测矿山企业有关情况,做到底数清数据实、监管有力、有据可查。

(三)强化监督指导。各部门单位要认真履行职责,按照《关于印发 <锡林郭勒国家级自然保护区内工矿企业整改工作具体实施方案 > 的通知》(锡市政发〔2016〕254 号)要求以及责任分工,实行“每半月报告和调度”制度,报告内容应包括整治进展、台账建立、查处整改等内容,由国土局汇总后于每月 15 日和 30 日前报市政府,经政府审定后上报盟自然保护区工矿企业退出工作领导小组办公室。

国土局联系人:李博洋

联系电话:8115613

锡林浩特市人民政府
关于印发《锡林浩特市推进价格机制改革实施方案》的通知

各苏木镇人民政府、国有农牧场、街道办事处,市直各部门、企事业单位:

经市政府研究决定,现将《锡林浩特市推进价格机制改革实施方案》印发给你们,请结合实际,认真贯彻执行。

2017年8月11日

锡林浩特市推进价格机制改革实施方案

为贯彻落实《内蒙古自治区党委、人民政府关于推进价格机制改革的实施意见》(内党发〔2016〕3号)、《锡林郭勒盟行政公署关于促进市场公平竞争维护市场正常秩序的实施意见的通知》(锡署办发〔2016103号)等文件要求,按照市委、市政府关于全面深化改革的总体部署,结合锡林浩特市实际,制定本方案。

一、总体要求和主要目标

全面贯彻党的十八大和十八届三中、四中、五中、六中全会精神,按照中央、自治区和盟委、行署决策部署,主动适应经济发展新常态,全面深化价格改革,完善重点领域价格形成机制,健全政府定价制度,为经济社会持续健康发展营造良好价格环境。2017年竞争性领域和环节价格基本放开,政府定价范围主要限定在重要公用事业、公益性服务、网络型自然垄断环节。2020年市场决定价格机制基本完善,科学、规范、透明的价格监管制度基本建立。

二、深化重点领域价格改革

(一)完善农畜产品价格形成机制。注重发挥市场形成价格作用,农畜产品价格主要由市场决定。积极配合自治区建立羊肉目标价格保险试点,探索建立牛羊肉、生鲜乳、马铃薯等特色农畜产品目标价格保险等价格保护机制,化解市场价格风险,保障农牧民合理收益,促进农牧业生产可持续发展。进一步做好农畜产品成本调查和价格监测效能,为政府制定农畜产品宏观调控政策提供重要支撑。

(二)推进水价改革。按照充分反映水资源紧缺状况、提高用水效率和效益的原则,建立完善水价形成机制。在完成建立三级阶梯水价制度的基础上，严格落实水资源费征收政策和收费标准，实行供水水价价外征收，运用价格杠杆促进水资源的节约与合理利用。积极配合上级推进水利工程用水价格形成机制改革，探索建立非居民用水超定额、超计划累进加价制度。

（三）落实电价改革政策。积极配合上级开展居民生活用电阶梯价格执行情况调查，落实阶梯电价政策。

（四）推进天然气价格改革。放开未通过区内短途天然气管道供应的非居民天然气销售价格。配合上级开展合理制定和调整市内居民用气价格工作，逐步建立居民用气阶梯式价格制度。

（五）推进供热价格改革。理顺煤炭、热力价格关系，及时调整热力出厂价格和销售价格，保持价格相对稳定。逐步推行供热按用热量计价的两部制收费制度，按照合理补偿成本、促进节约用热、坚持公平负担的原则，合理确定基本热价和计量热价标准。

（六）建立完善的环保服务价格机制。按照补偿污水处理设施和排污管网运行维护成本并有合理投资回报的原则，配合上级开展调整污水处理收费标准，建立健全污水处理收费与污水处理成效挂钩的价格机制，市区污水处理收费标准原则上调整至不低于国家规定的标准。落实垃圾处理收费政策，规范城镇生活垃圾处理费计费方式和征收标准。研究制定鼓励中水回用的价格政策，逐步形成供需双方协商定价机制。推行差别化的排污收费政策，落实主要污染物排污收费标准。落实排污权有偿使用政策，完善排污权交易价格体系。

（七）理顺医疗服务价格。围绕深化医药卫生体制改革目标，按照“总量控制、结构调整、有升有降、逐步到位”的原则，积极稳妥推进医疗服务价格改革。同步强化价格、医保等相关政策衔接，确保医疗机构发展可持续、医保基金可承受、群众负担不增加，积极探索对公立医疗机构医疗服务项目价格实行分类管理，对市场竞争比较充分、个性化需求比较强的医疗服务项目价格实行市场调节价，放开公立医疗机构提供的非治疗性口腔正畸、种牙、整形美容、人类辅助生殖技术、激光矫正视力等个性化医疗服务价格。发挥医保控费作用，由医保基金支付的服务项目通过医保经办机构与医疗机构谈判合理确定支付标准，进一步完善药品采购机制，市场药品交易价格主要由市场竞争形成，逐步将高值耗材全部纳入阳光招标采购范围，降低医疗机构药品和医用耗材价格。落实非公立医疗机构医疗服务市场调节价政策。

（八）健全交通运输价格机制。制定有利于促进停车设施建设、有利于缓解城市交通拥堵、有效促进公共交通优先发展与公共道路资源合理利用的停车收费政策。完善出租汽车运价形成机制，发挥价格调整出租汽车运输市场供求关系的杠杆作用，落实出租汽车运价动态调整机制及运价与燃料价格联动办法。

（九）创新公用事业和公益性服务价格管理。建立健全公用事业和公益性服务财政投入与价格调整相协调机制，制定有利于促进政府和社会资本合作的公益性服务价格政策，推行教育、文化、养老、殡葬等公益性服务价格分类管理。按照有利于公益事业科学发展、合理补偿成本、兼顾社会承受能力的原则，对基本需求与非基本需求采取不同的价格管理方式。对公办幼儿园、义务教育阶段和高中（含中职）学生免收学费；公办教育机构代收费由价格主管部门根据收费性质分类确认；非学历和学历民办教育机构收费实行自主定价。政府投资兴办的养老服务机构，其床位费、护理费实行政府定价管理，其他养老服务价格由经营者自主定价。对殡葬服务收费项目，根据其重要程度和竞争条件，基本服务收费实行政府定价，延伸服务收费实行市场调节价。推进旅游景区门票及相关服务价格改革，逐步放开非公共资源建设的旅游景区门票价格政府定价管理。公用事业和公益性服务经营者必须公示收费信息，接受社会监督，保障消费者合法权益。

(十)推进行政审批中介服务收费市场化改革。对市场发育成熟、价格形成机制健全、竞争充分规范的行政审批中介服务律实行市场调节价,政府不进行不当干预。

三、完善政府价格监管机制

(一)推进政府定价和行政事业性收费项目清单化管理。按照《内蒙古自治区定价目录》规定,制定和调整权限内商品和服务价格,目录外商品和服务价格实行市场调节价管理。严格执行《内蒙古自治区行政事业性收费项目目录清单》《内蒙古自治区涉企行政事业性收费和政府性基金目录清单》《内蒙古自治区政府定价涉企经营服务收费目录清单》《内蒙古自治区政府定价进出口环节经营服务收费目录清单》《内蒙古自治区政府定价涉企行政审批前置服务收费项目目录清单》等清单制度。取消"收费许可证"和年审制度,建立收费项目公示制度,实行动态调整,自觉接受社会监督。

(二)规范政府定价程序。严格执行国家、自治区关于政府定价的程序规定,改进对权限内政府定价目录的项目的收费审批方式,由被动审批转变为主动定价,由面对执收主体单独审批转变为面向行业系统统一定价。完善价格听证制度,推行专家论证制度,建立公示公开制度和集体审议制度,保证工作程序明晰、规范、公开、透明,主动接受社会监督,有效约束政府定价行为。

(三)强化价格基础工作。健全价格监测预警机制和应急处置机制,提升监测数据质量,增强价格形势分析预测和调控能力坚持成本监审原则,将成本监审作为政府制定和调整价格的重要程序,不断完善成本监审机制。公用事业和公益性服务的经营者应当按照政府定价机构的规定公开成本,政府定价机构在制定和调整价格前应当公开成本监审结论,接受社会监督。强化价格认证职能,提高服务能力。

四、加强市场价格监管

(一)健全市场价格行为规则和监管办法。在经营者自主定价领域,针对市场竞争不充分、交易双方地位不对等、市场信息不对称等问题,在利用相关禁止性规定进行规范的同时,结合行业特点制定议价规则、价格行为规范指南,引导企业公平竞争;落实明码标价、收费公示等制度规定,合理引导经营者价格行为对竞争充分的经营者自主定价领域,逐步推行网格化市场监管办法,分解监管职责,明确责任主体,增强监管的针对性和有效性。对社会影响重大特别是与民生密切相关的商品和服务,坚持整治与规范并重,依法制定价格行为规则和监管办法。

(二)加强市场价格监管。加强市场价格监管能力建设,有效预防、及时制止和依法查处各类价格违法行为。密切关注重要商品和服务市场价格动态,针对价格运行中的苗头性、倾向性问题及时提出监管建议,落实监管措施。坚持常态化监管和专项检查相结合,加强民生领域价格监管,围绕与群众生产生活紧密相关的医药、教育、交通、旅游、商品零售、汽车、物业、停车、电信、旅游景区等领域开展专项整治,维护消费者权益。制定随机抽查事项清单,建立市场主体名录库,完善执法检查人员名录库,实行"双随机"抽查。强化价格行为事中事后监管。组织经营者开展价格法律法规培训,加强宣传引导及案例警示,确保经营者在依法享有自主定价权的同时诚信自律、守法经营。价格工商、质监、消协等部门要加强协作配合,形成执法合力,提高执法效能。

(三)完善价格社会监督体系。完善"12358"价格举报管理信息系统建设,提高举报处理效率,畅通消费者参与价格监督的渠道。加强价格举报信息分析,及时采取有效处置措施。建立价格监督员队伍,完善社会价格监督网络。依托社会信用体系加快推进价格诚信建设,建立经营者价格诚信档案，建立价格失信者“黑名单”制度，褒扬诚信守法，惩戒失信违规。鼓励和支持新闻媒体积极参与价格社会监督，完善舆论监督和引导机制。

五、保障措施

（一）加强组织协调。各有关部门要充分认识加快完善主要由市场决定价格机制的重要性、紧迫性和艰巨性，统一思想、形成合力，以敢啃“硬骨头”精神打好攻坚战。要深入调研、科学论证，广泛听取各方面意见，突出重点、分类推进，细化工作方案，及时总结评估，稳步有序推进，务求取得实效，确保各项价格改革措施落实到位。

（二）强化能力建设。在减少政府定价事项的同时，不断强化价格监测预警、成本调查监审、价格调控、市场价格监管、价格公共服务等方面的能力建设。加强队伍建设，保证价格管理、价格监测、成本调查监审、价格监督检查、价格认证机构健全编制合理，夯实工作基础，落实经费保障，提升履职尽责能力。大力推进价格信息化建设，为增强价格调控监管服务能力提供有力支撑。

（三）兜住民生底线。牢固树立底线思维，始终把保障和改善民生作为工作的出发点和落脚点。推行涉及民生的价格政策特别是重大价格改革政策时，要充分考虑社会承受能力，特别是政策对低收入群体生活的可能影响，严格执行风险评估制度。落实和完善社会救助、保障标准与物价上涨挂钩的联动机制，保障困难群众基本生活不受影响。加强民生领域价格监管，做好价格争议纠纷调解处理，维护群众合法价格权益。严格落实国家、自治区对教育、卫生、养老、物业、宗教、冷链物流有关用水、电、气、暖方面的价格优惠政策，合理制定涉及交通、旅游、殡葬等基本公共服务的低价或免费政策。

（四）注重舆论引导。充分利用新闻媒体，加大对全面深化价格改革、规范政府定价行为、重要民生领域定价调价、市场价格监管等方面的宣传报道力度，加强新闻发布，准确阐述价格政策，及时引导舆论，积极回应社会关切，妥善应对突发舆情，营造良好舆论环境。

锡林浩特市人民政府
关于印发《锡林浩特市开展公路超限超载专项治理行动工作方案》的通知

各苏木镇人民政府、国有农牧场、街道办事处,市直各有关部门单位:

经市政府同意,现将《锡林浩特市开展公路超限超载专项治理行动工作方案》印发给你们,请认真组织实施。

2017年11月25日

锡林浩特市开展公路超限超载专项治理行动工作方案

为从源头上加强公路超限超载治理工作,切实保护广大人民群众生命财产安全和道路安全,促进全市煤炭生产、交通运输等相关行业持续健康发展,根据国家法律法规和有关要求以及《锡林郭勒盟开展公路超限超载专项治理行动工作方案》(锡署发〔2017〕132号)文件要求,决定从2017年11月25日至2018年3月31日,在全市范围内开展为期4个多月的专项治理行动。

一、总体要求

深入学习贯彻党的十九大精神,坚持"依法严管、标本兼治、立足源头、长效治理"原则,健全完善"全盟统一领导、地方政府负责、部门指导协调、各方联合行动"工作机制,转变"重处罚、轻管理,重管束、轻服务"的观念,以治理煤炭公路运输超限超载问题为重点,积极开展专项治理行动,进一步建立公安交管部门、交通运输部门、安全生产监管部门、煤炭及其他行业主管部门治限治超执法联动机制,突出源头治理、路面治理和货运车辆改装、维修市场治理,有效预防道路交通事故,确保道路安全和人民群众出行安全。

二、职责分工及重点任务

(一)加强重点货运源头治理各相关部门要认真贯彻执行相关法律法规,从煤矿、非煤矿山和各类工业品的生产、销售、运输等环节的源头强化专项治理,严把进厂、开票、装载、出厂"四关",禁止车辆超限超载上路,确保全市公路超限超载问题得到有效遏制。

交通运输管理机构职责:负责煤矿、非煤矿山、物流园区、各类工业品的生产、销售、运输企业和货物集散地的排查,负责对货物运输车辆的监管,杜绝超限超载车辆上路。对违法违规超限超载运输的货运源头单位以及道路运输经营者,依法予以处罚。

安全生产监督管理部门职责:负责强化对道路运输及煤炭生产等方面安全生产工作的业务指导,做好各类非煤矿山相关安全生产监管工作。

煤炭行业主管部门和工商质监行政管理部门职责:根据各自工作职责负责对各类煤矿及煤

炭销售、运输企业的日常监管。按照相关企业先经煤炭行业主管部门备案再到工商行政管理部门登记的要求,做好公路沿线煤栈、煤场的清理整顿,遏制货运车辆中途加载超载问题。工商质监行政管理部门负责对矿山企业、物流园区和公路治超检测站计量设备的检定。引导货运源头单位安装使用称重设备。环保部门职责:负责对各类煤矿、非煤矿山、工业企业、物流园区及煤栈、煤场等货物集散地的粉尘污染进行监管,配合做好超限超载防治工作。

重点货运源头单位、物流运输企业职责:组织建立本企业治超组织机构;按照《中华人民共和国公路安全保护条例》的有关规定履行治超义务。新闻中心职责:做好正面舆论宣传引导,主动宣传有关法律法规,曝光一批超限超载违法违规行为。

(二)加强公路路面超限超载治理公安交管部门、交通运输部门开展公路路面联合执法,严格按照《汽车、挂车及汽车列车外廓尺寸、轴荷及质量限值》(GB1589)规定,统一车辆限載标准。以超限检测站为依托,公安交管部门配合盟交通部门公路管理机构做好联合执法检查工作,形成联合执法常态化。公安交管部门和交通运输部门管理机构配备足够且固定的执法人员,保证24小时值班。执法过程中,要严格执行"一超四罚"原则,公安交管部门负责指挥引导车辆到超限检测站接受检测,并配合盟交通公路管理机构称重。对经检测确认超限超载的车辆,公安交管部门依据交通部门公路管理机构开具的称重和卸货单,依法按照国家有关超限车辆处罚规定进行处罚、记分后放行。交通部门公路管理机构依法责令卸载,按要求对各类超限超载、冲卡等违法车辆汇总逐级上报,依据《公路安全保护条例》《超限运输车辆行驶公路管理规定》对违法超限超载货运车辆、货运车辆驾驶人、货运场所经营者实施处罚;对堵塞交通强行冲卡、暴力抗法、带车绕行、破坏相关设施设备等违法行为由公安机关依法及时处理,构成犯罪的,依法追究刑事责任;对因超限超载发生事故,致人死亡或者造成公路桥梁垮塌等公私财产遭受重大损失,构成犯罪的,依法追究刑事责任。市交通运输局牵头,交警大队配合,负责全市县道、乡道货运车辆超限超载的监管。

(三)加强对货运车辆改装、维修市场的治理组织开展货车改装、销售企业及产品集中清理。对货车改装企业不执行国家安全技术标准或者对擅自改装、销售未经国家机动车产品主管部门许可生产的机动车型的企业,由经信、食药和工商质监等部门按照职责分工依法严肃处理。构成犯罪的,移送司法机关,依法追究刑事责任。

1. 加强汽车维修市场监管。落实《关于促进汽车维修业转型升级提升服务质量的指导意见》(交运发〔2014〕186号)要求,依法查处非法经营、无证经营、超范围经营、违法拼装改装和承修报废车等违法行为。机动车维修企业从事货车非法改装的,依据工商管理相关法律规定,由市运管所会同食药和工商质监局依法查处。

2. 加强营运车辆准入管理和综合性能检测。市运管所严格执行《道路运输车辆技术管理规定》,严把营运车辆技术关,对不符合相关标准规定的车辆,不得允许进入道路运输市场。加强在用货车营运资质清理,规范普通货物、大件货物和危险货物营运资质分类许可。

3. 加强道路查纠。加强对货车的检查,发现非法改装的,由公安交管部门责令恢复原状并依法处罚。对无牌、拼装或者已经达到报废标准的货车上道路行驶的,由公安交管部门依法收缴、强制报废。抄送车籍所在地公安交管部门,严禁以罚代管的现象发生。

三、实施步骤

专项治理行动分为三个阶段推进实施

(一)动员部署阶段(2017年11月25日至30日)。成立公路超限超裁治理专项行动领导机构,制定工作方案,开展宣传动员工作。

(二)全面治理阶段(2017年12月1日至2018年3月25日)。开展超限超载治理工作,政府督查室适时开展督导检查。

(三)总结阶段(2018年3月25日至31日)。各相关部门认真总结本部门专项行动取得的成绩、经验和不足,研究解决存在的突出问题,集中消除超限超载死灰复燃的各种隐患,完善治限治超工作的长效机制。专项治理行动结束后,各关部门要形成工作总结上报领导小组办公室,领导小组办公室汇总后上报市政府。

四、工作要求

(一)强化组织领导。成立由政府分管领导为组长,各相关单位为成员的全市公路开展超限超载问题专项治理行动领导小组,加强对专项行动的组织领导,及时研究解决工作中突出问题各相关部门也要成立相应的组织领导机构,组织协调开展好超限超载专项治理行动。

(二)强化监督检查。货运源头治理方面,由运管所牵头经信、国土、安监、食药和工商质监、环保等部门配合,负责对煤矿及非煤矿山、物流园区及煤矿经销、运输企业等货运源头单位的日常监管。货运车辆改装、维修市场治理方面,由食药和工商质监局牵头,交警大队、运管所配合,负责做好货运车辆改装、维修市场的日常监管工作。交通、公安交管部门要依托“12328”和“12389”等公布的服务监督电话系统,统一受理治超执法投诉举报,加大对违规执法行为的查处力度。要充分发挥社会监督作用,建立群众自发、广泛参与的防范预警机制。要把发现问题、解决问题贯穿于专项整治行动的始终,确保政策执行不走样不变形。

(三)强化舆论宣传。要积极利用本系统资源开展专业化法治化的正面宣传教育,加强政策解读及舆论引导,要积极利用广播电视、网络、报刊、宣传单等多种形式,大力宣传本次专项治理行动,通过开展灵活多样的宣传活动,不断争取社会各界对治超工作的认可,为本次专项治理行动营造良好的舆论氛围。

(四)强化责任追究。各部门要加强本单位人员内部监督和管理,因超限超载问题治理不力导致交通安全事故或造成不良后果的,依法追究相关单位和人员的责任。

(五)强化人员培训。专项治理行动期间,要组织交通路政、运政、公安交管等部门执法人员参训,深入领会政策要求,密切联系工作实际,讲解联合治超工作有关法律法规和政策,提高执法人员综合业务技能和处理疑难复杂问题的能力,全面提高执法人员依法治超和文明执法水平。

(六)强化经费保障。按照预算管理要求,落实治超执法经费。严禁将罚没收入同部门经费保障挂钩

(七)强化信息报送。各相关单位要及时反映工作进展情况和存在的问题,每周五向市专项治理领导小组办公室上报工作进展情况。专项治理领导小组办公室汇总上报市政府办公室。

联系人:姚瑶,电话:0479—8101209

邮箱:jtj81012090126. com专项治理领导小组办公室汇总上报市政府办公室。

联系人:姚瑶,电话:0479—8101209

邮箱:jtj81012090126. com

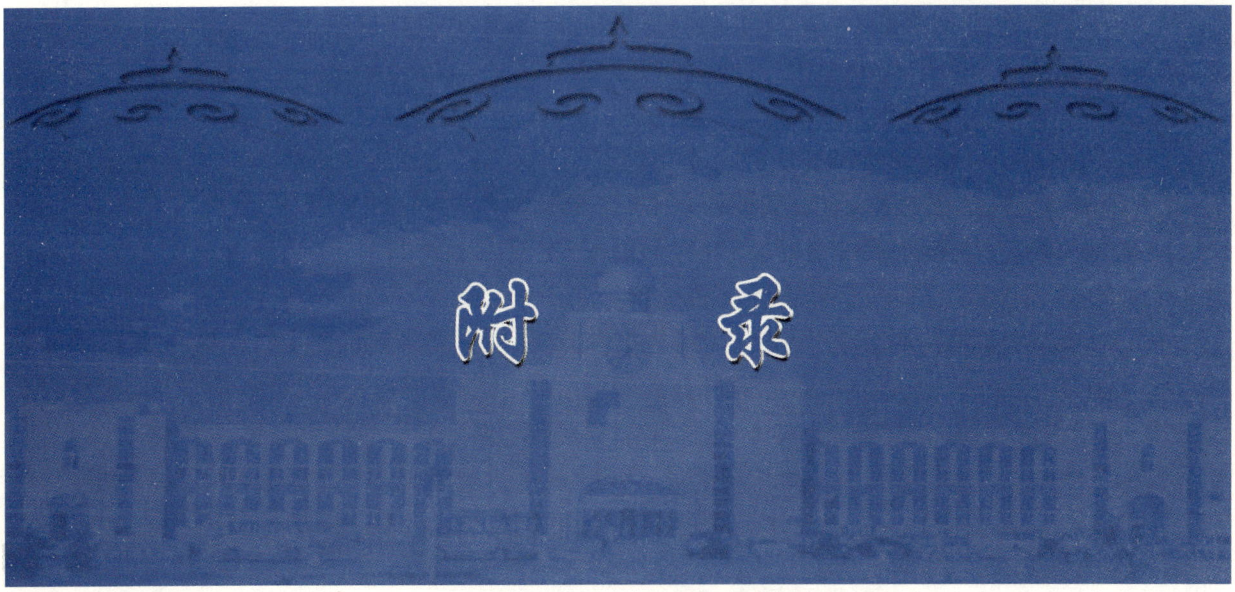

一、调研报告选录

锡林浩特市人民政府办公室
关于本地蔬菜产销情况的调研报告

蔬菜生产、供应历来受到市委、市政府的高度重视，近年来，锡林浩特市对蔬菜产销体制进行一系列市场化改革，群众“菜篮子”发生翻天复地变化。据统计，2016 年锡林浩特市本地蔬菜产量达到 2 万吨，蔬菜品种达 35 大类，“菜篮子”产品逐步迈向丰富期。“菜篮子”中的本地蔬菜一直是不可或缺的组成部分，科学、适度经营好本地蔬菜产业，既是“菜篮子”所需，也是发展绿色经济所需。据此，锡林浩特市深入蔬菜种植基地、国有农牧场、大型农贸批发市场、大型超市进行走访调研，收集整理一批现实问题及意见建议。

一、本地蔬菜产销存在问题及制约因素

（一）蔬菜地逐年萎缩，种植户逐渐减少。随着城区周边土地征收步伐加快，有效种植面积不断萎缩，锡林浩特市现有集中连片蔬菜种植基地 9 处、5832 亩；其中，常年从事蔬菜种植的 7 处、5420 亩，其余 2 处 412 亩菜地处于闲置状态，较蔬菜种植高峰年份 2012 年减少 3868 亩；现有蔬菜种植户 500 户，较 2012 年减少 468 户。

（二）种植成本偏高，有效收益走低。锡林浩特市无霜期短、平均气温低，种植户普遍搭建日光温室以缩短蔬菜生长期、提高产量。据了解，一座占地 1 亩的日光温室造价 10 万元；此外，价

值1.5万元的棚顶保暖棉被、0.15万元的塑料布需3—5年更换一批。由于气候原因,锡林浩特市温室蔬菜收获季节集中在4—10月,能够收获叶类菜4茬,较赤峰市和河北、山东等地少收2—4茬,蔬菜种植户收益受到极大制约。

(三)缺乏组团合作,无法体现优势。本地蔬菜施用农药、化肥少,口感、品质明显优于外地蔬菜,受到消费者青睐。但是,本地蔬菜种植户常年"单打独斗"供应批发市场,没有形成行业组织,缺乏团队竞争能力,没有品牌效应,没有价格话语权,主要由中间商定价,每市斤蔬菜批发价格仅仅高于外地蔬菜0.2元左右,没有体现优质优价。

(四)集散市场简易,调节能力较弱。锡林浩特市最大的蔬菜集散地是"大世界农畜产品交易市场",夏季每天160吨外地和本地果蔬在此集散。该市场功能单一、经营场所简陋、交易方式传统,特别是没有交易信息沟通机制、缺乏大型蔬菜存储仓库,经常造成部分蔬菜价格忽高忽低、甚至积压变质。据了解,市场中的商户各自为战,互不通达交易信息,分别根据当天紧缺菜品情况从外地连夜调运蔬菜,容易形成几类蔬菜同一天集中大量上市情况,加之就近没有大型恒温库,贩运一卡车蔬菜亏损几千元成为业内常态。

二、相关意见建议

(一)稳定现有蔬菜地,确保产出最大化。实践证明,蔬菜供应问题,主要集中于生产领域,抓好"菜篮子"必须建好"菜园子",稳定蔬菜地面积应作为一项特殊的工作内容。在利用好正在生产的5420亩蔬菜地基础上,尽快盘活处于闲置状态的412亩蔬菜地,使其发挥应有作用,避免菜地资源闲置。

(二)打开本地菜直销途径,体现优质优价。一是直供,引导蔬菜种植户直供大型企业、学校等。二是直批,设点批发或在生产基地直批。三是直销,组建蔬菜公司,把本地蔬菜集中起来到市区销售。

(三)给予政策支持,让种植户吃"定心丸"。在调研中了解到,不少蔬菜种植户认为此行业既是基础产业,更是稳定增收的可靠途径,愿意潜心经营。同时,锡林郭勒盟种植补贴项目基本侧重农业旗县,锡林浩特市种植户很少得到政策实惠。建议,锡林浩特市划定中短期菜田区域,保障种植户安心经营、扩大生产;蔬菜办、发改局等积极争取蔬菜产业项目支持,为本地蔬菜产业注入发展活力。

(四)完善交易市场建设,形成健康流通格局。在现有的大型蔬菜批发市场中,鼓励企业投资兴建储存库、恒温保鲜库,引导发展蔬菜期货交易,避免盲目调运、集中上市导致蔬菜积压。

锡林浩特市人民政府办公室
关于深化推进"放管服"改革工作的调研报告

一、推进"放管服"改革工作情况

锡林浩特市认真贯彻落实上级推进简政放权、放管结合、优化服务改革工作的各项部署,扎实推进"放管服"改革任务落实,为经济社会发展营造良好环境。

(一)落实简政放权政策措施。

一是加快行政审批制度改革。目前锡林浩特市公布的市本级权责清单共计2802项,其中行政许可138项,行政处罚2237项,行政强制措施70项,行政征收37项,行政强制执行48项,行政给付25项,行政监督检查103项,行政确认36项,行政奖励14项,其他行政权力60项,承接上级下放事项36项。2017年公布行政事业收费事项清单18项;行政审批中介服务事项清单3项,行政审批中介服务收费事项清单3项。行政许可证明事项清单将按照统一部署在2017年年底前清理完成并公布。

二是优化行政审批服务。进驻服务大厅部门申报材料由2585项减少为1707项,压减34%;累计审批环节由1556个减至929个,压减40%。对市本级中介服务事项进行全面梳理、审查和确认,形成市本级行政审批中介服务事项清单,已于2017年7月向社会全面公布。

三是简化投资审批流程。按照国务院、自治区相关要求进一步简化投资审批流程,将企业投资核准前置条件缩减到"两项半"(即:只保留规划选址、用地预审这两项前置。对于少数重大项目,把环评审批作为前置审批),企业投资备案项目严格执行告知制度。

(二)落实商事制度改革部署。

一是推进"先照后证""证照合一"改革。按照国务院证照改革部署要求,推行制度改革,市场主体办事成本降低,行政效率明显提高。目前已换发"五证合一、一照一码"营业执照2744户,换发"十七证合一、一照一码"营业执照437户,变更312户,换发"两证整合、一照一码"个体工商户营业执照4753户。

二是推进企业登记全程电子化、商标注册便利化和简易注销登记改革。2016年年底启动外网登记,大力推广网上审批和网上办事。目前,已有399户企业从外网登记系统办理名称网上预核准。2017年4月起在全市范围实施简易注销登记改革以来,已有88户企业网上提出申报,22家企业通过简易注销登记方式注销。

三是落实市场主体住所(经营场所)登记相关规定。认真落实《内蒙古自治区市场主体住所(经营场所)登记规定》,严格按照规定要求审核住所(经营场所)登记材料,允许"一址多照""一照多址",进一步放宽住所登记条件。现"一址多照"主要为各大商场内商户,暂无企业申请办理"一照多址"。

(三)扎实推进收费清理改革。

一是全面贯彻落实国家和自治区清理规范涉企收费政策。根据财政部、发展改革委相关要求,自2017年4月1日起,取消或停征涉及锡林浩特市的8项涉企行政事业性收费。加强对消防设施监测、司法鉴定、公证等行业和部门的收费行为进行检查,为企业减轻负担。

二是推进政府定价和行政事业性收费项目清单化管理。印发《关于贯彻落实清理规范涉企收费政策的通知》,认真开展涉企收费自查工作。

(四)加强事中事后监管。

一是推行“双随机一公开”监管。在“权责清单”基础上编制完成《锡林浩特市随机抽查事项清单》,明确抽查依据、责任主体、抽查内容。编制出全市 32 个单位的 2340 项抽查监督事项。将全市行政执法部门 1305 位执法人员全部纳入执法检查人员名录库。把法律、法规、规章规定需要监管的市场主体全部纳入名录库,确保不遗漏;法律、法规、规章规定不在检查范围内的市场主体和检查事项,一律不列入,确保不越位。

二是落实宽进严管要求。开展“双随机抽查”,加强对失信企业管理。加强部门信息共享,实施“双告知”制度,杜绝监管盲区。积极推进市场主体诚信体系建设,建立企业经营异常名录制度,执行列入移出经营异常名录“一审一核”制度,并向社会公开经营异常名录市场主体名单。按照“谁监管、谁列入、谁移出”的原则,强化经营异常名录管理的列入和移出工作。

(五)改进优化政府服务。

一是积极推动数据信息资源整合共享和智慧系列工程建设。积极配合盟大数据服务中心积极推进信息资源整合工作。推进城市数字化建设,启动实施总投资 4.38 亿元的智慧城市建设项目,在智慧城管系统推广应用基础上,规划实现智慧城市综合管理,并配套建设城市展览馆提档升级、智能停车、绿色出行系统等项目。

二是梳理和公开公共服务事项目录清单。对行政许可、行政确认、行政奖励、行政给付、行政裁决等公共服务事项进行全面梳理,编制市级各部门公共服务事项目录清单,优化并公开运行流程图和服务指南,规范办理依据、程序、时限等内容,方便群众办事。

三是推进“互联网 + 政务服务”发展。在现有电子政务平台的基础上,积极推进“互联网 + 政务服务”建设,优化提升政务门户网站,进一步改进公共服务。

二、存在的问题和困难

(一)行政服务的效能还不够高。深化“放管服”改革工作后,行政审批业务量和咨询量激增,服务窗口的人员配备、服务能力还不能很好的满足市场主体和审批业务的增长需求。同时,窗口工作人员长期处于满负荷运载状态,出现办事群众排长队、预约等待时间过长现象。

(二)跨越门衔接和信息互联共享还不够充分。由于改革中新情况、新问题不断出现,不可避免的出现个别环节上存在衔接不够顺畅的问题,部门间信息的互联互通和交换共享还不够充分,各职能部门存在信息化建设各自为政,互不相连的情况,制约政府效能的提升。

三、下一步工作打算

(一)继续深化行政审批和商事制度改革,加大“放管服”力度。严格执行“先照后证”“五证合一、一照一码”登记制度,加强“双随机、一公开”监管,提高行政效能,优化发展环境。探索推行市场准入负面清单管理,带动更多社会资本参与基础设施、生态保护、社会事业等领域建设。最大限度减少政府对资源配置的干预,最大程度发挥市场在资源配置中的决定性作用,把简政放权、放管结合、优化服务工作推向深入,为创业创新开路,为企业发展松绑,为扩大就业助力。

（二）加强政务服务数据的汇聚和共享力度。破除信息“隔离墙”、打通信息“断头路”，推进数据共享，打破信息孤岛，实现各部门数据信息互联互通、充分共享，进一步提升政府服务效能。最大程度利企便民，让企业和群众少跑腿、好办事、不添堵，加快推进“互联网＋政务服务”体系构建，有效推动法治政府、创新政府、廉洁政府和服务型政府建设。

锡林浩特市人民政府办公室
关于锡林浩特市学前教育工作的调研报告

一、基本情况

近年来,随着经济社会的发展锡林浩特作为盟府中心城市,承担全盟的学前教育任务越来越重,据最新统计 2017 年地区学前适龄幼儿人数 7989 人,其中:锡林浩特市户籍 4456 人、盟内旗县户籍 2174 人、盟外户籍 1359 人,有近半数的适龄儿童来源非本市。为此,锡林浩特市高度重视学前教育工作,不断加大基础设施投入力度,近三年累计投入 2.5 亿元用于建设幼儿园,截至目前锡林浩特市地区共有公办幼儿园 11 所(其中:城区 4 所、牧区 7 所),共设有 81 个教学班,可容纳适龄儿童 2430 名。按照“公私结合、优势互补”的原则,锡林浩特市在加大公办教育工作的同时,也积极培育发展民办学前教育,截至目前全市民办幼儿园、托幼机构分别达到 12 所、95 所,可容纳适龄儿童 6500 名。

二、存在问题

一是幼教事业的承载力依然不足。经过近年来的建设,全市公办幼儿教育规模得到显著提升,特别是几座新建的幼儿园先后落成投入使用后极大的缓解全市适龄儿童入园难问题,但客观的分析公办园承载力不足的问题依然存在。一方面,从入托人数来看,平均班容达到 35 人,超过国家规定标准 5 人,而从公私入托比率看,公办园的容量仅为学前适龄幼儿人数的 30%;另一方面,学前教育对弱势群体和流动人口的普惠性和公益性尚不到位,公办幼儿园要求本市户籍,民办幼儿园费用又超出承受能力。

二是幼教资源布局不尽合理。锡林浩特市现有的 4 所公办园及条件较好的民办幼儿园全部集中在中心城区,而其他区域的民办幼儿园不论是师资力量、还是办学条件都相对薄弱。学前教育资源分配不均衡、布局不合理的问题始终没有得到有效解决,致使一些有条件的家庭舍近求远把孩子送到条件较好的幼儿园,造成适龄幼儿过度向中心城区集中,部分基础较好的幼儿园人满为患,而条件一般的则是勉强维持,特别是牧区幼儿园设计容纳 720 人,而实际入园仅有 121 人,这既不利于学前教育发展、造成资源使用不均衡和浪费,也不利于幼儿园的有效管理。

三是专业师资队伍不稳定。由于受编制限制,公办幼儿园在编人员的年龄结构已经趋于老化,再加之外聘人员的待遇较低,导致专业幼教人才相对实际需求比较匮乏。公办幼儿园的师资力量尚且不足,民办幼儿园的情况则更加困难,尤其是少部分未审批幼儿园只能聘请不具备幼儿学前教学资格的人员担任幼儿教师,不仅缺乏科学的管理方法,而且对必要的专业知识掌握不足,不了解幼儿的生理、心理、个性特点,直接影响幼教事业规范稳健发展。

四是民办幼儿园办学不规范。多数审批民办幼儿园以居民住房和临街商业用房作为教学用房,活动场地狭小、设施设备简单、师资力量薄弱、消毒安全保护等措施不到位,存在一定的隐患。其中也不乏少数审批民办幼儿园,为迎合家长“不让孩子输在起跑线上”的心理,在课程设置、教学内容、教育手段等方面存在“小学化倾向”，在一定程度上扰乱小学的教学计划，客观上也对幼儿进入小学后的正常学习造成一定负面影响。

五是民办幼儿园监管难度大。各级教育部门虽然作为幼儿园的主管部门，有监管、审批、发证的职权，但却没有与之相对应的行政执法权，而有执法权的行政部门与教育部门之间尚未形成协调统一、步调一致的监管合力，不能对存在问题的审批幼儿园进行及时有效的处罚和整治，也致使建设不达标、管理不规范，甚至无证办园的现象屡禁不止。

三、对策建议

一是加速扩张公办幼儿教育规模。坚持“满足需求、优化布局”的原则，按照“规范整合一批、新建改建一批、扶持提高一批”的思路加快幼儿园建设。对现有4所公办园进行规范改造、提档升级，不断完善办园基础条件，适应现代教学要求。充分考虑幼儿园服务半径，调整完善功能布局，加快建设楚古兰、额尔敦、锡林浩特3所城区公办幼儿园的建设进度，进一步扩大学前教育的办学规模，预计新增班容量1440名，彻底解决适龄幼儿入园难的问题。

二是鼓励扶持民办幼儿教育事业。作为公办幼教的补充形式，积极发展扩大民办幼教规模，严格落实国家学前教育二期三年行动计划，认真执行《扶持发展民办幼儿教育指导意见》，以奖代补的形式每年给予6万元—10万元的资金扶持，提高民办幼教最低工资标准，减少因师资不稳定对学前教育造成的负面影响，同时对普惠性较强的民办幼儿园给予水、电、暖等方面的优惠政策，从而提高民办园办园质量，目前锡林浩特市计划新增审批民办幼儿园4所，解决1800个学位。

三是推动品牌幼儿园示范引领作用。积极引进红缨博雅等一批办学条件过硬、经营特色鲜明、教学成果突出的幼教品牌入驻，充分发挥其在办学理念、内部管理、队伍建设、教学特色等方面的示范引领作用，以点带面整体提升全市民办幼儿教育的水平。同时，积极鼓励博苑等已经进驻锡林浩特市的幼教品牌盘活长期闲置的小区配建资源，扩大办学规模。引导规范城区周边的中小规模幼儿园，解决地处偏远、出行不便家庭的入托问题。

四是规范学前教育监督与管理。强化对幼儿园保教工作的监督指导，严把行业准入关口，从源头上杜绝小、乱、散、杂的经营行为，规范办园条件，依法治教、依规办园。加强各相关部门的联动执法，对存在“小学化倾向”的幼儿园责令整改；对教师无资格证书，设备设施不达标，消防和饮食卫生不合规等问题严厉处罚，对不达标、不合规、私自设立的幼儿园坚决予以取缔，彻底消除隐患，确保学前教育事业，特别是民办教育健康发展。

锡林浩特市人民政府办公室
关于锡林浩特市工业园区建设的调研报告

一、发展现状

近年来,锡林浩特市将加快工业园区建设作为优化产业结构、提升经济效益的重要举措来抓,通过加大基础设施建设、提供扶持项目落地等措施,着力推进园区建设并取得一定成效。截至2017年年底全市规划建成工业园区4个,总规划面积45.8平方公里,建成面积10.6平方公里,累计完成基建投资14.8亿元,入园企业达到298家(其中规模以上企业26家),实现产值40.9亿元(其中规模以上工业企业实现产值37.3亿元),占全市规模以上工业总产值的23.28%。具体情况如下:一是锡林郭勒经济技术开发区,主导产业为畜产品加工、机械制造和锗产业精深加工,规划面积5平方公里,建成4平方公里,累计投入建设资金6亿元,入驻企业23家,已投产企业13家,上年度完成产值24.28亿元,利税0.24亿元;二是中小企业聚集区,主导产业为建材、绒毛加工,规划面积2.47平方公里,建成3.4平方公里,累计投入建设资金5.2亿元,入驻企业259家(其中:建材行业134家、绒毛行业29家、其他行业96家),目前生产经营中的59家、季节性停工的9家、即将投产的6家、在建的18家、出租的69家、闲置的91家、长期未动工的7家,上年度完成产值10.6亿元,利税0.53亿元;三是褐煤综合利用示范基地,主导产业为化工、褐煤精深加工,规划面积8平方公里,建成1.67平方公里,累计投入建设资金3.5亿元,入驻企业8家,目前全部停产停工;四是装备制造基地,主导产业为装备制造业,规划面积30.26平方公里,建成1.53平方公里,累计投入建设资金0.07亿元,入驻企业8家(其中规模以上企业4家),上年度入驻规模以上企业完成产值6.03亿元,利税0.075亿元。

二、存在问题

一是规划布局不够完善。总体来看全市规划建设4处工业园区,数量偏多,产业布局不尽合理,低水平、重复建设的问题在一定程度上存在,同时伴生恶性竞争等问题,此外大部分园区的手续办理不完善。例如:随着城市的发展,经济技术开发区逐渐失去工业园区的定位,转变为行政、居住、金融等城市功能;中小企业聚集区、装备制造基地紧邻市区东侧,尽管实现产城融合,但在一定程度上也限制城市发展;褐煤综合利用示范基地的入住企业全部为褐煤干燥项目,产业结构相对单一,应对市场风险的能力明显不足,在当前市场行情持续低迷的背景下,大面积停产、停工。

二是产业定位不够明晰。大部分园区没有编制专门的产业规划,对园区发展的产业定位不够明晰,盲目引进、重复引进或关联产业不配套等问题较为突出。同时,园区发展初期,在加快招商引资、项目落地的大背景下,忽略准入门槛,曾经一些低端产业先入为主,占据有限的空间资源。例如:中小企业聚集区,在启动之后没有严格把控入驻标准,目前入园企业参差不齐,有些企业保持良性发展,有些则转为运输、商服等类型,导致园区的管理难度很大。

三是土地闲置较为突出。一些企业处于停产停业状态，土地和厂房闲置，有的甚至于存在“圈而不用、围而不建”的现象，造成土地利用率低，同时也导致新项目难以落地，一大批延伸产业链、补齐环保欠账的好项目面临无地可用的困境。例如：中小企业聚集区入驻的250余家企业中，有近百家长期闲置或圈而不建，占用大量用地资源，应当严格执行土地有关法律，依法启动闲置土地收回程序。

四是基础建设相对滞后。客观来看，锡林浩特市对于园区的基础设施投入相对不足，部分园区的供热、供气、污水处理等要素条件尚不能满足现有入驻园区企业的基本需求，制约园区的长远发展。目前，锡林浩特市几个工业园区均没有配套建设污水处理厂，尚未实现集中供热，而且园区的道路、绿化、亮化等基础设施的档次已经难以满足当前项目落地、实施的要求。

五是管理服务不够均衡。目前除经济技术开发区外，其他园区均未设立管委会，各项行政职能由职能部门对口管理，对入园企业管控和服务力度不够，在环卫、绿化、亮化等后期物业服务上亟待完善，当前企业办理各项手续的积极性不高就是一项突出问题。例如：面对种类繁多、布局分散的中小企业，缺乏园区管委会的统一管理，各职能部门更多的执行管理职能，而相对忽略服务，使企业感受不到归属感。

三、对策、建议

一是加快推动园区清理和整合。充分发挥锡林郭勒经济技术开发区的优势，将中小企业聚集区、褐煤综合利用示范基地、装备制造基地整合到开发区进行统一管理，同时相关部门配合，完善园区手续。聘请高资质机构，按照“保护环境、集中布局、综合开发、循环利用”的原则，统筹长远与近期发展目标，进一步完善园区总规及专项规划。

二是加强园区基础设施建设。针对园区基础设施严重滞后的现状，秉持“高起点设计、高标准配套、高质量建设”的理念，集中力量、集中时间实施水、电、路、暖、绿化、亮化等配套工程，补齐短板，积极谋划将建设盘子统筹列入PPP融资计划，解决资金短缺的问题，改善入园企业生产经营环境，满足企业生产需求，营造锡林浩特市良好的招商引资环境。

三是强化入园企业管理和服务。加大园区管理机构的服务力度，真正成为入园企业的“娘家人”。对企业进行定期走访，帮助企业出谋划策、解决发展问题、协助办理各项手续，为企业的发展争取更多的优惠政策。同时加大对入园企业环境保护、安全生产、厂容厂貌的监督与管理，不断提升入园企业的品味与形象。

四是推动闲置土地和“僵尸”企业清理。严肃清理、收回园区内的违法建设用地，采取多种方式“逼退”“僵尸”企业，为今后一个时期内的新项目、好项目的入驻创造空间。鼓励停产、半停产、连年亏损、资不抵债的企采取土地或厂房入股，嫁接新项目、新企业，盘活闲置资产。

五是明确产业发展目标和招商引资方向。围绕大规模煤炭、火电工业，大力发展环保行业，引进脱硫脱硝、粉煤灰综合处理等项目，减轻环境压力。引进风机塔筒制造企业，进一步完善风电光伏装备制造业制造链条。引进为锡林浩特市及周边地区火电厂提供综合技术服务和易损设备、零部件生产维修的火电企业4S店，及针对全盟风电企业大型风电设备维修更换的风电企业4S店，同时引进解决弃风问题的风电消纳设施设备制造企业。大力发展高耗能、零排放的单晶硅产业。逐步引导畜产品加工产业向先进高端、集约集中发展，利用市场和机制淘汰落后产能，延伸产业链，提高畜行附加值。

锡林浩特市人民政府办公室
关于全市物业管理情况的调研报告

一、发展现状

(一)住宅小区基本情况。目前锡林浩特市地区共有住宅小区190个(其中:成形小区175个、在建小区15个,还有零散楼栋399个),主要呈现以下特点:一是住宅性质多样,主要有三类:1.部分单位解决职工住房问题所建,占到小区总量的16.9%,规模普遍偏小;2.企业开发的商业住宅,占到小区总量的81.1%,也包括返迁楼;3.政府承建的保障性住房,占到小区总量的2%。二是建设标准不一,早期建设的老旧小区面散点多,多为单位建设的职工住宅楼,且配套设施建设不完备,无绿地、无车位、无物业用房等情况比较普遍;而后期新建的商品房小区一般配套设施较好,但返迁楼的配套基础设施业相对不够完善。三是规模差别较大,175个小区中,大的多至1500套住房,最小的仅有50套。

(二)物业管理基本情况。全市物业管理行业自2006年起,历经10年的发展,物业管理覆盖面不断扩大,服务质量逐年提高,先后出台《住宅区物业管理办法》《物业服务企业年度考评标准及评分细则》等10余个相关政策,初步构筑起物业管理政策体系。目前全市备案的物业服务企业59家(其中:二级资质5家、三级资质37家、四级资质17家),从业人员达到4000余人,承担全市123个住宅小区的服务管理任务,覆盖率达到65%,同时各街道办事处下辖的36个社区物业服务中心负责其余的52个小区、399个零散楼栋实施准物业管理。为改善住宅区环境,近三年锡林浩特市累计投入1.1亿元对23个小区和26栋零散楼栋实施环境改造,方便物业接管,一定程度上缓解物业管理不到位的问题。为从根源上规范物业管理行业的长远发展,锡林浩特市持续开展物业管理服务规范年活动,出台《物业管理奖励扶持方案》,一方面连续三年对达标物业企业进行奖励,扶持优质物业企业做大做强,另一方面不断加大行业监管力度,累计对40余家企业提出限期整改要求,注销3家企业的从业资质,2017年1—3月锡林浩特市进一步加大物业市场专项整治和检查督导力度,对23家企业下达限期整改意见150余条,全市物业服务行为得到进一步规范。

二、存在的问题

(一)服务模式相对落后。目前大部分物业企业服务管理水平已有显著提升,但相比国内先进地区,缺乏现代的管理经验和手段,只是从事门卫、保洁、收费等简单工作,对住户反映的问题不能积极主动的解决。从业人员的素质普遍偏低、年龄相对较高、文化水平不够、缺乏正规培训,具备大专以上学历的15%,而持证上岗率则更低,仅为10%左右。

(二)企业实力普遍单薄。尽管锡林浩特市物业管理企业数量较多,但整体层次不高,企业规模实力相对较小,缺乏物业龙头企业和知名品牌的带动示范效应,企业注册资本基本在50万元左右,在123个物业管理小区中,有20余家是挂靠经营。

（三）基金收缴明显不足。锡林浩特市从2006年开始实施维修基金收缴，但老旧小区均未按规定缴纳，而部分新建小区的开发商则代收维修基金挪作他用，目前部分小区管道等基础设施已陆续进入维修期，部分居民将责任归结到物业公司，拒缴物业费。

（四）业主意识普遍淡薄。部分业主对物业管理认识模糊，有偿服务观念严重滞后，普遍存在“维权意识强、责任意识弱”的不对等问题，对物业管理收费的理解不到位，借口拒缴物业费，同时也造成业主委员会决策、执行困难。

（五）遗留问题制约严重。目前锡林浩特市部分老、旧、小住宅区，由于公共基础设施配套不齐全、房屋年久失修等遗留问题得不到有效解决，物业公司缺乏接管的积极性，由社区物业服务中心代管，只能负责最基础的卫生保洁。

三、意见和建议

（一）加强工程建设管理。严格落实工程建设的各项监管措施，按照物业管理相关规定，从规划源头制定建设标准，硬性要求开发企业配建物业用房、公共建筑、共用设施、绿地等，同时严把工程建设质量关，严肃工程验收，将物业规范管理纳入房地产项目竣工联合验收，从根本上避免“建管矛盾”。

（二）强化物业监管机制。加大对物业企业的监督指导，完善相关规章制度，进一步规范行业运行。一是广泛开展物业管理等级创建工作，组织开展服务竞赛评比，将物业管理行业引入市场化、专业化、规范化的良性轨道。二是大力推进物业诚信体系建设，建立企业信用档案，作为企业日常监管、资质升级、评先创优、参与招标的重要依据，组建物业协会，加强行业自律，严肃管理企业资质收紧准入关。三是建立物业服务抵押金制度，向开发建设单位收取物业服务项目抵押金，为解决质量问题做足资金准备。

（三）规范物业服务行为。一是加强企业内部管理，严格履行物业服务合同约定，提供达标服务内容，并按照业主委员会的要求不断改进。二是从严管理服务人员资格，强化对从业人员特别是管理人员的业务培训，提高其专业素质和服务水平。三是大力推行物业价格公开机制，按规定实行明码标价，统一收费，对服务等级及内容，收费科目、标准及依据进行公示，并定期公示日常维护和重大维修等费用的收支情况，消除业主疑虑。四是建立退出机制，对经营不规范、服务不合格，甚至损害业主利益的物业企业，给予适当处罚，严重的将责令退出市场，并列入物业行业黑名单。

（四）支持企业做大做强。一是继续发挥好奖励扶持资金的引导作用，积极争取上级补贴资金和准物业管理补贴，并加大对奖励资金使用情况的监管，增强企业市场竞争力。二是加大对优质物业的扶持力度，对获得国家、自治区级示范、优秀的按照一定标准给予特别奖励，树立典型标杆。三是减轻物业负担，住宅小区物业用房、共用设施设备维护管理、保洁、绿化、公共照明等物业服务过程中的发生费用，一律按照城市居民价格执行。

（五）逐步充实维修基金。对于将维修资金挪作他用的开发企业，充分发挥部门的联动作用，结合棚户区改造贷款、基础设施建设配套资金的拨付工作进行追缴，切实提高维修基金的到位率、使用率，专项用于改善小区环境、维修设施。

（六）强化居民物业费收缴。运用互联网、电视台、报纸、宣传栏等传播媒介，全方位广泛开展《物业管理条例》等法规的宣传活动，引导业主正确的物业消费观念，努力增进业主与物业企业的沟通。加强司法保障,对长期恶意拖欠物业费的“老赖”行为,集中通过司法渠道提起诉讼,并向社会发布不良诚信记录,以此督促广大居民提高物业费收缴率。

(七)提高物业普及程度。从当前情况看,老旧小区、零散楼栋的物业依然滞后,要统筹推进住宅区综合整治和物业管理提升,在改善老旧小区基础设施的条件上,通过政府引导、市场化运作相结合的方式,采取“捆绑经营、以大代小”的办法,使老旧住宅小区逐步进入物业服务管理常态化,最终消除管理盲点。

锡林浩特市人民政府办公室
关于锡林浩特市中小企业发展的调研报告

一、发展现状

近年来,锡林浩特市高度重视发展中小企业,在强力推动顶天立地的大项目为现代工业结构强胫壮骨的同时,也着力培育一大批铺天盖地的中小企业项目补充完善工业体系。经过几年间的发展,锡林浩特市中小企业的数量大幅增加,截至2017年年底已经达到388家,逐渐发展成为支撑锡林浩特市工业体系不可或缺的重要组成部分,2017年上半年预计完成产值47.4亿元,占全市工业总产值的59.6%。同时,众多中小企业也肩负着贡献税收“造血器”和吸纳就业“海绵体”的重任,上半年累计利税1.3亿,解决就业岗位8300余个。为有效规避市场风险,锡林浩特市汲取部分地区产业结构高度单一的教训,引导中小企业多元发展,逐渐形成屠宰加工、绒毛加工、民族服饰及手工艺品、乳制品加工、建材生产、装备制造六大产业板块。

二、存在问题

(一)内部因素

一是融资能力不足。从性质上看中小企业全部为私营企业,发展时间短、自有资产少、抗风险能力弱,而且财务制度不健全、运作不规范,缺少抵押担保都是中小企业融资难的“硬伤”,因此按照各大商业银行的信贷业务标准来衡量,资信水平普遍偏低,直接导致在融资相对宽松的环境下金融机构对中小企业“惜贷”。据不完全统计全市2016年中小企业信贷需求多达40亿元,但实际获贷金额仅为6.8亿元。

二是管理模式落后。多数中小企业是由家族式作坊发展而来,企业虽然做大,但仍然走不出家族的“俗套”。这种模式虽然在企业创办初期具有很大的优势,但是随着社会的发展和各种管理理念的推陈出新,家族式的管理模式逐渐被时代淘汰,尤其是面对当今变化如此之快、波动如此之猛的市场竞争环境,家族式的管理模式不仅难以应对市场需求,更缺乏创新的内生动力。

三是市场竞争力薄弱。一方面,锡林浩特市中小企业在资源开发、能源消耗、产品初加工、劳动密集型的产业中仍然占较大比重,而高技术含量和高附加值的行业比重较低;另一方面,仍然集中在传统和低层次的服务业,现代服务理念、高端服务业态融合发展明显滞后。比如民族服饰加工行业虽然都是手工制作,很好的传承民族精湛,但直至现在仍然沿用为顾客上门量身的“过时办法”,缺少与互联网的有效融合和对消费群体使用习惯的分析。

四是创新能力不强。中小企业受资金、人才、产品结构的制约,大多没有余力进行创新升级,而少数有余力的中小企业往往又站不到前沿、找不准方向,担心创新资金“打了水漂”,因此多个行业的整体技术水平偏低,创新能力严重不足。2016年以锡林浩特市为注册地的国家发明专利(实用新型)共31件,而横向比较赤峰市红山区和通辽市科尔沁区,分别达到91件、157件,差距之大非常明显。

(二)外部因素

一是服务体系不够健全。中小企业的快速发展需要完善的社会化服务体系,而锡林浩特市面向中小企业的社会化服务体系已经滞后于发展的客观需求,无法系统地提供技术支持、市场开拓、创业指导、管理咨询等方面的服务功能,致使中小企业发展受阻。

二是政策落实不够到位。国家为推动中小企业和非公有制经济的发展,出台多项政策法规和一系列优惠鼓励政策,通过地方政府和企业共同努力创造条件,也获得一定的效果,但后因服务体系不健全及其他原因致使政策落实不到位,中小企业的发展环境还是比较艰难。

三是生产成本不断攀升。原材料价格波动大,用工成本逐年上涨,加之部分行业的市场行情持续疲软,企业经营状况一直处于艰难维持的现状,而且职工要求的待遇在不断提高,社保、医保等费用也需相应的增加,导致中小企业的利润空间受到“多重挤压”,生存空间在不断缩减。

三、对策建议

(一)创造良好的企业融资贷款环境。进一步落实《锡林郭勒盟中小微企业“助保金贷款”工作实施方案》,成立中小微企业融资担保领导小组,并增加风险补偿抵押金1000万元,真正解决企业贷款难、贷款贵的问题。

(二)积极搭建中小企企业服务平台。以锡林郭勒盟中小企业公共服务平台为依托,加大人力、物力、资金的投入,遴选优质服务机构和专家,统筹集中全市优势资源,为中小微企业提供信息咨询、创业、人才培训、市场开拓和对外交流合作等服务。

(三) 加大“僵尸企业”的清理力度。严格按照税法启动土地使用税及其他税种的征缴,对“僵尸企业”的土地财产进行公开拍卖,鼓励停产、半停产、连年亏损、资不抵债的企采取土地或厂房入股,嫁接新项目、新企业。坚决淘汰不符合行业准入标准以及环境保护、食品安全不达标的小、散、乱企业,全面提升中小企业整体水平。

(四)支持品牌创建工作。加大企业品牌创建的鼓励扶持力度,对新获得中国驰名商标的企业,在自治区财政给予一次性奖励100万元的基础上,本级匹配奖励资金50万元;对新获得自治区著名商标的企业,本级给予一次性奖励30万元;对获得知名商标的企业,本级给予一次性奖励20万元。

(五)多渠道解决用工、人才难题。在健全劳动就业服务体系,鼓励劳资双方签订长期合同的基础上,支持中小企业采取钟点工、半日工、兼职工、临时工等方式灵活用工。落实相关就业和社保政策,鼓励高校毕业生到中小企业就业,支持中小企业与高校、职校合作,采取定向培养、实习试用、技能培训、校园招聘等方式拓宽中小企业人才引进和培养渠道。积极为高新技术人才创造环境,对企业引进高级人才和特殊专业技术人员开设绿色通道,根据企业引进专业技术人员和管理人才数量合理安排50套“公租房”或租赁住房,并予以补贴。

(六)营造积极的政策环境。对各级确立的简政放权、减少审批事项、放宽市场准入条件、减少收费项目、降低收费标准等政策的落实工作要作为刚性任务来抓。任何部门和个人不得打折扣、搞变通,确保政策切实得到执行落实,打通政策落地的“最后一公里”。

(七)促进产业聚集区建设。在“全民创业”和“转型升级”并重的环境下,中小企业不应一味追求“高大上”,转型升级也绝不是简单的杜绝“低端产业”,在鼓励发展“高精尖”产业之余,还应适当扶持一批市场容量大、就业容量大、创业门槛低的产业,快速膨胀市场主体总量和经济总量,构建“金字塔型”的产业结构，促进优势产业聚集发展，以产业聚集区建设营造良好的创业氛围。

（八）加强创业载体的建设。目前，经营场所的局限是影响创业热情转化为实际创业的重要原因，解决场地、用地问题是当务之急。推进创业载体建设可有效缓解此问题，完善原有创业园区基础设施建设，加强电子商务创业园的建设和管理，以电子商务平台建设为载体，依托优质畜产品等自然资源和蒙古族传统民族文化等资源优势，坚持市场化运作，整合各类要素，促进产业转型升级，带动创业就业，实现产业发展和民生事业互动共赢。

二、锡林浩特旅客列车时刻表

K7927 次列车时刻表 锡林浩特站火车时刻表
锡林浩特到二连浩特火车时刻表

站名	站序	到达时间	开车时间	停留
1	锡林浩特	—	07:00	—
2	阿巴嘎旗	08:16	08:18	2 分钟
3	苏尼特左旗	09:50	09:52	2 分钟
4	二连	11:50	—	—

K2011 次列车时刻表 锡林浩特站火车时刻表
锡林浩特到乌兰浩特火车时刻表

站序	站名	到达时间	开车时间	停留
1	呼和浩特	----	16:10	----
2	集宁南	17:40	18:05	25 分钟
3	上都	19:14	19:16	2 分钟
4	化德	20:01	20:03	2 分钟
5	正镶白旗	21:23	21:29	6 分钟
6	桑根达来	22:59	23:05	6 分钟

6036 次列车时刻表锡林浩特站火车时刻表
锡林浩特到通辽火车时刻表

站序	站名	到达时间	开车时间	停留
1	锡林浩特	－－－－	19:15	－－－－
2	经棚	23:20	23:23	3 分钟
3	林西	00:43	00:48	5 分钟
4	大板	02:07	02:22	15 分钟
5	林东	03:31	03:33	2 分钟
6	查布嘎	04:32	04:35	3 分钟
7	开鲁	05:58	06:00	2 分钟
8	哲里木	06:57	07:01	4 分钟
9	通辽	07:20	－－－－	－－－－

K2012 次列车时刻表锡林浩特站火车时刻表
锡林浩特到呼和浩特火车时刻表

站序	站名	到达时间	开车时间	停留
1	乌兰浩特	－－－－	15:02	－－－－
2	二龙屯	17:57	17:59	2 分钟
3	哈日努拉	18:20	18:22	2 分钟
4	珠斯花	18:59	19:18	19 分钟
5	霍林郭勒	19:25	19:29	4 分钟
6	白音华南	21:50	21:52	2 分钟
7	西乌旗	22:58	23:00	2 分钟
8	锡林浩特	01:24	01:47	20 分钟
9	桑根达来	04:22	04:28	6 分钟
10	正镶白旗	05:48	05:54	6 分钟

续表

站序	站名	到达时间	开车时间	停留
11	化德	07:12	07:15	3分钟
12	商都	08:01	08:04	3分钟
13	集宁南	09:50	10:08	18分钟
14	呼和浩特	11:38	----	----

K7918次列车时刻表锡林浩特站火车时刻表
锡林浩特到呼和浩特火车时刻表

站序	站名	到达时间	开车时间	停留
1	锡林浩特	----	21:48	----
2	桑根达来	00:25	00:31	6分钟
3	正镶白旗	01:46	01:52	6分钟
4	化德	03:10	03:14	4分钟
5	商都	04:00	04:04	4分钟
6	赉红	04:55	04:57	2分钟
7	集宁南	05:40	05:55	15分钟
8	呼和浩特东	07:18	----	----

K7922次列车时刻表锡林浩特站火车时刻表
锡林浩特到呼和浩特火车时刻表

站序	站名	到达时间	开车时间	停留
1	锡林浩特	----	07:30	----
2	桑根达来	09:16	09:22	6分钟
3	正镶白旗	10:29	10:31	2分钟
4	集宁南	13:48	14:03	15分钟
5	呼和浩特	15:30	----	----

K7918次列车时刻表锡林浩特站火车时刻表
锡林浩特到包头火车时刻表

站序	站名	到达时间	开车时间	停留
1	锡林浩特	－－－－	21:48	－－－－
2	桑根达来	00:25	00:31	6分钟
3	正镶白旗	01:46	01:52	6分钟
4	化德	03:10	03:14	4分钟
5	商都	04:00	04:04	4分钟
6	贲红	04:55	04:57	2分钟
7	集宁南	05:40	05:55	15分钟
8	呼和浩特东	07:18	07:40	22分钟
9	包头	10:06	－－－－	－－－－

锡林浩特机场旺季航班时刻表（2015年9月1日执行）

航线	航班号	航空公司	机型	班期	机场	起飞时间	降落时间	机场	起飞时间	降落时间	机场
锡林浩特=北京首都机场	CA1109/10	国 航	B-737/800	1234567	北京首都机场	6:40	7:45	锡林浩特	8:35	9:45	北京首都机场
锡林浩特=北京南苑机场	KN2965/66	联 航	B-737/800	1234567	北京南苑机场	21:10	22:10	锡林浩特	22:50	23:55	北京南苑机场
呼和浩特=锡林浩特	GS7413/14	天 航	ERJ-190	1234567	呼和浩特	8:10	9:20	锡林浩特	10:00	11:05	呼和浩特
	GS6475/76	天 航	ERJ-190	1234567	呼和浩特	13:10	14:15	锡林浩特	14:55	16:05	呼和浩特
	GS6697/98	天 航	ERJ-190	1234567	呼和浩特	17:40	18:50	锡林浩特	19:30	20:35	呼和浩特
西安=呼和浩特=锡林浩特	MU2355	东 航	A-320	246	西安	7:30	9:00	呼和浩特	10:00	11:00	锡林浩特
	MU2356				锡林浩特	12:10	13:25	呼和浩特	14:25	16:05	西安

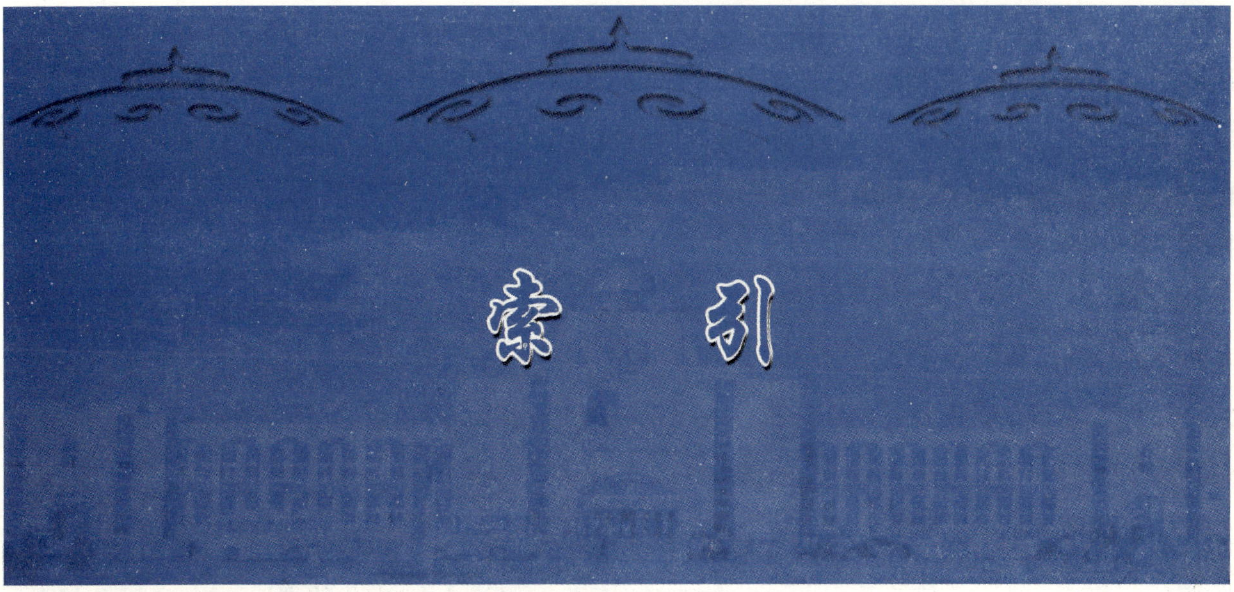

索 引

1. 本索引采用主题分析法编制，按自然顺序排列。

2. 卷首、特载、大事记、荣誉、附录、文件目录、文件选编等 7 个栏目未作索引。

3. 标引词后的数字表示内容所在页码。

4. 索引标引词一般采用中心词或简称，市级党政机关、事业单位个社会团体名称前未冠以“锡林浩特市”或“锡市”、“市”字样。

刊号：ISSN 1673-2596
CN 15-1341/C

中国·赤峰

赤峰学院学报

JOURNAL OF CHIFENG UNIVERSITY

赤峰学院学报

哲学社会科学版（月刊）

二〇一九年 第十一期

- 内蒙古自治区精品期刊
- 全国民族地区优秀期刊
- 全国地方高校学报名刊
- 全国高校社科特色栏目期刊
- 中国人文社会科学核心期刊扩展版
- 教育部名栏建设工程期刊

ISSN 1673-2596
11>
9 771673 259194

哲学社会科学版

2019. 11

2019“察哈尔文化·乌兰哈达论坛”在我校举办

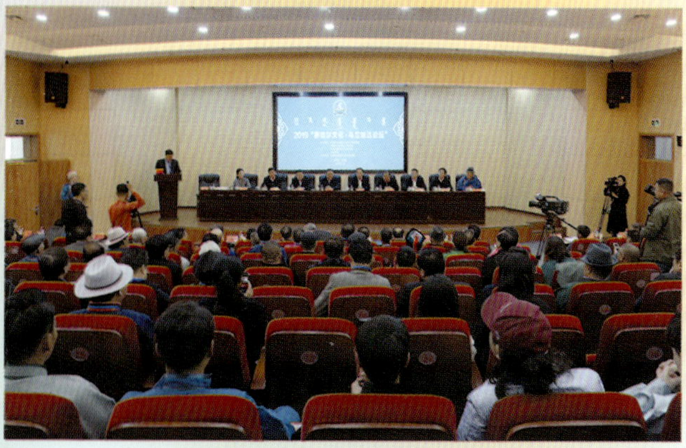

为深入学习贯彻习近平总书记考察内蒙古重要讲话精神，以习近平新时代中国特色社会主义思想指导民族文化研究工作，依托赤峰地区察哈尔历史文化资源优势，传承民族优秀传统文化精神内涵，助推区域经济社会文化繁荣发展，10 月 26 日至 28 日，由内蒙古社会科学界联合会、内蒙古社会科学院、内蒙古察哈尔文化研究会、赤峰学院主办，赤峰学院察哈尔文化研究院承办的 2019“察哈尔文化·乌兰哈达论坛”在我校举办。全国政协委员、内蒙古自治区政协副主席郑福田，自治区政协党组成员、文化文史和学习委员会主任魏军，自治区社会科学界联合会党组书记、主席杭栓柱，自治区社会科学院院长李春林，赤峰市政协副主席白洪波，赤峰市政协文化文史和学习委员会主任方黎明，赤峰市社会科学界联合会主席王树国，内蒙古察哈尔文化研究会会长潘小平等领导出席论坛开幕式。出席开幕式的我校领导有党委书记王玉树、校长雷德荣、副校长布仁吉日嘎拉。中国社会科学院、中国人民大学、中央民族大学、上海海事大学、内蒙古大学、内蒙古师范大学、内蒙古民族大学等高校和科研机构的特邀专家，区内外提交论文的作者，我校相关职能部门和部分二级学院主要负责人，兄弟高校、社团和部分旗县代表参加了论坛。论坛开幕式由我校布仁吉日嘎拉副校长主持。

我校校长雷德荣在开幕式上致辞。雷校长表示，学校坚持以建设地方和民族特色鲜明的应用型综合大学为办学定位，注重在文化传承与创新上培育特色。为挖掘民族优秀文化传统，推动民族文化遗产继承与发展，营造内蒙古地区察哈尔文化研究学术氛围，学校专门选派学术力量成立察哈尔文化研究院，旨在研究察哈尔文化、蒙古部落历史、民族文化，乃至草原“一带一路”文化遗产，为地方经济社会繁荣发展特别是文化传承创新提供人才支撑和智力支持。

自治区社会科学界联合会党组书记、主席杭栓柱在讲话中指出，2019“察哈尔文化·乌兰哈达论坛”是自治区社会科学界的又一次重要学术活动，也是一次对察哈尔文化学术研究成果的检阅和交流，对于察哈尔文化的保护传承和创新发展产生了重要的影响。希望高校、社团和广大专家学者在研究中始终把正确的政治方向、价值取向、学术导向贯穿到工作各方面和全过程，用责任与担当挑起民族文化研究重任，用新时期中国特色社会主义理论指导学术研究工作，弘扬“蒙古马精神”，不忘初心、牢记使命，全面深入开展察哈尔文化研究，整合力量、合力共进，在深入推进文化强区建设进程中，推出更多的优秀研究成果，及时做好成果转化，助力新时代社会主义文化建设。

自治区社会科学院院长李春林在讲话中指出，察哈尔文化是民族优秀传统文化的重要组成部分，在新时代开展相关研究工作，要积极弘扬能够跨越时空、跨越地域、跨域民族、富有永恒魅力、具有当代价值的文化因子，使其最基本的文化基因与社会主义先进文化建设相适应、与现代社会发展相协调、与新时代中国特色社会主义建设相一致，为推动新时代中国特色社会主义先进文化建设贡献力量。

内蒙古察哈尔文化研究会潘小平会长希望各位专家学者发挥专业优势，打破区域、地域和学科界限，整合资源，加强合作，顺应时势、勠力同心，以推动文化传承创新为己任，围绕建设社会主义文化强国、自治区民族文化强区目标，充分发挥察哈尔文化的引导力量和推动作用，以丰富的学术研究成果在区域经济社会发展中发挥积极作用。

开幕式上，举行了“赤峰学院察哈尔文化研究院”“内蒙古社会科学协同创新中心”“内蒙古察哈尔文化传承教育基地”揭牌仪式。自治区政协副主席郑福田和我校党委书记王玉树共同为“赤峰学院察哈尔文化研究院”揭牌；自治区社会科学界联合会党组书记、主席杭栓柱和自治区社会科学院院长李春林为“内蒙古社会科学协同创新中心”揭牌；自治区政协党组成员、文化文史和学习委员会主任魏军，内蒙古察哈尔文化研究会会长潘小平共同为“内蒙古察哈尔文化传承教育基地”揭牌。我校学科建设与研究生管理处处长张立忠宣读了关于成立“赤峰学院察哈尔文化研究院”“内蒙古社会科学协同创新中心”以及命名我校为“内蒙古察哈尔文化传承教育基地”的有关文件。

开幕式结束后，郑福田副主席等领导在王玉树书记的陪同下，到我校红山文化研究院、西拉沐沦流域文化研究院进行了实地参观，听取了有关负责同志关于文化研究的情况介绍。

2019“察哈尔文化·乌兰哈达论坛”以“传承民族优秀文化，弘扬时代创新精神”为主题。论坛期间，8 位专家分别围绕论坛主题，就各自相关领域的最新研究成果作了精彩的学术报告，与会人员按照研究方向进行了分组研讨。

赤峰学院察哈尔文化研究院以发掘、传承、弘扬察哈尔文化为中心，通过开展专题研究、组织学术研讨交流、举办专题讲座、出版专著等方式，系统挖掘整理察哈尔文化资源，有计划地开展察哈尔文化专题研究和成果推广工作。为壮大学术科研力量，研究院还专门聘任了中国社会科学院、中国人民大学、中央民族大学、内蒙古大学、内蒙古察哈尔文化研究会的专家为学术委员和学术顾问。